Roland LAMPRICHS

Tell Johfiyeh

Ein archäologischer Fundplatz und seine Umgebung in Nordjordanien

Materialien zu einer Regionalstudie

Alter Orient und Altes Testament
Veröffentlichungen zur Kultur und Geschichte des Alten Orients
und des Alten Testaments

Band 344

2007
Ugarit-Verlag
Münster

Tell Johfiyeh

Ein archäologischer Fundplatz
und seine Umgebung
in Nordjordanien

Materialien zu einer Regionalstudie

Roland LAMPRICHS

2007
Ugarit-Verlag
Münster

Roland Lamprichs: Tell Johfiyeh.
Ein archäologischer Fundplatz und seine Umgebung in Nordjordanien.
Materialien zu einer Regionalstudie
Alter Orient und Altes Testament, Band 344

Herstellung: Druckhaus Folberth, Pfungstadt
Printed in Germany

ISBN: 978-3-86835-000-5

Printed on acid-free paper

Inhaltsverzeichnis

0.	Vorwort	ix
1.	Der Fundort Tell Johfiyeh	1
1.1	Allgemeine Einführung	1
1.1.1	Lage und Topographie	4
1.2	Die archäologische Erforschung des Tell Johfiyeh und seiner Umgebung	5
1.2.1	Voruntersuchungen in der Region 1995–2000	5
1.2.2	Archäologische Ausgrabungen in Tell Johfiyeh 2002–2004	7
1.2.2.1	Die Kampagne 2002	7
1.2.2.2	Die Kampagne 2003	10
1.2.2.3	Die Kampagne 2004	12
2.	Ergebnisse der Ausgrabungen und sonstigen archäologischen Untersuchungen	15
2.1	Stratigraphie	15
2.1.1	Rekonstruktion der Schichtenabfolge anhand ausgewählter Ost-West Profile	15
2.1.1.1	Die Schichten und ihre Abfolge innerhalb der sogenannten Umfassungsmauer („Fläche“)	16
2.1.1.2	Die Schichten und ihre Abfolge an den Hangbereichen des Tell Johfiyeh („Hang“)	20
2.1.2	Der stratigraphische Aufbau des Tell Johfiyeh und seine Besiedlungsgeschichte: Versuch einer Korrelation	25
2.1.3	Korrelation der Schichten und Fundstellen anhand einer Fundstellenmatrix (Matrix 1und 2)	32
2.2	Architektur	34
2.2.1	Die Architektur des Horizonts I (Schichten 7, 6-untere Lagen-, H5, H4?)	34
2.2.2	Die Architektur des Horizonts II (Schichten 6-obere Lagen-, 5-untere Lagen-, H4, H3-unten-)	39
2.2.3	Die Architektur des Horizonts III (Schicht 5-obere Lagen-, H3-oben-	42
2.2.4	Die Architektur des Horizonts IV (Schichten 4, 3, 2)	48
2.2.4.1	Horizont IV,1	48
2.2.4.2	Horizont IV,2	60
2.2.4.3	Horizont IV,3	76

2.2.5 Die Architektur des Horizonts V ... 96
2.2.5.1 Nachnutzung ... 106
2.2.6 Zusammenfassung ... 106
2.3 Keramik ... 113
2.3.1 Die Waren ... 115
2.3.1.1 Warengruppen und quantitative Auswertungen ... 122
2.3.1.2 Zusammenfassung ... 130
2.3.2 Die Formtypen ... 131
2.3.2.1 Quantitative Auswertungen ... 133
2.3.3 Waren und Formen: Versuch einer Korrelation ... 137
2.3.3.1 Verteilung der Formtypen auf die Waren und Warengruppen ... 138
2.3.4 Die Keramik der Horizonte I–V: Eine Auswahl ... 140
2.3.4.1 Horizonte I–III (Schichten 7–5 und H5–H3) ... 141
2.3.4.1.1 Schicht 7 ... 142
2.3.4.1.2 Schicht 6 ... 142
2.3.4.1.3 Schicht 5 ... 147
2.3.4.1.4 Schichten H5–H3 ... 154
2.3.4.1.5 Zusammenfassung (Schichten 7–5, H5–H3) ... 158
2.3.4.2 Horizont IV (Schichten 4–2) ... 161
2.3.4.2.1 Horizont IV,1 (Schicht 4) ... 162
2.3.4.2.1.1 Zusammenfassung (Schicht 4) ... 167
2.3.4.2.2 Horizont IV,2 (Schicht 3) ... 167
2.3.4.2.2.1 Zusammenfassung (Schicht 3) ... 175
2.3.4.2.3 Horizont IV,3 (Schicht 2) ... 176
2.3.4.2.3.1 Zusammenfassung (Schicht 2) ... 186
2.3.4.2.4 Zusammenfassung (Schichten 4–2) ... 187
2.3.4.3 Horizont V (Schichten 1 und H1–H2) ... 189
2.3.4.3.1 Schicht 1 ... 189
2.3.4.3.2 Schichten H1–H2 ... 192
2.3.4.3.3 Zusammenfassung (Schichten 1, H1–H2) ... 194
2.3.5 Zusammenfassung und chronologische Einordnung der Horizonte I–V ... 195
2.4 Kleinfunde ... 200
2.4.1 Funde aus Stein ... 201
2.4.1.1 Steingefäße ... 201
2.4.1.2 Steingeräte ... 208
2.4.1.3 Schmuck- und Dekorelemente ... 219
2.4.2 Funde aus Metall ... 222
2.4.2.1 Metallgeräte ... 223
2.4.2.2 Schmuck ... 226
2.4.2.3 Varia ... 232
2.4.3 Funde aus gebranntem Ton und Gips ... 233

2.4.3.1	Tongeräte	233
2.4.3.2	Varia	236
2.4.4	Funde aus Knochen	237
2.4.4.1	Knochengeräte	238
2.4.4.2	Varia	239
2.4.5	Muscheln und Muschelfragmente	240
2.4.6	Funde aus Glas und Fritte	241
2.4.7	Proben	242
2.4.8	Funde aus anderen Materialien	243
2.4.9	Zusammenfassung	243
2.5	Fundplätze in der Umgebung des Tell Johfiyeh: Ein Überblick	248
2.5.1	Fundplätze im Nordwesten des Tell Johfiyeh: Ergebnisse des Jahres 1997	249
2.5.1.1	Tell Beit Yafa	250
2.5.1.2	Tell esh-Sheqaq	252
2.5.1.3	Zaharet Soq`ah	253
2.5.1.4	Tell Kufr Yuba	254
2.5.1.5	Qasr el-Ghul	256
2.5.1.6	Analyse und Interpretation der Daten	257
2.5.1.7	Zusammenfassung	259
2.5.2	Fundplätze im Südosten des Tell Johfiyeh: Ergebnisse des Jahres 1998	259
2.5.2.1	Muntar Zibdeh	261
2.5.2.2	Muntar Yarin	263
2.5.2.3	Zambut Meleik	264
2.5.2.4	Deir Burak	266
2.5.2.5	Khirbet Fara	268
2.5.2.6	Analyse und Interpretation der Daten	270
2.5.2.7	Zusammenfassung	272
2.5.3	Kurzzusammenfassung	273
3.	Tell Johfiyeh und seine Umgebung während der Eisenzeit: Versuch einer zusammenfassenden Darstellung	275
3.1	Allgemeines/Einführung	275
3.2	Nordjordanien während der Eisenzeit: Ein historisch-archäologischer Überblick	276
3.3	Der Tell Johfiyeh und seine Umgebung während der Eisenzeit II–III	290
3.4	Zusammenfassung	301
4.	Bibliographie und Verzeichnisse	305
4.1	Bibliographie	305
4.2	Verzeichnisse	315

4.2.1 Verzeichnis der Abbildungen 315
4.2.2 Verzeichnis der Tabellen 318
4.2.3 Verzeichnis der Diagramme 319
4.2.4 Verzeichnis der Tafeln 319
4.2.5 Abkürzungsverzeichnis 319
5. Abbildungen (1 – 80) 323
6. Kataloge 383
6.1 Katalog der Keramik (Keramik-Tafeln 1 – 160) 383
6.2 Katalog der Kleinfunde (Kleinfund-Tafeln 1 – 41) 545
7. Appendices 589
7.1 Appendices 1–5 589
7.1.1 Appendix 1: Die Keramik der Kampagnen 2002, 2003 und 2004 589
7.1.2 Appendix 2: Vollständige Liste der Fundstellen 600
7.1.3 Appendix 3: Verteilung der Scherben auf die Waren: Eine vollständige Liste 646
7.1.4 Appendix 4: Vollständige Liste der diagnostischen Scherben 663
7.1.5 Appendix 5: Vollständige Liste der Funde 745
7.1.5.1 Ergänzung zu Appendix 5: Die Knochen aus Tell Johfiyeh - Eine quantitative Zusammenstellung (von: Abd al-Halim al-Shiyyab) 780
8. Register 783

0. Vorwort

Wissenschaftliche Arbeiten haben ihre eigene Geschichte, fast ihre eigene Archäologie. Die der vorliegenden Abhandlung begann 1995 mit einem Aufenthalt als Feodor Lynen-Stipendiat der Alexander von Humboldt-Stiftung am Institute of Archaeology and Anthropology (IAA) der Yarmouk Universität in Irbid, Jordanien. Gemeinsame Ausflüge mit dem Direktor des Instituts, Prof. Dr. Zeidan Kafafi, auf das nordjordanische Plateau weckten damals mein Interesse an einer Reihe kleiner, bislang weitgehend unerforschter Fundplätze in der unmittelbaren Umgebung von Irbid. In der Folgezeit durchgeführte Literaturrecherchen und zwei gemeinsame Geländebegehungen in den Jahren 1997 und 1998 erbrachten erste sehr interessante Ergebnisse und machten deutlich, daß vertiefte Einblicke in die materielle Kultur dieser Fundplätze und Hinweise auf ihre Funktion und regionale Stellung nur im Rahmen einer archäologischen Ausgrabung gewonnen werden können.

Die entsprechenden feldarchäologischen Arbeiten wurden im Jahr 2002 aufgenommen. Gemeinsam mit Prof. Dr. Ziad al-Sa'ad vom Institute of Archaeology and Anthropology der Yarmouk Universität konnten in Tell Johfiyeh, einem ca. 7,5km südwestlich von Irbid gelegenen Fundplatz, bis zum Jahr 2004 insgesamt drei jeweils mehrwöchige Kampagnen durchgeführt werden.

Die im Rahmen dieser feldarchäologischen Tätigkeiten erzielten Ergebnisse stehen im Mittelpunkt der vorliegenden Forschungsarbeit, deren Ziel es ist, einen Beitrag zur Rekonstruktion der archäologisch-historischen Gegebenheiten auf dem bislang nur wenig erforschten nordjordanischen Plateau zu leisten. Hierzu werden die quantifizierten und stratifizierten Hinterlassenschaften aus Tell Johfiyeh in einem ersten Hauptteil systematisch vorgestellt, beschrieben, analysiert und chronologisch eingeordnet. Die entsprechenden Ausführungen (Kap. 1–2) und Zusammenstellungen (Kap. 7) sollen eine materielle Grundlage für zukünftige wissenschaftliche Untersuchungen bilden und mittelfristig dazu beitragen, einige der weißen Flecken auf der archäologischen Landkarte Nordjordaniens zu beseitigen. In einem zweiten und abschließenden Hauptteil (Kap. 3) wird mit Hilfe des vorgestellten und aufgearbeiteten Materials der Versuch unternommen, erste Einblicke in die weitgehend unbekannten Verhältnisse auf dem nordjordanischen Plateau während der Eisenzeit zu gewinnen. Vorrangiges Ziel ist es, ein Bild der archäologisch-historischen Gegebenheiten für das Untersuchungsgebiet zu entwerfen, das im Rahmen weiterer Forschungen als Baustein für eine Regionalstudie verwendet werden kann. Hierzu werden unter anderem Vorschläge zur Funktion des Tell Johfiyeh und strukturell ähnlicher Fundplätze in seiner Umgebung unterbreitet und Hinweise auf die sozialen, ökonomischen und politischen Gegebenheiten im Großraum Irbid während der Eisenzeit herausgearbeitet und in ihren regionalen und überregionalen Kontext gestellt.

Die naturwissenschaftlichen Analysen der Funde und Proben aus Tell Johfiyeh werden unter Federführung meines Kooperationspartners, Prof. Dr. Ziad al-Sa´ad, an der Yarmouk Universität Irbid durchgeführt und sind nicht Gegenstand der vorliegenden Arbeit. Diesbezügliche Angaben basieren ausschließlich auf mündlichen Mitteilungen des jeweiligen Bearbeiters.

Die beigefügten Abbildungen (Kap. 5) werden kapitel- und abschnittsübergreifend durchgezählt. Die Nummerierung der Tabellen erfolgt abschnittsweise (vgl. Kap. 4.2.1–4.2.2). Pläne der Architekturreste und Übersichten wurden der Größe des Satzspiegels angepaßt. Die jeweiligen Maßstäbe finden sich ebenso wie bei den Keramik- und Fundtafeln (Kap. 6.1–6.2) auf den entsprechenden Blättern. Der Text folgt den Regeln der „alten" deutschen Rechtschreibung. Gut im Deutschen oder Englischen eingeführte Namen von Herrschern und Orten wurden in ihrer üblichen Schreibweise belassen. Die Transliteration der sonstigen Orts- und Personennamen folgt keinem bestimmten System, sondern lehnt sich an die Vorgaben der jeweiligen Fachliteratur an.

Dank gilt im Zusammenhang mit der vorliegenden Arbeit zahlreichen Personen und Institutionen für jeweils ganz unterschiedliche Hilfestellungen und Leistungen. Am Anfang der chronologisch geordneten Reihe stehen Prof. Dr. Zeidan Kafafi, der mich auf die Region und den Fundplatz aufmerksam machte und die Alexander von Humboldt-Stiftung, die mir im Rahmen des Feodor Lynen-Nachkontaktprogramms mehrere Aufenthalte an der Yarmouk Universität in Irbid ermöglichte. Es folgen die vielen Menschen und Institutionen, die die erfolgreichen Feldforschungen in Tell Johfiyeh und seiner Umgebung möglich gemacht haben. Hierzu gehören neben den Vertretern des jordanischen Antikendienstes, mein Kooperationspartner und Freund Prof. Dr. Ziad al-Sa´ad, die Mitarbeiter des Institute of Archaeology and Anthropology der Yarmouk Universität, die Mitglieder der Grabungsmannschaften, die Ortskräfte des DEIAHL in Amman und die lokalen Arbeitskräfte aus dem modernen Ort Johfiyeh. Ihnen allen sei recht herzlich für ihr weit über das normale Maß hinausgehende Engagement gedankt.

Finanziert wurden die Kampagnen der Jahre 2002 bis 2003 von der Faculty of Archaeology and Anthropology der Yarmouk Universität (FAA) und dem Deutschen Evangelischen Institut für Altertumswissenschaft des Heiligen Landes (DEIAHL). Die Gerda Henkel Stiftung unterstützte das Projekt durch die Übernahme der Kosten für die archäologischen Feldforschungen

des Jahres 2004. Weiterhin gewährte sie mir ein Forschungsstipendium sowie Fördermittel für Reise- und Sachkosten. Hierfür und für die sehr freundliche und hilfsbereite Abwicklung der entsprechenden Vorgänge schulde ich der Gerda Henkel Stiftung und ihren Mitarbeitern in Düsseldorf Dank.
Mein Dank gilt auch Prof. Dr. R. Dittmann und seinen Mitarbeitern vom Institut für Altorientalische Philologie und Vorderasiatische Altertumskunde der Westfälischen Wilhelms-Universität Münster, die den Werdegang der hier vorgelegten und vom Fachbereich 09 als Habilitationsschrift angenommenen Arbeit unterstützend begleiteten. Gleiches gilt für zahlreiche Kollegen und Freunde im In- und Ausland, die mir mit fachlichen Ratschlägen zur Seite gestanden haben. Für eine Durchsicht des Manuskriptes und vieles mehr danke ich meiner Ehefrau, Katrin Bastert-Lamprichs, M.A..
Schließlich gilt mein Dank Herrn Prof. Dr. M. Dietrich (Münster) und Herrn Prof. O. Loretz (Münster) für die Aufnahme der vorliegenden Arbeit in die Reihe „Alter Orient und Altes Testament".

Dresden und Münster im Dezember 2006 Roland Lamprichs

1. Der Fundort Tell Johfiyeh

1.1 Allgemeine Einführung

Der heute unter dem Namen Jordanien bekannte Teil des Vorderen Orients gehört zu einer alten Kulturlandschaft, die zu den kulturellen Wiegen der Menschheit zählt. Zahlreiche Vor- und Frühgeschichtliche Kulturen hinterließen hier ebenso wie Ägypter, Assyrer, Griechen, Nabatäer, Römer, Omaijaden, Mamluken, Osmanen und andere große Kulturen der vorderasiatischen und europäischen Geschichte ihre Spuren. Die archäologische Dokumentation und wissenschaftliche Aufarbeitung dieser Spuren ist trotz intensiver Forschungstätigkeiten während der letzten Jahrzehnte weiterhin lückenhaft.[1] Die Verhältnisse während der Eisenzeit, sind für bestimmte Regionen noch immer weitgehend unbekannt. Dies gilt insbesondere für das nordjordanische Plateau, einem sehr fruchtbaren Landstrich, der im Osten von der Wüste und im Westen vom Jordantal begrenzt wird (Abb. 1). Während sich für die aus dem Alten Testament bekannten politischen Einheiten Ammon, Moab und Edom, die in Mittel- und Südjordanien lokalisiert werden können, unser Kenntnisstand in den letzten Jahren stetig verbessert hat, fehlen archäologische und philologische Hinweise auf die materiellen und politischen Gegebenheiten in Nordjordanien zur Eisenzeit noch weitgehend (Bartl et al. 2002:95, 114–115; vgl. Herr und Najjar 2001). Die Auswertung und Interpretation der wenigen Fundplätze auf dem nordjordanischen Plateau, die bislang ergraben oder systematisch begangen wurden[2], wird darüber hinaus häufig dadurch erschwert, daß die eisenzeitlichen Schichten durch zeitlich spätere Bauaktivitäten gestört oder die entsprechenden Arbeiten nicht oder nur unzureichend publiziert wurden. Hinzu kommt, daß in der betrachteten Region, dem nordjordanischen Plateau, bisher kaum eine Siedlung mit kontinuierlicher Siedlungsabfolge zwischen dem Ende der Spätbronzezeit und der hellenistischen Periode ausgegraben und publiziert

---

[1] Vgl. in diesem Zusammenhang beispielsweise die Arbeiten von Glueck (1951a,b); Mittmann (1970); Banning und Fawcett (1983); Ibrahim, Sauer, Yassine (1976); Lapp (1989); Lenzen, McQuitty (1988); Ma'ani (1992); McGovern (1997); Kamlah (2000) und Bartl et al. (2001, 2002).

[2] Zu einer systematischen Zusammenstellung der bislang untersuchten archäologischen Fundplätze auf dem nordjordanischen Plateau vgl. beispielsweise die Ausführungen von Herr und Najjar (2001:323–330; 332; 334–335), Bienkowski (2001a: 349–352) und Kamlah (2000:145–148).

wurde (vgl. Kap. 3.2).[3] Eine verläßliche regionale Keramiksequenz für den entsprechenden Zeitraum fehlt und eine Klassifizierung des Materials ist nur mit Hilfe von Systemen möglich, die für andere Regionen entwickelt wurden.[4]
Vor diesem forschungsgeschichtlichen Hintergrund bot sich dem Autor während eines von der Alexander von Humboldt-Stiftung (Feodor-Lynen Programm) geförderten Aufenthaltes an der Yarmouk Universität in Irbid die Möglichkeit, die direkte Umgebung der modernen, schnell wachsenden Stadt Irbid im Norden Jordaniens archäologisch zu erkunden (Lamprichs 1996a,b). Die zusammen mit dem Institute of Archaeology and Anthropology der Yarmouk Universität 1995 aufgenommenen Arbeiten konzentrierten sich in einem ersten Schritt auf eine Reihe kleiner, bislang archäologisch kaum beachteter Fundplätze südwestlich der zweitgrößten jordanischen Stadt (Abb. 2): Tell Johfiyeh, Tell Beit Yafa, Tell esh-Sheqaq, Zaharet Soq'ah, Qasr el-Ghul und Tell Kufr Yuba. Eine entsprechende Analyse der Fachliteratur zeigte, daß keiner dieser Fundplätze bislang Gegenstand systematischer archäologischer Untersuchungen gewesen war. Ähnliches gilt für die in einem zweiten Schritt betrachteten Fundplätze Muntar Zibdeh, Muntar Yarin, Zambut Meleik, Deir Burak und Khirbet Fara in der direkten Umgebung von Tell Johfiyeh (Abb. 2). Dies war umso bedauerlicher, da Schriftquellen, die die Rolle und Funktion dieser und weiterer Fundorte, ihre materielle Kultur und ihre Beziehungen zueinander erschließen helfen könnten, auch hier fast vollständig fehlen. Die wenigen in der Fachliteratur zur Verfügung stehenden Informationen stammten ausschließlich aus frühen Reiseberichten (z.B. Schumacher 1893 u. Steuernagel 1926, Abel 1967), den Untersuchungen von Nelson Glueck (1951a,b), der die Region im Rahmen seiner ausgedehnten „Explorations in Eastern Palestine" bereiste und ver-

[3] Die Fundorte Tell el-Fukhar (Strange 1997), Abila (Mare 1992), Tell Abu al-Kharaz (Fischer 1996) und Tell Irbid (Lenzen 1988) weisen wahrscheinlich eine Siedlungskontinuität von der Spätbronze- zur Eisenzeit I und teilweise darüber hinaus auf. Archäologische Hinweise auf den nachfolgenden Übergang von der Eisenzeit I zur Eisenzeit II stammen beispielsweise aus Tell el-Husn (Leonard 1987), Tell Irbid (Lenzen 1988), Tell ar-Rumeith (Lapp 1975), al-Mafraq (Piccirillo 1976) und Fadayn (Humbert 1989). Eine von der Eisenzeit II bis in die persische Periode reichende Besiedlung kann auf dem nordjordanischen Plateau schließlich nur noch für die Fundplätze Tell el-Mu'allaqa (Kamlah 2000:197), Tell el-Mugaiyir (Ibrahim und Mittmann 1986), Abila ? (Mare 1989) und Tell el-Fukhar (Ottosson 1993, Strange 1997) angenommen werden.

[4] Die nicht abschließend geklärte Chronologie eisenzeitlicher Keramik aus Nordjordanien beeinträchtigte auch die bisherigen Versuche (z.B. Dornemann 1983, Boling 1988, Humbert 1992 und Ji 1995), diese Periode archäologisch zusammenfassend darzustellen. Inwieweit die kürzlich fertiggestellte Dissertationsschrift von Nasser al-Hindawi (n.d.) zur eisenzeitlichen Keramik des Tell Yamoun hier Abhilfe schaffen kann, bleibt abzuwarten.

schiedenen Fundplatzzusammenstellungen (z.B. Zwickel 1990, Palumbo 1994) sowie verschiedenen thematischen Kartenwerken (z.B. TAVO B IV 6). Fundierte Aussagen zur materiellen Kultur, Funktion und regionalen Stellung der genannten Fundplätze in unmittelbarer Nähe der Stadt Irbid waren auf der Basis der vorhandenen Arbeiten nicht möglich. Ein Ziel der folgenden, in enger Kooperation mit dem Institute of Archaeology and Anthropology (IAA) der Yarmouk Universität in Irbid durchgeführten Forschungsarbeiten in und um Tell Johfiyeh war es daher, neue Daten zur materiellen Kultur der Eisenzeit in Nordjordanien sowie Hinweise zur Funktion und Bedeutung der genannten Fundplätze in der Umgebung von Irbid zu gewinnen. Hierzu wurde in den Folgejahren die Umgebung von Tell Johfiyeh archäologisch begangen (Lamprichs 1997b; 1998a,b; Lamprichs und Kafafi 2000; Lamprichs und Bastert 2004)[5] und der archäologische Fundplatz Tell Johfiyeh während der Jahre 2002–2004 exemplarisch ergraben (Lamprichs 2002a,b,c; 2003a,b,c; 2004a,b; 2005; Lamprichs und al-Sa´ad 2002, 2003, 2004a,b).[6]
Die im Rahmen der archäologischen Ausgrabungen in Tell Johfiyeh erzielten Ergebnisse stehen im Mittelpunkt der folgenden Ausführungen. Ziel ist es, die Funde und Befunde vorzustellen, archäologisch aufzuarbeiten, themenspezifisch auszuwerten und in ihren regionalen und überregionalen Kontext zu setzen. Mit der vorliegenden Arbeit soll eine materielle Basis geschaffen werden, die es erlaubt, die sozio-ökonomischen und politischen Verhältnisse im Bereich südwestlich der modernen Stadt Irbid während der Eisenzeit in Teilbereichen zu rekonstruieren. Im Zentrum eines ersten, einführenden Teils stehen daher allgemeine Angaben zum Fundort Tell Johfiyeh, seiner topographischen Lage und der regionalen Forschungsgeschichte. Ein zweiter, sehr umfangreicher Teil ist der ausführlichen Vorstellung der in den Jahren 2002 bis 2004 in Tell Johfiyeh durchgeführten archäologischen Untersuchungen gewidmet. Hier werden in mehreren Teilen detaillierte Informationen zur Stratigraphie, der Architektur, der Keramik und den Kleinfunden herausgearbeitet und vorgestellt. Appendices mit voll-

---

[5] Die entsprechenden Arbeiten wurden von der Alexander von Humboldt-Stiftung im Rahmen des Feodor-Lynen Nachkontaktprogramms unterstützt.

[6] Die in den Jahren 2002 und 2003 durchgeführten feldarchäologischen Arbeiten in Tell Johfiyeh wurden vom Deutschen Evangelischen Institut für Altertumswissenschaft des Heiligen Landes in Amman (DEIAHL) ermöglicht. Die vom 16.05.2004 bis zum 17.06.2004 terminierte dritte Feldkampagne wurde ebenso wie die vorliegende Forschungsarbeit durch die GERDA HENKEL STIFTUNG ermöglicht. Als Kooperationspartner fungierte während aller drei Kampagnen die Faculty of Archaeology and Anthropology (FAA) der Yarmouk Universität in Irbid. Logistische Hilfe wurde vom Department of Antiquities of Jordan (DoA) in Amman gewährt. Die Feldaufnahme der Architektur erfolgte durch Ute Koprivc und Muaffaq Bataineh.

ständigen Funstellen-, Fund- und Keramiklisten, zahlreichen Abbildungen und umfangreichen Katalogen, die den Keramik- und Kleinfundbestand dokumentieren, ergänzen die entsprechenden Auswertungen und geben einen vertieften Einblick in die materiellen Hinterlassenschaften des Fundortes Tell Johfiyeh. Eine kurze Zusammenfassung der 1997 und 1998 in der Umgebung von Tell Johfiyeh durchgeführten archäologischen Untersuchungen vervollständigt den zweiten Teil der vorliegenden Arbeit. Der dritte und letzte Teil der Ausführungen unternimmt schließlich den Versuch einer Synthese. Neben allgemeinen Aussagen zu den historisch-archäologischen Gegebenheiten auf dem nordjordanischen Plateau während der Eisenzeit werden anhand der erarbeiteten Ergebnisse Vorschläge zur Funktion, der regionalen und überregionalen Stellung von Tell Johfiyeh und den Fundplätzen der Umgebung während der (spät)eisenzeitlich-persischen Periode unterbreitet und der Versuch unternommen, die entsprechenden Verhältnisse im Großraum Irbid zu rekonstruieren.

1.1.1 Lage und Topographie

Der untersuchte Fundort Tell Johfiyeh (Abb. 3) liegt ca. 7,5 Kilometer südwestlich der Stadt Irbid am nördlichen Rand des modernen Dorfes Johfiyeh.[7] Seine topographische Lage auf einer Anhöhe, die sich bis zu 793,00m über den Meeresspiegel erhebt, ist exponiert. Von der flachen Telloberfläche hat man eine gute Aussicht in die Umgebung, die von landwirtschaftlich genutzten Hügeln und schmalen Tälern geprägt wird (Abb. 63). Von den heutigen Bewohnern Johfiyehs werden hauptsächlich Getreide angebaut und Obstgärten unterhalten (Abb. 4).

Der an der Basis leicht ost-westlich ausgerichtete archäologische Fundplatz Tell Johfiyeh bedeckt eine Gesamtfläche von ungefähr 4000qm (Abb. 5). Die ebene, annähernd runde Oberfläche des etwa 7,00m hohen Hügels hat eine Fläche von ca. 950qm. Pflugspuren deuteten zu Grabungsbeginn eine rezente landwirtschaftliche Nutzung der Hügeloberfläche an. Die Hänge des Tells und seine direkte Umgebung sind mit zahlreichen großen und mittelgroßen Steinen bedeckt. Im Gegensatz zu ähnlichen Fundplätzen in der direkten Umgebung (vgl. z.B. Tell Beit Yafa, Tell esh-Sheqaq) ist der allgemeine Erhaltungszustand von Tell Johfiyeh sehr gut. Kleinere Zerstörungen und einige Raubgrabungen fanden sich an den Hängen und auf der Hügeloberfläche. Natürliche Erosion spielt in Tell Johfiyeh nur eine untergeordnete Rolle und hatte kaum Auswirkungen auf den Fundort. Zu den sichtbaren Oberflächenstrukturen gehört eine bis zu 1,00m hoch anstehende und 0,80m breite Mauer, die das annähernd runde Plateau der Telloberfläche fast

---

[7] Die genauen Koordinaten des untersuchten Fundplatzes lauten: UTM-Zone 36; UTME 7652; UTMN 35986.

vollständig umschließt (Abb. 8, 15).[8]

1.2 Die archäologische Erforschung des Tell Johfiyeh und seiner Umgebung

Folgt man Nelson Glueck (1951a:172; 1951b), der den Fundplatz im Rahmen seiner ausgedehnten „Explorations in Eastern Palestine“ besuchte, wurde Tell Johfiyeh vorrangig während der Eisenzeit I und II genutzt. Nur einige wenige Scherben, die von der römischen Zeit bis in das islamische Mittelalter datieren, verweisen nach Glueck auf eine spätere Besiedlung von Tell Johfiyeh. Neben Glueck erwähnen nur Steuernagel (1926), Zwickel (1990:309) und Palumbo (1994:2221.007) den Fundort in ihren Niederschriften und Fundplatzzusammenstellungen. Die von Ihnen niedergeschriebenen Informationen zu Tell Johfiyeh decken sich weitgehend mit den Aussagen von Glueck. Weitere archäologische Untersuchungen fanden bis in die jüngste Vergangenheit hinein nicht statt. Erst 1995 wurde damit begonnen, die wenigen bislang publizierten Erkenntnisse wissenschaftlich zu ergänzen und zu überprüfen.

1.2.1 Voruntersuchungen in der Region 1995–2000

Eine unter der gemeinsamen Leitung des Autors, Zeidan Kafafi und Ziad al-Sa'ad (Institute of Archaeology and Anthropology der Yarmouk Universität, Irbid) während der letzten Jahre (1995–96, 1997, 1998) durchgeführte Untersuchung zeigte, daß die bislang weitgehend unerforschten Gebiete direkt westlich und südwestlich der nordjordanischen Großstadt Irbid von einer Anzahl kleiner, jeweils nur ca. 0,5ha großer Siedlungshügel dominiert werden. Die durchgeführten Untersuchungen in Tell Johfiyeh, Tell Beit Yafa, Tell esh-Sheqaq, Zaharet Soq'ah, Qasr el-Ghul und Tell Kufr Yuba sowie Muntar Zibdeh, Muntar Yarin, Zambut Meleik, Deir Burak und Khirbet Fara zeigten (Abb. 2), daß die untersuchten Fundplätze zahlreiche Gemeinsamkeiten in bezug auf ihre topographische Lage, Größe und Form aufweisen (Lamprichs 1997a:13–14; 1997b:435–465; 1998a:16–17; 1998b: 589–590; Lamprichs und Kafafi 2000:87–126; Lamprichs und Bastert 2004:217–223). Große Unterschiede wurden lediglich hinsichtlich des allgemeinen Erhaltungszustandes dokumentiert. Hier wies Tell Johfiyeh als einziger Fundort keine großflächigen Zerstörungen auf (Lamprichs 1996a:325–342; 1996b:10). Alle untersuchten Fundplätze haben eine runde oder ovale Grundform, liegen in exponierter Lage auf einer Höhe von über 600m ü.NN und sind von landwirtschaftlichen Nutzflächen umgeben, die

[8] Eine weitere Mauer am Fuß des Fundplatzes, die in etwa die Grenzen des Tells beschreibt, steht noch bis zu einer Höhe von 2,5m an. Ihre Breite beträgt etwas über 1,0m. Eine Befragung der Bevölkerung zeigte jedoch, daß diese Mauer im Rahmen landwirtschaftlicher Arbeiten erst während der letzten Jahre errichtet wurde. Inwieweit ihr Verlauf älteren Strukturen folgt, wurde bislang nicht untersucht.

heutzutage eine Überschußproduktion landwirtschaftlicher Güter ermöglichen. Die Entfernungen zwischen den einzelnen Siedlungshügeln sind gering (vgl. Abb. 2). Teilweise besteht Sichtkontakt untereinander. Ein dichter Belag mittelgroßer und großer Steine macht es wahrscheinlich, daß sie alle eine Umfassungsmauer und massive Steininstallationen aufgewiesen haben. Bei fast allen untersuchten Fundplätzen bildet die Eisenzeit wahrscheinlich eine Hauptbesiedlungsphase. Weiterhin sind Reste aus römischer, byzantinischer oder frühislamischer Zeit bezeugt. In Übereinstimmung mit den Aussagen Gluecks (1951a:172) konnte der überwiegende Teil der aufgesammelten Keramikscherben in die Eisenzeit datiert werden.[9] Charakteristisch für das auf der Oberfläche von Tell Johfiyeh gefundene Material der Eisenzeit waren neben anderen Gefäßformen verschiedene Kochtöpfe, Schalen, Vorratsgefäße und rillenverzierte Kratere. Kochtöpfe mit einer „dreieckigen", lang nach unten gezogenen Lippe fehlten hingegen vollständig (Lamprichs 1997b:435–465). Die ansonsten an der Oberfläche vorgefundenen Keramikscherben datierten größtenteils in die byzantinische und frühislamische Zeit. Nur in wenigen Keramikassemblagen fanden sich Stücke aus der Bronzezeit und anderen früheren und späteren Perioden. Des weiteren fanden sich einige wenige Scherben der osmanischen Zeit. Darüber hinaus wurde deutlich, daß die kleinen Fundplätze während der Eisenzeit geregelte Beziehungen zueinander unterhalten haben müssen und wahrscheinlich von größeren Orten mit zentraler Funktion abhängig waren. Wie die Analyse des regionalen Kartenmaterials (z.B. Höhne 1981; TAVO B IV 6) zeigt, bilden die untersuchten Fundplätze westlich und südwestlich von Irbid ein annähernd ovales, nach Osten hin offenes Muster, das im Norden von der modernen Stadt Irbid mit dem Tell Irbid und im Süden von Tell el-Husn begrenzt wird (Abb. 2). Als potentielle Zentralorte, in denen Einrichtungen des Kults, der Verwaltung und politischen Führung zusammengefaßt wurden, können daher Tell Irbid und Tell el-Husn (Abb. 6), ein ca. 9km südlich von Irbid gelegener sehr großer Fundplatz, angenommen werden.[10]

---

[9] Auf die von Glueck vorgenommene feinteilige Klassifizierung der eisenzeitlichen Oberflächenfunde wurde hier verzichtet, da entsprechende regionale Vergleichsorte fehlen. Vergleiche der hier vorgefundenen eisenzeitlichen Oberflächenkeramik mit Stücken aus Palästina, Mittel- und Südjordanien (z.B. Amiran 1969) deuteten aber an, daß eine „Hauptbesiedlungsphase" von Tell Johfiyeh und den genannten Fundplätzen in seiner Umgebung in die Eisenzeit II (spät) fällt. Weiterhin kann nicht ausgeschlossen werden, daß diese Phase mit der assyrischen Expansion nach Westen in der zweiten Hälfte des 8. vorchristlichen Jahrhunderts eingeleitet wurde (vgl. Kap. 3.2). Zu den Assyrern in Nordjordanien vgl. Bienkowski (2000:46–47). Zur Westexpansion des assyrischen Reiches vgl. Lamprichs (1995).

[10] Vgl. die Ausführungen des Kapitels 2.5, das die Ergebnisse der 1997 und 1998 in der Umgebung des Tell Johfiyeh durchgeführten Voruntersuchungen zusammenfassend wiedergibt.

Vertiefte Einblicke in die materielle Kultur der Eisenzeit im Untersuchungsgebiet sowie Hinweise zur Bedeutung und Funktion der untersuchten Fundplätze in der unmittelbaren Umgebung von Irbid konnten im Rahmen der genannten Untersuchungen jedoch nicht gewonnen werden. Entsprechende Daten waren nur im Rahmen einer exemplarischen Ausgrabung eines der genannten Fundplätze zu erwarten. Aufgrund seines guten Erhaltungszustands, der quantitativ und qualitativ herausragenden Oberflächenfunde sowie seiner geringen Größe, die ein ausgesprochen günstiges Verhältnis von Arbeitsaufwand und Informationsgewinn versprach, wurde daher im Jahr 2002 mit der exemplarischen Ausgrabung des Tell Johfiyeh begonnen. Die entsprechenden Arbeiten wurden in den Jahren 2003 und 2004 fortgeführt.

1.2.2 Archäologische Ausgrabungen in Tell Johfiyeh 2002–2004

Dank der finanziellen und logistischen Unterstützung durch das Deutsche Evangelische Institut für Altertumswissenschaft des Heiligen Landes in Amman (DEIAHL) und der Faculty of Archaeology and Anthropology (FAA) der Yarmouk Universität in Irbid konnten im Frühsommer 2002 die archäologischen Arbeiten in Tell Johfiyeh, einem ca. 7,5km südwestlich der nordjordanischen Stadt Irbid gelegenen eisenzeitlichen Fundplatz, aufgenommen werden (Lamprichs 2002b,c; 2003b; 2004b; Lamprichs und al-Sa'ad 2002; 2003). In diesem und dem folgenden Jahr konnte jeweils eine dreiwöchige archäologische Feldkampagne in Tell Johfiyeh durchgeführt werden. Die erzielten Ergebnisse waren wissenschaftlich sehr vielversprechend (Lamprichs 2003a; 2004a; Lamprichs und al-Sa'ad 2003, 2004a,b) und machten eine dritte und (vorläufig) letzte vierwöchige feldarchäologische Kampagne im Frühsommer 2004 erforderlich (Lamprichs und al-Sa'ad 2005). Die entsprechenden Arbeiten des Jahres 2004 wurden ebenso wie die anschließenden Forschungen von der Gerda Henkel Stiftung ermöglicht. Die logistischen und wissenschaftlichen Vorbereitungen sowie die archäologischen Arbeiten vor Ort standen jeweils unter der gemeinsamen Leitung des Autors und Ziad al-Sa'ad (FAA), die das Projekt im Rahmen einer Kooperation gemeinsam durchführten.[11] Die in den Jahren 2002 bis 2004 durchgeführten Arbeitsschritte können wie folgt zusammengefaßt werden:

1.2.2.1 Die Kampagne 2002

Im Rahmen einer ersten dreiwöchigen Ausgrabungskampagne im Frühsommer 2002 (05.05.2002 bis 26.05.2002) wurde ein topographischer Plan

---

[11] Das Projekt wurde durch das Department of Antiquities of Jordan (DoA) und seinen Generaldirektor, Dr. Fawwaz al-Khraysheh, sowie durch die jeweiligen Leiter der lokalen Antikenbehörde in Irbid unterstützt. Ihnen sei an dieser Stelle noch einmal recht herzlich gedankt.

des Fundplatzes erstellt (Abb. 5)[12] und ein künstliches, nach Norden ausgerichtetes Netz (10,00m × 10,00m) über den Tell gelegt (Abb. 7).[13] Innerhalb dieses Netzes wurden acht Areale (1–8) ausgewählt und mehrere Grabungsschnitte angelegt. Zwischen den Arealgrenzen und Grabungsschnitten wurde in der Regel ein Bereich von 0,50m nicht ausgegraben, so daß Stege von jeweils 1,00m Breite zwischen den verschiedenen 10,00m × 10,00m messenden Arealen entstanden, die als „Verkehrsflächen" genutzt werden konnten.[14] Mit Ausnahme der beiden Grabungsschnitte in den Arealen 1 und 2, die im südwestlichen Hangbereich liegen, befinden sich alle weiteren im Jahr 2002 angelegten Schnitte (Areale 3–8) auf der ebenen, von einer „Umfassungsmauer" umgebenen Telloberfläche. Insgesamt konnte 2002 eine Fläche von ca. 210,00qm archäologisch geöffnet werden (Abb. 8).[15] Die

[12] An der Pilotkampagne im Frühsommer 2002 haben folgende Personen wissenschaftlich mitgewirkt: Nabil Qadi (Irbid/Jordanien); Dia Tawalbeh (Repräsentant des DoA, Irbid/Jordanien); Muaffaq Batainah (Irbid/Jordanien); Hussein Debajah (Irbid/Jordanien); Katrin Bastert, M.A. (Amman/Jordanien); Arnd Kulla (Amman/Jordanien); Dr. Lutz Martin (Berlin/Deutschland); Elke Posselt, M.A. (Berlin/Deutschland); Ute Koprivc (Remscheid/Deutschland); Gerhard Reimann (Offenbach/Deutschland) und Elke Smidt-Kulla (Solingen/Deutschland). Die Tuschezeichnungen der Kleinfunde und der Keramik wurden im Jahr 2002 von Sophiaz Kabajeh und Elke Posselt, M.A. angefertigt. Ihnen allen sei ebenso wie unseren lokalen Arbeitskräften aus Johfiyeh recht herzlich für ihr Engagement gedankt.

[13] Der Schnittpunkt der Nord- und Südachsen dieses künstlichen Netzes, der die Südwestecke des Areals 9 beziehungsweise die Südostecke des Areals 6 bildet, trägt die von uns festgelegten Koordinaten Nord (N) 100,00m / Ost (O) 100,00m (Abb. 9). Als Höhenbezugspunkt wurde eine Marke auf der südlichen Umfassungsmauer bei N 80,80m O 102,90m festgelegt und mit dem (fiktiven) Höhenwert 100,00m versehen, da zu Beginn der Arbeiten kein exakter Höhenpunkt im Einzugsbereich des Tells ermittelt werden konnte.

[14] Ausnahmen von dieser Regel wurden im Jahr 2002 nur im Hangbereich der Areale 1 und 2 sowie an der Ostgrenze des Areals 5 gemacht. Hier wurde aufgrund der topographischen Gegebenheiten auf einen Steg zwischen den beiden je 5,00m × 5,00m messenden Grabungsschnitten im Südwesten des Areals 2 und im Südosten des Areals 1 verzichtet. Gleiches gilt für Areal 5, wo die östliche Arealgrenze teilweise mit der Umfassungsmauer zusammenfällt.

[15] Im Jahr 2002 wurden folgende Grabungsschnitte angelegt: Areal 1: 5,0m × 5,0m Schnitt in der Südostecke des Areals; Areal 2: 5,0m × 5,0m Schnitt in der Südwestecke des Areals. Die Nordostecke des Schnitts im direkten Anschluß an die Umfassungsmauer (Telloberfläche) wurde nicht archäologisch untersucht; Areal 3: Je ein 2,0m beziehungsweise 2,5m breiter Schnitt entlang der östlichen und nördlichen Arealgrenze, die zusammen die Form eines im Uhrzeigersinn verdrehten „L" ergeben; Areal 4: Je ein 2,0m beziehungsweise 4,50m breiter Schnitt entlang der westlichen und nördlichen Arealgrenze, die zusammen die Form eines entgegen des Uhrzeigersinns verdrehten „L" ergeben; Areal 5: Ein 4,0m breiter Schnitt entlang der

beobachtete Fund- und Keramikdichte war sehr hoch. Erste Funde und unzusammenhängende Strukturen fanden sich bereits wenige Zentimeter unter der rezenten Oberfläche des Tells. Insgesamt konnten 141 Fundstellen voneinander getrennt werden und mehr als 500 Fundnummern vergeben werden. Die im Jahr 2002 innerhalb der Umfassungsmauer (Areale 3–8) registrierten archäologischen Hinterlassenschaften waren sehr homogen und verwiesen überwiegend auf häusliche Tätigkeiten in einer landwirtschaftlichen Welt. Es dominierten Gegenstände für den Transport, die Verarbeitung und Lagerung landwirtschaftlicher Erzeugnisse. Neben zahlreichen Feuer-, Koch- und Backstellen, konnten verschiedene Mahlsteine, Mörser, Stößel (konisch, eckig, rund), Schaber, Reibsteine und Schalen (rund, eckig) aus Basalt, Webgewichte, Spinnwirtel, „Tonknöpfe“, Gefäßverschlüsse, Steinmörser und Steingefäße, Metallgegenstände sowie Reste von Vorratsgefäßen und Kochtöpfen aus Ton in großer Anzahl ergraben werden (vgl. z.B. Kleinfundkatalog Tafeln 5,01; 18,04; 20,05; 33,01; 37,04).[16] Die 2002 ergrabenen Architekturreste erwiesen sich hingegen als sehr heterogen und ließen in der Regel noch keine eindeutigen Strukturen erkennen. Eine Ausnahme bildeten nur die im Zusammenhang mit einem Wasserreservoir (Zisterne) im Osten des Areals 5 gefundenen kleinen Steinsetzungen, die gemeinsam mit den wahrscheinlich tiefer gründenden massiven Mauern dieses Bereichs kleine Kammern bildeten (Abb. 9, 10). Die hier ergrabenen materiellen Hinterlassenschaften unterschieden sich deutlich von den auf der Telloberfläche ansonsten beobachteten Fundassemblagen. Neben Glasresten, Tesserae, einer Münze und einem Dekorelement aus Marmor konnte auf dem Boden der Zisterne (2,5m × 2,7m × 3,5m) ein fast vollständig erhaltener Keramikkrug (Keramikkatalog Tafel 135,01; Abb. 75) sowie unweit hiervon in den oberen Lagen einer der Kammern eine fast vollständige Schale (Keramikkatalog Tafel 143,01; Abb. 74)[17] gefunden werden. Ein ähnliches Bild ergibt

---

östlichen Arealgrenze; Areal 6: Je ein 2,0m breiter Schnitt entlang der östlichen und nördlichen Schnittbegrenzung, die wie in Areal 3 die Form eines im Uhrzeigersinn verdrehten „L“ bilden; Areal 7: Ein Schnitt in Form eines rechtwinkligen Dreiecks, der sich südöstlich an die Umfassungsmauer anschließt. Die „Katheten“ des Dreiecks messen 5,0m (W-O) beziehungsweise 3,5m (N-S) und die als „Hypothenuse“ fungierende Umfassungsmauer ca. 6,5m; Areal 8: Reinigung eines Bereichs im Südosten des Areals, der an eine Störung (Raubgrube ?) in der Umfassungsmauer anschloß. Die Begrenzungen des unregelmäßigen Schnitts haben in etwa folgende Maße: Nordbegrenzung: 3,0m; Ostbegrenzung: 2,4m; Südbegrenzung: 1,5m; Grenze entlang der Umfassungsmauer: 2,8m.

[16] Eine erste Durchsicht des Materials, das in der Regel nur wenige Zentimeter unterhalb der durchpflügten Oberfläche des Tells gefunden wurde, zeigte für den Bereich innerhalb der Umfassungsmauer eine quantitative Dominanz von „eisenzeitlichen“ Stücken.

[17] Zu dieser Schale, die in die omaijadische Zeit datiert werden kann, vgl. Sauer (1973:41, Fig. 3:118).

sich für die im südwestlichen Hangbereich des Tells gelegenen Schnitte der Areale 1 und 2 (Abb. 9). Die Zusammensetzung der hier gemachten Funde weicht ebenfalls stark von der auf der Telloberfläche ab.[18] Die am Hang freigelegten Architekturreste gaben darüber hinaus erste Hinweise auf die Struktur und den Aufbau des Tells. Nur 1,50m unterhalb der heutigen Oberkante konnte eine ca. 2,00m breite Steinsetzung (Terrasse) erfaßt werden (Abb. 70), die der Umfassungsmauer direkt vorgelagert ist und wahrscheinlich ebenfalls den gesamten Tell umschließt. Dieser Terrasse wiederum vorgelagert, konnte in Areal 1 auf einem 2,70m tieferen Niveau die Begehungsfläche eines ca. 3,50m × 3,60m großen Raumes erfaßt werden (vgl. Kapitel 2.2.5, Abb. 58, 71; Horizont V), der es wahrscheinlich macht, daß zu bestimmten Perioden nicht nur der „Innenbereich" des Siedlungshügels, sondern auch sein „Fuß" besiedelt wurde.[19] Faßt man die Ausführungen zur Pilotkampagne des Jahres 2002 zusammen, so ist es in nur drei Arbeitswochen gelungen, die logistischen und inhaltlichen Grundlagen für die wissenschaftliche Erforschung des Fundplatzes zu legen. Neben der Erstellung eines topographischen Plans konnte ein nach Norden ausgerichtetes Netz (10,0m × 10,0m) über den Fundplatz gelegt und die Oberflächenstrukturen dokumentiert werden. Die Anlage eines Hangschnitts im Südwesten (Areale 1 und 2) und der Beginn der Flächengrabung in den Arealen 3 bis 8 im Kernbereich des Fundplatzes lieferten darüber hinaus erste Hinweise auf seine Struktur, die zeitliche Stellung und Funktion.

1.2.2.2 Die Kampagne 2003

Im Rahmen einer zweiten, ebenfalls nur dreiwöchigen Kampagne im Jahr 2003 (24.05.2003 - 14.06.2003) konnte die Flächengrabung in den Arealen 2 und 4 bis 7 fortgeführt sowie in den Arealen 9 bis 12 neu aufgenommen werden (Abb. 11).[20] Des weiteren wurde mit der Anlage eines Tiefschnitts

---

[18] Eine erste Durchsicht machte es hier wahrscheinlich, daß Stücke der byzantinischen/omaijadischen Zeit die Assemblagen dominieren. Des weiteren konnten wahrscheinlich einige wenige hellenistisch/römische Stücke identifiziert werden.

[19] Eine erste Auswertung des verwendeten Baumaterials und des auf der Begehungsfläche gefundenen archäologischen Materials machte eine Nutzung dieses Bereichs während der byzantinisch/omaijadischen Zeit wahrscheinlich.

[20] An den feldarchäologischen Aktivitäten im Frühsommer 2003 haben folgende Personen mitgewirkt: Dr. Lutz Martin (Berlin/Deutschland), Dr. Andreas Kunz (Leipzig/Deutschland), Katrin Bastert, M.A. (Amman/Jordanien), Gerhard Reimann (Offenbach/Deutschland), Dipl.-Ing. Kai Poenitz (Freiberg/Deutschland), Nabil Qadi (Irbid/Jordanien), Muaffaq Batainah (Irbid/Jordanien), Hussein Debajah (Irbid/Jordanien), Einat Khreis (Irbid/Jordanien), Dia Tawalbeh (Repräsentant des DoA, Irbid/Jordanien), Ute Koprivc (Remscheid/Deutschland), Irmtraud Schmalfuss (Offenbach/Deutschland). Als Vertreter des Department of Antiquities, Abteilung Irbid, fungierte Ibrahim Zoubi. Die Zeichnungen der Keramikscherben und Kleinfunde wurden von Ahmed al-Momani angefertigt. Ihnen und den lokalen Arbeits-

im nordwestlichen Bereich des Areals 3 begonnen.[21] Ziel der Aktivitäten des Jahres 2003 war es, weitere Hinweise auf die Architektur, die Struktur und die Siedlungsabfolge des Fundplatzes zu gewinnen. Bis zum Ende der Kampagne wurden im Rahmen der Flächengrabung daher insgesamt 400qm in 9 Arealen neu geöffnet.[22] Zusammen mit den bereits 2002 geöffneten Flächen waren somit zu Beginn der dritten Kampagne im Mai 2004 bereits mehr als 600qm des Fundplatzes wissenschaftlich untersucht worden. Dies entspricht in etwa 2/3 der Telloberfläche (Abb. 12). Insgesamt konnten 2003 145 Fundstellen voneinander getrennt und über 650 Fundnummern vergeben werden. Die Zusammensetzung der Fundassemblagen verweist, wie bereits im Jahr 2002, wiederum vorrangig auf häusliche Tätigkeiten in einer von der Landwirtschaft geprägten Umwelt. Es dominieren Gegenstände für den Transport, die Verarbeitung und Lagerung landwirtschaftlicher Erzeugnisse. Neben Kochstellen konnten u.a. verschiedene Schaber, Stößel, Mörser, Schalen und Reibsteine aus Basalt, Spinnwirtel, Webgewichte, „Tonknöpfe", Gefäßverschlüsse, Steinmörser sowie zahlreiche Keramikgefäße registriert werden. Die Arbeiten des Jahres 2003 erbrachten darüber hinaus erstmalig auch Funde in nennenswerter Anzahl hervor, die nicht in unmittel-

---

kräften sei für ihren Einsatz noch einmal recht herzlich gedankt. Dank gebührt auch dem Generaldirektor des Department of Antiquities (DoA), Dr. Fawwaz al-Khraysheh, der das Projekt wiederum nach Kräften unterstützte.

[21] Der Tiefschnitt wurde im Jahr 2003 ca. 4,0m weit abgetieft. Die entsprechenden Arbeiten wurden im Jahr 2004 fortgesetzt.

[22] Im Jahr 2003 wurden folgende Grabungsschnitte angelegt: Areal 1: Die 2002 in Areal 1 und 2 erfaßte sogenannte Terrasse (Loci 1002, 2004) konnte durch den Abtrag der Oberfläche im nordwestlichen Quadranten des Areals 1 weiter nach Nordwesten verfolgt werden (Loci 1015, 1016); Areal 2: Ein 4,50m breiter Streifen entlang der Ostbegrenzung des Areals. Die südliche Grenze des Schnitts bildet die hier verlaufende Umfassungsmauer. Areal 3 - Tiefschnitt: In Fortführung des 2002 angelegten Nordschnitts, wird eine 4,50m × 2,50m große Fläche in der Nordwestecke des Areals weiter abgetieft. Areal 4: Ein 7,00m × 4,50m großer Streifen im Südosten des Areals, der nördlich und westlich an die bereits 2002 ergrabenen Flächen anschließt. Areal 5: Ein 5,50m × 9,00m breiter Streifen entlang der Westgrenze des Areals, der im Osten an die 2002 ergrabene Fläche des Areals 5 anschließt. Areal 6: Ein 2,50m × 7,00m breiter Streifen, der westlich an den Ostschnitt und südlich an den Nordschnitt des Jahres 2002 anschließt. Areal 7: Ein ca. 4,00m × 3,00m breiter Streifen in der Südostecke des Areals, der westlich an die 2002 freigelegte Fläche angrenzt. Der Steg zwischen Areal 6 und dem 2002 freigelegten Bereich des Areals 7 wird ebenfalls abgetragen. Areal 9: Der gesamte Bereich (9,00m × 9,00m) des Areals mit Ausnahme der Stege. Areal 10: Der gesamte Bereich (ca. 9,00m × 8–8,50m) des Areals, der nördlich der Umfassungsmauer liegt. Areal 11: Der gesamte Bereich des Areals (ca. 9,00m × 3,00m), der südlich der Umfassungsmauer liegt. Areal 12: Ein 9,00m × 4,50m breiter Streifen entlang der südlichen Arealgrenze.

barem Zusammenhang mit landwirtschaftlichen Tätigkeiten stehen. Hierzu gehören u.a.: Schmuckelemente wie Perlen aus Karneol und Fritte (vgl. Kleinfundkatalog Tafeln 35,03; 35,04), durchbohrte Steinscheiben und Muscheln, eine Kleiderfibel aus Bronze (vgl. Kleinfundkatalog Tafel 38,04), zwei Schminkpaletten (teilweise mit Verzierung) aus poliertem Stein (vgl. Kleinfundkatalog Tafeln 1,01; 1,02) sowie eine kleine dreifüßige Basaltschale für die Zubereitung von Gewürzen oder Kosmetika (vgl. Kleinfundkatalog Tafel 2,01; Abb. 13). Hinzu kommen ein Beil und mehrere Pfeilspitzen aus Eisen.

Die 2002 im östlichen Bereich des Areals 5 (Zisterne) und im südwestlichen Hangbereich beobachtete unterschiedliche Zusammensetzung der Fundassemblagen konnte in diesem Jahr fast ausschließlich in den oberen Lagen der neu geöffneten Bereiche in den Arealen 5, 9, 10, 11, 12 beobachtet werden. Hier fanden sich direkt unter der Oberfläche u.a. zahlreiche Keramikscherben und fast vollständige Gefäße (vgl. z.B. Keramikkatalog Tafeln 136,01; 136,02; Abb. 76), die an die aus Areal 5 (Osthälfte) und den südwestlichen Hangbereich bekannten Stücke erinnern.[23]

Zu den 2003 im Zentralbereich des Tells erfaßten Architekturresten gehört ein großes Haus, das sich über die Areale 9 und 6 erstreckt (vgl. Abb. 12, 44, 67). Hinzu kommen mehrere kleine „Kammern“ die in verschiedenen Bereichen (Arealen) innerhalb der Umfassungsmauer freigelegt werden konnten (Abb. 14, 68).[24] Zusammen mit den 2003 in Tell Johfiyeh dokumentierten Funden wurde hieraus die Arbeitshypothese abgeleitet, daß es sich bei den bislang innerhalb der Umfassungsmauer freigelegten Resten im wesentlichen um eine landwirtschaftliche Anlage handeln könnte, die aus einem Haupthaus im nördlichen Bereich des Tells und mehreren Lager- und Verarbeitungseinheiten im Süden und Osten des Tells bestanden hat. Miteinander verbunden wurden sie wahrscheinlich durch radial verlaufende Wege (Abb. 15, 65).

1.2.2.3 Die Kampagne 2004

In einer dritten und (vorerst) letzten Kampagne im Frühsommer 2004 (17.05.2004 – 15.06.2004) wurde die Flächengrabung in den Arealen 2, 3 und 6 fortgesetzt sowie in den Arealen 8(Ost) und 14 neu aufgenommen.[25]

---

[23] Der Anteil dieser Stücke an den Keramikassemblagen nahm in diesen Bereichen mit fortschreitendem Abstand zur rezenten Oberfläche kontinuierlich ab (vgl. Kapitel 2.3).

[24] Zu Fragen der stratigraphischen Zusammengehörigkeit der verschiedenen Strukturen vgl. die detaillierten Ausführungen zur Stratigraphie und Architektur in den Kapiteln 2.1 und 2.2.

[25] An den archäologischen Arbeiten im Frühsommer 2004 haben folgende Personen mitgewirkt (Abb. 18.1): Dr. Kai Kaniuth (Münster/Deutschland), Dr. Andreas Kunz-Lübke (Leipzig/Deutschland), Katrin Bastert, M.A. (Dresden/Deutschland), Maher

Der 2003 begonnene Tiefschnitt im Südwesten des Areals 3 wurde nach Süden erweitert und im westlich anschließenden Hangbereich in den Arealen 8(West) und 13 ein Stufenschnitt angelegt. Darüber hinaus wurden die Flächen des Areals 9 gereinigt. Insgesamt konnten im Jahr 2004 weitere 175qm archäologisch geöffnet werden (Abb. 16). Zusammen mit den bereits 2002 und 2003 ergrabenen Flächen wurden somit bis zum Ende der Kampagne über 775qm des Fundplatzes wissenschaftlich untersucht (Abb. 17, 18). Bezogen auf den von einer Umfassungsmauer umgebenen Zentralbereich des Tells, entspricht dies einer ergrabenen Fläche von annähernd 80% (Abb. 18).[26] Ziel der 2004 durchgeführten Arbeiten war es, die verbliebenen Flächen westlich und südwestlich des Hauses 1 (Areal 9, 6) zu ergraben und die Zusammenhänge mit den südlich und südöstlich anschließenden Bereichen zu klären. Mit Hilfe des Tief- und Stufenschnitts im westlichen Hangbereich sollte darüber hinaus der Aufbau des Fundplatzes und seine Besiedlungsgeschichte abschließend geklärt werden. Insgesamt konnten im Jahr

---

Tarboush (Irbid/Jordanien), Nabil Qadi (Irbid/Jordanien), Muaffaq Batainah (Irbid/Jordanien), Hussein Debajah (Irbid/Jordanien), Ali Scotten (Irbid/Jordanien), Katrin Lübke (Freiberg/Deutschland), Richard Graupner (Leipzig/Deutschland), Jamil Alaijan (Repräsentant des DoA, Amman/Jordanien), Judith Seidel (Leipzig/Deutschland), Ute Koprivc (Remscheid/Deutschland). Als Vertreter des Department of Antiquities, Abteilung Irbid, stand uns Waji Kharasneh hilfreich zur Seite. Den genannten Teilnehmern und unseren lokalen Arbeitskräften aus dem modernen Dorf Johfiyeh sei für ihre Unterstützung an dieser Stelle noch einmal recht herzlich gedankt. Dank gebührt auch in diesem Jahr dem Generaldirektor des Department of Antiquities, Dr. Fawwaz al-Khraysheh, der das Projekt wiederum sehr wohlwollend begleitete.

[26] Im Jahr 2004 wurden folgende Grabungsschnitte neu angelegt beziehungsweise fortgeführt: Areal 2: Ein ca. 4,50m × 4,50m großes Quadrat in der Nordwestecke des Areals. Die südwestliche Begrenzung des Schnitts wird von der hier verlaufenden Umfassungsmauer gebildet; Areal 3: Ein 4,50m × 3,50m großer Streifen in der Südwestecke des Areals; Areal 3 (Tiefschnitt): Die Fläche des Tiefschnitts wird um 2,00m nach Süden erweitert. Es ergibt sich somit eine Gesamtfläche von 4,50m × 4,50m für den Tiefschnitt. Im Verlauf der Arbeiten des Jahres 2004 wird darüber hinaus der Steg zu dem östlich anschließenden Areal 8 abgetragen; Areal 6: Ein 4,50m × 7,00m breiter Streifen entlang der Westgrenze des Areals, der nördlich und östlich an die Schnitte des Jahres 2002 und 2003 anschließt; Areal 8: 1. Areal 8(Ost) - Eine ca. 4,20m × 4,50m große Fläche im östlichen Anschluß an die Umfassungsmauer. Der Steg zu Areal 3 an der östlichen Arealgrenze wurde im Verlauf der Arbeiten abgetragen. 2. Areal 8(West) - Ein ca. 4,20m × 4,50m breiter Streifen im westlichen Anschluß (Hang) an die Umfassungsmauer. Auf einen Steg an der westlichen Arealgrenze wurde hier verzichtet; Areal 9: Reinigung der Grabungsflächen und Entfernung des Stegs zwischen den Arealen 6 und 9; Areal 13: Ein 5,00m × 5,00m großes Quadrat (Hang), das ohne Steg direkt an die westliche Grenze des Areals 8(West) anschließt; Areal 14: Ein 9,00m langer (N-S) Streifen entlang der östlichen Arealgrenze, der im Westen von der Umfassungsmauer begrenzt wird.

2004 weitere 147 Fundstellen voneinander getrennt werden und über 600 Fundnummern neu vergeben werden. Anhand des bei Grabungsende bis zu 6,30m unter die rezente Oberfläche des Tells reichenden Tiefschnitts konnte die Keramiksequenz vervollständigt und die Stratigraphie des Fundplatzes weitgehend geklärt werden (vgl. Kapitel 2.1). Zusammen mit den Ergebnissen des Stufenschnitts im westlichen Hangbereich konnten mehrere, zeitlich voneinander zu trennende Nutzungsphasen des Tells unterschieden werden und wichtige Hinweise auf die Struktur und Architektur der frühen Phasen der Besiedlung gesammelt werden. Es konnte darüber hinaus gezeigt werden, daß das im Jahr 2003 in den Arealen 6 und 9 ergrabene Haus zusammen mit seiner direkten Umgebung und den südlich davon liegenden sogenannten „Kammern" teilweise zu einer gemeinsamen Nutzungsphase gehörten. Die Auswertung der in diesem Bereich dokumentierten Funde und Strukturen erlaubten des weiteren erste Einblicke in die soziale und politische Struktur des Fundplatzes während dieser Phase. Eine erste Durchsicht der registrierten Tierknochen zeigte des weiteren, daß in Tell Johfiyeh Reste von Schaf und Ziege das entsprechende Material dominieren.[27] Von den bislang analysierten 12724,50g Tierknochen konnten 6038,50g artenspezifisch bestimmt werden. Hiervon entfällt mehr als die Hälfte (3150,50g) auf Schaf und Ziege. Es folgen die Knochenreste von Rindern (2167,50g) und mit deutlichem Abstand diejenigen von Wildschwein (594,50g) und Hund (105,00g). Die quantitativen Schlußlichter bilden Katzenknochen (11,50g) und solche von Equiden (9,50g).

[27] Die in der vorliegenden Arbeit gemachten Angaben zu den Tierknochen aus Tell Johfiyeh basieren ausschließlich auf mündlichen Mitteilungen von Dr. Abd al-Halim al-Shiyyab (Yarmouk Universität, Irbid), der die Analyse des entsprechenden Materials dankenswerterweise übernommen hat. Sein Abschlußbericht lag bei der Fertigstellung der vorliegenden Arbeit leider noch nicht vor und wird daher voraussichtlich separat in einer Fachzeitschrift publiziert. Vgl. in diesem Zusammenhang auch die entsprechenden Ausführungen der „Ergänzung zu Appendix 5" (Kap. 7.1.5.1).

2. Ergebnisse der Ausgrabungen und sonstigen archäologischen Untersuchungen

2.1 Stratigraphie[1]

In den folgenden Abschnitten wird in einem ersten Schritt der Versuch unternommen, die Abfolge der in Tell Johfiyeh ergrabenen Schichten zu rekonstruieren. Hierzu werden die in der Fläche und im westlichen Hangbereich ergrabenen, für den gesamten Tell repräsentativen Südprofile der Areale 3 (Tiefschnitt), 8(Ost), 8(West) und 13 exemplarisch beschrieben und ausgewertet (Abb. 19, 20). Eine Korrelation der so herausgearbeiteten Schichten mit den in der Ausgrabung erfaßten und dokumentierten Fundstellen bildet den Mittelpunkt eines zweiten Arbeitsschrittes, der der Erstellung einer vollständigen Fundstellenmatrix vorbehalten ist. In einer graphischen Darstellung soll hier die stratigraphische Lage und Stellung aller während der Grabungsarbeiten erfaßten Fundstellen dokumentiert und übersichtlich, nach Schichten gegliedert, dargestellt werden. Fundstellen, die einer bestimmten Schicht zugewiesen werden können, werden als potentiell zeitgleich betrachtet und stratigraphisch miteinander verbunden. Darstellungstechnisch bedeutet dies, daß sie innerhalb der Fundstellenmatrix in einem Höhenbereich (Schicht) wiedergegeben werden.

2.1.1 Rekonstruktion der Schichtenabfolge anhand ausgewählter Ost-West Profile

Die nachfolgenden Ausführungen basieren auf den archäologischen Arbeiten, die in den Jahren 2002–2004 in Tell Johfiyeh durchgeführt wurden. Um eine übersichtliche Darstellung der erzielten Ergebnisse zu gewährleisten, werden die anhand aller zur Verfügung stehenden Daten gewonnenen Erkenntnisse über den stratigraphischen Aufbau des Tell Johfiyeh im folgenden anhand ausgewählter Areale und ihrer Profile exemplarisch vorgestellt. Von besonderer Bedeutung sind in diesem Zusammenhang die von Norden nach Süden verlaufenden Ostprofile in den Arealen 6 und 3 sowie die von Osten nach Westen verlaufenden Südprofile der Areale 3 (Tief-

---

[1] Zu den im folgenden gemachten Datierungsvorschlägen für die voneinander getrennten Schichten und Horizonte vgl. auch die zusammenfassende Darstellung zur chronologischen Einordnung der Keramikscherben aus Tell Johfiyeh (Kap. 2.3.5).

schnitt), 8(Ost), 8(West) und 13 (Abb. 21).[2] Sie bilden die Grundlage für die im folgenden gegebene exemplarische Beschreibung und Rekonstruktion der Schichten und ihrer Abfolge in der Fläche und am Hang.[3]

2.1.1.1 Die Schichten und ihre Abfolge innerhalb der sogenannten Umfassungsmauer („Fläche")

Eine Auswertung der genannten Profile und der im Rahmen der Flächengrabung gewonnenen Daten zeigt, daß in Tell Johfiyeh bis zu sieben verschiedene Schichten voneinander getrennt werden können[4], die im folgenden anhand der für die Telloberfläche repräsentativen Südprofile der Areale 3 (Tiefschnitt) und 8(Ost) exemplarisch beschrieben werden (Abb. 21).[5]

Schicht 1

Das Material der Schicht 1 besteht in der Regel aus einer lockeren, (dunkel)-grauen, mit Kalk durchsetzten Erde, die während der letzten Jahre landwirtschaftlich intensiv genutzt wurde. Bemerkenswert sind die auf ackerbauliche Tätigkeiten zurückzuführenden, deutlich sichtbaren Bearbeitungsspuren an

---

[2] Zur Lösung von Detailproblemen bei der Korrelation von Schichten und Fundstellen in der Fläche wurden des weiteren die West- und Nordprofile in Areal 6, die Nord-, West- und Ostprofile des Tiefschnitts in Areal 3 und das Ostprofil in Areal 5 ausgewertet. Zur Rekonstruktion der stratigraphischen Verhältnisse im Hangbereich des Tells wurde auch auf die Süd-, Ost- und Nordprofile des Areals 1 sowie das Südprofil des Areals 2 zurückgegriffen.

[3] Den topographischen Gegebenheiten des Fundplatzes folgend, wurde bei der graphischen Darstellung und Beschreibung der Schichten zwischen der zentralen Siedlungsfläche (Fläche) innerhalb der sogenannten Umfassungsmauer (Areale 2-7, 8(Ost)-11 und 14(Ost)) und den Hangbereichen (Hang) des Tells (Areale 1, 2(SW), 8(West) und 13) unterschieden.

[4] Die herausgearbeitete Abfolge der Schichten kann für den Bereich der Telloberfläche als repräsentativ angesehen werden. Eine Ausnahme bildet nur ein bis zu ca. 3,0m breiter, von Norden nach Süden verlaufender Streifen im Osten des Areals 5, der aufgrund zahlreicher rezenter Störungen und verschiedener Bauaktivitäten während der frühislamischen Zeit eine abweichende „Mächtigkeit" der Schicht 1 aufweist.

[5] Vor Aufnahme der Grabungsarbeiten wurde in der Regel die vorgefundene rezente Oberfläche der jeweiligen Grabungsareale dokumentiert und die jeweiligen Oberflächenfunde abgesammelt. Das im Zusammenhang mit diesen Arbeiten dokumentierte archäologische Fundmaterial sowie die zugehörige Fundstelle wurde entsprechend der in Tell Johfiyeh verwendeten Zählung der Schichten als „Schicht 0" (Oberfläche) beziehungsweise am Hang als „Schicht H0" bezeichnet. Zu den zahlreichen Spuren einer rezenten Nutzung der Oberfläche gehören neben einigen wenigen Raubgruben (Areale 5, 6, 8), die Reste eines betonierten Meßpunktes (Areal 4), Spuren von Lagerfeuern und verschiedene Auffüllungen (z.B. Areal 5).

der Oberfläche, die in Ost-Nord-Ost Richtung kreisförmig über den Tell verlaufen. Es handelt sich wahrscheinlich um Grubberrillen. Die anstehende Begleitflora mit einem Deckungsgrad von ca. 20% macht es wahrscheinlich, daß auf der ebenen Telloberfläche während der letzten Jahre Getreide angebaut wurde. Das Substrat besteht aus sandigem Lehm, Humus und Mull. Es weist ein Bröckelgefüge mit vielen kleinen, kantigen Kalksteinen auf. Größere Steinblöcke, die teilweise bereits an der Oberfläche sichtbar waren, sind selten. Die Durchwurzelung des Bodens mit perennen Unkräutern (wahrscheinlich: Rumex und Convolvutus Arten und Gräser) ist gut. Zahlreiche Grabgänge unterschiedlicher Größe weisen auf eine ausgeprägte Mesofauna sowie Aktivitäten von verschiedenen Kleinsäugern hin. Auf unterschiedliche menschliche Tätigkeiten weisen die bereits in dieser Schicht gefundenen zahlreichen Tonscherben, Feuersteinabschläge, Glasreste, Tesserae und Aschelinsen hin.
Im Südprofil der in Areal 3 (Tiefschnitt) und 8(Ost) angelegten Grabungsschnitte konnte Schicht 1 von der östlichen Schnittbegrenzung bei N 95,00m/O 95,00m entlang der südlichen Schnittgrenze (N 95,00m) auf einer Länge von 9,32m nach Westen verfolgt werden (Abb. 21). Hier zieht sie bei N 95,00m/O 85,68m an beziehungsweise leicht über die annähernd kreisförmig verlaufende, an der Telloberfläche sichtbare Umfassungsmauer des rezent landwirtschaftlich genutzten Bereichs heran. Die Mächtigkeit der von West nach Ost leicht abfallenden Schicht liegt zwischen 0,40m (Osten) und 0,18m (Westen). Das Ost-West Gefälle im beschriebenen Bereich beträgt ca.0,70m auf 9,32m. Größere Steine, Einschlüsse oder Gruben finden sich in diesem Abschnitt nicht.

Schicht 2

Das Material der Schicht 2 besteht in der Regel aus einer graubraunen bis hellbraunen mittelfesten Erde mit zahlreichen kleinen Kalk-/Gipseinschlüssen. Größere Asche- und Kalklinsen sind möglich. Die Schicht ist sehr fundreich und weist in der Flächengrabung in einigen Arealen erste, teilweise zusammenhängende Architekturreste und zugehörige Nutzungshorizonte mit Feuerstellen und Gruben auf, die teilweise in die tiefer liegenden Schichten eingetieft wurden.
In den exemplarisch herangezogenen Südprofilen der in Areal 3 (Tiefschnitt) und 8(Ost) angelegten Grabungsschnitte kann Schicht 2 von der östlichen Schnittbegrenzung (N 95,00m/O 95,00m) auf einer Strecke von 9,30m nach Westen verfolgt werden (Abb. 21). Hier zieht das Material der Schicht 2 bei ca. O 85,70m an die annähernd kreisförmig verlaufende Umfassungsmauer des Innenbereichs heran. Das ansonsten wenig Steine beinhaltende Material der Schicht 2 weist in diesem Bereich einige verstürzte mittelgroße (0,46m × 0,26m) und kleine Steine auf, die eventuell von der Umfassungsmauer

stammen. Weitere kleine und mittelgroße Steine fanden sich im östlich anschließenden Bereich von ca. O 88,92m bis O 86,84m und können wahrscheinlich mit der in Areal 8(Ost) erfaßten „Schalenmauer“ in Verbindung gebracht werden, deren oberste erfaßte Steinlage sich bereits im Material der Schicht 2 befindet. Die Mächtigkeit der von Ost nach West leicht abfallenden Schicht 2 ist für den Bereich der Areale 3 und 8 annähernd konstant und beträgt ca. 0,30m.[6] Das Ost-West Gefälle beträgt ca. 0,50m auf 9,30m.

Schicht 3

Das Material der Schicht 3 besteht in der Regel aus graubrauner Erde von lockerer Konsistenz mit zahlreichen Kieselsteinen. Harte Lehmeinschlüsse, Kalk- und Aschelinsen sind möglich. Die Schicht ist fundreich und weist in der Flächengrabung zusammenhängende Architekturreste mit dazugehörigen Begehungsflächen und In-situ-Funden auf.

Im Südprofil der in Areal 3 (Tiefschnitt) und 8(Ost) angelegten Grabungsschnitte konnte Schicht 3 von der östlichen Schnittbegrenzung bei N 95,00m/O 95,00m, wo sie auf einer massiven Steinsetzung aufliegt, entlang der südlichen Schnittgrenze (N 95,00m) auf einer Länge von 9,28m nach Westen verfolgt werden (Abb. 21). Hier läuft die Schicht bei O 85,72m/N 95,00m an der Innenseite der annähernd kreisförmigen Umfassungsmauer aus. Ähnlich wie in Schicht 2 finden sich auch in diesem Bereich einige kleine und mittelgroße Steine in Versturzlage. Die beiden bei ca. O 86,82m bis O 88,94m in Areal 8(Ost) erfaßten „Schalen“ einer massiven Nord-Süd Mauer werden vom Material der Schicht 3 eingeschlossen. Der Verlauf der Schicht 3 ist im Bereich der hier beschriebenen Grabungsschnitte nicht gleichmäßig. Die Unterkante der Schicht 3 verläuft leicht wellenförmig mit einem Scheitelpunkt bei ca. O 90,36m. Die Mächtigkeit des Materials schwankt zwischen 0,24m im Osten (N 95,00m/O 95,00m) und 0,68m im Westen (O 85,72m/N 95,00m). Im mittleren Bereich („Wellenberg“) beträgt sie nur 0,06m (N 95,00m/O 90,30m). Das leichte Ost-West Gefälle der Schicht beträgt ca. 0,34m auf 9,28m.

Schicht 4

Das Material der Schicht 4 besteht in der Regel aus gelb- bis dunkelbrauner Erde von mittelfester Konsistenz mit zahlreichen, teilweise sehr großen unbearbeiteten Kalk- und Feuersteinen. Die Schicht ist fundreich; sie weist einzelne zusammenhängende Architekturreste mit dazugehörigen Be-

[6] Im Gegensatz zu dem hier beschriebenen Bereich der Areale 3 (Tiefschnitt) und 8(Ost) konnte im Nordprofil des Areals 6 beobachtet werden, daß die Mächtigkeit der Schicht 2 nach Westen hin abnimmt und an der Arealgrenze bei N 109,50m/O 90,5m nur noch ca. 0,12m beträgt.

gehungsflächen und In-situ-Funden auf.
In den exemplarisch herangezogenen Südprofilen der in Areal 3 (Tiefschnitt) und 8(Ost) angelegten Grabungsschnitte kann Schicht 4 von N 95,00m/O 94,26m auf einer Strecke von 8,52m nach Westen verfolgt werden (Abb. 21). Im Osten wird das Material durch eine an der östlichen Schnittgrenze (O 95,00m–O 94,26m) erfaßten massiven Steinsetzung begrenzt; im Westen läuft sie, wie bereits die Schichten 1–3, bei ca. O 85,74m an die kreisförmige Umfassungsmauer heran. Konzentrationen mittelgroßer und großer Steine finden sich im Zusammenhang mit massiven Steinsetzungen vorrangig in den Bereichen von O 92,90m bis O 94,20m sowie von O 88,90m bis O 91,42m. Auffällig ist, daß die benannten Steinkonzentrationen auf unterschiedlichen Höhenniveaus liegen. Während sie im Osten im unteren Bereich der Schicht 4 vorgefunden wurden, finden sie sich im westlicheren Bereich direkt unter Schicht 3 in den oberen Lagen von Schicht 4. Es ist wahrscheinlich, daß die zuletzt genannte Steinkonzentration von der direkt östlich erfaßten massiven Steinmauer stammt und von dieser nach Westen verstürzt ist. Die Unterkante der Schicht 4 wird in dem hier exemplarisch vorgestellten Bereich von einer Art Plattenpflaster gebildet, das in Teilbereichen der Areale 3 (Tiefschnitt) und 8(Ost) erfaßt wurde.[7]
Der Verlauf der Schicht 4 wird von der oben beschriebenen westlichen Steinkonzentration mitbestimmt. Nach einem nahezu waagerechten Verlauf der Schichtoberkante von O 94,26m bis O 91,70m steigt sie im Bereich der Steinkonzentration um ca. 0,20m an, um dann bei O 88,90m an die Ostseite der Schalenmauer in Areal 8(Ost) heranzulaufen. Auf einem ca. 0,42m tieferen Niveau setzt sie sich zwischen den Schalen der Mauer fort und läuft schließlich an der halbkreisförmigen Umfassungsmauer im Westen aus. Die Mächtigkeit der Schicht 4 beträgt im Bereich des Tiefschnitts (Areal 3) bis zu 1,14m. In Areal 8(Ost) schwankt sie zwischen 1,06m direkt östlich der Nord-Süd Schalenmauer und 0,36m an der Umfassungsmauer. Das auch hier beobachtete leichte Gefälle des Schichtenverlaufs von Osten nach Westen beträgt östlich der Schalenmauer ca. 0,32m auf 5,40m.

Schicht 5

Das Material der Schicht 5 ist dunkelbraun und von mittelfester bis lockerer Konsistenz. Die zahlreichen in dieser Schicht gefundenen verstürzten Kalk- und Feuersteine sind mittelgroß (ca. 0,30m × 0,34m) bis groß (ca. 0,50m × 0,40m). Kalkeinschlüsse sind möglich. Wenig Artefakte und Keramikscherben wurden in den oberen Lagen der Schicht gefunden.

[7] Das für Areal 3 (Tiefschnitt) dokumentierte Nivellement dieses Plattenpflasters entspricht dem im Hangbereich von Areal 8(West) gemessenen Gründungsniveau der kreisförmigen Umfassungsmauer.

Das Material der Schicht 5 wurde, mit Ausnahme eines kleinen Streifens in Areal 8 (vgl. Abb. 21, 24, 25), ebenso wie das der nachfolgenden Schichten 6–7 nur im Tiefschnitt des Areals 3 ergraben und konnte hier zwischen mehreren massiven, teilweise mit dickem Kalkverputz versehenen Steinsetzungen von O 92,20m bis O 93,52m auf einer Länge von ca. 1,32m erfaßt werden (Abb. 21, 24, 25).[8] Die Mächtigkeit der Schicht beträgt im Tiefschnitt des Areals 3 bis zu 2,00m.

Schicht 6

Das Material der Schicht 6 ist weiterhin dunkelbraun und von mittelfester Konsistenz. Die hier in den oberen Lagen erfaßten sehr zahlreichen Steine sind im Gegensatz zu denen der Schicht 5 aber ausnahmslos klein. Erst im Übergangsbereich zu Schicht 7 finden sich auch einige größere Steine. Neben zahlreichen Keramikscherben weist das Material der Schicht 6 viele Holzkohlereste, Asche, Spuren von Feuer und zahlreiche Kalkeinsprengsel auf.

Das Material der Schicht 6 wurde ebenso wie das der vorhergehenden und nachfolgenden Schichten 5 und 7 nur im Tiefschnitt des Areals 3 ergraben (Abb. 21, 24, 25). Zwischen mehreren massiven, teilweise mit dickem Kalkverputz versehenen Steinsetzungen konnte das Material der Schicht 6 von O 92,24m bis O 93,52m auf einer Länge von 1,28m erfaßt werden. Die Mächtigkeit der Schicht beträgt bis zu 1,10m.

Schicht 7

Das Material der letzten bislang in Tell Johfiyeh erfaßten Schicht ist dunkelbraun und von sehr lockerer Konsistenz. Es weist in den unteren Lagen der Schicht kaum noch Steine und Kalkeinschlüsse auf. Funde von Keramikscherben werden äußerst selten.

Das Material dieser Schicht wurde nur in Areal 3 (Tiefschnitt) von O 92,34m bis O 93,52m auf einer Länge von 1,18m ergraben (Abb. 21, 24, 25). Die bislang erfaßte Mächtigkeit der Schicht 7 beträgt bis zu 1,00m. Der gewachsene Boden wurde noch nicht erreicht.

2.1.1.2 Die Schichten und ihre Abfolge an den Hangbereichen des Tell Johfiyeh („Hang“)

Eine Auswertung der zur Verfügung stehenden Daten unter besonderer Berücksichtigung der Hangprofile und Grabungsergebnisse aus den Arealen

---

[8] Bei den hier erwähnten Steinsetzungen handelt es sich um gut gesetztes Trockenmauerwerk dessen Gründungsniveau im Übergangsbereich von Schicht 6 zu Schicht 7 liegt. Die erfaßte Oberkante dieser Steinsetzungen kann in Teilbereichen mit der Unterkante der Schicht 4 („Plattenpflaster“) geglichen werden.

1(SO), 2(SW), 8(West) und 13(NO) zeigte, daß für die Hangbereiche bis zu 5 verschiedene Materialschichten voneinander getrennt werden können[9], die im folgenden anhand der repräsentativen Südprofile der Areale 8(West) und 13 exemplarisch vorgestellt und beschrieben werden (Abb. 21).[10]

Schicht H1

Das Oberflächenmaterial der Schicht H1 hat eine graubraune bis dunkelbraune Farbe und weist in der Regel eine mittelfeste Konsistenz auf. Es ist mit zahlreichen Steinen jeglicher Größe durchsetzt. Teilweise wurde eine sehr starke Durchwurzelung und starker Pflanzenbewuchs beobachtet.

In den Südprofilen der in den Arealen 8(West) und 13(NO) angelegten Grabungsschnitten konnte das Material der Schicht H1 von O 76,50m bis O 84,90m auf einer Länge von insgesamt 8,40m verfolgt werden (Abb. 21). Im Osten zieht die Schicht an die Außenseite (Westen) der Umfassungsmauer; im Westen läuft sie in einer aufliegenden Steinpackung aus.[11] Der Ost-West Verlauf der Schicht ist leicht wellenförmig und weist mehrere Abstufungen auf: Von O 84,90m bis O 83,00m bildet das Material eine relativ ebene Fläche.[12] Von O 83,00m bis O 80,80m fällt das Material der Schicht H1 mit einem Gefälle von 0,70m auf 1,80m gleichmäßig nach Westen ab, um hier in einer Stufe annähernd senkrecht um ca. 0,50m abzufallen. Von O 80,85m bis O 78,50m bildet das Material der Schicht H1 wieder eine annähernd waagerechte Oberfläche und weist kaum Gefälle auf. Nach einer weiteren sehr kleinen Stufe (Höhendifferenz ca. 0,10m) fällt das Oberflächenmaterial der Schicht H1 von O 78,50m bis O 76,50m gleichmäßig aber relativ steil nach Westen ab. Das Gefälle beträgt hier ca. 0,65m auf 2,00m. Die Stärke des

---

[9] Hinzu kommt ein in Areal 1 lokal erfaßter Materialeinschluß in/unter Schicht H2. Das hier lokal auf geringer Fläche erfaßte grauschwarze, lehmige Material mit Holzkohle und Ascheeinschlüssen kann wahrscheinlich mit einer lokal begrenzten, sehr kurzfristigen Nutzung dieses Hangbereichs (zur frühislamischen Zeit ?) verbunden werden. Es handelt sich nicht um eine hangübergreifende Schicht.

Die Schichten H1-H3 wurden in allen am Hang angelegten Schnitten erfaßt. Die Schichten H4-H5 konnten nur in den entsprechend weit abgetieften Bereichen der Areale 8(West) und 13 erfaßt werden.

[10] Die Südprofile der in den Hangbereichen der Areale 8(West) und 13 angelegten Grabungsschnitte erstrecken sich entlang der Linie N 95,00m von O 75,00m bis O 85,00m.

[11] Diese am westlichen Schnittrand gelegene Steinpackung ist teilweise im Rahmen der durchgeführten Arbeiten durch Herunterrollen von Steinen aus höheren Bereichen künstlich entstanden.

[12] Das Oberflächenmaterial liegt in diesem Bereich auf der Oberkante einer mehrphasigen massiven Steinsetzung (sogenannte Terrasse) auf, die wahrscheinlich den gesamten Tell umgibt (Abb. 70, 71).

Oberflächenmaterials in den oben beschriebenen Bereichen schwankt zwischen 0,20m (Osten), 0,80m (Mitte) und 0,40m (Westen).
Auffällig ist, daß ab O 80,00m bis hin zur westlichen Schnittgrenze bei O 75,00m das Material der Schicht H1 fast ausschließlich aus mittleren und großen (>0,60m) Steinblöcken besteht, zwischen denen sich lockere Erde befindet. Die Dichte der Steine im Oberflächenmaterial nimmt in dem hier exemplarisch betrachteten Hangbereich von Westen nach Osten hin ab. Im östlichen Bereich finden sich neben zahlreichen kleinen nur einige wenige große Steine im Material der Schicht H1.

Schicht H2

Das mittelfeste Material der Schicht H2 ist gelblichbraun bis dunkelbraun und teilweise mit Lehm-, Kalk- und Gipseinsprengseln versehen. Neben zahlreichen mittelgroßen Steinen (ca. 0,30m × 0,60m) finden sich in Schicht H2 auch einige sehr große Steinblöcke (> 0,90m × 0,60m) in Versturzlage.[13]
Im Gegensatz zu Hangschicht H1 konnte das Material der Schicht H2 nicht in der gesamten exemplarisch betrachteten Fläche der Areale 8(West) und 13 erfaßt werden (Abb. 21). Schicht H2 läßt sich hier lediglich auf einer Länge von 3,70m von O 84,90m (= Westseite der Umfassungsmauer) bis O 81,20m verfolgen und endet dort abrupt im Material der nachfolgenden Hangschicht H3. Es kann nicht ausgeschlossen werden, daß H2 im westlichen Bereich in die Schicht H3 eingetieft wurde. Der Ost-West Verlauf ist leicht stufenförmig: Nach einem annähernd waagerechten Verlauf[14] der Schicht H2 von O 84,90m bis O 83,90m fällt das Material auf den nächsten 2,00m bis O 81,90m gleichmäßig nach Westen hin ab. Das Gefälle beträgt 0,88m auf 2,00m. Nach einer kleinen Stufe bei O 81,90m verläuft das Material wieder waagerecht bis zum abrupten Ende der Schicht bei O 81,20m, das durch einige sehr große in Versturzlage liegende Steinblöcke charakterisiert wird. Die Mächtigkeit des Materials schwankt zwischen 0,50m und 0,70m.

Schicht H3

Graubraunes bis dunkelbraunes mittelfestes Material mit Lehmeinschlüssen und zahlreichen mittelgroßen bis großen Kalk- und Feuersteinen, die teil-

[13] Im Bereich der umlaufenden massiven Steinsetzung (sogenannte Terrasse) findet sich auch „Steinschnitt", der wahrscheinlich als Füllung zwischen den Schalenmauern der Setzung (2. Phase) verwendet wurde (vgl. Abb. 34, 37 und Kap. 2.2.5).

[14] Zahlreiche in diesem ca. 1,00m - 1,40m langen annähernd waagerechten Ost-West Streifen gefundene mittelgroße und kleine Steine in Verbundlage machen es wahrscheinlich, daß es sich hier um weitere Reste (2. Phase) der umlaufenden Steinsetzung (sogenannte Terrasse) handelt.

weise noch im Verband liegen, dominieren diese Schicht.[15] In den oberen Lagen befinden sich teilweise Ascheeinschlüsse.
Das Material der Schicht H3 konnte in den exemplarisch herangezogenen Grabungschnitten der Areale 8(West) und 13 auf einer Länge von 7,70m erfaßt werden (Abb. 21). H3 erstreckt sich von O 84,90m bis O 77,70m und läuft in der am westlichen Schnittende aufliegenden Steinpackung aus.[16] Das Material der Schicht H3 bildet von O 84,90m bis O 83,56m auf einer Länge von ca. 1,44m eine relativ ebene Oberfläche mit einigen mittelgroße Steineinschlüssen. Anschließend fällt die in diesem Bereich auf einer Reihe großer übereinanderliegender Steine aufliegenden Schicht[17] von O 83,56m bis O 82,00m in mehreren kleinen Stufen mit einem Gefälle von bis zu 1,06m auf 1,20m sehr steil ab. Anschließend verläuft die Schicht von O 82,00 bis O 81,10m wieder annähernd waagerecht und zieht dann leicht nach oben, um die hier endende Schicht H2 von Westen her zu umschließen. Im weiteren Verlauf nach Westen liegt das Material der Schicht H3 direkt unter Schicht H2 und weist zahlreiche mittelgroße und große Steineinschlüsse auf. Es fällt von O 81,10m bis O 77,18m gleichmäßig bis in den Bereich der Steinauflage an der westlichen Schnittgrenze mit einem Gefälle von ca. 1,06m auf 3,92m ab. Die im hier vorgestellten Bereich gemessene Mächtigkeit der Schicht ist im östlichen Bereich (O 84,90m - 83,56m) mit ca. 1,00m am größten, verjüngt sich dann auf ca. 0,30m um nach Westen hin wieder auf ca. 0,70m anzusteigen.[18]

---

[15] Ein gutes Beispiel für derartige Steinsetzungen findet sich im Südprofil von Areal 8(West) bei O 83,90m (Abb. 21). Hier ist im Profil eine Setzung aus mittelgroßen Kalksteinen zu erkennen, die nach Westen verstürzt ist. Diese Setzung entspricht der in der Fläche erfaßten Nord-Süd Mauer Locus 8508 (Abb. 29, 30, 32). Eine ähnliche Beobachtung konnte auch im Nordprofil des Schnitts (Areal 8(West)), direkt gegenüber der oben beschriebenen Setzung gemacht werden (Abb. 31, 32). Hier konnten sogar bis zu neun übereinanderliegende Steinlagen identifiziert werden, die nach Westen verkippt sind und für eine ähnliche Installation (Mauer) in der nicht ergrabenen nördlich anschließenden Fläche sprechen.

[16] Die östliche Grenze der Schicht H3 wird im hier betrachteten Bereich der Areale 8(West) und 13 von der Westseite der kreisförmigen Umfassungsmauer gebildet, deren Unterkante hier mit der Oberkante der Schicht H3 zusammenfällt.

[17] Diese sich bei ca. O 82,00m im Südprofil des Areals 8(West) abzeichnende Steinsetzung bildet in der Fläche die Westbegrenzung (=Locus 8503) der umlaufenden Steinsetzung (sogenannte Terrasse) und erklärt somit den relativ steilen Abfall des hier aufliegenden Materials der Schicht H3 (Abb. 29, 34).

[18] Die Verjüngung der Materialmächtigkeit kann wahrscheinlich mit den in der Fläche erfaßten Steinsetzungen Loci 8508, 8509 in Verbindung gebracht werden (Abb. 29, 32).

Schicht H4

Das Material der Hangschicht H4 besteht aus einer (dunklen) graubraunen Erde mit vielen Steineinschlüssen. Das Material ist in der Regel locker, nur im Bereich größerer Steine auch fest und hart.

In den hier exemplarisch beschriebenen Südprofilen der Areale 8(West) und 13 kann das Material der Schicht H4 von O 83,70m im westlichen Anschluß an die Steinsetzung Locus 8508 auf einer Länge von 6,70m bis O 77,00m verfolgt werden, wo die Schicht in der dort aufliegenden Steinpackung ausläuft (Abb. 21). Die Mächtigkeit des Materials beträgt im direkten westlichen Anschluß der Steinsetzung Locus 8508 auf einer Strecke von 1,20m ca. 0,60m (Abb. 29, 32). Das hier erfaßte Material weist zahlreiche, teilweise große bis sehr große verstürzte Steine auf. Die verbleibenden 4,90m bis zur westlichen Schnittgrenze weisen nur noch eine Mächtigkeit von ca. 0,25m auf und es finden sich nur noch sehr vereinzelte große Steine im entsprechenden Material.

Ebenso wie die aufliegenden Schichten verläuft auch die Schicht H4 in Stufen von Osten nach Westen. Von O 83,70m bis an die westlich gelegenen, schon in Schicht H3 beobachteten großen Steine der Westbegrenzung von Locus 8503 (sogenannte Terrasse) verläuft das Material der Schicht H4 leicht wellig. Das Gefälle beträgt hier 0,38m auf 1,30m. Bei O 82,40m folgt ein nahezu senkrechter Abbruch von ca. 0,30m entlang eines sehr großen vestürzten Steins. Der anschließende Bereich ist auf einer Länge von ca. 1,30m bis O 81,10m nahezu waagerecht und die Oberfläche weist nur wenige Unebenheiten auf. Es folgt ein gleichmäßiger aber steiler Abfall (ca. 0,50m auf 1,10m) des Materials, das bei ca. O 80,10m unter mehrere große Steine zieht. Auf den verbleibenden 3,10m bis zur westlichen Schnittgrenze von O 80,10m bis O 77,00m weist das Material der Schicht H4 dann wieder nur ein leichtes Ost-West Gefälle auf.[19]

Schicht H5

Das Material der Hangschicht H5 ist locker und hat eine helle graubraune Farbe. Der Verlauf und die Ausdehnung dieser letzten bislang im Hangbereich von Tell Johfiyeh erfaßten Schicht folgten weitgehend der darüberliegenden Schicht H4. Die Oberkante des Materials ist leicht wellenförmig und konnte auf einer Länge von nur 4,70m von O 83,70m bis O 79,00m erfaßt werden (Abb. 21).[20] Von O 83,70m bis O 82,25m fällt das Material dieser

---

[19] Bei ca. O 78,00m bis O 79,00m finden sich im Südprofil des Grabungschnitts (Areal 13) mehrere mittelgroße Steine, die auf eine nordsüdlich verlaufende Steinsetzung in diesem Bereich schließen läßt.

[20] Im Gegensatz zu den anderen ergrabenen Schichten am Hang konnte H5 nicht bis an die Steinschüttung an der westlichen Schnittgrenze des Areals 13 verfolgt werden. H5 endet bereits an der bis in Schicht H4 reichenden Steinsetzung bei O

Schicht auf einer Länge von 1,45m leicht ab (ca. 0,48m auf 1,40m)[21], um dann bis O 81,68m wieder leicht anzusteigen. Von hier fällt das Schichtenmaterial gleichmäßig bis an/unter die in Schicht H4 erfaßten Steine bei O 79,00m ab.[22] Das Gefälle beträgt ca. 0,70m auf 2,50m. Die Mächtigkeit der Schicht H5 schwankt zwischen 0,60m im Osten, 0,40m in der Mitte und nur wenigen Zentimetern am westlichen Ende der Schicht.

2.1.2 Der stratigraphische Aufbau des Tell Johfiyeh und seine Besiedlungsgeschichte: Versuch einer Korrelation[23]

Die Ergebnisse der archäologischen Ausgrabungen in der Fläche und am Hang sowie die Auswertung des Tiefschnitts zeigen, daß in Tell Johfiyeh fünf Hauptbauhorizonte mit teilweise jeweils mehreren Subphasen voneinder getrennt werden können (Tabelle 1). Sie decken eine Zeitspanne ab, die sich mit Unterbrechungen von der Spätbronze- über die Eisenzeit I–III bis hin zur byzantinisch-omaijadischen Zeit erstreckt. Die herausgearbeiteten Horizonte werden im folgenden vorgestellt und mit der rekonstruierten Schichtenabfolge des Tells korreliert (vgl. Abb. 21–25):[24]

Horizont I

Die im Tiefschnitt (Areal 3) und im westlichen Hangbereich (Areale 8(West), 13) gesammelten Daten machen es wahrscheinlich, daß es sich bei den ältesten bislang in Tell Johfiyeh erfaßten Hinterlassenschaften (Horizont

---

79,00m. Die funktionale Zuordnung dieser im Profil erfaßten Steinsetzung ist unklar. Es kann jedoch nicht ausgeschlossen werden, daß es sich um Reste einer weiteren, ehemals um den Siedlungsplatz herumlaufenden Steinsetzung handelt.

[21] Bei O 82,60m schließt das Material der Schicht H5 einige im Verband liegende mittelgroße Steine ein, die die zur Steinsetzung Locus 8503 (sogenannte Terrasse) gehörenden Steine der darüberliegenden Schichten nach unten „fortführen" ohne zu der Steinsetzung (Loc. 8503) selbst zu gehören, dessen Unterkante ja schon in Schicht H4 erreicht wurde. Es kann daher nicht ausgeschlossen werden, daß die in H5 erfaßten Steine zu einer älteren, um den Siedlungsplatz laufenden Mauer gehören.

[22] Die Funktion und Zugehörigkeit der hier im exemplarisch beschriebenen Südprofil des Areals 8(West) bei O 81,10m (Schicht H5) erfaßten einreihigen Steinsetzung ist unklar.

[23] Zur chronologischen Einordnung der Horizonte vgl. auch die entsprechenden Ausführungen zur Keramik (Kap. 2.3.4 - 2.3.5) und Tabelle 13 des Kapitels 2.3.5.

[24] Hinzu kommen verschiedene „Nachnutzungen" wie Raubgruben, vereinzelte Bestattungen und Feuerstellen, die von der Oberfläche während der letzten Jahrzehnte in das Oberflächenmaterial eingetieft wurden. Detaillierte Angaben zu den architektonischen Resten und Installationen der verschiedenen Horizonte finden sich im Kapitel 2.2 über die Architektur.

I) um Reste einer Anlage handelt, die aus mehreren ineinandergesetzten, annähernd kreisförmigen Steinsetzungen unterschiedlichen Durchmessers bestand. Eine Interpretation als Grabanlage erscheint in Anlehnung an die Befunde in Rujm el-Hiri möglich (vgl. Mizrachi et al. 1996). Um einen Mittelpunkt bei ca. O 100,80m N 99,40m legten sich in einem Abstand von jeweils ca. 2,00m mehrere ringförmige, teilweise mit Putz versehene Mauern aus unbearbeiteten Kalk- und Feuersteinen (vgl. Abb. 17 und Kapitel 2.2.1). Die Zwischenräume zwischen den einzelnen Mauerringen konnte durch einzelne, ebenfalls mit Putz versehene Mauern in kleinere Kammern unterteilt werden. Die Stärke der in Trockenbauweise errichteten umlaufenden Mauern und „Trennwände“ konnte bis zu 1,80m, ihre Höhe über 4,00m betragen (Abb. 21, 24, 25).[25]
Wie aus den in Areal 3 gewonnenen Daten hervorgeht, korreliert die Gründung der im Tiefschnitt erfaßten Mauern mit den Fundstellen 3052 und 3051 der Schicht 7; ihre Nutzungs- und Verfallphase kann mit der Fundstelle 3050 in den unteren Lagen der Schicht 6 verbunden werden.[26] Den Übergang zu Horizont II bildet die nachfolgende Fundstelle 3049. Zahlreiche Holzkohlereste und Keramikscherben mit Brandspuren aus dieser Fundstelle machen es wahrscheinlich, daß Horizont I durch einen Brand beendet wurde. Die wenigen Scherben, die in den entsprechenden Fundstellen dieses Horizonts gefunden wurden, verweisen wahrscheinlich auf die Spätbronzezeit (früh) und legen eine Gründung und erste Nutzung der Anlage während dieser Epoche nahe.[27]

Horizont II

Die Flächen zwischen den einzelnen Mauerringen, die zu Beginn des Horizonts II im Bereich des Tiefschnitts (Areal 3) noch mindestens 2,25m hoch

---

[25] Die gemachten Ausführungen zu Siedlungshorizont I basieren auf den Ergebnissen des in Areal 3 durchgeführten Tiefschnitts und den hier erfaßten massiven, sehr hoch anstehenden Mauern (vgl. Abb. 24, 25) sowie der in der Flächengrabung beobachteten kreisförmigen Gliederung (Mauern, sogenannter Weg, etc.) der Gesamtanlage. Hinzu kommen die in den Arealen 8(West) und 13 beobachteten Steinsetzungen. Die maximale Stärke der Mauern wurde an Hand der massiven, in Areal 8(Ost) erfaßten, nordsüdlich verlaufenden „Doppel“mauer rückgeschlossen (vgl. Abb. 21, 27).

[26] Eine Interpretation der in den untersten Schichten H5 und H4 der Areale 8 (West) und 13 erfaßten Steinsetzungen als ehemalige Bestandteile der ringförmig ineinandergelegten Mauern erscheint möglich.

[27] Zur Keramik in Tell Johfiyeh vgl. die Ausführungen des Kapitels 2.3.4.1 und den umfangreichen Katalog (Kap. 6.1). Zur Verteilung der Waren in den entsprechenden Fundstellen und zu einer Kurzbeschreibung aller Diagnostika vgl. die Appendices 3 und 4 (Kap. 7.1.3, 7.1.4).

anstanden, wurden ebenso wie die entsprechenden Bereiche der Areale 8 und 13 am Westhang des Tells weitergenutzt.[28] Auf und zwischen die in den westlichen Randbereichen schon weitgehend eingestürzten oder teilweise abgetragenen Mauerringe des Horizonts I wurden jetzt (Horizont II) kleine rechteckige Raumeinheiten gesetzt und zu Siedlungszwecken genutzt. Eine ähnliche Nutzung der Fläche zwischen den noch relativ hoch anstehenden Mauerringen des Tiefschnitts (Areal 3) ist aufgrund der hier gemachten Funde sehr wahrscheinlich. Neben Tierknochenfunden verweisen auch Holzkohlereste und zahlreiche Keramikscherben auf die hier vermutete Siedlungsaktivität. Konkrete Hinweise auf die Errichtung entsprechender Raumeinheiten konnten im Bereich des Tiefschnitts aber aufgrund der sehr geringen Fläche, die bislang freigelegt wurde, nicht erfaßt werden.
Die Gründungs- und Nutzungsphase des Horizonts II kann im Bereich des Tiefschnitts (Areal 3) mit den Fundstellen 3048 und 3047 der Schichten 6 (obere Lagen) und 5 (untere Lagen) korreliert werden. Im westlichen Hangbereich (Areal 8) werden diese Phasen von den Fundstellen 8510, 8509 und 8508 der Schicht H4 repräsentiert.[29] Der Niedergang und Verfall der mit Horizont II verbundenen kleineren Raumeinheiten kann im Bereich des Tiefschnitts mit der Fundstelle 3046 (= Übergang zu Horizont III) in den unteren bis mittleren Lagen der Schicht 5 beziehungsweise der Fundstelle 8507 im unteren Bereich der Schicht H3 in Areal 8 verbunden werden (vgl. Kap. 2.2.2).[30] Die in den genannten Loci registrierten Funde (vgl. Kap. 2.4) und Keramikscherben (vgl. Kap. 2.3.4.1) verweisen weiterhin auf eine Nutzung während der Spätbronzezeit.[31]

---

[28] Es ist wahrscheinlich, daß für den Bereich des Tiefschnitts der Beginn der neuen Nutzung mit den oberen Lagen der Fundstelle 3049 (Übergang Horizont I zu II) der Schicht 6 (mittlere/obere Lagen) parallelisiert werden muß.

[29] Die Fundstellen 8508 und 8509 bilden die Nordsüd- beziehungsweise Ostwestmauer einer kleinen in diesem Bereich erfaßten Raumstruktur.

Es kann des weiteren nicht ausgeschlossen werden, daß Teile der Fundstellen 8506 und 13003 (mittlere Lagen) ebenfalls zur Verfalls- beziehungsweise Nutzungsphase des Horizonts II gehören.

[30] Die Beschaffenheit des Materials der Fundstelle 3046 (z.B. sehr wenig Keramikscherben) und die im Südprofil des Areals 8 gemachten Beobachtungen hinsichtlich des Niedergangs der dort erfaßten kleinen Raumstruktur (Loci 8508, 8509) machen es wahrscheinlich, daß die zu Horizont II gehörenden Strukturen offen gelassen und dem Verfall preisgegeben wurden (vgl. Abb. 29, 32).

[31] Für eine detaillierte Auflistung und Kurzbeschreibung dieser Funde und Scherben vgl. die Angaben unter den jeweiligen Fundstellennummern der entsprechenden Appendices 3, 4 (Kap. 7.1.3 und 7.1.4 für Keramik) und 5 (Kap. 7.1.5 für Kleinfunde).

Horizont III

Wie aus den zahlreichen Funden der Fundstelle 3045 (Tiefschnitt) im oberen Bereich der Schicht 5 und den unteren Lagen der Fundstelle 3044 (Übergang zu Horizont IV) eindeutig hervorgeht, werden die Flächen zwischen den „Ringmauern" (Horizont I) auch nach dem Verfall der für Horizont II charakteristischen kleinen Raumeinheiten weiter benutzt.[32] Auf den verstürzten Resten des Horizont II und den darunter befindlichen Steinsetzungen wird des weiteren in den oberen Lagen der Hangschicht H3 (westlicher Hangbereich) eine um den Fundplatz herumlaufende Steinsetzung, die 1. Phase der sogenannten Terrasse (Locus 8503) errichtet (vgl. Kapitel 2.2.3, 2.2.5 und Abb. 37) und im direkten (östlichen) Anschluß eine Umfassungsmauer (Locus 8502) hochgezogen, die in der Folgezeit einen geschützten Innenbereich von einem Außen- und Hangbereich trennt (Abb. 35, 36).[33] Zusammen mit dem Fund einer Pfeilspitze in Locus 3045 kann nicht ausgeschlossen werden, daß es sich bei diesen für Horizont III beobachteten baulichen Veränderungen (teilweise) um Reaktionen auf eine veränderte Bedrohungslage von Außen handelt. Eine weitere für diesen Horizont charakteristische, in den oberen Lagen der Schicht 5 beobachtete Veränderung betrifft die Warenzusammensetzung der dokumentierten Keramikkollektionen. In Locus 3045 (Tiefschnitt) treten erstmalig/letztmalig Stücke der Ware 21 (+22) auf, und die wenigen in Tell Johfiyeh bezeugten „chocolate on white" Keramikscherben sind ebenfalls erstmalig/letztmalig in diesem Horizont belegt.[34] Eine zeitliche Verbindung des Horizonts III mit der Spätbronzezeit (spät) beziehungsweise mit dem Übergang von der Spätbronze- zur Eisenzeit I ist daher sehr wahrscheinlich.

Horizont IV

Der durch die Errichtung der Umfassungsmauer geschaffene Innenbereich wird in Horizont IV,1 unter Nutzung, Erweiterung und Neugestaltung der vorhandenen (kreisförmigen) Steinsetzungen als Siedlungsfläche genutzt und bebaut. Es können drei Subphasen voneinander getrennt werden, die in

---

[32] Siehe auch die Loci 3030 und 8025. Der Verfall der kleinen Raumeinheiten kann gut aus dem Südprofil des Areals 8(West) abgelesen werden (vgl. Abb. 21, 30, 31).

[33] Die in der Grabung erfaßte Oberkante der sogenannten Terrasse (1. Phase) liegt bei einer Höhe von ca. (96,70m)-97,00m. Die ergrabene Unterkante der sogenannten Umfassungsmauer (Loc. 8502) liegt in Areal 8 (West) bei ca. 97,00m und liegt somit auf annähernd gleicher Höhe wie die sogenannte Terrasse.

[34] Zur quantitativen Verteilung der entsprechenden Scherben auf die verschiedenen Fundstellen vgl. Appendix 3 (Kap. 7.1.3), der Auskunft über die quantitative Verteilung der Scherben einer Fundstelle auf das Warenspektrum des Tell Johfiyeh gibt.

die Eisenzeit I, II–III und III datieren.[35]
Phase 1, die in Areal 3 (Tiefschnitt) mit den Fundstellen 3044, 3043 und 3042 der Schicht 4 korreliert werden kann, wird in den unteren Lagen (Fundstellen 3044, 3043) u.a. durch massive Steinsetzungen und Installationen charakterisiert, die teilweise auf den in Horizont I gründenden Mauern aufliegen oder in diese hineinreichen. Die oberen Lagen der Schicht 4 weisen kleine, durch Abteilung und Ergänzung der vorhandenen (kreisförmigen) Steinsetzungen enstandene Raumeinheiten auf, deren Inventar auf häusliche und landwirtschaftliche Aktivitäten der ehemaligen Bewohner während der Eisenzeit I schließen läßt.[36]
Phase 2 dieser auf den Innenbereich beschränkten kontinuierlichen Siedlungsaktivität kann weitgehend mit den Befunden der Schicht 3 abgeglichen werden.[37] Charakteristisch für diese Nutzungsphase ist ein größeres Gebäude in den Arealen 9 und 6, das über einen halbkreisförmig angelegten Weg mit mehreren kleinen Raumeinheiten verbunden ist. Die in dieser Schicht gemachten Funde und ihre Verteilung machen es wahrscheinlich, daß es sich hier um ein kleines landwirtschaftliches Gehöft mit Hofhaus (?) und

[35] Die eisenzeitlichen Hinterlassenschaften des Tell Johfiyeh werden in der vorliegenden Arbeit in Anlehnung und unter Verwendung der forschungsgeschichtlich verwendeten Termini und Klassifikationen in drei Hauptphasen (EZ I-III) unterteilt (vgl. Hendrix, Drey, Storfjell 1997:59,Table 8): 1. EZ I (ca. 1200v.Chr.-925v.Chr.); 2. EZ II (ca. 925v.Chr.-539v.Chr.); 3. EZ III (=Persische Periode, ca. 539v.Chr.-332v.Chr.). Diese Unterteilung dient vorrangig der allgemeinen Verständlichkeit und der Vergleichbarkeit der erzielten Ergebnisse. Sie geben nur bedingt die archäologischen Gegebenheiten in Tell Johfiyeh wieder. Historische Ereignisse und Entwicklungen und die mit ihnen verbundenen Perioden spiegeln sich hier wie auch in anderen Fundorten Transjordaniens nicht oder nur zeitlich stark versetzt in den jeweiligen Keramikassemblagen wider (vgl. Kap. 2.3.4.2). Auf eine explizite Benennung von Subphasen wird aufgrund dieser Gegebenheiten, der Fundlage und des stratigraphischen Befundes in der Regel verzichtet. Die zeitliche Stellung innerhalb einer Phase wird, soweit bekannt, mit den Zusätzen „früh" beziehungsweise „spät" hinter oder vor den jeweiligen Begriffen kenntlich gemacht. Ist eine Trennung zwischen den Hauptphasen der Eisenzeit nicht möglich oder kommt es zu „Überlappungen" werden die entsprechenden Klassifikationen durch einen Bindestrich (z.B. Eisenzeit II-III) gekennzeichnet oder die entsprechenden Begriffe (z.B. „späteisenzeitlich-persisch") verwendet. Aus der Literatur übernommene Datierungen werden, soweit möglich, in das beschriebene System übertragen und entsprechend benannt. Der vom jeweiligen Autor verwendete Klassifikationsbegriff wird in diesen Fällen in Klammern gesetzt und beigestellt.

[36] Vgl. in diesem Zusammenhang beispielsweise die in den Loci 6053 und 6058 des Areals 6 gemachten Funde (vgl. Kap. 7.1.2 - Appendix 2).

[37] Für den Bereich des Tiefschnitts (Areal 3) entspricht dies vorrangig den Fundstellen 3041, 3040 und 3039.

mehreren kleinen Verabeitungs- und Lagereinheiten für landwirtschaftliche Güter gehandelt hat, das vorwiegend während der Eisenzeit II–III genutzt wurde.

Horizont	Schichten	FS-Tiefschnitt	Beschreibung
I	7 6 (untere Lagen) H5 - H4 (?)	3052,3051 3050,(3049)	Kreisförmige Anlage aus ineinander gesetzten Mauern (Grab ?)[38]
II	6 (obere Lagen), 5 (untere Lagen) H4–H3 (unten ?)	(3049),3048 3047,3046	Besiedlung der Flächen zwischen den Mauerringen mit kleinen Raumeinheiten
III	H3 (oben) 5 (obere Lagen)	3045	Errichtung der sog. Terrasse und der Umfassungsmauer; Nutzung der Innenfläche
IV Phase 1	4	3044,3043,3042	Kleine Raumeinheiten;
Phase 2	3	3041,3040,3039	Haus 1 und kleine Räume;
Phase 3	2	3038–3034	Siedlungsreste und Gruben
V	H2 (H1) 1	3033, 3032	2. Phase der sog. Terrasse; Bebauung am westl. Hang; Zisterne / Gebäude (Areal 5)

Tabelle 1: Korrelation der Bauhorizonte, Schichten und Fundstellen des Tiefschnitts (Areal 3)[39].

Phase 3, die mit Schicht 2 parallelisiert werden kann[40], liegt über den Installationen der Phase 2 und setzt in Teilbereichen die für den Innenbe-

---

[38] Zu einer Interpretation der entsprechenden Hinterlassenschaften als massive Grabanlage der Spätbronzezeit vgl. die oben gemachten Angaben und die Ausführungen des Kap. 2.2.1 mit den entsprechenden Literaturangaben.

[39] Zur Korrelation der Horizonte mit den Schichten des Tiefschnitts vgl. Abb. 25. Die zugehörigen Fundstellen dieses und der anderen Areale können der Fundstellenmatrix (Matrix 1 und 2) entnommen werden.

reich charakteristische Errichtung und Nutzung kleiner Raumeinheiten fort. Hinzu kommen Feuerstellen und Gruben, die von dieser Nutzungsphase in die darunterliegenden Schichten eingetieft wurden. Zusammen mit der Tatsache, daß die Schicht nur wenige Zentimeter unterhalb der rezenten Oberfläche liegt, führte dies teilweise zu einer erheblichen Vermischung des in dieser Phase gefundenen Materials. Größere zusammenhängende Architektureinheiten wurden, von den zahlreichen kleinen Raumeinheiten in der Südhälfte des Tells einmal abgesehen, nicht dokumentiert. Eine Datierung der Hinterlassenschaften in die Eisenzeit III (spät) ist sehr wahrscheinlich.

Horizont V

Nach einer Unterbrechung in der Besiedlung von Tell Johfiyeh für die nur wenige Einzelfunde aus der hellenistischen und römischen Periode bezeugt sind[41], wird während der byzantinisch-omaijadischen Zeit, die bereits in Horizont III angelegte sogenannte Terrasse (Locus 8503) mit dem Ziel ausgebessert und aufgestockt (2. Phase), die Umfassungsmauer (Locus 8502) von außen zu stützen (vgl. Kapitel 2.2.3 und Abb. 37, 60).[42] Die hierzu verwendeten Steine sind teilweise bearbeitet; ihre Setzung ist im Vergleich zur 1. Phase sehr akkurat. Im Zusammenhang mit diesen Sicherungs- und Befestigungsarbeiten wurde wahrscheinlich auch eine von Norden nach Süden verlaufende Mauer errichtet, die sich in Areal 1 (SO) direkt vor (¬westlich) der sogenannten Terrasse befindet und teilweise aus wiederverwendeten, sehr gut bearbeiteten und polierten Kalksteinblöcken besteht. Beide Installationen können weitgehend mit der Schicht H2 geglichen werden.[43]
Die ebenfalls in diesen Horizont gehörenden Installationen und Aktivitäten im Innenbereich des Tells können vorrangig mit den Hinterlassenschaften der Schicht 1 geglichen werden.[44] Zu den Charakteristika in diesem Bereich gehören u.a. die im westlichen Bereich von Areal 5 in die darunterliegenden Schichten eingetiefte Zisterne mit den südlich anschließenden kleinen

---

[40] Diese Phase von Horizont IV kann für den Bereich des Tiefschnitts mit den Fundstellen 3034-3038 korreliert werden.

[41] Die nur sporadisch registrierten Funde aus dieser Zeit machen es wahrscheinlich, daß es während der genannten Perioden keine dauerhafte Besiedlung von Tell Johfiyeh gegeben hat.

[42] Den hier verwendeten chronologischen Bezeichnungen liegt folgendes System zugrunde: - Hellenistische Periode (332-63 v.Chr.); - Römische Periode (63 v.Chr.-324 n.Chr.); - Byzantinische Periode (324-640 n.Chr.); Omaijadische Periode (ab 640 n.Chr.).

[43] Die Übergänge zu den Hangschichten H1 und H3 können in Teilbereichen fließend sein. Eine exakte Trennung war hier im Hangbereich nicht immer möglich.

[44] Die zugehörigen Fundstellen des Tiefschnitts (Areal 3) lauten 3032 und 3033.

Raumeinheiten. Beide Installationen nutzen teilweise die auf Horizont I zurückgehenden massiven und hoch anstehenden Steinsetzungen.

2.1.3 Korrelation der Schichten und Fundstellen anhand einer Fundstellenmatrix (Matrix 1 und 2)

Ziel dieses Abschnitts ist es, die während der Ausgrabungsarbeiten in der Fläche voneinander getrennten Fundstellen anhand einer arealübergreifenden Fundstellenmatrix mit den jeweils zugehörigen stratigraphischen Schichten zu korrelieren (Matrix 1 und 2). Hierzu werden die im Fundstellenkatalog (Kap. 7.1.2) zusammengestellten und detailliert beschriebenen Loci unter Berücksichtigung ihrer stratigraphischen Lage, der Position in der Fläche und den internen Verknüpfungen mit anderen Fundstellen in ein Gitternetz (Matrix) übertragen, dessen vertikale Achse die Schichten 0 bis 7 (Matrix 2) beziehungsweise H0 bis H5 (Matrix 1) benennt.[45] Die horizontale Achse beschreibt anhand der Grabungsareale und -schnitte die Fundlage der jeweiligen Fundstelle in der Fläche beziehungsweise am Hang. Die Abfolge der Fundstellen innerhalb der einzelnen Grabungsareale ist so angeordnet, daß die zu einer Schicht gehörenden Fundstellen arealübergreifend auf einer Höhe dargestellt werden. Stratigraphische Zusammengehörigkeiten, Verknüpfungen und Fundzusammenhänge lassen sich so leicht erkennen und ablesen.[46] Die während der Ausgrabung erfaßten, eindeutig mit Begehungsflächen (BGF) in Verbindung gebrachten Fundstellen[47] sind graphisch durch eine fett gedruckte Linie an der unteren Begrenzung des jeweiligen Kästchens gekennzeichnet und machen die verschiedenen in Tell Johfi-

---

[45] Zur Korrelation der Schichtenabfolge innerhalb der sogenannten Umfassungsmauer und den Hangbereichen vgl. Abb. 21 und die Ausführungen des Kap. 2.1.1.

[46] Eine Ausnahme bildet hier nur der Ost-Schnitt in Areal 5. In diesem von rezenten Raubgruben, einer Zisterne und wahrscheinlich byzantinisch/frühislamischen Nachnutzungen geprägten Bereich weist das mit den Schichten 1 und 2 zu korrelierende Material Mächtigkeiten auf, die sich von denen im sonstigen Tellbereich unterscheiden. Eine Korrelation der Fundstellen mit den verschiedenen Schichten ist hier (Areal 5) anhand der Matrix nicht möglich.

[47] Die Kästchen von solchen Fundstellen, die neben- oder übereinander liegen, sind durch einen einfachen Strich miteinander verbunden; Fundstellen, die ineinander liegen sind mit einem > oder < gekennzeichnet. Die Spitze des Zeichens deutet hierbei jeweils die aufnehmende Einheit an. Auf weitere graphische Differenzierungen der verschiedenen Fundstellenkategorien wurde zugunsten der Übersichtlichkeit aus darstellungstechnischen Gründen verzichtet. Alle Informationen zu den von der Fundstellenmatrix wiedergegebenen Loci finden sich im Fundstellenkatalog (Kap. 7.1.2).

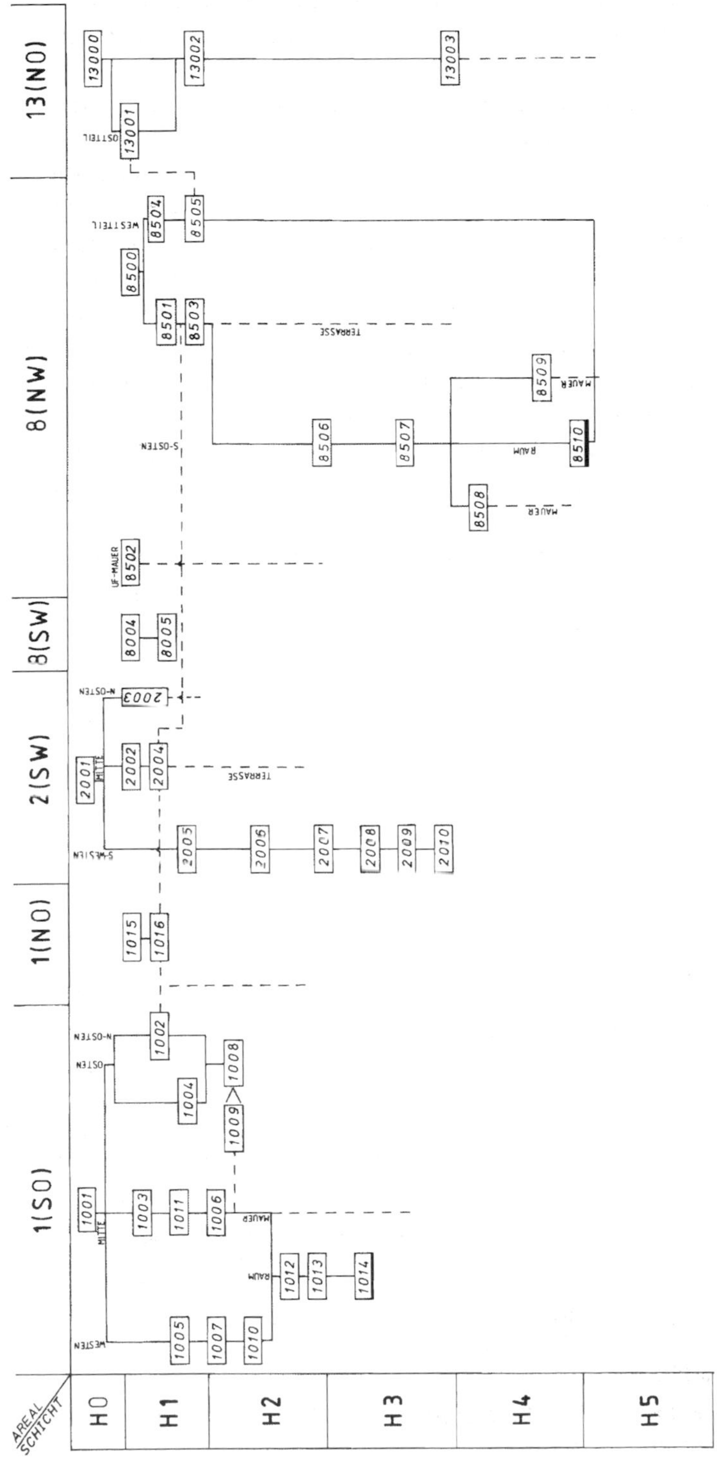

Matrix 1: Matrix der Fundstellen im Hangbereich

yeh erfaßten Nutzungshorizonte arealübergreifend deutlich. Weitere ausführliche Angaben zu den unterschiedlichen Charakteristika einzelner Fundstellen finden sich im Fundstellenkatalog (Kap. 7.1.2) und ermöglichen eine unkomplizierte und schnelle Orientierung sowie die Zusammenstellung von Fundinventaren für die jeweiligen stratigraphischen oder funktionalen Bereiche.[48]

2.2 Architektur

Wie die Ausführungen zur Stratigraphie zeigen, können in Tell Johfiyeh fünf Bauhorizonte mit teilweise mehreren Subphasen voneinander getrennt werden (vgl. Kap. 2.1.2, Tabelle 1). Ziel des folgenden Abschnitts ist es, die in der Fläche ergrabenen Architekturreste mit diesen Horizonten zu korrelieren und, soweit möglich, die jeweilige Bebauung und ihre Funktion zu rekonstruieren. Hierzu werden in einem ersten Schritt die für jeden Horizont dokumentierten Architekturreste an Hand der Grabungsdokumentation systematisch zusammengestellt und beschrieben. In einem zweiten Schritt wird für jeden Horizont der Versuch unternommen, die teilweise sehr fragmentarischen und unzusammenhängenden Architekturreste und Installationen zu einem Gesamtbild zusammenzufügen und mit Hilfe der sonstigen materiellen Hinterlassenschaften funktional einzuordnen.

2.2.1 Die Architektur des Horizonts I (Schichten 7, 6 -untere Lagen-, H5, H4?)

Hinterlassenschaften des Bauhorizonts I konnten während der Grabungsarbeiten nur im Tiefschnitt des Areals 3 und den Hangbereichen der Areale 8 und 13 dokumentiert werden (Abb. 26).[49]

Im Bereich des Tiefschnitts (Areal 3) handelt es sich um die Innenseiten von drei massiven, teilweise mit Putz versehenen Bruchsteinmauern aus grob bearbeiteten Kalk- und Feuersteinblöcken, die das Ost-, West- und Südprofil des Schnitts bilden (Abb. 21–25). Ihr Gründungsniveau liegt zwischen 93,80m und 94,00m und fällt mit den Fundstellen 3052 und 3051 der Schicht 7 zusammen.[50] Die erste Nutzungsphase der Mauern kann mit der Fundstelle 3050 in den unteren Lagen der Schicht 6 korreliert werden. Ihr Ende und der wahrscheinlich mit einem (lokalen) Brand verbundene Übergang zu Hori-

---

[48] Die auf der Falttafel wiedergegebene Matrix 2 (Fläche) weist einen Tippfehler auf. In Areal 5 („W-Schnitt, Raum") muß es 5024 statt 5004 heißen.

[49] Eine eindeutige Zuweisung der im Hangbereich dokumentierten geringen Architekturreste in den Horizont I ist nicht möglich, da der Bereich mehrmals überbaut und gestört wurde.

[50] Ostmauer (Ostprofil): UK=93,80m; Westmauer (Westprofil): UK=94,00m; Südmauer (Südprofil): UK=93,80m.

zont II wird von Fundstelle 3049 (Schicht 6) repräsentiert, die zahlreiche Holzkohlereste und sekundär verbrannte Keramikscherben aufwies. Die erfaßten Oberkanten der auch in den Horizonten II und III weitergenutzten Mauern liegen zwischen 97,50m und 97,80m.[51] Die Ost- und Südmauern sind fast vollständig mit einem bis zu 2cm starken mittelfeinen, hellgelben Kalkverputz versehen. Die Westmauer weist nur noch in der unteren Hälfte Reste dieses Verputzes auf, der während der ursprünglichen Nutzungsphase wahrscheinlich auch hier die oberen Lagen der Mauer bedeckte. Die wenigen freiliegenden, nicht von Putz bedeckten Kalk- und Feuersteine der drei Mauern sind in der Regel grob behauen und mittelgroß (> 0,5m × 0,4m). Zwischenräume sind partiell mit kleinen Steinen und Kieseln verfüllt und weisen ein feines, weiches, dunkelbraunes, sandähnliches Material auf, das eventuell als Bindemittel verwendet wurde. Größere Hohlräume zwischen den Steinen sind möglich. Die im Bereich des Tiefschnitts auf einer maximalen Länge (Nord-Süd) von ca. 2,40m beziehungsweise 2,90m erfaßten Ost- und Westmauern weisen im südlichen Teil des Schnitts einen Abstand von ca. 1,30m zueinander auf; im nördlichen Teil trennen sie ca. 2,00m. Die Südmauer (Abb. 21, 27) wurde auf einer Länge (Ost-West) von nur 1,30m freigelegt und verbindet die West- mit der Ostmauer ohne mit letzterer baulich verzahnt zu sein. Sie wurde vielmehr in einem rechten Winkel vor diese gesetzt, wie die weiter nach Süden verlaufende Putzschicht der Ostmauer deutlich zeigt.[52] Hinweise auf die Stärke der beschriebenen, im Tiefschnitt nur in der „Ansicht" erfaßten Mauern fehlen vollständig. Die späteren Aufbauten des Horizonts IV liefern diesbezüglich lediglich Anhaltspunkte und legen zusammen mit den strukturell ähnlichen Nord-Südmauern in den

[51] Ostmauer (Ostprofil): OK=97,54m-97,56m; Westmauer (Westprofil): OK (der ungestörten Südhälfte)=97,50m; Südmauer (Südprofil): OK=97,78m-97,80m. Diese Oberkanten der Mauern dienten für die darüberliegenden Horizonte als Fundamentierung neuer Steinsetzungen und Installationen (vgl. beispielsweise Horizont IV).

[52] Dieser Befund macht es wahrscheinlich, daß die mit dem Ostprofil verbundene Mauer des Tiefschnitts zuerst errichtet wurde und dann die sogenannte Südmauer als Trenner davor gesetzt wurde. Die Verbindung zwischen der Südmauer und der mit dem Westprofil verbundenen Mauer ist hingegen unklar. Auf den ersten Blick scheinen die beiden Mauern miteinander verzahnt zu sein. Zieht man jedoch in Betracht, daß sich der Abstand zwischen den mit dem Ost- und Westprofil verbundenen Nord-Südmauern des Tiefschnitts von ca. 2,00m im nördlichen Teil auf nur noch ca. 1,30m im Anschlußbereich zur Südmauer (Trenner) verjüngt, kann nicht ausgeschlossen werden, daß eine „Vorsetzung" die ursprüngliche Verbindungsart verdeckt.

Arealen 5, 6, 8(Ost) und 14 eine Breite von bis zu 1,80m nahe.[53] Die wenigen im westlichen Hangbereich erfaßten Reste des Horizonts I bestätigen diese Annahme.

Die im Südprofil (Abb. 27) der Areale 8(West) und 13 bei O 82,60m bis 80,94m und O 79,10m bis 78,40m im Profil erfaßten Reste von zwei parallel zueinander verlaufenden (Abstand ca. 1,85m) massiven Nord-Süd-Steinsetzungen weisen ebenfalls eine Breite (O-W) zwischen 1,66m und 1,70m auf.[54] Ihre ursprüngliche Höhe ist unbekannt und ihr allgemeiner Erhaltungszustand schlecht.

Die unterhalb der Fundstelle 8510 in Schicht H5 (Areal 8(West)) sichtbaren Reste des Horizonts I bestehen aus zwei Steinansammlungen bei O 82,50m und O 81,10m, die wahrscheinlich als Ost- und Westbegrenzung einer ehemals massiven, von Norden nach Süden verlaufenden Schalenmauer interpretiert werden können (Abb. 27).[55] Die im Südprofil des Schnitts erhaltenen Reste der östlichen Begrenzung bestehen aus nur drei grob behauenen Kalksteinen, die eine Größe von bis zu 0,30m × 0,20m haben. Die erhaltene Höhe beträgt 0,40m. Einige direkt darüberliegende größere Steine in Versturzlage gehören bereits zur Schicht H4 und bilden wahrscheinlich den Übergang zu Horizont II.[56] Die Reste der ehemals westlichen Begrenzung der hier vermuteten Schalenmauer bestehen sogar nur aus zwei im Profil erfaßten übereinanderliegenden mittelgroßen Kalksteinen. Ein darüberliegender, etwas kleinerer Stein befindet sich bereits wieder in Schicht H4. Seine Zugehörigkeit zur angenommenen Mauer ist fraglich. Die erhaltene Höhe der in Schicht H5 erfaßten Steine beträgt somit ebenfalls nur 0,40m. Die ergrabenen Unterkanten der beschriebenen Steinsetzungen liegen zwischen 94,60m für die östliche und 94,50m für die westliche Begrenzung der beschriebenen Schalenmauer. Dies entspricht dem Nivellement der Fundstelle 3050 im Tiefschnitt des Areals 3 und erlaubt es, die hier beschriebene Schalenmauer (Areal 8(West)) mit der ersten Nutzungsphase der im Tiefschnitt erfaßten Mauern (Horizont I) zu parallelisieren.

---

[53] Die in den oberen Schichten erfaßten bis zu 1,80m breiten Mauern bestehen teilweise aus zwei parallel verlaufenden Steinsetzungen („Schalen“) deren Zwischenraum mit „Steinschnitt“ aufgefüllt wurde.

[54] Der Nordwert des Südprofils lautet N 95,00m.

[55] Diese „Steinansammlungen“ wurden nur im Südprofil des Areals 8(West) erfaßt. Entsprechungen in der Fläche fehlen, da der nördlich an das Profil anschließende Bereich bis auf einen schmalen Streifen entlang des Südprofils nicht weiter abgetieft wurde.

[56] Die Westseite der beschriebenen ca. 0,40m breiten Steinsetzung (östliche Wand der hier vermuteten Schalenmauer) bildet in der Folgezeit (Horizonte III - V) die westliche Begrenzung und Flucht der sogenannten Terrasse (Fundstellen 8503, 2004, 1002/1016).

Die auf Horizont I verweisenden Befunde im westlich anschließenden Areal 13 sind ähnlich karg. Die hier in den unteren Lagen der Fundstelle 13003 im Übergangsbereich der Schichten H5–H4 erfaßte Steinansammlung kann wahrscheinlich als Rest der zweiten ehemals massiven von Norden nach Süden verlaufenden Schalenmauer im Hangbereich der Areale 8(West) und 13 gedeutet werden. Ihre östliche Begrenzung bilden zwei im Südprofil des Schnitts erfaßte, grob bearbeitete und übereinanderliegende Kalksteine, die bis zu 0,40m × 0,20m groß sind. Hinzu kommen einzelne in der nördlich anschließenden Fläche auf gleichem Niveau freigelegte mittelgroße Kalksteine (Abb. 28). Die erhaltene Höhe im Südprofil beträgt 0,40m.[57] Die westliche Begrenzung der hier angenommenen Mauer wird von einem 0,50m × 0,45m großen unregelmäßig geformten Kalksteinblock gebildet, der sich im Südprofil deutlich abzeichnet und in der nördlich anschließenden Fläche seine Fortsetzung in Form einzelner, mittelgroßer Steine findet. Der Zwischenraum zwischen östlicher und westlicher Begrenzung der angenommenen Mauer war mit kleineren Steinen (< 0,20 × 0,15m) verfüllt, von denen sich ebenfalls einige im Südprofil des Schnitts und in der Fläche abzeichnen. Die ergrabenen Unterkanten liegen hier zwischen 94,20m für die westliche und 94,10m für die östliche Begrenzung der beschriebenen Nord-Südmauer und erlauben somit auch hier eine Parallelisierung mit den Fundstellen 3051 (obere Lagen) und 3050 des Tiefschnitts in Areal 3. Dies entspricht der Gründung und ersten Nutzungsphase der dort gefundenen hoch anstehenden und mit Putz versehenen Mauern (Horizont I).[58]

Folgt man der begründeten Annahme, daß es sich bei den in den Arealen 3 (Tiefschnitt), 8(West) und 13 erfaßten Architekturresten des Horizonts I um parallel verlaufende Nord-Südmauern handelt und geht man davon aus, daß es sich bei den freigelegten Mauern der oberen Horizonte (IV,V) teilweise um Setzungen handelt, die auf den Mauern des Tiefschnitts (Horizont I) aufsitzen, so ist es sehr wahrscheinlich, daß es sich bei den im Horizont I erfaßten Mauern um Teilabschnitte von mehreren annähernd kreisförmigen Steinsetzungen unterschiedlichen Durchmessers handelt. Berücksichtigt man des weiteren den annähernd runden Aufbau des gesamten Tells und seiner Installationen so kann die Bebauung des Horizontes I wie folgt rekonstruiert

---

[57] Der obere der beiden hier erfaßten Steine reicht in die Hangschicht H3 hinein, was teilweise auf die sehr geringe Mächtigkeit der unteren Schichten in diesem Bereich zurückzuführen ist.

[58] Im Gegensatz zu den im Ost- und Westprofil des Tiefschnitts (Areal 3) erfaßten Mauern, wurden die hier beschriebenen Setzungen aber wahrscheinlich bereits im Zusammenhang mit den am Ende des Horizonts I stehenden Ereignissen weitgehend abgetragen bzw. zerstört. Vgl. die im Tiefschnitt gewonnenen Hinweise (Fundstelle 3049) auf einen Brand.

werden:[59]
Bei den freigelegten Architekturresten handelt es sich wahrscheinlich um die Hinterlassenschaften einer massiven Anlage, die aus mehreren ineinandergesetzten, annähernd kreisförmigen Steinsetzungen unterschiedlichen Durchmessers bestand. Um einen fiktiven Mittelpunkt bei ca. O 100,80m N 99,40m legten sich in einem Abstand von jeweils ca. 2,00m bis zu sieben ringförmige, teilweise mit Putz versehene Mauern von bis zu 1,80m Breite aus grob bearbeiteten Kalk- und Feuersteinen. Die Zwischenräume zwischen den einzelnen Mauerringen konnten durch einzelne, ebenfalls mit Putz versehene Mauern in kleinere Kammern unterteilt werden. Der Durchmesser der gesamten bislang erfaßten Anlage betrug bis zu ca. 53,00m. Die Höhe der umlaufenden Mauern betrug mindestens 4,00m. Ergrabene Hinweise auf Zugänge, Ausstattung und Funktion dieser Anlage fehlen vollständig. Die wenigen in den unteren Schichten (7, untere Lagen 6) des Tiefschnitts und am Hang (H5) gemachten Funde halfen diesbezüglich ebenfalls nicht weiter. Entsprechende Hinweise konnten bislang nur anhand von Vergleichen mit Rujm el-Hiri, einer monumentalen Anlage im südlichen Golangebiet, gewonnen werden (Kochavi 1989:4, Fig.1). Dieser Fundplatz besteht aus einem zentralen Tumulus und mehreren Steinkreisen, deren Durchmesser bis zu 150m betragen kann (Zohar 1989:22, Fig.3; Mizrachi et al. 1996:169, Fig.1). Er weist in seinem zentralen Bereich, der wahrscheinlich in die Spätbronzezeit datiert,[60] zahlreiche Parallelen mit den entsprechenden Hinterlassenschaften des Tell Johfiyeh (Horizont I) auf und macht es wahrscheinlich, daß es sich in Teilbereichen um ähnlich strukturierte Anlagen gehandelt haben könnte. Folgt man dieser Annahme, so kann nicht ausgeschlossen werden, daß der heute in Johfiyeh als „Tell" bezeichnete und 2002 bis 2004 archäologisch untersuchte Bereich während des Horizonts I als monumentale Grabanlage konzipiert und genutzt wurde.[61] Unterstützt wird

---

[59] Vergleiche auch die entsprechenden Ausführungen zu Horizont I im Kapitel zur Stratigraphie (Kap. 2.1).

[60] Die Ausgräber (vgl. Mizrachi et al. 1996:192-195; Mizrachi 1997:442) gehen davon aus, daß der Fundplatz zwei Hauptnutzungsphasen aufweist, die in das dritte und späte zweite vorchristliche Jahrtausend datieren. Sie setzen die großen Steinkreise, die einen zentralen Grabbau („cairn") umgeben und die zugehörige Anlage in die Frühe Bronzezeit II/III und nehmen an, daß die Grabanlage erst während der Spätbronzezeit in die Mitte des frühbronzezeitlichen Komplexes hineingesetzt wurde. Die genaue Funktion der frühbronzezeitlichen Anlage und ihre regionale Stellung ist nicht abschließend geklärt. Vgl. Kochavi (1989), Zohar (1989), Mizrachi et al. (1996) und Mizrachi (1997) mit den entsprechenden Literaturangaben.

[61] Die in Tell Johfiyeh eventuell mit dieser Grabanlage zu verbindende Fläche entspricht hierbei lediglich dem zentralen, mit der Spätbronzezeit verbundenen Bereich

diese These durch die Auswertung der entsprechenden Keramikscherben aus Tell Johfiyeh (vgl. Kap. 2.3.4.1), die ebenso wie die Funde im Zentralbereich des Rujm el-Hiri (vgl. Mizrachi et al. 1996:Fig.16) mit der Spätbronzezeit verbunden werden können. Andere Interpretationen der zu Horizont I des Tell Johfiyeh gehörenden und oben vorgestellten Strukturen können jedoch nicht vollständig ausgeschlossen werden.[62] Zur abschließenden Klärung sind weitere wissenschaftliche Forschungen und archäologische Grabungen notwendig.[63]

2.2.2 Die Architektur des Horizonts II (Schichten 6-obere Lagen-, 5-untere Lagen-, H4, H3-unten-)

Hinterlassenschaften des Bauhorizonts II wurden bislang nur in den Arealen 3 (Tiefschnitt) und 8 (Hangbereich) in den Schichten 6 (obere Lagen), 5 (untere Lagen) und H4 sicher nachgewiesen (Abb. 26).[64]
Die Ergebnisse des Tiefschnitts zeigen, daß die Fläche zwischen den Mauerringen des Horizonts I, die zu Beginn des Horizonts II noch mindestens 2,25m hoch anstanden, zu Siedlungszwecken genutzt wurde (Abb. 24, 25).[65] Neben Tierknochenfunden verweisen einzelne Holzkohlereste, zahlreiche Keramikscherben und wenige Kleinfunde auf die entsprechenden Aktivitäten. Eindeutige Belege für die Errichtung kleiner Raumeinheiten zwischen den Mauerringen, wie sie für den westlichen Hangbereich (Areal 8) bezeugt sind, fanden sich für den Bereich des Tiefschnitts (Areal 3) nicht. Die

---

des Rujm el-Hiri (ca. Fläche innerhalb der „wall 4" - vgl. Mizrachi et al. 1996:169, Fig.1). Hinweise auf die äußeren („wall 1–3") Rundmauern und die mit ihnen verbundene frühbronzezeitliche Anlage fehlen in Tell Johfiyeh bislang weitgehend. Entsprechende Untersuchungen stehen noch aus.

[62] Inwieweit beispielsweise die in Tell Jemmeh freigelegten Strukturen und die dort vermutete Form der Überdachung (van Beek 1986:245-247) als Vergleich herangezogen werden können, ist unklar, da in Tell Johfiyeh bislang keinerlei Hinweise auf eine Funktion der mit Horizont I verbundenen Hinterlassenschaften als Speicher bezeugt sind.

[63] Nach Abschluß der Arbeiten zur Eisenzeit ist eine Fortführung der feldarchäologischen Untersuchungen in Tell Johfiyeh geplant. Vorrangiges Ziel wird es hierbei sein, die Hinterlassenschaften der Horizonte I bis III großflächig freizulegen und zu interpretieren.

[64] Inwieweit auch das in den „mittleren" Lagen der Fundstelle 13003 (Areal 13) erfaßte Material in diesen Horizont gehört, ist unklar.

[65] Geht man davon aus, daß die erste Nutzungsphase des Horizonts II im Bereich des Tiefschnitts mit den mittleren und oberen Lagen der Fundstelle 3049 (Übergang Horizont I zu II) gleichgesetzt werden kann, so entspricht das in etwa einer Höhe von 95,25m. Die Oberkanten der Mauern, die den Tiefschnitt im Osten und Westen begrenzen liegen zwischen 97,50m und 97,80m.

geringe Fläche, die hier bislang freigelegt wurde, wies in den entsprechenden Fundstellen aber vereinzelt größere, grob bearbeitete Kalksteine auf, die eventuell als Hinweis auf entsprechende Strukturen zwischen den Mauerringen gedeutet werden können.[66] Geht man von einer Gründungsphase des Horizonts in den mittleren und oberen Lagen der Fundstelle 3049 aus, so kann die Nutzungsphase mit den Fundstellen 3048, 3047 und 3031 in den Schichten 6 (obere Lagen) und 5 (untere Lagen) parallelisiert werden. Der Verfall und Niedergang des Horizonts beginnt wahrscheinlich schon in den oberen Lagen der Fundstelle 3047 und setzt sich in den Fundstellen 3046 und 3030–3027, die den Übergang zu Horizont III bilden, im unteren und mittleren Bereich der Schicht 5 fort.[67]

Auf und zwischen die in den westlichen Hangbereichen (Areal 8, 13) eventuell schon weitgehend eingestürzten oder teilweise abgetragenen Mauerringe des Horizonts I wurden jetzt (Horizont II) wahrscheinlich kleine rechteckige Raumeinheiten gesetzt und zu Siedlungszwecken genutzt. Deutliche Reste einer solchen Steinsetzung konnten im südlichen Bereich des Westschnitts von Areal 8 erfaßt und dokumentiert werden (Abb. 29). Es handelt sich hier um ein ca. 2,40m langes, bis zu 0,36m breites, 0,30m–0,50m hohes, in etwa von West nach Ost verlaufendes Mauerfragment (=Locus 8509) aus nur grob bearbeiteten Kalksteinen, das bei O 83,80m N 96,44m auf ein in etwa von Norden nach Süden verlaufendes zweites Mauerfragment (Locus 8508) von ebenfalls 0,36m Breite trifft und von hier auf einer Länge von 1,68m bis in das Südprofil (N 95,00m O 93,90m) des Schnitts verfolgt werden kann.[68] In diesem Profil (Abb. 27, 30) zeichnet sich ab, daß das in der Fläche nur mit einer Steinlage erhaltene Mauerfragment (Locus 8508) ursprünglich einmal mehrere Lagen hoch war. Die zur Errichtung der Mauern (Loci 8508/9) verwendeten Kalksteine sind zwischen 0,78m × 0,38m × 0,22m und 0,38m × 0,20m × 0,16m groß. Teilweise ist ihre Oberseite abgeflacht und sie erinnern an mittelgroße Steinplatten oder -blöcke.

---

[66] Hinweise auf derartige Steine fanden sich in den mittleren und oberen Lagen der Fundstelle 3049, die wahrscheinlich mit der Gründungsphase des Horizonts II gleichgesetzt werden können. Das Material der mit der Nutzungsphase des Horizonts zu verbindenden Fundstelle 3048 wies hingegen ausschließlich kleine Steineinschlüsse auf. Größere Steine wurden erst wieder in den oberen Lagen der Fundstelle 3047 und in 3046 beobachtet, die wahrscheinlich mit dem beginnenden Verfall des Horizontes II und dem Übergang zu Horizont III korreliert werden können.

[67] Die Beschaffenheit des Materials der Fundstelle 3046 macht es wahrscheinlich, daß die zu Horizont II gehörenden Strukturen offen gelassen und dem (langsamen) Verfall preisgegeben wurden.

[68] Die hier angegebenen Nord- und Ostwerte beziehen sich jeweils auf die Mitte der Steine.

Zwischenräume wurden mit kleinen Steinen ausgefüllt. Hinweise auf ein Bindemittel fehlen. Der südliche Endpunkt der Mauer Locus 8508 ist ebenso unbekannt wie die Westausdehnung der im rechten Winkel anschließenden, von Osten nach Westen verlaufenden zweiten Steinsetzung (Locus 8509). Eine dritte Mauer, die die von den beiden Mauerresten (Loci 8508/9) und dem Südprofil des Schnitts gebildete Fläche nach Westen abschließt, konnte ebenfalls nicht erfaßt werden. Es ist aber wahrscheinlich, daß sie bei O 81,42m N 96,20m an Mauer Locus 8509 anschloß und parallel zu Mauer Locus 8508 nach Süden verlief (vgl. Abb. 32).[69] Die von dieser Mauer, den Mauern Loci 8508, 8509 und dem Südprofil des Schnitts eingeschlossene leicht trapezförmige Fläche (Locus 8510) umfaßt nur ca. 2,5qm.[70] Das Material dieser (Locus 8510) und der direkt darüberliegenden Fundstelle 8507 ist mittelfest, weist zahlreiche Keramikscherben und Knochen sowie einige Basalt- und Steinobjekte auf.[71] Es erstreckt sich über ein außerhalb der rekonstruierten Raumeinheit bei N 96,56m O 80,90m gefundenes großes Vorratsgefäß hinaus bis zur südlichen Arealgrenze. Eine Erschließung der rekonstruierten und beschriebenen Raumeinheit von dieser Außenfläche aus, durch eine Öffnung in der hier vermuteten Südmauer ist sehr wahrscheinlich. Eine weitere, ähnlich strukturierte Raumeinheit befand sich wahrscheinlich in einem Abstand von nur ca. 0,30m im direkten nördlichen Anschluß an die bislang beschriebenen Steinsetzungen. Im Südprofil der bei N 97,00m von O 82,36m bis O 84,40m angeschnittenen sogenannten Terrasse (Locus 8503) zeichnen sich bis zu neun übereinanderliegende, nach Westen verkippte Steine ab (Abb. 31, 32), an die sich eine ebenfalls nach Westen verlaufende einlagige Steinsetzung anschließt.

Eine Korrelation des von den Fundstellen 8510 und 8507 (untere Lagen) der Schichten H4 und H3 (untere Lagen) sowie den zugehörigen Mauern repräsentierten Nutzungshorizonts mit demjenigen der Fundstellen (3049), 3048 und 3047 der Schichten 6 (obere Lagen) und 5 (untere Lagen) in Areal 3 (Tiefschnitt) ist möglich. Der Niedergang und Verfall der mit Horizont II

---

[69] Für diese Rekonstruktion einer Südbegrenzung der hier vermuteten Raumeinheit spricht, daß der letzte (=westlichste) erfaßte Stein der Ostwestmauer (Locus 8509) leicht nach Süden vorkragt und im direkten nordwestlichen Anschluß bei N 96,56m O 80,90m in der Flucht dieser Mauer (8509) die Reste eines großen Vorratsgefäßes (Locus 8510; FN 8528) gefunden wurden.

[70] Über die weitere Ausdehnung der Fläche nach Süden können keine Angaben gemacht werden. Es ist aber wahrscheinlich, daß die Gesamtfläche des angenommenen Raums mindestens doppelt so groß war.

[71] Bei den Kleinfunden aus Locus 8507 handelt es sich um den Fuß eines Basaltschalenfragments (FN 8522,1; Kleinfundkatalog Tafel 7,04), einen Stößel aus Basalt (FN 8522,2) und ein kleines rundes Knochenobjekt (FN 8525, Kleinfundkatalog Tafel 35,02), das an eine Spule/Spielstein erinnert.

verbundenen kleineren Raumeinheiten kann im Bereich des Tiefschnitts mit der Fundstelle 3046 (= Übergang zu Horizont III) in den unteren bis mittleren Lagen der Schicht 5 beziehungsweise den oberen Lagen der Fundstelle 8507 im unteren Bereich der Schicht H3 in Areal 8 verbunden werden. Folgt man der Interpretation, daß es sich bei dieser und der oben beschriebenen Struktur um kleine Raumeinheiten handelt, so kann die Bebauung und Nutzung des Horizonts II wie folgt rekonstruiert werden: Die Steinsetzungen des Horizonts I werden weiter genutzt und die teilweise verfüllten Flächen zwischen beziehungsweise auf diesen Mauern mit kleinen rechteckigen Raumeinheiten bebaut. Die hier gemachten Funde legen „häusliche" Aktivitäten in einem landwirtschaftlich geprägten Umfeld nahe. Hinweise auf die genaue Struktur der Raumeinheiten und der Besiedlung fehlen ebenso wie solche zur Funktion und Ausstattung der wenigen erfaßten und oben beschriebenen Architekturreste. Weitere Forschungen und das Freilegen gößerer Flächen sind notwendig, um detailliertere Aussagen zur Architektur des Horizonts II zu machen.

2.2.3 Die Architektur des Horizonts III (Schicht 5 -obere Lagen-, H3 -oben-)

Hinweise auf Horizont III wurden in den oberen Lagen der Schicht 5, dem Übergangsbereich zu Schicht 4 in Areal 3 (Tiefschnitt) und den direkt westlich anschließenden Schnitten des Areals 8(Ost) ergraben. Hinzu kommen massive bauliche Hinterlassenschaften in den Arealen 8(West) und 13, die vorrangig in den oberen Lagen der Hangschicht H3 gründen (Abb. 26).
Wie aus den Funden der Fundstellen 3025, 3024 (untere Lagen) und 3045 des Tiefschnitts (Areal 3) hervorgeht, wird die Fläche zwischen den „Ringmauern" (Horizont I) auch nach dem Verfall der für Horizont II charakteristischen kleinen Raumeinheiten weiter genutzt (vgl. Abb. 25 und Matrix 2). Den Übergang zu Horizont IV bilden hier die Fundstellen 3024 (obere Lagen), 3023 und 3044 in den unteren Lagen der Schicht 4. Zu den im Bereich des Tiefschnitts registrierten Funden des Horizonts III gehören neben zahlreichen Keramikscherben und Feuersteinabschlägen auch Tierknochen (Speiseabfälle).[72] Hinzu kommt eine Pfeilspitze aus Metall (FN 3186), die in Fundstelle 3045 gefunden wurde und vielleicht mit der zeitgleichen Errichtung massiver, um den Fundplatz herumlaufender Befestigungsanlagen im Hangbereich in Verbindung gebracht werden kann. Zusammenhängende Architekturreste und Installationen fanden sich im Bereich des Tiefschnitts nicht. Gleiches gilt für die im westlichen Anschluß

[72] Für die Fundstellen 3025, 3024 und 3045 handelt es sich um die Fundnummern 3108, 3113, 3184 (Keramik); 3109, 3114, 3187 (Feuersteinabschläge) und 3110, 3115, 3185 (Knochen).

in Areal 8(Ost) zwischen den dort erfaßten Mauern gefundenen Reste des Horizonts III (Abb. 33).[73] Auch hier können den entsprechenden Fundstellen (8024–8025, 8029) keine Architekturreste und Installationen eindeutig zugewiesen werden. Neben zahlreichen Keramikscherben und einigen wenigen Tierknochen (Speisereste) wurden auf den kompakten, teilweise mit kalkigen Flächen durchsetzten Resten der entsprechenden Begehungsflächen (Loci 8025, 8029) aber zahlreiche Kleinfunde dokumentiert, die auf ein häusliches Umfeld und ihre Bewohner verweisen. Zu den im östlichen Teil des Areals (Locus 8029) registrierten Funden gehören unter anderem ein Webgewicht (FN 8126), eine Muschel (FN 8128), eine Knochenahle (FN 8133), ein „Keramikknopf" (FN 8134), ein sogenannter Rollstein (FN 8127) und ein Stück Schlacke (FN 8130), das sich auf dem Boden eines Keramikgefäßes befand. In Fundstelle 8028, die im Osten des Areals 8 den Übergangsbereich zu Horizont IV bildet, finden sich des weiteren zahlreiche Basaltwerkzeuge wie Stößel und Mörser, die es nahe legen, daß die Bewohner des Horizonts III weiterhin in einem landwirtschaftlichen Umfeld lebten.[74] Im westlichen Bereich des Schnitts fanden sich in dem Übergangsbereich zu Horizont IV (Loci 8023, 8022) darüber hinaus ein kleiner, mit Einritzungen versehener Schmuckstein aus Kalkstein (FN 8099), ein Spielstein aus Ton (FN 8097) und eine weitere Muschel (FN 8096), die erste Einblicke in das Alltagsleben erlauben.[75] Die Quantität und Komplexi-

---

[73] Für den zu Fundstelle 8029 gehörenden Nutzungshorizont kann aufgrund des Nivellements nicht ausgeschlossen werden, daß die obere Lage der in Horizont I gründenden Westmauer des Tiefschnitts als Ostbegrenzung genutzt wurde (Abb. 24). Als westlicher Abschluß der zu Horizont III gehörigen Fläche diente wahrscheinlich die noch 1,68m hoch anstehende Ostschale der massiven Schalenmauer, die das Areal 8(Ost) von Norden nach Süden durchläuft und vielleicht bis in den Horizont I hinunterreicht (Abb. 27, 33). Der westlich dieser Schalenmauer liegende Nutzungshorizont der Fundstellen 8024-8025 wird dementsprechend von der im Norden nur noch ca. 0,79m hoch erhaltenen Westschale dieser in Horizont I gründenden Mauer nach Osten begrenzt. Die Westgrenze wird von dem in Horizont III liegenden Gründungsniveau der den Tell umgebenden Umfassungsmauer (Locus 8502) gebildet.

Zu einer detaillierten Beschreibung dieser Schalenmauer vgl. die Ausführungen (Kap. 2.2.4.1) zu Horizont IV,1 (Loci 8019, 8021 und 8026- 8027).

[74] Für die Fundstelle 8028 handelt es sich um die Fundnummern 8117 (Mahlplatte); 8115, 8118-8122.1-3, (Stößel).

[75] Inwieweit aus den unterschiedlichen Funden östlich und westlich der großen, von Norden nach Süden verlaufenden Schalenmauer, die den nordöstlichen Teil des Areals 8 in zwei Hälften teilt, verschiedene Funktionen der jeweiligen Nutzungshorizonte abgeleitet werden können, kann auf Basis der vorhandenen Materiallage nicht abschließend entschieden werden.

tät der auf kleiner Fläche[76] in den Arealen 3 (Tiefschnitt) und 8(Ost) erfaßten und oben teilweise genannten Funde des Horizonts III machen auch ohne die zugehörigen, bislang nicht ergrabenen Installationen deutlich, daß die Bereiche zwischen und über den ehemaligen Ringmauern des Horizonts I auch während des Horizonts III intensiv für Siedlungsaktivitäten genutzt wurden. Die beobachtete Heterogenität des Fundmaterials gibt des weiteren einen ersten Hinweis auf die Funktion der Siedlung und die Komplexität des Gemeinwesens. Weitere Hinweise auf die lokalen und regionalen soziopolitischen Verhältnisse in und um Tell Johfiyeh liefern die gegen Ende des Horizontes III im westlichen Hangbereich (Areale 8(West) und 13) beobachteten großflächigen Baumaßnahmen. Wie die stratigraphische Analyse (vgl. Kap. 2.1) der entsprechenden Ausgrabungsergebnisse zeigt, wurde die bis heute an der Oberfläche sichtbare Umfassungsmauer (Locus 8502) und die erste Phase der ihr direkt westlich vorgelegten sogenannten Terrasse (Locus 8503) während des Übergangs zu Horizont IV errichtet (Abb. 33, 34). Zusammen mit dem oben erwähnten Fund einer Pfeilspitze in Locus 3045 kann nicht ausgeschlossen werden, daß es sich bei diesen baulichen Maßnahmen um eine Reaktion auf eine veränderte allgemeine Bedrohungslage und eine funktionale Neuausrichtung des Fundplatzes handelt. Eine Verbindung des Horizonts III mit dem Ende der Spätbronzezeit beziehungsweise der Übergangsperiode von der Spätbronze- zur Eisenzeit I ist sehr wahrscheinlich.

Eine weitere mit Horizont III zu verbindende Veränderung betrifft die Waren- und Typenzusammensetzung der dokumentierten Keramikkollektionen aus den entsprechenden Fundstellen in den oberen Lagen der Schicht 5 (vgl. Kap. 2.3.4.1 – 2.3.4.2 und Appendix 3). In Locus 3045 und den hiermit zu korrelierenden Fundstellen 3027 und 3030 des Tiefschnitts in Areal 3 treten erstmalig/letztmalig Scherben der Ware 21 in signifikanter Stückzahl auf. Entsprechende Keramikscherben finden sich ab hier in allen tiefer liegenden Fundstellen der Schichten 5 bis 7 (Horizonte I–III) des Tiefschnitts und in der Fundstelle 8023 des Areals 8 (Ost). Zwei weitere Stücke dieser Ware entstammen der Fundstelle 8510 der Schicht H4/5 des Horizonts II im westlichen Hangbereich.[77] Oberhalb der Fundstelle 3045 in den Schichten 4–1 (=Horizonte IV und V) sind Stücke der Ware 21 in der Regel nicht mehr

[76] Die gesamte „zwischen den Mauern" freigelegte Fläche beträgt nicht mehr als ca. 20,00qm.

[77] Die Fundstellen 3045 bis 3049 der Schichten 5 und 6 (obere Lagen) weisen darüber hinaus jeweils Einzelstücke der Ware 22 auf. Stücke dieser Ware fehlen in den mit Horizont I verbundenen Fundstellen 3050 bis 3052 der Schichten 6 (untere Lagen) und 7.

bezeugt.[78] Sie treten letztmalig in Horizont III auf. Vergleichbare Veränderungen konnten teilweise auch hinsichtlich des Typenspektrums beobachtet werden. Auch hier bilden die Fundstellen und Schichten des Horizonts III eine Grenze, ab der verschiedene Gefäßformen häufiger bzw. seltener bezeugt sind (vgl. Kap 2.3.4.1 – 2.3.4.2).

Wie die in Areal 8 (Ost/West) durchgeführten Arbeiten des Jahres 2004 und die anschließende Auswertung der Befunde deutlich zeigen, gründet die an zahlreichen Stellen der rezenten Oberfläche gut sichtbare, annähernd kreisförmige Umfassungsmauer des Tells in den oberen Lagen des Horizonts III (Abb. 33, 35, 36). Sie trennt in der Folgezeit einen geschützten Innenbereich von einem Außen- und Hangbereich. Die Unterkante dieser Mauer (Locus 8502) konnte bei ca. 97,00m erfaßt werden.[79] Die erhaltene Oberkante liegt in dem untersuchten Abschnitt (Areal 8) je nach Erhaltungszustand der Mauer zwischen 99,18m und 98,64m, was einer erhaltenen Höhe von 2,18m bis 1,64m entspricht. In den anderen Bereichen des Tells schwankt die sichtbare Oberkante zwischen 99,13m im Westen und 100,49m im Osten (=östlich von Areal 5). Die während der Arbeiten im Hangbereich (Areale 1, 2, 8) auf der Oberfläche in sehr großer Anzahl beobachteten verstürzten Steine machen es aber sehr wahrscheinlich, daß die Mauer ursprünglich um mehrere Steinlagen höher war.[80] Wie die Aufsicht der Umfassungsmauer (Abb. 33) zeigt, bestand der in Areal 8 auf einer Strecke von 4,50m (N-S) erfaßte und exemplarisch freigelegte Teil der Mauer aus zwei in geringem Abstand (ca. 0,20m–0,30m) parallel zueinander verlaufenden Steinsetzungen, deren Zwischenraum mit Steinschutt verfüllt wurde. Die Breite der Mauer beträgt zwischen 1,00m und 1,20m.[81] Das verwendete Baumaterial besteht aus grob bearbeiteten und teilweise geglätteten mittelgroßen

[78] Eine Ausnahme bilden nur insgesamt fünf Scherben, die in den Fundstellen 6054 (1×) und 6058 (4×) in den unteren Lagen der Schicht 4 des Areals 6 registriert wurden und dem Übergangsbereich zwischen Schicht 4 und 5 zugewiesen werden können. Zwei einzelne Scherben der Ware 21 aus den Fundstellen 6044 und 8023 der Schichten 2 und 3 können hingegen nicht erklärt werden. Es ist wahrscheinlich, daß diese Einzelstücke sekundär eingespült wurden (Tiergänge ?).

[79] Im Rahmen der in Areal 8 im Jahr 2004 durchgeführten Arbeiten wurde die Umfassungsmauer als Fundstelle 8502 bezeichnet. In den Arealen 2 und 14 wurde die Fortsetzung dieser Mauer mit den Fundstellennummern 2003 beziehungsweise 14018 belegt.

[80] Es kann davon ausgegangen werden, daß die Umfassungsmauer auch in den nachfolgenden Horizonten IV und V weitergenutzt wurde.

[81] Wie die Arbeiten in direktem östlichen Anschluß an die Umfassungsmauer (Areal 8) zeigten, wurde in der Folgezeit (Horizont IV-V) wahrscheinlich in Teilbereichen eine weitere, aus teilweise sehr großen Steinblöcken bestehende Setzung zur Stabilisierung der ursprünglichen Mauer vorgesetzt.

(0,40m × 0,30m × 0,15m) bis großen (0,70m × 0,40m × 0,25m) Kalk- und Feuersteinblöcken (Abb. 35, 36). Die Zwischenräume sind mit kleinen Steinen und Kieseln verfüllt und weisen ein feines, weiches, sandähnliches Material auf, das eventuell als Bindemittel verwendet wurde. Größere Hohlräume zwischen den partiell sehr ordentlich gesetzten Steinen sind dennoch möglich. Eine Gegenüberstellung der West- und Ostprofile der Mauer macht deutlich, daß die nach Osten (=Innen) gewandte Seite (Abb. 35) besser gesetzt und geglättet ist, als die nach Westen (=Außen) weisende Seite (Abb. 36) der Umfassungsmauer. Auffallend ist weiterhin, daß die obere Steinreihe der in vier Lagen erfaßten Innenseite der Mauer aus größeren Steinblöcken als der Rest der Mauer besteht.

Unter Verwendung der verstürzten Reste des Horizonts II und den darunter befindlichen Steinsetzungen wird in den oberen Lagen des Horizonts III eine weitere bis zu 2,30m breite, um den Fundplatz herumlaufende Steinsetzung (Locus 8503) errichtet (Abb. 34).[82] Die erste Phase dieser sogenannten Terrasse schließt direkt östlich an die oben beschriebene Umfassungsmauer (Locus 8502) an und soll diese wahrscheinlich stabilisieren und verstärken (Abb. 37).[83] Die in den oberen Lagen der Hangschicht H3 gründende Steinsetzung konnte im Bereich des Areals 8 auf einer Länge (N-S) von 5,00m freigelegt und untersucht werden. Ihre Unterkante wurde bei 96,10m (Norden) beziehungsweise 95,81m (Süden) erfaßt.[84] Die Oberkante liegt bei 96,70m bis 97,00m, was einer ehemaligen Höhe der Steinsetzung zwischen 0,90m und 1,19m entspricht. Die sogenannte Terrasse (Locus 8503) setzt sich aus einer bis zu 0,80m breiten Mauer aus relativ unsystematisch übereinandergeschichteten mittelgroßen Kalk- und Feuersteinen und einer Füllung aus Erde und Steinschnitt zusammen, die den Zwischenraum von bis zu 1,20m zwischen der Umfassungsmauer (Locus 8502) und der parallel hierzu verlaufenden westlichen Begrenzung der Steinsetzung (Locus 8503)

[82] Genaugenommen bezieht sich diese Locusangabe nur auf die 2. Phase der sogenannten Terrasse, die mit Horizont V verbunden werden kann. Zur besseren Unterscheidung der Steinsetzungen wird diese Fundstellennummer aber im folgenden auch zur Kennzeichnung und Bennennung der 1. Phase verwendet.

Zur Benennung der 2. Phase dieser Steinsetzung werden in den Arealen 1 und 2 auch die Fundstellennummern 1002, 1016 und 2004 verwendet.

[83] Während der 2. Phase dieser Steinsetzung, die mit Horizont V verbunden werden kann, wird die sogenannte Terrasse um bis zu 0,60m erhöht.

[84] Hierbei handelt es sich um die Unterkante von wiederverwendeten Steinen des Horizonts II, die die Grundlage der 1. Phase der sogenannten Terrasse bilden.

ausfüllt (vgl. Abb. 34).[85]
Die Oberkante einer weiteren, in der gleichen Technik errichteten Steinsetzung wurde ca. 1,00m westlich der beschriebenen Terrasse (Locus 8503) erfaßt. Die auf einer Länge von 4,50m (N-S) parallel zur östlich gelegenen Terrasse (Locus 8503) freigelegte Setzung konnte auf einer Breite von 2,00m bis in den östlichen Bereich des Areals 13 verfolgt werden (Abb. 38). Die erfaßte Oberkante liegt bei ca. 96,00m und damit ca. 1,00m tiefer als diejenige der oben beschriebenen Mauer (Locus 8503). Hinweise auf die Unterkante fehlen, da entsprechende Grabungen in diesem Bereich bislang nicht durchgeführt wurden. Der allgemeine Erhaltungszustand ist schlecht und die Zuweisung in Horizont III ist nicht eindeutig. Es kann dennoch nicht ausgeschlossen werden, daß es sich bei dieser Steinsetzung um eine etwas tiefer gelegene zweite sogenannte Terrasse handelt, die den Tell als weiteren (Schutz)ring umgab und gegen Zugriffe von Außen schützen sollte. Gemeinsam mit den anderen für Horizont III zusammengetragenen Informationen und den in diesem Zusammenhang bereits gegebenen Interpretationen kann die Bebauung und Nutzung von Tell Johfiyeh während des Horizonts III daher wie folgt rekonstruiert werden:
Die in den Fundstellen des Horizonts III gemachten Funde und die entsprechenden Architekturreste legen es nahe, daß Horizont III mit einer Zäsur in der Besiedlungsgeschichte des Tell Johfiyeh verbunden werden kann. Einerseits finden sich in den Fundstellen dieses Horizonts letztmalig materielle Hinterlassenschaften, die in der direkten Tradition der Funde aus Horizont I und II stehen, andererseits werden mit der in Horizont III erstmalig errichteten Umfassungsmauer (Locus 8502) und der sogenannten Terrasse (Locus 8503) massive Bauwerke geschaffen, die die nachfolgenden Horizonte IV und V entscheidend mitprägen. Es zeichnet sich ab, daß die gegen Ende des Horizonts II aufgegebenen kleinen Raumeinheiten im Hangbereich des Tells in der Folgezeit (Horizont III) nicht wieder aufgebaut wurden. Sie und die sonstigen Reste des Horizonts II wurden hier vielmehr als Grundlage und Unterbau für die neuen Siedlungsaktivitäten genutzt. Auf den verstürzten Resten des Horizont II und den darunter befindlichen Steinsetzungen wird in den oberen Lagen der Hangschicht H3 (westlicher Hangbereich) eine um den Fundplatz herumlaufende Steinsetzung, die erste Phase der sogenannten Terrasse (Locus 8503) errichtet (Abb. 37) und im direkten (östlichen) Anschluß eine Umfassungsmauer (Locus 8502) hochgezogen, die in der Folgezeit einen geschützten Innenbereich von einem Außen- und Hangbereich trennt (Abb. 35, 36). Inwieweit eine weitere, auf der Grenze

[85] Es kann davon ausgegangen werden, daß die Oberfläche der 1. Phase ebenso wie diejenige der 2. Phase relativ eben war und ein problemloses Begehen der sogenannten Terrasse ermöglichte.

zwischen den Arealen 8 und 13 erfaßte Steinsetzung eine zweite terrassenähnliche Installation repräsentiert, die den gesamten Tell auf etwas niedrigerem Niveau umgibt, konnte nicht abschließend geklärt werden. Zieht man den Fund einer Pfeilspitze in Locus 3045 hinzu, kann jedoch nicht ausgeschlossen werden, daß es sich bei den in Horizont III neu errichteten Bauten um Elemente einer mehrschichtigen Verteidigungsanlage handelt, die als Reaktion auf eine veränderte Bedrohungslage oder als Ausdruck einer soziopolitischen Neuorientierung der Bewohner interpretiert werden kann. Der durch die Errichtung der Umfassungsmauer entstandene Innenbereich der Siedlung wird in der Folgezeit intensiv für häusliche Aktivitäten in einer landwirtschaftlich geprägten Umwelt genutzt. Wie aus den zahlreichen Funden der Fundstelle 3045 (Tiefschnitt), 8024, 8025 und 8029 im oberen Bereich der Schicht 5 und den unteren Lagen der Fundstelle 3044 (Übergang zu Horizont IV) in den unteren Bereichen der Schicht 4 eindeutig hervorgeht, werden die Flächen zwischen und über den ehemaligen „Ringmauern" (Horizont I) auch nach dem Verfall der für Horizont II charakteristischen kleinen Raumeinheiten weiter benutzt.

2.2.4 Die Architektur des Horizonts IV (Schichten 4, 3, 2)

Der durch die Errichtung der Umfassungsmauer (Locus 8502) gegen Ende des Horizonts III geschaffene Innenbereich der Siedlung wird in der Folgezeit (Horizont IV) unter Nutzung, Erweiterung und Neugestaltung der vorhandenen, teilweise bis in den Horizont I hinabreichenden (kreisförmigen) Steinsetzungen in drei voneinander zu trennenden Nutzungsphasen (Phasen 1–3) als Siedlungsfläche genutzt und bebaut.

2.2.4.1 Horizont IV,1

Hinweise auf die 1. Phase des Horizonts IV finden sich in Schicht 4 der Areale 3 (Tiefschnitt), 6 und 8 (Ostteil) (Abb. 39).[86] Wie die entsprechenden Fundstellen (vgl. 3024–3023 und 3044–3043) des Tiefschnitts in Areal 3 zeigen (Abb. 24, 25, 27), wird Horizont IV,1 in den unteren und mittleren Lagen (=Übergang Horizont III/IV) vorrangig durch massiven Steinversturz und Steinsetzungen charakterisiert, die teilweise auf den in Horizont I gründenden „Ringmauern" aufliegen oder in diese hineinreichen. Diese Steinauflagen sind zwischen 1,50m (Ost- und Westprofil) und 0,80m (Südprofil) stark. Die untere, in den Profilen sichtbare Steinlage besteht hierbei in der Regel aus kleineren (< 0,14m × 0,10m), flachen Kalksteinen, die eine

[86] Mit der Schicht 4 werden folgende Fundstellen verbunden: 3019-3024 (Tiefschnitt 2003), 3042-3044 (Tiefschnitt 2004), 6014-6015, 6046-6047, 6050-6056, 6058, 6061-6062, 6067-6069, 6072, 6075, 8019, 8021, 8022, 8026-8028, 8031, 8035.

horizontale Fläche bilden, auf der die folgenden größeren Steine der Schicht 4 aufliegen. Diese in den Ost-, West- und Südprofilen des Tiefschnitts (Areal 3) erfaßten mittelgroßen (< 0,40m × 0,15m) bis großen (< 0,60m × 0,40m) Kalksteine sind in der Regel grob bearbeitet und ihre interne Anordnung legt eine absichtliche Schichtung nahe, die hier in Richtung und Verlauf den darunterliegenden älteren Mauern folgt. Inwieweit es sich hierbei aber immer um zusammenhängende Architekturreste (Mauern) und Installationen oder nur um eine Verfüllung handelt, auf der die oberen Lagen des Horizonts IV gründen, konnte aufgrund der sehr geringen, bislang im Tiefschnitt freigelegten Fläche nicht für alle Fälle abschließend geklärt werden.[87]
Eindeutig in Horizont IV,1 gehörende Nutzungs- und Siedlungsspuren konnten für den Bereich des Tiefschnitts erst in den oberen Lagen der Schicht 4 erfaßt werden. Wie aus den hier gemachten Funden der Fundstellen 3022–3020 und 3042 hervorgeht, wurde die entsprechende Fläche intensiv für Siedlungsaktivitäten genutzt. Neben zahlreichen Keramikscherben und Feuersteinabschlägen konnten im Umfeld eines eventuell als Begehungsfläche (Locus 3022) zu interpretierenden Bereichs auch Tierknochen, Steingeräte, ein Webgewicht und Reste eines Basaltgefäßes registriert werden. Hinzu kommt ein kleiner Zinken eines Kamms (?) aus Knochen.[88] Zusammenhängende Architekturreste fanden sich hier jedoch nicht.
Ähnliches gilt für die im westlichen Anschluß an Areal 3 erfaßten Reste des Horizonts IV,1 in Areal 8 und dem Bereich des abgetragenen Stegs zwischen den Arealen 3 und 8. Auch hier ist es schwierig, den entsprechenden Fundstellen (8019, 8021, 8026–8027) in den mittleren und oberen Lagen der Schicht 4 eindeutig zugehörige Architekturreste und Installationen zuzuweisen.[89] Die im Ostteil des Schnitts erfaßte harte kalkige Begehungsfläche (Locus 8027) wird nach Osten wahrscheinlich von einer Steinsetzung begrenzt, die auf die in Horizont I gründende Westmauer des Tiefschnitts aufgesetzt wurde (vgl. Abb. 24, 40). Diese aus zwei nebeneinanderliegenden mittelgroßen bis großen (< 0,68m × 0,58m × 0,25m) Kalksteinen gebildete

[87] Es ist jedoch sehr wahrscheinlich, daß es sich bei diesen Setzungen/Versturz um Reste einer Bebauung handelt, deren Gründung mit den oberen Lagen des Horizonts III und dem Übergang zu Horizont IV (Loci 3024, 3023, 3044) verbunden werden muß. Ihre (weitere) Nutzung fällt in den Horizont IV, 1.

[88] Für die Loci 3020-3022 und 3042 handelt es sich um die Fundnummern 3094, 3098, 3174 (Keramik); 3096, 3099 (Feuerstein); 3095, 3102, 3175 (Knochen); 3097 (Steingerät), 3100 (Stößel); 3101 (Webgewicht); 3176 (Basaltgefäßrand); 3103 (Zinken eines Kamms ?).

[89] Die Fundstellen 8022 und 8028 korrelieren mit den unteren Lagen der Schicht 4 und gehören in den Übergangsbereich der Horizonte III/IV.

Setzung konnte insgesamt auf einer Länge von 4,50m erfaßt werden. Sie verläuft wie ihr Unterbau von der nordwestlichen Arealgrenze bei N 99,50m O 91,42m nach Südosten und verläßt den ergrabenen Bereich bei N 95,00m O 92,06m.[90] Die in bis zu vier Steinlagen oberhalb des Unterbaus (Horizont I) erhaltene Mauer hat eine verbliebene absolute Höhe von 1,10m. Ihre Breite beträgt an ungestörten Stellen bis zu 1,00m. Die verwendeten Steine sind nur grob bearbeitet. Reste eines lockeren graubraunen Materials zwischen den Steinen lassen die Verwendung eines Bindemittels vermuten. Größere Zwischenräume wurden mit kleinen Kalksteinen und Kieseln ausgefüllt. Kleinere „Störungen" an der Westbegrenzung der Mauer wurden im südlichen und nördlichen Bereich des freigelegten Mauerteils dokumentiert. Im Norden handelt es um eine Grube (Locus 8031), die wahrscheinlich in das zur Begehungsfläche gehörende Material der Fundstelle 8026 eingetieft wurde und den Westteil der oben beschriebenen Steinsetzung schneidet.[91] Der Mittelpunkt dieser annähernd runden Störung liegt bei N 98,16m O 90,20m. Ihr äußerer Durchmesser beträgt ca. 2,00m. Die Grubenbegrenzung besteht aus kleinen und mittelgroßen (< 0,50m × 0,30m × 0,15m) Kalksteinen, die annähernd kreisförmig übereinandergeschichtet wurden. Ihre erhaltene Oberkante liegt zwischen 98,56m und 98,47m und entspricht somit in etwa der freigelegten Oberkante der westlich anschließenden Steinsetzung, die bei 98,47m bis 98,61m erfaßt wurde. Inwieweit es sich bei den beiden größeren (ca. 0,74m × 0,50m × 0,25m), auf höherem Niveau (98,69m – 98,87m) liegenden, plattenähnlichen Steinen im Nordwesten der Begrenzung um Reste einer Grubenabdeckung handelt, konnte nicht abschließend geklärt werden. Ähnliches gilt für die Unterkante der Grube, die bislang ebenfalls nicht eindeutig gefaßt werden konnte (Abb. 41).[92] Als westlicher Abschluß

---

[90] Die Koordinaten beziehen sich auf die Ostbegrenzung der Steinsetzung.

[91] Anhand der Grabungsdokumentation konnte nicht mehr eindeutig geklärt werden, ob die Grube zusammen mit der beschriebenen Mauer errichtet wurde. Es kann daher nicht vollständig ausgeschlossen werden, daß diese Grube erst von einem höher liegenden (späteren) Nutzungshorizont (z.B. von Locus 8013) eingetieft wurde.

[92] Wie eine Analyse des Westprofils des Tiefschnitts (Abb. 24) zeigt, kann nicht ausgeschlossen werden, daß die Grube bis zu 1,20m tief in die in Horizont I gründende „Ringmauer" hinein abgetieft wurde und ihre Unterkante erst bei ca. 96,26m liegt. Die im Profil zu beobachtende Südgrenze der Vertiefung in der „Ringmauer" deckt sich mit der entsprechenden Begrenzung der Grube.

Das Innere der Grube (Locus 8031) konnte während der letzten Grabungstage des Jahres 2004 nur bis auf ein Niveau von 97,58m abgetieft werden. Die Unterkante wurde nicht erfasst. Zu den registrierten Funden der Grube gehörte neben Keramikscherben (FN 8137) und Knochen (FN 8138) auch ein Stößel aus Basalt (FN 8139). Die Analyse einer Erdprobe (FN 8140) erbrachte keinen Hinweis auf eine spezifische Nutzung der Grube.

der zu Horizont IV,1 gehörigen, von den Loci 8026–8027 gebildeten Begehungsfläche diente eine bereits in Horizont III erfaßte, 0,80m–1,00m breite Mauer, die auf einer Länge von 4,50m ergraben werden konnte.[93] Sie verläuft von der nördlichen Schnittgrenze bei N 99,50m O 88,12m mit einem leichten „Ostschwung" in Richtung Süden und verläßt den Grabungsbereich bei N 95,00m O 88,84m.[94] Die erhaltene Höhe beträgt bis zu 1,33m.[95] Die zur Errichtung der Mauer verwendeten grob bearbeiteten Kalk- und Feuersteine sind mittelgroß bis groß (< 0,96m × 0,52m × 0,30m) und weisen häufig eine ebene Oberfläche auf. Sie sind ordentlich gesetzt und kleinere Zwischenräume wurden mit Kieseln ausgefüllt. Südöstlich dieser Mauer konnten im Bereich der Loci 8027–8026 die Oberkanten von zwei großen, tief in den kalkigen Boden (Locus 8027) eingelassene, teilweise mit Steinen umlegte Vorratsgefäße erfaßt werden.[96] Zu den weiteren in diesem Bereich dokumentierten Funden gehören zahlreiche Keramikscherben (FN 8106, 8112), Knochen (FN 8107, 8113.1–2) und ein Stößel (FN 8110) aus Basalt, die es wahrscheinlich machen, daß die schmale zwischen den beschriebenen Steinsetzungen gelegene Fläche auch während des Horizonts IV,1 intensiv für häusliche Aktivitäten in einem landwirtschaftlichen Umfeld genutzt wurden. Eine ähnliche Nutzung kann auch für den Bereich westlich (Loci 8019, 8021) der beschriebenen Nordsüdmauer (=Ostschale) angenommen werden. Neben zahlreichen Keramikscherben (FN 8088, 8091) fanden sich hier Knochen (FN 8089, 8092) und eine durchbohrte Muschel (FN 8093). Im nördlichen Teil der Fläche, die durch lockeres, dunkles Material charakterisiert wird, konnte bei N 99,30m O 87,44m des weiteren eine Konzentration großer Keramikscherben dokumentiert werden. Der

---

93 Es handelt sich hier wahrscheinlich um die weiterverwendete Ostschale einer in Horizont I gründenden, ehemals etwa doppelt so breiten Schalenmauer. Die für Horizont III (Loci 8025-8024) im westlich anschließenden Bereich noch erfaßte Mauerfüllung und die Steinsetzungen der Westschale finden sich im Bereich des Horizonts IV,1 nicht mehr. Hier wird lediglich noch die Ostschale weitergenutzt. Die ehemals von der westlichen „Hälfte" der Mauer eingenommene Fläche wird nun für Siedlungszwecke genutzt (vgl. Loci 8019, 8021).

94 Die Koordinaten beziehen sich jeweils auf die Ostbegrenzung der Mauer.

95 Diese Angabe bezieht sich auf das Nutzungsniveau der Begehungsfläche Locus 8027. Es kann jedoch davon ausgegangen werden, daß das Gründungsniveau der Mauer in Horizont I liegt. Vgl. auch die Ausführungen zu Horizont III (Loci 8023-8025, 8029).

96 Die Koordinaten der im Südwesten und Südosten erfaßten Gefäße lauten: a) Südwestgefäß N 95,73 O 88,90 H(OK) 98,17; b) Südostgefäß N 95,60 O 90,14 H(OK) 98,27. Es ist wahrscheinlich, daß die in diesem Bereich (direkt nordwestlich des Südostgefäßes) erfaßten Scherben des Horizonts III zu diesen Gefäßen des Horizonts IV gehören.

südliche, aus festem dunklen Material bestehende Teil der Fläche wies keine weiteren Funde auf. Die Westbegrenzung der Fläche bildet die in den oberen Lagen des Horizonts III gegründete und in Horizont IV,1 (weiter)genutzte Umfassungsmauer (Locus 8502) des Tells. Installationen oder zusammenhängende Architekturreste wurden auch auf dieser Fläche nicht sicher nachgewiesen.
Entsprechende Strukturen und Installationen des Horizonts IV,1 konnten bislang ausschließlich in Areal 6 eindeutig dokumentiert werden (Abb. 42). Die Fundstellen in den oberen Lagen der Schicht 4 bilden kleine Raumeinheiten, deren Inventar auf intensive häusliche und landwirtschaftliche Aktivitäten der ehemaligen Bewohner schließen läßt.[97] Des weiteren konnten hier Reste eines (gepflasterten) Korridors (Locus 6052), verschiedene Steinsetzungen (Loci 6061, 6062, 6067, 6069, 6072, 6075), Außenflächen mit Tabun (Loci 6054, 6068) und weitere Installationen (Loci 6014, 6015)[98] mit Horizont IV,1 in Verbindung gebracht werden. Die beiden in der Westhälfte des Areals erfaßten kleinen Raumeinheiten (Raum 1, 2) erstrecken sich von Südwesten nach Nordosten. Ihre Begrenzungsmauern und Innenflächen folgen dem für die Ringmauern des Horizonts I (–III) angenommenen annähernd kreisförmigen Verlauf. Die westliche Begrenzungsmauer (Locus 6056) des südlichen Raums (Raum 1) fluchtet mit der im westlichen Bereich von Areal 3 erfaßten Steinsetzug (Abb. 24, 39, 40) und macht es wahrscheinlich, daß auch in Areal 6 zu Beginn des Horizonts IV,1 massive Steinsetzungen auf die sogenannten Ringmauern aufgesetzt wurden. Die ergrabene Oberkante der auf einer Länge von 2,36m erfaßten, bis zu 1,34m breiten Westbegrenzung des Raums 1 (Locus 6056) liegt zwischen 98,68m und 99,01m. Sie besteht aus zwei bis drei nebeneinanderliegenden, grob bearbeiteten und gut gesetzten mittelgroßen Kalksteinen. Den nördlichen Abschluß der Mauer bilden zwei größere Steinblöcke, deren nördliche

---

[97] Die Mauern Loci 6046, 6047 und 6056 umschließen beispielsweise einen kleinen Raum, dessen Begehungsfläche (Locus 6053) zahlreiche In-situ-Funde und eine gesetzte Installation (Locus 6055) aufwies. Der Zugang (Locus 6058) zu diesem Raum wurde wahrscheinlich im Rahmen einer späteren Umbaumaßnahme zugesetzt.

[98] Bei diesen im Norden des Areals gelegenen, auf geringer Fläche erfaßten Loci handelt es sich um einen kleinen Bereich (Locus 6014) direkt südlich einer im Übergangsbereich zu Areal 7 gelegenen, mit Steinen eingefaßten runden Grube (Locus 6015).

Ähnlich wie bei der oben beschriebenen, im Übergangsbereich der Areale 8(Ost) und 3 erfaßten Grube ist auch hier nicht klar, von welchem Niveau aus die Grube angelegt wurde. Es kann auch hier nicht ausgeschlossen werden, daß sie erst später von der Schicht 3 oder 2 aus abgetieft wurde.

Außenfläche, die dem Eingang (Locus 6058)[99] zu Raum 1 zugewandt ist, leicht geglättet wurde. Ähnliches gilt für die Steinsetzung, die den bis zu 0,80m breiten Zugang zu Raum 1 im Norden begrenzt. Auch hier wiesen die entsprechenden, nach Süden gewandten Außenflächen der Steine leichte Spuren einer Glättung auf. Die zugehörige Steinsetzung hat eine Breite (Nord-Süd) von bis zu 1,00m und die erfaßte Länge (Ost-West) beträgt 1,76m. Die Ostbegrenzung dieser den Zugang zu Raum 1 nach Norden begrenzenden Mauer bildet eine Flucht mit der Ostfassade der Mauer Locus 6056. Nach Westen ragt sie hingegen bis zu 0,36m über die entsprechende Westfassade von Locus 6056 heraus und bildet eine Mauerzunge, die den Zugangsbereich zu Raum 1 hervorhebt. Den westlichen Abschluß dieser Mauerzunge bilden drei annähernd gleich große nebeneinanderliegende Kalksteine (ca. 0,30m × 0,20m × 0,15m) mit geglätteter Außen- und Oberfläche, die es wahrscheinlich machen, daß es sich hier um eine Schauseite handelte, die auf die anschließende Außenfläche (Locus 6054) gerichtet war. Die südliche (Locus 6047), östliche (Locus 6046) und nördliche Begrenzung von Raum 1 wird von jeweils nur einer Reihe entsprechend bearbeiteter und gesetzter Kalksteine gebildet. Die Breite dieser Mauern liegt bei maximal 0,40m. Ihre Oberkanten liegen zwischen 99,01m und 99,27m. Die dokumentierte Länge schwankt zwischen 2,00m für die Südmauer (Locus 6047), 3,10m für die Ostbegrenzung (Locus 6046) und 1,50m für die Nordmauer. Während die Nord- und Südbegrenzung des Raums miteinander verzahnt sind, wurden die anderen Mauern des Raums lediglich dicht gegeneinander gestellt. Die Mauern treffen alle jeweils in einem annährend 90 Grad messenden Winkel aufeinander und bilden einen rechteckigen Raum, dessen Grundfläche (innen) ca. 4,22qm mißt.[100] Die hier erfaßte, sehr fundreiche Begehungsfläche (Locus 6053, 6053.1) besteht aus einem mittelfesten graubraunen Material, das auf einem unregelmäßig verlegten Plattenpflaster aus mittelgroßen bis großen Kalksteinen aufliegt.[101] Neben zahlreichen Keramikscherben (FN 6212, 6215, 6221, 6222, 6225, 6229, 6244), Feuersteinabschlägen (FN 6213, 6216, 6233, 6245), Knochen/Speiseabfällen (FN 6214, 6217, 6230, 6246), Metallfunden (FN 6218), Schlackeresten (FN 6234.1),

---

[99] Der hier ergrabene Zugang erschließt Raum 1 von Westen. Er hat eine Tiefe von 1,30m und eine Breite von 0,80m. Wie die Ausgrabungen zeigten, wurde der Zugang zu einem späteren Zeitpunkt zugesetzt und verfüllt. Die der Fundstelle 6058 zugeschriebenen Funde gehören dementsprechend nicht in diese, sondern in eine andere Nutzungsphase.

[100] Die Innenmaße von Raum 1 betragen ca. 1,54m (Ost-West) × 2,74m (Nord-Süd).

[101] Reste eines ähnlichen Plattenpflasters fanden sich im Eingangsbereich zu Raum 1 sowie in der Passage (Locus 6052) zwischen der Südbegrenzung des Raums (Locus 6047) und der in der Südwestecke des Areals erfaßten Mauer Locus 6051.

(durchbohrten) Muscheln (FN 6232, 6247), Stößeln[102] (FN 6236, 6308), einem wiederverwendeten Türangelstein (FN 6220) und einem Reibstein (FN 6219) konnten auch mehrere fest installierte Einrichtungen innerhalb des Raums in situ dokumentiert werden. Zu letzteren gehören ein Silo (Locus 6055) in der Nordostecke des Raums, ein Keramikgefäß (FN 6221) in der Südostecke, eine große Mahlplatte aus Basalt (FN 6307.1–2) und zwei (FN 6226; 6235.1–8) große Mörser (vgl. Abb. 42).[103] Das Silo wird durch eine halbkreisförmige, 0,30m breite einreihige Steinsetzung, die die Nord- und Ostbegrenzung des Raums miteinander verbindet nach Südwesten begrenzt. Die erfaßte Oberkante dieser Setzung liegt zwischen 98,84m und 98,80m. Die verwendeten Steine sind mittelgroß und nur grob bearbeitet. Im Inneren des Silos wurden zahlreiche kleine und mittelgroße Kalksteinplatten registriert, die wahrscheinlich von der Auskleidung der Wände stammen. Ansonsten war die Installation (Locus 6055) fundleer. Hinweise auf die Verwendung eines Bindemittels oder auf Putzreste fanden sich in diesem Zusammenhang ebensowenig wie solche auf die Funktion des Silos und die hier ehemals gelagerten Materialien. Die ansonsten in Raum 1 dokumentierten Funde machen aber deutlich, daß die freigelegte Raumeinheit von den Bewohnern des Horizonts IV,1 intensiv für die Verarbeitung und Lagerung landwirtschaftlicher Güter (z.B. Getreideprodukte) in einem häuslichen Umfeld genutzt wurde. Für die Einordnung des Befundes in ein häusliches Umfeld spricht auch die Außenfläche (Locus 6054), die der beschriebenen Raumeinheit unmittelbar westlich vorgelagert ist und die hier dokumentierten Funde.[104] Neben Keramikscherben (FN 6223, 6227, 6238), Feuersteinab-

[102] Diese Stößel wurden in situ gefunden. Die Koordinaten lauten wie folgt: Stößel 1 (FN 6236) - N 103,14m O 92,60m H 98,59m; Stößel 2 (FN 6308) - N 103,54m O 93,10m H 98,62m.

[103] Die Koordinaten der genannten In-situ-Funde lauten wie folgt: Mahlplatte - N 103,66m O 93,66m H 98,60m; Mörser 1 - N 103,70m O 93,16m H 98,62m; Mörser 2 - N 102,40m O 93,26m H 98,96m(OK); Keramikgefäß - N 102,42m O 93,70m H 98,75m (OK).

[104] Die genaue Ausdehnung dieser Außenfläche ist unklar. Die ergrabene Westgrenze der Fläche wird von der Arealgrenze eindeutig vorgegeben. Wie die Arbeiten im östlichen Bereich des westlich anschließenden Areals 14 zeigen, kann jedoch nicht ausgeschlossen werden, daß sich Locus 6054 bis an die in Areal 14 erfaßte, von Norden nach Süden verlaufende massive Mauer (Locus 14016) erstreckte. Geht man des weiteren davon aus, daß diese Mauer die Fortsetzung derjenigen, bereits in Areal 8(Ost) erfaßten Steinsetzung ist, die die Begehungsfläche Locus 8027/26 des Horizonts IV,1 nach Westen begrenzt, so können beide Bereiche (6054 und 8027/26) zu einer Nutzungs- bzw. Außenfläche zusammengezogen werden. Gemeinsam mit dem nördlich an Fundstelle 6054 anschließenden Außenbereich (Locus 6014) ergibt sich so eine bis zu 2,50m breite Nutzfläche, die den auf den

schlägen (FN 6228) und Knochen/Speiseabfällen (FN 6234.2) wurden im graubraunen Material dieser Fundstelle auch mehrere Reibsteinfragmente (FN 6224.2–3) und ein vollständiger Reibstein (FN 6224.1) aus Basalt gefunden. Unmittelbar südlich des Eingangs konnten bei N 104,28m, O 91,10m, H 98,88m(OK) des weiteren die nach Norden verkippten Reste eines Tabuns registriert werden. Die Reste des Tabuns haben einen Außendurchmesser von 0,50m und erheben sich noch 0,30m über das Niveau der Fundstelle 6054.[105] Ein direkter Bezug zwischen den Aktivitäten in Raum 1 und dem Tabun ist sehr wahrscheinlich. Inwieweit sich die beschriebene Außenfläche (Locus 6054) nach Norden in den Bereich der Fundstelle 6014 ausdehnte, konnte anhand des Grabungsbefundes nicht eindeutig geklärt werden.[106] Die Gesamtsituation und die dort gemachten Funde machen es aber sehr wahrscheinlich, daß es sich bei dem graubraunen mittelfesten Material ebenfalls um eine Außenfläche handelt.[107] Hinweise auf Installationen oder einen weiteren Tabun fanden sich in diesem Bereich aber nicht. Ob die große, annähernd kreisförmige Steinsetzung (Locus 6015), die bis weit in das nördlich anschließende Areal 7 hineinreicht, Teil dieser Außenfläche ist und somit zu Horizont IV,1 gehört, konnte nicht abschließend geklärt werden.[108] Die erfaßte einreihige ca. 0,30m breite, aus schmalen teilweise abgeflachten Kalksteinen bestehende Grubenbegrenzung beschreibt einen nach Osten hin offenen Dreiviertelkreis mit einem Innendurchmesser von bis

---

Ringmauern aufliegenden (kreisförmigen) Steinsetzungen auf einer Länge von mehr als 14,00m folgt.

[105] Das Abschlußnivellement direkt westlich des Zugangs zu Raum 1 betrug 98,58m.

[106] Gleiches gilt, wie bereits gesagt, auch für die Ausdehnung nach Westen. Hier kann nicht ausgeschlossen werden, daß die unteren Lagen der zu Schicht 3 gehörenden Fundstellen 14008 und 14009 sowie der Loci 14012-14014 (Reinigungsarbeiten) teilweise zu dieser Außenfläche gehören.

[107] Zu den hier gemachten Funden gehören neben Keramikscherben (FN 6041), Feuersteinabschlägen (FN 6043) und Knochen (FN 6042) auch zwei Basaltstößel (FN 6044.1-2). Hinzu kommt ein Reibstein aus Basalt (FN 6099) der bei Reinigungsarbeiten am Westprofil gefunden wurde.

[108] Die Grabungsaufzeichnungen bezüglich der stratigraphischen Lage dieser Grube sind nicht eindeutig. Die Beobachtung, daß die in der nordwestlichen Arealecke erfaßte Steinsetzung (Fortsetzung Locus 14016 ?) teilweise über die westliche Grubenbegrenzung hinwegzieht, spricht jedoch dafür, daß die Grube (Locus 6015) von Horizont IV,1 aus angelegt wurde. Andererseits weisen die in den oberen Schichten dieses Bereichs erfaßten Setzungen auf eine große Grube an dieser Stelle hin, die in den nachfolgenden Horizonten (z.B. Horizont IV,3) angelegt bzw. genutzt wurde.

zu 1,60m.[109] Den östlichen Abschluß der Grube (Locus 6015) bildet eine von Nordwesten nach Südosten verlaufende einreihige Mauer, die auf einer Länge von 1,48m erfaßt werden konnte. Die Breite dieser bis zu drei Lagen hoch erhaltenen Mauer beträgt 0,60m. Sie besteht aus mittelgroßen bis großen, gut bearbeiteten Kalksteinen und findet ihre südliche Fortsetzung wahrscheinlich in der Nordostbegrenzung (Locus 6067) von Raum 2. Letztere konnte auf einer Länge von 1,70m (NW-SO) ergraben werden. Sie ist zweireihig, hat eine Breite von bis zu 1,16m und besteht aus mittelgroßen bis großen (< 0,60m × 0,50m × 0,30m), teilweise sehr flachen Kalksteinplatten und -blöcken. Zwischenräume wurden hier mit kleineren Kalksteinen und Kieseln verfüllt. An der Nordwestecke bei N 108,60m O 94,42m schließt im rechten Winkel die nach Südwesten verlaufende zweireihige Nordwestbegrenzung (Locus 6061) des Raums 2 an. Sie besteht ebenfalls aus mittelgroßen und großen Kalksteinen. Die Breite dieser Mauer (Locus 6061) beträgt bis zu 0,95m. Die erfaßte Länge beläuft sich auf 2,30m. Den südwestlichen Abschluß der Mauer bilden große abgeflachte Kalksteinblöcke, die als Nordostbegrenzung des Zugangs zu Raum 2 fungieren. Die Südwestbegrenzung des Zugangs, der die Außenfläche Locus 6014 mit Raum 2 verbindet, bildet die Nordostseite der bereits im Zusammenhang mit Raum 1 beschriebenen Mauerzunge. Der sich nach Nordwesten zur Außenfläche hin öffnende Zugang (Locus 6062) hat eine Tiefe von 1,10m. Die Breite beträgt zwischen 0,90m im Nordwesten und 0,56m im Südosten.[110] Der südwestliche Abschluß von Raum 2 ist gleichzeitig die Nordgrenze von Raum 1. Die Südostbegrenzung von Raum 2 schließt entsprechend an der Nordostecke des Raums 1 an und verläuft nach Nordosten. Im Gegensatz zu der entsprechenden Mauer des Raums 1 (Locus 6046) bestand die Südostbegrenzung von Raum 2 aber wahrscheinlich aus einer zweireihigen Setzung aus mittelgroßen Kalksteinen. Aufgrund einer massiven Störung im Bereich der Nordostecke von Raum 2 konnte diese Mauer aber nur auf einer Länge von ca. 1,44m nach Nordosten verfolgt werden.[111] Der exakte Anschluß an die Nordostbegrenzung (Locus 6067) ist aufgrund der genannten Störung

---

[109] Zu den im Grubenaushub und bei Reinigungsarbeiten im Bereich des Locus 6015 gemachten Funden gehören Keramikscherben (FN 6045), Feuersteinabschläge (FN 6046) und Knochen (FN 6047). Das nach Abschluß der Reinigungsarbeiten im Inneren der Grube gemessene Nivellement beträgt 98,01m.

[110] Wie die Auswertung der Grabungsdokumentation zeigt, wurde dieser Zugang (Locus 6062) ebenso wie derjenige zu Raum 1 (Locus 6058) im Zusammenhang mit verschiedenen Baumaßnahmen während der Folgezeit zugesetzt und verfüllt.

[111] Es kann nicht ausgeschlossen werden, daß nur die südwestlichen 0,80m der erfaßten Setzung zu der Südostbegrenzung gehören und die anschließenden, sehr unregelmäßigen Steine bereits zu einer späteren Zusetzung gezählt werden müssen, die einen hier eventuell vorhandenen zweiten Zugang zu Raum 2 verschließen.

ebenfalls unbekannt, kann aber mit großer Sicherheit bei N 105,90m O 96,90m (innere Ecke) rekonstruiert werden. Folgt man dieser Annahme, so ergibt sich ein annähernd rechteckiger Raum mit einer Grundfläche von ca. 4,32qm[112], was in etwa der Größe des Raums 1 entspricht. Zahlreiche spätere Nachnutzungen und Störungen im Bereich des Raums 2 führten hier aber im Gegensatz zu Raum 1 dazu, daß keinerlei Hinweise auf eine zu Horizont IV,1 gehörende Begehungsfläche oder entsprechenden Installationen registriert werden konnten.[113] Die große strukturelle Ähnlichkeit der Räume macht es aber sehr wahrscheinlich, daß Raum 2 ein ähnliches Inventar aufgewiesen hat und von den ehemaligen Bewohnern entsprechend genutzt wurde. Inwieweit es sich bei den nordöstlich an Raum 2 anschließenden Steinsetzungen um die Reste eines weiteren, ähnlich strukturierten Raumes handelt, konnte nicht abschließend geklärt werden. In Fortführung der südöstlichen Begrenzungsmauer von Raum 2 wurde direkt östlich der bei N 106,50m O 96,50m dokumentierten großen Störung[114] auf einer Länge von 2,04m eine zweireihige Kalksteinmauer (Locus 6075) erfaßt. Sie besteht aus mittelgroßen, grob bearbeiteten Steinen und ist bis zu 0,70m breit. Zwischenräume wurden mit kleineren Steinen und Kieseln verfüllt. Parallel hierzu, um ca. 0,35m nach Nordosten versetzt, verläuft in einem Abstand von nur 0,70m eine weitere in Horizont IV,1 gehörende zweireihige Kalksteinmauer (Locus 6069). Sie ist bis zu 1,00m breit und konnte auf einer Länge von 2,70m bis in den Bereich der östlichen Arealgrenze verfolgt werden. Die Mauer wurde aus mittelgroßen und großen, nur grob bearbeiteten Steinen errichtet. Eine kleine bei N 97,90m O 98,66 (Nordwestkante) nach Süden abzweigende, nur 0,50m breite Setzung aus Kalksteinen verbindet sie (Locus 6069) mit der südlich verlaufenden Mauer Locus 6075. Zusammen bilden die drei Mauern eine kleine ca. 1,60m × 0,70m messende nach Westen hin offene Kammer auf deren Boden[115] sich Reste eines sehr groben Plattenpflasters fanden.[116] Weitere Reste dieses, bereits aus Raum 1

[112] Die zugrundeliegenden Maße betragen: 2,40m (SO-NO); 1,80m (NW-SO).

[113] Ein im Bereich des Raumes bei N 106,24m O 94,74m H 99,37m(OK) erfaßter großer Mörser (FN 6268) aus Stein sowie eine fast vollständige bei N 106,50m O 93,32m gefundene Basaltplatte (FN 6198) gehören wahrscheinlich nicht zu Horizont IV,1 sondern zu Fundstelle 6044 der Schicht 2 (Horizont IV,3).

[114] Bei dieser Störung handelt es sich wahrscheinlich um eine von Horizont IV,3 aus eingetiefte Grube mit einem Innendurchmesser von bis zu 1,10m. Eine runde Steinsetzung aus mittelgroßen Kalksteinen bildet die Grubenbegrenzung.

[115] Das in diesem Bereich erfaßte Bodenniveau liegt bei ca. 98,54m.

[116] Im Bereich dieser Kammer fanden sich auf einem ca. 0,50m höheren Niveau bei 98,94m die Reste eines wahrscheinlich in Schicht 3 (Horizont IV,2) gehörenden großen Tabuns.

bekannten Pflasters fanden sich auch in dem nordwestlich anschließenden Bereich (Locus 6068), der in etwa parallel zu Mauer Locus 6067 verläuft.[117] Ansonsten konnten Reste eines solchen Kalksteinpflasters in Areal 6 nur noch südlich von Raum 1 in einem von den Mauern Loci 6047 und 6051 gebildeten Korridor (Locus 6052) registriert werden, der die Außenfläche Locus 6054 mit dem Bereich östlich von Raum 1 verbindet. Die Länge dieses Korridors beträgt 3,10m; seine Breite beläuft sich auf 1,00m im Westen und 1,30m im Osten. Die verwendeten Kalksteine sind mittelgroß und weisen in diesem Bereich alle eine relativ glatte Oberfläche auf. Die teilweise sehr großen Zwischenräume zwischen den einzelnen Steinen sind mit einem mittelfesten, graubraunen, erdähnlichen Material verfüllt. Zu den hier gemachten Funden gehört neben Keramikscherben (FN 6248) und Knochenresten (FN 6249) ein sehr poröser Reibstein aus Basalt (FN 6250). Die nur angeschnittene Südbegrenzung (Locus 6051) des Korridors wird von einer Steinsetzung gebildet, die auf einer Länge von 3,00m von Nordwesten nach Südosten verfolgt werden konnte. Die Breite dieser wahrscheinlich zweireihigen Mauer (Locus 6051) ist unbekannt. Die verwendeten bearbeiteten Kalksteine sind mittelgroß und ordentlich gesetzt. Zwischenräume wurden mit kleinen Steinen verfüllt. Ihre erfaßte Oberkante liegt zwischen 99,12m und 99,07m. Inwieweit die in einem Abstand von ca. 0,80m parallel zur Ostbegrenzung (Locus 6046) von Raum 1 von Nordosten nach Südwesten verlaufende Mauer Locus 6072 an die Südgrenze des Korridors (Locus 6051) anschließt, ist unklar da beide Mauern nur bis an das Südprofil des Areals 6 verfolgt werden konnten. Mauer Locus 6072 konnte auf einer Länge von 2,10m dokumentiert werden. Die Breite der wahrscheinlich nur einreihigen Setzung beträgt 0,60m. Sie besteht aus mittelgroßen bis großen bearbeiteten Kalksteinen, deren erfaßte Oberkante (untere Lage) bei 98,91m liegt. Das Nivellement der westlich vorgelagerten Fläche liegt bei 98,82m und weist vereinzelte Kalksteinplatten auf, die an das Pflaster des Korridors (Locus 6052) erinnern. Es kann daher nicht ausgeschlossen werden, daß der

---

[117] Die genaue Ausdehnung dieses Bereichs und des Pflasters sind unbekannt. Es kann jedoch nicht ausgeschlossen werden, daß sich das Pflaster nach Nordwesten bis in das Areal 7 und den Bereich des Durchbruchs (Eingang ?) in der Umfassungsmauer (Fortsetzung Loci 8502, 14018) erstreckte (Abb. 64).

Ebenfalls nicht ausgeschlossen werden kann, daß sich der Bereich (Locus 6068) parallel zu Mauer Locus 6069 weiter nach Osten erstreckte. Hinweise auf die nördliche Begrenzung könnten hier dann einige im Nordprofil erfaßte Steine geben, die vermuten lassen, daß sich hier im Steg zwischen den Arealen 6 und 7 die Reste einer weiteren, parallel zu Mauer Locus 6069 verlaufenden Steinsetzung befindet. Interpretiert man diese Steinsetzung des weiteren als „Fortsetzung" der Mauer Locus 6061 (=Nordwestbegrenzung Raum 2) nach Nordosten so könnte der beschriebene Bereich sogar als weiterer Raum (Raum 3) gedeutet werden.

oben beschriebene Korridor (Locus 6052) auf der Höhe der Südostecke von Raum 1 abknickt und entlang der Ostbegrenzungen der Räume 1 und 2 nach Norden beziehungsweise Nordosten verlief.
Faßt man die bisherigen Ausführungen zu den Hinterlassenschaften der Schicht 4 zusammen, so kann für Horizont IV,1 eine kleine prosperierende Siedlung rekonstruiert werden, deren Bewohner von der Landwirtschaft und der Verarbeitung sowie Bevorratung landwirtschaftlicher Güter lebten. Die in Horizont III gründende Umfassungsmauer und die vorgelegte „Terrasse" wurden weiter genutzt und die von den Ringmauern des Horizonts I für den Innenbereich vorgegebene radiale Siedlungs- und Nutzungsstruktur fortgeführt. Wie die gemachten Ausführungen zeigen, wurden hierzu in den unteren Lagen der Schicht 4 massive Steinsetzungen errichtet, die in der Regel auf den Ringmauern des Horizonts I aufsitzen und der jeweils von diesen vorgegebenen Trasse folgen. Die so geschaffenen Zwischenräume zwischen diesen Steinsetzungen waren teilweise mit einem groben Kalksteinpflaster versehen und dienten den Bewohnern des Horizonts IV,1 als Verkehrsweg, Lager-, Wohn- und Arbeitsfläche. Durch Abteilung der radial verlaufenden Flächen, Ergänzungen und Durchbrüchen wurden kleine Kammern und rechteckige Räume geschaffen, die sich durch einen in der Breitseite befindlichen Zugang auf die als Außenfläche genutzten Bereiche öffneten. Korridore verbanden diese Außen- und Nutzflächen miteinander und dienten als Verkehrsweg zwischen den, wahrscheinlich inselartig angelegten Raumeinheiten am Rand und im Zentrum des Tells. Der Weg in die Siedlung hinein führte wahrscheinlich, wie das in Areal 7 erfaßte Beispiel nahelegt, durch kleine Durchbrüche in der Umfassungsmauer (Abb. 64). Von hier gelangte man über Korridore und die radial verlaufenden Zwischenräume/Außenflächen zu den beschriebenen, für Horizont IV,1 so charakteristischen kleinen Raumeinheiten. Die Zugänge zu diesen Raumeinheiten wurden wahrscheinlich gegen Ende der Nutzungsphase zugesetzt[118] und die Räume aufgegeben.[119]

---

[118] Vergleiche in diesem Zusammenhang die ergrabenen Zusetzungen zu Raum 1 und 2 (Fundstellen 6058 und 6062).

[119] Das in Raum 1 in situ gefundene Rauminventar und der zugesetzte Zugang (Fundstelle 6058) legen es nahe, daß die ehemaligen Nutzer die Raumeinheiten nur vorübergehend verlassen wollten und eine Weiternutzung zu einem späteren Zeitpunkt geplant war. Warum es nicht dazu gekommen ist, sondern in der Folgezeit (Horizont IV,2) das östlich gelegene, erheblich größere und anders strukturierte Haus 1 sowie verschiedene kleine Raumeinheiten (Abb. 43) gegründet wurden, ist nicht abschließend geklärt. Eine Verbindung mit überregionalen politischen Veränderungen, die im Zusammenhang mit der assyrischen Expansion nach Westen stehen, kann aber nicht ausgeschlossen werden (vgl. Kap. 3.2).

2.2.4.2 Horizont IV,2 (Abb. 43)

Während der folgenden 2. Phase des Horizonts IV, die vorrangig mit den Befunden der Schicht 3 verbunden werden kann, wurde der entsprechende Bereich des Areals 6 (Raum 1) wahrscheinlich leicht angefüllt, eingeebnet und als Außenfläche (Loci 6043/45) eines großen Gebäudes (Haus 1 - Abb. 44) genutzt, das in den Arealen 6 und 9 erfaßt wurde.[120] Weitere Reste des Horizonts IV,2 fanden sich in den Arealen 2, 3, 4, 7, 8 und 14. Die Umfassungsmauer (Locus 2003) und die vorgelegte sogenannte Terrasse (Locus 2004 1. Phase) wurden auch während Horizont IV,2 weitergenutzt. Wie die entsprechenden Fundstellen[121] nahelegen, wird Horizont IV,2 in den letztgenannten Arealen von kleineren Raumeinheiten und Verbindungswegen charakterisiert, die sich in Teilbereichen an die aus früheren Horizonten vorgegebene radiale Siedlungsstruktur anlehnen (vgl. Abb. 65). In Areal 2 (NW) werden beispielsweise die zu Schicht 3 gehörenden Fundstellen 2026 – 2027 und 2030 im (Nord)osten von einer Steinsetzung begrenzt (Abb. 45), die in diesem Bereich in einem Abstand von 2,00m in etwa parallel zur annähernd kreisförmigen Umfassungsmauer des Tells verläuft.[122] Die auf einer Länge von 4,60m erfaßte, 0,60m breite, von Nordwesten nach Südosten verlaufende Steinsetzung M1 besteht aus zwei parallel zueinander verlaufenden Setzungen mittelgroßer Steine. Der Zwischenraum wurde im nördlichen Bereich mit kleinen Steinen verfüllt. Im südlichen Abschnitt konnte diese Füllung nicht mehr nachgewiesen werden, was wahrscheinlich auf eine spätere Störung dieses Bereichs zurückzuführen ist. An der nordwestlichen Schnittgrenze bei N 89,50m O 92,40m schließt im rechten Winkel eine nach Südwesten verlaufende einreihige, ca. 0,40m breite und 2,34m lange Mauer

---

[120] In den Arealen 6 und 9 wurden folgende Fundstellen der Schicht 3 (Horizont IV,2) zugewiesen: 6003, 6007- 6008, 6013 (Nordschnitt); 6009, 6017-6027, 6032-6037, 6066, 6070-6071 (Schicht 4?), 6073-6074 (Schicht 4?) (Ostschnitt); 6043, 6045, 6048-6049, 6057, 6060, 6063 (Westschnitt); 9013.1, 9017-9019, 9021, 9024, 9026, 9030 (Westschnitt); 9023, 9025, 9028-9029 (Ostschnitt); 9033, 9035(?) (Weststeg zu Areal 6).

[121] In den Arealen 2, 3, 4, 7, 8 und 14 konnten folgende Fundstellen der Schicht 3 (Horizont IV,2) zugewiesen werden: 2014.3(?), 2017(?)-2018 (östlicher Bereich); 2026(?)-2027(?), 2030(?) (nordwestlicher Bereich); 3003.3, 3003.4, 3017 (Nordschnitt); 3008, 3010-3015 (Ostschnitt); 3039-3041 (Tiefschnitt 2004); 3018 (Tiefschnitt 2003); 4009, 4013-4015 (Westschnitt); 7007 (Südostschnitt); 8008-8018 (Nordostschnitt); 8034 (Oststeg zu Areal 3); 14008-14009, 14012-14014 (östlicher Bereich).

[122] Verfolgt man diese Steinsetzung weiter nach Nordwesten und berücksichtigt die in der Südwestecke des Areals 3 erfaßten Steinblöcke, so kann nicht ausgeschlossen werden, daß es sich hier um eine „Fortsetzung" der bereits in den Arealen 14 (Locus 14016) und 8 (Ost) erfaßten Mauern handelt.

M2 an, die die Fundstelle 2026 nach Nordwesten begrenzt. Ihre südöstliche Grenze konnte nicht eindeutig erfaßt werden. Der Abtrag (Locus 2027) einer bis zu 2,40m breiten (NW-SO) Ansammlung großer und mittelgroßer Steine (Locus 2030) bei N 86,20m O 92,80m (Mittelpunkt)[123], macht es aber sehr wahrscheinlich, daß sich das Material der Fundstelle 2026 bis an die südöstliche Schnittgrenze erstreckte und eine direkt an die Umfassungsmauer anschließende Nutzfläche bildete, die der radialen Struktur der früheren Horizonte folgt.[124] Auf dem kalkigen Material dieser Fläche fanden sich neben Keramikscherben (FN 2099, 2101) und Knochen (FN 2102) auch ein runder Stößel aus Stein (FN 2103), die auf eine Nutzung in einem landwirtschaftlichen Umfeld verweisen. Die Erschließung der Nutzfläche (Locus 2026/27) ist unklar, erfolgte aber wahrscheinlich von Nordosten. Obwohl dieser nordöstlich anschließende Bereich nicht bis auf das Niveau des Horizonts IV,2 abgetieft wurde, kann davon ausgegangen werden, daß der bis zu 1,20m breite Streifen auch während der Schicht 3 als radial verlaufender Verkehrsweg genutzt wurde und ebenso wie in dem nachfolgenden Horizont IV,3 (Schicht 2) die sogenannten landwirtschaftlichen Lager- und Verarbeitungseinheiten im Süden und Osten des Tells erschloß.[125] Inwieweit der an der südöstlichen Arealgrenze an diesen Verkehrsweg südlich anschließende Bereich der Loci 2017–2018 und 2014.3 des Horizonts IV,2 eine weitere solche Einheit darstellt, konnte nicht eindeutig geklärt werden. Zwei in der Folgezeit (Horizont IV,3) hier errichtete große Feuerstellen/Öfen (Loci 2015–2016) haben die zu Schicht 3 gehörenden Hinterlassenschaften des Horizonts IV,2 stark gestört. Eine von der östlichen Schnittgrenze nach Nordwesten verlaufende einreihige, ca, 0,60m breite Steinsetzung M3, die auf einer Länge von 2,20m erfaßt werden konnte und mit der nordöstlichen Begrenzung M1 der Nutzungsfläche Locus 2026 fluchtet, macht es aber wahrscheinlich, daß sich auch hier während des Horizonts IV,2 eine kleine landwirtschaftlich genutzte Einheit befunden hat. Hierfür sprechen auch die unterhalb der Feuerstelle/Ofen gemachten Funde der Loci 2017–2018 und

[123] Auf dieser Ansammlung großer und mittelgroßer Steine (Locus 2030), die in etwa einen Halbkreis bildet, fanden sich zahlreiche Keramikscherben (FN 2113). Die Funktion der Installation (?) ist unklar. Es kann nicht ausgeschlossen werden, daß es sich lediglich um (wiederverwendeten ?) Steinversturz handelt, der aus der Umfassungsmauer stammt. Ob ein Zusammenhang mit dem direkt südwestlich vermuteten Durchbruch in der Umfassungsmauer besteht, konnte nicht geklärt werden, da der entsprechende Bereich nicht ergraben wurde.

[124] Eine ähnliche Fläche konnte in Areal 8 erfaßt werden. Vergleiche die Fundstellen 8010 und 8014/8015.

[125] Ähnliches gilt für die im Nordosten des Areals 6 und die im Südwesten des Areals 3 ergrabenen Strukturen, die ebenfalls nur bis auf das Niveau der Schicht 2 (Horizont IV,3) abgetieft wurden.

2014.3. Neben zahlreichen Keramikscherben (FN 2073, 2074, 2065, 2070, 2083) und Feuersteinabschlägen (FN 2069) konnten auch mehrere Reibsteinfragmente aus Basalt (FN 2066, 2068), ein Basaltschalenfragment (FN 2071) und ein Stößel (FN 2067), die für die Verarbeitung landwirtschaftlicher Güter sprechen, sowie eine Pfeilspitze aus Metall (FN 2084) erfaßt werden. Die wenigen in diesem Bereich von der Umfassungsmauer nach Nordosten verlaufenden großen und mittelgroßen Steine können in diesem Sinn eventuell als Reste einer nordwestlichen Begrenzung M4 dieser Raumeinheit interpretiert werden.

Weitere Hinterlassenschaften des Horizonts IV,2 konnten im Tiefschnitt (Loci 3039–3041)[126] und den Flächengrabungen (Ost- und Nordschnitt) des Areals 3 dokumentiert werden (Abb. 46, 47). Zusammenhängende Architekturreste wurden im Bereich des Tiefschnitts jedoch nicht erfaßt. Die im Material der entsprechenden Fundstellen 3039–3041 gemachten Funde machen aber deutlich, daß dieser Bereich auch während des Horizonts IV,2 intensiv genutzt wurde. Die Fundzusammensetzung legt eine funktionale Anbindung (Außenbereich ?) an das nordöstlich anschließende große Gebäude (Haus 1 - vgl. Abb. 44) nahe. Auf und zwischen den ca. 0,04–0,08m starken, ostwestlich ausgerichteten Steinplatten des Locus 3039 im westlichen Teil des Schnitts sowie auf der östlich anschließenden kalkigen Fläche 3040 und der nachfolgenden Fundstelle 3041[127], die die gesamte Fläche umfaßt, wurden neben zahlreichen Keramikscherben (FN 3164, 3170, 3171), Feuersteinabschlägen (FN 3165) und Knochen (FN 3166, 3172) auch ein Reibsteinfragment (FN 3169) sowie ein runder Basaltstößel (FN 3173) dokumentiert. Des weiteren wurden hier (Locus 3039) ein Fingerring aus Bronze (FN 3168) und ein Steinzylinder (FN 3177; Kleinfundkatalog Taf. 35,09) gefunden.[128] Für eine Interpretation dieses Bereichs als

---

[126] Neben diesen im Jahr 2004 erfaßten Fundstellen des Tiefschnitts gehört auch der erste Abhub des Jahres 2003 im nördlichen Bereich des Tiefschnitts (Fundstelle 3018) in den Horizont IV,2 (Schicht 3). Die Funde dieses direkt unterhalb der Begehungsfläche Locus 3003.4 (Nordschnitt) gelegenen Materials wurden aber leider während der Ausgrabungsarbeiten mit Oberflächenmaterial vermischt und können daher nur begrenzt zur Auswertung herangezogen werden. Neben Keramik- (FN 3082), Feuerstein- (FN 3083) und Knochenfunden (FN 3084) wurde hier ein dekoriertes Kosmetikpalettenfragment (FN 3085; Kleinfundkatalog Tafel 1,01) und ein „Tonknopf" (FN 3086) gefunden.

[127] Die stratigraphische Stellung der mit Kalkpartikeln durchsetzten Fundstelle 3041 ist nicht eindeutig. Es kann nicht ausgeschlossen werden, daß sie den Übergang von Horizont IV,1 zu IV,2 bildet und eine Art „Ausgleichsschicht" darstellt, auf der die nachfolgenden Fundstellen mit dem „Plattenpflaster" Locus 3039 aufliegen.

[128] Zur möglichen Funktion des Steinzylinders vgl. die Ausführungen des Kapitels 2.4.1.2 – „Varia".

Außenfläche, die im Einzugsbereich des großen Gebäudes (Haus 1) liegt, sprechen auch die in der Flächengrabung des Areals 3 (Nord- und Ostschnitte) gemachten Beobachtungen im nördlichen und östlichen Anschluß an dieses Gebiet (Abb. 47). Auf beziehungsweise in der hier erfaßten sehr kalkigen Begehungsfläche (Loci 3003.4, 3008)[129] fanden sich zahlreiche Gegenstände und Installationen (Loci 3011, 3012, 3013, 3017) die nicht nur auf die Lagerung landwirtschaftlicher Güter, sondern auch auf ihre Zubereitung verweisen. Hierzu gehören die Reste mehrerer Keramikgefäße in situ (Locus 3017), die bei N 98,30m O 95,00m (Mittelpunkt) in der Begehungsfläche Locus 3003.4 dokumentiert wurden sowie mehrere Asche- und Kalkreste im direkten südöstlichen Anschluß an diese Scherbenkonzentration. Darüber hinaus fanden sich auf der Begehungsfläche Locus 3003.3/3003.4 zahlreiche weitere Keramikscherben, Feuersteinabschläge (FN 3012.2), Knochen (FN 3009.4–5), Reibsteinfragmente (FN 3081.2), ein „Tonknopf" (FN 3079), eine Muschel (FN 3080) und ein sehr charakteristischer Gefäßboden aus Keramik mit drei Füßen (FN 3081.1). Begrenzt wird die beschriebene Fläche (Locus 3003.4) im Osten von einer unregelmäßigen, ca. 0,50m breiten Steinsetzung, die den Grabungsbereich auf einer Länge von 2,55m von Norden nach Süden durchläuft.[130] Östlich hiervon setzt sich das beschriebene kalkige Material der Begehungsfläche fort.[131] Zwischen den zahlreichen mittelgroßen (< 0,36m × 0,38m) und großen (< 0,74m × 0,60m) Steinen, die in diesem Bereich auf der Begehungsfläche (Locus 3008) aufliegen, fanden sich mehrere Gebiete mit auffälligen Fundkonzentrationen

---

[129] Reste dieser ca. 0,08m-0,10m starken sehr kalkhaltigen Begehungsfläche finden sich auch im Nordprofil des im Jahr 2003 angelegten westlich anschließenden Tiefschnitts und machen es wahrscheinlich, daß sich die Begehungsfläche bis in den Bereich der westlich erfaßten Nordsüdmauer (vgl. Abb. 40, 43) erstreckte. Im östlichen und südöstlichen Bereich des Areals 3 wird sie wahrscheinlich von den Fundstellen 3010/3014 repräsentiert.

[130] Wie ein Blick in das nördlich anschließende Areal 6 zeigt, ist es sehr wahrscheinlich, daß sich die beschriebene Steinsetzung dort um weitere 1,40m nach Norden fortsetzt und bei N 101,90m O 97,50m an die Südwestbegrenzung des großen Gebäudes (Haus 1) anschließt (Abb. 44). Der Fund zahlreicher Keramikgefäße, Gebrauchsgegenstände und Installationen (Loci 6034, 6048) in direktem westlichen Anschluß bei N 101,00m O 95,60m (Areal 6) macht es sehr wahrscheinlich, daß ein funktionaler Zusammenhang zwischen den Funden in Areal 6 (Locus 6034) und 3 (Locus 3017) besteht. Eine Interpretation des beschriebenen Bereichs westlich der Steinsetzung als ein (äußerer) Funktionsbereich (Küche ?) des Hauses 1 erscheint möglich.

[131] Ebenso wie für den Bereich westlich (Locus 3003.4) der Steinsetzung ist es auch hier sehr wahrscheinlich, daß sich die erfaßte Begehungsfläche bis in das nördlich anschließende Areal 6 (Locus 6025) fortsetzt und eine weitere Nutzungsfläche des dort erfaßten großes Gebäudes (Haus 1) bildet (Abb. 44).

(Loci 3011, 3012, 3013)[132], die neben Keramikscherben (FN 3045, 3048), ein Basaltschalenfragment (FN 3046), ein Webgewicht (FN 3047), Holzkohlereste (FN 3050) und einen gut erhaltenen Keramikgefäßboden (FN 3049) hervorbrachten. Auf der Begehungsfläche (Locus 3008) wurden des weiteren zahlreiche Keramikscherben (FN 3039, 3038), Knochen (FN 3035.1) und ein Tongegenstand (FN 3043) dokumentiert.[133]. Die südliche Begrenzung der beschriebenen Fläche (Locus 3008) bildet eine einreihige, 0,50m breite Steinsetzung aus großen und mittelgroßen Steinen, die den Schnitt von Westen nach Osten auf einer Länge von 2,00m durchquert[134] und die beschriebene Fundstelle 3008 von dem südlich anschließenden Locus 3007 trennt, der bereits zu Horizont IV,3 (Schicht 2) gehört. Hinterlassenschaften des Horizonts IV,2 finden sich in Areal 3 erst wieder im südlichen Bereich des Ostschnitts. Loci 3010/3014 bilden hier eine feste kalkhaltige Begehungsfläche mit zahlreichen In-situ-Funden, die in ihrer Struktur und Konsistenz an die beschriebenen Fundstellen 3003.4 und 3008 erinnert. Das auf einer Fläche von nur ca. 1,70m × 1,48m freigelegte Material dieser Fundstelle wird an drei Seiten (Westen, Norden und Süden) von mittelgroßen bis großen, grob bearbeiteten Feuer- und Kalksteinblöcken umschlossen, die an diejenigen erinnern, die für die Errichtung des großen Gebäudes in Areal 6 und 9 (Haus 1) verwendet wurden (Abb. 47). Im nordwestlichen Bereich der Fundstelle wurde bei N 93,60m O 98,20m eine Keramikansammlung (Locus 3015) dokumentiert, in der neben zahlreichen Scherben (FN 3067) auch Knochen (FN 3069) gefunden wurden. Auf der restlichen Begehungsfläche (Loci 3010/3014) fanden sich des weiteren Aschereste, Keramikscherben (FN 3040, 3051, 3057, 3072), verschiedene Steinobjekte (FN 3041), ein Mahlstein (FN 3064) und ein Stößel (FN 3063) sowie die Reste von insgesamt drei Keramikgefäßen (FN 3052, 3054, 3055).[135] Als ähnlich fundreich erwies sich der östlich anschließende Bereich des Areals 4 (Locus 4013), der ebenfalls zu Horizont IV,2 gehört. Hier wurden neben Keramikscherben (FN 4049), Knochen (4050) und einem Reibsteinfragment (4054) zahlreiche Flintabschläge (FN 4053, 4051.2, 4055,

---

[132] Die Koordinaten (Mittelpunkte) dieser dicht beieinanderliegenden Fundkonzentrationen lauten: a) Locus 3011: N 97,10m O 97,80m; b) Locus 3012: N 97,04m O 98,70m; c) Locus 3013: N 97,96m O 98,18m.

[133] Des weiteren wurde eine Erdprobe (FN 3044) aus der Fundstelle 3008 und eine Probe des Gefäßbodeninhalts (FN 3058) aus Fundstelle 3012 genommen.

[134] Inwieweit eine ca. 0,50m nach Süden versetzte, ähnlich strukturierte Mauer, die im östlich anschließenden Areal 4 erfaßt wurde, eine Fortsetzung der in Areal 3 erfaßten Steinsetzung ist, ist unklar (Abb. 47).

[135] Proben (FN 3068, 3053.1-2) wurden aus dem Bereich der Keramikansammlung (Locus 3015) und der Begehungsfläche Locus 3014 genommen.

4059) registriert. Für letztere kann nicht ausgeschlossen werden, daß sie von der Bearbeitung der großen Feuersteinblöcke stammen, die die Fundstelle nach Süden begrenzen. Die hier erfaßte einreihige, bis zu 0,45m breite Steinsetzung konnte auf einer Länge von über 4,46m von Osten nach Westen verfolgt werden. Sie besteht aus mittelgroßen und großen Feuerstein- und Kalksteinblöcken und hat einen leicht radialen Verlauf. Es ist wahrscheinlich, daß die bereits erwähnte Südbegrenzung der Fundstelle 3010/3014 die westliche Fortsetzung dieser Steinsetzung bildet. Inwieweit auch die zugehörigen Fundstellen 4013 (Areal 4) und 3010/3014 (Areal 3) zusammengehören, ist hingegen unklar, da das Material der Fundstelle 4013 in den Grabungsaufzeichnungen als „locker" beschrieben wird und sich somit von demjenigen der Loci 3010/3014 unterscheidet. Das nördlich an Fundstelle 4013 anschließende Material der Fundstelle 4014 wird hingegen ebenfalls als „locker" beschrieben und legt es nahe, daß diese beiden Fundstellen zusammengehören. Ebenso wie in Locus 4013 fanden sich in Locus 4014 neben Keramikscherben (FN 4051, 4056) und Knochen (FN 4060) zahlreiche Feuersteinabschläge (FN 4057, 4058). Die genaue Ausdehnung und die Begrenzungen der Fundstellen konnten nicht eindeutig bestimmt werden. Gleiches gilt für die Funktion der in Areal 4 erfaßten Hinterlassenschaften des Horizonts IV,2.[136] Den westlichen Abschluß bildet im nördlichen Bereich die Schnittgrenze und im Südwesten eine annähernd halbkreisförmige Störung. Im Nordnordwesten der Fundstelle 4014 konnte eine massive Steinsetzung erfaßt und vom Westprofil des Schnitts bei N 94,32m O 100,54m (Nordkante) auf einer Länge von 2,14m nach Nordosten verfolgt werden. Sie ist bis zu 0,60m breit und besteht im wesentlichen aus drei großen Feuersteinblöcken. Nur im Zentralbereich der Steinsetzung wurden auch mehrere kleine Kalksteine verwendet. Bei N 94,94m O 102,52m schließt an diese Nordwestbegrenzung der Fundstelle 4014 im rechten Winkel ein weiterer großer, bis zu 0,50m breiter Feuersteinblock an, der auf einer Länge von 0,90m nach Südsüdosten verfolgt werden konnte. Zusammen mit einer zweireihigen, 0,70m breiten Setzung, die bei N 92,26m O 103,04m in einem Winkel von ca. 45 Grad an diesen Block anschließt[137],

---

[136] Wie die in Areal 4 erfaßten Reste des nachfolgenden Horizonts IV,3 nahelegen, ist es aber sehr wahrscheinlich, daß sich auch in diesem Bereich bereits während des Horizonts IV,2 (Schicht 3) mehrere kleine Raumeinheiten/Kammern befunden haben, die der Lagerung und Verarbeitung landwirtschaftlicher Güter dienten. Entsprechende Begehungsflächen (Horizont IV,2) wurden, abgesehen von den im folgenden beschriebenen, jedoch nicht erfaßt.

[137] Diese Setzung besteht aus mittelgroßen und großen Kalk- und Feuersteinen und konnte nur auf einer Länge von ca. 1,20m erfaßt werden. Inwieweit die vereinzelten südwestlich anschließenden Steine ursprünglich ebenfalls zu dieser Setzung gehörten, ist unklar.

begrenzen sie die Fundstelle 4014 nach Nord- und Südosten. Die genannten Steinsetzungen umschließen eine unregelmäßige kleine Kammer, die sich in Richtung auf eine „freie" Fläche im nördlichen Drittel des Areals hin verjüngt. Eine weitere solche Kammer (Locus 4009/4015) des Horizonts IV,2 schließt direkt nordwestlich an. Auch hier bildet nur ein massiver großer Steinblock den nordöstlichen Abschluß der entsprechenden Fundstelle.[138] An ihn schließt bei N 96,60m O 101,70m eine einreihige, 0,40m breite und 1,00m lange Setzung mittelgroßer Steine an, die die Nordwestgrenze der Fundstelle 4009/4015 bildet. Die nur ca. 2,10qm große Innenfläche der Kammer wird von einer weißen kalkigen Begehungsfläche (Locus 4009) mit einer lockeren Erdauflage (Locus 4015) charakterisiert. Neben zahlreichen Keramikscherben (FN 4028, 4061), Feuersteinabschlägen (FN 4032, 4062) und Knochen (FN 4029, 4063) wurden hier Reibsteinfragmente (FN 4033) und ein kleines Steinobjekt (FN 4031; Kleinfundkatalog Tafel 34,05) unbekannter Funktion dokumentiert[139], die es nahelegen, daß es sich bei den beschriebenen Kammern des Horizonts IV,2 in Areal 4 auch um kleine Einheiten zur Lagerung und Verarbeitung von landwirtschaftlichen Gütern gehandelt hat. Eine abschließende Klärung der Funktion war hier aber aufgrund der schlechten Materiallage nicht möglich. Eine diesbezüglich etwas bessere Situation findet sich erst wieder in Areal 8 (Ost). Hier konnten die Fundstellen 8008–8018 (Schicht 3) dem Horizont IV,2 sicher zugeschrieben werden.[140] Die dort ergrabene Fläche des Horizonts IV,2 (Abb. 48) wird von einer einreihigen Steinsetzung aus mittelgroßen Kalksteinen, die das Areal in etwa von Norden nach Süden durchläuft, in zwei unterschiedlich große Bereiche aufgeteilt.[141] Die größere, westliche Fläche (Loci 8010, 8014 – 8016, 8018) wird von der Umfassungsmauer des Tells (Locus 8502) begrenzt. Der östlich an die Steinsetzung anschließende Teil (Loci 8011 – 8013, 8017) findet seinen Abschluß an der Schnittgrenze bei O 89,50m. Die hier erfaßte Begehungsfläche, Fundstelle 8012/8013, besteht aus hartem, kalkhaltigem Material und einer aufliegenden, mit Steinen durchsetzten

---

[138] Im Gegensatz zu der Begrenzung der Fundstelle 4014 fanden sich hier auf und um diesen Block noch weitere kleinere Kalksteine.

[139] Von dem weißen kalkigen Material der Fundstelle 4009 wurde des weiteren eine Erdprobe (FN 4030) genommen.

[140] Hinzu kommt die Fundstelle 8034 im Bereich des abgetragenen Stegs zwischen den Arealen 8 und 3. Die Funde dieser Fundstelle wurden jedoch während der Grabungsarbeiten mit Oberflächenmaterial vermischt und können daher nicht zur Auswertung herangezogen werden.

[141] Die den Grabungsschnitt von Norden nach Süden durchlaufende Mauer hat in dieser Nutzungsphase eine Breite von bis zu 0,60m. Ihre ergrabene Länge beträgt 4,50m.

Füllung (Locus 8011). Bei N 97,60m O 88,70m (Mittelpunkt) befindet sich eine halbkreisförmige nach Westen hin geöffnete Steinsetzung auf dieser Begehungsfläche, die bei N 98,20m O 88,28m und N 97,00m O 88,46m an die oben beschriebene Nordsüdmauer anschließt (vgl. Locus 8011). Reste einer weiteren, wahrscheinlich rechteckigen Setzung finden sich in direktem südöstlichen Anschluß an diesen Halbkreis. Beide Setzungen bestehen aus kleinen und mittelgroßen Kalksteinen und sind sehr unregelmäßig gesetzt.[142] Die hier gemachten Funde (vgl. Locus 8011) zusammen mit den ansonsten auf der Begehungsfläche (Loci 8012/8013) dokumentierten Hinterlassenschaften und den Resten eines Vorratsgefäßes (Locus 8017) im äußeren Süden des östlichen Bereichs machen es sehr wahrscheinlich, daß es sich bei den genannten Setzungen und Funden um Installationen handelt, die in funktionalem Zusammenhang mit den ehemaligen Bewohnern des nordöstlich (Areal 6 und 9) gelegenen großen Gebäudes (Haus 1) stehen. Neben einem Silberring (FN 8063; Kleinfundkatalog Tafel 38,08; Abb. 80) fanden sich in Zusammenhang mit der kalkigen Begehungsfläche (Loci 8012/8013) zahlreiche Keramikscherben (FN 8046, 8062), Knochen (FN 8047, 8071), ein fast vollständiges kleines Gefäß (FN 8060; Keramikkatalog Tafel 117,03), ein Reibstein (FN 8069) und ein Mörserfragment (8065) sowie zahlreiche Stößel (FN 8061, 8064, 8066–8068, 8070). Im Umfeld der Vorratsgefäßreste (Locus 8017) fanden sich weitere Scherben (FN 8082) und Knochen (8083). Im Bereich der Installationen (Locus 8011) wurden neben Scherben (FN 8038) und Knochen (FN 8039) weitere Stößel (8040, 8041) registriert. Ähnlich zusammengesetzte Fundassemblagen konnten auch für den größeren Bereich (Loci 8010, 8014–8015, 8018) östlich der oben beschriebenen Nordsüdmauer dokumentiert werden.[143] Das in die Fundstellen 8014 (Nordhälfte) und 8015 (Südhälfte) unterteilte Gebiet wird durch ein sehr lockeres, erdähnliches (Füll-)material charakterisiert auf dem zahlreiche kleine und mittelgroße Steine (Loci 8009/8010) lagen.[144] Eine kleine Störung (Locus 8018), die von einer halbkreisförmigen Steinsetzung nach Nordwesten begrenzt wird, fand sich in direktem westlichen Anschluß

[142] Aufgrund dieser Bauweise kann nicht vollständig ausgeschlossen werden, daß es sich um Installationen handelt, die erst gegen Ende des Horizonts IV,2 im Zusammenhang mit den Fundstellen 8008 (und 8009) errichtet wurden.

[143] Neben zahlreichen Keramikscherben (FN 8076) wurden in diesem Bereich (Locus 8015) Knochen (FN 8077) und ein Reibsteinfragment (FN 8078) registriert.

[144] Das Material der Fundstellen 8009/8010 und 8014 wurde während der Grabungsarbeiten versehentlich mit Funden vermischt, die von der Reinigung der Umfassungsmauer (Locus 8502) und der rezenten Oberfläche des Tells stammen. Für die Auswertung und Interpretation der Schicht 3, die den beschriebenen Horizont IV,2 bildet, können daher nur die eingemessenen Funde (z.B. FN 8045, 8048) dieser Fundstellen herangezogen werden.

an der Nordsüdmauer im Südosten des Schnitts.[145] Die in den genannten Bereichen dokumentierten Funde legen es zusammenfassend nahe, daß die beschriebenen Flächen östlich und westlich der Nordsüdmauer (Areal 8-Ost) während des Horizonts IV,2 weiterhin für verschiedene „häusliche" Aktivitäten genutzt wurden. Die genaue Ausdehnung dieser Flächen ist unbekannt; ihr Verlauf kann in Anlehnung an die jeweiligen Begrenzungsmauern aber als (leicht) radial rekonstruiert werden. Darüber hinaus ist es sehr wahrscheinlich, daß sich die Nutzflächen entlang der (radialen) Begrenzungsmauern weiter nach Süden[146] und nach Norden in den Bereich des großen Gebäudes (Haus 1) fortsetzten. Wie die zu Horizont IV,2 gehörenden Fundstellen 14008–14009 und 14012–14014 des Areals 14 nahelegen (Abb. 44), finden sowohl die sogenannte Nordsüdmauer (Areal 8-Ost) wie auch die direkt östlich dieser Setzung erfaßte und beschriebene Begehungsfläche (Loci 8012/8013) ihre Fortsetzungen in den entsprechenden Fundstellen des nördlich an Areal 8 anschließenden Areals 14. An die durch den Abtrag des Materials der Fundstellen 14008/14009 freigelegte Ostkante der Mauer 14016 zieht ebenso wie an die Nordsüdmauer des Areals 8 eine helle kalkige Fläche (Locus 8008) heran, die zusammen mit den nachfolgenden Fundstellen 14012–14014 ebenfalls eine Interpretation als „häusliche" Nutzfläche wahrscheinlich macht. Eine Parallelisierung mit den entsprechenden Befunden in Areal 8 ist möglich. Die in Areal 14 erfaßte einreihige, bis zu 0,80m breite Mauer (Locus 14016) besteht aus mittelgroßen (< 0,80m × 0,64m × 0,40m) und großen (< 1,00m × 0,74m × 0,50m) Kalksteinblöcken, die häufig Bearbeitungsspuren aufweisen.[147] Sie konnte von ihrem Eintritt an der Südgrenze des Schnitts (Areal 14) bei N 100,50m O 88,30m (Ostkante) auf einer Länge von insgesamt 6,60m nach Nordwesten verfolgt werden, bevor sie das Areal 14 bei N 107,20m O 89,50m wieder verläßt.[148] In der Nordwestecke

[145] Eine exakte stratigraphische Zuordnung dieser durch lockeres, sehr dunkeles Material gekennzeichneten Störung war leider nicht möglich. Eine Zugehörigkeit zu Schicht 2 (Horizont IV,3) kann nicht ausgeschlossen werden.

[146] Vergleiche in diesem Zusammenhang beispielsweise die Ausführungen zu Horizont IV,2 in Areal 2 (vgl. Abb. 43, 45).

[147] Es kann nicht ausgeschlossen werden, daß die Mauer ähnlich wie in Areal 8 ursprünglich zweireihig angelegt war.

[148] Eine von Horizont IV,3 (Schicht 2) aus eingetiefte kreisförmige Störung (Locus 14015), deren Mittelpunkt im Steg zwischen den Arealen 14 und 6 bei ca. N 107,20m O 90,00m liegt, hat die nordöstliche Kante der Mauer (Locus 14016) gestört.

des Areals 6[149] und dem südöstlichen Bereich des Areals 7[150] erfaßte Steinreihen legen es aber nahe, daß sich die Mauer (Locus 14016) mindestens bis in den zuletztgenannten Bereich hinein fortsetzt.[151] Ebenso wahrscheinlich ist es, daß sich die in Areal 14 direkt östlich der Fundstelle 14016 (Mauer) erfaßte Fläche (Loci 14008/14009, 14012–14014) bis in den östlich anschließenden Bereich des Areals 6 (Loci 6043, 6045)[152] erstreckte. Die der Fundstelle 14016 (Mauer) bei N 104,58m (Nordkante) O 89,00m und N 102,30m (Nordkante) O 88,66m östlich vorgesetzten Steinsetzungen bilden wahrscheinlich mit der in Areal 6 bei N 103,36m (Mitte) O 90,80m erfaßten Steinkonzentration eine kleine annähernd rechteckige Kammer (ca. 1,40m × 1,60m) innerhalb des als Außenfläche interpretierten Gebietes (Locus 6045) westlich des großen Gebäudes (Haus 1 - Abb. 44). Zu den in diesem Gebiet der Areale 14 und 6 gemachten Funde des Horizonts IV,2 gehören neben Keramikscherben (FN 14032, 14034, 6199, 6203), Feuersteinabschlägen (FN 6202, 6204) und Knochen (14033, 14035, 6200, 6205) auch ein Stößel (FN 14038), mehrere Reibsteinfragmente (FN 6201.1–3) sowie eine durchbohrte Muschel (FN 6206), die eine Nutzung vermuten lassen, die in direkter Verbindung zu den ehemaligen Bewohnern des Hauses 1 stand. Gleiches gilt für den direkt östlich anschließenden, ca. 4,20m × 1,80m großen Streifen eines sehr kalkhaltigen Materials (Locus 6049), eine teilweise davon umschlossene kleine ovale Steinsetzung (Locus 6048) bei N 101,44m O 95,00m (Mitte) und die unmittelbar südöstlich hiervon registrierte Fundansammlung (Locus 6034; vgl. Abb. 66) bei N 101,00m O 95,80m (Mitte). Innerhalb einer wahrscheinlich ursprünglich nach Norden offenen kleinen Steinsetzung

---

149 Hierbei handelt es sich um eine 1,70m lange und 0,80m breite einreihige Steinsetzung aus Kalkstein, die mit der beschriebenen Mauer Locus 14016 „fluchtet“.

150 Die im südlichen Bereich des Areals 7 (Ost) erfaßte zweireihige (!) Steinsetzung M1 wurde ebenso wie der direkt nördlich anschließende Bereich der Fundstelle 7007 der Schicht 3 (Horizont IV,2) zugeschrieben (Abb. 49). Die von Südwesten nach Nordosten verlaufende, bis zu 1,20m breite Steinsetzung M1 konnte auf einer Länge von 3,68m verfolgt werden. Sie besteht aus mittelgroßen und großen Kalksteinen; Zwischenräume wurden mit kleineren Steinen verfüllt. Zu den Funden, die im Bereich zwischen dieser und der Umfassungsmauer (=Locus 7007) registriert wurden, gehören neben zahlreichen Keramikscherben (FN 7017) und Knochen (FN 7018) auch Stößel (7019, 7020) und andere Gegenstände aus Basalt (FN 7021).

151 Es kann nicht ausgeschlossen werden, daß die in einem Abstand von bis zu 2,00m parallel zur Umfassungsmauer des Tells verlaufende Steinsetzung den gesamten Tell umläuft.

152 Die Funde aus Locus 6043 wurden während der Grabungsarbeiten versehentlich mit unstratifizierten Funden vermischt, die im Rahmen von Profilreinigungen gemacht wurden. Sie werden dementsprechend nicht in die Auswertung einbezogen.

fanden sich hier (Locus 6034) am südlichen Schnittrand auf einem festen, mit vielen Kalkeinschlüssen durchsetzten grauen Material (Locus 6036) unter anderem ein Gefäßständer (FN 6123), ein fast vollständiger Kochtopf (FN 6125), ein Keramikkrug (FN 6124), Reibsteine (FN 6121, 6127) und ein Mörser (FN 6128) in situ (Abb. 66). Weitere In-situ-Funde (Loci 6024, 6027, 6035) fanden sich auf der direkt nördlich anschließenden Begehungsfläche (Locus 6035/6070).[153] Unmittelbar westlich der Westbegrenzung des Hauses 1 wurden hier bei N 105,10m O 97,68m neben Resten eines großen Vorratsgefäßes (FN 6132) mit einem darin liegenden Stößel (FN 6133), zahlreiche Keramikscherben (FN 6078, 6085, 6095), Knochen (6097), Reibsteine (FN 6082, 6083, 6084), ein Mörser (FN 6135), ein Angelsteinfragment (FN 6080) und ein Stößel (FN 6098) registriert.[154] Zusammen mit den bereits oben beschriebenen Funden im südlich anschließenden Bereich des Areals 3 (Locus 3017) kann davon ausgegangen werden, daß diese Gebiete zur Lagerung sowie Vor- und Zubereitung von Nahrungsmitteln benutzt wurden, die von den Bewohnern des Hauses 1 verzehrt wurden. In diesem funktionalen Umfeld muß auch der nordöstlich der Nordwestecke des Hauses 1 bei N 107,40m O 98,52m auf der Begehungsfläche Locus 6037/6066 erfaßte große Tabun gesehen werden. Sein Außendurchmesser beträgt 0,82m. Die östlich und in geringerem Umfang auch westlich an den Tabun anschließenden kleinen Steine machen es sehr wahrscheinlich, daß der Boden um den Tabun ursprünglich eine Pflasterung aufwies und sowohl von Westen wie auch von Osten her erreichbar war. Im Nordwesten schließen sich zahlreiche mittelgroße und große Steinplatten (Loci 6007, 6013, 6060, 6063) an, die sich als bis zu 2,60m breiter Streifen bis an die westliche und nördliche Schnittgrenze erstrecken. Bei N 109,20m O 92,90m (Mitte) wird dieser Streifen von einer halbkreisförmigen Steinsetzung (Locus 6008) gestört, die wahrscheinlich zur Südhälfte einer Grube gehört, die von Schicht 2 (Horizont IV,3) aus eingetieft wurde. Die Südwestgrenze der Steinplatten (Streifen) wird von einer zweireihigen, 0,90m breiten Steinsetzung (Locus 6057) gebildet, die von Nordwesten nach Südosten verläuft und von der Schnittgrenze bei N 106,00m O 90,50m (Südkante) auf einer Länge von 2,70m verfolgt werden konnte. Bei N 105,54m O 93,34m knickt die nun nur noch einreihige Setzung nach Nordnordosten ab, um nach

---

[153] Für Fundstelle 6035 kann nicht ausgeschlossen werden, daß die Funde dieses Locus mit Funden aus anderen Bereichen vermischt wurden.

[154] Auf der Begehungsfläche Loci 6035/6070 wurden außerdem weitere Keramikscherben (FN 6285-6287, 6296), Feuersteinabschläge (FN 6288), Knochen (FN 6134, 6289, 6298), Reste von Lehmziegeln (FN 6130), Steinfragmente (FN 6136.1), Mörser (FN 6135, 6290), Stößel (FN 6291, 6295.2-3), Reibsteine (FN 6292.1-4, 6295.1, 6297), ein Basaltgefäßfragment (FN 6292.5), ein Spinnwirtel (FN 6293) und eine Muschel (FN 6294) gefunden.

weiteren 1,70m abzubrechen. Ob ein Anschluß an die direkt südlich erfaßten, sehr großen übereinanderliegenden rechteckigen Steinplatten bestand[155], die ihrerseits bei N 105,68m O 95,90m (Nordostkante) an zwei große (0,90m × 0,46m) Kalksteinblöcke heranlaufen, ist unklar. Gleiches gilt für die Zugehörigkeit dieser beiden Blöcke, die durch eine (zeitlich spätere) Störung von der 1,70m entfernten Nordwestecke des Raums 1 getrennt wurden. Ein Vergleich mit der Situation an der Südwestecke des Raums 1 macht jedoch eine Interpretation der auch hier registrierten großen Blöcke als Vorsprünge wahrscheinlich, die die oben beschriebene Außenfläche (Loci 6035, 6036, 6070) westlich des Hauses 1 nach Norden und Süden begrenzen.

Die als Haus 1 des Horizonts IV,2 bezeichneten Strukturen schließen östlich an und umfassen den zentralen Bereich eines ca. 2,50m breiten Streifens entlang der östlichen Grenze von Areal 6 sowie die gesamte ergrabene Fläche des Areals 9 mit den der Schicht 3 zugeschriebenen Fundstellen.[156] Die erfaßten Strukturen (Haus 1) bestehen aus einem zentral gelegenen, von Norden her mit zwei 0,80m (Westen) und 0,60m (Osten) breiten Durchgängen erschlossenen, in etwa langrechteckigen Raum 1, der an drei Seiten von weiteren Raumeinheiten (Räume 2–8) umgeben ist (Abb. 43, 44, 67). Als Baumaterial wurden sehr große, grob bearbeitete Kalk- und Feuersteinblöcke verwendet, die direkt voreinander gesetzt wurden und einreihige sehr heterogen verlaufende Mauern bildeten. Die Größe der verwendeten Steine beträgt bis zu 1,40m × 0,80m × 0,65m; die Breite der daraus errichteten Mauern beläuft sich auf 0,80m. Die erhaltene Höhe der Mauern beträgt in der Regel nur eine Steinlage und liegt nicht über 0,80m. Eventuell verbleibende Zwischenräume in den Setzungen wurden mit kleinen Kalksteinen verfüllt. Vereinzelte Reste von kalkhaltigem Material zwischen den Steinen legen es nahe, daß ein entsprechendes Bindemittel verwendet wurde. Eindeutige Hinweise hierauf fehlen aber ebenso wie auf einen Verputz an den Wänden und auf die ehemalige Dachkonstruktion. Der allgemeine Erhaltungszustand der Strukturen und der von ihnen umschlossenen Flächen ist gut. Hinweise auf großflächige (gewaltsame) Zerstörungen fanden sich nicht. Die in einigen Räumen dokumentierten In-situ-Funde machen hingegen eine (freiwillige) Aufgabe des Gebäudes und der gesamten Anlage gegen Ende des Horizonts IV,2 sehr wahrscheinlich.

---

[155] Die hier erfaßten Kalksteinplatten sind sehr flach (ca. 0,10m) und bis zu 1,00m lang. Ihre Breite beträgt bis zu 0,40m.

[156] In Areal 9 wurden dem Horizont IV,2 folgende Fundstellen zugeschrieben: 9013.1, 9017-9019, 9021, 9024, 9026, 9030 (Westhälfte des Areals); 9023, 9025, 9028, 9029 (Westteil des Areals); 9033, 9035 (?) (Abtrag des Stegs zwischen den Arealen 6 und 9).

Der von den Mauern M1 bis M4 umschlossene Raum 1 hat eine Innenfläche von ca. 5,54m × 3,50m. Seine nördliche und südliche Begrenzungsmauer M1 und M2 laufen von Osten nach Westen leicht konisch aufeinander zu, was dazu führt, daß die Breite des Raums an der Westbegrenzung (M4) nur noch 2,80m beträgt und somit 0,70m schmaler ist als an der Ostbegrenzung (M3). Darüber hinaus sind die Anschlüsse von M4 an die Mauern M1 und M2 nicht reckwinklig. Dies führt zu einem Verlauf der Mauer M4 von Nordwesten nach Südosten und verstärkt den Eindruck einer sehr unregelmäßigen Struktur, die entfernt an ein Trapez erinnert. Die von den Fundstellen 6023/6026 und 9021 gebildete kalkige, mittelharte Begehungsfläche des Raums 1 erwies sich ebenso wie das direkt darüber- (Loci 6018, 9018) und darunterliegende (Locus 9030) Material als sehr fundreich.[157] In-situ-Funde konnten in der Nordwestecke des Raums (vgl. Locus 6026) bei N 105,40m O 98,78m und in einem ausgedehnten Bereich (vgl. Loci 9018.1, 9019, 9021), der sich von der Nordbegrenzung des Raums bei N 105,32m O 102,50m halbkreisförmig bis vor die Ostbegrenzung (M3) des Raums erstreckt, dokumentiert werden. Zum hier erfaßten Rauminventar gehören neben zahlreichen Resten von (großen) Keramikgefäßen (vgl. FN 6087, 9111, 9117, 9118) unter anderem Mahlplatten (FN 6088, 9142), Reibsteine (6089, 6090, 9124, 9126, 9127, 9142), Stößel (FN 6093, 9129, 9138.2), Mörser (FN 6091, 9141) und Spinnwirtel (FN 6094) sowie eine („durchbohrte“) Muschel (FN 9138.1). Die im südlichen Anschluß an Mauer M1 im Bereich zwischen den Zugängen erfaßten Steine (Abb. 44) machen es wahrscheinlich, daß sich die hier vorgefundenen Reste von Keramikgefäßen in einer kleinen nach Süden offenen Kammer befunden haben.

Verläßt man Raum 1 durch den östlichen der beiden Zugänge nach Norden so gelangt man auf die 4,42m × 3,20m messende annähernd rechteckige Fläche des Raums 2 (Locus 9024), der den Bereich des westlich gelegenen großen Tabuns (Loci 6037/6066) und das östlich anschließende Gebiet des

---

[157] Bei den in Raum 1 registrierten Funden handelt es sich um: 1. Locus 6018: Keramikscherben (FN 6060, 6061), Stößel (FN 6058), Reibsteinfragmente (FN 6063); 2. Locus 6023: Keramikscherben (FN 6076), Feuersteinabschläge (FN 6077); 3. Locus 6026: Keramikscherben (FN 6087), Mahlplattenfragmente (FN 6088), Reibsteinfragmente (FN 6089, 6090), Mörser (FN 6091), Stößel (FN 6093), Spinnwirtel (FN 6094), Knochenobjekt? (FN 6092); 4. Locus 9018: Keramikansammlungen (FN 9111, 9117), Knochen (FN 9110, 9112), Basaltfragment (FN 9113); 5. Locus 9018.1: Keramikscherben (FN 9123, 9128, 9131, 9132, 9133, 9134), Basaltfragmente (9119, 9122, 9125, 9130), Reibsteine (9124, 9126, 9127), Stößel (FN 9129); 6. Locus 9019: Fast vollständig erhaltenes Keramikgefäß (FN 9118), Basaltfragment (FN 9114), Knochen (FN 9115), Stößel (FN 9120); 7. Locus 9021: Keramikscherben (FN 9143), Feuersteingerät(?) (FN 9137), durchbohrte Muschel (FN 9138.1), Stößel (FN 9138.2), Knochen (FN 9140), Mörser (FN 9141), Mahlplatte (FN 9142); 8. Locus 9030: Spinnwirtel (FN 9160.2), durchbohrte Muschel (FN 9161.2).

Raums 3 (Locus 9025) erschließt.[158] Die entsprechenden Durchgänge schließen jeweils an den südlichen Abschluß der östlichen (M5) und westlichen (M6) Begrenzungsmauer des Raums 2 an und werden im Süden von der Flucht der Nordmauer (M1) des Raums 1 begrenzt.[159] Die im Nordprofil des Areals 9 bei O 100,70m und O 105,72m (Ostkante) erfaßten Mauern M5 und M6 bestehen aus mittelgroßen, teilweise annähernd quadratischen Kalksteinblöcken und konnten auf einer Länge von 2,10m (M5) und 2,00m (M6) nach Süden verfolgt werden. Die Breite der Mauern beträgt 0,60m; die Durchgänge messen zwischen 1,16m im Osten[160] und 1,10m im Westen. In-situ-Funde und Installationen wurden auf der kalkigen Begehungsfläche (Locus 9024) des Raums 2 nicht registriert. Die in der Nordwestecke erfaßte halbkreisförmige Steinsetzung gehört zu einer Grube (Locus 9017), die wahrscheinlich von dem nachfolgenden Horizont IV,3 oder V aus eingetieft wurde.[161] Das zu Horizont IV,2 gehörende Material auf der Begehungsfläche des Raums 2 (Locus 9024) wies eine relativ hohe Funddichte auf. Neben zahlreichen Keramikscherben (FN 9162) und Knochen (FN 9147) fanden sich hier Basaltfragmente (FN 9148), ein Mörser (FN 9160.1) sowie ein Webgewicht (FN 9149) und eine Muschel (FN 9161.1). In den östlich und südöstlich anschließenden Räumen 3–5 konnten demgegenüber nur wenige Kleinfunde registriert werden. Auf der entsprechenden Begehungsfläche (Locus 9025) des Raums 3 fanden sich nur einige Basaltfragmente (FN 9163) und auf der südlich anschließenden Begehungsfläche (Locus 9023) des Raums 4 konnten neben einem in situ ergrabenen großen Mörser (FN 9144) ebenfalls nur noch ein Stößel (FN 9145) und einige Knochen (FN 9146) registriert werden. Ein weiterer Stößel (FN 9158) wurde in Raum 5 (Locus 9029) gefunden, der am östlichen Schnittrand auf einer Fläche von

---

158 Zieht man die hohe Anzahl an Durch- und Zugängen in Betracht, so kann nicht ausgeschlossen werden, daß es sich bei Raum 2 um einen Hof gehandelt hat, der im verkehrstechnischen Sinn als Verteiler fungiert hat.

159 Die östliche Begrenzungsmauer M5 des Raums 2 fluchtet in etwa mit der östlichen Begrenzung (M3) des Raums 1. Die westliche Begrenzung M6 liegt in der Flucht des westlichen Zugangs zu Raum 1.

160 Inwieweit die direkt nördlich der Nordostecke des Raums 1 erfaßte rechteckige (0,60m × 0,80m) Setzung aus kleinen Kalksteinen als partielle Zusetzung des Durchgangs zwischen den Räumen 2 und 3 auf eine Breite von ca. 0,60m interpretiert werden kann, ist unklar.

161 Innerhalb des von der halbkreisförmigen Steinsetzung abgegrenzten Bereichs (Locus 9017) fanden sich neben Keramikscherben (FN 9108, 9109), zahlreiche Knochen (FN 9102, 9103, 9106), Basaltfragmente (FN 9107), der Fuß eines Basaltgefäßes (FN 9104) auch ein Türangelstein (FN 9101) und Glasreste (FN 9105).

ca. 2,00m × 2,80m freigelegt werden konnte.[162] Als westliche Begrenzung von Raum 5 fungierte eine im Abstand von 2,00m parallel zur Ostbegrenzung (M1) des Raums 1 von Norden nach Süden verlaufende einreihige, 0,60m breite und 2,70m lange Setzung (M7) aus grob bearbeiteten Kalksteinblöcken. Im Gegensatz zu Mauer M3 läuft die Steinsetzung M7 aber nicht bis an die im Süden des Areals verlaufende massive Ostwestmauer M2 heran. Vielmehr knickt die Setzung M7 bei N 102,74m O 107,50m (Nordkante) in einem annähernd rechten Winkel nach Osten ab und läuft bis zu ihrem Eintritt in das Ostprofil in einem Abstand von nur 0,10m–0,20m parallel zur Mauer M2. Reste der nördlichen Begrenzung von Raum 5 und der hier vermutete Zugang werden wahrscheinlich von mehreren kleinen Steinen bei N 105,58m O 107,80m und einem aus dem Profil hervorkragenden großen Kalksteinblock bei N 105,20m O 99,50m (Südkante) repräsentiert. Der zwischen den Räumen 1 und 5 gelegene ca. 2,94m × 3,60m messende Raum 4 wird von den schon beschriebenen Mauern M2, M3 und M7 begrenzt. Nach Norden öffnete sich dieser Raum 4 wahrscheinlich in voller Breite auf die Fläche des Raums 3 und bildet mit diesem eine funktionale Einheit.

Die weiteren, nur in Teilbereichen ergrabenen Räume 6–8 des Hauses 1 befinden sich alle südlich der Mauer M2, die von Osten nach Westen verläuft (Abb. 44). Eine Zugangsmöglichkeit von den nördlich gelegenen Räumen in die südlichen Bereiche konnte bislang nicht ergraben werden. Die Erschließung der Räume 6–8 ist unklar. Ihre nördliche Begrenzung bildet die auf einer Länge von insgesamt 11,00m erfaßte Mauer M2. Von hier erstrecken sich die Räume nach Süden.[163] Unregelmäßig verlaufende, aus Steinen verschiedener Größe zusammengesetzte, von Norden nach Süden verlaufende Mauern trennen die drei zwischen 3,00m und 3,60m

---

[162] Hinzu kommen die Funde der Fundstelle 9039, die im Zusammenhang mit Reinigungsarbeiten in der Osthälfte des Areals gemacht wurden. Zu den in diesem Zusammenhang registrierten Funden gehören ein Stößel (FN 9198), ein Perlmuttfragment (FN 9200) und ein Keramikgefäß (FN 9199) von dessen Inhalt eine Probe (FN 9164) genommen wurde.

[163] Hinweise auf die südliche Begrenzung der Räume fehlen. Auch die entsprechenden Arbeiten in den südlich anschließenden Arealen 3 und 4 brachten hier keine eindeutige Klärung. Ein Vergleich der Fundassemblagen macht es aber sehr wahrscheinlich, daß die Begehungsfläche des Raums 6 (Loci 6025/6036) ihre Fortsetzung in den Fundstellen 3008 und 3011-3013 findet, die in der Nordostecke des Areals 3 erfaßt wurden.

Entsprechende Aussagen für die Räume 7 und 8 können aufgrund zahlreicher rezenter Störungen im nördlichen Bereich des Areals 4 nicht gemacht werden. Die im Nordosten des Areals 4 erfaßten Steinsetzungen machen es aber wahrscheinlich, daß sich die westliche Begrenzungsmauer von Raum 8 nach Süden fortsetzte.

breiten Raumeinheiten voneinander. Eine weitere bei N 102,00m O 97,20m (Westkante) an den südwestlichen Vorsprung des Hauses 1 anschließende, auf nur 1,30m ergrabene, einreihige Setzung aus großen Kalksteinen grenzt Raum 6 und die östlich anschließenden Einheiten nach Westen gegen die Außenfläche (Loci 6034/6036) ab. Die helle kalkige Begehungsfläche (Loci 6025/6036) des Raums 6 und der in der Südostecke des Schnitts aufliegende harte Lehm (Locus 6017) erwiesen sich ebenso wie die bereits beschriebenen nördlich und westlich anschließenden Gebiete wieder als sehr fundreich. So konnte bei N 102,40m O 99,64m in der Nordwestecke des Raums ein großes Vorratsgefäß und ein nahezu vollständiger Krug (FN 6081; Keramikkatalog Tafel 47,07) mit einer kreisförmigen Öffnung im Boden erfaßt werden (Abb. 72). Darüber hinaus wurden zahlreiche Keramikscherben (FN 6055, 6059, 6079, 6096, 6136), Feuersteinabschläge (FN 6056), ein Mahlstein (FN 6057), Stößel (FN 6138, 6101), ein Türangelstein (FN 6100) und zwei Muscheln (FN 6137) registriert. Auch die östlich anschließende Begehungsfläche (Locus 9026) des Raums 7 mit den aufliegenden Resten einer Kalk-Lehmschicht (Locus 9013.1) war sehr fundreich. Neben einem fast vollständigen Kochtopf (FN 9155) und Resten eines weiteren Gefäßes (FN 9093) im Südprofil (N 100,480m O 104,40m) fanden sich hier Keramikscherben (FN 9096), einige Knochen (FN 9092), Basaltfragmente (FN 9154.1–3), eine Muschel (FN 9093.1) und zwei Stößel (FN 9153, 9157). Ein weiterer Stößel (FN 9159) fand sich auf der östlich anschließenden Begehungsfläche (Locus 9028) des Raums 8. Zum Inventar dieses in der Südostecke des Areals gelegenen Raums gehörten des weiteren einige Keramikscherben (FN 9152), Basaltfragmente (FN 9151) und eine kleine durchbohrte blaue Perle (FN 9150; Kleinfundkatalog Tafel 35,03), die vielleicht einen Hinweis auf die ehemaligen Bewohner von Haus 1 gibt.

Faßt man die gemachten Ausführungen zu den Hinterlassenschaften der Schicht 3 zusammen so kann für Horizont IV,2 eine kleine landwirtschaftliche Einrichtung mit differenzierter Bebauung rekonstruiert werden. Innerhalb der weitergenutzten Umfassungsmauer und der ihr vorgelegten sogenannten Terrasse kann der Bereich eines großen Gebäudes (Haus 1) mit vorgelegten Außenflächen im Norden des Tells von mehreren kleinen Raumeinheiten im Süden getrennt werden. Verbunden wurden beide Bereiche wahrscheinlich durch „Verkehrswege“, die weiterhin der aus früheren Siedlungshorizonten vorgegebenen radialen Struktur der Gesamtanlage folgen (vgl. Abb. 65).[164] Die genaue Struktur und der Aufbau des Hauses 1

---

[164] Wie die in Areal 2 und 4 ergrabenen Hinweise auf entsprechende Strukturen des Horizonts IV,2 (Schicht 3) zeigen, kann davon ausgegangen werden, daß die im südlichen Bereich des Tells für die Schicht 2 (Horizont IV,3) erfaßten kleinen Raumeinheiten und Kammern (vgl. Areale 2, 3, 4, 10) sowie die entsprechenden Verkehrswege auf Vorgängern des Horizonts IV,2 aufbauen.

sind ebenso wie seine genaue Ausdehnung und die Abfolge seiner Besiedlung unbekannt. Während der in diesem Bereich durchgeführten Arbeiten konnten insgesamt 8 Räume an- oder ausgegraben werden. Die freigelegten Strukturen legen es nahe, daß Raum 1 und der nördlich vorgelagerte Hof (Raum 2) zusammen mit den von hier erschlossenen westlich und südwestlich anschließenden Außenflächen vorrangig der Versorgung und dem Unterhalt seiner Bewohner diente. Ähnliches kann für die südlich von Raum 1 erfaßte Raumkette angenommen werden. Die östlich von Raum 2 gelegenen Räume 3–5 und die hier beobachtete äußerst geringe Funddichte machen es wahrscheinlich, daß sich hier ein „nicht-öffentlicher" Bereich des Hauses befunden hat. Wie die ansonsten sehr zahlreichen Funde der Schicht 3 deutlich machen, hat es sich bei Tell Johfiyeh aber auch während des Horizonts IV,2 um eine kleine prosperierende Ansiedlung gehandelt, deren Bewohner sich vorrangig der Verarbeitung und Bevorratung landwirtschaftlicher Güter gewidmet haben. Neben „Kochstellen" sind unter anderem Vorratsgefäße, Stößel (konisch, eckig, rund), Schalen, Mörser, Mahlsteine und Reibsteine aus Basalt sowie Spinnwirtel, „Knöpfe" und Steingefäße belegt. Außerdem erbrachten die Arbeiten im Haus 1 und den direkt westlich und südwestlich anschließenden Außenflächen auch Funde, die in keinem unmittelbaren funktionalen Zusammenhang mit den landwirtschaftlichen Aktivitäten stehen. Hierzu gehören unter anderem Schmuckelemente wie durchbohrte Muscheln, eine Perle und ein Fingerring, eine Kleiderfibel aus Bronze, Reste einer Schminkpalette und mehrere multifunktionale Basaltschalenfragmente. Sie legen nahe, daß es sich bei den ehemaligen Bewohnern des Haupthauses um Angehörige einer „Elite" gehandelt haben muß, die in engem Kontakt zu einem übergeordneten Zentrum stand. Eine Interpretation von Tell Johfiyeh während des Horizonts IV,2 als kleines Gehöft, das von einer lokalen Familie geleitet wurde, die in Abhängigkeit von einer übergeordneten politischen Einheit agierte, erscheint möglich. Was zur Aufgabe und zum Verlassen der Ansiedlung gegen Ende des Horizonts IV,2 geführt hat, ist unklar. Brand- und großflächige Zerstörungsspuren fehlen und legen zusammen mit den zahlreichen In-situ-Funden eine friedliche Aufgabe von Haus 1 nahe.

2.2.4.3 Horizont IV,3[165]

Während der folgenden 3. Phase des Horizonts IV, die weitgehend mit den Befunden der Schicht 2 gleichgesetzt werden kann, fanden sich im Bereich des aufgegebenen Hauses 1 (Areale 6 und 9) keine zusammenhängenden

---

[165] Die Nähe der Schicht 2 zur rezenten Oberfläche des Tells und die Beobachtung, daß von der mit dieser Schicht verbundenen Nutzungsphase mehrere Gruben eingetieft wurden, haben trotz detaillierter Beobachtungen und Aufzeichnungen dazu geführt, daß das Material der Horizonte IV,3 und V häufig mit Funden aus darüber- und darunterliegenden Straten vermischt ist !

Architekturreste mehr. Die hier ansonsten dokumentierten Hinterlassenschaften legen es aber dennoch nahe, daß die entsprechenden Flächen weiterhin in einem von der Landwirtschaft geprägten Umfeld genutzt wurden.[166] Weitere Reste des Horizonts IV,3 fanden sich in den Arealen 2–5, 7–8, 10–11 und 14.[167] Die den Tell umgebende Umfassungsmauer und die ihr vorgelegte sogenannte Terrasse wurden auch während der Phase 3 des Horizontes IV weiter genutzt (Abb. 50).
Im südlichen Teil des Tells zeichnen sich auch für Horizont IV,3 kleine Raumeinheiten ab, die von radial verlaufenden Verbindungswegen erschlossen werden (vgl. Abb. 65). Die für Horizont IV,2 beschriebene Grundstruktur wird beispielsweise in Areal 2 auch während des Horizonts IV,3 in Teilbereichen fortgeführt (und erweitert). Obwohl im Bereich der Loci 2022 und 2024–2025 keine Begehungsfläche der Phase IV,3 erfaßt werden konnte, macht es der Grabungsbefund für die Nordwestecke des Areals 2 wahrscheinlich, daß die bereits in Horizont IV,2 genutzten Mauern M1 und M2 (vgl. Abb. 45) sowie die von ihnen gebildete Kammer in direktem östlichen Anschluß an die Umfassungsmauer weitergenutzt wurden (Abb. 51).[168] Veränderungen erfuhr hingegen der südöstliche Teil dieses Abschnitts. Die hier in Horizont IV,2 identifizierte kleine Raumeinheit (Loci 2017/18) wird in Phase IV,3 mit zwei offenen Feuerstellen (Loci 2015, 2016) und zugehörigen Installationen versehen. Zu den hier auf einer sehr kalkhaltigen Oberfläche gemachten Funden gehören neben Keramikscherben (FN 2058, 2061) auch mehrere Reibsteinfragmente (FN 2052, 2053, 2064, 2062) und ein Basaltschalenfragment mit einem erhaltenen Fuß (FN 2063).[169] Der nord-

166 In den entsprechenden Arealen 6 und 9 wurden die nachfolgenden Fundstellen der Schicht 2 (Horizont IV,3) zugewiesen: 6004, 6005, 6006, 6010, 6011, 6012, 6013.1, 6016, 6031, 6040, 6042, 6044, 6059; 9002(?), 9002.1(?), 9003(?), 9004, 9005, 9006, 9007, 9008, 9009, 9010, 9011(?), 9012, 9013, 9014, 9015, 9016.

167 In den Arealen 2-5, 7-8, 10-11 und 14 konnten folgende Fundstellen der Schicht 2 (Horizont IV,3) zugewiesen werden: Areal 2: 2013, 2014.1(?), 2014.2, 2015, 2016, 2019, 2020, 2022-2025, 2028, 2029; Areal 3: 3003, 3003.2, 3004-3007, 3009, 3016, 3034-3038(?), 3501-3503; Areal 4: 4003-4008(?), 4010-4012, 4020-4023, 4025(?), 4029, 4030, 4034-4037; Areal 5: 5024, 5027-5030; Areal 7: 7006; Areal 8: 8007, 8033; Areal 10: 10002.3(?), 10002.04(?), 10002.5(?), 10002.6-7, 10003, 10004, 10004.2(?), 10005-10007, 10009, 10010; Areal 11: 11002, 11002.1, 11003, 11004; Areal 14: 14005-14007, 14010, 14011, 14015-14017, 14019.

168 Im Abraum der Loci 2024 und 2025 fanden sich neben Keramikscherben (FN 2095, 2097) auch ein Stößelfragment (FN 2096) und Tierknochen (FN 2098).

169 In der direkt darüberliegenden Fundstelle 2014.1 fanden sich darüber hinaus weitere Keramikscherben (FN 2046, 2054), Tierknochen (FN 2048, 2049), Feuersteinabschläge (FN 2050, 2055), ein Stößel (FN 2051) und Tesserae (FN 2056). Des weiteren wurde eine Erdprobe (FN 2047) genommen.

östlich an die parallel zur Umfassungsmauer verlaufende Mauer M1 anschließende, relativ ebene Bereich der Fundstellen 2029 (Norden) und 2028 (Süden) wird von mittelgroßen, unregelmäßig verlegten Steinen und Steinplatten charakterisiert auf denen sich in Teilbereichen weitere Reste eines sehr kalkhaltigen Materials (Locus 2023) fanden. Diese bis zu 1,30m breite, eventuell als Verkehrsweg zu interpretierende Fläche wird im Nordosten von einer einreihigen, parallel zu M1 verlaufenden Steinsetzung (M3) begrenzt, die von ihrem Eintritt in das Areal 2 bei N 89,50m O 93,82 (SW-Begrenzung) mit nur einer Unterbrechung bei N 86,94m O 96,60m (Mittelpunkt) bis in den Bereich der östlichen Schnittgrenze verfolgt werden kann, wo sie bei N 86,20m das Ostprofil schneidet. Auf Höhe der erwähnten Unterbrechung/Störung zweigt eine einreihige, sehr unregelmäßig errichtete Steinsetzung nach Südwesten ab und begrenzt die als Verkehrsweg interpretierte Fläche (Loci 2028/29) nach Süden bevor sie bei N 85,60m O 95,20m an die Verlängerung der M1 anschließt.[170] Der direkt nördlich von M3 erfaßte ebenfalls radial verlaufende Verkehrsweg Locus 2020 kann hingegen bis an das Ostprofil verfolgt werden.[171] Er wird von keiner Störung unterbrochen. Ebenso wie sein südliches Pendant hat er eine Breite von ca. 1,30m und weist einen Belag aus mittelgroßen unregelmäßig verlegten Steinen und Steinplatten auf. Nach Nordwesten können beide bis in das anschließende Areal 3(SW) verfolgt werden (Abb. 51).[172] Dies gilt auch für die Steinsetzung M4, die den Verkehrsweg Locus 2020 nach Nordosten begrenzt und gleichzeitig die Südwestgrenze der Loci 2013 und 2019 in der Nordostecke des Areals bildet.[173] Beide Loci weisen eine kalkhaltige Begehungsfläche auf, in die jeweils ein großes Vorratsgefäß eingelassen wurde. Eine kleine von Südwesten nach Nordosten verlaufende Steinsetzung, die bei N 88,60m O 98,40m auf Mauer M4 trifft, trennt die Fundstellen und die mit ihnen gleichzusetzenden kleinen Raumeinheiten (Locus 2013 und 2019) voneinan-

---

[170] Eine Fortsetzung des radial verlaufenden Verkehrswegs nach Osten erscheint möglich, konnte aber nicht sicher nachgewiesen werden.

[171] Das auf den Loci 2020 und 2019 aufliegende Material der Fundstelle 2014.2 enthielt folgende Funde: Keramikscherben (FN 2075, 2081), Feuersteinabschläge (FN 2082), Tierknochen (FN 2076), Stößel (FN 2078), Basaltgefäßfragment (FN 2080) und ein Reibsteinfragment (FN 2079).

[172] Die Verkehrswege 2020 und 2028/29 finden ihre Fortsetzung in den Fundstellen 3503 und 3501/2.

[173] Die in den Arealen 2 und 10 erfaßten Reste der Mauer M4 bestehen im Gegensatz zu den Setzungen M1 - M3 aus einer Reihe großer Kalk- und Feuersteine. Die entsprechenden Reste der M4 in Areal 3(SW) setzten sich hingegen aus überwiegend kleineren Kalksteinen zusammen, die teilweise zweireihig angeordnet wurden.

der.[174] Die Erschließung erfolgte wahrscheinlich von Süden (Locus 2020), wie ein bei N 88,50m O 87,12m (Mitte) erfaßter Durchbruch in der Mauer M4 nahelegt. Darüber hinaus ist es sehr wahrscheinlich, daß diese kleinen Räume zusammen mit den im Süden erfaßten Feuerstellen (Loci 2015/16), den beiden radial verlaufenden Wegen (Loci 2020 und 2028/29) und der im Nordwesten des Areals erfaßten kleinen Kammer (Loci 2024/25) eine funktionale Einheit innerhalb des Horizonts IV,3 bilden.[175]
Ein Blick in das östlich anschließende Areal 10 zeigt darüber hinaus, daß der kleine, mit Locus 2013 verbundene Raum hier seine Fortsetzung in Locus 10004 findet (Abb. 51). Gleiches gilt für die Mauer M4 die bis an das Ostprofil des Areals 10 verfolgt werden kann und den Verkehrsweg 2020, der seine Fortsetzung in Fundstelle 10006 findet und ebenfalls bis an das Ostprofil des Areals heranreicht.[176] Im Gegensatz hierzu findet der Verkehrsweg Loci 2028/29 keine erkennbare Fortsetzung in Areal 10, was wahrscheinlich auf den massiven Steinversturz (Loci 10002.3) zurückzuführen ist, der in der Südhälfte des Areals 10 erfaßt wurde.[177] Eindeutige Strukturen konnten in diesem Bereich auch nach einem ersten Abtrag verstürzter Steine (Loci 10002.4–5) nicht identifiziert werden.[178] Erst nach zwei weiteren Abhüben

---

[174] Das in Locus 2019 bei N 89,30m O 96,75m H 99,32m in situ erfaßte Vorratsgefäß wurde nicht geborgen und die anschließende Begehungsfläche nicht abgetragen. Eventuell aufliegende Funde wurden unter der Fundstelle 2014.2 registriert. Das in Locus 2013 bei N 88,80m O 99,12m H 9916m(UK)/99,70m(OK) ebenfalls in situ erfaßte zweite Vorratsgefäß (FN 2060) wurde hingegen geborgen (Keramikkatalog Tafel 5,02) und zusammen mit den Feuersteinabschlägen (FN 2059) und sonstigen Scherben (FN 2077) dokumentiert, die in der direkten Umgebung gefunden wurden.

[175] Inwieweit der mit Locus 2019 verbundene kleine Raum eine Parallele in der mit Fundstelle 10005 (Abb. 68) verbundenen Raumeinheit nördlich des Verkehrsweges 10006 findet, ist unklar (vgl. Abb. 51).

[176] Im Zusammenhang mit einer umfangreichen Reinigung der Fundstelle 10006 konnten folgende Funde erfaßt werden: zahlreiche Keramikscherben (FN 10025, 10033, 10040, 10051, 10063, 10100, 10106, 10116) und Tierknochen (FN 10026, 10032, 10052, 10101, 10105, 10117) sowie zwei Basaltfragmente (FN 10053, 10102).

[177] Im 2. Abhub (Locus 10002.3) fanden sich neben zahlreichen Steinen auch Keramikscherben (FN 10079), ein Muschelfragment (FN 10078), zwei Stößel (FN 10077, 10080) sowie ein Basaltgefäßfragment (FN 10081).

[178] Wie die gestrichelt eingezeichneten Steine in der Südosthälfte des Areals zeigen (Abb. 51), konnten neben zahlreichen unzusammenhängenden Steinblöcken lediglich zwei annähernd rechtwinklig miteinander verbundene kurze Setzungen dokumentiert werden, deren Funktion unklar ist. Zu den zahlreichen hier registrierten Funden gehören neben Keramikscherben (FN 10088, 10092, 10093), Tierknochen (FN 10085, 10095) und Tesserae (FN 10084) auch Mahlplatten(fragmente) (FN

(Loci 10002.6–7) zeichneten sich hier, ähnlich wie im Nordwesten des Areals 2, zwei kammerähnliche Raumeinheiten ab, die im Süden von der Umfassungsmauer begrenzt werden.[179] Als nördlicher Abschluß dient eine im Westteil nur schlecht erhaltene Steinreihe, die in etwa mit der Mauer M3 des Areals 2 fluchtet. Als Trenner zwischen beiden Kammern fungierte wahrscheinlich eine ebenfalls nur sehr schlecht erhaltene Steinreihe, die bei N 81,40m O 104,34m an die Umfassungsmauer anschließt.[180] Lücken innerhalb dieser Setzung lassen es möglich erscheinen, daß beide Kammern miteinander verbunden waren. Ihre Erschließung erfolgte wahrscheinlich von dem nördlich gelegenen Verkehrsweg Locus 10006. Dieser erschloß über einen Korridor (Locus 10007) wahrscheinlich auch die nördlich des Wegs gelegenen kleinen Raumeinheiten, die mit den Loci 2013/10004, 10005, 10009 und 10010 verbunden werden können (vgl. Abb. 68). Folgt man diesem Korridor (Locus 10007) bis in die äußerste Nordwestecke des Areals so erreicht man den Bereich des Locus 10004/2013. In seiner leicht kalkigen Oberfläche konnte neben Keramikscherben (FN 10023) und einem Mörser (FN 10120) auch eine vollständig erhaltene kleine Basaltschale mit drei Füßen (FN 10027) erfaßt und geborgen werden (Kleinfundkatalog Tafel 2,01; Abb. 13).[181] Über einen 0,48m × 0,32m großen Schwellenstein, der im nördlichen Anschluß von einem Türangelstein flankiert wird, gelangt man in die östlich anschließende Raumeinheit des Locus 10005 (Abb. 68). Die auf dem Schwellenstein beobachteten „Ziehspuren" legen es nahe, daß der Angelstein und die Schwelle eine funktionale Einheit gebildet haben und die Tür sich nach Innen (=Osten) öffnete. Der dergestalt erschlossene kleine Raum (Locus 10005) konnte nur auf einer Fläche von ca. 2,50m × 1,60m ergraben werden. Im Süden und Osten wird er von je einer einreihigen, bis zu 0,50m breiten, aus mittelgroßen und großen Kalksteinen errichteten Steinsetzung begrenzt, die bei N 87,80m O 104,20m in annähernd rechtem Winkel aufeinanderstoßen. Seine Ausdehnung nach Norden ist unklar. Die im Rauminneren erfaßte Begehungsfläche besteht aus einem hellen, sehr

---

10089, 10090, 10091, 10097), Stößel(fragmente) (FN 10086, 10087), ein Spinnwirtel (10082), Muschelfragmente (FN 10083), verschiedene Basaltgegenstände (FN 10094, 10099, 10096) und ein Steinobjekt (FN 10098).

179 Zu den hier (Loci 10002.6-7) registrierten Funden gehören: Keramikscherben (FN 10108, 10115), Tierknochen (FN 10109, 10114), Basaltfragmente (FN 10107, 10110), ein Mörser (FN 10103), ein Türangelstein (FN 10104), ein Stößel (FN 10111) und zwei Reibsteine (FN 10112, 10113).

180 Die annähernd rechteckige östliche Kammer mißt auf dem Gebiet des Areals 10 ca. 4,70m × 3,20m. Die westliche Kammer ca. 3,50m × 3,20m.

181 Die im direkten Umfeld der kleinen Basaltschale gefundenen Keramikscherben wurden unter der Fundnummer 10028 registriert.

kalkhaltigen Material, das neben Keramikscherben (FN 10022) und Tierknochen (FN 10021) auch eine Tonscheibe (FN 10050) enthielt, die als Gefäßdeckel interpretiert werden kann.[182] Nur durch einen schmalen Korridor (Locus 10007) voneinander getrennt, schließt sich östlich ein weiterer kleiner Raum (Locus 10009) an, dessen Begehungsfläche von einem sehr festen, kalkhaltigen Material mit Holzkohleeinschlüssen charakterisiert wird. Dieser leicht nord-südlich ausgerichtete Raum (Loci 10009/10003) wird im Süden von der einreihigen, ca. 0,50m breiten Nordbegrenzung des Verkehrsweges Locus 10006 begrenzt, die aus sehr großen Kalk- und Feuersteinen besteht. Die West- und Nordgrenze wird von ähnlich strukturierten Setzungen gebildet, die in einem annähernd rechten Winkel zueinander stehen und eine Fläche von ca. 1,60m × 1,80m umschließen. Als Ostbegrenzung fungierten wahrscheinlich zwei große bei N 88,90m O 107,50m und N 87,50m O 87,40m (Mittelpunkte) erfaßte Kalksteine, die mit ihren Schmalseiten gleichzeitig den hier vermuteten, ca. 0,60m breiten Zugang zu der Kammer (Loci 10009/10003) flankierten und die Verbindung zu der östlich anschließenden Außenfläche bilden.[183] Auf der kalkhaltigen Begehungsfläche des kleinen Raums wurden zahlreiche Funde, teilweise in situ, registriert. Zu letzteren gehören ein Basaltschalenfragment mit einem erhaltenen Fuß (FN 10016) und ein fast vollständig erhaltener Kochtopf (FN 10037/10017), die bei N 87,55m O 106,00m H 99,87m unmittelbar südlich des angenommenen Zugangs in Locus 10003 erfaßt werden konnten (vgl. Kleinfundkatalog Tafel 4,01; Keramikkatalog Tafel 57,01). In Locus 10009 kommen weitere Keramikscherben (FN 10043, 10054) und eine ausgedehnte Keramikkonzentration (FN 10034/36/42) bei N 86,76m–88,63m O 105,72m –106,42m H 99,75m hinzu, die unter anderem zahlreiche weitere Reste von Kochtöpfen und Vorratsgefäßen enthielten. Des weiteren konnten hier (Locus 10009) auch Tierknochen (FN 10039, 10044), ein Reibsteinfragment (FN 10038), ein Stößel (FN 10055) und ein Steinobjekt (10056) dokumentiert werden.[184] Zahlreiche weitere Keramikscherben (FN 10046) fanden sich auch in einem schmalen Streifen (Locus 10010) zwischen dem

---

[182] Bei Reinigungsarbeiten in diesem Bereich wurden darüber hinaus weitere Keramikscherben (FN 10030, 10049, 10119) und auch Tesserae (FN 10029) gefunden.

[183] Die in diesem Außenbereich erfaßten Reste eines Plattenpflasters (Locus 10008) wurden aus stratigraphischen Gründen der Schicht 1 (Horizont V) zugewiesen. Inwieweit bereits für Schicht 2 (Horizont IV,3) ein solcher Steinbelag rekonstruiert werden kann, ist unklar.

[184] Darüber hinaus wurde eine Probe (FN 10041) aus dem in Fundstelle 10003 geborgenen Kochtopf (FN 10017/37) und von der Begehungsfläche (Putz?) der Fundstelle 10009 genommen (FN 10069). Die Analyse letzterer zeigte, daß der CaCo3 Gehalt der Probe bei nur ca. 60% lag.

Nordprofil und der Nordbegrenzung des beschriebenen kleinen Raums. Inwieweit dieser Streifen zu einer weiteren kleinen Kammer gehört, die größtenteils unter dem Nordsteg des Areals liegt oder zusammen mit den nördlich (in Areal 4) und südlich gelegenen Strukturen eine größere Einheit beziehungsweise einen weiteren Verkehrsweg bildet, ist unklar. Die bislang zu den Hinterlassenschaften der Areale 2, 3 und 10 zusammengestellten Informationen machen aber deutlich, daß sich sowohl nördlich wie auch südlich der radial verlaufenden Verkehrswege auch während des Horizonts IV,3 kleine Raumeinheiten/Kammern befunden haben. Die zahlreichen darin gemachten Funde legen es darüber hinaus nahe, daß sie ebenso wie in Horizont IV,2 vorrangig zur Lagerung und Zubereitung (Verarbeitung) von landwirtschaftlichen Gütern genutzt wurden.
Gestützt wird diese These durch die in den nördlich anschließenden Arealen 3, 4 und 5 ergrabenen Hinterlassenschaften des Horizonts IV,3 (Abb. 52). So konnte beispielsweise in der Südwestecke von Areal 5 eine weitere kleine Raumeinheit mit zahlreichen Installationen weitgehend freigelegt werden. Die ca. 3,10m × 2,50m große ergrabene Innenfläche dieses Raums wird von den Mauern Loci 5025 (N-Grenze), 5031 (W-Grenze), 5032 und 5033 (O-Grenze) an drei Seiten begrenzt. Die südliche Begrenzung ist unklar und liegt wahrscheinlich in den anschließenden Stegen verborgen. Die erfaßten Begrenzungsmauern sind einreihig, bis zu 0,60m breit und bestehen aus großen bis sehr großen Kalk- und Feuersteinblöcken. Erschlossen wurde der Raum von einer östlich vorgelegten Fläche, die in etwa mit dem in Areal 10 erfaßten Verkehrsweg Locus 10006 fluchtet.[185] Von hier führte ein ca. 0,90m breiter Zugang[186] durch die Ostbegrenzung (Locus 5033) in das Innere des Raums, das von einer kalkhaltigen, mittelharten, weißbraunen Begehungsfläche (Locus 5024) gebildet wird. Bei N 92,40m O 112,44m (Mittelpunkt) konnte auf dieser Begehungsfläche ein weitgehend erhaltenes Vorratsgefäß in situ erfaßt werden, das von einer ovalen, nach Süden offenen Steinsetzung eingefaßt wurde. Die Steinsetzung ist sehr unregelmäßig gelegt und besteht überwiegend aus kleineren Kalksteinen. Nur ca. 1,40m südlich dieser Installation konnte auf der Begehungsfläche Locus 5024 ein kleiner Steinkreis

---

[185] Die Wiederverwendung und Umgestaltung dieser vorgelegten Fläche während des nachfolgenden Horizonts V (Schicht 1) macht es weitgehend unmöglich, für Horizont IV,3 gesicherte Aussagen über die Bereiche östlich der Mauer Locus 5033 zu machen. Die dokumentierte Gesamtstruktur macht es aber dennoch sehr wahrscheinlich, daß sich der in Areal 10 erfaßte Verkehrsweg (Locus 10006) während des Horizonts IV,3 bis in den Bereich des Areals 5 (und darüber hinaus) erstreckte. Weiterhin ist es wahrscheinlich, daß der Verkehrsweg in diesem Bereich weitgehend dem für Horizont V ergrabenen Verlauf (Locus 5034/5038) folgte.

[186] Wie die entsprechenden Grabungen in diesem Bereich zeigten, wurde der Zugang während des nachfolgenden Horizonts V zugesetzt (vgl. Locus 5026).

(Locus 5027) fast vollständig freigelegt werden, der wahrscheinlich als „Vorratsgrube“ verwendet wurde. Die aus nur einer Reihe kleiner und mittelgroßer Kalksteine bestehende Grubenbegrenzung hat einen Außendurchmesser von 1,40m.[187] Ein funktionaler Zusammenhang mit dem erwähnten Vorratsgefäß und einem kleinen, nur 0,20m westlich gelegenen Tabun (Locus 5030) ist sehr wahrscheinlich. Der im Westen von mittelgroßen Kalksteinen und Ascheresten umgebene kleine Ofen (Locus 5030) hat einen Außendurchmesser von nur ca. 0,50m. Neben diesen Installationen fanden sich auf der Begehungsfläche des kleinen, dicht unter der modernen Oberfläche des Tells gelegenen Raums (Locus 5024) zahlreiche weitere Funde. Hierzu gehören Keramikscherben (FN 5073, 5076, 5083, 5091, 5109), Tabunfragmente (FN 5078, 5102), Feuersteinabschläge (FN 5075, 5079, 5085, 5094), Tierknochen (FN 5080, 5095, 5111), Basaltgefäßfragmente (FN 5084.1–4), eine Muschel (FN 5074), mehrere Stößel (FN 5077, 5092, 5112), zwei Tondeckel/Spielsteine (FN 5082, 5093) und mehrere Tesserae (FN 5081, 5096). Eine ähnliche Zusammensetzung der Fundassemblagen konnte auch für zwei weitere, kammerähnliche Strukturen (Loci 5029, 5028) beobachtet werden, die direkt nördlich der Mauer Locus 5025 erfaßt werden konnten. Die nur an drei Seiten bezeugten Begrenzungsmauern dieser Kammern bestehen aus je einer Reihe großer Kalk- und Feuersteine. Ihre 2,00m × 2,50m bzw. 0,90m × 1,90m großen „Innenflächen“, die nach Nordwesten hin geöffnet sind, weisen eine helle, sehr kalkreiche (Locus 5029) bzw. eine leicht bräunliche (Locus 5028) Oberfläche auf. Zusammen mit den hier gemachten Funden[188] ist es daher wahrscheinlich, daß eine enge funktionale Verbindung zu dem südlich angrenzenden Raum Locus 5024 bestanden haben muß. Die nördlich und nordwestlich der Kammern gelegenen Bereiche an der nördlichen Arealgrenze sind, teilweise durch rezente Eingriffe[189], stark gestört und erlauben keine weiteren Aussagen zur funktionalen Stellung der beschriebenen

---

[187] Das Grubeninnere wurde nicht ergraben. Zu den auf der Oberfläche registrierten Funden gehören Keramikscherben (FN 5113), Feuersteinabschläge (FN 5114) und Tierknochen (FN 5115).

[188] Im Abraum oberhalb der genannten Loci konnten folgende Funde registriert werden: 1. Locus 5028: Keramik (FN 5087, 5097, 5135), Feuersteinabschläge (FN 5088, 5098), Tierknochen (FN 5089, 5099), Basaltfragmente (FN 5090, 5100) und ein Deckel/Tonscheibe (FN 5101); 2. Locus 5029: Keramik (FN 5103, 5134, 5136), Feuersteinabschläge (FN 5105, 5137), Tierknochen (FN 5104, 5135.1, 5138), Tesserae (FN 5106, 5139), Reibstein- (FN 5107) und Tabunfragmente (FN 5108, 5140), eine Muschel (FN 5134.1) und ein Bimsstein (FN 5136.1).

[189] Im nordwestlichen Bereich des Areals 5 hat sich bis in die jüngste Vergangenheit ein Meßpunkt befunden, der mit Beton im Boden verankert war. Reste dieser Verankerung wurden im Rahmen unserer Arbeiten freigelegt.

Raumeinheiten.
Zusammenhängende Strukturen der Schicht 2 (Horizont IV,3) finden sich erst wieder in Areal 4, das direkt westlich an die beschriebenen Bereiche anschließt (Abb. 52). Direkt unterhalb einer Füllung aus lockerem Material (Locus 4020) konnte hier in der Nordostecke des Grabungsschnitts eine ca. 1,90m × 2,44m große, sehr harte, leicht rötliche, mit Kalk durchsetzte Begehungsfläche (Loci 4023/4029) freigelegt werden, auf der sich zahlreiche verstürzte Steine (Locus 4030) befanden. Die bei N 97,72m O 107,04m rechtwinklig aufeinandertreffenden Süd- und Westbegrenzungen der Begehungsfläche bestehen jeweils aus einer einreihigen, bis zu 0,70m breiten Setzung großer Kalk- und Feuersteine. Zu den registrierten Funden im nördlichen (Locus 4023) und südlichen (Locus 4029) Teil der Begehungsfläche gehören neben Keramikscherben (FN 4098, 4127), Tierknochen (FN 4102, 4128) und Feuersteinabschlägen (FN 4106) auch Reibstein(fragmente) (FN 4104, 4129.1–4), eine Muschel (FN 4107), ein „Keramikknopf" (FN 4136.1), ein Metallobjekt (FN 4099) und mehrere Pfeilspitzen (FN 4101, 4105). Beim Abtrag der aufliegenden Steine (Locus 4030) wurden darüber hinaus weitere Keramikscherben (FN 4130, 4133) und Tierknochen (FN 4131) sowie ein Reibsteinfragment (FN 4134) und ein fast vollständig erhaltenes Keramikgefäß (FN 4132; Keramikkatalog Tafel 118,01) registriert. Die Ausdehnung der Begehungsfläche (Loci 4023/4029, 4030) und des mit ihr zu verbindenden Raums nach Norden und Osten sind unbekannt. Unbekannt ist auch die Zugehörigkeit und Funktion der direkt westlich anschließenden Ansammlung mittelgroßer und großer Kalksteine, die die unter Locus 4021 erfaßte, relativ ebene und sehr helle (Frei)fläche der Fundstellen 4022 und 4025 nach Osten begrenzt.[190] Südlich hiervon, im Bereich des „Tellmittelpunktes", befand sich eine große, bereits an der Oberfläche erkennbare rezente Störung, deren Material im Verlauf der Ausgrabungen teilweise abgetragen wurde (vgl. Locus 4028). Das in südöstlichem Anschluß erfaßte sehr harte, mit Steinen durchsetzte Material der Fundstelle 4037 leitet zu drei weiteren kleinen Raumeinheiten (Loci 4034–4036) des Horizonts IV,3 über, die im zentralen und südöstlichen Bereich des Areals identifiziert werden konnten. Alle drei Raumeinheiten weisen feine, (grau)weiße, aus mittelfestem Material gebildete Begehungsflächen auf, die

[190] Zu den in diesen Bereichen ergrabenen Funden gehören: 1. Locus 4021: Keramik (FN 4082), Feuersteinabschläge (FN 4083, 4086), Tierknochen (FN 4084, 4085), ein Tessera (FN 4088), ein Reibsteinfragment (FN 4091), ein Wetzstein (FN 4092) und ein Stößel (FN 4093); 2. Locus 4022: Keramik (FN 4094), Feuersteinabschläge (FN 4097), Tierknochen (FN 4100), ein Reibsteinfragment (FN 4096), ein Stößel (FN 4103) und eine rote Perle (FN 4095); 3. Locus 4025: Keramik (FN 4113), Feuersteinabschläge (FN 4114), Tierknochen (FN 4115), ein Mahlsteinfragment (FN 4120) und ein Reibsteinfragment (FN 4121).

jeweils von sehr heterogen zusammengesetzten, unter Weiternutzung und Ergänzung bestehender Setzungen errichteten Mauern begrenzt werden. Ihre Erschließung ist nicht abschließend geklärt. Die ergrabenen Innenflächen der nordsüdlich (Locus 4035) beziehungsweise ostwestlich (Loci 4034, 4036) ausgerichteten Räume betragen ca. 7,20qm (Locus 4035), 6,80qm (Locus 4034) und 4,80qm (Locus 4036). Es ist jedoch sehr wahrscheinlich, daß sich Raum Locus 4034 noch weiter nach Osten in den Bereich der Raumeinheit Locus 5024 erstreckte und zwischen beiden ein enger funktionaler Zusammenhang bestand. Ähnliches kann auch für die sonstigen Räume des Areals 4 und den in den angrenzenden Arealen 5 und 10 erfaßten Strukturen angenommen werden. Hierfür sprechen auch die auf den Begehungsflächen der Räume (Loci 4034–4036) gemachten Funde, die in der Regel auf häusliche Aktivitäten in einem von der Landwirtschaft geprägten Umfeld verweisen und die Eingangs geäußerte Vermutung bestätigen, daß die zentralen und südlichen Teile des Tells auch in Horizont IV,3 von kleinen Räumen charakterisiert wurden.[191] In dieses Umfeld gehören wahrscheinlich auch die im westlichen Teil des Areals 4 freigelegten Setzungen und Installationen, die bislang keine zusammenhängenden Strukturen erkennen lassen. Wie die entsprechenden Grabungsergebnisse zeigen, wurde die bereits in Horizont IV,2 genutzte[192], leicht radial verlaufende Ost-Westmauer M1 im Bereich der südwestlichen Arealgrenze auch in Horizont IV,3 weiter benutzt.[193] Fundstelle 4005, die von zahlreichen verstürzten Steinen und zwei Störungen (Loci 4006/7, 4010) charakterisiert wird, wird von dieser Mauer im Süden begrenzt. In der Südwestecke bei N 91,30m O 101,24m schließt eine halbkreisförmige Setzung aus mittelgroßen Kalksteinen an (Locus 4006/7), die wahrscheinlich als Teil einer Grubenbegrenzung angesprochen werden kann, die teilweise im Westprofil des Areals liegt. Neben viel dunkler, feiner Asche fanden sich in ihrem Inneren auch zahlreiche Keramikscherben (FN 4014, 4018), Feuersteinabschläge (FN 4017), Tierknochen (FN 4015, 4019), mehrere Reibsteinfragmente (FN 4016.1–2) und ein Basaltgefäßboden mit einem Standfuß (FN 4016.3; Kleinfundkatalog Tafel 5,03). Die zweite mit

---

[191] In den genannten Räumen wurden folgende Funde erfaßt: 1. Locus 4034: Keramikscherben (FN 4149), Tierknochen (FN 4150) und Tesserae (FN 4151); 2. Locus 4035: Keramikscherben (FN 4152), Feuersteinabschläge (FN 4153), Tierknochen (FN 4156), Tabunreste (FN 4154), Basaltfragmente (FN 4160.1-2) und ein Stößel (FN 4155); 3. Locus 4036: Keramikscherben (FN 4157), Tierknochen (FN 4158) und Lehmziegelreste (FN 4159).

[192] In Phase IV,2 fungierte diese Mauer als Südbegrenzung der Fundstelle 4013.

[193] Inwieweit diese Mauer die nördliche Begrenzung eines weiteren Verkehrswegs bildete, der im Bereich der Stege zwischen den Arealen 4 und 10 vermutet werden kann, ist unklar.

der Fundstelle 4005 zu verbindende Störung (Locus 4010) konnte bei N 93,00m O 102,20m (Mittelpunkt), nur ca. 1,60m nordöstlich der ersten erfaßt werden. Es handelt sich um eine ovale, nach Osten hin offene Steinsetzung, in deren Mitte neben Keramikscherben (FN 4034), Feuersteinabschlägen (FN 4036, 4042), Tierknochen (FN 4035) und einem Stößel (FN 4037) auch ein Tessera (FN 4038) gefunden wurde. Unmittelbar nördlich der Fundstelle 4005 konnte bei N 94,30m O 100,50m (Südseite) ein zweireihiges, ca. 0,78m breites und 2,20m langes Mauerfragment (Locus 4003) erfaßt werden, das bei N 95,40m O 101,70m (Mauersüdseite) rechtwinklig nach Südosten abknickt und hier nach ca. 0,90m abbricht. Die zur Errichtung des Mauerfragments verwendeten Steine sind mittelgroß und wurden auf die kalkige Begehungsfläche (vgl. Locus 4009) der Schicht 3 (Horizont IV,2) aufgesetzt. Zwischenräume in dem gut gesetzten Mauerwerk wurden mit kleinen Steinen und Kieseln verfüllt. Direkt unter der nur fragmentarisch erhaltenen Mauer und in ihrer umittelbaren Umgebung (Locus 4008) konnten zahlreiche Funde registriert werden, deren Zuweisung in die Schicht 2 (Horizont IV,3) aufgrund der Fundumstände nicht in allen Fällen eindeutig ist. Bei Einzelstücken kann eine Zugehörigkeit zu Schicht 3 (Horizont IV,2) nicht ausgeschlossen werden. Hierzu gehören ein vollständiges Basaltgefäß mit drei Füßen, das zusammen mit zwei Basaltstößeln (FN 4025.1–3) freigelegt werden konnte (Kleinfundkatalog Tafeln 5,01; 18,04; 20,05; Abb. 77) sowie zwei ovoide Keramikböden (FN 4023, 4024; Keramikkatalog Tafeln 116,02–03).[194] Nördlich des beschriebenen Mauerfragments Locus 4003 fanden sich unter einem lockeren, vermischten Material zahlreiche weitere Steine und drei einreihige Setzungen, die von der „Freifläche" (Loci 4028, 4037) in der Mitte des Areals in etwa strahlenförmig nach Westen verlaufen. Zwischen diesen Setzungen konnte bei N 98,30m O 100,80m (Mittelpunkt) eine Feuerstelle (Locus 4011) mit zahlreichen Holzkohleresten und viel Asche erfaßt werden[195], die von einer Reihe kleiner Kalksteine nach Osten begrenzt wird (Locus 4012). Ihre Westbegrenzung liegt wahrscheinlich im Steg. Eine Fortsetzung in Areal 3 konnte weder für die Feuerstelle noch für die strahlenförmig verlaufenden Setzungen beobachtet werden. Ihre strukturellen und funktionalen Zusammenhänge sind ebenso unklar wie ihre Zugehörigkeit zu den im zentralen und östlichen Bereich des Areals 10 erfaßten Strukturen.

---

[194] Zu den sonstigen Funden der Fundstelle 4008 gehören zahlreiche Keramikscherben (FN 4021, 4026, 4027), Tierknochen (FN 4022) und zwei Erdproben aus dem Basaltgefäß (FN 4047, 4048).

[195] Im Zusammenhang mit der Feuerstelle wurden des weiteren Keramikscherben (FN 4040), Tierknochen (FN 4041), Feuersteinabschläge (FN 4043, 4065.2), Lehmziegelreste (FN 4044), ein Reibsteinfragment (FN 4064) und ein Steinobjekt (FN 4046) gefunden.

Auch die im direkt westlich anschließenden Areal 3 durchgeführten Arbeiten brachten diesbezüglich keine neuen Erkenntnisse. Mit Ausnahme der im äußersten Süden des Areals 10 erfaßten Ost-Westmauer M1 konnte keine der in Areal 10 erfaßten Setzungen bis in das Areal 3 verfolgt werden. Die zwei großen Kalksteinblöcke der Mauer M1, die in Areal 3 erfaßt werden konnten, trennen die beiden in Locus 3004 eingebetteten Fundstellen 3005 und 3006 voneinander. Die direkt südlich der Mauer bei N 91,00m O 98,40m gelegene Installation (Locus 3005) besteht aus einigen kleinen, in etwa halbkreisförmig angeordneten Kalksteinen innerhalb derer zahlreiche Keramikscherben (FN 3020) und Tierknochen (FN 3019) beobachtet werden konnten. Ebenso wie die gesamte Fundstelle 3004 liegt die Installation auf einer festen mit Kalkeinschlüssen durchmischten Fläche (Locus 3009) auf.[196] Die zweite Installation (Locus 3006) wurde ca. 2,20m nördlich der Mauer bei N 93,40m O 99,30m erfaßt. Auf einer dunkelbraun verfärbten, harten Oberfläche fanden sich hier neben zahlreichen Keramikscherben (FN 3032) auch weitere Tierknochen (FN 3034). Im nördlich anschließenden Material der Fundstelle 3007 fanden sich darüber hinaus gebrannte Tonreste und eine große Aschelinse (Locus 3016) mit vielen Holzkohleresten.[197] Begrenzt wird die Fundstelle (3007) im Norden von einer ostwestlichen Steinsetzung aus mittelgroßen Steinen. Nördlich und nordwestlich dieser Setzung konnten kaum weitere Spuren des Horizonts IV,3 erfaßt werden. Eine Ausnahme bildet nur die Fundstelle 3003.2, die bei N 98,30m O 95,10m eine leichte Keramikkonzentration im Bereich der ehemaligen Fundstelle 3017 des Horizonts IV,2 aufwies. Die Funktion der zahlreichen Feuerstellen und unzusammenhängenden Steinsetzungen ist weitgehend unklar. Es kann jedoch nicht ausgeschlossen werden, daß es sich um Reste ehemals offener Flächen handelt, die nur temporär genutzt wurden. Ihr Bezug zu den kleinen Raumeinheiten in den benachbarten Arealen ist unbekannt und konnte auch durch die entsprechenden Arbeiten im Bereich des Tiefschnitts nicht geklärt werden.

Zusammenhängende Architekturreste des Horizonts IV,3 konnten im Tiefschnitt des Areals 3 nicht erfaßt werden. Das hier unmittelbar auf den Hinterlassenschaften des Horizonts IV,2 (Loci 3039–3041) aufliegende relativ lockere, mit Steinen durchsetzte, schuttähnliche Material des Horizonts IV,3 (Loci 3038 und 3037) macht es sehr wahrscheinlich, daß die entsprechende

---

[196] Das Material der Fundstelle 3009 enthielt zahlreiche Keramikscherben (FN 3036) und Tierknochen (FN 3037).

[197] Im Material der Fundstelle 3007 wurden des weiteren folgende Funde gemacht: Keramikscherben (FN 3028), Tierknochen (FN 3031), mehrere Asche- und Erdproben (FN 3029, 3042, 3059, 3061), Webgewichte (FN 3030, 3060), zahlreiche Stößel (FN 3033.1-3, 3070.1-2) und Tesserae (FN 3065).

Fläche offengelassen und temporär dem Verfall preisgegeben wurde.[198] Die Zusammensetzung der darüberliegenden Fundstellen 3034 bis 3036 legt es außerdem nahe, daß sich im zentralen Bereich des Schnitts (Locus 3035) eine Grube befand, die sich bis in die darüberliegende Fundstelle 3033 verfolgen läßt und wahrscheinlich von hier eingetieft wurde. Das erfaßte Fundmaterial[199] ist aufgrund der Nähe zur rezenten Oberfläche und der von hier eingetieften Grube sehr heterogen und die Fundstellen 3034, 3035 und 3037 enthielten jeweils mehrere Tesserae. Die Möglichkeiten einer weiteren Auswertung sind entsprechend eingeschränkt.

Die in Areal 9 im Bereich des ehemaligen Hauses 1 (Horizont IV,2) erfaßten Architekturreste des Horizonts IV,3 bestehen aus drei unzusammenhängenden Mauerresten und zahlreichen in Versturzlage vorgefundenen mittelgroßen und großen Kalk- und Feuersteinen (Abb. 53). Weiterhin konnten Reste einer kalkigen Begehungsfläche und verschiedene Funde, teilweise in situ, registriert werden.[200] Hinweise auf eine Weiternutzung von Haus 1 (Horizont IV,2) oder Teilen hiervon fehlen weitgehend.

Mauerfragment M1, dessen Nordbegrenzung von der Westgrenze des Schnitts bei N 104,16m O 100,50m auf einer Länge von 1,48m nach Osten verfolgt werden konnte, besteht überwiegend aus zwei parallel zueinander verlaufenden Reihen grob bearbeiteter mittelgroßer und kleiner Kalksteine. Zwischenräume wurden mit kleineren Steinen aufgefüllt; Hinweise auf ein Bindemittel fanden sich nicht. Den westlichen Abschluß der bis zu 0,60m breiten Steinsetzung (M1) bildet eine ca. 0,50m × 0,40m große, sehr flache Steinplatte, die fast bis an die westliche Schnittgrenze heranreicht. Das süd-

---

[198] Zu den hier registrierten Funden gehören: 1. Locus 3037: Keramikscherben (FN 3158), Tierknochen (FN 3159) und ein Tessera (FN 3163); 2. Locus 3038: Keramikscherben (FN 3160), Tierknochen (FN 3161).

[199] Es wurden folgende Funde registriert: 1. Locus 3033: Keramik (FN 3142), Tierknochen (FN 3144), (bearbeitete) Muscheln (FN 3143, 3145), Basaltgefäßrand (FN 3154), Spinnwirtel (FN 3155); 2. Locus 3034: Keramik (FN 3146), Tierknochen (FN 3151), ein Tessera (FN 3152); 3. Locus 3035: Keramik (FN 3147), Tierknochen (FN 3149), Feuersteinabschläge (FN 3150), ein Tessera (FN 3148); 4. Locus 3036: Keramik (FN 3153), Tierknochen (FN 3162), Feuersteinabschläge (FN 3157), Schnecke (FN 3167).

[200] Erste Mauerreste (M1, M2) und Keramikkonzentrationen (Loci 9003, 9011) fanden sich in der Westhälfte des Areals bereits an der Unterkante des zweiten Abhubs (Locus 9002): Neben zahlreichen Keramikscherben (FN 9013, 9064) und den Resten einer Öllampe (FN 9063) wurden hier (Loci 9003/11) Feuersteinabschläge (FN 9014) und Stößel (FN 9065, 9066) dokumentiert. Weitere Reste einer Mauer (M3), eine kleine Installation (Pfostenloch ?) und verschiedene Fundkonzentrationen, vorrangig im südlichen Teil, konnten nach Abtrag der Fundstelle 9002.1 im Ostteil des Areals beobachtet werden. Der nördliche Teil der Osthälfte wies kaum Funde und größere Steine auf.

lich anschließende, sehr kalkhaltige und lehmartige Material der Fundstellen 9012 und 9013 war sehr fundreich. Neben einem großen Mörser in situ (FN 9077, N 101,60m O 103,00m H 96,64m) konnten in Locus 9013 mehrere Reibsteinfragmente (FN 9088) und Stößel (FN 9079, 9080, 9082), zahlreiche Keramikscherben (FN 9078, 9081, 9083), Knochen (9084) und Feuersteinabschläge (FN 9076) dokumentiert werden.[201] Die östlich anschließenden Fundstellen 9005 und 9006 in der Osthälfte des Areals beinhalteten zahlreiche weitere Keramikscherben (FN 9032, 9044, 9045, 9048, 9053), die Reste eines Keramikgefäßes (FN 9038), Tierknochen (FN 9034), Feuersteinabschläge (FN 9033, 9039, 9046), mehrere Stößel (FN 9043, 9051)[202] und ein Basaltfragment (FN 9052). Hinzu kommt eine in der äußersten Südostecke des Areals bei N 101,80m O 108,50m H 99,86m beobachtete Keramikkonzentration (Locus 9006; FN 9042), die auf drei von Osten nach Westen verlaufenden großen Kalksteinblöcken aufliegt.[203] Als nördliche Begrenzung des Bereichs (Loci 9005 und 9006) fungiert hier, ebenso wie in der Westhälfte des Areals, ein in etwa ost-westlich verlaufendes Fragment einer ehemals sehr massiven Mauer (M3). Die auf einer Länge von 3,20m erfaßten Reste dieser bis zu 1,32m breiten Steinsetzung (Locus 9007) bestehen aus zwei parallel zueinander verlaufender Reihen mittelgroßer bis großer, grob bearbeiteter Kalksteine, die bei N 103,00m (NO-Ecke) beziehungsweise N 101,92m (SO-Ecke) auf das Ostprofil des Schnitts (O 109,50m) treffen. Die Oberkante der nördlichen Steinreihe dieses Mauerfragments M3 (Locus 9007) besteht aus sechs, in der Regel mit der Schmalseite nach Norden verlegten Blöcken; die südliche Steinreihe der Mauer M3 wird hingegen von nur noch drei Steinen gebildet, deren Breitseite nach Norden weist.[204] Der bis zu 0,20m breite Zwischenraum zwischen den beiden Steinreihen war mit

---

201 Hinzu kommt ein wahrscheinschlich sekundär „eingespültes" Glasfragment (FN 9074) und drei Tesserae (FN 9075). In der darüberliegenden Fundstelle 9012 fanden sich neben Keramikscherben (FN 9069, 9071) und Tierknochen (9068) mehrere Basaltfragmente (FN 9067) und ein weiterer Stößel (FN 9070).

202 Die Fundkoordinaten für die Stößel (FN 9043) lauten: N 101,00m O 106,70m H 99,80m(OK)/99,76m(UK).

203 Die Oberkanten dieser drei Steinblöcke, die in Horizont IV,2 zur Nordostbegrenzung von Raum 8 (Haus 1) gehörten, bilden mit dem Material der direkten Umgebung eine annähernd ebene Fläche. Die Scherbenverteilung im Bereich der Blöcke macht es wahrscheinlich, daß die Nutzer des Horizonts IV,3 die Zwischenräume zwischen diesen Blöcken als einen im Boden fest verankerten „Gefäßständer" (für Vorratsgefäße) benutzten.

204 Die zuletztgenannten Steinblöcke bildeten bereits die Südbegrenzung von Raum 5 in Horizont IV,2 (Haus 1) und wurden im Zusammenhang mit der Errichtung der oben beschriebenen Mauer M3 des Horizonts IV,3 (=Locus 9007) weitergenutzt, indem ihnen nördlich eine weitere Steinreihe vorgesetzt wurde.

Erde und einigen wenigen kleinen Steinen verfüllt. Ob eine Verbindung zu dem Mauerfragment M1 in der Westhälfte des Areals bestand, ist unklar. In dem nördlich an M3 anschließenden graubraunen Material der Fundstelle 6004 wurden bei N 104,60m O 108,90m (Mittelpunkt) die Reste eines kleinen Tabuns (Durchmesser: 0,42m) ergraben, der wahrscheinlich von je einer Reihe kleiner Steine im Nordwesten und Südosten umgeben war. Die von einem flachen Stein gebildete „Bodenplatte" des Tabuns war spröde und wies starke Brandspuren auf. Inwieweit eine nur 3,10m westlich des Tabuns bei N 104,65m O 105,80m H 99,72m(OK)/99,60m(UK) ergrabene, vollständig erhaltene Basaltschale mit drei Füßen (Locus 9008; FN 9036) in funktionalem Zusammenhang mit dem Tabun steht, ist unklar (vgl. Kleinfundkatalog Tafel 3,01; Abb. 78).[205] Gleiches gilt für die Verbindung dieser Fundstelle (9008) mit der westlich anschließenden, mit zahlreichen Steinen durchsetzten Fläche (Loci 9010, 9015) zwischen den Mauerfragmenten M1 und M 2 in der Westhälfte des Areals.[206] In der Fundstelle 9015, die in etwa die Fläche von Raum 1 in Horizont IV,2 (Haus 1) abdeckt, wurden in Horizont IV,3 neben Tierknochen (FN 9089), ein Mahlstein (FN 9094) sowie ein „Knopf" (FN 9095) und ein Spinnwirtel (FN 9090) aus Ton gefunden. Im sehr kalkreichen Material der direkt darüberliegenden Fundstelle 9010, die sich von dem Mauerfragment M1 bis an die nördliche Schnittgrenze der westlichen Arealhälfte erstreckte, fanden sich darüber hinaus neben Keramikscherben (FN 9054) und Feuersteinabschlägen (FN 9055) auch weitere Tierknochen (FN 9056), verschiedene Basalt(gefäß)fragmente (FN 9059, 9060, 9061.2, 9062, 9072), Tesserae (FN 9057), eine Muschel (FN 9061.1) und eine vollständig erhaltene Kosmetikpalette (FN 9058) aus Kalkstein (Kleinfundkatalog Tafel 1,02). Nördlich des Mauerfragments M2 folgt auf das sehr fundreiche Material der Fundstelle 9010 ein sehr fundarmes, lockeres, mit zahlreichen mittelgroßen Steinen durchsetztes Material (Locus 9014), das an eine Füllung erinnert. Neben Keramikscherben (FN 9085) wurden hier (Locus 9014) nur einige wenige Tierknochen (FN 9086) gefunden. Lediglich die Nordwestecke des Grabungsschnitts (Locus 9016) wies in

---

[205] Die Basaltschale wurde unmittelbar südlich von drei verstürzt liegenden Kalksteinen gefunden. Ihre Innenseite befand sich auf dem Boden, die Füße ragten nach oben. Zu den weiteren Funden des Locus 9008 gehören die in direktem Umfeld des Gefäßes gefundenen Keramikscherben (FN 9007) und der Inhalt der Schale (FN 9037).

[206] Im Gegensatz zu den Mauerfragmenten M1 und M3 handelt es sich bei der ebenfalls ost-westlich verlaufenden M2 um eine nur einreihige Steinsetzung, deren maximale Breite 0,46m beträgt. Von ihrem Eintritt in den Grabungsschnitt bei N 107,08m O 100,50m (Nordbegrenzung) konnte sie auf einer Länge von 4,74m nach Westen verfolgt werden, wo sie ebenso wie die anderen Mauerfragmente des Areals 9 unvermittelt abbricht.

diesem Bereich eine etwas höhere Funddichte auf und es kann nicht ausgeschlossen werden, daß es sich hier um den Beginn einer Grube handelt, die an dieser Stelle bereits in Horizont IV,2 erfaßt wurde. Neben Keramikscherben (FN 9097) wurden in diesem Bereich des Horizonts IV,3 (Locus 9016) ein sekundär verwendeter Türangelstein (FN 9099), ein Stößel (FN 9100) und ein Reibsteinfragment (FN 9098) registriert. Die hier und in den anderen Bereichen des Areals 9 gemachten Funde legen es zusammenfassend nahe, daß die beschriebenen Flächen „über" Haus 1 während des Horizonts IV,3 weiterhin für verschiedene „häusliche" Tätigkeiten genutzt wurden, die mit der Verarbeitung landwirtschaftlicher Güter in Verbindung gebracht werden können. Hinweise auf ein größeres Gebäude fehlen in Areal 9 aber weitgehend. Die Funktion und Zusammengehörigkeit der hier erfaßten und beschriebenen Mauerfragmente bleibt weitgehend unklar.
Ähnliches gilt für die wenigen Hinterlassenschaften des Horizonts IV,3, die in dem nördlich anschließenden Areal 11 erfaßt wurden (Abb. 53). Die hier südlich der Umfassungsmauer ergrabenen Bereiche werden sowohl in der West- (Locus 11002) wie auch der Osthälfte (Locus 11002.1) von einer kalkigen Fläche charakterisiert, die teilweise mit Splitt durchmischt ist. Mauerfragmente finden sich hingegen nur in der Westhälfte des Grabungsschnitts. Die nördliche der beiden hier erfaßten Steinsetzungen verläuft in einem Abstand von ca. 0,60m parallel zur Umfassungsmauer und konnte auf einer Länge von 3,20m freigelegt werden. Sie ist bis zu 0,60m breit und besteht aus einer Reihe grob bearbeiteter Kalksteine, die teilweise eine geglättete Oberfläche aufweisen. Inwieweit ein funktionaler Zusammenhang zu dem bei N 113,32m O 102,90m (Mittelpunkt - Südrand) erfaßten, ca. 0,90m breiten „Durchbruch" in der Umfassungsmauer besteht, ist unklar. Das zweite in Areal 9 ergrabene Mauerfragment verläuft von der südwestlichen Schnittbegrenzung bei N 111,32m O 100,55 (Nordbegrenzung) nach Osten und konnte auf einer Länge von 2,50m freigelegt werden. Sie besteht aus unterschiedlich großen, teilweise in zwei Reihen nebeneinander gelegten Kalksteinen und hat eine Breite von ca. 0,70m. Zwischen beiden Mauerfragmenten (Locus 11002) konnten neben einigen kleinen Steinen und einer Kalkkonzentration bei N 111,50m O 104,90m (Mittelpunkt) zahlreiche Funde ergraben werden. Neben Keramikscherben (FN 11004), Tierknochen (FN 11006), Feuersteinabschlägen (FN 11008), Basaltfragmenten (FN 11013, 11014) und Tesserae (FN 11007) wurden auch ein Stößel (FN 11005), ein Türangelstein- (FN 11010), Basaltgefäß- (FN 11017) und Glasfragment (FN 11015) sowie ein Webgewicht (FN 11012) registriert. In der westlich anschließenden Fundstelle 11002.1, die von einem ebenfalls sehr kalkhaltigen Material und feinem Splitt gebildet wird, fanden sich darüber hinaus bei N 112,50m O 105,50m die Reste einer von festem Lehm umgebenen Feuerstelle (Locus 11004) und bei N 111,20m O 107,40m eine Stein-

anhäufung mit Keramikkonzentration (Locus 11003). Letztere enthielt neben zahlreichen Keramikscherben[207] (FN 11024) auch Tierknochen (FN 11026) und Feuersteinabschläge (FN 11025). Der funktionale Bezug der Funde zu der anschließenden Steinanhäufung ist ebenso unklar wie ihre Beziehung zu den beiden Mauerfragmenten in der Westhälfte des Schnitts und den in Areal 9 erfaßten und weiter oben beschriebenen Strukturen und Funden.
Unklar sind auch die Bezüge zu den im Südosten von Areal 7 ergrabenen Hinterlassenschaften des Horizonts IV,3 (Abb. 54). Die hier erfaßte, bereits in Horizont IV,2 genutzte und beschriebene Mauer M1 fluchtet mit keiner der beiden in Areal 11 freigelegten Mauerfragmente.[208] Die nördlich anschließende, zwischen der Umfassungsmauer und der Mauer M1 gelegene Fläche (Locus 7006) wird von einem lockeren, mit zahlreichen kleinen und mittelgroßen Steinen durchsetzten Material charakterisiert. Zu den hier (Locus 7006) direkt unterhalb des abgetragenen Oberflächenmaterials (Locus 7005 - Schicht 1) erfaßten Funden gehören Keramikscherben (FN 7013), Tierknochen (FN 7014), Tesserae (FN 7015) und zwei Reibsteinfragmente (FN 7016). Zusammenhängende Architekturreste sind für Horizont IV,3 in diesem Areal nicht bezeugt.
Gleiches gilt für das südlich anschließende Areal 6 (Abb. 55). Die hier dem Horizont IV,3 zugeschriebenen Reste bestehen lediglich aus mehreren großen „Störungen" (z.B. Locus 6059), einer Tierknochenkonzentration (Locus 6042; Abb. 69) und einigen Steinen (Locus 6040) ohne erkennbare Struktur (Abb. 55). Hinzu kommen verschiedene Funde und weitere verstürzte Steine in den sonstigen zu Horizont IV,3 gehörenden Fundstellen dieses Areals.[209] Das rotbraune, relativ feste Material der ca. 3,00m × 2,50m

---

[207] Wie die Auswertung der Keramikkollektion zeigte (vgl. Kap 7.1.4 - Appendix 4, FN 1102401-1102406) handelt es sich bei den hier erfaßten Scherben wahrscheinlich um die Reste von mindestens zwei (Koch-)Töpfen mit Henkeln (vgl. Keramikkatalog Tafeln 56,03 und 73,01).

[208] Bei der Mauer M1 des Areals 7 handelt es sich wahrscheinlich um die Fortsetzung einer Steinsetzung, die bereits in Areal 14 (Locus 14016) erfaßt wurde und über die Areale 8 (Ost) und 3 (Südwest) weiter nach Süden verfolgt werden kann (vgl. Abb. 50).

[209] Während der Grabungstätigkeiten des Jahres 2002 konnten im Bereich des Nordschnitts (vgl. Kapitel 1.2.2) die Materialien der Fundstellen 6004-6006 und 6010-6011 des Horizonts IV,3 abgetragen werden. Hierbei wurde deutlich, daß die bereits in den Horizonten IV,1 (Locus 6015) und IV,2 (Locus 6008) beobachtete Grube (Loci 6008, 6015) bei N 109,50m O 93,00m (Mittelpunkt) sich auch in Horizont IV,3 wiederfindet und genutzt wurde. Im Bereich des ebenfalls 2002 angelegten Ostschnitts wurden die Materialien der Fundstellen 6012 mit 6013.1 und 6016 dem Horizont IV,3 zugeschrieben. Hier (Locus 6012) konnte neben verschiedenen weiteren Funden bei N 104,50m O 89,00m H 99,71m-99,63m eine Keramikkonzentration (FN 6027) und ein kleines, weitgehend erhaltenes Gefäß mit abge-

großen Fundstelle 6040/6044 weist bei N 105,80m O 93,82m (Mittelpunkt) eine massive Fund-[210] und Steinkonzentration auf, die im wesentlichen aus einer 2,20m langen und bis zu 0,30m breiten Reihe kleiner und mittelgroßer Kalksteine besteht, die von Nordwesten nach Südosten verläuft. In annähernd rechtem Winkel schließt bei N 105,70m O 93,50m (SW-Ecke) eine weitere, nach Nordosten verlaufende „Setzung" an, die nur aus einigen wenigen kleinen Steinen und einer flachen Platte besteht. Das dieser Setzung südöstlich vorgelagerte Material der Fundstelle 6042 ist graubraun und weist einen hohen Kalkanteil auf. Neben einigen Keramikscherben (FN 6168) und Feuersteinabschlägen (FN 6170) enthielt es zahlreiche Knochen (FN 6169), die sich bei N 106,10m O 94,80m (Mittelpunkt) um einen großen Kalksteinblock gruppieren und wahrscheinlich von mehreren an dieser Stelle „abgelegten" Tieren stammen (Abb. 69).[211] Inwieweit sie funktional zu den genannten Steinsetzungen (Loci 6040/44) gehören, ist ebenso unklar wie ihr Bezug zu den Resten einer weiteren Steinsetzung (Locus 6059) am nordwestlichen Schnittrand des Areals. Die bei N 106,92m O 90,60m (Mittelpunkt) erfaßten mittelgroßen Kalksteine bilden in etwa einen Halbkreis und können als östliche Begrenzung einer größeren Grube interpretiert werden[212], die ihre Fortsetzung in Locus 14015 des westlich anschließenden

brochenem Hals (Locus 6013.1; FN 6030) dokumentiert werden (Keramikkatalog Tafel 155,05). Weitere Keramikkonzentrationen (FN 6052, 6053) und zahlreiche Fundstücke fanden sich darüber hinaus in der nachfolgenden Fundstelle 6016. Neben einer durchbohrten Muschel (FN 6049), einem Stößel (FN 6054) und Tierknochen (FN 6050) wurden hier auch mehrere Tesserae (FN 6051) freigelegt. Ähnlich zusammengesetzte Fundassemblagen fanden sich auch in dem 2003 abgetragenen Material (Locus 6031) des unmittelbar westlich des Ostschnitts gelegenen, 6,50m × 2,50m messenden Grabungsschnitts.

[210] In den Fundstellen 6040 und 6044 wurden folgende Funde registriert: 1. Locus 6040: Keramik (FN 6165), Knochen (FN 6158, 6165.1), Feuersteinabschläge (FN 6159), Muscheln (FN 6160.1-2), „Keramikknopf" (FN 6161.1), Spinnwirtel (FN 6161.2, 6164.1), Stößel (FN 6162.1-5), Reibsteinfragmente (FN 6162.6, 6167), Tesserae (FN 6163); 2. Locus 6044: Keramik (FN 6191, 6196), Feuersteinabschläge (FN 6192), Knochen (FN 6193, 6197), Stößel (FN 6194.1), Reibsteinfragment (FN 6194.2), Knochenahle (FN 6195), Basaltplatte (FN 6198), Mörser (FN 6268).

[211] Zu der von Dr. Abd al-Halim al-Shiyyab (Yarmouk Universität, Irbid) und seinen Mitarbeitern dankenswerterweise übernommenen Bestimmung und Analyse der Tierknochen aus Tell Johfiyeh vgl. die Angaben des Kapitels 1.2.2.3 mit der Anmerkung 27.

[212] Weitere Störungen/Gruben konnten bei N 109,50m O 93,00m auf der Grenze zu Areal 7 und bei N 106,28m O 96,50m im östlichen Zentralbereich auf der Höhe der ehemaligen (Horizont IV,2) Nordwestecke von Raum 1 (Haus 1) beobachtet werden. Ihre Zugehörigkeit zu Horizont IV,3 ist sehr wahrscheinlich aber nicht abschließend geklärt.

Areals 14 findet. Ihr Mittelpunkt kann auf der Arealgrenze (= O 90,00m) zwischen den Arealen 6 und 14 bei N 107,00m rekonstruiert werden, woraus sich ein Gesamtdurchmesser der Grube (6059/14015) von ca. 1,70m ergibt. Die in Areal 14 lokalisierte östliche Hälfte dieser Grube (14015) ist von einer Ansammlung verstürzter, teilweise sehr großer Kalk- und Feuersteine (Locus 14006) umgeben, die sich zwischen der Umfassungsmauer (Locus 14018) im Westen und einer schmalen Freifläche (Locus 14005/14007) am östlichen Schnittrand erstreckt (Abb. 55). Nach Westen wird dieser schmale, steinfreie Streifen von Mauer Locus 14016 begrenzt, deren Ostkante in diesem Bereich ab Fundstelle 14007 deutlich zu fassen ist. Vom Südprofil des Grabungsschnitts bei N 100,50m O 88,30m kann diese, wahrscheinlich parallel zur Umfassungsmauer verlaufende einreihige Steinsetzung auf einer Länge von 4,80m nach Nordosten verfolgt werden. Sie besteht aus großen bearbeiteten Kalksteinen, deren Oberfläche teilweise geglättet ist. Ihre Breite beträgt in Horizont IV,3 bis zu 0,80m.[213] Der Abtrag des massiven Steinversturzes (Loci 14010–14011, 14017, 14019) im westlichen Anschluß an diese Mauer erwies sich als außerordentlich fundreich. In den Fundstellen 14010 und 14011 konnten beispielsweise neben Keramikscherben (FN 14031, 14042, 14046) und Tierknochen (FN 14051) auch Reibsteinfragmente (FN 14039.1–2), ein Stößelfragment (FN 14037), zwei Pfeilspitzen (FN 14040, 14050), mehrere Muscheln (FN 14041.1–2, 14049), ein vollständig erhaltenes attisches Schälchen (FN 14043; Keramikkatalog Tafel 147,01; Abb. 73), ein Basaltschalenfragment mit Fuß (FN 14044; Kleinfundkatalog Tafel 7,05), eine Metallscheibe ((Münze?) FN 14045) und eine Kleiderfibel aus Bronze (FN 14047; Kleinfundkatalog Tafel 38,01; Abb. 79.3) gefunden werden. Diese Fundassemblage macht es wahrscheinlich, daß die Fläche zwischen den Mauern während des Horizonts IV,3 intensiv für verschiedene Tätigkeiten genutzt wurde. Aussagen zur potentiellen Funktion des Bereichs sind aber nicht möglich.

Die geringen Reste des Horizonts IV,3, die in Areal 8 (Ost) erfaßt wurden, lieferten auch keine dementsprechenden Hinweise (Abb. 56).[214] Mit dem zweiten Abhub (Locus 8007) konnten bei N 96,00m O 87,70m und N 98,90m O 86,70m lediglich zwei unzusammenhängende Ansammlungen mittelgroßer Kalksteine ergraben werden, deren Funktion weitgehend unklar

---

[213] Obwohl die Westkante der Mauer in diesem Bereich bislang nicht eindeutig erfaßt werden konnte, ist es wahrscheinlich, daß die Mauer ebenso wie in Areal 8 (Ost) ursprünglich aus zwei Mauerschalen bestand, deren Zwischenraum mit Steinschnitt verfüllt wurde.

[214] Gleiches gilt für die Informationen, die beim Abtrag des Stegs zwischen den Arealen 8 und 3 gewonnen wurden. Zu den hier (Locus 8033) gemachten Funden gehören: Keramikscherben (FN 8144), Schlacke (FN 8145), zwei Stößel (FN 8146, 8147), ein Steingefäßfragment (FN 8148) und ein Steinobjekt (FN 8149).

blieb.[215] Lediglich für eine weitere Steinreihe in der Südwestecke kann vermutet werden, daß es sich hier um ein Mauerfragment handelt, das die westlich anschließende Umfassungsmauer stabilisieren sollte.
Faßt man die gemachten Ausführungen zur Architektur der Schicht 2 zusammen so muß für Horizont IV,3 ein sehr heterogenes Bild der Gegebenheiten rekonstruiert werden. Während im zentralen und südlichen Teil des Tells mehrere kleine Raumeinheiten und Kammern erfaßt werden konnten, die teilweise von radial verlaufenden Verkehrswegen erschlossen wurden, fanden sich in den sonstigen Bereichen ausschließlich verschiedene Mauerfragmente, Feuerstellen, Gruben und sonstige kleine Installationen. Die Zusammenhänge und Beziehungen zwischen diesen lokal erfaßten Strukturen konnten nicht eindeutig herausgearbeitet werden. Gleiches gilt für ihre genaue Funktion und ihre stratigraphische Stellung, was teilweise auf die Nähe der Schicht 2 zur rezenten Oberfläche des Fundplatzes und der daraus resultierenden Störungen und Fundvermischungen zurückzuführen ist.
Die für Horizont IV,3 zusammengestellten Daten machen es wahrscheinlich, daß es gegen Ende des Horizonts IV,2 in Tell Johfiyeh zu Veränderungen gekommen ist, die zur Aufgabe von Haus 1 führten. So konnten beispielsweise im Bereich des ehemaligen Hauses 1 keine nennenswerten Hinweise auf eine Weiternutzung der vorhandenen Strukturen während des Horizonts IV,3 gefunden werden. Die hier erfaßten unzusammenhängenden Mauerreste und Installationen stehen in der Regel in keiner Beziehung zu dem in diesem Bereich ergrabenen Vorgängerbau (Haus 1) des Horizonts IV,2. Die zahlreichen im nördlichen Teil des Tells erfaßten Gruben und offenen Feuerstellen sowie mehrere Konzentrationen von Tierknochen und Keramikscherben machen zusammen mit den hier registrierten Fundstücken aber gleichzeitig deutlich, daß der Bereich während des Horizonts IV,3 weiter intensiv genutzt wurde. Für eine intensive Nutzung des Tell Johfiyeh in einem von der Landwirtschaft geprägten Umfeld sprechen auch die im zentralen und südlichen Teil des Fundplatzes gemachten Beobachtungen. Hier wurden die noch anstehenden Strukturen der Phase IV,2 teilweise ausgebessert, ergänzt und wiederbenutzt. Radial verlaufende Verkehrswege erschlossen wahrscheinlich, wie bereits in der vorhergehenden Phase, einige der nördlich und südlich der Wege gelegenen kleinen Raumeinheiten und Kammern. Die Erschließung der im zentralen Bereich des Tells ergrabenen kleinen Räume konnte hingegen nicht immer geklärt werden. Gleiches gilt für ihre stratigraphische Stellung. Es konnte nicht immer abschließend

---

[215] Zu den hier (Locus 8007) registrierten Funden gehören zahlreiche Keramikscherben (FN 8023), Tierknochen (FN 8025), Reibsteinfragmente (FN 8024.1-3), ein „Steinfossil" (FN 8028) und mehrere Tesserae (FN 8026, 8027).

geklärt werden, ob sie auf Vorgängerstrukturen der Phase IV,2 aufbauen oder in Horizont IV,3 neu errichtet wurden. Alle in Horizont IV,3 erfaßten Raumeinheiten wiesen in der Regel eine helle, sehr kalkhaltige Begehungsfläche auf. In Einzelfällen konnten darüber hinaus verschiedene Rauminstallationen dokumentiert werden. Hierzu gehörten in die Begehungsfläche eingelassene Vorratsgefäße und verschiedene Gegenstände (z.B. Kochtöpfe, Basaltgegenstände, Mörser, Reibsteine, etc.) des ehemaligen Inventars, die im jeweiligen Abraum gefunden wurden. Wie ein in Areal 5 erfaßtes Beispiel zeigt, konnten ein kleiner Tabun und eine Vorratsgrube die jeweilige Raumausstattung ergänzen. Pfeilspitzen und andere Metallfunde, die in einem kleinen Raum im Nordosten des Areals 4 dokumentiert wurden, bilden hingegen die Ausnahme.
Zusammenfassend kann daher festgehalten werden, daß das Haupthaus (Haus 1) des Gehöfts gegen Ende des Horizonts IV,2 aufgegeben und während des Horizonts IV,3 nicht wiederbesiedelt wurde. Teile der sogenannten Lager- und Verarbeitungseinheiten (= kleine Raumeinheiten) sowie der Verkehrswege wurden hingegen in Phase IV,3 weiter- beziehungsweise wiederbenutzt. Des weiteren wurden zahlreiche offene Feuerstellen, Gruben sowie Speise- und Abfallplätze (Knochen- und Keramikkonzentrationen) errichtet, die eine stärkere Nutzung der Außenflächen durch die Bewohner des Tells nahelegen. Eine nur temporäre Nutzung der Strukturen, beispielsweise während der Saat- und Erntezeiten, kann aufgrund der Grabungsbefunde für Horizont IV,3 nicht vollständig ausgeschlossen werden. Inwieweit der beobachtete Wechsel von einem durchgehend bewirtschafteten Gehöft während des Horizonts IV,2 hin zu einer eventuell nur noch saisonal genutzten landwirtschaftlichen Einheit in Horizont IV,3 mit überregionalen politischen Verschiebungen während der persischen Periode (Eisenzeit III) verbunden werden kann, ist noch nicht abschließend geklärt aber sehr wahrscheinlich (vgl. Kap. 3.2).

2.2.5 Die Architektur des Horizonts V

Nach einem längeren Hiatus in der Besiedlung von Tell Johfiyeh, für den nur verstreute Einzelfunde der hellenistischen und römischen Periode bezeugt sind, finden sich erst in der byzantinisch-omaijadischen Zeit (Horizont V) wieder Hinweise auf eine intensivere Nutzung des Fundplatzes. Entsprechende Hinterlassenschaften des Horizonts V, die weitgehend mit den Befunden der Schichten 1 und H2 gleichgesetzt werden können[216], fanden sich sowohl im Hang- wie auch im Zentralbereich des Tells (Abb. 57, 58,

---

[216] Die Übergänge zu den jeweiligen Nachbarschichten können in Teilbereichen fließend sein. Eine eindeutige Trennung ist aufgrund der Befundlage direkt unter der rezenten Oberfläche nicht immer möglich.

61, 62).[217] Neben zahlreichen Einzelfunden und unzusammenhängenden Mauerfragmenten konnten einige wenige komplexere Architekturreste dokumentiert werden. So wurde im Hangbereich (Areale 1, 2, 8) die bereits in Horizont III angelegte sogenannte Terrasse (Loci 1002, 2004, 8503), die den Tell wahrscheinlich vollständig umrundete, zu Beginn des Horizonts V ausgebessert und aufgestockt (vgl. Abb. 37, 70). In etwa zeitgleich wurde am südwestlichen Fuß des Siedlungshügels (Areal 1) eine mittelgroße Raumeinheit (Locus 1014) errichtet, deren Begrenzungsmauern teilweise aus wiederverwendeten, sehr gut bearbeiteten Steinblöcken bestehen (vgl. Abb. 71).[218] Die im Zentralberich des Tells ergrabenen Strukturen des Horizonts V konzentrieren sich vorrangig auf die Osthälfte des Areals 5. Sie bestehen im wesentlichen aus einer mittelgroßen Zisterne (Locus 5011) und mehreren kleinen Kammern, die direkt südlich anschließen (Abb. 10, 61). Im nördlichen Anschluß (Areal 12) konnten darüber hinaus mehrere kleine Steinansammlungen und Keramikkonzentrationen der Schicht 1 zugewiesen werden. Die Reste eines Plattenpflasters (Locus 10008) und einer kreisförmigen Steinkonzentration (10011) im nordöstlichen Teil des Areals 10 gehören ebenfalls in diese Schicht (Abb. 62). Hinzu kommen zahlreiche Fundstellen der Schicht 1 ohne größere zusammenhängende Architekturreste in den Arealen 2–4, 6–9, 11 und 14 sowie mehrere Steinsetzungen, die in älteren Schichten gründen, aber sicherlich auch während des Horizont V noch teilweise an der Oberfläche sichtbar waren. Zu letzteren gehört wahrscheinlich die Umfassungsmauer, die auch in Horizont V noch vorhanden gewesen sein muß sowie verschiedene Fragmente von Setzungen in den

---

[217] Im Zentralbereich wurden die folgenden Fundstellen mit den Hinterlassenschaften des Horizonts V verbunden: Areal 2: 2012, 2014, 2021, 2502; Areal 3: 3002, 3002.1, 3002.2, 3003.1, 3032-3033, 3500; Areal 4: 4002, 4016-4019, 4024, 4026-4027, 4030.1, 4031-4033; Areal 5: 5002-5003, 5005-5008, 5011 (Schicht 3), 5013-5017, 5018-5019 (Schicht 2), 5021-5023, 5025-5026, 5031-5033, 5034-5037, 5039, 5042-5045; Areal 6: 6002, 6002.1-2, 6030, 6038-6039, 6041; Areal 7: 7005; Areal 8: 8006, 8032; Areal 9: 9001, 9001.1; Areal 10: 10001-10002, 10001.1, 10002.1-2, 10008, 10011; Areal 11: 11001, 11001.1; Areal 12: 12001-12002, 12002.1, 12003-12004; Areal 14: 14000-14004, 14018.

Im Hangbereich des Tells konnten folgende Fundstellen dem Horizont V zugewiesen werden: Areal 1: 1002, 1006-1010, 1012-1016; Areal 2: 2004-2006; Areal 8: 8004-8005, 8500-8505; Areal 13: 13001-13002.

[218] Es kann nicht ausgeschlossen werden, daß diese Steine von byzantinischen Gebäuden stammen, die in der näheren Umgebung von Tell Johfiyeh dokumentiert wurden.

Arealen 3, 9, 11 und 14.[219]
Wie die freigelegten und oben genannten Hinterlassenschaften nahelegen, konzentrierten sich die Bauaktivitäten des Horizonts V vorrangig auf die Randbereiche des Fundplatzes. So wurde im südwestlichen Hangbereich des Areals 1 ein annähernd rechteckiger Raum (Locus 1014) direkt vor der sogenannten Terrassenmauer (Loci 1002/2004) errichtet und genutzt (Abb. 58, 71). Die ergrabene Innenfläche dieser von Südwesten her erschlossenen Raumeinheit mißt ca. 3,50m × 3,60m. Der in der äußersten Südwestecke gelegene Zugang hat eine Breite von ca. 0,60m und wird von zwei mittelgroßen, weitgehend unbearbeiteten Kalksteinblöcken gebildet, deren Innenseiten (=Durchgang) geglättet waren. Der Durchgang und die direkt anschließenden Flächen wiesen einen hellen, sehr kalkhaltigen ebenen Belag auf, während die Begehungsfläche des Innenraums (Locus 1014) und die beiden direkt aufliegenden Fundstellen 1013 und 1012 von einem graubraunen lehmhaltigen, mittelfesten Material charakterisiert werden, das zahlreiche Knochenfragmente, Scherben, Kalk- und Ascheeinschlüsse aufweist. Hinzu kommen einige verstürzte Steine, die wahrscheinlich erst nach der Aufgabe der Raumeinheit von den Begrenzungsmauern M1 bis M4 in den ehemaligen Innenbereich des Raums gestürzt sind.[220] Als Verfallschutt kann wahrscheinlich auch das Material der darüberliegenden Fundstellen 1008/1009, 1010 und 1007 interpretiert werden. Das gelbbraune, leicht lehmige Material dieser Loci wies zahlreiche weitere mittelgroße und große Steine auf, die wahrscheinlich von den nordwestlich gelegenen Steinsetzungen Loci 1006 (=M1) und 1002/2004 (=Terrassenmauer) stammen.[221]
Die Begrenzungsmauern des Raums (M1 – M4) sind mit Ausnahme der Nordostmauer M1 (Locus 1006/11), die sich direkt südwestlich der Terrassenmauer (Locus 1002/2004) befindet, sehr schlecht erhalten. Die nur in Teilbereichen erfaßten, ca. 0,60m breiten, zweireihigen Mauern M2 – M4 stehen nur noch eine Lage hoch an. Sie bestehen aus grob bearbeiteten

[219] Reste von tiefer gründenden Steinsetzungen konnten in den Arealen 3 (Locus 3500), 9 (Locus 9007), 11 (südlich der Umfassungsmauer) und 14 (Locus 14016) freigelegt werden (vgl. Abb. 50, 51, 55).

[220] Auf (Locus 1014) und direkt über (Loci 1013 und 1012) der Begehungsfläche des Raums konnten folgende Funde registriert werden: 1. Locus 1014: Keramikscherben (FN 1051, 1055), Tierknochen (FN 1052, 1056), Tesserae (FN· 1053, 1057), Reibsteinfragment (FN 1058); 2. Locus 1013: Keramikscherben (FN 1045), Tierknochen (FN 1047), Reibsteinfragmente (FN 1046, 1048, 1049) und ein Nagel (FN 1050); 3. Locus 1012: Keramikscherben (FN 1041), Tierknochen (FN 1042), Tesserae (FN 1043) und Glasfragmente (FN 1044).

[221] Eine weitere Steinansammlung fand sich in Fundstelle 1004 der Schicht H1 während die darüberliegenden Fundstellen 1003 und 1005 ausschließlich Oberflächenmaterial enthielten.

mittelgroßen Kalksteinen und stießen wahrscheinlich in einem annähernd rechten Winkel aufeinander. Zwischenräume wurden mit einem Erd-Lehmgemisch verfüllt, das als Bindemittel fungierte. Zahlreiche gut bearbeitete große (ca. 0,80m × 0,60m × 0,40m) Kalksteinblöcke, die im südwestlichen Anschluß an den freigelegten Raum in Versturzlage gefunden wurden, machen es weiterhin wahrscheinlich, daß diese wiederverwendeten Blöcke im aufgehenden Mauerwerk Verwendung gefunden haben. Indirekt bestätigt wird diese Annahme durch die Struktur der ebenfalls zweireihigen Mauer M1 (Locus 1006/11), die von N 85,00m O 87,38m auf einer Länge von ca. 3,40m nach Südosten verfolgt werden konnte und noch bis zu 2,10m hoch ansteht (Abb. 59). Wie ihr Südwestprofil zeigt, wurde hier auf eine erste Lage mittelgroßer und kleiner, nur grob bearbeiteter Bruchsteine mehrere der genannten sehr gut bearbeiteten und geglätteten Kalksteinblöcke gesetzt. Es folgen weitere Bruchsteine und kleine Kalksteinblöcke. Die Zwischenräume wurden mit Kieseln und einem Erd-Lehmgemisch verfüllt. Der gute Erhaltungszustand der Mauer M1 ist wahrscheinlich auf die direkt nordöstlich anschließende sogenannte Terrassenmauer (Locus 1002/2004) zurückzuführen, die während der Verfallsphase der beschriebenen Raumeinheit eine Art Schutzwall vor herabfallenden Steinen gebildet hat. Wie die entsprechenden Arbeiten in den Arealen 1, 2 und 8 zeigten, wurde die bereits am Ende des Horizonts III errichtete sogenannte Terrasse zu Beginn des Horizonts V ausgebessert und um mehrere Steinlagen erhöht (vgl. Abb. 34, 37, 60).

Die nach Abtrag des Oberflächenmaterials (Locus 2002) südwestlich der Umfassungsmauer im Hangbereich des Areals 2 erfaßte Oberkante dieser neu aufgemauerten Steinsetzung (Locus 2004) machte deutlich, daß die zweite Phase der sogenannten Terrasse sich hinsichtlich ihrer Dimensionen und Ausrichtungen weitgehend an der Vorgängerstruktur (Horizont III/IV) orientierte (Abb. 37, 58, 70). Unterschiede konnten nur hinsichtlich der Mauertechnik und des Füllmaterials beobachtet werden. Die zweite Phase der sogenannten Terrasse weist eine Breite von bis zu 1,80m auf und wurde der Umfassungsmauer direkt vorgelegt, um diese zu stabilisieren. Ihre Oberkante, die bis in das Areal 1 (Loci 1002, 1015, 1016) hinein verfolgt werden konnte, besteht aus großen, mittelgroßen und kleinen, nur grob bearbeiteten Kalkbruchsteinen, die in Teilbereichen an eine Pflasterung erinnern. Die Zwischenräume weisen eine lockere braune Erde mit Steinschnitt auf. Ihre Außenkante ist gut gesetzt und verläuft annähernd parallel zur Umfassungsmauer.[222] Wie das durch den Abtrag des südwestlich anschließenden Füllmaterials (Loci 2005–2010) freigelegte Profil der Terrasse (Abb. 60)

[222] Diese Beschreibung gilt auch für den in Areal 8 (Locus 8503) erfaßten Teilbereich der sogenannten Terrasse (vgl. Abb. 34).

zeigt[223], wurde der zu Beginn des Horizonts V errichtete Teil der Terrasse direkt auf die erhaltenen Reste der Oberkante der ersten Phase (Horizont III/IV) gesetzt. Die Trennlinie zwischen beiden Phasen verläuft bei einer Höhe von etwa 97,00m. Der obere, jüngere Teil der Terrasse (Horizont V) besteht aus nur grob bearbeiteten, annähernd waagerecht verlegten Steinen. Als Füllmaterial und Bindemittel wurde ein gelbbrauner Lehm verwendet, der mit Kalkpartikeln durchsetzt ist. Der untere Teil der Struktur (Horizont III/IV) besteht hingegen aus relativ regellos gesetzten, grob bearbeiteten Steinen. Als Füllmaterial und Bindemittel wurde hier ein graubrauner Lehm ohne Kalkeinschlüsse dokumentiert. Eine ähnlich deutliche Trennung der beiden Bauphasen konnte auch im entsprechenden Profil (Abb. 37) des in Areal 8 erfaßten Teilbereichs der sogenannten Terrasse (Loci 8503/8506) dokumentiert werden. Auch hier verlief die Trennlinie zwischen den beiden Phasen auf einer Höhe von ca. 97,00m und die Mauertechnik und das Füllmaterial unterschieden sich entsprechend.[224]
Weitere zusammenhängende Architekturreste des Horizonts V konnten in Areal 5 am östlichen Rand des Zentralbereichs erfaßt und dokumentiert werden (Abb. 61). Direkt westlich der Umfassungsmauer fand sich hier bei N 97,60m O 119,40 (Mittelpunkt) ein 2,42m × 2,12m × 2,85m großes Wasserreservoir, das von den Mauern Loci 5003, 5022, 5013 im Süden, Westen und Norden begrenzt wird (Abb. 61).[225] Die Innenseiten dieser über 2,85m hoch anstehenden Begrenzungsmauern wiesen alle einen bis zu 0,10m starken Wandverputz aus hydraulischem Mörtel auf, der die Zisterne für Wasser undurchlässig machte. Die Zusammensetzung der Grubenfüllung (Locus 5011) und zwei große Steinplatten, die zusammen mit rezentem Schutt direkt westlich der Zisterne dokumentiert wurden, legen es nahe, daß das ursprünglich wahrscheinlich mit Platten abgedeckte Reservoir in jüngster Vergangenheit von Raubgräbern freigelegt und teilweise wieder verfüllt wurde.[226] Für letzteres sprechen insbesondere ein bei ca. H 98,00m

---

[223] Die Fundstellen 2005-2010 bestehen überwiegend aus einem weißbraunen Füllmaterial, das sich wahrscheinlich nach Aufgabe des Fundplatzes im Hangbereich angesammelt hat.

[224] Inwieweit die auf der Grenze zwischen den Arealen 8 und 13 erfaßte Nordsüdsteinsetzung (vgl. Abb. 38) während des Horizonts V (Loci 13001, 13002) ebenfalls aufgemauert wurde, konnte nicht abschließend geklärt werden. Es ist jedoch sehr unwahrscheinlich.

[225] In die Mauer Locus 5013 wurde von der rezenten Oberfläche (Schicht 0) aus ein islamisches Grab (Locus 5020) eingetieft und mit dünnen Steinplatten ausgelegt. Das beigabenlose Skelett wurde geborgen und an anderer Stelle wiederbestattet.

[226] Für die Fundstelle 5011 wurden folgende Funde registriert: Keramikscherben (FN 5029), Feuersteinabschläge (FN 5030), Proben des hydraulischen Putzes (FN

beobachteter Wechsel in der Konsistenz des Füllmaterials und ein Plastikfund (FN 5032), der in der Zisterne bei H 98,64m registriert wurde. Erst unterhalb von 98,00m kann innerhalb des Wasserreservoirs wieder von einem weitgehend ungestörten Befund ausgegangen werden.[227] In dem für diese unteren Lagen der Zisternenfüllung charakteristischen mittelfesten, grauen Material fanden sich zahlreiche Keramikscherben und ein nahezu vollständig erhaltener Tonkrug mit zwei Henkeln (FN 5029). Letzterer lag bei H 96,81m direkt auf dem Boden der Zisterne (Keramikkatalog Tafel 135,01; Abb. 75). Hinweise auf Zuleitungen, Filter- und Absatzbecken, die im Zusammenhang mit der Zisterne stehen, konnten nicht erfaßt werden. Es kann jedoch vermutet werden, daß sie sich ursprünglich in dem nordwestlich anschließenden, stark gestörten Bereich befunden haben. Im Anschluß an die Südbegrenzung (Locus 5003) der Zisterne wurden unmittelbar unter der in diesem Bereich ebenfalls stark gestörten Oberfläche (Locus 5004)[228] zwei halbkreisförmige Strukturen (Loci 5006 und 5007/5017) erfaßt, die zwei von Horizont V aus eingetiefte und genutzte Gruben begrenzen, deren Füllungen nicht ergraben wurden (Abb. 61).[229] Nur ca. 1,10m südlich dieser Störungen befindet sich eine einreihige, nur ca. 0,40m breite, von Osten nach Westen verlaufende Steinsetzung, die als Nordbegrenzung (Locus 5015) einer kleinen, ca. 2,20m × 1,80m messenden Kammer fungiert.[230] Sie schließt bei N 93,20m O 116,96m und N 92,74m O 119,06m (Nordseiten) jeweils an eine massive, bis zu 1,20m breite Nordsüdmauer (Loci 5021 und 5005) an,

5031), Plastikspielzeug (FN 5032), Metallnagel (FN 5039.1), Tesserae (FN 5033) und ein bearbeitetes Marmorfragment (FN 5058).

[227] Eine entsprechende Differenzierung der Funde anhand der Grabungsdokumentation war aber nur in Einzelfällen möglich.

[228] Im Abraum der Oberflächenstörung Locus 5004 (Schicht 0) wurden folgende Funde registriert: Keramikscherben (FN 5010), Feuersteinabschläge (FN 5014), Tierknochen (FN 5012), Tesserae (FN 5013), Stößel (FN 5011.1), Reibsteinfragment (FN 5011.2), Mahlsteinfragment (FN 5011.3).

[229] Die nordwestlich der Mauer Locus 5003 und westlich der Mauer Locus 5022 erfaßte halbkreisförmige Setzung gehört hingegen zu einer Grube/Störung, die von der Oberfläche (Schicht 0) aus eingetieft wurde. Ebenfalls in die rezente Oberfläche des Tells (Locus 5010) eingetieft, fand sich die Bestattung eines kleinen (ca. 3-5 Jahre) Mädchens (Locus 5009), das wahrscheinlich von durchreisenden Beduinen hier bestattet wurde. Zusammen mit dem Skelett wurde eine kleine Muschel (FN 5016) und eine durchbohrte rezente Münze (FN 5015) gefunden.

[230] Aufgrund des Grabungsbefundes kann nicht ausgeschlossen werden, daß es sich bei Locus 5015 nur um eine später eingesetzte Trennwand handelt, die die ursprünglich bis an die Mauer Locus 5003 reichende Kammer unterteilte.

die die Kammer im Westen und Osten begrenzen.[231] Als südliche Grenze dieser Raumeinheit diente die ebenfalls sehr massive Mauer Locus 5014. Die zugehörige Begehungsfläche (Locus 5019) besteht aus einem mittelfesten hellen Lehm und wurde erst ca. 1,39m unterhalb der rezenten Oberfläche erfaßt. Zu den direkt auf (Locus 5019) und über (Locus 5018) dieser Nutzungsfläche dokumentierten Funden gehört neben Keramikscherben (FN 5042), Reibsteinfragmenten (FN 5043, 5046), einem Stößel (FN 5045) und einem kleinen Meißel aus Bronze (FN 5047) auch eine fast vollständig erhaltene Schale aus Keramik (Keramikkatalog Tafel 143,01), die direkt auf der Begehungsfläche gefunden wurde und die Kammer eindeutig in die omaijadische Zeit datiert (Abb. 74).[232] Erschlossen wurde die Raumeinheit von einem westlich der Kammer gelegenen Korridor (Loci 5034/5038).[233] Von hier (Locus 5038) führte ursprünglich ein ca. 0,75m breiter Gang (Locus 5042) hinunter in den Raum, der aber im Zusammenhang mit einer späteren Pflasterung des Korridors (Locus 5034) zugesetzt wurde (Locus 5036).[234] Der als Außenfläche anzusprechende Korridor (Locus 5034/38) hat ein Breite von ca. 1,10m und konnte in Horizont V von der südlichen Arealgrenze auf einer Länge von ca. 6,00m nach Nordosten (Locus 5037) bis auf

---

[231] Die teilweise aus sehr großen Kalksteinen bestehende Mauer Locus 5005 grenzt mit ihrer Ostseite direkt an die Umfassungsmauer und bildet mit letzterer in Teilbereichen eine bauliche Einheit.

[232] Im sonstigen Füllmaterial des Raumes (Loci 5016, 5008) konnten außerdem folgende Funde registriert werden: 1. Locus 5016: Keramikscherben (FN 5035), Feuersteinabschläge (FN 5034), Tierknochen (FN 5036), Reibsteinfragmente (FN 5037, 5038), Mahlplattenfragmente (FN 5040.1-2), Stößel (FN 5041) und ein Glasfragment (FN 5039.2); 2. Locus 5008: Keramikscherben (FN 5019, 5025), Feuersteinabschläge (FN 5026), Tierknochen (FN 5027) und ein Reibsteinfragment (FN 5028).

[233] Im Material der aufeinanderfolgenden Fundstellen 5038 und 5034 konnten folgende Funde dokumentiert werden: 1. Locus 5038: Keramikscherben (FN 5153), Tierknochen (FN 5154), Feuersteinabschläge (FN 5155), Tabunfragmente (FN 5157) und Tesserae (FN 5156); 2. Locus 5034: Keramikscherben (FN 5116), Tierknochen (FN 5118, 5151), Feuersteinabschläge (FN 5117, 5150), Tesserae (FN 5119), Basaltfragment (FN 5120), Reibsteinfragmente (FN 5152.2) und ein Stößel (FN 5152.1).

[234] Die in der westlichen Begrenzungsmauer (Locus 5033) dieses Korridors beobachtete Zusetzung (Locus 5026) muß wahrscheinlich ebenfalls im Zusammenhang mit diesen Baumaßnahmen gesehen werden.

Im braunen Füllmaterial der Fundstelle 5036 wurde neben Keramikscherben (FN 5141, 5149) und Tierknochen (FN 5142) auch ein Basaltfragment (FN 5143) gefunden.

die Höhe der Mauer Locus 5003 (Nordseite) verfolgt werden.[235] Hier blockiert ein Kalksteinblock (ca. 0,60m × 0,40m) den Korridor und trennt den nördlich anschließenden, durch Locus 5012 (Schicht 0) teilweise stark gestörten Bereich (Locus 5044) ab.[236] Locus 5044 wird von einer Steinfüllung und einem Tabun (Locus 5045) charakterisiert, der direkt östlich der gestörten Steinsetzungen Loci 5040/41 erfaßt werden konnte.[237] Als stark gestört erwies sich auch der westlich an diese Steinsetzungen anschließende Bereich der Fundstellen 5023, 5035 und 5039. Die hier direkt unterhalb der Oberfläche bei N 98,30m O 112,90m erfaßten Reste einer kleinen Betonplatte lassen vermuten, daß der Bereich im Zusammenhang mit lokalen Arbeiten in jüngster Vergangenheit geöffnet und wieder verfüllt wurde.[238] Die südlich an diese Störungen anschließenden Bereiche des Areals 5 (Westhälfte) wiesen keine weiteren Strukturen des Horizonts V auf. Es kann aber davon ausgegangen werden, daß hier noch Reste der zu Horizont IV,3 gehörenden Mauern (z.B. Loci 5025, 5031, 5032) sichtbar waren, als zu Beginn des Horizonts V der Bereich östlich der Mauer Locus 5033 wieder genutzt und wie oben beschrieben bebaut wurde.

Die in der Südhälfte des Areals 12 erfaßten Hinterlassenschaften der Schicht 1 machen außerdem deutlich, daß auch der nördlich an Areal 5 anschließende Bereich während des Horizonts V wieder genutzt und mit

---

[235] Im nördlichen Bereich des Korridors (Locus 5037), der ein braunes mit kopfgroßen Steinen durchsetztes Material aufwies, konnten folgende Funde erfaßt werden: Keramikscherben (FN 5144, 5158), Tierknochen (FN 5145, 5160), Feuersteinabschläge (FN 5146, 5159), Reibsteinfragmente (FN 5147), Tabunfragmente (FN 5148, 5161), Basaltfragment (FN 5162), Basaltschalenfragment (FN 5174).

[236] Im Bereich der Fundstelle 5044, die die Fläche der bereits im Jahr 2002 erfaßten Störung Locus 5012 mit einschließt, konnten folgende Funde dokumentiert werden: Keramikscherben (FN 5173, 5178, 5187), Tierknochen (FN 5179), Basaltplatte (FN 5180.1), Basaltschalenfragment (FN 5180.2), Tabunfragmente (FN 5181).

[237] Die stratigraphische Zugehörigkeit der beiden Mauerfragmente (Loci 5040/41) ist unklar. Es kann nicht ausgeschlossen werden, daß es sich um Reste einer „Nachnutzung" handelt.

[238] Die hier gemachten Funde sind entsprechend vermischt. Es handelt sich um: 1. Locus 5023: Keramikscherben (FN 5061, 5067, 5068, 5072), Feuersteinabschläge (FN 5062, 5069), Tierknochen (FN 5066, 5070), Basaltfragment (FN 5063), Tesserae (FN 5064, 5071), Muschelfragment (FN 5065); 2. Locus 5035: Keramikscherben (FN 5121, 5127), Tierknochen (FN 5122, 5129), Feuersteinabschläge (FN 5128), Keramikknopf (FN 5123), Tesserae (FN 5124, 5132), Fragment eines Bronzearmreifs (FN 5125), Basaltfragmente (FN 5126), Reibsteinfragment (FN 5130), Stößel (FN 5131), Mörser (FN 5133); 3. Locus 5039: Keramikscherben (FN 5163, 5167, 5175), Tierknochen (FN 5164, 5168), Feuersteinabschläge (FN 5176), Tesserae (FN 5165, 5171), Reibsteinfragmente (FN 5166), Muschel (FN 5169), Fuß eines Basaltgefäßes (FN 5170), Tabunfragmente (FN 5172, 5177).

Installationen versehen wurde (Abb. 61). Nach Abtrag des Oberflächenmaterials (Locus 12001) zeichneten sich in der West- (Locus 12002) und Osthälfte (Locus 12002.1) des Areals mehrere unzusammenhängende Steinansammlungen und zwei Flächen mit erhöhter Keramikkonzentration (Loci 12003, 12004) ab. Das im westlichen Bereich (Locus 12002) erfaßte Material bestand vorrangig aus einer Schotter- und Geröllschicht, in der mehrere Funde registriert werden konnten. Zu letzteren gehörten neben Keramikscherben (FN 12005), einer Keramiktülle (FN 12006) und Tierknochen (FN 12007) auch Feuersteinabschläge (FN 12009) und Tesserae (FN 12010). Bei N 101,20m O 111,30m (Mittelpunkt) konnten innerhalb dieser Fundstelle (Locus 12003) neben einigen Feuersteinabschlägen (FN 120011) zahlreiche weitere, stark zerkleinerte Scherben (FN 12008) erfaßt werden, die wahrscheinlich teilweise zu einem großen Vorratsgefäß gehörten (Keramikkatalog Tafel 24,01).[239] Im kalkhaltigen Splitt des östlichen Bereichs (Locus 12002.1) fanden sich Keramikscherben (FN 12012), Tierknochen (FN 12013), Tesserae (FN 12014), Basaltfragmente (FN 12017), ein Basaltgefäßfragment (FN 12016), ein(e) Deckel/Tonscheibe (FN 12015), Feuersteinabschläge (FN 12018) und ein Webgewicht (FN 12019). Auf dieser Fundstelle konnte darüber hinaus bei N 102,90m O 119,15m ein nahezu vollständig erhaltener Keramikkrug (Locus 12004) mit zwei Henkeln erfaßt werden (Keramikkatalog Tafeln 136,01–02), der auf die omaijadische Periode verweist (Abb. 76). Hinweise auf die (funktionalen) Zusammenhänge zwischen den Fundstellen 12002 und 12002.1 mit ihren Steinansammlungen und Keramikfunden (Loci 12003/4) fehlen ebenso wie solche auf die südlich anschließenden Strukturen in der Osthälfte des Areals 5. Ähnliches gilt für die mit den Fundstellen 10008 und 10011 des Horizonts V (Schicht 1) verbundenen Installationen, die im Nordosten des Areals 10 nach einem ersten Abtrag des Oberflächenmaterials (Locus 10001) erfaßt werden konnten (Abb. 62).[240] Die Zugehörigkeit des bei N 88,40m O

[239] Die teilweise sehr geringe Größe der hier und in den Fundstellen 12002.1 und 12004 erfaßten Scherben ist wahrscheinlich auf die Nutzung des Pflugs in diesen Bereichen zurückzuführen.

[240] In der Nordhälfte des Areals wurde ansonsten nur noch die Fundstelle 10002 mit der Schicht 1 verbunden. In der Südhälfte wurden die Loci 10002.1 und 10002.2 dieser Schicht zugewiesen. Weitere Architekturreste fanden sich hier nicht. Ansonsten wurden folgende Fundstücke registriert: 1. Locus 10002: Keramikscherben (FN 10009, 10018, 10019, 10024), Tierknochen (FN 10010, 10020), ein Stößel (FN 10008), Tesserae (FN 10011), ein Meißel aus Metall (FN 10012), ein Basaltfragment (FN 10013), ein Steinobjekt (FN 10014) und Muscheln (FN 10015); 2. Locus 10002.1: Keramikscherben (FN 10066), eine Keramiktülle (FN 10067), Tierknochen (FN 10065), ein Basaltfragment (FN 10068) und ein Stößel (FN 10064); 3. Locus 10002.2: Keramikscherben (FN 10070), Tierknochen (FN 10071), Tesserae (FN

108,80m auf einer Fläche von ca. 1,80m × 1,60m erfaßten Steinplattenpflasters (Locus 10008) ist ebenso unklar wie diejenige der kreisförmigen Steinansammlung (Locus 10011) bei N 85,90m O 105,40m auf dem ehemaligen (Horizont IV,3) Verkehrsweg Locus 10006.[241] Die hier dokumentierten Keramikscherben (FN 10118), ein sekundär verbauter Reibstein (FN 10121) und ein Tessera (FN 10035) auf dem Steinpflaster lieferten keine Hinweise auf die Funktion der Installationen. Es ist jedoch wahrscheinlich, daß die runde Steinansammlung (Durchmesser: 1,60m) als Unterbau für eine nicht mehr erhaltene Struktur diente.

Faßt man die Ausführungen zu den Hinterlassenschaften des Horizonts V zusammen und verbindet sie mit den für Horizont IV,3 rekonstruierten Verhältnissen, so wird deutlich, daß zwischen beiden Nutzungsphasen keine Siedlungskontinuität bestanden hat. Die landwirtschaftlich genutzten Strukturen des Horizonts IV,3 wurden aufgegeben und der Fundplatz in der Folgezeit wahrscheinlich nur ganz sporadisch genutzt, wie vereinzelte Streufunde aus der hellenistischen und römischen Periode nahelegen. Erst nach einer längeren Siedlungsunterbrechung lassen sich zu Beginn des Horizonts V wieder Bauaktivitäten und Fundassemblagen in Tell Johfiyeh nachweisen, die für eine erneute längerfristige Besiedlung und Nutzung des Fundplatzes sprechen. Hierzu gehört die Sicherung und Erneuerung der sogenannten Terrasse (Locus 1002/2004, 8503), die die noch anstehende Umfassungsmauer stützt und den Fuß des Fundplatzes für eine Bebauung mit mittelgroßen rechteckigen Raumeinheiten (Locus 1014) erschließt ebenso wie die Errichtung eines kleinen Wasserreservoirs (Locus 5011) und einer kleinen Kammer (Locus 5019) am östlichen Rand des Areals 5. Zur Errichtung der genannten Strukturen wurde in den entsprechenden Bereichen der Siedlungsschutt bis zu 3,00m tief abgetragen und die freigelegten Mauerfragmente, soweit möglich, in die neu errichteten Strukturen des Horizonts V integriert. War es erforderlich Mauern neu zu errichten, wurde das vorhandene Baumaterial wiederverwendet und um gut bearbeitete und geglättete Kalksteinblöcke ergänzt. Zu den innerhalb der Raumeinheiten und Kammern dokumentierten Funden gehörten unter anderem Glasreste, Tesserae und mehrere fast vollständig erhaltene Tongefäße, die eine Datierung der freigelegten Strukturen des Horizonts V in die (byzantinisch)-omaijadische Zeit

---

10072), ein Spinnwirtel (FN 10073), ein Fossil ? (FN 10074), ein Basaltfragment (FN 10075) und ein Stößel (FN 10076).

[241] Während für Locus 10008 eine Zugehörigkeit zu Horizont IV,3 und somit eine Interpretation als Außenfläche vor Raum Locus 10009 nicht vollständig ausgeschlossen werden kann, ist die Zuweisung der Fundstelle 10011 in Horizont V eindeutig. Die von dem Verkehrsweg Locus 10006 vorgegebene Freifläche zwischen den teilweise noch sichtbaren Setzungen des Horizonts IV,3 wurde wahrscheinlich gezielt zur Errichtung der genannten Installation ausgewählt.

sehr wahrscheinlich machen (vgl. Kap. 2.3.5). Die Verteilung der Funde und die unterschiedliche Zusammensetzung der Fundassemblagen am Fuß des Tells (Areale 1, 2, 8) und im Bereich der Zisterne (Areale 5, 12) legen es darüber hinaus nahe, daß die beiden im Südwesten und Osten des Fundplatzes freigelegten Strukturen funktional voneinander getrennt werden können. Während der Bereich um die Zisterne wahrscheinlich mit der Zubereitung und Verarbeitung von Nahrungsmitteln verbunden werden muß, diente die Raumeinheit am Südwesthang hingegen vorrangig Wohnzwecken. Was zur Aufgabe der Siedlung und zum endgültigen Verlassen der beschriebenen Strukturen gegen Ende des Horizonts V führte, ist unklar. Hinweise auf eine gewaltsame Zerstörung fehlen und legen eine Aufgabe des Tell Johfiyeh aus politisch-ökonomischen oder anderen Gründen während der frühislamischen Zeit nahe.

2.2.5.1 Nachnutzung

Nach der endgültigen Aufgabe des Fundplatzes am Ende des Horizonts V war Tell Johfiyeh wahrscheinlich über mehrere Jahrhunderte dem Verfall preisgegeben bevor es schließlich in die landwirtschaftliche Nutzfläche der Umgebung miteinbezogen wurde. Wie die an der Oberfläche dokumentierten Pflug- und Grubberspuren zeigen, wurde die Fläche innerhalb der Umfassungsmauer während der letzten Jahrzehnte regelmäßig bestellt. Die verstürzten Steine wurden teilweise abgesammelt und zur Begrenzung der umliegenden Felder genutzt. Die zu Beginn der wissenschaftlichen Untersuchungen auf der Oberfläche (Schicht 0) des Tells dokumentierten Spuren legen darüber hinaus verschiedene weitere „Nachnutzungen" nahe. Hierzu gehören Reste von Feuerstellen, die Bestattung eines kleinen Mädchens, mehrere Raubgruben und zwei Betonreste einer Installation (Meßpunkt ?).

2.2.6 Zusammenfassung

Wie die gemachten Ausführungen zur Stratigraphie und Architektur des Tell Johfiyeh zeigen, konnten fünf Hauptbauhorizonte (Horizonte I–V) mit teilweise mehreren Subphasen (Horizonte IV,1 – IV,3) voneinander getrennt werden (vgl. Kap. 2.1, Tabelle 1). Sie decken eine Zeitspanne ab, die die Spätbronzezeit, die Eisenzeit I–III und die byzantinisch-omaijadische Periode umfaßt. Am Anfang (Abb. 26) steht eine massive, annähernd kreisförmige Anlage, die sich aus mehreren schalenartig ineinandergelegten Steinkreisen zusammensetzt (Horizont I) und an eine in Rujm el-Hiri (südlicher Golan) als spätbronzezeitliche Grabanlage interpretierte Struktur erinnert (vgl. Mizrachi et al. 1996). In der Folgezeit werden auf und zwischen den kreisförmigen Mauern kleine Raumeinheiten errichtet und für Wohnzwecke genutzt (Horizont II). Es folgt die Errichtung einer den Fundplatz umgebenden Umfassungsmauer und der sogenannten Terrasse, die

einen Innen- und Außenbereich voneinander trennen (Horizont III). Der so geschaffene Innenbereich (Abb. 39, 43, 50) wird anschließend zur Errichtung von Lager- und Verarbeitungseinheiten für landwirtschaftliche Güter genutzt (Horizont IV,1–3). In den Subphasen IV,1 und IV,2 kommen noch ein kleiner Raum für Wohnzwecke beziehungsweise ein großes Haus (Haus 1) hinzu (Abb. 42, 44). Eine Interpretation der Anlage als landwirtschaftliches Gehöft ist jetzt (Horizont IV) möglich. Nach einer längeren Siedlungsunterbrechung wird der östliche Rand des Innenbereichs und der westliche Hangbereich des Tells wiederbenutzt (Abb. 57) und mit einer Zisterne und mehreren kleinen Raumeinheiten bebaut (Horizont V). Anschließend wird der Fundplatz endgültig aufgegeben.
Im Rahmen der gemachten Ausführungen konnte gezeigt werden, daß es sich bei den freigelegten Architekturresten des sogenannten Gründungshorizontes (Horizont I) von Tell Johfiyeh wahrscheinlich um die Hinterlassenschaften einer massiven Anlage handelt, die aus mehreren ineinandergesetzten, annähernd kreisförmigen Steinsetzungen unterschiedlichen Durchmessers bestand (vgl. Abb. 26). Eine Datierung in die Spätbronzezeit erscheint möglich. Um einen fiktiven Mittelpunkt bei ca. O 100,80m N 99,40m legten sich in einem Abstand von jeweils ca. 2,00m mehrere ringförmige, teilweise mit Putz versehene Mauern von bis zu 1,80m Breite aus grob bearbeiteten Kalk- und Feuersteinen. Die Zwischenräume zwischen den einzelnen Mauerringen konnten durch einzelne, ebenfalls mit Putz versehenen Mauern in kleinere Kammern unterteilt werden (vgl. Abb. 22, 24, 25). Der Durchmesser der gesamten bislang erfaßten Anlage betrug bis zu ca. 53,00m. Die Höhe der umlaufenden Mauern betrug mindestens vier Meter. Ergrabene Hinweise auf Zugänge, Ausstattung und Funktion dieser Anlage fehlen vollständig. Die wenigen in den unteren Schichten (7, untere Lagen 6) des Tiefschnitts und am Hang (H5) gemachten Funde halfen diesbezüglich auch nicht weiter. Entsprechende Hinweise konnten bislang nur anhand von Vergleichen mit Rujm el-Hiri, einer monumentalen Anlage im südlichen Golangebiet, gewonnen werden. In Anlehnung an die Ergebnisse dieses Fundplatzes, kann nicht ausgeschlossen werden, daß die Hinterlassenschaften des Horizonts I zu einer monumentalen Grabanlage der Spätbronzezeit gehören. Während des nachfolgenden Horizonts II, der ebenfalls in die Spätbronzezeit datiert, kam es wahrscheinlich zu einer funktionalen Umwidmung des Tell Johfiyeh.[242] Die beschriebenen Steinsetzungen des Horizonts I

[242] Eine Zugehörigkeit, der mit Horizont II verbundenen kleinen Raumeinheiten/Kammern zu der beschriebenen Anlage des Horizonts I kann jedoch nicht mit absoluter Sicherheit ausgeschlossen werden. Vgl. in diesem Zusammenhang die Ausführungen von Mizrachi et al. (1996:178-179,Fig.8), die auf der sog. inneren Terrasse des Rujm el-Hiri eine kleine Raumeinheit erfaßt haben, die mit der Grabanlage verbunden werden kann. Überträgt man diesen Befund auf die Verhältnisse

wurden weiter genutzt und die (teilweise) verfüllten Flächen zwischen beziehungsweise auf diesen Mauern mit kleinen rechteckigen Raumeinheiten bebaut (Abb. 29–32). Die hier gemachten Funde legen „häusliche" Aktivitäten in einem landwirtschaftlich geprägten Umfeld nahe. Hinweise auf die genaue Struktur der Raumeinheiten und der Besiedlung fehlen aber ebenso wie solche zu ihrer Funktion und Ausstattung. Sicher ist nur, daß sie gegen Ende des Horizonts II aufgegeben wurden und auch zu Beginn des nachfolgenden Horizonts III, der wahrscheinlich mit dem Ende der Spätbronzezeit beziehungsweise der Übergangsperiode von der Spätbronze- zur Eisenzeit I geglichen werden kann, nicht wieder errichtet worden sind. Sie und die sonstigen Reste des Horizonts II wurden nach den herausgearbeiteten Erkenntnissen vielmehr als Grundlage und Unterbau für neue Bauaktivitäten genutzt, die gegen Ende des Horizonts III in Teilbereichen eine Abkehr von den Bautraditionen der vorhergehenden Horizonte ankündigen (vgl. Abb. 33–38). Einerseits finden sich in den Fundstellen des Horizonts III letztmalig materielle Hinterlassenschaften, die in der direkten Tradition der Funde aus Horizont I und II stehen, andererseits werden mit der gegen Ende des Horizonts III erstmalig errichteten Umfassungsmauer (Locus 8502) und der sogenannten Terrasse (Locus 8503) massive Bauwerke neu geschaffen, die die Struktur des Fundplatzes grundlegend ändern und die Bauaktivitäten während der nachfolgenden Horizonte IV und V entscheidend mitprägen. Ein gut geschützter, intensiv genutzter Innenbereich (vgl. Funde der Fundstellen 8024, 8025, 8029 und 3045–3044) wird baulich von einem Außen- und Hangbereich getrennt. Der Fund einer Pfeilspitze in Locus 3045 (Tiefschnitt) im oberen Bereich der Schicht 5 legt es nahe, daß es sich bei diesen neu errichteten Strukturen um Elemente einer Verteidigungsanlage handelt, die vielleicht als Reaktion auf eine veränderte Bedrohungslage oder als Ausdruck einer sozio-politischen Neuorientierung der Bewohner während des Übergangs von der Spätbronze- zur Eisenzeit I interpretiert werden kann.

Der durch die Errichtung der Umfassungsmauer (Locus 8502) gegen Ende des Horizonts III geschaffene Innenbereich der Siedlung wird in der Folgezeit (Horizont IV) unter Nutzung, Erweiterung und Neugestaltung der vorhandenen, teilweise bis in den Horizont I hinabreichenden (kreisförmigen) Steinsetzungen intensiv genutzt und bebaut. Insgesamt konnten drei Subphasen (Horizonte IV,1–IV,3) voneinander getrennt werden, die einen Zeitraum abdecken, der sich wahrscheinlich von der Eisenzeit I über die Eisenzeit II–III bis in die Eisenzeit III (Persische Periode) erstreckt (vgl. Abb. 39, 43, 50).

---

in Tell Johfiyeh, so findet die erwähnte „funktionale Umwidmung" des Tell Johfiyeh eventuell erst während des Horizonts III statt.

Für die erste Subphase, Horizont IV,1, konnte eine kleine prosperierende Anlage rekonstruiert werden, deren Bewohner wahrscheinlich von der Landwirtschaft und der Verarbeitung sowie Bevorratung landwirtschaftlicher Güter lebten (Abb. 39–42). Die in Horizont III gründende Umfassungsmauer und die vorgelegte „Terrasse" wurden weiter genutzt und die von den Ringmauern des Horizonts I für den Innenbereich vorgegebene radiale Siedlungs- und Nutzungstruktur fortgeführt. Wie gezeigt werden konnte, wurden hierzu in den unteren Lagen der Schicht 4 massive Steinsetzungen errichtet, die in der Regel auf den Ringmauern des Horizonts I aufsitzen und der jeweils von diesen vorgegebenen Trasse folgen. Die so geschaffenen Zwischenräume zwischen diesen Steinsetzungen waren teilweise mit einem groben Kalksteinpflaster versehen und dienten den Bewohnern des Horizonts IV,1 als Verkehrsweg, Lager-, Wohn- und Arbeitsfläche. Durch Abteilung der radial verlaufenden Flächen, Ergänzungen und Durchbrüchen wurden kleine Kammern und rechteckige Räume geschaffen, die sich durch einen in der Breitseite befindlichen Zugang auf die als Außenfläche genutzten Bereiche öffneten. Korridore verbanden diese Außen- und Nutzflächen miteinander und dienten als Verkehrsweg zwischen den, wahrscheinlich inselartig angelegten Raumeinheiten am Rand und im Zentrum des Tells. Der Weg in die Siedlung hinein führte wahrscheinlich, wie das in Areal 7 erfaßte Beispiel nahelegt, durch kleine Durchbrüche in der Umfassungsmauer (vgl. Abb. 64). Von hier gelangte man über Korridore und die radial verlaufenden Zwischenräume/Außenflächen zu den beschriebenen, für Horizont IV,1 so charakteristischen kleinen Raumeinheiten (vgl. Abb. 20, 39, 42). Die Zugänge zu diesen Raumeinheiten wurden wahrscheinlich gegen Ende der Nutzungsphase zugesetzt und die Räume aufgegeben.[243]

Innerhalb der weitergenutzten Umfassungsmauer und der ihr vorgelegten sogenannten Terrasse kann für die nachfolgende Subphase, Horizont IV,2, der Bereich eines großen Gebäudes (Haus 1) mit vorgelegten Außenflächen im Norden des Tells von mehreren kleinen Raumeinheiten im Süden getrennt werden (Abb. 43–45, 47–49, 67). Verbunden wurden beide Bereiche wahrscheinlich durch „Verkehrswege", die weiterhin der aus früheren Siedlungshorizonten vorgegebenen radialen Struktur der Gesamtanlage folgen

[243] Das in Raum 1 in situ gefundene Rauminventar und der zugesetzte Zugang (Fundstelle 6058) legen es nahe, daß die ehemaligen Nutzer die Raumeinheiten nur vorübergehend verlassen wollten und eine Weiternutzung zu einem späteren Zeitpunkt geplant war. Warum es nicht dazu gekommen ist und in der Folgezeit (Horizont IV,2) das östlich anschließende sogenannte Haus 1 (Abb. 43) sowie verschiedene kleine Raumeinheiten im Süden des Tells gegründet wurden, ist nicht abschließend geklärt. Ein Zusammenhang mit der assyrischen Expansion nach Westen kann nicht vollständig ausgeschlossen werden.

(vgl. Abb. 65).[244] Die genaue Struktur, die gegebenenfalls vorhandenen Nutzungsphasen und der Aufbau des Hauses 1, das wahrscheinlich während der Eisenzeit II–III genutzt wurde (vgl. Kap. 2.3.4.2.2; 3.2), sind ebenso wie seine genaue Ausdehnung unbekannt. Kleinteilige Analysen waren aufgrund der lokalen Gegebenheiten nur sehr bedingt möglich. Während der in diesem Bereich durchgeführten Arbeiten konnten insgesamt acht Räume an- oder ausgegraben werden (Abb. 44). Die freigelegten Strukturen legen es nahe, daß Raum 1 und der nördlich vorgelagerte Hof (Raum 2) zusammen mit den von hier erschlossenen westlich und südwestlich anschließenden Außenflächen vorrangig der Versorgung und dem Unterhalt seiner Bewohner diente. Ähnliches kann für die südlich von Raum 1 erfaßte Raumkette angenommen werden. Die westlich von Raum 2 gelegenen Räume 3–5 und die hier beobachtete äußerst geringe Funddichte machen es wahrscheinlich, daß sich hier ein „nicht-öffentlicher" Bereich des Hauses befunden hat. Wie die ansonsten sehr zahlreichen Funde der Schicht 3 deutlich machen (vgl. Kapitel 2.4 und 7.1.5 - Appendix 5), hat es sich bei Tell Johfiyeh während des Horizonts IV,2 um ein kleines prosperierendes Gehöft gehandelt, deren Bewohner sich vorrangig der Verarbeitung und Bevorratung landwirtschaftlicher Güter gewidmet haben. Neben „Kochstellen" sind unter anderem Vorratsgefäße, Stößel (konisch, eckig, rund), Schalen, Mörser, Mahlsteine und Reibsteine aus Basalt sowie Spinnwirtel, „Knöpfe" und Steingefäße belegt. Darüber hinaus erbrachten die Arbeiten im Haus 1 und den direkt westlich und südwestlich anschließenden Außenflächen auch Funde, die in keinem unmittelbaren funktionalen Zusammenhang mit den landwirtschaftlichen Aktivitäten stehen. Hierzu gehören unter anderem Schmuckelemente wie durchbohrte Muscheln, eine Perle und ein Fingerring, eine Kleiderfibel aus Bronze, Reste einer Schminkpalette und mehrere multifunktionale Basaltschalenfragmente (vgl. Kap. 2.4 und 7.1.5). Sie legen nahe, daß es sich bei den ehemaligen Bewohnern des Haupthauses um Angehörige einer „Elite" gehandelt haben muß, die in engem Kontakt zu einem übergeordneten Zentrum stand. Eine Interpretation von Tell Johfiyeh als kleines Gehöft, das von einer lokalen Familie geleitet wurde, die im Auftrag und in Abhängigkeit von einer übergeordneten politischen Einheit agierte, erscheint für Horizont IV,2 möglich. Was zur Aufgabe des Haupthauses (Haus 1) gegen Ende des Horizonts IV,2 geführt hat, ist nicht abschließend geklärt (vgl. Kap. 3.2). Das Fehlen von Brand- und großflächigen Zerstörungsspuren sowie die zahlreichen in Haus 1 gemachten In-situ-Funde legen eine „friedliche" Auf-

[244] Wie die in Areal 2 und 4 ergrabenen Hinweise auf entsprechende Strukturen des Horizonts IV,2 (Schicht 3) zeigen, kann davon ausgegangen werden, daß die im südlichen Bereich des Tells für die Schicht 2 (Horizont IV,3) erfaßten kleinen Raumeinheiten und Kammern (vgl. Areale 2, 3, 4, 10) sowie die entsprechenden Verkehrswege auf Vorgängern des Horizonts IV,2 aufbauen.

gabe des Hauses und der zugehörigen Anlagen im Rahmen politischer Veränderungen während der persischen Periode (Eisenzeit III) nahe (vgl. Kap. 3.2).[245]

Die für die nachfolgende, wahrscheinlich in das letzte Drittel der persischen Zeit zu datierende Subphase (Horizont IV,3) zusammengestellten Daten machen es wahrscheinlich, daß die Gebäude und Strukturen des Horizonts IV,2 teilweise nicht wieder errichtet wurden (Abb. 50–56). So konnten im Bereich des ehemaligen Hauses 1 keine nennenswerten Hinweise auf eine Weiternutzung der vorhandenen Strukturen während des Horizonts IV,3 gefunden werden. Die hier erfaßten unzusammenhängenden Mauerreste und Installationen stehen in der Regel in keiner strukturellen Beziehung zu dem ergrabenen Vorgängerbau des Horizonts IV,2. Die zahlreichen im nördlichen Teil des Tells erfaßten Gruben und offenen Feuerstellen sowie mehrere Konzentrationen von Tierknochen und Keramikscherben machen zusammen mit den hier registrierten Fundstücken aber gleichzeitig deutlich, daß der Bereich während des Horizonts IV,3 weiter intensiv genutzt wurde. Für eine entsprechende Nutzung des Tell Johfiyeh in einem von der Landwirtschaft geprägten Umfeld sprechen auch die im zentralen und südlichen Teil des Fundplatzes gemachten Beobachtungen. Hier wurden die noch anstehenden Strukturen der Phase IV,2 teilweise ausgebessert, ergänzt und weiter- beziehungsweise wiederbenutzt. Radial verlaufende Verkehrswege erschlossen wahrscheinlich, wie bereits in der vorhergehenden Phase, einige der nördlich und südlich der Wege gelegenen kleinen Raumeinheiten und Kammern. Die Erschließung der im zentralen Bereich des Tells ergrabenen kleinen Räume konnte hingegen nicht immer geklärt werden. Gleiches gilt für ihre exakte stratigraphische Stellung. Hier konnte nicht immer abschließend entschieden werden, ob sie auf Vorgängerstrukturen der Phase IV,2 aufbauen oder in Horizont IV,3 neu errichtet wurden. Herausgearbeitet werden konnte aber, daß alle in Horizont IV,3 erfaßten Raumeinheiten eine helle, sehr kalkhaltige Begehungsfläche aufwiesen und teilweise mit

[245] Der beobachtete Wechsel von einem wahrscheinlich durchgehend bewirtschafteten Gehöft mit Haupthaus (Haus 1) und Nebengebäuden (= kleine Raumeinheit im Süden des Tells) während des Horizonts IV,2 hin zu einer eventuell nur noch saisonal genutzten landwirtschaftlichen Einheit in Horizont IV,3 muß wahrscheinlich mit administrativen Veränderungen in Verbindung gebracht werden, die Transjordanien während der persischen Periode ereilt haben. Es kann nicht ausgeschlossen werden, daß die lokalen Eliten zu dieser Zeit ihren politischen Rückhalt bei der Zentralmacht verloren haben und die von ihnen geleiteten Gehöfte und Häuser aufgeben mußten (vgl. Kap. 2.3.4.2.2 und 3.2-3.3). Kleine Gehöfte wie Tell Johfiyeh wurden in der Folgezeit eventuell nur noch saisonal benutzt und eine dauerhafte Präsenz eines „Verwalters“ war während dieser Nutzungsphase (Horizont IV,3) nicht mehr erforderlich.

verschiedenen Rauminstallationen ausgestattet waren (vgl. Abb. 68). Hierzu gehörten in die Begehungsfläche eingelassene Vorratsgefäße, ein kleiner Tabun und eine Vorratsgrube sowie verschiedene Gegenstände zur Verarbeitung landwirtschaftlicher Güter, die zeigen, daß Teile der sogenannten Lager- und Verarbeitungseinheiten (= kleine Raumeinheiten) ebenso wie die Verkehrswege während des Horizonts IV,3, weiterbenutzt wurden (vgl. Abb. 65). Des weiteren wurden zahlreiche offene Feuerstellen, Gruben sowie Speise- und Abfallplätze (Knochen- und Keramikkonzentrationen) errichtet (vgl. Abb. 69), die eine stärkere Nutzung der Außenflächen durch die Bewohner des Tells während des Horizonts IV,3 nahelegen. Eine nur temporäre Nutzung der Strukturen, beispielsweise während der Saat- und Erntezeiten, kann aufgrund der Grabungsbefunde für die Folgezeit bis zum Ende der persischen Periode nicht vollständig ausgeschlossen werden. Anschließend werden die landwirtschaftlich genutzten Strukturen des Tell Johfiyeh aufgegeben und der Fundplatz (vorübergehend) verlassen.

Aus der nachfolgenden hellenistischen und römischen Periode sind nur einzelne Streufunde bezeugt. Erst nach einer längeren, mehrere Jahrhunderte andauernden Siedlungsunterbrechung lassen sich zu Beginn des Horizonts V wieder Bauaktivitäten und Fundassemblagen in Tell Johfiyeh nachweisen, die für eine erneute längerfristige Besiedlung und Nutzung des Fundplatzes sprechen (Abb. 57–62). Hierzu gehört die Sicherung und Erneuerung der sogenannten Terrasse (Locus 1002/2004, 8503), die die noch anstehende Umfassungsmauer stützt und den Fuß des Fundplatzes für eine Bebauung mit mittelgroßen rechteckigen Raumeinheiten (Locus 1014) erschließt ebenso wie die Errichtung eines kleinen Wasserreservoirs (Locus 5011) und einer kleinen Kammer (Locus 5019) am östlichen Rand des Areals 5 (vgl. Abb. 10, 58, 61, 70, 71). Zur Errichtung der genannten Strukturen wurde in den entsprechenden Bereichen der Siedlungsschutt bis zu 3,00m tief abgetragen und die freigelegten Mauerfragmente, soweit möglich, in die neu errichteten Strukturen des Horizonts V integriert. War es erforderlich, Mauern neu zu errichten, wurde das vorhandene Baumaterial wiederverwendet und um gut bearbeitete und geglättete Kalksteinblöcke ergänzt. Zu den innerhalb der Raumeinheiten und Kammern dokumentierten Funden gehörten unter anderem Glasreste, Tesserae und mehrere fast vollständig erhaltene Tongefäße, die eine Datierung der freigelegten Strukturen des Horizonts V in die (byzantinisch-)omaijadische Zeit sehr wahrscheinlich machen (vgl. Abb. 74–76). Die Verteilung der Funde und die unterschiedliche Zusammensetzung der Fundassemblagen am Fuß des Tells (Areale 1, 2, 8) und im Bereich der Zisterne (Areale 5, 12) legen es darüber hinaus nahe, daß die beiden im Südwesten und Osten des Fundplatzes freigelegten Strukturen funktional voneinander getrennt werden können. Während der Bereich um die Zisterne wahrscheinlich mit der Zubereitung und Verarbeitung von Nah-

rungsmitteln verbunden werden muß, diente die Raumeinheit am Südwesthang hingegen vorrangig Wohnzwecken. Was zur Aufgabe der Siedlung und zum endgültigen Verlassen der beschriebenen Strukturen gegen Ende des Horizonts V führte, ist unklar. Hinweise auf eine gewaltsame Zerstörung fehlen und legen eine Aufgabe des Tell Johfiyeh aus politisch-ökonomischen oder anderen Gründen während der omaijadischen Periode nahe.
Nach dieser endgültigen Aufgabe des Fundplatzes am Ende des Horizonts V war Tell Johfiyeh wahrscheinlich über mehrere Jahrhunderte dem Verfall preisgegeben bevor es schließlich in die landwirtschaftliche Nutzfläche der Umgebung miteinbezogen wurde. Wie die an der Oberfläche dokumentierten Pflug- und Grubberspuren zeigten, wurde die Fläche innerhalb der Umfassungsmauer während der letzten Jahrzehnte regelmäßig landwirtschaftlich bestellt. Die verstürzten Steine wurden teilweise abgesammelt und zur Begrenzung der umliegenden Felder genutzt. Die zu Beginn der wissenschaftlichen Untersuchungen auf der Oberfläche (Schicht 0) des Tells dokumentierten Spuren legen darüber hinaus verschiedene weitere „Nachnutzungen“ nahe. Hierzu gehören Reste von Feuerstellen, die Bestattung eines kleinen Mädchens, mehrere Raubgruben und zwei Betonreste einer Installation (Meßpunkt ?).

2.3 Keramik[246]

Insgesamt konnten während der drei Ausgrabungskampagnen in Tell Johfiyeh, die jeweils nur knapp vier Wochen dauerten, 61990 Keramikscherben quantitativ erfaßt und bestimmt werden (Tab. 1, 2). 5517 Stücke wurden als Diagnostika (Ränder, Böden, Henkel, Tüllen, Deckel, Lampen, Ständer, Siebe, Platten und besonders verzierte Bauchscherben) klassifiziert. Bei dem verbleibenden Rest handelt es sich um unverzierte Bauchscherben. Hieraus ergibt sich ein Verhältnis von Diagnostika zu Bauchscherben das ca. 1:10,2 beträgt.

---

[246] Zu den Keramikfunden der einzelnen Jahre und ihrer quantitativen Auswertung siehe auch die Ausführungen des Appendix 1, der die Ergebnisse der einzelnen Jahre (2002-2004) detailliert wiedergibt (Kap. 7.1.1).

Die naturwissenschaftliche Analyse der Keramikscherben aus Tell Johfiyeh wird von Prof. Dr. Ziad al-Sa´ad und seinen Mitarbeitern am Institute of Archaeology and Anthropology der Yarmouk Universität in Irbid, Jordanien, durchgeführt. Es ist vorgesehen, die erzielten Ergebnisse nach Abschluß der Arbeiten als separaten Beitrag in einer entsprechenden Fachzeitschrift zu publizieren.

Jahr	Bauchscherben	Diagnostika	Summe
2002	15292	1484	16776
2003	21068	2188	23256
2004	20113	1845	21958
Gesamt	56473	5517	61990

Tabelle 1: Verhältnis von Bauchscherben zu Diagnostika.

Eine Auswahl von 805 repräsentativen Scherben, die das in den Jahren 2002 bis 2004 erfaßte Keramikspektrum aufzeigen, ist auf den Tafeln 1–160 des umfangreichen Keramikkatalogs (Kap. 6.1) abgebildet und beschrieben.[247] Mit Hilfe dieser Abbildungen und den detaillierten Angaben der Appendices 3 und 4 (Kap. 7.1.3 und 7.1.4), die die Warenzusammensetzungen aller Keramikkollektionen (Appendix 3) und eine Kurzbeschreibung aller Diagnostika (Appendix 4) beinhalten, wird im folgenden der Versuch unternommen, das sehr umfangreiche Keramikkorpus aus Tell Johfiyeh vorzustellen und auszuwerten. Hierzu werden in einem ersten Schritt die in Tell Johfiyeh bezeugten Waren beschrieben, zu Warengruppen zusammengestellt und quantitativ analysiert (Kap. 2.3.1). Des weiteren werden die anhand der diagnostischen Scherben identifizierten Formtypen vorgestellt und ebenfalls einer quantitativen Auswertung unterzogen (Kap. 2.3.2). Den Abschluß des ersten Arbeitsschrittes, der der Gesamtassemblage der Keramikscherben vorbehalten ist, bildet schließlich eine Beschäftigung mit der Verteilung der Formtypen auf die verschiedenen Waren und Warengruppen (Kap. 2.3.3). Im Mittelpunkt eines zweiten umfangreichen Arbeitsschrittes stehen verschiedene Detailbetrachtungen zu den Keramikscherben aus Tell Johfiyeh. Anhand repräsentativer Keramikkollektionen aus gesicherten und ungestörten Kontexten werden für die Horizonte I–V jeweils charakteristische Scherben vorgestellt, beschrieben und anhand von Vergleichsstücken chronologisch eingeordnet (Kap. 2.3.4). Der dritte und letzte

[247] Sofern nicht explizit anders vermerkt, beziehen sich die Tafelangaben des Kapitels 2.3 immer auf den Keramikkatalog (Kap. 6.1), dessen Gliederung in drei unterschiedlich große Abschnitte anhand der Warengruppen 1-3 (Kap. 2.3.1.1) erfolgte. Innerhalb dieser drei von den Warengruppen vorgegebenen Teilen sind die abgebildeten Gefäße und Scherben nach Formentypen (vgl. Kap. 2.3.2) angeordnet. Innerhalb jeder Warengruppe folgen auf die Vorratsgefäße, Flaschen/Krüge, (Koch)-töpfe/Kratere und Schüsseln/Schalen. Falls vorhanden, schließen Böden, Henkel, verzierte Bauchscherben, Deckel, Tüllen/Ausgüsse, Lampen, Ständer, Siebe, Platten und Krugverschlüsse an. Zusammen mit den detaillierten Angaben der Appendices 3 und 4 (Kap. 7.1.3 und 7.1.4), die die Warenzusammensetzungen aller Keramikkollektionen (Appendix 3) und eine Kurzbeschreibung aller Diagnostika (Appendix 4) beinhalten, ist so eine schnelle Orientierung innerhalb des Gesamtbestandes der in Tell Johfiyeh erfaßten Keramikscherben möglich.

Arbeitsschritt ist schließlich einer Zusammenfassung der einzelnen Ergebnisse und dem Versuch vorbehalten, die Horizonte I bis V mit Hilfe der analysierten Keramikassemblagen zu datieren (Kap. 2.3.5).

Ware	Bauchscherben	Diagnostika	Gesamt	%
1	2943	731	3674	5,93
2	20395	1359	21754	35,09
3	5985	604	6589	10,63
4	14769	1549	16318	26,32
4.1	100	140	240	0,39
5	5670	366	6036	9,74
6	0	5	5	0
7	6	6	12	0,02
8	0	1	1	0
9	0	10	10	0,02
10	0	1	1	0
11	154	60	214	0,35
12	1271	145	1416	2,29
13	60	21	81	0,13
14	2198	134	2332	3,76
15	297	42	339	0,55
16	1149	218	1367	2,21
17	667	80	747	1,21
18	259	12	271	0,44
19	2	3	5	0
20	362	1	363	0,59
21	183	24	207	0,33
22	3	2	5	0
23	0	2	2	0
24	0	1	1	0
Gesamt	**56473**	**5517**	**61990**	**100**

Tabelle 2: Quantitative Verteilung der Waren auf Bauchscherben und Diagnostika.

2.3.1 Die Waren

Die in den Jahren 2002 bis 2004 in Tell Johfiyeh erfaßten Scherben repräsentieren insgesamt 24 verschiedene Waren, die wie folgt beschrieben werden können:[248]

[248] Die in den nachfolgend gegebenen Warenbeschreibungen gemachten Farbangaben basieren auf den „Munsell" - Soil Color Charts - (Baltimore 1988). Die Waren-

Ware 1[249]

Bei dieser Ware handelt es sich um eine gröbere, harte, stark mineralisch gemagerte Ware. Die Magerungspartikel sind sehr oft auf der Scherbenoberfläche gut sichtbar. Die Magerung besteht hauptsächlich aus Kalk, vermischt mit Glimmer und Quarz, die im Bruch sehr gut zu erkennen sind. Die Farbe des Kerns ist gräulich-rot bis grau-schwarz (5 YR 4/2 dark reddish gray, 5 YR 4/3 reddish brown, 5 YR 3/3 dark reddish brown und 5 YR 4/2 very dark gray). Die Oberfläche ist angerauht bis sehr gut geglättet. Die Farbe der Oberfläche ist rötlich-braun (5YR 4/4 reddish brown bis 5YR 3/3 dark reddish brown). Es können oft Schmauchspuren an der Innen- und Außenseite beobachtet werden. Die Wandungsstärke beträgt in der Regel ca. 0,5cm bis im Extremfall 1,5cm.

Ware 2

Sie ist grob und hart. Die Magerung ist oft stark organisch (teilweise etwas löchrig) aber auch kleine Steinchen, Kalk, Quarz und Basalt sind bezeugt. Als Charakteristikum kann die Kombination von Kalk und organischen Stoffen als Magerung gelten. Die Farbe des Kerns variiert von rötlich-gelb (5 YR 6/6 reddish yellow, 5 YR 5/6 yellowish red) bis rötlich-braun-grau (5 YR 5/3 reddish brown bis 5 YR 4/2 dark reddish gray). Die Oberfläche ist teilweise rauh, flüchtig verstrichen und bei einigen wenigen Gefäßen mit Rillen verziert. Die Farbe der Oberfläche ist mit der des Kerns identisch. Die Wandungsstärke beträgt zwischen 0,8cm–1,2cm.
Bemerkung: Bei einigen Stücken ist die Innen- und Außenseite sorgfältig poliert und mit einem orangenen (10 R 6/8 light red) oder bräunlichen (5 YR 5/3 reddish brown und 5 YR 3/3 dark reddish brown) Slip versehen.

Ware 3

Ware 3 ist Ware 2 sehr ähnlich, aber dünner in der Wandung und mit weniger organischen Magerungspartikeln versetzt; es dominiert im Scherbenbruch der feine Kalk. Die Oberfläche ist oft fein verstrichen. Die Farbe des Kerns ist grau (5 YR 5/1 gray). Die Farbe der Oberfläche ist mit der von Ware 2 identisch. Die Wandungsstärke beträgt zwischen 0,5cm und 1,0cm.

Ware 4

Bei Ware 4 handelt es sich nach Ware 2 um die zweithäufigste Ware in Tell Johfiyeh. Sie weist durch die sehr vielen verschiedenen Magerungspartikel

---

bestimmung erfolgte bei gutem Tageslicht. Der Bruch der Scherben wurde mit einer Lupe untersucht. Alle Waren sind, wenn nicht explizit anders vermerkt, auf der Scheibe hergestellt.

249 Bei Ware 1 handelt es sich um eine sehr charakteristische Kochtopfware.

einen relativ „bunten“ Bruch auf. Die Magerungspartikel können auch an der Oberfläche gut sichtbar sein. Die Oberfläche ist geringfügig angerauht oder weist einen rötlich bis rötlichbraunen glatten und sorgfältig polierten Überzug auf, der sehr selten auch schwärzliche Streifenbemalung aufweisen kann. Die Farbe des Kerns ist rötlich bis grau (5 YR 7/6 reddish yellow und 5 YR 5/1 gray). Die Farbe der Oberfläche ist meistens hellrot (10 R 5/6 red und 5 YR 6/6 light red). Die Wandungsstärke liegt zwischen 0,8cm und 1,0cm.

In den drei Kampagnen wurden die Stücke mit einem rötlich bis rötlichbraunen (10 R 5/8 red und 2.5 YR 4/4 reddish brown) sehr glatten und sehr sorgfältig polierten Überzug, der außen und innen auftritt, separat ausgezählt und mit der Warenunternummer 4.1 bezeichnet (s.a. Tab. 2, 5 und 7). Von dieser Variante der Ware 4 konnten insgesamt 140 Diagnostika und 100 Bauchscherben erfaßt werden, was einem Anteil von 0,39% am Gesamtscherbenaufkommen entspricht. Weiterhin wurde festgestellt, daß der charakteristische Überzug fast ausschließlich bei (Koch-)Töpfen und Schalen auftritt (80%).

Ware 5

Bei dieser Ware handelt es sich um einen relativ feinen, gut geschlämmten Ton, der mit feiner mineralischer Magerung versehen ist. Außen ist eine Bemalung möglich. Die Oberfläche ist außen und innen gut verstrichen bis geglättet. Die Farbe des Kerns ist bräunlich (5 YR 5/3 reddish brown bis 5 YR 6/6 reddish yellow und 7.5 YR 6/4 light brown). Die Farbe der Oberfläche ist mit der des Kerns identisch. Die Wandungsstärke beträgt lediglich 0,2cm bis maximal 0,7cm.

Ware 6[250]

Der Ton dieser Ware ist gelblich bis rötlich (5 YR 7/6 reddish yellow) und mittelfein bis fast grob geschlämmt. Er ist teilweise von fast überraschend grober Konsistens. Die relativ kleinen Magerungspartikel sind mineralisch (Quarz und Muscheln) und auch im Bruch noch ziemlich deutlich zu erkennen. Die Oberfläche ist gut geglättet. Der Slip zieht sich über das ganze Gefäß und ist von unterschiedlicher Qualität. Er kann poliert sein. Der Kern kann auch eine gräuliche Farbe aufweisen (5 YR 4/1 dark gray). Die Wandungsstärke beträgt meistens nur bis zu 0,3cm, kann aber auch bis zu 0,8cm betragen.

---

[250] Scherben der Ware 6 sind in der Keramikassemblage mit wenigen Einzelstücken bezeugt.

Ware 7[251]

Diese Ware ist hart gebrannt, fein geschlämmt und weist einen dichten Bruch auf, der keine sichtbaren Einschlüsse aufweist. Die Farbe des Kerns ist rötlich braun bis hellrot (10 YR 8/3 bis 8/4 very pale brown, 7.5 YR 7/8 reddish yellow und 2.5 YR 6/6 light red). Die glatte, polierte Engobe weist eine rote Farbe (2.5 YR 6/6 bis 6/8 light red und 2.5 YR 5/6 red) oder eine schwarze Farbe auf (2.5 YR 2.5/0 black). Die Wandungsstärke beträgt ca. 0,4cm, seltener 0,8cm.

Ware 8[252]

Bei dieser Ware handelt es sich um eine hart gebrannte, gut geschlämmte, mittelfeine Ware, deren Überzug etwas dunkler als der Ton ist. Der Überzug ist sehr gut geglättet und weist eine rötliche Farbe auf (5 YR 6/8 reddish yellow), während die Farbe des Kerns hellrot ist (2.5 YR 6/8 bis 5/8 light red bis red). Die Wandungsstärke beträgt 0,6cm.

Ware 9[253]

Bei dieser Ware handelt es sich um eine mittelfeine, geglättete, hartgebrannte Ware mit teilweise sichtbaren Kalkpartikeln im Bruch. Sie hat einen dünnen orangen bis rötlich-braunen (5 YR 6/8 reddish yellow) Überzug, der meistens matt ist. Die Farbe des Kerns ist identisch mit der der Oberfläche. Die Wandungsstärke beträgt 0,3cm.

Ware 10[254]

Bei dieser Ware handelt es sich um eine harte, mittelfeine, gut geschlämmte Ware, deren Oberfläche gut geglättet ist und matt bis metallisch glänzt. Die Farbe variiert von orange bis rot.

Ware 11

Es handelt sich um eine mittelfeine, fein gemagerte Ware, die teilweise eine bräunliche Magerung aufweist. Sie ist mittelhart gebrannt und teilweise flüchtig geglättet. Außen weist sie oft eine kreidige Oberfläche auf. Die Farbe des Kerns und der Oberfläche ist weißlich bis cremefarben (10 YR 8/2 white und 8/3 very pale). Die Wandungsstärke beträgt zwischen 0,4cm bis 0,8cm.

---

[251] Stücke der Ware 7 sind nur in wenigen Einzelstücken belegt.

[252] Im Jahr 2002 wurde nur eine Scherbe dieser Ware registriert. Beispiele aus den Jahren 2003 und 2004 fehlen vollständig.

[253] Scherben der Ware 9 sind nur in wenigen Einzelstücken bezeugt.

[254] Im Jahr 2002 wurde nur eine Scherbe dieser Ware dokumentiert. Für die Jahre 2003 und 2004 sind keine Beispiele belegt.

Ware 12

Es handelt sich hier um eine gröbere rote Ware, die hart gebrannt ist und mineralisch sowie organisch gemagert ist. Die Magerungspartikel sind deutlich sichtbar. Die Farbe des Kerns ist gräulich, dunkelrot (2.5 YR 4/8 red und 10 R 4/1 dark reddish gray). Die Oberfläche ist rauh und dunkelgraurötlich in der Farbe (10 R 4/1 dark reddish gray und 10 R 5/4 weak red, 2.5 YR 6/6 light red). Innen kann man öfters Schmauchspuren beobachten. Die Wandung weist außen sehr oft eine charakteristische Rillung auf. Die Ware wird meistens für Kochgeschirr verwendet. Die Wandungsstärke beträgt zwischen 0,4cm bis 0,8cm.

Ware 13

Bei dieser Ware handelt es sich um eine mittelfeine, hart gebrannte, dichte Ware mit mineralischer Magerung aus Basalt und Sand. Die Farbe des Kerns ist rötlichgelb bis hellbeige (5 YR 8/4 pink und 10 YR 8/2 white). Die Oberfläche ist meistens etwas heller, überwiegend gerippt und geglättet (10 YR 8/2 white).

Ware 14

Bei dieser Ware handelt es sich um eine sehr hart gebrannte Ware, die gut geschlämmt und mineralisch gemagert ist. Sie weist innen und außen einen graubraunen Überzug (5 YR 4/1 dark gray) und teilweise eine wässrige, weiße lineare Bemalung an der Außenseite auf. Die Außenseite ist oft gerippt. Die Farbe des Kerns ist gelblich-rot (5 YR 7/8 reddish yellow). Die Wandungsstärke beträgt 0,4cm bis 0,8cm.

Ware 15

Es handelt sich hierbei um eine hart bis sehr hart klingende, mittelfeine Ware, die mit wenigen Magerungspartikel versehen ist. Die Scherbe ist öfters mit einer Kammstrichverzierung versehen. Die Farbe des Kerns und der Oberfläche ist grau (2.5 Y N5 gray). Die Wandungsstärke beträgt 0,8 bis 1,2cm.

Ware 16

Bei dieser Ware handelt es sich um eine sehr harte, mit verschiedenen Magerungspartikeln versehene Ware. Als Charakteristikum kann ihre Bemalung gelten. Am häufigsten kommt eine dunkelrote bis rote Streifenbemalung vor, aber auch andere Dekore sind vertreten. Sie ist in der Regel außen, öfter aber auch über die Lippe und innen angebracht. Die Farbe des Kerns ist gelblich bis rot (5 YR 7/6 reddish yellow). Die Farbe der Oberfläche ist wie der Kern oder weißlich (5 YR 8/1 white), gräulich bis hellbraun (5 YR 7/1 bis 6/1 light gray-gray und 10 YR 8/3 und 8/4 very pale brown). Die Farbe der Bemalung ist in den meisten Fällen dunkelrot bis violett (10 R 4/4 weak red, 10 R 3/4 und 10 R 3/3 dusky red). Die Wandungsstärke beträgt oft 0,4cm, seltener bis 0,8cm.

Ware 17

Diese Ware ähnelt der Ware 16, sie ist aber durch einen eher fettigen Ton und einen dichten Bruch gekennzeichnet. Sie ist sehr hart und die Magerung ist sehr schlecht im Bruch zu erkennen. Die Farbe des Kerns ist wie bei Ware 16 gelblich bis rot oder grau (5 YR 5/1 gray). Die Farbe der Oberfläche ist hellbraun (10 YR 6/3 bis 5/3 pale brown bis brown, 7.5 YR 8/4 pink). Innen kann sie auch orangerot sein (5 YR 6/6 light red). Die Wandungsstärke beträgt ca. 0,5cm.

Ware 18

Bei dieser Ware handelt es sich um eine harte, mittelfeine Ware, die einen dichten Bruch aufweist. Sie ist mit Kalk, kleinen Basaltsplittern und organischem Material gemagert. Ihr Charakteristikum ist der auffallend rote Bruch und die kleinen, mittelgroßen Kalkpartikel im Bruch. Die Farbe des Kerns ist rot (10 R 5/8). Die Farbe der Oberfläche ist mit der des Kerns identisch. Teilweise ist sie auch mit einem weißlichen, dünnen und wäßrigen (10 YR 8/1 - 8/2 white und 10 YR 7/6 yellow) Slip versehen. Die Wandungsstärke liegt zwischen 0,8cm und 1,5cm.

Ware 19[255]

Es handelt sich um eine harte, mittelfeine Ware, die mit wenigen mineralischen Magerungspartikeln versehen ist. Die Außen- und oft auch die Innenseiten sind mit einer farbigen Glasur bedeckt. Die Farbe des Kerns ist rötlich-gelb (5 YR 7/8 bis 6/8 reddish yellow). Die Farbe der Glasur ist meistens braun (10 YR 4/4 dark yellowish brown) oder auch grasgrün. Die Wandungsstärke beträgt ca. 0,6cm.

Ware 20

Bei den Stücken dieser Ware handelt es sich um poröse Tonfragmente, die wahrscheinlich nicht von Keramikgefäßen stammen. Die Bruchstücke erinnern stark an die Reste eines Tabuns. Die Magerung besteht aus vielen mineralischen und organischen Magerungspartikeln, deren Verteilung unregelmäßig ist. Der Bruch erscheint körnig und geklüftet. Die Oberfläche ist

---

[255] Scherben dieser Ware wurden in den Jahren 2002 und 2004 nur in wenigen Einzelstücken gefunden. In der Fundassemblage des Jahres 2003 fand sich kein Stück dieser Ware.

sehr grob verstrichen. Der Kern und die Oberfläche ist bräunlich (5YR 5/4 reddish brown).

Ware 21

Die Ware 21 wurde erstmalig an einigen wenigen Scherben (0,04%) in der Kampagne des Jahres 2003 beobachtet. Im Jahr 2004 betrug der Anteil dieser Ware bereits 0,90%, der Gesamtanteil der Scherben insgesamt beträgt aber lediglich 0,33% (Tabelle 2). Die Scherben wurden in den beiden letzten Jahren fast ausschließlich (94,47%) in den Schichten des Tiefschnittes in Areal 3 ergraben.

Diese Ware ist relativ fein und leicht und zeichnet sich durch wenige aber trotzdem teilweise gut an der Oberfläche sichtbaren Kalk- und Basaltpartikeln aus. Die ehemals organische Magerung ist in Form von kleinen Löchern an der Innen- und Außenseite der Scherbe gut sichtbar. Der Ton ist gut geschlämmt und gleichmäßig gebrannt. Die Oberfläche ist außen und innen sehr gut verstrichen und glatt. Die Farbe der Oberfläche und des Kerns ist gelblich-braun (10 YR 7/3 very pale brown und 10 YR 6/4 light yellowish brown). Die Wandungsstärke beträgt 0,8cm.

Ware 22[256]

Bei dieser Ware handelt es sich um einen relativ feinen, hart gebrannten Ton, der fast ausschließlich mit feiner mineralischer Magerung versehen ist. Die Magerung besteht aus Basalt, Kalk, Stroh und ein wenig Schamotte. Außen und innen ist diese Ware fast vollständig mit einem weißen, fein polierten und geglätteten Farbüberzug versehen (5 YR 8/1 white). Dieser Überzug weist außen eine rote Streifenbemalung (10 R 4/6 – 4/8 red) auf. Die Farbe des Kerns ist beige bis grau (10 YR 7/2 light gray). Die Wandungsstärke dieser Scherben beträgt 0,3cm bis 0,4cm.

Ware 23[257]

Diese Ware weist einen relativ feinen Ton auf, der jedoch mit groben Kalksteinstückchen, hellen Steinchen (bis 3mm) und feinem Stroh gemagert ist. Außen und innen ist er wie bei Ware 22 vollständig mit einem weißen Farbüberzug versehen (5 YR 8/1 white) und dieser ist mit unregelmäßigen roten Farbstreifen verziert (10 R 4/6 red). Die Farbe des Kerns ist einheitlich orange (5 YR 7/6 reddish yellow). Die Wandungsstärke beträgt zwischen 0,8cm bis 1,0cm.

---

[256] Scherben der Ware 22 sind für das Jahr 2004 erstmalig belegt. Es handelt sich um wenige Einzelstücke.

[257] Scherben der Ware 23 sind für das Jahr 2004 erstmalig belegt. Es wurden insgesamt nur zwei Stücke registriert.

Im Vergleich zu Ware 22 ist bei dieser Ware der Ton gröber und poröser und weist eine andere Farbe auf.

Ware 24

Bei dieser Ware handelt es sich um einen feinen, sehr hart gebrannten Ton, der mit einer für das bloße Auge kaum sichtbaren Magerung versehen ist. Die Magerung besteht aus Stroh, sehr kleinen Basalt- und eventuell aus Schamottestückchen. Die Farbe des Tons ist hellgrau (10 YR 6/1 light gray/gray). Charakteristisch für diese Ware ist der außen aufgetragene, stark polierte und geglättete, ca. 0,01cm dicke Überzug (2.5 Y 4/0 dark gray), der durch die Politur metallisch glänzt. Die Wandungsstärke dieser Ware beträgt 0,2cm bis 0,3cm.[258]

2.3.1.1 Warengruppen und quantitative Auswertungen

Die 24 in Tell Johfiyeh voneinander getrennten Waren können anhand des Brandes, ihrer Farbe sowie ihrer Tonzusammensetzung und Magerung zu drei Warengruppen zusammengefaßt werden:

Gruppe 1 umfaßt die sehr homogenen Waren 1 bis 5 und 21. Sie können in der Regel mit Formen verbunden werden, die ein chronologisches Spektrum abdecken, das sich von der Spätbronzezeit bis in die Eisenzeit III (Persische Periode) erstreckt. Ihr Anteil am Gesamtscherbenaufkommen beträgt 88,43% (Tab. 3). Über die Hälfte (61,41%) aller erfaßten Stücke konnte den Waren 2 und 4 zugewiesen werden (Tab. 2). Die Waren 3 mit 10,63% und 5 mit 9,74% weisen ebenfalls einen hohen Anteil am Gesamtscherbenaufkommen auf. Der Rest verteilt sich auf die verbleibenden Waren 1 und 21. Letztere wurde erstmalig im Jahr 2003 im Zusammenhang mit einem in Areal 3 angelegten Tiefschnitt erfaßt. Die in Warengruppe 1 zusammengefaßten Stücke sind alle auf der Scheibe hergestellt. Die Zusammensetzung und Konsistenz des Tons umfaßt das gesamte Spektrum von fein bis grob. Die Farbe variiert von einem leichten Beige bis hin zu einem rötlichen Braun. Die Magerung besteht gewöhnlich aus kleinen weißen, grauen und braunen Mineralpartikeln (vgl. Kap. 6.1 - Tafeln 1–133).

Gruppe 2 umfaßt die Waren 6 bis 20 und hat einen Anteil von nur 11,56% am Gesamtscherbenaufkommen (Tab. 3).[259] Innerhalb dieser Gruppe

---

[258] Ebenso wie bei den Waren 22 und 23 wurde das Einzelstück dieser Ware auch 2004 erstmalig ergraben.

[259] Die Zuweisung der Ware 20 in Gruppe 2 ist fraglich. Da es sich bei den Tonfragmenten der Ware 20 wahrscheinlich um die Bruchstücke eines Tabuns handelt, stellen sie im engeren Sinn keine Keramikscherben dar, die warenspezifisch

dominieren (Tab. 2) die Waren 14 (3,76%), 12 (2,29%), 16 (2,21%) und 17 (1,21%). Stücke der Waren 6 bis 10, 13 und 19 sind hingegen nur in geringen Mengen bezeugt. Scherben der Waren 8 und 10 konnten lediglich in der ersten Kampagne in je einem Exemplar erfaßt werden (vgl. Tab. 2 und Kap. 7.1.1 - Appendix 1). Stücke der Waren 6, 7 und 9 fanden sich hingegen in geringer Anzahl in allen drei Kampagnen. Ware 19 ist für das Jahr 2003 nicht bezeugt. Die Waren 11 und 13 erreichten bereits im Jahr 2002 ihren quantitativen Höhepunkt und ihr Anteil am Scherbenaufkommen nahm in den folgenden beiden Jahren kontinuierlich ab beziehungsweise blieb gleich. Die in Gruppe 2 zusammengefaßten Scherben sind sehr heterogen und unterscheiden sich deutlich von denen der Gruppe 1. Die mit ihnen zu verbindenden Formen datieren wahrscheinlich zu einem Großteil in „nicht-eisenzeitliche" Perioden. Einen quantitativen Schwerpunkt bilden Stücke aus der byzantinisch/frühislamischen Zeit (vgl. Kap. 6.1 - Tafeln 134–159).

Gruppe 3 umfaßt die Waren 22, 23 und 24.[260] Stücke dieser Gruppe wurden ausschließlich in der Kampagne 2004 erfaßt. Ihr Anteil am Gesamtscherbenaufkommen beträgt lediglich 0,01% (Tab. 3), was darauf zurückzuführen ist, daß diese Stücke fast ausschließlich aus den tieferen Schichten des Tiefschnittes in Areal 3 stammen. Die mit ihnen zu verbindenden Diagnostika verweisen wahrscheinlich vorrangig in die (frühe) Spätbronzezeit (vgl. Kap. 6.1 - Tafel 160).

Warengruppe (WG)	**Anzahl**	**%**
Warengruppe 1 (1–5+21)	54818	88,43
Warengruppe 2 (6–20)	7164	11,56
Warengruppe 3 (22–24)	8	0,01
Σ	61990	100

Tabelle 3: Quantitative Verteilung der gesamten Scherben auf die Warengruppen 1, 2 und 3.

Scherben der Warengruppen (WG) 1 und 2 finden sich in allen untersuchten Arealen (Tab. 4). Stücke der Warengruppe 3 nur in den Arealen 3, 6 und 8. Der jeweilige Anteil an Scherben einer Warengruppe pro Areal entspricht hierbei weitgehend der jeweils freigelegten Fläche und der Tiefe des Aus-

bestimmt werden sollten. Eine Verbindung mit einer bestimmten zeitlichen Periode ist unmöglich.

260 Die Zugehörigkeit der mit nur einer Scherbe bezeugten Ware 24 in diese Warengruppe ist sehr fraglich. Eine Datierung in die Spätbronzezeit unwahrscheinlich. Eine Verbindung der entsprechenden Scherbe mit Warengruppe 2 kann hingegen nicht ausgeschlossen werden.

hubs. Der Anteil der Warengruppe 2 von ca. 12% am Gesamtscherbenaufkommen (Tab. 3) spiegelt sich auch im Verhältnis zwischen den Warengruppen innerhalb der einzelnen Areale wider. Ausnahmen bilden hier nur die wenig abgetieften Areale und bestimmte Grabungsbereiche am Hang des Tells. So ist in Areal 1 das Verhältnis zwischen den Scherben der Warengruppen 1 und 2 annähernd ausgeglichen. In Areal 12 haben Stücke der Warengruppe 2 in der mit Horizont V verbundenen Schicht 1 noch einen Anteil von ca. 43%. Eine intensive Besiedlung dieser im südwestlichen Hangbereich und im Osten des Tells gelegenen Flächen während der Nutzungsphase (Horizont V), die mit Warengruppe 2 verbunden werden kann, ist sehr wahrscheinlich. Besonders niedrig ist der Anteil der Warengruppe 2 hingegen in den Arealen 3 (6,1%), 8 (6,6%), 4 (7,2%) und 9 (8,8%), was entsprechend eine weniger intensive Nutzung der zentralen Bereiche während des Nutzungshorizontes V vermuten läßt.

WG / Areal	**WG 1**	**%**	**WG 2**	**%**	**WG 3**	**%**	**Σ**
0	0	0	2	100	0	0	2
1	1233	51,5	1161	48,5	0	0	2394
2	4140	88,0	565	12,0	0	0	4705
3	6792	93,8	450	6,1	6	0,1	7248
4	3941	92,7	306	7,2	0	0	4247
5	6821	88,4	894	11,6	0	0	7715
6	11518	89,4	1367	10,6	1	0	12886
7	558	86,1	90	13,9	0	0	648
8	7324	93,4	517	6,6	1	0	7842
9	6676	91,2	643	8,8	0	0	7319
10	2733	88,6	350	11,4	0	0	3083
11	684	85,3	118	14,7	0	0	802
12	577	56,2	450	43,8	0	0	1027
13	410	84,5	75	15,5	0	0	485
14	1411	88,9	176	11,1	0	0	1587
Σ	54818	-	7164	-	8	-	61990

Tabelle 4: Quantitative Verteilung der Warengruppen (WG) auf die Areale 0–14 (0=Streufunde).

Auffällige quantitative Konzentrationen bestimmter Waren in einzelnen Arealen konnten von wenigen Ausnahmen abgesehen nicht beobachtet werden (Tab. 5). So fanden sich annähernd die Hälfte (49%) aller Scherben der Ware 1 (sog. Kochtopfware) in den Arealen 3, 6 und 9.

Eine entsprechend hohe Konzentration von Stücken der Ware 4.1, die häufig mit Töpfen und Schalen verbunden wird, konnte für die Areale 2 und 3 beobachtet werden. Über ein Fünftel (23,3%) aller Scherben der relativ feinen, gut geschlämmten Ware 5 wurden in Areal 8 gefunden. Weitere 22,8% der Ware 5 stammen aus Areal 6. Stücke der Ware 2, die sich häufig in Verbindung mit Vorratsgefäßen und Krügen findet, fanden sich vorrangig in den Arealen 6 (21,4%) und 5 (13,7%). Mit nur geringem Abstand folgen die Areale 8 (12,7%), 3 (11,0%) und 9 (10,5%). Scherben der Ware 21 fanden sich hingegen fast ausschließlich (95%) in Areal 3 und können hier vorrangig mit den unteren Lagen des Tiefschnitt verbunden werden.

Areal Ware	**0**	**1**	**2**	**3**	**4**	**5**	**6**	**7**	**8**
1		37	256	520	425	391	759	46	307
2		735	1779	2388	2094	2972	4657	239	2772
3		40	409	766	308	815	1051	54	739
4		282	1304	2123	924	2160	3633	176	2078
4.1		2	49	69	7	8	35	1	19
5		137	343	730	183	475	1377	42	1404
6		1				1	1		
7				1	1	3			2
8		1							
9		3		1					2
10		1							
11		36	20	2	26	78	42	1	1
12	1	381	115	101	25	186	230	15	106
13		14	11	5	7	26	6	4	3
14		223	147	127	84	297	339	44	176
15		34	5	2	4	8	267	3	4
16	1	202	155	124	60	172	160	19	68
17		153	83	37	13	59	151	2	61
18		76	25	29	17	46	39	2	9
19			1	1			1		
20		36	3	20	69	18	131		85
21				196			6		5
22				5					
23							1		1
24				1					
Σ	2	2394	428	7248	4247	7715	12886	648	7842

Tabelle 5 **(Teil 1)**: Quantitative Verteilung der Waren auf die Areale 0 bis 14.

Die verbleibenden 5% dieser Ware stammen zu gleichen Teilen aus den

Arealen 6 und 8. Auffällig ist in diesem Zusammenhang weiterhin, daß zirka ein Fünftel aller Scherben, die in Tell Johfiyeh gefunden wurden, aus Areal 6 stammen (Tab. 5)[261]. Weitere annähernd 50% der registrierten Keramikscherben verteilen sich relativ gleichmäßig auf die Areale 3, 5, 8 und 9. In der quantitativen Reihe folgen die Areale 4, 10, 1, 14, 12, 11, 13 und 2.

Areal Ware	**9**	**10**	**11**	**12**	**13**	**14**	**Σ (Gesamt)**
1	517	260	90	14	2	50	3674
2	2291	846	161	169	180	471	21754
3	1495	576	119	67	28	122	6589
4	1886	759	245	231	115	402	16318
4.1	21	11	5	3	1	9	240
5	466	281	64	93	84	357	6036
6	2						5
7	2				1	2	12
8							1
9	1			1		2	10
10							1
11	2	2		4			214
12	59	94	5	35	10	53	1416
13	2					3	81
14	422	141	64	132	42	94	2332
15	1			4	2	5	339
16	90	60	21	222	8	5	1367
17	53	48	21	52	10	4	747
18	9	4	7		1	7	271
19					1	1	5
20		1					363
21							207
22							5
23							2
24							1
Σ	7391	3083	802	1027	485	1587	61990

Tabelle 5 **(Teil 2)**: Quantitative Verteilung der Waren auf die Areale 0 bis 14.

---

[261] Tabelle 5 wird aus darstellungstechnischen Gründen in zwei Teilen wiedergegeben. Teil 1 gibt die Verteilung auf die Areale 0 bis 8 und Teil 2 auf die Areale 9 bis 14 wieder. „Areal 0" benennt sogenannte „Streufunde", d.h. Scherben deren Herkunft nicht gesichert ist.

Die Verteilung der Scherben aus den Warengruppen 1 bis 3 auf die Schichten 0 bis 7 macht deutlich (Tab. 6), daß die Stücke der Warengruppe 1 die Keramikassemlage des Tell Johfiyeh in allen Straten quantitativ absolut dominieren. Bereits in den Oberflächenkollektionen (Schicht 0) haben Scherben dieser Gruppe einen Anteil von annähernd 80%. In den nachfolgenden Schichten 1–7 steigt dieser Anteil kontinuierlich weiter und bereits ab Schicht 3 gehören über 95% der freigelegten Scherben zur Warengruppe 1. Der verbleibende Rest entfällt auf einige wenige eingespülte Stücke der Warengruppe 2 (4,9% – 1,6%) und die Scherben der Warengruppe 3, die von verstreuten Einzelstücken abgesehen, ab Schicht 5 bezeugt sind.

Schicht WG	**WG 1**	**%**	**WG 2**	**%**	**WG 3**	**%**	**Σ**
-	2585	89,7	298	10,3	-	0	2883
0	1421	79,1	376	20,9	-	0	1797
1	12030	83,1	2446	16,9	1	0	14477
2	15092	91,5	1396	8,5	-	0	16488
3	14165	95,1	724	4,9	1	0	14890
4	3736	95,5	178[262]	4,5	-	0	3914
5	942	99,6	-	0	4	0,4	946
6	205	96,7	5[263]	2,3	2	1,0	212
7	45	100	-	0	-	0	45
H0	79	74,5	27	25,5	-	0	106
H1	1631	63,7	929	36,3	-	0	2560
H2	959	61,1	611	38,9	-	0	1570
H3	1005	91,3	96	8,7	-	0	1101
H4/H5	923	92,2	78	7,8	-	0	1001
Σ	54818	-	7164	-	8	-	61990

Tabelle 6: Quantitative Verteilung der Warengruppen 1–3 auf die Schichten.

Innerhalb der Warengruppe 1 fällt auf, daß Scherben der Ware 21 erst ab Schicht 5 in nennenswerter Anzahl belegt sind (Tab. 7). Fast drei Fünftel (56%) dieser Stücke wurden in Schicht 5 gefunden. Weitere 34% stammen aus der nachfolgenden Schicht 6 und der verbleibende Rest verteilt sich

[262] Die hier genannten 178 Stücke enthalten 116 Tabunfragmente, die im engeren Sinn nicht zur Warengruppe 2 gehören. Sicher können dieser Gruppe nur 62 Scherben zugerechnet werden, was zu folgender Verteilung der Warengruppen in Schicht 4 führt: WG 1 = 98,4%; WG 2 =1,6%.

[263] Bei diesen fünf Stücken handelt es sich ausschließlich um Bruchstücke eines Tabuns, die nicht der Warengruppe 2 zugerechnet werden können. Der Anteil der Warengruppe 2 an Schicht 6 reduziert sich somit auf 0%.

vorrangig auf die Schichten 7 und 4.[264]

W/S	-	0	1	2	3	4	5	6	7
1	135	73	626	1217	1030	332	50	39	5
2	839	651	4276	5827	6141	1110	488	20	6
3	346	78	1395	2278	1668	476	73	5	13
4	980	587	4282	4162	3687	1254	160	51	5
4.1	12	1	86	78	23	20	2	8	1
5	273	31	1365	1529	1615	539	52	11	5
6			1	1	2				
7	1	1	3	4	1				
8									
9			3	4					
10									
11	34	41	50	24	11				
12	78	88	432	205	94	25			
13	28	1	18	9	5				
14	83	92	930	641	158	27			
15	22	4	21	11	239	1			
16	38	98	585	232	97	4			
17	11	26	298	157	49	4			
18	3	6	90	28	46	1			
19			2	1					
20[265]		19	13	79	22	116		5	
21				1	1	5	117	71	10
22							3	2	
23					1		1		
24			1						
Σ	2883	1797	14477	16488	14890	3914	946	212	45

Tabelle 7 **(Teil 1)**: Quantitative Verteilung der Scherben auf Waren (W) und Schichten (S).[266]

[264] Die Verbindung der vorrangig aus Areal 3 stammenden Scherben der Ware 21 mit den Schichten 4/5 bis 7 deckt sich weitgehend mit der Verteilung der in Warengruppe 3 zusammengeschlossenen Scherben. Es kann daher nicht ausgeschlossen werden, daß beide (Ware 21 und WG 3) in die Spätbronzezeit verweisen.

[265] Bei den Stücken dieser Ware handelt es sich nicht um Gefäßreste, sondern um Bruchstücke eines Tabuns.

[266] Tabelle 7 wird aus darstellungstechnischen Gründen in zwei Teilen wiedergegeben. Teil 1 gibt die Verteilung der Scherben auf die Waren der Schichten 0 bis 7 und Teil 2 auf die Schichten H0 bis H5 wieder. Die mit - gekennzeichnete Spalte enthält die Scherben, die keiner Schicht zugewiesen werden konnten.

W/S	H0	H1	H2	H3	H4 / H5	∑
1	7	46	19	40	55	3674
2	31	780	515	517	553	21754
3	5	86	89	22	55	6589
4	22	498	188	298	144	16318
4.1		2	2		5	240
5	14	219	146	128	109	6036
6			1			5
7	1				1	12
8			1			1
9			3			10
10			1			1
11		24	25	5		214
12	5	251	195	39	4	1416
13		10	9	1		81
14	6	273	95	26	1	2332
15	2	13	26			339
16	8	161	129	14	1	1367
17		105	89	8		747
18	5	65	25	2		271
19		2				5
20		25	12	1	71	363
21					2	207
22						5
23						2
24						1
∑	106	2560	1570	1101	1001	61990

Tabelle 7 **(Teil 2)**: Quantitative Verteilung der Scherben auf Waren (W) und Schichten (S).

Scherben der Warengruppe 2 sind am häufigsten in den Schichten 0 und 1 belegt. Hier stammt jeweils noch annähernd ein Fünftel (20,9% bzw. 16,9%) der dokumentierten Scherben aus der Gruppe 2. Ihr Anteil geht in den nachfolgenden Schichten 2 bis 4 kontinuierlich weiter zurück und sinkt von 8,5% in Schicht 2 auf nur noch 1,6% in Schicht 4. Es ist darüber hinaus wahrscheinlich, daß diese sehr geringen Anteile sekundär in die Schichten 2 bis 4 eingebracht wurden. Hierfür spricht neben dem geringen Anteil am jeweiligen Gesamtscherbenaufkommen der Schichten auch die Nähe der betroffenen Straten zur Oberfläche und die (sub)rezente landwirtschaftliche Nutzung der Telloberfläche. Ab Schicht 5 ist die Keramikassemblage des Tell Johfiyeh frei von Scherben der Warengruppe 2. Neben Stücken der Gruppe 1

finden sich in diesen Schichten nur noch einige wenige Scherben der Warengruppe 3. Letztere konnten vorrangig in den Schichten 5 und 6 registriert werden, wo sie einen Anteil von 0,4% (Schicht 5) beziehungsweise 1,0% (Schicht 6) am Gesamtscherbenaufkommen der jeweiligen Schicht haben (Tab. 6, 7). Ihre Verteilung auf die Straten legt ebenso wie bei den Stücken der Ware 21 eine Laufzeit der entsprechenden Scherben nahe, die von den Schichten 4/5 und 7 begrenzt wird.
Die bislang für die Schichten 0 bis 7 aufgezeigten Trends in der Verteilung von Waren auf Schichten gelten weitgehend auch für die Straten der Hangbereiche H0 bis H4 (Tab. 6 und 7). Auffällig ist jedoch, daß der Anteil der Warengruppe 2 pro Schicht hier deutlich höher ist als auf der Telloberfläche und Stücke der Warengruppe 3 fast ganz fehlen. Mehr als ein Viertel aller auf der Hangoberfläche (Schicht H0) gefundenen Scherben gehören zu Warengruppe 2. Ihr Anteil steigt in den nachfolgenden Schichten H1 und H2 bis auf 36,3% beziehungsweise 38,9% an und macht es wahrscheinlich, daß die entsprechenden Hangbereiche während der zugehörigen Nutzungsphase (Horizont V) intensiv besiedelt wurden. Gleiches gilt für die Schichten 0 und 1 der Telloberfläche. In den tieferliegenden Schichten H3 und H4 des Hangbereichs geht der Anteil der Warengruppe 2 sprunghaft auf 8,7% beziehungsweise 7,8% zurück. Hier dominieren ähnlich wie in den entsprechenden Bereichen der Telloberfläche wieder die Scherben der Warengruppe 1 mit Anteilen von weit über 90% am Scherbenaufkommen der jeweiligen Schicht. Scherben der Ware 21 finden sich ebenso wie auf dem Tell auch am Hang nur in den unteren Schichten (Schicht H4/H5).

2.3.1.2 Zusammenfassung

In Tell Johfiyeh konnten insgesamt 24 verschiedene Waren voneinander getrennt und zu drei Warengruppen (WG 1–3) zusammengefaßt werden. Warengruppe 1 bildet mit einem Anteil von 88,43% am Gesamtscherbenaufkommen die quantitativ größte dieser Gruppen. Es folgen die Warengruppen 2 und 3 mit Anteilen von 11,46% beziehungsweise 0,01%. Scherben der Warengruppen 1 und 2 fanden sich in allen untersuchten Arealen. Stücke der Warengruppe 3 sind nur in den Arealen 3, 6 und 8 bezeugt. Nennenswerte Abweichungen von diesem Verhältnis zwischen den einzelnen Warengruppen konnten nur für die Areale 1 und 12 beobachtet werden. Hier beträgt der Anteil der Warengruppe 2 jeweils über 40% und legt eine intensive Besiedlung der betroffenen Bereiche während des Horizonts V nahe, der in der Regel mit den Scherben dieser Warengruppe verbunden werden kann. In den Arealen 3, 4, 8 liegt der Anteil der Warengruppe 2 hingegen nur zwischen 6,1% und 8,8%, was für eine weniger intensive Nutzung dieser zentralen Bereiche während des Nutzungshorizontes V spricht.
Die Verteilung der Scherben aus den Warengruppen 1 bis 3 auf die ver-

schiedenen Schichten machte deutlich, daß die Stücke der Warengruppe 1 die Keramikassemblage des Tell Johfiyeh nicht nur insgesamt, sondern auch in allen Straten quantitativ dominieren. Ab Schicht 3 gehören über 95% der freigelegten Scherben zur Warengruppe 1. Der verbleibende Rest entfällt auf einige wenige eingespülte Stücke der Warengruppe 2 (4,9% – 1,6%) und die Scherben der Warengruppe 3, die von verstreuten Einzelstücken abgesehen, erst ab Schicht 5 bezeugt sind. Ähnliches gilt für Scherben der Ware 21, die erst ab Schicht 5 in nennenswerter Anzahl belegt sind. Fast drei Fünftel (56%) dieser Stücke wurden in Schicht 5 gefunden. Weitere 34% stammen aus der nachfolgenden Schicht 6 und der verbleibende Rest verteilt sich vorrangig auf die Schichten 4 und 7. Die meisten Stücke der Warengruppe 2 fanden sich in den Schichten 0 und 1 sowie in den westlichen Hangbereichen (Schichten H0 bis H2), wo sie einen Anteil von annähernd 40% erreichen und die Annahme bestätigen, daß sich der zugehörige Horizont V unter anderem auf die Hangbereiche des Tell Johfiyeh konzentrierte.

2.3.2 Die Formtypen

Das in Tell Johfiyeh bislang erfaßte typologische Spektrum umfaßt vorrangig folgende (Gefäß-) Formen mit zahlreichen Untertypen und Varianten: (Vorrats-)Gefäße, Krüge/Flaschen, Schalen/Schüsseln und (Koch)töpfe/ Kratere. Des weiteren wurden verschiedene Böden, Henkel, verzierte Bauchscherben, Deckel, Ständer, Tüllen/Ausgüsse, Siebausgüsse, Teller/ Platten, ein Krugverschluß und Lampen registriert. Insgesamt konnten 14 verschiedene (Form)typen voneinander getrennt und benannt werden. Während die Formtypen 1 bis 10 bereits im Jahr 2002 definiert werden konnten, kamen die Typen 11 bis 13 erst in der Kampagne 2003 hinzu. Der Formtyp 14 vervollständigte schließlich im Jahr 2004 das Formenspektrum der in Tell Johfiyeh erfaßten Keramikgefäße.

Es handelt sich um folgende Gefäßtypen/-formen:[267]

1. **Typ 1** = Vorratsgefäße
   mit den Untertypen 1.01 – 1.59

2. **Typ 2** = Flaschen/Krüge
   mit den Untertypen 2.01 – 2.86

[267] Der in der folgenden Übersicht verwendete Punkt (z. B. 3.01)) zwischen der Kennzeichnung des Haupt- und Untertyps wird in den Appendices (Kap. 7.1.4) und sonstigen Ausführungen weggelassen. Aus 3.01 (Typ 3, Untertyp 01) wird somit 301. Die Bedeutung ändert sich nicht.

3. **Typ 3** = (Koch)-Töpfe/Kratere
mit den Untertypen 3.01 – 3.129

4. **Typ 4** = Schüsseln/Schalen
mit den Untertypen 4.01 – 4.109

5. **Typ 5** = Böden
mit folgenden Untertypen:
5.01 Flachboden von dem die Wandung scharf abknickt
5.02 Flachboden mit abgerundetem Übergang zur Wandung
5.03 Ringboden
5.04 Boden mit drei Füßen
5.05 Ovoider Boden
5.06 Kleiner Standfuß
5.07 Wackelboden
5.08 Runder, herausnehmbarer Boden (nur 1x im Jahr 2002 bezeugt)
5.09 Nach innen gewölbter Boden
5.10 Spitzboden

6. **Typ 6** = Henkel
mit folgenden Untertypen:
6.01 Schlaufenhenkel
6.02 Schlaufenhenkel mit Rillen
6.03 Henkelansatz
6.04 Henkelknubbe
6.05 Im Profil runder Henkel

7. **Typ 7** = verzierte/besondere Bauchscherben
mit folgenden Untertypen:
7.01 Bemalte Bauchscherben
7.02 Bauchscherben mit Einritzungen
7.03 Sonstige besondere Bauchscherben

8. **Typ 8** = Deckel
mit dem Untertyp 8.01

9. **Typ 9** = Tüllen
mit folgenden Untertypen:
9.01 Tülle
9.02 Ausguß

10. **Typ 10** = Lampen
mit dem Untertyp 10.01

11. **Typ 11** = Ständer
mit dem Untertyp 11.01

12. **Typ 12** = Siebausguß
mit dem Untertyp 12.01

13. **Typ 13** = Teller/ Platte
mit dem Untertyp 13.01

14. **Typ 14** = Krugverschluß
mit dem Untertyp 14.01

Typ	**∑**	**%**
1	385	6,98
2	922	16,71
3	1054	19,11
4	528	9,57
5	452	8,19
6	2025	36,70
7	76	1,38
8	5	0,09
9	11	0,20
10	41	0,74
11	7	0,13
12	4	0,07
13	6	0,11
14	1	0,02
∑	5517	100,00

Tabelle 8: Quantitative Verteilung der Diagnostika auf die Formtypen 1 bis 14.

2.3.2.1 Quantitative Auswertungen

Wie die quantitative Verteilung der Diagnostika auf die vorgestellten Formtypen zeigt (Tab. 8), haben die Scherben des Typs 6 (Henkel) mit 36,70% den größten Anteil an der Gesamtassemblage. Mit größerem Abstand folgen (Koch-)Töpfe (19,11%), Flaschen (16,71%), Schüsseln/Schalen (9,57%), Böden (8,19%) und Vorratsgefäße (6,98%). Die quantitativen „Schlußlichter" bilden „besondere Bauchscherben" (1,38%) und Lampen (0,74%) sowie die nur in wenigen Einzelstücken belegten Tüllen (0,20%), Ständer (0,13%),

Teller/Platten (0,11%), Deckel (0,09%), Siebausgüsse (0,07%) und ein konischer Krugverschluß (0,02%).

A / T	1	2	3	4	5	6	7	8	9	10	11	12	13	14	Σ
0		1		1											2
1	29	41	25	65	50	143	12	3	1	10					379
2	40	71	78	35	33	165	3	2		1					428
3	21	79	107	91	55	267	14		1	5					640
4	35	76	105	30	36	141	9		1	2					435
5	35	106	132	56	41	200	4			2	2		1		579
6	78	169	207	84	82	366	10		1	11	2		2		1012
7	4	10	13	2	3	19									51
8	73	94	102	48	50	215	6		2	1	1				592
9	25	133	125	46	50	224	9		3	6		4	1	1	627
10	18	74	77	22	16	123	5		1	1	2		2		341
11	3	10	22	6	8	22									71
12	6	17	12	17	12	43	2		1						110
13	3	8	8	8	8	29	1								65
14	15	33	41	17	8	68	1			2					185
Σ	385	922	1054	528	452	2025	76	5	11	41	7	4	6	1	5517

Tabelle 9: Quantitative Verteilung der Formtypen 1–14 (T) auf die ergrabenen Areale 0–14 (A).

Scherben der Hauptformtypen 1 bis 6, die einen Anteil von über 97% an den Diagnostika haben, finden sich in allen ergrabenen Arealen (Tab. 9). Die oben bereits beschriebene quantitative Verteilung der Diagnostika auf die verschiedenen Formtypen (Tab. 8) spiegelt sich auch in der Verteilung der Formtypen auf die einzelnen Areale weitgehend wider. So bilden die Henkel (Typ 6) gefolgt von den (Koch-)Töpfen (Typ 3) und den Flaschen/Krügen (Typ 2) die jeweils größten Formgruppen in den Arealen 2, 4, 5, 6, 7, 8, 9, 10, 11, 13 und 14. Abweichend hiervon folgen in Areal 1 auf die Henkel Scherben der Formtypen 4 (Schalen/Schüsseln) und 5 (Böden). In Areal 3 wird der dritte Platz von den Schalen/Schüsseln (Formtyp 4) eingenommen.

Betrachtet man die quantitative Verteilung jedes einzelnen Formtyps auf die verschiedenen Areale (Tab. 9), so wird deutlich, daß die Anzahl von Scherben eines Formtyps pro Areal jeweils weitgehend der freigelegten Fläche und Tiefe des Aushubs entspricht. Auffällige quantitative Konzentrationen konnten nicht beobachtet werden. Erwähnenswert ist dennoch, daß zirka ein Drittel aller Flaschen/Krüge (Typ 2) und (Koch)-Töpfe (Typ 3) aus den Arealen 6 und 9 stammen. Von den Schalen/Schüsseln (Typ 4) entfällt hingegen nur ein Viertel auf diese Areale. Ein weiteres Fünftel der Schalen/Schüsseln stammt aus Areal 3. Der quantitativ stärkste Formtyp der

Henkel (Typ 6) fand sich zu einem Drittel in den Arealen 3 und 6. Ein weiteres Fünftel der Henkel stammt aus den Arealen 8 und 9.
Die wenigen Stücke der Formtypen 7 bis 14 (2,7%) verteilen sich sehr heterogen auf die Areale 1 bis 14 (Tab. 9). So finden sich Deckel aus Ton (Typ 8) vorrangig in den Hangbereichen der Areale 1 und 2.[268] Gefäßständer (Typ 11) wurden nur für die Areale 5, 6, 8 und 10 dokumentiert, in denen sich gleichzeitig über die Hälfte aller Vorratsgefäße (52,88%) mit Spitz-/Rundboden fanden. Siebausgüsse (Typ 12; Tafel 133,01–02) und ein charakteristischer konischer Krugverschluß (Typ 14; Tafel 128,02)[269] wurden ausschließlich in Areal 9 registriert und können wahrscheinlich mit dem eisenzeitlichen Haus 1 des Horizontes IV,2 verbunden werden (vgl. Abb. 44, 53). Ähnliches gilt wahrscheinlich für einen Großteil der Lampen. Über 40% der bezeugten Stücke stammen auch hier aus den mit Haus 1 verbundenen Arealen 6 und 9.[270] Ein weiteres Viertel der Lampen stammt aus Areal 1 und kann mit der Besiedlung der südwestlichen Hangbereiche während des Horizonts V in Verbindung gebracht werden (vgl. Abb. 58).[271]
Die Verteilung der verschiedenen Formtypen auf die Schichten 0 bis 7 zeigt (Tab. 10), daß Exemplare der Hauptformtypen (Typ 1–6) in fast allen Schichten des zentralen Tellbereichs bezeugt sind. Ausnahmen bilden lediglich die ausschließlich im Tiefschnitt des Areals 3 erfaßten Schichten 6 und 7. Hier fanden sich nur Scherben der Formtypen 2 bis 6 (Schicht 6) beziehungsweise 3, 4 und 6 (Schicht 7). Die bereits mehrfach im Zusammenhang mit der Beschreibung der Formtypen beobachtete quantitative Abfolge mit Henkeln (Typ 6) an erster Stelle, gefolgt von (Koch-)Töpfen (Typ 3) und Flaschen/Krügen (Typ 2) gilt in Teilbereichen auch für die Verteilung der Typen auf die Schichten. Eine entsprechende quantitative Abfolge der Formtypen 6, 3, 2 konnte auf der Oberfläche des Tells (Schicht 0) und den nachfolgenden Schichten 1 bis 3 beobachtet werden. In Schicht 4 wird der dritte Platz dann von den Schalen/Schüsseln (Typ 4) eingenommen und in Schicht 5 ist Platz zwei gleich dreifach von den Typen 3, 4 und 5 belegt. Betrachtet man die quantitative Verteilung jedes einzelnen Hauptformtyps (1–6) auf die verschiedenen Schichten (Tab. 10), so wird deutlich, daß die

---

268 Vgl. Kap. 6.1, Tafel 158,01-02 mit Stücken, die auf den Horizont V und der mit ihr verbundenen byzantinisch-omaijadischen Zeit verweisen.

269 Ein ähnliches Stück aus Tell Deir Alla wird von den Ausgräbern in die Eisenzeit II (spät) datiert (van der Kooij u. Ibrahim 1989:94, Abb.65, „Iron Age II B").

270 Zu Beispielen, die in Areal 9 gefunden wurden, vgl. Kap. 6.1, Tafeln 130,02 und 131,01-02 sowie 131,05.

271 Vgl. Kap. 6.1, Tafel 159,01 und 159,03-05. Vergleiche mit Stücken von der Zitadelle in Amman legen eine Datierung dieser Stücke in die omaijadische Zeit nahe (Almagro, Jimenez, Navarro 2000:449, Abb.6).

Anzahl von Scherben eines Formtyps pro Schicht jeweils weitgehend der freigelegten Fläche und Tiefe des Aushubs entspricht. Auffällige quantitative Konzentrationen konnten, von wenigen Ausnahmen abgesehen, nicht beobachtet werden. So fanden sich über drei Fünftel der Vorratsgefäße (Typ 1) in den Schichten 2 und 3. Scherben der Formtypen 2 und 3 haben in den Schichten 1 bis 3 sogar einen Anteil von über vier Fünfteln.

Die wenigen Stücke der Formtypen 8 bis 14 finden sich fast ausschließlich in den Schichten 1 bis 3 (Tab. 10). Lediglich Lampen (Typ 10) sind auch im Oberflächenmaterial (Schicht 0) und der Schicht 4 bezeugt. Abweichend von dem genannten Trend fanden sich darüber hinaus Deckel (Typ 8) nur in Schicht 2, Siebausgüsse (Typ 12) ausschließlich in den Schichten 2 und 3 und ein nur einmal belegter konischer Krugverschluß (Typ 14) in Schicht 3.

Die bislang für die Schichten 0 bis 7 aufgezeigten Trends gelten weitgehend auch für die Straten H0 bis H4 im Hangbereich des Tells. Die Formtypen 1 bis 6 sind auch hier in allen Schichten bezeugt und Henkel (Typ 6) dominieren die jeweilige Keramikassemblage. Der Anteil der Flaschen/Krüge (Typ 2) ist jedoch hier etwas größer als auf dem Tell. Auffällige quantitative Konzentrationen bestimmter Formtypen in einzelnen Straten konnten nicht beobachtet werden. Auffällig ist aber, daß Stücke der Formtypen 12 bis 14 am Hang gar nicht belegt sind und sich nur je ein Exemplar eines Ständers (Typ 11 - Schicht H4) und einer Tülle/Ausguß (Typ 9 - Schicht H2) fand.

T / S	-	0	1	2	3	4	5	6	7	H0	H1	H2	H3	H4/5	Σ
1	19	10	53	97	97	22	7			1	26	26	19	8	385
2	57	22	218	258	225	39	8	1		3	36	30	18	7	922
3	51	23	224	329	251	68	10	5	1	2	24	22	24	20	1054
4	32	16	118	126	79	45	10	5	1	3	36	44	7	6	528
5	26	3	82	115	97	30	10	1		1	26	37	11	13	452
6	137	45	351	572	478	129	13	3	2	5	100	110	58	22	2025
7	6	2	12	13	13	7	4	4		1	4	7	2	1	76
8				2							2		1		5
9			3	3	4							1			11
10	2	1	4	8	13	2					3	7	1		41
11			2	2	2									1	7
12				3	1										4
13			3	1	2										6
14					1										1
Σ	330	122	1070	1529	1263	342	62	19	4	16	257	284	141	78	5517

Tabelle 10: Quantitative Verteilung der Formtypen 1–14 (T) auf die verschiedenen Schichten (S).

2.3.3 Waren und Formen: Versuch einer Korrelation

Nach der Vorstellung der in Tell Johfiyeh bezeugten Waren und Formen wird im folgenden der Versuch unternommen, die beiden Aspekte miteinander zu verbinden. Hierzu wird in einem ersten Schritt die quantitative Verteilung der verschiedenen Formtypen auf die Waren 1–24 herausgearbeitet und beschrieben. In einem zweiten und abschließenden Schritt soll dann das Verhältnis zwischen den Warengruppen 1 und 2 sowie den 14 verschiedenen Formtypen näher betrachtet werden.

Typ / Ware	1	2	3	4	5	6	7	8
1	3	49	561	10	5	95	8	0
2	294	93	83	29	91	749	12	0
3	4	311	64	30	21	169	2	0
4	45	269	227	174	170	607	24	0
4.1	1	3	54	57	16	8	1	0
5	22	65	44	52	40	135	4	0
6	0	0	1	1	1	2	0	0
7	0	0	0	1	2	1	1	0
8	0	0	0	1	0	0	0	0
9	0	0	0	7	1	2	0	0
10	0	0	0	0	1	0	0	0
11	0	1	1	12	21	24	1	0
12	3	30	3	38	7	60	1	3
13	0	1	0	0	2	18	0	0
14	0	39	2	13	4	74	1	0
15	11	2	0	12	12	3	1	0
16	0	39	3	51	44	53	11	2
17	0	19	5	23	10	20	1	0
18	2	1	1	1	0	5	2	0
19	0	0	0	3	0	0	0	0
20	0	0	0	0	0	0	0	0
21	0	0	4	11	3	0	5	0
22	0	0	0	1	0	0	1	0
23	0	0	1	1	0	0	0	0
24	0	0	0	0	1	0	0	0
Σ	385	922	1054	528	452	2025	76	5
%	6,98	16,71	19,11	9,57	8,19	36,70	1,38	0,09

Tabelle 11 **(Teil 1)**: Quantitative Verteilung der Formtypen (1 bis 8) auf die definierten Waren 1–24.

Typ / Ware	9	10	11	12	13	14	∑ (Gesamt)
1	0	0	0	0	0	0	731
2	0	0	4	2	1	1	1359
3	0	1	2	0	0	0	604
4	5	22	0	2	4	0	1549
4.1	0	0	0	0	0	0	140
5	2	2	0	0	0	0	366
6	0	0	0	0	0	0	5
7	0	1	0	0	0	0	6
8	0	0	0	0	0	0	1
9	0	0	0	0	0	0	10
10	0	0	0	0	0	0	1
11	0	0	0	0	0	0	60
12	0	0	0	0	0	0	145
13	0	0	0	0	0	0	21
14	1	0	0	0	0	0	134
15	0	1	0	0	0	0	42
16	1	14	0	0	0	0	218
17	2	0	0	0	0	0	80
18	0	0	0	0	0	0	12
19	0	0	0	0	0	0	3
20	0	0	0	0	1	0	1
21	0	0	1	0	0	0	24
22	0	0	0	0	0	0	2
23	0	0	0	0	0	0	2
24	0	0	0	0	0	0	1
∑	11	41	7	4	6	1	5517
%	0,20	0,74	0,13	0,07	0,11	0,02	100%

Tabelle 11 **(Teil 2)**: Quantitative Verteilung der Formtypen (9 bis 14) auf die definierten Waren 1–24.

2.3.3.1 Verteilung der Formtypen auf die Waren und Warengruppen (Tab. 11, 12)

Betrachtet man die Warenverteilung auf die Hauptformtypen 1 bis 4, so wird deutlich, daß Typ 1 (Vorratsgefäße) am häufigsten in Ware 2 (76,36%) belegt ist. Gefäße des Typs 2 (Flaschen/Krüge) werden dagegen vorrangig in Ware 3 (33,73%) und Ware 4 (29,17%) hergestellt. Typ 3 (Töpfe) kann in über der Hälfte (53,23%) aller Fälle mit Ware 1 in Verbindung gebracht werden und Scherben des Typs 4 (Schalen/Schüsseln) sind schließlich am häufigsten in Ware 4 (32,95%) belegt. Betrachtet man die Verteilung der verschiedenen Formtypen (Tab. 12) auf die Warengruppen 1 und 2, so ergibt sich folgendes Bild[272]:

	WG 1	%	WG 2	%	WG 3	%
Typ 1	369	7,73	16	2,17	0	0
Typ 2	790	16,55	132	17,86	0	0
Typ 3	1037	21,73	16	2,17	1	20
Typ 4	363	7,61	163	22,06	2	40
Typ 5	346	7,25	105	14,21	1	20
Typ 6	1763	36,94	262	35,45	0	0
Typ 7	56	1,17	19	2,57	1	20
Typ 8	0	0	5	0,68	0	0
Typ 9	7	0,15	4	0,54	0	0
Typ 10	25	0,52	16	2,16	0	0
Typ 11	7	0,15	0	0	0	0
Typ 12	4	0,08	0	0	0	0
Typ 13	5	0,10	1	0,13	0	0
Typ 14	1	0,02	0	0	0	0
$\sum$	4773	100%	7039	100%	5	100%

Tabelle 12: Quantitative Verteilung der Formtypen auf die Warengruppen (WG) 1, 2 und 3.

In der Warengruppe 1 folgen auf die Henkel (36,94%), (Koch-)Töpfe (21,73%), Flaschen (16,55%), Vorratsgefäße (7,73%), Schüsseln/Schalen (7,61%) und Böden (7,25%). In der Warengruppe 2 sind hingegen nach den Henkeln (35,45%) die Schüsseln/Schalen (22,06%) am zweithäufigsten belegt. Gefolgt von Flaschen (17,86%) und Böden (14,21%). (Koch-)Töpfe und Vorratsgefäße spielen mit einem Anteil von jeweils 2,17% in Warengruppe 2 kaum eine Rolle. Auffällig ist, daß Henkel und Flaschen in beiden Warengruppen einen fast identischen Anteil aufweisen, während der Anteil an (Koch-)Töpfen in der Warengruppe 2 so gering ist, daß er vernachlässigt werden kann.

Vergleicht man schließlich die beschriebene Verteilung der Diagnostika auf die beiden Warengruppen 1 und 2 mit den entsprechenden Einzelergebnissen der Jahre 2002, 2003 und 2004 so fällt auf, daß das Verhältnis kontinuierlich zugunsten der Warengruppe 1 angestiegen ist: Von 2,56:1 im Jahr 2002 über 9,94:1 im Jahr 2003 bis hin zu 13,96:1 im Jahr 2004. Der Anteil der Warengruppe 2 an den Formtypen ist somit von 28,03% (2002) über 9,14% (2003)

[272] Warengruppe 3 wird aufgrund der geringen Scherbenanzahl in der Auswertung nicht berücksichtigt.

auf nur noch 6,66% (2004) gesunken.

2.3.4 Die Keramik der Horizonte I–V: Eine Auswahl

Wie die Ausführungen zur Stratigraphie und Architektur zeigen (vgl. Kap. 2.1; 2.2), konnten in Tell Johfiyeh nicht immer homogene Materialabfolgen mit direkt übereinanderliegenden Fußböden und sonstigen Gebäuderesten ergraben werden. Einfache, leicht voneinander zu trennende vertikale Sequenzen bilden die Ausnahme und beschränken sich weitgehend auf die sehr geringe Fläche des Tiefschnitts in Areal 3. Die freigelegten Architekturreste weisen teilweise keine vertikale, sondern eine horizontale Abfolge auf. So befinden sich beispielsweise die ergrabenen Reste eines kleinen Gebäudes der Schicht 4 im westlichen Bereich von Areal 6 (Abb. 42) während die massiven Architekturreste (Haus 1) der nachfolgenden Schicht 3 sich auf das westlich anschließende Areal 9 konzentrieren (Abb. 44). Ähnliches gilt für die nachfolgenden Schichten 2 und 1. Die ergrabenen Architekturreste der Schicht 2 finden sich vorrangig in den zentralen und südlichen Bereichen des Tell (Abb. 51–53) während die Strukturen der Schicht 1 überwiegend am östlichen Rand und dem südwestlichen Hangbereich erfaßt wurden (Abb. 58, 61). Erschwert wird die Interpretation der Verhältnisse und die stratigraphische Einordnung des Materials weiterhin durch mehrere Gruben und die Nähe der freigelegten Hinterlassenschaften zur rezenten Oberfläche, die während der letzten Jahrzehnte unter Einsatz des Pfluges landwirtschaftlich genutzt wurde.

Eine genaue Fundbeobachtung und Dokumentation sowie eine kleinteilige Differenzierung anhand von Fundstellen ermöglichte es aber trotz der genannten stratigraphischen Verhältnisse für die zentrale Fläche innerhalb der Umfassungsmauer eine abgesicherte Abfolge der Fundstellen und der mit ihnen verbundenen Architekturreste, Kleinfunde und Keramik zu rekonstruieren (vgl. Matrix 2 und Kap. 7.1.2 - Appendix 2).[273] Sie bildet die Basis für die nachfolgenden Ausführungen, deren Ziel es ist, für die herausgearbeiteten Horizonte I–V (vgl. Kap. 2.1.2) jeweils eine repräsentative Auswahl an Keramikkollektionen aus gesicherten Fundkontexten vorzustellen, zu beschreiben und chronologisch einzuordnen. Hierzu werden in einem ersten Schritt die Anzahl der pro Schicht registrierten Scherben und ihre

[273] Ganz anders sieht die Situation im Hangbereich des Tells aus. Hier erlauben die während der Grabungstätigkeiten gemachten Beobachtungen und Aufzeichnungen häufig keine eindeutige Korrelation der Fundstellen und Schichten. Eine Fundstelle kann sich hier über mehrere Schichten erstrecken und eine nachträgliche Differenzierung erwies sich in der Regel als unmöglich. Des weiteren können für den zentralen westlichen Hangbereich (Areale 8(West) und 13) sekundäre Verunreinigungen (Vermischung der Kollektionen) des Fundgutes nicht ausgeschlossen werden.

Verteilung auf die verschiedenen Waren zusammenfassend aufgelistet. Es folgt die Benennung der Diagnostika pro herangezogener Fundstelle und eine Beschreibung und Analyse ausgewählter Scherben. In einem weiteren Schritt werden mit Hilfe von Vergleichsstücken aus Cis- und Transjordanien jeweils Anhaltspunkte für die Datierung einzelner Scherben und der zugehörigen Fundstellen zusammengetragen. Den Abschluß jedes (schichtenspezifischen) Abschnitts bildet schließlich der Versuch, die Einzelergebnisse der verschiedenen Fundstellen zusammenzufassen und für jede Schicht ein charakteristisches Bild der jeweils bezeugten Keramik zu zeichnen, das als Baustein für die Interpretation und zeitliche Einordnung der verschiedenen Horizonte herangezogen werden kann.
Wie die nachfolgenden Ausführungen zeigen, ist die chronologische Einordnung der Scherben aus Tell Johfiyeh anhand von Vergleichsstücken teilweise sehr schwierig. Dies ist einerseits auf die unsichere Chronologie eisenzeitlicher Keramik aus Nordjordanien zurückzuführen. Das in ausreichender Menge vorhandene Fundgut dieser Region läßt sich bislang nicht mit ausreichender Sicherheit datieren. Andererseits können datierte Scherben aus anderen Regionen Transjordaniens und Palästinas nur sehr bedingt zur Datierung nordjordanischer Stücke herangezogen werden, da die von Kamlah (2000:120) für die eisenzeitlichen Kochtöpfe herausgearbeitete sehr starke regionale Komponente auch für andere Gefäßformen nicht vollständig ausgeschlossen werden kann.[274] Feinchronologische Einordnungen sind auf der Basis derartiger Vergleiche bislang ausgeschlossen. Weitgefaßte Altersbestimmungen sind bei der Beschreibung der Keramik aus Tell Johfiyeh daher unumgänglich.[275] Auf die ansonsten übliche Unterteilung der verschiedenen Kulturperioden in Subphasen wurde bei der Beschreibung und Analyse der Keramik aus Tell Johfiyeh weitgehend verzichtet.

2.3.4.1 Horizonte I–III (Schichten 7–5 und H5–H3)

Die zu Horizont I bis III gehörenden Schichten 7 bis 5 wurden alle nur auf einer sehr geringen Fläche im Tiefschnitt des Areals 3 und den unteren Lagen des Areals 8(Ost) ergraben. Eine Interpretation und funktionale Einordnung der jeweils freigelegten Flächen ist daher in der Regel nicht möglich. Inwieweit die hier ergrabenen materiellen Hinterlassenschaften für die

[274] Für eine Zusammenstellung publizierter Keramik aus Palästina vgl. beispielsweise Herr (1996).

[275] Es soll jedoch nicht unerwähnt bleiben, daß mit dem hier vorgelegten Material aus Tell Johfiyeh eine Basis geschaffen wurde, die es neben den Ausgrabungen von Tell el-Fukhar und einer von Nasser al-Hindawi (n.d.) vorgelegten Dissertation zur eisenzeitlichen Keramik aus Tell Yamoun in Zukunft erlauben wird, eine feinteilige Keramikchronologie für die Eisenzeit zu erstellen.

jeweilige Schicht als repräsentativ gelten können, ist weitgehend unklar. Dies gilt auch für die hier erfaßten Keramikscherben. Sie können nur erste Einblicke in die jeweiligen Gegebenheiten und chronologischen Rahmenbedingungen geben und zusammen mit den Kleinfunden (vgl. Kap. 2.4) und, soweit ergraben, der Architektur (vgl. Kap. 2.2) zur begründeten Hypothesenbildung herangezogen werden. Allgemeine Aussagen zur Keramik und den Verhältnissen in den frühen Schichten des Tell Johfiyeh sind auf der sehr eingeschränkten materiellen Grundlage nur bedingt möglich.

2.3.4.1.1 Schicht 7

Die insgesamt nur 45 registrierten Scherben der Schicht 7 stammen ausschließlich aus den unteren Lagen (Loci 3051, 3052, 3053) des Tiefschnitts in Areal 3. Sie gehören alle zur Warengruppe 1 und die fast nur in den Schichten 5 bis 7 bezeugten Scherben der Ware 21 haben einen Anteil von über 22%. Der Rest verteilt sich auf die Waren 1 bis 5.[276] Bei den vier als Diagnostika identifizierten, teilweise sehr schlecht erhaltenen Stücken handelt es sich wahrscheinlich um ein Schalenfragment (FN 3203.01), zwei zusammengehörende Bruchstücke eines Henkels (FN 3206.02–03) und das Randstück eines kleinen Kraters (FN 3206.01; Taf.82,03).[277] Letzterer weist einen nach innen und außen verdickten, im unteren Drittel mit mehreren feinen Rillen verzierten Rand auf, der an eine kleine Knubbe erinnert.[278] Eine Verbindung dieser Form mit der Spätbronzezeit ist nach Amiran (1969:216) nicht ausgeschlossen.[279]
Abgesicherte Aussagen zur zeitlichen Stellung der Fundstellen 3051 bis 3053 und der von ihnen repräsentierten Schicht 7 sind auf der Basis der genannten Keramikscherben und des sonstigen Fundguts nahezu unmöglich. Für den Moment kann nur festgehalten werden, daß der Anteil der Scherben der Ware 21 in den Fundstellen der Schicht 7 relativ hoch ist und die herangezogenen Vergleichsstücke wahrscheinlich in ein Zeitfenster gehören, das mit der Spätbronzezeit verbunden werden kann.

2.3.4.1.2 Schicht 6

In der ebenfalls nur im Tiefschnitt des Areals 3 erfaßten Schicht 6 konnten

---

[276] Vgl. die Angaben der Appendices 3 und 4 (Kap. 7.1.3 - 7.1.4) sowie die Ausführungen des Kapitels 2.3.1 (Tabelle 7) zur Verteilung der Waren auf die Schichten.

[277] Diagnostika fanden sich nur in den Fundstellen 3051 und 3052.

[278] Inwieweit eine Verbindung mit den für Nordjordanien sehr charakteristischen rillenverzierten Kateren besteht, für die Kamlah (2000:123-127) eine Laufzeit vom 12. bis in das 7. Jh. v. Chr. angibt, ist unklar.

[279] Vgl. auch Amiran (1969:218,Pl.69.6).

in insgesamt drei Fundstellen (Loci 3050, 3049, 3048) weitere 212 Scherben der Warengruppen 1 und 3 erfaßt werden. Stücke der Ware 21 haben hier einen Anteil von über 33% an den registrierten Scherben und machen Schicht 6 zum quantitativen Zentrum dieser Ware. Weiterhin weist Schicht 6 erstmalig zwei Stücke der Ware 22 (Loci 3049, 3048) auf, die mit Scherben des „chocolate on white“ Typus verbunden werden können. Von den insgesamt 19 Diagnostika der Schicht 6 fanden sich zwei Scherben in Fundstelle 3050 (FN 3201.01–02), vier weitere in Locus 3049 (FN 3197.01–04) und 13 in Locus 3048 (FN 3192.01–13). 15 dieser Scherben und somit annähernd vier Fünftel der in Schicht 6 gefundenen Diagnostika wurden in den Keramikkatalog aufgenommen und dort beschrieben.[280]
Bei den beiden Stücken aus Fundstelle 3050 handelt es sich um eine kleines Tonfragment (Taf.125,04), das an ein „Tontäfelchen“ ohne Schriftzeichen oder eine Bulle erinnert und das Bruchstück eines Gefäßrandes (Taf. 86,04), das wahrscheinlich mit Formtyp 3 (Topf/Krater) verbunden werden muß. Die Datierung und funktionale Einordnung beider Fundstücke ist weitgehend unklar. Für das kleine, mit Formtyp 3 in Verbindung gebrachte Randstück der Ware 21 (Taf. 86,04) kann aber nicht ausgeschlossen werden, daß es zu einem Typus von mittelgroßen Krateren gehört, die von Amiran (1969:132, Pl.41; 219,Pl.70.2–3) mit der Spätbronzezeit verbunden werden.
Ähnliches gilt auch für die vier diagnostischen Scherben des Formtyps 3 (Töpfe/Kratere) und 4 (Schalen/Schüsseln), die in der Fundstelle 3049 (FN 3197.01–04) erfaßt wurden.[281] Es handelt sich erstens um ein stark zerstörtes Bruchstück eines Keramikgefäßes (Taf. 82,02) dessen rekonstruierte Form an einen Krater erinnert, dem Kamlah (2000:Taf.85:10) für Nordjordanien eine Laufzeit vom 12. bis in das 7 Jh. v. Chr. zuweist.[282] Das zweite diagnostische Stück aus dieser Fundstelle (Taf. 86,05) gehört wahrscheinlich ebenfalls zu einem Krater. Die Form der Randgestaltung entspricht hier weitgehend dem in Fundstelle 3050 erfaßten und oben beschriebenen Stück (vgl. Taf. 86,04). Eine entsprechende zeitliche Einordnung in die Spätbronzezeit liegt nahe und wird von einem auch in der Ware sehr ähnlichen Stück aus dem spätbronzezeitlichen Pella (Tabaqat Fahl) gestützt (Potts et al.

---

[280] Es handelt sich um: 1. Locus 3050: Tafeln 86,04; 125,04; 2. Locus 3049: Tafeln 75,05; 82,02; 86,05; 96,02; 3. Locus 3048: Tafeln 44,03; 89,04; 108,04-05; 110,06; 114,05; 124,08; 125,03; 160,05.

[281] Erwähnenswert ist auch eine unverzierte Bauchscherbe der Ware 22 (vgl. Kap. 7.1.3 - Appendix 3), die aufgrund ihres gut polierten cremig-weißen Überzugs zum „chocolate on white“ Typus gerechnet werden kann und einen Hinweis auf die (frühe) Spätbronzezeit liefert.

[282] Die von Kamlah beschriebene Gefäßform ist größer als das beschriebene Stück aus Tell Johfiyeh und weist eine Rillenverzierung auf.

1988:135, Fig. 10:3). Die dritte Scherbe des Formtyps 3 gehört schließlich zu einem großen Krater, dessen Lippe mit roten Farbstreifen verziert war (Taf. 75,05). Eine Datierung in die Spätbronzezeit ist wahrscheinlich aber nicht abschließend gesichert.[283] Die letzte diagnostische Scherbe der Fundstelle 3049 wurde im Katalog (Kap. 6.1) und den Appendices (Kap. 7) mit Formtyp 4 (Schüssel/Schale) in Verbindung gebracht (Taf. 96,02) obwohl nicht mit Sicherheit ausgeschlossen werden kann, daß das schlecht erhaltene, sehr kleine Scherbenfragment (FN 3197.02) beim Anfertigen der Rekonstruktionszeichnung falsch ausgerichtet wurde. Stellt man den Rand etwas weiter nach außen, so erhält man nämlich einen weiteren Krater (Formtyp 3), dessen Randform und Ware sich problemlos in die bereits beschriebene Assemblage von Gefäßen der Schicht 6 einreihen läßt. Enge Parallelen bezüglich der Randform und Ware lassen sich insbesondere mit dem in Fundstelle 3050 erfaßten Krater (Taf. 86,04) aufzeigen und machen daher eine ähnliche Datierung wahrscheinlich.

Bei den 13 Diagnostika der Fundstelle 3048 (FN 3192.01–13) handelt es sich um vier Stücke des Formtyps 4 (Schüsseln/Schalen), je drei Scherben der Formtypen 6 (Henkel) und 7 (verzierte Bauchscherben) sowie je ein Exemplar der Formtypen 2 (Krüge/Flaschen), 3 (Töpfe/Kratere) und 5 (Böden/Füße). Insgesamt 13 dieser Scherben sind im Katalog abgebildet (FN 3192.01–04; 3192.06–07; 3192.11–13) und werden im folgenden beschrieben und analysiert. Die mit Formtyp 2 in Verbindung gebrachte Scherbe (Taf. 44,03) gehört wahrscheinlich zu einer Flasche mit langem, schmalen Hals und einem ausgeprägten Rand, dessen Lippe leicht abgeschrägt nach außen zieht. Auffällig sind die deutlichen Drehspuren im Inneren der Scherbe und eine kleine Rille direkt unterhalb des Randes, die außen um den Hals des Gefäßes läuft. Ein in Form und Ware sehr ähnliches Stück aus Pella (Tabaqat Fahl) wird von den Ausgräbern in die Spätbronzezeit datiert (Potts et al. 1988:135,Fig.10:8). Eine ähnliche Datierung kann auch für die einzige Scherbe der Fundstelle 3048 angenommen werden (Taf. 89,04), die mit Formtyp 3 verbunden wurde obwohl ihre typologische Klassifikation nicht abschließend geklärt ist. Der für einen Krater sehr geringe Randdurchmesser von nur ca. 10cm schließt nicht aus, daß es sich bei dieser Scherbe der Ware 21 (FN 3192.04) auch um den Rand eines Pokals handeln könnte, wie er nach Amiran (1969:213–214,Pl.68:I,4–5) für die Spätbronzezeit charakteristisch ist. Die Verbindung der nächsten hier zu nennenden Scherbe (Taf. 114,05) mit Formtyp 5 ist hingegen wieder eindeutig. Es handelt sich um einen Ringboden der Ware 21 (FN 3192.07), der wahrscheinlich als

[283] Einer ähnlichen Gefäßform ohne Randbemalung aber mit einer Rillenverzierung schreibt Kamlah (2000:Taf.46:7) für Nordjordanien wiederum eine Laufzeit vom 12. bis ins 7. Jh. v. Chr. zu.

Standfuß eines Kelches oder einer (Frucht-)Schale fungierte.[284] Entsprechende Gefäße werden von Amiran (1969:129–131; 213–214) in die Spätbronzezeit datiert. Vergleichsstücke aus Pella (vgl. Homés-Fredericq u. Franken 1986:136–137,Abb.356–359) und Katarat es-Samra (vgl. Hendrix, Drey, Storfjell 1997:150–151,Abb.167) datieren ebenfalls in die Spätbronzezeit. Einen Eindruck davon, wie die auf diesen Ringböden aufsitzenden Schalen in Tell Johfiyeh ausgesehen haben könnten, liefert eine weitere Scherbe der Ware 21 aus Fundstelle 3048 (FN 3192.03). Die Form dieses zu Formtyp 4 gehörenden Bruchstücks erinnert an eine kleine Schale mit einer leicht verdickten Lippe, die schwach nach innen zieht (Taf. 110,06). Form und Größe des mit dieser Scherbe zu verbindenden Gefäßes machen es wahrscheinlich, daß die relativ flache Schale ursprünglich das Oberteil einer sogenannten Fruchtschale gebildet hat. Inwieweit sie jedoch mit dem oben genannten Ringboden (Taf. 114,05) der Ware 21 eine funktionale Einheit bildete, konnte nicht geklärt werden. Eine Datierung der Schale in die Spätbronzezeit ist wahrscheinlich (vgl. Homés-Fredericq u. Franken 1986:142, Abb.384).[285] Gleiches gilt für zwei weitere kleine Schalen (Taf. 108,04; 108,05) mit einem roten Überzug, die in Fundstelle 3048 erfaßt wurden. Auch hier (FN 3192.02; 3192.06) verweisen Form und Ware sowie Vergleichsstücke aus Pella in die Spätbronzezeit (vgl. Potts et al. 1988:135,Fig.10:12).[286] Bei den letzten Diagnostika der Schicht 6, die hier vorgestellt werden sollen, handelt es sich um drei unterschiedlich verzierte Bauchscherben (FN 3192.11–13). Das erste Stück (Taf. 125,03) ist innen und außen mit einem Slip versehen und weist auf der Oberfläche eine Ritzung auf, die aus drei Linien besteht. Die Linien sind so angeordnet, daß insgesamt sechs Quadrate entstehen. Die Verbindung dieser Scherbe mit Ware 2 und ihre ungewöhnliche Stärke machen es wahrscheinlich, daß es sich um das Fragment eines Vorratsgefäßes handelt. Eine weitere funktionale und zeitliche Einordnung des Stückes ist nicht möglich. Ähnliches gilt für die zweite Bauchscherbe mit einer Ritzverzierung aus Fundstelle 3048 (Taf. 124,08). Diese Scherbe der Ware 21 weist fünf feine,

---

[284] Ein ähnlicher Ringboden wurde auch in Schicht 4 (Locus 6058; FN 6251) des Areals 6 gefunden. Vgl. Tafel 114,06.

[285] Folgt man Amiran (1969:213-214, Pl.68), so handelt es sich bei den sogenannten „Fruchtschalen" um eine seit der Spätbronzezeit bekannte Gefäßform. Eine ähnliche Schale aus „Area IIIC, Phase V" in Pella (Hennessy et al. 1983:335, Fig.6:9) verweist sogar in die (frühe) Spätbronzezeit. Vgl. auch eine bei Hendrix, Drey und Storfjell (1997:161, Abb.190, „Iron I") abgebildete Schüssel, die ein ähnliches Randprofil wie die beschriebene Schale aus Tell Johfiyeh aufweist.

[286] Vgl. auch die von Amiran (1969:127,Pl.38:20) in die Spätbronzezeit IIB datierten Stücke.

dicht beieinanderliegende parallele Ritzungen auf, die das ehemalige Gefäß wahrscheinlich umlaufen haben. Die feinen Ritzungen gleichen der Verzierung eines Kraters, der in Fundstelle 3052 erfaßt wurde (vgl. Taf. 82,03). Inwieweit es sich jedoch bei der Bauchscherbe (FN 3192.12) um das Fragment eines rillenverzierten Kraters handelt, bleibt unklar. Bei der dritten und letzten hier zu besprechenden Scherbe des Formtyps 7 (Taf. 160,05) handelt es sich um eine verzierte Bauchscherbe der nur mit zwei Exemplaren in Schicht 6 bezeugten Ware 22.[287] Das vorliegende Stück ist verziert und gehört zum „chocolate on white" Typus (vgl. Amiran 1969:158–160; Donnelly 2004:97–99). Es handelt sich um eine sehr feine Scherbe, die mit einem für diese Ware charakteristischen, sehr gut polierten, cremig-weißen Überzug versehen ist. Die Oberfläche weist darüber hinaus eine geometrische, mit rotbrauner Farbe aufgetragene Verzierung auf, die aus zwei durch gerade Linien voneinander getrennten Wellenlinien besteht (Taf. 160,05). Wie Vergleichsstücke aus Pella und Tell Deir Alla zeigen, findet sich dieses Motiv auf verschiedenen Gefäßformen wie Schalen (Homés-Fredericq u. Franken 1986:135–136, Abb. 353), Flaschen (Potts et al. 1985:208, Abb. 3) und Pokalen (van der Kooij u. Ibrahim 1989:91, Abb. 4).[288] Rückschlüsse auf die funktionale und typologische Zugehörigkeit der verzierten Bauchscherbe sind anhand des Motivs somit nicht möglich. Eine zeitliche Zuordnung von Scherben der Ware 22 in die (frühe) Spätbronzezeit hingegen schon (vgl. Amiran 1969:158–160; Homés-Frederiq u. Franken 1986:135).[289]

Faßt man die gemachten Ausführungen zur Keramik der Schicht 6 kurz zusammen, so kann festgehalten werden, daß diese Schicht den höchsten Anteil an Scherben der Ware 21 aufweist und hier erstmalig/letztmalig in Tell Johfiyeh Stücke des „chocolate on white" Typus (Ware 22) bezeugt sind. Wie die Auswertung weiterhin zeigte, gehören Kratere und Schalen zu den quantitativ am häufigsten belegten Gefäßformen der Schicht 6. Bei letzteren kann teilweise nicht ausgeschlossen werden, daß es sich um die Oberteile sogenannter Fruchtschalen handelt. Hinzu kommen einige wenige Henkel,

---

[287] Das zweite Stück dieser Ware ist unverziert und stammt aus Fundstelle 3049 (vgl. Kap. 7.1.3 - Appendix 3).

[288] Zu der Verteilung von offenen und geschlossenen Gefäßen der „chocolate on white" Waren auf verschiedene Fundstellen in Pella vgl. die Ausführungen von Donnelly (2004).

[289] Inwieweit die für das nördliche Jordantal und Palästina beobachtete Konzentration der entsprechenden Gefäße („chocolate on white") auf die frühen Phasen der Spätbronzezeit (vgl. Amiran 1969:158-160; Homés-Frederiq u. Franken 1986:135) auch für das nordjordanische Plateau und Tell Johfiyeh gilt, ist hingegen nicht abschließend geklärt.

mehrere verzierte Bauchscherben, eine Flasche und ein sehr charakteristischer Standfuß wie er sich bei Pokalen und Fruchtschalen der Spätbronzezeit findet. Die herangezogenen Vergleichsstücke legen auch für die anderen diagnostischen Scherben der Schicht 6 eine entsprechende zeitliche Einordnung nahe und machen eine Datierung der mit ihr verbundenen Horizonte I und II (vgl. Kap. 2.1.2, Tab. 1) in die Spätbronzezeit sehr wahrscheinlich.

2.3.4.1.3 Schicht 5

Scherben der Schicht 5 fanden sich sowohl im Tiefschnitt des Areals 3 (Loci 3047 – 3045; 3030, 3028 – 3027) und den unteren Lagen des Areals 8 (Loci 8029, 8025 – 8023). Die 946 registrierten Scherben der Schicht 5 gehören zu den Warengruppen 1 und 3 (vgl. Kap. 2.3.1, Tab. 6). Der Anteil der Ware 21 beträgt hier nur noch etwas über 12% und liegt somit mehr als 20% niedriger als in Schicht 6.[290] Vier Scherben entfallen auf die Waren 22 (3 Stücke) und 23 (1 Stück), die mit Gefäßen des spätbronzezeitlichen „chocolate on white" Typus verbunden werden können. Zwei dieser Stücke (FN 3184.04; 8098.02) weisen Spuren einer Bemalung auf. Von den insgesamt 62 Diagnostika der Schicht 5[291] wurde annähernd ein Drittel (20 Stücke) im Katalog abgebildet und sollen im folgenden näher beschrieben werden.[292]
Bei den fünf diagnostischen Scherben der Fundstelle 3047 (FN 3191.01–05) handelt es sich um je ein Henkel- (Typ 601) und Flaschenfragment (Typ 206) sowie einen Flachboden (Typ 501) der Ware 21, einen Ringboden (Typ 503, Taf. 114,03) und einen kleinen flachen Standfuß (Typ 506, Taf. 117,02). Letzterer erinnert entfernt an die Böden der sogenannten Amphoriskoi, die von Amiran (1969:250 und Pl. 83:I,2–3) in die Eisenzeit I datiert

---

[290] Die keine Diagnostika aufweisenden Fundstellen 3030 und 3027 enthielten sechs beziehungsweise zwei Bauchscherben der Ware 21 (vgl. Kap. 7.1.3 - Appendix 3).

[291] Bei den Diagnostika der Schicht 5 handelt es sich um folgende Stücke (vgl. Appendix 4): 1. Locus 3047: FN 3191.01 - 3191.05; 2. Locus 3046: FN 3188.01 - 3188.04; 3. Locus 3045: FN 3184.01 - 3184.16; 4. Locus 8029: FN 8123.01 - 8123.29; 5. Locus 8025: FN 8104.01; 6. Locus 8024: FN 8101.01 - 8101.03; 7. Locus 8023: FN 8098.01 - 8098.04.

Die Fundstellen 3030, 3028, 3027 enthielten keine Diagnostika, sondern nur Bauchscherben (vgl. Kap. 7.1.3 - Appendix 3).

[292] Folgende Scherben der Schicht 5 wurden in den Katalog aufgenommen: 1. Locus 3047: Taf. 114,03; 117,02; 2. Locus 3046: Taf. 82,09; 90,06; 94,01; 3. Locus 3045: Taf. 41,05; 82,06; 94,04; 94,07; 108,06; 110,03; 110,04; 117,09; 124,05; 124,06; 124,07; 160,03; 4. Locus 8029: Taf. 26,02; 5. Locus 8024: Taf. 37,03; 5. Locus 8023: Taf. 160,01.

werden.[293] Die zeitliche Einordnung der anderen Stücke dieser Fundstelle gestaltet sich in Ermangelung von aussagekräftigen Vergleichsstücken schwierig. Die bezeugten Waren und Formtypen schließen aber auch hier eine Datierung in die Spätbronzezeit nicht aus.

Die im Tiefschnitt des Areals 3 nachfolgende Fundstelle 3046 enthielt 4 diagnostische Scherben (FN 3188.01–04) von denen je zwei mit den Waren 21 und 4 verbunden werden konnten. Es handelt sich um einen Henkel (Typ 603, FN 3188.04), eine große Schüssel (Typ 486, Taf. 94,01)[294] und zwei Töpfe/Kratere (Typ 3101, Taf. 90,06; Typ 3129, Taf. 82,09). Form und Ware schließen für das erste der beiden zuletztgenannten Gefäße (Taf. 90,06) eine zeitliche Verbindung mit der Spätbronzezeit beziehungsweise Eisenzeit I nicht vollständig aus. Ein ähnliches Stück aus Pella (Tabaqat Fahl) wird von den Ausgräbern in die frühe Eisenzeit („Early Iron Age") datiert (Hennessy et al. 1981:294,Fig.16:4). Ähnliches gilt für das kleine Fragment eines Randes (Taf. 82,09), dessen Form (nicht die Ware !) an einen eisenzeitlichen Topf erinnert.[295]

Die letzte im Bereich des Tiefschnitts erfaßte Fundstelle (3045) der Schicht 5 enthielt weitere 16 Scherben, die als Diagnostika klassifiziert wurden (FN 3184.01–16).[296] Es handelt sich um sechs Schalenfragmente (Typ 470–475), vier unterschiedlich verzierte Bauchscherben (Typ 701–703), je zwei Böden (Typ 506, 510) und Henkel (Typ 601, 603) und ein Flaschenfragment (Typ 264). Die Hälfte dieser Stücke kann mit Ware 21 und eine weitere Scherbe mit Ware 22 („chocolate on white") verbunden werden.[297] Weiterhin sind in dieser Fundstelle Stücke der Waren 3, 4 und 5 vertreten. Diagnostika der Ware 1 (Kochtopfware) fehlen hier ebenso wie in den darunterliegenden

---

[293] Bei diesen Gefäßen handelt es sich um einen bestimmten Typus kleiner, häufig bemalter Flaschen, die ihren Ursprung in der Bronzezeit haben.

[294] Die Klassifizierung als Formtyp 4 ist nicht eindeutig. Berücksichtigt man den relativ großen Durchmesser von über 28cm, dreht die Innenseite der Scherbe (Taf. 94,01) nach außen und richtet sie etwas steiler aus, so erhält man einen „rillenverzierten Krater" (Formtyp 3), dessen Form an die von Kamlah (mangels stratifizierter Vergleichsstücke) in das 12. bis 7. Jh. v. Chr. datierte Leitform 8a erinnert (Kamlah 2000:124,Taf.3:9).

[295] Vgl. ein ähnliches Fragment aus Sal, das von Kamlah (2000:Taf.58:10) ganz allgemein in die Eisenzeit datiert wird und ein Stück aus Pella (Tabaqat Fahl), das von den Ausgräbern mit der frühen Eisenzeit („Early Iron Age") in Verbindung gebracht wird (Hennessy et al. 1981:292,Fig.15:10).

[296] Einen weiteren wichtigen Fund, der mit dieser Fundstelle verbunden werden kann, stellt eine Pfeilspitze aus Eisen dar (FN 3186, Kleinfundkatalog Taf. 39,05). Vgl. auch die entsprechenden Ausführungen des Kapitels 2.4.2.1.

[297] Bei den Stücken der Ware 21 handelt es sich um fünf Scherben des Formtyps 4 (Schüsseln/Schalen) und drei verzierte Bauchscherben (Formtyp 7).

Fundstellen 3052–3046.[298] Insgesamt 12 dieser Scherben (FN 3184.01–3184.08, 3184.10–3184.11, 3184.14, 3184.16) sind im Katalog abgebildet und werden im folgenden besprochen. Die insgesamt sechs Scherben des Formtyps 4 können in zwei Gruppen unterteilt werden. Gruppe 1 (Taf. 110,03; 110,04) umfaßt runde Schalen mit einem leicht nach innen gerichteten Rand, runder Wandung und flachen oder abgerundeten Böden[299], die von Amiran (1969:192–195,Pl.60:8–14) in die Eisenzeit I datiert werden. Kamlah (2000:Taf.85:3) nennt für vergleichbare Stücke eine Laufzeit vom 12. bis 10. Jh. v. Chr. und ähnliche Schalen aus Pella (Tabaqat Fahl) werden in die Spätbronzezeit (Potts et al. 1988:135,Fig.10:6) beziehungsweise die Eisenzeit I (McNicoll, Smith, Hennessy 1982:124–125,Pl.122:3) datiert. Einen Ursprung in diesem zeitlichen Bereich haben wahrscheinlich auch die in Gruppe 2 zusammengefaßten leichten Knickwandschalen (Taf. 94,04; 94,07; 108,06), die sich durch eine nach außen gerichtete Wandung, eine nur schwach ausgeprägte Vertiefung („Knick") direkt unterhalb des Randes und einen Flach- beziehungsweise Rundboden auszeichnen.[300] Vergleichbare Stücke werden von Amiran (1969:192–195,Pl.60:1–7) und Kamlah (2000:Taf.3:5) in die Eisenzeit I datiert. Gleiches gilt für entsprechende Stücke aus Pella (McNicoll, Smith, Hennessy 1982:124–125, Pl.122:2,4). Bei einem weiteren, der Gruppe 2 zugewiesenen Stück (Taf. 160,03) handelt es sich um eine Schale (Fortmtyp 4) des „chocolate on white" Typus mit Verzierung (vgl. Amiran 1969:158–160).[301] Der gut polierte, cremig weiße Überzug und die zur Bemalung verwendete rote Farbe sind mit denjenigen identisch, die schon bei einer Bauchscherbe aus Fundstelle 3048 beobachtet und beschrieben wurden. Im Gegensatz zu der Bauchscherbe aus Fundstelle 3048 (Taf. 160,05) besteht die Verzierung bei dem vorliegenden Stück (Taf. 160,03) aber nur aus zwei parallel zueinander verlaufenden Linien, die in einem Abstand von nur ca. 1,1cm direkt unterhalb des Gefäßrandes angebracht wurden. Eine Datierung des Stücks in die (frühe) Spätbronzezeit ist sehr wahrscheinlich. Eine zeitliche Einordnung der mit Ritzungen (Taf. 124,06; 124,07), einem weißen Farbrest (Taf. 124,05) oder sonstigen Merkmalen (FN 3184.15) verzierten besonderen Bauchscherben (Formtyp 7) ist hingegen kaum möglich. Ähnliches gilt für die zwei Henkelfragmente (Typ 601, FN 3184.13; Typ 603, FN 3184.12) aus

[298] Eine Ausnahme bildet lediglich die Fundstelle 3049, die ein Einzelstück (Taf. 86,05) dieser Ware enthielt.

[299] Selten ist diese Variante der Schalen auch mit einem flachen Ringboden bezeugt (vgl. Amiran 1969:192).

[300] Vgl. Amiran (1969:Pl.38:3; Pl.39:14,18).

[301] Eine Klassifikation der Scherbe als Hals einer Flasche (Formtyp 2) erscheint auch möglich.

Fundstelle 3045. Lediglich die Verbindung von drei der vier besonderen Bauchscherben (Formtyp 7) mit Ware 21 legt hier eine Datierung dieser Stücke in die Spätbronzezeit oder Eisenzeit I nahe.[302] In den gleichen zeitlichen Horizont dürften auch die beiden in Fundstelle 3045 erfaßten Gefäßbodenfragmente (Taf. 117,09; FN 3184.09) gehören. Während der Spitzboden (Taf. 117,09) nur schwer zuzuweisen ist, könnte es sich bei dem kleinen Standfuß (FN 3184.09 - ohne Abb.) aber durchaus um den Rest einer kleinen Flasche, eines sogenannten Amphoriskos, handeln, dessen Form bis in die Bronzezeit zurückreicht und in seiner vorliegenden Form wahrscheinlich in die Eisenzeit I datiert (vgl. Amiran 1969:248–250,Pl.83I). In diese Periode verweist wahrscheinlich auch der nur sehr bruchstückhaft erhaltene Rand eines (sehr) großen Kraters (Taf. 82,06), dessen Grundform ebenfalls bis in die Spätbronzezeit zurückreicht (vgl. Amiran 1969:216–218, Pl.69:1). Ähnliches gilt schließlich auch für das noch verbleibende Fragment einer Flasche (Taf. 41,05), das an vergleichbare Stücke der Spätbronzezeit (Potts et al. 1988:135,Fig.10:8) beziehungsweise der frühen Eisenzeit (Potts et al. 1985:209,Fig.11:1; „Early Iron Age") aus Pella erinnert.
Die ebenfalls der Schicht 5 zugeschriebenen Loci des Areals 8(Ost) gehören zu zwei schmalen, als Begehungsflächen interpretierten Streifen, die sich westlich (Loci 8023, 8024, 8025) und östlich (Locus 8029) einer massiven zweischaligen Mauer erstrecken, die das nordöstliche Viertel des Areals 8 von Norden nach Süden durchläuft (vgl. Kap. 2.2.3; Abb. 26, 33). Der östliche dieser Streifen, der mit Fundstelle 8029 gleichzusetzen ist, weist im Nordosten eine große runde Störung auf (Abb. 33). Eine weitere Störung fand sich wahrscheinlich im Südosten dieses Bereichs (vgl. Abb. 40, 41).[303]
Die typologische und warenspezifische Zusammensetzung der insgesamt 29 in dieser Fundstelle (8029) registrierten Scherben unterscheidet sich leicht von derjenigen, die in Schicht 5 des Tiefschnitts (Areal 3) beobachtet

[302] Inwieweit die weißen Farbreste auf einem der Bruchstücke (Taf. 124,05) mit weißen Farbverzierungen auf Pokalen der Spätbronzezeit (Amiran 1969:Pl.40:5) oder den importierten sogenannten „white painted" Waren der gleichen Periode verbunden werden kann, ist unklar.

[303] Inwieweit diese Störungen Einfluß auf die Fundzusammensetzung der Fundstelle 8029 hatten, ist trotz sorgfältiger Grabungsbeobachtung nicht abschließend geklärt. Zu den abgebildeten Kleinfunden aus dieser Fundstelle gehören ein Webgewicht aus Kalkstein (FN 8126, Kleinfundkatalog Taf. 33,02), ein sogenannter Rollstein (FN 8127, Kleinfundkatalog Taf. 35,08), ein „Keramikknopf" (FN 8134, Kleinfundkatalog Taf. 37,05) und eine schön gearbeitete Knochenahle (FN 8133, Kleinfundkatalog Taf. 37,08). Vgl. auch die entsprechenden Ausführungen des Kapitels 2.4.

wurde.[304] So konnten in dieser Fundstelle nur Stücke der Warengruppe 1 erfaßt werden. Scherben der Waren 22 bis 24 (WG 2) fehlen vollständig. Über die Hälfte (52%) der Scherben können mit Ware 2 in Verbindung gebracht werden. Es folgen Stücke der Waren 4 und 1 mit einem Anteil von 31% beziehungsweise 17%. Bei den bezeugten Formtypen dominieren Vorratsgefäße und Henkel mit je sieben Stücken die Assemblage. Es folgen Kochtöpfe (6 Stücke) und Flaschen (5 Stücke), beide ebenfalls teilweise mit Henkeln versehen, Wackelböden (3 Stücke) und ein Schalenfragment.[305] Die Henkel (ohne Rand) sind nur in den Waren 2 (6 Stücke) und 4 (1 Stück) bezeugt und können daher in Fundstelle 8029 wahrscheinlich vorrangig mit den Scherben der Formtypen 1 (Vorratsgefäße) und 2 (Flaschen) verbunden werden. Die Kochtöpfe (Formtyp 3) sind, von einer Ausnahme abgesehen (FN 8123.23), alle in Ware 1 gefertigt und weisen teilweise ebenfalls Schlaufenhenkel auf (vgl. FN 8123.07).

Erste Hinweise auf die chronologische Einordnung der in Fundstelle 8029 registrierten Diagnostika liefern auch hier ausschließlich Vergleiche mit ähnlichen Stücken aus anderen Fundorten. So erinnern die Randstücke des erwähnten großen Vorratsgefäßes (Taf. 26,02) an ein Stück aus Tell Nimrin, das von den dortigen Ausgräbern in die Eisenzeit II datiert wird (Flanagan, McCreery, Yassine 1994:239,Fig.20:16). Inwieweit diese Datierung auf das Gefäß aus Tell Johfiyeh übertragen werden kann, ist jedoch unklar, da alle sonstigen Fundstücke dieser Fundstelle in einen anderen Zeitabschnitt verweisen.[306] So können die teilweise mit Henkeln versehenen Flaschen (Typen

---

[304] Von den in Fundstelle 8029 gefundenen Diagnostika wurde nur eine Scherbe im Katalog abgebildet (vgl. Taf. 26,02). Das Aussehen und die Form der anderen Stücke muß über den jeweiligen Typencode der Scherbe ermittelt werden.

[305] In Fundstelle 8029 wurden folgende Diagnostika erfaßt: 1. Formtyp 1: Sieben zusammengehörige Scherben (FN 8123.16-22) der Ware 2, die zu einem Vorratsgefäß (Typ 158; Taf. 26,02) gehören. 2. Formtyp 2: Insgesamt fünf Scherben (FN 8123.06; 8123.11-13; 8123.15) der Waren 2 und 4, die sich auf drei Varianten (Typ 208, 224, 245) des Formtyps verteilen. Drei Scherben der Variante 208 (FN 8123.11-13) gehören zu einer Flasche mit Henkel. 3. Formtyp 3: Sechs Scherben (FN 8123.01-03; 8123.05; 8123.07; 8123.23) der Waren 1 und 4, die sich auf sechs Varianten (Typ 303, 308, 327, 334, 336, 345) der bezeugten Kochtöpfe verteilen. 4. Formtyp 4: Schalen/Schüsseln sind nur mit einem Beispiel der Ware 4 bezeugt (FN 8123.04; Typ 499). 5. Formtyp 5: Bei den drei als Böden klassifizierten Scherben der Ware 4 (FN 8123.08-10) handelt es sich ausschließlich um Wackelböden (Typ 507). 6. Formtyp 6: Die sieben erfaßten Henkelfragmente (8123.14; 8123.24-29) der Waren 2 und 4 gehören alle zu den sogenannten Schlaufenhenkeln (Typ 601).

[306] Es kann nicht ausgeschlossen werden, daß die regionale Komponente bei diesen Gefäßen eine größere Rolle spielt als bislang angenommen und für die entsprechenden Gefäße auf dem nordjordanischen Plateau eine andere Laufzeit, die bis in die Eisenzeit I zurückreicht, angesetzt werden muß. Eine andere Erklärung

208, 245) aus Fundstelle 8029 mit den von Kamlah im Rahmen des Zeraqon Surveys als Leitform 9 bezeichneten kleinen eisenzeitlichen Vorratsgefäßen in Verbindung gebracht werden (Kamlah 2000:127–128, Taf. 12:5; 87:1,2), die für Nordjordanien eine Laufzeit vom 12. bis in das 10. Jahrhundert v. Chr. aufweisen. Ähnliche oder noch längere Laufzeiten müssen wahrscheinlich auch für einige der Kochtopfformen aus Tell Johfiyeh angesetzt werden.[307] Die chronologische Einordnung der entsprechenden Gefäße anhand von Vergleichen bereitet jedoch für das nordjordanische Plateau erhebliche Schwierigkeiten, da bei den eisenzeitlichen Kochtöpfen die regionale Komponente wahrscheinlich eine große Rolle spielt. So finden sich in Tell Johfiyeh die Varianten 303, 334 und 336 des Formtyps 3, die weitgehend mit der von Kamlah benannten Leitform 7b geglichen werden können und von Amiran (1969:Pl.75:9–16) in die Eisenzeit IIA–B datiert werden zusammen mit Stücken der Varianten 308 und 345, die anhand von Vergleichsstücken aus Tell Nimrin (Flanagan, McCreery, Yassine 1994:Fig. 21:3,6) und Pella (Hennessy et al. 1983:347, Fig.14:3,10) in die Eisenzeit I datiert werden können, in einer einzigen Fundstelle (8029) der Schicht 5. Hinzu kommt, daß sich die in Fundstelle 8029 erstmalig bezeugten Varianten der Kochtöpfe (Typ 303, 334, 336) von nun an in fast allen darüberliegenden eisenzeitlichen Schichten finden. Stücke mit einem dreieckigen Randprofil und teilweise überhängender Randleiste, die von Amiran (1969:Pl.75:1–8) für Palästina mit der Eisenzeit I verbunden werden, fehlen hingegen in der Assemblage aus Tell Johfiyeh vollständig. Die stratifizierten Scherben des Formtyps 3 aus Fundstelle 8029 legen es somit nahe, daß Amirans (1969:Pl.75) chronologische Einordnung der eisenzeitlichen Kochtöpfe nicht auf Nordjordanien übertragen werden kann (vgl. Kamlah 2000:120). Die Laufzeit einzelner Kochtopfvarianten (z.B. 303, 334, 336), die in Palästina in die Eisenzeit II datieren, beginnt in Tell Johfiyeh wahrscheinlich bereits in der Eisenzeit I.[308] Weiterhin ist in Fundstelle 8029 eine kleine tiefe Schale (Typ 499) mit einer leicht nach außen gezogenen Lippe

---

könnte darin bestehen, daß das freigelegte Vorratsgefäß nicht zur Begehungsfläche der Fundstelle 8029 gehört, sondern von einem höheren Niveau (Eisenzeit II) in diese eingetieft wurde. Weitere Detailuntersuchungen sind hier notwendig.

[307] Auffällig ist, daß die in den Fundstellen des Tiefschnitts (Areal 3) bislang kaum bezeugten Kochtöpfe der Ware 1 in Fundstelle 8029 des Areals 8 gleich in fünf verschiedenen Varianten (Typen 303, 308, 327, 334, 336) bezeugt sind. Hinzu kommt eine weitere Variante in Ware 4 (Typ 345).

[308] Inwieweit kleinteilige chronologische Differenzierungen für einzelne Formvarianten innerhalb der von Kamlah bis in das 7. Jh. v. Chr. angesetzten Laufzeit dieser Gefäße auch für Nordjordanien möglich sind, müssen quantitative Detailuntersuchungen zeigen, die auf der Basis des hier vorgelegten Materials aus Tell Johfiyeh möglich erscheinen.

bezeugt, die an Stücke der frühen Eisenzeit („Early Iron Age") aus Pella erinnert (Hennessy et al. 1981:290–291,Fig.14:4).[309] Hinzu kommen drei chronologisch nicht sicher einzuordnende kleine Wackelböden (Typ 507) und die bereits erwähnten sieben Henkel, die wahrscheinlich zu dem Vorratsgefäß (Taf. 26,02) und den Flaschen gehören. Eine entsprechende Datierung der Stücke ist wahrscheinlich.

Bei den im westlichen Bereich des Areal 8(Ost) erfaßten Fundstellen 8025, 8024 und 8023 der Schicht 5 handelt es sich wahrscheinlich um die Reste einer Begehungsfläche und ihrer direkten Auflage. Die einzige in Fundstelle 8025 gefundene diagnostische Scherbe (FN 8104.01) gehört zum Formtyp 4 (Ware 5) und erinnert an die sogenannten „runden Schalen", die bereits im Zusammenhang mit der Keramik aus Locus 3045 beschrieben wurden. Eine entsprechende Datierung in die Spätbronzezeit oder Eisenzeit I kann nicht ausgeschlossen werden.[310]

Bei den drei Diagnostika (FN 8101.01–03) der folgenden Fundstelle 8024 handelt es sich um zwei Schlaufenhenkel (Typ 601) der Ware 1 (FN 8101.02–03), die wahrscheinlich mit eisenzeitlichen Kochtöpfen verbunden werden können und den Rest einer Flasche (Taf. 37,03; FN 8101.01; Typ 279) der Ware 5.[311] Vergleiche mit entsprechenden Gefäßen aus Pella (Hennessy et al. 1983:344,Fig.12:10; 347,Fig.14:10) legen eine Datierung in die frühe Eisenzeit („Early Iron Age") nahe.

Die letzte in Areal 8(Ost) erfaßte Fundstelle (8023) der Schicht 5 enhält weitere vier Scherben, die als Diagnostika klassifiziert wurden (FN 8098.01–04).[312] Sie gehören den Warengruppen 1 und 3 an und machen die Fundstelle 8023 zur einzigen der Schicht 5 des Areals 8(Ost), die eine Scherbe der Ware 23 aufweist. Die drei verbleibenden Scherben können mit den Waren 2 und 4/(4.1) verbunden werden. Es handelt sich um je einen Ring- (FN 8098.03; Typ 503) und Wackelboden (FN 8098.04; Typ 507), eine Schale (FN 8098.01; Typ 447) und einen Krater mit roten Bemalungsspuren (Taf.160,01; FN 8098.02; Typ 399). Letzterer weist einen polierten

---

309 Vgl. auch Potts et al. (1988:138,Fig.11:3) mit einem weiteren Stück aus Pella, das in die Spätbronze-/Eisenzeit I datiert.

310 Ähnliche Schalen aus Pella (Tabaqat Fahl) werden in die Spätbronzezeit (Potts et al. 1988:135,Fig.10:6) beziehungsweise die Eisenzeit I (McNicoll, Smith, Hennessy 1982:124-125,Pl.122:3) datiert.

311 An registrierten Kleinfunden aus dieser Fundstelle ist lediglich ein Spinnwirtel aus Ton (FN 8103; Kleinfundkatalog Taf. 36,12) erwähnenswert. Vgl. Kap. 2.4.3.

312 Neben diesen Keramikscherben wurde in dieser Fundstelle auch ein kleiner, runder Spiel- oder Schmuckstein (FN 8099; Kleinfundkatalog Taf. 35,01) gefunden, der auf beiden Seiten Ritzverzierungen aufweist. Vgl. in diesem Zusammenhang die entsprechenden Ausführungen des Kapitels 2.4.1.3.

cremig-weißen Überzug auf, der mit dem „chocolate on white“ Typus der Ware 22 verglichen werden kann und macht eine ähnliche Datierung der Scherbe in die (frühe) Spätbronzezeit sehr wahrscheinlich.[313] Die Form der ebenfalls aus Fundstelle 8023 stammenden Schale (Typ 447) erinnert hingegen an die sogenannten leichten Knickwandschalen, die bereits im Zusammenhang mit Fundstelle 3045 des Tiefschnitts besprochen wurden. Vergleichbare Stücke werden von Amiran (1969:192–195,Pl.60:1–7) und Kamlah (2000:Taf.3:5) in die Eisenzeit I datiert. Gleiches gilt für entsprechende Stücke aus Pella (McNicoll, Smith, Hennessy 1982:124–125, Pl.122:2, 4; Hennessy et al. 1981:290,Fig.14:6; Hennessy et al. 1983:344, Fig.12:5).

Faßt man die Ausführungen zur Keramik der Schicht 5 kurz zusammen, so muß festgehalten werden, daß der Anteil der Ware 21 im Vergleich zur vorherigen Schicht 6 um über 20% zurückgegangen ist und in Schicht 5 nur noch gut 12% beträgt.[314] Insgesamt vier Scherben konnten hier mit dem „chocolate on white“ Typus (Waren 22, 23) verbunden werden. Neben zahlreichen Schalen, Krateren und Flaschen sind in den Fundstellen des Tiefschnitts (Areal 3) u.a. einige Henkel, Böden und verzierte Bauchscherben bezeugt. Kochtöpfe fehlten hier, ebenso wie bereits in den vorangehenden Schichten, allerdings weitgehend. Anders sieht es diesbezüglich in den zu Schicht 5 gehörenden Fundstellen des Areals 8 aus. Die typologische und warenspezifische Zusammensetzung der Scherben unterscheidet sich hier deutlich von der des Tiefschnitts. So dominieren in Areal 8 die Vorratsgefäße und Henkel gefolgt von verschiedenen Varianten eisenzeitlicher Kochtöpfe, Flaschen, Böden und Schalenfragmenten. Die analysierten Scherben der Schicht 5 stehen somit einerseits noch eindeutig in der Tradition der Schichten 7 und 6 und verweisen andererseits bereits auf das Material der folgenden Schicht(en).[315]

2.3.4.1.4 Schichten H5–H3

Scherben der Schichten H5 und H4 fanden sich ausschließlich im westlichen Hangbereich in den Fundstellen 8510 und 13003 der Areale 8(West) und 13.

---

[313] Eine Schale (!) mit ähnlicher Wandung und gleichem Überzug aus Pella wird von den Ausgräbern in die Spätbronzezeit datiert (McNicoll, Smith, Hennessy 1982:Pl.119:13).

[314] In Fundstelle 3045 konnten dennoch über 50% der Diagnostika mit Ware 21 verbunden werden und ein weiteres Stück der Ware 22 zugewiesen werden.

[315] Während sich für die Scherben aus dem Tiefschnitt eine Tendenz hin zur Spätbronzezeit abzeichnet, verweisen die entsprechenden Scherben aus dem Areal 8 (insbesondere Fundstelle 8029) bereits in die frühe Eisenzeit.

Stücke der Hangschicht H3 wurden darüber hinaus auch in Areal 2 erfaßt.[316] Die zugehörigen Fundstellen erstrecken sich in der Regel über mehrere Schichten und machen eine kleinteilige Zuweisung und Analyse der hier gefundenen Keramikscherben nahezu unmöglich.[317] So enthalten die entsprechenden Scherbenkollektionen (FN 13007; FN 13014) der hier herangezogenen Fundstelle 13003 beispielsweise das Material aus den Schichten H3, H4 und H5.[318] Eine nachträgliche Differenzierung des registrierten Fundguts ist nicht möglich. Die Scherben der Kollektionen FN 13007 und FN 13014 können daher für die Analyse und chronologische Einordnung der Schichten H5 bis H3 und der in ihnen gefundenen Keramik nicht (!) verwendet werden. Sie werden im folgenden nicht berücksichtigt.[319] Ähnliches gilt in etwas abgeschwächter Form auch für die Fundstelle 8510, die Fundgut aus den Schichten H4 und H5 enthält. Anhand der Grabungsaufzeichnungen ist hier jedoch eine nachträgliche Differenzierung und Einordnung der insgesamt sechs registrierten Keramikkollektionen (FN 8523, 8526, 8528, 8529, 8531, 8533) möglich. So geht beispielsweise aus den entsprechenden Aufzeichnungen deutlich hervor, daß die Kollektionen mit den Fundnummern 8523 und 8526 sekundär vermischt wurden und von der weiteren Bearbeitung ausgeschlossen werden müssen. Die Stücke der Kollektion mit der Fundnummer 8528 können hingegen eindeutig mit einer Scherbenkonzentration verbunden werden, die im nordwestlichen Anschluß an eine kleine Raumstruktur der Schicht H4 registriert wurde (vgl. Abb. 29). Die unter den Fundnummern 8529, 8531 und 8533 zusammengefaßten Scherben der Fundstelle 8510 wurden schließlich sukzessive an aufeinanderfolgenden Tagen angelegt und machen deutlich, daß nur die letzte (FN 8533) mit Schicht H5 verbunden werden kann. Die beiden anderen gehören zu Schicht H4.

Aus dem Gesagten ergibt sich, daß von den in Fundstelle 8510 registrierten Scherben nur insgesamt sieben Diagnostika (FN 8533.01–07) auf die Schicht H5 entfallen. Sie gehören alle zur Warengruppe 1. Nur eine Scherbe kann hiervon mit Ware 21 verbunden werden. Der Rest verteilt sich auf die

---

[316] Diagnostische Scherben der Schicht H3 fanden sich hier in den Fundstellen 2010 bis 2009 und in Areal 13 in Fundstelle 13003.

[317] Zu den stratigraphischen Schwierigkeiten im Hangbereich vgl. die Ausführungen in der Einleitung zu Kapitel 2.3.4.

[318] Darüber hinaus können sekundäre Vermischungen mit dem Material der Schichten H0 - H2 nicht vollständig ausgeschlossen werden.

[319] Wie die Zusammensetzung der Waren andeutet (vgl. Kap. 7.1.3 und 7.1.4 - Appendices 3 und 4), handelt es sich auch bei den Scherben der Fundstellen 1014 (FN 1051, 1055), 2008 (FN 2018), 2009 (FN 2022) und 8507 (FN 8517, 8520) um (sekundär) vermischtes Material. Auf eine Verwendung wurde ebenfalls verzichtet.

Waren 1 bis 4/4.1. Es handelt sich um jeweils eine Schale (FN 8533.03; Typ 412), eine Flasche (FN 8533.01; Typ 239) und einen Ständer (FN 8533.04; Taf. 132,04) sowie zwei (Koch-)Töpfe (FN 8533.02; Taf. 74.05; FN 8533.05) und zwei Ringböden (FN 8533.06–07; Typ 503). Sie erinnern in weiten Teilen an die bereits aus den Schichten 7 bis 5 bekannten Stücke der Spätbronzezeit und frühen Eisenzeit. So reiht sich die in Schicht H5 erfaßte Kochtopfvariante 336 in die Reihe der in Fundstelle 8029 registrierten und beschriebenen Kochtöpfe ein und kann in Anlehnung an Kamlah (2000:122) auch hier mit einer Laufzeit vom 12. bis 7. Jahrhundert v. Chr. versehen werden. Ähnliches gilt für die in Schicht H5 erfaßten Reste einer Schale (Typ 412), die mit der in Fundstelle 3045 beschriebenen Gruppe von „runden Schalen" verbunden werden kann. Eine entsprechende Datierung in die Spätbronzezeit ist daher auch für das Stück aus Schicht H5 durchaus möglich. Die Laufzeiten eines in Schicht H5 erfaßten Flaschenfragments (Typ 239) und eines Kraters (Taf. 74,05) beginnen wahrscheinlich in dem gleichen zeitlichen Horizont (vgl. Hennessy et al. 1983:344–345,Fig.12:10). Bei der letzten hier zu nennenden Scherbe (Taf. 132,04), die als Ständer (Typ 1101) klassifiziert wurde, handelt es sich wahrscheinlich um einen weiteren der bereits in Fundstelle 3048 beschriebenen Standfüße (Typ 503), wie sie für die Spätbronzezeit charakteristisch sind (vgl. auch McNicoll, Smith, Hennessy 1982:Pl.119:8).
Die der Schicht H4 zugewiesenen Keramikkollektionen 8528, 8529 und 8531 enthalten insgesamt 30 diagnostische Scherben von denen nur drei im Katalog abgebildet sind.[320] Sie gehören alle zur Warengruppe 1. Stücke der Ware 21 sind nicht bezeugt. Die elf diagnostischen Scherben der Kollektion 8528 stammen alle aus einer Keramikkonzentration, die nordwestlich einer kleinen Raumstruktur (Abb. 29) erfaßt werden konnte. Wie die Analyse des Materials zeigte, stammen die hier registrierten Scherben größtenteils von einem großen Vorratsgefäß (Typ 154; Taf. 28,04) der Ware 2, das einen Wackelboden (Typ 507) und mehrere Schlaufenhenkel (Typ 601) aufwies. Weiterhin fanden sich die Reste einer Schale (Typ 420) mit Ringboden (Typ 503) der Ware 5. Ein funktionaler Zusammenhang zwischen beiden Gefäßen erscheint möglich. Ihre zeitliche Einordnung ist schwierig. Stücke mit ähnlicher Form aus Pella (Hennessy et al. 1981:294,Fig.16:10 und 290,Fig.14:8) schließen eine Verbindung zur frühen Eisenzeit jedoch nicht vollständig aus. Die wahrscheinlich aus dem inneren der kleinen Raumstruktur (Abb. 29, 32) stammende Keramikkollektion FN 8531 der Fundstelle 8510 enthielt insge-

[320] Bei den diagnostischen Scherben der Schicht H4 (Locus 8510) handelt es sich um folgende Stücke: 1. Kollektion 8528: FN 8528.01-11; 2. Kollektion 8529: FN 8529.01-07; 3. Kollektion 8531: FN 8531.01-12. Die abgebildeten Stücke finden sich auf folgenden Tafeln: Taf. 2,02; 28,04; 41,02.

samt 12 diagnostische Scherben (8531.01–12) von denen zwei im Katalog abgebildet sind (vgl. Taf. 2,02 und 41,02). Sie können alle mit den Waren 2 bis 5 der Warengruppe 1 verbunden werden. Es handelt sich um jeweils vier Henkel (Typ 601 3 Stücke; Typ 603 1 Stück) und Flaschen (Typen 246, 261, 279, 284; Taf. 41,02), drei Fragmente von Vorratsgefäßen (Typ 156 2 Stücke; Taf. 2,02; Typ 133, 1 Stück) und einen Wackelboden (Typ 507). Die Formen der Vorratsgefäße und Flaschen erinnern an Stücke aus anderen bereits beschriebenen Fundstellen.[321] Hier wie dort verweisen Vergleichsstücke aus Pella vorrangig in die Spätbronzezeit aber auch in die frühe Eisenzeit (vgl. z.B. Hennessy et al. 1981:294,Fig.16:10).
Die letzte hier zu nennende Scherbenkollektion (FN 8529) aus Fundstelle 8510, die mit Schicht H4 verbunden werden kann, enthielt sieben diagnostische Scherben (FN 8529.01–07) der Waren 1 bis 4.1. Es handelt sich um drei Scherben von Vorratsgefäßen (Typ 132 2 Stücke; Typ 105 1 Stück), zwei Kochtopffragmente (Typ 343, 345) und zwei Schlaufenhenkel (Typ 601). Die bereits aus Fundstelle 8029 bekannte Kochtopfvariante 345 kann mit Hilfe von Vergleichsstücken aus Tell Nimrin (Flanagan, McCreery, Yassine 1994:Fig.21:3,6) und Pella (Hennessy et al. 1983:347,Fig.14:3,10) auch hier mit der Eisenzeit I in Verbindung gebracht werden. Für die ebenfalls bezeugte Kochtopfvariante 343 legen Vergleichsstücke aus Tell es-Sa'idiyeh (Pritchard 1985:Fig.3:26) und Tell el-Mu'allaqa (Kamlah 2000:Taf.48:9) hingegen eine Laufzeit nahe, die sich vom 9. bis in das 8. Jh. v. Chr. erstreckt. Die Formvariante 105 der Vorratsgefäße erinnert sogar an Stücke, die in Tell Nimrin in die Eisenzeit II datiert werden (vgl. Flanagan, McCreery, Yassine 1994:239,Fig.20:9–16).[322]
Eine noch heterogenere Zusammensetzung des Fundmaterials konnte für die darüberliegende Schicht H3 mit der Fundstelle 8507 (FN 8517) beobachtet werden. Die mit unterschiedlichen Perioden zu verbindenden Waren und Formen legen es nahe, daß es in diesem Bereich zu einer Vermischung des Materials gekommen ist. Eine gesicherte chronologische Zuweisung war auf Basis des ausgewerteten Scherbenmaterials nicht möglich.[323]
Faßt man die für die Hangschichten H5 bis H3 erzielten Ergebnisse kurz zu-

---

[321] So wurde die Variante 279 des Formtyps 2 bereits in Fundstelle 8024 beschrieben und mit Stücken aus Pella verglichen.

[322] Inwieweit die zuletztgenannten Datierungen und Laufzeiten direkt auf die Stücke aus Tell Johfiyeh übertragen werden können, ist unklar. Darüber hinaus ist es wahrscheinlich, daß es bei dieser Kollektion der Fundstelle 8510 zu sekundären Verunreinigungen gekommen ist.

[323] Eine wahrscheinlich ungestörte Kollektion der Hangschicht H3 wurde eventuell nur in Locus 2010 des Areals 2 ergraben (FN 2028). Die hier registrierten Waren und Formen legen eine Datierung in die (frühe) Eisenzeit nahe.

sammen so kann festgehalten werden, daß die Zusammensetzung der Keramikassemblage in Schicht H5 weitgehend derjenigen entspricht, die in den unteren Schichten 7, 6 und 5 (untere Lagen) der Areale 3 und 8(Ost) ergraben wurde. Eine entsprechende Datierung der Schicht in die Spätbronzezeit ist sehr wahrscheinlich. Weniger eindeutig ist die zeitliche Einordnung aber schon für die nachfolgende Schicht H4. Obwohl ein Großteil der herangezogenen Vergleichsstücke auch hier wahrscheinlich in die Spätbronzezeit verweist, finden sich auch Stücke der frühen Eisenzeit und solche, für die keine oder nur Vergleiche mit zeitlich späteren Stücken gefunden wurden.[324] Weitgehend offen bleiben muß schließlich die chronologische Zuweisung der Schicht H3 für den zentralen westlichen Hangbereich. Die entsprechende Scherbenkollektion der Fundstelle 8507 (FN 8517) weist neben Stücken, die in die frühe Eisenzeit verweisen auch zahlreiche Scherben anderer Perioden auf und legt es nahe, das das Material vermischt ist. Funde aus Areal 2 (Locus 2010) schließen eine Datierung in die frühe Eisenzeit aber nicht aus.

2.3.4.1.5 Zusammenfassung (Schichten 7–5, H5–H3)

Die bisherigen Ausführungen zur Keramik der Schichten 7 bis 5 und H5 bis H3 benennen in konzentrierter Form die Probleme und Möglichkeiten, die eine Analyse und chronologische Einordnung der Scherben aus Tell Johfiyeh mit sich bringen. Neben lokalen Schwierigkeiten, die sich vorrangig aus den stratigraphischen Verhältnissen und einer in Teilbereichen nicht vollständig befriedigenden Grabungs- und Fundbeobachtung ergeben, treten regionale Probleme auf, die sich insbesondere bei der chronologischen Einordnung der Scherben zeigen. So läßt sich beispielsweise das in ausreichender Menge vorhandene Fundgut aus Nordjordanien in Ermangelung regionaler Keramikchronologien und einer wahrscheinlich sehr ausgeprägten regionalen Komponente in der Formgestaltung bislang nicht ausreichend exakt datieren. Während die lokalen stratigraphischen Probleme für den Bereich innerhalb der Umfassungsmauer weitgehend gelöst werden konnten[325], mußte daher für den Versuch einer chronologischen Eingrenzung der in Tell Johfiyeh gefundenen Scherben weiterhin auf datiertes Material aus anderen

---

[324] Eine Vermischung der entsprechenden Kollektionen kann hier nicht ausgeschlossen werden.

[325] So konnte beispielsweise für die zentrale Fläche innerhalb der Umfassungsmauer eine weitgehend abgesicherte Abfolge der Fundstellen (Matrix 2) rekonstruiert werden, die als stratigraphische Basis für die Analyse der entsprechenden Keramikscherben dient.

Anders sieht die Situation in bestimmten Bereichen des Hangs aus. Hier war häufig keine eindeutige Korrelation der Fundstellen und Schichten möglich. Fundstellen können sich hier über mehrere Schichten erstrecken und eine nachträgliche Differenzierung ist häufig nicht möglich.

Regionen Cis- und Transjordaniens zurückgegriffen werden. Gleichzeitig konnte jedoch aufgezeigt werden, daß das vorgelegte Material aus Tell Johfiyeh das Potential hat, um im Rahmen von Detailuntersuchungen mittelfristig einen wesentlichen Beitrag zur Erstellung der für Nordjordanien dringend benötigten Keramikchronologien zu leisten.
Wie die oben gemachten Ausführungen zeigen, verweisen die zur chronologischen Einordnung der Scherben aus den unteren Schichten des Tell Johfiyeh herangezogenen Vergleichsstücke vorrangig in die Spätbronzezeit oder die frühe Eisenzeit. Eine eindeutige Zuweisung der Scherben, Fundstellen und Schichten in eine dieser Perioden war nicht immer mit Sicherheit möglich. Gleiches gilt für eine kleinteilige Differenzierung innerhalb der genannten Zeitabschnitte. Die herausgearbeiteten Keramikanalogien ermöglichten keine feinchronologische Einordnung der entsprechenden Keramikassemblagen aus Tell Johfiyeh. Nur die Analyse der jeweiligen waren- und typenspezifischen Zusammensetzung der einzelnen Keramikassemblagen erlaubte es, innerhalb des genannten spätbronze-/früheisenzeitlichen Zeitfensters bestimmte chronologische Tendenzen und Trends aufzuzeigen. So ist es auffällig, daß Scherben der Ware 21 fast ausschließlich in den Schichten 5 bis 7 bezeugt sind und in den nachfolgenden Schichten der Eisenzeit so gut wie nicht mehr vorkommen. Schließt man einen funktionalen Hintergrund für diese Verteilung aus, so ist eine Verbindung von Scherben der Ware 21 mit der Spätbronzezeit durchaus wahrscheinlich. Für eine Datierung der unteren Schichten des Tell Johfiyeh in die Spätbronzezeit spricht auch die quantitative Verteilung der Henkel (Formtyp 6) auf die verschiedenen Straten. Nur 12,94% der in den unteren Schichten ergrabenen Diagnostika sind Henkel, während ihr Anteil am Gesamtscherbenaufkommen (Diagnostika) ansonsten 36,70% beträgt (vgl. Kap. 2.3.2). Folgt man Amiran (1969:216) und sieht in Gefäßen mit zahlreichen Henkeln ein Charakteristikum eisenzeitlicher Keramik, so kann der geringe Anteil an Henkeln in den unteren Schichten des Tell Johfiyeh als weiterer Hinweis auf eine prä-eisenzeitliche Datierung der entsprechenden Straten interpretiert werden. In die gleiche zeitliche Richtung weisen die wenigen fast ausschließlich in den Schichten 6 und 5 bezeugten Scherben der Waren 22 und 23. Diese zum „chocolate on white“ Typus gehörenden Scherben können ebenso wie Teile der in diesen Schichten gefundenen Schalen- und Standfußassemblagen mit der Spätbronzezeit in Verbindung gebracht werden.[326]

---

[326] Scherben des in Tell Johfiyeh gefundenen „chocolate on white“ Typus werden in der Regel mit der Spätbronzezeit I verbunden (vgl. Amiran 1969:159; Hennessy et al. 1983:331). Gleiches gilt für einen Teil der aus Pella („Area IIIC, Phase V“) stammenden Schalen und Standfüße (Hennessy et al. 1983:Fig.6,7), die als Vergleichsstücke für die in den unteren Schichten des Tell Johfiyeh gefundenen Scherben herangezogen wurden.

Für die mit Horizont I verbundenen Schichten 7 und 6 (untere Lagen) kann aufgrund der gemachten Ausführungen eine Datierung in die Spätbronzezeit (früh) somit nicht mehr ausgeschlossen werden. Für eine entsprechende chronologische Einordnung sprechen der hohe Anteil an Scherben der Ware 21, der geringe Anteil an Henkeln und eine Scherbe des „chocolate on white" Typus aus Fundstelle 3049. Ähnliches gilt für die mit Horizont II zu verbindenden Schichten 6 (obere Lagen) und 5 (untere Lagen). Auch hier fanden sich Scherben des „chocolate on white" Typus und der Anteil an Henkeln liegt noch immer weit unter dem Durchschnitt. Der Anteil an Stücken der Ware 21 ist in Horizont II zwar insgesamt rückläufig, entsprechende Scherben finden sich aber dennoch in fast jeder Fundstelle. Eine Datierung in die Spätbronzezeit liegt somit auch hier nahe. Hinweise auf eine Veränderung finden sich erst in den oberen Lagen der Schicht 5, die mit Horizont III in Verbindung gebracht werden können. Das Fundgut der entsprechenden Fundstelle 3045 steht mit Scherben der Ware 21 und einem Stück des „chocolate on white" Typus einerseits in der Tradition der Horizonte I und II. Andererseits deuten die in zwei Formgruppen zusammengefaßten Schalen dieser Fundstelle eine Veränderung an, die chronologisch in die frühe Eisenzeit weist. In die gleiche Richtung verweisen die Scherben der Schicht 5 aus Areal 8. Auch hier zeichnet sich in den entsprechenden Fundstellen eine Veränderung hinsichtlich der bezeugten Waren und Formtypen ab. Neben einigen wenigen Scherben der Ware 21 und einem Einzelstück der Ware 23, das eventuell mit den Scherben des „chocolate on white" Typus verbunden werden muß, finden sich in diesem Bereich erstmals auch mehrere eisenzeitliche Kochtöpfe. Hinzu kommen weitere Gefäßformen, die eine Datierung dieser Fundstellen des Areals 8 in die frühe Eisenzeit nahelegen. Für die mit Schicht 5 (obere Lagen) verbundenen Fundstellen des Horizont III ergibt sich hieraus eine chronologische Einordnung in die Spätbronzezeit (spät) beziehungsweise den Übergangsbereich zwischen Spätbronze- und Eisenzeit I. Verbindet man die für das Ende des Horizonts III angesetzte Errichtung der Umfassungsmauer in Tell Johfiyeh (vgl. Kap. 2.2.3) und den Fund einer Pfeilspitze in Fundstelle 3045 mit der für Irbid im Übergangsbereich von der Spätbronze- zur Eisenzeit bezeugten Zerstörungsschicht (vgl. Lenzen 1988:32), so kann das Ende des Horizonts III in Tell Johfiyeh wahrscheinlich in das 12. Jh. v. Chr. gesetzt werden.[327] Ebenso wie in Irbid ist diese Übergangsphase wahrscheinlich auch in Tell Johfiyeh nicht mit einer längeren Unterbrechung in der Nutzung des Fundplatzes verbun-

[327] Zu den in Irbid erzielten Ergebnissen vgl. auch Kamlah (2000:139) und Lenzen, Gordon, McQuitty (1985:151-159).

den.[328] Inwieweit es zwischen der Spätbronze- und Eisenzeit I zu einem (grundlegenden?) Wechsel in der Funktion (vgl. Kap. 2.2.3, 2.2.4) des Fundplatzes Tell Johfiyeh gekommen ist, der sowohl während der Spätbronze- wie auch der Eisenzeit I „genutzt" wurde, kann aus den analysierten Keramikscherben allerdings nicht abgelesen werden.

2.3.4.2 Horizont IV (Schichten 4–2)

Wie die Ausführungen der Kapitel 2.1.2 und 2.2.4 zeigen, konnten die innerhalb der Umfassungsmauer ergrabenen Siedlungsreste des Horizonts IV in drei Nutzungsphasen (IV,1 - IV,3) unterteilt und mit der Eisenzeit I, II–III und III verbunden werden. Ziel der folgenden Ausführungen ist es, für jede der mit diesen „Subhorizonten" verbundenen Schichten eine repräsentative Auswahl an Keramikkollektionen aus gesicherten Fundkontexten vorzustellen, zu beschreiben und chronologisch einzuordnen.[329]

---

[328] Zur Siedlungskontinuität in Tell Irbid vgl. auch die in der Nähe des Tells gefundenen Gräber (Dajani 1964, 1966).

[329] Wie bereits in Kapitel 2.1.2 („Horizont IV") angesprochen, können die forschungsgeschichtlich bezeugten Aufteilungen der Eisenzeit in verschiedene Hauptphasen mit teilweise mehreren Subphasen (vgl. z.B. Amiran 1969:191; Hendrix, Drey, Storfjell 1997:59,Table 8) nur sehr bedingt mit den Beobachtungen und Verhältnissen in Tell Johfiyeh (vgl. Kap. 2.3.4.2.2 und 2.3.4.2.3) zur Deckung gebracht werden. Historische Ereignisse und Entwicklungen und die mit ihnen verbundenen Perioden spiegeln sich hier wie auch in anderen Fundorten Transjordaniens nicht oder nur zeitlich stark versetzt in den jeweiligen Keramikassemblagen wider. Schichten, die wahrscheinlich mit unterschiedlichen historischen Perioden oder Subphasen verbunden werden müssen, können in Tell Johfiyeh ähnliche Gefäßformen aufweisen. Eine kleinteilige chronologische Differenzierung und phasenspezifische Benennung der entsprechenden Befunde ist daher an Hand der Gefäßformen in Tell Johfiyeh nur sehr begrenzt möglich. Die sich hieraus ergebenden inhaltlichen und terminologischen Probleme sind vielfältig und sollen hier nicht weiter vertieft werden.

Im Sinne einer allgemeinen Verständlichkeit und Vergleichbarkeit wurden die eisenzeitlichen Keramikscherben aus Tell Johfiyeh und die mit ihnen verbundenen Schichten aber dennoch auch hier wie folgt unterteilt: In Anlehnung an und unter Verwendung von forschungsgeschichtlich bezeugten Termini wurden drei Hauptphasen benannt (vgl. Hendrix, Drey, Storfjell 1997:Table 8): 1. EZ I (ca. 1200v.Chr.-925v.Chr.); 2. EZ II (ca. 925v.Chr.-539v.Chr.); 3. EZ III (Persische Periode, ca. 539v.Chr.-332v.Chr.). Auf eine explizite Benennung von Subphasen wurde aufgrund des oben Gesagten, der Fundlage und des stratigraphischen Befundes in der Regel verzichtet. Die zeitliche Stellung innerhalb einer Phase wird, soweit bekannt, mit den Zusätzen „früh" beziehungsweise „spät" hinter oder vor den jeweiligen Begriffen kenntlich gemacht. Ist eine Trennung und eindeutige Zuweisung des Materials in eine der genannten Hauptphasen der Eisenzeit aufgrund der Forschungslage beziehungsweise der lokalen Gegebenheiten nicht möglich (vgl.

2.3.4.2.1 Horizont IV,1 (Schicht 4)

Die insgesamt 342 registrierten Diagnostika der Schicht 4 verteilen sich annähernd gleichmäßig auf die Areale 3 (39,2%), 6 (34,5%) und 8 (26,3%).[330] Sie gehören fast ausschließlich der Warengruppe 1 (98,0%) an.[331] Jeweils annähernd ein Drittel der registrierten Scherben entfällt auf die Waren 2 und 4. Es folgen Stücke der Waren 1 (14%), 3 (13%), 5 (6%) und 4.1 (4%). Der Rest (2%) verteilt sich auf die Ware 21 (2 Stücke) und die Waren 15–17 der

---

Kap. 2.3.4.2) oder können die Gefäßformen mit mehreren historischen Perioden verbunden werden, dann werden die entsprechenden Klassifikationstermini durch einen Bindestrich (z.B. Eisenzeit II-III) miteinander verbunden beziehungsweise die entsprechenden Begriffe (z.B. „späteisenzeitlich-persisch“) verwendet.

Aus der Literatur übernommene Datierungen von Vergleichsstücken werden, soweit möglich, in das beschriebene System der zeitlichen Klassifizierung übertragen. Der vom jeweiligen Autor verwendete Begriff wird zur Verdeutlichung aber immer in Klammern beigestellt.

[330] Vgl. die entsprechenden Angaben der Matrix 2 und des Appendix 4 (Kap. 7.1.4). Folgende Keramikkollektionen wurden der Schicht 4 zugewiesen: 1. Locus 3019: FN 3089; 2. Locus 3020: FN 3094; 3. Locus 3022: FN 3098; 4. Locus 3023: FN 3104; 5. Locus 3024: FN 3108, 3113; 6. Locus 3042: FN 3174; 7. Locus 3043: FN 3178; 8. 3044: FN 3182; 9. Locus 6014: FN 6041; 10. Locus 6015: FN 6045; 11. Locus 6050: FN 6207; 12. Locus 6052: FN 6248; 13. Locus 6053: FN 6212, 6215, 6221, 6222, 6225; 14. Locus 6053.1: FN 6229, 6244; 15. Locus 6054: FN 6223, 6227, 6238; 16. Locus 6058: FN 6251; 17. Locus 8019: FN 8088; 18. Locus 8021: FN 8091; 19. Locus 8022: FN 8094; 20. Locus 8026: FN 8106; 21. Locus 8027: FN 8112; 22. Locus 8028: FN 8114; 23. Locus 8031: FN 8137; 24. Locus 8035: FN 8162.

[331] Nur sieben diagnostische Scherben konnten der Warengruppe 2 zugewiesen werden, was einem Anteil von ca. 2,0% an der entsprechenden Keramikassemblage der Schicht 4 entspricht. Betrachtet man die einzelnen Areale, so beträgt der Anteil der Warengruppe 2 sogar teilweise nur 0,8% (Areal 6); in Areal 8 liegt ihr Anteil bei 1,1% und in Areal 3 bei 3%. Die entsprechenden Stücke stammen aus den Fundstellen 3019, 3022-3023, 6053 und 8035. Sie wurden teilweise in ungesicherten Fundkontexten erfaßt und eine Vermischung der entsprechenden Keramikkollektionen mit Stücken aus anderen Schichten ist sehr wahrscheinlich. So enthält Fundstelle 8035 beispielsweise die Scherben (FN 8162) vom Abtrag des Stegs zwischen den Arealen 8 und 3. Verunreinigungen können auch für die Kollektionen (FN 3089, 3094, 3098, 3104) aus den Fundstellen 3019, 3020 und 3022-23 des im Jahr 2003 in Areal 3 begonnenen Tiefschnitts nicht ausgeschlossen werden. Ähnliches gilt für die Keramikscherben der ersten Abhübe aus Fundstelle 6053. Die entsprechenden Kollektionen sollten für die chronologische Auswertung nicht berücksichtigt werden.

Warengruppe 2.[332] Unter den Formtypen dominieren die Henkel mit einem Anteil von über 37% die Assemblage der Diagnostika. Mit größerem Abstand folgen Kochtöpfe/Kratere (19,9%), Schüsseln/Schalen (13,2%), Flaschen/Krüge (11,4%), Böden (8,8%) und Vorratsgefäße (6,4%). Der Rest verteilt sich auf die Formtypen 7 (Böden) und 10 (Lampen).
Zu den gesicherten Kontexten der Schicht 4, die zur Auswertung der Keramikscherben des Horizonts IV,1 herangezogen werden können, gehören die Fundstellen 3044 bis 3042 des in Areal 3 angelegten Tiefschnitts sowie der Inhalt des Raums 1 (Loci 6053,01; 6058) mit den westlich und südlich anschließenden Außenflächen (Loci (6050)/6052, 6054) in Areal 6 (vgl. Abb. 42). Hinzu kommen die in Areal 8(Ost) ergrabenen Fundstellen der Schicht 4 westlich (Loci 8019/8021) und östlich (Loci 8026/8027) der sogenannten Nordsüdmauer (vgl. Abb. 40, 41).[333] In dem zuletztgenannten Bereich wurden insgesamt 44 Diagnostika registriert, die sich zu annähernd gleichen Teilen auf die Fundstellen 8027 (18 Stücke) und 8026 (16 Scherben) verteilen. Die mit insgesamt sechs Scherben im Katalog vertretenen Stücke der Fundstelle 8026 (FN 8106.01–16) können alle mit den Waren 2 bis 4.1 verbunden werden. Es dominieren Scherben der Ware 4 (7 Stücke) gefolgt von Stücken der Waren 2 (5 Stücke), 3 und 4.1 (je 2 Stücke). Typologisch handelt es sich um je ein Fragment eines Vorratsgefäßes (Typ 155; Taf. 9,01), eines Kraters (Typ 3108; Taf. 85,03), einer Schale (Typ 4100; Taf. 96,05) und einer durchbohrten Bauchscherbe (Typ 703; Taf. 127,01). Hinzu kommen sechs Schlaufenhenkel (Typ 601), zwei Ringböden (Typ 503) und vier Randstücke von Flaschen (Typ 281, 282; Taf. 41,01; 44,01). Vergleichsstücke aus Pella legen für die zuletztgenannte Flasche mit ausgeprägtem Hals und umlaufendem Grat (Typ 282; Taf. 41,01) eine Datierung in die frühe Eisenzeit („early Iron Age") nahe (vgl. Hennessy et al. 1981:Fig. 16:3; 1983: Fig.14:7–8; Potts et al. 1985: Fig.11:6). Amiran (1969:233, Pl.78:1–2) verbindet ähnliche Stücke aus Palästina ebenfalls mit der Eisenzeit I und Kamlah (2000:Taf.12:4) gibt für entsprechende Gefäße in Nordjordanien eine Laufzeit vom 12. bis in das 10. Jahrhundert v. Chr. an.[334] Eine ähnliche zeitliche Stellung kann auch für die zweite Variante der in dieser Fundstelle erfaßten Flaschen (Typ 281, Taf. 44,01) angenommen

332 Die beiden Diagnostika der Ware 21 stammen aus den Fundstellen 6054 (FN 6227.01; Taf. 110,05) und 6058 (FN 6251.06; Taf. 114,06), die die Außenflächen des Raums 1 in Areal 6 bilden (vgl. Abb. 42).

333 Nicht herangezogen werden im Zusammenhang mit der Keramikanalyse neben den bereits oben im Zusammenhang mit der Warengruppe 2 genannten Fundstellen (3019, 3022-3023, 6053, 8035) die Loci 6014-6015.

334 Vgl. aber auch ein ähnliches Stück aus Tell Nimrin, das von den Ausgräbern in die Eisenzeit II datiert wird (Flanagan, McCreery, Yassine 1994:Fig.20:6).

werden. Vergleichsstücke aus Pella verweisen auch hier in die frühe Eisenzeit (Hennessey et al. 1981:Fig.15:8) beziehungsweise die Eisenzeit I (McNicoll, Smith, Hennessy 1982:Pl.122:12). Kamlah (2000:Taf.12:7) ordnet ein ähnliches Stück chronologisch ganz allgemein in die Eisenzeit ein. Während die Schlaufenhenkel (Typ 601) der Ware 4 wahrscheinlich mit dieser oder einer ähnlichen Flaschenform verbunden werden können, müssen die drei Henkel (Typ 601) der Ware 2 mit den bezeugten Resten eines Vorratsgefäßes (Typ 155; Taf. 9,01) verbunden werden. Das mit einem dicken, ringähnlichen Rand versehene Gefäß erinnert mit seinem Grat am Ansatz des bei diesem Gefäßtyp in der Regel kurzen Halses an die sogenannten „collared rim jars“, eine Form, die in Cisjordanien mit der Eisenzeit I verbunden wird (Amiran 1969:232).[335] Kamlah (2000:Taf.13:1) gibt für ähnliche Stücke aus Nordjordanien eine Laufzeit vom 12. bis ins 10. Jahrhundert v. Chr. an. An den Anfang der Eisenzeit I verweisen auch die für den einzigen Krater dieser Fundstelle (Taf. 85,03) herangezogenen Vergleichsstücke aus Tell Nimrin (Flanagan, McCreery, Yassine 1994:Fig.21:3) und ar-Rumayl (Ji, ʻAttiyat 1997:Fig.6:14)[336] sowie eine große Bauchscherbe mit Loch (Taf.127,01), deren Form an eine ähnliche Scherbe der frühen Eisenzeit aus Pella erinnert (Hennessy et al. 1983:Fig.13:2). Zusammen mit dem Fragment einer einzelnen Knickwandschale (Taf. 96,05), die in der Tradition spätbronzezeitlicher Stücke (vgl. Amiran 1969:125–129, Pl.39:15–17) steht, legen die vorgestellten Scherben eine Datierung der Fundstelle 8026 und somit des Bereichs östlich der sogenannten Nordsüdmauer (Areal 8) in die Eisenzeit I nahe. Ähnliches gilt wahrscheinlich auch für die Fundstellen 8019/8021 westlich dieser Mauer. Die Formen der hier registrierten Diagnostika können in der Regel ebenfalls mit Vergleichsstücken verbunden werden, die in die Eisenzeit I verweisen. So werden die zu einem im Katalog abgebildeten Krater (Taf. 82,04) herausgesuchten Vergleiche aus Tell Nimrin (Flanagan, McCreery, Yassine 1994:Fig.21:7) und Pella (Hennessy et al. 1981:Fig.14:11) beispielsweise von den jeweiligen Ausgräbern in die Eisenzeit I beziehungsweise die frühe Eisenzeit

---

[335] Während die sogenannten collared rim jars in Cisjordanien wahrscheinlich mit dem Ende der Eisenzeit I auslaufen, wurden sie auf dem zentraljordanischen Plateau während der gesamten Eisenzeit II bis weit in die persische Periode hinein benutzt (Herr 2001:237). Die Befunde in Tell Johfiyeh legen eine ähnliche Laufzeit dieser Gefäßform für das nordjordanische Plateau nahe. Zu Stücken der Eisenzeit II, die südlich des Wadi el-Mujib gefunden wurden, siehe Worschech (1992) sowie Worschech und Ninow (1994:202). Zur Laufzeit der Gefäße vgl. auch Hendrix, Drey, Storfjell (1997:198).

[336] Vgl. auch verschiedene Kochtöpfe und einen Pithos mit ähnlichen Randformen aus Pella (Hennessy et al. 1981:Fig.15:5,8; McNicoll, Smith, Hennessy 1982:123,1), die in die frühe Eisenzeit datiert werden.

datiert.
In den ebenfalls zu Horizont IV,1 gehörenden Fundstellen 3044 bis 3042 des Tiefschnitts (Areal 3) wurden insgesamt 61 diagnostische Scherben der Waren 1 bis 5 registriert.[337] Stücke der Ware 21 sowie der Warengruppen 2 und 3 fanden sich hier nicht. Die einzige aus Fundstelle 3044 stammende diagnostische Scherbe (Taf. 94,03) erinnert an eine Schale mit einem wenig akzentuierten Rand wie sie bereits aus den tiefer liegenden Schichten des Tiefschnitts in Areal 3 bekannt ist und macht eine chronologische Einordnung dieses Stücks in den Übergangsbereich von der Spätbronze- zur Eisenzeit I sehr wahrscheinlich. Von den insgesamt 21 diagnostischen Scherben der darüberliegenden Fundstelle 3043 gehören zwei Drittel zum Formtyp der Henkel (Typ 601, 602). Am zweithäufigsten sind Schalen/Schüsseln (Formtyp 4; Taf. 108,03; 108,07; 110,01) bezeugt, die einen Anteil von 14,3% an den Diagnostika dieser Fundstelle haben. Flaschen/Krüge (Taf. 33,04), (Koch-)Töpfe/Kratere (Taf. 60,05), Böden (Taf. 114,04) und besondere Bauchscherben (Taf. 127,03) sind jeweils nur in Einzelstücken belegt. Vergleichsstücke für die in Fundstelle 3043 bezeugten Schalen/Schüsseln (Taf. 108,03; 108,07; 110,01) aus Pella werden von den Ausgräbern in die Eisenzeit I datiert und legen zusammen mit den hier bezeugten zahlreichen, von Amiran (1969:216) mit der Eisenzeit verbundenen Henkeln eine Datierung der gesamten Fundstelle 3043 in die Eisenzeit I nahe.[338] Die direkt darüberliegende Fundstelle 3042 beinhaltet weitere 39 diagnostische Scherben, von denen ebenfalls 15 Stücke (38,5%) zum Formtyp der Henkel (Typ 601) gehören.[339] In der quantitativen Reihe folgen Fragmente von Töpfen/Krateren (30,8%) und Schalen/Schüsseln (25,6%). Reste von Flaschen/Krügen sind in der Assemblage der Fundstelle 3042 nur mit zwei Scherben (5,1%) vertreten und Hinweise auf Vorratsgefäße fehlen vollständig. Vergleichsstücke aus Pella (Hennessy et al. 1981:Fig.12:1–6) legen für die leichten Knickwandschalen (Taf. 108,01) eine Datierung in die

---

337 Die quantitative Verteilung dieser Scherben auf die verschiedenen Fundstellen ist wie folgt: Locus 3042: 39 Stücke (FN 3174.01-39); Locus 3043: 21 Stücke (FN 3178.01-21); Locus 3044: 1 Stück (FN 3182.01).

338 Zu den schon aus Schicht 5 bekannten „runden Schalen“ (Taf. 110,01), den „leichten“ Knickwandschalen und den Schüsseln mit annähernd gerader Wandung vgl. McNicoll, Smith, Hennessy (1982:125,Pl.122:6; Pl.122:2; Pl.123:10; Pl.122:9 und Pl.123:7). Zu letzteren siehe aber auch Hennessy et al. (1983:Fig.14:5) mit einem geradwandigen Gefäß und zwei Henkeln.

Vergleichsstücke für den einzigen in dieser Fundstelle erfaßten Kochtopf (Taf. 60,05) weist Kamlah (2000:Taf. 82:4,6) für Nordjordanien eine Laufzeit vom 12. bis in das 7. Jahrhundert v. Chr. zu.

339 Von den 39 Diagnostika dieser Fundstelle (FN 3174.01-39) finden sich vier Stücke im Keramikkatalog (Kap. 6.1, Taf. 60,04; 86,06; 104,01; 108,01).

Eisenzeit I nahe. Gleiches gilt für die „runden“ Schalen (Taf. 104,01) aus dieser Fundstelle, die von den Ausgräbern mit der frühen Eisenzeit verbunden werden (Hennessy et al. 1981:Fig.14:1; McNicoll, Smith, Hennessy 1982:Pl. 121:9).[340] Eine ähnliche chronologische Einordnung der Fundstelle 3042 legen auch die Vergleichsstücke für einen Topf mit einem leicht nach außen geneigten, wenig akzentuierten Rand (Taf. 86,06) nahe, die in die frühe Eisenzeit datiert werden (Hennessy et al. 1981:Fig.16:11).
In diesen zeitlichen Horizont gehören wahrscheinlich auch die Scherben des Horizonts IV,1, die in Raum 1 (Loci 6053,1; 6058) des Areals 6 und den westlich und südlich anschließenden Außenflächen (Loci 6052; 6054) registriert wurden (vgl. Abb. 42). Die insgesamt 28 Diagnostika der Fundstelle 6053,1 aus dem Inneren des Raums 1 wurden beispielsweise ausschließlich aus den Waren 1 bis 4.1 gefertigt. Das bezeugte Formenspektrum wird auch hier von Schlaufenhenkeln dominiert, die einen Anteil von 32,1% an den Scherben dieser Fundstelle haben. Es folgen Ringböden (28,6%), Töpfe/ Kratere (25%), Schalen/Schüsseln (10,7%) und Flaschen/Krüge (3,6%). Die in Fundstelle 6053.1 bezeugten Varianten dieser Formtypen entsprechen weitgehend den Formen, die ansonsten in Horizont IV,1 belegt sind und bereits oben beschrieben wurden. Vergleichsstücke für die Schalen mit einer geraden, leicht nach außen verlaufenden Wandung und spitzer Lippe (Formtyp 413) legen auch hier eine Datierung der entsprechenden Stücke in die Eisenzeit I nahe (vgl. Hennessy et al. 1981:Fig.12:6). Ähnliches gilt auch für die bereits mehrfach erwähnten „runden“ Schalen (Formtyp 469). Für die ebenfalls zahlreich belegten Kochtöpfe (Formtypen 303, 335, 336, 380) kann für das nordjordanische Plateau hingegen in der Regel nur eine Laufzeit vom 12. bis in das 7. Jahrhundert v. Chr. angegeben werden.[341] Ähnliches gilt für ein weitgehend erhaltenes Vorratsgefäß vom Typus des „collared rim jars“ (Formtyp 115) aus Fundstelle 6053, das in der Südostecke des Raums 1 gefunden wurde (FN 6221.01–02, 06, 08–10). Auch für diese häufig mit der Eisenzeit I verbundene Form (Amiran 1969:232) kann eine Laufzeit bis in die Eisenzeit II und darüber hinaus nicht vollständig ausgeschlossen werden (vgl. Herr 2001; Hendrix, Drey, Storfjell 1997:198; Worschech 1992; Worschech und Ninow 1994:202; Ibrahim 1978:117–119). Zieht man die im Eingangsbereich zu Raum 1 in Fundstelle 6058 gefundenen diagnostischen Scherben hinzu, so wird aber dennoch deutlich, daß eine Verbindung von Raum 1 mit der Eisenzeit I sehr wahrscheinlich ist. Zu den insgesamt zehn hier registrierten Diagnostika (FN 6251.01–10) gehören neben weitgehend

[340] Vgl. auch ein ähnliches Stück aus el-Ma´tarid esh-Sharqi, für das Kamlah (2000:Taf.85:6) Vergleiche aus dem 8. und 9.-7. Jahrhundert v. Chr. zitiert.

[341] Zu den Gründen vgl. die zu Beginn des Kapitels 2.3.4 gemachten Ausführungen und die entsprechenden Angaben bei Kamlah (2000:120).

bekannten Kochtopfformen (Formtypen 303, 381), Schalen/Schüsseln (Formtypen 413, 466, 488, Taf. 110,07) und Schlaufenhenkeln (Formtyp 601) auch ein charakteristischer Standfuß (Typ 503; Taf. 114,06) der Ware 21, der hier mit dem Übergang von der Spätbronze- zur Eisenzeit I verbunden werden kann. Eine entsprechende chronologische Einordnung kann wahrscheinlich auch für den westlich anschließenden Außenbereich (Locus 6054) angenommen werden. Unter den insgesamt 17 hier registrierten Diagnostika (FN 6223.01–10; 6227.01–04; 6238.01–03) fand sich eine weitere Scherbe der Ware 21. Es handelt sich um ein Schalenfragment (Taf. 110,05), das eine Interpretation als Oberteil einer sogenannten Fruchtschale nicht ausschließt und eine Datierung in den Übergangsbereich zwischen der Spätbronze- und Eisenzeit nahelegt.[342] Desweiteren sind auch in dieser Fundstelle zahlreiche Schlaufenhenkel (35,3%), Flaschen/Krüge (29,4%), Töpfe/Kratere (23,5%) und das Fragment eines Vorratsgefäßes (5,9%) bezeugt, die alle mit den Waren 1 bis 5 verbunden werden können. Eine Datierung dieser Stücke in die Eisenzeit I ist wahrscheinlich und kann auch für die insgesamt nur drei diagnostischen Scherben (FN 6248.01–03) aus der südlich anschließenden Außenfläche (Locus 6052) angenommen werden. Für das Vergleichsstück zu einem Schalenfragment (Taf.99,01) aus der in diesem Bereich (Korridor) direkt aufliegenden Fundstelle 6050 der Schicht 4 nimmt Kamlah (2000:Taf.3:4) eine Laufzeit vom 11. bis ins 10. Jahrhundert v. Chr. an. Für Raum 1 und seine direkte Umgebung kann somit von einer Nutzung während der Eisenzeit I ausgegangen werden.

2.3.4.2.1.1 Zusammenfassung (Schicht 4)

Wie die oben gemachten Ausführungen zur Keramik des Horizonts IV,1 zeigen, kann für einen Großteil der in und um Raum 1 gefundenen Scherben der Schicht 4 von einer zeitlichen Einordnung in die Eisenzeit I ausgegangen werden. Die herangezogenen Vergleichsstücke und der hohe Anteil an Henkeln in den untersuchten Keramikassemblagen verweisen fast ausschließlich in diese Periode. Lediglich einige wenige Einzelstücke stehen noch in der Tradition der vorangegangenen Schicht 5 und können mit der Übergangsperiode von der Spätbronze- zur Eisenzeit I verbunden werden. Hinweise auf die Ausgestaltung des Übergangs zwischen den Horizonten III und IV,1 konnten anhand dieser Einzelstücke aber nicht gewonnen werden.

2.3.4.2.2 Horizont IV,2 (Schicht 3)

Die insgesamt 1263 diagnostischen Scherben der Schicht 3 stammen zu zwei Dritteln aus den Arealen 6 (48,4%) und 9 (18,6%). Das verbleibende Drittel

---

[342] Vgl. beispielsweise die spätbronzezeitlichen Schalen aus Pella (McNicoll, Smith, Hennessy 1982:Pl.119:1,9).

verteilt sich auf die Areale 2 (5,8%), 3 (10,2%), 4 (3%), 7 (1,4%), 8 (11,5%) und 14 (1,1%).[343] Die Diagnostika der Schicht 3 gehören fast ausschließlich zur Warengruppe 1 (96,7%). Nur 41 Stücke (3,2%) konnten der Warengruppe 2 zugewiesen werden und ein Einzelstück aus Areal 6 (Locus 6045) gehört in die Warengruppe 3 (0,1%).[344] Jeweils annähernd 30% der registrierten Scherben entfallen hierbei auf die Waren 2 (28,1%) und 4 (30,3%). In der quantitativen Reihe folgen Stücke der Waren 1 (17,4%), 3 (10,8%), 5 (8,3%) und 4.1 (1,7%). Unter den Formtypen dominieren wie bereits in Schicht 4 die Henkel (Formtyp 6) mit einem Anteil von über 37% die Assemblage der Diagnostika. Mit größerem Abstand folgen Kochtöpfe/Kratere (19,9%), Flaschen/Krüge (17,8%), Vorratsgefäße (7,7%), Böden (7,7%) und Schalen/Schüsseln (6,2%). Der Rest (2,9%) verteilt sich auf die Formtypen 7 sowie 9 bis 14.

Zu den gesicherten und für die Auswertung interessanten Kontexten der Schicht 3 gehören vorrangig die in den Arealen 6 und 9 erfaßten Fundstellen, die mit Haus 1 und dessen direkter Umgebung in Verbindung gebracht werden können (vgl. Abb. 44). Neben der mit einer Keramikansammlung (FN 6123–6125) im Süden des Areals 6 verbundenen Fundstelle 6034/36 (vgl. Abb. 66) handelt es sich hier in erster Linie um die Keramikkollektionen aus den Räumen 1 (Loci 6023/26, 9021/30), 2 (Locus 9024), 6 (Locus 6025/6036), 7 (Loci 9013.1, 9026) und 8 (Locus 9028). Hinzu kommen die im direkten südlichen Anschluß an das Areal 6 erfaßten (ungestörten) Flächen der Schicht 3 mit den hier (Areal 3) ergrabenen Fundstellen 3003.4 und 3011 bis 3013 (vgl. Abb. 47).

In dem zuletzt genannten Bereich des Areals 3 wurden insgesamt nur sieben diagnostische Scherben registriert[345], von denen je zwei auf die Fundstellen 3011 bis 3013 entfallen. Für Fundstelle 3003.4 konnte nur eine diagnostische Scherbe (FN 3081.01) registriert werden. Es handelt sich hierbei um ein Bodenfragment (Typ 504) der Ware 1 mit drei Füßen (Taf. 119,04), das wahrscheinlich zu einer Tasse oder einem kleinen Napf mit oder ohne

---

[343] Vgl. die entsprechenden Angaben der Matrix 2 und des Appendix 4 (Kap. 7.1.4).

[344] Die Stücke der Warengruppen 2 und 3 stammen aus den Fundstellen 2027, 2030, 3014, 3017, 3018, 3039, 3041, 4013, 6003, 6009, 6013, 6018, 6019, 6027, 6032, 6033, 6034 (nur FN 6119), 6037, 6043, 6045, 6060, 6066, 6070, 6071, 7007, 8009, 8015 und 9018,1. Sie wurden teilweise in ungesicherten Fundkontexten erfaßt und eine Vermischung der entsprechenden Keramikkollektionen mit Material aus Gruben und anderen Schichten kann für diese Fundstellen nicht vollständig ausgeschlossen werden. Die Keramikkollektionen werden daher bei der weiteren (chronologischen) Auswertung nicht oder nur mit Einschränkungen berücksichtigt.

[345] Es handelt sich hierbei um folgende Scherben: 1. Locus 3003.4: FN 3081.01; 2. Locus 3011: FN 3045.01-02; 3. Locus 3012: FN 3049.01-02; 4. Locus 3013: 3048.01-02.

Henkel und Löchern in der Wandung gehörte, wie er für die Eisenzeit in zahlreichen Orten der südlichen Levante bezeugt ist.[346] Die Funktion dieser Gefäßform ist nicht abschließend geklärt. Deutliche Brandspuren auf der Innenfläche der Scherbe machen für das Fragment aus Tell Johfiyeh jedoch eine Nutzung als „Räucherständer“ oder kleines „Kohlebecken“ sehr wahrscheinlich. Eine Verwendung als Sieb zur Herstellung von Käse oder Quark wie sie beispielsweise für Vergleichsstücke aus Tell Deir Alla vorgeschlagen wurde (van der Kooij und Ibrahim 1989:97,Fig.61), kann hingegen für das vorliegende Stück (Taf. 119,04) weitgehend ausgeschlossen werden. Eine Datierung in die Eisenzeit II, wie sie für die genannten Gefäße aus Tell Deir Alla vorgeschlagen wurde („Iron Age IIB“), kann aber auch für das Stück aus Tell Johfiyeh angenommen werden.[347] Eine ähnliche zeitliche Stellung kann auch für die Scherben der östlich anschließenden Fundstellen 3011 bis 3013 angenommen werden (vgl. Abb. 47). Vergleichsstücke aus Tell Deir Alla (van der Kooij und Ibrahim 1989:96,Abb.33; „Iron Age IIB“) und Palästina (Amiran 1969:257,Pl.86:15) für die in den Fundstellen 3012 und 3013 gefundenen Gefäßböden verschiedener Krüge (Taf. 116,01; 118,02) werden ebenfalls in die Eisenzeit II datiert. Kleine Krüge mit einem zylindrischen Körper und einem einfachen Rand, wie sie in Fundstelle 3012 gefunden wurden (Taf. 116,01), werden in diesem Zusammenhang von Amiran (1969:256) sogar als typisch für die Eisenzeit II beschrieben.

In diesen oder einen zeitlich etwas späteren Horizont gehören wahrscheinlich auch drei weitgehend erhaltene Keramikgefäße (FN 6123, 6124, 6125), die zusammen mit anderen Gerätschaften am südlichen Rand des Areals 6 in situ gefunden wurden (Locus 6034/36) und zu der Außenfläche im Südwesten von Haus 1 gehören (vgl. Abb. 66).[348] Es handelt sich um einen Gefäßständer (Taf. 132,01), einen Kochtopf mit Henkeln (Taf. 58,01) und das Oberteil einer kleinen Karaffe (Taf. 43,02) mit umlaufender Halsleiste und einem Schlaufenhenkel, der bis auf die Gefäßschulter reicht. Vergleichsstücke aus Palästina (Amiran 1969:256–262,Pl.86–88) und Tell el-Mazar (Yassine 1984:Fig.4:5–6; „Iron Age IIc/Persian“) beispielsweise zeigen, daß derartige Karaffen dort bis in die späte Eisenzeit hinein weit verbreitet waren

---

[346] Vgl. in diesem Zusammenhang auch das in Areal 10 gefundene Randstück einer entsprechenden Tasse (Taf. 43,03).

[347] Vgl. auch Hendrix, Drey, Storfjell (1997:178-179,No.236) die ein ähnliches Stück (ohne Henkel) aus Buseirah in die Eisenzeit II-III datieren und ein Fundstück aus Raum A in Tell Safut (Wimmer 1987:Fig.8).

[348] Zusammen mit den genannten Gefäßen wurden in dem als Außenfläche interpretierten Bereich ein Mörser (FN 6128), ein Reibstein (FN 6121), ein Stößel (FN 6122), ein Reibsteinfragment (FN 6127), Flints (FN 6129) und Tierknochen (FN 6026) gefunden.

und zu den charakteristischen Krugformen der Eisenzeit II–III zählen.[349] Ähnliches gilt für Kochtöpfe, die mit dem Stück aus Fundstelle 6034 (Taf. 58,01) verglichen werden können. Auch sie werden beispielsweise in Palästina (Amiran 1969:Pl.75; „Iron Age IIc") und Pella (McNicoll, Smith, Hennessy 1982:Pl.124:7; „Late Iron Age II") mit der Eisenzeit II–III verbunden.[350] Ein weiteres Vergleichsstück aus Pella (McNicoll, Smith, Hennessy 1982:Pl.125:6; „Iron Age II- 8./7. century B.C.") für den vollständig erhaltenen Gefäßständer (Taf. 132,01) widerspricht einer entsprechenden Datierung ebenfalls nicht. Für ein Schalenfragment (Taf. 106,04) aus Fundstelle 6036 gilt ähnliches[351] und es zeigt zusammenfassend, daß die beschriebene Installation (Locus 6034/36) im Außenbereich von Haus 1 ebenso wie die südlich anschließende und bereits oben besprochene Fläche (Loci 3003.4, 3011–3013) des Areals 3 sehr wahrscheinlich in die Eisenzeit II–III datiert werden müssen. Eine weitere zeitliche Differenzierung ist aufgrund der allgemeinen Forschungslage zur Keramik der Eisenzeit in Nordjordanien und den lokalen Gegebenheiten in Tell Johfiyeh (vgl. z.B. Kap. 2.3.4) momentan nicht möglich.

Die in der Nordwestecke von Raum 1 (Abb. 44) erfaßte Scherbenkonzentration (Locus 6023/6026) enthielt insgesamt 24 Diagnostika der Warengruppe 1.[352] Die entsprechende Assemblage wird von Stücken der Ware 2 dominiert, die einen Anteil von über 72% an den hier erfaßten diagnostischen Scherben haben. Es folgen Stücke der Waren 4 (22,7%) und 5 (4,6%). Scherben der Waren 1, 3, 4.1 und 21 sind nicht bezeugt. Bei den hier bezeugten Formtypen bilden die Henkel (Typen 601, 603) mit einem Anteil von 50% die größte Gruppe. Mit größerem Abstand folgen Vorratsgefäße (22,7%), Schalen/Schüsseln (9,1%) und Böden (9,1%). Krüge (Typ 206) und Kratere (Typ 312) sind jeweils nur mit einem Exemplar bezeugt. Annähernd zwei Drittel (63,6%) der registrierten Henkel dieser Fundstelle können mit den

---

[349] Weitere Vergleichsstücke wurden u.a. in Tell Deir Alla (van der Kooij und Ibrahim 1989:103,Fig.118; „Iron Age IIc") und Pella (McNicoll, Smith, Hennessy 1982:Pl.126:3; „Iron Age II") gefunden.

Zur Bezeichnung Eisenzeit II-III vgl. auch Hendrix, Drey, Storfjell 1997:64-66; 170-173.

[350] Wie bereits mehrfach erwähnt, ist eine direkte Übertragung dieser Datierung auf die Kochtöpfe des nordjordanischen Plateaus nur bedingt möglich (vgl. Kamlah 2000:120-121).

[351] Vgl. beispielsweise Hendrix, Drey, Storfjell (1997:174-175:214, 215; „Iron II-III") mit zwei ähnlichen Schalen aus Tell el-Umayri, die in die Eisenzeit II-III datiert werden.

[352] Ausgewertet werden im folgenden nur die 22 Diagnostika der Fundstelle 6026 (FN 6087.01-22). Vgl. Appendix 4.

ursprünglich in der Nordwestecke des Raums aufgestellten Vorratsgefäßen der Ware 2 (Taf. 21,02; 22,01; 25,01) verbunden werden. Der Rest gehörte wahrscheinlich zu einem ebenfalls in diesem Bereich gefundenen rillenverzierten Krater (vgl. FN 6087.20; Typ 312) der Ware 4. Vergleichsstücke zu letzterem finden sich vorrangig im nördlichen Ostjordanland und am Ostufer des Sees von Genezareth (vgl. Kamlah 2000:123–127). Die entsprechende Gefäßform stammt wahrscheinlich ursprünglich vom nordjordanischen/ südsyrischen Plateau und kann laut Kamlah (2000:127 und Taf. 3:6–10) eine Laufzeit vom 12. bis in das 7. Jahrhundert v. Chr. aufweisen.[353] Zwei weitere Randformen aus dieser Fundstelle (Locus 6026) können mit Formtyp 1 (Vorratsgefäße) verbunden werden (Taf. 21,02; 22,01) und erinnern an die sogenannten „collared rim jars".[354] Vergleichsstücke aus Tell Nimrin (Flanagan, McCreery, Yassine 1994:Fig.20:15–16; „Iron Age II") und Pella (McNicoll, Smith, Hennessy 1982:Pl.125:4; „Iron Age II, 8./7. century B.C.") werden von den Ausgräbern in die Eisenzeit II datiert. In den gleichen und einen zeitlich etwas späteren Horizont gehören wahrscheinlich auch die weiteren 36 in Raum 1 gefundenen diagnostischen Keramikscherben der Fundstelle 9021 (FN 9143.01–36). Sie gehören alle zur Warengruppe 1 und werden von Stücken der Ware 1 (30,5%) dominiert. Es folgen Scherben der Ware 2 (27,8%), 4 (22,3%) und 3 (19,4%). Bei den Formtypen bilden die Henkel mit einem Anteil von 36,1% erneut die größte Gruppe. Mit geringem Abstand folgen Kochtöpfe/Kratere (30,6%; Taf. 63,02; 69,03), Krüge (16,7%) und Böden (5,6%). Vorratsgefäße, Schalen/Schüsseln, Lampen (Taf. 130,02) und verzierte Bauchscherben (Taf. 126,04) sind nur mit jeweils einem Exemplar in dieser Fundstelle bezeugt. Bei letzterer (Taf. 126,04) handelt es sich um ein Stück mit aufgesetzter Leiste („bar-handle"), das wahrscheinlich zu einem Gefäß des Formtyps 4

---

353 Inwieweit das als Vorratsgefäß klassifizierte Randfragment (Taf. 25,01; FN 6087.07) als Variante der von Kamlah (2000:123-127 und Taf. 85:12-13) benannten Kraterleitform 8b interpretiert werden kann, ist unklar.

354 Zu Funden dieser in Cisjordanien häufig mit der Eisenzeit I verbundenen Gefäßform in Transjordanien und den dort bezeugten Laufzeiten siehe beispielsweise Ibrahim (1978), Worschech (1992), Worschech und Ninow (1994:202), Hendrix, Drey, Storfjell (1997:198), Kamlah (2000:Taf.13:1) und Herr (2001). Wie die Ausführungen von Herr (2001:237-50) zeigen, sind die entsprechenden Gefäße in Tell el-Umayri in drei unterschiedlichen Besiedlungsphasen bezeugt, die eine Zeitspanne vom Ende der Spätbronzezeit bis in die persische Periode abdecken. Es handelt sich um die Phasen 1 (Spätbronzezeit IIB - EZ IA), 2 (Frühe Eisenzeit II) und 3 (Späte Eisenzeit II - Persische Zeit).

Vgl. auch die Untersuchungen zu typologischen, funktionalen und technologischen Aspekten der collared rim jars von Killebrew (2001) sowie die Detailuntersuchung von Stücken der Eisenzeit I aus Cisjordanien von Raban (2001).

gehörte. Schalen mit derartigen Leisten unterhalb des Randes sind in Palästina seit der Eisenzeit II (Amiran 1969:199;Pl.62:25–26; „Iron Age IIB") belegt und machen es wahrscheinlich, daß auch ein ebenfalls in Locus 9021 (FN 9143.12) gefundenes Fragment eines rillenverzierten Kraters (Taf. 63,02) in diesen oder einen etwas späteren zeitlichen Horizont gehört (vgl. auch Flanagan, McCreery, Yassine 1994:Fig.20:1). Kamlah (2000:123–127) gibt, wie bereits gesagt, für diese ursprünglich im nördlichen Ostjordanland beheimatete Gefäßform eine Laufzeit vom 12. bis in das 7. Jahrhundert v. Chr. an. Von einer Verbindung der in Raum 1 gefundenen Keramikscherben mit der Eisenzeit II–III kann somit zusammenfassend ausgegangen werden.[355]

Die insgesamt 29 Diagnostika der Warengruppe 1 aus der Fundstelle 9024 (FN 9162.01–29) legen für den nördlich vorgelagerten Raum 2 (Hof ?) eine entsprechende zeitliche Einordnung nahe. Quantitativ dominieren hier die Stücke der Waren 1 und 3 mit einem Anteil von jeweils 27,6%. Es folgen Scherben der Waren 2 (20,7%), 4 (17,2%) und 5 (6,9%). Bei den Formtypen bilden die Kochtöpfe/Kratere (27,6%; Taf. 69,02) mit geringem Vorsprung vor den Henkeln (24,1%; Taf. 39,03) und Krügen/Flaschen (24,1%; Taf. 32,05) die quantitativ größte Gruppe. Es folgen Böden (17,2%; Taf. 119,03) und Vorratsgefäße (6,9%). Schalen/Schüsseln (Formtyp 4) sind in dieser Fundstelle nicht bezeugt. Vergleichsstücke aus der Umgebung von Khirbet ath-Thamayil zu dem in Raum 2 erfaßten fast vollständig erhaltenen Hals einer Flasche (Taf. 32,05; FN 9162.18–20) werden vom Autor in die späte Eisenzeit datiert (Routledge 1995:138,Fig.10:7; „Iron IIc"). Eine ähnliche zeitliche Stellung kann wahrscheinlich auch für das Fragment eines Bodens

---

[355] Für eine Datierung des Raums 1 in die Eisenzeit II-III sprechen auch die Scherben der Fundstelle 9018.1, die hier nicht in die chronologische Auswertung einbezogen werden, da aufgrund des Fundes einer einzelnen bemalten Scherbe der Ware 16 (Taf. 156,01) eine Vermischung/Störung des entsprechenden Materials (FN 9123.01-13; 9128.01-07; 9131.01-04; 9132.01-23; 9133.01-09) nicht vollständig ausgeschlossen werden kann. Zu den zahlreichen hier erfaßten Gefäßfragmenten, die mit Vergleichsstücken der Eisenzeit II-III aus Palästina und anderen Regionen verbunden werden können, gehören u.a. eine fast vollständige Schale mit stark ausgeprägter Knickwand (Taf. 93,02; vgl. Amiran 1969:195 und Pl. 62:7 - „Iron IIA-B"; Potts et al. 1988:Fig.13:3 - „Iron Age IIB"), eine runde tiefe Schüssel (Taf. 106,01; vgl. Amiran 1969:Pl.64:17, 21; „Iron IIc"), ein zweihenkliger Krug mit umlaufender Leiste am Hals (Taf. 38,01; vgl. Amiran 1969:Pl. 82:14; „Iron IIc") und ein ebenfalls zweihenkliger Krug mit Streifenbemalung (Taf. 38,02; vgl. Hendrix, Drey, Storfjell 1997:186-187, Abb. 253 mit einem Stück aus Madaba; „Iron II-III"). Hinzu kommen ein weiterer rillenverzierter Krater (Taf. 39,02; vgl. Kamlah 2000:123-127) und zwei kurze Tüllenfragmente (Taf. 129,04-05), die wahrscheinlich zu kleinen Krügen gehörten (vgl. van der Kooij und Ibrahim 1989:48,Fig.52 und 96:Fig.47 („Iron Age IIB"); Amiran 1969:Pl.89:9 („Iron IIc")).

mit drei Füßen (Taf. 119,03) angenommen werden, das ursprünglich zu einem Gefäßtypus gehörte, wie er bereits in Fundstelle 3003.4 (Horizont IV,2) des Areals 3 bezeugt ist und beschrieben wurde (vgl. Taf. 119,04). Das mit Rillen auf dem Gefäßkörper und den Henkeln verzierte Gefäßfragment des Formtyps 3 (Taf. 69,02) aus dieser Fundstelle erinnert schließlich wiederum an die von Kamlah (2000:123–127) mit einer Laufzeit vom 12. bis in das 7. Jahrhundert v. Chr. versehenen Kratere und steht somit einer Datierung des Raums 2 (Hof ?) in die Eisenzeit II–III nicht im Weg.[356]
In Raum 6, der östlich an die bereits oben besprochene Installation (Locus 6034/36) auf der südwestlichen Außenfläche von Haus 1 anschließt (Abb. 44), wurden nur vier weitere Diagnostika (Locus 6025; FN 6079.01, 6081.01–02, 6096.01) registriert, die das Fundmaterial der Installation ergänzen. Es handelt sich um einen Krater (Typ 313, FN 6096.01) und einen (zugehörigen ?) Henkelansatz (Typ 603, FN 6079.01) der Ware 2 sowie einen vollständig erhaltenen Krug mit einer frei beweglichen innenliegenden „Bodenplatte“ (Taf. 47,07; FN 6081.01–02) der Ware 4 (vgl. Abb. 72). Ein Vergleichsstück aus Pella (Tabaqat Fahl) für das in Raum 6 gefundene Fragment eines Kraters des Typs 313 wird von den Ausgräbern in die späte Eisenzeit datiert (McNicoll, Smith, Hennessy 1982:Pl.124:4; „Late Iron Age II“). Kamlah (2000:Taf.12:2) gibt für ein ähnliches Stück aus Tell es-Subba eine Laufzeit vom 9. bis in das 8. Jahrhundert v. Chr. an. Für den Krug mit einer von innen verschließbaren Öffnung im Boden (Taf. 47,07) konnte bislang kein eindeutiges Vergleichsstück gefunden werden.[357] Hinweise auf die genaue Funktion des Gefäßes fehlen ebenfalls. Eine Verwendung zur Aufbewahrung von Milchprodukten oder anderen sich ausdehnenden Stoffen ist jedoch wahrscheinlich. Vergleichbare Gefäße mit einem leichten roten Slip, geradem leicht verdickten Rand, schmalem kurzen Hals und einem Henkel, der direkt am Hals ansetzt und bis zum unteren Abschluß der Schulter reicht, weisen alle einen flachen Ringboden oder einen Wackelboden auf und sind unten verschlossen. Diese Stücke werden in der Regel in die Eisenzeit II–III datiert (vgl. Amiran 1969:Pl.88:13–15 („Iron IIc“); van der Kooij und Ibrahim 1989:95,Fig.35,45 („Iron Age IIB“)).[358] Eine entsprechende Datie-

---

[356] Ein ähnliches Stück ohne Rillen wurde auch in Pella gefunden (McNicoll, Smith, Hennessy 1982:Pl.124:5; „Late Iron Age II“).

[357] Beim Fund des Gefäßes befand sich die als Verschluß anzusprechende Tonscheibe frei beweglich im Inneren des Kruges. Sie paßte exakt in die Öffnung im Boden des Gefäßes und verschloß dieses. Die Scheibe ist erst im Rahmen der Dokumentationsarbeiten zerbrochen und wurde aus dem Gefäß herausgenommen.

[358] Ein ähnliches Stück ohne Öffnung im Boden aber mit einer „Siebtülle“ stammt aus Pella und wird von den Ausgräbern in die Eisenzeit II datiert (McNicoll, Smith, Hennessy 1982:Pl.126:1; „Iron Age II“).

rung des Gefäßes (Taf. 47,07) aus Tell Johfiyeh und eine Verbindung des Raums 6 mit der Eisenzeit II(–III) sind sehr wahrscheinlich.
Für diese zeitliche Einordnung spricht auch das Material des direkt östlich anschließenden Raums 7. Hier wurden in den Fundstellen 9013.1 (FN 9093.01–05; 9096.01–09) und 9026 (FN 9155.01–07) insgesamt 21 Diagnostika der Warengruppe 1 registriert. Von den 14 Stücken der Fundstelle 9013.1 konnten neun Scherben (64,3%) der Ware 2 zugewiesen werden. Der Rest verteilt sich auf die Waren 3 (21,4%) und 4 (14,3%). Ein Großteil (57,2%) dieser teilweise zusammengehörigen Scherben gehört zu zwei verschiedenen Varianten (Typ 224, 225) des Formtyps 2 (Krüge/Flasche). Mit nur jeweils einer diagnostischen Scherbe (je 7,1%) sind Schalen/Schüsseln (Typ 407) und Böden (Typ 503) in der Assemblage dieser Fundstelle vertreten. Die Henkel (Typ 601) haben einen Anteil von 28,6% und können wahrscheinlich teilweise mit den beiden bezeugten Krügen/Flaschen verbunden werden. Vergleichsstücke zu letzteren (Taf. 32,01; FN 9096.01–06 und Typ 224) aus Tell Nimrin werden vom Ausgräber in die Eisenzeit II datiert (Dornemann 1990:159,Fig.5:11; „Iron II-9th century“). Ähnliches gilt für die sieben Diagnostika der Ware 1 (FN 9155.01–07) die in Fundstelle 9026 registriert wurden. Sie gehören alle zu einem weitgehend erhaltenen Kochtopf (Taf.51,02; Typ 343) mit Henkeln, der in Palästina in der Regel mit der späten Eisenzeit verbunden wird (vgl. Amiran 1969:Pl.75; „Iron IIc“).[359] Eine entsprechende Datierung in die Eisenzeit II–III kann somit zusammenfassend auch für Raum 7 angenommen werden.
Im östlich anschließenden Raum 8 des Hauses 1 konnten insgesamt 20 weitere diagnostische Scherben (Locus 9028; FN 9152.01–20) der Warengruppe 1 registriert und der Schicht 3 (Horizont IV,2) zugewiesen werden. Annähernd die Hälfte (45%) dieser Scherben konnte mit Ware 1 verbunden werden. Jeweils ein weiteres Fünftel entfällt auf die Waren 2 und 3. Der Ware 4 gehören 15% der in dieser Fundstelle erfaßten Stücke an. Bei den Formtypen dominieren die Töpfe/Kratere mit einem Anteil von 40% an den Diagnostika. Es folgen Krüge/Flaschen (30%) und Henkel (20%). Die Schlußlichter dieser quantitativen Reihe bilden die mit jeweils nur einem Fragment vertretenen Vorratsgefäße (5%) und Siebausgüsse (5%). Letztere (FN 9152.17; Typ 12.01) gehörte wahrscheinlich ursprünglich zu einer Krugform, die beispielsweise in Palästina (vgl. Amiran 1969:Pl.88:11; „Iron IIc“) oder Pella (vgl. McNicoll, Smith, Hennessy 1982:Pl.126:1 („Iron Age II“); Hendrix, Drey, Storfjell 1997:190–191,No.260 („Iron II–III“)) mit der Eisenzeit II–III verbunden werden kann. Gleiches gilt für zwei Kochtöpfe

[359] Vgl. auch die Ausführungen von Kamlah (2000:120-123) zu den Kochtöpfen und seine „Leitform 7c“ für die er eine Laufzeit vom 9. bis ins 6. Jahrhundert v. Chr. ansetzt.

(Taf. 50,02; 70,03) aus dieser Fundstelle (9028). Entsprechende Vergleichsstücke aus Tell Deir Alla (van der Kooij und Ibrahim 1989:95,Fig.56; „Iron Age IIB“) und Pella (McNicoll, Smith, Hennessy 1982:Fig.124:8; „Late Iron Age II“) verweisen auch hier in den entsprechenden zeitlichen Horizont und legen eine Datierung der in Raum 8 gefundenen Keramik in die Eisenzeit II–III nahe.

2.3.4.2.2.1 Zusammenfassung (Schicht 3)

Wie die gemachten Ausführungen zeigen, ist es aufgrund der allgemeinen Forschungslage zur Keramik der Eisenzeit in Nordjordanien und den lokalen Gegebenheiten in Tell Johfiyeh (vgl. Kap. 2.3.4) momentan nicht möglich, verschiedene Nutzungsphasen innerhalb des Hauses 1 voneinander zu trennen und eine exakte Datierung für die mit Schicht 3 (Horizont IV,2) verbundenen Strukturen anzugeben. Die herangezogenen Vergleichsstücke aus verschiedenen Regionen Cis- und Transjordaniens erlauben es lediglich, die freigelegten und beschriebenen Strukturen mit der Eisenzeit II–III zu verbinden. Für die mit Haus 1 und seinen Außenflächen verbundenen Strukturen des Horizonts IV,2 ergibt sich somit ein Zeitfenster, das mit der späteisenzeitlich-persischen Periode verbunden werden kann. Eine feinteiligere chronologische Einordnung und Differenzierung der vorgelegten Keramikassemblagen ist momentan nicht beziehungsweise nur sehr bedingt möglich (vgl. Hendrix, Drey, Storfjell 1997:64–66; 170–173; Kap. 2.3.4.2,Anm.1; Kap. 2.3.4.2.3.1), da die lokalen und regionalen Laufzeiten der analysierten Gefäßformen nicht exakt bekannt sind und Haus 1 nicht bis auf sein Gründungsniveau abgetieft wurde.[360] Eine chronologische Unterteilung des Horizonts IV,2 und eine detaillierte Betrachtung der gegebenenfalls vorhandenen verschiedenen Nutzungsphasen von Haus 1 alleine an Hand der Keramik ist daher unmöglich (vgl. Kap. 2.3.4.2.3). Hinweise auf die chronologischen Eckpunkte des Horizonts IV,2 und der mit ihm verbundenen Strukturen konnten nur im Zusammenspiel mit den zugehörigen Architekturresten (Kap. 2.2.4), den Kleinfunden (Kap. 2.4) und den stratigraphischen Gegebenheiten (Kap. 2.1) gewonnen werden. Die entsprechenden Ausführungen legen eine Gründung von Haus 1 gegen Ende des 8. vorchristlichen Jahrhunderts (Eisenzeit II) nahe. Sein Niedergang kann wahrscheinlich mit dem Ende des 5. Jahrhunderts v. Chr. (Eisenzeit III)

---

[360] Inwieweit es mittelfristig möglich sein wird, zu einer feinteiligeren chronologischen Einordnung des vorgelegten Materials innerhalb der Eisenzeit II-III zu gelangen, müssen Detailuntersuchungen der vorgelegten Keramikscherben zeigen. Für den Moment muß mit der weit gefaßten chronologischen Einordnung der Befunde aus Schicht 3 in die Eisenzeit II-III gearbeitet werden.

verbunden werden.[361] Von einer kontinuierlichen Nutzung des Hauses 1 und einer entsprechenden Besiedlung des Fundplatzes kann während dieses Zeitraums ausgegangen werden.

2.3.4.2.3 Horizont IV,3 (Schicht 2)[362]

Die insgesamt 1529 diagnostischen Scherben der Schicht 2 stammen aus den Arealen 2 (8%), 3 (12,5%), 4 (15,5%), 5 (9,1%), 6 (9,9%), 7 (0,4%), 8 (4%), 9 (17,6%), 10 (13%), 11 (4,2%) und 14 (5,8%). Sie gehören zum Großteil (91,9%) der Warengruppe 1 an.[363] Nur 123 Stücke (8,1%) entfallen auf die Warengruppe 2.[364] Annähernd ein Drittel der diagnostischen Scherben (29%) gehören zu Ware 4. Ein weiteres Viertel (25,3%) wurde in Ware 2 gefertigt. In der quantitativen Reihe folgen Stücke der Waren 1 (15,8%), 3 (13,3%), 5 (5,7%) und 4.1 (2,8%). Bei den Formtypen dominieren wie bereits in den vorangehenden Schichten 4 und 3 die Henkel mit einem Anteil von 37,4% die Assemblage der diagnostischen Scherben. Mit erheblichem Abstand folgen Kochtöpfe/Kratere (21,5%), Flaschen/Krüge (16,9%), Schalen/Schüsseln (8,2%), Böden (7,5%) und Vorratsgefäße (6,3%). Der Rest (2,2%) verteilt sich auf verschiedene verzierte Bauchscherben, Deckel, Tüllen, Lampen, Ständer, Siebausgüsse und eine Platte.
Zu den weitgehend gesicherten und hier für die Auswertung der Keramik exemplarisch herangezogenen Kontexten der Schicht 2 gehören vorrangig die kleinen, von radial verlaufenden Verbindungswegen erschlossenen Raumeinheiten im Süden des Tells (vgl. Abb. 65) und die Reste einer kalkigen Begehungsfläche im Bereich des nicht mehr genutzten Hauses 1 in Areal 9. Neben den mit verschiedenen kleinen Kammern in Verbindung ge-

---

[361] Vergleiche hierzu die Ausführungen des nachfolgenden Kapitels 2.3.4.2.3.1 und der Kapitel 3.2 bis 3.3 (Anm. 68, 69).

[362] Die Analyse der Keramik der Schicht 2 ist aufgrund ihrer Nähe zur rezenten Oberfläche (=Schicht 0) des Tells besonders schwierig. Vermischungen mit dem Material der Schicht 1 und der Oberfläche können nicht ausgeschlossen werden. Hinzu kommt die Tatsache, daß stratifizierte Keramik der persischen Zeit (Eisenzeit III) in Transjordanien kaum bezeugt ist (Brown 1991:205) und die genauen Laufzeiten der späteisenzeitlichen Gefäßformen weitgehend unbekannt sind.

[363] Der Anteil der Warengruppe 1 an den diagnostischen Scherben ist somit kontinuierlich weiter gesunken. Von 98% in Schicht 4 über 96,7% in Schicht 3 auf nun nur noch 91,1%. Der Anteil der Warengruppe 2 an den Diagnostika ist entsprechend angestiegen.

[364] Die Diagnostika der Warengruppe 2 stammen aus folgenden Fundstellen: 2014.1, 2014.2, 2022, 2029, 3003, 3004, 3035, 3036, 3038, 4004, 4005, 4008, 4020, 4022, 4036, 5024, 5028, 5029, 6004, 6005, 6006, 6011, 6012, 6013.1, 6016, 6031, 6044, 7006, 8007, 9002, 9002.1, 9004, 9006, 9010, 9013, 9016, 10002.4, 10002.5, 10006, 11002, 11002.1, 14005, 14010, 14011, 14019.

brachten Fundstellen 4034, 4035, 5024, 10004, 10005, 10003, 10009 und 10010 der Areale 4, 5 und 10 (Abb. 51, 52, 68) werden die Scherben der Loci 9005/9006 und 9012/9013 des Areals 9 (Abb. 53) im folgenden näher betrachtet. Hinzu kommen die Stücke der Fundstellen 8007, 14010 und 140011 aus den Arealen 8 und 14 (Abb. 56, 55).

Im Bereich der Fundstelle 4034 im Südosten des Areals 4 (Abb. 52) konnten der Schicht 2 insgesamt 14 diagnostische Scherben (FN 4149.01–14) der Warengruppe 1 zugewiesen werden. Die Hälfte dieser Scherben gehört der Ware 4 an. Es folgen Stücke der Waren 1 bis 3 mit einem Anteil von jeweils 14,3% und ein Einzelstück der Ware 4.1 (7,1%). Bei den Formtypen bilden die Henkel (Typ 601) die quantitativ größte Gruppe (35,8%) der in Fundstelle 4034 bezeugten Diagnostika. Mit geringem Abstand folgen Böden (28,6%; Taf. 113,03; 119,02) und Kochtöpfe/Kratere (21,4%). Vorratsgefäße (7,1%; Taf. 16,03) und Krüge (7,1%; Taf. 43,01) sind jeweils nur mit einem einzelnen Fragment in der Assemblage vertreten. Bei letzterem handelt es sich um das Randstück (Taf. 43,01) einer kleinen Karaffe mit umlaufender Halsleiste, das wahrscheinlich ursprünglich zu einem Gefäßtypus gehörte, der bereits in Fundstelle 6034 des Horizonts IV,2 (Schicht 3) bezeugt ist und beschrieben wurde (vgl. Taf. 43,02). Die dort vorgenommene chronologische Einordnung des entsprechenden Fundstücks in die Eisenzeit II–III („Iron Age IIc/Persian") kann auf das Stück aus Schicht 2 (Taf. 43,01) übertragen werden. Ähnliches gilt für ein ebenfalls bereits mehrfach bezeugtes und beschriebenes Fragment eines eisenzeitlichen Bodens mit drei Füßen (Taf. 119,02), das in den gleichen zeitlichen Horizont datiert werden kann.[365] Ein Vergleichsstück aus Rujm al-Henu für das als Vorratsgefäß klassifizierte Randstück[366] (Taf. 16,03) der Fundstelle 4034 wird vom Ausgräber mit der gleichen Zeitspanne verbunden (Clark 1983:Fig.1:10; „Iron IIc/Persian") und bestätigt die chronologische Einordnung der bereits genannten Stücke und der gesamten Assemblage (Locus 4034) in die Eisenzeit II–III.

Die 57 diagnostischen Scherben der Warengruppe 1 aus der Fundstelle 4035 (FN 4152.01–57) legen für die kleine westlich anschließende Raumeinheit (Abb. 52) eine entsprechende zeitliche Einordnung nahe. Mehr als zwei Fünftel (40,4%) dieser diagnostischen Scherben gehören der Ware 2 an und ein weiteres Viertel (24,5%) entfällt auf die Ware 4. Es folgen Stücke der Waren 1 (15,8%), 5 (7,0%), 3 (8,8%) und 4.1 (3,5%). Bei den Formtypen bilden auch in dieser Fundstelle (4035) die Henkel (Typ 601) die quantitativ

[365] Die hier angesprochenen Stücke stammen aus Horizont IV,2 (Schicht 3) und wurden in den Fundstellen 3003.4 (Taf. 119,04) und 9024 (Taf. 119,03) gefunden und beschrieben.

[366] Eine Klassifizierung als tiefe Schüssel (Formtyp 4) erscheint ebenso möglich zu sein.

größte Gruppe (40,4%; Taf. 123,04) der Diagnostika. Annähernd ein weiteres Drittel (31,6%) entfällt auf Kochtöpfe/Kratere (Taf. 83,03). Es folgen Flaschen/Krüge (14,0%; Taf. 45,03; 45,05; 48,04), Vorratsgefäße (5,3%) und Böden (5,3%). Schalen/Schüsseln (1,7%) und Lampen (1,7%; Taf. 131,03) sind mit jeweils nur einem Stück in der Assemblage vertreten. Vergleichsstücke aus Tell Nimrin (Dornemann 1990:Fig.3:34–35; „Persian-Late Iron II")[367] und Rujm al-Henu (Clark 1983:Fig.6:76–77; „Iron IIc/Persian") zu den im Katalog abgebildeten Flaschen/Krügen (Taf. 45,03; 45,05) werden von den jeweiligen Autoren in die Eisenzeit II–III datiert. Eine entsprechende zeitliche Stellung kann auch für das Fragment eines kleeblattförmigen Ausgußes mit Schlaufenhenkel (Taf. 48,04) und ein offenes Gefäß mit dickem, scharf nach innen gezogenem Rand und einer Vertiefung im Übergangsbereich zum Hals (Taf. 83,03) angesetzt werden. Entsprechende Vergleichsstücke zu diesem Krug mit Kleeblattausguß (Taf. 48,04) aus Tell el-Mazar werden von Yassine (1984:14 und Fig.4:1–2; „Iron Age IIC/Persian") mit der Eisenzeit II–III verbunden und Clark (1983: Fig.1:19; „Iron IIc/Persian") datiert Gefäße mit Hohlmündung, die mit dem genannten Stück aus Tell Johfiyeh (Taf.83,03) verglichen werden können, in den gleichen zeitlichen Horizont. Sie machen zusammen mit den bereits oben genannten Vergleichen eine Verbindung der Fundstelle 4035 und der von ihr repräsentierten kleinen Kammer des Horizonts IV,3 mit der Eisenzeit (II–)III sehr wahrscheinlich. Ähnliches gilt, trotz der hier beobachteten Vermischung des Scherbenmaterials, auch für die mit verschiedenen Installationen versehenen Raumeinheit (Locus 5024) im Südwesten des Areals 5 (Abb. 52).[368]

---

[367] Das von Dornemann in dem zitierten Beitrag vorgestellte Material der späten Eisenzeit („Late Iron Age") stammt nicht aus gesicherten stratigraphischen Zusammenhängen, sondern von der Oberfläche (Dornemann 1990:153).

[368] Die Fundstelle 5024 enthielt insgesamt 74 diagnostische Scherben (FN 5073.01-05; 5076.01-12; 5083.01-38; 5091.01-09; 5109.01-10). Hiervon entfallen 86,5% auf die Warengruppe 1, die von Scherben der Ware 1 (25,7%) dominiert wird. Mit geringem Abstand folgen Stücke der Waren 2 (21,6%), 4 (20,3%), 3 (13,5%), 5 (4,0%) und 4.1 (1,4%). Die verbleibenden 13,5% der diagnostischen Scherben gehören der Warengruppe 2 an und wurden wahrscheinlich (teilweise) aus Schicht 1 und von der Oberfläche eingespült. Sie verteilen sich auf die Waren 11 bis 13 (je 1,3%), 14 (4%) und 16 bis 17 (je 2,8%). Bei den Formtypen dominieren die Kochtöpfe/Kratere (29,7%), dicht gefolgt von Krügen/Flaschen und Henkeln mit einem Anteil von je 28,4%. Es folgen Böden (5,4%), Schalen/Schüsseln (4,0%), Vorratsgefäße (2,7%) und ein Lampenfragment (1,4%). Stücke der Warengruppe 1 wie beispielsweise Kratere/Kochtöpfe mit Hals (vgl. Typ 308) und tiefe halbkugelige Schalen (Typ 413) verweisen die Fundstelle 5024 in die späteisenzeitlich-persische Periode (vgl. Hendrix, Drey, Storfjell 1997:202, „Persian"; Clark 1983:Fig.4.48-50; „Iron Age IIc/Persian"). Vergleichsstücke aus Tell Nimrin (Dornemann 1990:Fig.3:36;

In den ebenfalls zu Horizont IV,3 gehörenden kleinen Raumeinheiten im Norden von Areal 10 (Abb. 51) konnten in vier verschiedenen Fundstellen (10004, 10005, 10009/10003, 10010) insgesamt 47 weitere diagnostische Scherben der Schicht 2 registriert werden. Sie gehören alle zur Warengruppe 1 und verteilen sich sehr ungleichmäßig auf die verschiedenen Fundstellen. In Locus 10004 (FN 10028.01–02) fanden sich beispielsweise nur zwei Henkel (Typ 601, 603) der Waren 3 und 5. Der östlich anschließende Locus 10005 (FN 10022.01–02; 10030.01–02) wies drei weitere Henkel (Typ 601) und das Fragment eines Kruges (Typ 210) in den Waren 2, 3 und 5 auf (vgl. Abb. 68). In Fundstelle 10010 (FN 10046.01–09) wurden neun Diagnostika registriert, von denen vier (44,5%) Stücke der Ware 3 angehörten. Der Rest verteilt sich mit je zwei Scherben (je 22,2%) auf die Waren 2 und 4. Ein Einzelstück (11,1%) konnte der Ware 1 zugewiesen werden. Bei den Formtypen dominieren in Fundstelle 10010 Flaschen/Krüge (z.B. Typ 206; 55,6%) mit einem dreieckigen Rand, die wahrscheinlich mit der persischen Periode (Eisenzeit III) verbunden werden können (Hendrix, Drey, Storfjell 1997:202, „Persian"). Erst mit erheblichem Abstand folgen hier die Henkel (22,2%), Vorratsgefäße (11,1%) und Kochtöpfe/Kratere (11,1%). Weitere 26 Diagnostika konnten auf einer mit Fundstelle 10009 verbundenen Begehungsfläche im Nordosten des Areals 10 erfaßt werden.[369] Die Hälfte (50%) dieser Scherben kann mit Ware 2 verbunden werden. Es folgen Stücke der Waren 1 (34,7%), 4 (7,7%), 3, (3,8%) und 4.1 (3,8%). Ein Großteil der Diagnostika (53,8%) entfällt hier erneut auf die Henkel (Typ 601, 603).[370] Mit erheblichem Abstand folgen in der quantitativen Reihe Kochtöpfe/Kratere mit Hals und dreieckigem Rand (26,9%; Typ 308), Vorratsgefäße (11,5%; Typ 101, 105), Krüge/Flaschen (3,9%) und Schalen/Schüsseln (3,9%; Taf. 111,01). Ähnlich wie die bereits oben beschriebenen Scherben der Fundstelle 5024 können auch hier die Fragmente von Kochtöpfen mit Hals und der entsprechenden Vorratsgefäße mit der (späteisenzeitlich-)persischen Periode verbunden werden. Gestützt wird diese chronologische Ein-

„Persian-Late Iron II") und Rujm al-Henu (Clark 1983.Fig.1:24 und Fig.6:72; „Iron Age IIc/Persian") für die bezeugten Vorratsgefäße (Typ 104, 112) verweisen in den gleichen zeitlichen Horizont. Die wahrscheinlich sekundär eingespülten Scherben der Warengruppe 2 verweisen hingegen bereits in die byzantinisch/frühislamische Zeit sowie in Einzelstücken auf die späthellenistische und frührömische Periode.

[369] Es handelt sich um die Scherben mit den Fundnummern 10034.01-05, 10036.01-05, 10042.01-05, 10043.01-04, 10054.01-07.

[370] Unter den in dieser Fundstelle erfaßten Henkeln befand sich auch ein Exemplar mit sechs bemalten Streifen auf der Oberfläche (Taf. 122,01), das an Stücke erinnert, wie sie bei Pilgerflaschen der Eisenzeit (I-II) bezeugt sind (vgl. Amiran 1969:276 und Pl.94; van der Kooij und Ibrahim 1989:92-93,Fig.16). Ein sekundäres Einbringen dieses Stücks in die Assemblage ist wahrscheinlich.

ordnung der Fundstelle durch den Fund eines fast vollständig erhaltenen Kochtopfs (Taf. 57,01; Amiran 1969:Pl.76:13; „Iron IIc") in der direkt aufliegenden Fundstelle 10003 (FN 10017.01, 10037.01–04).

Eine ähnliche zeitliche Stellung kann auch für die mit den Fundstellen 9005/9006, 9012/9013 und 9010/9015 verbundenen Reste einer kalkigen Begehungsfläche im Bereich des während Horizonts IV,3 nicht mehr vorhandenen Hauses 1 in Areal 9 angenommen werden (Abb. 53). Die insgesamt 31 Diagnostika der Fundstelle 9005 (FN 9032.01–12, 9038.01–10, 9044.01–03, 9045.01–06) gehören alle zur Warengruppe 1. Annähernd drei Fünftel (58,1%) dieser Scherben entfallen auf die Ware 3. Ein weiteres Fünftel (22,6%) entällt auf die Ware 2. Der Rest verteilt sich auf die Waren 4 (12,9%), 4.1 (3,2%) und 5 (3,2%). Bei den Formtypen bilden Flaschen/Krüge (Taf. 32,04; 35,05) die quantitativ größte Gruppe. Sie haben einen Anteil von 41,7% an der Assemblage der Diagnostika. Mit großem Abstand folgen Henkel (25,8%; Typ 601, 603), Böden (9,7%), Schalen/Schüssel (9,7%), Kochtöpfe/Kratere (6,5%) und Vorratsgefäße (6,5%). Vergleichsstücke aus Tell Nimrin (Dornemann 1990:Fig.3:36; „Persian-Late Iron II") und Rujm al-Henu (Clark 1983:Fig.6:73; „Iron IIc/Persian") zu den Flaschen/Krügen mit dreieckigem Rand (Taf. 32,04; 35,02), die die Assemblage der Fundstelle 9005 quantitativ dominieren, werden in die Eisenzeit II–III datiert. Ein weiteres, den bereits genannten Stücken sehr ähnliches Exemplar einer Flasche aus Tell Nimrin wird von den Autoren mit dem Begriff „persisch" („Persian") belegt (Flanagan, McCreery, Yassine 1994:Fig.19:7) und kann mit der Eisenzeit III verbunden werden. In diesen zeitlichen Horizont gehören wahrscheinlich auch eine Schale (FN 9044.01; Typ 444) mit ausladendem, leicht geschwungenen (abgeknickten) Rand, die mit (späteisenzeitlich-)persischen Stücken aus Rujm al-Henu (Clark 1983:Fig.3:2–4; „Iron IIc/Persian") verglichen werden kann und zwei Fragmente von Vorratsgefäßen (FN 9032.01; 9045.05; Typ 103, 112), die an Stücke erinnern, die in Amman gefunden wurden (Abu Dayyah 1991:Fig.5:10–11).

Mit der Eisenzeit (II–)III kann auch die direkt westlich anschließende Fundstelle 9006 verbunden werden. Die insgesamt 21 Diagnostika dieser Fundstelle (FN 9042.01–03, 9048.01–09, 9053.01–09) gehören fast ausschließlich der Warengruppe 1 an. Lediglich ein Einzelstück (FN 9048.03; Typ 220) der Ware 14 mußte der Warengruppe 2 zugewiesen werden.[371] Annähernd die Hälfte (47,6%) aller Diagnostika dieser Fundstelle gehören der Ware 3 an. Mit großem Abstand folgen Stücke der Waren 4 (23,8%) und 2

[371] Die Herkunft dieser Scherbe der Warengruppe 2 in der Fundstelle 9006 ist unklar. Eine sekundäre Einspülung ist sehr wahrscheinlich. Eine Vermischung des Materials kann nicht ausgeschlossen werden.

(14,2%) sowie die jeweils mit nur einem Exemplar bezeugten Scherben der Waren 1, 5 und 14 (je 4,8%). Bei den Formtypen entfallen mehr als die Hälfte (52,4%) aller Stücke auf die Henkel (Typ 601, 603). Den zweiten Platz in der quantitativen Reihe nehmen Flaschen/Krüge (z.B. Taf. 34,01) ein, die einen Anteil von 28,5% an der Scherbengesamtassemblage dieser Fundstelle haben. Es folgen Böden (9,5%), Kochtöpfe/Kratere (4,8%) und Schalen/Schüsseln (4,8%; Taf. 111,04). Ein Großteil der mit Formtyp 2 (Flaschen/Krüge) verbundenen Scherben gehört auch hier zu Gefäßen mit einem annähernd dreieckigen Rand (Typ 236), wie sie bereits in Fundstelle 9005 beschrieben und datiert wurden. Ähnliches gilt wahrscheinlich auch für ein kleines Schalenfragment (Taf. 111,04), das in Fundstelle 9006 gefunden wurde. Von einer Datierung in die Eisenzeit (II)–III kann somit auch für diese Fundstelle mit großer Wahrscheinlichkeit ausgegangen werden.

In den westlich anschließenden Fundstellen 9012 und 9013 wurden insgesamt 27 weitere Scherben der Schicht 2 zugeordnet. Während die neun Stücke der Fundstelle 9012 (FN 9069.01–09) alle der Warengruppe 1 angehören, findet sich unter den 18 diagnostischen Scherben der Fundstelle 9013 (FN 9078.01, 9081.01–04, 9083.01–13) auch ein Stück (FN 9083.05) der Warengruppe 2.[372] Mehr als die Hälfte (55,6%) der diagnostischen Scherben aus Fundstelle 9012 können mit Ware 1 verbunden werden. Der Rest verteilt sich auf die Waren 4 (33,3%) und 4.1 (11,1%). Bei den Formtypen dominieren wieder die Henkel (66,7%). Es folgen Scherben von Kochtöpfen (22,2%) und das Fragment einer Schüssel (11,1%; Taf. 106,02). Vergleichsstücke zu letzterer (Taf. 106,02) aus Tell Nimrin (Dornemann 1990:Fig.3:30; „Persian-Late Iron II") und Rujm al-Henu (Clark 1983:Fig.3:22; „Iron IIc/Persian") können mit der Eisenzeit (II–)III verbunden werden. In diesen zeitlichen Horizont gehören auch die beiden Fragmente von Kochtöpfen mit einem Hals (Typ 308), wie sie bereits in den Fundstellen 5024 und 10009 beschrieben und datiert wurden. Eine Verbindung der Fundstelle 9012 mit der Eisenzeit (II–)III ist somit sehr wahrscheinlich.[373] Gleiches gilt für die

---

372 Die Präsenz einer Scherbe der Warengruppe 2 legt eine Vermischung der Keramikassemblage dieser Fundstelle mit Stücken aus anderen Schichten nahe. Der Fund von Tesserae (FN 9075) in Fundstelle 9013 bestätigt diese Annahme und macht eine Verwendung des entsprechenden Materials bei der chronologischen Einordnung des Horizonts IV,3 weitgehend unmöglich. Ein Siebausguß mit neun Löchern (Taf. 133,02) und ein kleeblattförmiger Rand/Ausguß eines Kruges (Taf. 48,03) verweisen jedoch auch hier eindeutig in die späteisenzeitlich-persische Periode.

373 Eine entsprechende Datierung der nördlich anschließenden Fundstelle 9010/9015 kann trotz der vermuteten Vermischung der hier gefundenen Scherben mit dem Material anderer Schichten ebenfalls nicht vollständig ausgeschlossen werden. Von den 54 Diagnostika (FN 9054.01-54) entfallen 52 Stücke (96,3%) auf die Waren-

bislang beschriebenen Flächen des Horizonts IV,3 (Schicht 2) in den Arealen 4, 5, 9 und 10.
Das leider teilweise gestörte Material der Fundstellen 8007 und 14010/14011 (Abb. 55, 56) verweist teilweise auf das Ende der persischen Periode (Eisenzeit III - spät) und liefert somit einen Hinweis auf die potentielle Nutzungsdauer der mit Horizont IV,3 (Schicht 2) verbundenen Strukturen und der zugehörigen Scherben. Von den insgesamt 45 Diagnostika der Fundstelle 8007 (FN 8023.01–45) konnten 37 Stücke der Warengruppe 1 (82,2%) zugeordnet werden. Annähernd ein Fünftel (17,8%) der Scherben entfielen auf die Warengruppe 2. Innerhalb der ersten Gruppe dominieren Stücke der Ware 4 (32,4%), gefolgt von Scherben der Waren 3 (24,4%), 5 (21,6%), 2 (10,8%), 1 (5,4%) und 4.1 (5,4%). Bei den Formtypen dominieren auch hier wieder die Henkel (Typ 601, 603), die einen Anteil von 43,3% an den Scherben der Warengruppe 1 haben. Platz zwei wird von den Flaschen/Krügen (21,6%; Taf. 33,02) eingenommen. Es folgen Vorratsgefäße (13,5%), Kochtöpfe/Kratere (10,8%), Schalen/Schüsseln (8,1%) und Böden (2,7%). In Warengruppe 2 entfallen je zwei Stücke (25%) auf die Waren 9 und 12. Mit jeweils nur einem Exemplar (12,5%) sind die Waren 14 bis 17 vertreten. Bei den Formtypen sind hier die Schalen/Schüsseln (Taf. 147,08; 148,02) mit insgesamt drei Scherben (37,5%) am stärksten vertreten. Es folgen Flaschen/Krüge mit zwei Exemplaren (25%) und Böden (Taf. 154,04), Henkel und Tüllen mit nur je einem Beleg (12,5%). Vergleichsstücke für das auf Tafel 33,02 abgebildete Fragment einer Flasche (Typ 247) finden sich unter anderem in Tell Nimrin (Dornemann 1990:Fig.3:35; „Persian-Late Iron II") und Rujm al-Henu (Clark 1983:Fig.6:77; „Iron IIc/Persian"). Sie werden von den jeweiligen Autoren einhellig in die Eisenzeit (II–)III datiert. Die zur chronologischen Einordnung einer kleinen Schale (Taf. 147,08) aus Fundstelle 8007 herangezogenen Vergleichsstücke aus Tell Nimrin werden ebenfalls in die (späteisenzeitlich)-persische- (Dornemann 1990:Fig.3:31; „Persian-Late Iron II") beziehungsweise persische Periode (Flanagan, McCreery, Yassine 1994:Fig.19:1; „Persian") datiert. Stücke mit einer ähnlichen Morphologie vom nordjordanischen Plateau werden von Kamlah (2000:Taf.21:15,87:5–6) sogar mit der hellenistischen Zeit verbunden.[374] In die persische Zeit (Eisenzeit III) verweist wahrscheinlich auch eine weitere

---

gruppe 1 und können weitgehend mit der Eisenzeit II-III verbunden werden (vgl. Taf. 34,02; 45,01; 48,01; 48,02; 61,02; 64,03; 92,04; 93,06; 95,01; 102,04; 126,05). Nur zwei Scherben (3,7%) gehören zur Warengruppe 2 (FN 9054.26, 9054.30) und machen zusammen mit den gefundenen Tesserae (FN 9057) eine Verunreinigung des Materials sehr wahrscheinlich.

[374] Vgl. auch ähnliche Schalen aus den hellenistischen Schichten in Pella (McNicoll, Smith, Hennessy 1982:Pl.128:4-6; „Hellenistic - 2nd century B.C.").

Schale (Taf. 148,02) aus der Fundstelle 8007.[375] Ein entsprechendes Vergleichsstück aus Tell Nimrin (Flanagan, McCreery, Yassine 1994:Fig.19:2; „Persian“) wird von den Ausgräbern ebenfalls mit dieser Periode verbunden.[376]

An das Ende der persischen Periode (Eisenzeit III (spät)) verweisen auch einige der in Areal 14 gefundenen diagnostischen Scherben der Schicht 2 (Abb. 55). Von den insgesamt 23 Diagnostika der Fundstelle 14010 (FN 14031.01–16, 14042.01–06, 14043.01) entfallen 21 Stücke (91,3%) auf die Warengruppe 1. Nur zwei Scherben (8,7%) der Waren 7 und 9 gehören zur Warengruppe 2. Mit einem Anteil von jeweils über 30% an den Diagnostika dieser Fundstelle bilden die Scherben der Waren 4 (34,9%) und 2 (30,5%) die quantitativ größten Gruppen. Mit größerem Abstand folgen Stücke der Waren 1 (13%) und 3 (8,7%). Mit nur jeweils einem Exemplar (je 4,3%) sind die Waren 5, 7 und 9 in der Assemblage vertreten. Bei den bezeugten Formtypen bilden erneut die Henkel (43,6%) die größte Gruppe. Erst mit Abstand folgen Vorratsgefäße, Kochtöpfe/Kratere (Taf. 74,06), Schalen/Schüsseln (Taf. 147,01; 148,01) und Böden mit je drei Stücken (je 13%). Flaschen/Krüge sind in dieser Fundstelle nur einmal bezeugt (4,4%). Vergleichsstücke für den auf Tafel 74,06 abgebildeten Kochtopf (Typ 3112) finden sich beispielsweise in Rujm al-Henu (Clark 1983:Fig.4:44–45,51; „Iron IIc/Persian“) und in „Area B“ in Heshbon (Lugenbeal, Sauer 1972:Pl.VI:326–332). Sie datieren in die Eisenzeit (II–)III. Eine entsprechende zeitliche Einordnung kann auch für die in Fundstelle 14010 bezeugte Variante eines Vorratsgefäßes (Typ 104; FN 14031.03–04), eines Kraters (Typ 3103; FN 14042.02) und einer Schüssel (Typ 429; FN 14042.02) angenommen werden (Lugenbeal, Sauer 1972:Pl.VII:376–382; Pl.X:530). Für das zusammen mit diesen Formtypen in Fundstelle 14010 gefundene Fragment einer Schale (Taf. 148,01) muß in Anlehnung an ein ähnliches Gefäß aus Fundstelle 8007 (vgl. Taf. 148,02) eine Datierung in die persische Zeit (Eisenzeit III) angenommen werden (vgl. Flanagan, McCreery, Yassine 1994:Fig.19:2; „Persian“). Ein ebenfalls aus dieser Fundstelle stammendes, vollständig erhaltenes attisches Schälchen mit einem schwarzen Überzug und floralen Verzierungen (Stempel) auf dem Gefäßinnenboden[377] verweist

---

[375] Ähnliches gilt wahrscheinlich auch für das Fragment eines Ringfußes (Taf. 154,04) der Ware 9.

[376] Ein weiteres morphologisch ähnliches Stück wurde im Rahmen des Wadi al-Arab Surveys gefunden (Hanbury-Tenison et al. 1984:Fig.15:20; „Hellenistic-Byzantine“). Ein byzantinisches Datum für die entsprechende Gefäßform kann hier jedoch nicht ausgeschlossen werden (vgl. auch Sauer 1973:Fig.3:94-95).

[377] Zu Vergleichsstücken siehe Sparkes and Talcott (1970:Fig.9:944,946-47,949; Pl.34:943). Vgl. auch Sparkes and Talcott (1970:Fig.8:826,841; Fig.9:882).

schließlich eindeutig in das vierte vorchristliche Jahrhundert (vgl. Abb. 73; Taf. 147,01) und macht eine Verbindung der Schicht 3 und ihrer Strukturen mit der Eisenzeit III (spät) sehr wahrscheinlich.[378] Es handelt sich wahrscheinlich um einen kleinen Salznapf mit Ringfuß, dessen Form nur schwer von den als Schälchen klassifizierten Stücken getrennt werden kann (Sparkes und Talcott 1970:132–138; Fig.9; Pl. 34:939–950).[379] Wie die morphologische Analyse des kleinen Gefäßes aus Tell Johfiyeh zeigte, kann es mit den von Sparkes und Talcott (1970:137–138; Pl.34:942–950) in Gruppe 2 zusammengefaßten Vergleichsstücken der Agora in Athen verbunden werden, die sich auf das zweite und dritte Viertel des 4. Jahrhunderts v. Chr. konzentrieren. Die früheren Stücke dieser Gruppe (Sparkes und Talcott 1970:Pl.943–945) haben eine breite und dennoch zurückhaltende Standfläche; später im gleichen Jahrhundert wird der Fuß weniger breit und die Standfläche weist eine leichte Furche auf. Des weiteren kann für letztere eine Zunahme der Wandungshöhe und ein Dünnerwerden des Randes zusammen mit einer stärkeren Ausprägung der nach innen gezogenen Lippe beobachtet werden. Diese Form reicht bis in die hellenistische Zeit, wo der Rand und der Standfuß noch dünner ausgeprägt sind (Sparkes und Talcott 1970:137–138). Für das Stück aus Tell Johfiyeh, das zu den früheren Beispielen der Gruppe 2 gezählt werden kann, ergibt sich hieraus wahrscheinlich eine Datierung in das zweite Viertel des 4. vorchristlichen Jahrhunderts.[380] Stempelverzierungen wie sie im Inneren des kleinen Gefäßes beobachtet werden konnten, sind auf polierten attischen Waren seit der Mitte des 5. Jahrhunderts v. Chr. bezeugt und hatten große Auswirkungen auf die Keramikgestaltung der folgenden Jahrhunderte (Sparkes and Talcott 1970:22). Entsprechende Verzierungen sind bis in die hellenistische Periode bezeugt. Es handelt sich hierbei um eine Tradition, die aus der Metallverarbeitung übernommen wurde. Die verwendeten Stempel wurden in einer Gußform gefertigt und weisen eine konvexe Stempelfläche auf (Sparkes and Talcott 1970:22–23). Die entsprechenden Abdrücke finden sich wie bei dem Stück aus Tell Johfiyeh häufig im Inneren der Gefäße.[381] Verziert wurden vorrangig Trinkschalen/-becher und Ölfläschchen. Hinzu kommen einige wenige Hydriai, Oinochoai und schwarze Chytrai.

[378] Eine ähnliche Bauchscherbe mit einer vergleichbaren Verzierung (Taf. 158,03) wurde auf der Oberfläche (Schicht H0) des Areals 13 im westlichen Hangbereich gefunden.

[379] Zu Salznäpfen siehe auch die Fotos auf Plate 34 mit der Abbildung 943 bei Sparkes and Talcott (1970).

[380] Zu einem sehr ähnlichen Stück vgl. Sparkes and Talcott (1970:Pl.34:943).

[381] Stempelabdrücke auf der Außenfläche sind nur für das 5. vorchristliche Jahrhundert bezeugt (Sparkes and Talcott 1970:24).

Verzierungen auf anderen Gefäßformen sind im Material der Athener Agora nur selten bezeugt (Sparkes and Talcott 1970:24). Der zur Verzierung des kleinen Gefäßes aus Tell Johfiyeh verwendete Palmettenstempel gehört zu den am häufigsten bezeugten Motiven (Sparkes and Talcott 1970:25–26; Pl.47–59).[382] Es besteht vorrangig aus einem Volutenstengel und mehreren fächerartig nach außen weisenden Palmblättern.[383] Das Grundmotiv kann verschiedenartig abgeändert werden und die Form des Stengels ist variabel. Das bezeugte Spektrum der Palmetten reicht von lang und offen bis hin zu kurz und eng. Die Größe der von Sparkes und Talcott (1970) vorgestellten Stücke schwankt zwischen klein und gedrungen bis hin zu sehr lang und groß. Die Form und Anordnung der Palmblätter sind ebenso wie die Größe der Palmette eine Frage des jeweiligen Geschmacks und das Ergebnis einer historischen Entwicklung. Von einer zeitlichen Einordnung der Fundstelle 14010 in das letzte Jahrhundert der persischen Periode kann ausgegangen werden. Zieht man die mit dem attischen Salznapf vergesellschafteten Gefäße, die stratigraphischen Gegebenheiten und sonstigen Funde in die Betrachtungen mit ein, so ist es sogar sehr wahrscheinlich, daß die gesamte Schicht 2 (Horizont IV,3) und die mit ihr verbundenen Strukturen in diesen Zeitabschnitt datieren.

Die insgesamt 19 Diagnostika der Fundstelle 14011 (FN 14046.01–19) bilden den Abschluß der im Rahmen der vorliegenden Arbeit exemplarisch zu besprechenden Scherben des Horizonts IV,3 (Schicht 2). Abgesehen von zwei Scherben (10,5%) der Warengruppe 2, die wahrscheinlich aus Schicht 1 eingespült wurden[384], konnten alle Diagnostika dieser Fundstelle der Warengruppe 1 (89,5%) zugewiesen werden. Stücke der Ware 4 (31,5%) bilden hierbei die quantitativ größte Gruppe. Es folgen Scherben der Waren 5 (21%), 2 (15,8%) und 1 (15,8%). Die Waren 3, 14 und 16 sind in dieser Assemblage jeweils nur einmal (5,3%) vertreten. Bei den Formtypen dominieren erneut die Henkel (36,9%; Taf. 123,02), gefolgt von den Kochtöpfen (26,3%; Taf. 60,03; 68,01; 74,01), Flaschen/Krügen (15,8%), Vorratsgefäßen (10,5%; Taf. 26,03) und Böden (10,5%). Vergleichsstücke aus Heshbon zu den im Katalog abgebildeten Kochtöpfen mit und ohne Hals

---

382 Zu Palmettenmotiven vgl. auch Rotroff (1982:Pl.94:9,30,108). Zu hellenistischer Keramik siehe Rotroff (1997).

383 Zu den im Gefäß aus Tell Johfiyeh bezeugten Palmettenstempeln vgl. Sparkes and Talcott (1970:Pl.47:633).

384 Bei diesen beiden Stücken in den Waren 14 und 16 handelt es sich um einen Schlaufenhenkel (Typ 602; FN 14046.19) und den Rand eines Kruges mit Henkel (Typ 215; FN 14046.10). Letzterer erinnert in Ware und Form an Gefäße aus byzantinisch-omaijadischer Zeit, wie sie aus Schicht 1 (Horizont V) bekannt sind (vgl. Taf. 135,01).

(Taf. 60,03; 68,01; vgl. Lugenbeal, Sauer 1972:Pl.V:303,306), einem Krater (Taf. 74,01; vgl. Lugenbeal, Sauer 1972:Pl.VIII:430) und einem Vorratsgefäß (Taf. 26,03; vgl. Lugenbeal, Sauer 1972:Pl.VIII:440 und Pl.IX:489) werden von den Bearbeitern in die (späteisenzeitlich-)persische Periode datiert und widersprechen einer Datierung des Horizonts IV,3 in die Eisenzeit III (spät) somit ebenfalls nicht.

2.3.4.2.3.1 Zusammenfassung (Schicht 2)

Wie die gemachten Ausführungen zeigen, ist die Analyse und chronologische Einordnung der oben vorgestellten Keramik sehr schwierig. Die relative Nähe der Schicht 2 zur landwirtschaftlich genutzten rezenten Oberfläche des Tells führte teilweise zu Keramikkollektionen, in denen sich auch Einzelstücke aus anderen Schichten oder Oberflächenmaterial fanden. Sogar für die exemplarisch herangezogenen Fundstellen und die mit ihnen verbundenen Keramikassemblagen konnte eine Vermischung des Fundguts nicht immer mit Sicherheit ausgeschlossen werden. Erschwert wurde die Auswertung weiterhin durch die Tatsache, daß die Laufzeiten der in Schicht 2 gefundenen Gefäßformen weitgehend unbekannt sind und für Nordjordanien kaum beziehungsweise keine stratifizierten Keramikabfolgen der Eisen- und persischen Zeit bezeugt sind (Brown 1991:205).

Auffällig ist, daß in den analysierten Keramikassemblagen der Schicht 2 kaum solche Gefäßformen identifiziert werden konnten, die in verschiedenen anderen Regionen mit der persischen Periode verbunden werden (vgl. Lapp 1970:179–197; Herr 1996:245).[385] Eindeutige „keramische" Hinweise auf diese Zeit lieferte nur ein vollständig erhaltener attischer Salznapf aus dem zweiten Viertel des 4. vorchristlichen Jahrhunderts. Ähnliche Beobachtungen konnten auch an anderen Fundorten Transjordaniens gemacht werden[386] und legen es nahe, daß die momentan verfügbaren Keramikas-

---

[385] Vollständig fehlen in der Keramikassemblage des Tell Johfiyeh beispielsweise die sogenannten „sausage-jars" und „Amphoren". Inwieweit die wenigen orangefarbenen Stücke der Ware 2 (vgl. Kap. 2.3.1) als Hinweis auf „persische Scherben" in Tell Johfiyeh gedeutet werden können, ist unklar.

[386] In Tell al-Umayri gibt es beispielsweise bislang ebenfalls kaum typisch persische Gefäßformen. Der Fund attischer Scherben zusammen mit Standardformen der Eisenzeit II legen es aber auch hier nahe, daß die Keramik der Eisenzeit II bis weit in die persische Periode hinein durchläuft. Eine Laufzeit bis in das vierte Jahrhundert v. Chr. kann dort ebenfalls nicht ausgeschlossen werden (Bennett and Bienkowski 1995:102; cf. Herr 1993).

Ähnliches gilt wahrscheinlich auch für die von Lugenbeal und Sauer (1972) publizierten Scherben der Eisenzeit II aus Heshbon (Area B). Die zeitliche Untergrenze der in das 6. bis 7. Jahrhundert vor Christus (500 v. Chr. - 700 v. Chr.) datierten Scherben wird von den Bearbeitern unter anderem aus der Tatsache abgeleitet, daß

semblagen dieser Region in der Regel keine eindeutige Trennung zwischen der Eisenzeit II und der Eisenzeit III (persische Periode) erlauben.[387] Eine Klassifizierung der entsprechenden Scherben aus Nordjordanien als Stücke der Eisenzeit II–III, wie bereits in Kapitel 2.3.4.2.2 praktiziert, erscheint gegenwärtig somit häufig unumgänglich zu sein (vgl. Hendrix, Drey, Storfjell 1997:64–66). Hinweise auf die chronologischen Eckpunkte der Horizonte IV,2 und IV,3 konnten daher alleine auf Basis des analysierten Scherbenmaterials nicht gewonnen werden. Berücksichtigt man jedoch die mit dem Übergang von Horizont IV,2 (Schicht 3) zu IV,3 (Schicht 2) verbundenen Veränderungen im Bereich der Architektur (vgl. Kap. 2.2.4) und schließt die Stratigraphie (Kap. 2.1), die Kleinfunde (vgl. Kap. 2.4) und die historischen Gegebenheiten (vgl. Kap. 3.2–3.3) in die Betrachtung mit ein, so kann das Ende von Horizont IV,2 (Schicht 3) und der Niedergang des mit ihm verbundenen Hauses 1 wahrscheinlich in den Übergang vom 5. zum 4. vorchristlichen Jahrhundert gesetzt werden. Für Schicht 2 (Horizont IV,3) ergibt sich ein Zeitfenster, das sich vom zweiten Viertel des 4. vorchristlichen Jahrhunderts bis an den Beginn der hellenistischen Zeit erstreckt und hier als Eisenzeit III (spät) bezeichnet wird. Der südliche Teil des Tells wird während Horizont IV,3 (Schicht 2) weiterhin von kleinen Kammern bestimmt, die von radial verlaufenden Wegen erschlossen werden. Veränderungen zeichnen sich nur für den nördlichen Bereich ab. Haus 1 wurde hier gegen Ende des Horizonts IV,2 aufgegeben und in der Folgezeit nicht wieder errichtet.[388] Zahlreiche Funde und Begehungsflächen der Schicht 2 zeigen aber, daß dieser Bereich auch während des Horizonts IV,3 nicht brach lag und von einer (saisonalen ?) landwirtschaftlichen Nutzung des Tells während des Horizonts IV,3 ausgegangen werden kann.

2.3.4.2.4 Zusammenfassung (Schichten 4–2)

Wie die Ausführungen zur Keramik der Schichten 4 bis 2 zeigen, können die analysierten Scherben des Horizonts IV mit der Eisenzeit I, II–III und

---

typisch persische Formen (wie sie aus Cisjordanien bekannt sind) in der Assemblage weitgehend fehlen (Lugenbeal, Sauer 1972:62-64). Vor dem Hintergrund des oben Gesagten ist also auch hier eine Laufzeit der entsprechenden Gefäßformen bis weit in die persische Zeit hinein möglich.

[387] Eine Ausnahme bildet wahrscheinlich nur die sogenannte „schwarze Ware", die in Transjordanien eindeutig mit der Eisenzeit III verbunden werden kann (Hendrix, Drey, Storfjell 1997:65).

[388] Wie die Ausführungen zur Architektur (Kap. 2.2.4) und Keramik (Kap. 2.3.3) der Horizonte IV,2 und IV,3 zeigen, kann von einer friedlichen Aufgabe des Hauses 1 durch seine Bewohner ausgegangen werden. Es zeichnet sich ab, daß wahrscheinlich politische Ereignisse während der persischen Zeit zu strukturellen Veränderungen führten, die das Gebäude überflüssig machten (vgl. Kap. 3.2-3.3).

III(spät) verbunden werden. Anhand von Vergleichsstücken aus verschiedenen Regionen Cis- und Transjordaniens konnte in einem ersten Schritt herausgearbeitet werden, daß die mit Horizont IV,1 (Schicht 4) verbundenen Gefäßformen vorrangig in die Eisenzeit I verweisen. Die wenigen Scherben dieser Schicht 4, die noch in der Tradition des Horizonts III (Schicht 5) stehen und mit dem Übergang von der Spätbronze- zur Eisenzeit I verbunden werden können[389], machen aber deutlich, daß es in Tell Johfiyeh eine gewisse „Kontinuität" von der Spätbronze- zur Eisenzeit I gegeben haben muß.[390] Hinweise auf eine Unterbrechung der Nutzung wurden nicht gefunden. Unter Nutzung, Erweiterung und Neugestaltung vorhandener Steinsetzungen wurden während des Horizonts IV,1 kleine Raumeinheiten geschaffen, deren Inventar auf häusliche Aktivitäten in einem landwirtschaftlichen Umfeld verweisen.

Abgelöst werden diese Strukturen in der folgenden Nutzungsphase, Horizont IV,2, von einem größeren Gebäude (Haus 1) und mehreren kleinen Raumeinheiten, die durch einen radial verlaufenden Verbindungsweg miteinander verbunden waren. Eine Interpretation als kleines landwirtschaftliches Gehöft ist sehr wahrscheinlich. Die in und um diese Strukturen des Horizonts IV,2 gefundenen Scherben der Schicht 3 verweisen vorrangig in die Eisenzeit II–III.[391] Eine Nutzung des wahrscheinlich in der Eisenzeit II gegründeten Gehöfts bis in die Übergangsphase vom 5. zum 4. vorchristlichen Jahrhundert kann aufgrund der stratigraphischen Gegebenheiten und Funde nicht ausgeschlossen werden. Weder das Ende des neuassyrischen Reiches und die nominelle Übernahme Transjordaniens durch Babylonien um 600 v.Chr. noch die vermutete Einbindung der Region in die persischen Verwaltungsstrukturen waren für Tell Johfiyeh und die Region wahrscheinlich mit größeren strukturellen Einschnitten und Veränderungen verbunden (vgl. Kap. 3.2 und Lamprichs 1995:183; 399–406). Die Gründe, die gegen Ende des Horizonts IV,2 zur friedlichen Aufgabe von Haus 1 führten, sind nicht abschließend geklärt. Ein Zusammenhang mit politischen Veränderungen

[389] Zu Keramikscherben, die in Irbid mit dem Übergang von der Spätbronze- zur Eisenzeit I verbunden werden, vgl. Lenzen, Gordon, McQuitty (1985:Pl.22:2, 23:1).

[390] Wie die Ausführungen zur Architektur (Kap. 2.2.3) und Keramik (Kap. 2.3.3) des Horizonts III zeigten, kann diese wahrscheinlich in das 12. vorchristliche Jahrhundert datierende Übergangsphase u.a. mit der Errichtung einer Umfassungsmauer verbunden werden, die in der Folgezeit (Horizont IV) zu einer Konzentration der Siedlungsaktivitäten im Zentralbereich des Tells führte.

[391] Die allgemeine Forschungslage zur Keramik der Eisenzeit in Nordjordanien und die lokalen Gegebenheiten in Tell Johfiyeh erlaubten es nicht, verschiedene Nutzungsphasen innerhalb des Hauses 1 voneinander zu trennen und die verschiedenen mit Schicht 3 (Horizont IV,2) verbundenen Strukturen feinchronologisch einzuordnen.

während der persischen Periode sind aber sehr wahrscheinlich (vgl. Kap. 3.2–3.3).
Während des nachfolgenden Horizonts IV,3 werden nur die kleinen Raumeinheiten im zentralen und südlichen Teil der Telloberfläche weitergenutzt. Die hier in den Fundstellen der Schicht 2 (Horizont IV,3) bezeugten Keramikscherben erlaubten ähnlich wie bereits in Horizont IV,2 in der Regel keine kleinteilige chronologische Einordnung der freigelegten Strukturen. Innerhalb der mit der Eisenzeit II–III verbundenen Keramikassemblagen der Schicht 2 zeichnete sich aber dennoch eine deutliche Tendenz hin zur Eisenzeit III ab. Zusammen mit den sonstigen Funden dieser Schicht, den stratigraphischen Verhältnissen und dem Fund eines attischen Salznapfes kann daher eine Datierung des Horizontes IV,3 und der mit ihm verbundenen Strukturen in das 4. vorchristliche Jahrhundert (Eisenzeit III (spät)) nicht ausgeschlossen werden. Ein Zeitfenster, das sich vom zweiten Viertel des 4. vorchristlichen Jahrhunderts bis an den Beginn der hellenistischen Zeit erstreckt, ist für die Hinterlassenschaften aus diesem Bereich sehr wahrscheinlich.

2.3.4.3 Horizont V (Schichten 1 und H1–H2)

Der zur letzten bezeugten Besiedlungsphase des Tell Johfiyeh gehörende Horizont V kann auf der Telloberfläche weitgehend mit den Hinterlassenschaften der Schicht 1 gleichgesetzt werden. Hinzu kommen Bereiche aus verschiedenen Arealen, deren Fundgut nicht eindeutig einer Schicht zugewiesen werden konnte.[392] Allen gemeinsam ist die Nähe zur rezenten, teilweise mit dem Pflug bearbeiteten Oberfläche und eine damit verbundene hohe Wahrscheinlichkeit der Materialvermischung. Im Hangbereich des Tells werden darüber hinaus die Hinterlassenschaften der Schichten H1 und H2 teilweise mit Horizont V verbunden. Eine exakte stratigraphische Zuweisung des Fundguts war hier aber ebenfalls nicht immer möglich, da die Übergänge zwischen den Schichten in Teilbereichen fließend oder gestört sein können. Ziel der folgenden Ausführungen ist es dennoch, für die mit Horizont V verbundenen Schichten eine exemplarische Auswahl an Keramikkollektionen vorzustellen, zu beschreiben und chronologisch einzuordnen.

2.3.4.3.1 Schicht 1

Die insgesamt 1070 diagnostischen Scherben stammen annähernd zur Hälfte aus den Arealen 5 (23,2%), 4 (13,4%) und 10 (12,3%). Gut ein weiteres Viertel der Scherben wurde in den Arealen 6 (10,4%), 12 (9,6%) und 2

---

[392] Die entsprechenden Fundstellen und Keramikkollektionen weisen in der Spalte „Schicht" der Appendices 3 und 4 (Kap. 7.1.3 - 7.1.4) einen „-" auf.

(8,3%) gefunden. Der Rest verteilt sich auf die Areale 14 (7,9%), 3 (7,7%), 9 (3,4%), 8 (3,0%), 11 (0,5%) und 7 (0,3%). Von den registrierten Diagnostika gehören mehr als vier Fünftel (81,8%) zur Warengruppe 1. Das verbleibende Fünftel entfällt fast vollständig (18,1%) auf die Warengruppe 2 und macht Schicht 1 zu einem Stratum, das den höchsten Anteil an Scherben dieser Gruppe aufweist.[393] Bis auf die Waren 8, 10 und 21 bis 23 sind alle Waren in den Assemblagen der Schicht 1 bezeugt. Mit einem Anteil von annähernd einem Drittel (28,8%) bilden Stücke der Ware 4 die quantitativ größte Gruppe. Es folgen die Diagnostika der Waren 2 (19,1%), 3 (11,3%), 1 (11,1%), 5 (7,9%) und 4.1 (3,6%). Innerhalb der Warengruppe 2 dominieren Scherben der Ware 16 mit einem Anteil von 6,8% die Gesamtassemblage der Diagnostika. In der quantitativen Reihe folgen Stücke der Waren 14 (4,9%), 17 (2,0%), 12 (1,7%) und 11 (0,7%). Der Rest verteilt sich auf die Waren 6–7, 9, 13, 15 und 18–20. Bei den Formtypen dominieren weiterhin die Henkel mit einem Anteil von 32,7%. Mit größerem Abstand folgen Kochtöpfe/Kratere (20,9%), Flaschen/Krüge (20,4%), Schalen/Schüsseln (11,0%), Böden (7,7%) und Vorratsgefäße (5,0%). Der Rest (2,3%) verteilt sich auf verzierte Bauchscherben, Tüllen, Lampen, Ständer und Teller.

Zu den weitgehend gesicherten und für die Auswertung der Keramik interessanten Kontexten der Schicht 1 gehören vorrangig die in der Südhälfte des Areals 12 direkt unter der Oberfläche freigelegten Reste der Fundstellen 12002.1 und 12004 (Abb. 61). Hinzu kommen die südöstlich (Areal 5) anschließenden, teilweise weit in die unteren Schichten hineingesetzten Strukturen einer Zisterne (Locus 5011) und einer kleinen Kammer (Locus 5019).

Auf der Begehungsfläche von letzterer (Locus 5019) konnte unter anderem eine fast vollständige Schale (Taf. 143,01; FN 5042.01) der Ware 11 freigelegt werden (Abb. 74). Ein Vergleichsstück zu diesem in Transjordanien ansonsten sehr selten bezeugten Gefäßtyp aus Heshbon wird von Sauer (1973:41, Fig.3:118) in die omaijadische Zeit datiert. In den gleichen zeitlichen Horizont verweisen auch die Scherben, die im unteren Bereich der Zisterne (Locus 5011) registriert wurden (Abb. 61, 75). Die hier insgesamt erfaßten 22 Diagnostika (FN 5029.01–22) gehören zum Großteil (72,7%) der Warengruppe 2 an. Nur 27,2% entfallen auf die Warengruppe 1. Mit einem Anteil von annähernd einem Drittel (31,8%) an der Assemblage bilden Stücke der Ware 16 die größte Gruppe dieser Fundstelle. Es folgen Scherben der Waren 2 (22,7%), 12 (18,2%), 15 (13,7%), 14 (9,1%) und 5 (4,5%). Bei den Formtypen dominieren die Henkel (31,8%), gefolgt von Fla-

---

393 Des weiteren wurde das Fragment eines Bodens (Taf. 160,04) aus Fundstelle 3500 (FN 3500.39) der Warengruppe 3 zugewiesen (vgl. Kap. 2.3.1.1). Inwieweit das Stück der Ware 24 jedoch wirklich in diese Warengruppe gehört, ist sehr fraglich. Eine Zugehörigkeit zu Warengruppe 2 ist wahrscheinlicher.

schen/Krügen (22,7%; Taf. 135,01; 135,02; 135,03), Schalen/Schüsseln (18,2%; Taf. 146,01), Vorratsgefäßen (9,1%) und Böden (9,1%). Kratere und besondere Bauchscherben sind nur mit einem Einzelstück in der Assemblage vertreten. Insgesamt vier Scherben (FN 5029.09, 14, 19, 20) weisen Spuren einer rötlichen Bemalung auf. Vergleichsstücke zu den in dieser Fundstelle gefundenen Flaschen/Krügen (Taf. 135,01–03) fanden sich unter anderem in Pella (McNicoll, Smith, Hennessy 1982:Pl.143:1) und Amman (Almagro, Jimenez, Navarro 2000:Fig.15:4–5). Sie werden in die omaijadische Zeit datiert.

Die nördlich der Zisterne in Areal 12 erfaßte Keramikkollektion der Fundstelle 12002.1 enthielt insgesamt 29 weitere Diagnostika (FN 12012.01–29). Sie verteilen sich zu annähernd gleichen Teilen auf die Warengruppen 1 (55,2%) und 2 (44,8%). Über die Hälfte der diagnostischen Scherben aus dieser Fundstelle gehören zu den Waren 4 (27,7%) und 16 (24,2%). In der quantitativen Reihe folgen Stücke der Waren 14 (17,3%), 5 (10,3%), 3 (6,9%), 15 (3,4%), 4.1 (3,4%), 2 (3,4%) und 1 (3,4%). Bei den Formtypen dominieren in dieser Fundstelle die Henkel (34,5%) nur knapp vor den Schalen/Schüsseln (31,0%; Taf. 92,03; Taf. 141,05; Taf. 151,03). Mit größerem Abstand folgen Kochtöpfe/Kratere (Taf. 61,03; 88,05) und Böden mit einem Anteil von je 13,8%. Das quantitative Schlußlicht bilden in dieser Fundstelle die Flaschen/Krüge (6,9%). Ein Vergleichsstück zu einem weitgehend erhaltenen Schälchen mit Bemalung (Taf. 41,05) wurde auf der Ammaner Zitadelle gefunden und von den Ausgräbern in die omaijadische Zeit datiert (Almagro, Jimenez, Navarro 2000:Fig.15:7). In die gleiche Periode gehört wahrscheinlich auch das in Fundstelle 12002.1 gefundene Bruchstück einer grauen Kasserolle mit („wavy-line-“) Ritzverzierung (Taf. 151,03).

Ebenfalls in die omaijadische Periode verweisen die sieben zusammengehörenden Diagnostika (FN 12020.01–07) der Fundstelle 12004, die am südöstlichen Rand des Areals 12 direkt unter der Oberfläche erfaßt wurden. Die zu einer Flasche mit zwei Schlaufenhenkeln (Formtyp 212; Taf. 136,01) und einem nach innen gewölbten Boden (Formtyp 509) gehörenden Scherben der Ware 16 können mit einem gut datierten Stück aus Amman verglichen werden (Abb. 76). Das auf der Ammaner Zitadelle gefundene Gefäßfragment wird von den Ausgräbern in die omaijadische Periode datiert (Almagro, Jimenez, Navarro 2000:Fig.15:2) und legt eine entsprechende zeitliche Einordnung für die Scherben der Fundstelle 12004 nahe.

Faßt man die bislang gemachten Aussagen zur Keramik des Horizonts V kurz zusammen, so zeichnet sich auch für die besprochenen Hinterlassenschaften der Schicht 1 eine eindeutige Zugehörigkeit zur omaijadischen Periode ab. Einzelstücke im teilweise vermischten Fundgut der Schicht 1, die mit der byzantinischen Zeit verbunden werden können, schließen jedoch eine Wiederaufnahme der am Ende der persischen- beziehungsweise zu Beginn der hellenistischen Zeit abgebrochenen Siedlungsaktivitäten bereits während dieser Periode nicht vollständig aus.

2.3.4.3.2 Schichten H1–H2

Von den insgesamt 24 Fundstellen, die Diagnostika aufweisen und mit den Schichten H1 und H2 verbunden werden können, werden im folgenden nur diejenigen herangezogen, die im Bereich des direkt vor die sogenannte Terrasse gesetzten Raums 1 gefunden wurden (Abb. 58, 71).[394] Es handelt sich hierbei um die Fundstellen 1012 bis 1014 und die zugehörigen Keramikkollektionen.[395] Nur für diese, im Bereich der ehemaligen Begehungsfläche des Raums erfaßten Fundstellen, kann von einer gewissen Homogenität des registrierten Fundguts und weitgehend ungestörten Fundzusammenhängen ausgegangen werden. Für die anderen Fundstellen der Schichten H1 bis H2 ist aufgrund der Hanglage, der Nähe zur rezenten Oberfläche und zahlreicher sonstiger Störungen eine Vermischung des Materials und der Keramik sehr wahrscheinlich.[396]

Die insgesamt 30 Diagnostika der Fundstelle 1012 (FN 1041.01–30) verteilen sich zu gleichen Teilen auf die Warengruppen 1 (50%) und 2 (50%). Die quantitativ größte Gruppe bilden Stücke der Ware 4 mit einem Anteil von 33,4% an den Diagnostika dieser Fundstelle. Mit erheblichem Abstand folgen Scherben der Waren 16 und 2 (je 13,3%) sowie 9, 11 und 14 (je 6,7%). Mit nur je einem Exemplar (3,3%) sind die Waren 4.1 und 15 in der Assemblage vertreten. Bei den Formtypen dominieren erneut die Henkel (43,3%), gefolgt von den Schalen/Schüsseln (23,3%; Taf. 143,02;149,02), Flaschen/Krügen (16,7%), Kochtöpfen (6,7%), verzierten Bauchscherben (6,7%; Taf. 157,02) und Vorratsgefäßen (3,3%). Ein Vergleichsstück aus Jerash (Fisher, McCown 1931:53,Pl.12:81) für die auf Tafel 149,02 abgebil-

---

[394] Diagnostische Scherben konnten in den Schichten H1 und H2 mit den nachfolgend genannten Fundstellen verbunden werden. 1. Schicht H1: 1002, 1003, 1005, 1011, 1015, 1016, 2002, 2005, 8004, 8005, 8500, 8501, 8505, 13002. 2. Schicht H2: 1007, 1008, 1009, 1010, 1012, 1013, 1014, 2006, 2007, 8506.

[395] Es handelt sich um folgende Keramikkollektionen: Fundstelle 1012: FN 1041.01-30; Fundstelle 1013: FN 1045.01-63; Fundstelle 1014: FN 1051.01-11, 1055.01-16.

[396] Eine Durchsicht des entsprechenden Fundguts bestätigte diese Annahme. Das betrachtete Scherbenmaterial dieser Fundstellen enthielt Stücke aus fast allen bislang in Tell Johfiyeh bezeugten Siedlungshorizonten. Des weiteren fanden sich einzelne Scherben der hellenistischen, römischen und byzantinischen Zeit, die bislang nicht mit anderen Hinterlassenschaften (z.B. Architektur) verbunden werden konnten (vgl. Kap. 6.1 ab Taf. 134 und Kap. 7.1.4).

dete Schale verweist auf die spätrömisch/byzantinische Periode[397] während der ebenfalls in Fundstelle 1012 gefundene kleine Napf (Taf. 143,02) mit Ritzverzierung („wavy line“ ?) wahrscheinlich in die byzantinisch-omaijadischen Zeit datiert werden kann.[398] Letzteres gilt auch für die beiden Bauchscherben mit Bemalung (Taf. 157,02; FN 1041.14) und macht für die chronologische Einordnung des (vermischten) Materials aus Fundstelle 1012 ein Zeitfenster wahrscheinlich, daß sich von der spätrömisch/byzantinischen bis in die omaijadische Zeit erstreckt.
Die 63 diagnostischen Scherben (FN 1045.01–63) der direkt darunterliegenden Fundstelle 1013 (vgl. Matrix 1) verweisen ebenfalls vorrangig in die byzantinische und omaijadische Periode. Mehr als drei Fünftel (61,9%) der hier erfaßten Stücke gehören zur Warengruppe 2. Der Rest (38,1%) entfällt auf Warengruppe 1. Stücke der Waren 12 (22,3%) und 2 (19%) dominieren die Assemblage. Es folgen Scherben der Waren 13 (12,7%), 15 (11,1%), 11 (6,3%), 3 (6,3%), 5 (6,3%), 16 (4,8%), 17 (4,8%) und 1 (1,6%). Bei den Formtypen entfallen mehr als die Hälfte (57,1%) aller in dieser Fundstelle erfaßten diagnostischen Scherben auf die Formtypen 601 bis 603 (Henkel). Mit sehr großem Abstand folgen die Vorratsgefäße (15,8%), Böden (12,7%), Flaschen/Krüge (4,8%; Taf. 138,03) und Kratere (4,8%). Zu den quantitativen Schlußlichtern gehören die Schalen/Schüsseln (3,2%; Taf. 140,04) und das Fragment einer Öllampe (1,6%; Taf. 159,04). Letztere (Taf. 159,04) verweist ebenso wie der Rand einer kleinen Flasche (Taf. 138,03) in die byzantinische Zeit, während ein kleiner Napf mit Resten einer Bemalung (Taf. 140,04) wahrscheinlich wiederum mit der omaijadischen Zeit verbunden werden kann.[399]
Die nachfolgende, mit der Begehungsfläche des Raums verbundene Fundstelle 1014 enthielt weitere 27 Diagnostika (FN 1051.01–11; 1055.01–16) der Warengruppen 1 (59,2%) und 2 (40,8%).[400] Mit einem Anteil von 29,6% an diesen Scherben bilden Stücke der Ware 2 die quantitativ größte Gruppe. Nur jeweils halb so viele Scherben (14,8%) konnten den Waren 1 und 12 zugewiesen werden. Es folgen Stücke der Waren 4 (11,2%), 14 (7,4%) und 16 (7,4%). Mit nur jeweils einer Scherbe (je 3,7%) sind die Waren 13, 17

---

[397] Vgl. auch Hanbury-Tenison et al. (1984:Fig.15:20), der ein ähnliches Stück vom Wadi al-Arab Survey mit der byzantinischen Zeit verbindet.

[398] Vgl. beispielsweise die bei Hendrix, Drey, Storfjell (1997:241,No.361-362) abgebildeten Näpfe der byzantinischen Zeit aus Jerash.

[399] Zu entsprechenden Vergleichsstücken aus Dhiban siehe beispielsweise Tuschingham (1972:Fig.4:98-99; Fig.6:7,36; Fig.11:44).

[400] Die Kollektion mit der Fundnummer 1051 enthielt nur eine diagnostische Scherbe der Warengruppe 2. Der Rest dieser Stücke wurde in der Kollektion mit der Fundnummer 1055 gefunden.

und 18 in dieser Fundstelle bezeugt. Die Formtypen werden erneut von den Henkeln (40,7%) dominiert. Mit großem Abstand folgen Kochtöpfe/Kratere (18,5%), Schalen/Schüsseln (14,8%) und Flaschen/Krüge (11,2%). Mit jeweils einer diagnostischen Scherbe (je 3,7%) sind in dieser Fundstelle Vorratsgefäße, Schalen/Schüsseln, verzierte Bauchscherben und Deckel belegt. Die Präsenz einer Bauchscherbe mit Resten einer roten Bemalung (FN 1055.07; Typ 701; Ware 16) und das Fragment einer kleinen Flasche (FN 1055.01; Typ 219; Ware 14) wie sie bereits in zahlreichen anderen Fundstellen des Horizonts V gefunden wurden, legen ebenso wie die Reste eines Deckels (FN 1055.14; Typ 801; Ware 12) die Datierung dieser Fundstelle und somit des Raums in die byzantinisch-omaijadischen Zeit nahe. Eine entsprechende zeitliche Einordnung kann auch für die weitgehend ungestörten Schichten H1 und H2 im Hangbereich des Tell Johfiyeh angenommen werden.

2.3.4.3.3 Zusammenfassung (Schichten 1, H1–H2)

Wie die Ausführungen zur Keramik der Schichten 1 und H1 bis H2 zeigen, können die analysierten Scherben des Horizonts V vorrangig mit der byzantinischen und omaijadischen Zeit verbunden werden.[401] Anhand von Vergleichsstücken konnte in einem ersten Schritt herausgearbeitet werden, daß die am Ostrand des Siedlungshügels erfaßte Zisterne und die nördlich und südlich anschließenden Gebäudestrukturen (Abb. 61) des Horizonts V fast ausschließlich Gefäßformen aufweisen, die eindeutig in die omaijadische Periode gesetzt werden können.[402] Einzelstücke, die in die (spät)-byzantinische Zeit verweisen, schließen eine Besiedlung dieses Bereichs während der byzantinischen Periode allerdings nicht vollständig aus beziehungsweise legen eine Laufzeit der entsprechenden Formen bis in die omaijadische Zeit hinein nahe. Unterstützt werden diese Annahmen durch die Befunde im südwestlichen Hangbereich. Wie hier in einem zweiten Arbeitsschritt gezeigt werden konnte, beinhalten alle Fundstellen, die auf der Begehungsfläche des kleinen, direkt vor die sogenannte Terrasse gesetzten Raums (Abb. 58, 71) gefunden wurden, zahlreiche Keramikscherben, die mit Vergleichsstücken aus der (spät)byzantinischen und omaijadischen Zeit verbunden werden können. Sie legen eine Nutzung des entsprechenden Raums und des südwestlichen Hangbereichs während eines Zeitfensters

---

401 Darüber hinaus fanden sich Scherben aus den ansonsten in Tell Johfiyeh bezeugten Siedlungshorizonten und einige Stücke der hellenistischen, römischen und spätislamischen Zeit, für die bislang keine dauerhafte Besiedlung des Fundplatzes nachgewiesen werden konnte.

402 Zur Keramik der omaijadischen Periode in Transjordanien vgl. beispielsweise Sauer (1982, 1986).

nahe, das von der (spät)byzantinischen- und omaijadischen Zeit eingerahmt wird.[403] Eine Wiederbesiedlung des Fundplatzes nach einem Hiatus von annähernd 800 Jahren und eine anschließende Nutzung der verschiedenen Randbereiche des Tells während dieses Zeitfensters (Horizont V) ist sehr wahrscheinlich.[404] Hinweise auf eine post-omaijadische Besiedlung des Fundplatzes fehlen weitgehend und legen eine endgültige Aufgabe des Tell Johfiyeh als Siedlungsplatz am Ende der frühislamischen Zeit nahe. Einzelne, verstreut gefundene Scherben der spätislamischen und osmanischen Zeit sowie einige rezente Fundstücke deuten lediglich punktuelle Nachnutzungen an.[405] Zu einer dauerhaften Besiedlung des Tells ist es im Anschluß an die frühislamische Zeit bis heute nicht wieder gekommen.

2.3.5 Zusammenfassung und chronologische Einordnung der Horizonte I–V

Wie die gemachten Ausführungen zur Keramik des Tell Johfiyeh zeigen, ist es in vier Arbeitsschritten (Kap. 2.3.1 - 2.3.4) gelungen, das 61990 Scherben umfassende Keramikkorpus des Fundplatzes vorzustellen, auszuwerten und chronologisch einzuordnen. In einem ersten Schritt (Kap. 2.3.1) konnten die in den Jahren 2002 bis 2004 erfaßten Keramikscherben warenspezifisch bestimmt und quantitativ ausgewertet werden. Es wurden insgesamt 24 verschiedene Waren voneinander getrennt und drei unterschiedlichen Warengruppen zugeordnet. Eine quantitative Auswertung machte deutlich, daß die Scherben der Warengruppe 1 die Keramikassemblage des Tell Johfiyeh insgesamt dominieren und auch in den einzelnen Schichten die

[403] Eine feinchronologische Einordnung des Scherbenmaterials ist aufgrund der lokalen und regionalen Gegebenheiten leider nicht möglich. Eine Vermischung des Materials kann aufgrund der Hanglage, der Nähe zur rezenten Oberfläche und zahlreicher Störungen auch für die ausgewählten Fundstellen nicht vollständig ausgeschlossen werden. Hinzu kommt, daß die genauen Laufzeiten der erfaßten Gefäßformen für das nordjordanische Plateau nicht bekannt sind und die Datierungen der herangezogenen Vergleichsstücke aus verschiedenen Regionen somit nur grobe chronologische Orientierungspunkte liefern können.

[404] Wie die Ausführungen zur Architektur (Kap. 2.2.4 und 2.2.5) und Keramik (Kap. 2.3.4) der Horizonte IV,3 und V zeigten, wurde die seit der Spätbronzezeit bezeugte Nutzung des Tell Johfiyeh am Ende des 4. vorchristlichen Jahrhunderts (Eisenzeit III spät) aus bislang unbekannten Gründen unterbrochen. Für die folgenden, mit der hellenistischen und römischen Zeit verbundenen Jahrhunderte sind in Tell Johfiyeh nur einige wenige Keramikscherben bezeugt. Hinweise auf eine dauerhafte Besiedlung fehlen.

[405] Zur Besiedlungsgeschichte des Tells während des Horizonts V und den bezeugten Nachnutzungen vgl. auch die entsprechenden Ausführungen zur Architektur (Kap. 2.2.5).

jeweils quantitativ größte Gruppe bilden. Ihr Anteil am Gesamtscherbenaufkommen beträgt in den mittleren Schichten teilweise über 95% und die mit ihnen verbundenen Gefäßformen decken ein zeitliches Spektrum ab, das sich von der Spätbronze- bis in die Eisenzeit III erstreckt. Scherben der Warengruppe 2 fanden sich hingegen vorrangig in den oberen Schichten des Tells und an den südwestlichen Hangbereichen, wo sie einen Anteil von annähernd 40% erreichen können. Die zugehörigen Gefäßformen verweisen größtenteils in die byzantinisch-omaijadische Zeit. Die wenigen Scherben der Warengruppe 3 wurden schließlich fast ausschließlich in den unteren Schichten des Fundplatzes erfaßt und können häufig mit der Spätbronzezeit (früh) verbunden werden.
In einem zweiten Arbeitsschritt (Kap. 2.3.2) konnten anhand der insgesamt 5517 in Tell Johfiyeh registrierten diagnostischen Scherben 14 verschiedene Formtypen mit zahlreichen Untertypen und Varianten voneinander getrennt und benannt werden. Zu den Hauptformtypen gehören Vorratsgefäße, Krüge/Flaschen, Kochtöpfe/Kratere und Schalen/Schüsseln. Hinzu kommen verschiedene Böden, Henkel, verzierte Bauchscherben, Deckel, Tüllen, Lampen, Ständer, Siebausgüsse, Teller/Platten und ein Krugverschluß. Wie die quantitative Verteilung der Diagnostika auf die genannten Formtypen zeigte, dominieren Henkel mit einem Anteil von 36,7% die Gesamtassemblage der Diagnostika. Mit größerem Abstand folgen Kochtöpfe/Kratere (19,1%), Flaschen/Krüge (16,7%), Schalen/Schüsseln (9,6%), Böden (8,2%) und Vorratsgefäße (7,0%). Die quantitativen Schlußlichter bildeten verzierte Bauchscherben und Lampen. Nur in geringer Stückzahl sind Tüllen, Ständer, Teller/Platten, Deckel, Siebausgüsse und Krugverschlüsse bezeugt.
Nach der waren- und formentypologischen Bestimmung und einer entsprechenden quantitativen Analyse des Keramikbestandes wurde in einem dritten Schritt (Kap. 2.3.3) schließlich der Versuch unternommen, diese beiden Aspekte des Scherbenmaterials miteinander zu verbinden. Hierzu wurde die quantitative Verteilung der Formtypen auf die Waren und das Verhältnis zwischen den Warengruppen und Formtypen näher untersucht. Es zeigte sich, daß in Tell Johfiyeh Vorratsgefäße vorrangig in Ware 2 (76,4%) gefertigt wurden und Flaschen/Krüge in der Regel mit den Waren 3 (33,7%) und 4 (29,2%) verbunden werden müssen. Mehr als die Hälfte (53,2%) der erfaßten Töpfe/Kratere gehören zur Ware 1. Des weiteren wurde deutlich, daß innerhalb der Warengruppen 1 und 2 die Assemblage der Diagnostika von den Henkeln dominiert wird. In der quantitativen Reihe innerhalb der Warengruppe 1 folgten Töpfe/Kratere, Flaschen/Krüge, Vorratsgefäße, Schalen/Schüsseln und Böden. Für Warengruppe 2 ergab sich ein etwas anderes Bild. Auf die Henkel folgten hier Schalen/Schüsseln und Böden. Töpfe/Kratere und Vorratsgefäße spielten bei den Diagnostika der Warengruppe 2 hingegen kaum eine Rolle. Eine diachrone Betrachtung der Ver-

teilung aller Diagnostika auf die Warengruppen 1 und 2 zeigte schließlich noch, daß sich das quantitative Verhältnis zueinander kontinuierlich zugunsten der Warengruppe 1 verschoben hat: Von 2,56:1 im Jahr 2002 über 9,94:1 (2003) bis hin zu 13,96:1 im Jahr 2004. Der Anteil der Warengruppe 2 an den Diagnostika ist somit in den Jahren 2002 bis 2004 entsprechend von 28,03% (2002) auf 9,14% (2003) und schließlich nur noch 6,66% (2004) gesunken.

Im Mittelpunkt des vierten und umfangreichsten Arbeitsschrittes (Kap. 2.3.4) standen nicht mehr die Gesamtassemblagen der Keramikscherben und Diagnostika sondern verschiedene Detailuntersuchungen zu den diagnostischen Scherben einzelner Fundstellen. Anhand repräsentativer Keramikkollektionen aus gesicherten und weitgehend ungestörten Kontexten wurden für die einzelnen Schichten und die mit ihnen verbundenen Horizonte I bis V Datierungsvorschläge herausgearbeitet (vgl. Tab. 13) und der Versuch unternommen, die Besiedlungsgeschichte des Tell Johfiyeh nachzuzeichnen. In diesem Zusammenhang zeigte sich, daß der Analyse und chronologischen Einordnung des Fundguts aufgrund der lokalen und regionalen Gegebenheiten in und um Tell Johfiyeh enge Grenzen gesetzt sind. Neben den Schwierigkeiten, die sich aus den stratigraphischen Verhältnissen vor Ort ergaben, traten verschiedene mit dem allgemeinen Forschungsstand auf dem nordjordanischen Plateau verbundene Probleme. Letztere zeigten sich insbesondere im Zusammenhang mit der chronologischen Einordnung der herangezogenen Keramikscherben. In Ermangelung stratifizierter regionaler Keramikchronologien mußten Vergleichsstücke aus den verschiedensten Regionen Cis- und Transjordaniens herangezogen werden. Zusammen mit einer wahrscheinlich sehr stark ausgeprägten regionalen Komponente in der Formgestaltung von Keramikgefäßen und in Unkenntnis ihrer exakten Laufzeiten machte dies eine feinchronologische Einordnung des entsprechenden Fundguts in der Regel sehr schwierig. Die herausgearbeiteten Keramikanalogien sowie die waren- und typenspezifischen Analysen der herangezogenen Keramikassemblagen erlaubten aber die Benennung eines Zeitfensters und das Aufzeigen von chronologischen Tendenzen und Trends innerhalb der verschiedenen stratigraphischen Einheiten. Weiterhin konnte verdeutlicht werden, daß das vorgelegte Material aus Tell Johfiyeh das Potential hat, um mittelfristig einen wesentlichen Beitrag zur Erstellung der dringend benötigten regionalen Keramikchronolgie zu leisten.

Die vor diesem Hintergrund durchgeführte Analyse der mit Horizont I verbundenen Scherben machte eine Datierung der ältesten bislang in Tell Johfiyeh erfaßten Siedlungsspuren in die Spätbronzezeit (früh) sehr wahrscheinlich. Für diese zeitliche Einordnung sprachen neben der Präsenz von Scherben des „chocolate on white“ Typus auch der geringe Anteil an Henkeln sowie die zahlreichen hier registrierten Stücke der Ware 21. Ähnliches konnte für die untersuchten Scherben des Horizonts II aufgezeigt werden. Die hier herangezogenen Keramikanalogien und durchgeführten Untersuchungen legen ebenfalls eine Datierung in die Spätbronzezeit nahe. Scherben des „chocolate on white“ Typus sind in den entsprechenden Assemblagen dieses Horizonts weiterhin bezeugt und der Anteil an Henkeln liegt noch immer erheblich unter dem für Tell Johfiyeh ansonsten beobachteten Wert. Lediglich der Anteil an Stücken der Ware 21 ist in den untersuchten Fundstellen dieses Horizonts rückläufig.

HORIZONT	**SCHICHT**	**DATIERUNG**
I – III	7 – 5 und H5 – H3	Spätbronzezeit
IV,1	4	Eisenzeit I
IV,2	3	Eisenzeit II–III
IV,3	2	Eisenzeit III(spät)
V	1 und H2 – H1	(Byzantinisch)/Omaijadisch

Tabelle 13: Chronologische Einordnung der Horizonte I – V.

Größere Veränderungen in der Zusammensetzung der untersuchten Keramikassemblagen zeichnen sich erst für den folgenden Horizont III ab. Das hier analysierte Fundgut steht einerseits noch in der Tradition der Horizonte I und II, weist aber andererseits bereits Gefäßformen auf, die mit der frühen Eisenzeit verbunden werden können. Eine chronologische Einordnung des Horizonts III in die Spätbronzezeit (spät) beziehungsweise in den Übergangsbereich zwischen Spätbronze- und Eisenzeit I liegt nahe. Verbindet man die Errichtung einer Umfassungsmauer gegen Ende des Horizonts III (vgl. Kap. 2.2.3) und den Fund einer Pfeilspitze (FS 3045; FN 3186) in der entsprechenden Schicht mit den Ereignissen, die gegen Ende der Spätbronzezeit zur Zerstörung von Irbid führten (Lenzen 1988:32), so kann der Übergang von der Spätbronze- zur Eisenzeit I in Tell Johfiyeh wahrscheinlich in das 12. Jahrhundert v. Chr. datiert werden.[406] Ebenso wie in Irbid ist diese Übergangsphase auch in Tell Johfiyeh nicht mit einer Nutzungsunterbrechung verknüpft.[407] Wie die Arbeiten zur Keramik der nachfolgenden Schichten 4 bis 2 zeigten, können die analysierten Scherben des Horizonts IV,1–3 direkt mit der Eisenzeit I, II–III und III(spät) verbunden werden. Anhand von Vergleichsstücken aus verschiedenen Regionen Cis- und Transjordaniens konnte herausgearbeitet werden, daß die mit Horizont IV,1 (Schicht 4) verbundenen Gefäßformen vorrangig in die Eisenzeit I ver-

[406] Zu den in Irbid erzielten Ergebnissen vgl. auch Lenzen, Gordon, McQuitty (1985:151-159) und Kamlah (2000:139).

[407] Zu Hinweisen auf eine Siedlungskontinuität in Tell Irbid vgl. auch die dort gefundenen Gräber und die entsprechenden Beigaben (Dajani 1964 und 1966).

weisen. Die wenigen Scherben der Schicht 4, die noch in der Tradition des Horizonts III (Schicht 5) stehen, machten aber auch deutlich, daß es in Tell Johfiyeh eine gewisse Kontinuität von der Spätbronze- zur Eisenzeit I gegeben hat. Unter Nutzung, Erweiterung und Neugestaltung vorhandener Steinsetzungen wurden während des Horizonts IV,1 mehrere kleine Raumeinheiten geschaffen, deren Inventare für die Eisenzeit I auf häusliche Aktivitäten in einem landwirtschaftlichen Umfeld verweisen. Abgelöst werden diese Strukturen in der mit Horizont IV,2 verbundenen Schicht 3 während der Eisenzeit II von einem größeren Gebäude (Haus 1) und mehreren kleinen Raumeinheiten, die zusammen als landwirtschaftliches Gehöft interpretiert werden können.
Die in und um dieses Gehöft gefundenen und analysierten Keramikscherben verweisen vorrangig in die Eisenzeit II–III und machen eine Nutzung der Anlage von der Eisenzeit II bis in die Übergangsphase vom 5. zum 4. vorchristlichen Jahrhundert sehr wahrscheinlich.[408] Aufgrund der allgemeinen Forschungslage zur Keramik der Eisenzeit in Nordjordanien und den lokalen Gegebenheiten in Tell Johfiyeh war es jedoch nicht möglich, verschiedene Nutzungsphasen innerhalb des Hauses 1 voneinander zu trennen und die mit Schicht 3 verbundenen Strukturen (Horizont IV,2) chronologisch kleinteiliger einzuordnen. Die Gründe, die zur (friedlichen) Aufgabe des Hauses zu dem genannten Zeitpunkt führten, sind nicht abschließend geklärt (vgl. Kap. 3.2). Ein Zusammenhang mit politischen Veränderungen während der persischen Zeit ist aber sehr wahrscheinlich (vgl. Kap. 3.3). Die kleinen Raumeinheiten im zentralen und südlichen Teil des Tells wurden über dieses Datum hinaus auch während der (restlichen) Eisenzeit III kontinuierlich weitergenutzt und weisen während des Horizonts IV,3 (Schicht 2) entsprechende Besiedlungsspuren auf. Der Fund eines kleinen attischen Salznapfes aus dem zweiten Viertel des 4. vorchristlichen Jahrhunderts legt zusammen mit den stratigraphischen Gegebenheiten ein Zeitfenster für Schicht 2 (Horizont IV,3) nahe, das sich vom zweiten Viertel des 4. vorchristlichen Jahrhunderts bis an den Beginn der hellenistischen Zeit erstreckt und somit in das letzte Jahrhundert der Eisenzeit III fällt. Zu dieser Zeit (Ende des Horizonts IV,3) bricht die seit der Spätbronzezeit (früh) bezeugte Nutzung des Tell Johfiyeh schließlich aus bislang unbekannten Gründen ab. Hinweise auf eine gewaltsame Zerstörung fehlen. Es kommt zu einem annähernd 800 Jahre dauernden Hiatus. Die wenigen verstreut gefundenen

---

[408] Gegen eine frühere Aufgabe des Hauses spricht neben stratigraphischen Gründen die Beobachtung, daß der Übergang von der neuassyrischen Oberhoheit hin zur nominellen Kontrolle durch Babylonien um 600 v.Chr. (vgl. Lamprichs 1995:183) ebenso wie die vermutete Einbindung der Region in die persischen Verwaltungsstrukturen ohne größere Auswirkungen auf die Verhältnisse in Tell Johfiyeh und in der Region geblieben ist.

Scherben aus hellenistischer und römischer Zeit legen es nahe, daß es während dieser Zeit nur punktuelle Nutzungen aber keine längerfristige Besiedlung des Tells gegeben hat.
Hinweise auf eine partielle Wiederbesiedlung des Fundplatzes finden sich erst wieder in den mit Horizont V verbundenen Schichten 1 und H1 bis H2. Hier konnten eine am Ostrand des Siedlungshügels erfaßte Zisterne, die nördlich und südlich anschließenden Gebäudestrukturen und ein kleiner Raum am Südwesthang des Tells mit Horizont V verbunden werden. Datierte Vergleichsstücke zu den hier gefundenen Keramikscherben legen eine Errichtung und Nutzung der Strukturen während eines Zeitfensters nahe, das von der (spät)byzantinischen- und omaijadischen Zeit begrenzt wird. Hinweise auf eine post-omaijadische Besiedlung des Fundplatzes fehlen weitgehend und legen eine endgültige Aufgabe der Siedlungstätigkeit in Tell Johfiyeh während der frühislamischen Zeit nahe. Einzelne, verstreut gefundene Scherben der spätislamischen und osmanischen Zeit sowie verschiedene subrezente und rezente Spuren und Fundstücke deuten lediglich punktuelle Nachnutzungen an. Zu einer dauerhaften Besiedlung des Tells ist es im Anschluß an die frühislamische Zeit bis heute nicht wieder gekommen.

2.4 Kleinfunde

Die Gesamtzahl der in den Jahren 2002 bis 2004 in Tell Johfiyeh ergrabenen und in Appendix 5 (Kap. 7.1.5) detailliert aufgelisteten und beschriebenen Fundstücke beträgt 1343 (100%). Tierknochen- (293 Einträge) und Silexkollektionen (157 Einträge) haben hieran einen Anteil von ca. 33,5% und bilden die quantitativ größte Gruppe der in Tell Johfiyeh registrierten Funde.[409] Weitere 7% entfallen auf verschiedene Stein- (73 Einträge), Tabun- (13 Einträge) und Lehmziegelfragmente (3 Einträge) sowie einige wenige organische und fossile Hinterlassenschaften (4 Einträge). Die mit den verbleibenden 800 Einträgen (59,5%) des Appendix 5 zu verbindenden sogenannten Kleinfunde konnten anhand des zur Herstellung der Fundstücke verwendeten Materials und ihrer Funktion in acht Hauptgruppen (Stein, Metall, Ton/Gips, Knochen, Muscheln, Glas/Fritte, Proben und Sonstige) mit teilweise mehreren Untergruppen (z.B. Gefäße, Geräte, Schmuck) unterteilt werden. Eine repräsentative Auswahl von insgesamt 180 dieser

[409] Bei den zu Kollektionen zusammengefaßten Tierknochen und Feuersteinen handelt es sich ausschließlich um unbearbeitete Knochen und Silexabschläge. Werkzeuge aus den entsprechenden Materialien wurden separat erfaßt, aufgelistet und beschrieben (vgl. Kap. 2.4.1.2 und 2.4.4.1).

Bei den in Tell Johfiyeh registrierten Silexabschlägen handelt es sich vorwiegend um Abfallprodukte, die von der Bearbeitung großer Feuersteinblöcke stammen, wie sie zur Errichtung von Mauern verwendet wurden.

Stücke wurde im Fundkatalog (Kap. 6.2) zusammengestellt und gibt einen Überblick über das für Tell Johfiyeh charakteristische Fundmaterial.[410]

2.4.1 Funde aus Stein

Zu den in Tell Johfiyeh registrierten Kleinfunden aus Stein gehören Fundstücke aus Basalt, Kalkstein, Marmor, Silex, Hämatit und Karneol.[411] Neben zahlreichen Steingefäßen und Steingeräten wurden verschiedene Schmuck und Dekorelemente erfaßt. Das vorrangig verarbeitete Material ist Basalt. Mit großem Abstand folgen Stücke aus Kalkstein und den ansonsten bezeugten Materialien. Letztere sind häufig nur in Einzelstücken belegt.
Durch ihre Funktion bedingt, sind Funde aus Stein häufig „zeitlos". Sie werden in den verschiedensten Perioden nahezu unverändert hergestellt und weisen aufgrund ihrer hohen Lebensdauer häufig eine lange Laufzeit auf. Sie können über mehrere Generationen weiter- und wiederbenutzt werden. Eine Datierung der entsprechenden Stücke ist häufig nur aufgrund der Fundzusammenhänge möglich.[412]

2.4.1.1 Steingefäße

Unter dem Begriff „Steingefäße" wurden insgesamt 57 Gefäße beziehungsweise Gefäßfragmente unterschiedlicher Funktion und Größe zusammengefaßt. Es handelt sich um:

Schminkpaletten (vgl. Kleinfundkatalog Taf. 1,01 und 1,02)
In Tell Johfiyeh wurden Hinweise auf insgesamt zwei Schminkpaletten gefunden. Es handelt sich um ein vollständig erhaltenes Stück ohne Verzierung (FS 9010; FN 9058) und um ein nur fragmentarisch erhaltenes Exemplar, dessen Rand eine Ritzverzierung aufweist (FS 3018; FN 3085). Ersteres stammt aus Schicht 2 (Horizont IV,3) des Areals 9 (vgl. Abb. 53) und wurde in einem Bereich gefunden, der in Schicht 3 (Horizont IV,2) als

---

[410] Die Umzeichnungen der im Katalog repräsentierten Fundstücke wurden von Sophiaz Kabajeh (Amman) und Ahmed al-Momani (Amman) angefertigt. Beiden sei für ihre Hilfe und Unterstützung ganz herzlich gedankt.

[411] Die Materialbestimmung erfolgte nach Augenschein. Eine naturwissenschaftliche Analyse der Materialien wurde in der Regel nicht durchgeführt. Die Kennzeichnung des jeweiligen Materials als „Stein" bedeutet, daß eine nähere Bestimmung des verwendeten Materials nicht möglich war.

[412] Bei den in Schicht 2 (Horizont IV,3) gefundenen Stücken kann in diesem Zusammenhang nicht immer ausgeschlossen werden, daß sie ursprünglich bereits zum Inventar des Hauses 1, das friedlich aufgegeben wurde, beziehungsweise seines Umfeldes (Horizont IV,2) gehört haben und inhaltlich somit mit der Schicht 3 verbunden werden müssen.

Raum 2 des Hauses 1 angesprochen wurde (vgl. Abb. 44).[413] Das nur fragmentarisch erhaltene Stück lag in Schicht 3 (Horizont IV,2) des Areals 3 und kann wahrscheinlich mit der direkt darüberliegenden Begehungsfläche und den zugehörigen Funden der Loci 3003,4 und 3017 vergesellschaftet werden.[414] Eine Datierung (Nutzung) der Schminkpaletten aus Tell Johfiyeh in die Eisenzeit II–III ist aufgrund des stratigraphischen Befundes sehr wahrscheinlich. Beide Stücke sind aus sorgfältig poliertem, hellen Kalkstein hergestellt und weisen am Rand einen Durchmesser auf, der zwischen 8,2cm (FN 9058) und 10,7cm (FN 3085) schwankt. Hinweise auf Farbreste fanden sich nicht. Die Qualität der Stücke ist sehr gut. Der einfache flache Standboden der in Tell Johfiyeh gefundenen Schminkpaletten mißt 5,7cm (FN 9058) beziehungsweise 5,4cm (FN 3085). Beide Gefäße sind je 2,7cm hoch und ihre zentrale Vertiefung hat einen Durchmesser von jeweils 4,6cm. Ihre Tiefe schwankt zwischen 1,1cm (FN 9085) und 1,5cm (FN 3085). Das fragmentarisch erhaltene Stück wiegt 150g; für die vollständig erhaltene unverzierte Palette wurde ein Gewicht von 280g ermittelt.

Die auf der ca. 3,0cm breiten und flachen Randfläche des Palettenfragments (FN 3085; Taf. 1,01) angebrachte Ritzverzierung besteht aus zehn Linien, die das Gefäß in unterschiedlichem Abstand zueinander umlaufen. Die zweite und dritte, sechste und siebte sowie neunte und zehnte (von außen nach innen) dieser radial verlaufenden Linien sind durch zahlreiche diagonal verlaufende kurze Linien miteinander verbunden und erzeugen so drei Bänder mit einem Muster, das an ein umlaufendes Seil („rope design“) erinnert. Zwischen die Linien vier und fünf wurden in einem Abstand von ca. 0,7cm kleine rechteckige Gitternetze in Kreuzschattierung eingeritzt. Insgesamt vier dieser „Netze“ sind auf dem Fragment aus Tell Johfiyeh erhalten. Ein sehr ähnliches Fragment wurde in Tell Deir Alla gefunden (Ibrahim und van der Kooij 1986:445,Pl.XV.3). Wie weitere Vergleiche mit Stücken aus Tawilan (Bennet u. Bienkowski 1995:85–86, Fig.9.15:3; Thompson 1971: 66, Fig.4) und Samaria (Thompson 1971:Fig.8) nahelegen, umliefen sie aber ebenso wie die an Seile erinnernden Bänder das gesamte Gefäß. Die nach Innen anschließende, ca. 0,7cm breite Fläche zwischen den Linien acht und neun ist bei dem Fragment unverziert. Ebenfalls unverziert ist das zweite in Tell Johfiyeh gefundene Exemplar (FN 9058) einer Schminkpalette (Taf.

---

[413] Eine Zugehörigkeit der Schminkpalette zu Schicht 3 (Horizont IV,2) kann aufgrund der Fundumstände nicht vollständig ausgeschlossen werden. Vgl. auch die vorherige Fußnote.

[414] Zu den genauen Fundumständen und den mit den Schminkpaletten vergesellschafteten Funden vgl. die Ausführungen der Kapitel 2.2.4.2 bis 2.2.4.3 zu den Horizonten IV,2 und IV,3 (Abb. 44, 47, 53) sowie die entsprechenden Angaben der Fundstellenliste (Kap. 7.1.2 - Appendix 2) und der Matrix 2.

1,02). Der gesamte Rand weist hier keinerlei Ritzungen oder Bohrungen auf und es kann nicht vollständig ausgeschlossen werden, daß es sich hier um ein unfertiges Stück handelt (vgl. Thompson 1971:62 und 1972a).
Verwendet wurden die aus zahlreichen Grabungen in Palästina und Transjordanien bekannten Schälchen sehr wahrscheinlich von Frauen, die sie zur Anfertigung und Aufnahme von kosmetischen Substanzen unterschiedlicher Farbe nutzten (Thompson 1971; 1972:148). Ein Gebrauch im Zusammenhang mit der Medizinherstellung kann jedoch ebenfalls nicht vollständig ausgeschlossen werden (Thompson 1971:61, Anm. 1). Die Herstellung der Gefäße erfolgte wahrscheinlich in einer Technik und mit Werkzeugen, die auch in der Siegelproduktion Verwendung fanden. Neben Schleif- und Poliersteinen wurden kleine Kupferspatel, spitze Kratzinstrumente und Bohrer verwendet. Die auf Schminkpaletten bezeugten Motive finden Parallelen auf Elfenbein- und Knochenarbeiten der Mittelbronzezeit II sowie der Eisenzeit I und II. Parallelen auf Siegeln fanden sich ebensowenig wie Hinweise auf eine chronologische Relevanz der bezeugten Motive (Thompson 1972:149). Das zeitliche Spektrum, der von Thompson (1971; 1972:150) zusammengetragenen Stücke erstreckt sich vom sechsten bis in das achte, teilweise sogar bis in das zehnte vorchristliche Jahrhundert. Einen Schwerpunkt ihrer Nutzung bildete wahrscheinlich die Eisenzeit II. Als Besitzer und Nutzer dieser Schminkpaletten, die im Vergleich zu Stein- und Keramikgefäßen in nur sehr geringer Stückzahl hergestellt wurden, können wahrscheinlich die Mitglieder einer „Oberschicht" angesprochen werden, für die auch entsprechende Einlegearbeiten aus Knochen und Elfenbein hergestellt wurden (Thompson 1972:150).

„Drei-Fußschalen" (vgl. Kleinfundkatalog Taf. 2,01; 3,01; 3,02; 4,01; 5,01)
Im Fundmaterial des Tell Johfiyeh konnten insgesamt fünf Mörser beziehungsweise Mörserfragmente mit drei Füßen identifiziert werden, die sich auf zwei morphologische Gruppen verteilen. Gruppe 1 besteht aus zwei vollständig erhaltenen „Drei-Fußschalen" (1. FS 4008; FN 4025.1; 2. FS 9008; FN 9036; Abb. 77, 78) und zwei Fragmenten (1. FS 2016; FN 2063; 2. FS 10003; FN 10016). Sie wurden alle in Schicht 2 gefunden und während des Horizonts IV,3 benutzt.[415] Ihre erhaltene Höhe schwankt zwischen 10,7cm und 17,6cm. Der Außendurchmesser der halbkugelig ausgeformten Schalen

[415] Zu den genauen Fundumständen der genannten Stücke in den Arealen 2, 4, 9 und 10 sowie zu ihrer Vergesellschaftung mit anderen Funden vgl. die Angaben der Fundstellenliste (Kap. 7.1.2 - Appendix 2) und der Matrix 2 sowie die Ausführungen des Kapitels 2.2.4.3 (Horizont IV,3) mit den Abbildungen 51-53, 77, 78.

Die Nutzung der genannten Stücke während des Horizonts IV,3 schließt eine frühere Herstellung und Nutzung, beispielsweise während des Horizonts IV,2 nicht aus.

beträgt zwischen 22,8cm und 34,6cm; das erfaßte Spektrum der Schalentiefe reicht von 4,90cm bis 6,95cm. Die Bandbreite der Füße reicht von kurzen, gerundeten, leicht nach innen geneigten Exemplaren bis hin zu hohen, annähernd geraden, leicht eckigen Füßen, die gratig vorspringend am Schalenkörper ansetzen. Das Gewicht der beiden vollständig erhaltenen Stücke beträgt 6,70kg (FN 9036; Abb. 78) beziehungsweise 4,35kg (FN 4025,1; Abb. 77). Alle Stücke der Gruppe 1 sind aus Basalt gefertigt und wurden wahrscheinlich als Mörser zum Zerquetschen und Zerreiben von Samen und sonstigen landwirtschaftlichen Gütern verwendet.[416] Neben den Reibsteinen gehörten die (großen) „Drei-Fußschalen" zu den wichtigsten Geräten für die Verarbeitung von Nahrungsmitteln während der Eisenzeit.
Gruppe 2 wird in Tell Johfiyeh von nur einem vollständig erhaltenen Mörser auf drei Beinen repräsentiert.[417] Es handelt sich hierbei um eine kleine Basaltschale auf hohen schlanken Füßen, die über drei Mittelstege miteinander verbunden sind (Abb. 13; Taf. 2,01). Hinweise auf Verzierungen oder Farbreste fehlen. Das einzige Fundstück dieser Gruppe (FS 10004; FN 10027) aus Tell Johfiyeh wurde in Schicht 2 des Areals 10 erfaßt und wahrscheinlich ebenso wie die Stücke der Gruppe 1 während des Horizonts IV,3 benutzt.[418] Seine Höhe beträgt 10,7cm und der Außendurchmesser des Randes mißt 15,2cm. Die halbkugelförmige Pfanne des ca. 1600g schweren Mörsers ist 3,0cm tief. Er wurde aus feinem Basalt gefertigt und im Gegensatz zu den Stücken der Gruppe 1 wahrscheinlich für die Anfertigung und Bearbeitung von Kosmetika und Gewürzen oder Farben verwendet. Als Gegenstücke dienten kleine abgerundete Stößel aus Basalt.
Ähnlich fein gearbeitete Mörser auf hohen miteinander verbundenen Füßen sind in Transjordanien nur selten bezeugt. Vergleichbare Stücke, die in die Eisenzeit datiert wurden, fanden sich unter anderem in Tell es-Sa'idiyeh (vgl. Bienkowski 1996:90,Pl.106) und Tell Deir Alla (Ibrahim u. van der

---

[416] Als Gegenstücke haben wahrscheinlich kleine Stößel aus Basalt gedient, wie sie in Areal 4 (FS 4008; FN 4025.2-3) zusammen mit einem vollständig erhaltenen „Drei-Fußgefäß" (FN 4025.1) gefunden wurden (vgl. Kleinfundkatalog Tafeln 18,04; 20,05 und Abb. 77).

[417] Hinweise auf die Existenz weiterer Gefäße dieser Art in Tell Johfiyeh liefert nur das in Schicht 3 des Areals 9 gefundene Fragment eines entsprechenden Fußes (vgl. FS 9017; FN 9104; Kleinfundkatalog Taf. 17,04).

[418] Der Fund eines vergleichbaren Fußfragments (vgl. FS 9017; FN 9104; Kleinfundkatalog Taf. 17,04) in Schicht 3 des Areals 9 macht es aber sehr wahrscheinlich, daß dieses und ähnliche Stücke auch in früheren Phasen, beispielsweise Horizont IV,2, genutzt wurden.

Zur Vergesellschaftung mit sonstigen Funden vgl. die Fundstellenliste (Kap. 7.1.2 - Appendix 2) und die entsprechenden Angaben der Fundliste (Kap. 7.1.5 - Appendix 5).

Kooij 1986:135–136 und Pl.XIX.1).[419] Eine Herstellung dieser Mörser in nur geringen Stückzahlen ist sehr wahrscheinlich und legt für die Eisenzeit, ähnlich wie bei den Schminkpaletten, eine Klassifizierung als „Luxusgut" nahe, das nur von den Mitgliedern einer „Oberschicht" genutzt wurde. Für eine hohe Wertschätzung derartiger Mörser spricht des weiteren die Tatsache, daß das erwähnte Exemplar aus Tell Deir Alla auch dann noch weiterbenutzt wurde, als bereits ein großer Teil aus dem Mörser herausgebrochen war (van der Kooij u. Ibrahim 1989:100, Abb.95).

Schalen(fragmente) (Kleinfundkatalog Tafeln 5,03; 6,01–7,01; 7,03; 7,05–13,03; 15,01–15,02)
Im Fundmaterial des Tell Johfiyeh konnten insgesamt 30 Schalenfragmente identifiziert werden, von denen 24 repräsentative Stücke im Kleinfundkatalog abgebildet wurden.[420] Es handelt sich um 25 Randstücke, die in drei Fällen (vgl. Taf. 9,01–9,02; 11,01) noch Ansätze eines Bodens beziehungsweise Fußes aufweisen und fünf Boden- und Standfußfragmente (vgl. Taf. 5,03; 7,05; 8,02; 15,01–15,02). Ein Fragment (Taf. 13,01) weist am oberen Rand eine kleine Knubbe auf. Die Verteilung der erfaßten Schalenfragmente auf die verschiedenen ergrabenen Schichten ist sehr heterogen. Während das ergrabene Material der Schichten 7 bis 5 und H5 bis H3 keine Schalenfragmente aufwies, konnten für die Schichten 4, H1 und H2 erste Einzelstücke registriert werden. Jeweils ca. ein Drittel der Schalenfragmente konnte in den Schichten 2 und 3 erfaßt werden und macht es sehr wahrscheinlich, daß diese Schalen in Tell Johfiyeh vorrangig während der späteisenzeilich-persischen und persischen Horizonte IV,2 und IV,3 (vgl. Kapitel 2.2.4) genutzt

[419] Das im Archäologischen Museum von Amman aufbewahrte Stück (J. 12985) aus Tell es-Sa'idiyeh datiert wahrscheinlich in das 8. vorchristliche Jahrhundert, der Zeit der umfangreichsten Besiedlung des Fundplatzes während der Eisenzeit (vgl. Zayadine 1987:144,Abb. 142). Der kleine, teilweise bereits zerbrochene Mörser aus Tell Deir Alla wird von den Ausgräbern in die Schicht IX (=Eisenzeit, Phase M der Deir Alla Endpublikation) datiert (Ibrahim u. van der Kooij 1986:135-136).

[420] Die in Tell Johfiyeh mit Ausnahme des Areals 1 in allen anderen Arealen (2-14) registrierten Schalenfragmente stammen aus folgenden Fundstellen: 2014.2 (FN 2080), 2018 (FN 2071), 2028 (FN 2104), 3011 (FN 3046), 3033 (FN 3154), 3042 (FN 3176), 4006 (FN 4016.3; Taf. 5,03), 4017 (FN 4069.1), 4018 (FN 4077), 5024 (FN 5084), 5037 (FN 5174), 5044 (FN 5180.2), 6043 (FN 6181.2), 6070 (FN 6292.5), 7003 (FN 7007), 8010 (FN 8049), 8014 (FN 8075), 8018 (FN 8090), 8033 (FN 8148), 8034 (FN 8154, 8156), 8506 (FN 8514), 9006 (FN 9052), 9010 (FN 9060), 10002.3 (FN 10081), 11002 (FN 11017), 12002.1 (FN 12016), 13002 (FN 13005), 14002 (FN 14021), 14010 (FN 14044).

(FN 10096) ist etwa taubeneigroß und hat eine maximale Höhe von 5,2cm. Der maximale Umfang beträgt 5,3cm.

Gefäßfüße (Kleinfundkatalog Taf. 5,02; 7,04; 16,01–17,04; 34,06)
Die insgesamt 13 in Tell Johfiyeh registrierten Fußfragmente aus Basalt können in drei Gruppen unterteilt werden.[429] Die Bandbreite der 10 Fußfragmente, die in Gruppe 1 zusammengefaßt wurden, reicht hierbei von kurzen, gerundeten, leicht nach innen geneigten Stücken bis hin zu hohen, annähernd geraden, leicht eckigen Füßen, die wahrscheinlich gratig vorspringend am Schalenkörper der oben beschriebenen großen „Drei-Fußschalen" ansetzten (vgl. Taf. 5,02; 7,04; 16,01–16,06; 17,03). Bei den in Gruppe 2 zusammengefaßten Fragmenten handelt es sich um die Reste von zwei hohen schlanken Füßen, die ursprünglich über Mittelstege miteinander verbunden waren (vgl. Taf. 17,01; 17,04) und einmal einen kleinen Mörser trugen, der wahrscheinlich zur Herstellung von Kosmetik oder Medizin genutzt wurde (vgl. Taf. 2,01; Abb. 13). Gruppe 3 wird schließlich von einem massiven Standring (vgl. Taf. 17,02) gebildet, der wahrscheinlich eine flache Schale oder einen Teller getragen hat.
Fast ein Drittel (30%) der registrierten Fußfragmente stammt aus unstratifiziertem Zusammenhang. Der Rest verteilt sich auf die Schichten 1 bis 3 und H3. Eine räumliche Konzentration der in 7 von 14 Arealen erfaßten Fußfragmente konnte für den Bereich des Areals 9 beobachtet werden. Mehr als ein Drittel der registrierten Stücke fanden sich im Umfeld des hier in Horizont IV,2 errichteten Hauses der Eisenzeit II–III (vgl. Abb. 44).

2.4.1.2 Steingeräte

Unter dem Begriff Steingeräte werden insgesamt 388 in Appendix 5 (Kap. 7.1.5) eingetragene Gegenstände aus Stein in neun Gerätegruppen zusammengefaßt und beschrieben. Es handelt sich um:

Stößel (Kleinfundkatalog Taf. 18,01–23,06)
Im Fundmaterial des Tell Johfiyeh konnten insgesamt 148 vollständig erhaltene Stößel und 9 Stößelfragmente identifiziert werden.[430] Eine repräsentative Auswahl von 28 Stücken wurde im Kleinfundkatalog abgebil-

---

[429] Die 13 registrierten Fußfragmente stammen aus folgenden Fundstellen: Streufunde (FN 3, 4), 2010 (FN 2030), 3053 (FN 3075), 4037 (FN 4163), 5039 (FN 5170), 8018 (FN 8086), 8507 (FN 8522.1), 9001 (FN 9006), 9010 (FN 9072), 9017 (FN 9104), 9020 (FN 9135), 11002 (FN 11014).

[430] Für eine vollständige Auflistung der entsprechenden Stücke vgl. die Ausführungen des Appendix 5 (Kap. 7.1.5).

det.[431] Stößel fanden sich mit Ausnahme der am Hang gelegenen Areale 1, 2 und 13 in allen anderen untersuchten Quadranten des Tells. Mit Abstand die meisten Exemplare wurden in den Arealen 6, 8 und 9 freigelegt. Hier fanden sich fast drei Fünftel aller in Tell Johfiyeh erfaßten Stößel. Ca. 37% aller Fundstücke stammen aus Schicht 3 und können dem späteisenzeitlich-persischen Nutzungshorizont IV,2 zugeschrieben werden.[432] Weitere 35% der Stößel wurden im Material der Schicht 2 gefunden und gehören zu dem wahrscheinlich persischen Horizont IV,3. Der verbleibende Rest stammt aus unstratifizierten Zusammenhängen (6%), der Oberfläche (1%) sowie den Schichten 1 (8%), 4 (12%) und H3 (1%).
Neben länglichen, leicht konischen, rechteckigen und dreieckigen Stücken mit einer konvexen (Ober- und) Unterseite, die einen Anteil von gut 77,5% an der entsprechenden Fundassemblage haben, konnten zahlreiche annähernd runde oder ovale Stößel (ca. 20%) sowie einige wenige flache, rechteckige Exemplare (2,5%) voneinander getrennt werden. Ihre Länge beträgt selten mehr als 10,0cm und der Mittelwert für den Durchmesser liegt bei etwa 5,0cm. Sie wurden in der Regel aus Basalt (78%), seltener aus Kalkstein (17%) oder anderen Materialien (5%) gefertigt. Alle Stücke weisen deutliche Gebrauchsspuren auf und lagen gut in der Hand. In Verbindung mit den oben beschriebenen Steingefäßen dienten diese Geräte vor allem dem Zerkleinern, Zerstoßen und Zerstampfen unterschiedlicher Nahrungsmittel sowie dem Pulverisieren mineralischer Farbstoffe, Kosmetika und verschiedener Heilmittel (vgl. van der Kooij u. Ibrahim 1989:102, Abb. 104).

Türangelsteine / Steinmörser (Kleinfundkatalog Taf. 24,01; 25,01; 26,01; 27,01–27,02)
Die Morphologie von Türangelsteinen und Steinmörsern ist weitgehend identisch und eine funktionale Unterscheidung der Fundstücke häufig sehr schwierig. Anhand von Schleifspuren des ehemaligen Türpfostens und einer entsprechenden Fundlage konnten in Tell Johfiyeh dennoch sechs vollständige Türangelsteine (vgl. Taf. 27,02) und sechs Fragmente von den insgesamt 30 in dieser Gruppe zusammengefaßten Fundstücken getrennt

[431] Die hier abgebildeten Stücke stammen aus folgenden Fundstellen: 3007 (FN 3033.1; 3070.1-2), 3014 (FN 3063), 4008 (FN 4025.2-3), 4010 (FN 4037), 4018 (FN 4076), 4022 (FN 4103), 6014 (FN 6044.1-2), 6016 (FN 6054), 6026 (FN 6093), 6027 (FN 6098), 6034 (FN 6122), 6035 (FN 6133), 6036 (FN 6138), 7007 (FN 7020), 8008 (FN 8032.1), 8033 (FN 8146), 8035 (FN 8163-64), 9026 (FN 9153), 9028 (FN 9159), 9033 (FN 9179), 9035 (FN 9187), 10002.2 (FN 10076), 11002.1 (FN 11023).

[432] Zu Vergleichsstücken aus Tawilan, die in eisenzeitlichem Kontext gefunden wurden, siehe Bennett und Bienkowski (1995:88, Fig. 9.26).

werden.[433] Die verbleibenden 18 Exemplare wurden als Mörser (vgl. Taf. 24,01; 25,01; 26,01; 27,01) oder Mörserfragmente klassifiziert.[434]

Die in Tell Johfiyeh ergrabenen Türangelsteine haben in der Regel eine leicht unregelmäßige, runde bis rechteckige Form. Die Pfanne zum Führen des Türpfostens ist meistens mittig angelegt und hat einen Durchmesser von 4,5cm bis 18,0cm. Der Außendurchmesser der Türangelsteine beträgt bei den größeren Stücken bis zu 30,0cm; bei den kleineren Angelsteinen liegt er zwischen 10,0cm und 20,0cm. Das Gewicht der vollständig erhaltenen Stücke schwankt zwischen 700g und 5000g. Die Fragmente wiegen zwischen 180g und 2500g. Annähernd drei Fünftel der registrierten Türangelsteine aus Tell Johfiyeh wurden in den Schichten 3 und 2 der Areale 6 und 9 gefunden und können größtenteils mit dem hier in Horizont IV,2 errichteten und genutzten Durchgängen des Hauses 1 in direkten funktionalen Zusammenhang gebracht werden (vgl. Abb. 44, 53).[435] Einzelstücke aus unstratifiziertem Zusammenhang sowie den Schichten 1, 4 und H3 wurden darüber hinaus auf der Oberfläche und in den Arealen 2, 10 und 11 gefunden. Für die Areale 1, 3–5, 7–8, 12 und 13 sind keine Türangelsteinfunde dokumentiert.

Die als Steinmörser klassifizierten Stücke aus Tell Johfiyeh haben wie die Türangelsteine ebenfalls eine leicht unregelmäßige, runde bis rechteckige Form und wurden in der Regel bis zum oberen Rand in den Boden eingelassen. Ihre Außenseiten sind daher häufig nur grob oder gar nicht bearbeitet und sehr unregelmäßig gestaltet. Die annähernd mittig angebrachte, sorgfältig geglättete Vertiefung hat eine runde (vgl. Taf. 25,01) oder ovale (vgl. Taf. 24,01) Form. Mit Hilfe von Stößeln konnten in der Vertiefung verschiedene Nahrungsmittel und sonstige Produkte zerkleinert und zerstampft werden. Der Durchmesser dieser Arbeitsfläche schwankt zwischen 6,0cm und

---

[433] Die sechs vollständig erhaltenen Türangelsteine stammen aus folgenden Fundstellen: 6025 (FN 6100), 6053 (FN 6220), 6063 (FN 6304), 9016 (FN 9099), 9017 (FN 9101), 10002.6 (FN 10104). Die Fragmente wurden in folgenden Loci gefunden: Streufund (FN 7), 2009 (FN 2027), 6013 (FN 6040), 6024 (FN 6080), 11001.1 (FN 11018), 11002 (FN 11010).

[434] Die 18 als Mörser oder Mörserfragmente klassifizierten Steingeräte stammen aus folgenden Fundstellen: 3014 (FN 3056), 3029 (FN 3128), 5035 (FN 5133), 6026 (FN 6091), 6034 (FN 6128), 6035 (FN 6135), 6044 (FN 6268), 6053 (FN 6226), 6053.1 (FN 6235.1-8), 6070 (FN 6290), 6071 (FN 6302), 8013 (FN 8065), 9013 (FN 9077), 9021 (FN 9141), 9023 (FN 9144), 9024 (FN 9160.1), 10002.6 (FN 10103), 10004 (FN 10120).

[435] Fast 42% der registrierten Türangelsteine stammen aus Schicht 3 (Horizont IV,2). Weitere 25% wurden in der direkt darüberliegenden Schicht 2 (Horizont IV,3) erfaßt. Der Rest verteilt sich gleichmäßig auf die Schichten 1, 4 und H3 beziehungsweise konnte nicht stratigraphisch zugewiesen werden.

25,0cm. Der Außendurchmesser der Mörser liegt in der Regel zwischen 40,0cm und 12,0cm; in Einzelfällen kann er auch darüber liegen. Das Gewicht der größeren Mörser beträgt bis zu 50kg. Zwölf der insgesamt achtzehn Mörser wurden aus Kalkstein gefertigt. Vier bestehen aus Basalt und bei zwei weiteren wurde die Steinart nicht bestimmt. Weit über die Hälfte (55%) der Fundstücke stammt aus Schicht 3 und kann mit dem späteisenzeitlich-persischen Horizont IV,2 verbunden werden. Die sonstigen Mörser und Mörserfragmente wurden im Material der Schichten 2 (22%), 4 (11%) und 1 (6%) sowie in unstratifiziertem Zusammenhang (6%) erfaßt. Eine Konzentration an Mörserfunden zeichnet sich für die Areale 6 und 9 ab und kann wahrscheinlich auf die hier erfaßten Raumeinheiten und Installationen der Horizonte IV,1 bis IV,3 zurückgeführt werden (vgl. Abb. 42, 44, 53, 55). Annähernd 70% aller in Tell Johfiyeh dokumentierten Mörser stammen aus diesem Bereich und wurden teilweise in situ erfaßt. Zu letzteren gehören beispielsweise die vollständig erfaßten Stücke aus Raum 1 des Horizonts IV,1 (FN 6235.1–8; 6226; vgl. Abb. 42) und die beiden in den Boden der Räume 1 und 4 des Hauses 1 (Horizont IV,2) eingelassenen großen Mörser (FN 9141, 9144; Abb. 44).[436]

Mahlsteine/Lochsteine (Kleinfundkatalog Taf. 26,02)
Im Fundmaterial des Tell Johfiyeh konnten insgesamt je fünf vollständig erhaltene Lochsteine und Fragmente identifiziert werden.[437] Es handelt sich hierbei um runde oder annähernd runde, in der Mitte durchbohrte Steinscheiben mit konvexen Schmalseiten, die in Tell Johfiyeh wahrscheinlich als Mahlsteine interpretiert werden können.[438] Ihr Außendurchmesser liegt zwischen 8,0cm und 20,0cm und der Öffnungsdurchmesser variiert zwischen 3,8cm und 8,0cm. Die Höhe der Lochsteine erstreckt sich von 2,2cm bis 7,8cm. Das Gewicht der vollständig erhaltenen Stücke schwankt zwischen

---

[436] Zu den mit diesen Mörsern ansonsten vergesellschafteten Funden vgl. die Angaben des Appendix 2 (Kap. 7.1.2) zu den entsprechenden Fundstellen 6053, 6053.1, 9021 und 9023.

[437] Die hier zusammengestellten Stücke stammen aus folgenden Fundstellen:

1. Fragmente: 1003 (FN 1011 - 2 Stücke), 1005 (FN 1016), 4025 (FN 4120), 5004 (FN 5011.3).

2. Vollständige Lochsteine: 3014 (FN 3064), 6017 (FN 6057), 6053.1 (FN 6231), 9015 (FN 9094); 10002.5 (FN 10097).

[438] Die genaue Funktion der sogenannten Lochsteine ist unklar. Zu den in der Literatur (vgl. z.B. Czichon und Werner 1998:243) geäußerten Vermutungen gehören neben der hier verwendeten als Mahlstein u.a. eine Funktion als Beschwersteine von Grabstöcken, die Interpretation als Standring für Gefäße, als Netzbeschwerer und als Webgewicht.

550g und 2000g. Sie wurden in Tell Johfiyeh aus Basalt und anderen, nicht näher bestimmten, Steinarten gefertigt.
Von einer Ausnahme abgesehen, wurden alle vollständig erhaltenen Lochsteine in Areal 6 (2 Stücke) und den direkt südlich und östlich anschließenden Arealen 3 und 9 (je 1 Stück) gefunden.[439] Sie stammen ausschließlich aus den Schichten 2–4 und wurden teilweise in situ gefunden. Die Fragmente verteilen sich auf die Areale 1 (3 Stücke), 4 und 5 (je 1 Stück) und fanden sich auch auf der Oberfläche des Tells und im Material der Schicht H1 im Hangbereich. Das in Schicht 4 (Horizont IV,1) von Areal 6 in situ gefundene Exemplar (FN 6231) gehört zum Inventar der Raumeinheit 1 (vgl. Abb. 42) und kann mit den sonstigen Funden dieser Fundstelle (Locus 6053/6053.1) vergesellschaftet werden, die alle mit der häuslichen Nahrungsmittelproduktion zu verbinden sind.[440] Ähnliches gilt für den in Schicht 3 (Horizont IV,2) des Areals 6 gefundenen Lochstein (Locus 6017; FN 6057; Taf. 26,02), der aus einem Bereich stammt, der zu Raum 6 des späteisenzeitlich-persischen Hauses 1 gehört (vgl. Abb. 44).[441] Eine Vergesellschaftung mit den Funden der nachfolgenden Fundstellen 6025/6036 kann hier nicht ausgeschlossen werden.

Mahl-/Reibplatten

Im Fundmaterial des Tell Johfiyeh wurden vier teilweise zerbrochene aber dennoch fast vollständige Mahlplatten und acht -fragmente identifiziert.[442] Sie sind alle aus einem grobporigen Basalt gefertigt und haben eine annähernd rechteckige Form. Ihre Arbeitsfläche, die das Gegenstück zu den unten beschriebenen Reibsteinen bildete, ist in der Regel leicht konkav ausgebildet und nahm die landwirtschaftlichen Produkte auf, die zerkleinert werden sollten. Die registrierten Maße reichen von 40,0cm × 40,0cm bei den vollständig erhaltenen Stücken bis hin zu 15,0cm × 10,0cm bei den Fragmenten. Ihre Höhe variiert zwischen 4,0cm und 14,0cm. Das Gewicht der Mahlplatten und -fragmente reicht je nach Größe von 1,0kg bis zu 11,5kg.

---

[439] Der fünfte vollständig erhaltene Lochstein wurde in Areal 10 gefunden.

[440] Für eine Zusammenstellung der Funde vgl. die Ausführungen des Appendix 2 (Kap. 7.1.2) zu den Loci 6053 und 6053.1.

[441] Inwieweit aus der Tatsache, daß dieser Lochstein (FN 6057, Kleinfundkatalog Taf. 26,02) zusammen mit den Resten einer großen Bauchscherbe gefunden wurde, auf eine Funktion als Ständer für Keramikgefäße schließen läßt, ist unklar. Vgl. Appendix 2 (Kap. 7.1.2).

[442] Die fast vollständigen Stücke stammen aus folgenden Fundstellen: 6053.1 (FNrn. 6307.1-2; 2 Stücke), 8028 (FN 8117), 9021 (FN 9142; 2 Stücke), 10002.4 (FN 10089). Die Fundstellen der Fragmente lauten wie folgt: 5012 (FN 5054), 5015 (FN 5052), 5016 (FN 5040.1-2; 2 Stücke), 6013 (FN 6038.1), 6026 (FN 6088), 10002.5 (FN 10090-10091; 2 Stücke).

Weitgehend vollständige Mahlplatten wurden, teilweise in situ, in den Schichten 2–4 der Areale 6, 8, 9 und 10 erfaßt.[443] Fragmente fanden sich darüber hinaus auch in Areal 5 sowie in Schicht 1 und auf der Oberfläche des Tells. Die in zwei Teile zerbrochene, in Schicht 4 des Areals 6 (Horizont IV,1) in situ gefundene Mahlplatte (FS 6053.1; FN 6307.1–2) gehört zum Inventar der Raumeinheit 1 und kann mit den anderen Fundstücken dieser Fundstelle (Loci 6053/6053.1) vergesellschaftet werden (vgl. Abb. 42). Eine primäre Nutzung des kleinen Raums zur Verarbeitung landwirtschaftlicher Produkte und der Zubereitung von Nahrungsmitteln ist somit sehr wahrscheinlich (vgl. FNrn. 6235.1–8; 6308; 6236; 6226). Weiterhin liefert das Rauminventar dieses Raums Hinweise auf eine Bevorratung von landwirtschaftlichen Gütern (vgl. FN 6221) und legt einen funktionalen Zusammenhang mit dem direkt westlich vorgelegten Tabun nahe. Ähnliches gilt für die ebenfalls zerbrochene und in situ erfaßte Mahlplatte (Locus 9021; FN 9142) aus Schicht 3 (Horizont IV,2) des östlich anschließenden Areals 9. Das hier erfaßte Stück bildet einen integralen Bestandteil von Raum 1 (Haus 1) und kann mit den in direkter Umgebung dokumentierten Funden der Fundstellen 9018.1 und 9019 vergesellschaftet werden (vgl. Abb. 44). Die Mahlplatte bildet eine funktionale Einheit mit den in unmittelbarer Nachbarschaft gefundenen Reibsteinen, Keramikresten und einem Mörser, die es wahrscheinlich machen, daß der östliche Bereich von Raum 1 während des Horizonts IV,2 der Zubereitung von Nahrungsmitteln vorbehalten war.

Reibsteine (Kleinfundkatalog Taf. 27,03; 28,01; 29,01–29,02; 30,01–30,03; 31,01–31,02)
Mit insgesamt 194 Stücken bilden die Reibsteine die größte in Tell Johfiyeh erfaßte Kleinfundgruppe.[444] Es konnten zwanzig vollständig erhaltene Reibsteine und 174 Reibsteinfragmente identifiziert werden, die in zwei Gruppen unterteilt werden können.[445] Gruppe 1, der annähernd 70% der vollständig

---

443 Zu den Fundumständen der in Schicht 2 des Areals 10 erfaßten Mahlplatte vgl. Abb. 51 und die entsprechenden Angaben des Appendix 5 (Kap. 7.1.5).

Für die in Schicht 4 des Areals 8 freigelegte Mahlplatte (Locus 8028; FN 8117) kann ein Zusammenhang mit der darüberliegenden Begehungsfläche Locus 8027/26 nicht vollständig ausgeschlossen werden (vgl. Abb. 41).

444 Zu einer detaillierten Auflistung und Beschreibung aller Fundstücke vgl. die Einträge in Appendix 5 (Kap. 7.1.5) unter den Stichworten „Reibstein“ und „Reibsteinfragment(e)“.

445 Die vollständig erhaltenen Reibsteine wurden in den nachfolgend aufgelisteten Fundstellen registriert:

Gruppe 1: 4023 (FN 4104), 6034 (FN 6121), 6060 (FN 6266.3-5), 8009 (FN 8035.1), 8505 (FN 8508.1), 9018.1 (FN 9124, 9126-27), 10002.7 (FN 10112-10113), 10011 (FN 10121), 13003 (FN 13008).

erhaltenen Stücke angehören, umfaßt die Reibsteine mit einer länglichen, an der Oberseite leicht gewölbten Form und einer flachen Unterseite (vgl. Taf. 28,01; 29,01–02; 30,02). Der Querschnitt dieser Stücke, die entfernt an einen Brotlaib erinnern, ist halbrund (vgl. van der Kooij u. Ibrahim 1989: 102, Abb. 106). Sie wurden zur Zerkleinerung von landwirtschaftlichen Produkten und im Zusammenhang mit der Nahrungsmittelzubereitung verwendet. Ihre leicht gewölbte Oberseite diente hierbei als Handhabe und die Unterseite bildete die eigentliche Reibfläche, die häufig deutlich sichtbare Reibspuren aufwies. Als Gegenstück und Arbeitstisch dienten sogenannte Mahlplatten oder Mahltische, deren Oberfläche in der Regel leicht konkav ausgebildet war. Sie wurden ebenso wie die Reibsteine und Fragmente dieser Gruppe vorrangig aus einem teilweise sehr grobporigen Basalt hergestellt. Ihre durchschnittliche Länge variiert zwischen 10,0cm und 43,0cm bei einer Breite von 5,0cm bis 15,5cm und einer Höhe zwischen 4cm und 6cm. Das Gewicht der vollständig erhaltenen Stücke schwankt zwischen 700g und 4300g.

Gruppe 2 hat einen Anteil von 30% an den vollständig erhaltenen Reibsteinen aus Tell Johfiyeh und umfaßt die im Querschnitt rechteckigen Stücke (vgl. Taf. 27,03; 31,01–31,02). Sie sind in der Regel erheblich kleiner und haben ein geringeres Gewicht als die in Gruppe 1 zusammengefaßten Exemplare. Bis auf eine Ausnahme, die aus Kalkstein gefertigt wurde, sind alle Stücke aus einem mittelfeinen Basalt hergestellt. Ihre durchschnittliche Länge bewegt sich zwischen 5,5cm und 11,5cm bei einer Breite von 4,2cm bis 8,0cm. Die Höhe schwankt zwischen 1,7cm und 4,8cm. Ihr Gewicht liegt unter 900g.

Der quantitativ größte Anteil (28%) an Reibsteinen und -fragmenten wurde in der späteisenzeitlich-persischen Schicht 3 (Horizont IV,2) gefunden, in deren Material auch über die Hälfte der vollständig erhaltenen Exemplare erfaßt wurde. Es folgen Schicht 2 (Horizont IV,3) mit einem Anteil von 24% und mit etwas Abstand die Schicht H3 (11%). Der verbleibende Rest verteilt sich auf die Schichten 1, H2 und H3 oder stammt von der Oberfläche und aus unstratifiziertem Zusammenhang.[446] Mit Ausnahme der Areale 11 und 12 weisen alle Areale Funde von Reibsteinen oder Reibsteinfragmenten auf. Gut ein Fünftel der Reibsteine und -fragmente stammt jedoch aus Areal 6,

---

Gruppe 2: 6014 (FN 6099), 6052 (FN 6250), 6054 (FN 6224.1), 6070 (FN 6295.1, 6297), 8013 (FN 8069).

Eine Aufteilung der Reibsteinfragmente auf die beiden Formengruppen war anhand der Grabungsaufzeichnungen nicht möglich. Das Gesamtgewicht aller in Tell Johfiyeh erfaßten Reibsteinfragmente beträgt 110,56kg.

[446] Einzelstücke wurden auch in sekundären Zusammenhängen, wie beispielsweise Mauerverbünden, freigelegt.

wo auch ein Großteil (41%) der vollständig erhaltenen Stücke freigelegt wurde. Es folgen die Areale 2 (14%), 4 (13%), 8 und 5 (jeweils 11%). Der Rest entfällt auf die Areale 1, 3, 7, 9, 10, 13 und 14 (zusammen ca. 10%). Die Konzentration der vollständig erhaltenen Stücke in Schicht 3 und Areal 6 macht es wahrscheinlich, daß die westlich des Hauses 1 gelegene Fläche (vgl. Abb. 44) während des Horizonts IV,2 mit Aktivitäten verbunden werden kann, die im Zusammenhang mit der Nahrungsmittelzubereitung stehen. Es kann nicht ausgeschlossen werden, daß hier mit Hilfe der gefundenen Lochsteine, Reibsteine und Mahlplatten während der Eisenzeit II–III Getreide verarbeitet wurde, das in einem Tabun, der im Nordosten des Areals erfaßt werden konnte (vgl. Abb. 44), zum Backen von Brot verwendet wurde.

Webgewichte[447] (Kleinfundkatalog Taf. 31,3–4; 32,02; 32,04; 33,01–33,02)
Im Fundmaterial aus Stein wurden insgesamt je sieben vollständige Webgewichte und Fragmente identifiziert.[448] Es handelt sich um sehr unregelmäßig geformte runde bis eckige mit einem Loch versehene Steine, die wahrscheinlich als Gewichte am Webstuhl verwendet wurden.[449] Sie bestehen zu annähernd gleichen Teilen aus Basalt und Kalkstein. Ihr Außendurchmesser liegt zwischen 4,5cm und 10,0cm bei einer Höhe von 1,0cm bis 6,0cm. Die quantitative Verteilung auf Schichten und Areale ist relativ gleichmäßig. Eine Konzentration von Webgewichten auf bestimmte Bereiche konnte nicht beobachtet werden. Erwähnenswert ist aber, daß in den Arealen 6 und 10, die ansonsten zahlreiche Funde von Steingeräten aufwiesen, kein Webgewicht aus Stein gefunden wurde. Vollständig erhaltene Stücke fanden sich nur in den Schichten 1–3 (FNrn. 2040, 12019, 11012, 9149, 14055) und 5 (FN 8126) in den Arealen 2, 7–9, 11–12 und 14. Ein weiteres vollständig erhaltenes Exemplar (FN 7022) stammt aus unstratifiziertem Zusammenhang. Fragmente wurden darüber hinaus auch in den Schichten 5, H1 und H2

---

447 Vgl. auch die Ausführungen zu Webgewichten aus Ton (vgl. Kap. 2.4.3.1) und zu Lochsteinen (vgl. Kap. 2.4.1.2).

448 Die vollständigen Fundstücke stammen aus folgenden Fundstellen: 2014 (FN 2040), 7008 (FN 7022), 8029 (FN 8126), 9024 (FN 9149), 11002 (FN 11012), 12002.1 (FN 12019), 14012 (FN 14055).

Die Fragmente fanden sich in folgenden Fundstellen: Streufund (FN 8), 1005 (FN 1014), 1007 (FN 1019), 3007 (FN 3060), 3022 (FN 3101), 8010 (FN 8048), 14005 (FN 14026).

449 Zur Verwendung von eisenzeitlichen Webgewichten an Webstühlen in Tell Deir Alla vgl. die Ausführungen von van der Kooij und Ibrahim (1989:58-60) sowie die Analyse der entsprechenden Funde von Boertien (2004:305-332). Zu weiteren Vergleichsstücken und -orten siehe auch die entsprechenden Ausführungen von Bennett und Bienkowski (1995:89-90, Fig. 9.30).

sowie in den Arealen 1 und 3 gefunden. Ein weiteres Fragment stammt von der Oberfläche.

Spinnwirtel[450] (Kleinfundkatalog Taf. 33,06–09)
Bei den insgesamt sieben in Tell Johfiyeh ergrabenen Spinnwirteln aus Stein handelt es sich um sechs vollständig erhaltene Stücke und ein Fragment.[451] Der Außendurchmesser dieser kleinen, konisch abgerundeten, in der Mitte durchbohrten und an einer Seite flachen Steine liegt zwischen 2,5cm und 6,0cm.[452] Ihr Gewicht schwankt zwischen 20g und 210g. Bis auf ein Exemplar (FN 6094), das aus Kalkstein gefertigt wurde, sind alle Stücke aus einem sehr feinen Basalt hergestellt.[453] Ebenfalls nur ein Fundstück (FN 6164.1 Taf. 33,06) weist auf der flachen Seite eine Ritzverzierung auf. Die anderen Spinnwirtel aus Stein sind unverziert. Die schlecht erhaltene Verzierung besteht aus vier ineinanderliegenden Kreisen unterschiedlichen Durchmessers, die die Durchbohrung umgeben und zahlreichen Linien die von der äußeren Kreislinie radial nach außen verlaufen.[454]
Jeweils drei der gefundenen Stücke stammen aus den Schichten 2 und 3. Nur ein Exemplar konnte der Hangschicht H1 zugewiesen werden. Insgesamt fünf der sieben in Tell Johfiyeh registrierten Spinnwirtel aus Stein stammen aus den Arealen 6 (2 Stücke) und 9 (3 Stücke). Nur jeweils ein Exemplar wurde in den Arealen 1 und 8 gefunden. Diese insgesamt geringe Stückzahl und die Tatsache, daß mehr als drei Fünftel der Spinnwirtel aus Stein aus den Schichten und Arealen stammen, die in Horizont IV,2 und IV,3 mit Haus 1 beziehungsweise der ehemals von ihm genutzten Fläche in Verbindung gebracht werden können, machen es wahrscheinlich, daß die Stücke aus Stein, im Gegensatz zu solchen aus Ton, während der Eisenzeit II–III vorrangig von den Bewohnern des Hauses 1 genutzt wurden.

---

[450] Spinnwirtel wurden in Tell Johfiyeh auch aus Ton hergestellt. Vgl. die Ausführungen zu Tongeräten (Kap. 2.4.3.1).

[451] Die Spinnwirtel aus Stein fanden sich in folgenden Fundstellen: 1016 (FN 1075), 6026 (FN 6094), 6040 (FN 6164.1), 8010 (FN 8045), 9010 (FN 9054.1), 9015 (FN 9090), 9030 (FN 9160.2).

[452] Zur Verwendung dieser Steine als Spinnwirtel vgl. die Ausführungen von van der Kooij und Ibrahim (1989:58-59, Fig.67) zu den entsprechenden Funden aus Tell Deir Alla.

[453] Vergleichsstücke für diese sehr häufig belegte und weit verbreitete Fundgattung finden sich u.a. in den eisenzeitlichen Schichten aus Tell Deir Alla (van der Kooij u. Ibrahim 1989:102, Abb. 101, 102 u. 145).

[454] Stücke mit einer Ritzverzierung wurden auch im eisenzeitlichen Tawilan gefunden (vgl. Bennett u. Bienkowski 1995:89, Fig.9.29).

Wetzsteine (Kleinfundkatalog Taf. 34,03–04)
Bei den beiden in Tell Johfiyeh erfaßten Wetzsteinen handelt es sich um leicht konische Gerätschaften mit einem rechteckigen Querschnitt.[455] Ihre Länge beträgt 7,2cm und 5,6cm bei einer Breite von 2,6cm und 1,5cm. Beide Stücke bestehen aus Kalkstein, sind gut geglättet und weisen deutliche Schleifspuren auf.[456] Wie Vergleichsstücke aus Tawilan und anderen Fundorten zeigen (vgl. Bennett u. Bienkowski 1995:88, Fig.9.27), ist eine Verwendung dieser Stücke zum Schärfen von Stein- und Metallklingen sehr wahrscheinlich.
Der größere der beiden Wetzsteine (FN 4092; Taf. 34,03) stammt aus Schicht 2 des Areals 4 (vgl. Abb. 52). Das zweite, wahrscheinlich nicht vollständig erhaltene Stück (FN 1054; Taf. 34,04), wurde in Schicht H1 im Hangbereich des Areals 1 gefunden. Ihr Gewicht liegt bei 25g beziehungsweise 20g.

Bimssteine (Kleinfundkatalog Taf. 34,01–34,02)
Im Fundmaterial des Tell Johfiyeh konnten drei vollständig erhaltene Gerätschaften aus Bimsstein und ein nur fragmentarisch erhaltenes Stück identifiziert werden.[457] Die mit einer flachen, leicht unregelmäßigen Unterseite versehenen Steine haben eine Höhe von 4,4cm bis 6,2cm. Ihr Durchmesser an der Unterseite, die als Arbeitsfläche diente, schwankt zwischen 5,0cm und 7,0cm. Das Gewicht variiert zwischen 40g und 180g. Nach oben hin verjüngen sich die Bimssteine stark und bilden eine Art flachen Griff, der in der Regel leicht von Daumen und Zeigefinger umschlossen werden kann. Ein Exemplar (FN 6064; Taf. 34,02) weist im oberen Drittel zwei sich gegenüberliegende (nicht durchgehende) Bohrungen auf. Eine Verwendung der Bimssteine zum Glätten von weichen Materialien und Oberflächen wie Leder ist sehr wahrscheinlich.[458]
Zwei der in Tell Johfiyeh dokumentierten Bimssteine (Taf. 34,01–02) stammen aus Schicht 3 und wurden in den Arealen 6 und 8 gefunden. Sie

---

455 Die beiden als Wetzsteine identifizierten Stücke stammen aus folgenden Fundstellen: 1011 (FN 1054) und 4021 (FN 4092).

456 Inwieweit der verwendete Kalkstein, ähnlich wie in Tell Deir Alla, Silikon enthielt, wurde nicht untersucht (vgl. van der Kooij u. Ibrahim 1989:102,Abb. 109-110).

457 Die genannten Bimssteine wurden in folgenden Fundstellen erfaßt: 5002 (FN 5009.2), 5029 (FN 5136.1), 6019 (FN 6064), 8034 (FN 8153).

458 Ähnliche als „mason´s float“ oder „scraper“ bezeichnete Stücke wurden beispielsweise in Tell Deir Alla und Tawilan gefunden. Vgl. hierzu van der Kooij u. Ibrahim (1989:101, Abb. 100) sowie Bennett und Bienkowski (1995:87, Fig. 9.21,8-9; Fig. 9.22,1-3).

können mit dem späteisenzeitlich-persischen Nutzungshorizont IV,2 verbunden werden. Zwei weitere Stücke (FNrn. 5009.2, 5136.1) fanden sich in Areal 5 und stammen aus den Schichten 1 und 2.

Varia (Kleinfundkatalog Taf. 34,05; 34,09; 35,08–35,09; 39,09)
Die insgesamt fünf unter Varia zusammengestellten Steingeräte konnten keiner der bislang genannten Gruppen eindeutig zugeordnet werden. Neben einem Bohrer und einer Pfeilspitze aus Silex (Taf. 39,09) handelt es sich um ein Steinfragment, das an ein Sägeblatt erinnert (Taf. 34,09), zwei Rollsteine aus Kalkstein (Taf. 35,08–09), von denen einer stark an ein unfertiges Rollsiegel erinnert und um ein flaches, von beiden Seiten her angebohrtes Steinobjekt (Taf. 34,05).
Der in zwei etwa gleich große Teile zerbrochene Bohrer (Locus 9021; FN 9137) aus Feuerstein hatte eine Größe von nur 1,3cm × 0,5cm und wog 50g. Er wurde in Schicht 3 (Horizont IV,2) des Areals 9 gefunden und gehört wahrscheinlich zum Inventar von Raum 1 des späteisenzeitlich-persischen Hauses 1 (vgl. Abb. 44). Die ebenfalls aus Feuerstein hergestellte, sehr fein gearbeitete Pfeilspitze (FN 6102; Taf. 39,09) stammt hingegen aus unstratifiziertem Zusammenhang (Locus 6028). Das 5,8cm lange, 1,3cm breite und 0,5cm starke Stück wurde im Zusammenhang mit dem Abtrag des Nordprofils in Areal 6 gefunden.
Das kleine, an einer Langseite wie ein Sägeblatt gezahnte Steinfragment (Fossil ?) mißt 4,5cm × 1,0cm bei einer Stärke von 0,8cm. Die ursprüngliche Länge des nur fragmentarisch erhaltenen Stücks (Locus 8007, FN 8028, Taf. 34,09) ist unbekannt. Sein Gewicht beträgt 15g. Es stammt aus Schicht 2 in Areal 8. Seine Funktion konnte nicht geklärt werden.
Der kleinere der beiden zylinderförmigen „Rollsteine“ (Locus 3039, FN 3177, Taf. 35,09) hat einen Außendurchmesser von 2,6cm bei einer Gesamtlänge von 4,2cm. Die beiden Schmalseiten weisen je eine kleine ca. 0,6cm tiefe Bohrung auf, die jeweils einen Durchmesser von annähernd 1cm haben. Die Oberfläche des 60g schweren Zylinders ist teilweise geglättet und weist außer ein paar eingeritzten kurzen Linien keine Spuren einer Verzierung auf (Taf. 35,09). Die Verwendung des in Schicht 3 des Tiefschnitts (Areal 3) erfaßten Fundstücks ist unklar.[459] Gleiches gilt für den zweiten, erheblich größeren Rollstein (Locus 8029; FN 8127; Taf. 35,08), der in Tell Johfiyeh identifiziert werden konnte. Das an den Langseiten leicht abgeflachte Stück hat eine Länge von 8,3cm bei einer Breite von 4,4cm. Seine

---

[459] Bienkowski merkt im Zusammenhang mit ähnlichen Stücken aus Tawilan (Bennett u. Bienkowski 1995: 87, Fig. 9.22,9-12) folgendes an: „This and the six following cylindrical objects are possibly drill sockets, with drill holes at each end, as identified at Megiddo“.

Stärke beträgt 2,5cm. Die an den beiden Schmalseiten angebrachten Bohrungen sind ca. 1cm tief und ihr Durchmesser beträgt 0,7cm. Das 200g schwere Fundstück stammt aus den oberen Lagen der Schicht 5 des Areals 8 (Horizont III), die in Tell Johfiyeh mit dem Übergang von der Spätbronze- zur Eisenzeit I in Verbindung gebracht werden können.
Bei dem letzten unter „Varia“ aufgeführten Fundstück handelt es sich um eine kleine flache Steinscheibe (Locus 4009, FN 4031, Taf. 34,05), die von beiden Seiten angebohrt wurde. Sie hat ein Gewicht von 20g. Ihr Außendurchmesser beträgt 2,5cm bei einer Höhe von 1,0cm. Der Durchmesser der leicht zueinander versetzten Bohrungen beträgt ebenfalls 1,0cm. Sie stammt aus Schicht 3 des Areals 4 und kann wahrscheinlich, wie ähnliche als „drill socket“ bezeichnete Stücke aus Tawilan nahelegen (Bennett u. Bienkowski 1995:87,Fig.9.22:8), mit den Hinterlassenschaften des späteisenzeitlich-persischen Horizonts IV,2 in Verbindung gebracht werden (vgl. Abb. 47).

2.4.1.3 Schmuck- und Dekorelemente

Unter diesen Sammelbegriffen werden die sechs in Tell Johfiyeh registrierten Perlen, Anhänger und Schmucksteine sowie zwei Dekorelemente aus Stein und die insgesamt 133 Tesseraekollektionen zusammengefaßt und vorgestellt.

Perlen und Schmucksteine/Anhänger (Kleinfundkatalog Taf. 35,01; 35,04–35,07; 35,11)

Bei den wenigen in Tell Johfiyeh erfaßten Schmuckstücken aus Stein handelt es sich um vier runde, in der Mitte durchbohrte Perlen (Taf. 5,04–07)[460], einen kleinen durchbohrten, scheibenförmigen Anhänger (Locus 2014; FN 2043; Taf. 35,11) und einen runden mit Ritzverzierungen versehenen Schmuckstein (Locus 8023; FN 8099; Taf. 35,01).
Drei (Taf. 35,04; 35,06–07) der vier registrierten Perlen sind aus rotem Karneol gefertigt und weisen einen Außendurchmesser auf, der zwischen 1,0cm und 0,8cm liegt. Sie haben eine zentrale Durchbohrung, die zwischen 0,1cm und 0,2cm mißt. Ihr Gewicht schwankt zwischen 1g und 10g. Die Formen sind rund bis zylindrisch und gleichen denen, die auch in anderen eisenzeitlichen Orten Jordaniens gefunden wurden (vgl. Bennett u. Bienkowski 1995:90 und Fig. 9.31,1–4). Eine dieser Karneolperlen (Taf. 35,04) wurde in Schicht 3 des Areals 6 gefunden und kann wahrscheinlich mit den Bewohnern des hier und in Areal 9 erfaßten späteisenzeitlich-

---

[460] Die vier Perlen aus Stein wurden in folgenden Fundstellen erfaßt: 4022 (FN 4095), 6037 (FN 6141), 6071 (FN 6301), 8030 (FN 8135). Eine weitere Perle aus Fritte (Taf. 35,03) wird im Abschnitt über die Kleinfunde aus Glas (Kap. 2.4.6) beschrieben.

persischen Hauses (Horizont IV,2) in Verbindung gebracht werden (vgl. Abb. 44). Inwieweit dies auch für die zweite in diesem Bereich gefundene Perle (Taf. 35,06) gilt, konnte aufgrund der wenig eindeutigen Fundumstände nicht abschließend geklärt werden. Die dritte Karneolperle (Taf. 35,07) stammt aus Schicht 2 des Areals 4 und kann wahrscheinlich mit den Funden der Loci 4022/25 vergesellschaftet werden.[461] Die vierte Perle (Taf. 35,05) ist aus einem dunkelbraunen bis schwarzen Stein (Hämatit ?) gefertigt und ist erheblich größer als die oben beschriebenen Karneolperlen. Der Durchmesser ihrer polierten Oberfläche beträgt 2,0cm bei einem Gesamtgewicht von 3g. Die beiden Flächen im Bereich des Ein- und Austritts der annähernd mittigen Bohrung sind leicht abgeflacht. Sie stammt aus Areal 8 und wurde im Rahmen von Reinigungsarbeiten in unstratifiziertem Zusammenhang gefunden.

Der durchbohrte scheibenförmige Anhänger aus Kalkstein (Taf. 35,11) hat einen Außendurchmesser von 2,9cm bei einer Höhe von nur 0,65cm. Die mittig angebrachte Bohrung mißt 0,9cm und macht eine Verwendung als Anhänger wahrscheinlich. Die Oberfläche ist unverziert, weist aber einige kleinere Beschädigungen auf. Der Anhänger (Locus 2014, FN 2043) wurde im Oberflächenmaterial der Schicht 1 gefunden, das sich über Locus 2013 des Horizonts IV,3 in Areal 2 befand (vgl. Abb. 51). Eine eindeutige Zuweisung in eine Nutzungsphase ist somit nicht möglich.

Bei dem letzten hier zu beschreibenden Stück dieser Gruppe handelt es sich um einen kleinen runden Schmuck- oder Spielstein (Locus 8023, FN 8099, Taf. 35,01), der aus Kalkstein gefertigt wurde. Das an einer Seite leicht beschädigte Exemplar hat einen Außendurchmesser von 1,0cm bei einer Höhe von 0,8cm. Sein Gewicht beträgt 5g. Der Stein weist keine Durchbohrung auf, ist dafür aber auf beiden Seiten mit einer Ritzverzierung versehen, die an ein Sonnenmotiv erinnert. Um einen in der Mitte des Steins markierten Punkt verläuft in geringem Abstand eine kreisförmige Linie, von der aus zehn kurze, keilförmige Ritzungen strahlenförmig nach außen verlaufen. Auf der anderen Schauseite des Schmucksteins fehlt die kreisförmige Linie um den markierten Mittelpunkt und es sind insgesamt nur sechs der keilförmigen Ritzungen erhalten, die wahrscheinlich als Strahlen oder Blütenblätter identifiziert werden können. Das Stück stammt aus Areal 8 und wurde im Material der Schicht 5 gefunden, das direkt auf einer Begehungsfläche (Loci 8024/25) des Nutzungshorizontes III auflag und mit dieser vergesellschaftet werden kann.[462] Diese stratigraphische Lage legt eine Datierung des

---

[461] Vgl. die entsprechenden Fundzusammenstellungen des Appendix 2 (Kap. 7.1.2) zu diesen Loci und Abb. 52.

[462] Vgl. die entsprechenden Eintragungen des Appendix 2 (Kap. 7.1.2) zu diesen Fundstellen und Abb. 33.

Schmucksteins in den Übergangsbereich von der Spätbronze- zur Eisenzeit I nahe.

Dekorelemente (Kleinfundkatalog Taf. 34,07; 34,08)
Als Dekorelemente aus Stein wurden nur zwei Stücke identifiziert.[463] Es handelt sich um ein weißes, annähernd rechteckiges Marmorfragment (Locus 5011, FN 5058, Taf. 34,07) und ein sehr kleines Bruchstück einer Einlegearbeit aus Stein (Locus 9037, FN 9194, Taf. 34,08).
Das auf der Schauseite polierte Marmorfragment mißt ca. 12,7cm × 8,8cm und hat eine Höhe von 1,8cm. Es wiegt 600g und weist im Bereich des oberen Abschlusses zwei 0,7cm starke Wulstleisten auf, die einen Abstand von 1,0cm zueinander haben. Eine 1,8cm × 0,7cm große Nut in der Unterkante des Fragments legt es nahe, daß es sich bei dem Marmorfragment um einen Teil einer (Wand)verkleidung handelt, die aus mehreren miteinander verbundenen Stücken bestand. Das beschriebene Exemplar stammt aus unstratifiziertem Zusammenhang und wurde in der Füllung einer Zisterne (Areal 5) gefunden.
Das zweite in Tell Johfiyeh als Dekorelement aus Stein klassifizierte Stück stammt ebenfalls aus unstratifiziertem Zusammenhang und wurde im Rahmen von Reinigungsarbeiten in Areal 9 gefunden. Das als Fragment einer Einlegearbeit gedeutete, ehemals rechteckige kleine Fundstück mißt 1,7cm × 1,2cm bei einer Höhe von 0,3cm. Es wiegt nur 1g und weist ein durchbrochenes Muster auf, das an drei jeweils im rechten Winkel zueinander stehende kleine Bögen erinnert. Die erhaltene Oberfläche weist zahlreiche Kratzspuren auf.

Tesserae (ohne Abbildung)
In 133 Kollektionen wurden 681 Tesserae registriert, die zusammen mehr als 10,0kg wiegen.[464] Es handelt sich fast ausschließlich (ca. 99%) um helle (weiß/beige) Mosaiksteinchen, die aus Kalkstein gefertigt wurden. Nur wenige Einzelstücke haben eine graue (Loci 3500, 8010, 14004), schwarze (Loci 1010, 14002) oder rote (Locus 5001) Farbe. Zwei Exemplare (Locus 1010, FN 1031) wurden aus Marmor hergestellt. Die Stücke mit annähernd quadratischer Grundfläche haben eine Größe, die zwischen 1,5cm × 1,5cm × 1,5cm und 2,5cm × 2,5cm × 2,5cm schwankt. Die Maße der langrechteckigen Tesserae variieren in der Regel zwischen 1,5cm × 2,5cm × 1,8cm und 3,5cm × 2,5cm × 1,8cm. Einzelstücke erreichen aber auch Abmessungen

---

[463] Zu weiteren Dekorelementen aus anderen Materialien vgl. die Ausführungen zu den Funden aus Ton und Gips (vgl. Kap. 2.4.3.1).

[464] Zu Detailinformationen siehe die in der Spalte „Objekt“ mit Tessera(e) gekennzeichneten Fundeinträge des Appendix 5 (Kap. 7.1.5).

von 4,1cm × 2,7cm × 2,3cm und sogar 6,1cm × 3,1cm × 2,5cm.
Tesserae wurden in allen untersuchten Arealen gefunden. Eine leichte quantitative Konzentration konnte für Areal 1 beobachtet werden, wo annähernd ein Fünftel der Funde gemacht wurden. Es folgen die Areale 5, 2 und 3, die weitere 30% der Tesserae hervorbrachten. Die verbleibende Hälfte der Fundstücke verteilt sich gleichmäßig auf die anderen Areale. Über 90% der registrierten Tesserae stammen aus den oberflächennahen Schichten 0 bis 2 und H0 bis H2.[465] Weitere 3,5% sind Streufunde mit unbekannter Herkunft und 6% der Fundstücke wurden mit den Schichten 3 und H3 in Verbindung gebracht.[466] Eine Datierung der Fundstücke in die byzantinisch-omaijadische Zeit und eine Verbindung mit den Hinterlassenschaften des Horizonts V ist dennoch sehr wahrscheinlich. Es kann davon ausgegangen werden, daß die Tesserae, die nicht in Schichten des Horizonts V gefunden wurden, dort sekundär eingebracht wurden.

2.4.2 Funde aus Metall[467]

Zu den in Tell Johfiyeh registrierten Kleinfunden dieser Materialgruppe gehören Fundstücke aus Eisen, Bronze, Silber und nicht näher bestimmten Metallen.[468] Neben zahlreichen Metallgeräten und Schmuckstücken werden auch einige nicht näher klassifizierte Metallfunde (Varia) vorgestellt. Die vorrangig verwendeten Materialien sind Kupfer und Eisen. Silber wird in der

---

465 Hiervon gehören gut 65% in die Schichten 1 und H1. Weitere 22% stammen aus den Schichten 2 und H2. Ca. 3% wurden auf der Oberfläche gefunden.

466 Das Vorkommen von Tesserae in den Schichten 3 (3,5%) und H3 (2,5%) sowie in Schicht 2 ist vor allem auf die relative Nähe dieser Straten zur Oberfläche des Tells und die Tatsache zurückzuführen, daß diese Oberfläche bis vor wenigen Jahren landwirtschaftlich bestellt und umgepflügt wurde. Von den oberflächennahen Schichten aus eingetiefte Gruben und Tiergänge haben wahrscheinlich ebenfalls zur sekundären Verbreitung der Tesserae beigetragen.

467 Auch für die Funde aus Metall der Schicht 2 (Horizont IV,3) gilt die bereits für die entsprechenden Stücke aus Stein gemachte Anmerkung, daß sie teilweise zum Inventar des friedlich aufgegebenen Hauses 1 (Horizont IV,2) oder seiner direkten Umgebung gehört haben könnten und somit bereits während der Schicht 3 benutzt wurden.

468 Die Materialbestimmung für die Stücke aus Silber, Bronze und Eisen erfolgte ebenso wie die Reinigung der Funde im Labor des Institute of Archaeology and Anthropology der Yarmouk Universität in Irbid, Jordanien. Den Mitarbeitern des Labors sei für ihre Hilfe und Unterstützung an dieser Stelle nocheinmal recht herzlich gedankt. Die Kennzeichnung des jeweiligen Materials als „Metall“ in Appendix 5 (Kap. 7.1.5) und im Kleinfundkatalog (Kap. 6.2) bedeutet, daß eine nähere Bestimmung des verwendeten Materials nicht möglich war beziehungsweise nicht vorgenommen wurde.

Fundassemblage aus Tell Johfiyeh nur von einem Einzelfund repräsentiert.[469]

2.4.2.1 Metallgeräte

Unter dem Begriff „Metallgeräte" wurden insgesamt 14 Gerätschaften unterschiedlicher Funktion und Größe zu zwei verschiedenen Gruppen zusammengefaßt. Es handelt sich um:

Pfeilspitzen (Kleinfundkatalog Taf. 39,01; 39,04–39,08)[470]
Der häufig sehr schlechte Erhaltungszustand der Metallspitzen aus Eisen macht oft eine eindeutige funktionale Unterscheidung zwischen Pfeil-, Speer- und Lanzenspitze unmöglich. Dies gilt auch für die insgesamt acht im Fundmaterial des Tell Johfiyeh gefundenen Spitzen und Spitzenfragmente aus Eisen.[471] Sie sind alle stark korrodiert und ihr Erhaltungszustand ist schlecht. Die Länge der unrestaurierten Stücke lag zwischen 3,6cm und 8,8cm bei einer maximalen Breite von 0,5cm bis 1,7cm. Die Materialstärke betrug ca. 0,4cm und das gemessene Gewicht variiert zwischen 5g und 20g. Die (annähernd) vollständig erhaltenen Stücke bestehen in der Regel aus einem dünnen Schaft und einem mäßig breiten Blatt, das sich zur Spitze hin verjüngt. Vergleiche mit morphologisch ähnlich gestalteten Eisenspitzen aus Tell Deir Alla (van der Kooij u. Ibrahim 1989:99,Abb.73–76), den Gräbern von Tell el-Mazar (Yassine 1984:85–90,Fig.52–53) und Tawilan (Bennett u. Bienkowski 1995:296,Fig.9.7.3–8) legen eine Laufzeit der verschiedenen Stücke nahe, die sich von der Eisenzeit bis in die Persische Periode erstreckt. Diese sehr weit gefaßte Datierung deckt sich weitgehend mit den in Tell Johfiyeh für die Metallspitzen beobachteten Fundumständen. Über die Hälfte der registrierten Pfeilspitzen stammen hier aus Schicht 2 der Areale 4 und 14, die mit dem persischen Horizont IV,3 in Verbindung gebracht werden können. Einzelstücke fanden sich darüber hinaus in den Schichten 1,

---

[469] Die naturwissenschaftliche Analyse der in Tell Johfiyeh ergrabenen Metallfunde wird von Prof. Dr. Ziad al- Sa'ad, Yarmouk Universität, vorbereitet und separat publiziert. Die entsprechenden Analysen sollen unter anderem Aufschluß über die Zusammensetzung der Metalle, ihre Qualität und Herstellungstechnik geben und somit eine Basis schaffen, die es erlaubt, potentielle Herkunftsorte und Handelsbeziehungen zu benennen.

[470] Die im Kleinfundkatalog (Kap. 6.2) abgebildeten Stücke wurden alle vor der noch ausstehenden Reinigung und Restaurierung gezeichnet.

[471] Die Fundstücke aus Eisen wurden in folgenden Fundstellen erfaßt: 2014.3 (FN 2084), 3045 (FN 3186), 4023 (FN 4101, 4105), 4027 (FN 4136.2), 14010 (FN 14040), 14011 (FN 14050-2 Stücke).

Eine weitere Pfeilspitze war aus Silex gefertigt (vgl. Kap. 2.4.1.2 „Varia").

3 und 5 sowie in den Arealen 2 und 3, die teilweise mit der Eisenzeit in Tell Johfiyeh verbunden werden können.

Werkzeuge (Kleinfundkatalog Taf. 38,05–06; 38,09; 40,02–03)
Bei den insgesamt sieben Fundstücken aus Metall, die als Werkzeuge klassifiziert wurden, handelt es sich um zwei Meißel/Spatel (Taf. 40,02–03), eine Nadel (Taf. 38,09), zwei Nägel (vgl. Taf. 38,06) und ein Nagelfragment sowie eine unvollständig erhaltene Pinzette (Taf. 38,05).[472]
Der Spatel (Locus 5018, FN 5047) stammt aus Areal 5 und wurde in einer Füllung gefunden, die unmittelbar auf der Begehungsfläche (Locus 5019) des hier erfaßten südlichen Raums auflag (vgl. Abb. 61), der zu dem omaijadischen Horizont V gehört.[473] Der Spatel hat eine Länge von 6,9cm und ist 0,3cm stark. Seine Breite liegt bei 1,6cm und verjüngt sich im Schaftbereich auf 0,3cm. Das Gewicht des aus Bronze gefertigten Stücks beträgt 10g. Im Übergangsbereich vom Schaft zur annähernd rechteckigen Spatelfläche ist das Fundstück leicht gebogen (vgl. Profil Taf. 40,03).[474] Das zweite, wohl als Meißel anzusprechende Fundstück (Locus 10002, FN 10012) dieser Gruppe ist erheblich größer und wahrscheinlich aus Eisen gefertigt.[475] Er ist 10,2cm lang und hat eine Stärke von 1,0cm. Der sich nach oben verjüngende trapezoide, stark korrodierte Körper des Fundstücks hat am unteren Ende eine maximale Breite von 5,5cm. An der oberen Abbruchkante, an der wahrscheinlich ein Schaft zur Befestigung eines Griffs ansetzte, mißt der Meißel nur noch 2,2cm. Sein Gewicht beträgt 140g. Er stammt aus Schicht 1 und wurde in Areal 10 gefunden.
Ebenfalls als Werkzeug klassifiziert, wurde eine ca. 11,6cm lange, nur fragmentarisch erhaltene, leicht gebogene Nadel aus Bronze. Öse und Spitze des noch 15g schweren Stücks fehlen. Ihr Außendurchmesser schwankt zwischen 0,2cm im unteren und 0,5cm im oberen Bereich, der an drei ineinander verdrehte Fäden erinnert (Taf. 38,09). Sie stammt aus Areal 2 und wurde im Füllmaterial (Schicht H3) direkt westlich der sogenannten

---

[472] Sie stammen aus folgenden Fundstellen: 1. Meißel/Spatel 5018 (FN 5047), 10002 (FN 10012); 2. Nadel: 2009 (FN 2023); 3. Nägel 1013 (FN 1050), 6053 (FN 6218); 4. Nagelfragment 5011 (FN 5039.1); 5. Pinzettenfragment 6043 (FN 6189).

[473] Zur stratigraphischen Situation im südöstlichen Bereich des Areals 5 vgl. Matrix 2. Zur Vergesellschaftung mit anderen Funden vgl. die Angaben des Appendix 2 (Kap. 7.1.2) zu den Fundstellen 5018 und 5019.

[474] Ein ähnliches Stück, allerdings wahrscheinlich aus eisenzeitlichem Kontext, wurde in Grab 2 von Tell el-Mazar gefunden (vgl. Yassine 1984:Fig.53:115).

[475] Ein Vergleich mit einem Metallfund aus Tawilan (Bennett u. Bienkowski 1995: 296,Fig.9.7:8) erlaubt auch eine Interpretation des Fundstücks als Speerspitze, dem die Spitze fehlt.

Terrasse gefunden (vgl. Abb. 58), was eine eindeutige stratigraphische Zuweisung und Datierung des Stücks erschwert. Vergleiche mit entsprechenden Fundstücken aus anderen Fundorten zeigen aber, daß es sich bei der in Tell Johfiyeh gefundenen Nadel mit rundem Querschnitt um einen Typus handelt, der während der Eisenzeit II und der persischen Periode häufig belegt ist.[476]
Zu den in Tell Johfiyeh gefundenen Nägeln gehören neben einem Fragment je ein Stück aus Eisen und aus Bronze. Das Fragment (Locus 5011, FN 5039.1, ohne Abb.) stammt aus der (rezenten) Füllung einer in Areal 5 erfaßten Zisterne und kann nicht stratigraphisch zugeordnet werden. Das ehemals leicht gebogene Stück ist stark korrodiert und in insgesamt fünf Teile zerbrochen. Die erhaltene Gesamtlänge beträgt ca. 9,8cm und das Gewicht beläuft sich auf 40g. Der vollständig erhaltene Nagel aus Eisen (Locus 1013, FN 1050, ohne Abb.) wurde im Schutt (Schicht H2) über der Begehungsfläche eines zu Horizont V gehörenden Raums (Locus 1014) in Areal 1 im westlichen Hangbereich des Tells gefunden (vgl. Abb. 58). Er hat eine Länge von 11,3cm bei einem Körperdurchmesser von 0,8cm. Der Durchmesser des ungleichmäßig gestalteten Kopfes variiert zwischen 2,5cm und 2,8cm. Sein Gewicht beträgt 35g. Der dritte in Tell Johfiyeh registrierte Nagel (Locus 6053, FN 6218, Taf. 38,06) ist aus Bronze und wurde in Schicht 4 des Areals 6 freigelegt. Zusammen mit zahlreichen weiteren Fundstücken gehört er eventuell zum Inventar des Raums 1 (vgl. Abb. 42), der mit Horizont IV,1 verbunden werden kann.[477] Eine Datierung in die Übergangsphase von der Spätbronze- zur Eisenzeit I kann daher nicht ausgeschlossen werden. Die erhaltene Länge des Nagels beträgt 5,0cm bei einem Außendurchmesser von 0,4cm. Sein Gewicht beträgt 20g und der Durchmesser des Kopfes beläuft sich auf 0,7cm. Die Spitze des Fundstücks ist abgebrochen und das letzte Fünftel des Körpers hakenförmig nach außen gebogen.
Bei dem letzten hier zu nennenden Werkzeug aus Metall handelt es sich wahrscheinlich um das Fragment einer Pinzette aus Bronze (Locus 6043, FN 6189, Taf. 38,05). Sie wurde im vermischten Material der Schicht 3 am westlichen Rand des Areals 6 gefunden. Es handelt sich um ein im Profil annähernd quadratisches, ca. 0,3cm starkes Stück Metall, das U-förmig gebogen wurde. Die beiden Schenkel sind auf einer Länge von 7,1cm be-

---

476 Ähnliche Stücke aus der Eisenzeit wurden beispielsweise in Tell Deir Alla (van der Kooij u. Ibrahim 1989:99,Abb.72) und Tawilan (Bennett u. Bienkowski 1995:295,Fig.9.6:9) gefunden. Vgl. auch die Nadeln aus Tell el-Mazar (Yassine 1984:Fig.56:170-74) und Tell el-Hesi (Bennett u. Blakely 1989:Fig.217:4-5).

477 Zu den weiteren Fundstücken aus den Fundstellen 6053 und 6053.1 vgl. die entsprechenden Angaben des Appendix 2 (Kap. 7.1.2).

ziehungsweise 8,2cm erhalten. Die jeweiligen Abschlüsse der ca. 2,0cm auseinanderliegenden Schenkel sind nicht erhalten.[478]

2.4.2.2 Schmuck

Als Schmuckstücke aus Metall wurden insgesamt sieben Funde klassifiziert. Es handelt sich um vier Kleiderfibeln, zwei Fingerringe und das Fragment eines Armreifes, die im folgenden vorgestellt und beschrieben werden sollen:

Fibeln (Kleinfundkatalog Taf. 38,01–04)[479]

Kleiderfibeln gehörten vom 12. bis zum 4. vorchristlichen Jahrhundert und teilweise auch darüber hinaus zur Bekleidung und wurden in zahlreichen Regionen des Nahen Ostens von Zypern im Westen bis nach Luristan im Osten gefunden.[480] Die Sitte des Fibeltragens gelangte aus Europa stammend und von der mykenischen Kultur übermittelt, über Zypern auf das vorderasiatische Festland. Obgleich die Wurzeln also nicht im Vorderen Orient zu suchen sind, entwickelte sich dort eine eigenständige Fibeltradition mit eigenen Typenformen (Pedde 2000:3). Vom Beginn des ersten vorchristlichen Jahrtausends an ersetzt die sogenannte Bogenfibel die bis dahin dominierende gerade Kleidernadel.[481] Zu den wichtigsten Fundorten dieser Bogenfibel in Transjordanien gehören unter anderem Tawilan, Sahab (Grab B), Amman (Grab C), Khirbet al-Hajjar, das Grab des Adoni Nur (Amman), Meqabelein (Grab), Umm Udhaina (Grab), Tell Deir Alla, Tell el-Mazar und Tell el-Umayri (Bennett und Bienkowski 1995:80–81).[482] Im Fundmaterial

---

[478] Vgl. ein sehr ähnliches Stück aus einem Grab in Pella (Hennessy et. al. 1981:282,Fig.9:1b) und die Abbildung eines in Tell Deir Alla gefundenen Dreizacks (van der Kooij u. Ibrahim 1989:91,Abb.1), die unter anderem ein ähnliches Metallobjekt zeigt.

[479] Zu einer umfassenden Darstellung und Analyse der nahöstlichen Kleiderfibeln vgl. die zusammenfassende Darstellung von Pedde (2000) mit einer ausführlichen Literaturliste. Vgl. auch die Ausführungen von Stronach (1959) und Blinkenberg (1926).

[480] Zu einer Auflistung der fibelführenden Orte im Nahen Osten vgl. Pedde (2000:21).

[481] Die große Popularität der Bogenfibeln im gesamten Nahen Osten kann wahrscheinlich auch auf die Übernahme und eigenständigen Weiterentwicklung dieser Fibelform durch die Assyrer zurückgeführt werden (Bennett u. Bienkowski 1995:80).

[482] Zu den Fibeln aus den genannten transjordanischen Fundorten vgl. u.a. Harding (1948:Pl.34:168; 1950:Pl.14:2-4; 1951:Pl.14:40; 1953:Pl.7:19,21-22), Hadidi (1987: Fig.5), Thompson (1972a:Pl.IV,Fig.2), Platt (1989:Fig.20.3), van der Kooij u. Ibrahim (1989:52-56), Yassine (1984:Fig.55:153-165) und Bennett u. Bienkowski

des Tell Johfiyeh konnten insgesamt vier Fibeln und Fibelfragmente identifiziert werden (Tafeln 38,01–38,04; vgl. Abb. 79). Die zur Befestigung an einem Gewand notwendige Nadel fehlt hier bei allen Fundstücken. Die Fibeln aus Tell Johfiyeh sind alle aus Bronze gefertigt und wiegen zwischen 20g und 30g.[483]

Das am aufwendigsten gestaltete Stück (Locus 14011, FN 14047; Taf. 38,01; Abb. 79.3) stammt aus Schicht 2 des Areals 14 (Abb. 55) und kann aufgrund der Fundumstände wahrscheinlich mit dem Ende der späteisenzeitlich-persischen (Eisenzeit II–III) beziehungsweise der Persischen Periode (Eisenzeit III) in Verbindung gebracht werden.[484] Der gut erhaltene Bogen der Fibel hat eine Spannweite von 8,0cm. Ihr mittlerer Durchmesser beträgt 0,5cm bis 0,7cm. Der Verschluß, der ursprünglich die Nadel aufnahm, ist einer menschlichen Hand nachempfunden, deren obere Fingerkuppen umgeknickt sind. Vom Lager der Nadel auf der anderen Seite der Fibel ist bis auf eine kleine Durchbohrung nichts erhalten. Die Fläche zwischen Verschluß und Lager ist reich verziert. An die kleine Hand schließt eine Ritzverzierung an, die aus insgesamt fünf in den Bogenkörper eingetieften Dreiecken besteht. Diese Dreiecke werden von einer Materialerhöhung begrenzt, die einer kleinen Scheibenperle nachempfunden ist. Es folgt eine weitere, etwas größere Scheibenperle, die eine aus zahlreichen kurzen Linien bestehende Ritzverzierung aufweist. Die anschließende Erhöhung ähnelt in ihrer Form einer annähernd runden, unverzierten Perle. Den unteren Abschluß des oberen Bogendrittels bilden drei weitere Erhöhungen in Form von Scheibenperlen, die teilweise mit Ritzverzierungen versehen sind. Der Mittelteil des Fibelbogens, der einen schwach ausgeprägten Knick aufweist, ist unverziert.[485] Das abschließende Drittel wird von einem kleinen rechteckigen

(1995:Fig.9.5:1-5). Die Fibeln aus Amman, Tell el-Mazar, Meqabelein und Sahab werden von Pedde (2000:25-27, 67, 71, 81) explizit vorgestellt, analysiert und chronologisch eingeordnet.

483 Zur Herstellungstechnik und Verwendung vergleichbarer Stücke aus Tell Deir Alla siehe die Ausführungen von van der Kooij und Ibrahim (1989:52-56).

484 Die Fibel wurde im gleichen Einzugsbereich gefunden wie eine äußerst schlecht erhaltene nicht zu datierende kleine Metallscheibe (Münze ?) (Locus 14011, FN 14045) und ein vollständig erhaltenes attisches Schälchen des vierten vorchristlichen Jahrhunderts (vgl. Keramikkatalog Taf. 147,01; Abb. 73), das aus der direkt aufliegenden Fundstelle 14010 stammt. Zu weiteren Funden der übereinanderliegenden Fundstellen 14010 und 14011 vgl. die entsprechenden Angaben des Appendix 2 (Kap. 7.1.2). Zu den stratigraphischen Gegebenheiten in Areal 14 siehe auch Matrix 2.

485 Der leichte Knick im Mittelteil des Fundstücks erinnert entfernt an die Form der sogenannten Dreiecksfibeln, die nur sehr selten im palästinensischen Raum vorkommen (Pedde 2000:28).

Block gebildet, an den sich zwei mit Ritzverzierungen versehene Scheibenperlen anschließen. Den Abschluß bildet eine unverzierte größere Perle und ein weiterer, mit einer Bohrung versehener rechteckiger Block, der als Lager für die Nadel fungierte. Ähnliche Stücke fanden sich unter anderem in Kamid el-Loz und Atlit (Pedde 2000:Tafeln 29:413; 30:424,427). Sie werden von Pedde (2000:186–197; Tafeln 29–32) der Gruppe C 1.4 zugeordnet und in das 5. und 4. vorchristliche Jahrhundert datiert, was sich mit den oben genannten Fundumständen des in Tell Johfiyeh freigelegten Stücks gut zur Deckung bringen läßt.[486]
Die zweite aus Tell Johfiyeh stammende Fibel (Locus 6049, FN 6240; Taf. 38,03; Abb. 44, 79.2) wurde in Schicht 3 des östlich anschließenden Areals 6 auf einem hellen sehr kalkigen Material gefunden, das zur westlichen Außenfläche des in Areal 6 und 9 ergrabenen späteisenzeitlich-persischen Hauses 1 (Horizont IV,2) gehört (vgl. Abb. 44).[487] Geht man davon aus, daß das Fundstück mit einem der ehemaligen Bewohner dieses Hauses in Verbindung gebracht werden kann, so wird erneut deutlich, daß dieser Bereich des Tell Johfiyeh während des Horizonts IV,2 von einer Gruppe besiedelt wurde, die Zugang zu solchen Schmuckelementen hatte.[488] Der relativ schlecht erhaltene, in zwei Teile zerbrochene Fibelbogen hat eine Spannweite von 7,5cm bei einem Durchmesser von 0,4cm bis 0,8cm. Der Verschluß ist einfach gefertigt und besteht aus einer unverzierten nach innen umgelegten Wulst, die die Nadel aufnahm. Die Verzierung des Fibelbogens besteht aus fünf Materialerhebungen, die der Form von großen Kugelperlen nachempfunden sind. Flankiert werden diese Perlen von jeweils einer Scheibenperle. Der Abschluß der Fibel und das Lager, das die nicht erhaltene Nadel aufnahm, sind nicht erhalten. Es ist jedoch wahrscheinlich, daß es sich hier ähnlich wie bei einem vergleichbaren Stück aus Byblos, um eine einfache Öse gehandelt hat, in die die Nadel eingehakt wurde (vgl. Pedde 2000:Tafel 10:111). Weitere sehr ähnliche Stücke aus eisenzeitlichem Kontext fanden sich in zahlreichen weiteren Fundorten wie beispielsweise

---

[486] An dieser Stelle sei Herrn Pedde nocheinmal für seine freundliche Unterstützung bei der Datierung der Fibeln aus Tell Johfiyeh und seine ausführlichen mündlichen Erläuterungen gedankt.

[487] Eine Vergesellschaftung der in Locus 6049 gefundenen Fibel mit den Funden der östlich anschließenden, ebenfalls zu Horizont IV,2 gehörenden Fundstellen 6034, 6035, 6036 und 6048 ist wahrscheinlich. Eine Verbindung des Fundstücks mit der Gründungsphase von Haus 1 kann aber ebenfalls nicht ausgeschlossen werden. Vgl. die entsprechenden Angaben des Appendix 2 (Kap. 7.1.2).

[488] Vgl. in diesem Zusammenhang auch die entsprechenden Funde aus Stein (Kap. 2.4.1), die im Umfeld des Hauses 1 in den Arealen 6 und 9 gemacht wurden. Hierzu zählen neben teilweise verzierten Schminkpaletten auch Basaltmörser auf drei Füßen und verschiedene Schmuckelemente wie Perlen.

Beit Shean, Hazor, Gezer und Idalion (Pedde 2000:Tafeln 10:112, 119–121; 11:124–125). Sie werden von Pedde (2000:123–126; Tafeln 10–11) der Gruppe B 2.1 zugeordnet und in das 8. vorchristliche Jahrhundert datiert (Pedde 2000:123–124 und mündliche Mitteilung).

Die dritte in Tell Johfiyeh registrierte Fibel (Locus 8035, FN 8163; Taf. 38,02; Abb. 79.1) fand sich im Abraum des zwischen den Arealen 8 und 3 entfernten Stegs. Ihre stratigraphische Zugehörigkeit ist somit unklar.[489] Der sehr gut erhaltene Fibelbogen hat eine Spannweite von 7,5cm bei einem Durchmesser von 0,4cm bis 0,8cm. Der Verschluß, der nur aus einer schmalen nach innen umgelegten Wulst besteht, erinnert entfernt an eine stilisierte Hand mit Fingerkuppen, die jedoch nicht explizit herausgearbeitet wurden. Das am anderen Ende des Fibelbogens befindliche Lager der Nadel ist gut erhalten und besteht aus den Resten einer kleinen Metallspule (Spiralfeder), die die hier ursprünglich angebrachte Nadel, ähnlich wie bei einer modernen Sicherheitsnadel, fest in den Verschluß drückte.[490] Der jeweils direkt an das Lager und den Verschluß angrenzende Bereich weist Elemente einer Verzierung auf, während der gesamte Mittelteil des Bogens unverziert ist. Im Bereich des Verschlußes handelt es sich bei dieser Verzierung um eine Materialerhebung in Form einer runden Perle, die von zwei aus dem Material herausgearbeiteten sogenannten Scheibenperlen flankiert wird. Die unterhalb der Spiralfeder ansetzende Verzierung ist dreiteilig und besteht aus einer zylinderförmigen, aus dem Material herausgearbeiteten Perle, die ebenfalls von je einer Scheibenperle flankiert wird. Vergleichsstücke sind zahlreich und finden sich unter anderem in Megiddo, Byblos, Sendschirli, Hama, Lachish und Tell en-Nasbeh (Pedde 2000:Tafel 25:351–354, 357–362). Sie werden von Pedde (2000:175–181, Tafeln 24–27) der Gruppe C 1.2 zugeordnet und in das 8. und 7. vorchristliche Jahrhundert datiert (Pedde 2000:175–176).

Die vierte hier vorzustellende Kleiderfibel (Locus 3019, FN 3093, Taf. 38,04) aus Tell Johfiyeh ist nur fragmentarisch erhalten. Der Bereich des Lagers für die Nadel ist vollständig weggebrochen. Der Verschluß auf der gegenüberliegenden Seite des Fibelbogens ist in der Form einer Hand ausgebildet, deren umgeknickten, durch Einritzungen angedeuteten Fingerkuppen die Nadel halten. Der Verschluß ist ebenso wie der Bogen unverziert. Im Gegensatz zu den sonstigen in Tell Johfiyeh erfaßten Fibeln hat dieses Stück

---

[489] Die Entfernung des Stegs zwischen den Arealen 8 und 3 erfolgte in mehreren Abhüben/Schritten. Die Bogenfibel wurde im Material des 4. Abhubs gefunden, was eine Zugehörigkeit zu Schicht 3 nicht vollständig ausschließt.

[490] Bei zwei ähnlichen Stücken aus dem eisenzeitlichen Tawilan (Bennett u. Bienkowski 1995:81, Fig.9.5:3-4) sind die fest mit der Spiralfeder verbundenen Nadeln noch erhalten.

8013 zu Schicht 3 oder 2 wahrscheinlich (vgl. Abb. 48).[498] Eine Datierung des silbernen Rings in die Eisenzeit II–III und eine Verbindung mit den Strukturen und Bewohnern des späteisenzeitlich-persischen Horizonts IV,2 wäre somit stratigraphisch nicht ausgeschlossen und würde einen weiteren Hinweis auf die soziale Stellung des Nutzers des unmittelbar nördlich gelegenen Hauses 1 (Areale 6, 9; Abb. 44) geben.

2.4.2.3 Varia (Kleinfundkatalog Taf. 39,02–03; 40,01)

Die insgesamt sieben unter Varia zusammengestellten Metallfunde konnten keiner der bislang genannten Gruppen eindeutig zugeordnet werden. Neben drei Eisenzinken (Taf. 39,02–03; 40,01) und zwei Münzen (ohne Abb.) handelt es sich um ein nicht mehr zu bestimmendes, stark korrodiertes Metallobjekt (Locus 4023, FN 4099, ohne Abb.) aus Schicht 2 des Areals 4 und einen rezenten Schlüssel (Locus 1015, FN 1064, ohne Abb.), der im Hangbereich des Areals 1 direkt unter der Oberfläche (Schicht H1) gefunden wurde.

Bei der ersten der beiden Münzen (Locus 5009, FN 5015) handelt es sich um ein am Rand durchbohrtes subrezentes Geldstück, das wahrscheinlich einem kleinen Mädchen (ca. 3–5 Jahre) als Beigabe ins flache Erdgrab (Schicht 0) gelegt wurde. Die zwischen dem Skelett des Kindes gefundene Münze aus einer hellen nicht bestimmten Metallegierung hat einen Durchmesser von 1,9cm bei einer Stärke von 0,17cm. Sie wiegt 10g und wurde wie die Durchbohrung zeigt, sekundär als Schmuckstück verwendet. Gleiches gilt wahrscheinlich für eine zusammen mit der Münze gefundene nicht durchbohrte Muschel (FN 5016). Spuren der Münzprägung waren nicht mehr zu erkennen. Gleiches gilt auch für ein weiteres Metallplättchen aus Locus 14011 (FN 14045). Der Erhaltungszustand ist sehr schlecht und die Oberflächen wiesen keinerlei Spuren einer eventuell vorhandenen ehemaligen Prägung mehr auf. Lediglich die Fundumstände in Schicht 2 des Areals 14 und ihre Vergesellschaftung mit einer Kleiderfibel (FN 14047, Taf. 38,01)[499] des 4. und 5. vorchristlichen Jahrhunderts sowie die räumliche

---

[498] Es kann nicht vollständig ausgeschlossen werden, daß es sich bei der halbkreisförmigen Steinsetzung im Bereich der Fundstelle 8011 (Abb. 48) um die Reste einer Grube handelt, die von Horizont IV,3 (Schicht 2) aus eingetieft wurde. Dies würde bedeuten, daß die Funde der Fundstellen 8012/13 der Schicht 2 zuzurechnen sind.

Zu den verschiedenen Funden der Fundstelle 8013 und des direkt darüberliegenden Locus 8012 siehe die entsprechenden Angaben des Appendix 2 (Kap. 7.1.2). Vgl. auch das aus der gleichen Fundstelle wie der Silberring stammende kleine Keramikgefäß ohne Hals und Rand (Keramikkatalog Taf. 117,03).

[499] Vgl. die in diesem Kapitel (2.4.2.2) gemachten Ausführungen zu diesem Fundstück.

Nähe zu einer kleinen attischen Schale (Locus 14010, FN 14043, Keramikkatalog Taf. 147,01) legen eine Datierung an das Ende der persischen Zeit nahe. Die Metallscheibe ist aus Bronze gefertigt und hat einen Durchmesser von 1,0cm. Ihr Gewicht beträgt nur 1g.
Der erste von drei Eisenzinken (Locus 3026, FN 3117, Taf. 39,02) stammt aus unstratifiziertem Material des Areals 3 und wurde bei der Anlage einer Treppe für den Tiefschnitt gefunden. Das schmale, leicht korrodierte Fragment hat noch eine Länge von 6,0cm bei einer Breite von 0,5cm. Das Gewicht beträgt 10g. Eine rezente oder subrezente Verwendung als Bestandteil eines Rechens ist sehr wahrscheinlich. Ähnliches gilt wahrscheinlich auch für das zweite Exemplar (Locus 8004, FN 8012, Taf. 40,01), das im Oberflächenmaterial des Hangbereichs (Schicht H1) in Areal 8 gefunden wurde. Das kaum korrodierte, annähernd dreieckige Eisenfragment wies kaum Abnutzungsspuren auf und hat eine Länge von 7,2cm bei einer Breite von 0,8cm bis 1,7cm. Das Gewicht beträgt 110g.
Der dritte Eisenzinken (Locus 9002.1, FN 9025, Taf. 39,03) wurde in einem gestörten Kontext der Schicht 2 in Areal 9 gefunden. Eine rezente Verwendung ist auch hier wahrscheinlich. Der korrodierte, unten leicht hakenförmig nach innen gebogene Metallzinken hat eine Länge von 5,8cm bei einer Breite von ca. 0,8cm. Er ist 10g schwer.

2.4.3 Funde aus gebranntem Ton und Gips

Zu den in Tell Johfiyeh registrierten Kleinfunden dieser Materialgruppe gehören Fundstücke aus Ton und Gips. Neben zahlreichen Tongegenständen wie Tonscheiben (Gefäßdeckel, Spielsteine), Spinnwirteln, Webgewichten und „Knöpfen“ werden auch einige Dekor- und Schmuckelemente aus Gips sowie verschiedene nicht näher klassifizierte Tonobjekte (Varia) vorgestellt.

2.4.3.1 Tongeräte

Unter diesem Sammelbegriff werden die insgesamt 37 Einträge des Appendix 5 (Kap. 7.1.5), die Tongeräte benennen, in drei funktionale Gruppen unterteilt und beschrieben. Es handelt sich um:

„Deckel/Spielsteine“ (Kleinfundkatalog Taf. 36,01–36,04)
Im Fundmaterial des Tell Johfiyeh wurden dreizehn Tonscheiben identifiziert, die wahrscheinlich als Gefäßdeckel oder Spielsteine angesprochen werden können.[500] Es handelt sich um annähernd runde Tonscherben mit

[500] Zur Verwendung und Bezeichnung dieser annähernd runden Tonobjekte siehe die bei Bennett und Bienkowski (1995:90) zusammengestellte Literatur.

einem Außendurchmesser zwischen 2,0cm und 5,5cm.[501] Die Stärke der 5g bis 60g schweren Tonscheiben variiert zwischen 0,7cm und 1,0cm. Sie wurden ausschließlich in den Schichten 1 bis 4 gefunden und verteilen sich auf annähernd die Hälfte aller geöffneten Areale. Fast 50% der Tonscheiben stammen aus den Arealen 5 und 6. Ein weiteres Drittel wurde in Areal 10 registriert und der Rest stammt zu gleichen Teilen aus den Arealen 3, 8 und 12. Betrachtet man die quantitative Verteilung der Fundstücke auf die stratigraphischen Einheiten, so zeichnet sich für Schicht 2 eine erhöhte Konzentration ab. Im Material dieser Schicht fanden sich fast die Hälfte der in Tell Johfiyeh dokumentierten Tonscheiben. Annähernd ein Viertel konnte der Schicht 1 zugewiesen werden und der Rest stammt zu gleichen Teilen aus den Schichten 3 und 4. Vergleichsstücke aus eisenzeitlichen und persischen Zusammenhängen finden sich unter anderem in Tawilan (Bennett u. Bienkowski 1995:Fig.9.33:1–2) und Tell es-Sa'idiyeh (Pritchard 1985:16, Fig.14:22) sowie zahlreichen weiteren Fundorten Cis- und Transjordaniens.

Spinnwirtel und Webgewichte (Kleinfundkatalog Taf. 33,10; 36,05–13 und 32,01–02)

Bei den in dieser Gruppe zusammengestellten Fundstücken handelt es sich um Tongegenstände, die in großer Stückzahl aus zahlreichen Fundorten und Perioden des Nahen Ostens bekannt sind. In Tell Johfiyeh wurden insgesamt nur elf Spinnwirtel, zwei Spinnwirtelfragmente und drei Webgewichte aus Ton registriert.[502]

Bei den Spinnwirteln und Spinnwirtelfragmenten (Taf. 33,10; 36,05–13) aus Tell Johfiyeh handelt es sich in der Regel um annähernd runde, meist mittig durchbohrte Tonscherben, die eine beige bis rötlichbraune Farbe aufweisen.[503] Sie sind in der Regel unverziert. Nur ein Einzelstück (Taf. 36,05)

[501] Die hier besprochenen Tonscheiben stammen aus folgenden Fundstellen: 3043 (FN 3180), 5024 (FN 5082, 5093), 5028 (FN 5101), 6002 (FN 6071), 6019 (FN 6065.1, 6070), 8022 (FN 8097), 10001 (FN 10006), 10005 (FN 10050), 10007 (FN 10031, 10048), 12002.1 (FN 12015).

Vgl. auch die Ausführungen zu den Gefäßdeckeln aus Stein (Kap. 2.4.1.1).

[502] Die Spinnwirtel und Spinnwirtelfragmente wurden in folgenden Fundstellen gefunden: 3032 (FN 3156), 3033 (FN 3155), 3043 (FN 3181), 6019 (FN 6065.2), 6040 (FN 6161.2), 6043 (FN 6190), 6070 (FN 6293), 8024 (FN 8103), 10002.2 (FN 10073), 10002.4 (FN 10082), 13002 (FN 13006), 13003 (FN 13010), 14002 (FN 14009).

[503] Um Fasern zu Fäden zu spinnen wird in den betrachteten Regionen normalerweise eine kleine Handspindel verwendet, die aus einem dünnen hölzernen Schaft und einem Wirtel aus anderem Material besteht, dessen Gewicht dafür sorgt, daß die Spindel sich dreht und der Faden straff gehalten wird (van der Kooij u. Ibrahim

weist auf einer Seite eine dunkle Streifenbemalung auf. Das Gewicht der Spinnwirtel schwankt in Tell Johfiyeh je nach Größe zwischen 10g und 130g. Ihr Außendurchmesser liegt zwischen 2,0cm und 7,2cm bei einer Stärke von 0,5cm bis 0,8cm. Sie fanden sich in den Schichten 1 bis 5 der Flächengrabung und in Schicht H1 des Hangbereichs. Eine leichte quantitative Konzentration an Spinnwirteln konnte für Schicht 1 beobachtet werden, aus der annähernd ein Drittel der Fundstücke stammen. Es folgen die Schichten 3 und 2. Die ansonsten genannten Straten weisen jeweils nur Einzelstücke auf. Räumlich verteilen sich die registrierten Spinnwirtel auf den südlichen (Areal 10) und den westlichen Teil (Areale 3, 6, 8, 13, 14) des Tells. Die meisten Spinnwirtel fanden sich in Areal 6 und 3, gefolgt von den Arealen 10 und 13. Jeweils nur ein Stück wurde für die Areale 8 und 14 registriert.[504]

Von den drei in Tell Johfiyeh identifizierten Webgewichten (Taf. 32,01; 32,03) aus Ton fanden sich zwei in Areal 3 und ein Stück in Areal 9.[505] Sie stammen aus den Schichten 1, 2 und 3. Es handelt sich um annähernd ovale bis kugelförmige Tonstücke, die in der Mitte eine Durchbohrung aufweisen. Ihr Außendurchmesser schwankt zwischen 6,0cm und 8,0cm. Das Gewicht variiert zwischen 60g und 300g. Das in Tell Johfiyeh verwendete Material und die Form entsprechen weitgehend den ansonsten in Cis- und Transjordanien während der Eisenzeit und der persischen Periode verwendeten Stücken.[506]

1989:58,Fig.67). Als Material für die Wirtel sind in Tell Johfiyeh neben Keramik auch verschiedene Steine belegt (vgl. Kap. 2.4.1.2).

[504] Das in Areal 8 gefundene Einzelstück (Locus 8024, FN 8103) stammt aus Schicht 5 und kann wahrscheinlich einer zu Horizont III gehörenden kalkigen Begehungsfläche (Loci 8024/25) zugewiesen werden, auf der weitere Funde gemacht wurden (vgl. Abb. 33). Für eine Zusammenstellung des Inventars vgl. die Angaben des Appendix 2 (Kap. 7.1.2) zu den entsprechenden Fundstellen.

[505] Die drei Webgewichte stammen aus folgenden Fundstellen: 3007 (FN 3030), 3011 (FN 3047), 9001 (FN 9007.1). Es handelt sich um Stücke, die wahrscheinlich dazu genutzt wurden, die Kettenfäden des Webstuhls straff nach unten zu ziehen. Hierzu wurde während der Eisenzeit jeder Kettenfaden des Webstuhls mit einem Webgewicht versehen (vgl. van der Kooij u. Ibrahim 1989:58-59; Boertien 2004:308-310). Zu möglichen Aufstellungsorten der Webstühle in Tell Deir Alla und dem Umfang der Textilherstellung siehe die Ausführungen von Boertien (2004:323-325).

Zu Webgewichten aus Stein vgl. die Ausführungen des entsprechenden Abschnitts in Kap. 2.4.1.2.

[506] Vgl. beispielsweise die Funde aus Tell Deir Alla (van der Kooij u. Ibrahim 1989:98,Abb.68), Tell es-Sa'idiyeh (Pritchard 1985:35-36,Fig.170:1) und Tawilan (Bennett u. Bienkowski 1995:89,Fig. 9.30:5-12).

„Knöpfe" (Kleinfundkatalog Taf. 37,01–07)
In Tell Johfiyeh wurden insgesamt acht zweifach durchbohrte Tonscheiben aus Keramik gefunden, die hier aufgrund ihres Erscheinungsbildes als „Knöpfe" bezeichnet werden.[507] Es handelt sich um unterschiedlich große, annähernd runde Tonscherben, die jeweils zwei kleine Durchbohrungen aufweisen und wahrscheinlich als einfaches Spielzeug benutzt wurden.[508] Sie sind in der Regel unverziert und weisen häufig leicht geglättete Bruchkanten auf. Größe, Lage und Abstand der 0,1cm bis 0,4cm großen Bohrungen sind nicht einheitlich. Der Außendurchmesser der Tonobjekte variiert zwischen 2,2cm und 3,8cm bei einer Stärke von 0,5cm bis 0,8cm. Ihr Gewicht beläuft sich auf 10g bis 50g. Ähnliche Stücke wurden unter anderem in Tawilan gefunden (vgl. Bennett u. Bienkowski 1995:Fig.9.33:5).
Gut ein Drittel der Fundstücke stammt aus Areal 3. Der Rest verteilt sich gleichmäßig auf die Areale 4 bis 6 und 8 bis 9. Mit Ausnahme von einem Exemplar (Locus 8029, FN 8134, Taf. 37,05), das der Schicht 5 zugeschrieben werden kann, fanden sich alle sonstigen Knöpfe aus Ton in den Schichten 1 bis 3.[509]

2.4.3.2 Varia (Kleinfundkatalog Taf. 35,10)
Die insgesamt zwei unter Varia zusammengestellten Objekte aus Gips und Ton konnten keiner der bislang behandelten Gruppen eindeutig zugeordnet werden. Neben dem Fragment eines Dekorelements aus Gips (Taf. 35,10) handelt es sich um ein kleines Tonfragment (ohne Abb.), das vielleicht als Rest eines Krugverschlusses interpretiert werden kann.
Das graue Fragment aus Gips (Locus 1016, FN 1076) besteht aus einem „Mittelpfeiler" und zwei Bogenansätzen, die dem Fundstück die Form eines „Y" verleihen. Die erhaltene Länge der beiden Schenkel schwankt zwischen 4,9cm und 5,5cm bei einer Breite von 1,4cm. Die Breite des im Querschnitt rechteckigen „Pfeilers" beträgt 2,5cm. Es ist unverziert und weist keine Farbspuren auf. Sein Gewicht beträgt 50g. Eine Funktion als Dekorelement, Architekturschmuck oder Fragment eines Architekturmodells ist wahr-

---

[507] Die zweifach durchbohrten Tonscheiben wurden in folgenden Fundstellen gefunden: 3003.3 (FN 3079), 3018 (FN 3086), 3500 (FN 3503), 4023 (FN 4136.1), 5035 (FN 5123), 6040 (FN 6161.1), 8029 (FN 8134), 9015 (FN 9095).

[508] Wie die Ausführungen von van Beek (1989:53-58) nahelegen, wurden die durchbohrten Tonscheiben zusammen mit zwei gespannten, durch die Löcher geführten Schnüren als Spielzeug genutzt.

[509] Das Einzelstück aus Areal 8 (Schicht 5) kann zusammen mit zahlreichen weiteren Funden, die auf der Begehungsfläche des Locus 8029 gemacht wurden, dem Horizont III zugewiesen werden (vgl. Abb. 33). Zu den anderen Funden der Fundstelle vgl. die entsprechenden Angaben des Appendix 2 (Kap. 7.1.2).

scheinlich. Der Fundort im Oberflächenmaterial (Schicht H1) des Hangbereichs von Areal 1 liefert keine Hinweise auf die zeitliche Stellung des Fundstücks.
Bei dem zweiten unter „Varia“ aufgelisteten Objekt handelt es sich um ein kleines, stark abgeriebenes, annähernd rechteckiges Tonfragment (Locus 3008, FN 3043) mit einem Gewicht von nur 20g. Es ist 3,0cm lang und 2,5cm breit. Seine Stärke beträgt 2,0cm. Spuren von Seilabdrücken an der Bruchstelle des Fragments legen es nahe, daß es sich um den Rest eines „Gefäßverschlusses“ handelt. Hierfür sprechen auch die Fundumstände zusammen mit zahlreichen großen Keramikscherben und Ascheresten auf einer Begehungsfläche des späteisenzeitlich-persischen Horizonts IV,2 (Schicht 3) im Osten des Areals 3 (vgl. Abb. 47).[510]

2.4.4 Funde aus Knochen

Wie bereits eingangs erwähnt, listet Appendix 5 (Kap. 7.1.5) insgesamt 293 Kollektionen mit unbearbeiteten Tierknochen auf, deren Analyse und Bestimmung durch das Institute of Archaeology and Anthropology der Yarmouk Universität in Irbid, Jordanien, noch nicht abgeschlossen ist.[511] Für den Augenblick kann lediglich festgehalten werden, daß bislang 12724,5g der in Tell Johfiyeh gefundenen Tierknochen untersucht wurden. Hiervon konnte etwa die Hälfte artenspezifisch bestimmt werden. Nach mündlicher Mitteilung durch den Bearbeiter (Dr. Abd al- Halim al-Shiyyab) dominieren Knochen von Schaf und Ziege das bislang untersuchte Fundmaterial. Es folgen Knochen vom Rind und mit größerem Abstand vom Wildschwein. Weiterhin sind geringe Reste von Equiden, Hund und Katze bezeugt.[512]
Neben diesen Kollektionen unbearbeiteter Knochen konnten in Tell Johfiyeh auch verschiedene Fundstücke aus Tierknochen registriert werden, die eindeutige Bearbeitungsspuren aufweisen und wahrscheinlich für unterschiedliche Tätigkeiten eingesetzt wurden. Neben zwei Knochenahlen fanden sich im Fundmaterial des Tell Johfiyeh auch mehrere funktional nicht eindeutig bestimmte Objekte aus Knochen, die eventuell als Anhänger, Zinken eines Kamms und Spielstein angesprochen werden können. Sie sollen im folgenden vorgestellt und beschrieben werden.

---

[510] Es ist sehr wahrscheinlich, daß dieser Bereich die südliche Fortsetzung von Raum 6 des in den Arealen 6 und 9 erfaßten Hauses 1 bildet (vgl. Abb. 44).

[511] Die Analyse und Bestimmung der Tierknochen aus Tell Johfiyeh wurde dankenswerterweise von Dr. Abd al-Halim al-Shiyyab und seinen Mitarbeitern übernommen. Die erzielten Ergebnisse sollen nach Abschluß der Arbeiten als separater Beitrag in einer Fachzeitschrift erscheinen.

[512] Zu detaillierteren Informationen siehe die von Dr. Abd al-Halim al-Shiyyab zur Verfügung gestellte Tabelle (Kap. 7.1.5.1).

2.4.4.1 Knochengeräte

Unter diesem Sammelbegriff werden insgesamt fünf Fundstücke aufgelistet, die in zwei funktionale Gruppen aufgeteilt werden können. Es handelt sich um:

Knochenahlen (Kleinfundkatalog Taf. 37,08–09)
Im Fundmaterial des Tell Johfiyeh konnten insgesamt zwei nadelartige Werkzeuge aus Knochen identifiziert werden, die hier als „Knochenahlen" bezeichnet werden. Ihre genaue Funktion ist nicht gesichert, doch ist eine hauptsächliche Verwendung im Umfeld der Weberei sehr wahrscheinlich.[513] Es handelt sich um eine Fundgattung, die in Cis- und Transjordanien von der Bronzezeit bis in die hellenistische Periode bezeugt ist (vgl. Bennett u. Bienkowski 1995:83).[514]
Das kleinere der beiden hier zu behandelnden Stücke (Locus 6044, FN 6195, Taf. 37,09) aus Tell Johfiyeh stammt aus einer graubraunen mit Kieseln und Steinen durchsetzten Füllung, die auf einer Begehungsfläche des persischen Horizonts IV,3 (Schicht 2) in Areal 6 auflag (Abb. 55). Die Knochenahle wurde hier zusammen mit zahlreichen Keramikscherben und Fundstücken aus Basalt gefunden.[515] Die Ahle ist 7,4cm lang und verjüngt sich von 0,5cm an der breitesten Stelle am oberen Abschluß auf 0,1cm an der Spitze. Das Fundstück hat ein Gewicht von 5g und weist eine polierte Oberfläche auf.
Das zweite in Tell Johfiyeh gefundene Knochengerät (Locus 8029, FN 8133, Taf. 37,08) stammt aus Schicht 5 des Areals 8 und kann wahrscheinlich mit einer Begehungsfläche des Horizonts III (Locus 8029) in Verbindung gebracht werden, die in den Übergang von der Spätbronze- zur Eisenzeit I datiert (vgl. Abb. 33). Die Ahle wurde hier zusammen mit einem Vorratsge-

[513] Die in Tell Johfiyeh gefundenen Stücke sind aufgrund ihrer Form multifunktional und eine Verwendung als Haarnadel kann ebensowenig ausgeschlossen werden wie eine Nutzung bei der Lederbearbeitung.

Zu einer Verwendung und Interpretation von Knochengeräten siehe die Ausführungen von Bienkowski (Bennett u. Bienkowski 1995:83-84) zu den Funden aus Tawilan mit den entsprechenden Literaturangaben. Zur Weberei vgl. die Ausführungen von van der Kooij und Ibrahim (1989:58-60).

[514] Vergleichsstücke fanden sich unter anderem in Tell Deir Alla (van der Kooij u. Ibrahim 1989:99, Abb.167), Tell es-Sa'idiyeh (Pritchard 1985:Figs.8:20, 14:35) und Tawilan (Bennett u. Bienkowski 1995:Fig.9.12:3).

[515] Für eine Auflistung der Fundstücke siehe die Angaben zur Fundstelle 6044 des Appendix 2. Inwieweit ein funktionaler Zusammenhang zu Fundstelle 6042 besteht (Abb. 69), die zahlreiche Tierknochen auf einer kalkigen Oberfläche aufwies, ist unklar.

fäß und weiteren Fundstücken aus verschiedenen Materialien freigelegt.[516] Sie ist in zwei Teile zerbrochen und weist eine Gesamtlänge von 10,4cm auf. Ihre Breite schwankt zwischen 0,8cm und 0,5cm bei einer durchschnittlichen Stärke von 0,4cm. Das Gewicht des an der Oberfläche leicht abgeflachten Fundstücks beträgt nur 10g. Im Unterschied zu dem in Areal 6 (Schicht 2) erfaßten Stück (Taf. 37,09) weist sie keine wirkliche Spitze auf und erinnert daher mehr an einen kleinen, schmalen Spatel.

2.4.4.2 Varia (Kleinfundkatalog Taf. 35,02; 37,10)
Die drei hier zusammengestellten Objekte aus Knochen konnten bislang nicht eindeutig identifiziert werden. Es handelt sich um ein kleines nur 2,0cm langes und 5g schweres Fragment aus Knochen (Locus 6026, FN 6092, ohne Abb.), das vielleicht als Anhänger oder Intarsie interpretiert werden kann.[517] Das Fragment in Form eines Zahnes wurde in Schicht 3 im östlichen Teil von Areal 6 gefunden und kann mit den Hinterlassenschaften des späteisenzeitlich-persischen Horizonts IV,2 verbunden werden. Es stammt aus dem westlichen Teil von Raum 1 (Haus 1) und kann mit den sonstigen hier gemachten Funden der Loci 6023/26 vergesellschaftet werden (vgl. Abb. 44).
Bei dem zweiten bislang nicht identifizierten Objekt aus Knochen (Locus 3022, FN 3103, Taf. 37,10) handelt es sich vielleicht um den Zinken eines Kamms. Das kleine Knochenfragment ist nur 1,9cm lang und die Breite variiert zwischen 0,7cm und 0,1cm. Das Gewicht beträgt 10g bei einer durchschnittlichen Materialstärke von 0,4cm. Das Objekt stammt aus Schicht 4 und wurde im Nordwesten von Areal 3 gefunden.
Das dritte hier zu erwähnende Fundstück aus Knochen (Locus 8507, FN 8525, Taf. 35,02) ist rund und erinnert in seiner Form an eine kleine Scheibe. Eine Interpretation als Spielstein erscheint möglich. Der Außendurchmesser beträgt 2,3cm bei einer Stärke von 1,0cm. Das Gewicht des Fundstücks beläuft sich auf 5g und seine Oberfläche weist eine Ritzverzierung auf. Letztere besteht aus drei Kreislinien, die in einem Abstand von ca. 0,5cm zueinander um den Mittelpunkt der Knochenscheibe verlaufen. Es stammt aus Schicht H3 und wurde im Hangbereich des Areals 8 gefunden.

[516] Für eine Auflistung der Fundstücke siehe die Angaben zur Fundstelle 8029 des Appendix 2 (Kap. 7.1.2) und die Zusammenstellung des Inventars auf Abb. 33.

[517] Es kann nicht ausgeschlossen werden, daß sich im nicht mehr erhaltenen Teil des Fragments eine Durchbohrung befunden hat, an der der „Anhänger“ befestigt werden konnte.

2.4.5 Muscheln und Muschelfragmente (Kleinfundkatalog Taf. 41,01–04)
Im Fundmaterial des Tell Johfiyeh konnten insgesamt 43 weitgehend erhaltene Muschelhälften (Taf. 41,01–04), 12 Muschelfragmente, zwei vollständige Schneckenhäuser (Loci 3036, 14003; FN 3167, 14013) und ein ca. 10g schweres Perlmuttfragment (Locus 9039, FN 9200) identifiziert werden.[518] Letzteres wurde zusammen mit einem kleinen, weitgehend erhaltenen Tongefäß der Eisenzeit bei Reinigungsarbeiten im Areal 9 gefunden (vgl. Keramikkatalog Taf. 117,06). Die beiden rezenten oder subrezenten Schneckenhäuser (ohne Abbildung) stammen aus Schicht 1 beziehungsweise 2 der Areale 14 und 3. Sie haben eine längliche Form und sind maximal 3,0cm × 2,6cm groß. Ihr Gewicht variiert zwischen 2g und 10g.
Von wenigen Ausnahmen abgesehen, handelt es sich bei den bestimmbaren Muscheln und Muschelfragmenten um die Reste von zweischaligen Muscheln des Typs Glycymeris.[519] Sie stammen aus dem Mittelmeer und weisen eine runde bis ovale Form auf. Ihr Außendurchmesser beträgt in der Regel ca. 3,0cm. Einzelstücke weisen einen Durchmesser von 1,1cm beziehungsweise 3,9cm auf. Das Gewicht schwankt zwischen 5g und 20g. Gut ein Drittel der vollständig erhaltenen Muschelhälften weist im Bereich des Schildbuckels („umbo“) eine kleine, annähernd runde Öffnung auf, deren Durchmesser zwischen 0,3cm und 0,5cm variiert. Diese (natürlichen) Öffnungen und die Oberflächen der Muscheln sind häufig stark abgewaschen („water-worn“) und machen es wahrscheinlich, daß diese Stücke in bereits abgestorbenem Zustand am Strand aufgelesen wurden, um sie als

---

[518] Die weitgehend erhaltenen Muschelhälften stammen aus folgenden Fundstellen: 1010 (FN 1033), 2023 (FN 2094), 3019 (FN 3090), 3033 (FN 3143, 3145), 3500 (FN 3504.1-2), 4023 (FN 4107), 4024 (FN 4112), 5009 (FN 5016), 5024 (FN 5074), 5039 (FN 5169), 6016 (6049), 6032 (FN 6116), 6036 (FN 6137), 6040 (FN 6160.1-2), 6045 (FN 6206), 6053.1 (FN 6232, 6247), 6063 (FN 6270), 6066 (FN 6281), 6070 (FN 6294), 8008 (FN 8031), 8021 (FN 8093), 8022 (FN 8096), 8029 (FN 8128), 9013.1 (FN 9093.1), 9021 (FN 9138.1), 9024 (FN 9161.1), 9030 (FN 9161.2), 9035 (FN 9184), 9038 (FN 9197), 10002 (FN 10015), 14001 (FN 14003), 14010 (FN 14041.1-2), 14011 (FN 14049).

Die Fragmente wurden in folgenden Fundstellen registriert: 2502 (FN 2507), 3002.2 (FN 3017), 3003 (FN 3011), 3003.3 (FN 3080), 5002 (FN 5017), 5023 (FN 5065), 5029 (FN 5134.1), 10002.3 (FN 10078), 10002.4 (FN 10083).

[519] Die Bestimmung erfolgte nach Augenschein während der Ausgrabungsarbeiten. Eine eigenständige Bearbeitung der „Muscheln“ nach Abschluß der Feldarbeiten steht noch aus. Nicht bestimmt werden konnten zwei größere, stark glänzende Muschelfragmente aus dem Oberflächenmaterial (Schicht 1) des Areals 5 (Locus 5002, FN 5017). Gleiches gilt für die beiden oben erwähnten Schneckenhäuser und das Perlmuttfragment.

Schmuckstücke, Rasseln oder Pailletten zu verwenden.[520] In Tell Johfiyeh wurde über die Hälfte dieser „durchbohrten“ Exemplare in den Schichten 2 und 3 der Areale 6 und 9 gefunden. Sie können daher räumlich und zeitlich mit verschiedenen Bereichen des hier ergrabenen späteisenzeitlich-persischen Hauses 1 (Horizont IV,2) verbunden werden (vgl. Abb. 44) und liefern einen weiteren Hinweis darauf, daß die ehemaligen Bewohner dieses Hauses wahrscheinlich einer gesellschaftlichen Gruppe angehört haben, die Zugang zu entsprechenden Muscheln aus dem Mittelmeer hatte.[521] Der Rest der Fundstücke stammt zu gleichen Teilen aus den Schichten 1 und 4 und verteilt sich auch auf die Areale 3, 8, 10 und 14. Vergleichsstücke, die dem 7. und 6. Jahrhundert v. Chr. zugewiesen wurden, finden sich in zahlreichen Fundorten Palästinas und Transjordaniens (vgl. Bennett u. Bienkowski 1995: 93–95).

2.4.6 Funde aus Glas und Fritte (Kleinfundkatalog Taf. 41,05–08; 35,03)
Zu den in Tell Johfiyeh registrierten Kleinfunden dieser Materialgruppe gehören 42 Glasfragmente und eine Perle aus Fritte.[522] Neben acht Bodenfragmenten und jeweils zwei Scherben aus den Henkel- und Halsbereichen verschiedener kleiner Gefäße (Taf. 41,05–08) wurden 27 nicht näher bestimmbare Reste aus Glas registriert. Hinzu kommen drei rezente Glasscherben (Locus 1015, FN 1062), die auf der Hangoberfläche (Schicht H1) des Areals 1 gefunden wurden. Vollständige Gefäße wurden nicht erfaßt. Die Fragmente bestehen in der Regel aus sehr dünnem Glas und sind nicht größer als 1,0cm × 1,0cm. Nur in Einzelfällen messen die Bruchstücke bis zu 1,5cm × 4,2cm. Ihr Gewicht schwankt je nach Größe zwischen 1g und

520 Eine Verwendung der stark abgenutzten Stücke im Zusammenhang mit der Keramikherstellung („burnishing“) kann ebenfalls nicht ausgeschlossen werden. Vgl. hierzu Bennett und Bienkowski (1995:95) mit der entsprechenden Literatur.

521 Entsprechende Fundstücke wurden beispielsweise für die westlich an das Haus 1 anschließende Außenfläche Locus 6045 (FN 6206), die Osthälfte (Locus 9021, FN 9138.1) und den zentralen Bereich (Locus 9030, FN 9161.2) von Raum 1 registriert. Zu den weiteren Fundstücken aus diesem und den anderen Bereichen des Tells vgl. die in der Objektspalte mit „Muschel“ gekennzeichneten Eintragungen des Appendix 5 (Kap. 7.1.5).

522 Diese unter insgesamt 29 Fundnummern registrierten Fundstücke stammen aus den folgenden Fundstellen: 1. Glasscherben: 1002 (FN 1005), 1003 (FN 1010), 1007 (FN 1020), 1009 (FN 1027), 1010 (FN 1030), 1011 (FN 1038), 1012 (FN 1044), 1015 (FN 1062), 2502 (FN 2505), 3002 (FN 3003), 3506 (FN 3515), 4002 (FN 4004), 4017 (FN 4072), 5016 (FN 5039.2), 6012 (FN 6029), 6013 (FN 6036), 6028 (FN 6106), 6031 (FN 6112), 9001.1 (FN 9018), 9002 (FN 9012), 9002.1 (FN 9024), 9013 (FN 9074), 9017 (FN 9105), 9032 (FN 9167), 10001.1 (FN 10061), 11002 (FN 11015), 14002 (FN 14007.1-2). 2. Perle aus Fritte: 9028 (FN 9150).

20g. Die Stärke des Glases liegt mit Ausnahme von einigen Bodenfragmenten bei nur 0,1cm. Die Böden messen bis zu 0,4cm. Die dominierenden Farben decken ein Spektrum ab, daß sich von hellblau über bläulich-silbrig bis silbrig erstreckt. Darüber hinaus sind grüne und grün-braune Stücke belegt. Glasreste fanden sich in zehn von vierzehn untersuchten Arealen. Lediglich die Quadranten 7, 8, 12 und 13 wiesen keine entsprechenden Funde auf. In allen anderen Arealen stammen die registrierten Scherben vorrangig von der Oberfläche des Tells und aus den oberflächennahen Schichten 1, 2, H1 und H2.[523] Quantitativ konzentrierten sich die Fundstücke auf den Hangbereich des Areals 1. Hier fanden sich annähernd die Hälfte aller in Tell Johfiyeh erfaßten Scherben aus Glas.
Die einzige aus Tell Johfiyeh ergrabene Perle aus Fritte (Locus 9028, FN 9150, Taf. 35,03) stammt aus Schicht 3 des Areals 9. Sie wurde in Raum 8 des Hauses 1 gefunden und kann mit dem späteisenzeitlich-persischen Horizont IV,2 in Verbindung gebracht werden (vgl. Abb. 44).[524] Die annähernd runde Perle hat eine blaue Farbe und einen maximalen Außendurchmesser von nur 0,55cm. Ihr Gewicht beträgt ca. 10g.

2.4.7 Proben[525]

Im Rahmen der durchgeführten Arbeiten in Tell Johfiyeh wurden insgesamt 56 Proben registriert.[526] Es handelt sich um 16 Holzkohleproben, eine

---

[523] Nur zwei Einträge (Loci 6013, 9017) verbinden Glasscherben mit der Schicht 3. Die entsprechenden Scherben stammen in beiden Fällen aus gestörten Kontexten (vgl. Kap. 7.1.2 - Appendix 2) und müssen stratigraphisch den darüberliegenden Schichten zugerechnet werden.

[524] Zu weiteren Schmuck- und Perlenfunden in Tell Johfiyeh vgl. die Ausführungen zu den Funden aus Stein (Kap. 2.4.1.3).

[525] Bei der Analyse und Auswertung der in Tell Johfiyeh genommenen Proben ist das Institute of Archaeology and Anthropology der Yarmouk Universität in Irbid, Jordanien, federführend. Es ist vorgesehen, daß die hier erzielten Ergebnisse separat publiziert werden. Die nachfolgenden Ausführungen geben daher nur einen kurzen Überblick über das in Tell Johfiyeh registrierte Probenmaterial. Ergebnisse, auch für die in Auftrag gegebene C14-Analyse, liegen bislang nicht vor. Eine Ausnahme bilden nur die Kalkverputzproben. Hier wurde der CaCo3 - Gehalt für einige wenige Fundstellen bestimmt. Das Ergebnis lautet wie folgt: 1. Locus 5011, FN 5031 (1. Stück): 85%; 2. Locus 5011, FN 5031 (2. Stück): 76%; 3. Locus 5011, FN 5031 (3. Stück): 81%; 4. Locus 5011, FN 5031 (4. Stück): 78%; 5. Locus 10009, FN 10057/69: 45%; 6. Locus 8026, FN 8109: 98%; 7. Locus 9033, FN 9172: 68%; Locus 10009, FN 10046: 60%.

[526] Zu detaillierten Informationen zu den einzelnen Proben und ihren Fundumständen vgl. die in der Objektspalte mit „Probe“ gekennzeichneten Eintragungen des Appendix 5 (Kap. 7.1.5).

Ascheprobe, fünf Proben von Mauerverputz, zwei Proben gebrannten Tons und 32 Erdproben, die von verschiedenen Begehungsflächen sowie aus mehreren Keramikgefäßen und Mörsern stammen.[527] Hinzu kommen vier Eisen- und Kupferschlackereste von denen einer (Locus 8029, FN 8130) auf dem Boden eines in situ befindlichen Keramikgefäßes (FN 8123, Keramikkatalog Taf. 26,02) gefunden wurde.[528]

2.4.8 Funde aus anderen Materialien (ohne Abbildung)

Neben den bislang aufgelisteten Funden aus Stein, Metall, Ton, Knochen und Glas wurde in Tell Johfiyeh auch ein rezentes Spielzeugfragment aus Plastik (Locus 5011, FN 5032) gefunden. Es fand sich in den oberen Lagen der stark gestörten Zisternenfüllung im Osten des Areals 5.

2.4.9 Zusammenfassung

Wie die gemachten Ausführungen zeigen, konnten von den in Appendix 5 (Kap. 7.1.5) aufgelisteten 1343 Fundeinträgen insgesamt 800 mit sogenannten Kleinfunden in Verbindung gebracht werden. Anhand des zur Herstellung des jeweiligen Fundstücks verwendeten Materials konnten diese Kleinfunde in acht Hauptgruppen unterteilt werden (vgl. Kap. 2.4.1 bis 2.4.8). Es wurden Funde aus Stein, Metall, Ton, Knochen und Glas voneinander getrennt. Hinzu kommen Muscheln, Proben und Stücke aus sonstigen Materialien. Innerhalb dieser Materialgruppen wurden die Fundstücke nach funktionalen Kriterien klassifiziert und (Stein)Gefäße, verschiedene Geräte, Waffen und Werkzeuge sowie Schmuck und Dekorelemente voneinander getrennt.

Eine quantitative Auswertung zeigte (Tabelle 1), daß die Funde aus Stein die Assemblage dominieren. Annähernd 3/4 (73,4%) aller als Kleinfunde klassi-

---

[527] Die Proben stammen aus folgenden Fundstellen: 1. Holzkohle: 2014.1 (FN 2047), 3004 (FN 3022), 3007 (FN 3029, 3061), 3012 (FN 3050), 3028 (FN 3133), 3029 (FN 3130), 3030 (FN 3137), 3048 (FN 3194-3196), 3049 (FN 3199), 3050 (FN 3202), 4011 (FN 4039), 9033 (FN 9175), 14004 (FN 14018); 2. Putz: 3046 (FN 3189), 5011 (FN 5031), 8026 (FN 8109), 9033 (FN 9172), 10009 (FN 10069); 3. Erdproben: 2017 (FN 2072), 3006 (FN 3027), 3007 (FN 3042), 3008 (FN 3044), 3012 (FN 3058), 3014 (FN 3053.1-2), 3015 (FN 3068), 3016 (FN 3066), 3017 (FN 3078), 3051 (FN 3205), 3052 (FN 3207), 4008 (FN 4047-4048), 4009 (FN 4030), 4013 (FN 4052), 4030 (FN 4135), 6013.1 (FN 6030.1), 6025 (FN 6088.1), 8027 (FN 8111), 8028 (FN 8125), 8029 (FN 8129, 8132), 8031 (FN 8140), 9005 (FN 9040-9041), 9008 (FN 9037), 9026 (FN 9155.1), 9033 (FN 9174), 9039 (FN 9164), 10003 (FN 10041), 12004 (FN 12021); 4. Gebrannter Ton: 3004 (FN 3025), 14009 (FN 14036); 5. Asche: 3007 (FN 3059).

[528] Die drei anderen Schlackereste wurden in folgenden Fundstellen registriert: 2028 (FN 2109), 8033 (FN 8145), 6053.1 (FN 6234.1).

fizierten Stücke wurden aus diesem Material hergestellt. Knapp 5% sind aus Ton gefertigt und jeweils ca. 3,5% entfallen auf Fundstücke aus Glas und Metall. Bearbeitete Tierknochen sind nur in wenigen Einzelstücken belegt. Auffällig ist die relativ hohe Zahl an Muschelfunden. Sie haben einen Anteil von über 6% an der Gesamtassemblage.

Materialgruppen	Anzahl (absolut)	%
Funde aus Stein	587	73,4
Funde aus Metall	28	3,5
Funde aus Ton	39	4,9
Funde aus Knochen	5	0,6
Funde aus Glas	29	3,6
Muscheln	51	6,4
Proben	60	7,5
Funde aus anderem Material	1	0,1
Summe	800	100,00

Tabelle 1: Quantitative Verteilung der Funde auf die Materialgruppen.

Betrachtet man die Verteilung der Fundstücke auf die Nutzungshorizonte I bis V, so wird deutlich, daß weit über 3/5 der registrierten Kleinfunde aus den eisenzeitlichen und persischen Horizonten IV,1 bis IV,3 stammen. Allein in den Schichten 2 und 3 (Horizonte IV,3–IV,2) wurden über 55% der in Tell Johfiyeh registrierten Kleinfunde erfaßt.[529] Weitere 8% stammen aus Schicht 4, die den Horizont IV,1 bildet. Neben zahlreichen Steingefäßen und -geräten fanden sich hier unter anderem verschiedene Schmuckstücke und Dekorelemente aus unterschiedlichsten Materialien. Ein weiteres Fünftel der Fundstücke aus Tell Johfiyeh kann mit Horizont V verbunden werden. Sie repräsentieren die byzantinische und vor allem die omaijadische Besiedlung des Tells. Zu den hier gemachten charakteristischen Funden zählen neben den zahlreichen Tesserae weitere Gegenstände aus Stein, Metall, Ton und Glas. Der verbleibende Rest der registrierten Fundstücke stammt aus unstratifizierten Zusammenhängen oder den fast ausschließlich im Tiefschnitt des Areals 3 ergrabenen Horizonten I bis III.[530]

Innerhalb der Fundassemblage des Horizonts IV konnten zwei funktionale

[529] Die friedliche Aufgabe von Haus 1 am Ende des Horizonts IV,2 (Schicht 3) führte dazu, daß Teile des wahrscheinlich zurückgelassenen Inventars während des Horizontes IV,3 (Schicht 2) weiter benutzt und hier (d.h. in Schicht 2) von uns gefunden und registriert wurden, obwohl sie ursprünglich bereits in Schicht 3 (Horizont IV,2) Verwendung gefunden haben.

[530] Zu den wenigen mit diesen Horizonten verbundenen Fundeinträgen siehe Appendix 5 (Kap. 7.1.5).

Gruppen voneinander getrennt werden, die Hinweise auf verschiedene Aspekte des Alltagslebens, der Ökonomie und der sozialen Organisation während der Eisenzeit und persischen Periode in Tell Johfiyeh lieferten. Die erste Gruppe umfaßt „Alltagsgegenstände“ aus dem Umfeld der Nahrungsmittelzubereitung und Verarbeitung landwirtschaftlicher Produkte, die in der Regel auf häusliche Aktivitäten verweisen. Hierzu gehören zahlreiche Schalen und Schalenfragmente, mehrere große „Drei-Fußschalen“, Stößel, (stationäre) Mörser, Mahlplatten, Lochsteine und Reibsteine. Sie sind alle in großer Stückzahl und in verschiedenen Formen und Größen bezeugt, überwiegend aus Basalt gefertigt und fanden sich in fast allen Bereichen des Tells. Eine leichte quantitative Konzentration konnte nur im Bereich der Areale 3, 6, 8 und 9 beobachtet werden.[531] Reibsteine, Stößel und Schalen bildeten die quantitativ größten Fundgruppen und gehörten wahrscheinlich zu den wichtigsten Geräten für die Verarbeitung von Nahrungsmitteln. Das breite Spektrum an Stößeln (rund, eckig, oval), Schalen und Mörsern deutet darüber hinaus die Vielzahl unterschiedlicher Techniken und Vorgehensweisen an, die im Umfeld des Zerkleinerns, Zerstoßens und Zerstampfens von Nahrungsmitteln sowie dem Pulverisieren mineralischer Farbstoffe, Kosmetika und verschiedener Heilmittel Anwendung fanden. Die Herstellung einer spezifischen Produktpalette ist wahrscheinlich und legt es zusammen mit der großen Anzahl entsprechender Fundstücke nahe, daß in Tell Johfiyeh Nahrungsmittel und landwirtschaftliche Produkte in einer Menge produziert oder verarbeitet wurden, die weit über den eigenen Bedarf der kleinen Ansiedlung hinausging.[532] Eine Überschußproduktion im Auftrag eines übergeordneten Zentrums und ein Austausch mit anderen landwirtschaftlichen Einrichtungen erscheint möglich.[533]

Im Gegensatz hierzu ist eine weitere für die Periode ansonsten typische

---

[531] Die Verteilung der Funde macht es wahrscheinlich, daß in Horizont IV,2 unter anderem der Bereich im westlichen Anschluß an Haus 1 (Abb. 44) zur Verarbeitung von Nahrungsmitteln und landwirtschaftlichen Produkten intensiv genutzt wurde.

[532] Eindeutige Hinweise auf die Herkunft der in Tell Johfiyeh verarbeiteten Nahrungsmittel und landwirtschaftlichen Produkte fanden sich im Fundmaterial ebensowenig wie auf die Werkzeuge, die bei der Ernte zum Einsatz kamen. Es kann aber davon ausgegangen werden, daß die noch heute sehr fruchtbaren Flächen in der direkten Umgebung des Tell Johfiyeh intensiv bebaut wurden (Abb. 63) und als eine Hauptnahrungsquelle fungierten. Der Fund von zwei Wetzsteinen macht es darüber hinaus sehr wahrscheinlich, daß bei der Ernte des Getreides auch Sicheln aus Metall, wie sie beispielsweise aus Tell Deir Alla bekannt sind (van der Kooij u. Ibrahim 1989:99, Abb.136), eingesetzt wurden.

[533] Für den Transport und den Austausch von landwirtschaftlichen Produkten sprechen auch die Vorratsgefäße und ein als Gefäßverschluß (Bulle ?) interpretiertes Tonstück mit Abdrücken eines Seils (Locus 3008; FN 3043).

„häusliche“ Aktivität in Tell Johfiyeh wahrscheinlich ausschließlich auf den lokalen Bereich beschränkt geblieben. Hinweise auf das Spinnen von Fäden, das Weben von Stoffen und die Verarbeitung von anderen organischen Materialien, beispielsweise von Fellen und Leder, fanden sich nur in geringem Umfang. Spinnwirtel, Webgewichte und Knochenahlen, die in das Umfeld der Stoffherstellung gehören, sind ebenso wie Bimssteine und kleine Bohrer, die unter anderem Verwendung bei der Lederbearbeitung gefunden haben könnten, im Fundmaterial des Tell Johfiyeh nur in sehr geringer Stückzahl bezeugt.[534] Eine leichte quantitative Konzentration der entsprechenden Fundstücke auf den Bereich des Hauses 1 und sein direktes Umfeld wurde für Horizont IV,2 beobachtet und unterstützt die Annahme, daß die Herstellung und Bearbeitung von Stoffen, Leder und ähnlichen Produkten nur in geringem Umfang im Rahmen (privater) häuslicher Aktivitäten stattfand. Inwieweit die zwei in der Ausführung sehr unterschiedlichen Varianten von Spinnwirteln einen Hinweis auf die soziale Stellung ihrer Nutzer geben, konnte nicht abschließend beantwortet werden. Es ist aber wahrscheinlich, daß die sehr gut gearbeiteten, teilweise verzierten Stücke aus Stein eher mit den Bewohnern des Hauses 1 (Horizont IV,2) verbunden werden können, als diejenigen, die aus sekundär durchbohrten Keramikscherben gefertigt wurden.

Die zweite große funktionale Gruppe innerhalb der zahlreichen Fundstücke aus Horizont IV umfaßt vorrangig Schmuckstücke, Accessoires und Gegenstände zur Herstellung und Lagerung kostbarer Güter und Produkte, die allgemein als „Luxusgegenstände“ beschrieben werden können. Hierzu gehören unter anderem Schmuckelemente wie Perlen aus Stein und Fritte, ein Anhänger aus Knochen und der Zinken eines Kamms, verschiedene Kleiderfibeln, eine „Pinzette“ und zwei Fingerringe aus Bronze und Silber. Hinzu kommen Schminkpaletten aus Kalkstein, eine kleine dreifüßige Basaltschale, verschiedene gut gearbeitete Gefäßverschlüsse aus Stein[535] und zahlreiche Muscheln, die wahrscheinlich als Schmuckstücke, Rasseln oder Pailletten verwendet wurden. Von wenigen Ausnahmen abgesehen, fanden sich fast alle diese Funde in und um die Areale 6, 8 und 9 und können für Horizont IV,2 dem direkten Einzugsbereich des Hauses 1 zugewiesen werden. Alle Stücke der Gruppe dokumentieren in eindrücklicher Weise die soziale Stellung der ehemaligen Besitzer. So kann davon ausgegangen werden, daß sich während der Eisenzeit und persischen Periode sowohl die Perlen, die Kleiderfibeln und der Silberring mit verzierter Platte wie auch die

[534] Inwieweit die sogenannten „Rollsteine“ (drill socket ?) auch in diesen Zusammenhang gehören, ist unklar.

[535] Inwieweit die teilweise sehr gut gearbeiteten und geglätteten Stücke zum Verschließen von Gefäßen mit „kostbaren“ Inhalten verwendet wurden, ist unklar.

teilweise verzierten Schminkpaletten und die kleine dreifüßige Basaltschale aus Areal 10 einer hohen Wertschätzung erfreuten und in der Regel nur Angehörigen einer privilegierten Schicht zugänglich waren. Es ist sehr wahrscheinlich, daß die Schmuckelemente und Schminkpaletten während der Eisenzeit II–III überwiegend von den Mitgliedern einer Oberschicht genutzt wurden, für die auch ähnlich verzierte Einlegearbeiten aus Knochen und Elfenbein hergestellt wurden (Thompson 1972:150). Die im Vergleich zu Stein- und Keramikgefäßen in nur sehr geringer Stückzahl hergestellten Schminkpaletten wurden wahrscheinlich vorrangig von den weiblichen Mitgliedern dieser (lokalen) Eliten zur Anfertigung und Aufnahme von kosmetischen Substanzen verwendet (Thompson 1971:61,Anm.1). Eine ähnliche Nutzung kann für die aus einem sehr feinen Basalt gefertigte kleine Schale auf drei hohen und schlanken Füßen, die über drei Mittelstege miteinander verbunden sind, angenommen werden. Stücke wie das aus Tell Johfiyeh sind in Transjordanien nur selten bezeugt und wurden wahrscheinlich nur in geringer Stückzahl hergestellt. Sie dienten der Anfertigung und Verarbeitung von Kosmetika, Gewürzen, Medizin und Farben. Für die hohe Wertschätzung dieser Stücke spricht die Tatsache, daß ein ähnliches Exemplar aus Tell Deir Alla auch dann noch weiterbenutzt wurde, als bereits ein großer Teil aus dem Vergleichsstück herausgebrochen war (van der Kooij u. Ibrahim 1989:100,Abb.95). Inwieweit der an eine Pinzette erinnernde Metallbügel aus Bronze ebenfalls in dem Kontext der Kosmetik- oder Medizinherstellung zu sehen ist, ist unklar. Es kann aber auch hier davon ausgegangen werden, daß es sich um ein Werkzeug handelt, das nur von privilegierten Personen mit entsprechenden Vorkenntnissen benutzt wurde.

Zusammenfassend kann somit festgehalten werden, daß die Funde aus den Horizonten IV,1 bis IV,3 in ihrer überwiegenden Mehrheit auf Tätigkeiten verweisen, die im Umfeld der Nahrungsmittelzubereitung und -verarbeitung angesiedelt sind. Die Quantität der Fundstücke, die mit diesen Tätigkeiten verbunden werden können, dominiert die gesamte Assemblage und macht es sehr wahrscheinlich, daß in Tell Johfiyeh über den lokalen häuslichen Bedarf hinaus landwirtschaftliche Produkte erzeugt und verarbeitet wurden. Die Vorratsgefäße (vgl. Kap. 2.3) und die baulichen Gegebenheiten (vgl. Kap. 2.2) legen darüber hinaus die Lagerung und den Transport dieser Produkte nahe. Von einer Überschußproduktion und der Einbindung des Tell Johfiyeh in ein (über)regionales Netzwerk kann aufgrund der Grabungsergebnisse ausgegangen werden. Hierauf verweisen auch die zahlreichen Funde, die als „Luxusgüter" bezeichnet werden können. Verschiedene Schmuckstücke aus Stein, Fritte, Bronze, Silber und Knochen, zahlreiche Muscheln aus dem Mittelmeer und mehrere Gerätschaften zur Verarbeitung und Aufbewahrung von Substanzen mit hoher Wertschätzung verdeutlichen einerseits die hervorgehobene Stellung der ehemaligen Bewohner von Tell

Johfiyeh und zeigen andererseits, daß der Fundplatz und seine Bewohner in ein (über)regionales Netz der Kontakte und Abhängigkeiten integriert waren. Der enge Kontakt zu einem übergeordneten Zentrum ist wahrscheinlich (vgl. auch Kap. 3.2 – 3.3).
Die anhand der Architekturreste herausgearbeitete funktionale Organisation und Gliederung des Tell Johfiyeh (vgl. Kap. 2.2.6) während der Horizonte IV,1–IV,3 wird von der räumlichen Verteilung der Fundstücke nicht in Frage gestellt. Auch bei den Kleinfunden zeichnet sich für Horizont IV,2 ein Trend hin zu zwei funktionalen Hauptbereichen ab, die durch radial verlaufende Verkehrswege miteinander verbunden wurden (Abb. 65). Es handelt sich um ein als „Haupthaus" fungierendes Gebäude (Haus 1) im nördlichen Bereich des Tells und verschiedene Lager- und Verarbeitungseinheiten im Süden und Osten des Fundplatzes.

2.5 Fundplätze in der Umgebung des Tell Johfiyeh: Ein Überblick

Wie die in Kapitel 1 der vorliegenden Arbeit gemachten Ausführungen zum allgemeinen Forschungsstand deutlich gezeigt haben, hat die von Nelson Glueck (1942:24) vor über einem halben Jahrhundert gemachte Aussage *„The areas north of the Zerqa ...... have by no means been exhaustive explored"* für verschiedene Bereiche Nordjordaniens weiterhin Gültigkeit. Die vom Autor 1995 zusammen mit Z. Kafafi und Z. al-Sa'ad vom Institute of Archaeology and Anthropology der Yarmouk Universität begonnenen und von der Alexander von Humboldt-Stiftung geförderten Untersuchungen in der direkten Umgebung der schnell wachsenden nordjordanischen Stadt Irbid machten beispielsweise deutlich, daß diese Region noch immer ein weißer Fleck auf der archäologischen Landkarte Nordjordaniens ist. Es zeigte sich, daß die bislang weitgehend unerforschten Gebiete direkt westlich und südwestlich von Irbid von einer Anzahl kleiner Siedlungshügel dominiert werden, deren systematische archäologische Untersuchung noch weitgehend aussteht. Dies ist umso bedauerlicher, da Schriftquellen, die die Rolle und Funktion dieser und weiterer Fundorte, ihre materielle Kultur und ihre Beziehungen zueinander erhellen könnten, ebenfalls fast vollständig fehlen. Die wenigen in der Fachliteratur zur Verfügung stehenden Informationen stammen fast ausschließlich aus frühen Reiseberichten (z.B. Schumacher 1893 / Steuernagel 1926, Abel 1967), den Untersuchungen von Nelson Glueck (1951a,b), der die Region im Rahmen seiner ausgedehnten „Explorations in Eastern Palestine" bereiste[536] und verschiedenen Fundplatzzusammenstellungen (z.B. Zwickel 1990; Palumbo 1994) sowie mehreren thematischen Kartenwerken (z.B. Höhne 1981; TAVO B IV:6). Ergänzt und aktualisiert wurden diese Angaben erst durch die im Sommer 1997

[536] Vgl. in diesem Zusammenhang auch Glueck (1939, 1942).

(Lamprichs 1997b; 1998b; Lamprichs und Bastert 2004) und im Herbst 1998 (Lamprichs 1998a; Lamprichs und Kafafi 2000) vor Ort durchgeführten Untersuchungen, bei denen die rezente Umgebung, der gegenwärtige Erhaltungszustand und Oberflächenfunde der verschiedenen Fundplätze dokumentiert werden konnten. Eine systematische archäologische Oberflächenbegehung der betreffenden Region um Irbid und eine entsprechende Auswertung konnte jedoch aus ökonomischen und logistischen Gründen nicht durchgeführt werden und steht somit noch immer aus. Die Untersuchung der Umgebung in der genannten Weise ergab neben Einblicken in die regionale Stellung von Tell Johfiyeh auch erste Hinweise auf die potentielle Funktion dieses und der strukturell ähnlichen Fundplätze innerhalb des regionalen Kontextes. Die in diesem Zusammenhang im Nordwesten (Sommer 1997) und Südosten (Herbst 1998) von Tell Johfiyeh herangezogenen und untersuchten Fundplätze werden im folgenden in zwei separaten Abschnitten (Kap. 2.5.1 und 2.5.2) kurz vorgestellt und beschrieben. Die zu den einzelnen Fundplätzen jeweils verfügbaren Informationen, die gegebenenfalls neu erzielten Ergebnisse und Einsichten sowie die daraus abgeleiteten inhaltlichen Potentiale für die vorliegende Untersuchung werden entsprechend aufbereitet und zusammenfassend vorgestellt.[537] Sie bilden eine weitere Grundlage für den in Kapitel 3 angestrebten Versuch einer Synthese, die unter anderem die in Tell Johfiyeh lokal gewonnenen Erkenntnisse (Kap. 1 und 2) mit den Verhältnissen der Umgebung verbinden und in einen regionalen Kontext setzen soll.

2.5.1 Fundplätze im Nordwesten des Tell Johfiyeh: Ergebnisse des Jahres 1997[538]

Während sich die 1996 durchgeführten Arbeiten ausschließlich auf die archäologische Aufnahme von Tell Johfiyeh und die Analyse des dort gefundenen Oberflächenmaterials beschränkten (Lamprichs 1996a,b), stand die (nord)westliche Umgebung von Tell Johfiyeh im Mittelpunkt der 1997 durchgeführten Arbeiten (Abb. 1, 2).[539] Es zeigte sich, daß die hier

[537] Die entsprechenden Ausführungen basieren in Teilen auf den bereits veröffentlichten Berichten der 1997 und 1998 durchgeführten Forschungsarbeiten (vgl. Lamprichs 1997b; 1998a,b; Lamprichs und Kafafi 2000; Lamprichs und Bastert 2004).

[538] Ein ausführlicher Bericht mit den entsprechenden Abbildungen und Fotos über die 1997 in der Umgebung von Tell Johfiyeh durchgeführten Arbeiten und die dort erzielten Ergebnisse findet sich bei Lamprichs (1997b). Vgl. in diesem Zusammenhang auch Lamprichs (1997a; 1998b) und Lamprichs und Bastert (2004).

[539] Für die freundliche Unterstützung der im Sommer 1997 durchgeführten Arbeiten möchte ich neben der Alexander von Humboldt-Stiftung auch meinen Gastgebern in Irbid und Amman, Herrn Prof. Dr. Z. Kafafi und Herrn Dr. H.-D. Bienert recht

untersuchten Fundplätze Tell Johfiyeh, Tell Beit Yafa, Tell esh-Sheqaq, Zaharet Soq`ah, Tell Kufr Yuba und Qasr el-Ghul ein Muster bilden, das an einen nach Osten offenen Halbkreis erinnert (Abb. 2). Den östlichen Abschluß dieses Halbkreises bildet im Norden die Stadt Irbid mit dem Tell Irbid und im Süden der Tell el-Husn. Die nachfolgende Zusammenstellung der jeweils verfügbaren Informationen zu den genannten Fundplätzen beginnt mit dem nordwestlich von Tell Johfiyeh gelegenen Tell Beit Yafa und folgt dann der halbkreisförmigen Anordnung der Fundplätze bis nach Qasr el-Ghul. Anschließend werden die zusammengetragenen Daten aus den genannten Orten analysiert und interpretiert. Den Abschluß bildet eine kurze Zusammenfassung der 1997 erzielten Ergebnisse.

2.5.1.1 Tell Beit Yafa[540] (UTME: 7624; UTMN; 36999)

Glueck (1951a:167–170) beschreibt Tell Beit Yafa als einen vollständig freistehenden, auf einer Anhöhe (ca. 689m ü. NN) gelegenen, ostwestlich ausgerichteten Fundplatz, der im oberen Bereich ca. 21,0m × 15,5m mißt.[541] Die äußere Form des direkt südlich der modernen Straße von el-Husn nach Taiyibeh gelegenen Siedlungshügels erinnert in seinem gegenwärtigen Zustand an einen weitgehend homogenen (Napf-) „Kuchen“, der ohne deutliche Abstufungen relativ steil ansteigt. Die Hügeloberfläche ist gegenwärtig leicht abgeflacht und annähernd rund. Inwieweit eine westlich direkt vorgelagerte, 1997 mit einem Zaun versehene und landwirtschaftlich genutzte Fläche als Bestandteil des ehemaligen Siedlungsgebietes angesprochen werden kann, ist fraglich. Die exponierte Lage des Tells ermöglicht damals wie heute eine gute Rundumsicht in die Umgebung des Fundplatzes. Sichtkontakte bestehen beispielsweise zu den Orten Deir Yusuf und Beit Yafa mit dem Tell esh-Sheqaq sowie den Fundplätzen Tell Johfiyeh und Zaharet Soq`ah. Der nordwestlich vom Fundplatz gelegene moderne Ort Beit Yafa

---

herzlich danken. Ohne die tatkräftige Unterstützung durch sie und ihre Institute (Institute of Archaeology and Anthropology, Irbid; Deutsches Evangelisches Institut für Altertumskunde des Heiligen Landes, Amman) hätten die Arbeiten in dem vorgegebenen zeitlichen Rahmen nicht abgeschlossen werden können.

[540] Der auch als Tell Deir Yusuf (Jordan 1982) bezeichnete Fundplatz wurde wie alle im folgenden aufgelisteten Fundorte der Region bislang archäologisch nicht systematisch untersucht. Hinweise auf die Ruine finden sich dementsprechend nur in der systematischen Fundplatzzusammenstellung von Zwickel (1990:309) sowie einigen wenigen Reise- (Steuernagel 1926:46=A.430; 103=A.487) und Surveyberichten (Glueck 1951a:167-170). Die in Klammern angegebenen UTM-Werte wurden im Sommer 1997 ermittelt. Zu einem Foto des Jahres 1997 vgl. Lamprichs (1997b:Abb.5).

[541] Steuernagel spricht von einem „kleinen runden Ruinenhügel“, der auf einer Höhe von 674m ü. NN liegt (Steuernagel 1926:A.430).

ist ebenso wie der südöstlich gelegene Tell Johfiyeh ungefähr 1,2km entfernt. Die Entfernung zu dem südlich gelegenen Ort Deir Yusuf beträgt ca. 1,0km. Die den Fundplatz umgebende, von Erosion gekennzeichnete, hügelige und waldlose[542] Landschaft wird von zahlreichen Wadizuläufen untergliedert. Auf der Oberfläche des Fundplatzes fanden (Glueck 1951a:170) und finden sich zahlreiche mittelgroße und große, grob bearbeitete Steine (Lamprichs 1997b:Abb.7). Fragmente von Mauerläufen konnten aber nur noch an einigen Stellen im mittleren Höhenbereich des Tells und auf der abgeflachten Kuppe beobachtet werden. Im südlichen und teilweise auch im südöstlichen Anschluß an den Tell fanden sich zahlreiche großflächige Störungen, die es wahrscheinlich machen, daß das Gebiet während der letzten Jahre als militärische Stellung genutzt wurde. Auf der Tellkuppe fanden sich darüber hinaus Hinweise auf mehrere kleinere „Raubgrabungen". Die von Glueck (1951a:167) beschriebene, unterhalb der östlichen Tellbegrenzung gelegene Zisterne wird auch gegenwärtig noch genutzt. Während Glueck (1951a:170) die Dichte des an der Oberfläche beobachteten Scherbenbelages als dünn beschreibt, konnte 1997 ein relativ dichter Belag auf dem Tell beobachtet werden. Lediglich in der westlich vorgelagerten landwirtschaftlichen Nutzfläche war die Dichte der Oberflächenfunde gering. Hier fanden sich nur sehr wenige Scherben. Auffällig war aber hier wie dort, daß kaum Rand- oder Bodenstücke identifiziert werden konnten. Das Verhältnis von Rand-/Bodenscherben zu Bauchscherben betrug hier ca. 1:12. Dominiert werden die Oberflächenfunde von eisenzeitlichen Scherben.[543] Darüber hinaus konnten Stücke der römischen und byzantinischen Zeit identifiziert werden.[544]

Aufgrund des äußeren Erscheinungsbildes kann somit zusammenfassend nicht ausgeschlossen werden, daß es sich bei Tell Beit Yafa ebenso wie bei Tell Johfiyeh um eine kleine landwirtschaftliche Anlage gehandelt hat, die vorrangig während der Eisenzeit genutzt wurde und in späteren Perioden eine oder mehrere Nachnutzungen erfahren hat.

---

[542] Glueck (1951a:168-170) vermutet, daß ein Großteil dieser Hügellandschaft bis in die osmanische Zeit bewaldet war.

[543] Eine kleine Auswahl der Oberflächenkeramik findet sich bei Lamprichs (1997b: Abb.22). Zu den eisenzeitlichen Stücken vgl. Lamprichs (1997b:Abb.4:1,4 und Abb.3:2).

[544] Glueck datiert die von ihm gefundenen Scherben ebenfalls vorrangig in die Eisenzeit I-II. Des weiteren erwähnt er Keramikfunde aus der römischen und byzantinischen Epoche.

2.5.1.2 Tell esh-Sheqaq[545] (UTME: 7622; UTMN: 36016)

Der ostwestlich ausgerichtete, im oberen Bereich ca. 40,0m × 35,0m messende Tell esh-Sheqaq liegt auf einer Erhöhung (620m ü. NN) am nordöstlichen Rand des modernen Ortes Beit Yafa.[546] Die Häuser des modernen Dorfes und seine Straßen reichen bereits bis an den Tell heran. Nur das nach Nordosten abfallende Gebiet ist noch unverbaut. Hier befinden sich ebenso wie in der weiteren Umgebung einige wenige Olivenbäume. Der mit Gräsern bewachsene Fundplatz wies 1997 keine landwirtschaftlichen Nutzflächen auf, was u.a. auf den sehr dichten, aus großen Steinen bestehenden Oberflächenbelag zurückzuführen ist. Von der Kuppe des teilweise stark erodierten Tells bestand Blickkontakt zu den Fundplätzen Zaharet Soq`ah, Tell Kufr Yuba, Tell Johfiyeh und Tell Beit Yafa.[547] Der südöstlich gelegene Ort Ham ist ca. 2,0km entfernt. Glueck (1951a:165–167) beschreibt den Fundplatz als einen vollständig zerstörten, merkmalslosen Ort, der sich in mindestens zwei Stufen über die umliegende Ebene erhebt. Seine Oberfläche war mit zahlreichen bearbeiteten, stark abgenutzten Steinen belegt. An der Süd- und Westseite des Fundplatzes beobachtete er Teile einer Befestigungsmauer, die Tell esh-Sheqaq wahrscheinlich einmal vollständig umgeben hat.[548] Die heutige Oberfläche des Fundplatzes ist ähnlich wie in Tell Kufr Yuba, Tell Johfiyeh und Tell Beit Yafa annähernd rund. Sie weist zahlreiche rezente Störungen auf, die u.a. auf Raubgrabungen und das Lagern von Müll zurückzuführen sind. Die Funddichte der Oberflächenfunde ist im oberen Teil des Tells geringer als im unteren Bereich, was wahrscheinlich auf Erosionsprozesse zurückzuführen ist. Glueck (1951a:166) datiert die Keramikfunde aus diesen Bereichen vorrangig in die Eisenzeit I–II. Weiterhin identifiziert er Scherben der römischen und islamischen Zeit. Palumbo (1994:2221.018) schließt sich der von Glueck vorgenommenen Datierung weitgehend an, spricht aber hinsichtlich der eisenzeitlichen Keramikfunde von „unspecific iron age“. Die 1997 an der Oberfläche vorgefundenen

---

[545] Hinweise auf Lage, Zustand und Oberflächenfunde des Tell esh-Sheqaq fanden sich nur in den bereits erwähnten Fundplatzzusammenstellungen (Zwickel 1990: 310; Palumbo 1994:2221.018), Reise- (Steuernagel 1926:102=A.486) und Surveyberichten (Glueck 1951a:166-167). Die angegebenen UTM-Werte wurden der Zusammenstellung von Palumbo (1994:2221.018) entnommen. Rezente Fotos des Tells und seines Oberflächenbelags finden sich bei Lamprichs (1997b:Abb.8-10).

[546] Das von Glueck (1951a:165-167) erwähnte kleine Tal zwischen dem Fundplatz und dem Ort Beit Yafa weist in der Zwischenzeit eine dichte Besiedlung auf.

[547] Der Blickkontakt mit Tell Beit Yafa ist aufgrund der rezenten Bebauung im Ort Beit Yafa heute nicht mehr möglich.

[548] Während Glueck (1951a:166) die Vermutung äußert, daß diese Mauerreste in die Eisenzeit datieren, spricht Palumbo (1994:2221.018) von „unspecified remains“.

Keramikscherben datieren ebenfalls vorrangig in die Eisenzeit (vgl. Lamprichs 1997b:Abb.4:6 und Abb.3:4). Weitere Scherben datieren in die römische und islamische Zeit (vgl. Lamprichs 1997b:23). Das Verhältnis von Rand-/Bodenscherben zu Bauchscherben betrug hier etwa 1:5.
Diese Datierung der Keramik und die heute noch sichtbaren, sehr massiven Mauerreste und Strukturen machen es wahrscheinlich, daß es sich bei Tell esh-Sheqaq ebenso wie bei den bereits erwähnten Fundplätzen Tell Johfiyeh und Tell Beit Yafa um eine befestigte (landwirtschaftliche ?) Anlage der Eisenzeit gehandelt hat, die später wiederbesiedelt wurde.

2.5.1.3 Zaharet Soq`ah[549] (UTME: 7612; UTMN: 36025)
Die ca. 610m ü. NN gelegene, terrassenförmig ansteigende Anhöhe von Zaharet Soq`ah befindet sich ungefähr 2,2km südwestlich von Kufr Yuba. Die Entfernung zu dem südöstlich gelegenen Beit Yafa beträgt ca. 1,5km. Die zur Anhöhe führenden Terrassen werden von Glueck (1951a:176) als ein Gebiet beschrieben, das von den Bewohnern zum Tomatenanbau genutzt wurde. Heute sind die Terrassen ebenso wie die Oberfläche der Anhöhe Teil einer Siedlung und weitgehend mit Häusern und zugehörigen Gärten bebaut. Eine systematische landwirtschaftliche Nutzung des Bereichs konnte im Sommer 1997 nicht mehr beobachtet werden. Der Fundplatz wird vielmehr von einer neu angelegten innerörtlichen Verbindungsstraße, die die Anhöhe überquert, in zwei unterschiedlich große Bereiche aufgeteilt. Der größere, im Nordwesten gelegene Teil des Fundplatzes steht ebenso wie sein südöstlicher Gegenpart noch etwa 2,0m über dem heutigen Straßenniveau an. Die relativ ebene Oberfläche dieser Anhöhe weist zahlreiche rezente Störungen auf, die es unmöglich machen, Form und Ausdehnung des Fundplatzes eindeutig zu rekonstruieren. Eine in ihrem Verlauf sehr unregelmäßige und mehrfach unterbrochene Reihung großer Steine an den Rändern des Fundplatzes macht es aber dennoch sehr wahrscheinlich, daß die Anhöhe ehemals von einer sehr massiven, aus dem lokalen Feuerstein hergestellten (ovalen/runden ?) Mauer umgeben war. Auf der Nordostseite der Anhöhe konnte Glueck diese heute nur noch zu vermutende Mauer auf einer Länge

[549] Die archäologischen Reste von Zaharet Soq`ah wurden bislang nicht systematisch untersucht. Hinweise auf die Anlage finden sich nur in den bereits mehrfach erwähnten systematischen Fundplatzzusammenstellungen (Zwickel 1990:310; Palumbo 1994:2221.023) sowie einigen wenigen Reise- (Steuernagel 1926:102-103=A.486-487) und Surveyberichten (Glueck 1951a:175-176). Zur Gleichsetzung des Fundplatzes mit Roglim (Altes Testament), Rogellim (Septuaginta) und Rogelim (Vulgata) vgl. Höhne (1981:82). Die UTM-Werte wurden der Publikation von Palumbo (1994:2221.023) entnommen.

von ca. 42,0m verfolgen.[550] Innerhalb dieser Mauer konnten ebenfalls keine eindeutigen Strukturen mehr beobachtet werden. Lediglich im südöstlichen Bereich zeichnete sich innerhalb einer von „Raubgräbern“ angelegten Grube eine kleine rechteckige Steinsetzung ab, deren Funktion unklar ist.[551] Die exponierte Lage des Fundplatzes erlaubt einen sehr guten Rundumblick in die Umgebung. Von Zaharet Soq`ah besteht beispielsweise direkter Blickkontakt zu den Fundorten Tell Kufr Yuba, Tell Johfiyeh, Tell esh-Sheqaq und Tell Beit Yafa. Des weiteren können die Orte Deir Yusef und el-Mazar südlich des Wadi et-Taiyibeh von hier eingesehen werden. Aufgrund der Oberflächenfunde geht Glueck davon aus, daß es sich bei Zaharet Soq`ah um eine Anlage aus der Eisenzeit handelt, die aufgrund ihrer exponierten Lage die Aufgabe hatte, die umliegenden Gebiete zu bewachen und zu kontrollieren. Die wenigen von ihm analysierten Keramikscherben datieren in die hellenistische, römische und byzantinische Zeit. Palumbo (1994:2221.023) folgt Glueck bei diesen Zuweisungen weitgehend. Hinsichtlich der gefundenen Mauerreste und Strukturen spricht er jedoch von „structures of unknown period“. Die Scherben der Eisenzeit bezeichnet er als „unspecific iron age“. Im Gegensatz hierzu konnten wir auf der Oberfläche und in den von der Straße geschaffenen künstlichen Profilen eine relativ hohe Dichte an Oberflächenfunden (Keramikscherben) beobachten. Eine erste Analyse der dennoch nur wenigen signifikanten Stücke zeigt, daß hier Funde dominieren, die in anderen Regionen mit der Eisenzeit II verbunden werden (vgl. Lamprichs 1997b:Abb.3:1,6 und Abb.4:3). Weiterhin konnten aber auch Stücke der hellenistischen und byzantinischen Periode identifiziert werden. Die von Glueck und Palumbo erwähnten Stücke der römischen Zeit fanden sich im Oberflächenmaterial des Jahres 1997 nicht.

2.5.1.4 Tell Kufr Yuba[552] (UTME: 7635; UTMN: 36036)

Der unmittelbar südwestlich der Straße von Kufr Yuba nach Ham und Kom Natfeh/Natifa in exponierter Lage auf einer Anhöhe (629m ü. NN) gelegene

---

[550] Für die noch vorgefundenen Steine dieser Umfassungsmauer erwähnt Glueck (1951a:176) Steinmaße von 1,15m × 0,5m × 0,3m und 1,1m × 0,6m × 0,2m.

[551] Fotos des Tells und der erwähnten Installationen finden sich bei Lamprichs (1997b:11-14).

[552] Der auch als Tell ez-Zeitun oder Tell Hatt bezeichnete Fundplatz Tell Kufr Yuba wurde bislang archäologisch nicht systematisch untersucht. Hinweise auf die Ruine finden sich dementsprechend nur in systematischen Fundplatzzusammenstellungen (Zwickel 1990:310-311; Palumbo 1994:2221.025) und einigen frühen Reise- (z.B. Steuernagel 1926:101-103=A.485-A487) und Forschungsberichten (Albright 1929: 10; Abel 1967:36; Glueck 1939:265, 1951a:154-155, 1951b:493-495, 602-603, 668-670). Zu rezenten Ansichten des Tells und seiner Oberfläche siehe Lamprichs (1997b:Abb.15-18).

Siedlungshügel befindet sich heute im südöstlichen Bereich des modernen Ortes Kufr Yuba. Der sich in mindestens zwei von Steinringen umgebenen Stufen von der Umgebung abgrenzende Tell ist von zahlreichen rezenten Häusern umgeben. Nur der Blick nach Süden ist noch unverbaut. Die hier terrassenförmig abfallenden Flächen werden landwirtschaftlich genutzt. Über diese landwirtschaftlichen Nutzflächen hinweg sind unter anderem der völlig freistehende Tell Beit Yafa, Tell esh-Sheqaq und die spärlichen Reste von Zaharet Soq`ah deutlich zu erkennen. Die von Glueck (1951a:154–155) beschriebenen Terrassen, die in Stufen zum damals noch ca. 750m nordwestlich in einer Senke gelegenen Ort hinunter führten, sind hingegen zwischenzeitlich weitgehend bebaut. Überbaut wurde wahrscheinlich auch ein kleines Sammelbecken für Wasser, das Glueck (1951a:154) zwischen dem Tell und dem Ort beschreibt.[553] Das entsprechende Gebiet war 1997 mit Bauschutt aufgefüllt und wurde teilweise als Sportplatz genutzt. Raubgrabungen, landwirtschaftliche Nutzungen und zahlreiche mit rezenten Bauaktivitäten verbundene Unternehmungen am oder um den Tell haben während der letzten Jahre zu zahlreichen Zerstörungen auf Tell Kufr Yuba geführt. Der momentane Erhaltungszustand des Siedlungsplatzes ist schlecht. Auf und um die Tellkuppe finden sich zahlreiche Olivenbäume und Spuren von Raubgrabungen. Die ebenen Flächen werden landwirtschaftlich genutzt und regelmäßig umgepflügt. Auf der Oberfläche des Siedlungshügels konnten des weiteren die bereits von Glueck erwähnten, teilweise sehr großen (Feuer)Steinblöcke beobachtet werden, die wahrscheinlich zu einem oder mehreren ehemals massiven Gebäuden gehört haben. Die vorrangig aus Keramik und Feuersteingeräten bestehenden, relativ gleichmäßig über den Siedlungsplatz verteilten Oberflächenfunde werden von Glueck (1951a: 154–155; 1951b:493–495, 602–603, 668–670) zum Großteil in die Frühbronzezeit I (und II) und die Eisenzeit I–II datiert. Scherben der Frühbronzezeit wurden nach Glueck vorrangig an der nördlichen Seite des Tells sowie am Fuß des Hügels beobachtet. Weiterhin vermerkt er Fundstücke (Scherben) aus der Mittelbronzezeit II, der Spätbronzezeit II sowie aus der hellenistischen, römischen, byzantinischen und islamischen Periode. Palumbo kommt im Rahmen seiner Fundplatzzusammenstellung (1994: 2221.025) zu ähnlichen Ergebnissen. Eine Differenzierung der eisenzeitlichen Funde nimmt er jedoch nicht vor. Er spricht lediglich von „unspecific iron age". Die mittelbronzezeitlichen Funde verweist er in die Mittelbronzezeit II/III (IIB/C) und die spätbronzezeitlichen in die Spätbronzezeit IIA/B.

[553] Glueck (1951a:154) schließt nicht aus, daß dieses „Wassersammelbecken" in der Tradition römischer und byzantinischer Anlagen steht. Palumbo (1994: 2221.025) schließt sich dieser Einschätzung an.

Die Scherbendichte im Sommer 1997 war insbeondere in den landwirtschaftlich genutzten und umgepflügten Bereichen im Süden des Tells relativ hoch. Diagnostika konnten aber auch hier nur in geringer Anzahl gefunden werden. Bei ca. 9 von 10 der aufgesammelten Stücke handelt es sich um Bauchscherben, die ebenso wie die wenigen Diagnostika vorwiegend mit einer relativ groben, mit Kalk gemagerten eisenzeitlichen Kochtopfware verbunden werden können.[554] Nur sehr wenige Oberflächenfunde des Jahres 1997 verwiesen in die Früh- und Mittelbronzezeit, die hellenistische und römische Periode (vgl. Lamprichs 1997b:Abb.25).

2.5.1.5 Qasr el-Ghul[555] (UTME: 7652; UTMN: 36046)

Qasr el-Ghul liegt nach Glueck ca. 1,75km südwestlich von Tell Irbid in einer Höhe von 500m an einer schmalen, sehr steilen, strategisch wichtigen Stelle auf der Westseite des Wadi el-Ghafr.[556] Die Entfernung von Qasr el-Ghul zu dem ost-nordöstlich gelegenen Abu Zeit oder nach Khirbet el-Butm betrug ca. 1,0km. Heute reicht die moderne Stadt Irbid direkt bis an den Fundplatz heran. Die vierspurige Ausfallstraße hinunter zum Jordantal überquert das Wadibett ca. 150m nordwestlich des Fundplatzes. Die unmittelbare Umgebung des Fundplatzes wurde 1997 von zahlreichen Bau- und Ausschachtungsarbeiten geprägt. Innerhalb dieses von rezenten Bauarbeiten geprägten und archäologisch stark gestörten Umfeldes erheben sich, wie bereits von Glueck beschrieben, auf der Ostseite (!), etwa 12m oberhalb des Wadibettes die Reste eines massiven quadratischen Gebäudes (Fort / Wachturm), dessen Seitenlänge ca. 7,5m beträgt. Die Außenwände stehen auch heute noch bis zu acht Steinlagen hoch an. Die durchnittliche Größe der Ecksteine beträgt 1,80m × 0,80m × 0,45m.[557] Sichtkontakt besteht von hier nur in das Wadi el-Ghafr. Rundumblicke wie bei den anderen bislang behandelten Fundorten sind von Qasr el-Ghul aus nicht möglich. Ebenso wie

---

554 Reste von Vorratsgefäßen (vgl. Lamprichs 1997b:Abb.4:2) und sonstige Gefäßformen sind im Oberflächenmaterial kaum bezeugt.

555 Der eventuell auch als Qasr Wadi el-Ghafr bezeichnete Fundplatz (Glueck 1951a:155, Anm.389) wurde bislang archäologisch nicht systematisch untersucht. Hinweise auf die Ruine finden sich dementsprechend lediglich in den bereits genannten Fundplatzzusammenstellungen (Zwickel 1990:311; Palumbo 1994: 2221. 027) sowie in den Reise- und Surveyberichten von Steuernagel (1926:99) und Glueck (1951a:155-157).

556 Die strategische Bedeutung des Fundplatzes ergibt sich aus seiner Lage am Oberlauf des Wadi el-Ghafr, das über lange Zeiträume einen der wichtigsten Erschließungswege für die Region Irbid darstellte. Von Qasr el-Ghul aus konnte jeglicher Verkehr in und aus dem Wadi kontrolliert werden.

557 Fotos der 1997 angetroffenen Situation finden sich bei Lamprichs (1997b: Abb.19-20).

bereits Glueck konnten wir auf der stark gestörten Oberfläche der Umgebung keine signifikanten Funde machen. Während aber Glueck glaubte, eine der von ihm gefundenen Scherben in die Eisenzeit II datieren zu können, waren die drei von uns 1997 vorgefundenen Bauchscherben keiner Periode zuweisbar (vgl. Lamprichs 1997b:Abb.26). Palumbo (1994:2221.027) nimmt eine Datierung der ihm zur Verfügung stehenden Oberflächenfunde in die Eisenzeit IIA/B und IIC vor. Es kann somit nicht ausgeschlossen werden, daß es sich bei Qasr el-Ghul um eine eisenzeitliche Gründung handelt, die die Aufgabe hatte, den Zugang zur Ebene von Irbid zu sichern. Die von den Karten und Surveyberichten (z.B. TAVO B IV 6; Glueck 1951a,b) suggerierten strukturellen Parallelen (z.B. Größe, Lage, Form) zu den anderen hier behandelten Fundplätzen (Tell Johfiyeh, Tell Kufr Yuba, Tell esh-Sheqaq, Zaharet Soq`ah, Tell Beit Yafa) konnten jedoch nicht beobachtet werden.

2.5.1.6 Analyse und Interpretation der Daten

Die Analyse der oben vorgestellten Daten macht deutlich, daß die genannten Fundplätze in der Umgebung von Tell Johfiyeh zahlreiche Gemeinsamkeiten aufweisen. Parallelen zeichnen sich beispielsweise hinsichtlich ihrer Lage, Größe, Form, Datierung und ihres allgemeinen Erhaltungszustandes ab. Sieht man von Ausnahmen und lokalen Variationen ab, so weisen die Fundorte überwiegend eine exponierte Lage innerhalb eines landwirtschaftlich intensiv genutzten Gebietes auf. Die ehemals fast immer freistehenden Anlagen liegen vorrangig in einer Höhe von über 600m ü. NN. Sie befinden sich häufig auf einer Anhöhe und bieten eine sehr gute Rundumsicht in die Umgebung. Die Form ihrer Kernbereiche erinnert in der Regel an eine befestigte Anlage mit einer nicht zu großen, annähernd runden oder ovalen Grundfläche. Die häufig landwirtschaftlich genutzten Oberflächen zahlreicher Fundplätze weisen neben verschiedenen Zerstörungen häufig einen Belag aus großen Feuersteinblöcken auf, die wahrscheinlich von ehemals sehr massiven Installationen stammen. Eine der Hauptnutzungsphasen der betrachteten Anlagen fällt ebenso wie in Tell Johfiyeh häufig in die Eisenzeit. Weitere Nutzungsphasen bilden meistens die römische, byzantinische oder islamische Periode. Ein Besiedlungsschwerpunkt während der späten Eisenzeit, wie er sich für Tell Johfiyeh und Tell esh-Sheqaq anhand der Oberflächenfunde abzeichnet, kann auch für die anderen untersuchten Anlagen nicht ausgeschlossen werden.

Grundlegende Abweichungen von diesen, für die Mehrzahl der untersuchten Fundplätze charakteristischen Strukturmerkmalen konnten nur in Qasr el-Ghul beobachtet werden. Kleinere Variationen des aufgezeigten Trends fanden sich darüber hinaus in Tell Kufr Yuba und Zaharet Soq`ah. Tell Kufr Yuba, der größte der analysierten Fundplätze, wurde im Gegensatz zu den anderen erwähnten Orten bereits während der Früh- und Mittelbronzezeit

inwieweit die 1996 und 1997 in und (nord)westlich von Tell Johfiyeh gewonnenen Einblicke auch für die hier betrachtete Region im Übergangsbereich zu den Ajlunbergen Gültigkeit haben. Eine Auswertung des entsprechenden archäologisch-historischen Kartenmaterials (z.B. TAVO B IV 6) machte in diesem Zusammenhang deutlich, daß sich auch direkt südöstlich von Tell Johfiyeh eine Reihe von Fundplätzen befinden, die wahrscheinlich in die Eisenzeit datieren und potentiell eine strukturelle Ähnlichkeit mit Tell Johfiyeh aufweisen.[564] Es handelt sich von Ost nach West um die Ortslagen Muntar Zibdeh, Muntar Yarin und Zambut Meleik (Abb.2). Hinzu kommen die Fundplätze Deir Burak und Khirbet Fara. Verbindet man diese, südöstlich von Tell Johfiyeh gelegenen Fundplätze graphisch miteinander, so ergibt sich eine von Osten nach (Süd-)westen verlaufende Linie, die sich weiter über die im folgenden teilweise nicht näher betrachteten Fundplätze[565], Khirbet Mahrama, Zubiya, Ras Birqish, Hinzira, zwei nicht namentlich erfaßte Ortslagen[566], Zaharet Soq'ah und Qasr el-Ghul[567] zu einem nach Osten offenen „Halbkreis" verlängern läßt (Abb.2). Als potentieller nördlicher Abschluß dieses „Halbkreises" kann, wie bereits 1997 beobachtet, (Tell) Irbid gelten. Sein Ausgangspunkt liegt zirka vier Kilometer südlich von (Tell) el-Husn (Abb. 6). Die nachfolgende Auflistung der 1998 aufgesuchten Fundorte und die entsprechende Zusammenstellung der zusammengetragenen Informationen beginnt mit dem südöstlich von Tell Johfiyeh gelegenen Muntar Zibdeh und folgt dann der „halbkreisförmigen" Anordnung der Fundplätze nach (Süd)-westen. Auf Muntar Zibdeh folgen Muntar Yarin, Zambut Meleik und das etwas nach Südosten versetzte Deir Burak. Den Abschluß der vorliegenden Arbeiten bildet Khirbet Fara, das in unmittelbarer Nähe der modernen Straße von Irbid nach Ajlun gelegen ist.

---

[564] Die potentielle Ähnlichkeit dieser Fundplätze mit Tell Johfiyeh wurde aus der Darstellungsweise auf der historisch-topographischen Karte des Tübinger Atlas des Vorderen Orients (TAVO B IV 6) abgeleitet und diente als Arbeitshypothese, die im Rahmen der weiteren Ausführungen überprüft wurde.

[565] Eine Einbeziehung dieser Fundplätze in die vorliegenden Ausführungen war aufgrund der zur Verfügung stehenden Zeit und Mittel leider nicht möglich.

[566] Hierbei handelt es sich um die Ortslagen Nr. 9 und Nr. 91 (Banning, Fawcett 1983), die beide einen eisenzeitlichen Scherbenbelag aufweisen.

[567] Die (nord-)westlich von Tell Johfiyeh gelegenen Fundplätze Zaharet Soq'ah und Qasr el-Ghul wurden bereits 1997 archäologisch erfaßt und analysiert. Vgl. Kap. 2.5.1.

2.5.2.1 Muntar Zibdeh[568] (UTME: 772248; UTMN: 3593760)
Der auf dem Rücken einer niedrigen Anhöhe (ca. 812m ü. NN - Palumbo (1994:2320.020)) lokalisierte „Aussichtspunkt“ (Zwickel 1990:299) Muntar Zibdeh liegt vier Kilometer südsüdöstlich von Tell el-Husn entfernt. Vom direkt südlich gelegenen Ort Kitim, den Glueck (1942:22) als das moderne Equivalent zu Muntar Zibdeh bezeichnete, ist der Fundplatz nur durch einen Taleinschnitt getrennt.[569] Die Entfernung zu dem direkt west-südwestlich gelegenen Muntar Yarin, das den Fundplatz Muntar Zibdeh überragt, beträgt 1,5 Kilometer.[570] Zwischen beiden Fundplätzen besteht nach Glueck (1951a:110) Sichtkontakt.[571] Auf der Oberfläche des Fundplatzes beobachtete Glueck (1942:22, 1951a:110–111) mehrere Zisternen[572] und zahlreiche Kalk- und Feuersteinblöcke. Letztere brachte er mit einer auf der Hügeloberfläche vermuteten Festung in Verbindung, deren Fundamente weitgehend zerstört waren (Glueck 1951a:110). Der schlechte Erhaltungszustand der Ruine und die vollständige Überlagerung mit Versturzsteinen machte eine Aufnahme der Fundamentmaße durch Glueck (1942:22) unmöglich.
Die Keramikdichte an den Abhängen und der Hügeloberfläche wird von Glueck (1951:110) als sehr dicht beschrieben. Er datiert den überwiegenden Teil der hier aufgesammelten Keramik in die Eisenzeit I–II und folgert hieraus, daß die Architekturreste der Hügeloberfläche wahrscheinlich in diese

[568] Zu den verschiedenen Schreibweisen des Fundplatzes in der Literatur und der Bedeutung des Namens vgl. die Zusammenstellung bei Lamprichs und Kafafi (2000:99,Anm.11).

[569] Schumacher (1893:153, Tafel 1) spricht hinsichtlich des etwas talabwärts gelegenen Fundplatzes Zibde (nicht Muntar Zibdeh !) von „einer Ruine mit Höhlen“, die er zirka 12 Minuten per Pferd vor dem Ort Kitim passierte.

[570] Glueck (1942:22) spricht davon, daß sich Muntar Yarin über das nordöstlich gelegene Muntar Zibdeh „auftürmt“.

[571] Bei Steuernagel (1926:438) heißt es zur Lage des Fundortes: „Nachdem die Straße den Sattel zwischen dem *dahr tiarri* und dem *tell jarin* überschritten hat, kreuzt sie ein Tal, das vom *tell jarin* herabkommend in nordöstlicher Richtung unter dem *dahr tiarri* hinzieht. Dabei ragt zur Rechten der Straße der Ruinenhügel *muntar zebda* auf, dem etwas talabwärts die Ruine *zebda* mit Höhlen und Feigenbäumen gegenüberliegt“.

[572] Glueck (1942:22; 1951a:110) erwähnt eine große Zisterne auf der südlichen Seite der Hügeloberfläche. Fünf weitere Zisternen lokalisiert er auf der Ost- und Südostseite. Darüber hinaus äußert er die Vermutung, daß es noch weitere Zisternen gegeben hat. Eine explizite Angabe zur zeitlichen Stellung der Zisternen macht Glueck nicht. Palumbo (1994:2320.020) spricht von Wasserreservoiren aus unbekannter Zeit.

Zeitspanne datieren.[573] Weiterhin identifiziert er einige Scherben der Früh- und Mittelbronzezeit II sowie der byzantinischen Periode. Zahlreiche weitere Stücke verweist er in die islamische Zeit (Glueck 1951a:110–111). Diesem zeitlichen Ansatz für die Nutzung von Muntar Zibdeh folgen Zwickel (1990:299)[574] und Palumbo (1994:2320.020) in ihren Fundplatzzusammenstellungen weitgehend. Palumbo spricht jedoch etwas allgemeiner von den Resten eines Forts aus der Eisenzeit und benutzt hinsichtlich der eisenzeitlichen Keramikfunde die Bezeichnung „unspecific iron age". Ähnliches gilt für die von Glueck der Bronzezeit zugeschriebenen Stücke. Hier spricht Palumbo von „unspecific early bronze age" und Scherben der Mittelbronzezeit II/III (MB II B/C).

Auf eine Ergänzung und Überprüfung dieser Angaben mit den im Herbst 1998 gesammelten Informationen (vgl. Lamprichs und Kafafi 2000:100, Anm.12) wurde verzichtet, da es im Rahmen der durchgeführten Arbeiten leider nicht gelungen ist, den Fundplatz Muntar Zibdeh eindeutig zu identifizieren. Zahlreiche rezente Baumaßnahmen, die erhebliche Ausdehnung des benachbarten Ortes Kitim und der massive Steinabbau in den umliegenden Steinbrüchen machten trotz des Einsatzes eines GPS-Gerätes eine Korrelation der lokalen Gegebenheiten mit den Aussagen der Survey- und Reiseberichte weitgehend unmöglich. Die auf den entsprechenden Landkarten, in Reise- und Surveyberichten vorgenommene Differenzierung zwischen Muntar Zibdeh, Khirbet Zibdeh und Zibdeh war den von uns 1998 befragten Bewohnern der Region absolut unbekannt. Sie bezeichneten die potentiell in Frage kommenden, in etwa parallel zueinander liegenden Sporne ganz allgemein als Zibdeh.[575]

---

[573] In seinen Ausführungen von 1942 (Glueck 1942:22) schließt er ein späteres Datum für die Gebäudereste oder einen späteren Wiederaufbau desselben nicht vollständig aus und fügt einschränkend hinzu, daß die genaue Datierung einer abschließenden Klärung bedarf.

Ebenfalls nur in den Ausführungen von 1942 spricht Glueck davon, daß der überwiegende Teil der Scherben in die „Frühe Eisenzeit I-II" datiert; später (1951a:110) heißt es nur noch Eisenzeit I-II. Beide Berichte (Glueck 1942:22, 1951a:110-111) erwähnen jedoch den relativ hohen Anteil „polierter Ware" (=burnished ware) des eisenzeitlichen Materials aus Muntar Zibdeh.

[574] Muntar Zibdeh wird von Zwickel (1990:299) als ein Aussichtspunkt bezeichnet, der auf einem niedrigen Hügel liegt und ursprünglich eine Festung beherbergte. Ein Großteil der von Glueck gefundenen Keramik stammt nach Zwickel aus der Eisenzeit.

[575] Zu den 1998 vorgefundenen Gegebenheiten siehe die entsprechenden Fotos bei Lamprichs und Kafafi (2000:Abb.5-9).

2.5.2.2 Muntar Yarin[576] (UTME: 770559; UTMN: 3593430)
Der in einer Höhe von zirka 900m ü. NN auf einer steil abfallenden Erhebung gelegene „Aussichtspunkt“ (Zwickel 1990:299) befindet sich ungefähr 4,5 Kilometer nordwestlich des Ortes Ne´eimeh. Den Ort Kitim beschreibt Glueck (1951a:110) in etwa auf halbem Wege zwischen beiden. Der Fundplatz Muntar el-Khaldeh, besser bekannt als Tell (!) Yarin, befindet sich direkt südsüdwestlich von Muntar Yarin. 1,5 Kilometer nordnordöstlich schließt sich das tiefer gelegene Muntar Zibdeh an. Von dem südöstlich des Fundplatzes gelegenen Dorf Ya´amun ist Muntar Yarin zirka 6,5 Kilometer entfernt. Nach Daraiya sind es etwa 2 Kilometer in westsüdwestliche Richtung. Das auf einem hohen Berg gelegene Dorf Samad ist von Muntar Yarin aus, das eine gute Fernsicht bietet (vgl. Steuernagel 1926:437), in westnordwestlicher Richtung sichtbar. In der dem Fundplatz nördlich vorgelagerten Ebene sind unter anderem die größten Siedlungen der Region, el-Husn und Irbid sichtbar.
Die steilen Abhänge des Fundplatzes wurden durch alte Terrassenanlagen charakterisiert, die dort wo sie zur Zeit von Glueck noch erhalten waren, das weiterhin kultivierte Erdreich hielten (Glueck 1942:21, 1951a:110). Entlang des sehr steilen und steinigen Weges, der zur Hügeloberfläche führt, beobachtete Glueck (1942:21, 1951a:110) mehrere große Zisternen, die in der Regel aber bereits vollständig mit Schutt angefüllt waren. Auf der Hügeloberfläche selbst beschreibt Glueck (1942:21, 1951a:110) an der höchsten Stelle die Fundamentreste eines kleinen Aussichtsturmes, der einen Blick in die gesamte Umgebung ermöglichte.[577] Die insbesondere an den Abhängen des Fundplatzes vorgefundenen Keramikscherben werden von Glueck (1942:21, 1951a:110) überwiegend in die Eisenzeit I und II datiert. Darüber hinaus identifiziert er Stücke der römischen und byzantinischen Zeit.[578] Eine ähnliche Datierung des Scherbenbelags geben Zwickel (1990:299) und Palumbo (1994:2320.021). Letzterer spricht aber hinsichtlich der eisenzeitlichen Keramikfunde von „unspecific iron age“ und erwähnt darüber hinaus Feuersteingeräte, deren zeitliche Stellung nicht exakt zu bestimmen war („unspecific period“). Eine Datierung des von Glueck

---

[576] Zu den verschiedenen Schreibweisen des Fundplatzes in der Literatur und der Bedeutung des Namens vgl. die Zusammenstellung bei Lamprichs und Kafafi (2000:101,Anm.20).

[577] Diese Beobachtung Gluecks veranlaßt Zwickel (1990:299) dazu, in seiner Fundplatzzusammenstellung von einem Aussichtsturm mit Resten eines Wachturmes zu sprechen.

[578] In seinen Ausführungen von 1942 (Glueck 1942:21) findet sich darüber hinaus der singuläre, später nicht wieder aufgenommene Hinweis auf ein Keramikfragment der Mittelbronzezeit I.

erwähnten „Aussichtsturmes", der landwirtschaftlich genutzten Terrassen und der aufgefüllten Zisternen nimmt er ebenfalls nicht vor. Er spricht vielmehr ganz allgemein von „unspecific period structures".
Auf eine Ergänzung und Überprüfung der bislang zusammengestellten Daten anhand der im Herbst 1998 gesammelten Informationen (Lamprichs und Kafafi 2000:101–102,Anm.21) mußte ebenso wie bereits bei Muntar Zibdeh verzichtet werden, da auch hier zahlreiche rezente Baumaßnahmen, die erhebliche Ausdehnung des Ortes Kitim und der massive Steinabbau in den umliegenden Steinbrüchen eine gesicherte Identifizierung des Fundplatzes unmöglich machten.[579]

2.5.2.3 Zambut Meleik[580] (UTME: 767748; UTMN: 3592872)

Der archäologische Fundplatz Zambut Meleik liegt an den nördlichen Ausläufern der Ajlunberge. Direkt unterhalb von Zambut Meleik geht das Hügelland des Ajlun in die fruchtbare Ebene des nördlichen Transjordanien über (Glueck 1942:21, 1951a:108). Die nordnordöstlich gelegene Ortschaft el-Husn ist zirka sechs Kilometer entfernt. Tell az-Za´tara liegt zirka einen Kilometer südsüdwestlich. Tell Yarin befindet sich zwei Kilometer östlich des Fundplatzes. Es besteht Sichtkontakt. Ebenfalls Sichtkontakt besteht zu dem in südliche Richtung direkt gegenüberliegenden Fundplatz Deir Burak und zu der zirka 2,75 Kilometer südsüdöstlich gelegenen Khirbet Fara.[581]
Der auf einem isolierten Hügel gelegene (Zwickel 1990:298), in etwa ostwestlich ausgerichtete Fundplatz hat eine Grundfläche von zirka 500m × 375m (vgl. Lamprichs und Kafafi 2000:Abb.16–17). Fünf deutlich voneinander zu trennende Terrassen führen von dem rezenten Niveau der direkt nördlich vorbeiführenden Straße Irbid-Ajlun hinauf zum höchsten Punkt des Fundplatzes, der auf einer Höhe von 952m ü. NN[582] liegt. Den oberen Abschluß bildet dabei eine Stufe, die an einen kleinen Tell erinnert. Die ebene Oberfläche dieses „Tells" ist annähernd rund und hat einen Durch-

[579] Zu der 1998 angetroffenen Situation siehe die entsprechenden Fotos bei Lamprichs und Kafafi (2000:Abb.10-15).

[580] Zu den in der Fachliteratur ansonsten bezeugten Schreibweisen des Fundortes vgl. die Zusammenstellung bei Lamprichs und Kafafi (2000:104,Anm.28).

[581] Bei Steuernagel (1926:428) heißt es zur Lage des Fundortes: „Wir wenden uns zurück zur Wasserscheide und folgen der auf ihr nordwärts führenden Straße weiter. Jenseits des Anfangs des *wad el-hijar* haben wir zur Rechten den runden Ruinenhügel *zambut malek* (emletsch, 946m), zur Linken den *dahr bussija* ".

[582] Zu der Höhenangabe vergleiche die Angaben der Landkarten (z.B. Jordan 1982). Palumbo (1994:2220.052) gibt als Wert für die Höhe 940 Meter an. Das Ergebnis unserer Messung im Herbst 1998 lautete 945m ü. NN.

messer von zirka 50 Metern.[583] Am Nord- und Südhang des Fundplatzes finden sich, wie schon von Glueck erwähnt (1942:21), zahlreiche zum Teil bereits eingefallene Terrassenmauern. Die als sehr steil beschriebene Ostflanke (Glueck 1942:21; 1951a:108) wurde im Herbst 1998 durch eine rezent genutzte Zisterne und die darunter anschließenden Gebäude einer Geflügelfarm charakterisiert (Lamprichs und Kafafi 2000:Abb.20). Weitere rezente Gebäude, die wahrscheinlich im Zusammenhang mit landwirtschaftlichen Aktivitäten und Gartenbau (z.B. Olivenhaine) stehen, finden sich an den nördlichen und nordwestlichen Ausläufern von Zambut Meleik. Der südlich und südöstlich an den Fundplatz anschließende Bereich wird heutzutage fast vollständig von den Ausläufern eines Steinbruchs dominiert, der sich entlang des Wadi 'Iraq al-Banat erstreckt und sich ständig weiter ausdehnt (Lamprichs und Kafafi 2000:Abb.21).[584] Die nördlich anschließenden Regionen, die den Übergang zum nordjordanischen Plateau bilden, werden durch eine intensive landwirtschaftliche Nutzung charakterisiert (Lamprichs und Kafafi 2000:Abb.19).

Die von Glueck (1951a:108) für die Hügeloberfläche beschriebenen Reste eines großen rechteckigen Gebäudes, das eine Seitenlänge von zirka 35 Metern aufwies, konnten während des Besuchs von Zambut Meleik im Herbst 1998 nicht mehr eindeutig identifiziert werden. Eine Bestätigung seiner Annahme (Glueck 1951a:108), daß es sich bei dieser Ruine um die Reste eines „rujm" aus der Eisenzeit handelt[585], der das einst sehr fruchtbare und wohlhabende Gebiet überblickte und bewachte, konnte dementsprechend ebenfalls nicht erbracht werden. Neben unzusammenhängenden Mauerresten konnten nur zahlreiche große und mittelgroße Steine auf der Hügeloberfläche dokumentiert werden (Lamprichs und Kafafi 2000: Abb.

[583] Die beschriebenen Merkmale der Hügeloberfläche weisen zahlreiche Parallelen zu dem nordwestlich gelegenen Tell Johfiyeh auf (vgl. Kap. 1). Ebenso wie Zambut Meleik weist letzterer eine absolut ebene, annähernd runde Oberfläche auf. Reste einer Abstufung („Terrasse") finden sich hier ebenfalls. Im Unterschied zu Zambut Meleik liegt Tell Johfiyeh aber in einer weniger exponierten Lage.

[584] Eine Gefährdung zahlreicher archäologischer Fundplätze in der Umgebung von Zambut Meleik kann aufgrund der genannten Aktivitäten nicht ausgeschlossen werden (Lamprichs und Kafafi 2000:Abb.21). Eine Gefährdung geht auch von den zahlreichen Raubgrabungen aus, die auf der Hügeloberfläche von Zambut Meleik und in der Umgebung beobachtet werden konnten.

[585] Zwickel (1990:298) spricht in diesem Zusammenhang von den Resten eines Steinhauses (Wachturms ?) mit 35 Metern Seitenlänge. Einen Datierungsvorschlag für das Gebäude macht er im Gegensatz zu Glueck aber nicht.

Palumbo (1994:2220.052) spricht ebenso wie bei den erwähnten Terrassenmauern ganz allgemein von einer nicht genau datierten Struktur („unspecified period structure").

22). Eine zeitliche Zuweisung dieser Installationen in die Eisenzeit ist wahrscheinlich.[586] Die Dichte der im Herbst 1998 in Zambut Meleik vorgefundenen Oberflächenfunde war relativ hoch. Neben den quantitativ dominierenden Keramikscherben konnten auch einige wenige Feuersteinreste beobachtet werden. Die Verteilung der Keramikscherben auf die Hügeloberfläche, die Terrassen und Abhänge von Zambut Meleik war relativ gleichmäßig. Das Verhältnis von Rand- zu Bauchscherben betrug etwa 1:5. Neben zahlreichen Stücken der Eisenzeit I und II konnten auch Scherben der Bronzezeit sowie der römischen und byzantinischen Periode beobachtet werden (vgl. Lamprichs und Kafafi 2000:Abb. 35).[587] Innerhalb der eisenzeitlichen Assemblage dominierten verschiedene Formen der groben Kochtopfware (Lamprichs und Kafafi 2000:Abb. 3:1–2, 5–6; 35). Darüber hinaus konnten Reste der für Nordjordanien charakteristischen eisenzeitlichen Kratere mit Ritzverzierung (Kamlah 2000:123–127) und rotem Überzug beobachtet werden. Des weiteren sind kleinere Krüge aus einer mittelgroben eisenzeitlichen Ware bezeugt (vgl. Lamprichs und Kafafi 2000:Abb.3,4,35). Glueck (1942:21; 1951a:108) datiert in seinen Ausführungen ebenfalls einen Großteil der auf der Oberfläche gefundenen Keramikscherben in die Eisenzeit I und II. Darüber hinaus erwähnt er einige wenige Keramikfragmente, die wahrscheinlich in die Mittelbronzezeit I (=MB IIA) datieren, sowie Stücke der römischen und byzantinischen Epoche. Diese Datierung des Oberflächenmaterials wird von Zwickel (1990:298) und Palumbo (1994:2220.052) weitgehend übernommen. Hinsichtlich der eisenzeitlichen Keramikfunde spricht Palumbo jedoch von „unspecific iron age".

2.5.2.4 Deir Burak[588] (UTME: 767548; UTMN: 3591788)

Der archäologische Fundplatz Deir Burak liegt zirka 1,75 Kilometer ostnordöstlich der Khirbet Fara auf einer gestuften Spornkuppe (964m ü. NN), die in nordnordwestlicher Richtung vorstößt (Mittmann 1970:61). Das auf der Nordseite des Wadi ʹIraq al-Banat direkt gegenüber gelegene Zambut

[586] Die von Glueck (1942:21, 1951a:108) bereits beobachtete und im Herbst 1998 erneut vorgefundene quantitative Dominanz eisenzeitlicher Scherben auf der Hügeloberfläche und an den Hängen legt eine chronologische Verbindung mit dieser Periode nahe.

[587] Eine feinteilige chronologische Differenzierung innerhalb der genannten Zeitperioden ist auf der Grundlage des vor Ort gesichteten Materials und den bereits mehrfach geschilderten regionalen Besonderheiten leider nicht möglich.

[588] Zu den in der Fachliteratur ansonsten bezeugten Schreibweisen des Fundortes und der Bedeutung des Namens vgl. die Zusammenstellung bei Lamprichs und Kafafi (2000:105,Anm.39).

Meleik ist zirka 1,25 Kilometer entfernt. Zum Tell el-Husn sind es ungefähr sieben Kilometer in nordnordöstliche Richtung.[589] Der Fronthang der Kuppe fällt ebenso wie die anderen Seiten etwa 75,00m tief ab. Die terrassierte Scheitelkuppe des Fundplatzes mißt zirka 60,00m × 100,00m und ist durch einen flachen Sattel von einer darüber aufsteigenden Anhöhe abgesetzt (Mittmann 1970:61; Zwickel 1990:298). Die moderne Straße, die Khirbet Fara mit dem kleinen (christlichen) Ort Shatana verbindet, schneidet und begrenzt den Sporn im Südosten. Auf der durch Eichengebüsch charakterisierten Oberfläche der Kuppe befinden sich verschiedene Mauerläufe und zahlreiche verstürzte Kalksteine (vgl. Lamprichs und Kafafi 2000: Abb. 23–27), die auf eine ehemalige Bebauung hinweisen. Eine zusammenhängende Struktur konnte jedoch im Herbst 1998 nicht mehr erkannt werden. Auffällig sind zahlreiche Zisternen, Höhlen und Gräber im östlichen Bereich des Sporns. Hier finden sich auch zahlreiche Raubgrabungen, die wahrscheinlich von den in der Umgebung „ansässigen" Beduinen durchgeführt wurden. Spuren landwirtschaftlicher Nutzung finden sich hingegen vorrangig an den nördlichen und nordöstlichen Abhängen sowie in der direkten Umgebung im Südwesten und Südosten des Fundplatzes.

Mittmann (1970:61) rekonstruiert anhand der von ihm zahlreich gemachten Oberflächenfunde für Deir Burak eine Besiedlungsgeschichte, die bis in die Frühbronzezeit I zurückreicht. Darüber hinaus benennt er Oberflächenfunde der Frühbronzezeit III, der frühen Eisenzeit (12. bis 11. Jahrhundert v. Chr.)[590], der spätbyzantinischen und abbasidischen Periode, sowie der Mameluckenzeit. Eine zeitliche Zuweisung der genannten Mauern und verstürzten Steine nimmt er ebenso wie Palumbo (2220.032), der seine sonstigen Datierungen weitgehend übernimmt, nicht vor.[591] Im Gegensatz zu Mittmann konnten im Herbst 1998 kaum signifikante Oberflächenfunde in Deir Burak gemacht werden. Der Scherbenbelag an den Hängen und auf der

---

[589] Steuernagel (1926:433) beschreibt die Lage des Fundplatzes Deir Burak folgendermaßen: „In der Nähe seines (*wad ed-der*) Ursprungs liegt das kleine Dorf *der burak* (963m), ein elendes von vier Christenfamilien bewohntes, romantisch auf einem Hügel im Walde, daher verdeckt und geschützt gelegenes Felsennest mit ein paar alten Ölbäumen. Das Tal läuft weiter unterhalb des schon oben erwähnten Ruinenhügels *zambut malek* und nimmt dann bald ein kleines Seitental auf, das ......".

[590] Zwickel (1990:298) übernimmt in seiner Fundplatzzusammenstellung diese Formulierung und spricht ebenfalls von einem Scherbenbelag der „frühen Eisenzeit (12. - 11. Jh.v.Chr.)".

[591] Hinsichtlich der Eisenzeit spricht Palumbo (2220.032) nicht von der frühen Eisenzeit sondern von der Eisenzeit I (Iron Age I). Die von Mittman (1970:61) auf der Kuppe erwähnten Mauerläufe und verstürzten Steine bezeichnet er als „unspecified period structure".

Kuppe war extrem dünn. Die wenigen vorgefundenen Scherben machten eine Bestätigung oder Ergänzung der von Mittmann gegebenen Besiedlungsgeschichte und den damit verbundenen Datierungen weitgehend unmöglich. Die wenigen relativ eindeutig zu bestimmenden Scherben belegen lediglich eine Besiedlung von Deir Burak während der spätbyzantinisch/abbasidischen Periode und während der Mameluckenzeit. Die von Mittmann erwähnte Frühbronzezeit und die frühe Eisenzeit konnten hingegen nicht sicher identifiziert werden. Lediglich eine (!) Bauchscherbe erinnert an die charakteristische eisenzeitliche Kochtopfware. Zusammenfassend muß somit festgehalten werden, daß Aussagen zur Chronologie und Besiedlungsgeschichte, die über die Angaben der eingangs erwähnten Reise- und Surveyberichte hinausgehen, auf der Basis des im Herbst 1998 vorgefundenen Oberflächenmaterials nicht möglich sind.

2.5.2.5 Khirbet Fara[592] (UTME: 766110; UTMN: 3590555)

Der archäologische Fundplatz Khirbet Fara (1016m ü. NN) liegt zirka 2,25 Kilometer nordöstlich von ʼUsaym auf dem aufgewölbten Ende eines Spornes, der nach Nordnordwesten vorspringt (Mittmann 1970:60–61). Zu dem nordnordöstlich gelegenen Zambut Meleik sind es zirka 2,75 Kilometer. Der nordöstlich gelegene Ort el-Husn mit dem Tell el-Husn ist zirka neun Kilometer von Khirbet Fara entfernt. Die Verbindungsstraße von Irbid nach Ajlun schneidet den Spornansatz, auf dem der Fundplatz liegt, im Südosten.[593] Von der Schnittstelle geht man zirka 250–300 Meter weit über einen schmalen Felsrücken zu der zirka 10,00m ansteigenden Kuppe, die von zwei sich tief und steil einschneidenden Talköpfen umfaßt wird (Mittmann 1970:60–61). Die Böschungen des Fundplatzes sind terrassiert und wurden im Herbst 1998 bis auf den nordwestlichen Steilabfall intensiv landwirtschaftlich genutzt (Lamprichs und Kafafi 2000:Abb.28–32). Während die Ausläufer der Hänge im Nordosten und Südosten vorwiegend von Feldern geprägt sind, dominieren in den mittleren Lagen, im Westen und Südwesten Gartenanlagen und Obstplantagen das Erscheinungsbild des Fundplatzes. Zahlreiche rezente Gebäude befinden sich im Südwesten von Khirbet Fara. Nur vereinzelt reichten sie bis an die Hügelkuppe heran. Auf dem Scheitel und an den Hängen des Fundplatzes, wo teilweise das anstehende Gestein zutage tritt, finden sich ebenso wie auf dem steinigen Spornhals mehrere

---

[592] Zu den in der Fachliteratur ansonsten bezeugten Schreibweisen des Fundortes und der Bedeutung des Namens vgl. die Zusammenstellung bei Lamprichs und Kafafi (2000:105,Anm.46).

[593] Steuernagel (1926:425) lokalisiert Khirbet Fara ebenfalls westlich dieser Straße nach Irbid, die in diesem Bereich direkt auf der hier verlaufenden Wasserscheide entlang führt.

Zisternen (Mittmann 1970:61), die teilweise noch heute genutzt werden. Spuren zahlreicher Raubgrabungen finden sich im Bereich der Hügelkuppe und an den südöstlichen Rändern, die eine große Anzahl byzantinischer (?) Gräber aufweisen. Die zirka 150,00m × 140,00m messende Oberfläche der Hügelkuppe ist mit Steingeröll übersät und weist zahlreiche Steineichen auf.[594] Nur einige wenige Mauerlinien zeichnen sich innerhalb des sehr dichten Oberflächenbelags aus großen und mittelgroßen Kalksteinen ab. Zusammengehörige Gebäudestrukturen konnten nicht erkannt werden.

Oberflächenfunde wie Keramikscherben und Feuersteinreste fanden sich in allen Bereichen des Fundplatzes. Die Scherbendichte ist hoch und das Verhältnis von Rand- zu Bauchscherben beträgt zirka 1:7. Quantitative Schwerpunkte bilden neben der Hügelkuppe, der Steilabfall zum Wadi und die südöstlich gelegenen, frisch umgepflügten Felder.[595] Neben Scherben der Eisenzeit konnten Stücke der römischen und byzantinischen Zeit sowie der omaijadischen Periode identifiziert werden (vgl. Lamprichs und Kafafi 2000:Abb.3:3;4:1;36).[596] Eine Datierung einzelner Stücke in die Eisenzeit I erscheint möglich. Im Vergleich mit den vorgefundenen Scherben der anderen Perioden bilden die Stücke der Eisenzeit den quantitativ kleinsten Teil. Quantitativ am stärksten vertreten, sind Stücke der römischen und byzantinischen Periode.

Wie die obigen Ausführungen zeigen, decken sich die im Herbst 1998 gemachten Beobachtungen weitgehend mit den Beschreibungen Mittmanns (1970:61), der neben Stücken der Frühen Eisenzeit solche der frührömischen, der byzantinischen und omaijadischen Zeit erwähnt. Weitgehende Bestätigung finden die genannten Datierungsvorschläge auch in der Fundplatzzusammenstellung von Palumbo (1994:2220.031), der allerdings gegenüber Mittmann einige Präzisierungen vornimmt. So unterscheidet er beispielsweise zwischen früh- und spätbyzantinischen Funden und spricht von der Eisenzeit I. Die an der Oberfläche sichtbaren Zisternen, Mauern und eine von Mittmann ebenso wie während des Besuchs im Herbst 1998 nicht registrierte Weinpresse bezeichnet er als Strukturen, die zeitlich nicht eindeutig zuweisbar sind.

---

594 Zwickel (1990:298) spricht in diesem Zusammenhang davon, daß der Hügel übersät ist mit dem Steingeröll antiker Bauten.

595 Aus dem Bereich der Felder, die zur Irbid-Ajlun Straße hinunter führen, wurden keine Keramikscherben analysiert. Dem Augenschein nach dominieren hier aber Stücke der römischen und byzantinischen Zeit, was eventuell einen Datierungsansatz für die anschließenden Gräber liefern könnte.

596 Mittmann (1970:61) spricht hinsichtlich der eisenzeitlichen Funde von Stücken der frühen Eisenzeit (12.-10. Jahrhundert v. Chr.). Zwickel (1990:298) übernimmt diese Datierung und erwähnt ebenfalls Keramik der frühen Eisenzeit.

2.5.2.6 Analyse und Interpretation der Daten

Wie die gemachten Ausführungen zeigen, sind die für den Bereich südöstlich von Tell Johfiyeh zur Verfügung stehenden Daten und Informationen sehr heterogen und lückenhaft. Die aus der wissenschaftlichen Literatur zusammengetragenen und im Herbst 1998 vor Ort eruierten Daten (Lamprichs und Kafafi 2000) sind häufig nicht ausreichend, um gesicherte Angaben zur Struktur und zeitlichen Stellung der Fundplätze zu geben. So war es beispielsweise häufig unmöglich, die genaue Form und Ausdehnung der jeweiligen Strukturen zu rekonstruieren und den genauen zeitlichen Kontext zu bestimmen. Lediglich in Zambut Meleik war eine sichere Verbindung mit der Eisenzeit I und II möglich. Eine Verifizierung der in der Literatur gemachten Angaben konnte häufig ebenfalls nicht erbracht werden und der angestrebte strukturelle Vergleich der Fundplätze untereinander und mit Tell Johfiyeh war in der Regel nur sehr eingeschränkt möglich.

Trotz dieser Schwierigkeiten machen die Ausführungen deutlich, daß die untersuchten Fundplätze einige Gemeinsamkeiten aufweisen. Parallelen zwischen den einzelnen Fundplätzen im Südosten von Tell Johfiyeh zeichnen sich hinsichtlich ihrer Lage, Größe, Form und zeitlichen Stellung ab. So nehmen die Fundplätze in der Regel eine exponierte Lage innerhalb eines landwirtschaftlich intensiv genutzten Gebietes ein. Sie befinden sich auf einer Anhöhe oder einem Sporn in einer Höhe von mehr als 800m ü. NN. Sie sind überwiegend freistehend und bieten eine gute bis sehr gute Rundumsicht in die Umgebung. Die (vermuteten) Kernbereiche dieser Fundplätze sind in der Regel nicht sehr groß und sie weisen häufig einen relativ dichten Belag aus mittelgroßen und großen Steinen auf. Letztere können wahrscheinlich mit den ehemals auf der Oberfläche der Kernbereiche vorhandenen Strukturen eines oder mehrerer Gebäude in Verbindung gebracht werden. Eine Nutzungsphase der Fundplätze fällt in der Regel in die Eisenzeit I (Deir Burak, Khirbet Fara) oder die Eisenzeit I und II (Muntar Zibdeh, Muntar Yarin, Zambut Meleik). Weitere Nutzungsphasen bilden neben verschiedenen Stufen der Bronzezeit häufig die römische, byzantinische und frühislamische Periode. Erwähnenswert sind weiterhin die an allen besuchten Fundplätzen beobachteten, sehr zahlreich vorhandenen Zisternen.

Grundlegende Abweichungen von den bislang beschriebenen Strukturmerkmalen konnten für keinen der behandelten Fundplätze südöstlich von Tell Johfiyeh beobachtet werden. Kleinere Variationen des aufgezeigten Trends finden sich aber an fast allen herangezogenen Fundplätzen. So weisen beispielsweise Muntar Zibdeh und Muntar Yarin eine nur bedingt exponierte Lage auf. Der in unmittelbarer Nähe gelegene, während der Eisenzeit jedoch nicht besiedelte Tell (!) Yarin überragt sowohl Muntar Zibdeh wie auch Muntar Yarin und bietet deshalb eine weitaus bessere Rundumsicht als die

genannten Fundplätze.[597] Ähnliches gilt für Deir Burak und Khirbet Fara, die wie Muntar Zibdeh auf einem Sporn gelegen sind. Auch hier gibt es in der Umgebung Fundplätze, die aus heutiger Sicht eine Stellung einnehmen, die exponierter ist. Anhand der an allen Fundplätzen beobachteten Zisternen und Raubgrabungen lassen sich weitere interne Unterschiede ablesen. Während in Khirbet Fara und Muntar Zibdeh zahlreiche Zerstörungen durch Raubgrabungen beobachtet werden konnten, fanden sich in Deir Burak, Muntar Yarin und Zambut Meleik nur vereinzelte Hinweise auf derartige Aktivitäten. Zahlreiche, zum Teil noch heute genutzte Zisternen fanden sich in Khirbet Fara, Deir Burak und Zambut Meleik. Die in Muntar Yarin und Muntar Zibdeh ehemals vorhandenen Zisternen wurden hingegen zwischenzeitlich überwiegend als Lagerräume sekundär genutzt, waren eingefallen oder mit Schutt angefüllt (Lamprichs und Kafafi 2000:94–95).
Wie die gemachten Ausführungen weiterhin zeigen, wurde die südöstliche Umgebung von Tell Johfiyeh während der Eisenzeit wahrscheinlich vorrangig von Anlagen geprägt, die mit landwirtschaftlichen Aktivitäten verbunden werden können. Der in der wissenschaftlichen Literatur (z.B. Glueck 1942, 1951a) mit diesen Fundplätzen häufig verbundene militär- und verteidigungspolitische Aspekt ist hingegen zu vernachlässigen. Hierfür spricht neben zahlreichen Parallelen mit den in und nordwestlich von Tell Johfiyeh beobachteten Merkmalen die beschriebene Lage innerhalb von landwirtschaftlich genutzten Flächen, die vermutete Größe der Anlagen und der geringe Abstand der Fundplätze untereinander. In den entsprechenden Strukturen konnte beispielsweise während der Erntezeit gesiedelt werden. Darüber hinaus konnten Werkzeuge oder Güter gelagert werden. Vorstellbar ist aufgrund der geringen Abstände zwischen den einzelnen Fundplätzen aber auch eine Interpretation der Anlagen als Gehöft, von denen die landwirtschaftliche Nutzung der direkt zugehörigen Gebiete koordiniert und organisiert wurden. Eine Kombination dieses Interpretationsansatzes mit anderen Deutungen der Fundplätze kann aber nicht ausgeschlossen werden. Multifunktionalität der Anlagen in Abhängigkeit von verschiedenen Faktoren, wie menschlichen Bedürfnissen und Ansprüchen, sozialer und politischer Organisationsform, klimatischen Verhältnissen und der topogra-

[597] Setzt man eine potentielle Gleichzeitigkeit der Fundorte Muntar Zibdeh und Muntar Yarin voraus, so kann ein funktionaler Zusammenhang zwischen beiden Orten während der Eisenzeit nicht ausgeschlossen werden. Angaben zur genauen Funktion der Fundplätze sind jedoch kaum möglich, da keine gesicherten Informationen zur Form und Ausdehnung der Besiedlung beziehungsweise Bebauung vorliegen. Die allgemeine Lage und Umgebung des unterhalb des steil aufragenden Muntar Yarin auf einem Sporn gelegenen Muntar Zibdeh macht es aber sehr wahrscheinlich, daß dieser Fundplatz vorwiegend mit landwirtschaftlichen Aktivitäten zu verbinden ist.

phischen Lage ist auch hier sehr wahrscheinlich. So ist beispielsweise für die südöstlich von Tell Johfiyeh gelegenen Fundplätze eine Deutung als „Schutzeinrichtung“, in die die Bewohner bei unmittelbarer Gefahr fliehen konnten, nicht vollständig auszuschließen. Hierfür spricht zum Beispiel die Lage auf Anhöhen und Spornen, die von mehreren Seiten her schwer zugänglich sind. Eine aktive Verteidigungs- und Sicherungsfunktion ist hingegen eher unwahrscheinlich, da an den Oberflächen der Fundplätze bislang keinerlei Hinweise auf kriegerische Auseinandersetzungen oder Waffeneinsätze beobachtet werden konnten. Eine klare „Linie“, die befestigt oder gesichert werden konnte, wurde bei den betrachteten Fundplätzen ebenfalls nicht deutlich. Hinweise darauf, daß es sich bei den betrachteten Fundplätzen um den Bestandteil eines eisenzeitlichen Kommunikationssystems gehandelt hat, wurden ebenfalls nicht gefunden.[598] Die Lage und Anordnung der untersuchten Plätze kann hingegen wahrscheinlich ausschließlich auf die natürlichen Gegebenheiten der Topographie zurückgeführt werden. Die Eingangs beschriebene „halbkreisförmige“ Anordnung der Fundplätze wäre dementsprechend auch hier, wie bereits westlich des Tell Johfiyeh beobachtet (vgl. Kap. 2.5.1), ausschließlich auf die regionalen Gegebenheiten zurückzuführen.

2.5.2.7 Zusammenfassung

Die trotz der schlechten Datenlage beobachtete Parallelität zahlreicher struktureller Merkmale macht es auch hier wahrscheinlich, daß es sich bei Muntar Zibdeh, Muntar Yarin, Zambut Meleik, Deir Burak und Khirbet Fara während der Eisenzeit um relativ homogene Anlagen gehandelt hat. Etwaige Abweichungen sind in der Regel auf die jeweiligen topographischen Gegebenheiten zurückzuführen und haben wahrscheinlich keinen funktionalen Hintergrund. Das funktionale Umfeld der mit den Fundplätzen verbundenen Anlagen kann auch hier mit den Stichworten landwirtschaftliche Einrichtung und Gehöft umschrieben werden. Eine strukturelle Ähnlichkeit mit den (nord)westlich von Tell Johfiyeh erfaßten Fundplätzen (Kap. 2.5.1) kann nicht ausgeschlossen werden und macht ein relativ homogenes regionales Siedlungsbild während der Eisenzeit sehr wahrscheinlich. Als potentielle Zentralorte können hier wie dort Tell el-Husn und Tell Irbid benannt werden.

---

[598] Gegen diese Interpretationsmöglichkeit spricht unter anderem die Tatsache, daß von einigen der untersuchten Fundplätze fast alle anderen direkt eingesehen werden können. Eine „Vermittlerfunktion“ konnte für keinen der Fundplätze nachgewiesen werden.

2.5.3 Kurzzusammenfassung

Wie die bisher gemachten Ausführungen zeigen, ist eine auf den zusammengestellten Daten basierende allgemeine Interpretation der untersuchten Fundplätze (nord)westlich und südöstlich von Tell Johfiyeh mit zahlreichen Schwierigkeiten verbunden. Zu den bereits mehrfach erwähnten allgemeinen Problemen bei der chronologischen Einordnung des dokumentierten Oberflächenmaterials (vgl. Kap. 2.3) kamen hier noch eine unzureichende Quellen- und Datenlage sowie Schwierigkeiten bei der Identifikation einzelner Fundplätze hinzu. Wie die oben (Kap. 2.5.1 – 2.5.2) zusammenfassend dargestellten Informationen zeigen, ist es dennoch gelungen, eine Arbeitshypothese zu formulieren, die es erlaubt, Aussagen zu den Verhältnissen in der Umgebung von Tell Johfiyeh zu machen. So konnte gezeigt werden, daß sich die westlich von Tell Johfiyeh beobachtete Siedlungsstruktur auch im südöstlichen Bereich dieses Fundortes wiederfindet. Der im westlichen Anschluß an Tell Johfiyeh während der Eisenzeit beobachtete Trend hin zu kleinen landwirtschaftlichen Gehöften (vgl. Kap. 2.5.1 und Lamprichs 1998c) scheint sich auch hier im südöstlich gelegenen Übergangsbereich zu den Ajlunbergen fortzusetzen. Es kann somit davon ausgegangen werden, daß die Region um Tell Johfiyeh während der Eisenzeit ein sehr homogenes regionales Siedlungsbild aufwies, das von kleinen, freistehenden, landwirtschaftlich genutzten Anlagen geprägt wurde, die sich vorrangig in einer Höhe von über 600m ü. NN befanden. Sie weisen in der Regel geringe Abstände zueinander auf, befinden sich auf einer Anhöhe und bieten eine gute Rundumsicht in die Umgebung. Ihre Grundform ist rund oder oval und die sie umgebenden landwirtschaftlichen Nutzflächen erlauben heutzutage eine Überschußproduktion landwirtschaftlicher Produkte. Es ist wahrscheinlich, daß diese Fundplätze während der Eisenzeit geregelte Beziehungen zueinander unterhalten haben und von größeren Orten mit zentralen Funktionen abhängig waren. Als potentielle Zentralorte, in denen Einrichtungen des Kults, der Verwaltung und politischen Führung zusammengefaßt wurden, konnten Tell Irbid und Tell el-Husn, ein ca. 9,0km südlich von Irbid gelegener sehr großer Fundplatz, vorgeschlagen werden.

ten Siedlungsperioden von der Spätbronze- über die Eisen- bis hin in die frühislamische Zeit möglich zu sein (vgl. Kap. 2.2.6, 2.3.5). Bisher weiße Flecken auf der archäologischen Landkarte können auf Basis des vorgelegten Materials im Rahmen weiterer Forschungen wahrscheinlich mittelfristig teilweise getilgt werden. Einen ersten Mosaikstein hierzu sollen die Materialpräsentation und -analyse der Kapitel 1 und 2 sowie die nachfolgenden Ausführungen liefern.

Für die in Tell Johfiyeh am besten bezeugte Periode der Eisenzeit II–III soll der Versuch unternommen werden, die Verhältnisse in und um den nur wenige Kilometer südwestlich von Irbid gelegenen Fundplatz weitgehend zu rekonstruieren. Die in Tell Johfiyeh mit der späteisenzeitlich-persischen Periode verbundenen Hinterlassenschaften des Horizont IV,2 (Schicht 3) sollen in den folgenden Abschnitten in ihren regionalen und überregionalen Kontext gestellt werden. Neben allgemeinen Aussagen zu den historisch-archäologischen Gegebenheiten auf dem nordjordanischen Plateau sollen anhand der bislang detailliert herausgearbeiteten Informationen zur Stratigraphie (Kap. 2.1), Architektur (Kap. 2.2), Keramik (Kap. 2.3) und den Kleinfunden (Kap. 2.4) erste Vorschläge zur Funktion und Sozialstruktur sowie den ökonomischen und politischen Verhältnissen in und um Tell Johfiyeh während der Eisenzeit II–III unterbreitet werden. Hierzu werden in einem ersten Schritt die allgemein verfügbaren Informationen zur Geschichte der Eisenzeit auf dem nordjordanischen Plateau zusammenfassend vorgestellt (Kap. 3.2). In einem zweiten Schritt wird der Versuch unternommen, ein begründetes und nachvollziehbares Bild der Verhältnisse in und um Tell Johfiyeh während der Eisenzeit II–III nachzuzeichnen (Kap. 3.3). Den Abschluß des Kapitels bildet eine Zusammenfassung und Einbettung der erzielten Ergebnisse in die Entwicklungsgeschichte des Tell Johfiyeh und seiner direkten Umgebung (Kap. 3.4).

3.2 Nordjordanien während der Eisenzeit: Ein historisch-archäologischer Überblick

Die in diesem Abschnitt zusammengestellten Informationen zur Geschichte Nordjordaniens während der Eisenzeit verfolgen vorrangig das Ziel, die historischen Rahmenbedingungen im Untersuchungsgebiet vorzustellen und die Grundzüge der Entwicklungen zusammenfassend aufzuzeigen. Die zusammengetragenen Angaben sollen die angestrebte Einbettung (Kap. 3.3) der in Tell Johfiyeh und seiner direkten Umgebung erzielten Ergebnisse in ihren regionalen und überregionalen Kontext erleichtern und im Rahmen der vorliegenden Arbeit nachvollziehbar machen.[1] Auf Detailbetrachtungen und

---

[1] Die bereits mehrfach erwähnte (vgl. Kap. 2.3) unsichere Chronologie eisenzeitlicher Keramik aus Nordjordanien beeinträchtigt auch diesen Versuch, einen zusammenfassenden Überblick über die Eisenzeit auf dem nordjordanischen Plateau zu geben. Die nordjordanische Keramikchronologie ist für feine Unterteilungen häu-

ausführliche Zusammenstellungen der materiellen und historischen Hinterlassenschaften wird verzichtet.[2]

Die historischen Vorgänge und Auswirkungen der Geschehnisse, die den gesamten östlichen Mittelmeerraum während des Übergangs von der Bronze- zur Eisenzeit verändert haben, sind für das nordjordanische Plateau noch weitgehend unbekannt.[3] Weitere Forschungen, die die (ursächlichen) Zusammenhänge zwischen den in verschiedenen Regionen lokal beobachteten Ereignissen und Entwicklungen herausarbeiten, sind auch hier notwendig, um sich der geschichtlichen (Umbruch-)Situation und den mit ihr verbundenen Prozessen und Mechanismen weiter anzunähern. Die wenigen für Nordjordanien bekannten schriftlichen Quellen und sonstigen Informationen legen es nahe, daß die politische Vorherrschaft Ägyptens in Südsyrien um 1200 v.Chr. endete und die Macht des assyrischen Reichs an einem Tiefpunkt angelangt war (Ahlström 1993:394–395). Das Fehlen einer starken überregionalen Macht führte wahrscheinlich zu einem politischen Machtvakuum, das die Herausbildung von zahlreichen, teilweise sehr kleinen politischen Einheiten forcierte, die in der Folgezeit mehr oder weniger erfolgreich versuchten, ihre Unabhängigkeit zu behalten und auszubauen. Für die östlichen Teile Palästinas und Transjordaniens sind in diesem Zusammenhang beispielsweise die unter den Namen (Edom), Moab, Ammon, Gilead und Tob bekannten Einheiten bezeugt (Ahlström 1993:407).[4] Obwohl es in der Regel keine eindeutigen Hinweise auf die Ausdehnung der mit den genannten Namen verbundenen Territorien gibt, können die beiden letzteren

---

fig noch nicht sicher genug und ermöglicht daher nur eine grobe Strukturierung der siedlungsgeschichtlichen Entwicklung. Bei den folgenden Ausführungen kann es sich dementsprechend nur um gut begründete Arbeitshypothesen handeln, die einer weiteren Überprüfung im Rahmen noch ausstehender Forschungsarbeiten bedürfen. Eine besondere Bedeutung dürfte hierbei der von Nasser al-Hindawi (n.d.) an der Albert-Ludwigs-Universität in Freiburg i. Br. vorgelegten Untersuchung zur eisenzeitlichen Keramik aus Tell Yamoun zukommen.

[2] Zu allgemeinen Darstellungen der Geschichte Palästinas und Transjordaniens während der Eisenzeit siehe beispielsweise Weippert (1988), Worschech (1991) und Ahlström (1993). Versuche, die Archäologie der Eisenzeit in Transjordanien zusammenfassend darzustellen, finden sich u.a. bei Dornemann (1983), Boling (1988), Humbert (1992), Ji (1995), Herr und Najjar (2001), Bienkowski (2001) sowie demnächst Kafafi (n.d.).

[3] Zum Ende der Spätbronzezeit im westlichen Vorderasien vgl. Bartl (1995) mit den entsprechenden Literaturangaben.

[4] Vgl. in diesem Zusammenhang auch die in 2 Samuel 8.3 erwähnten Einheiten Aram Zobah und Beit Rehob. Die Lokalisierung von letzterer ist umstritten. Mittmann (1970:225-227) setzt es mit Tell el-Mu'allaqa gleich, einem Fundplatz unweit von Khirbet er-Rahub, ca. 10km nordnordöstlich von Irbid. Folgt man seinen Ausführungen, dann erstreckte sich die zugehörige politische Einheit in etwa von Ajlun bis zum Wadi Yarmouk (vgl. Ahlström 1993:396-397).

gen der Verwaltung und des Kults verfügten, ist sehr wahrscheinlich aber aufgrund der oben erwähnten schlechten Materiallage bislang nicht eindeutig belegt.[24] Ähnliches gilt in bezug auf die bereits genannten Verpflichtungen der Region, die aus der Anbindung an Assyrien abgeleitet, aber bislang nicht eindeutig nachgewiesen werden können. Wie die Ausführungen des Kapitels 3.3 zeigen, ist es in Tell Johfiyeh im Zusammenhang mit der angenommenen Anbindung der Region an Assyrien zwar wahrscheinlich zu strukturellen Veränderungen gekommen, die die landwirtschaftliche Produktion im Sinne der assyrischen Zentralmacht optimierten, Hinweise auf die konkrete Lieferung von Lebensmitteln oder landwirtschaftlichen Produkten nach Assyrien sind aber nicht bezeugt. Materielle Hinweise auf eine physische Präsenz Assyriens in der untersuchten Region fehlen bislang ebenfalls (Bienkowski 2000; 2001:269). Eine Wahrnehmung der eventuell notwendigen verwaltungstechnischen Aufgaben durch lokale und regionale Kräfte ist sehr wahrscheinlich.

Die in der Folgezeit bis zum Ende des neuassyrischen Reichs gegen Ende des 7. vorchristlichen Jahrhunderts für Transjordanien überlieferten politischen Veränderungen und Verschiebungen (vgl. Herr und Najjar 2001: 334–340; Ahlström 1993:644–664) blieben wahrscheinlich ebenso wie die entsprechenden Feldzüge der assyrischen Herrscher in die Region (Lamprichs 1995:130–166) ohne größere Auswirkungen auf die geschilderten Verhältnisse in Nordjordanien. Hinweise auf Veränderungen oder besondere Ereignisse finden sich in den assyrischen Quellen nicht und machen für die gesamte Dauer der assyrischen Herrschaft stabile Verhältnisse und einen relativen Frieden für das nordjordanische Plateau sehr wahrscheinlich.[25] Die in Tell Johfiyeh erzielten Ergebnisse legen es darüber hinaus sogar nahe, daß die kleinen landwirtschaftlichen Gehöfte im Großraum von Irbid über das Ende des neuassyrischen Reiches hinaus weitgehend unverändert weiter genutzt wurden. Auch die nominelle Übernahme der Region durch die Babylonier und die wahrscheinlich anschließende Eingliederung der Region in die persischen Verwaltungsstrukturen scheint für Tell Johfiyeh und die landwirtschaftlichen Einrichtungen in seiner Umgebung weitgehend folgenlos geblieben zu sein. Hinweise auf grundlegende Veränderungen im archäologischen Material konnten in Tell Johfiyeh nicht beobachtet werden. Zur Aufgabe von Haus 1 und den damit eventuell verbundenen strukturellen und organisatorischen Umgestaltungen im landwirtschaftlichen Bereich

---

[24] Als regionale Zentren für die Gehöfte im Untersuchungsgebiet können wahrscheinlich Tell Irbid und Tell el-Husn angesprochen werden, die während des gesamten Altertums diese Funktion inne hatten (vgl. Kamlah 2000:145).

[25] Die in Palästina mit dem Begriff „pax assyriaca" belegte Phase relativen Friedens von ca. 701 bis 652 v.Chr. (Ahlström 1993:741) scheint auf dem nordjordanischen Plateau bereits mit der angenommenen Anbindung an das assyrische Reich im Jahr 732 v.Chr. begonnen zu haben.

scheint es erst gegen Ende des 5. vorchristlichen Jahrhunderts gekommen zu sein.[26] Die Gründe für die friedliche Aufgabe des Hauses durch seine Bewohner während der persischen Periode sind nicht abschließend geklärt.[27] Sicher ist nur, daß der Fundplatz auch anschließend bis zum Ende der persischen Zeit weiter landwirtschaftlich genutzt wurde und wahrscheinlich ein Teil des in Haus 1 zurückgelassenen Inventars weiter verwendet wurde.[28] Im Bereich des verlassenen Hauses 1 wurden jetzt kleinere und einfachere Strukturen errichtet und unterhalten.[29] Erst mit dem Beginn der hellenistischen Zeit bricht die Besiedlung des Tell Johfiyeh vorübergehend ab und bestätigt somit das Ergebnis mehrerer Surveys, denen zufolge die hellenistische Epoche einen Tiefpunkt der Siedlungsgeschichte in Nordjordanien bildet (Kamlah 2000:197).[30]

Weitere, über das bereits Gesagte hinausgehende archäologische und historische Informationen zu den genannten Perioden liegen für das nordjordanische Plateau so gut wie nicht vor. Materialien und Mitteilungen, die das aus Tell Johfiyeh und seiner Umgebung stammende und hier vorgelegte Material inhaltlich ergänzen könnten, stehen momentan ebenfalls kaum zur

---

[26] Weitere Hinweise auf eine Kontinuität in der Besiedlung von der Eisenzeit II bis in die persische Periode hinein (und teilweise auch darüber hinaus) finden sich auch in el-Balu´ (Worschech 1991:205-207), Tell el-Umayri (Herr 1993; 1995), Tell as-Sa´idiyeh (Pritchard 1985) und Tell el-Fukhar (Strange 1997:403-405); vgl. in diesem Zusammenhang auch die Ausführungen von Bienkowski (2001:270-271). Zur Architektur der „persischen Zeit" in Transjordanien siehe die Zusammenstellung bei Bienkowski (2001a:352-358)

[27] Es kann nicht ausgeschlossen werden, daß die Aufgabe von Haus 1 im Zusammenhang mit dem Tod von Darius II im Jahr 404 v.Chr. und einem damit zusammenhängenden (vorübergehenden) Zusammenbruch der persischen Vorherrschaft über Transjordanien steht (vgl. Bienkowski 2001a:348).

[28] Für die Interpretation der Kleinfunde aus diesem Bereich ergibt sich hieraus, daß Stücke, die in Schicht 2 (Horizont IV,3) gefunden wurden ursprünglich aus Schicht 3 (Horizont IV,2) stammen können !

[29] Vgl. in diesem Zusammenhang auch Worschech (1991:207), der davon spricht, daß in el-Balu´ auf die rechteckigen, wahrscheinlich als Verwaltungssitz dienenden Raumeinheiten der späteisenzeitlich-persischen Periode einfache, von Kleinbauern bewohnte Hütten folgten.

[30] Auch in anderen Teilen Transjordaniens, beispielsweise in el-Balu´, kommt es mit Beginn der klassischen Epochen zu einer Aufgabe zahlreicher eisenzeitlicher Ortslagen (Worschech 1991:207).

Eine Ausnahme von diesem Trend bildet bislang nur die Region des Zeraqon Surveys, in dessen Untersuchungsgebiet zahlreiche Oberflächenfunde aus hellenistischer Zeit gefunden wurden. Bei den zugehörigen Fundplätzen handelt es sich wahrscheinlich vorrangig um kleine unbefestigte Gehöfte, die sich deutlich von den großen Stadtzentren unterscheiden, die das Siedlungsbild in Nordjordanien zu dieser Zeit beherrschen (Kamlah 2000:197).

Verfügung. Die allgemeine Quellenlage für die „neubabylonische" und persische Zeit ist für das gesamte Transjordanien unverändert schlecht. Historisch-archäologische Zeugnisse, die die Situation im Ostjordanland aufklären könnten, fehlen fast gänzlich und verweisen die Forschung häufig ausschließlich auf die wenigen biblischen Texte (Worschech 1991:203). Die historischen Abläufe und archäologischen Gegebenheiten können für die betrachteten Regionen teilweise nur sehr lückenhaft nachgezeichnet werden und zahlreiche Fragen müssen in diesem Zusammenhang unbeantwortet bleiben.[31] Wie die wenigen zur Verfügung stehenden Quellen zeigen, kann jedoch zusammenfassend davon ausgegangen werden, daß die Regionen Transjordaniens nach dem Niedergang des neuassyrischen Reichs (vgl. z.B. Lamprichs 1995:182–183; 399–406) und der Zerstörung Ninivehs im Jahr 612 v. Chr. politisch vorübergehend auf sich allein gestellt waren. Lediglich für die Küsten Syriens und Palästinas zeichnet sich eine kurzfristige Kontrolle durch Ägypten ab. Bereits mit der Schlacht in Karkemisch (um 605 v.Chr.) und dem Sieg Nebukadnezars II gegen den ägyptischen Herrscher wird dieses politische Zwischenspiel jedoch wieder beendet und Babylonien tritt die Nachfolge des assyrischen Reichs auch in den westlich des Euphrat gelegenen Gebieten an (Ahlström 1993:754–761).[32] Die genauen Folgen dieses politischen Machtwechsels für die Regionen Transjordaniens sind jedoch ebenso unbekannt wie die Auswirkungen auf die administrative Stellung der (bisher formal unabhängigen) politischen Einheiten Ammon, Moab und Edom (Bienkowski 2001:269). Zeitgenössische Quellen fehlen auch hier weitgehend und machen eine abschließende Beurteilung der Verhältnisse in Transjordanien während der neubabylonischen Zeit momentan unmöglich.[33] Als begründete Arbeitshypothese kann jedoch davon ausgegangen werden, daß die von den Assyrern hinterlassenen Verwaltungsstrukturen in Nordjordanien während der neubabylonischen Zeit beibehalten (z.B. Ahlström 1993:805) und Ammon, Moab und Edom neu in das babylonische Reich integriert wurden (z.B. Ahlström 1993:801–803).[34] Einen beein-

[31] Zusammenfassende Darstellungen der betreffenden Perioden und ihrer Hinterlassenschaften finden sich u.a. bei Worschech (1991:203-231), Ahlström (1993:754-907) und Bienkowski (2001; 2001a).

[32] Dieser Übergang von einem großen Reich zum anderen leitet für den gesamten Nahen Osten wahrscheinlich eine Zeit des Umbruchs ein. Die bisherigen Zentralmächte Ägypten, Syrien und Mesopotamien verlieren an Einfluß und neue politische Einheiten wie Persien und Griechenland beginnen sich zu positionieren (Harding 1959:46-47).

[33] Zu den wenigen für diesen Zeitabschnitt zur Verfügung stehenden Quellen und den Möglichkeiten ihrer Auswertung vgl. die Ausführungen von Ahlström (1993: 754-811). Zu einer kritischen Betrachtung siehe auch Bienkowski (2001; 2001a).

[34] Die meisten Wissenschaftler gehen davon aus, daß Ammon und Moab im Jahr 582/1 v.Chr. von Nebukadnezar erobert und annektiert wurden. Eine (nicht vollstän-

druckenden archäologischen Hinweis auf eine (vorübergehende) Präsenz der neuen Machthaber in Transjordanien liefert ein in Sela gefundenes Relief, das den neubabylonischen König Nabonid (555–539 v.Chr.) mit Halbmond und Stern über dem Kopf sowie eine unleserliche Inschrift zeigt (Dalley und Goguel 1997:174).[35] Ansonsten sind jedoch kaum archäologische Hinterlassenschaften bezeugt, die Einblicke in die „neubabylonische Zeit" Transjordaniens gewähren könnten. Die wenigen Hinterlassenschaften dieser Periode, die im Rahmen des Zeraqon Surveys (Nordjordanien) registriert wurden, veranlassen Kamlah (2000:197) sogar dazu, für die entsprechende Region in Nordjordanien einen Rückgang der Besiedlung im Verlauf der Eisenzeit anzunehmen. In der von ihm untersuchten Region ist eine durchgehende späteisenzeitlich-persische Besiedlung nur für die Fundplätze Tell el-Mu'allaqa und Tell el-Mugaiyir wahrscheinlich, aber auch diese Befunde sind nicht gesichert.[36] Darüber hinaus fanden sich Hinweise auf eine entsprechende Besiedlung des nordjordanischen Plateaus bislang nur in Abila (Area A), wo Scherben der persischen Periode identifiziert werden konnten (Mare 1989:474) und in Tell el-Fukhar (Ottosson 1993:100; Strange 1997:403–405), das verschiedene Gruben und Gebäudereste der späteisenzeitlich-persischen Periode aufweist.[37] Hinzu kommen die bereits oben geschilderten Ergebnisse der archäologischen Untersuchungen in Tell Johfiyeh und seiner Umgebung. Zusammen machen sie deutlich, daß sich die in den letzten 25 Jahren herausgearbeitete Erkenntnis, daß große Teile Transjordaniens auch während der späteisenzeitlich-persischen Periode kontinuierlich besiedelt wurden (Bienkowski 2001:270; 2001a:348–349), auch auf das

---

dig erhaltene) Textstelle Nabonids aus dem Jahr 553 v.Chr. wird gemeinhin mit der Belagerung Buseirahs und der Annexion Edoms verbunden. Vgl. Bienkowski (2001:269) mit der entsprechenden Literatur.

Worschech (1991:204) schreibt in diesem Zusammenhang: „Man darf vermuten, daß (....) Ammon, Moab, und Edom als babylonische (....) Provinzen weiter existierten, die von babylonischen (....) Statthaltern verwaltet wurden. Wahrscheinlich regierten auch lokale ostjordanische Fürsten mit eingeschränkten Befugnissen."

[35] Dalley und Goguel (1997) datieren das Relief in das 3. oder 4. Regierungsjahr des Königs (ca. 553-552 v.Chr.) und bringen es mit einer Reise des Herrschers nach Teima in Verbindung. Inwieweit aus der Präsenz des Reliefs eine direkte verwaltungstechnische Anbindung Edoms an das neubabylonische Reich abgeleitet werden kann, ist nicht abschließend geklärt (vgl. Bienkowski 2001:269).

[36] Zu den Scherben der persischen Periode aus Tell el-Mugaiyir, die im Zusammenhang mit einer Struktur (Fort, Wegstation, Karawanserei) gefunden wurden, die wahrscheinlich von der Eisenzeit bis in die hellenistische Zeit benutzt wurde, vgl. Ibrahim und Mittmann (1986:171).

[37] Zu einer Auflistung der ergrabenen Fundplätze Transjordaniens mit archäologischen Hinterlassenschaften, die mit der persischen Zeit verbunden werden, siehe Bienkowski (2001a:349-351).

nordjordanische Plateau übertragen läßt. Zerstörungshorizonte oder grundlegende Veränderungen im Bereich der materiellen Hinterlassenschaften konnten in Tell Johfiyeh und den oben genannten Fundplätzen im Untersuchungsgebiet nicht beobachtet werden.
Es kann somit trotz der weiterhin schlechten Quellenlage davon ausgegangen werden[38], daß die mit der Eroberung Babylons durch den persischen König Kyros im Jahr 539 v.Chr. ebenfalls eingeleitete Übernahme der Regionen „jenseits des Flusses"[39] ohne große Auswirkungen auf die Verhältnisse in Transjordanien geblieben ist. Die Tatsache, daß das gesamte neubabylonische Reich bereits vier Jahre später nur einem einzigen Statthalter unterstellt wurde (Eph'al 1988:153), macht es wahrscheinlich, daß die bestehenden, leider weitgehend unbekannten Strukturen beibehalten wurden und es zu keinen nennenswerten administrativen Veränderungen im Zusammenhang mit der Machtübernahme durch die Perser gekommen ist (Bienkowski 2001a:347).[40] Erst nach 486 v.Chr. wird die Region „jenseits des Flusses" in eine eigenständige Verwaltungseinheit (Satrapie) mit mehreren Untereinheiten, Provinzen, umgewandelt (Lemaire 1994:13; Eph'al 1988:153–155). Als Gouverneure dieser Provinzen fungierten wahrscheinlich in der Regel keine aus dem persischen Kernland entsandten Personen, sondern Angehörige einer lokalen Ethnie (Eph'al 1988:151–152).[41] Während Judah und Samaria in diesem Zusammenhang von den Quellen explizit als Provinzen des persischen Reichs genannt werden (Eph'al 1988:158; Lemaire 1994:16–24, 41–46), ist die administrative Stellung der anderen Regionen Palästinas und Transjordaniens leider auch weiterhin weitgehend unklar. Die Annahme, daß es unter anderem auch eine Provinz Gilead gegeben haben könnte (Lemaire 1994:52–53), basieren ausschließlich auf der Annahme,

---

[38] Es gibt keine schriftlichen Quellen, die während der persischen Periode Bezug auf Transjordanien nehmen (Bienkowski 2001a:347) und auch die bislang in der Region durchgeführten Ausgrabungen (vgl. Bienkowski 2001a:349-351) haben bislang nur spärliche Informationen über dieses immer noch „dunkele Zeitalter" (Homès-Fredericq und Franken 1986:174) der jordanischen Geschichte ans Tageslicht gebracht. Weitere Forschungen sind notwendig.

[39] In den persischen Quellen wird das vom Euphrat bis nach Südpalästina (einschließlich Transjordanien) reichende Gebiet mit dem bereits aus neuassyrischen und neubabylonischen Zeiten bekannten Begriff „Jenseits des Flusses" belegt (Eph'al 1988:141). Vgl. auch Bienkowski (2001a:347).

[40] Zur persischen Verwaltung Palästinas und Transjordaniens vgl. die Ausführungen von Lemaire (1994).

[41] Es kann davon ausgegangen werden, daß es in der Regel keine quantitativ nennenswerte Präsenz von Personen aus dem persischen Kernland in diesen Provinzen gegeben hat. Materielle Hinterlassenschaften aus diesem Bereich (Persien) können somit im Fundmaterial nicht in größeren Mengen erwartet werden (vgl. Bienkowski 2001:270).

daß die von den Assyrern in Nordjordanien geschaffenen politischen Verwaltungseinheiten weiterhin existent sind.[42] Zeitgenössische Hinweise auf die Existenz einer solchen Provinz fehlen jedoch vollständig. Für die sehr wahrscheinliche Annahme, daß Ammon ebenfalls eine persische Provinz bildete, sprechen hingegen auch einige Funde aus den Grabungen in Tell el-Umayri. Drei in aramäisch verfaßte Stempelabdrücke können hier wahrscheinlich als Hinweise auf eine Einbindung Ammons in das persische Steuersystem innerhalb der Provinzen interpretiert werden (Herr 1992; 1993:35; Lemaire 1994a:264). Folgt man dieser Deutung, so kann des weiteren nicht ausgeschlossen werden, daß zwei der Abdrücke „Beamte" der Provinz Ammon benennen.[43] Hinweise auf die Ausdehnung und die Grenzen dieser und der eventuell angrenzenden Provinzen fehlen jedoch ebenso wie solche, die Auskunft über die tatsächliche Dauer der persischen Vormachtstellung in Transjordanien geben. Wie die spätere Zusammensetzung des von Alexander und seinen Nachfolgern geschaffenen Reichs und die Form des Widerstandes einzelner Regionen gegen sein Vorrücken nahelegen, war die persische Herrschaft über Palästina und Transjordanien gegen Ende der Periode wahrscheinlich nur noch sehr schwach ausgeprägt (vgl. Bienkowski 2001a:348). Es kann nicht ausgeschlossen werden, daß die persische Oberhoheit über Transjordanien bereits nach dem Tod Darius II (404 v.Chr.) und den damit verbundenen antipersischen Aktivitäten in Ägypten, der Levante und Zypern weitgehend zusammengebrochen ist und bis zur Ankunft Alexanders in Phönizien im Jahr 332 v.Chr.[44] bestenfalls noch nominal fortbestanden hat (vgl. Eph'al 1984:205; 1988:147, 163). Folgt man dieser Interpretation der historischen Abläufe, so ist es durchaus wahrscheinlich, daß die in Tell Johfiyeh beobachtete und bislang nicht abschließend geklärte Aufgabe von Haus 1 (vgl. Kap. 2.2. und 2.3) mit dem Verlust der Vormachtstellung Persiens über Transjordanien verbunden werden muß. Das als Wohnsitz für die als Gehöftverwalter agierende Familie genutzte Gebäude verlor wahrscheinlich mit den politischen Veränderungen nach dem Tod

[42] Zu der Frage, ob und gegebenfalls in welcher Form unter Tiglatpileser III eine direkte Anbindung Nordjordaniens an das assyrische Reich erfolgte vgl. Lamprichs (1995:112-129) und Bienkowski (2000:44-58).

[43] Zu weiteren Hinweisen, die für eine Provinz Ammon innerhalb des persischen Reichs sprechen und einer Diskussion über die politische Stellung von Moab und Edom während dieser Zeit siehe die Ausführungen von Bienkowski (2001:270-271; 2001a:347-348; 361) mit den entsprechenden Literaturangaben. In den vorliegenden Hinterlassenschaften fehlen eindeutige Hinweise auf den Status von Edom und Moab innerhalb des persischen Reiches bislang weitgehend. Gleiches gilt für die Vermutung, daß Buseirah und Tell al-Khalayfi in das System der persischen Verwaltung eingebunden waren (Elayi und Sapin 1998:155).

[44] Beziehungsweise dem Beginn der ptolemäischen Vorherrschaft über Jordanien um 301 v.Chr..

Darius II gegen Ende des 5. vorchristlichen Jahrhunderts seine seit der Eisenzeit II bestehende Funktion und wurde dementsprechend aufgegeben. Die Voraussetzungen für die bislang betriebene Form der landwirtschaftlichen Produktion waren nicht mehr gegeben und der Bedarf für ein entsprechendes Haus war, wie die Errichtung kleinerer Strukturen (Horizont IV,3) in diesem Bereich zeigen, bis zum Ende der persischen Zeit nicht mehr gegeben.[45] Mit Beginn der hellenistischen Zeit wird der kleine Fundplatz Tell Johfiyeh schließlich (vorübergehend) verlassen und trägt so mit dazu bei, daß der Beginn der hellenistischen Epoche, deren Siedlungsbild später von den großen Stadtzentren geprägt wird[46], wahrscheinlich einen Tiefpunkt in der Siedlungsgeschichte Nordjordaniens bildete (vgl. Kamlah 2000:197).[47]

3.3 Der Tell Johfiyeh und seine Umgebung während der Eisenzeit II–III

Wie die Ausführungen der Kapitel 1 und 2 zeigen, können die zahlreich bezeugten Funde und Befunde des Horizonts IV,2 (Schicht 3) mit der späteisenzeitlich-persischen Periode (Eisenzeit II–III) des Tell Johfiyeh verbunden werden. Die dort detailliert herausgearbeiteten Informationen zur Stratigraphie (Kap. 2.1), Architektur (Kap. 2.2), Keramik (Kap. 2.3), Umgebung (Kap. 2.5) und den Kleinfunden (Kap. 2.4) bilden zusammen mit den in Kapitel 3.2 vorgestellten Hinweisen auf die regionalen und überregionalen historischen Gegebenheiten auf dem nordjordanischen Plateau während der Eisenzeit die Basis für den nachfolgenden Versuch einer inhaltlichen Synthese der verschiedenen zur Verfügung stehenden Daten. Am Beispiel der Hinterlassenschaften des Horizonts IV,2 sollen die inhaltlichen Möglichkeiten aufgezeigt werden, die eine Auswertung des in dieser Arbeit erstmalig vorgelegten Materials aus Tell Johfiyeh bieten. Ein Ziel der folgenden Ausführungen ist es daher, die regionalen Verhältnisse im Großraum Irbid während der Eisenzeit II–III in Teilbereichen zu rekonstruieren. Neben allgemeinen Einblicken in die historisch-archäologischen Gegebenheiten der Region sollen Vorschläge zur Funktion, der politischen und sozio-

---

[45] Daß die im Rahmen der persischen Vorherrschaft geschaffenen Strukturen und die damit verbundenen internationalen Verbindungen (vgl. Worschech 1991:204) Transjordaniens in der Folgezeit nicht abrupt abgebrochen, sondern wahrscheinlich schleichend ausgelaufen sind, zeigt sich beispielsweise in dem Fehlen eines Zerstörungshorizontes und dem Fund eines kleinen attischen Salznapfes, der in Schicht 2 (Horizont IV,3) freigelegt werden konnte (vgl. Kap. 2.3.4.2.3).

[46] Für den Norden Jordaniens siehe beispielsweise die späthellenistischen Funde aus Umm Qays und Jerash.

[47] Die wahrscheinlich sehr stark regional geprägte Siedlungsgeschichte der Region (vgl. Ji 1998; Ji und Lee 1999) ist jedoch nicht abschließend geklärt. Dies kann neben der allgemeinen Forschungslage vor allem auf die sehr lückenhafte Kenntnis der lokalen und regionalen Keramikabfolgen der hellenistischen Zeit zurückgeführt werden.

ökonomischen Stellung des Tell Johfiyeh und den Fundplätzen in seiner direkten Umgebung gemacht werden. Hierzu werden die relevanten archäologischen Hinterlassenschaften des Horizonts IV,2 in einem ersten Schritt kurz zusammenfassend vorgestellt, analysiert und zielorientiert interpretiert. In einem zweiten Schritt wird der Versuch unternommen, die anhand des zur Verfügung stehenden Materials herausgearbeiteten Ergebnisse und chronologischen Eckpunkte, die teilweise sehr weit gefaßt werden mußten, mit den wenigen für die Region bislang bekannten historischen Gegebenheiten und Abläufen zu einem kohärenten Bild zu verknüpfen. Auf dieser Basis werden schließlich gut begründete Vorschläge zu den Gegebenheiten in Tell Johfiyeh und den Verhältnissen auf dem nordjordanischen Plateau während der Eisenzeit II–III formuliert und somit ein Beitrag zur Rekonstruktion der regionalen Gegebenheiten geleistet.[48] Für die Eisenzeit II–III konnten in Tell Johfiyeh und seiner direkten Umgebung die nachfolgenden Verhältnisse rekonstruiert werden:

Die bereits gegen Ende der Spätbronzezeit (Horizonts III) gegründete Umfassungsmauer des Tell Johfiyeh und die ihr vorgelegte sogenannte Terrasse wurden während des mit der Eisenzeit II–III verbundenen Horizonts IV,2 weiter genutzt und begrenzen die im folgenden betrachteten archäologischen Hinterlassenschaften der Schicht 3 räumlich.[49] Innerhalb der Umfassungsmauer wurde während des Horizonts IV,2 (Schicht 3) ein großes, aus mehreren Räumen bestehendes, rechteckiges Gebäude (Haus 1) mit zugehörigen Außenflächen neu errichtet, dessen Grundfläche annähernd die gesamte Nordhälfte des Tells einnimmt (Abb. 14, 67). Die Südhälfte des Fundplatzes wurde in Schicht 3 von mehreren, voneinander unabhängigen kleinen Kammern charakterisiert, die sich entlang schmaler, radial verlaufender Wege aufreihten (vgl. Abb. 65).[50] Letztere verbanden auch den Nord- und Südteil des Tells. Ihr genauer Verlauf ist jedoch ebenso wie die genaue Erschließung der kleinen, in der Regel sehr fundreichen Kammern im Süden

---

[48] Die bereits mehrfach erwähnten Probleme bei der Auswertung entsprechender Daten der Eisenzeit, die sich vorrangig aus dem allgemeinen Forschungsstand auf dem nordjordanischen Plateau ergeben, führen auch hier dazu, daß die nachfolgenden Ausführungen nur gut begründete und nachvollziehbare Annahmen darstellen, die in Zukunft weiter verifiziert werden müssen. Ergänzende Forschungen mit dem hier vorgelegten Material aus Tell Johfiyeh sowie neue Untersuchungen in der Region sind in diesem Zusammenhang sehr wünschenswert.

[49] Zu einer vollständigen Auflistung und Beschreibung aller mit Horizont IV,2 verbundenen architektonischen Hinterlassenschaften siehe die Ausführungen des Kapitels 2.2.4.2 und die Abbildungen 43-49.

[50] Wie die Ausführungen der Kapitel 2.2.4.2 und 2.2.4.3 zeigen, kann davon ausgegangen werden, daß ein Großteil der für Horizont IV,3 (Schicht 2) bezeugten kleinen Kammern im Südteil des Tells (Abb. 50, 68) bereits während des Horizonts IV,2 (Schicht 3) in dieser oder ähnlicher Form bestanden haben.

des Tells nicht abschließend geklärt (Abb. 47). Letztere wiesen wahrscheinlich alle eine ebene Begehungsfläche auf, die mit verschiedenen Installationen versehen sein konnte. Hierzu gehörten in die Begehungsfläche eingelassene große Vorratsgefäße, ein kleiner Tabun oder eine Vorratsgrube. Verschiedene weitere Gegenstände konnten das jeweilige Inventar ergänzen. Der genaue Aufbau und Struktur dieser kleinen Raumeinheiten im Süden des Tells sind jedoch nicht abschließend geklärt. Gleiches gilt für das erwähnte, ebenfalls sehr fundreiche Haus 1 in der Nordhälfte des Fundplatzes (Abb. 44).[51] Hier konnten insgesamt acht Räume oder Raumfragmente an- oder ausgegraben werden. Die freigelegten Strukturen legen es nahe, daß der von zwei Zugängen in der nördlichen Breitseite erschlossene größte Raum 1 und der nördlich vorgelagerte, als Hof (Raum 2) interpretierte Bereich ursprünglich den Kern des Gebäudes bildeten. Südlich und östlich schlossen sich weitere Raumeinheiten an. Der westlich und südwestlich anschließende Bereich wurde hingegen als Außenfläche genutzt. In seiner nördlichen Verlängerung gelangte man wahrscheinlich, wie bereits in Horizont IV,1, durch kleine, kaum zu sichernde Durchbrüche in der Umfassungsmauer (vgl. Abb. 64) in den äußeren Bereich des Fundplatzes (vgl. Kap. 2.2.4.1). Eine quantitative und qualitative Analyse der in und um das Gebäude gemachten sehr zahlreichen Funde legt es nahe, daß der Kernbereich des Hauses vorrangig der Versorgung und dem Unterhalt seiner Bewohner und deren Besucher vorbehalten war.[52] Eine ähnlich „öffentliche" Funktion kann aufgrund der Inventare auch für die südlich von Raum 1 erfaßte Raumkette sowie für die vom Hof (Raum 2) erschlossenen, westlich und südwestlich vorgelagerten Außenflächen angenommen werden. Nur die östlich des Hofes (Raum 2) freigelegten Räume 3 bis 5 waren wahrscheinlich vorrangig den ehemaligen Bewohnern vorbehalten. Ihre Lage im Gesamtgefüge und die hier beobachtete relativ geringe Funddichte sprechen für einen eher „nicht öffentlichen" Bereich des Gebäudes.[53]

Die bereits mehrfach erwähnten, innerhalb und außerhalb der mit Schicht 3 verbundenen Strukturen registrierten Funde verweisen in ihrer überwiegen-

---

[51] Inwieweit der ursprüngliche Grundriß des Gebäudes strukturelle Parallelen mit den sogenannten „assyrischen Hofhäusern" aufgewiesen hat, konnte bislang nicht eindeutig geklärt werden.

[52] Zu einer Zusammenstellung und Beschreibung der Rauminventare vgl. die Ausführungen des Kapitels 2.2.4.2. Zu einer Beschreibung, Analyse und chronologischen Einordnung der Funde vgl. die entsprechenden Ausführungen des Kapitels 2.4. Siehe auch Kap. 7.1.2.

[53] Die relativ geringe Funddichte in dem als „nicht öffentlich" eingestuften Bereich des Hauses kann vielleicht dahingehend interpretiert werden, daß die ehemaligen Bewohner im Zusammenhang mit der (friedlichen) Aufgabe des Gebäudes vorrangig ihre „persönlichen" Gegenstände mitgenommen haben und die „Haushaltsgegenstände" aus den „öffentlichen" Bereichen zurückgelassen haben.

den Mehrheit auf ein relativ komplexes, von der Landwirtschaft geprägtes Umfeld und legen es nahe, daß sich die Bewohner des Tell Johfiyeh während des Horizonts IV,2 vorrangig der Herstellung, Verarbeitung und Bevorratung von landwirtschaftlichen Gütern (Nahrungsmitteln) und verschiedener anderer Produkte gewidmet haben. Hinweise auf entsprechende Tätigkeiten liefern unter anderem zahlreiche Keramikscherben, „Kochstellen“ (Tabun), mehrere Vorratsgefäße, verschiedene Stößel (konisch, eckig, rund), Schalen, Mörser, Mahlsteine und Reibsteine aus Basalt sowie „Knöpfe“ und Steingefäße. Reibsteine, Stößel und Schalen bilden die quantitativ größten Fundgruppen und machen es wahrscheinlich, daß sie zu den wichtigsten und am häufigsten eingesetzten Gerätschaften in Tell Johfiyeh gehörten. Das innerhalb dieser und anderer Fundgruppen beobachtete sehr breite Formenspektrum kann darüber hinaus als Hinweis auf die Vielzahl der in Tell Johfiyeh angewandten Techniken und Vorgehensweisen verstanden werden, die im Umfeld des Zerkleinerns, Zerstoßens und Zerstampfens von Nahrungsmitteln sowie dem Pulverisieren mineralischer Farbstoffe, Kosmetika und verschiedener Heilmittel Anwendung fanden. Die Herstellung und Verarbeitung einer derart vielschichtigen Produktpalette kann nicht ausgeschlossen werden und legt zusammen mit der insgesamt sehr hohen Anzahl entsprechender Fundstücke eine Überschußproduktion nahe, die weit über den lokalen Bedarf einer kleinen Ansiedlung wie Tell Johfiyeh hinausgegangen sein dürfte. Die zahlreichen Hinweise auf Vorratsgefäße im Fundmaterial und die oben beschriebene Aufgliederung des Fundplatzes in zwei funktionale Bereiche[54] machen darüber hinaus die Lagerung und den Transport der entsprechenden Produkte sowie einen Austausch mit anderen landwirtschaftlichen Einrichtungen wahrscheinlich. Von einer Einbindung des Tell Johfiyeh in ein (über)regionales Netzwerk der Kontakte und Abhängigkeiten kann auf Basis der Ausgrabungsergebnisse ebenso ausgegangen werden, wie von einer gewissen Spezialisierung auf die Herstellung und Verarbeitung verschiedener landwirtschaftlicher Erzeugnisse und Nahrungsmittel. Für letzteres spricht auch das weitgehende Fehlen von Hinweisen auf das Spinnen von Fäden, das Weben von Stoffen und die Verarbeitung von anderen organischen Materialien, beispielsweise von Fellen und Leder, in den archäologischen Hinterlassenschaften. Entsprechende Aktivitäten haben sich in Tell Johfiyeh wahrscheinlich ausschließlich auf den häuslichen Bereich beschränkt. Spinnwirtel, Webgewichte und Knochenahlen, die in das Umfeld der Stoffherstellung gehören, sind ebenso wie Bimssteine und kleine Bohrer, die unter anderem Verwendung bei der Lederbearbeitung gefunden haben könnten, im Fundmaterial des Tell Johfiyeh nur in geringer Stückzahl

[54] Hierbei handelt es sich um ein rechteckiges Haupthaus im Norden des Tells und mehrere kleine Lager- und Verarbeitungseinheiten im Süden des Fundplatzes.

bezeugt.[55] Folgt man diesen Ausführungen, so kann des weiteren davon ausgegangen werden, daß es sich bei der mit Horizont IV,2 verbundenen Periode, um einen Zeitraum relativer innerer und äußerer Sicherheit gehandelt haben muß. Nur vor einem entsprechenden politischen Hintergrund erscheint eine derartige Spezialisierung und Überschußproduktion landwirtschaftlicher Güter und Nahrungsmittel möglich zu sein.
Neben den bislang herangezogenen und analysierten Fundstücken wurden in Tell Johfiyeh aber auch zahlreiche Artefakte registriert, die in keinem unmittelbaren funktionalen Zusammenhang mit landwirtschaftlichen oder häuslichen Aktivitäten stehen.[56] Diese Fundgruppe umfaßt vorrangig Schmuckstücke, Accessoires und Gegenstände zur Herstellung und Lagerung kostbarer Güter und Produkte, die allgemein als „Luxusgegenstände" beschrieben werden können. Hierzu gehören in Horizont IV,2 (Schicht 3) unter anderem „durchbohrte" Muscheln (Taf. 41,02), die wahrscheinlich als Schmuckstücke, Rasseln oder Pailletten verwendet wurden, Perlen (Taf. 35,03–04), Fingerringe aus Bronze und Silber (Taf. 38,07–08; Abb. 80), eine Kleiderfibel aus Bronze (Taf. 38,03; Abb. 79.2), Reste einer Schminkpalette aus Kalkstein (Taf. 1,01), gut gearbeitete Gefäßverschlüsse aus Stein (Taf. 33,03;33,05), (verzierte) Spinnwirtel (Taf. 33,08) und mehrere multifunktionale Basaltschalenfragmente (z.B. Taf. 7,01; 7,03; 8,02).[57] Berücksichtigt man darüber hinaus, daß Haus 1 gegen Ende des Horizonts IV,2 (friedlich) aufgegeben und Teile des zurückgelassenen Inventars in der Folgezeit (Horizont IV, 3) wahrscheinlich weitergenutzt wurden[58], so kommen gegebenenfalls noch weitere Fundstücke wie zwei vollständig erhaltene Drei-Fußschalen aus Basalt (Taf. 3,01; 5,01; Abb. 77, 78), eine vollständig erhaltene Schminkpalette (Taf. 1,02) und ein kleiner ebenfalls vollständig erhaltener Basaltmörser auf drei hohen und schlanken Füßen, die über drei

---

[55] Inwieweit die zwei in ihrer Ausführung sehr unterschiedlichen Varianten von Spinnwirteln einen Hinweis auf die soziale Stellung ihrer Nutzer geben, konnte nicht abschließend beantwortet werden. Es ist aber wahrscheinlich, daß die sehr gut gearbeiteten, teilweise verzierten Stücke aus Stein eher mit den Bewohnern des Hauses 1 (Horizont IV,2) verbunden werden können, als diejenigen, die aus sekundär durchbohrten Keramikscherben gefertigt wurden.

[56] Zu einer zusammenfassenden Darstellung der mit Horizont IV verbundenen Fundstücke aus Tell Johfiyeh und den verschiedenen Möglichkeiten ihrer Auswertung vgl. Kapitel 2.4 und die entsprechende Zusammenfassung in Kapitel 2.4.9.

[57] Zu einer detaillierten Vorstellung, Beschreibung und chronologischen Einordnung der Fundstücke aus Tell Johfiyeh siehe die entsprechenden Ausführungen des Kapitels 2.4.

[58] Brand- und großflächige Zerstörungsspuren fehlen und legen zusammen mit den zahlreichen In-situ-Funden eine friedliche Aufgabe von Haus 1 nahe.

Mittelstege miteinander verbunden sind (Taf. 2,01; Abb. 13), hinzu.[59] Es kann davon ausgegangen werden, daß sich sowohl die Perlen, die Kleiderfibel(n) und die Fingerringe aus Bronze und Silber wie auch die teilweise verzierten Schminkpaletten und die kleine dreifüßige Basaltschale einer hohen Wertschätzung erfreuten und in der Regel nur Angehörigen einer privilegierten Schicht zugänglich waren. Es ist weiterhin sehr wahrscheinlich, daß die Schmuckelemente und Schminkpaletten überwiegend von Mitgliedern einer „Oberschicht" genutzt wurden, für die auch ähnlich verzierte Einlegearbeiten aus Knochen und Elfenbein hergestellt wurden. Die im Vergleich zu Stein- und Keramikgefäßen in nur sehr geringer Stückzahl hergestellten Schminkpaletten wurden wahrscheinlich vorrangig von den weiblichen Mitgliedern dieser (lokalen) Eliten zur Anfertigung und Aufnahme von kosmetischen Substanzen verwendet.[60] Eine ähnliche Nutzung kann für die aus einem sehr feinen Basalt gefertigte kleine Schale auf drei hohen und schlanken Füßen, die über drei Mittelstege miteinander verbunden sind, angenommen werden (Abb. 13). Stücke wie das aus Tell Johfiyeh sind in Transjordanien bislang nur selten bezeugt und wurden wahrscheinlich nur in geringer Stückzahl hergestellt. Sie dienten der Anfertigung und Verarbeitung von Kosmetika, Gewürzen, Medizin und Farben. Für die hohe Wertschätzung dieser Stücke spricht unter anderem die Tatsache, daß ein ähnliches Stück aus Tell Deir Alla auch dann noch weitergenutzt wurde, als bereits ein großer Teil aus dem Vergleichsstück herausgebrochen war.[61] Von einer privilegierten Position der ehemaligen Besitzer dieses Stückes kann dementsprechend ausgegangen werden. Gleiches gilt für die anderen Funde dieser Gruppe aus Tell Johfiyeh. Sie legen es nahe, daß es sich bei den ehemaligen Bewohnern des Hauses 1 um Angehörige einer lokalen Elite gehandelt haben muß, die wahrscheinlich eine hervorgehobene soziale, politische und ökonomische Stellung eingenommen haben. Zusammen mit den oben gemachten Ausführungen zu den anderen Funden aus Tell Johfiyeh ist es darüber hinaus sehr wahrscheinlich, daß die Bewohner in engem Kontakt zu einem regionalen Zentrum standen und in Abhängigkeit eines oder mehrerer übergeordneter Zentren handelten.[62] Die im Norden des Tells erfaßten und bereits kurz vorgestellten Reste von Haus 1 können in diesem Sinn als

[59] Aufgrund ihrer Fundlage werden diese und weitere Fundstücke in den entsprechenden Aufzeichnungen (z.B. Kap. 6.2; 7.1.2; 7.1.5) mit der Schicht 2 verbunden.

[60] Zu diesen Annahmen vgl. die Ausführungen von Thompson (1971:61,Anm.1; 1972:150) und die entsprechenden Abschnitte des Kapitels 2.4.

[61] Zu dem erwähnten Vergleichsstück aus Tell Deir Alla siehe van der Kooij und Ibrahim (1989:100,Abb.95).

[62] Die allgemein schlechte Forschungslage erlaubt es momentan nicht, ein entsprechendes regionales Zentrum mit Sicherheit zu benennen. Es ist aber sehr wahrscheinlich, daß es sich um Tell Irbid oder Tell el-Husn gehandelt haben muß.

Wohnsitz des lokalen Gehöftverwalters interpretiert werden, der in Abhängigkeit einer regionalen oder überregionalen Administration agierte.[63] Hierfür sprechen neben der oben geschilderten Aufgliederung des wahrscheinlich mit einem Hof versehenen Gebäudes in einen öffentlichen und einen nicht öffentlichen Bereich auch die anzunehmende Gesamtgröße der entsprechenden Anlage. Mit zugehörigen Außenflächen hat der Komplex wahrscheinlich annähernd die Hälfte der in Horizont IV,2 zur Verfügung stehenden Fläche des Tell Johfiyeh beansprucht. Eine Interpretation der Gesamtanlage, einschließlich der von einem radial verlaufenden Weg erschlossenen Lager- und Verarbeitungseinheiten im Süden des Tells, als kleines prosperierendes Gehöft, das von einer vor Ort residierenden Familie aus der Region im Auftrag einer (über)regionalen Administration verwaltet und bewirtschaftet wurde, erscheint somit möglich.[64] Hinweise auf die Größe der von einem solchen Gehöft bewirtschafteten Fläche und die erzielten Erträge konnten bislang ebensowenig herausgearbeitet werden, wie solche auf die angebauten und verarbeiteten landwirtschaftlichen Produkte. Entsprechende Untersuchungen stehen noch aus.[65]

Angaben zur genauen zeitlichen Stellung dieses Gehöfts und seiner Nutzungsdauer können aufgrund der bereits mehrfach genannten allgemeinen Forschungslage auf dem nordjordanischen Plateau und den lokalen Gegebenheiten in Tell Johfiyeh nur mit Einschränkungen gemacht werden. Hinweise auf die chronologischen Eckpunkte liefern neben den zahlreichen mit Schicht 3 verbundenen Keramikscherben vorrangig die oben genannten Kleinfunde und die allgemeinen stratigraphischen Gegebenheiten des Tell Johfiyeh. Aus letzteren geht beispielsweise hervor, daß es sich bei Haus 1 wahrscheinlich um eine Neugründung handelt, dessen Nutzungsdauer mit

---

[63] Geht man davon aus, daß die in der Umgebung von Tell Johfiyeh erfaßten eisenzeitlichen Fundplätze ähnlich strukturiert waren (vgl. Kap. 2.5), so ist es sehr wahrscheinlich, daß jeder dieser Fundplätze von einer als Gehöftverwalter fungierenden Familie bewirtschaftet wurde. Die jeweiligen Befugnisse beschränkten sich wahrscheinlich auf das jeweilige Gehöft und die zugehörigen Anbauflächen.

[64] Vgl. in diesem Zusammenhang auch den ugaritischen Begriff *gt* „Gehöft, Gut", der in den keilalphabetischen Texten als landwirtschaftliche Verwaltungseinheit auf dem Land eine wichtige Rolle gespielt und als Sitz der Landarbeiter und als Lager für Landwirtschaftsgüter gedient hat (mdl. Mitteilung Prof. M. Dietrich). Strukturelle Parallelen zu den hier zum Ausdruck gebrachten Gegebenheiten in der nördlichen Levante können nicht ausgeschlossen werden.

[65] Proben, die Auskunft über die zuletztgenannten Punkte geben können, wurden während der Ausgrabungsarbeiten in ausreichender Menge genommen. Die Auswertung liegt in den Händen des Institute of Archaeology and Anthropology der Yarmouk Universität in Irbid, Jordanien und wird nach Fertigstellung der entsprechenden Arbeiten separat veröffentlicht.

Horizont IV,2 (Schicht 3) parallelisiert werden kann.[66] Wie der stratigraphische und archäologische Befund zeigt, wird Haus 1 zu Beginn dieses Horizonts gegründet und gegen Ende desselben von seinen Bewohnern aufgegeben und verlassen. Lediglich die Lager- und Verarbeitungseinheiten im Süden des Tells werden während des nachfolgenden Horizonts IV,3 (Schicht 2) weitergenutzt. Das Fehlen von großflächigen Brand- oder sonstigen Zerstörungsspuren sowie die zahlreichen in und um Haus 1 gemachten In-situ-Funde legen es nahe, daß Haus 1 nicht gewaltsam zerstört wurde, sondern in Folge struktureller Veränderungen friedlich verlassen worden ist. Vor diesem Hintergrund und der oben geäußerten Hypothese, daß es sich bei Haus 1 um den Wohnsitz einer Familie gehandelt hat, die im Auftrag und in Abhängigkeit eines übergeordneten politischen Zentrums agierte, kann vermutet werden, daß politische und ökonomische Veränderungen auf (über)regionaler Ebene zu den genannten Entwicklungen am Anfang und gegen Ende des Horizonts IV,2 geführt haben. Die herangezogenen Vergleichsstücke zu den in und um Haus 1 registrierten und analysierten Keramikscherben der Schicht 3 legen eine Datierung in die Eisenzeit II–III nahe (vgl. Kap. 2.3.4.2.3). Eine weitere feinchronologische Differenzierung der analysierten Keramikassemblagen, die Auskunft über die Gründung, die potentiellen Nutzungsphasen und den Niedergang von Haus 1 geben könnte, war aufgrund der allgemeinen Forschungslage zur Keramik der Eisenzeit in Nordjordanien und den lokalen Gegebenheiten in Tell Johfiyeh nicht möglich. Gleiches gilt für die sonstigen Strukturen des Horizonts IV,2.[67] Hinweise auf die zeitliche Stellung von Haus 1 und seiner Umgebung konnten bislang nur aus den stratigraphischen Gegebenheiten und den jeweils registrierten und datierten Kleinfunden abgeleitet werden. Letztere machten eine Gründung von Haus 1 und den Beginn des Horizonts IV,2 im oder nach dem 8. vorchristlichen Jahrhundert sehr wahrscheinlich.[68] Hinweise auf den

---

[66] Die Innenflächen des Hauses 1 wurden nicht bis auf das Gründungsniveau abgetragen. Die entsprechenden Hinweise auf die Gründungsphase stammen daher vorrangig aus den westlich anschließenden Außenbereichen und den dort beobachteten stratigraphischen Verhältnissen.

[67] Inwieweit eine kleinteilige Fund- und Befundauswertung auf Basis des im Rahmen dieser Arbeit erstmalig vorgestellten Materials (vgl. Kap. 6 und 7) hier Abhilfe schaffen kann, müssen die zukünftigen Forschungen zeigen.

[68] Die Funde aus den sogenannten Außenbereichen nehmen in diesem Zusammenhang eine besondere Stellung ein, da aufgrund der stratigraphischen Gegebenheiten (vgl. Kap. 2.3.4) vorrangig hier Hinweise auf den Beginn der Schicht 3 (Horizont IV,2) erwartet werden können. Nur hier wurden größere Flächen freigelegt, die eventuell unterhalb der in Haus 1 erfaßten (letzten ?) Begehungsfläche liegen können. Bei den zur oben genannten Datierung herangezogenen Kleinfunden handelt es sich u.a. um eine im westlichen Außenbereich des Hauses 1 gefundene Bronzefibel (Taf. 38,03), die von Pedde (2000:123-126) in das 8. vorchristliche Jahrhundert datiert wird und das Fragment einer verzierten Schminkpalette (Taf.

Niedergang von Haus 1 lieferten sie hingegen nur sehr beschränkt. Die bereits oben genannten zwei Fingerringe aus Bronze und Silber machen in diesem Zusammenhang zwar deutlich, daß der (Außen)Bereich des Hauses 1 im späten 6. vorchristlichen Jahrhundert noch genutzt wurde, sie geben aber keine Auskunft über das Ende des Horizonts IV,2. Entsprechende chronologische Hinweise konnten nur aus der stratigraphischen Abfolge, den dokumentierten Architekturresten und einem gut datierten Fund der Schicht 2 (Horizont IV,3) abgeleitet werden, der direkt oberhalb der Schicht 3 erfaßt wurde. Dieser Fund eines kleinen attischen Salznapfes (Kap. 6.1, Taf. 147,01; Abb. 73), der in das 2. Viertel des 4. vorchristlichen Jahrhunderts datiert werden kann, legt es nahe, daß Haus 1 erst gegen Ende des 5. beziehungsweise zu Beginn des 4. vorchristlichen Jahrhunderts verlassen wurde (vgl. Kap. 2.3.4.2.3).[69] Eine kontinuierliche Nutzung des Gebäudes während der gesamten späteisenzeitlich-persischen Periode vom (Ende des) 8. bis zum Ende des 5. vorchristlichen Jahrhunderts kann somit nicht ausgeschlossen werden. Weitere Differenzierungen innerhalb des Hauses und des genannten Zeitraums sind aufgrund der genannten lokalen und regionalen Gegebenheiten aber momentan nicht möglich.

Verknüpft man die für Horizont IV,2 zusammengestellten archäologischen Hinterlassenschaften, Interpretationen und chronologischen Eckpunkte mit den wenigen bislang bekannten historischen Gegebenheiten (vgl. Kap. 3.2), so kann darüber hinaus nicht ausgeschlossen werden, daß die Neugründung von Haus 1 gegen Ende des 8. vorchristlichen Jahrhunderts im Zusammenhang mit den assyrischen Aktivitäten steht, die für die Region während dieser Zeit bezeugt sind. Obwohl nicht abschließend geklärt, ist es sehr wahrscheinlich, daß das nordjordanische Plateau unter Tiglatpileser III nach längerer Zeit wieder politisch stabilisiert und verwaltungstechnisch direkt an die neue Zentralmacht angebunden wurde. In Hinblick auf die mit dem neuen Status wahrscheinlich verbundenen Verpflichtungen gegenüber dem assyrischen Kernland kann weiterhin davon ausgegangen werden, daß von den neuen Machthabern entsprechende Schritte eingeleitet wurden, um die nicht unerheblichen landwirtschaftlichen Ressourcen im Großraum Irbid über das bisherige Maß hinaus zu erschließen, zu nutzen und langfristig zu sichern. Die in Tell Johfiyeh und Umgebung herausgearbeiteten archäologischen Befunde (vgl. Kap. 2) legen es nahe, daß die bestehenden landwirtschaftlichen Einrichtungen in diesem Zusammenhang zu kleinen Gehöften

---

1,01) der Eisenzeit II. Für letztere gibt Thompson (1971; 1972:150) eine Laufzeit vom 8. bis in das 6. vorchristliche Jahrhundert an.

[69] Vgl. in diesem Zusammenhang auch eine direkt unterhalb des Salznapfes gefundene, recht aufwendig gestaltete Bronzefibel (Kap. 6.2, Taf. 38,01), die von Pedde (2000:186-197) in das 5./4. Jahrhundert v.Chr. datiert wird. Inwieweit dieser Fund noch mit der „Aufgabe“ von Haus 1 und dem Ende des Horizonts IV,2 in Verbindung gebracht werden kann, ist jedoch unklar.

mit Haupthaus und Nebengebäuden umgestaltet und die landwirtschaftliche Produktion hierarchisch organisiert wurde. Hierzu wurden wahrscheinlich Familien der Region als lokale Verwalter eingesetzt, die im Auftrag und in Abhängigkeit eines (über)regionalen Zentrums agierten. Sie organisierten die landwirtschaftlichen Aktivitäten vor Ort und sorgten für die Weiterleitung der Überschüsse an das regionale Zentrum beziehungsweise die neue Zentralmacht. Eine Spezialisierung auf bestimmte landwirtschaftliche Produkte und Nahrungsmittel ist wahrscheinlich aber nicht abschließend bezeugt. Wie die archäologischen Funde weiterhin zeigen, handelt es sich bei den in Tell Johfiyeh eingesetzten Verwaltern um Angehörige einer lokalen beziehungsweise regionalen Elite. Materielle Hinweise auf eine assyrische Präsenz in der untersuchten Region fehlen in den archäologischen Hinterlassenschaften bislang vollständig. Gleiches gilt für großflächige Zerstörungen oder sonstige Hinweise auf gewaltsam herbeigeführte Veränderungen. Das Fehlen entsprechender Spuren macht es sehr wahrscheinlich, daß sich das Gebiet westlich von Irbid während der assyrischen Vorherrschaft zu einer politisch und wirtschaftlich stabilen sowie prosperierenden Region entwickelt hat, die von zahlreichen kleinen landwirtschaftlichen Gehöften geprägt wurde. Die in Tell Johfiyeh herausgearbeiteten Ergebnisse legen es weiterhin nahe, daß diese Gehöfte über das Ende des neuassyrischen Reichs hinaus unverändert weitergenutzt wurden. Auch die nominelle Übernahme durch die Babylonier um 600 v.Chr. und die wahrscheinlich anschließende Eingliederung der Region in die persischen Verwaltungsstrukturen hat in Tell Johfiyeh keine grundlegenden Veränderungen im archäologischen Material hinterlassen. Es kann davon ausgegangen werden, daß weiterhin Familien aus der Region als lokale Verwalter der Gehöfte agierten. Hinweise auf eine physische Präsenz der jeweils neuen Zentralmacht fanden sich dementsprechend nicht. Zur Aufgabe von Haus 1 und den damit verbundenen strukturellen und organisatorischen Umgestaltungen im landwirtschaftlichen Bereich scheint es, wie oben gezeigt, erst gegen Ende des 5. beziehungsweise zu Beginn des 4. vorchristlichen Jahrhunderts gekommen zu sein. Der archäologische Befund aus Tell Johfiyeh legt es nahe, daß es erst jetzt zu Veränderungen gekommen ist, die die Anwesenheit eines Verwalters, der im Auftrag der Zentralmacht agiert, überflüssig machten. Ein Zusammenhang mit dem Tod Darius II im Jahr 404 v.Chr. und dem hieraus eventuell abzuleitenden Zusammenbruch der persischen Vorherrschaft über Transjordanien ist daher sehr wahrscheinlich. Mit dem angenommenen Wegfall der Zentralmacht brachen wahrscheinlich auch die Verwaltungsstrukturen weg, die Einrichtungen, wie sie von Haus 1 repräsentiert werden, notwendig machten. Im Bereich des Hauses 1 wurden in der Folgezeit kleinere und einfachere Strukturen errichtet, die zusammen mit den weitergenutzten kleinen Raumeinheiten im Süden des Tells auf eine lokal ausgerichtete Bewirtschaftung der angrenzenden landwirtschaftlichen

Nutzfläche schließen läßt. Mit dem Beginn der hellenistischen Zeit bricht die Besiedlung des Tell Johfiyeh schließlich sogar vorübergehend ab und wird erst nach mehreren Jahrhunderten während der byzantinisch/omaijadischen Zeit in Teilbereichen wieder aufgenommen.

Faßt man die bislang gemachten Ausführungen zu den archäologischen und historischen Hinterlassenschaften der Schicht 3 zusammen, so kann für Horizont IV,2 eine kleines prosperierendes landwirtschaftliches Gehöft rekonstruiert werden, das aus einem rechteckigen Haupthaus im Norden des Tells und mehreren, von einem radial verlaufenden Weg erschlossenen Lager- und Verarbeitungseinheiten im Süden bestanden hat. Es wurde wahrscheinlich im Rahmen der assyrischen Expansion nach Westen errichtet und verwaltungstechnisch in ein hierarchisch aufgebautes Netzwerk eingebunden, das die Versorgung der jeweiligen Zentralmacht mit (spezifischen) landwirtschaftlichen Produkten sicherstellen sollte. Eine vor Ort residierende Familie der Region organisierte in Abhängigkeit von der jeweils übergeordneten politischen Einheit die entsprechende landwirtschaftliche Produktion und stand in engem Kontakt mit dem regionalen Zentrum. Die so geschaffenen und abgesicherten Strukturen und Organisationsformen erwiesen sich, wie die archäologischen Hinterlassenschaften des Tell Johfiyeh zeigen, als sehr stabil und wurden wahrscheinlich von den nachfolgenden Zentralmächten in der Region, Babylonien und Persien, weitgehend unverändert übernommen. Erst mit dem (vorübergehenden ?) Wegfall der persischen Vormachtstellung in Transjordanien gegen Ende des 5. beziehungsweise zu Beginn des 4. vorchristlichen Jahrhunderts ist es in Tell Johfiyeh zu nennenswerten, archäologisch nachweisbaren strukturellen Veränderungen gekommen. Das als Wohnstatt der als Gehöftverwalter agierenden Familie interpretierte Haus im Norden des Tells wird in Folge der politischen Ereignisse um den Tod Darius II und damit wahrscheinlich verbundener administrativer und ökonomischer Veränderungen aufgegeben und in der Folgezeit (Schicht 2) nicht wieder benutzt. Es wird in Horizont IV,3 durch kleinere Strukturen ersetzt.

Die großen strukturellen Ähnlichkeiten zwischen Tell Johfiyeh und den in Kapitel 2.5 vorgestellten Fundplätzen in seiner Umgebung machen es wahrscheinlich, daß die Ausführungen zur Funktion, politischen und ökonomischen Stellung des Tell Johfiyeh während des Horizonts IV,2 in Teilen auch auf die anderen Fundplätze des Untersuchungsgebietes übertragen werden können. Zusammen machen sie für die betrachtete Region südwestlich von Irbid während der späteisenzeitlich-persischen Periode eine mehrstufige Organisation der Landwirtschaft wahrscheinlich. Fundplätze wie Tell Johfiyeh, Tell esh-Sheqaq, Tell Beit Yafa und Zaharet Soq´ah könnten im Rahmen dieser, bislang nicht zu verifizierenden Rekonstruktion der Verhältnisse die Bestellung der umliegenden Felder und die Ernte organisiert haben. Die jeweils vor Ort ansässige Familie waren für die Verarbeitung der

Produkte, ihre Lagerung und gegebenenfalls den Weitertransport verantwortlich. Auf der nächsten Ebene müßten sich dann sogenannte regionale Zentren mit wichtigen Einrichtungen des Kults und der Verwaltung befunden haben, wie sie vielleicht von Tell el-Husn und Tell Irbid repräsentiert werden. Sie stellen das Bindeglied zu den Kerngebieten der jeweiligen Zentralmacht dar. Am Ende der Kette stehen schließlich die potentiellen Empfänger der Produkte und Nahrungsmittel in den verschiedenen Zentren der jeweiligen Zentralmacht. Als „Gegenleistung" garantierte die jeweilige Zentralmacht die Rahmenbedingungen wie Sicherheit, Stabilität und Wohlstand, die für den Unterhalt und den Betrieb entsprechender Gehöfte notwendig sind.

3.4 Zusammenfassung

Wie die in Kapitel 3 gemachten Ausführungen zeigen, ist es trotz zahlreicher, mit dem allgemeinen Forschungsstand auf dem nordjordanischen Plateau verbundener Probleme gelungen, die Möglichkeiten und Chancen aufzuzeigen, die die Vorlage und Analyse des Materials aus Tell Johfiyeh und seiner Umgebung bietet. Es wurde deutlich, daß die im Rahmen der vorliegenden Untersuchung erstmalig zusammengestellten Daten den allgemeinen Forschungsstand erheblich verbessern und mittelfristig dazu beitragen werden, die weißen Flecken auf der archäologischen Landkarte Nordjordaniens teilweise zu entfernen.
Auf Basis des stratifizierten Materials aus Tell Johfiyeh konnten darüber hinaus begründete Vorschläge zu den archäologisch-historischen Verhältnissen während der Eisenzeit auf dem nordjordanischen Plateau herausgearbeitet und der Versuch unternommen werden, erste Einblicke in die politischen und ökonomischen Gegebenheiten sowie der Siedlungs- und Sozialstruktur zu gewinnen. Vorschläge zum Aufbau und Funktion der in Tell Johfiyeh freigelegten Strukturen und seiner regionalen Einbindung ergänzen die Ausführungen. Es konnte gezeigt werden, daß die für Tell Johfiyeh und seine Umgebung herausgearbeiteten archäologischen Befunde und chronologischen Eckpunkte gut mit den wenigen für die Region bislang bekannten historischen Abläufen verknüpft werden können. Zusammen machten sie für Tell Johfiyeh und seine Umgebung die nachfolgend kurz zusammengefaßte Rekonstruktion der lokalen und regionalen Gegebenheiten und Entwicklungen wahrscheinlich:[70]

---

[70] Die folgenden Ausführungen basieren auf den in Kapitel 1 und 2 zusammengetragenen und analysierten Daten aus Tell Johfiyeh und Umgebung sowie den Ergebnissen des in Kapitel 3.1 - 3.3 unternommenen Versuchs, die archäologisch-historischen Verhältnisse auf dem nordjordanischen Plateau während der Eisenzeit (II-III) zu rekonstruieren. Zu einer detaillierten Darstellung der Abläufe und den Literaturangaben siehe die entsprechenden Abschnitte in den einzelnen Kapiteln. Vgl. auch die verschiedenen Zusammenfassungen (z.B. Kap. 2.2.6; 2.3.5; 2.4.9;

Der Fundplatz Tell Johfiyeh wurde von der Spätbronzezeit bis an das Ende der persischen Periode im 4. vorchristlichen Jahrhundert genutzt und wurde von seinen Bewohnern wahrscheinlich erst zu Beginn der sogenannten klassischen Perioden vorübergehend verlassen. Hinweise auf eine partielle Wiederbesiedlung des Fundplatzes finden sich nach einem ausgedehnten Hiatus erst wieder für die (spät)byzantinische und omaijadische Zeit. Die endgültige Aufgabe des Siedlungsplatzes kann mit dem Ende der frühislamischen Periode verbunden werden. Zu einer dauerhaften Besiedlung des Tells ist es in der Folgezeit nicht wieder gekommen.

Die auf sehr kleiner Fläche vorrangig im Bereich des Tiefschnitts erfaßten Reste der Spätbronzezeit bilden die bislang ältesten Hinterlassenschaften aus Tell Johfiyeh. Am Anfang dieses Zeitraums (Spätbronzezeit - früh) steht wahrscheinlich eine massive, annähernd kreisförmige Anlage, die sich aus mehreren ineinandergelegten Steinkreisen zusammensetzt (Horizont I) und an eine Struktur erinnert, die in Rujm Hiri (südlicher Golan) als spätbronzezeitliche Grabanlage interpretiert wird.[71] Obwohl der gewachsene Boden bislang nicht erreicht wurde, legen es die topographischen Gegebenheiten nahe, daß es sich hierbei um die Reste des Gründungshorizontes handelt. In der Folgezeit (Spätbronzezeit - mitte) werden auf und zwischen den teilweise eingefallenen Mauern dieser Anlage einzelne kleine Raumeinheiten errichtet, die mit häuslichen Tätigkeiten verbunden werden können (Horizont II). Es folgt (Spätbronzezeit - spät) die Errichtung einer den Fundplatz umgebenden Umfassungsmauer und der sogenannten Terrasse, die in der Folgezeit einen Innen- und Außenbereich voneinander trennen (Horizont III). Eine Datierung dieser Maßnahmen in das 12. vorchristliche Jahrhundert ist sehr wahrscheinlich. Der durch die Mauer geschaffene Innenbereich wird anschließend (Eisenzeit I) zur Errichtung von kleinen Lager- und Verarbeitungseinheiten für landwirtschaftliche Güter sowie für verschiedene häusliche Tätigkeiten genutzt (Horizont IV,1). Die Hintergründe für diese während der Spätbronzezeit und dem Übergang zur Eisenzeit I beobachteten Veränderungen und funktionalen Umwidmungen des Fundplatzes können nicht eindeutig benannt werden. Der Befund aus Tell Johfiyeh reiht sich aber gut in die allgemeine Umbruchsituation ein, die für den gesamten östlichen Mittelmeerraum während der Spätbronze- und Eisenzeit I bezeugt ist. Es kann nicht ausgeschlossen werden, daß die Ursachen für die Aufgabe und funktionale Umwidmung der runden Struktur und die Errichtung einer

---

2.5.3) der einzelnen Abschnitte und den historisch-archäologischen Überblick (Kap. 3.2).

[71] Zu den in und um Rujm Hiri durchgeführten Untersuchungen und den dort erzielten Ergebnissen vgl. Kochavi (1989), Zohar (1989), Mizrachi (1997) und Mizrachi et al. (1996) mit den entsprechenden Literaturangaben. Siehe auch die Ausführungen des Kapitels 2.2.1.

Umfassungsmauer ebenso wie die anschließende Nutzung der Anlage als befestigte landwirtschaftliche Einrichtung mit dem vorübergehenden Fehlen einer Zentralmacht, einer tiefgreifenden wirtschaftlichen Rezession und verschiedenen soziopolitischen Veränderungen verbunden werden können, die die Konkurrenzsituation auf dem nordjordanischen Plateau drastisch verschärfte. Das Fehlen von Texten und einer stratifizierten regionalen Keramikchronologie machen es des weiteren nahezu unmöglich, das Ende dieser Übergangs- und Umbruchphase beziehungsweise den Anfang der anschließenden Eisenzeit II annähernd exakt zu bestimmen. Die wenigen archäologisch erforschten Fundplätze Nordjordaniens machen ebenso wie die entsprechenden Befunde aus Tell Johfiyeh lediglich deutlich, daß die Region während der Eisenzeit I und II weiterhin besiedelt wurde. Konkrete Hinweise auf die politische Situation und die eventuell bestehenden Kontakte zu den angrenzenden Regionen fehlen weitgehend. Es ist aber wahrscheinlich, daß es zu Auseinandersetzungen mit und zwischen den nördlich und westlich anschließenden Regionen bis in das 8. vorchristliche Jahrhundert gekommen ist. Von einem mehrmaligen Wechsel der regionalen Machtverhältnisse und politischen Zugehörigkeiten auf dem nordjordanischen Plateau während der Eisenzeit I(–II) kann ausgegangen werden.

Eine Änderung der regionalen und überregionalen Verhältnisse zeichnet sich erst im Zusammenhang mit den entsprechenden Aktivitäten Tiglatpilesers III während der zweiten Hälfte des 8. vorchristlichen Jahrhunderts ab. Große Teile des nordjordanischen Plateaus werden im Rahmen dieser Maßnahmen wahrscheinlich direkt an die neue Zentralmacht, Assyrien, angebunden und nach längerer Zeit wieder politisch stabilisiert. Wie die entsprechenden Befunde und Funde aus Tell Johfiyeh (Horizont IV,2) zeigen, zeichnet sich für das Untersuchungsgebiet westlich von Irbid eine Phase der relativen Sicherheit und eine damit verbundene Intensivierung und Neuorganisation der landwirtschaftlichen Aktivitäten ab. Innerhalb der weitergenutzten Umfassungsmauer kommt es zu Beginn des Horizonts IV,2, der auf großer Fläche freigelegt werden konnte, zu verschiedenen baulichen Veränderungen. Im Norden des Tells wird ein großes, aus mehreren Räumen bestehendes Gebäude (Haus 1) mit Hof und Außenflächen neu errichtet, das als Wohnstatt des lokalen Gehöftverwalters interpretiert werden kann. Im Süden schließen sich mehrere kleine Raumeinheiten an, die als Lager- und Verarbeitungseinheiten genutzt wurden und von einem radial verlaufenden Weg erschlossen werden. Zusammen mit den hier gemachten Funden legen sie für Horizont IV,2 eine Interpretation von Tell Johfiyeh als Gehöft nahe, das im Auftrag und in Abhängigkeit von der jeweils übergeordneten politischen Einheit mit der Herstellung, Verarbeitung und Lagerung spezifischer landwirtschaftlicher Güter (Nahrungsmittel) betraut war. Die Organisation und Durchführung der entsprechenden Arbeiten lag hierbei wahrscheinlich jeweils in den Händen einer vor Ort ansässigen Familie aus der Region, die als Verwalter des Gehöfts agierte. Von einer Einbindung in ein (über)regionales, hierarchisch organisiertes Netzwerk der Kontakte und Abhängigkeiten kann ausgegangen werden.

Zusammen mit den Ergebnissen, die an den untersuchten Fundplätzen der direkten Umgebung erzielt wurden, kann für Horizont IV,2 das Bild einer prosperierenden Region entworfen werden, die von zahlreichen kleinen, von regionalen und überregionalen Zentren abhängigen landwirtschaftlichen Gehöften geprägt wurde. Wie die archäologischen Befunde aus Tell Johfiyeh und seiner Umgebung weiterhin zeigen, erwiesen sich die beschriebenen, wahrscheinlich unter assyrischem Einfluß am Ende des 8. vorchristlichen Jahrhunderts in Nordjordanien geschaffenen Strukturen und Organisationsformen, als sehr stabil. Sie wurden von den nachfolgenden Zentralmächten der Region, Babylonien und Persien, weitgehend unverändert übernommen. Zu grundlegenden strukturellen und organisatorischen Veränderungen ist es erst während der persischen Periode im 5./4. vorchristlichen Jahrhundert gekommen. Das als Wohnsitz des Gehöftverwalters interpretierte Haus 1 in Tell Johfiyeh wird in Folge der politischen Ereignisse um den Tod Darius II und den damit wahrscheinlich für Transjordanien verbundenen politischen, administrativen und ökonomischen Veränderungen aufgegeben, während die von radialen Wegen erschlossenen Lager- und Verarbeitungseinheiten in der Südhälfte des Tell Johfiyeh auch in der Folgezeit (Horizont IV,3) weitergenutzt werden.

An die Stelle von Haus 1 treten jetzt (Horizont IV,3) kleinere Strukturen, die zusammen mit offenen Feuerstellen, Gruben sowie Speise- und Abfallplätzen eine stärkere Nutzung der Außenflächen nahelegen. Eine nur temporäre Nutzung der Strukturen, beispielsweise während der Saat- und Erntezeiten, kann aufgrund der Grabungsbefunde für den verbleibenden Rest der sogenannten persischen Periode nicht vollständig ausgeschlossen werden. Mit Beginn der hellenistischen Zeit bricht die Besiedlung des Tell Johfiyeh schließlich vorübergehend ab. Für diese und die römische Periode sind nur einzelne Streufunde bezeugt.

Erst nach einer längeren, mehrere Jahrhunderte andauernden Siedlungsunterbrechung kommt es während der (spät)byzantinisch-omaijadischen Zeit zu einer partiellen Wiederbesiedlung der Ränder des Fundplatzes (Horizont V). Hinweise auf eine post-omaijadische Besiedlung fehlen weitgehend und legen eine endgültige Aufgabe der Siedlungstätigkeit in Tell Johfiyeh während der frühislamischen Zeit nahe. Einzelne, verstreut gefundene Scherben der spätislamischen und osmanischen Zeit sowie verschiedene subrezente und rezente Spuren und Fundstücke deuten lediglich punktuelle Nachnutzungen an. Zu einer dauerhaften Besiedlung des Tells ist es im Anschluß an die frühislamische Zeit bis heute nicht wieder gekommen.

4. Bibliographie und Verzeichnisse

4.1 Bibliographie

Abel, P.F.-M. 1967: Géographie de la Palestine, Tome II, Géographie Politique. Les villes, Paris (Troisième édition).

Abu Dayyah, A.S., Greene, J.A., Hassan, I.H., Suleiman, E. 1991: Archaeological Survey of Greater Amman, Phase 1: Final Report, Annual of the Department of Antiquities of Jordan (ADAJ) 35: 361–397.

Ahlström, G.W. 1993: The History of Ancient Palestine from the Palaeolithic Period to Alexander's Conquest, Journal for the Study of the Old Testament (JSOT) Supplement Series 146, Sheffield.

Albright, W.F. 1929: New Israelite and Pre-Israelite Sites. The Spring Trip of 1929, Bulletin of the American Schools of Oriental Research (BASOR) 35: 1–14.

Almagro, A., Jimenez, P., Navarro, J. 2000: Excavation of Building F of the Umayyad Palace of Amman. Preliminary Report, Annual of the Department of Antiquities of Jordan (ADAJ) 44: 433–457.

Amiet, P. 1987: Das Grab von Umm Udaina, Katalog zur Ausstellung - Der Königsweg. 9000 Jahre Kunst und Kultur in Jordanien und Palästina -, S.170–171, 177, Philipp von Zabern, Mainz.

Amiran, R. 1969: Ancient Pottery of the Holy Land. From its Beginnings in the Neolithic Period to the End of the Iron Age, Jerusalem.

Banning, E.B., Fawcett, C. 1983: Main-Land Relationships in the Ancient Wadi Ziqlab: Report of the 1981 Survey, Annual of the Department of Antiquities of Jordan (ADAJ) 27: 291–310.

Bartl, K. 1995: Das Ende der Spätbronzezeit und das „dunkle Zeitalter“ im westlichen Vorderasien, in Bartl, K., Bernbeck, R., Heinz, M. (Hrsg.), Zwischen Euphrat und Indus. Aktuelle Forschungsprobleme in der Vorderasiatischen Archäologie, S. 193–208, Hildesheim-Zürich-New York

Bartl, K., al-Khraysheh, F., Eichmann, R. 2001: Palaeoenvironmental and Archaeological Studies in the Khanasiri Region/Northern Jordan. Preliminary Results of the Archaeological Survey 1999, Annual of the Department of Antiquities of Jordan (ADAJ) 45: 119–134.

Bartl, K., Eichmann, R., Khraysheh, F. 2002: Oberflächenuntersuchungen am Jabal al Khanasiri, Nordjordanien. Vorläufiger Bericht der Kampagne 1999, Orient-Archäologie (OrA) 5: 79–146.

Beek van, G.W. 1986: Are there Beehive Granaries at Tell Jemmeh ? A Rejoinder. Biblical Archaeologist (BA), Dec. 1986, S. 245–247.

— 1989: The Buzz: A simple Toy from Antiquity, Bulletin of the American Schools of Oriental Research (BASOR) 275: 53–58.

Bennett, C.-M., Bienkowski, P. 1995: Excavations at Tawilan in Southern Jordan, Oxford University Press, Hertford.

Bennett, W.J., Blakely, J.A. 1989: Tell el-Hesi: The Persian Period (Stratum V), Winona Lake, Indiana.

Bienkowski, P. (Hrsg.) 1996: The Art of Jordan. Treasures from an Ancient Land, Alan Sutton Publishing, Merseyside.

Bienkowski, P. 2000: Transjordan and Assyria. in Stager, L.E. et al. (eds.), The Archaeology of Jordan and Beyond. Essays in Honor of James A. Sauer, S. 44–58, Winona Lake, Indiana.

— 2001: The Iron Age and Persian Periods in Jordan, in Bisheh, G. et al. (eds.), Studies in the History and Archaeology of Jordan (SHAJ) VII, S. 265–274, Amman.

— 2001a: The Persian Period, in MacDonald, B., Adams, R.B. and Bienkowski, P. (eds.), The Archaeology of Jordan, Levantine Archaeology 1, S. 347–365, Sheffield Academic Press.

Blinkenberg, C.S. 1926: Fibules Grecques et Orientales, Kopenhagen.

Boertien, J. H. 2004: Iron Age Loom Weights from Tell Dayr ʹAlla in Jordan, Annual of the Department of Antiquities of Jordan (ADAJ) 48: 305–332.

Boling, R.G. 1988: The Early Biblical Community in Transjordan, The Social World of Biblical Antiquity Series 6, Sheffield.

Brown, R.M. 1991: Ceramics from the Kerak Plateau, in Miller, J.M. (ed.), Archaeological Survey of the Kerak Plateau, S. 169–280, American Schools of Oriental Research, Archaeological Reports, No. 1, Atlanta.

Clark, V.A. 1983: The Iron IIc/Persian Pottery from Rujm al-Henu, Annual of the Department of Antiquities of Jordan (ADAJ) 27: 143–163.

Czichon, R. M., Werner, P. 1998: Tall Munbaqa - Ekalte I. Die Bronzezeitlichen Kleinfunde, Wissenschaftliche Veröffentlichung der Deutschen Orient-Gesellschaft (WVDOG) 97, Saarbrücken.

Dajani, R.W. 1964: Iron Age Tombs from Irbed, Annual of the Department of Antiquities of Jordan (ADAJ) 8–9: 99–101.

— 1966: Four Iron Age Tombs from Irbed, Annual of the Department of Antiquities of Jordan (ADAJ) 11: 88–101.

Dalley, S., Goguel, A. 1997: The Sela Sculpture: A Neo Babylonian Rock Relief in Southern Jordan, Annual of the Department of Antiquities of Jordan (ADAJ) 41: 169–176, Amman.

Donnelly, P. 2004: Chocolate on White Ware: Tomb and Tall Vessel Typology at Pella, in al-Khraysheh, F. et al. (eds.), Studies in the History and Archaeology of Jordan (SHAJ) VIII, S. 97–108, Amman.

Dornemann, R. 1983: The Archaeology of the Transjordan in the Bronze and Iron Ages, Milwaukee.

— 1990: Preliminary Comments on the Pottery Traditions at Tell Nimrin, Illustrated from the 1989 Season of Excavations, Annual of the Department of Antiquities of Jordan (ADAJ) 34: 153–182.

Elayi, J., Sapin, J. 1998: Beyond the River. New Perspectives on Transeuphratene, Journal for the Study of the Old Testament, Supplement Series 250, Sheffield.

Eph'al, I. 1984: The Ancient Arabs: Nomads on the Borders of the Fertile Crescent 9th – 5th Centuries B.C., Jerusalem.

— 1988: Syria-Palestine under Achaemenid Rule, The Cambridge Ancient History (CAH) IV: 139–164 (2nd edition), Cambridge.

Fischer, P.M. 1996: Tall Abu Kharaz: The Swedish Jordan Expedition 1994. Fifth Season Preliminary Excavation Report, Annual of the Department of Antiquities of Jordan (ADAJ) 40: 101–110.

— 1997: A Late Bronze to Iron Age Tomb at Sahem, Jordan. Abhandlungen des Deutschen Palästina-Vereins 21, Wiesbaden.

Fischer, P.M., Keel, O. 1995: The Sahem Tomb. The Scarabs. Zeitschrift des Deutschen Palästina-Vereins (ZDPV) 111: 135–150.

Fisher, C.S., McCown, C. 1931: Jerash-Gerasa 1930, in Cadbury, H.J. (ed.), Annual of the American Schools of Oriental Research (AASOR) 11: 1–62, New Haven.

Flanagan, J., McCreery, D., Yassine, Kh. 1994: Tell Nimrin. Preliminary Report on the 1993 Season, Annual of the Department of Antiquities of Jordan (ADAJ) 38: 205–244.

Geraty, L.T. 1985: A Preliminary Report on the First Season at Tell el-'Umeiri, Andrews University Seminary Studies 23: 85–100.

Glueck, N. 1939: Explorations in Eastern Palestine III, The Annual of the American Schools of Oriental Research (AASOR) XVIII/XIX, New Haven.

— 1942: Further Explorations in Eastern Palestine, Bulletin of the American Schools of Oriental Research (BASOR) 86: 14–24, New Haven.

— 1951a: Explorations in Eastern Palestine IV, Part 1: Text. The Annual of the American Schools of Oriental Research 1945–1949 (AASOR), Vols. XXV–XXVIII, New Haven.

— 1951b: Explorations in Eastern Palestine IV, Part 2: Pottery Notes and Plates. The Annual of the American Schools of Oriental Research 1945–1949 (AASOR), Vols. XXV–XXVIII, New Haven.

Hadidi, A. 1987: The Ammonite Tomb at Amman, Levant 19: 101–120.

Hanbury-Tenison, J.W. et al. 1984: Wadi Arab Survey 1983, Annual of the Department of Antiquities of Jordan (ADAJ) 28: 385–423.

Harding, G. Lankester 1948: An Iron Age Tomb at Sahab, Quarterly of the Department of Antiquities of Palestine 13: 92–102.

— 1950: An Iron-Age Tomb at Meqabelein, Quarterly of the Department of Antiquities of Palestine 14: 44–48.

— 1951: Two Iron-Age Tombs in Amman, Annual of the Department of Antiquities of Jordan (ADAJ) 1: 37–40.

— 1953: The Tomb of Adoni Nur in Amman, Palestine Exploration Fund Annual 6: 48–75.

— 1959: The Antiquities of Jordan (6th impression 1990).

Hendrix, R.E., Drey, Ph.R., Storfjell, J.B. (eds.) 1997: Ancient Pottery of Transjordan. An Introduction Utilizing Published Whole Forms. Late Neolithic through Late Islamic, Berrien Springs, Michigan.

Hennessy, J.B., Potts, T.F., McNicoll, A.W., Walmsley, A.G. 1981: Preliminary Report on a Second Season of Excavation at Pella, Jordan, Annual of the Department of Antiquities of Jordan (ADAJ) 25:267–309.

Hennessy, J.B., McNicoll, A.W., Hanbury-Tenison, J.W., Watson, P.M, Randle. L., Walmsley, A.G. 1983: Preliminary Report on the Fourth Season of Excavation at Pella 1982, Annual of the Department of Antiquities of Jordan (ADAJ) 27: 325–361.

Herr, L.G. 1992: Two Stamped Jar Impressions of the Persian Province Ammon from Tell el-`Umeiri, Annual of the Department of Antiquities of Jordan (ADAJ) 36: 163–166.

— 1993: Whatever happened to the Ammonites ?, Biblical Archaeology Review 19 / 6: 26–35, 68.

— 1995: The Late Iron II-Persian Ceramic Horizon at Tall al-Umeiri, in Bisheh, G. et al. (eds.), Studies in the History and Archaeology of Jordan (SHAJ) V, S.617–619, Amman.

— (with Trenchard, W.C.) 1996: Published Pottery of Palestine, Atlanta.

— 2001: The History of the Collared Pithos at Tell el-ʹUmeiri, Jordan, in Wolff, S.R. (ed.), Studies in the Archaeology of Israel and Neighboring Lands in Memory of Douglas L. Esse, Studies in Ancient Oriental Civilization (SAOC) 59, S. 237–250, Chicago.

Herr, L.G., Najjar, M. 2001: The Iron Age, in MacDonald, B., Adams, R.B. and Bienkowski, P. (eds.), The Archaeology of Jordan, Levantine Archaeology 1, S. 323–345, Sheffield Academic Press.

Hindawi, N. n.d.: The Archaeology of the Northern Jordanian Plateau during the Iron Age (ca. late 13th – 6th century BC): Tell Yaʹamoun as a Key Site. Im Herbst 2006 an der Albert Ludwigs Universität, Freiburg, eingereichte Dissertationsschrift.

Höhne, E. 1981: Palästina: Historisch-archäologische Karte. Einführung und Register. Sonderdruck aus Biblisch-historisches Handwörterbuch, Göttingen.

Homés-Fredericq, D., Franken, H.J. (eds.) 1986: Pottery and Potters - Past and Present. 7000 Years of Ceramic Art in Jordan. Ausstellungskatalog der Universität Tübingen, Nr. 20, Attempto Verlag Tübingen.

Humbert, J.-B. 1989: Fedein (el), in Homès-Fredericq and Hennessy, J.B. (eds), Archaeology of Jordan II.1, Field Reports: Surveys and Sites A-K, S.221–224, Akkadica Supplementum 7, Leuven.

Humbert, J.-B. 1992: L´occupation de l´espace à l´age du Fer en Jordanie, in Tell, S. et al. (eds.), Studies in the History and Archaeology of Jordan (SHAJ) IV, S. 199–208, Amman.

Ibrahim, M.M. 1978: The Collared Rim Jar of the Early Iron Age, in Moorey, P.R.S and Parr, P. (eds.), Archaeology in the Levant: Essays for Kathleen Kenyon, S. 117–126, Warminster.

Ibrahim, M.M., Kooij van der, G. 1986: Excavations at Deir Alla, Season 1984, Annual of the Department of Antiquities of Jordan (ADAJ) 30: 131–144 (and Plates).

Ibrahim, M.M., Mittmann, S. 1986: Al-Mugayyir, Archiv für Orientforschung (AfO) 33: 167–172.

Ibrahim, M.M., Sauer, J., Yassine, Kh. 1976: The East Jordan Valley Survey, 1975, Bulletin of the American Schools of Oriental Research (BASOR) 222: 41–66.

Ji, Chang-Ho C. 1995: Iron Age I in Central and Northern Transjordan. An Interim Summary of Archaeological Data, Palestine Exploration Quarterly (PEQ) 127: 122–140.

— 1998: Archaeological Survey and Settlement Patterns in the Regions of ´Iraq al-´Amir, 1996: A Preliminary Report, Annual of the Department of Antiquities of Jordan (ADAJ) 42: 587–608.

Ji, Chang-Ho C. und ´Attiyat, T. 1997: Archaeological Survey of the Dhiban Plateau, 1996: A Preliminary Report, Annual of the Department of Antiquities of Jordan (ADAJ) 41: 115–128.

Ji, Chang-Ho C., Lee, J.K. 1999: The 1998 Season of Archaeological Survey in the Regions of ´Iraq al-`Amir and Wadi al-Kafrayn: A Preliminary Report, Annual of the Department of Antiquities of Jordan (ADAJ) 43: 521–539.

Jordan 1982: The Hashemite Kingdom of Jordan, Scale 1:25000, Blatt 3155-II-SW-(Irbid), edition 1, Amman (published by the French mapping group in cooperation with the Jordan National Geographic Center).

Kafafi, Z. n.d.: Ancient Jordan. From Hunters and Gatherers to Alexander the Great (especially chapters about Bronze and Iron Ages), Amman.

Kamlah, J. 2000: Der Zeraqon Survey 1989–1994. Mit Beiträgen zur Methodik und zur geschichtlichen Auswertung archäologischer Oberflächenuntersuchungen in Palästina, Abhandlungen des Deutschen Palästina-Vereins 27/1, Wiesbaden.

Kletter, R. 1991: The Rujm el-Malfuf Buildings and the Assyrian Vassal State of Ammon, Bulletin of the American Schools of Oriental Resaerch 284: 33–50.

Killebrew, A.E. 2001: The Collared Pithos in Context: A Typological, Technological, and Functional Reassesment, in Wolff, S.R. (ed.), Studies in the Archaeology of Israel and Neighboring Lands in Memory of Douglas L. Esse, Studies in Ancient Oriental Civilization (SAOC) 59, S. 377–398, Chicago.

Kochavi, M. 1989: The Land of Geshur Project: Regional Archaeology of the Southern Golan (1987 – 1988 Seasons), Israel Exploration Journal (IEJ) 39: 1–17.

Kooij van der, G., Ibrahim, M. 1989: Picking up the Threats ... A Continuing Review of Excavations at Deir Alla, Jordan. University of Leiden, Archaeological Center.

Lamprichs, R. 1995: Die Westexpansion des neuassyrischen Reiches. Eine Strukturanalyse, Alter Orient und Altes Testament (AOAT) Bd. 239, Neukirchen-Vluyn.

— 1996a: Some notes on Tell Johfiyeh, an Iron Age Site in Northern Jordan, Jahrbuch Ugarit-Forschungen (UF) 28: 325–342, Münster 1997.

— 1996b: Tell Johfiyeh: An Iron Age Site in Northern Jordan - Preparation of an Archaeological Investigation, Occident & Orient, Newsletter of the German Protestant Institute of Archaeology in Amman Vol. 1, No. 2: 10.

— 1997a: Some Iron Age Sites in the Vicinity of Tell Johfiyeh: a General Survey, Occident & Orient, Newsletter of the German Protestant Institute of Archaeology in Amman Vol. 2, No. 2: 13–14.

— 1997b: Die Umgebung des eisenzeitlichen Tell Johfiyeh. Eine archäologische Regionalstudie in Nordjordanien, Jahrbuch Ugarit-Forschungen (UF) 29: 435–465, Münster 1998.

— 1998a: Some Iron Age Sites South-East of Tell Johfiyeh: An Archaeological Description. Occident & Orient, Newsletter of the German Protestant Institute of Archaeology in Amman Vol. 3, No. 2:16–17.

— 1998b: Tell Johfiyeh, in Bikai, P.M., Egan, V., Archaeology in Jordan, American Journal of Archaeology (AJA) 102: 589–590.

— 2002a: The Institute 2001/2002: Strengthening German-Jordanian Cooperation – News and Activities, Occident & Orient, Newsletter of the German Protestant Institute of Archaeology in Amman Vol. 7, No. 1: 1.

— 2002b Tell Johfiyeh: An Archaeological Site in Northern Jordan. A preliminary report on the 2002 field season, Occident & Orient, Newsletter of the German Protestant Institute of Archaeology in Amman Vol. 7, No. 2: 1–4.

— 2002c:Tell Johfiyeh: Ein eisenzeitlicher Fundplatz in Nordjordanien und seine Umgebung. Erste Ergebnisse der Ausgrabungskampagne 2002, Jahrbuch Ugarit-Forschungen (UF) 34: 363–452, Münster 2003.

— 2003a: Tell Johfiyeh: An Iron Age Farmstead in North Jordan. Report on the Second Field Season, Occident & Orient, Newsletter of the German Protestant Institute of Archaeology in Amman Vol. 8, No. 2: 1–3.

— 2003b: Tell Johfiyeh, in Bikai, P.M., Egan, V., Archaeology in Jordan, American Journal of Archaeology (AJA) 107: 456–457.

— 2003c: Jordanien - Land zwischen Wüste und Jordan. Archäologische Forschungen und Ausgrabungen, in Nothnagle, A. (Hrsg.), Im Lande der Bibel, Berlin 1/2003: 16–19.

— 2004a: Zwischen Wüste und Jordan. Tell Johfiyeh - Ein eisenzeitlicher Fundplatz in Nordjordanien, Antike Welt - Zeitschrift für Archäologie und Kulturgeschichte, Mainz, Heft 1/04: 51–58.

— 2004b: Neue Forschungen in Nordjordanien: Der eisenzeitliche Tell Johfiyeh und seine Umgebung in Nordjordanien, Das Altertum, Berlin, 49,2: 81–85.

Lamprichs, R., al-Saad, Z. 2002: Tell Johfiyeh: An Archaeological Site in Northern Jordan. A Preliminary Report on the 2002 Field Season, Newsletter of the Institute of Archaeology and Anthropology, Yarmouk University Irbid, Issue 24: 13–19.

— 2003: Tell Juhfiyya an Archaeological Site in Northern Jordan: A Preliminary Report on the 2002 Field Season, Annual of the Department of Antiquities of Jordan (ADAJ) 47: 101–116.

— 2004a: Tell Juhfiyya: An Iron Age Site and its Surroundings in North Jordan. Preliminary Report on the 2002 and 2003 Seasons, Annual of the Department of Antiquities of Jordan (ADAJ) 48: 171–180.

— 2004b: Tell Johfiyeh, in Savage, S.H., Zamora, K.A. and Keller, D.R. (eds.), Archaeology in Jordan, American Journal of Archaeology (AJA) 108, No.3: 431–432.

— 2005: Tell Johfiyeh, in Savage, S.H., Zamora, K.A. and Keller, D.R. (eds.), Archaeology in Jordan, American Journal of Archaeology (AJA) 109, No.3: 532–534.

Lamprichs, R., Bastert, K. 2004: Tall Juhfiyah and Neighbouring Sites: Part of an Iron-Age Trade, Defense- or Communication System ?, in al-Khraysheh, F. (ed.), Studies in the History and Archaeology of Jordan (SHAJ) VIII: 217–223, Amman.

Lamprichs, R., Kafafi, Z. 2000: Die Umgebung des eisenzeitlichen Tell Johfiyeh: Der Südosten, in Bienert, H.-D. and Müller-Neuhof, B. (eds.), At the Crossroads. Essays on the Archaeology, History and Current Affairs of the Middle East, S. 87–126, Amman.

Lapp, P.W. 1970: The Pottery of Palestine in the Persian Period, Archäologie und Altes Testament, S. 179–197.

— 1975: Excavations at Tell er-Rumeith, in Lapp, P.W. (ed), The Tale of the Tell: Archaeological Studies, S.111–119, Pittsburg.

— 1989: Rumeith (Tell el), in D. Homès-Fredericq and J.B. Hennessy (eds.), Archaeology of Jordan II. 1. Field reports L–Z, Akkadica Supplementum 8, S. 494–497, Leuven.

Lemaire, A. 1994: Histoire et administration de la Palestine à l´époque perse, in Laperrousaz, E.-M. und Lemaire, A. (eds.), La Palestine à l´époque perse, S. 11–53, Paris.

— 1994a: Epigraphie et numismatique palestiniennes, in Laperrousaz, E.-M. und Lemaire, A. (eds.), La Palestine à l´époque perse, S. 261–287, Paris.

Lenzen , C.J. 1988: Tell Irbid and its Context. A Problem in Archaeological Interpretation, Biblische Notizen (BN) 42: 27–35.

Lenzen, C.J., Gordon, R.L., McQuitty, A.M. 1985: Excavations at Tell Irbid and Beit Ras, Annual of the Department of Antiquities of Jordan (ADAJ) 29: 151–159.

Lenzen, C.J., McQuitty, A.M. 1988: The 1984 survey of the Irbid/Beit Ras Region, Annual of the Department of Antiquities of Jordan (ADAJ) 32: 265–305.

Leonard, A. 1987: The Jerash-Tell el-Husn Highway Survey, Annual of the Department of Antiquities of Jordan (ADAJ) 31: 343–390.

Lugenbeal, E.N., Sauer J.A. 1972: Seventh–Sixth Century B.C. Pottery from Area B at Heshbon, Andrew University Seminary Studies (AUSS) 10: 21–69.

Ma´ani, S. 1992: Nordjordanische Ortsnamen. Eine ethymologische und semantische Untersuchung, Hildesheim.

Mare, W.H. 1989: Quweilbeh (Abila), in Homès-Fredericq und Hennessy, J.B. (eds.), Archaeology of Jordan II/2, Field Reports: Sites L–Z, S. 472–487, Akkadica Supplementum 8, Leiden.

— 1992: The Abila Excavation: The Seventh Campaign at Abila of the Decapolis, Near East Archaeological Society Bulletin (NEASB) 37: 10–18.

McGovern, P. 1997: A Ceramic Sequence for Northern Jordan: An Archaeological and Chemical Perspective, in Bisheh, G. et al. (eds.), Studies in the History and Archaeology of Jordan (SHAJ) IV, S. 421–425, Amman.

McNicoll, A., Smith, H.R., Hennessy, B. 1982: Pella in Jordan 1. Plates and Illustrations. An Interim Report on the Joint University of Sydney and The College of Wooster Excavations at Pella 1979–1981, Canberra.

Mittmann, S. 1970: Beiträge zur Siedlungs- und Territorialgeschichte des nördlichen Ostjordanlandes, Wiesbaden.

Mizrachi, Y. 1997: Rujm El-Hiri, in Meyers, E.M. (ed.), The Oxford Encyclopedia of Archaeology in the Near East, Vol. 4: 442–443.

Mizrachi, Y., Zohar, M., Kochavi, M., Murphy, V., Lev-Yadun, S. 1996: The 1988–1991 Excavations at Rogem Hiri, Golan Heights, Israel Exploration Journal (IEJ) 46, No. 3–4: 167–195.

Munsell Soil Color Charts 1988: Munsell Color, Macbeth Division of Kollmorgen Instruments Corporation, Baltimore.

Ottosson, M. 1993: The Iron Age of Northern Jordan, in Lemaire, A. and Otzen, B. (eds.), History and Traditions of Early Israel: Studies Presented to Eduard Nielsen, S. 90–103, Leiden.

Palumbo, G. (ed.) 1994: Jordan Antiquities Database & Information System (JADIS), The Department of Antiquities of Jordan and the American Center of Oriental Research, Amman.

Pedde, F. 2000: Vorderasiatische Fibeln. Von der Levante bis Iran, Abhandlungen der Deutschen Orient-Gesellschaft (ADOG) 24, Saarbrücken.

Piccirillo, M. 1976: Una Tomba del Ferro I a Mafraq (Giordania), Liber Annuus 26: 27–30.

Platt, E.E. 1989: Umeiri Objects, in Geraty, L.T. et al. (eds.), Madaba Plains Project 1: The 1984 Season at Tell el-Umeiri and Vicinity and Subsequent Studies, S. 355–366, Andrew University Press, Berrien Springs.

Potts, T.F., Colledge, S.M., Edwards, P.C. 1985: Preliminary Report on a Sixth Season of Excavation by the University of Sydney at Pella in Jordan (1983/84), Annual of the Department of Antiquities of Jordan (ADAJ) 29: 181–210.

Potts, T.F., Bourke, S.J., Edwards, P.C., Richards, F., Wightman, G.J. 1988: Preliminary Report on the Eighth and Ninth Seasons of Excavations by the University of Sydney at Pella (Tabaqat Fahl), 1986 and 1987, Annual of the Department of Antiquities of Jordan (ADAJ) 32: 115–150.

Pritchard, J.B. 1985: Tell es-Sa'idiyeh: Excavations on the Tell, 1964–1966, University of Pennsylvania Museum, Philadelphia.

Raban, A. 2001: Standardized Collared-Rim Pithoi and Short-Lived Settlements, in Wolff, S.R. (ed.), Studies in the Archaeology of Israel and Neighboring Lands in Memory of Douglas L. Esse, Studies in Ancient Oriental Civilization (SAOC) 59, S. 493–518, Chicago.

Ron, Z. 1977: Stone Huts as an Expression of Terrace Agriculture in the Judean and Samarian Hills, Unveröffentlichte Dissertation, Tel Aviv University.

Rotroff, S.I. 1982: Hellenistic Pottery. Athenian and Imported Mold Made Bowls, Athenian Agora 22.

— 1997: Hellenistic Pottery. Athenian and Imported Wheelmade Table Ware and Related Material, Athenian Agora 29.

Routledge, B. 1995: Archaeological Explorations in the Vicinity of Khirbat ath-Thamayil, Annual of the Department of Antiquities of Jordan (ADAJ) 39: 127–148.

Sauer, J.A. 1973: Heshbon Pottery 1971. A Preliminary Report on the Pottery from the 1971 Excavations at Tell Hesban.

— 1982: The Pottery of Jordan in the Early Islamic Periods, in Hadidi, A. et al. (eds.), Studies in the History and Archaeology of Jordan (SHAJ) I, S. 329–337, Amman.

— 1986: Umayyad Pottery from Sites in Jordan, in Geraty, L.T. and Herr, L.G. (eds.), The Archaeology of Jordan and other Studies. Presented to Siegfried H. Horn, S. 301–330, Berrien Springs.

Schumacher, G. 1893: Ergebnisse meiner Reise durch Hauran, ʹAdschlun und Belka, Zeitschrift des Deutschen Palästina-Vereins (ZDPV) 16: 153–170.

Sparkes, B.A. and Talcott, L. 1970: Black and Plain Pottery of the 6th, 5th, and 4th Centuries B.C., The Athenian Agora Volume XII (Part 1: Text; Part 2: Indexes and Illustrations), Princeton.

Strange, J. 1997: Tall al-Fukhar 1990–91: A Preliminary Report, in Bisheh, G. et al (eds), Studies in the History and Archaeology of Jordan (SHAJ) VI, S. 399–406, Amman.

Stronach, D.B. 1959: The Development of the Fibula in the Near East, Iraq 21/2: 181–206.

Steuernagel, D.C. 1926: Der Adschlun. Nach den Aufzeichnungen von Dr. G. Schumacher, Zeitschrift des Deutschen Palästina-Vereins 49: 1 (=A385) - 167 (=A551).

TAVO, Karte B IV 6: Palästina – Siedlungen der Eisenzeit (ca. 1200 – 550 v.Chr.), Tübinger Atlas des Vorderen Orients (TAVO).

Thompson, H.O. 1971: Iron Age Cosmetic Palettes, Annual of the Department of Antiquities of Jordan (ADAJ) 16:61–70.

— 1972: Cosmetic Palettes, Levant 4: 148–150.

— 1972a: The 1972 Excavation of Khirbet al-Hajjar, Annual of the Department of Antiquities of Jordan (ADAJ) 17: 47–72.

Tuschingham, A.D. 1972: The Excavations at Dibon (Dhiban) in Moab. The Third Campaign 1952–53, The Annual of the American Schools of Oriental Research (AASOR) XL.

Vera Chamaza, Galo W. 2005: Die Rolle Moabs in der neuassyrischen Expansionspolitik, Alter Orient und Altes Testament (AOAT) Bd. 321, Ugarit Verlag, Münster

Weippert, H. 1988: Palästina in vorhellenistischer Zeit, Handbuch der Archäologie, Vorderasien II, Bd. 1, München.

Wimmer, D.H. 1987: Tell Safut Excavations, 1982–1985 - Preliminary Report, Annual of the Department of Antiquities of Jordan (ADAJ) 31: 159–174.

Worschech, U. 1991: Das Land jenseits des Jordan. Biblische Archäologie in Jordanien, Studien zur Biblischen Archäologie und Zeitgeschichte (SBAZ), Bd. 1, Wuppertal.

— 1992: Collared-Rim Jars aus Moab: Anmerkungen zur Entwicklung und Verbreitung der Krüge mit „Halswulst", Zeitschrift des Deutschen Palästina-Vereins (ZDPV) 108: 149–155.

Worschech, U., Ninow, F. 1994: Preliminary Report on the Third Campaign at the Ancient Site of el-Balu′ in 1991, Annual of the Department of Antiquities of Jordan (ADAJ) 38: 195–203.

Yassine, Kh. 1984: Tell el-Mazar I: Cemetery A, University of Jordan, Amman.

Zayadine, F. 1987: Häusliches Gerät, Katalog zur Ausstellung -Der Königsweg. 9000 Jahre Kunst und Kultur in Jordanien und Palästina-, S.143–147, Philipp von Zabern, Mainz.

Zohar, M. 1989: Rogem Hiri: A Megalithic Monument in the Golan, Israel Exploration Journal (IEJ) 39: 19–31.

Zwickel, W. 1990: Eisenzeitliche Ortslagen im Ostjordanland, Tübinger Atlas des Vorderen Orients (TAVO)-Beiheft 81.

4.2 Verzeichnisse

4.2.1 Verzeichnis der Abbildungen

Abb. 1: Landkarte Jordaniens mit dem Fundort Tell Johfiyeh
Abb. 2: Fundorte in der Umgebung des Tell Johfiyeh (nach TAVO 1985)
Abb. 3: Tell Johfiyeh von Nordosten
Abb. 4: Tell Johfiyeh (Luftaufnahme der Royal Geographic Society)
Abb. 5: Topographischer Plan mit Grabungsarealen 1–14 (Feldaufnahme: M. Batainah)
Abb. 6: Tell el-Husn von Norden
Abb. 7: Grabungsschnitte des Jahres 2002
Abb. 8: Tell Johfiyeh von Süden. Zustand 2002
Abb. 9: Tell Johfiyeh. Plan der Architekturreste 2002 (Bauaufnahme: U. Koprivc und M. Batainah)
Abb. 10: Areal 5 - Bereich der Zisterne von Norden
Abb. 11: Tell Johfiyeh 2003. Geöffnete Grabungsschnitte
Abb. 12: Tell Johfiyeh. Plan der Architekturreste 2003 (Bauaufnahme: U. Koprivc und M. Batainah)
Abb. 13: Kleiner Basaltmörser auf drei Füßen (FN 10027; Locus 10004)
Abb. 14: Tell Johfiyeh von Norden. Zustand 2003
Abb. 15: Tell Johfiyeh von Südosten. Zustand 2003
Abb. 16: Tell Johfiyeh. Geöffnete Grabungsschnitte 2002–2004
Abb. 17: Tell Johfiyeh. Plan der Architekturreste 2004 (Bauaufnahme: U. Koprivc und M. Batainah)
Abb. 18: Tell Johfiyeh von Westen. Zustand 2004 (Foto: H. Debajah)
Abb. 18.1: Das Grabungsteam 2004 (Foto: H. Debajah)
Abb. 19: Lage der Südprofile der Areale 3, 8, 13

Abb. 20: Blick von Norden auf die Südprofile der Areale 3, 8, 13
Abb. 21: Südprofile der Areale 3 (Tiefschnitt), 8 (Ost und West) und 13 von Norden
Abb. 22: Areal 3. Tiefschnitt (Endzustand)
Abb. 23: Areal 3. Tiefschnitt. Blick von Süden in den mit Maschendraht gesicherten Schnitt (Foto: H. Debajah)
Abb. 24: Areal 3. Westprofil des Tiefschnitts von Osten
Abb. 25: Areal 3. Ostprofil des Tiefschnitts von Westen
Abb. 26: Horizonte I–III. Überblick
Abb. 27: Südprofile der Areale 3 (Tiefschnitt), 8 (Ost und West) und 13. „Schalenmauern" des Horizonts I
Abb. 28: Areal 13. Reste der westlichen „Schalenmauer" (Horizont I)
Abb. 29: Horizont II. Reste einer kleinen Raumeinheit in Areal 8 (West)
Abb. 30: Horizont II. Nach Westen verkipptes Mauerfragment im „Südprofil" des Areals 8 (West)
Abb. 31: Horizont II. Nach Westen verkipptes Mauerfragment im „Nordprofil" des Areals 8 (West)
Abb. 32: Horizont II (Areal 8). Ein Rekonstruktionsvorschlag
Abb. 33: Horizont III. Loci 8023–25 und 8029
Abb. 34: Horizont V. Oberkante Locus 8503
Abb. 35: Ansicht der Umfassungsmauer (Locus 8502) von Osten
Abb. 36: Ansicht der Umfassungsmauer (Locus 8502) von Westen
Abb. 37: Ansicht der sog. Terrasse (Locus 8503) von Westen
Abb. 38: Horizont III/IV,1–3. Reste einer weiteren „Terrassenmauer" ?
Abb. 39: Horizont IV,1. Überblick
Abb. 40: Horizont IV,1. Locus 8027/26 (Areal 8/3)
Abb. 41: Horizont IV,1. Loci 8019, 8021 und 8027/26 (Areal 8/3)
Abb. 42: Areal 6. Architektur des Horizonts IV,1
Abb. 43: Horizont IV,2. Überblick
Abb. 44: Horizont IV,2. Haus 1 und Umgebung (Areale 6, 9, 14)
Abb. 45: Horizont IV,2 (Schicht 3). Loci 2014.3, 2017/18, 2026/27 und 2030
Abb. 46: Horizont IV,2. Loci 3039 – 3041
Abb. 47: Horizont IV,2. Areale 3 (Ost) und 4
Abb. 48: Horizont IV,2 (Schicht 3). Loci 8010-8015 und 8018
Abb. 49: Horizont IV,2 (Schicht 3). Locus 7007
Abb. 50: Horizont IV,3. Überblick
Abb. 51: Horizont IV,3. Areale 2, 3 (Südwest) und 10
Abb. 52: Horizont IV,3. Areale 3 (Ost), 4 und 5 (West)
Abb. 53: Horizont IV,3. Areale 9, 11
Abb. 54: Horizont IV,3. Locus 7006
Abb. 55: Horizont IV,3. Areale 6 und 14 (Ost)
Abb. 56: Horizont IV,3. Locus 8007

Abb. 57: Horizont V. Überblick
Abb. 58: Horizont V (Hang). Areale 1 (Südosten) und 2 (Südwesten)
Abb. 59: Horizont V. Südwestprofil Locus 1006 (=Mauer M1)
Abb. 60: Horizont V. Südwestprofil der sog. Terrasse (Locus 2004/1002)
Abb. 61: Horizont V. Areale 5 und 12
Abb. 62: Horizont V. Loci 10008 und 10011
Abb. 63: Tell Johfiyeh 2003. Blick von der „Tellkuppe" nach Norden. Im Vordergrund Teile des Areals 9 mit Resten von Haus 1 (vgl. Abb. 44)
Abb. 64: Tell Johfiyeh 2002 (Areal 7). „Durchbruch" in der nordwestlichen Umfassungsmauer von Osten
Abb. 65: Tell Johfiyeh 2003 (Areale 2 und 10). Blick von Nordwesten auf einen Abschnitt des sog. Verkehrswegs (vgl. Abb. 43, 45, 50–51)
Abb. 66: Tell Johfiyeh 2003 (Areal 6). Locus 6034 von Norden (vgl. Abb. 44)
Abb. 67: Tell Johfiyeh 2003. Blick von Norden auf Haus 1 und anschließende Flächen (vgl. Abb. 44)
Abb. 68: Tell Johfiyeh 2003 (Areal 10). Locus 10005 von Westen (vgl. Abb. 51)
Abb. 69: Tell Johfiyeh 2004 (Areal 6). Locus 6042 von Norden (vgl. Abb. 55)
Abb. 70: Tell Johfiyeh 2002 (Areal 2). Die sog. Terrasse (Locus 2004) von Südwesten (vgl. Abb. 58, 60)
Abb. 71: Tell Johfiyeh 2002. Areale 1 und 2 von Südosten (vgl. Abb. 58)
Abb. 72: Tell Johfiyeh 2002 (Areal 6). Vollständig erhaltener Krug (FN 6081.01; Locus 6025) mit „verschließbarem" Boden (vgl. Keramik-Tafel 47,07)
Abb. 73: Tell Johfiyeh 2004 (Areal 14). Vollständig erhaltener „Salznapf" (FN 14043.01; Locus 14010) (vgl. Keramik-Tafel 147,01)
Abb. 74: Tell Johfiyeh 2002 (Areal 5). Fragment einer omaijadischen Schale (FN 5042.01; Locus 5019) (vgl. Keramik-Tafel 143,01)
Abb. 75: Tell Johfiyeh 2002 (Areal 5). Fast vollständiges Gefäß aus der Zisterne am Ostrand des Tells (FN 5029; Locus 5011) (vgl. Keramik-Tafel 135,01)
Abb. 76: Tell Johfiyeh 2003 (Areal 12). Oberteil eines omaijadischen Tongefäßes (FN 12020.01; Locus 12004) (vgl. Keramik-Tafel 136,01–02)
Abb. 77: Tell Johfiyeh 2002 (Areal 4). Vollständig erhaltener Basaltmörser auf drei Füßen mit zwei zugehörigen Stößeln (FN 4025.1; Locus 4008) (vgl. Kleinfund-Tafeln 5,01; 18,04; 20,05)
Abb. 78: Tell Johfiyeh 2003 (Areal 9). Vollständig erhaltener Basaltmörser auf drei Füßen (FN 9036; Locus 9008) (vgl. Kleinfund-Tafel 3,01)

Abb. 79: Tell Johfiyeh 2004. Bronzefibeln (1. FN 8165; Locus 8035. 2. FN 6240; Locus 6049. 3. FN 14047; Locus 14011) (vgl. Kleinfund-Tafeln 38,01 – 38,03)

Abb. 80: Tell Johfiyeh 2004 (Areal 8). Ring aus Silber (FN 8063; Locus 8013) (vgl. Kleinfund-Tafel 38,08)

4.2.2 Verzeichnis der Tabellen

Kapitel 2

2.1

Tabelle 1: Korrelation der Bauhorizonte, Schichten und Fundstellen des Tiefschnitts (Areal 3)

2.3

Tabelle 1: Verhältnis von Bauchscherben zu Diagnostika

Tabelle 2: Quantitative Verteilung der Waren auf Bauchscherben und Diagnostika

Tabelle 3: Quantitative Verteilung der gesamten Scherben auf die Warengruppen 1, 2 und 3

Tabelle 4: Quantitative Verteilung der Warengruppen (WG) auf die Areale 0–14 (0=Streufunde)

Tabelle 5: Quantitative Verteilung der Waren auf die Areale 0 bis14

Tabelle 6: Quantitative Verteilung der Warengruppen 1–3 auf die Schichten

Tabelle 7: Quantitative Verteilung der Scherben auf die Waren (W) und Schichten (S)

Tabelle 8: Quantitative Verteilung der Diagnostika auf die Formtypen 1-14

Tabelle 9: Quantitative Verteilung der Formtypen 1-14 (T) auf die ergrabenen Areale 0-14 (A)

Tabelle 10: Quantitative Verteilung der Formtypen 1-14 (T) auf die verschiedenen Schichten (S)

Tabelle 11: Quantitative Verteilung der Formtypen (1-8) auf die definierten Waren 1–24

Tabelle 12: Quantitative Verteilung der Formtypen auf die Warengruppen (WG) 1, 2 und 3

Tabelle 13: Chronologische Einordnung der Horizonte I–V

2.4

Tabelle 1: Quantitative Verteilung der Funde auf die Materialgruppen

Kapitel 7

7.1.1

Tabelle 1: Quantitative Verteilung der Waren auf Bauchscherben und Diagnostika im Jahr 2002

Tabelle 2: Quantitative Verteilung der Scherben auf die Warengruppen 1 und 2 im Jahr 2002

Tabelle 3: Quantitative Verteilung der Formtypen auf die definierten Waren 1–19 im Jahr 2002
Tabelle 4: Quantitative Verteilung der Formtypen auf die Warengruppen 1 und 2 im Jahr 2002
Tabelle 5: Quantitative Verteilung der Waren auf Bauchscherben und Diagnostika im Jahr 2003
Tabelle 6: Quantitative Verteilung der Scherben auf die Warengruppen 1 und 2 im Jahr 2003
Tabelle 7: Quantitative Verteilung der Formtypen auf die definierten Waren 1–21 im Jahr 2003
Tabelle 8: Quantitative Verteilung der Formtypen auf die Warengruppen 1 und 2 im Jahr 2003
Tabelle 9: Quantitative Verteilung der Waren auf Bauchscherben und Diagnostika im Jahr 2004
Tabelle 10: Quantitative Verteilung der Scherben auf die Warengruppen 1, 2 und 3 im Jahr 2004
Tabelle 11: Quantitative Verteilung der Formtypen auf die definierten Waren 1–24 im Jahr 2004
Tabelle 12: Quantitative Verteilung der Formtypen auf die Warengruppen 1–3 im Jahr 2004
Tabelle 13: Quantitative Verteilung der Warengruppen auf die im Jahr 2004 untersuchten Areale

7.1.5.1

Table 1: Known bones from Tell Johfiyeh
Table 2: Total number and weight of bones

4.2.3 Verzeichnis der Diagramme

Kapitel 2

2.1

Matrix 1: Matrix der Fundstellen im Hangbereich
Matrix 2: Matrix der Fundstellen (Fläche): Eine Falttafel

4.2.4 Verzeichnis der Tafeln

Kapitel 6

6.1

Tafeln 1 – 160 des Keramikkatalogs

6.2

Tafeln 1 – 48 des Kleinfundkatalogs

4.2.5 Abkürzungsverzeichnis

a.	Außen
Abb.	Abbildung

Anm.	Anmerkung
BGF	Begehungsfläche
begr.	Begrenzt
Br.	Breite
ca.	Zirka
CaCo3	Kalziumkarbonat
cm	Zentimeter
DEIAHL	Deutsches Evangelisches Institut für Altertumswissenschaft des Heiligen Landes
Di.	Dicke/Stärke
Dm.	Durchmesser
DoA	Department of Antiquities of Jordan
EZ	Eisenzeit
FAA	Faculty of Archaeology and Anthropology (Yarmouk University Irbid, Jordan)
Fig.	Figure
FN	Fundnummer
FS	Fundstelle (Locus)
Füllg.	Füllung
g	Gramm
ges.	Gesetzt
H	Höhe (Nivellement)
i.	Innen
IAA	Institute of Archaeology and Anthropology (Yarmouk University Irbid, Jordan)
Jh.	Jahrhundert
Kap.	Kapitel
Keramikkoll.	Keramikkollektion
KF	Kleinfund
kl.	Klein
L.	Länge
Loc.	Locus/Loci
m	Meter
M	Mauer
Mündg.	Mündung
N	Norden
n. Chr.	Nach Christus
n.d.	No date
NO	Nordosten
N-S	Nord-Süd
NW	Nordwesten
O	Osten
OF	Oberfläche

OK	Oberkante
O-W	Ost-West
Pl.	Plate
qm	Quadratmeter
S	Süden
Setzg.	Setzung
SO	Südosten
sog.	Sogenannt
Stk.	Stück(e)
SW	Südwesten
Tab.	Tabelle
Taf.	Tafel
TAVO	Tübinger Atlas des Vorderen Orients
teilw.	Teilweise
TS	Tiefschnitt
UF-	Umfassungs-
UK	Unterkante
ü. NN.	Übcr Normal Null
v. Chr.	Vor Christus
Vgl.	Verglciche
vollst.	Vollständig
W	Westen
westl.	Westlich
WG	Warengruppe
×	Multiplikator (z.B. 1×1=1)
z.B.	Zum Beispiel

5. Abbildungen (1 – 80)

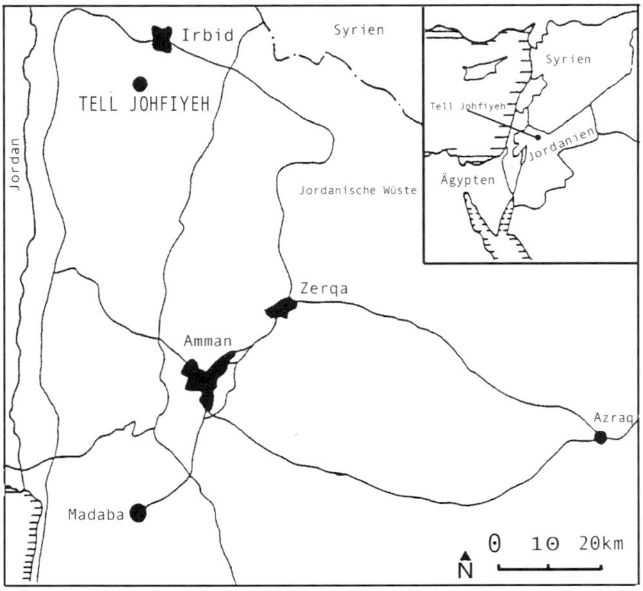

Abb. 1: Landkarte Jordaniens mit dem Fundort Tell Johfiyeh

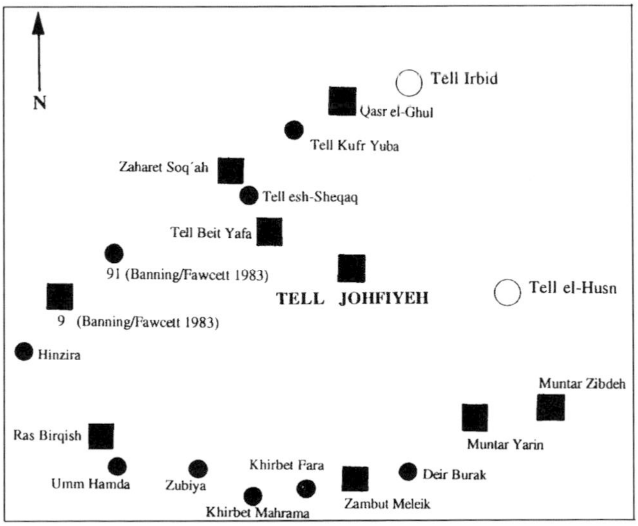

Abb. 2: Fundorte in der Umgebung des Tell Johfiyeh (nach TAVO 1985)

Abb. 3: Tell Johfiyeh von Nordosten

Abb. 4: Tell Johfiyeh (Luftaufnahme der Royal Geographic Society)

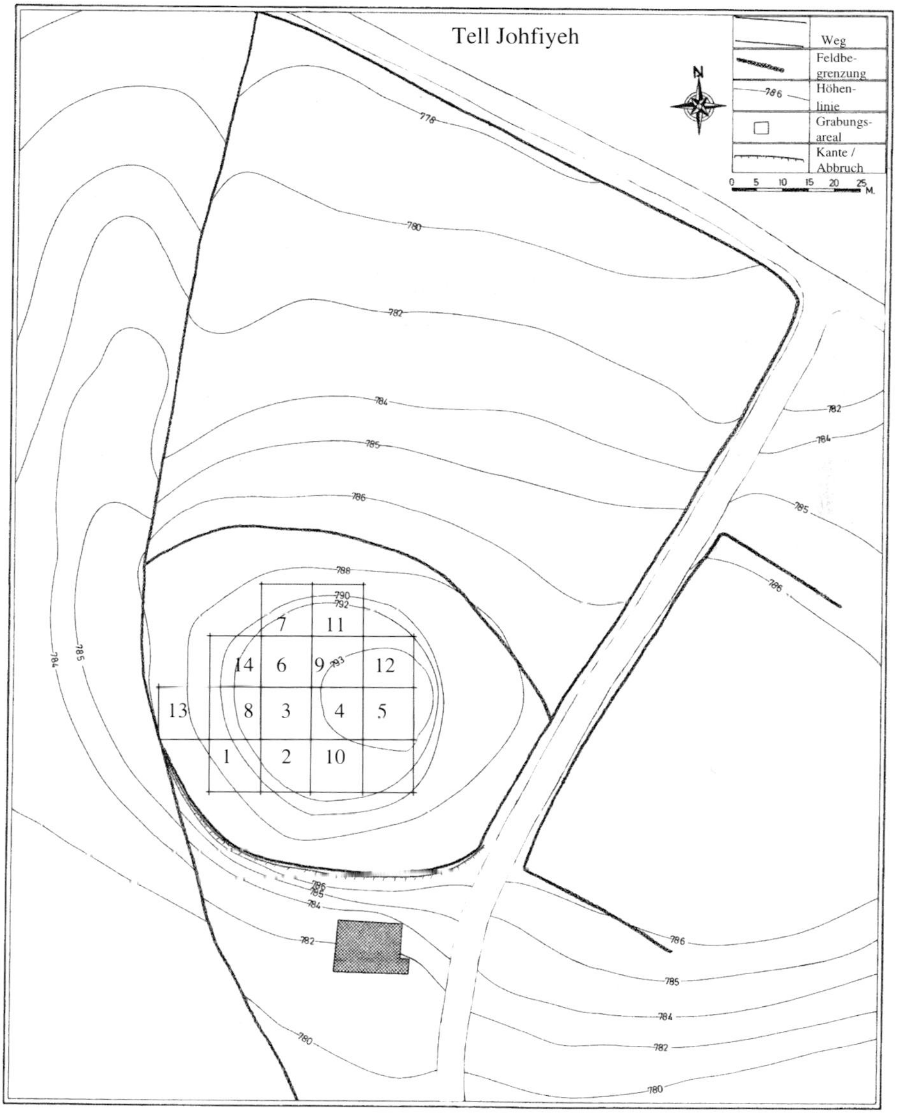

Abb. 5: Topographischer Plan mit Grabungsarealen 1–14
(Feldaufnahme: M. Batainah)

Abb. 6: Tell el-Husn von Norden

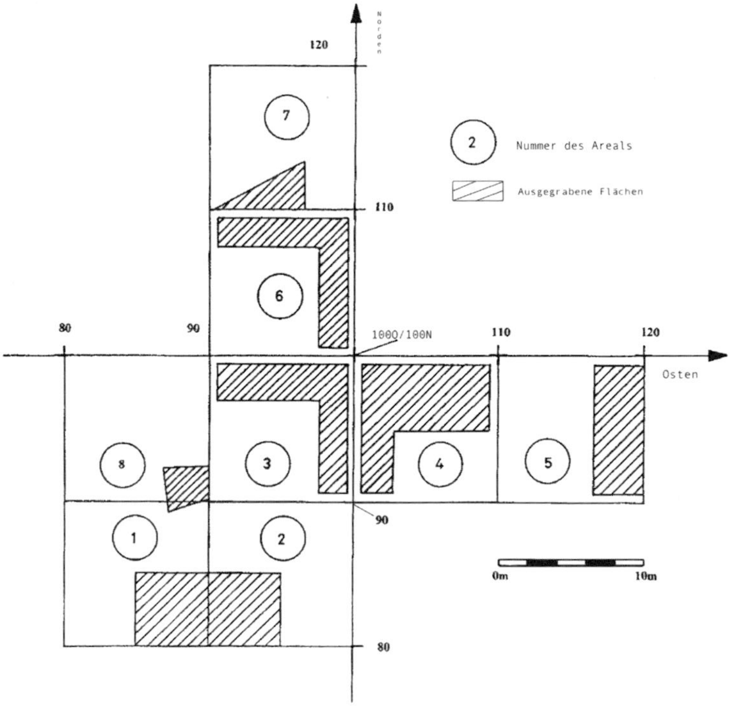

Abb. 7: Grabungsschnitte des Jahres 2002

Abb. 8: Tell Johfiyeh von Süden. Zustand 2002

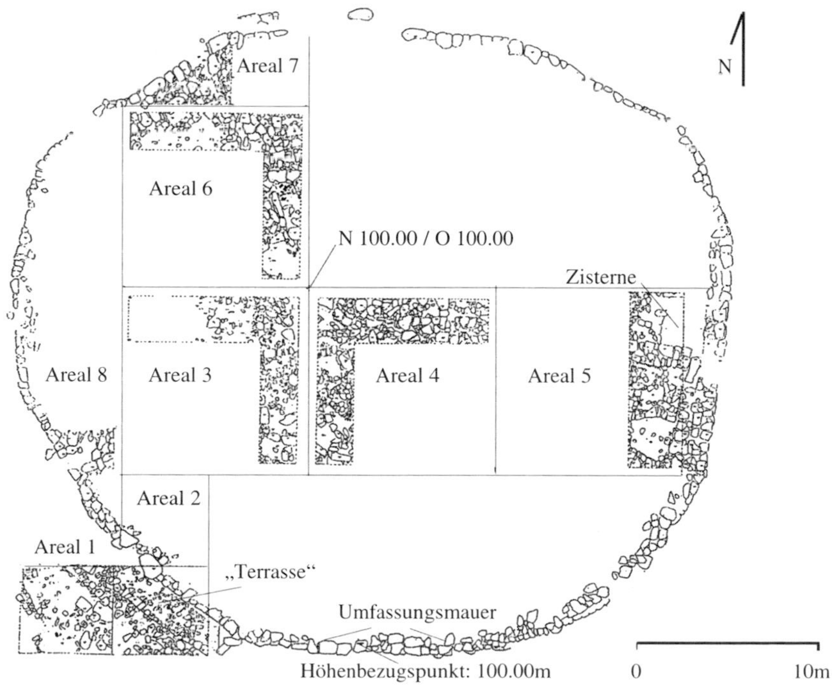

Abb. 9: Tell Johfiyeh. Plan der Architekturreste 2002 (Bauaufnahme: U. Koprivc und M. Batainah)

Abb. 10: Areal 5 – Bereich der Zisterne von Norden

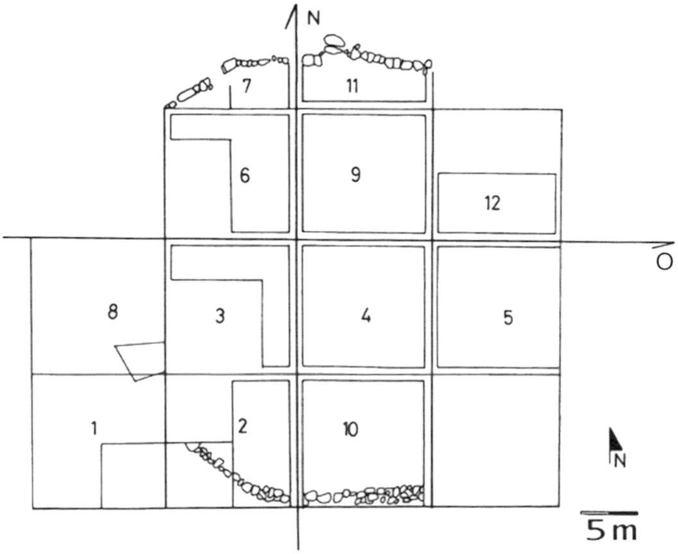

Abb. 11: Tell Johfiyeh 2003. Geöffnete Grabungsschnitte

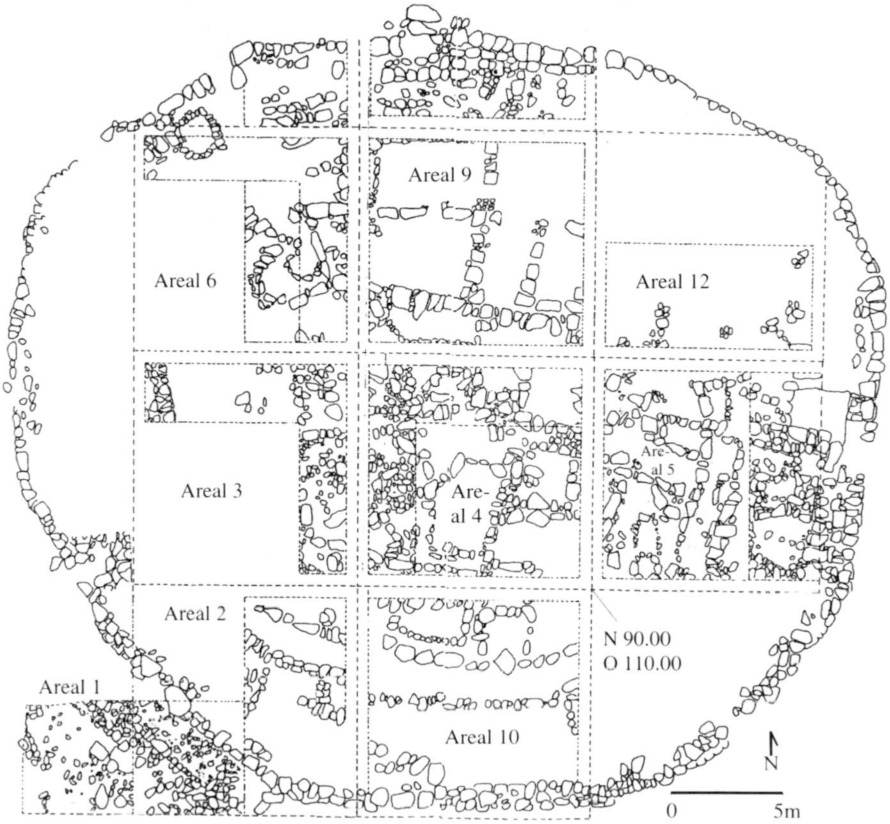

Abb. 12: Tell Johfiyeh. Plan der Architekturreste 2003
(Bauaufnahme U. Koprivc und M. Batainah)

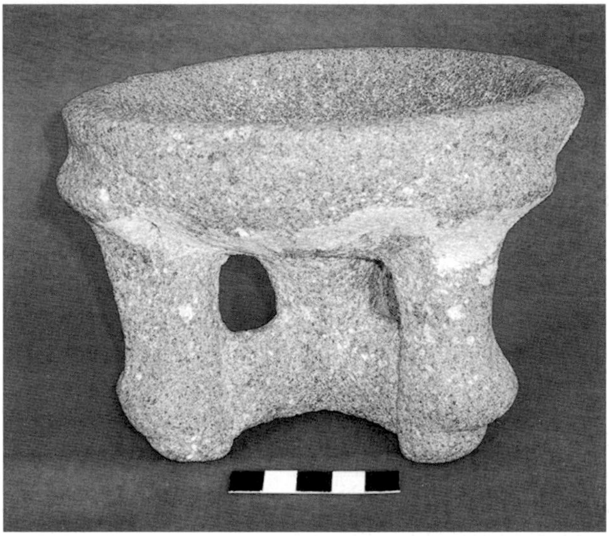

Abb. 13: Kleiner Basaltmörser auf drei Füßen
(FN 10027; Locus 10004)

Abb. 14: Tell Johfiyeh von Norden. Zustand 2003 (Foto: H. Debajah)

Abb. 15: Tell Johfiyeh von Südosten. Zustand 2003 (Foto: H. Debajah)

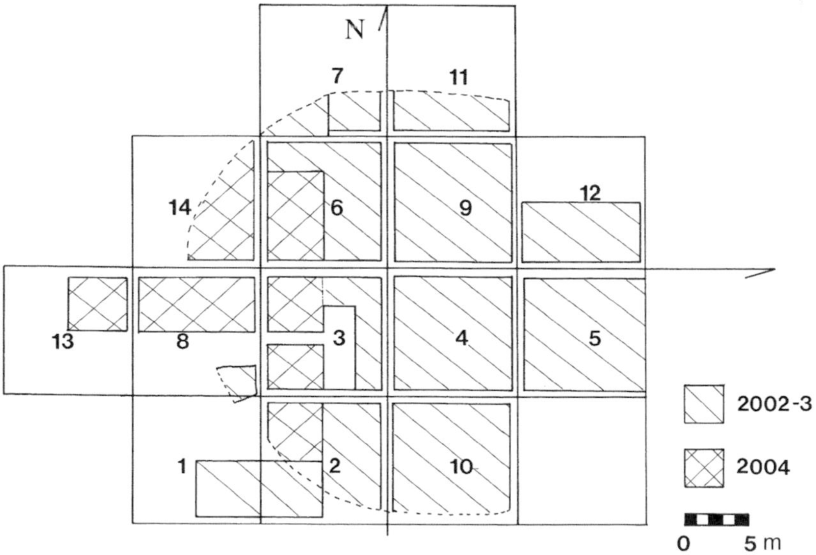

Abb. 16: Tell Johfiyeh. Geöffnete Grabungsschnitte 2002–2004

Abb. 17: Tell Johfiyeh. Plan der Architekturreste 2004 (Bauaufnahme: U. Koprivc und M. Batainah)

Abb. 18: Tell Johfiyeh von Westen. Zustand 2004 (Foto: H. Debajah)

Abb. 18.1: Das Grabungsteam 2004 (Foto: H. Debajah)

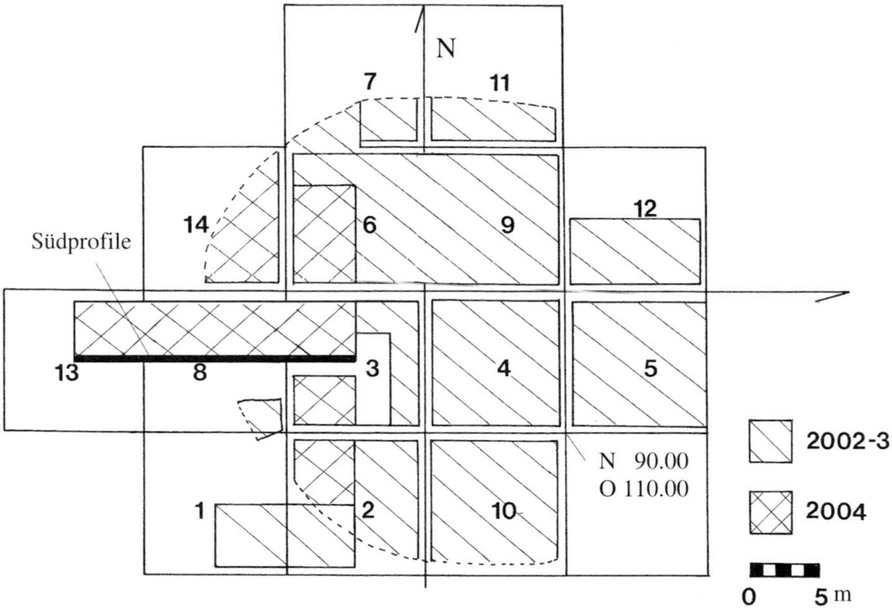

Abb. 19: Lage der Südprofile der Areale 3, 8, 13

Abb. 20: Blick von Norden auf die Südprofile der Areale 3, 8, 13

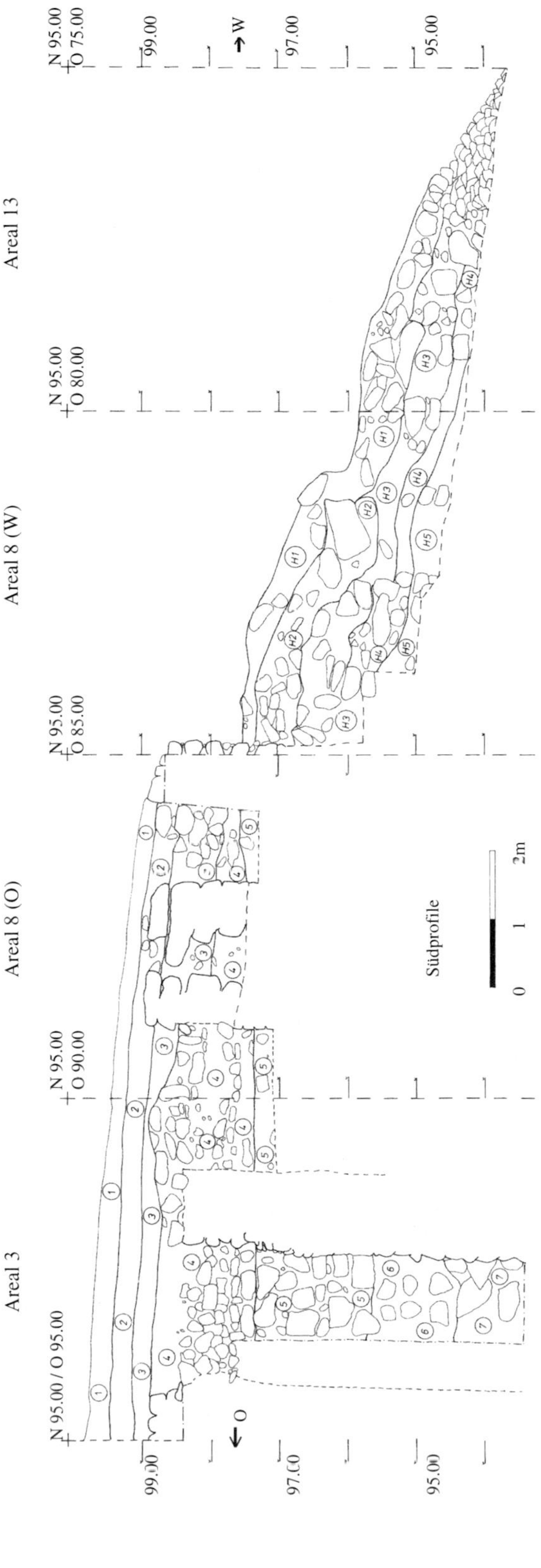

Abb. 21: Südprofile der Areale 3 (Tiefschnitt), 8 (Ost und West) und 13 von Norden

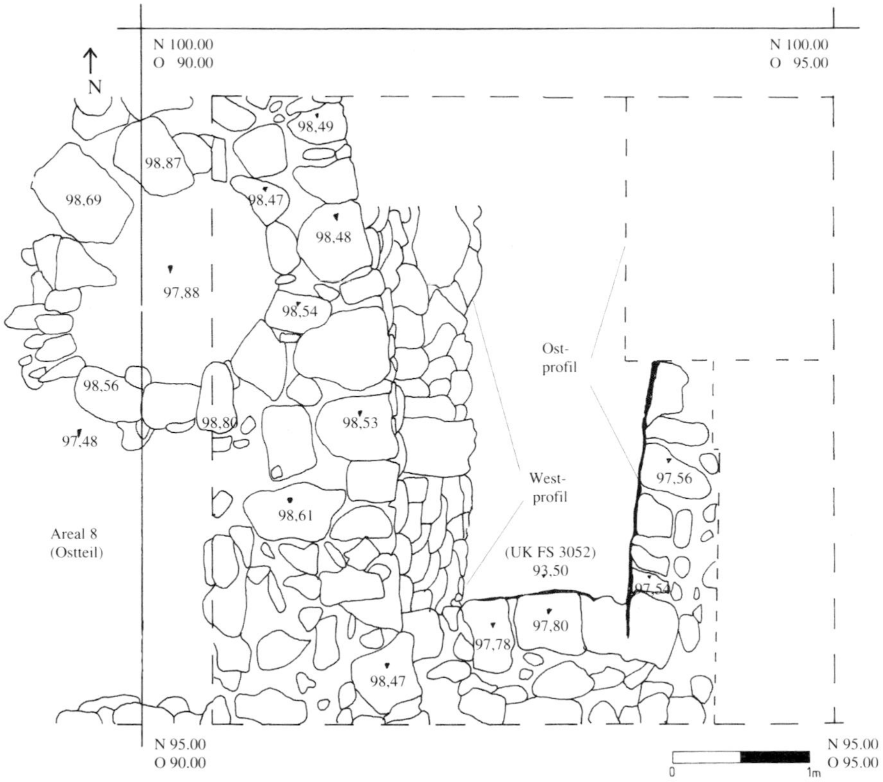

Abb. 22: Areal 3. Tiefschnitt (Endzustand)

Abb. 23: Areal 3. Tiefschnitt. Blick von Süden in den mit Maschendraht gesicherten Schnitt (Foto: H. Debajah)

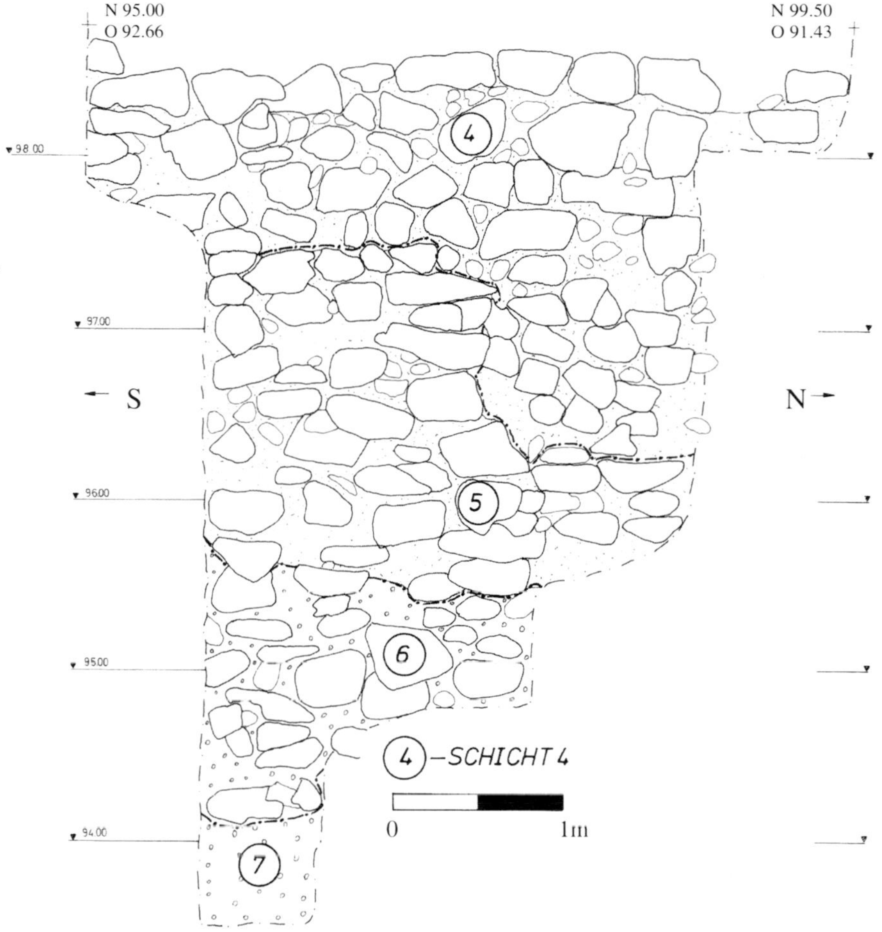

Abb. 24: Areal 3. Westprofil des Tiefschnitts von Osten

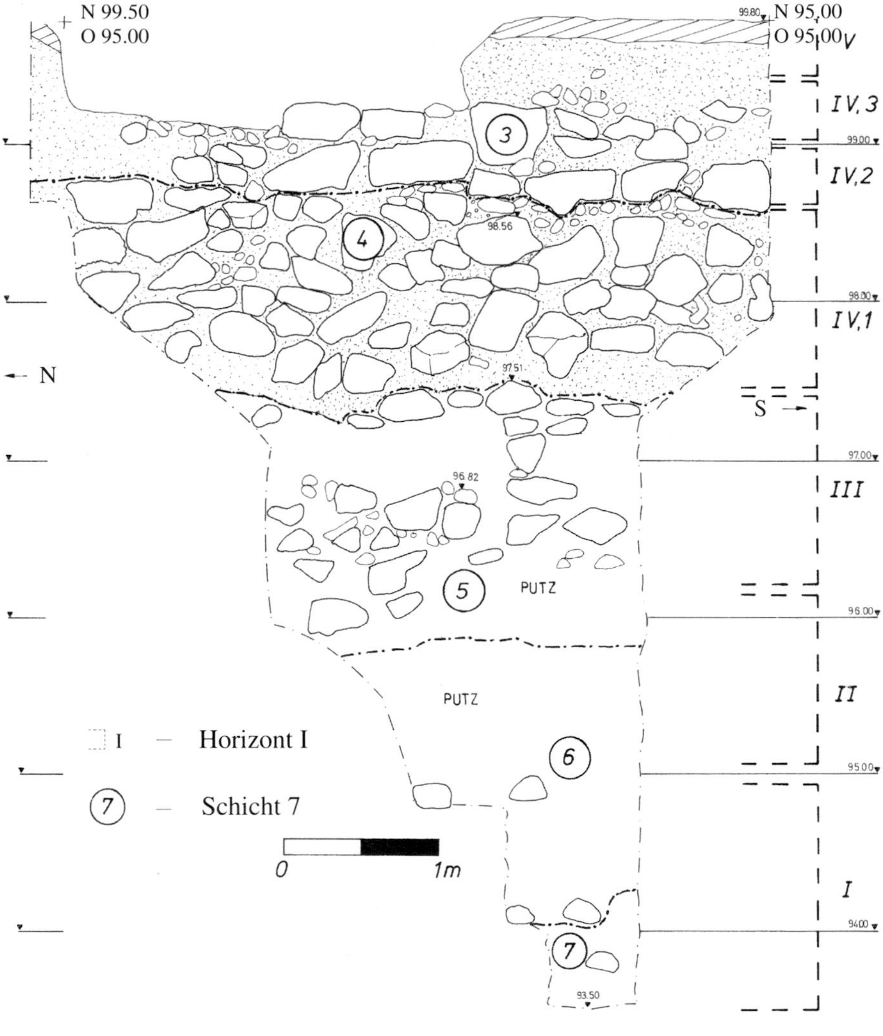

Abb. 25: Areal 3. Ostprofil des Tiefschnitts von Westen

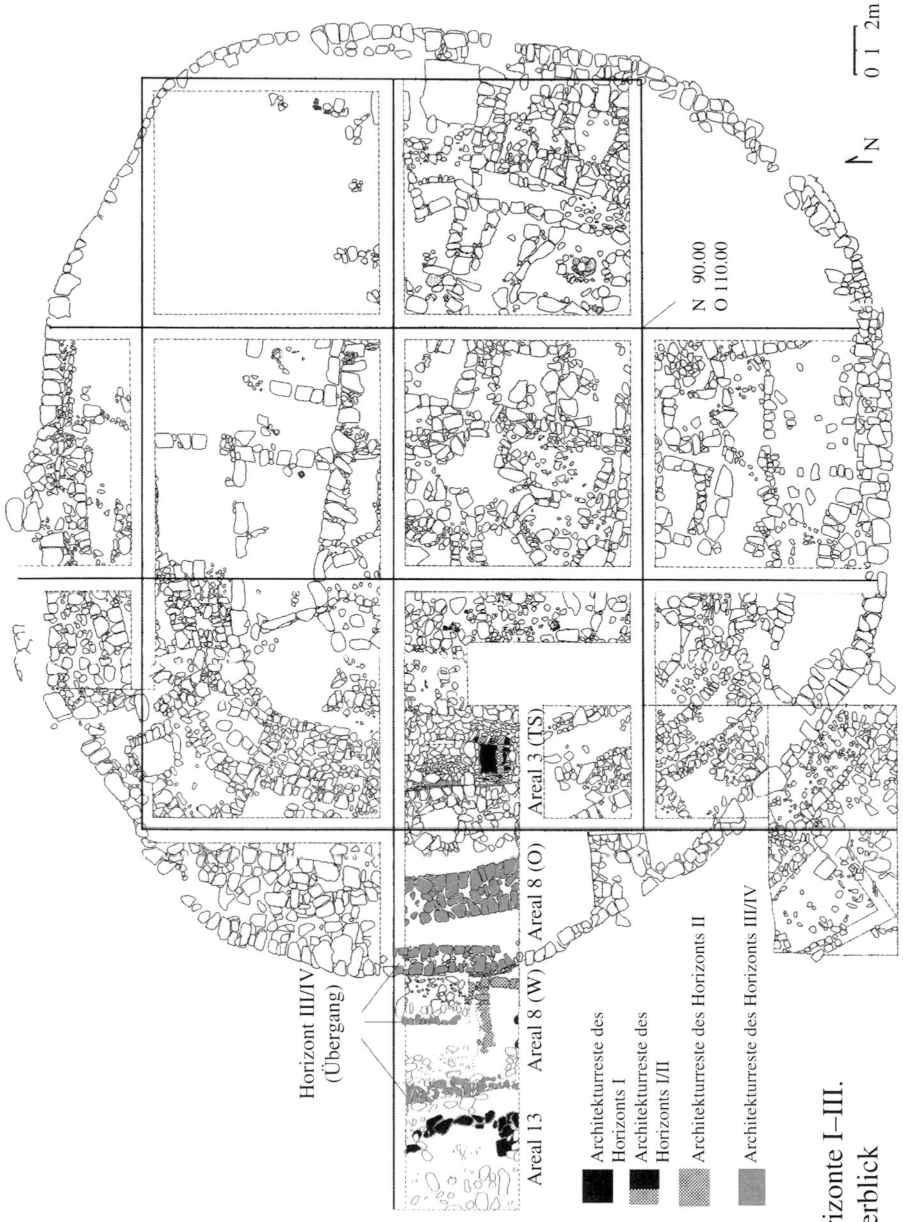

Abb. 26: Horizonte I–III. Überblick

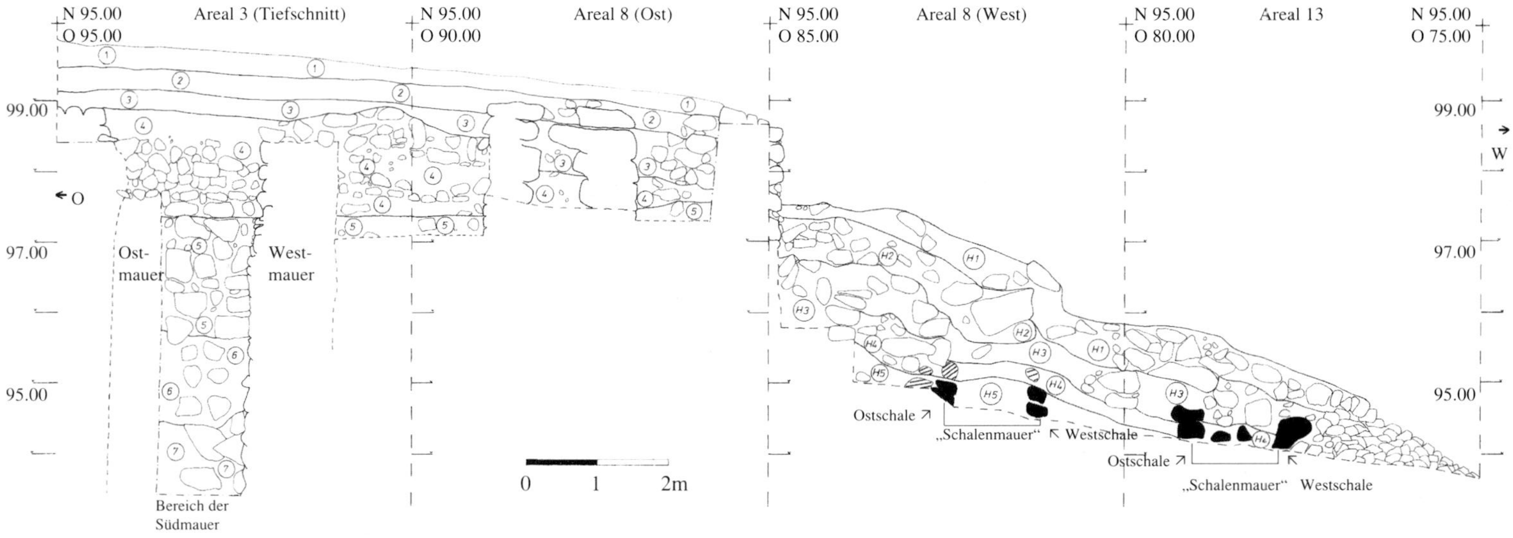

Abb. 27: Südprofile der Areale 3 (Tiefschnitt), 8 (Ost und West) und 13. „Schalenmauern“ des Horizonts I

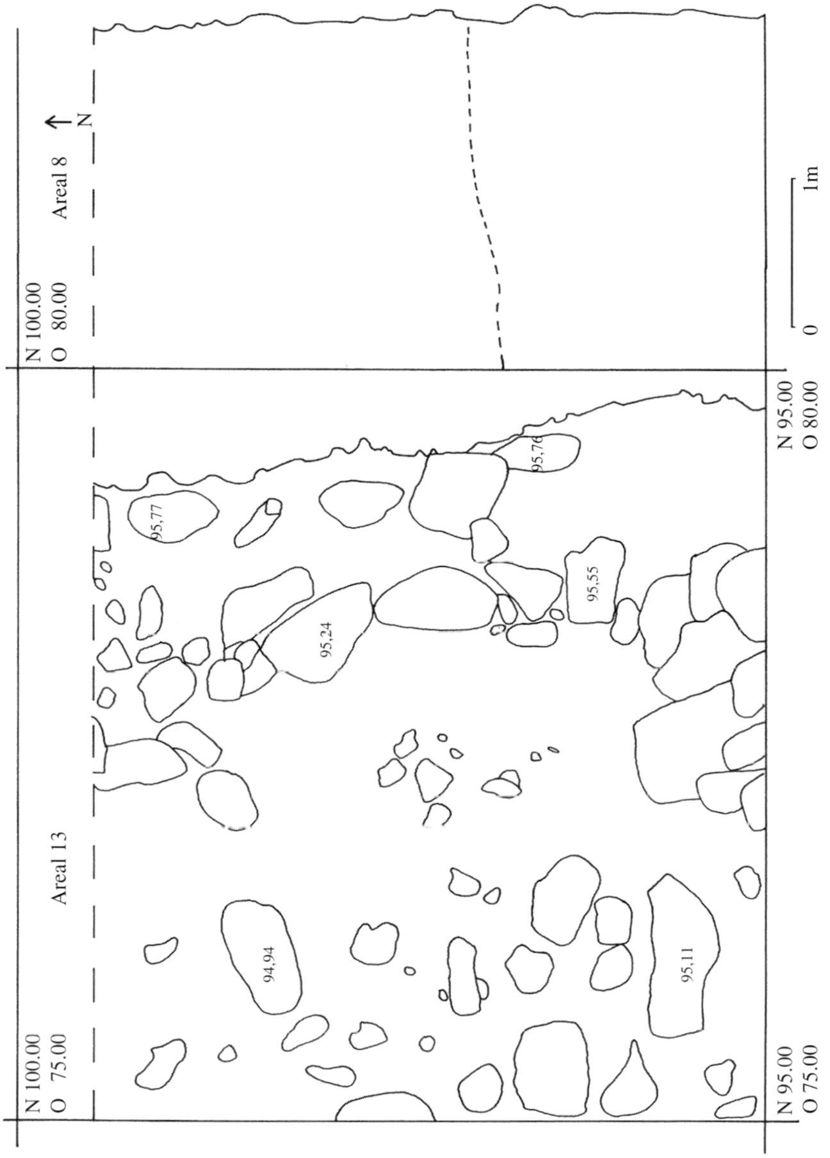

Abb. 28: Areal 13. Reste der westlichen „Schalenmauer“ (Horizont I)

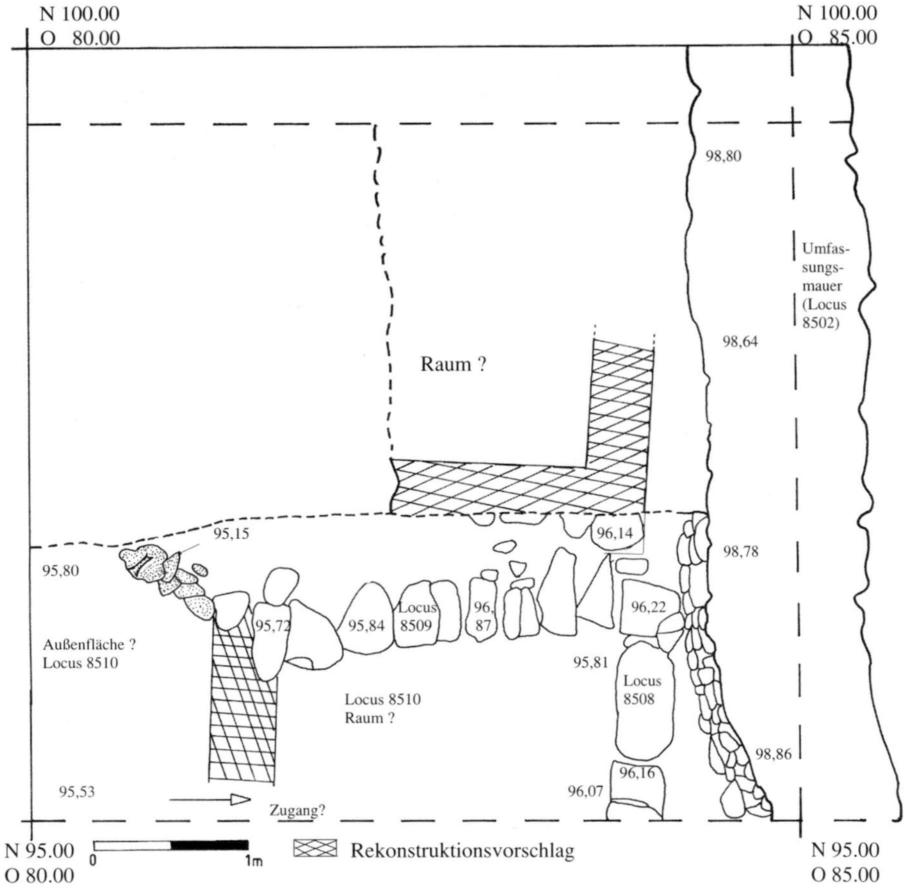

Abb. 32: Horizont II. Areal 8. Ein Rekonstruktionsvorschlag

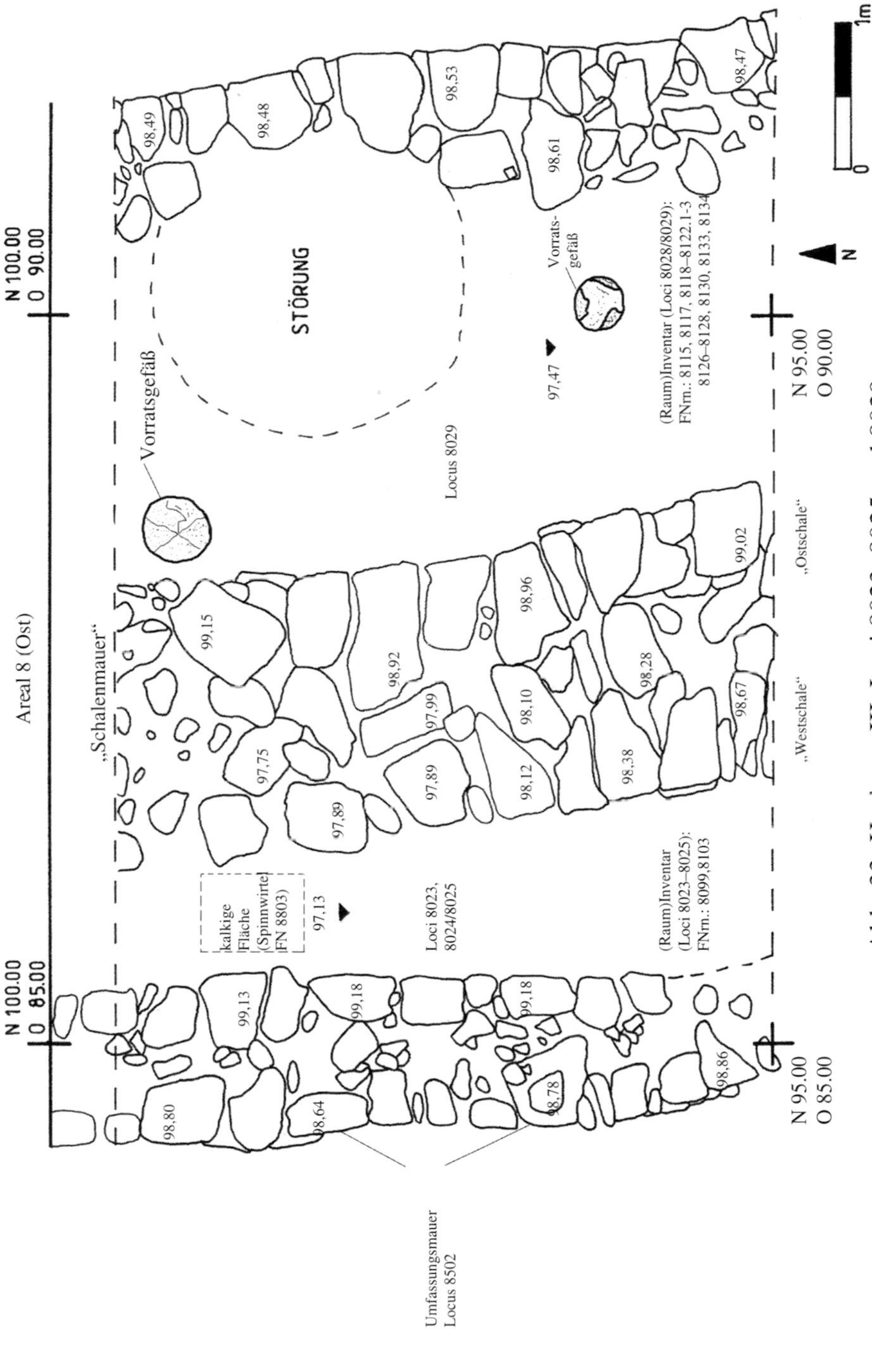

Abb. 33: Horizont III. Loci 8023–8025 und 8029

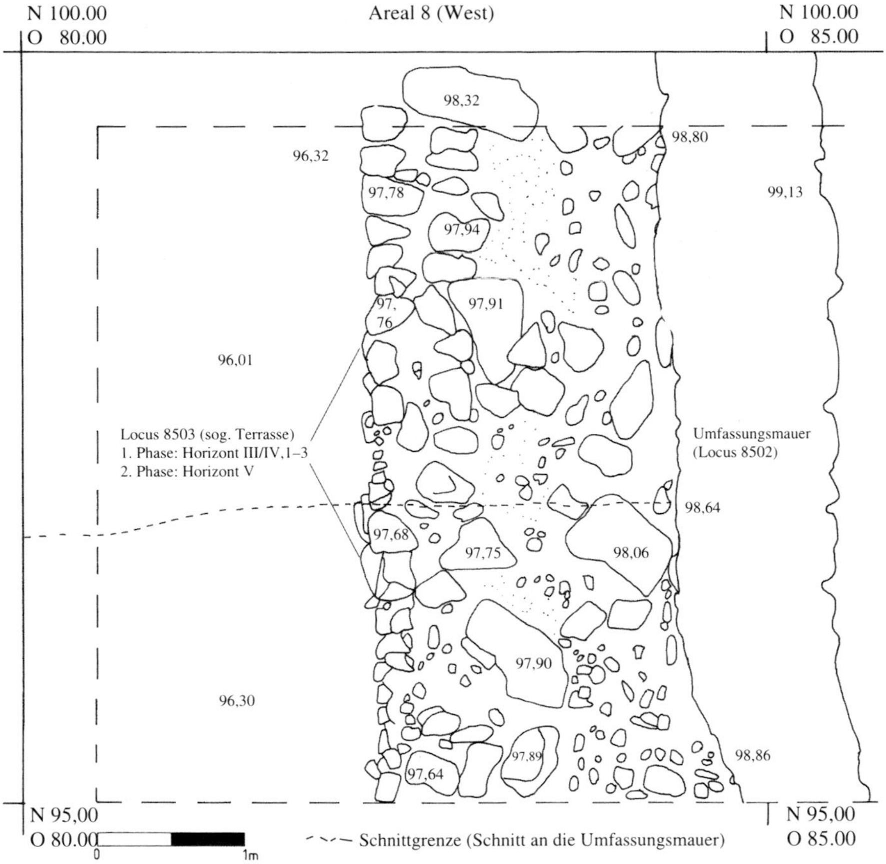

Abb. 34: Horizont V. Oberkante Locus 8503

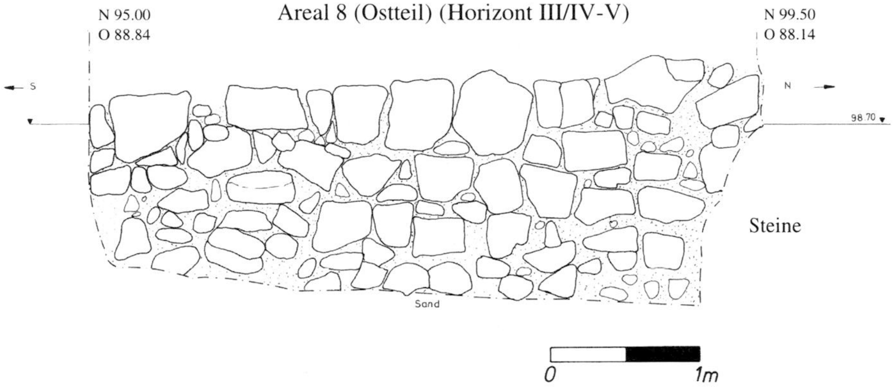

Abb. 35: Ansicht der Umfassungsmauer (Locus 8502) von Osten

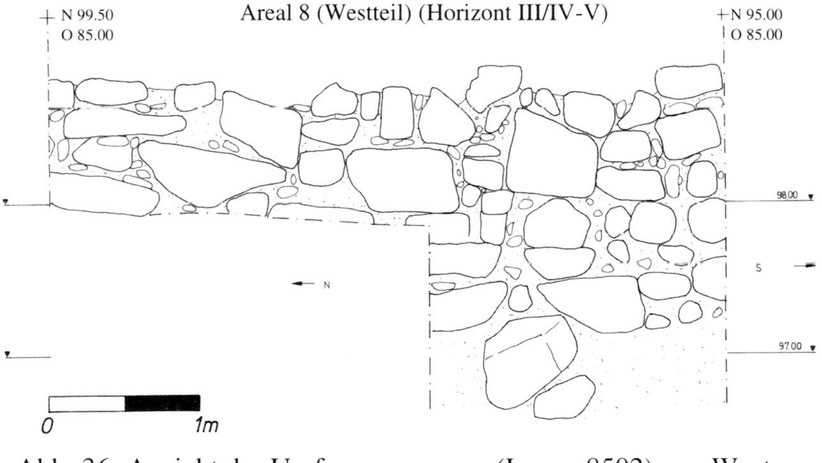

Abb. 36: Ansicht der Umfassungsmauer (Locus 8502) von Westen

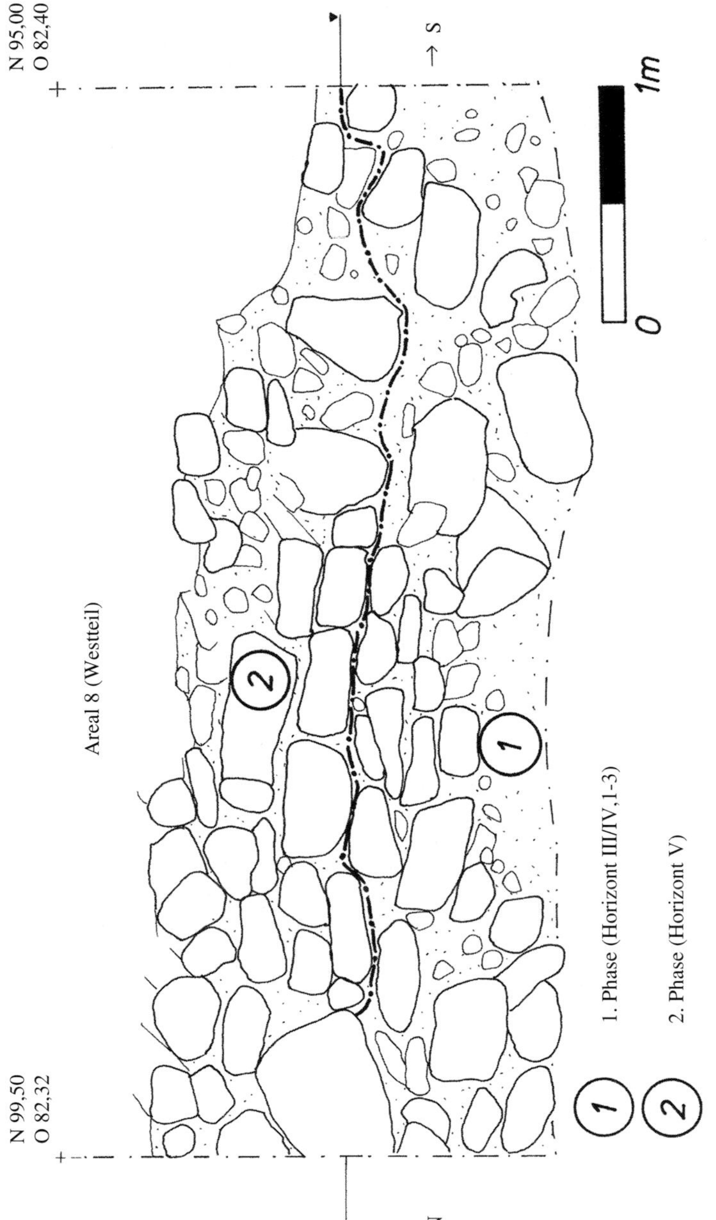

Abb. 37: Ansicht der sog. Terrasse (Locus 8503) von Westen

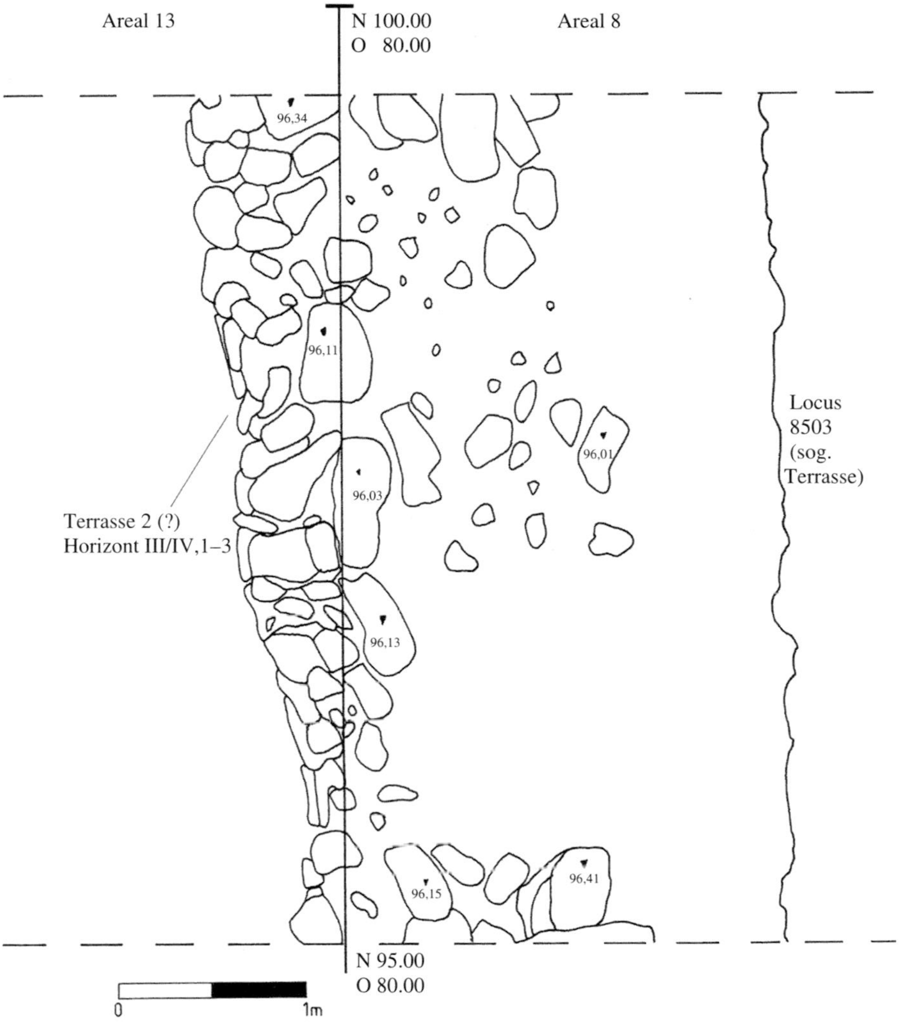

Abb. 38: Horizont III/IV,1–3. Reste einer weiteren „Terrassenmauer“?

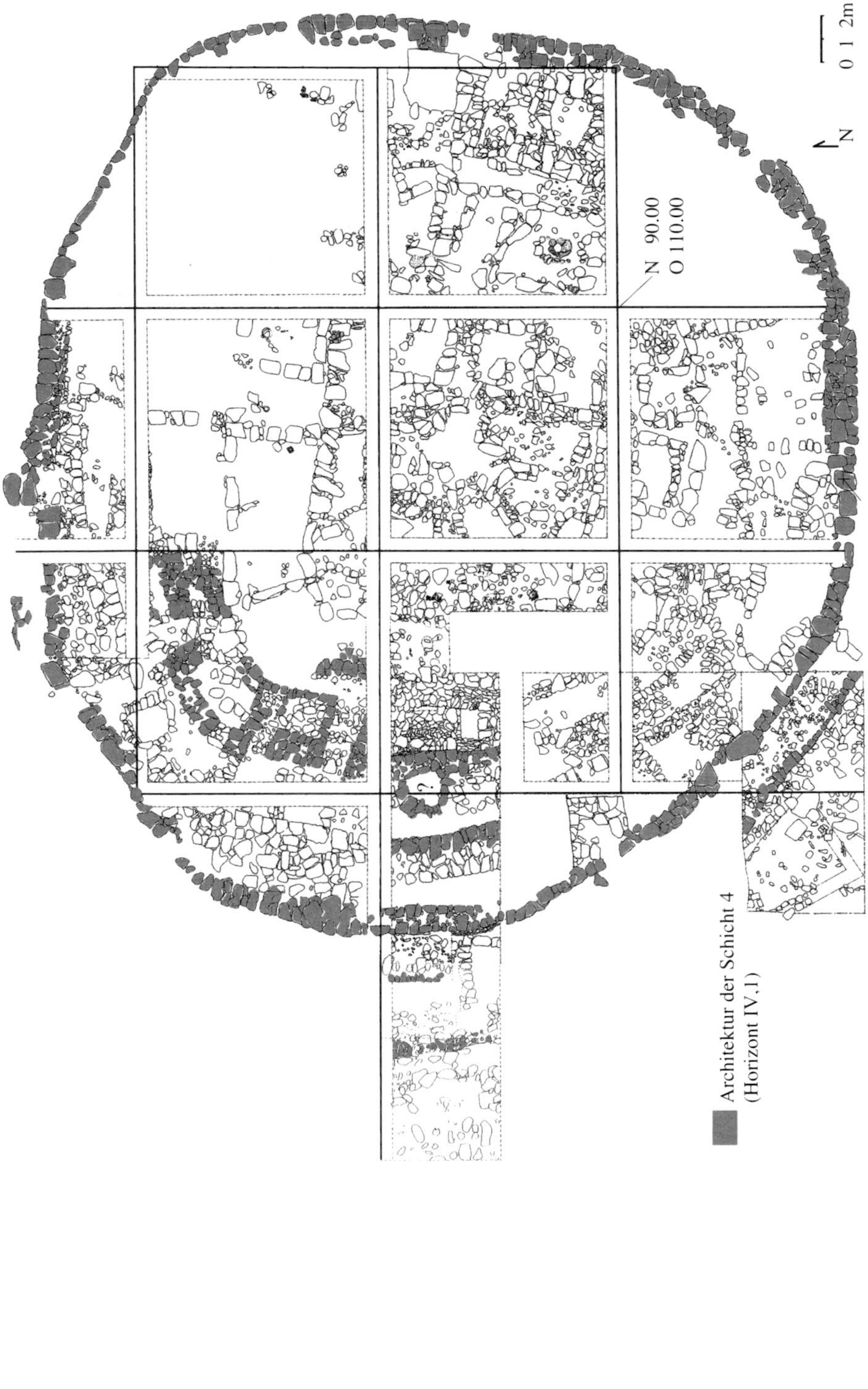

Abb. 39: Horizont IV, 1. Überblick

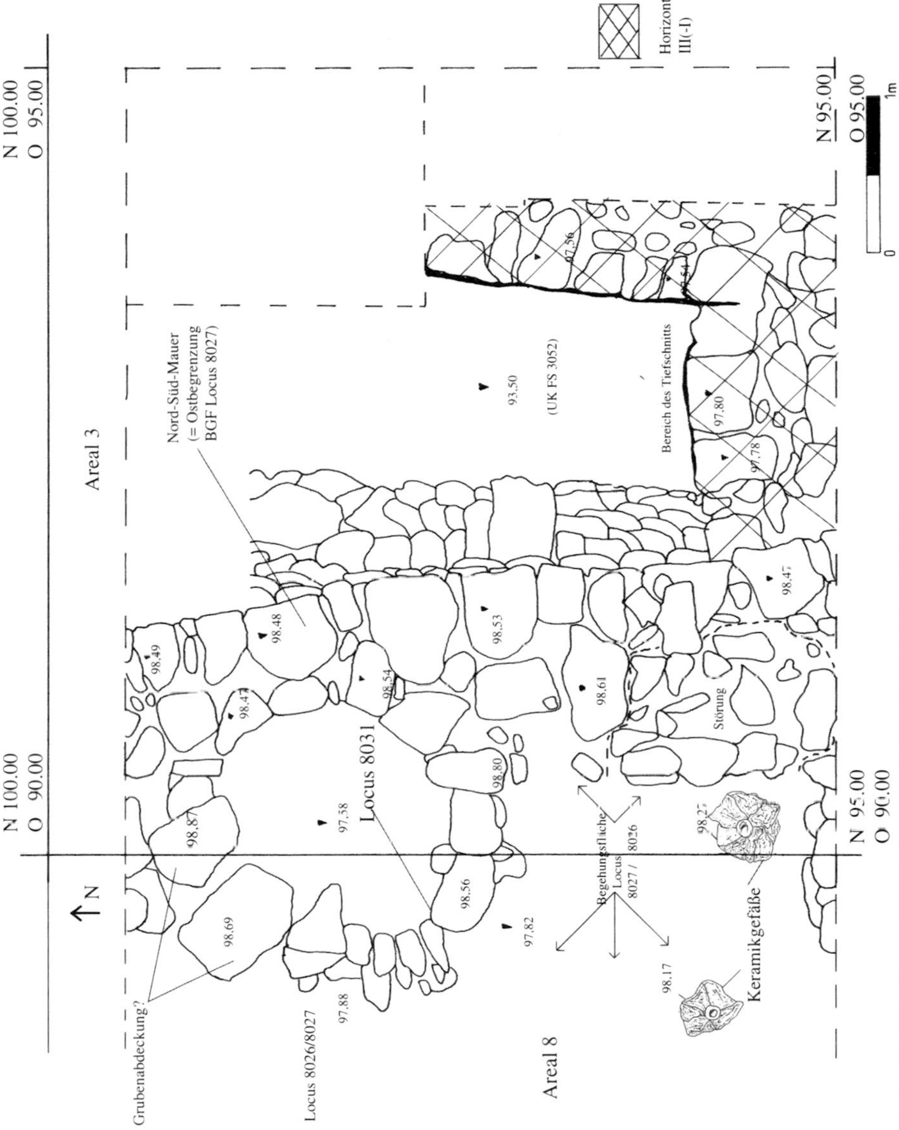

Abb. 40: Horizont IV,1. Locus 8027/8026 (Areal 8/3)

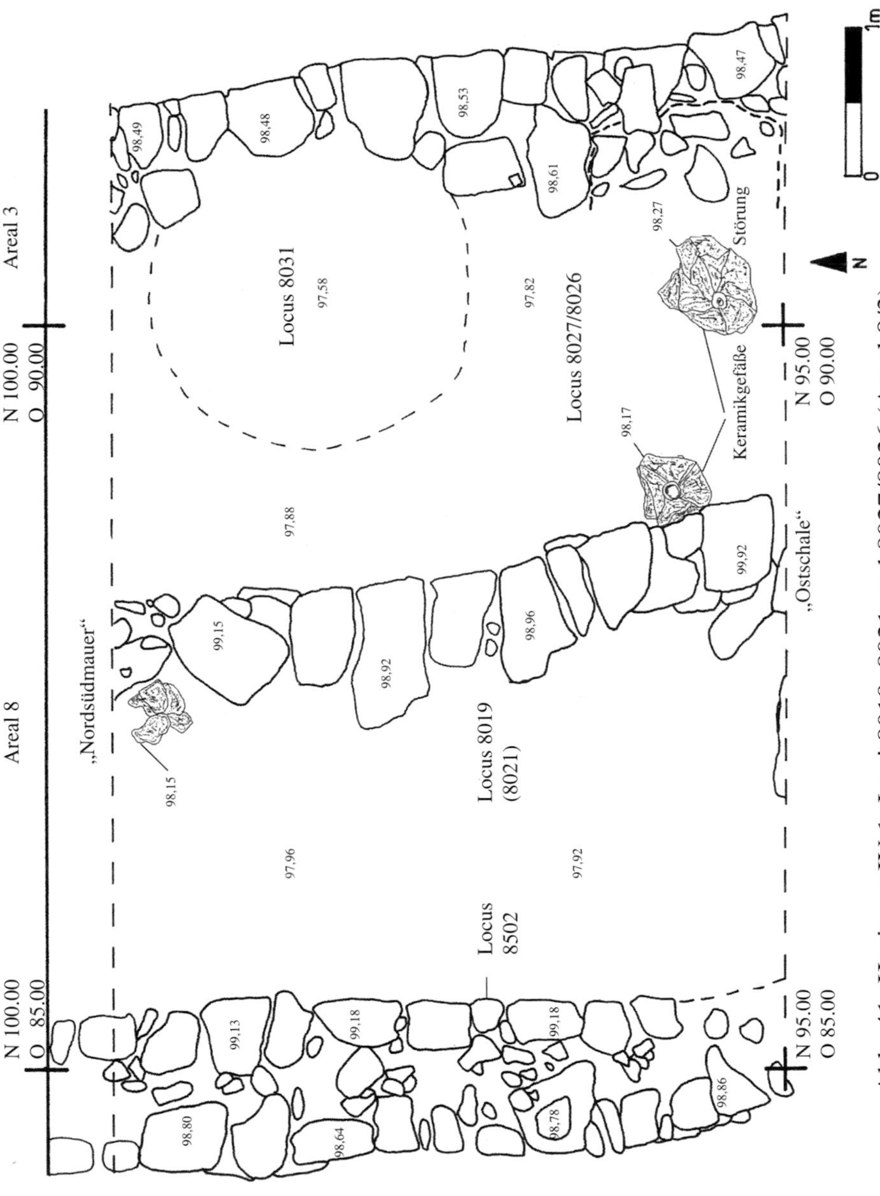

Abb. 41: Horizont IV,1. Loci 8019, 8021 und 8027/8026 (Areal 8/3)

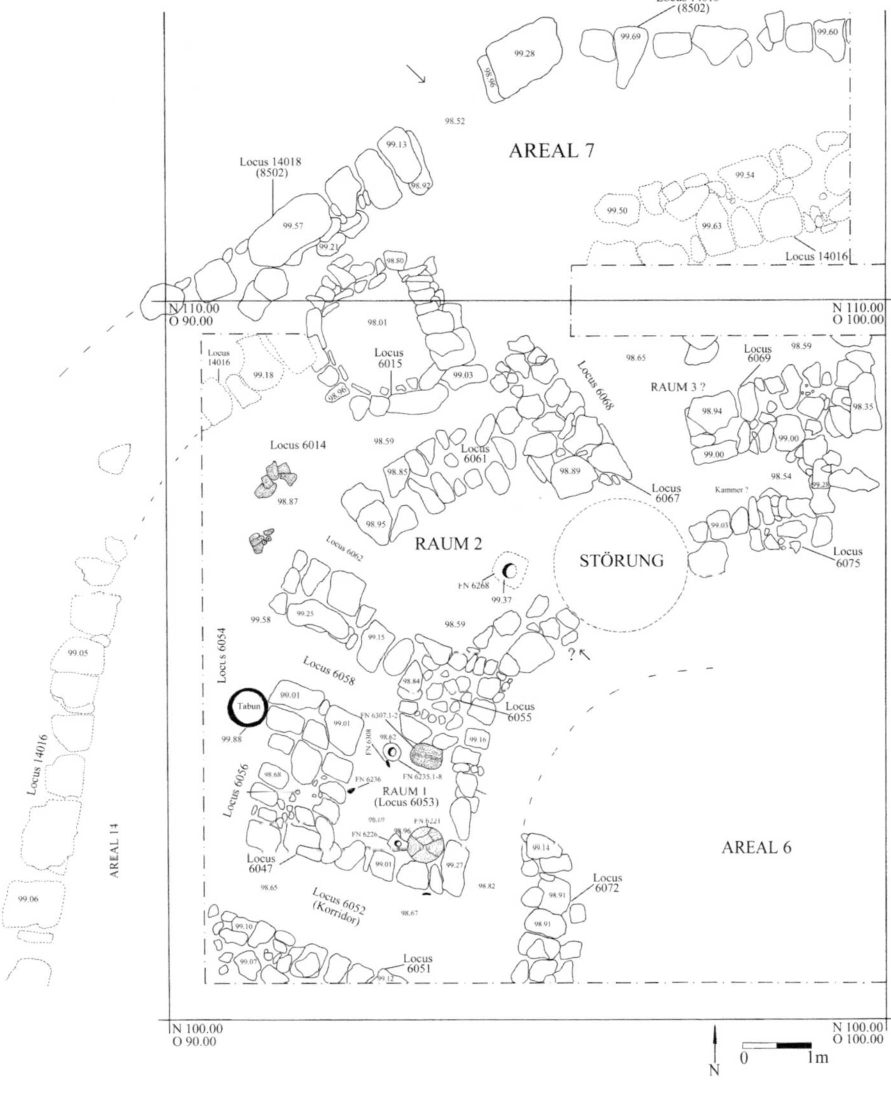

Abb. 42: Areal 6. Architektur des Horizonts IV,1

Abb. 43: Horizont IV,2. Überblick

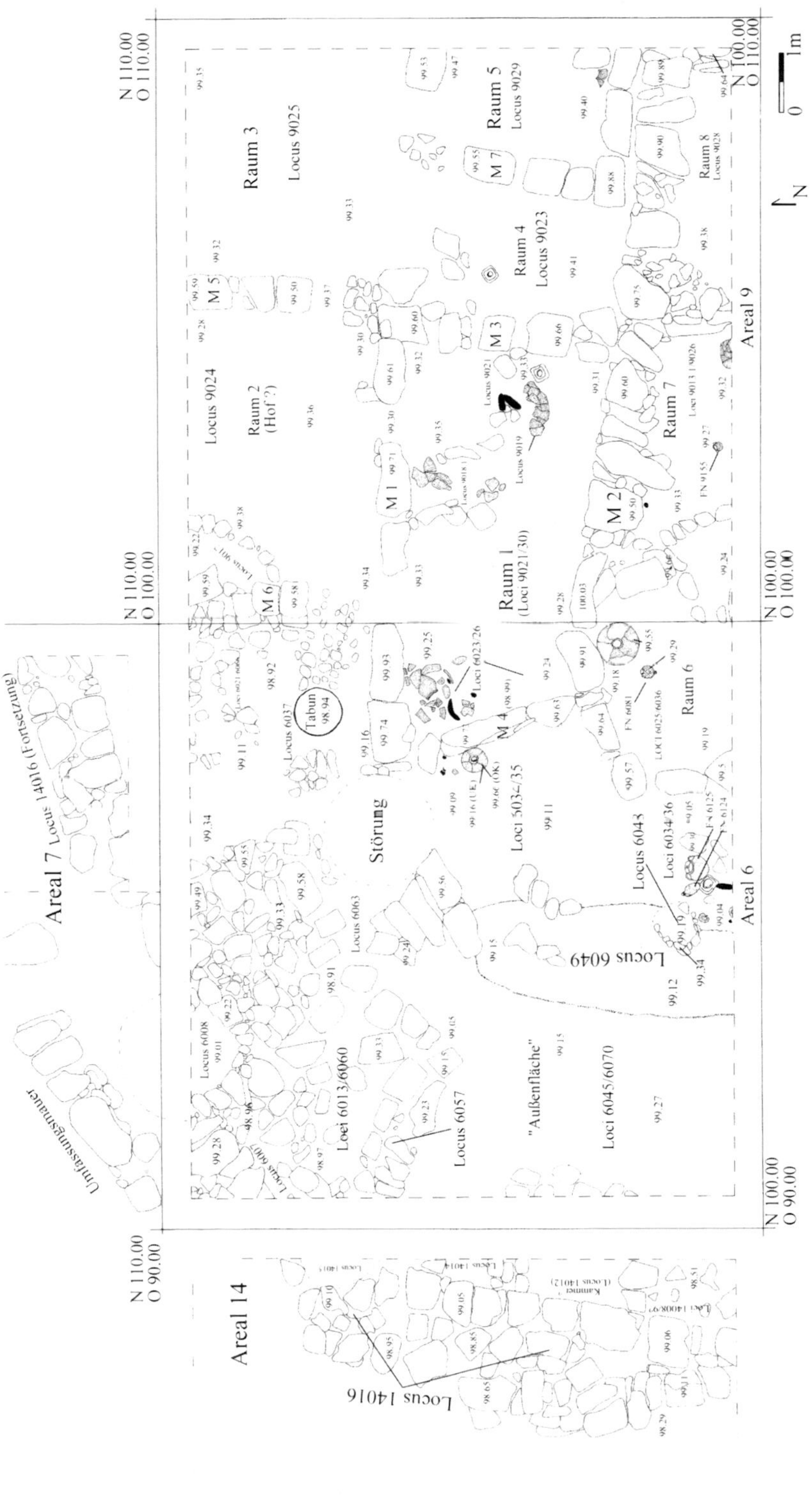

Abb. 44: Horizont IV,2: Haus 1 und Umgebung (Areale 6, 9, 14)

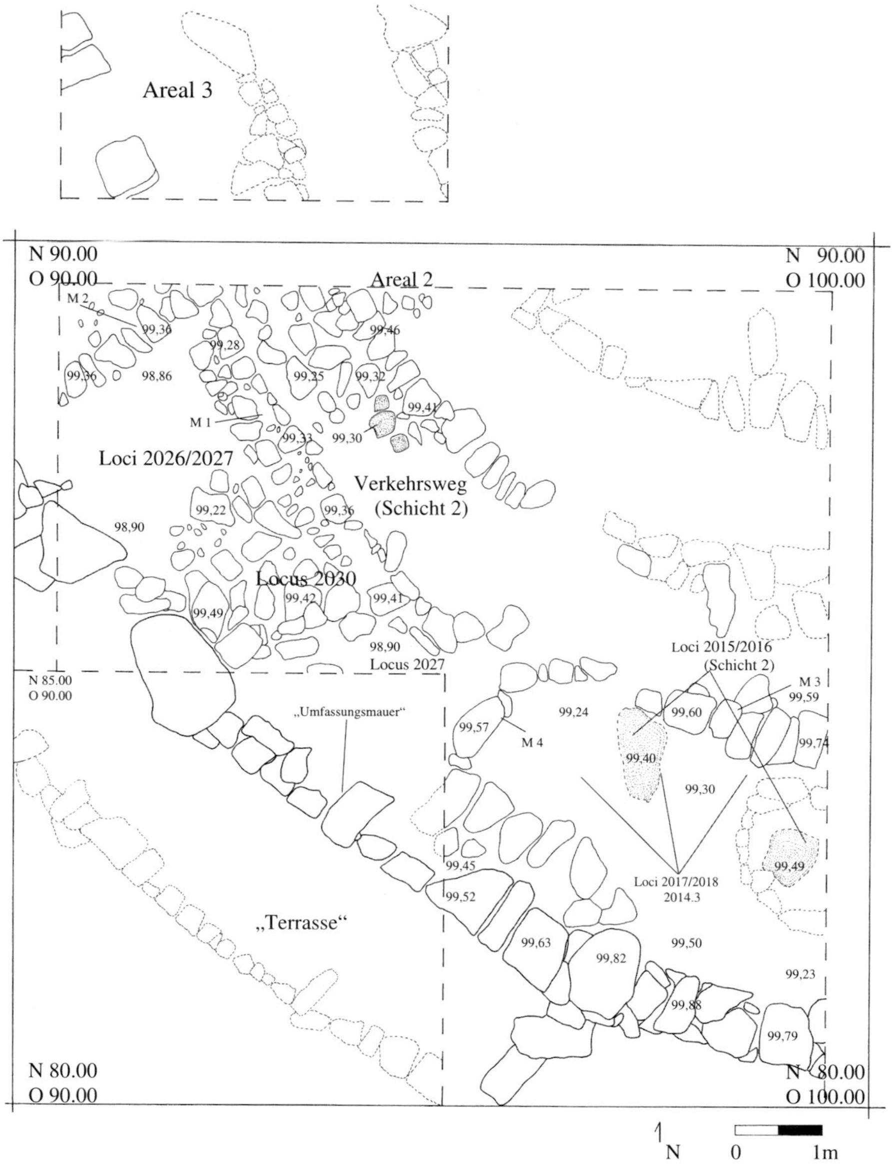

Abb. 45: Horizont IV,2 (Schicht 3). Loci 2014.3, 2017/2018, 2026/2027 und 2030

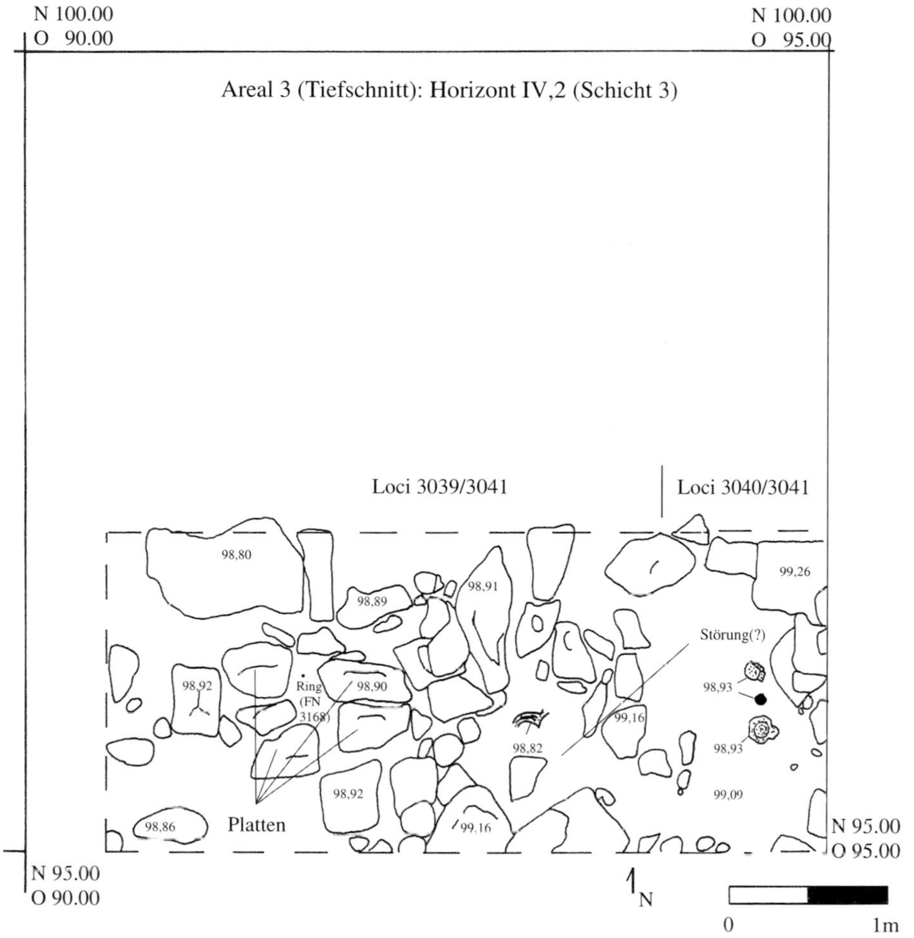

Abb. 46: Horizont IV,2. Loci 3039–3041

Abb. 47: Horizont IV,2. Areale 3 (Ost) und 4

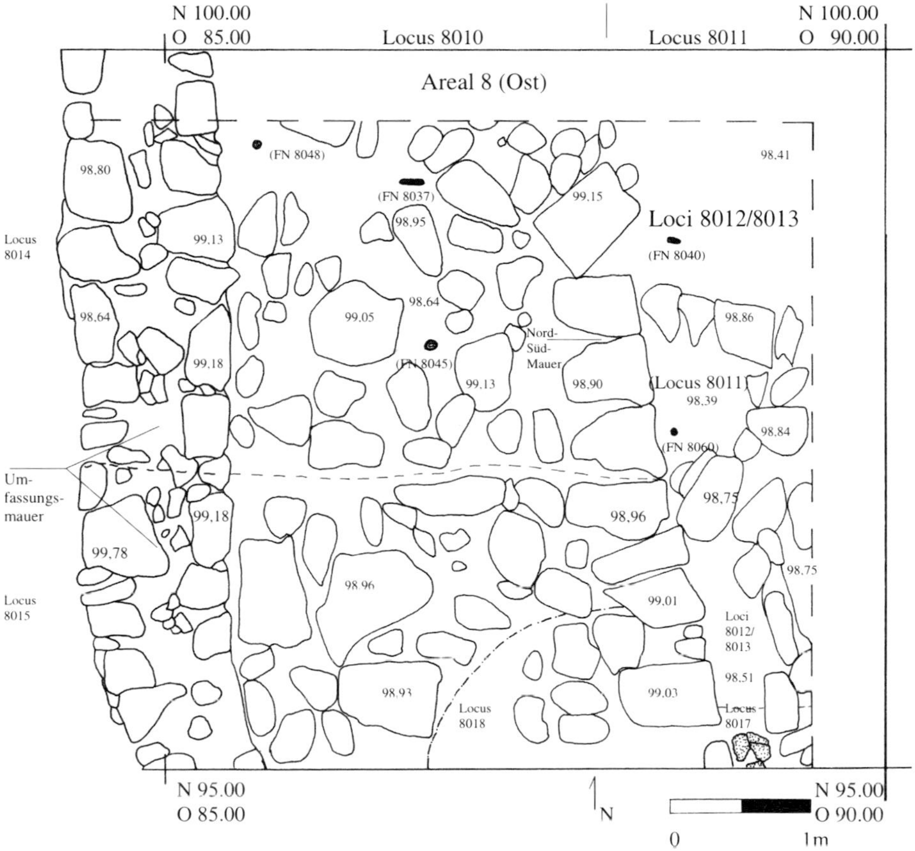

Abb. 48: Horizont IV,2 (Schicht 3). Loci 8010–8015 und 8018

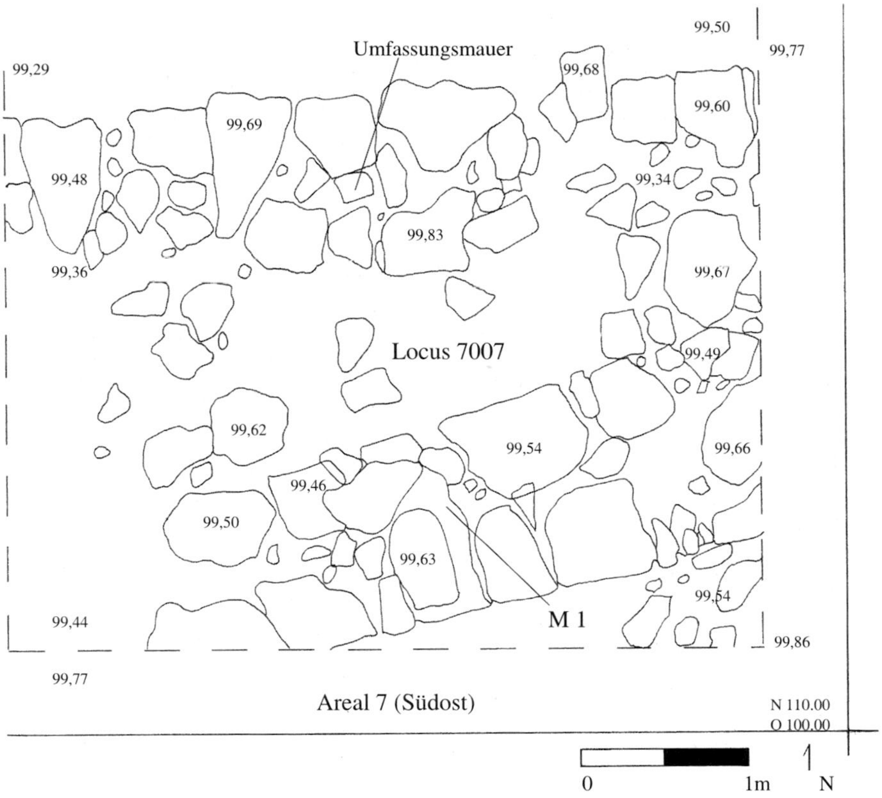

Abb. 49: Horizont IV,2 (Schicht 3). Locus 7007

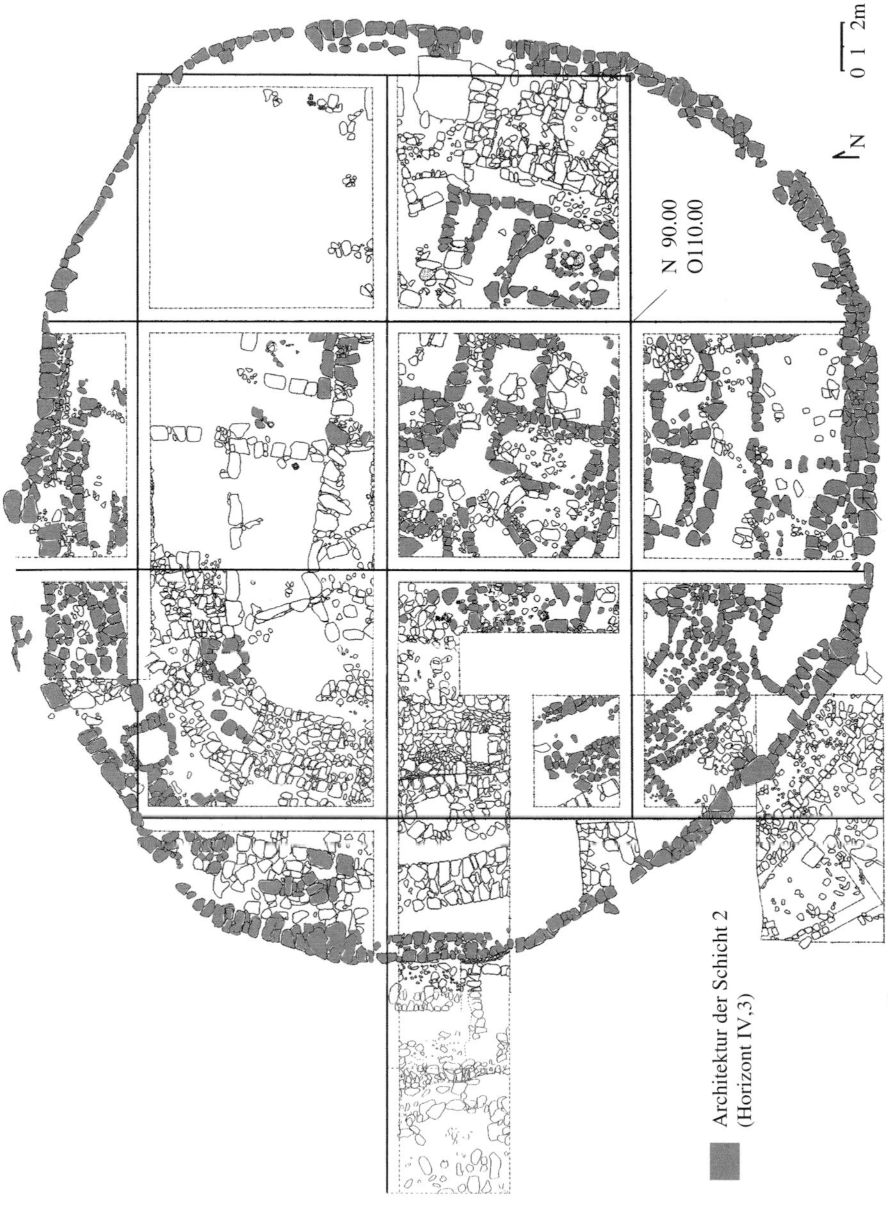

Abb. 50: Horizont IV,3. Überblick

Abb. 51: Horizont IV,3. Areale 2, 3 (Südwest) und 10

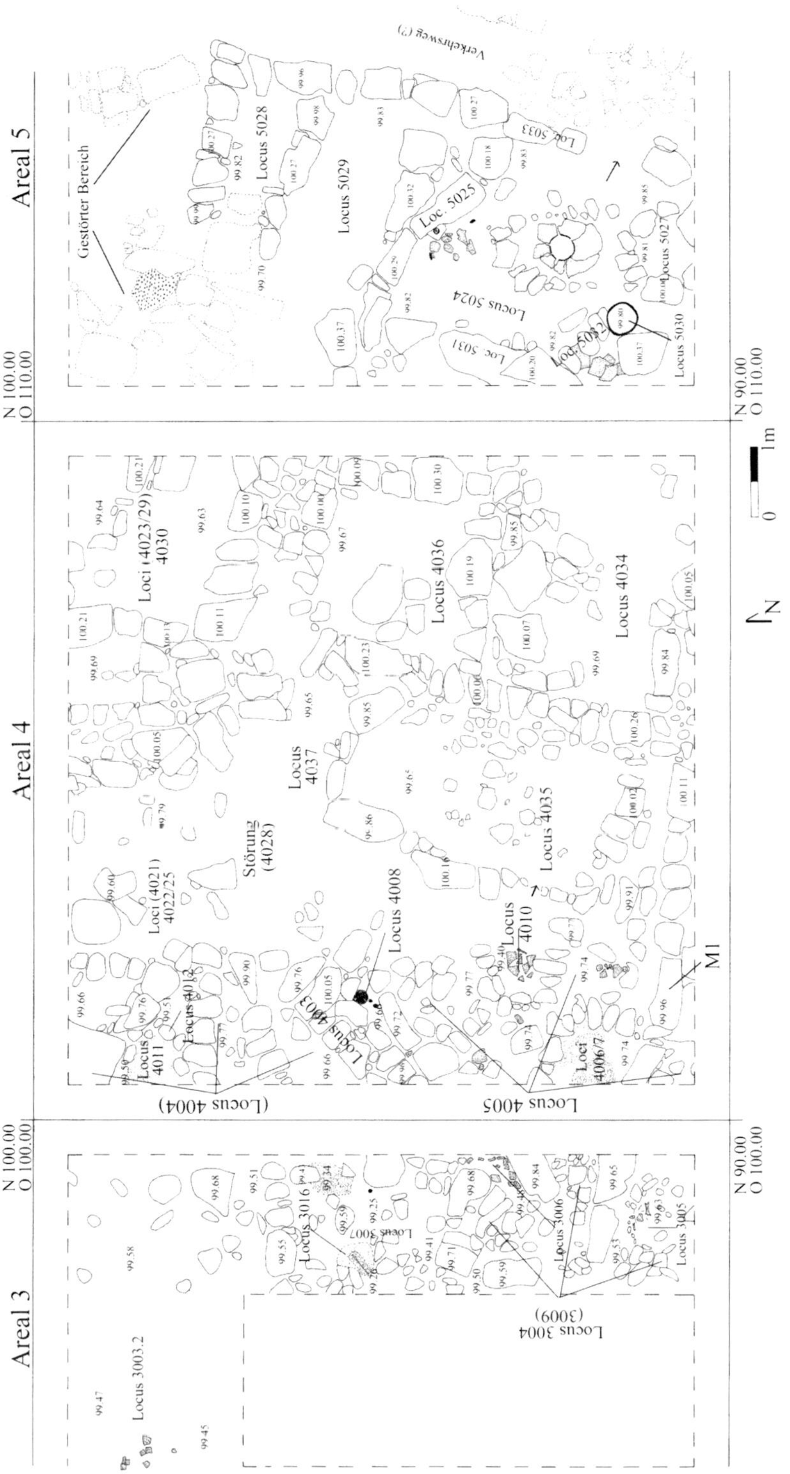

Abb. 52: Horizont IV,3. Areale 3 (Ost), 4 und 5 (West)

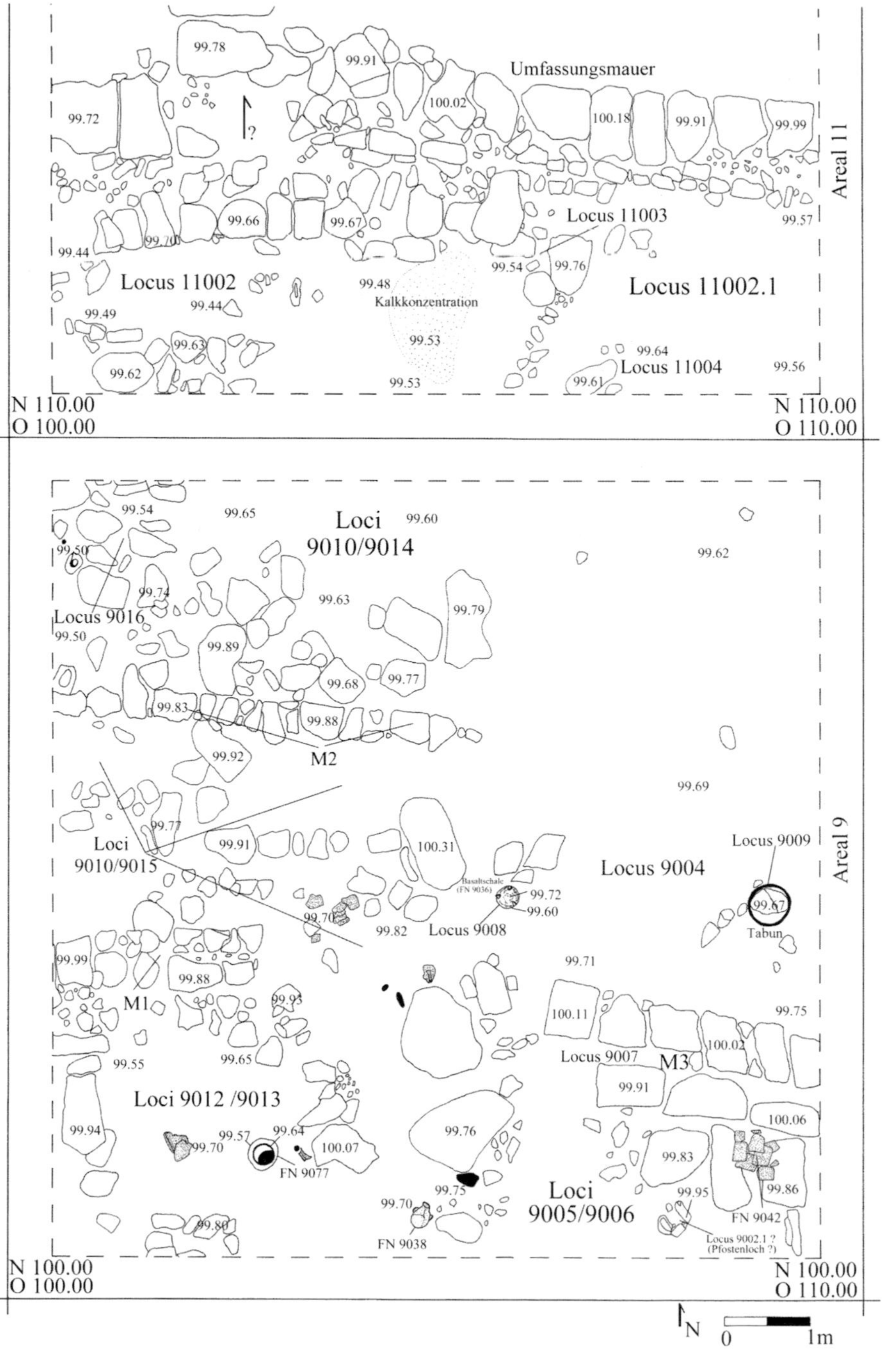

Abb. 53: Horizont IV,3. Areale 9, 11

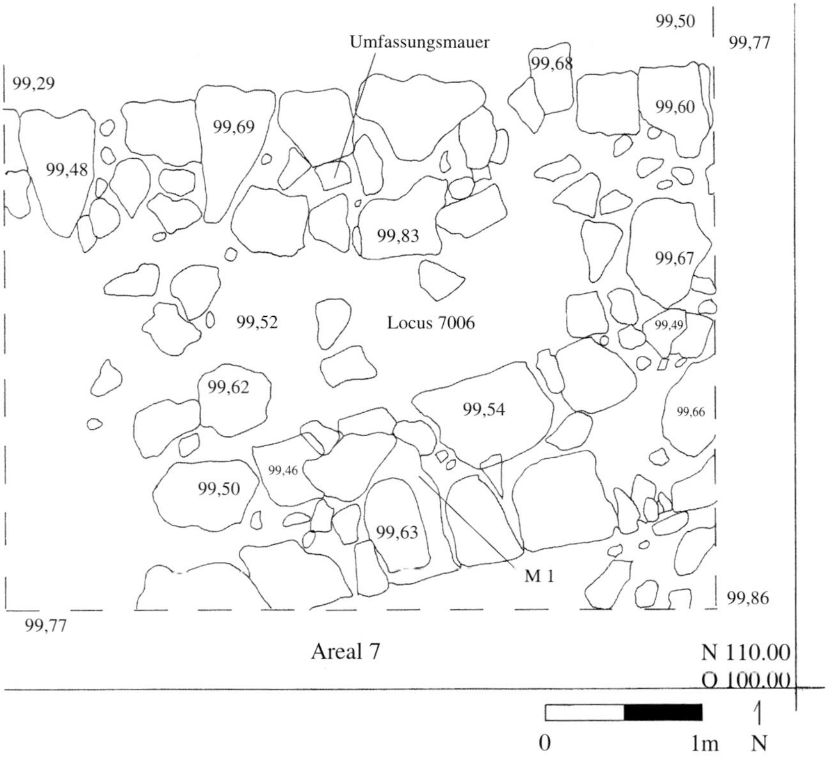

Abb. 54: Horizont IV,3. Locus 7006

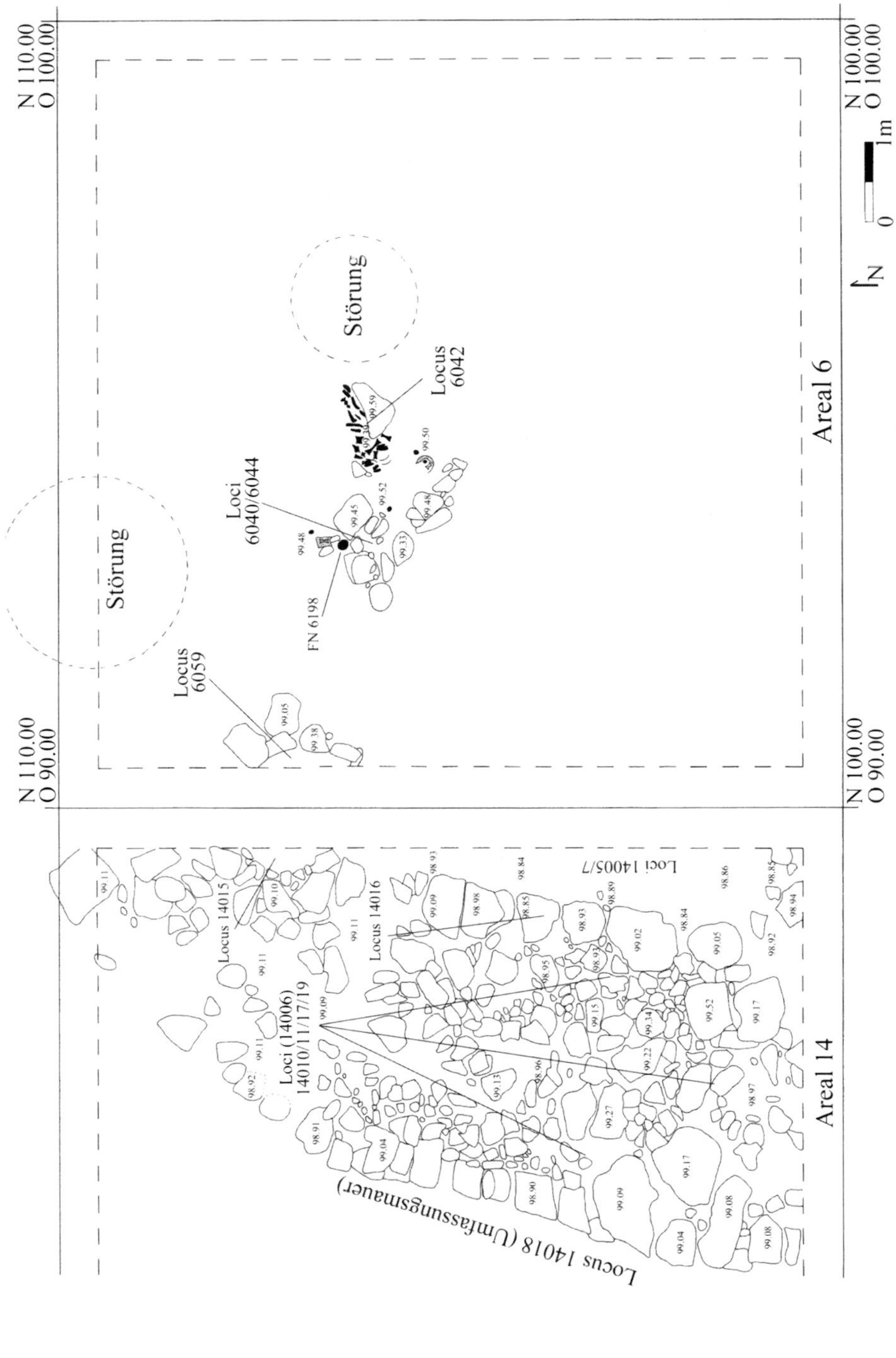

Abb. 55: Horizont IV,3. Areale 6 und 14 (Ost)

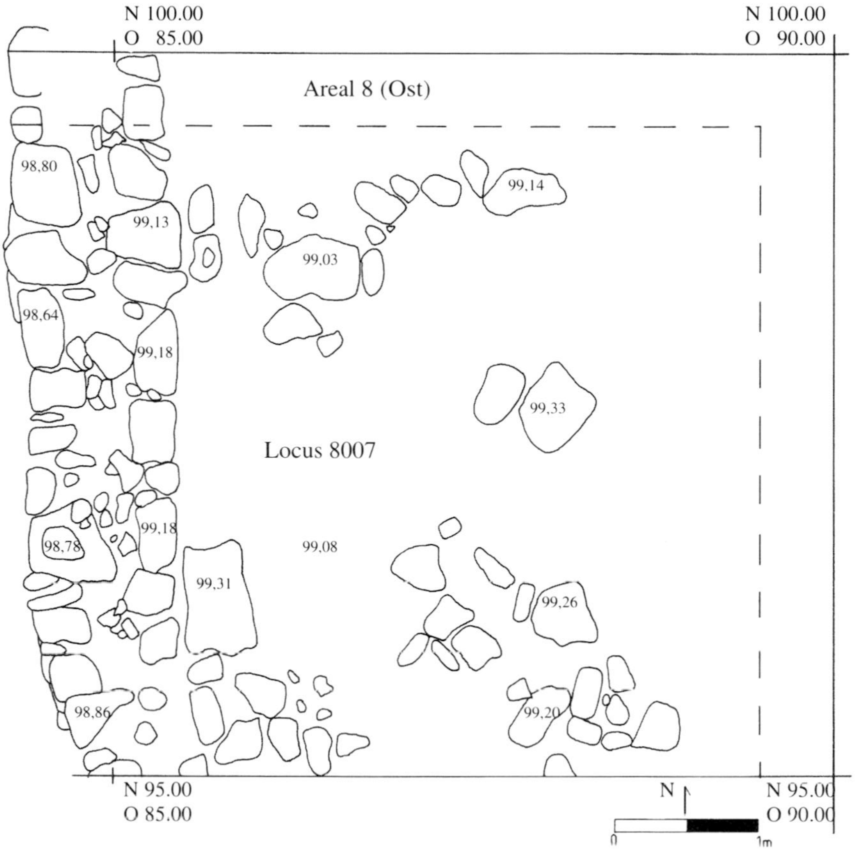

Abb. 56: Horizont IV,3. Locus 8007

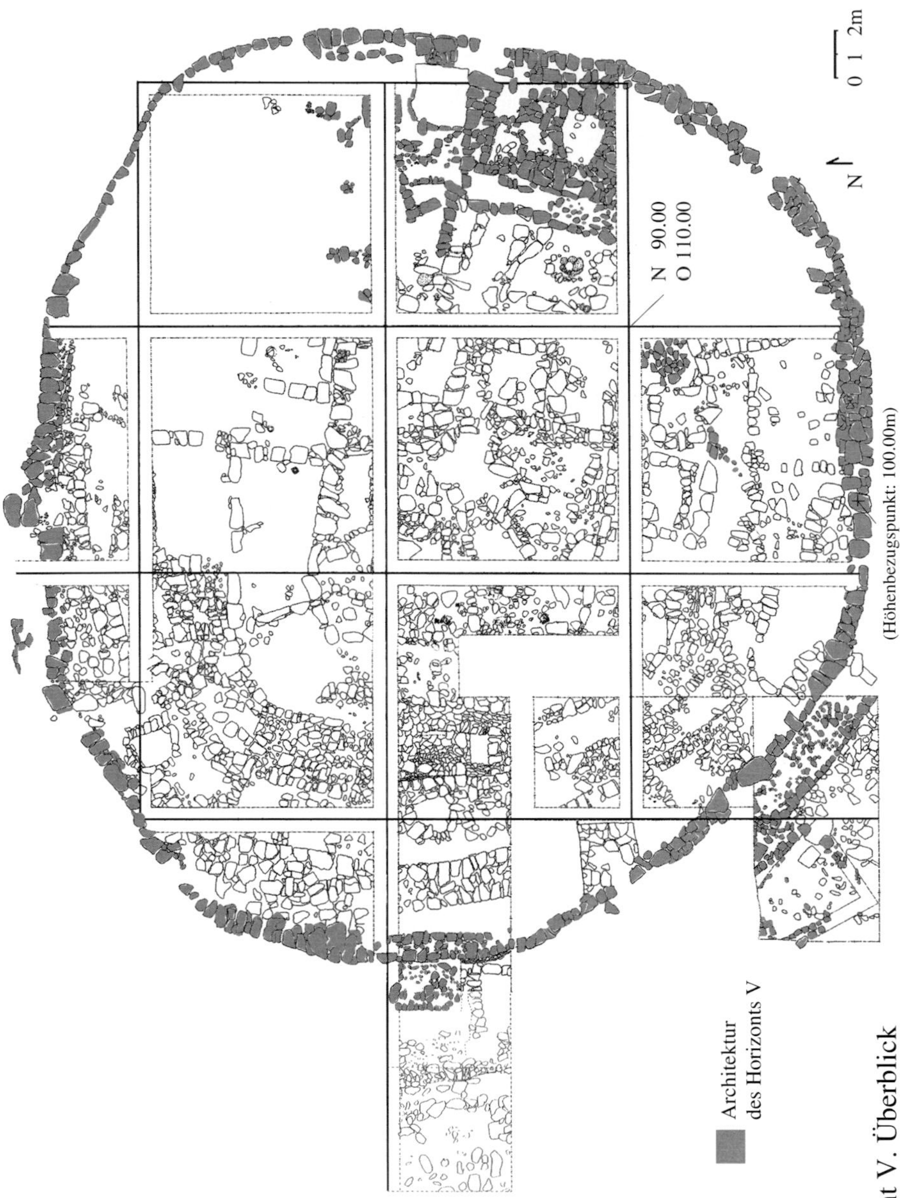

Abb. 57: Horizont V. Überblick

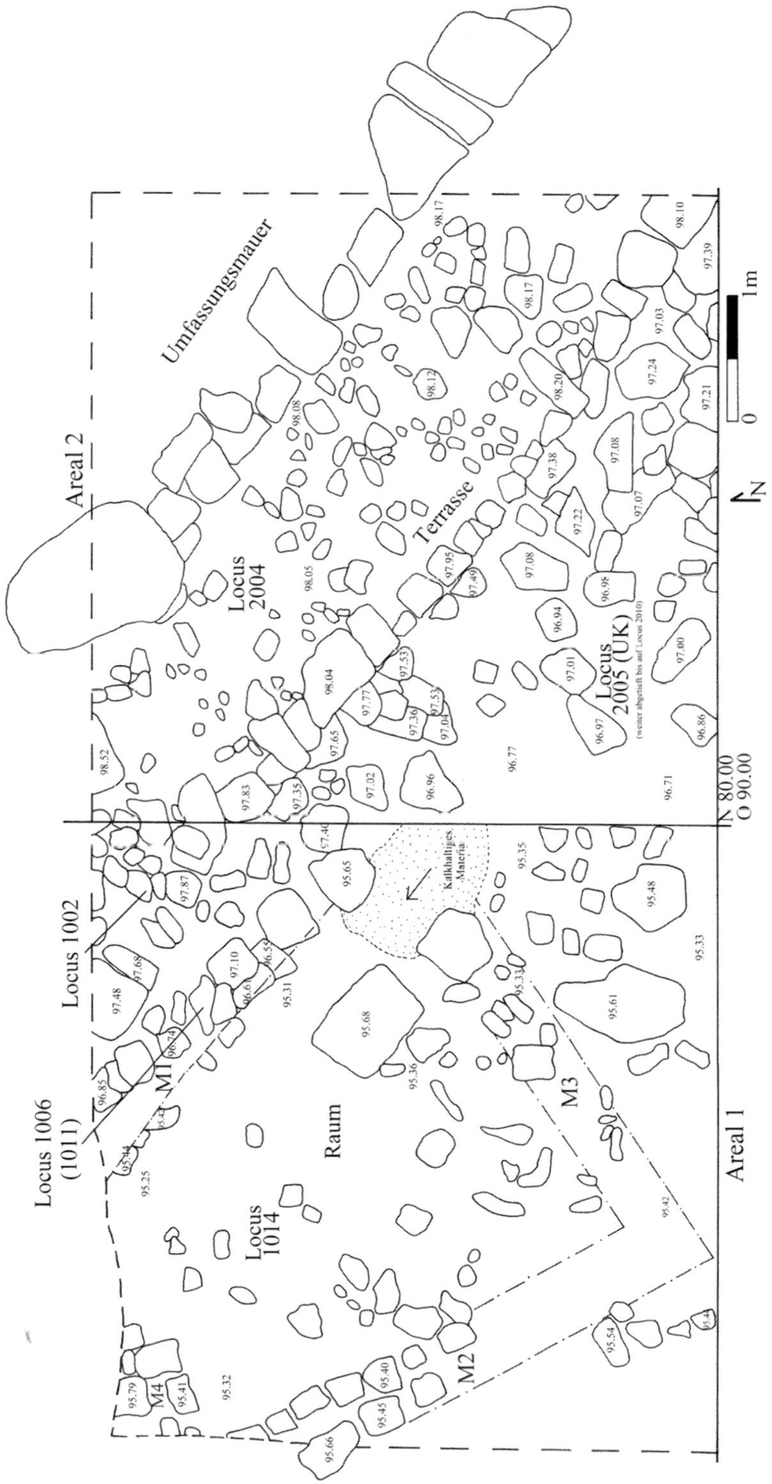

Abb. 58: Horizont V (Hang). Areale 1 (Südosten) und 2 (Südwesten)

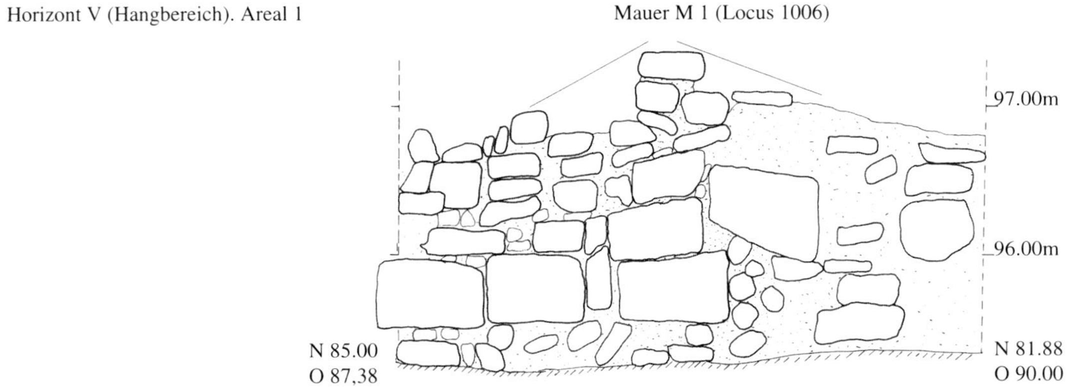

Abb. 59: Horizont V. Südwestprofil Locus 1006 (= Mauer M1)

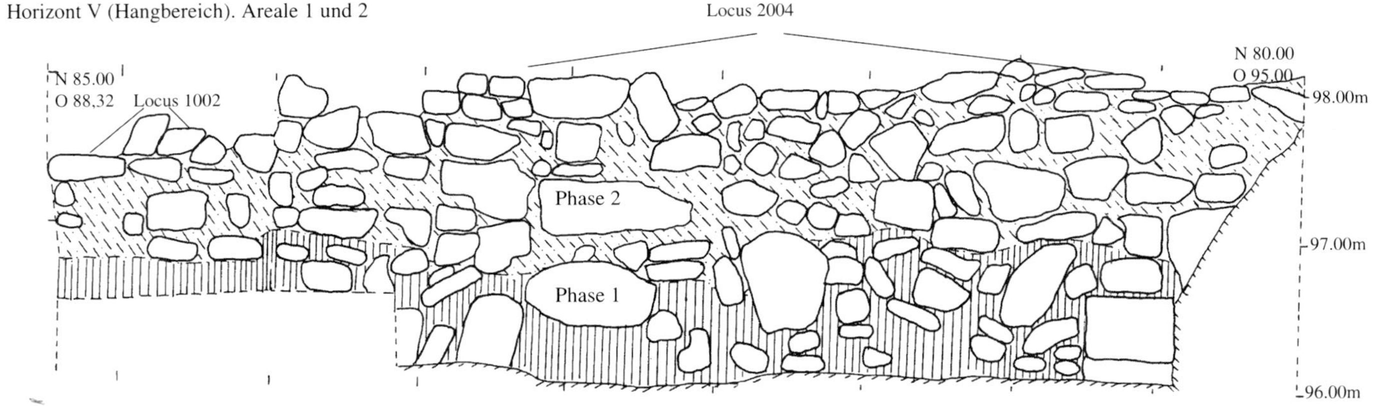

Abb. 60: Horizont V. Südwestprofil der sog. Terrasse (Locus 2004/1002)

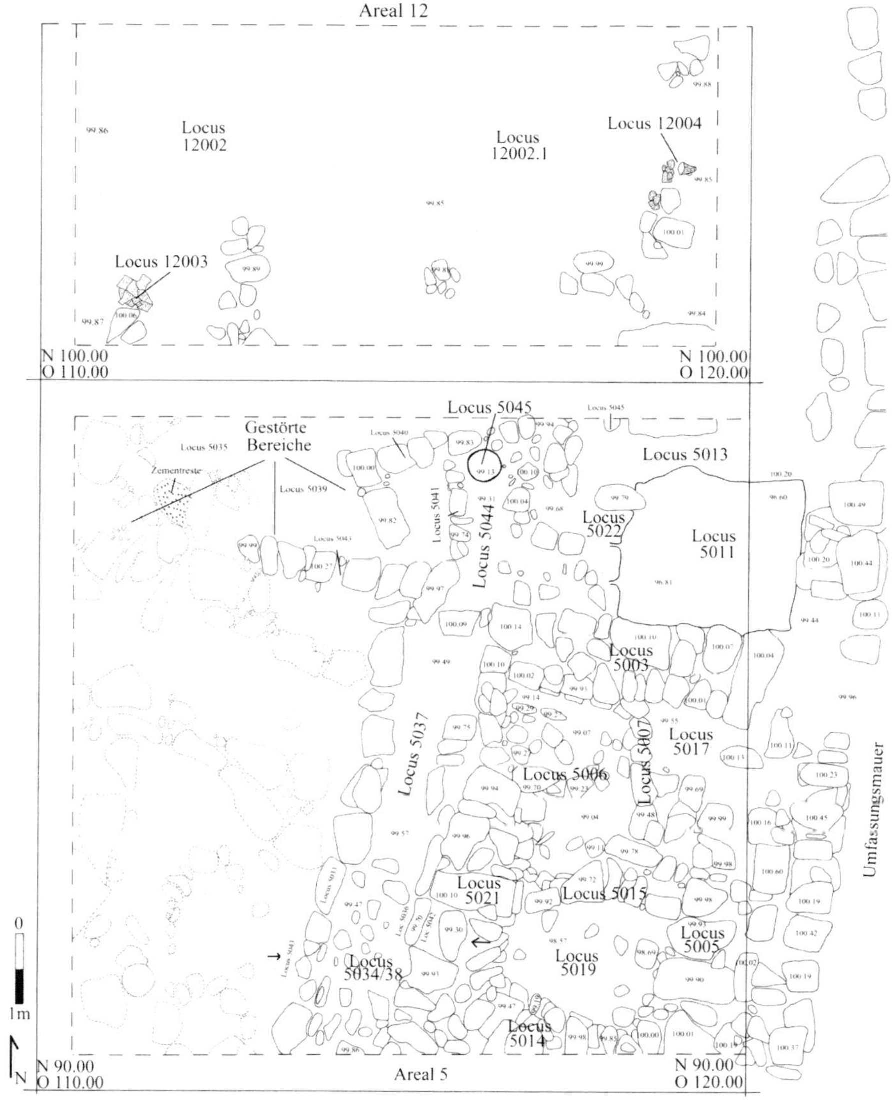

Abb. 61: Horizont V. Areale 5 und 12

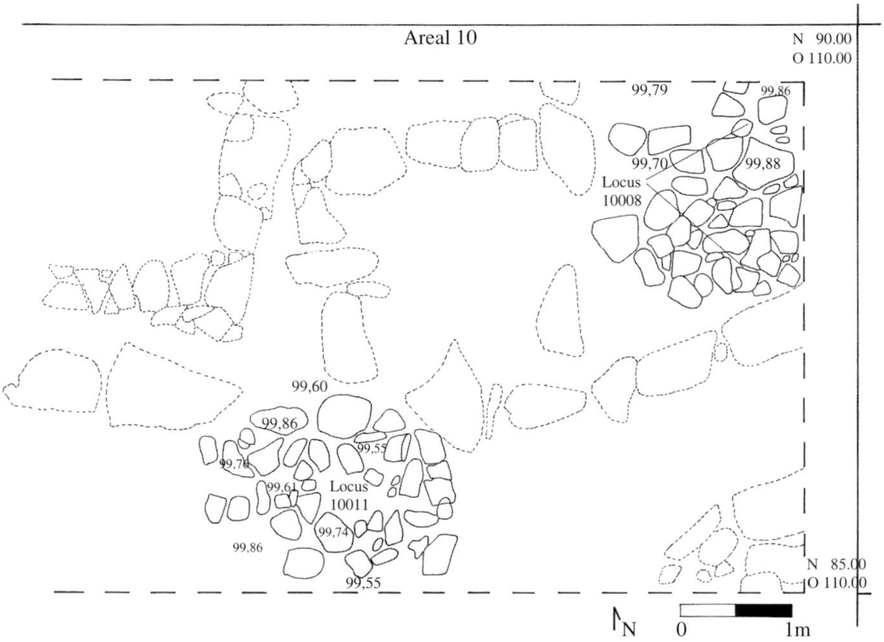

Abb. 62: Horizont V. Loci 10008 und 10011

Abb. 63: Tell Johfiyeh 2003. Blick von der „Tellkuppe“ nach Norden. Im Vordergrund Teile des Areals 9 mit Resten von Haus 1 (vgl. Abb. 44)

Abb. 64: Tell Johfiyeh 2002 (Areal 7). „Durchbruch" in der nordwestlichen Umfassungsmauer von Osten

Abb. 65: Tell Johfiyeh 2003 (Areale 2 und 10). Blick von Nordwesten auf einen Abschnitt des sog. Verkehrswegs (vgl. Abb. 43, 45, 50–51)

Abb. 66: Tell Johfiyeh 2003 (Areal 6). Locus 6034 von Norden
(vgl. Abb. 44)

Abb. 67: Tell Johfiyeh 2003. Blick von Norden auf Haus 1
und anschließende Flächen (vgl. Abb. 44)

Abb. 68: Tell Johfiyeh 2003 (Areal 10). Locus 10005 von Westen (vgl. Abb. 51)

Abb. 69: Tell Johfiyeh 2004 (Areal 6). Locus 6042 von Norden (vgl. Abb. 55) (Foto: H. Debajah)

Abb. 70: Tell Johfiyeh 2002 (Areal 2). Sog. Terrasse (Locus 2004) von Südwesten (vgl. Abb. 58, 60)

Abb. 71: Tell Johfiyeh 2002. Areale 1 und 2 von Südosten (vgl. Abb. 58)

Abb. 72: Tell Johfiyeh 2002 (Areal 6).
Vollständig erhaltener Krug (FN 6081.01; Locus 6025)
mit „verschließbarem" Boden (vgl. Keramik-Tafel 47,07)

Abb. 73: Tell Johfiyeh 2004 (Areal 14).
Vollständig erhaltener „Salznapf" (FN 14043.01; Locus 14010)
(vgl. Keramik-Tafel 147,01)

Abb. 74: Tell Johfiyeh 2002 (Areal 5). Fragment einer omaijadischen Schale (FN 5042.01; Locus 5019) (vgl. Keramik-Tafel 143,01)

Abb. 75: Tell Johfiyeh 2002 (Areal 5). Fast vollständiges Gefäß aus der Zisterne am Ostrand des Tells (FN 5029; Locus 5011) (vgl. Keramik-Tafel 135,01)

Abb. 76: Tell Johfiyeh 2003 (Areal 12). Oberteil eines omaijadischen Tongefäßes (FN 12020.01; Locus 12004) (vgl. Keramik-Tafel 136,01–02)

Abb. 77: Tell Johfiyeh 2002 (Areal 4). Vollständig erhaltener Basaltmörser auf drei Füßen mit zwei zugehörigen Stößeln (FN 4025.1; Locus 4008) (vgl. Kleinfund-Tafeln 5,01; 18,04, 20,05)

Abb. 78: Tell Johfiyeh 2003 (Areal 9). Vollständig erhaltener Basaltmörser auf drei Füßen (FN 9036; Locus 9008) (vgl. Kleinfund-Tafel 3,01)

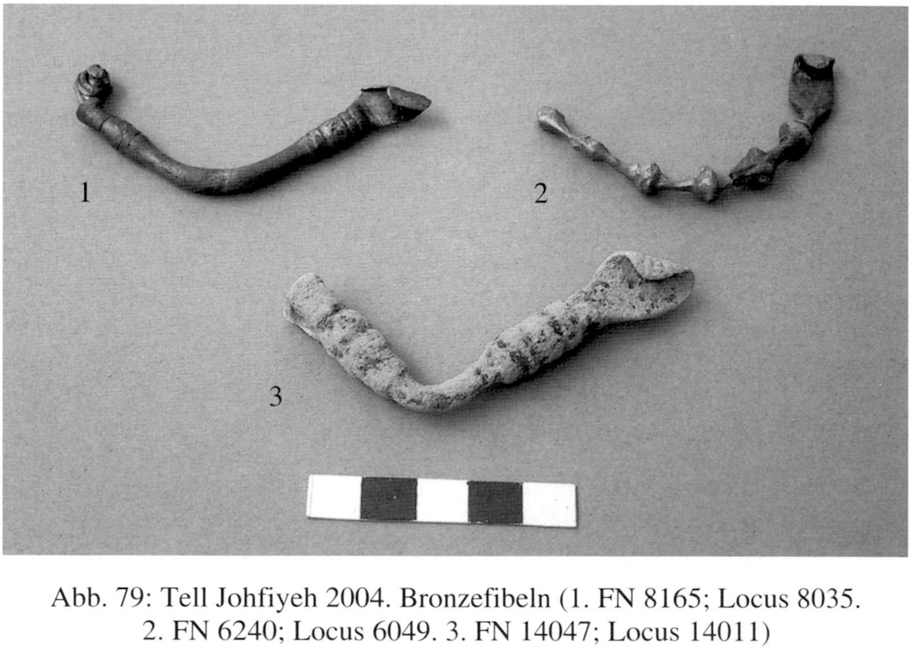

Abb. 79: Tell Johfiyeh 2004. Bronzefibeln (1. FN 8165; Locus 8035. 2. FN 6240; Locus 6049. 3. FN 14047; Locus 14011) (vgl. Kleinfund-Tafeln 38,01–38,03)

Abb. 80: Tell Johfiyeh 2004 (Areal 8). Ring aus Silber
(FN 8063; Locus 8013) (vgl. Kleinfund-Tafel 38,08)

6. Kataloge

6.1 Katalog der Keramik (Keramik-Tafeln 1-160)

Auf 160 Tafeln des vorliegenden Keramikkatalogs werden 805 der in den Jahren 2002 bis 2004 ergrabenen insgesamt 5517 diagnostischen Scherben abgebildet und beschrieben. Sie geben einen repräsentativen Einblick in das in Tell Johfiyeh erfaßte Keramikspektrum. Die den Tafeln des Keramikkatalogs jeweils vorangestellten Informationen sind in sieben Spalten zusammengefaßt und mit den Begriffen Tafel, Nummer, Locus, Ware, Code, Schicht und Bemerkungen überschrieben.[1] Es bedeuten:

1. **Tafel:** Die hier angegebenen Ziffern vor dem Komma geben die jeweilige Tafelnummer an. Die Ziffern nach dem Komma beziehen sich auf die jeweilige Abbildung der Tafel. Die Zahl 10,03 in dieser Spalte bedeutet somit: Tafel 10 - Abbildung 3.
2. **Nummer:** Die hier angegebenen Ziffern geben die jeweilige Scherbennummer wieder, die jedes Stück eindeutig identifiziert. Sie erlauben das problemlose Auffinden des entsprechenden Stücks und der zugehörigen Beschreibung in der Liste der Diagnostika (Appendix 4). Die Zahl 100702 bedeutet beispielsweise: Scherbe Nr. 02 aus der Scherbenkollektion (= Fundnummer) 1007.
3. **Locus:** Die hier angegebenen Ziffern geben die Fundstelle wieder, aus der die abgebildete Scherbe stammt. Sie erlauben es, mithilfe der Fundstellenliste (Appendix 2), die genaue Herkunft des jeweiligen Stücks und seine Vergesellschaftung mit anderen Funden zu rekonstruieren. Die Zahl 1009 bedeutet beispielsweise, daß das Stück aus der Fundstelle 1009 stammt.
4. **Ware:** Die Angabe in dieser Spalte bezieht sich auf die in Kapitel 2.3.1 vorgestellten Warendefinitionen für Tell Johfiyeh. Die Ziffer 3 in dieser Spalte bedeutet beispielsweise, daß die entsprechende Scherbe zur Ware 3 gehört.
5. **Code:** Die hier angegebenen Ziffern beziehen sich auf die in Kapitel 2.3.2 vorgestellten, für Tell Johfiyeh bezeugten Gefäßformen/Typen. Die Zahl 217 bedeutet beispielsweise, daß es sich bei der abgebildeten

---

[1] Weitere detaillierte Informationen zu den abgebildeten Stücken finden sich in Appendix 4 (Kap. 7.1.4), der alle in Tell Johfiyeh registrierten diagnostischen Scherben auflistet und beschreibt.

Scherbe um ein Gefäß des Typs 2.17, d.h. Typ 2 Untertyp 17, gehandelt hat.

6. **Schicht:** Die hier angegebene Ziffer bezieht sich auf die für Tell Johfiyeh erarbeitete Stratigraphie (Kapitel 2.1). Sie gibt die Schicht wieder, in der die entsprechende Scherbe gefunden wurde. Die Zahl 3 bedeutet beispielsweise, daß die entsprechende Scherbe in Schicht 3 gefunden wurde.
7. **Bemerkungen:** In Kurzform werden in dieser Spalte weitere wichtige Informationen zur jeweiligen Scherbe gegeben.

Die interne Gliederung des Keramikkatalogs und die Anordnung der Abbildungen orientierten sich an den Waren und den Formtypen der ausgewählten Scherben. In Anlehnung an die in Kapitel 2.3.1 definierten Warengruppen 1 bis 3 wurden drei unterschiedlich große Hauptteile gebildet[2], innerhalb derer die abgebildeten Scherben nach Formentypen angeordnet wurden. Innerhalb jedes Hauptteils folgen auf die Vorratsgefäße, Flaschen/Krüge, (Koch-)Töpfe/Kratere und Schalen/Schüsseln. Falls in der jeweiligen Warengruppe vorhanden, schließen Böden, Henkel, verzierte Bauchscherben, Deckel, Tüllen, Lampen, Ständer, Siebausgüsse, Platten und Krugverschlüsse an.

[2] Der erste Hauptteil des Katalogs umfaßt die Tafeln 1 bis 133 und enthält die Scherben der Warengruppe 1. Stücke der Warengruppe 2 finden sich auf den Tafeln 134 bis 159 des zweiten Hauptteils. Die wenigen Scherben der Warengruppe 3 sind schließlich auf der Tafel 160 des dritten Hauptteils zusammengefaßt.

KERAMIK-TAFEL 1

Tafel	Nummer	Locus	Ware	Code	Schicht	Bemerkung
1,01	404903	4013	2	101	3	
1,02	604110	6014	2	101	4	
1,03	307301	3053	4	101	-	Reinigung; Keramik aus Ostprofil

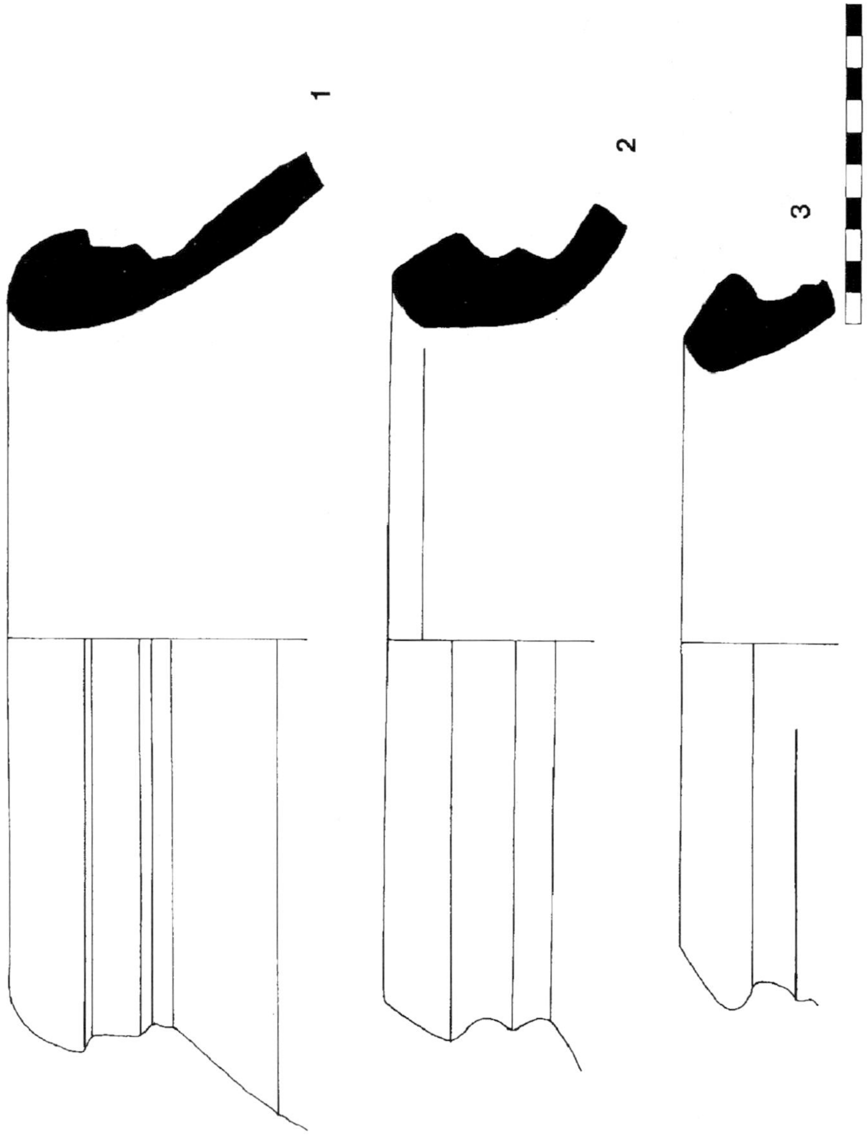

KERAMIK-TAFEL 2

Tafel	Nummer	Locus	Ware	Code	Schicht	Bemerkung
2,01	619101	6044	2	147	2	
2,02	853106	8510	2	156	H4(?)	
2,03	815012	8034	2	152	3	

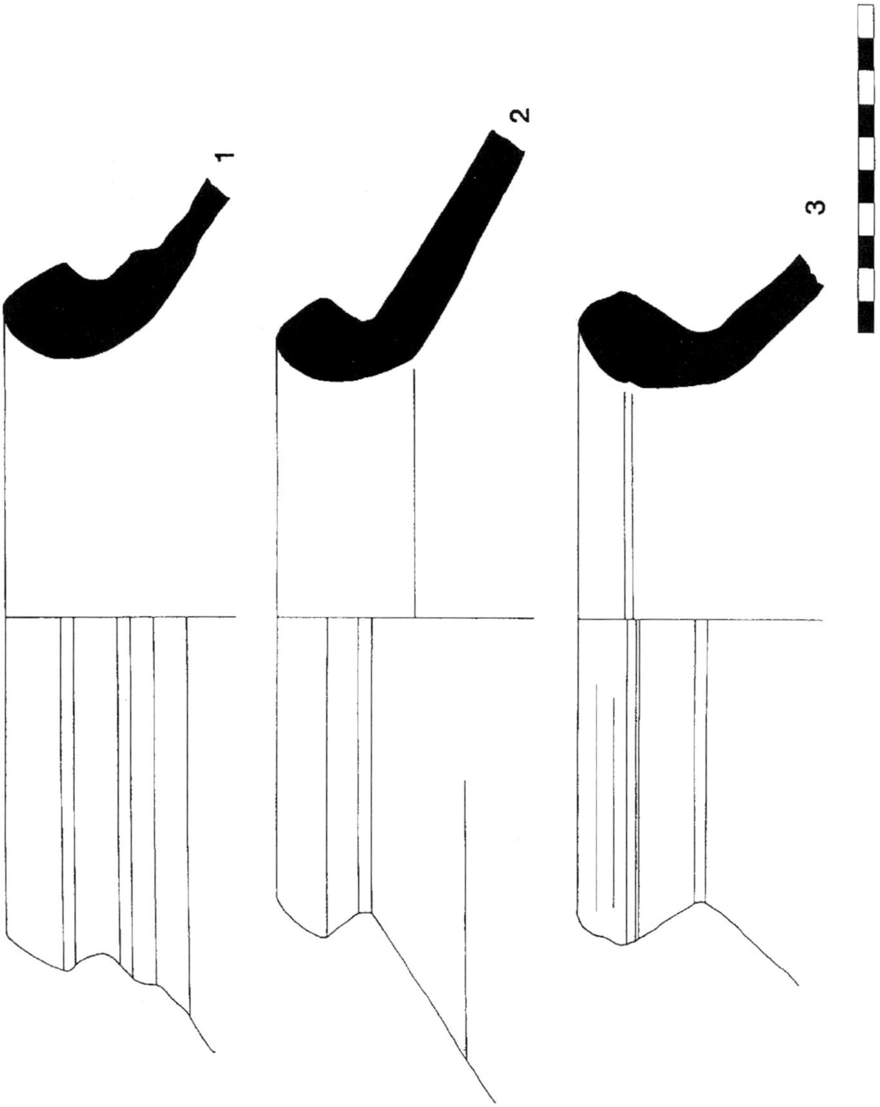

KERAMIK-TAFEL 3

Tafel	Nummer	Locus	Ware	Code	Schicht	Bemerkung
3,01	601601	6008	2	109	3	
3,02	604104	6014	4	109	4	
3,03	606001	6018	2	110	3	
3,04	200210	2002	2	110	H1	
3,05	605209	6016	2	112	2	

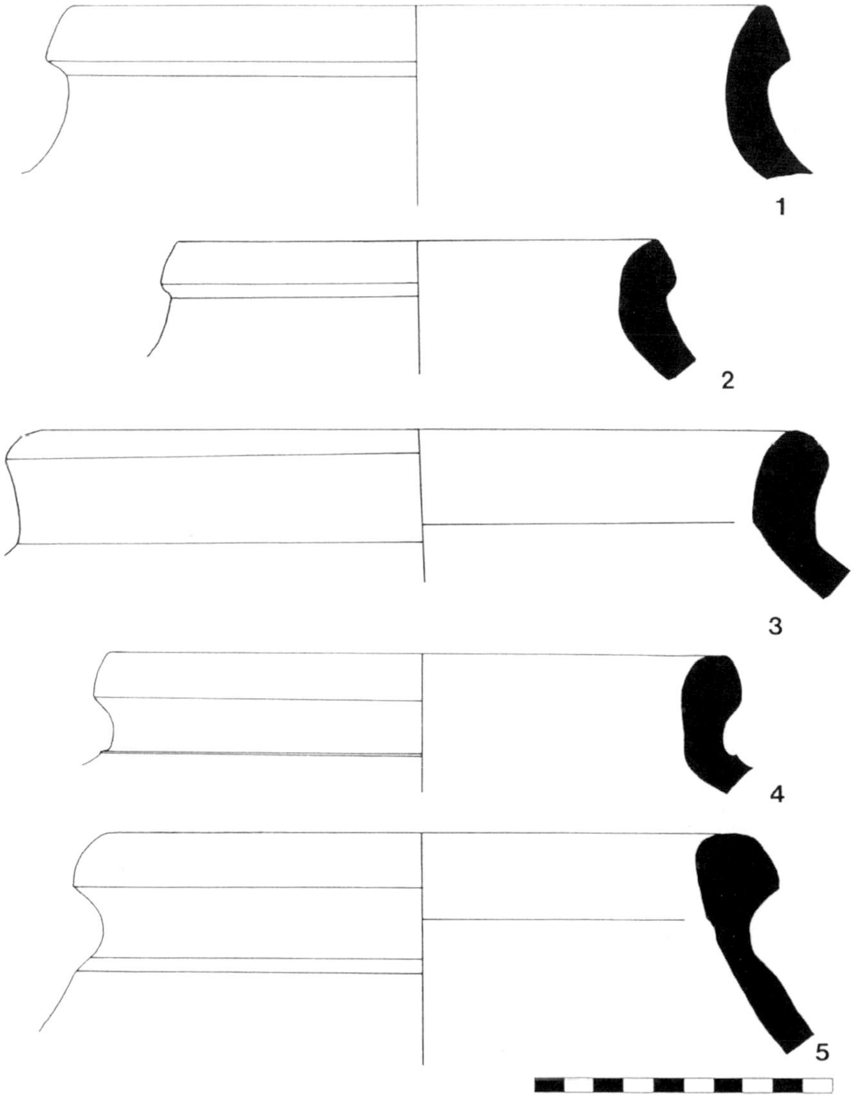

KERAMIK-TAFEL 4

Tafel	Nummer	Locus	Ware	Code	Schicht	Bemerkung
4,01	506701	5023	2	137	1	mit aufgesetzter Daumenleiste

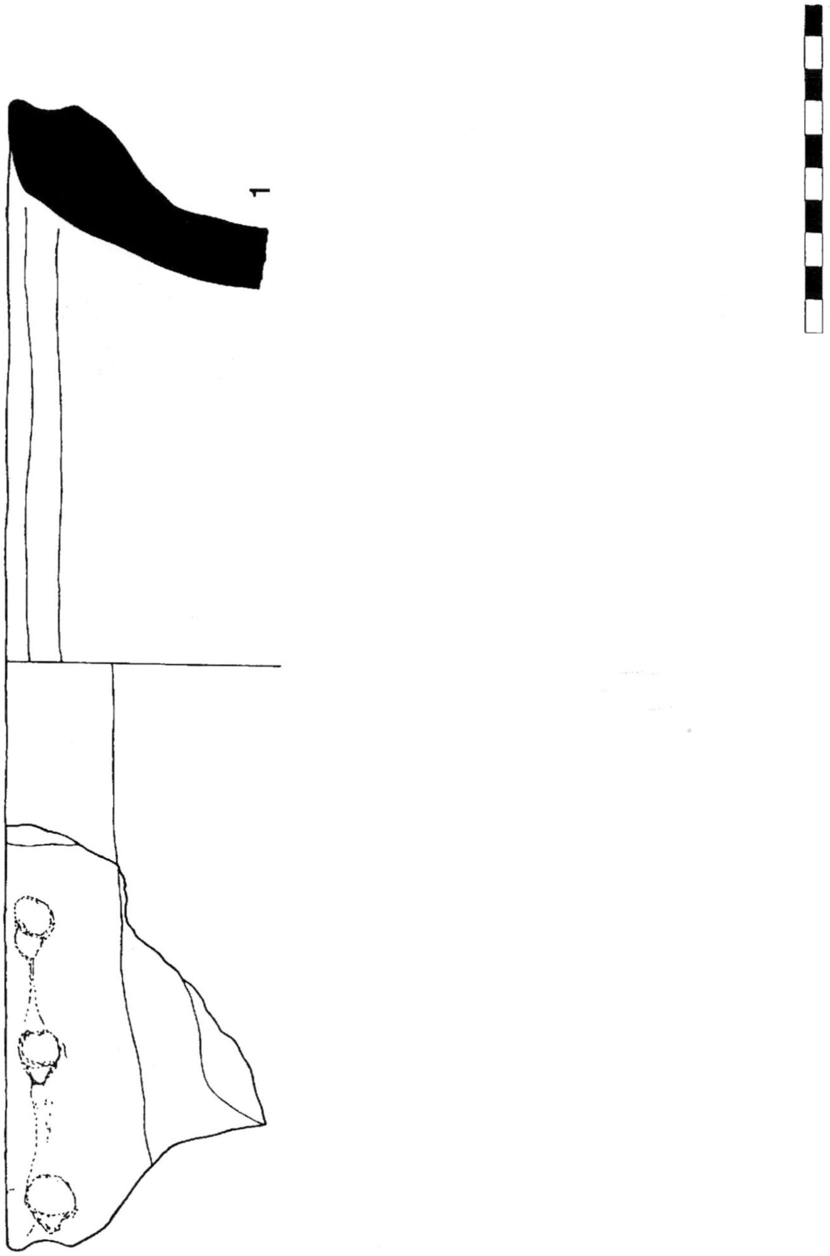

KERAMIK-TAFEL 5

Tafel	Nummer	Locus	Ware	Code	Schicht	Bemerkung
5,01	1100421	11002	2	121	2	
5,02	206002	2013	2	112	2	
5,03	1008804	10002,4	2	130	2(?)	

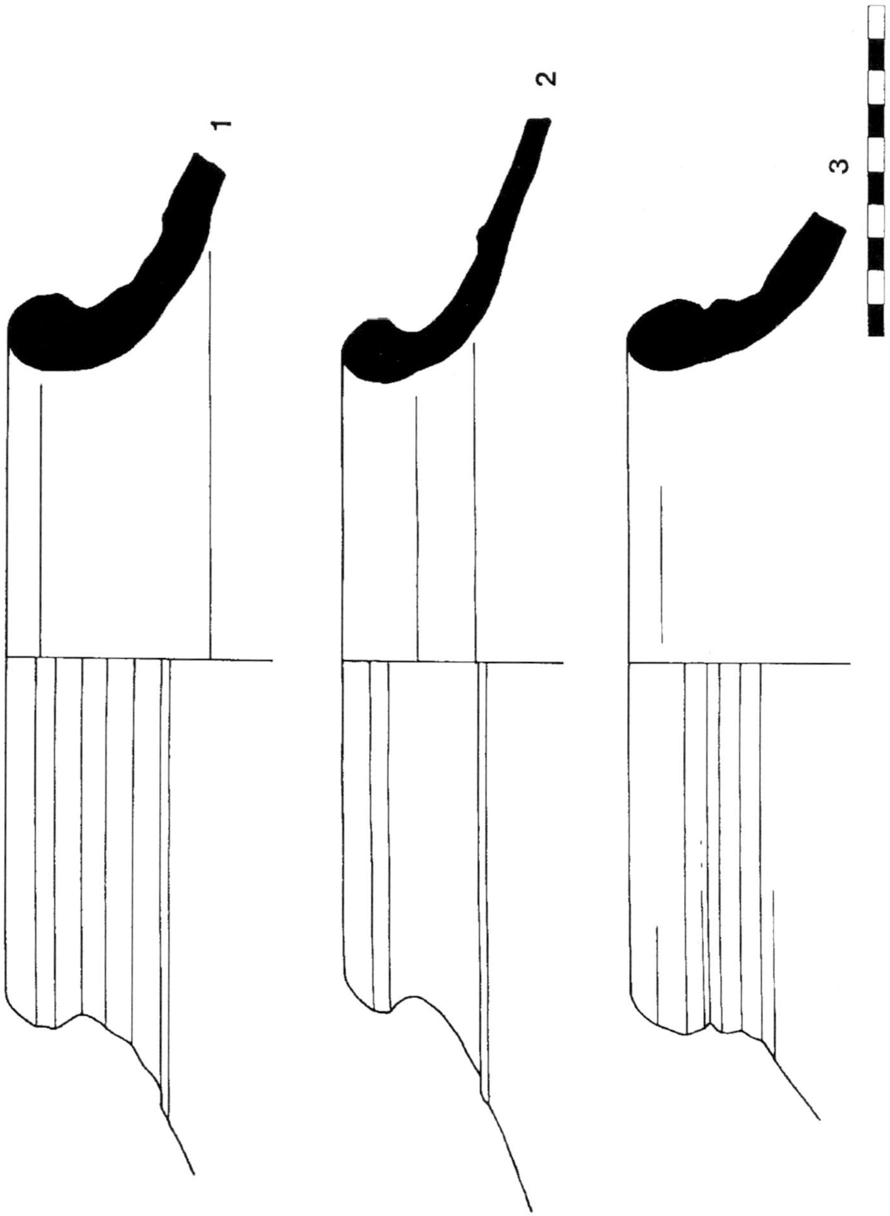

KERAMIK-TAFEL 6

Tafel	Nummer	Locus	Ware	Code	Schicht	Bemerkung
6,01	901305	9003	2	123	2(?)	
6,02	701701	7007	2	122	3	

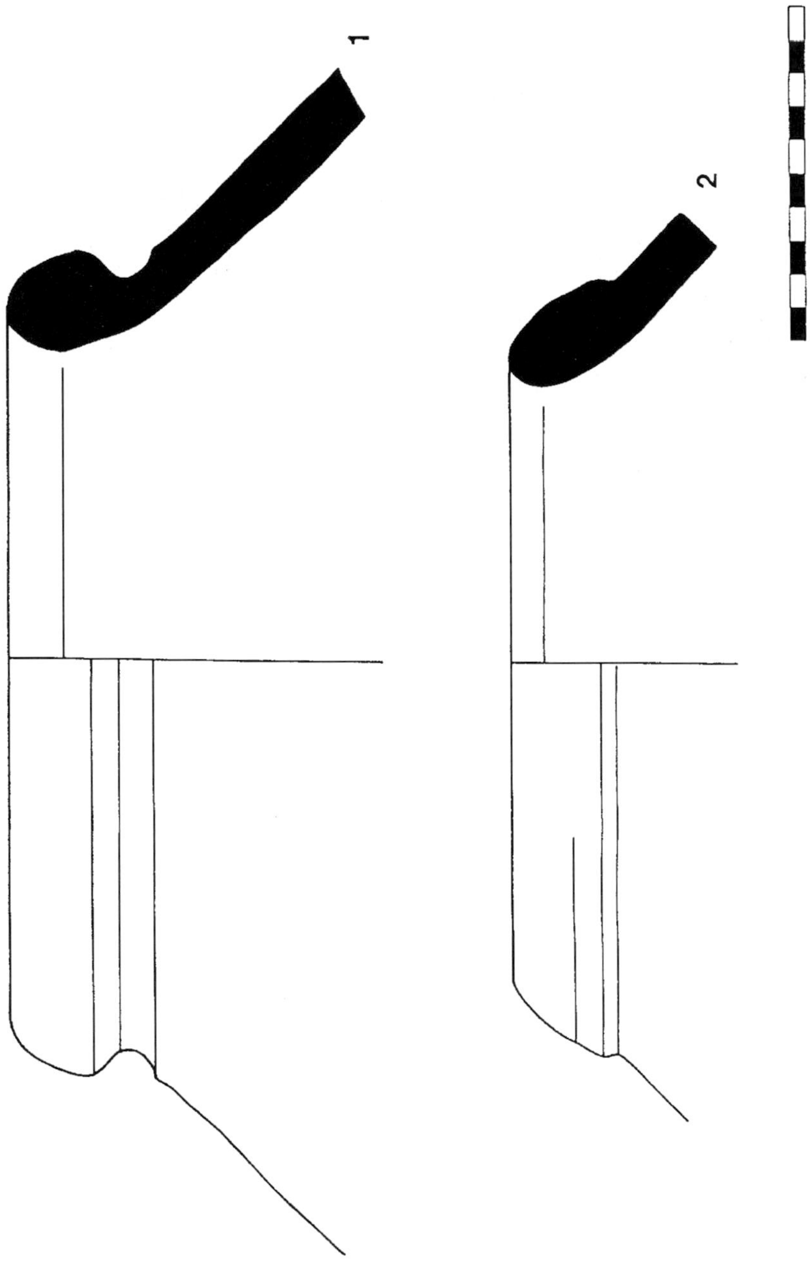

KERAMIK-TAFEL 7

Tafel	Nummer	Locus	Ware	Code	Schicht	Bemerkung
7,01	605208	6016	2	112	2	
7,02	305201	3014	2	112	3	

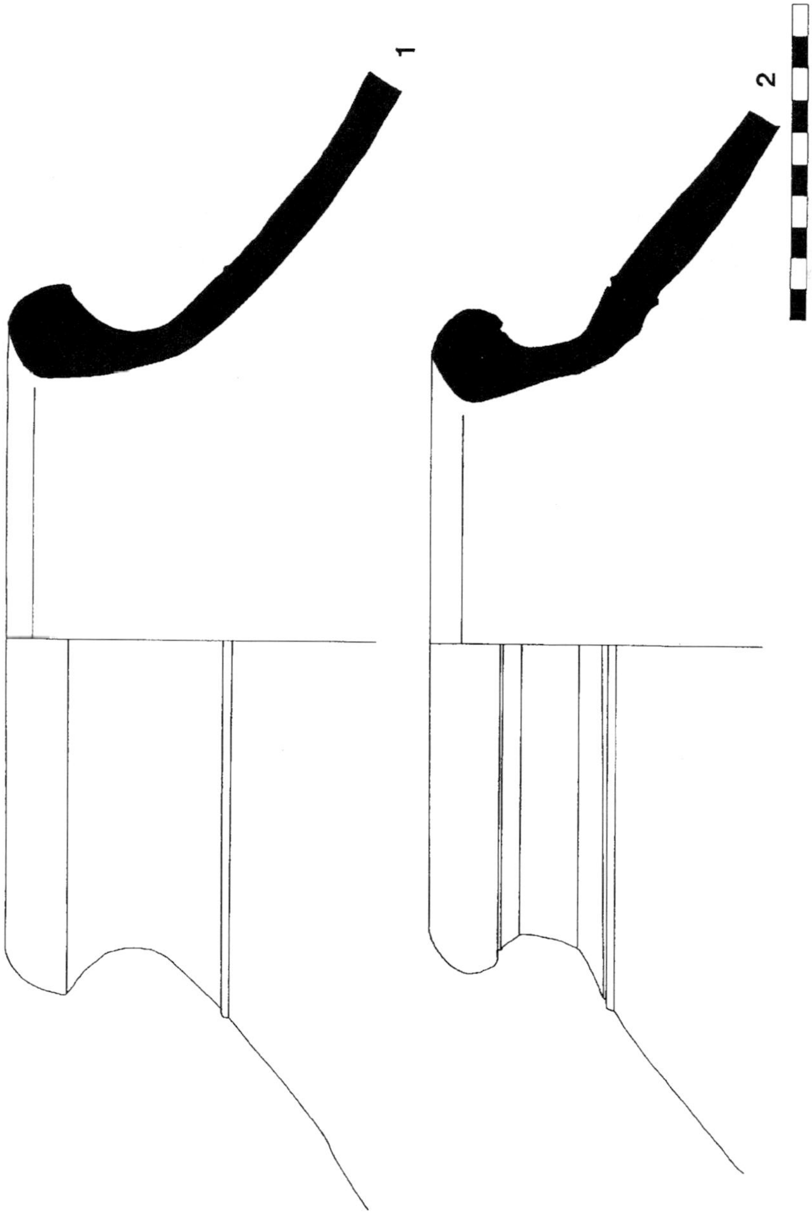

KERAMIK-TAFEL 8

Tafel	Nummer	Locus	Ware	Code	Schicht	Bemerkung
8,01	308207	3018	2	118	3	
8,02	611921	6034	2	128	3	
8,03	611923	6034	2	131	3	
8,04	1100126	11002	4	118	2	

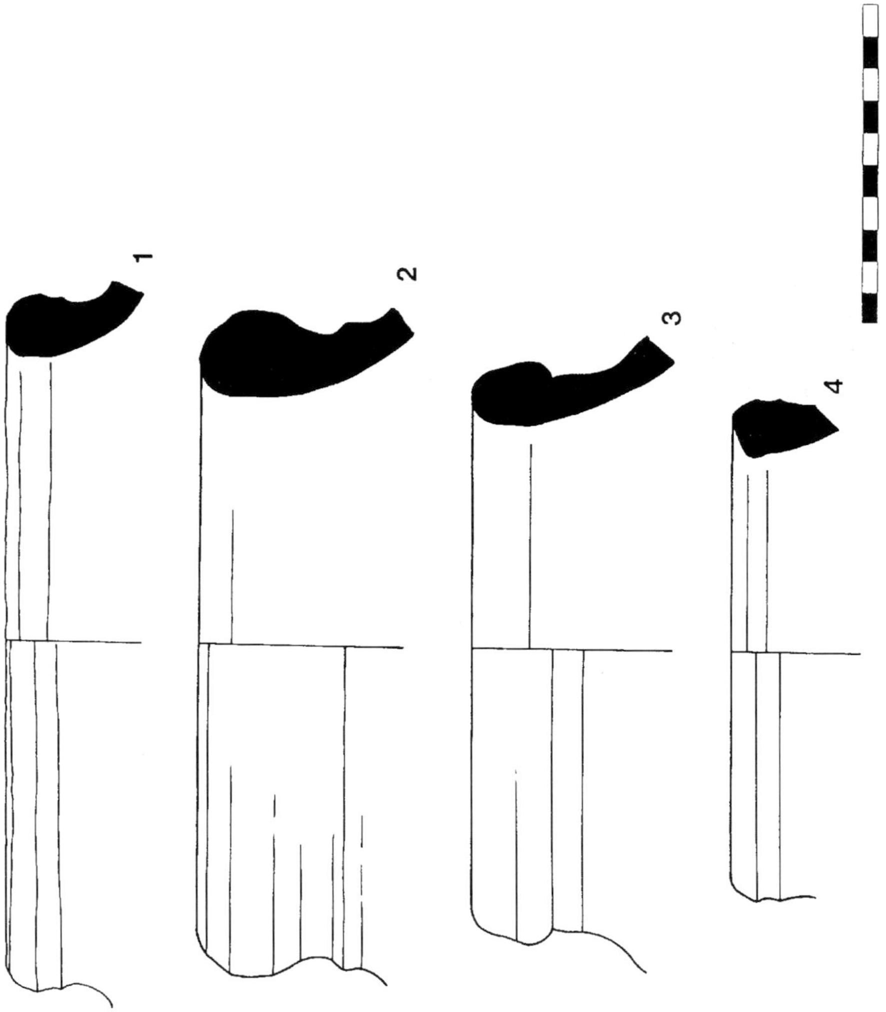

KERAMIK-TAFEL 9

Tafel	Nummer	Locus	Ware	Code	Schicht	Bemerkung
9,01	810604	8026	2	155	4	
9,02	616502	6040	2	142	2	vollständiger Rand

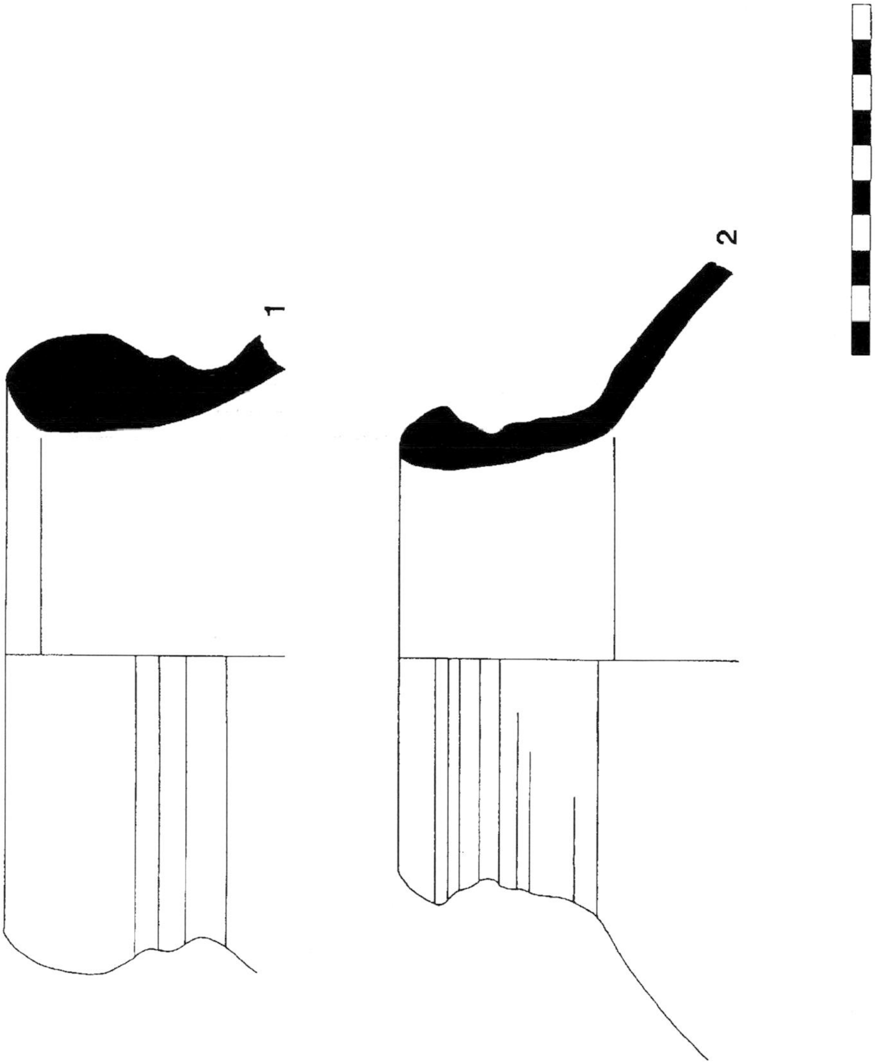

KERAMIK-TAFEL 10

Tafel	Nummer	Locus	Ware	Code	Schicht	Bemerkung
10,01	808204	8017	2	148	3(?)	
10,02	805001	8014	5	145	3	stark versintert

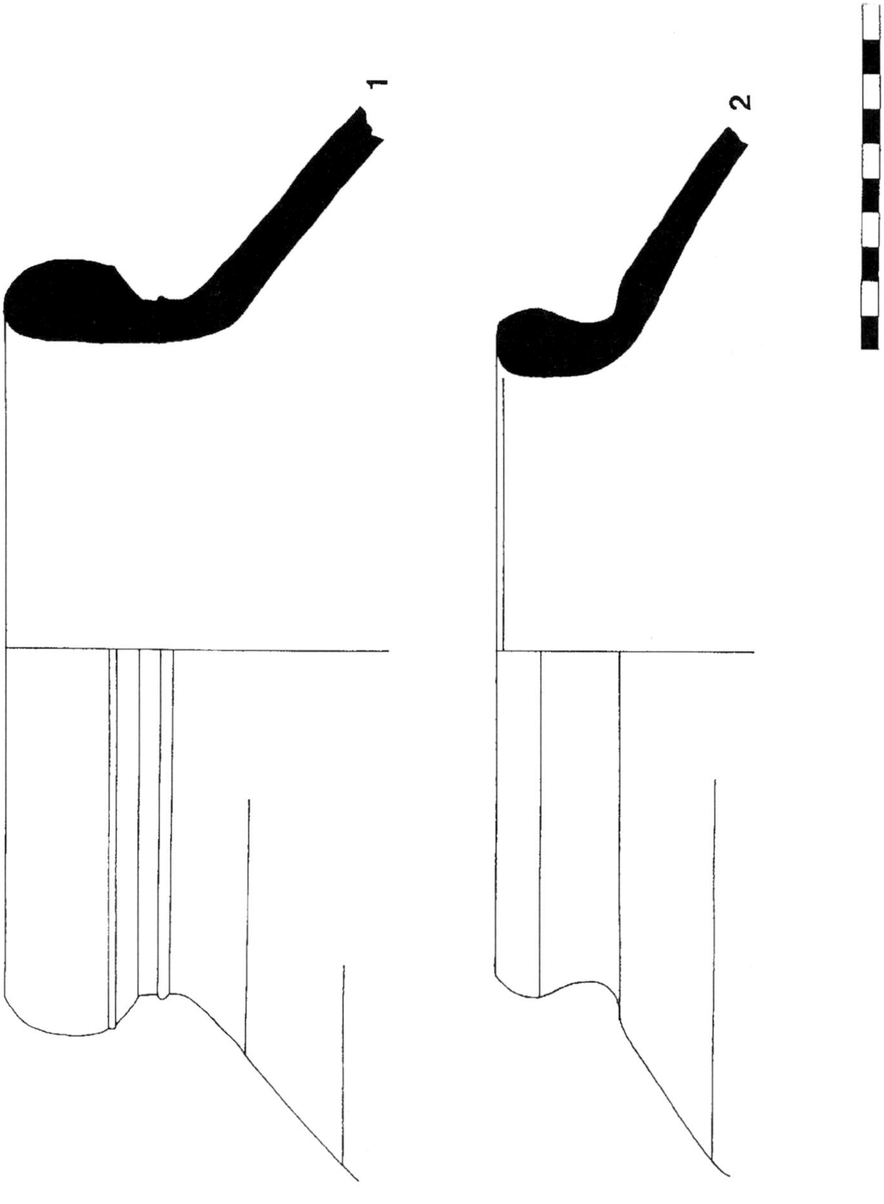

KERAMIK-TAFEL 11

Tafel	Nummer	Locus	Ware	Code	Schicht	Bemerkung
11,01	613209	6035	2	118	3	kleine Einritzung
11,02	613202	6035	2	118	3	join mit 613203, mit Henkel 601, Einritzung
11,03	611902	6034	2	126	3	

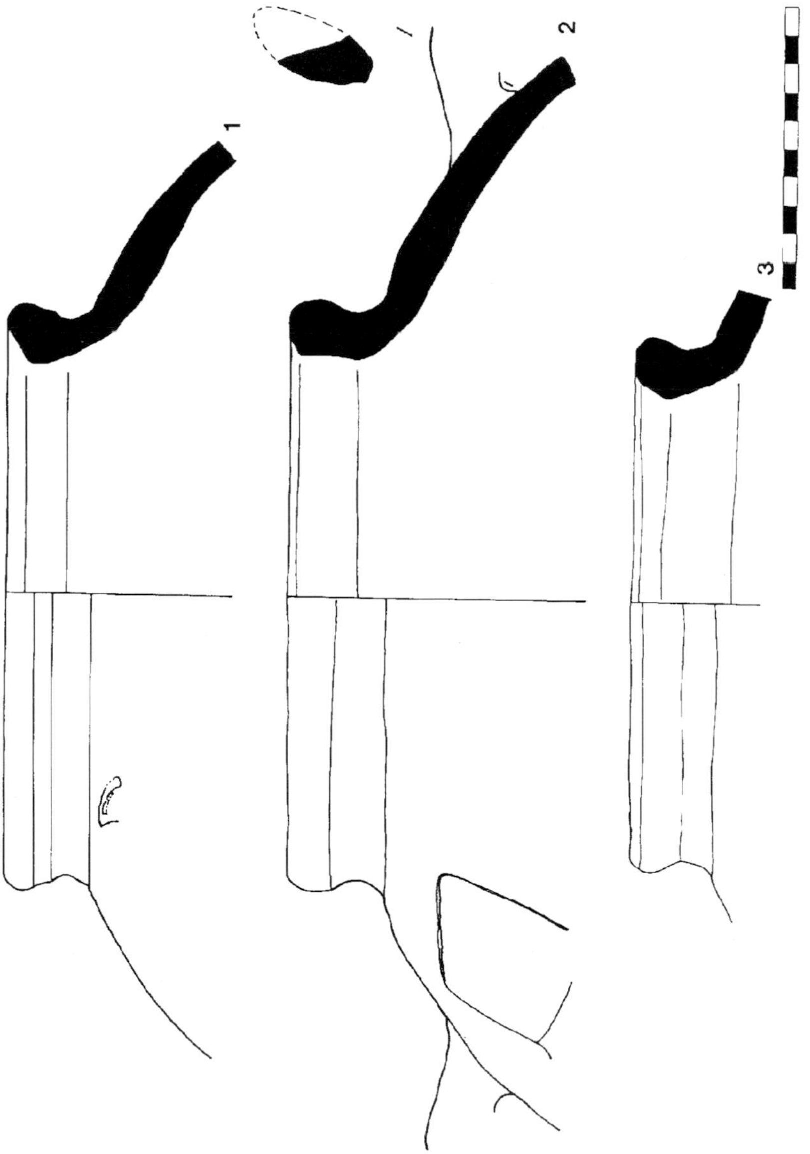

KERAMIK-TAFEL 12

Tafel	Nummer	Locus	Ware	Code	Schicht	Bemerkung
12,01	603401	6013	4	117	3	
12,02	400102	4001	4	117	0	
12,03	200504	2005	4	117	H1	
12,04	400214	4002	2	117	1	
12,05	502502	5008	2	118	1	join mit 406101+03; Einritzungen
12,06	406104	4015	2	118	3	join mit 406101+502502; Einritzungen

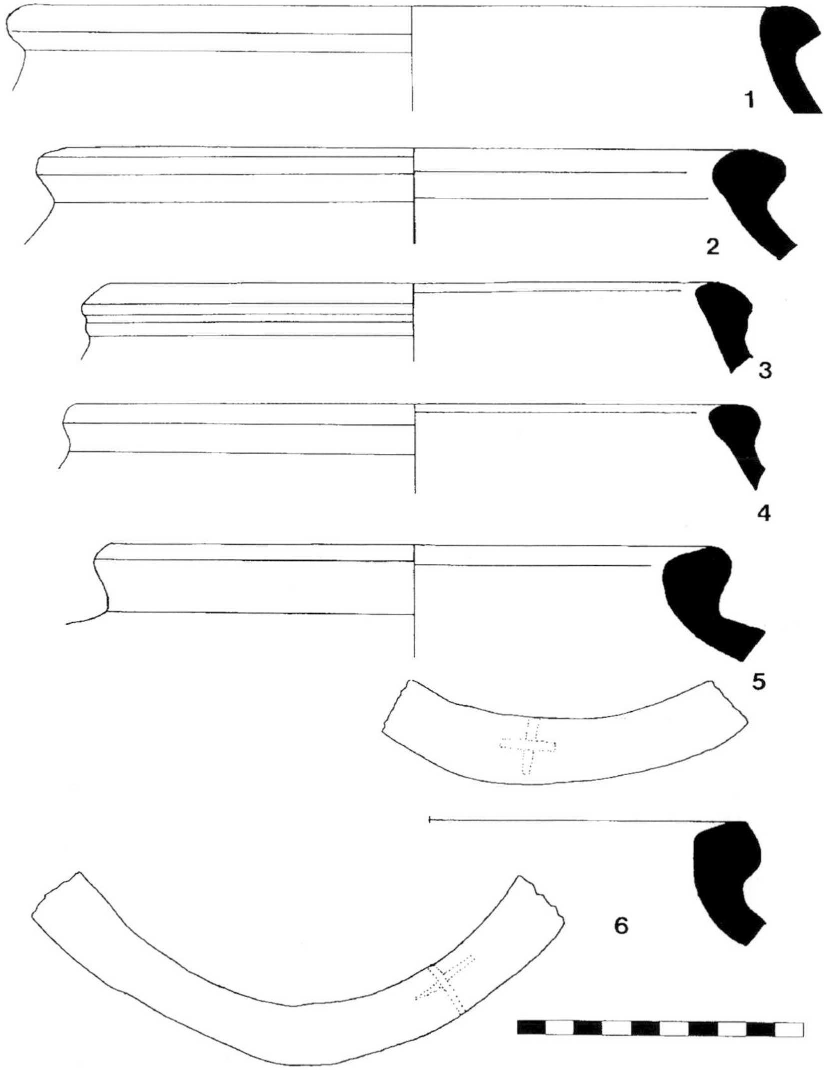

KERAMIK-TAFEL 13

Tafel	Nummer	Locus	Ware	Code	Schicht	Bemerkung
13,01	851714	8507	2	150	3	
13,02	1405701	14019	2	159	2	
13,03	815010	8034	2	151	3	Stempel (Kreuz) auf dem Rand
13,04	314701	3035	2	141	2	

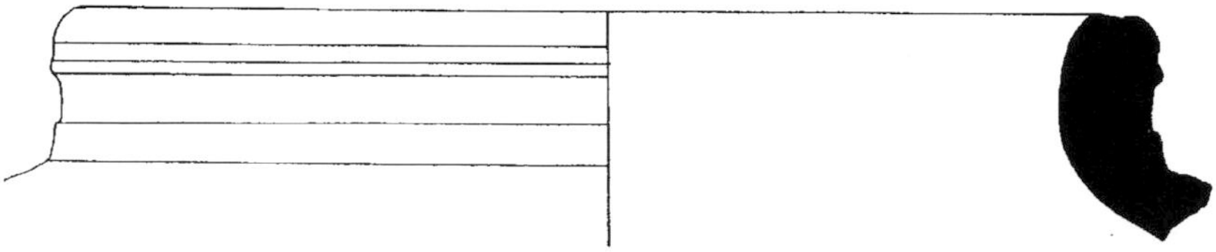
1

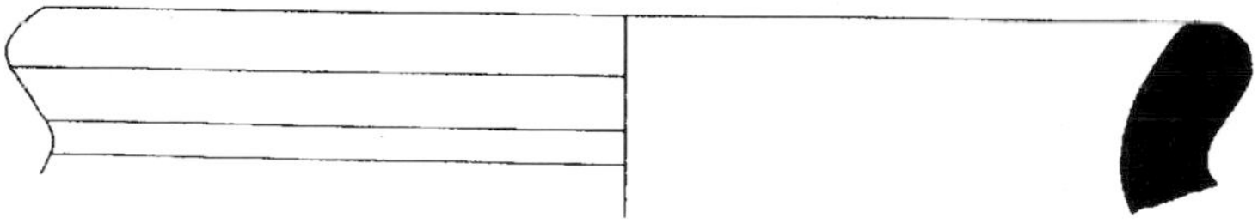
2

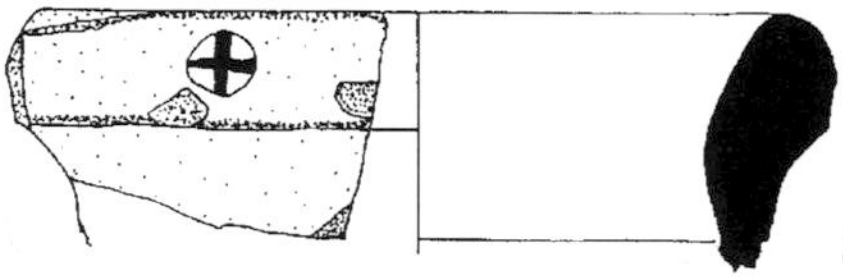
3

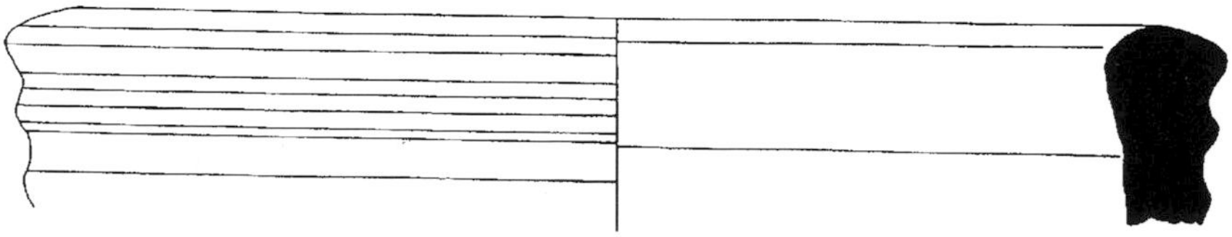
4

KERAMIK-TAFEL 14

Tafel	Nummer	Locus	Ware	Code	Schicht	Bemerkung
14,01	303601	3009	2	101	2	
14,02	402804	4009	4	101	3	
14,03	102519	1009	2	101	H2	

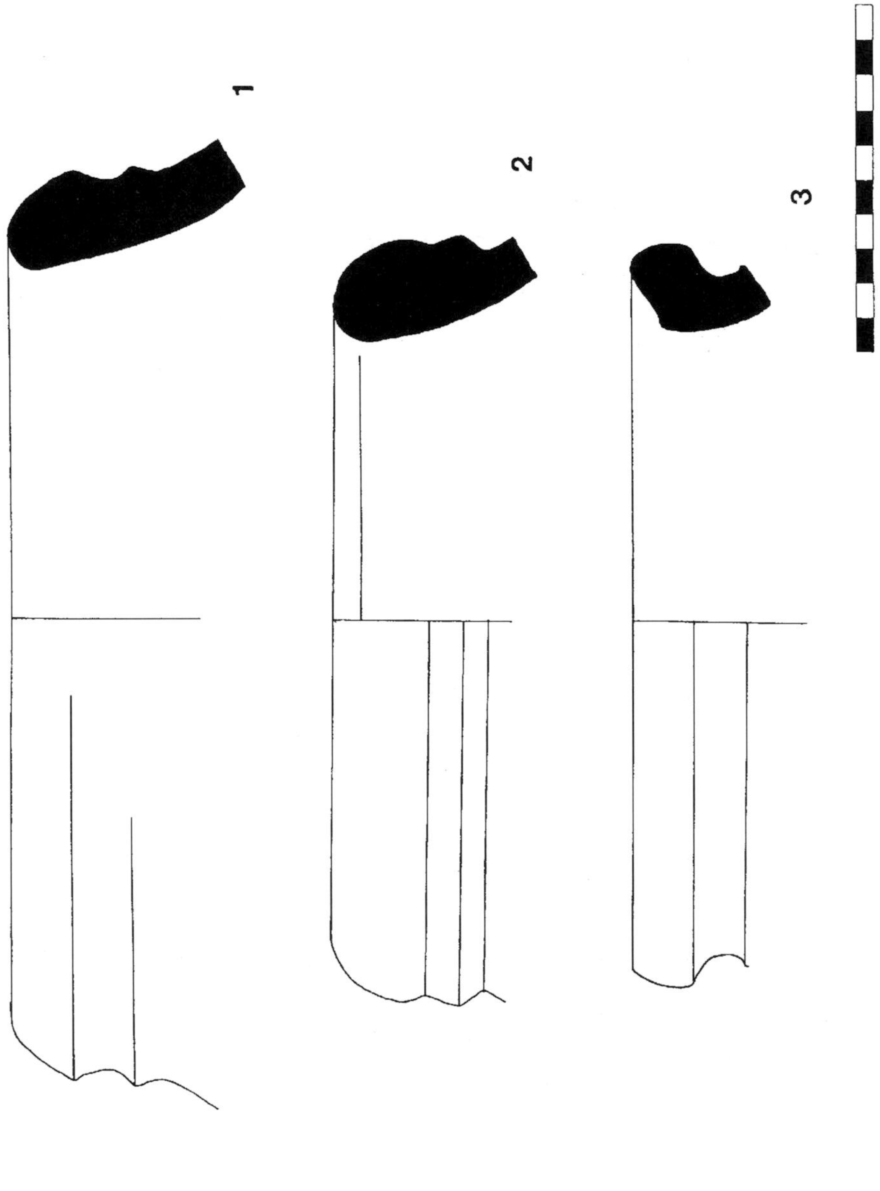

KERAMIK-TAFEL 15

Tafel	Nummer	Locus	Ware	Code	Schicht	Bemerkung
15,01	310804	3024	2	138	4	
15,02	1001806	10002	1	134	1(?)	
15,03	416110	4037	2	138	2	

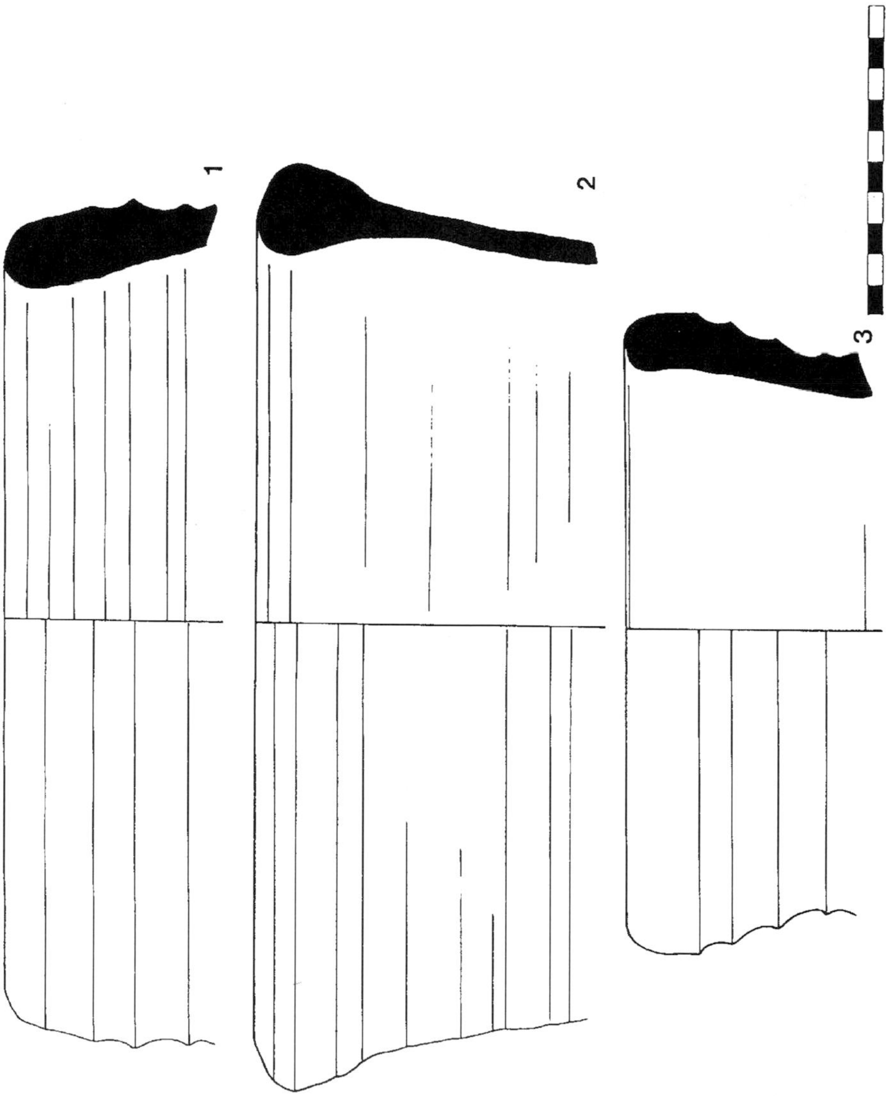

KERAMIK-TAFEL 16

Tafel	Nummer	Locus	Ware	Code	Schicht	Bemerkung
16,01	1000924	10002	4	136	1(?)	
16,02	701705	7007	2	133	3	
16,03	414904	4034	4	134	2	
16,04	416139	4037	2	135	2	

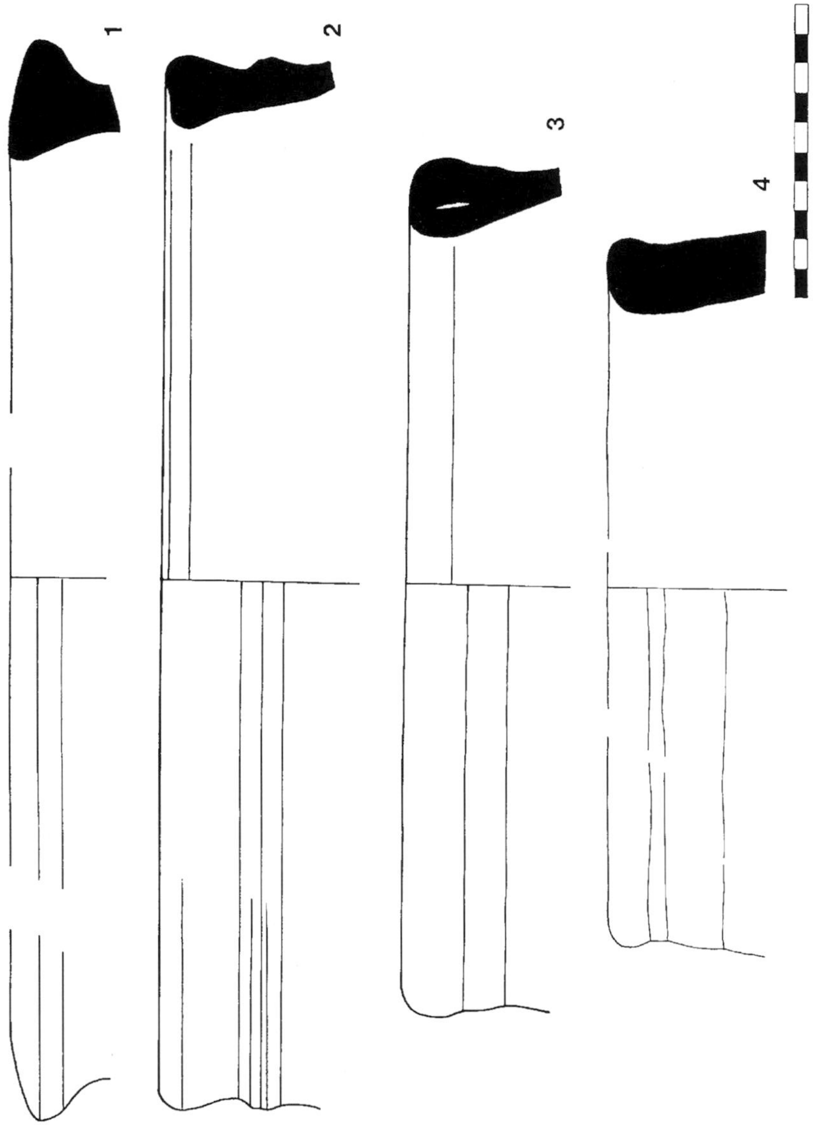

KERAMIK-TAFEL 17

Tafel	Nummer	Locus	Ware	Code	Schicht	Bemerkung
17,01	607201	6021	2	111	3	
17,02	202802	2010	2	114	H3	
17,03	501017	5004	4	117	0	
17,04	411303	4025	2	115	2(?)	
17,05	300817	3003	4	116	2	

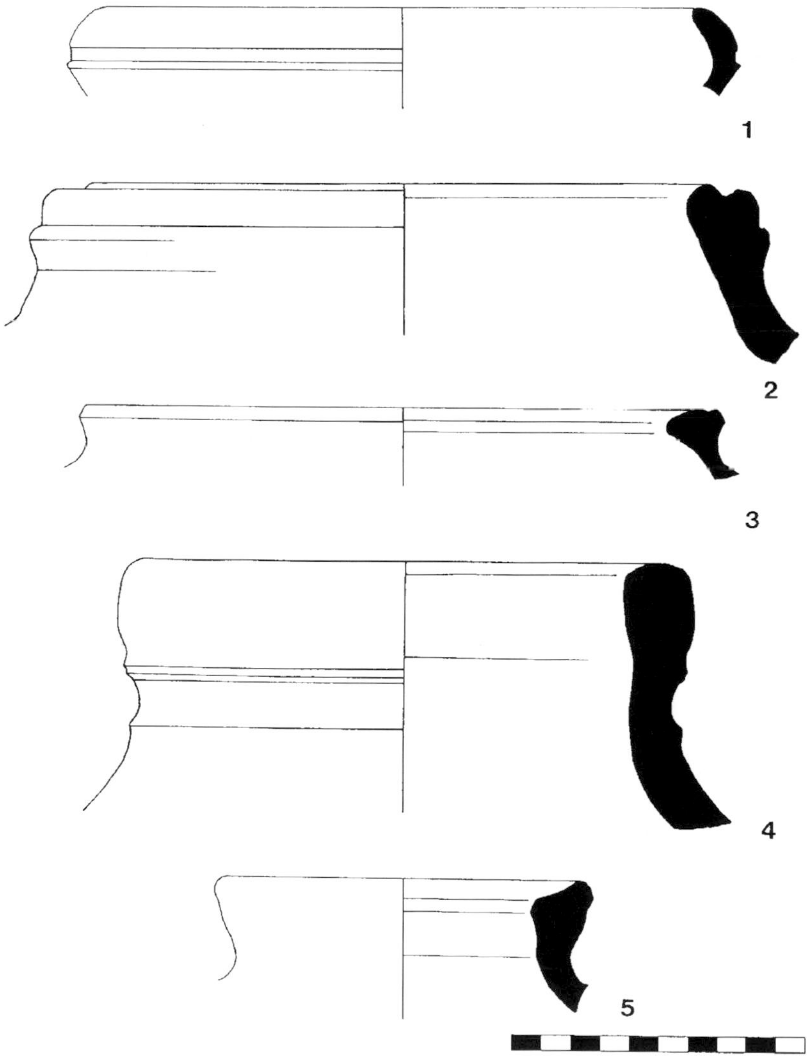

KERAMIK-TAFEL 18

Tafel	Nummer	Locus	Ware	Code	Schicht	Bemerkung
18,01	605201	6016	2	113	2	
18,02	604109	6014	2	111	4	

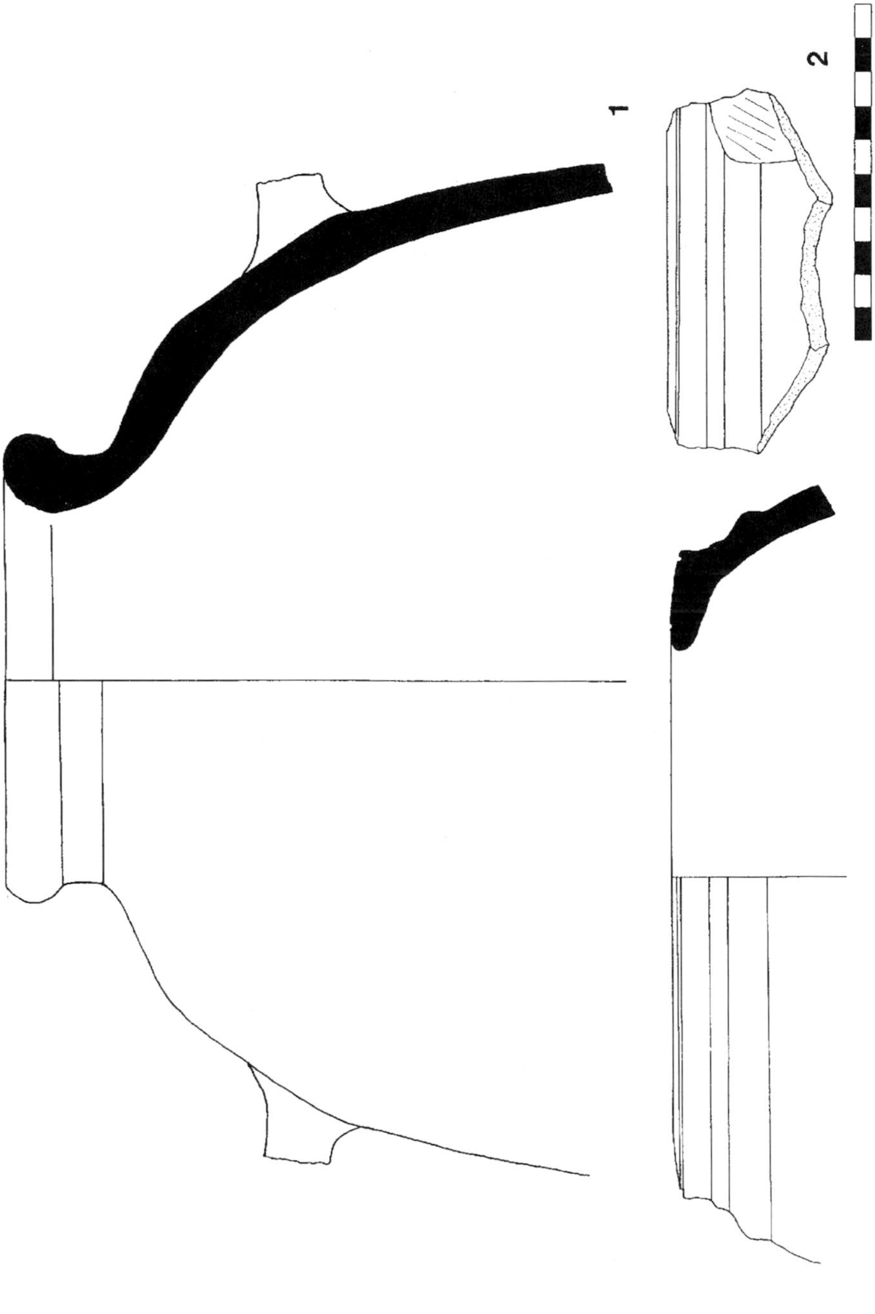

KERAMIK-TAFEL 19

Tafel	Nummer	Locus	Ware	Code	Schicht	Bemerkung
19,01	200214	2002	4	107	H1	
19,02	101202	1005	2	107	H1	join mit 101203
19,03	800209	8002	2	108	-	Reinigung
19,04	200519	2005	2	108	H1	

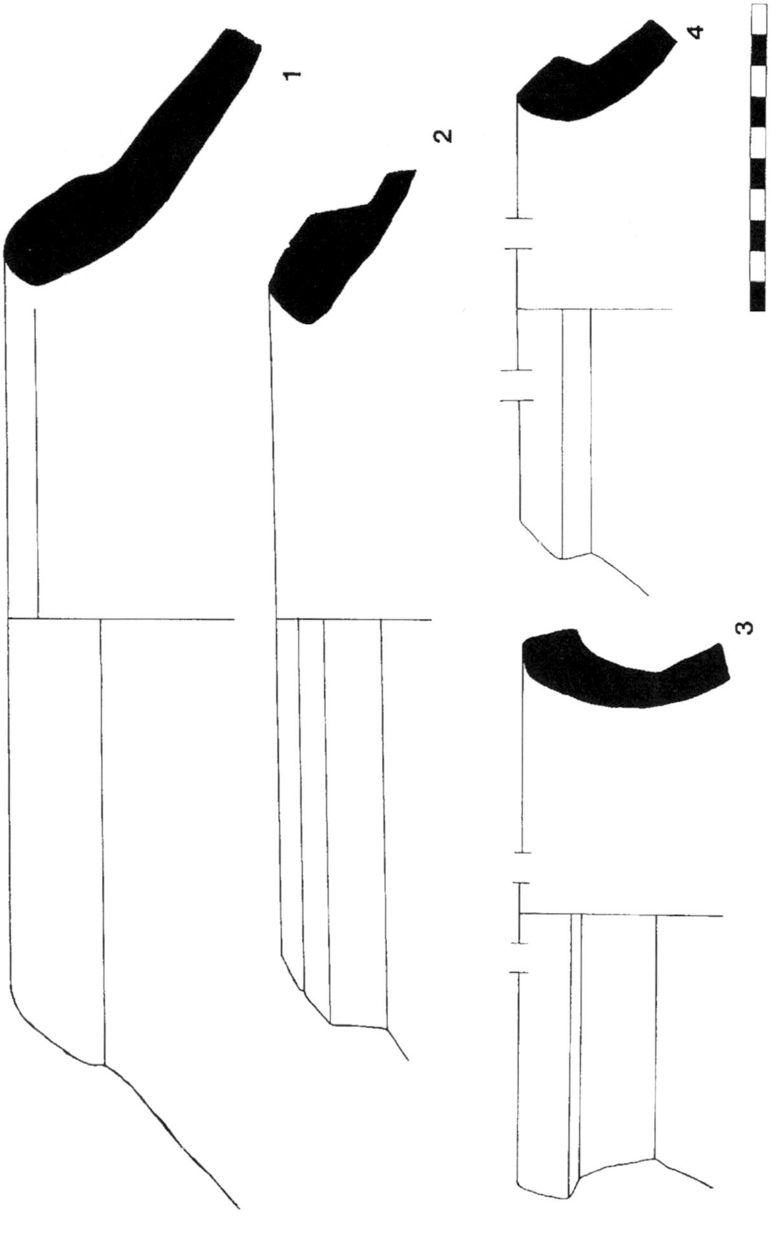

KERAMIK-TAFEL 20

Tafel	Nummer	Locus	Ware	Code	Schicht	Bemerkung
20,01	405103	4014	2	104	3	
20,02	600202	6002	4	104	1	
20,03	302001	3005	4	104	2	join mit 250103
20,04	302104	3004	2	104	2	
20,05	100317	1002	2	104	H1	

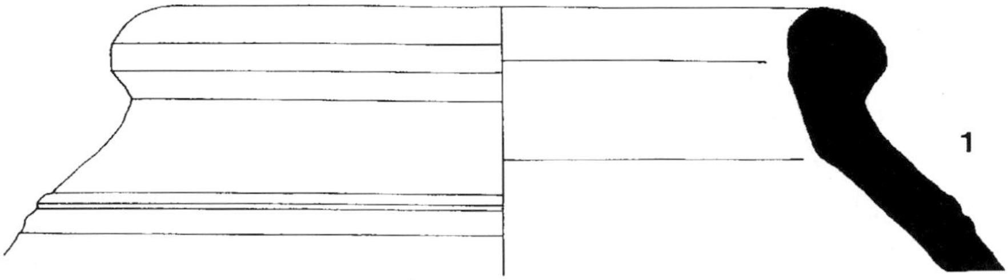

1

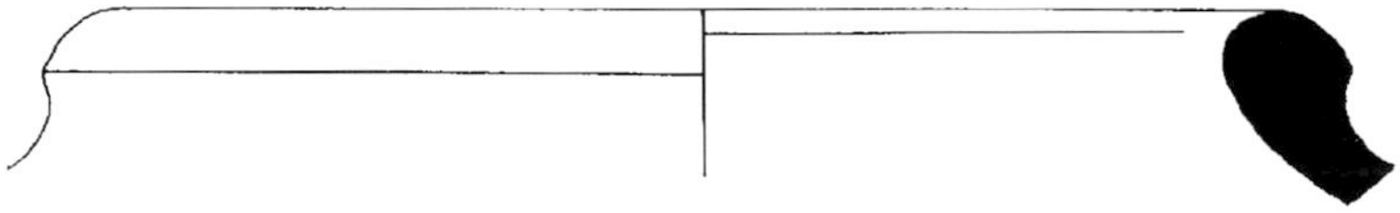

2

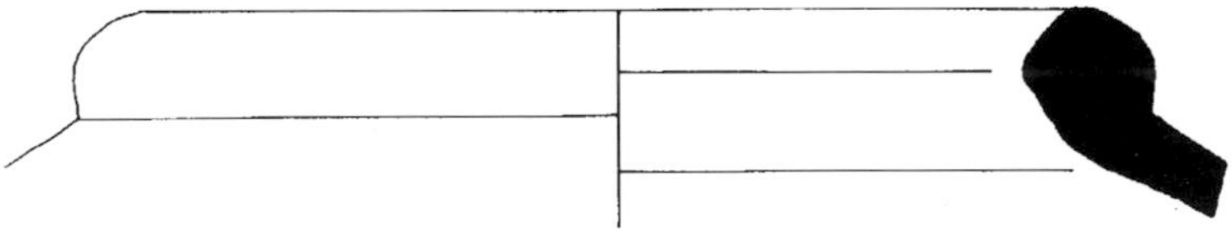

3

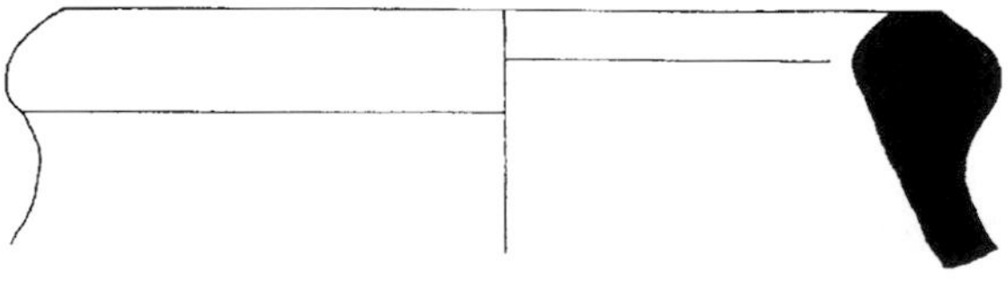

4

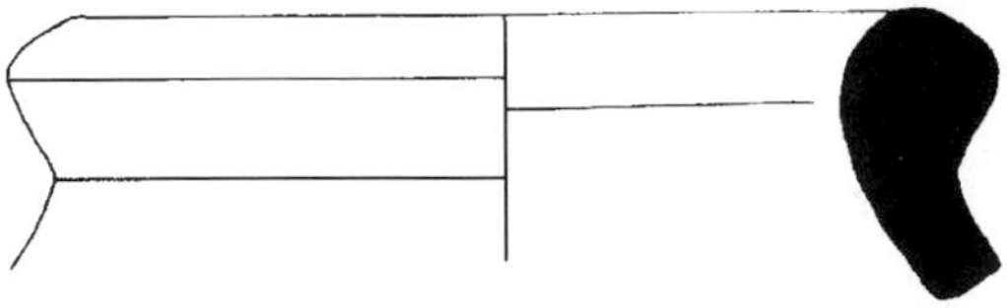

5

KERAMIK-TAFEL 21

Tafel	Nummer	Locus	Ware	Code	Schicht	Bemerkung
21,01	501002	5004	2	106	0	
21,02	608701	6026	2	107	3	
21,03	400219	4002	2	107	1	
21,04	404902	4013	2	107	3	

1

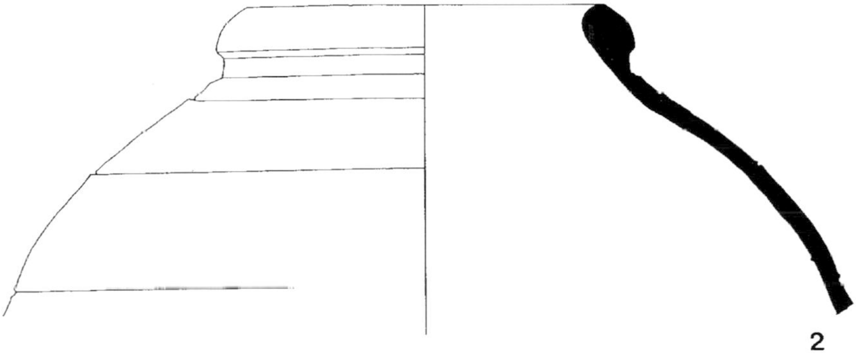

2

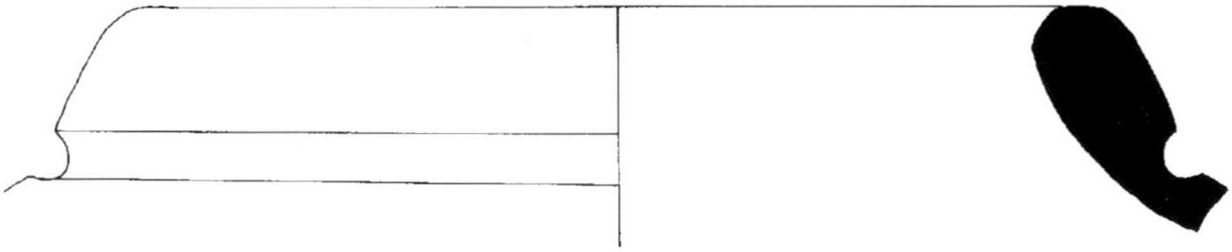

3

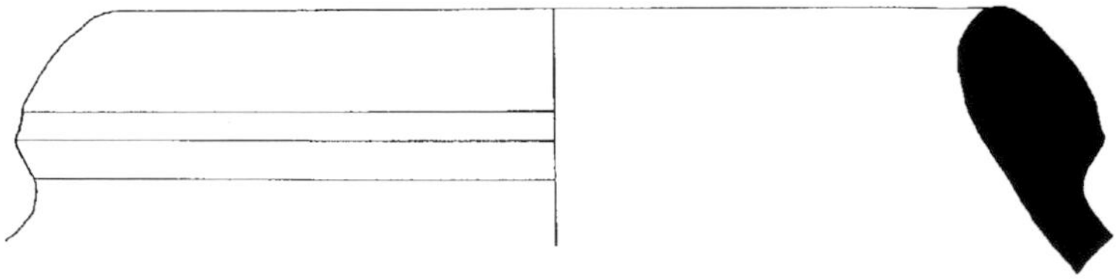

4

KERAMIK-TAFEL 22

Tafel	Nummer	Locus	Ware	Code	Schicht	Bemerkung
22,01	608709	6026	2	105	3	join mit 608704, 608706, 608713, 608717
22,02	305501	3014	2	105	3	
22,03	302002	3005	2	105	2	
22,04	500501	5002	4	105	1	
22,05	500515	5002	2	106	1	

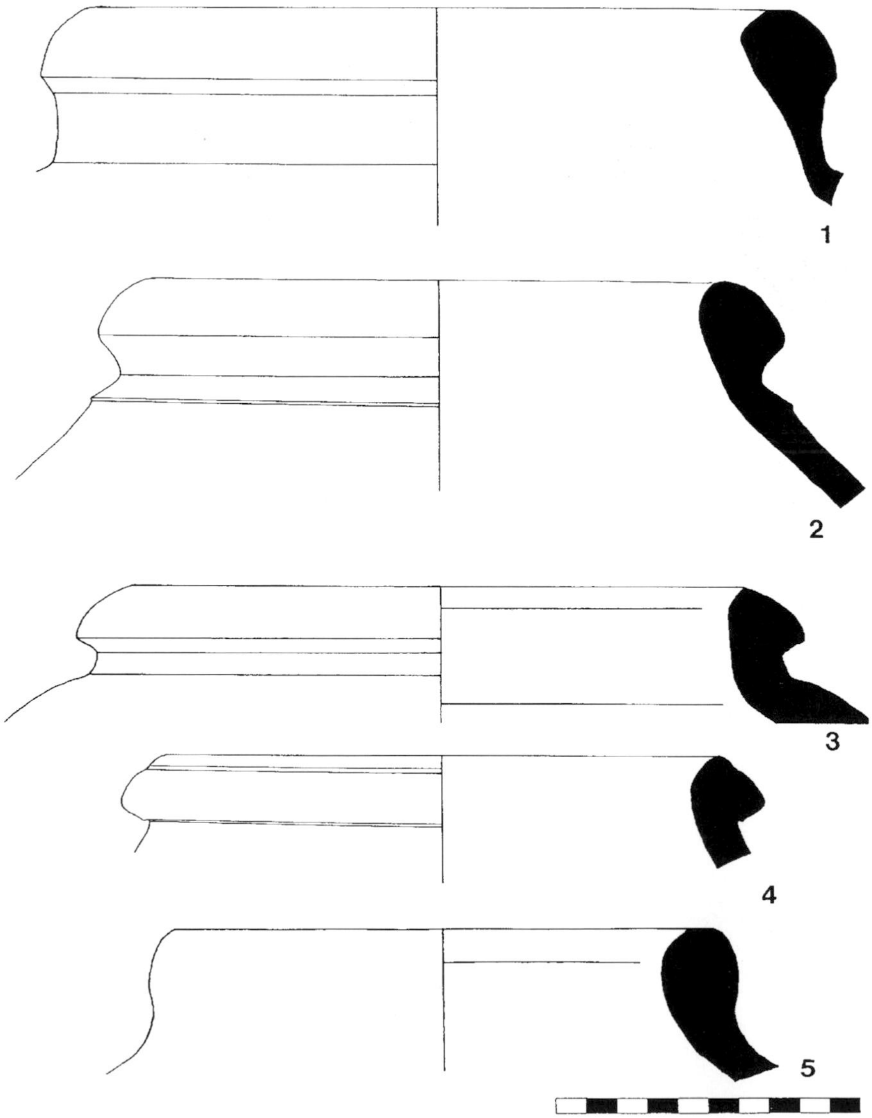

KERAMIK-TAFEL 23

Tafel	Nummer	Locus	Ware	Code	Schicht	Bemerkung
23,01	403401	4010	4	103	2	
23,02	800202	8002	2	104	-	Reinigung
23,03	406608	4017	2	104	1	
23,04	600908	6005	4	104	2	

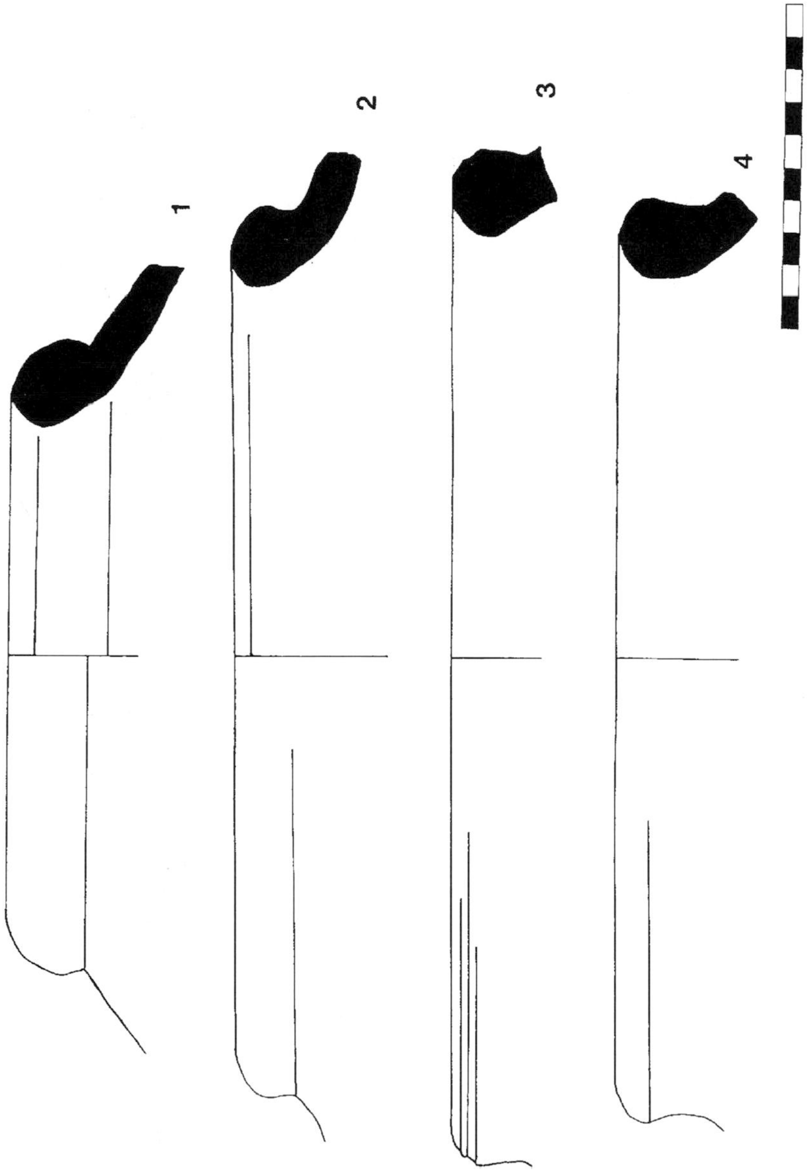

KERAMIK-TAFEL 24

Tafel	Nummer	Locus	Ware	Code	Schicht	Bemerkung
24,01	1200801	12003	2	125	1	join mit 1200802+03
24,02	1006301	10006	2	101	2	join mit 1006302

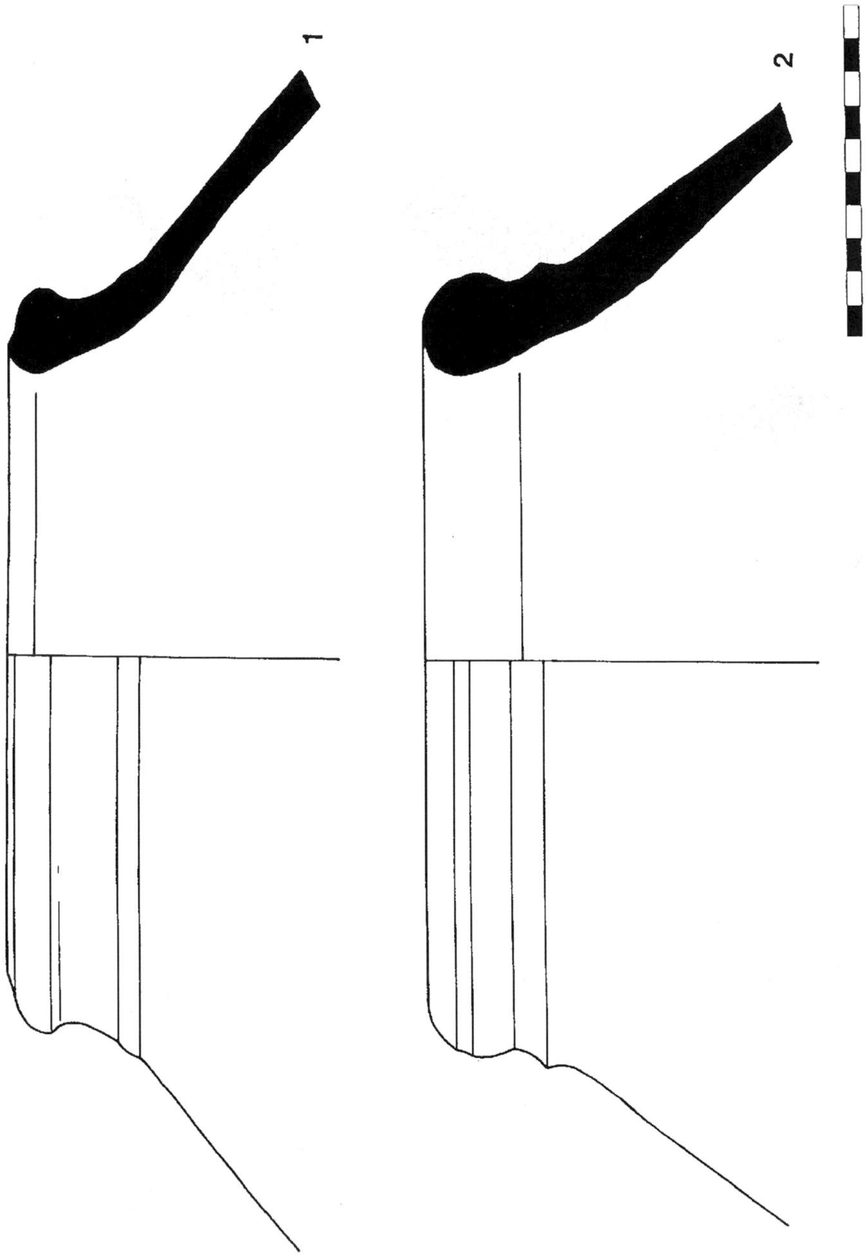

KERAMIK-TAFEL 25

Tafel	Nummer	Locus	Ware	Code	Schicht	Bemerkung
25,01	608707	6026	2	101	3	
25,02	501003	5004	4	102	0	join mit 501001+04
25,03	404907	4013	2	103	3	

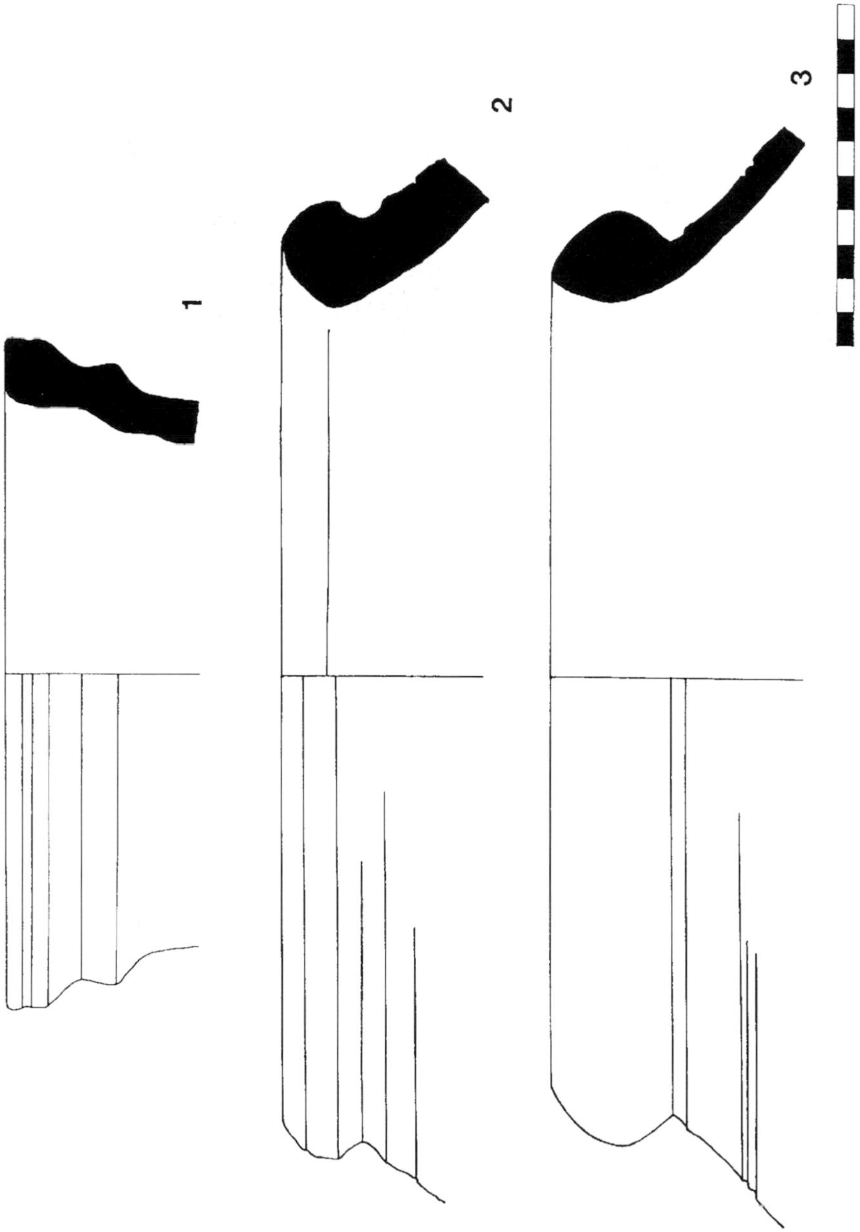

KERAMIK-TAFEL 26

Tafel	Nummer	Locus	Ware	Code	Schicht	Bemerkung
26,01	805006	8014	2	144	3	
26,02	812322	8029	2	158	5	Rand vollständig
26,03	1404605	14011	5	157	2	join mit 1404604

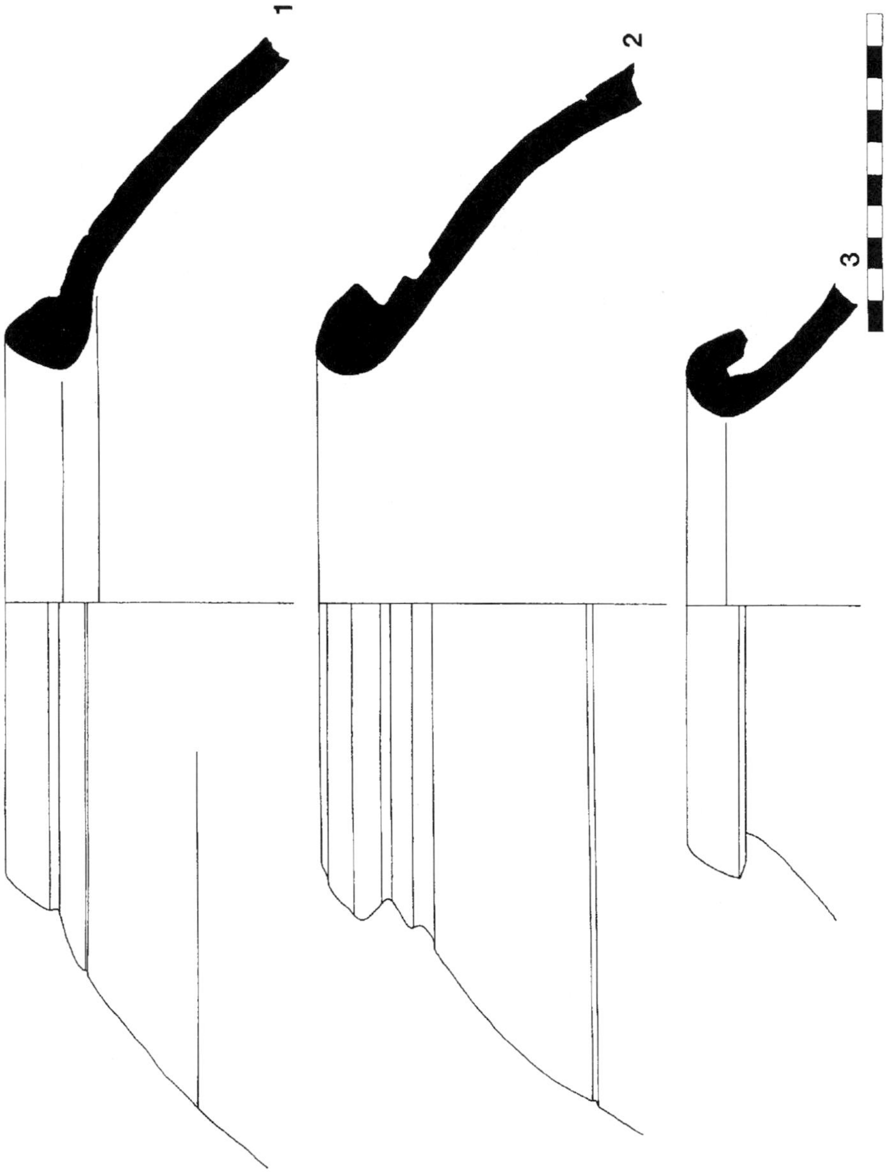

KERAMIK-TAFEL 27

Tafel	Nummer	Locus	Ware	Code	Schicht	Bemerkung
27,01	300206	3002	4	117	1	
27,02	401002	4005	4	117	2	
27,03	606003	6018	2	117	3	
27,04	250305	2502	4	117	1	
27,05	600901	6005	4	117	2	

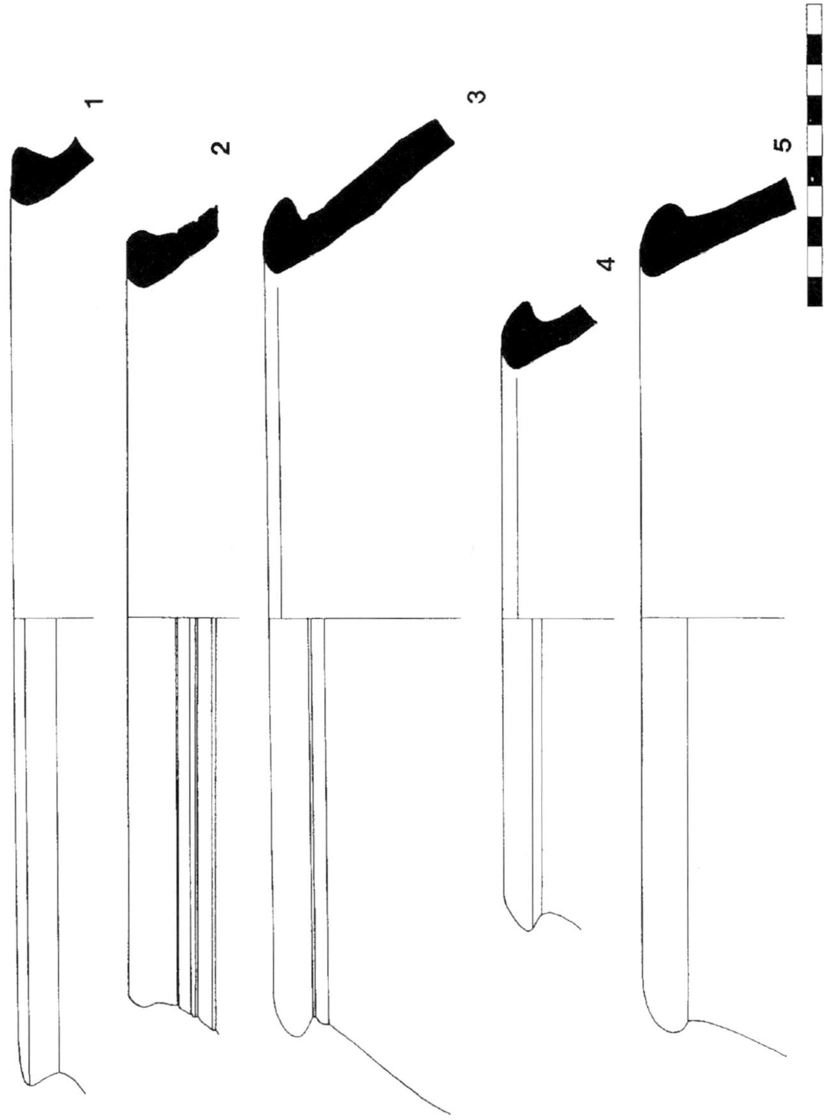

KERAMIK-TAFEL 28

Tafel	Nummer	Locus	Ware	Code	Schicht	Bemerkung
28,01	850001	8500	1	140	1	
28,02	804210	8010	5	146	3	
28,03	626209	6060	2	153	3	
28,04	852806	8510	2	154	H4(?)	join mit 852807

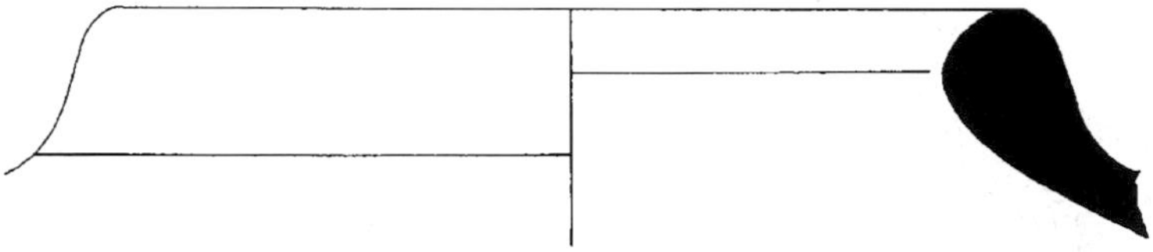
1

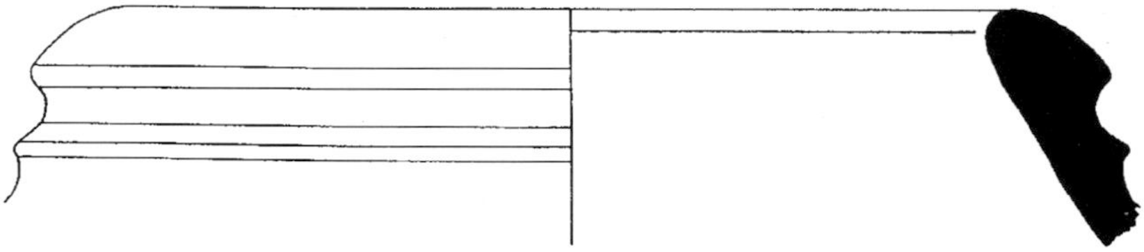
2

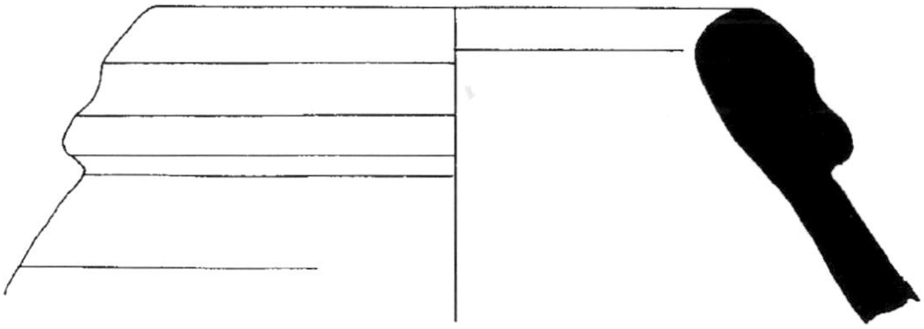
3

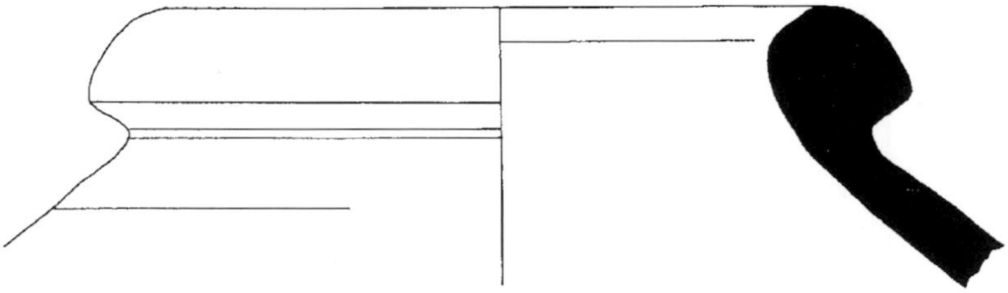
4

KERAMIK-TAFEL 29

Tafel	Nummer	Locus	Ware	Code	Schicht	Bemerkung
29,01	622201	6053	2	149	4	join mit 622104
29,02	617819	6043	2	143	3	

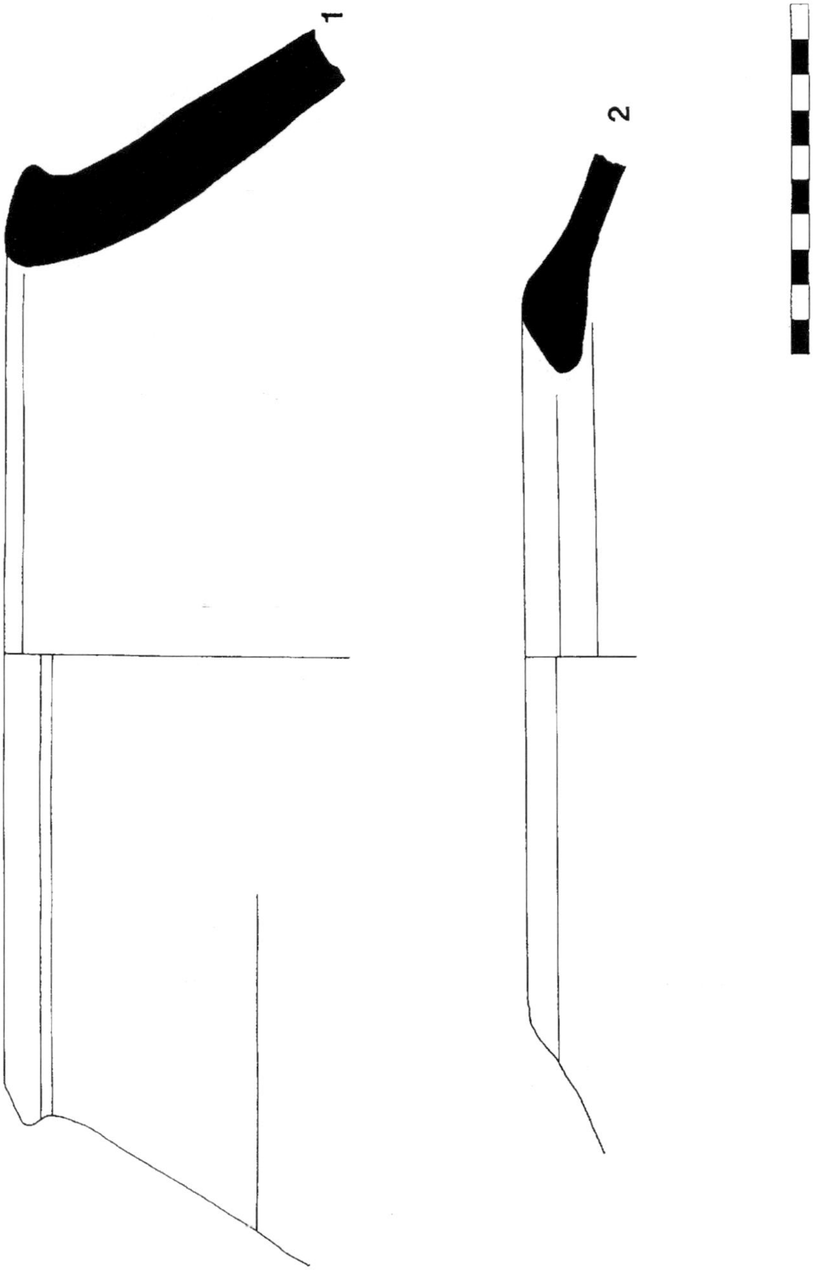

KERAMIK-TAFEL 30

Tafel	Nummer	Locus	Ware	Code	Schicht	Bemerkung
30,01	611924	6034	5	129	3	
30,02	910803	9017	2	124	3(?)	join mit 914302
30,03	614007	6037	2	132	3	
30,04	308901	3019	1	138	4(?)	

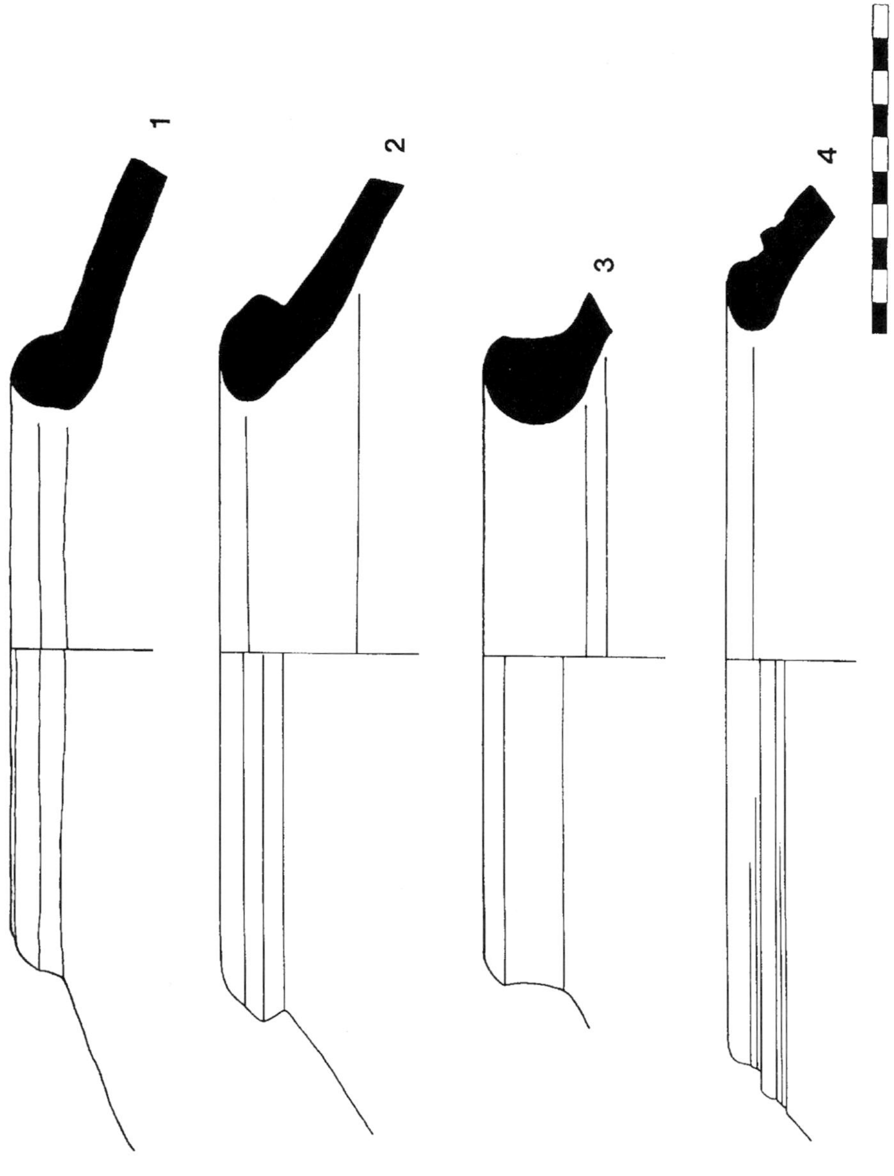

KERAMIK-TAFEL 31

Tafel	Nummer	Locus	Ware	Code	Schicht	Bemerkung
31,01	602702	6012	2	119	2	
31,02	605206	6016	2	201	2	
31,03	405604	4014	2	201	3	
31,04	500103	5001	4	201	0	
31,05	603410	6013	4	201	3	
31,06	300805	3003	2	201	2	

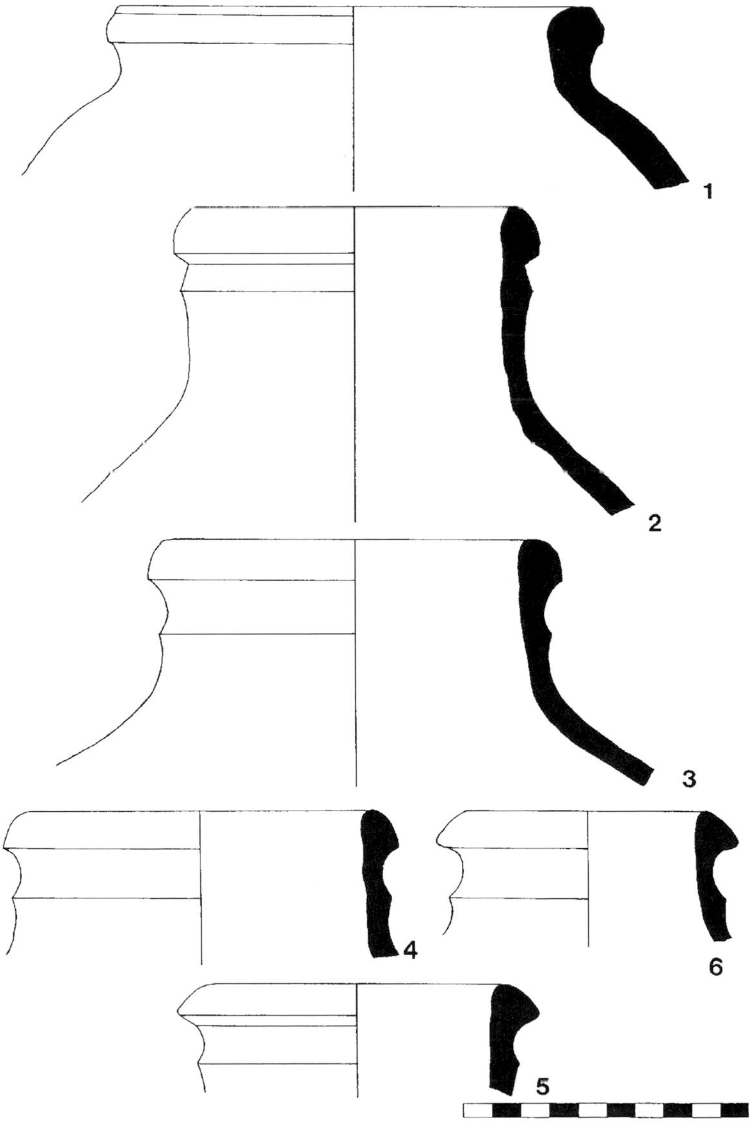

KERAMIK-TAFEL 32

Tafel	Nummer	Locus	Ware	Code	Schicht	Bemerkung
32,01	909601	9013,1	2	225	3	join mit 909602-06
32,02	1002517	10006	3	234	2	
32,03	1200203	12001	5	233	1	
32,04	903805	9005	3	236	2	join mit 903804
32,05	916218	9024	3	227	3	join mit 916219 + 20 und 913301

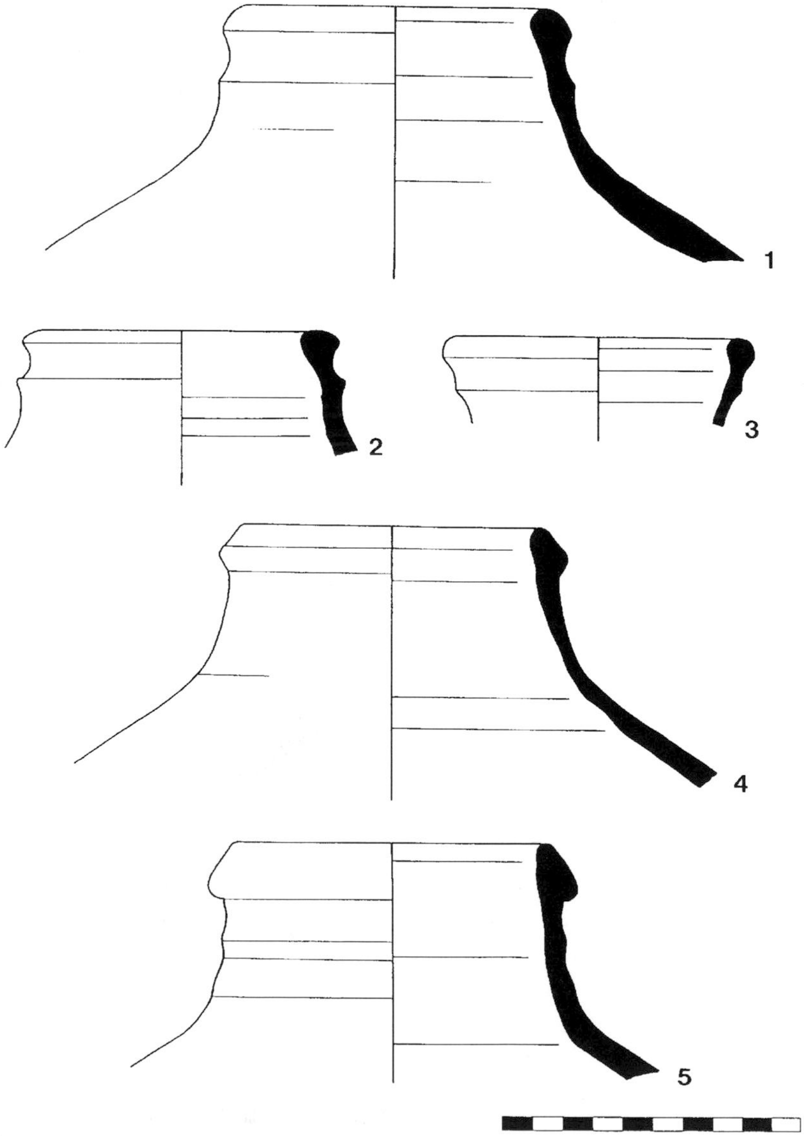

KERAMIK-TAFEL 33

Tafel	Nummer	Locus	Ware	Code	Schicht	Bemerkung
33,01	804101	8032	3	278	1	
33,02	802307	8007	4	247	2	
33,03	208801	2022	3	273	2	
33,04	317804	3043	3	250	4	
33,05	813702	8031	1	286	4	

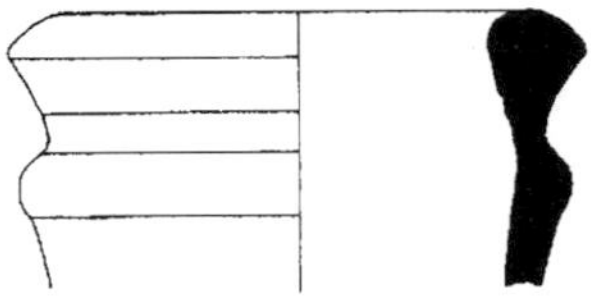
1

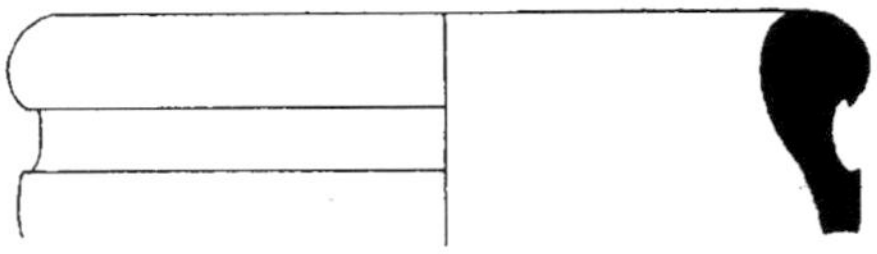
2

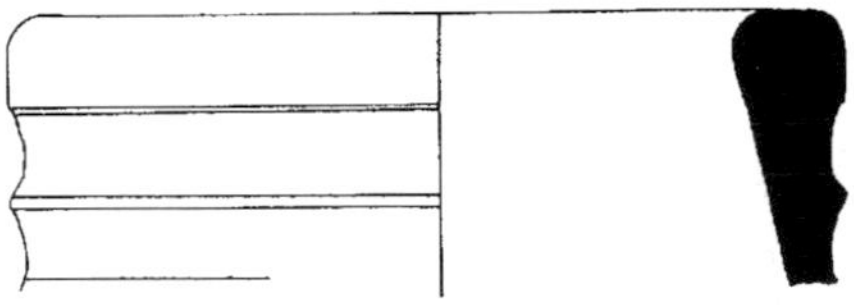
3

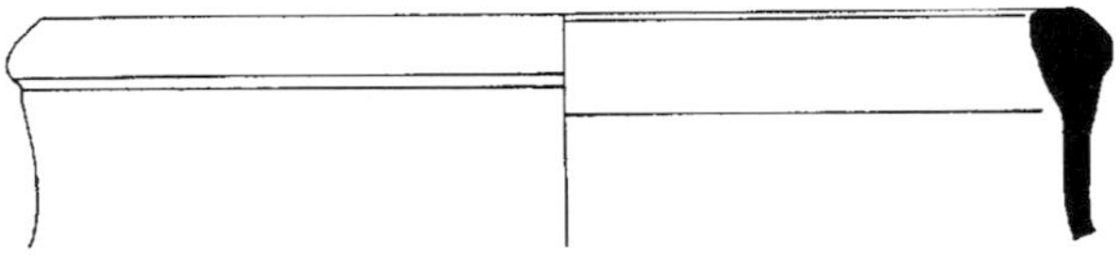
4

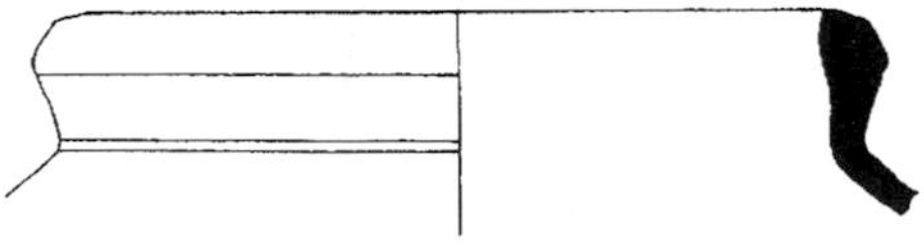
5

KERAMIK-TAFEL 34

Tafel	Nummer	Locus	Ware	Code	Schicht	Bemerkung
34,01	904804	9006	3	250	2	
34,02	905408	9010	3	229	2	join mit 905412
34,03	513602	5029	3	245	2	
34,04	1000927	10002	1	204	1(?)	
34,05	913613	9020	3	246	-	Reinigung

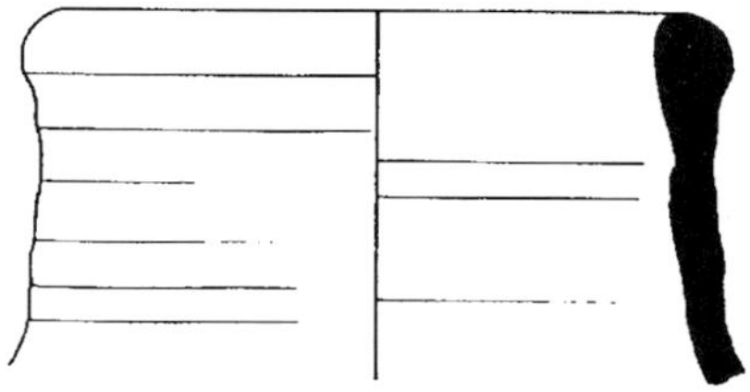

1

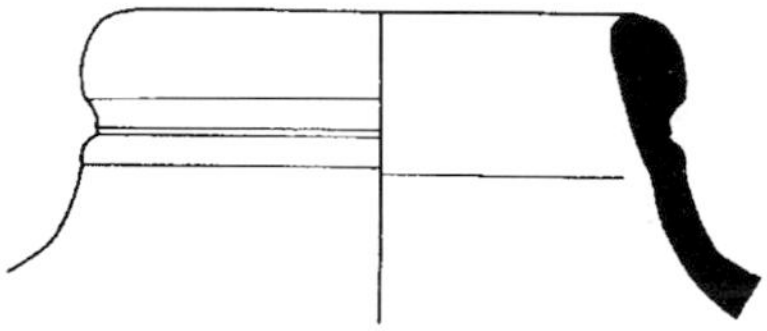

2

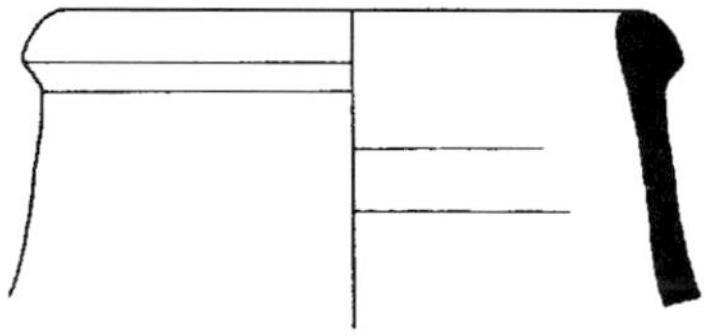

3

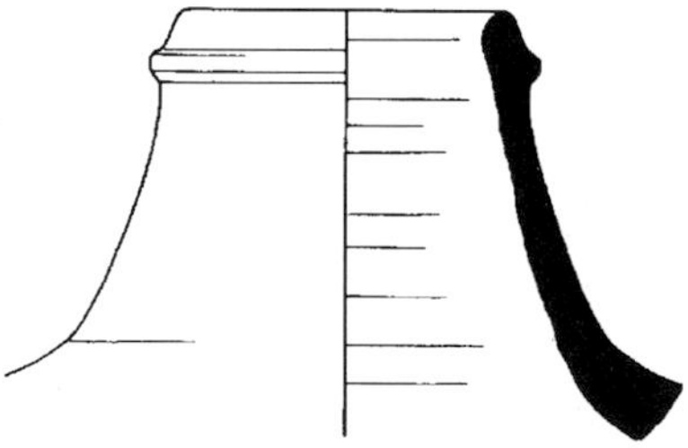

4

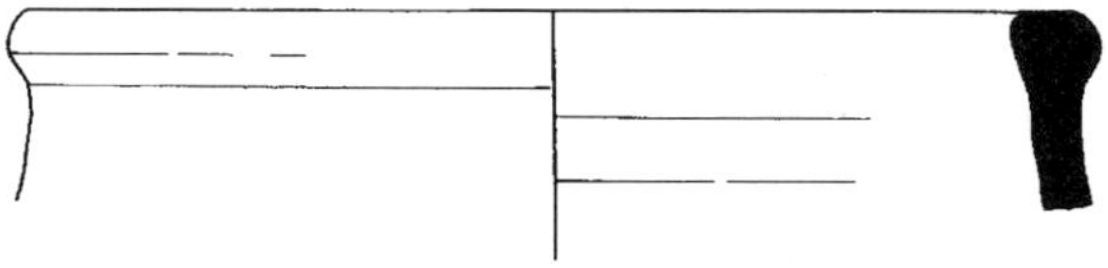

5

KERAMIK-TAFEL 35

Tafel	Nummer	Locus	Ware	Code	Schicht	Bemerkung
35,01	508319	5024	3	238	2	join mit 508318+20
35,02	903801	9005	3	224	2	join mit 903802+03 und 909301+02
35,03	510304	5029	3	242	2	
35,04	308902	3019	4	256	4(?)	
35,05	911113	9018	4	223	3	join mit 911114+15
35,06	611917	6034	3	232	3	

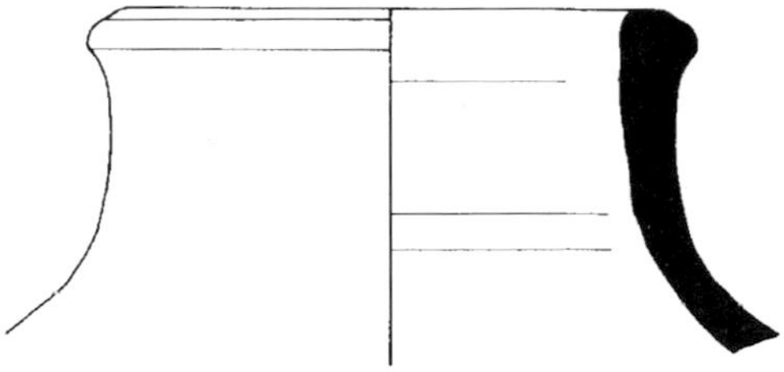
1

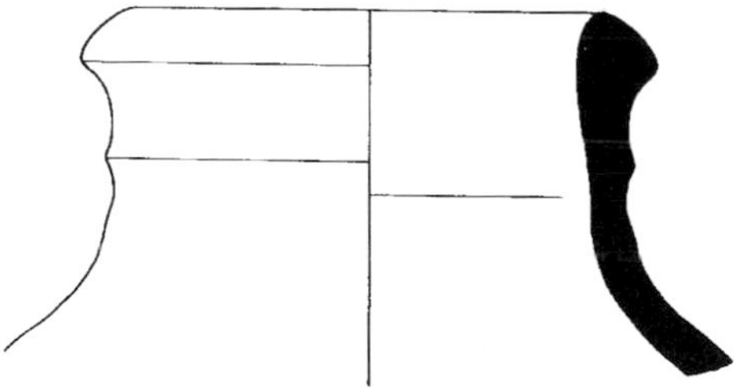
2

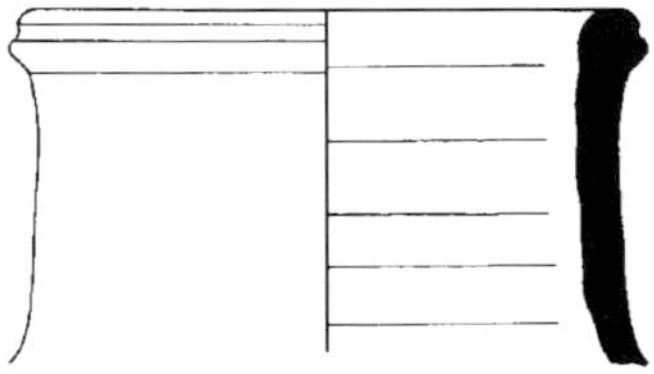
3

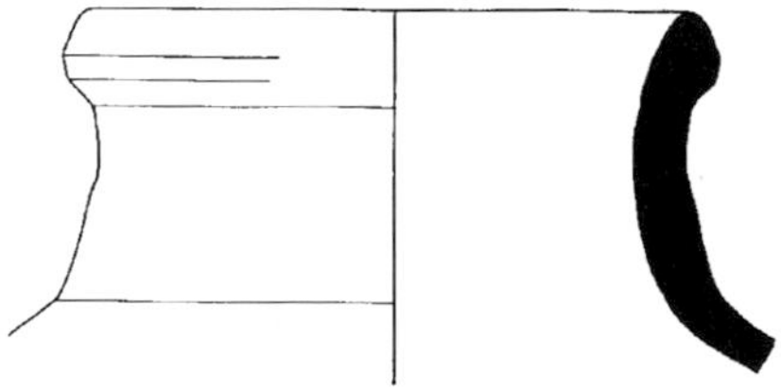
4

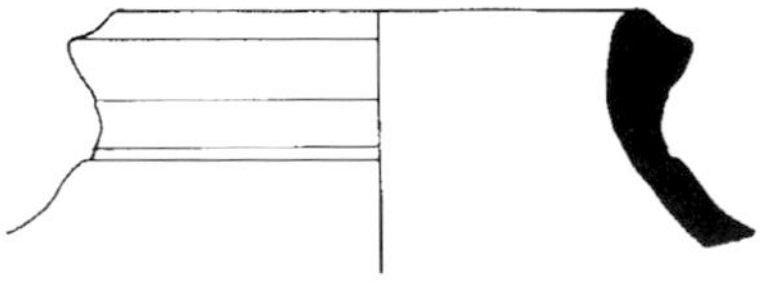
5

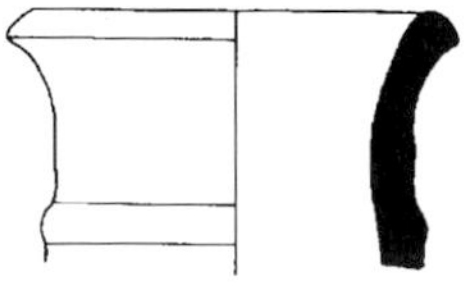
6

KERAMIK-TAFEL 36

Tafel	Nummer	Locus	Ware	Code	Schicht	Bemerkung
36,01	400215	4002	4	207	1	
36,02	601102	6006	4	207	2	
36,03	307101	3053	2	207	-	Reinigung
36,04	302803	3007	4	207	2	
36,05	406109	4015	4	207	3	
36,06	500110	5001	4	207	0	
36,07	603405	6013	4	207	3	
36,08	406108	4015	2	208	3	
36,09	102927	1010	4	208	H2	Brandspuren

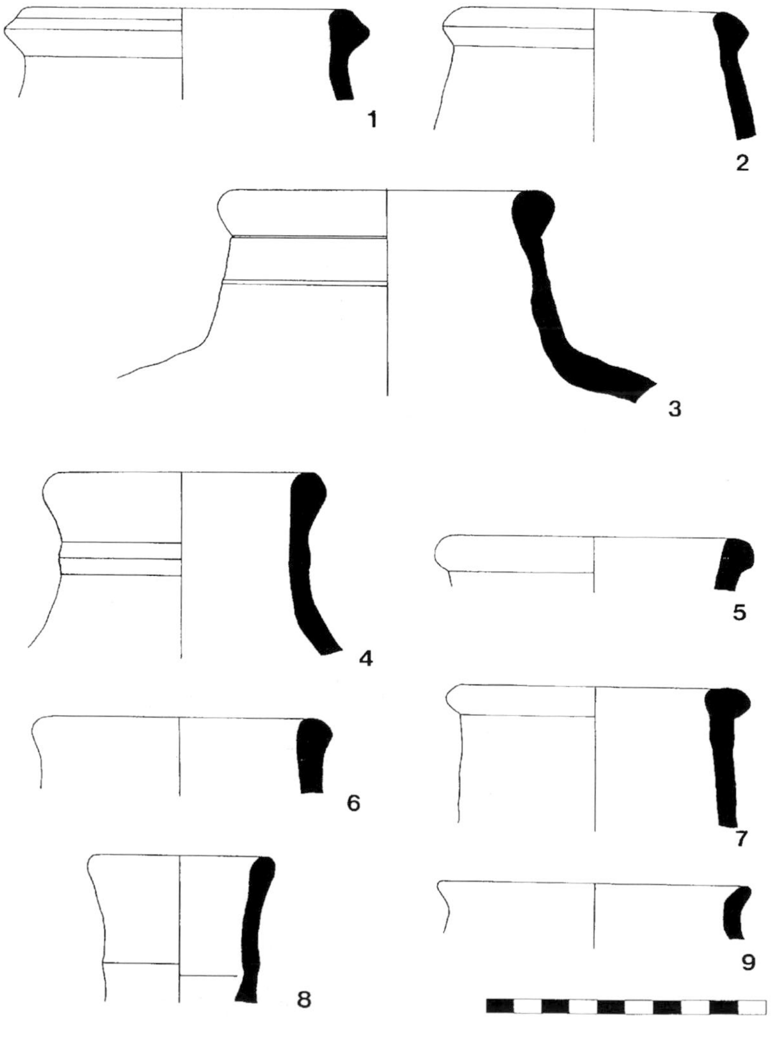

KERAMIK-TAFEL 37

Tafel	Nummer	Locus	Ware	Code	Schicht	Bemerkung
37,01	807305	8014	4	265	3	
37,02	808401	8018	3	268	3	
37,03	810101	8024	5	279	5	
37,04	622304	6054	4	272	4	
37,05	211001	2029	3	276	2	
37,06	813601	8030	3	285	-	Reinigung

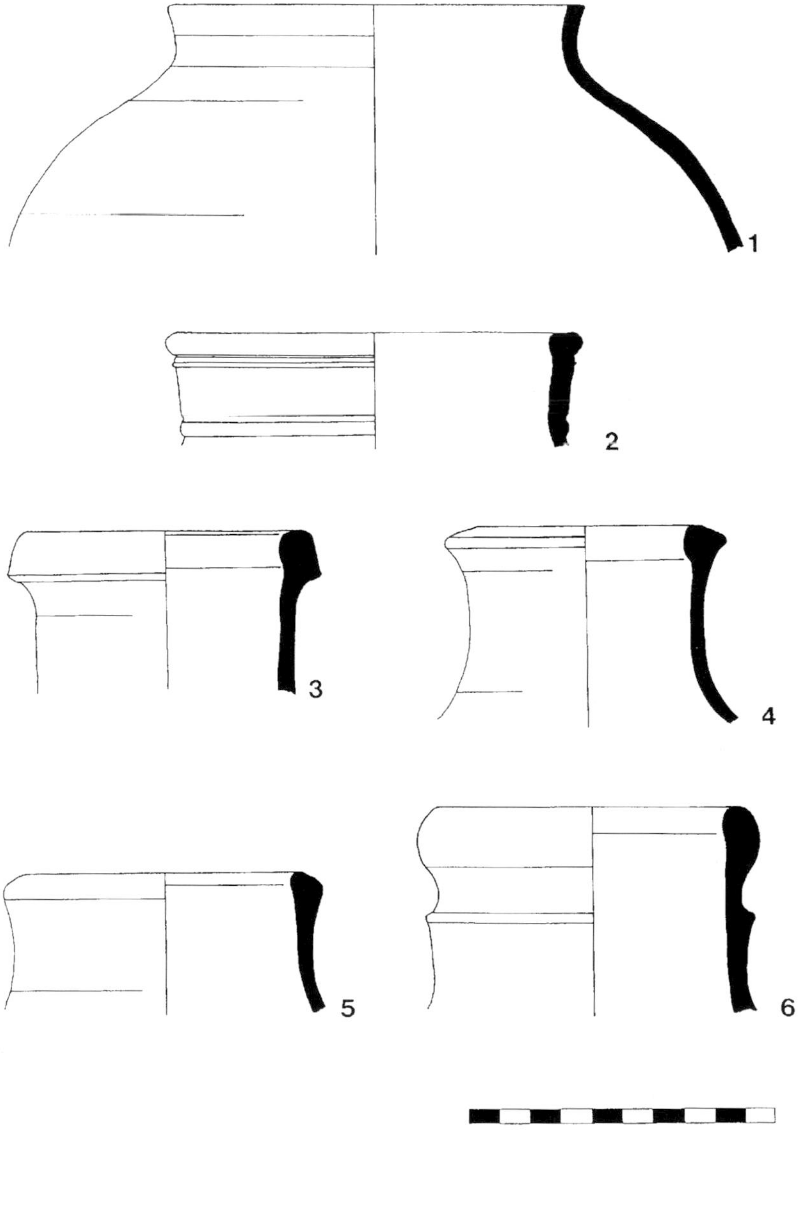

KERAMIK-TAFEL 38

Tafel	Nummer	Locus	Ware	Code	Schicht	Bemerkung
38,01	913101	9018,1	4	214	3	join mit 913102, mit Henkel 601
38,02	913201	9018,1	4	240	3	mit Henkel 601
38,03	911107	9018	3	237	3	join mit 911108+09

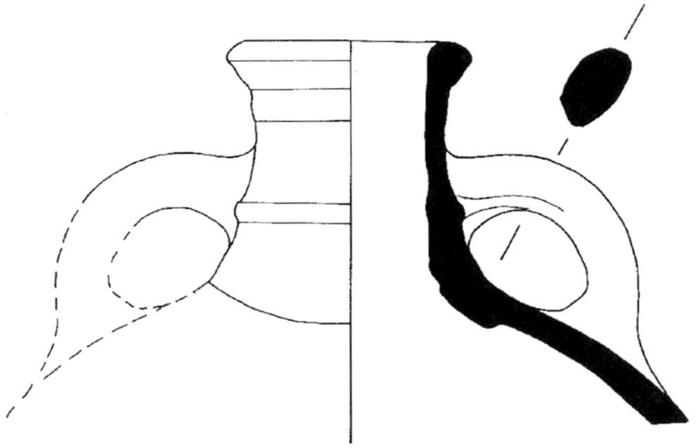

1

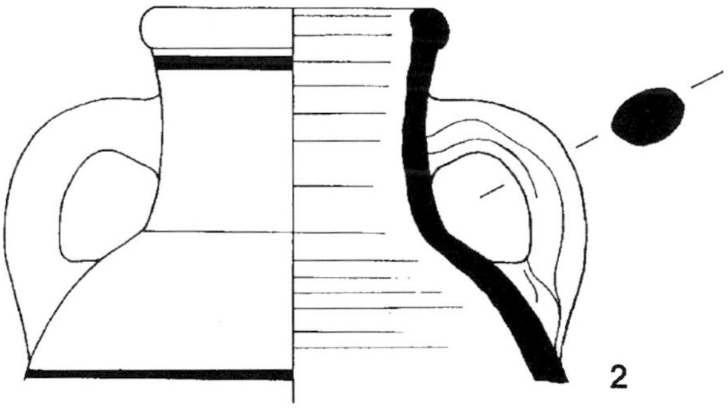

2

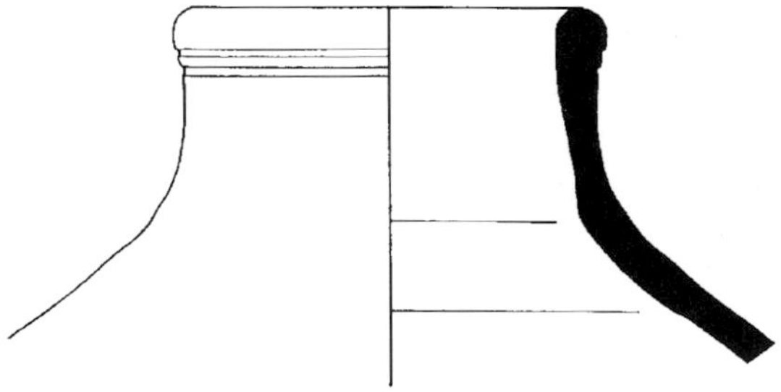

3

KERAMIK-TAFEL 39

Tafel	Nummer	Locus	Ware	Code	Schicht	Bemerkung
39,01	913208	9018,1	1	228	3	join mit 915208
39,02	913205	9018,1	1	235	3	
39,03	916210	9024	3	241	3	
39,04	908504	9014	3	230	2	
39,05	518303	5045	3	243	1(?)	
39,06	901603	9001,1	2	231	1	

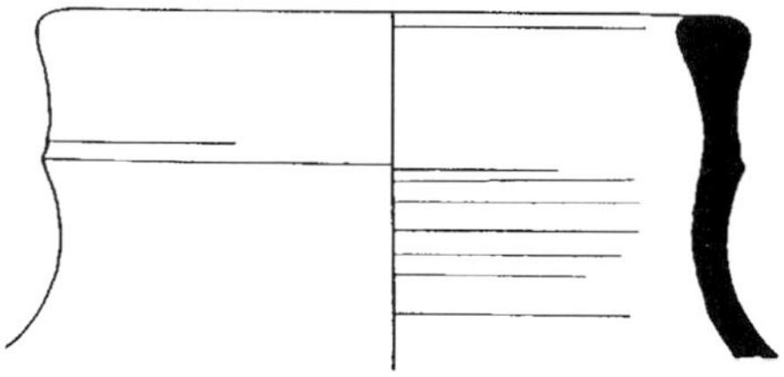
1

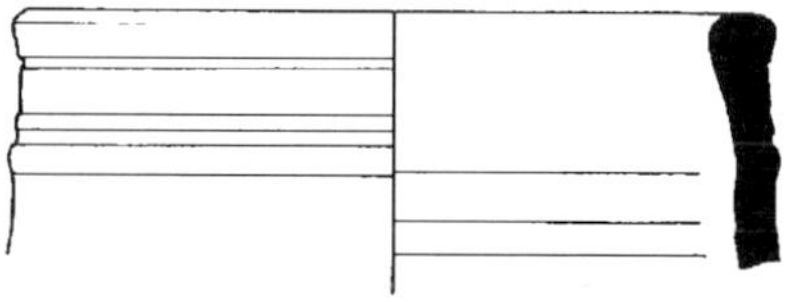
2

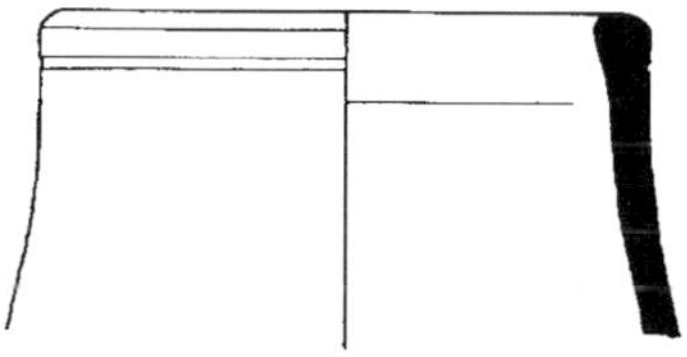
3

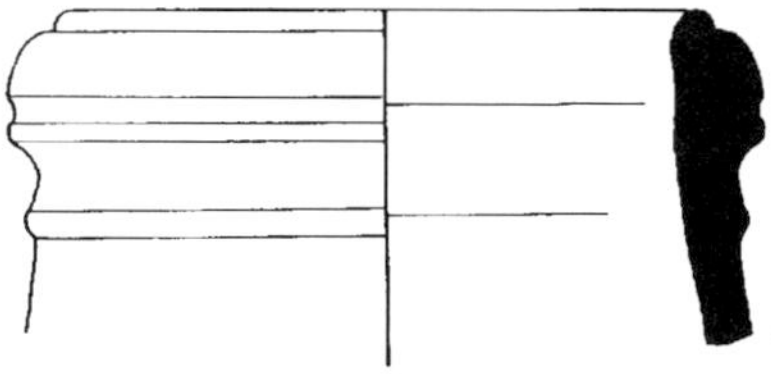
4

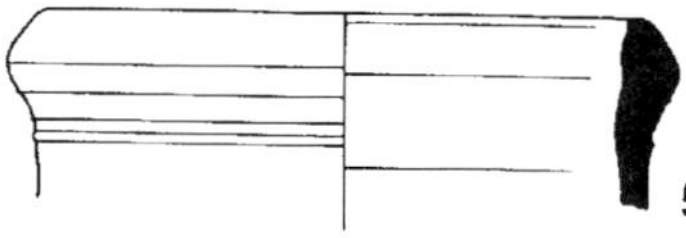
5

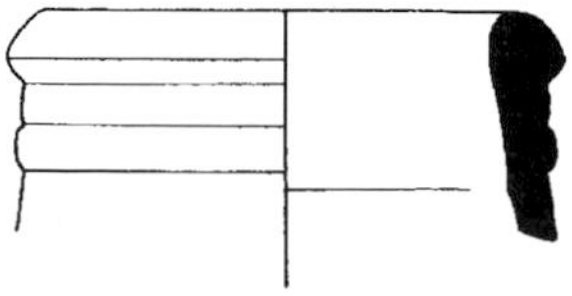
6

KERAMIK-TAFEL 40

Tafel	Nummer	Locus	Ware	Code	Schicht	Bemerkung
40,01	604102	6014	2	201	4	
40,02	406103	4015	2	201	3	
40,03	303901	3008	2	202	3	
40,04	405102	4014	2	202	3	join mit 300205
40,05	404001	4011	4	203	2	Brandspuren, mit Henkel 601

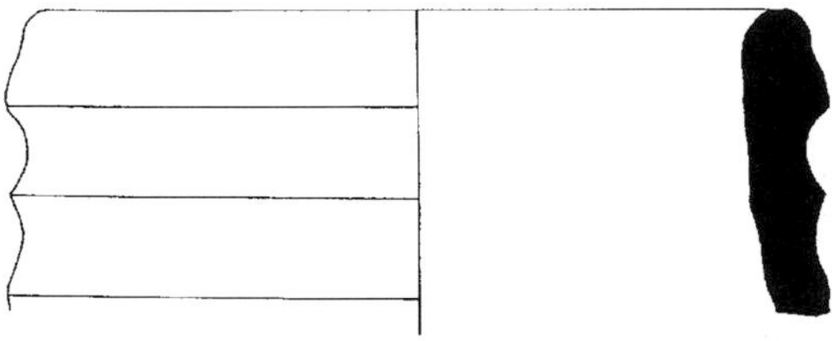
1

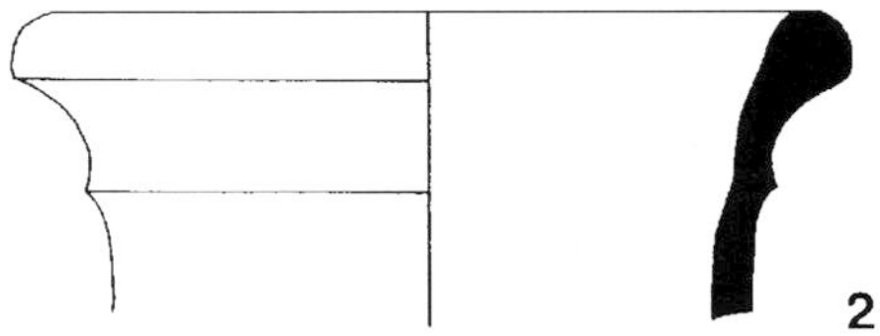
2

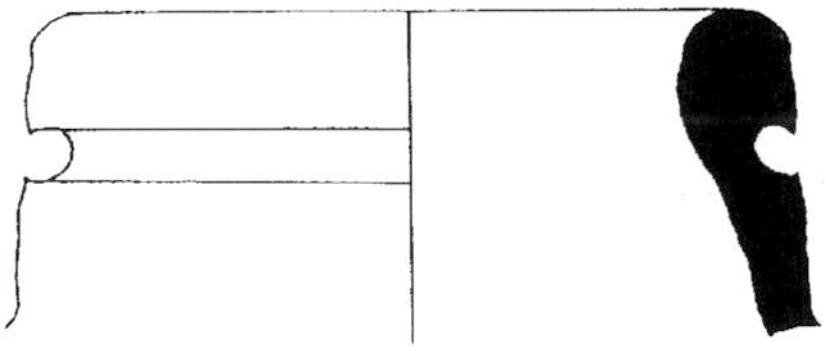
3

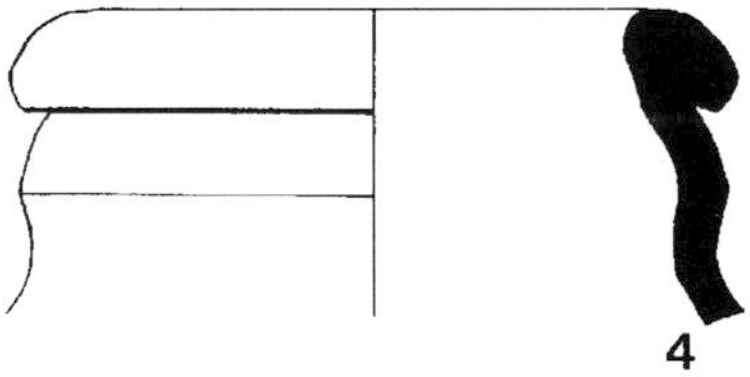
4

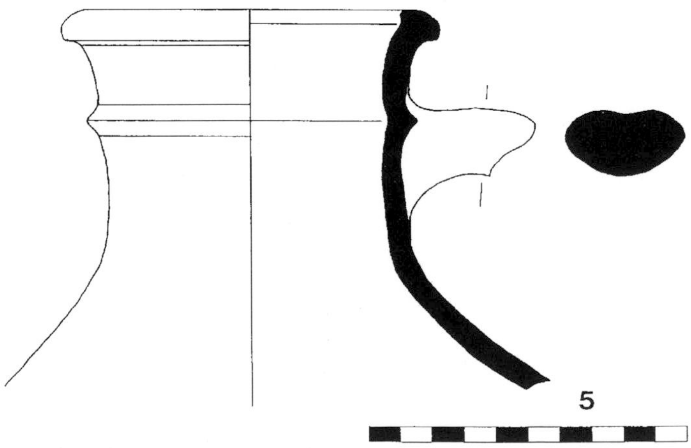
5

KERAMIK-TAFEL 41

Tafel	Nummer	Locus	Ware	Code	Schicht	Bemerkung
41,01	810613	8026	3	282	4	join mit 811415
41,02	853102	8510	5	284	H4(?)	
41,03	1400202	14001	5	259	1	
41,04	626403	6060	3	280	3	mit Henkel 601; join mit 626401+ 02+ 626303
41,05	318406	3045	4	264	5	
41,06	1401703	14004	3	277	1	
41,07	1400201	14001	3	275	1	
41,08	1402902	14007	4	283	2	

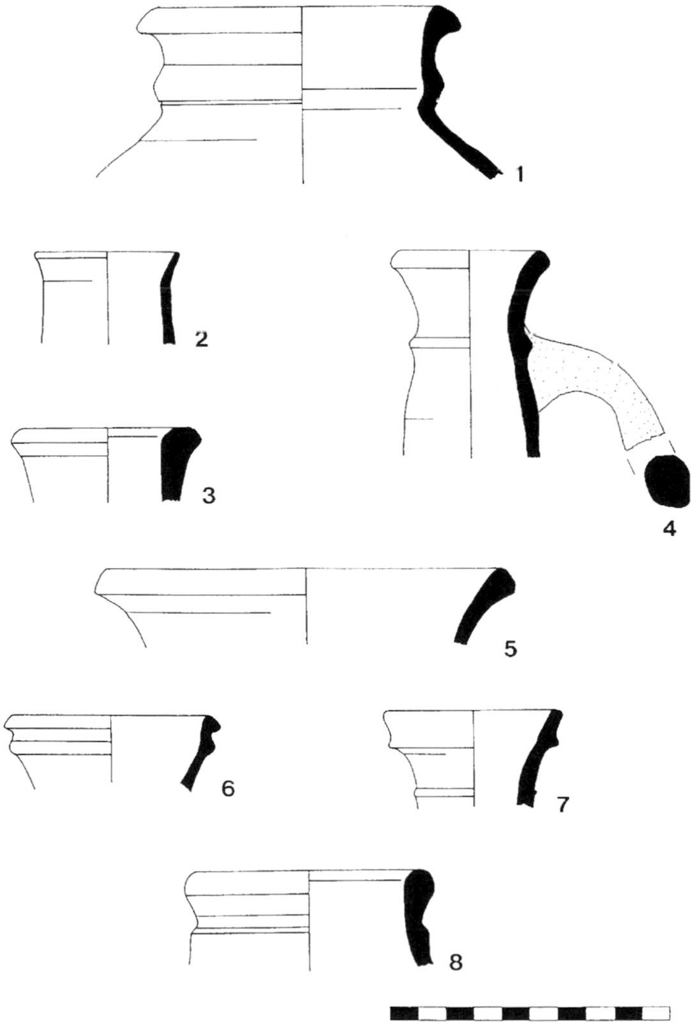

KERAMIK-TAFEL 42

Tafel	Nummer	Locus	Ware	Code	Schicht	Bemerkung
42,01	605207	6016	1	204	2	
42,02	411301	4025	4	204	2(?)	
42,03	501024	5004	1	204	0	
42,04	402101	4008	3	205	2(?)	

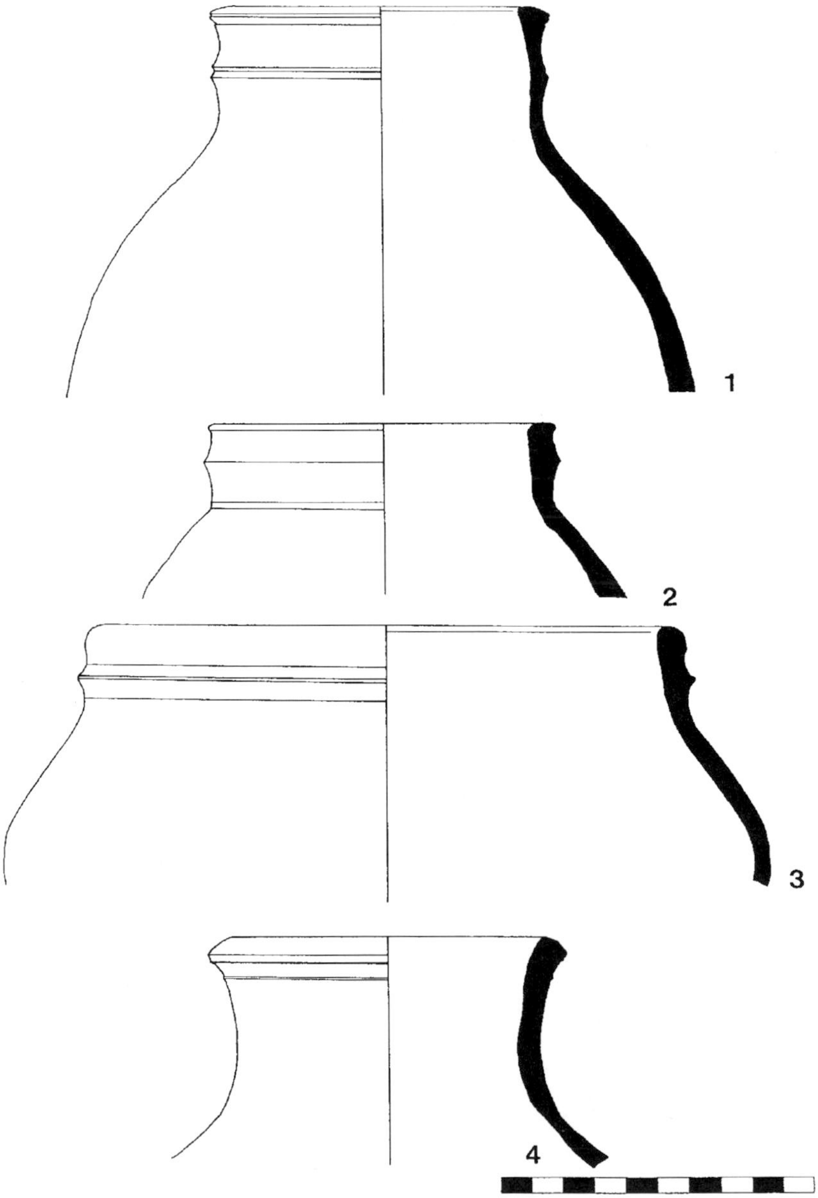

KERAMIK-TAFEL 43

Tafel	Nummer	Locus	Ware	Code	Schicht	Bemerkung
43,01	414906	4034	4	222	2	
43,02	612401	6034	4	222	3	mit Henkel 601
43,03	1006602	10002,1	4	212	1	mit Locheindrücken auf der Oberfläche + mit Henkel 601
43,04	416101	4037	4	253	2	mit Henkel 601
43,05	913607	9020	3	248	-	Reinigung
43,06	611806	6033	4	249	3	

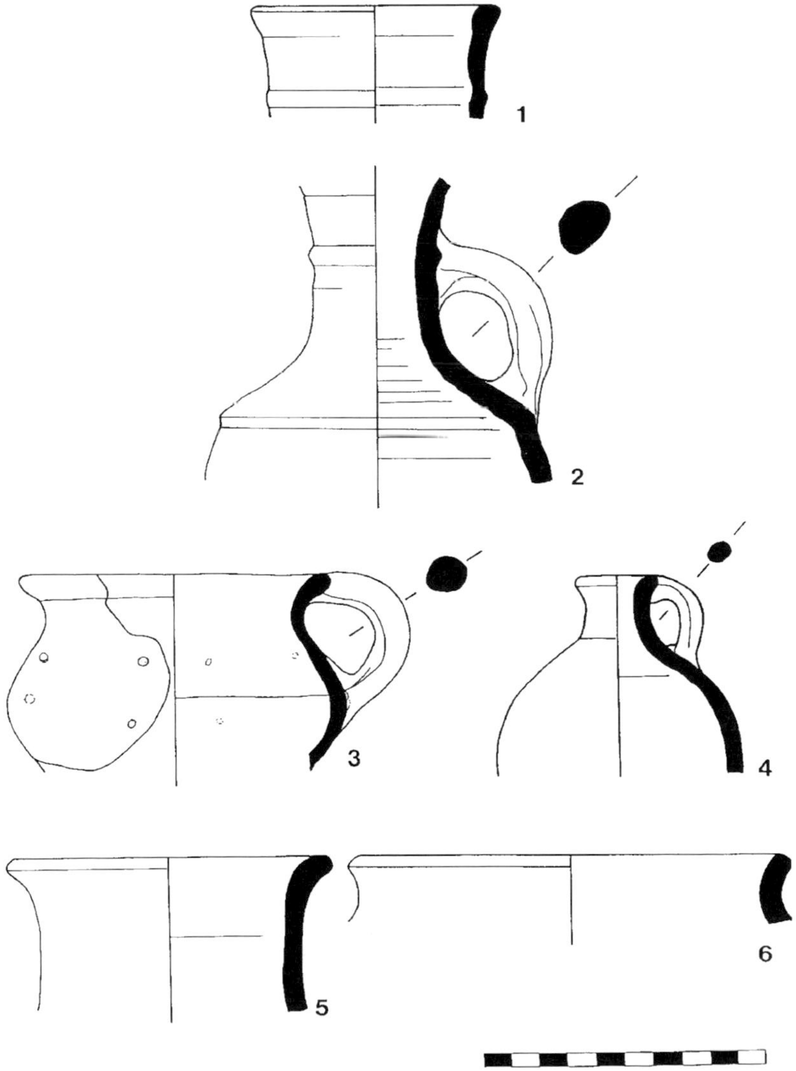

KERAMIK-TAFEL 44

Tafel	Nummer	Locus	Ware	Code	Schicht	Bemerkung
44,01	810616	8026	4	281	4	join mit 810602
44,02	805005	8014	4	263	3	
44,03	319201	3048	3	271	6	

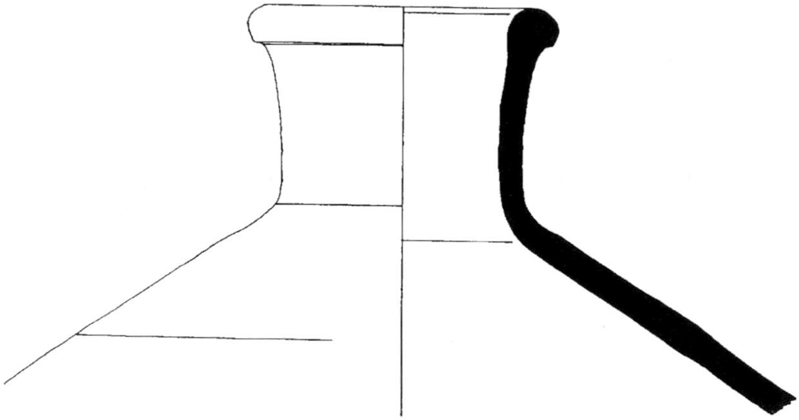

1

2

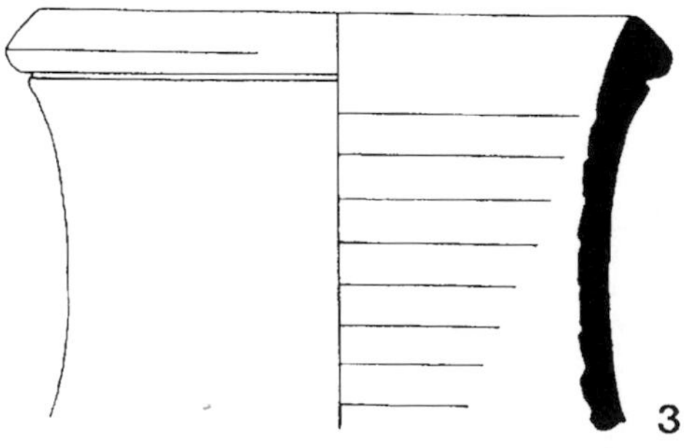

3

KERAMIK-TAFEL 45

Tafel	Nummer	Locus	Ware	Code	Schicht	Bemerkung
45,01	905416	9010	3	244	2	join mit 905421
45,02	911111	9018	3	239	3	join mit 911112
45,03	415216	4035	4	206	2	
45,04	206101	2015	3	226	2	
45,05	415249	4035	3	258	2	
45,06	517803	5044	4	204	1(?)	
45,07	309803	3022	3	207	4	

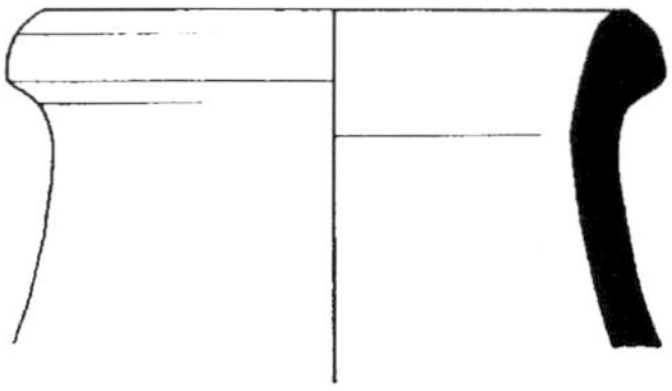
1

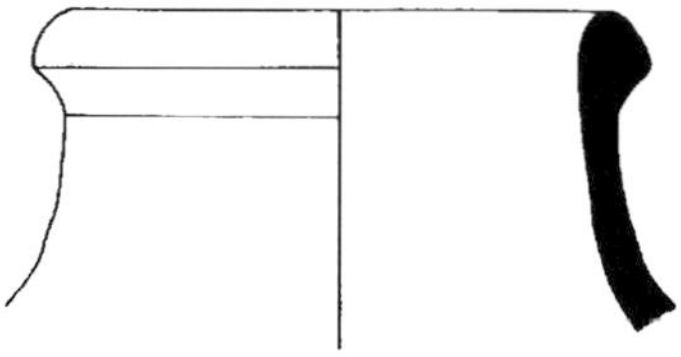
2

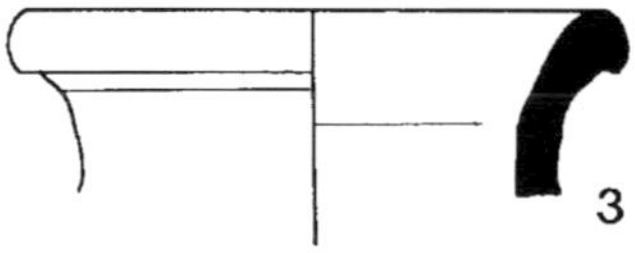
3

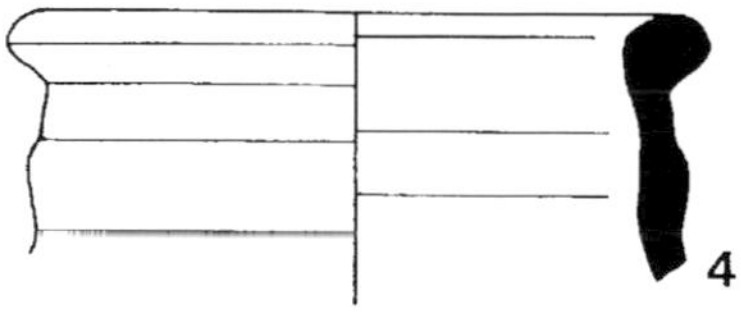
4

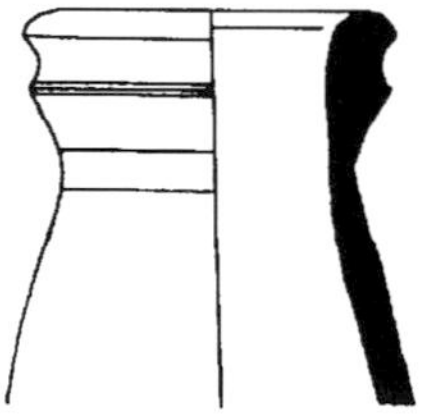
5

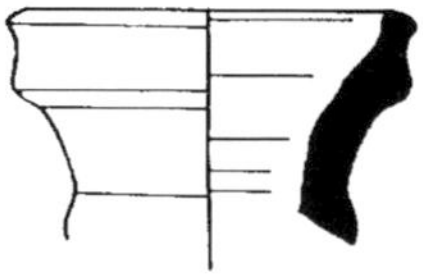
6

7

KERAMIK-TAFEL 46

Tafel	Nummer	Locus	Ware	Code	Schicht	Bemerkung
46,01	305402	3014	4	206	3	join mit 305401
46,02	305401	3014	4	206	3	
46,03	600222	6002	4	206	1	
46,04	800103	8001	4	206	-	Reinigung der Raubgrube
46,05	500522	5002	4	206	1	
46,06	302113	3004	4	206	2	
46,07	401001	4005	11	206	2	
46,08	500503	5002	4	207	1	
46,09	400204	4002	4	207	1	
46,10	402102	4008	2	207	2(?)	

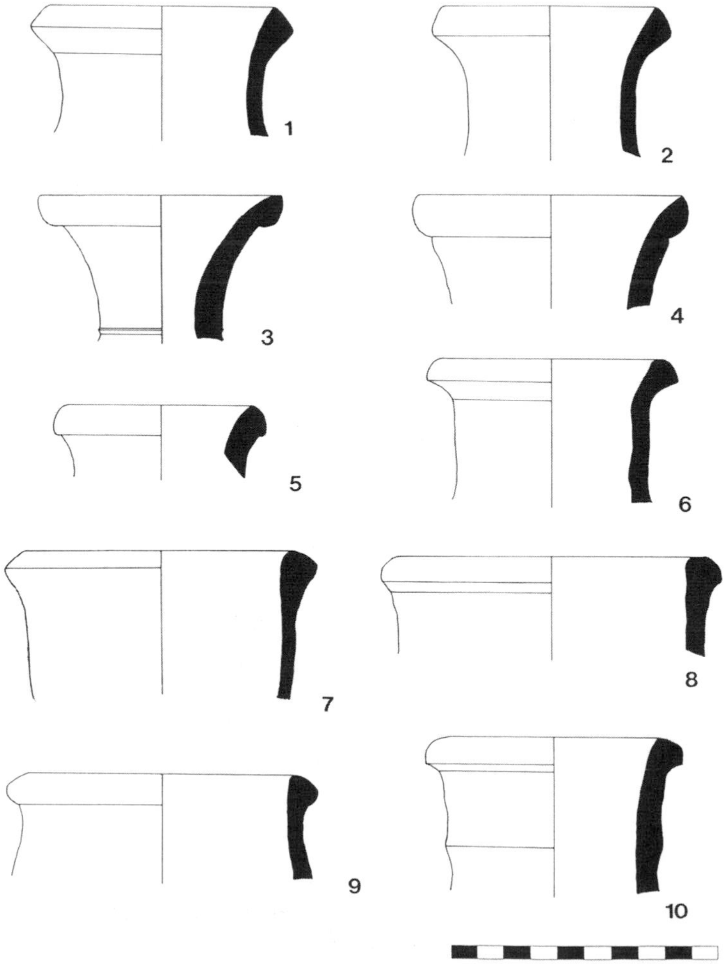

KERAMIK-TAFEL 47

Tafel	Nummer	Locus	Ware	Code	Schicht	Bemerkung
47,01	411309	4025	4	208	2(?)	
47,02	404002	4011	2	208	2	
47,03	306201	3017	4	208	3	Keramik aus dem Ostprofil, mit Henkel 601
47,04	300841	3003	4	208	2	
47,05	302807	3007	3	209	2	
47,06	413701	4038	1	211	-	Reinigung, mit Henkel 601
47,07	608101	6025	4	210	3	vollständiges Gefäß mit einem losen Scheibenboden 508 + mit Henkel 601

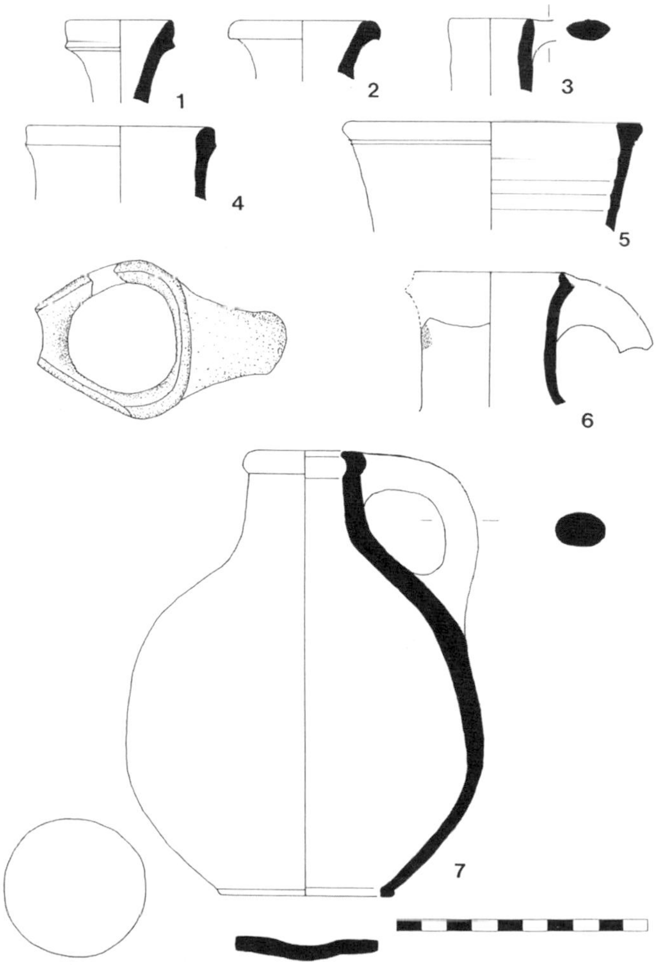

KERAMIK-TAFEL 48

Tafel	Nummer	Locus	Ware	Code	Schicht	Bemerkung
48,01	905452	9010	4	254	2	Kleeblattmündung
48,02	905415	9010	3	254	2	Kleeblattmündung
48,03	908302	9013	4	254	2	Kleeblattmündung
48,04	415253	4035	3	254	2	Kleeblattmündung + Henkel 601
48,05	1008813	10002,4	4	254	2(?)	Kleeblattmündung + Henkel 601

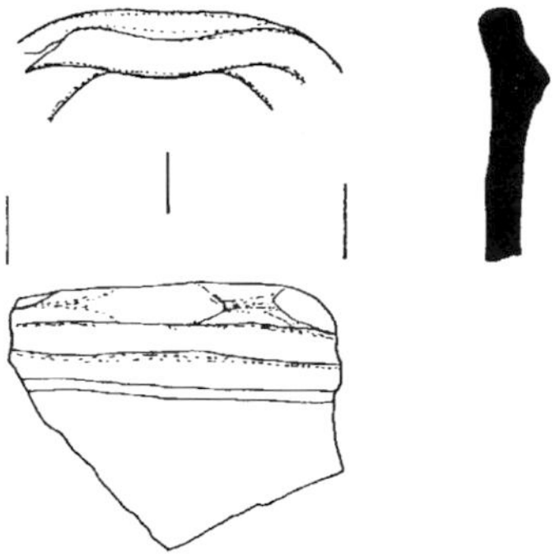
1

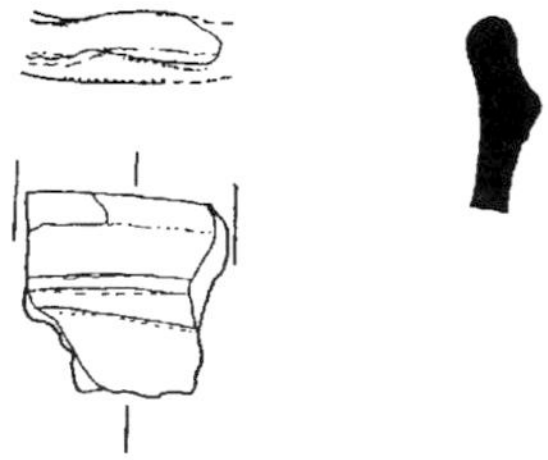
2

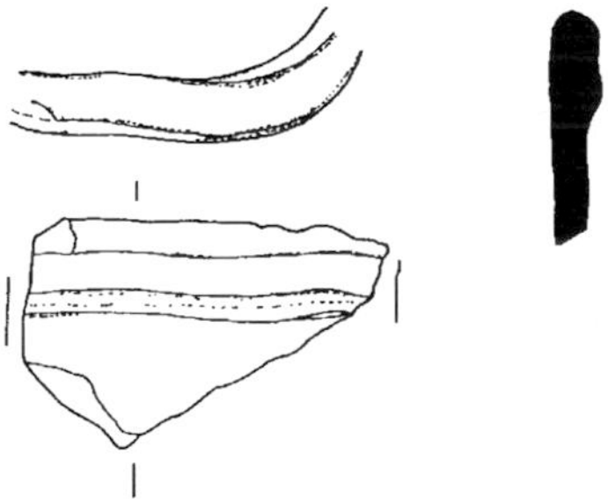
3

4

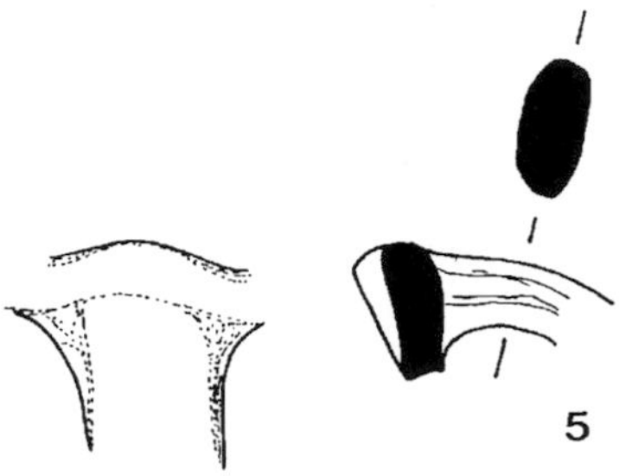
5

KERAMIK-TAFEL 49

Tafel	Nummer	Locus	Ware	Code	Schicht	Bemerkung
49,01	1002524	10006	1	335	2	
49,02	517304	5044	1	330	1(?)	
49,03	309801	3022	1	330	4	
49,04	517503	5039	1	333	1	
49,05	900801	9002	1	332	2(?)	

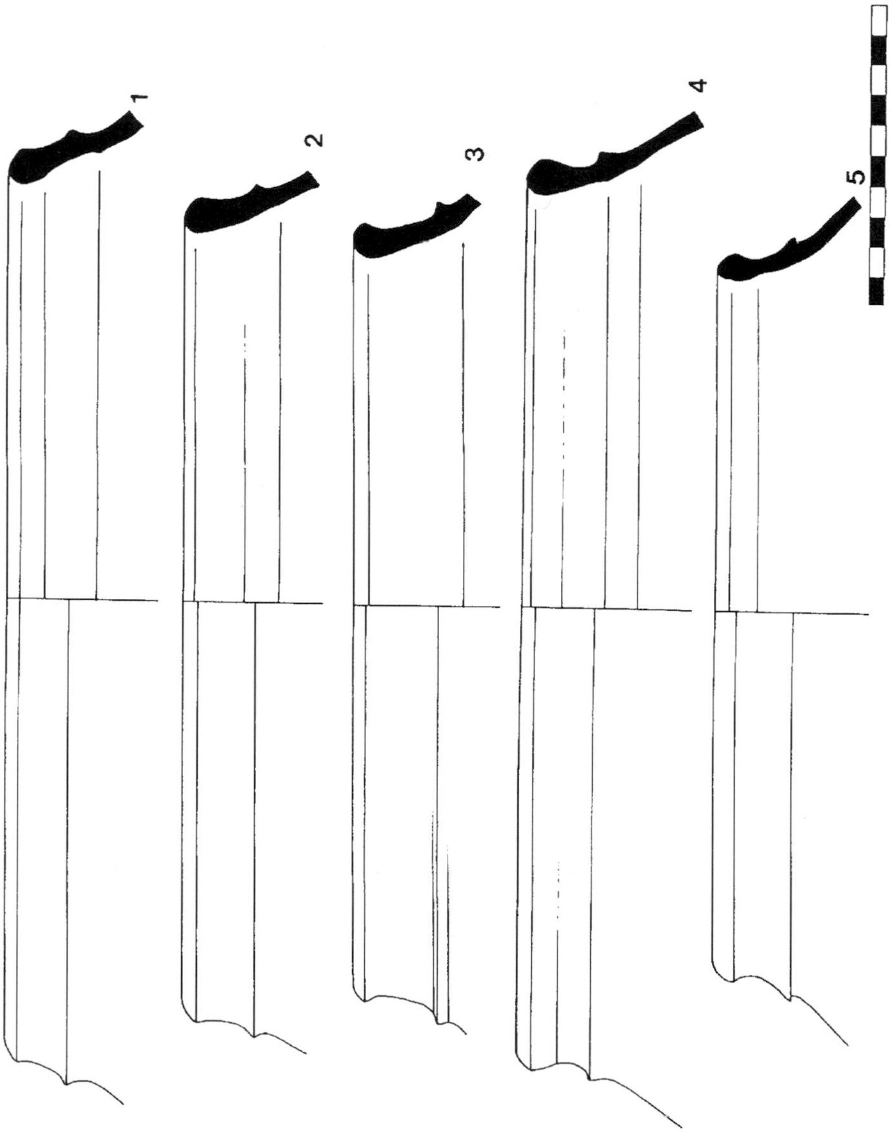

KERAMIK-TAFEL 50

Tafel	Nummer	Locus	Ware	Code	Schicht	Bemerkung
50,01	911104	9018	1	321	3	join mit 911101+05, mit Henkel 601
50,02	915209	9028	1	334	3	join mit 915211, mit Henkel 601
50,03	1006609	10002,1	1	345	1	

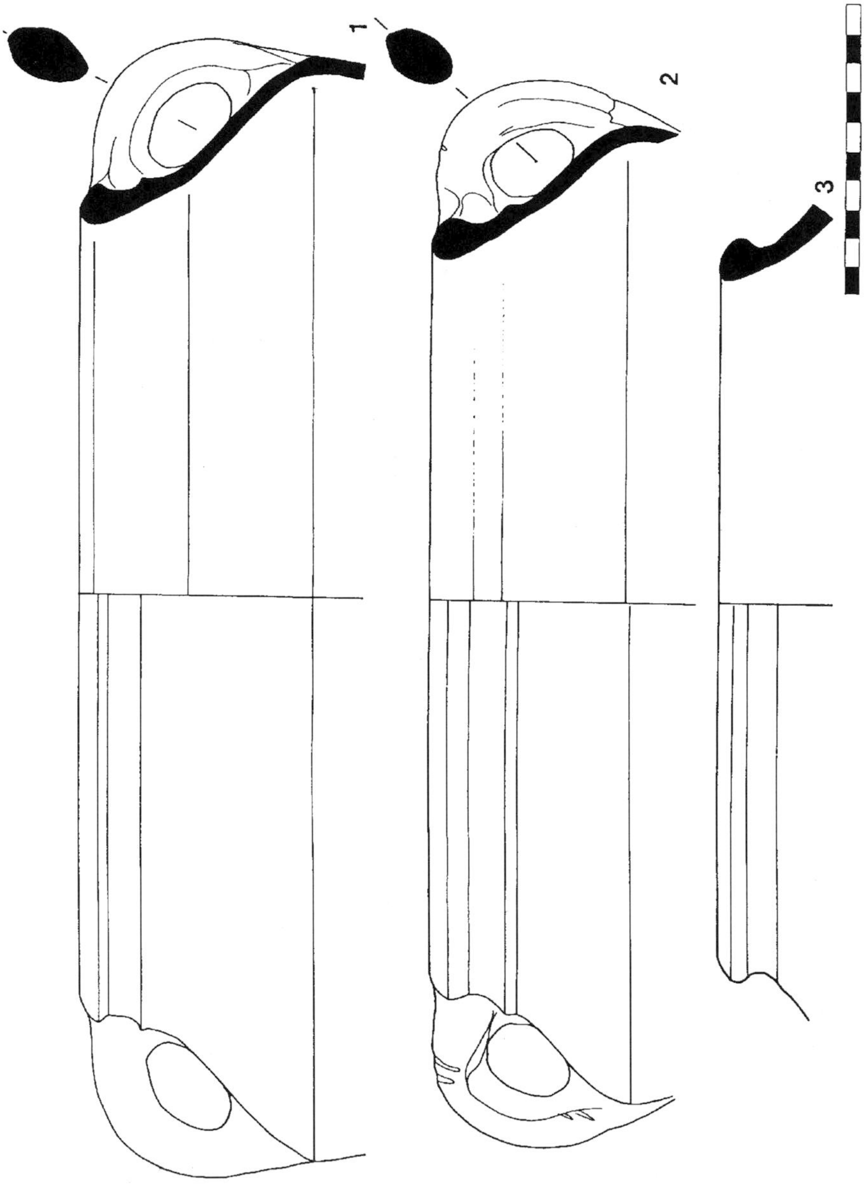

KERAMIK-TAFEL 51

Tafel	Nummer	Locus	Ware	Code	Schicht	Bemerkung
51,01	517801	5044	1	319	1(?)	
51,02	915501	9026	1	343	3	join mit 915502-07, fast vollständiges Gefäß mit Henkel 601

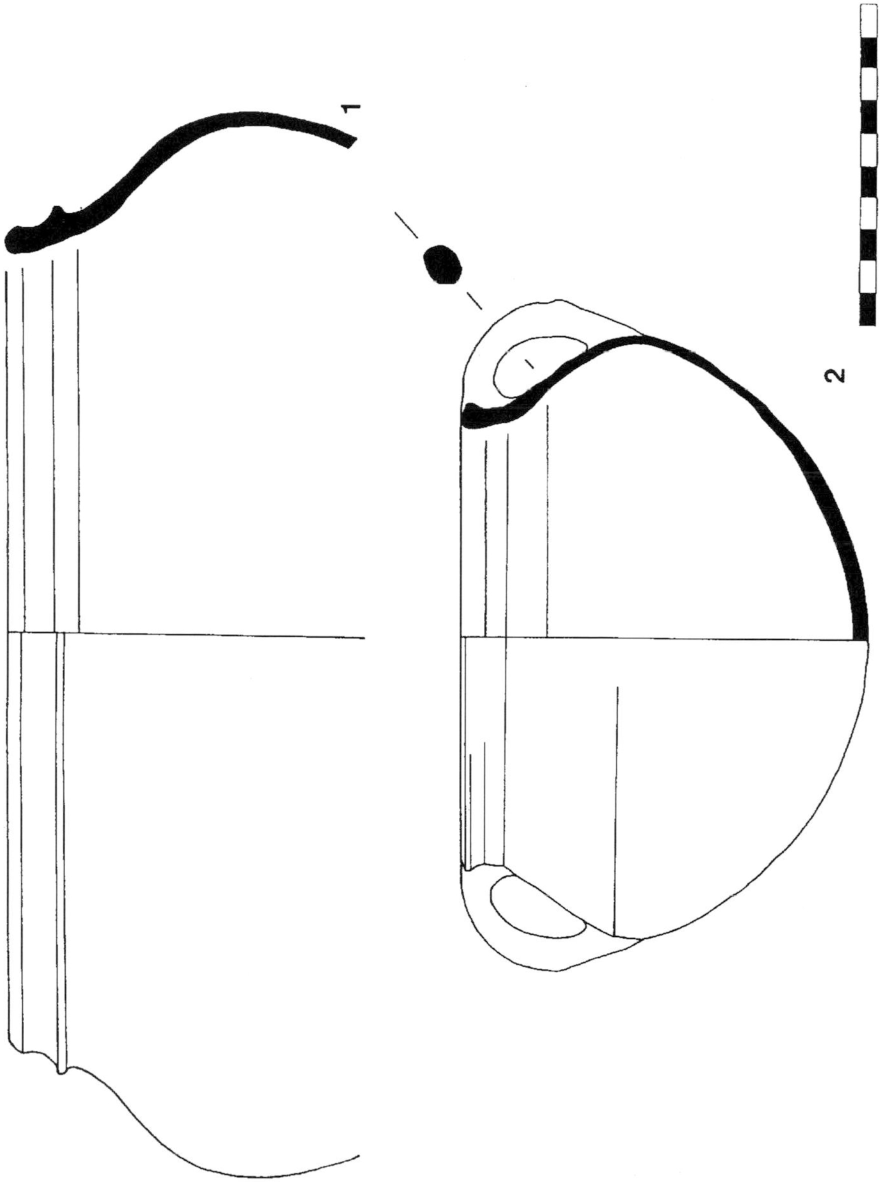

KERAMIK-TAFEL 52

Tafel	Nummer	Locus	Ware	Code	Schicht	Bemerkung
52,01	517502	5039	1	336	1	
52,02	515806	5037	1	330	-	mit aufgesetzter Leiste (bar-handle)
52,03	1006601	10002,1	1	331	1	
52,04	1002505	10006	1	337	2	
52,05	613212	6035	1	328	3	

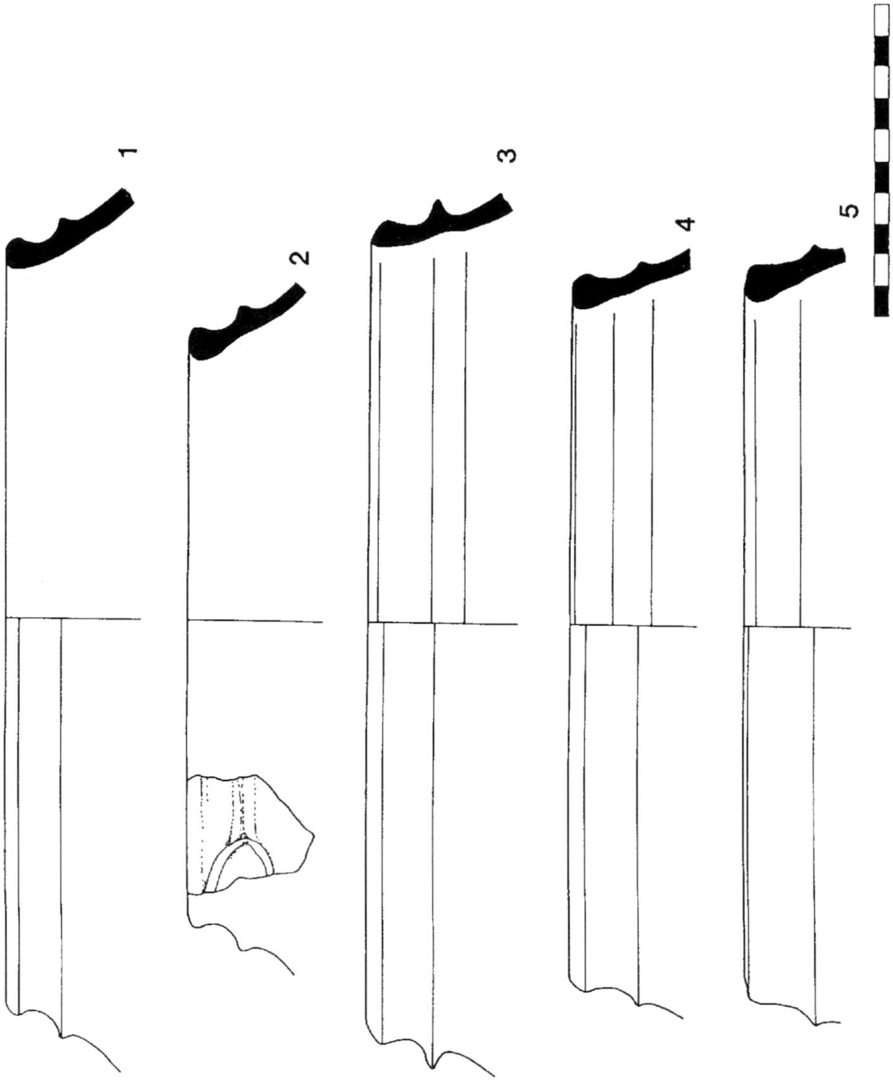

KERAMIK-TAFEL 53

Tafel	Nummer	Locus	Ware	Code	Schicht	Bemerkung
53,01	502001	5010	1	303	0	
53,02	700501	7003	1	303	-	
53,03	602501	6011	1	303	2	
53,04	500502	5002	1	303	1	
53,05	400235	4002	1	304	1	mit aufgesetzter Leiste (ovale Eindrücke)

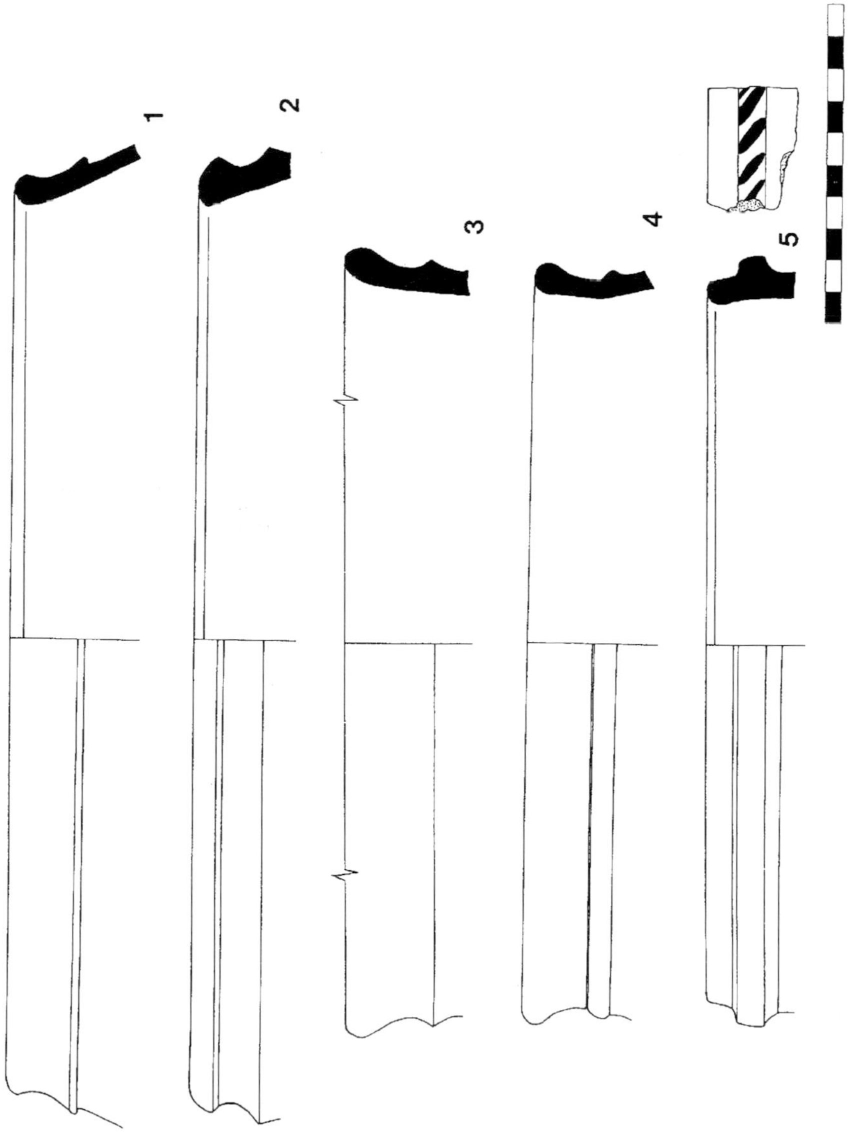

KERAMIK-TAFEL 54

Tafel	Nummer	Locus	Ware	Code	Schicht	Bemerkung
54,01	401801	4007	2	302	2	
54,02	500506	5002	1	302	1	
54,03	300103	3001	1	302	0	
54,04	603402	6013	1	303	3	
54,05	402803	4009	1	303	3	
54,06	400103	4001	1	303	0	

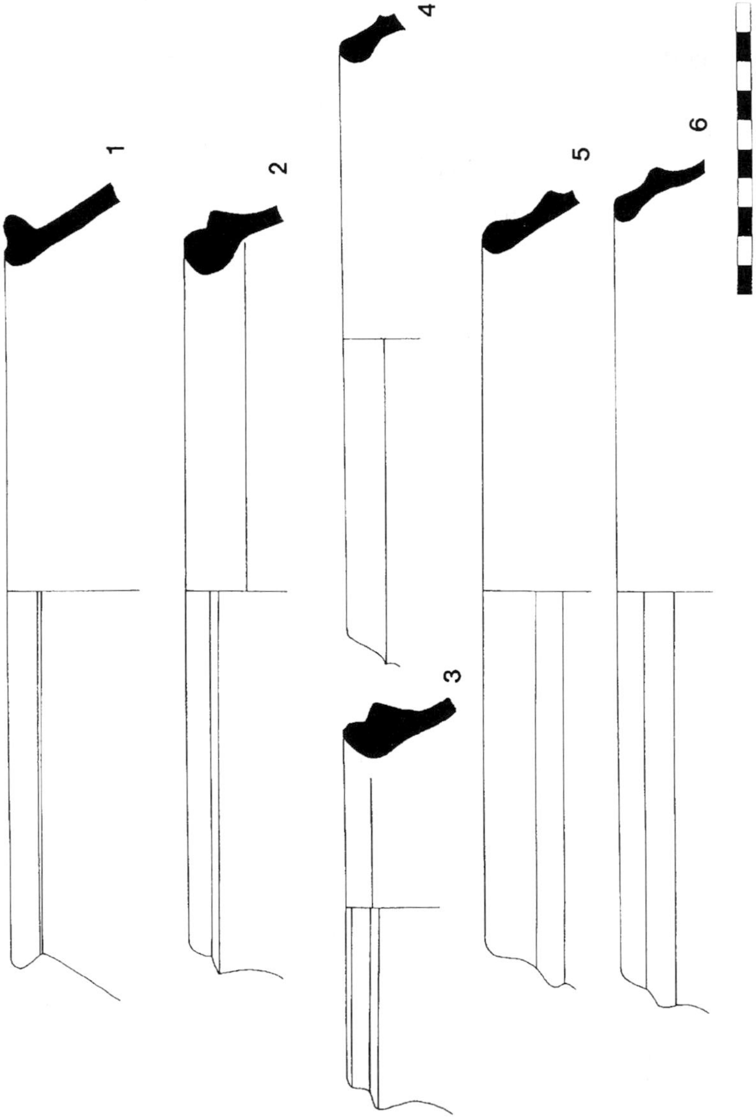

KERAMIK-TAFEL 55

Tafel	Nummer	Locus	Ware	Code	Schicht	Bemerkung
55,01	401008	4005	1	301	2	abgeplatzte Stelle
55,02	604107	6014	1	301	4	abgeplatzte Stelle
55,03	603407	6013	4	301	3	
55,04	500505	5002	1	302	1	
55,05	400513	4004	1	302	2	

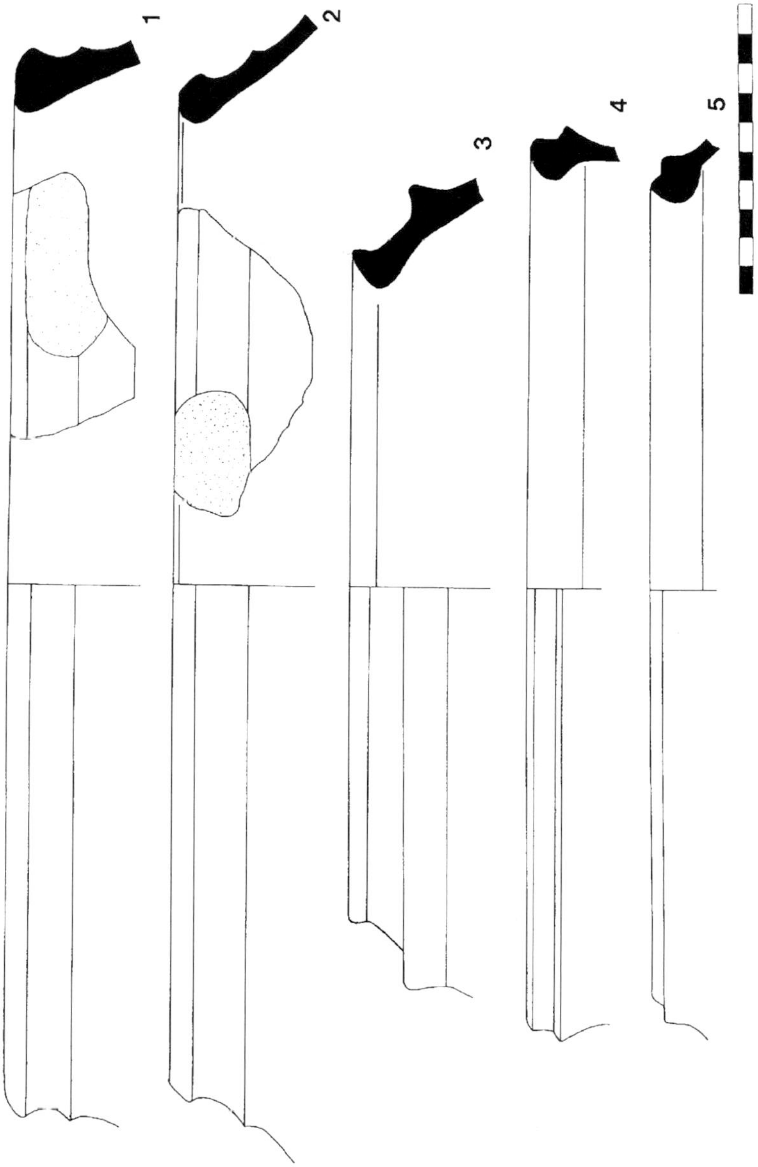

KERAMIK-TAFEL 56

Tafel	Nummer	Locus	Ware	Code	Schicht	Bemerkung
56,01	1002526	10006	1	325	2	
56,02	1002523	10006	1	324	2	
56,03	1102403	11003	1	338	3	join mit 1102401/02/04, mit Henkel 601

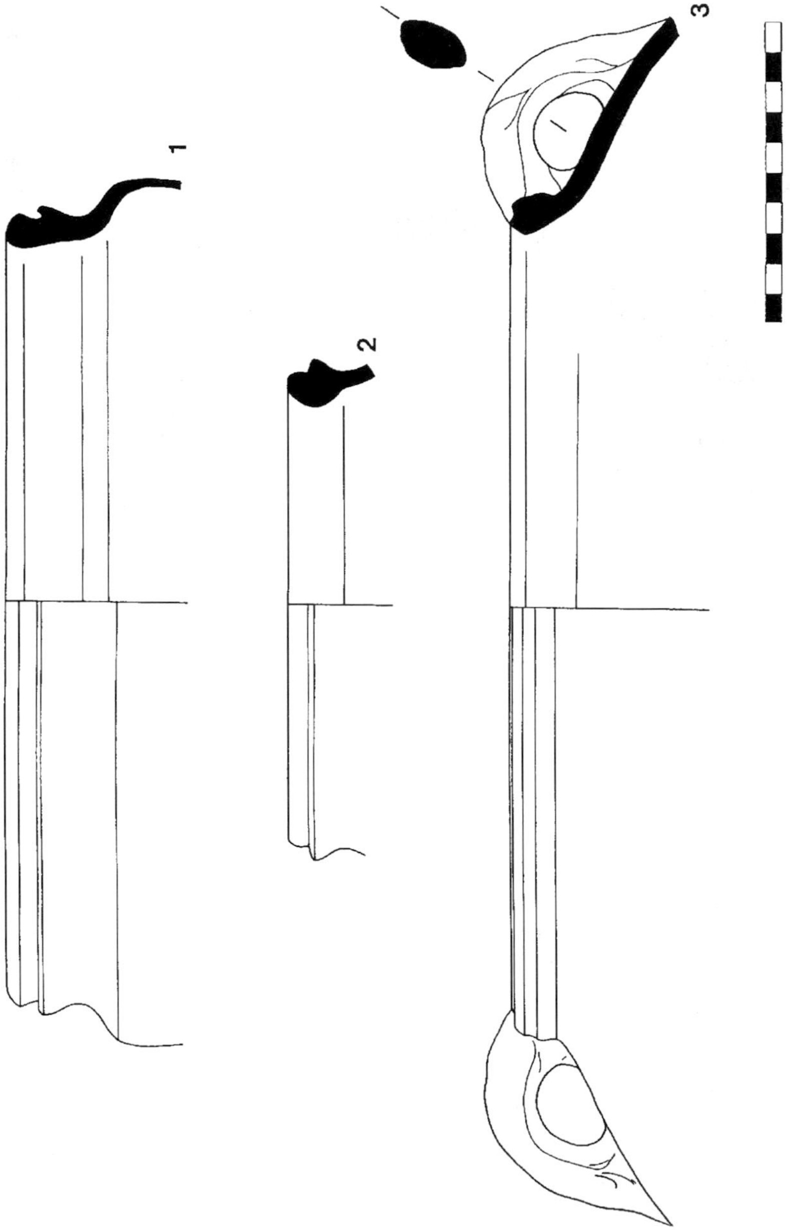

KERAMIK-TAFEL 57

Tafel	Nummer	Locus	Ware	Code	Schicht	Bemerkung
57,01	1003701	10003	1	339	2	join mit 1003702-04 + 1001701, fast vollständiges Gefäß mit Henkel 601

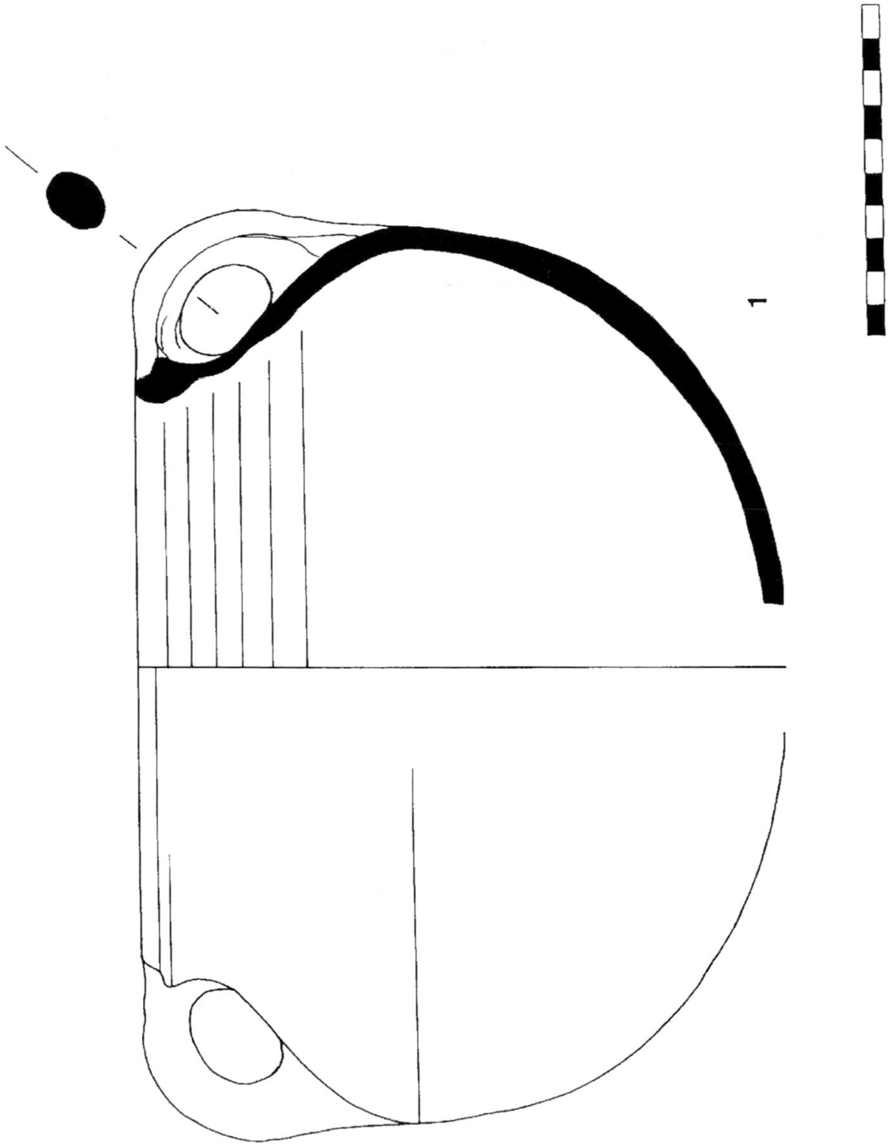

KERAMIK-TAFEL 58

Tafel	Nummer	Locus	Ware	Code	Schicht	Bemerkung
58,01	612501	6034	1	341	3	join mit 612502-08, fast vollständiges Gefäß mit Henkel 601

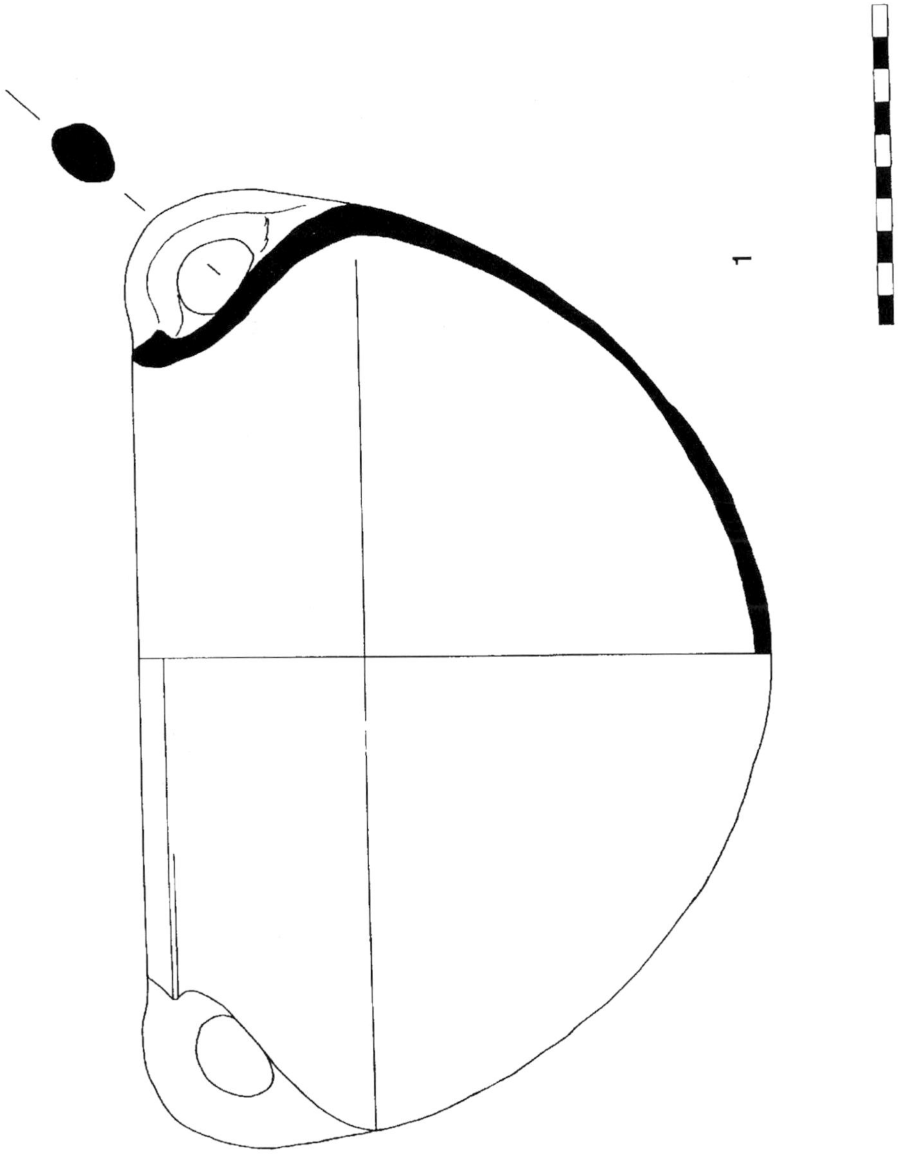

KERAMIK-TAFEL 59

Tafel	Nummer	Locus	Ware	Code	Schicht	Bemerkung
59,01	600607	6003	1	308	3	
59,02	600225	6002	1	308	1	
59,03	502007	5010	1	308	0	
59,04	604106	6014	1	308	4	
59,05	400227	4002	1	308	1	
59,06	603408	6013	1	308	3	
59,07	202803	2010	1	308	H3	
59,08	300105	3001	1	308	0	

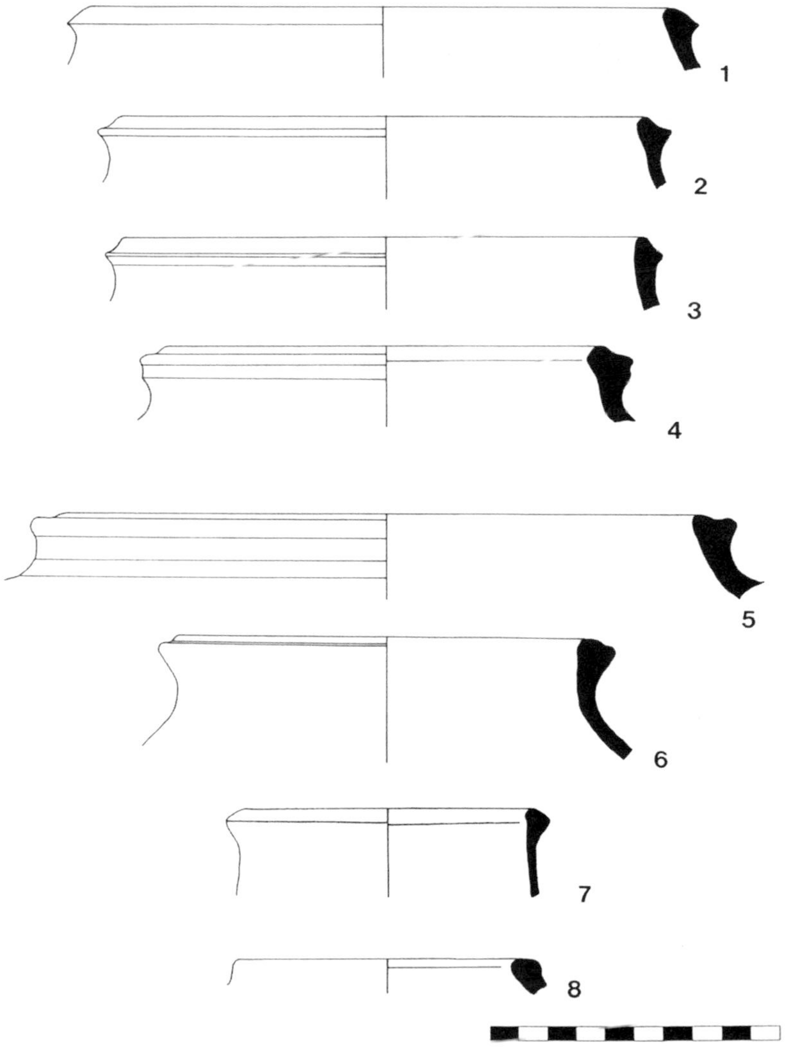

KERAMIK-TAFEL 60

Tafel	Nummer	Locus	Ware	Code	Schicht	Bemerkung
60,01	814410	8033	1	3105	2	
60,02	1400511	14002	1	3106	1	
60,03	1404602	14011	1	3113	2	
60,04	317406	3042	1	3118	4	
60,05	317805	3043	1	380	4	

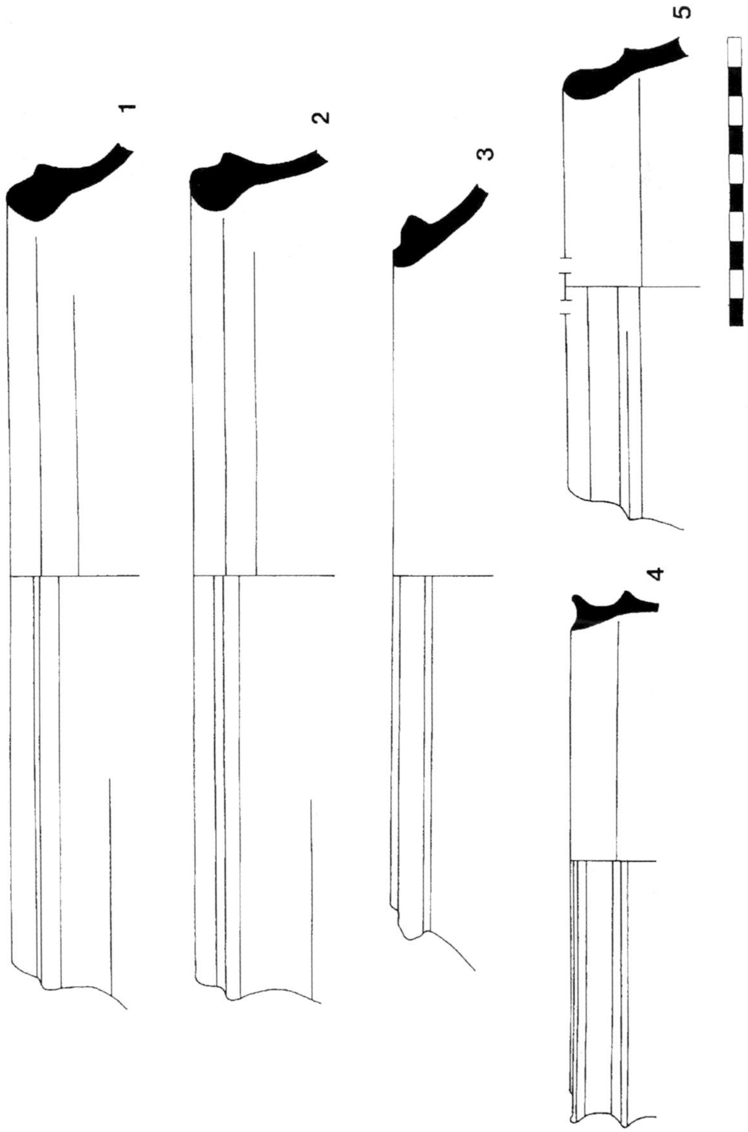

KERAMIK-TAFEL 61

Tafel	Nummer	Locus	Ware	Code	Schicht	Bemerkung
61,01	913609	9020	4/1	352	-	Reinigung; Bemalung 10R3/1
61,02	905440	9010	2	359	2	
61,03	1201207	12002,1	4	372	1	
61,04	611906	6034	1	347	3	mit Henkel 601

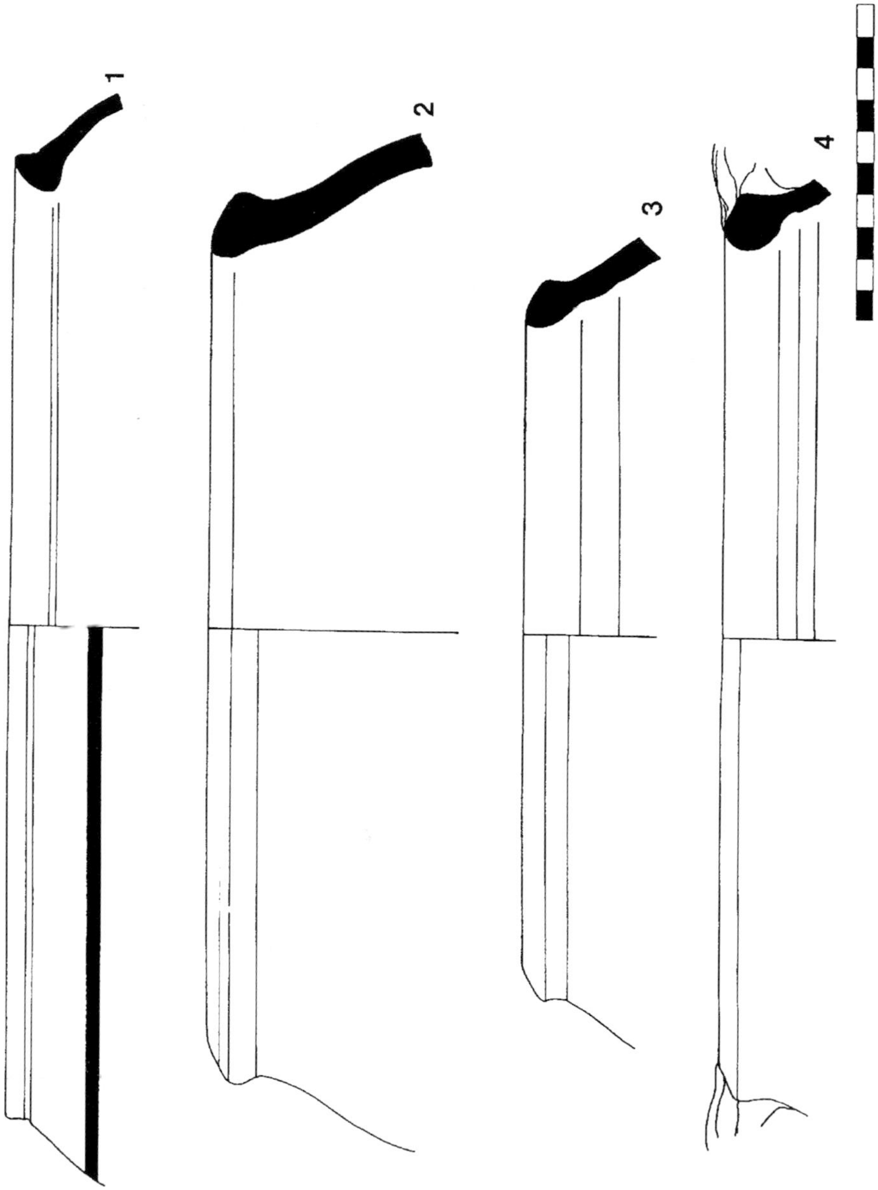

KERAMIK-TAFEL 62

Tafel	Nummer	Locus	Ware	Code	Schicht	Bemerkung
62,01	515801	5037	1	323	-	mit Henkel 601
62,02	207502	2014,2	1	326	2	
62,03	312302	3029	1	326	-	
62,04	416105	4037	2	369	2	

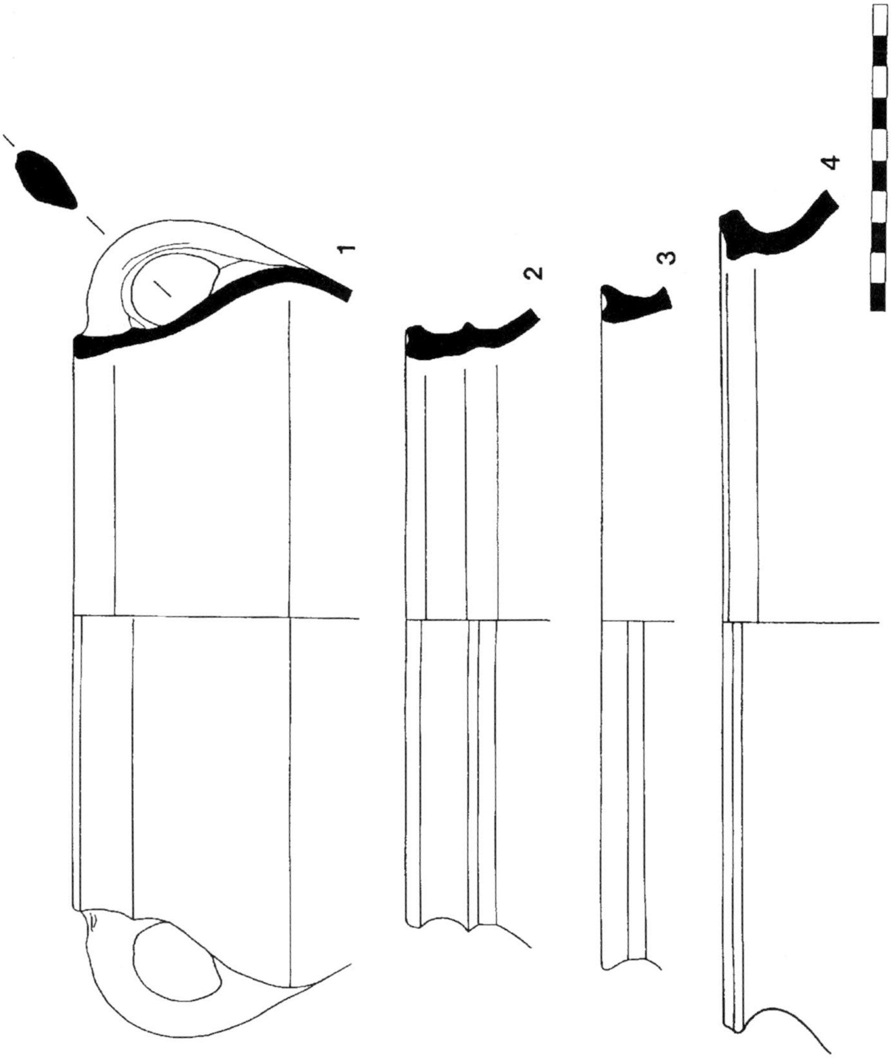

KERAMIK-TAFEL 63

Tafel	Nummer	Locus	Ware	Code	Schicht	Bemerkung
63,01	1000907	10002	2	356	1(?)	
63,02	914312	9021	4	357	3	
63,03	309401	3020	1	320	4	
63,04	516714	5039	3	327	1	

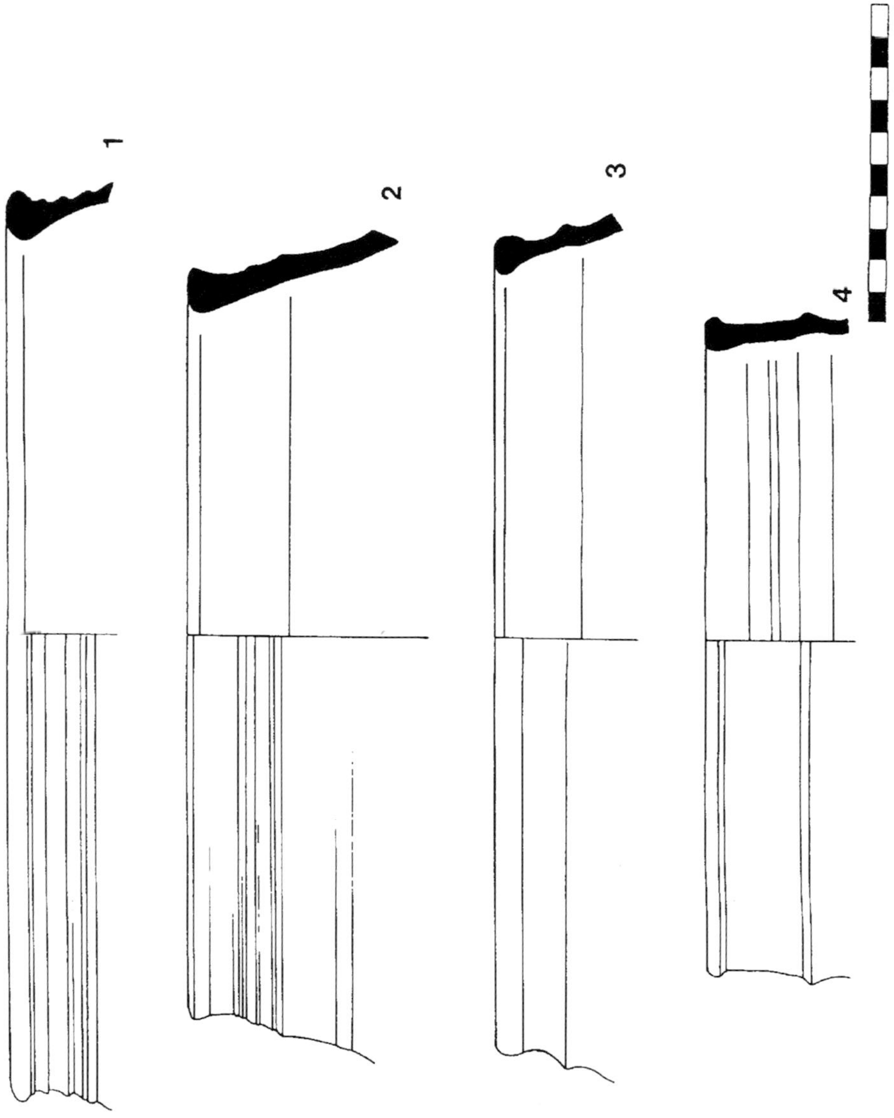

KERAMIK-TAFEL 64

Tafel	Nummer	Locus	Ware	Code	Schicht	Bemerkung
64,01	416106	4037	2	368	2	
64,02	1000903	10002	4/1	329	1(?)	
64,03	905439	9010	1	322	2	join mit 905443

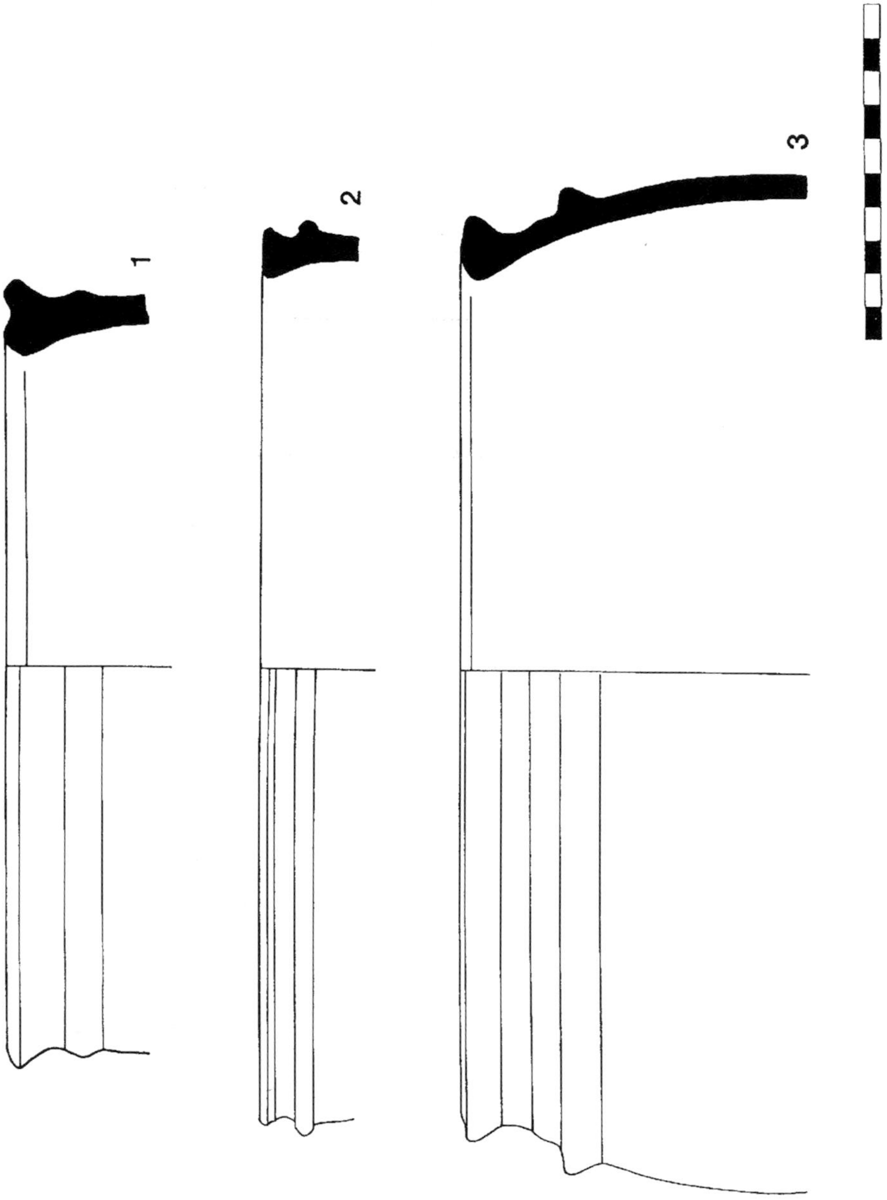

KERAMIK-TAFEL 65

Tafel	Nummer	Locus	Ware	Code	Schicht	Bemerkung
65,01	700901	7004	1	305	-	
65,02	408701	4019	1	305	1	
65,03	407306	4018	4	305	1	
65,04	200507	2005	4	306	H1	
65,05	100701	1003	4	306	H1	
65,06	604503	6015	4	306	4	
65,07	400105	4001	1	307	0	

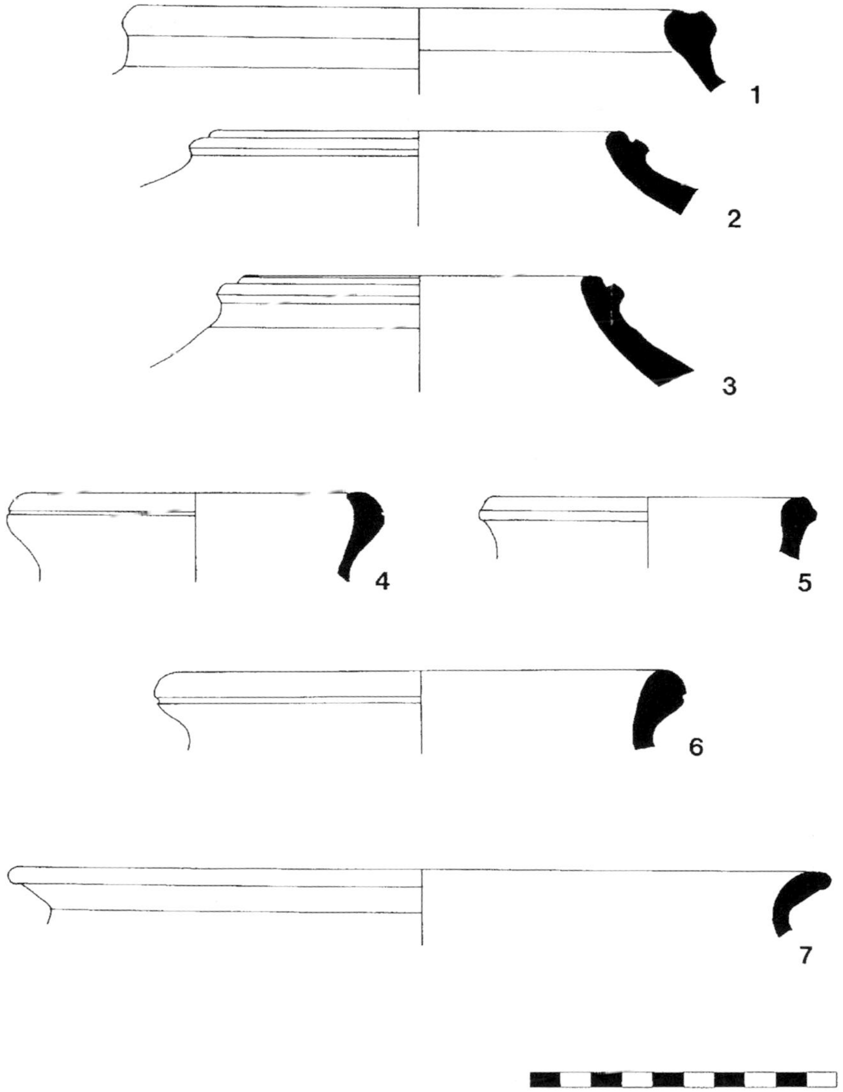

KERAMIK-TAFEL 66

Tafel	Nummer	Locus	Ware	Code	Schicht	Bemerkung
66,01	606203	6019	4	312	3	
66,02	300809	3003	1	308	2	
66,03	501027	5004	3	310	0	
66,04	604501	6015	4	309	4	
66,05	303907	3008	5	309	3	

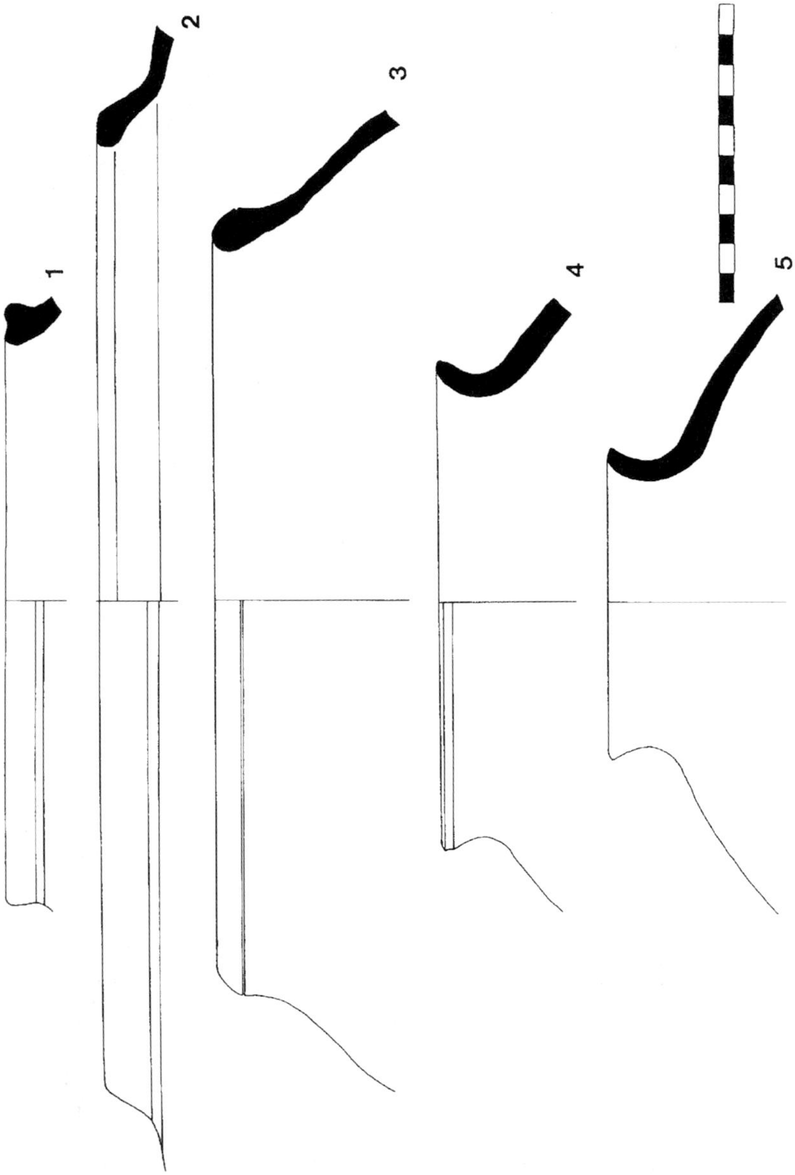

KERAMIK-TAFEL 67

Tafel	Nummer	Locus	Ware	Code	Schicht	Bemerkung
67,01	605227	6016	1	307	2	
67,02	602509	6011	2	305	2	
67,03	602001	6009	1	308	3	
67,04	400512	4004	2	308	2	
67,05	605203	6016	1	308	2	join mit 605204 + mit Henkel 601

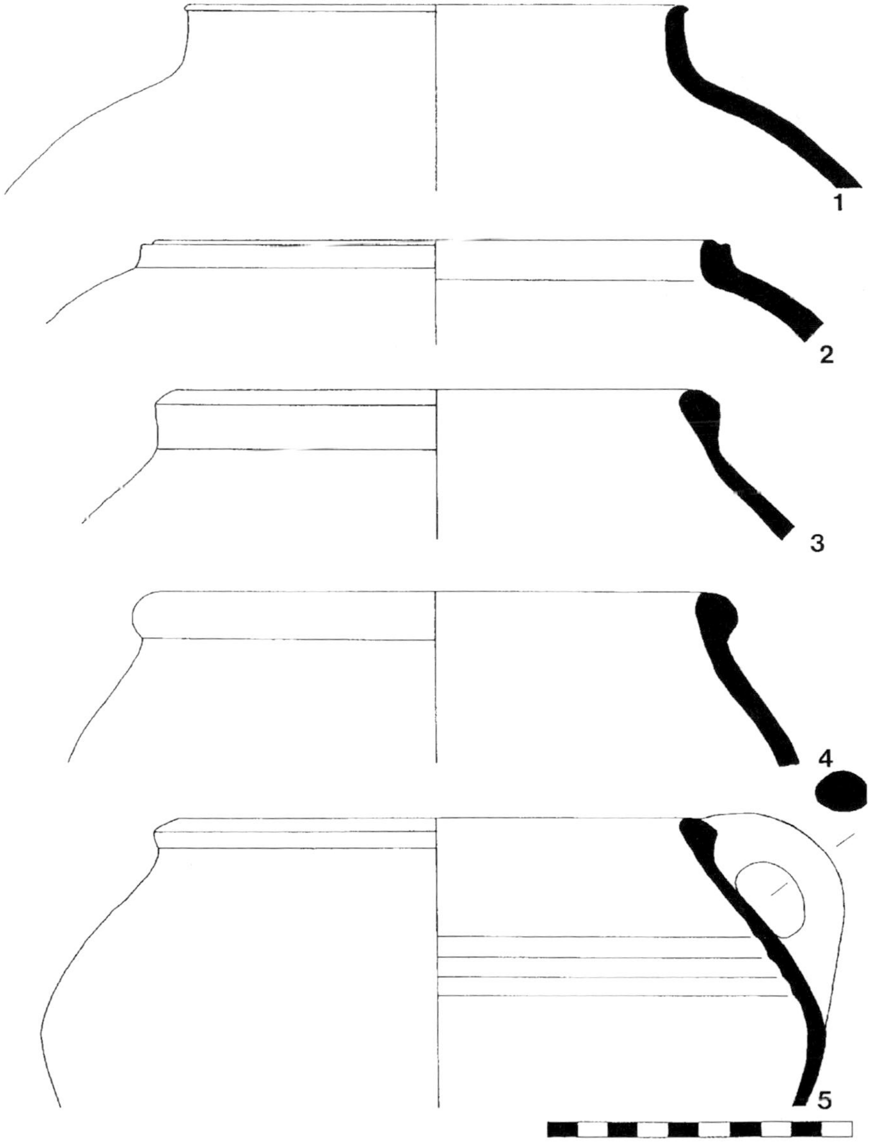

KERAMIK-TAFEL 68

Tafel	Nummer	Locus	Ware	Code	Schicht	Bemerkung
68,01	1404601	14011	1	3114	2	
68,02	851201	8506	1	381	H2(?)	
68,03	316002	3038	4	378	2(?)	
68,04	316012	3038	4	373	2(?)	

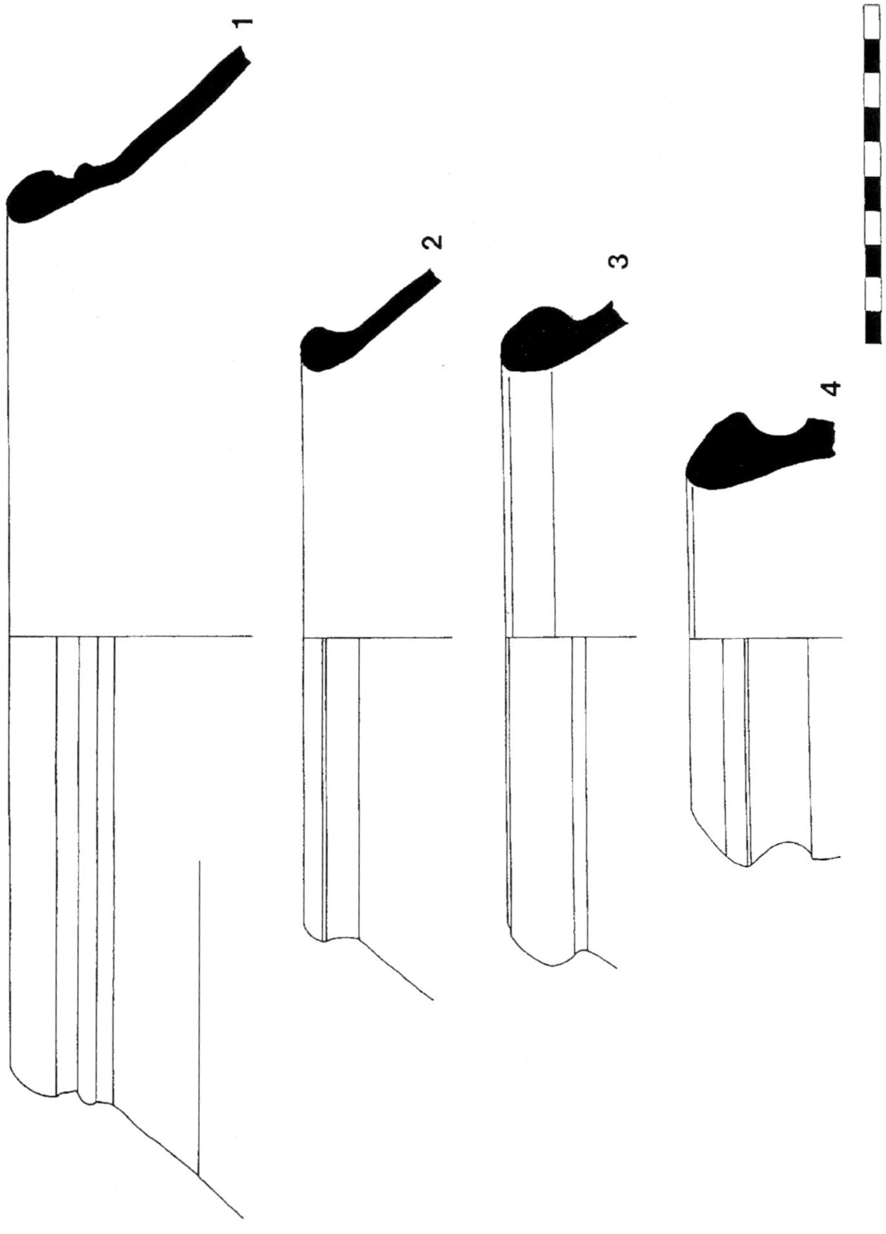

KERAMIK-TAFEL 69

Tafel	Nummer	Locus	Ware	Code	Schicht	Bemerkung
69,01	611809	6033	4	358	3	
69,02	916202	9024	1	341	3	mit Henkel 601
69,03	914306	9021	1	345	3	join mit 914307
69,04	910801	9017	1	343	3(?)	

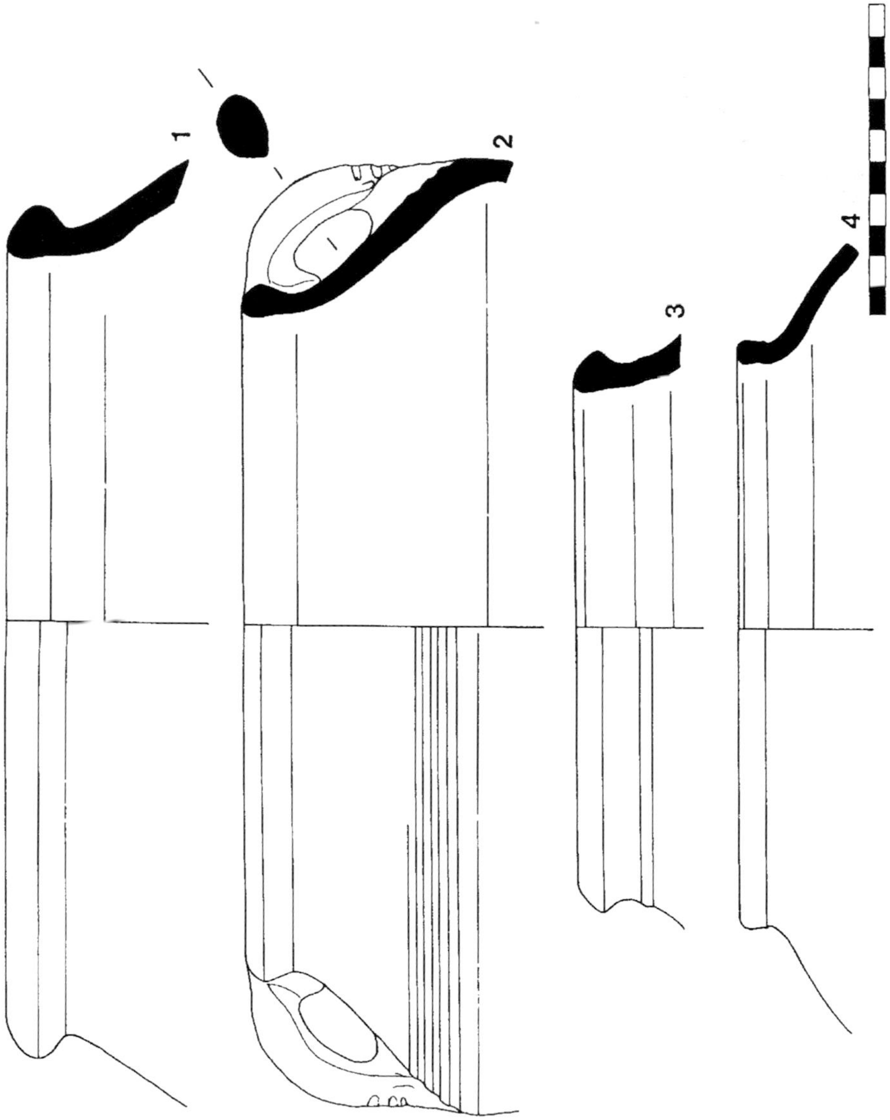

KERAMIK-TAFEL 70

Tafel	Nummer	Locus	Ware	Code	Schicht	Bemerkung
70,01	909703	9016	1	340	2	
70,02	913608	9020	1	339	-	join mit 913617, Reinigung
70,03	915201	9028	1	346	3	join mit 915202

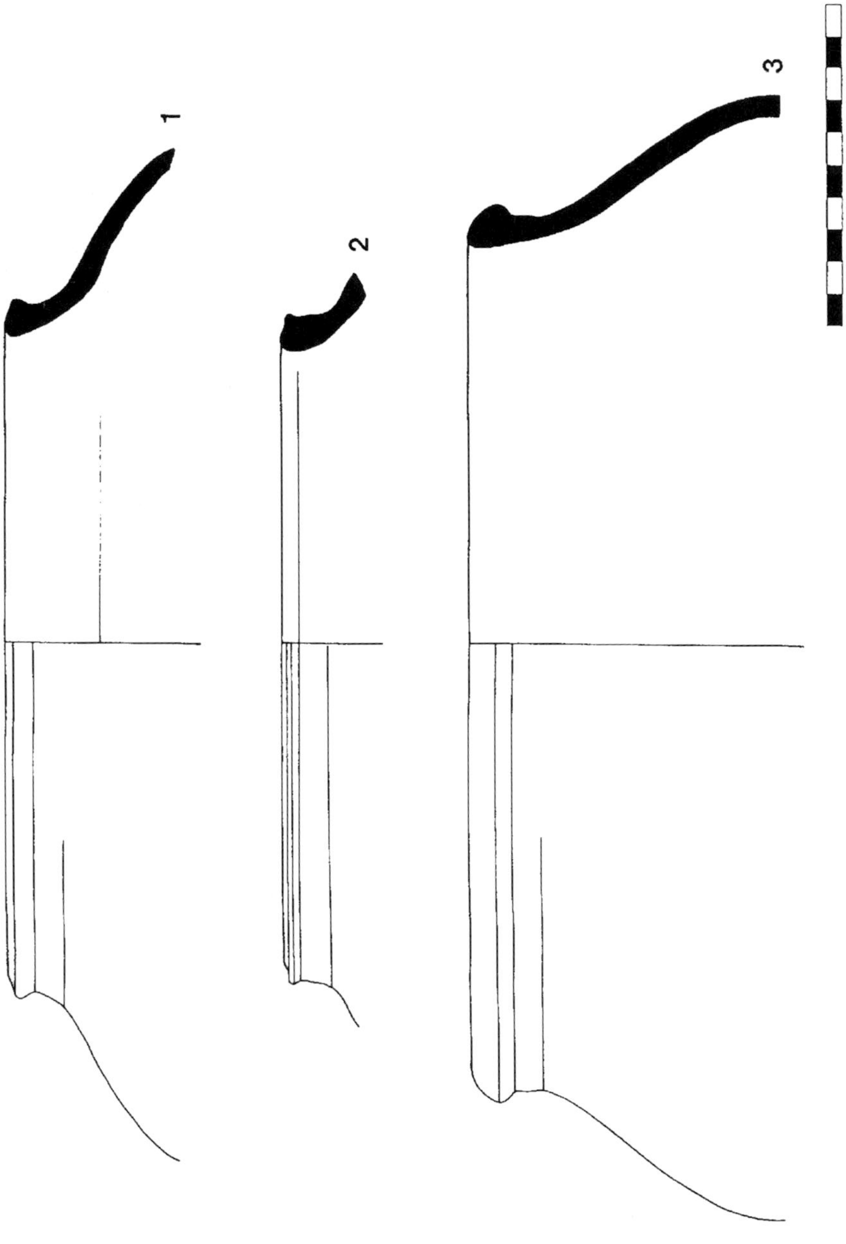

KERAMIK-TAFEL 71

Tafel	Nummer	Locus	Ware	Code	Schicht	Bemerkung
71,01	501023	5004	1	308	0	
71,02	407302	4018	4	308	1	
71,03	302119	3004	1	308	2	
71,04	302121	3004	1	308	2	join mit 302122
71,05	401003	4005	1	308	2	
71,06	400236	4002	1	308	1	
71,07	700209	7002	1	308	-	

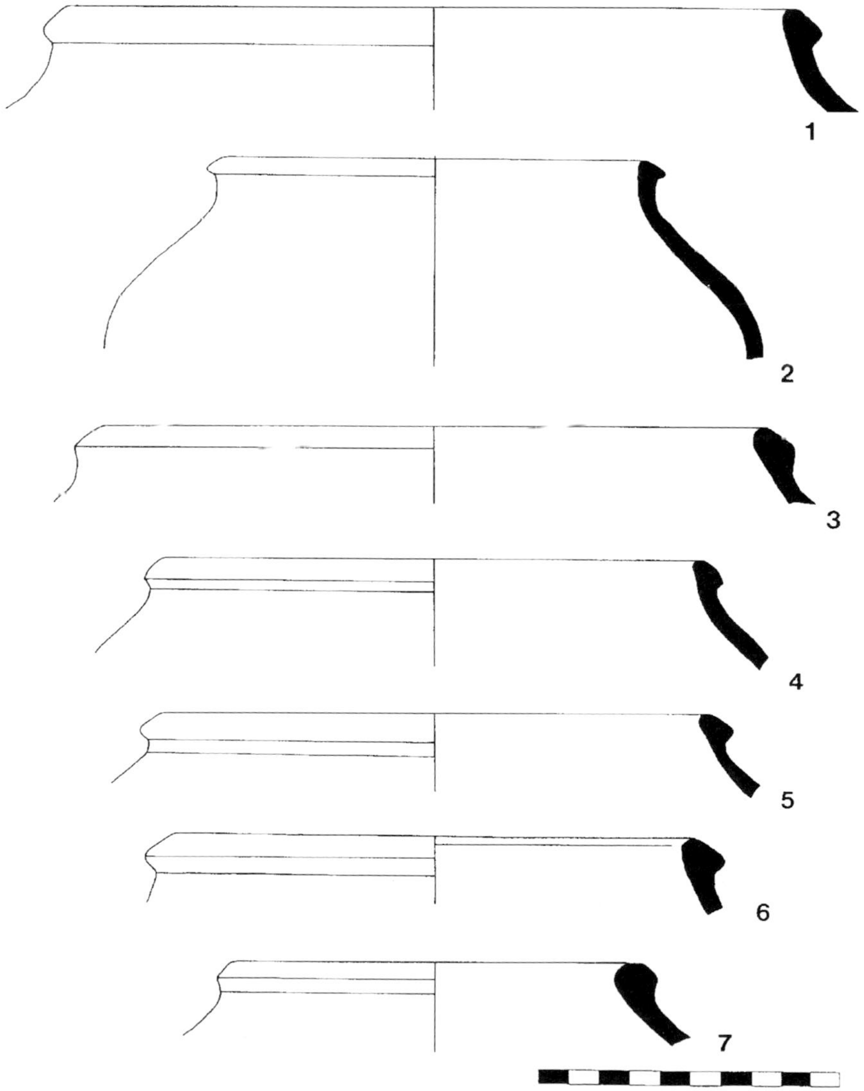

KERAMIK-TAFEL 72

Tafel	Nummer	Locus	Ware	Code	Schicht	Bemerkung
72,01	902101	9002,1	4	358	2(?)	
72,02	309802	3022	1	334	4	
72,03	308202	3018	4	364	3	mit aufgesetzter Leiste (bar-handle)
72,04	203906	2014	4/1	330	1	mit aufgesetzter Leiste (bar-handle)

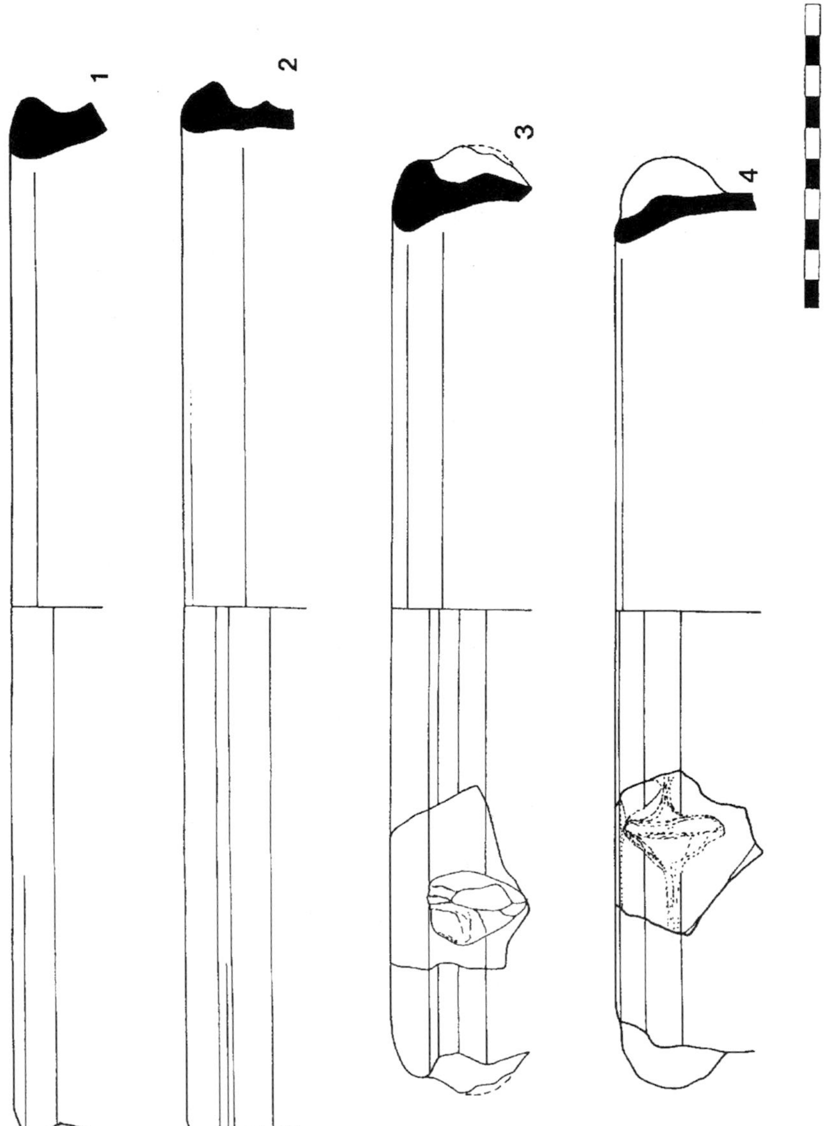

KERAMIK-TAFEL 73

Tafel	Nummer	Locus	Ware	Code	Schicht	Bemerkung
73,01	1102406	11003	3	360	2	mit Henkel 601
73,02	309402	3020	1	371	4	
73,03	1007904	10002,3	1	342	2(?)	
73,04	701201	7005	4/1	370	1	
73,05	902819	9004	4/1	358	2	

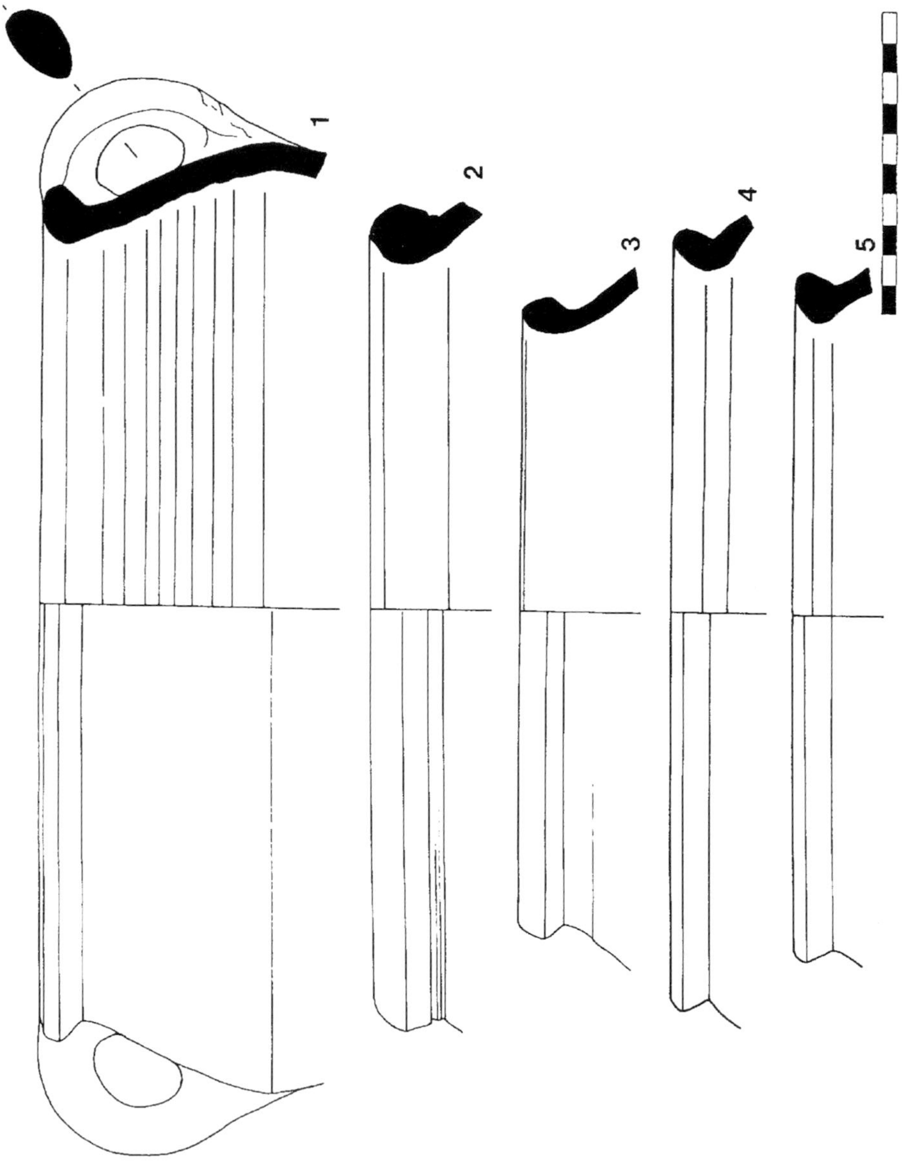

KERAMIK-TAFEL 74

Tafel	Nummer	Locus	Ware	Code	Schicht	Bemerkung
74,01	1404609	14011	5	3122	2	
74,02	616801	6042	4	377	2	
74,03	617803	6043	4	382	3	
74,04	619601	6044	4	385	2	
74,05	853302	8510	4/1	3111	H5	
74,06	1403102	14010	1	3112	2	
74,07	1301204	13002	4/1	3127	H1	

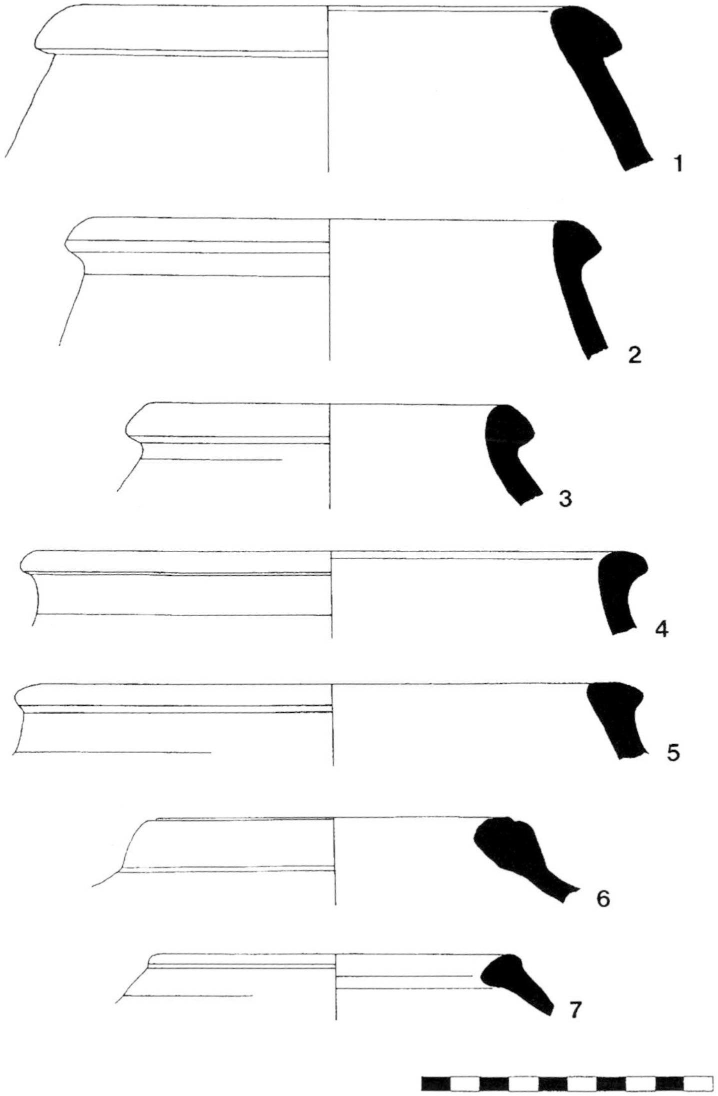

KERAMIK-TAFEL 75

Tafel	Nummer	Locus	Ware	Code	Schicht	Bemerkung
75,01	851010	8506	1	379	H5(?)	
75,02	1300302	13002	4	388	H1	
75,03	350021	3500	4/1	393	1	
75,04	807601	8015	5	391	3	
75,05	319704	3049	21	398	6	Bemalung 10R3/2
75,06	350042	3500	4	394	1	

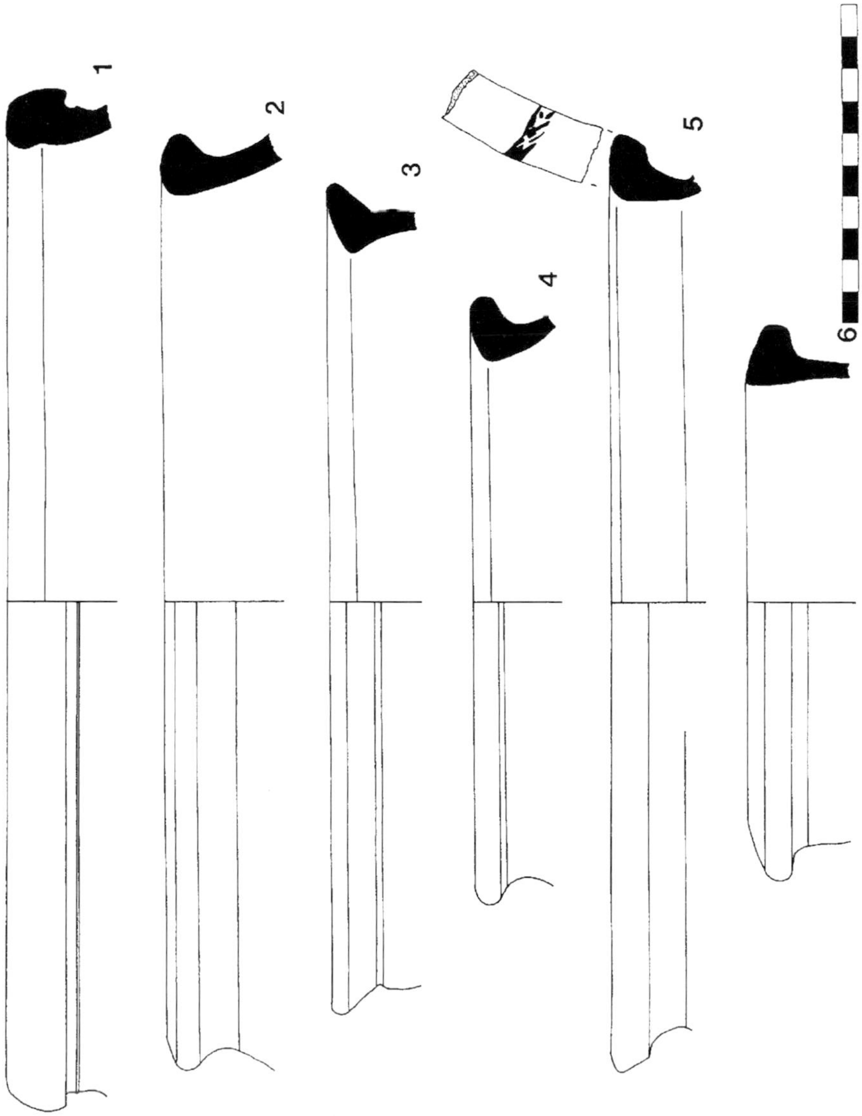

KERAMIK-TAFEL 76

Tafel	Nummer	Locus	Ware	Code	Schicht	Bemerkung
76,01	406607	4017	2	316	1	
76,02	700201	7002	2	316	-	
76,03	400206	4002	1	316	1	

KERAMIK-TAFEL 77

Tafel	Nummer	Locus	Ware	Code	Schicht	Bemerkung
77,01	611922	6034	4/1	367	3	
77,02	204625	2014,1	4/1	351	2(?)	
77,03	1200201	12001	4/1	354	1	
77,04	517804	5044	2	353	1(?)	

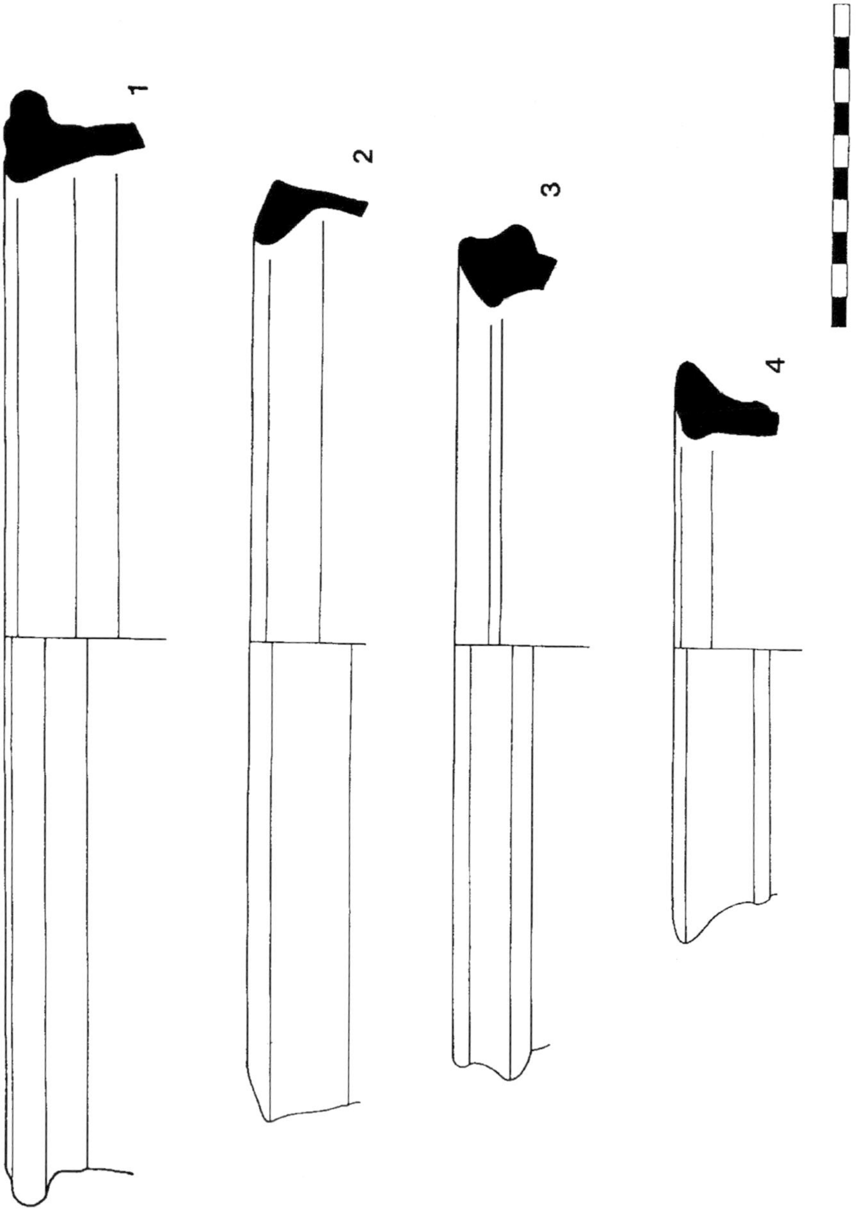

KERAMIK-TAFEL 78

Tafel	Nummer	Locus	Ware	Code	Schicht	Bemerkung
78,01	603403	6013	4	313	3	abgeplatzte Stelle
78,02	600201	6002	4	314	1	
78,03	410805	4024	4	314	1	
78,04	402802	4009	2	314	3	
78,05	600603	6003	4	314	3	
78,06	300802	3003	4	314	2	
78,07	300825	3003	4	314	2	
78,08	604805	6016	2	314	2	

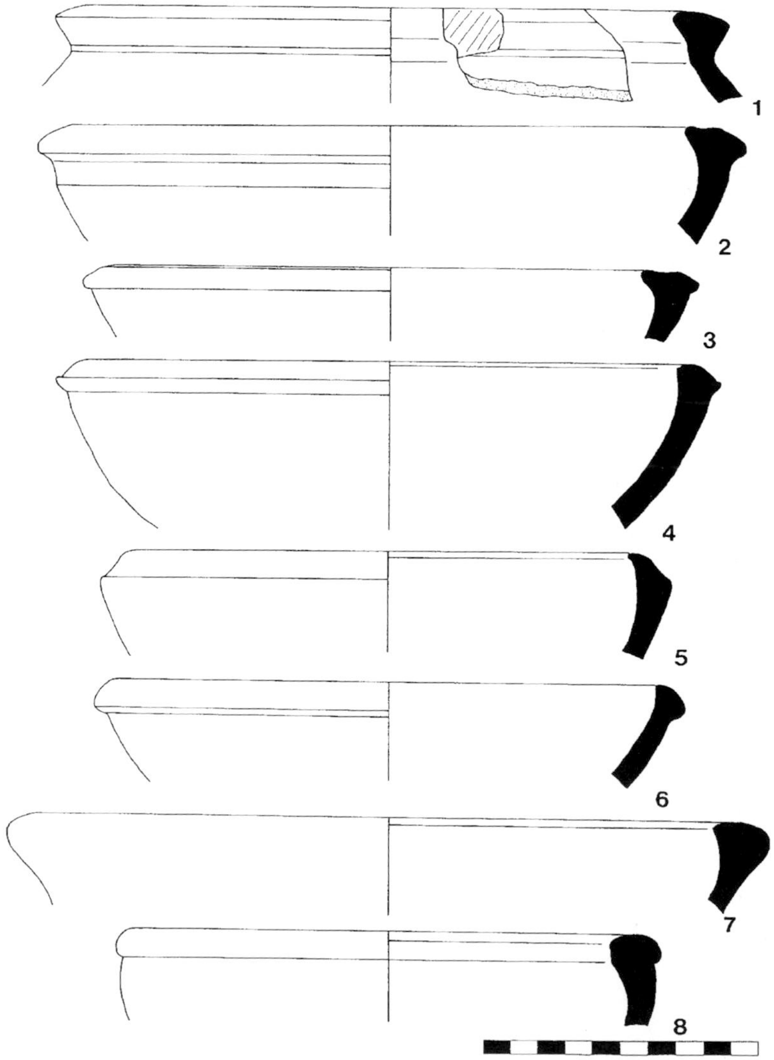

KERAMIK-TAFEL 79

Tafel	Nummer	Locus	Ware	Code	Schicht	Bemerkung
79,01	200212	2002	2	315	H1	
79,02	600102	6001	2	315	0	
79,03	200206	2002	2	315	H1	
79,04	250101	2501	2	315	0	join mit 100102
79,05	400104	4001	4	315	0	
79,06	501031	5004	4	315	0	
79,07	600214	6002	4	315	1	

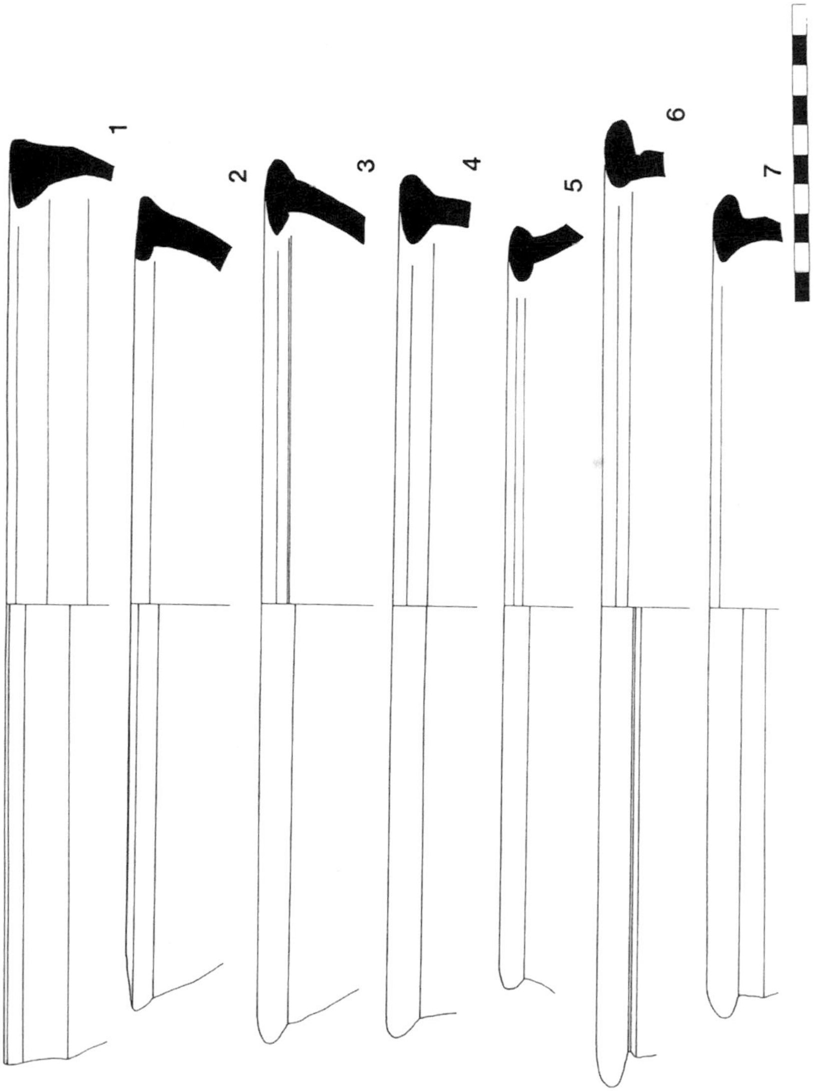

KERAMIK-TAFEL 80

Tafel	Nummer	Locus	Ware	Code	Schicht	Bemerkung
80,01	400508	4004	4	314	2	
80,02	600602	6003	2	314	3	
80,03	102501	1009	3	314	H2	
80,04	250309	2502	2	314	1	
80,05	409806	4023	2	314	2	kleines, rundes Loch in der Wandung

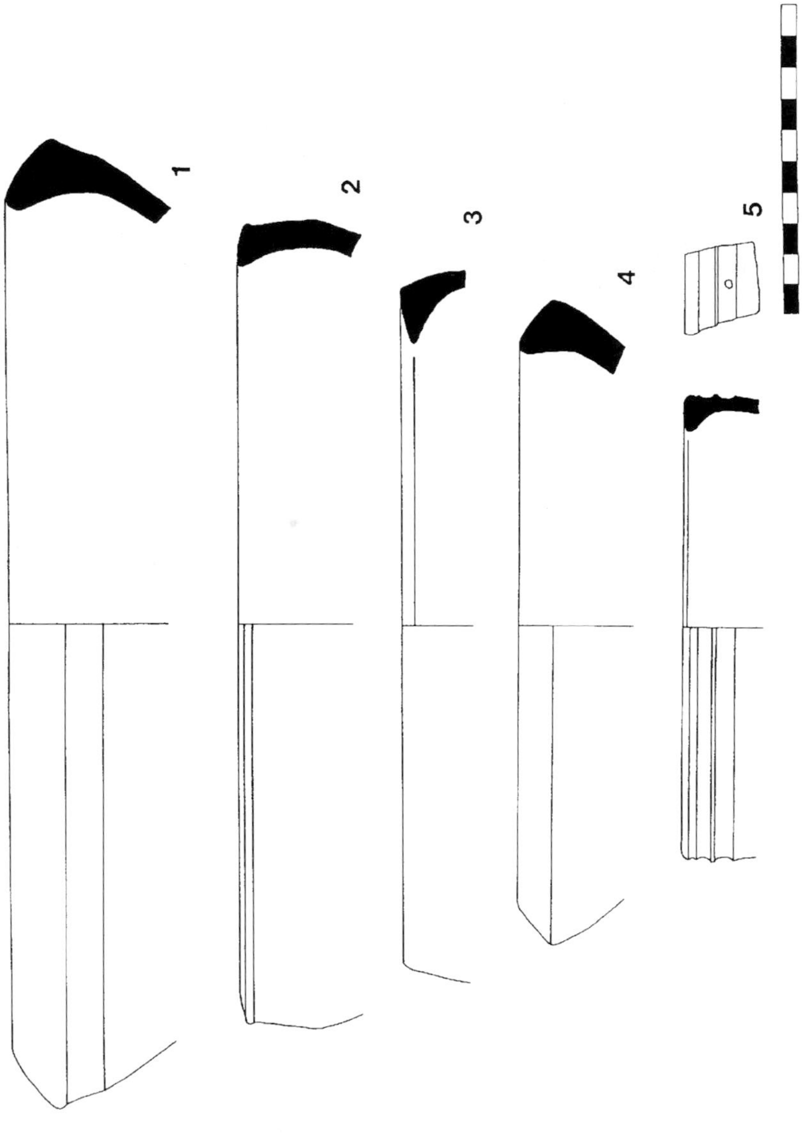

KERAMIK-TAFEL 81

Tafel	Nummer	Locus	Ware	Code	Schicht	Bemerkung
81,01	700101	7001	4	316	-	Reinigung
81,02	505305	5012	4	317	0	
81,03	302117	3004	2	317	2	
81,04	102936	1010	2	317	H2	
81,05	305101	3010	2	318	3	
81,06	501018	5004	3	318	0	

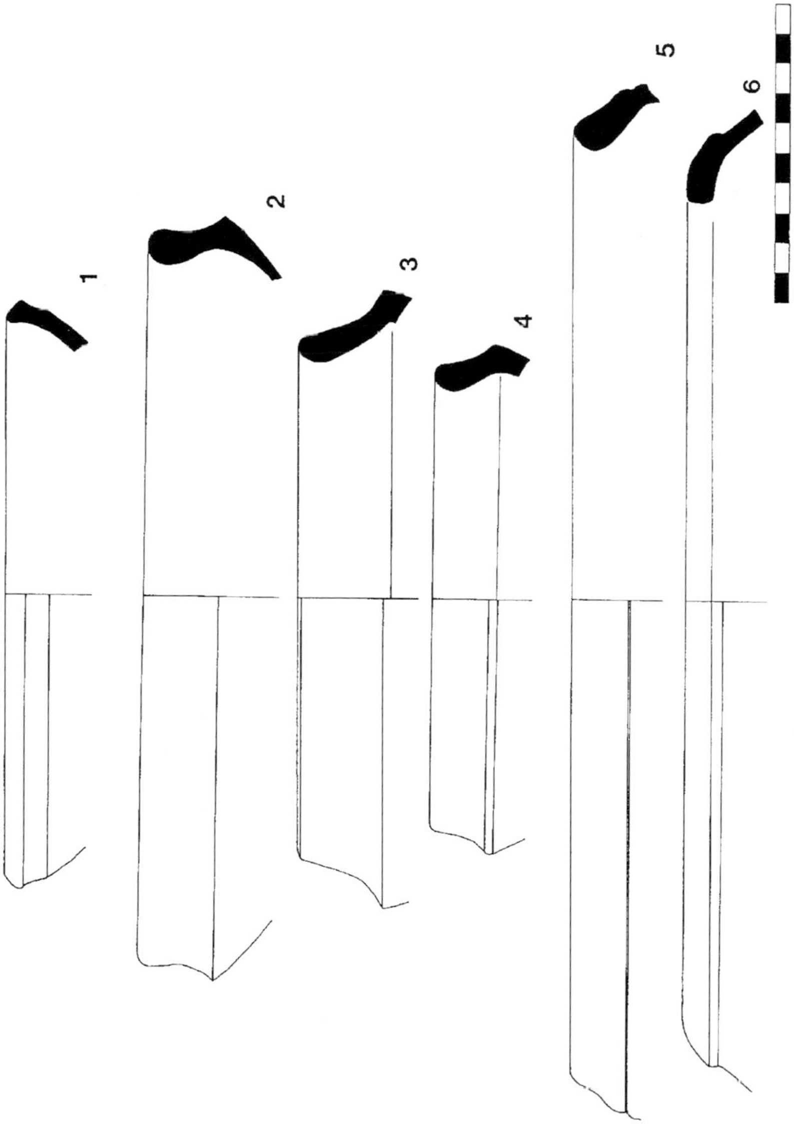

KERAMIK-TAFEL 82

Tafel	Nummer	Locus	Ware	Code	Schicht	Bemerkung
82,01	804211	8010	5	383	3	
82,02	319701	3049	4	3128	6	
82,03	320601	3052	2	3100	7	bröselig
82,04	809101	8021	5	3125	4	
82,05	619603	6044	3	384	2	
82,06	318408	3045	4	389	5	
82,07	625807	6060	1	3104	3	mit Henkel 601
82,08	625803	6060	1	3103	3	
82,09	318803	3046	4	3129	5	

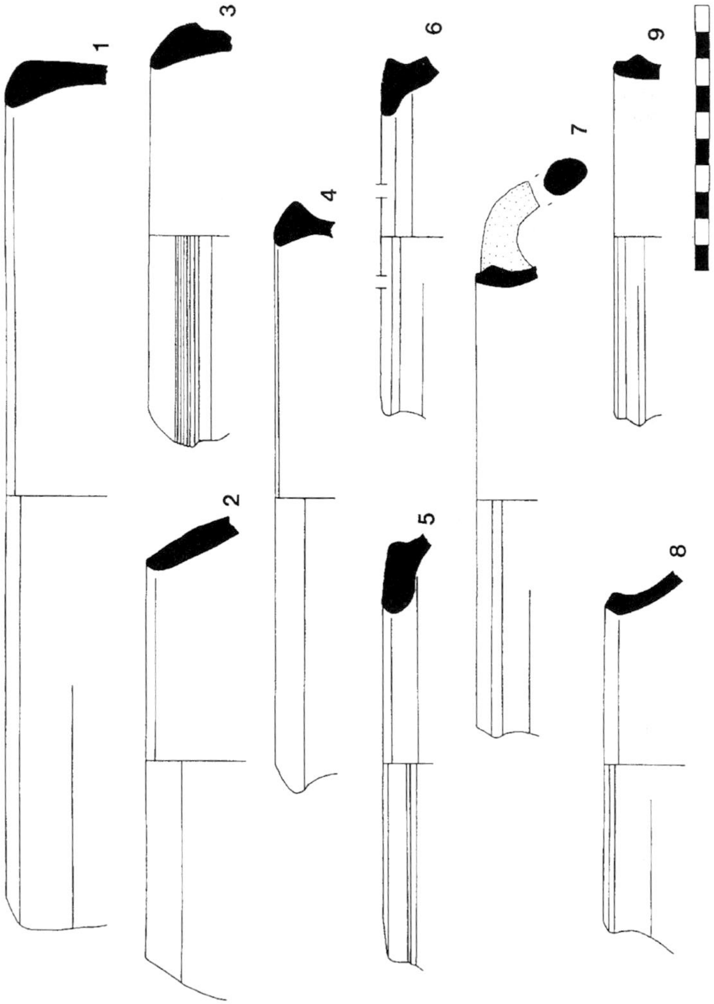

KERAMIK-TAFEL 83

Tafel	Nummer	Locus	Ware	Code	Schicht	Bemerkung
83,01	310404	3023	1	310	4	
83,02	902803	9004	3	362	2	
83,03	415207	4035	2	349	2	
83,04	614003	6037	5	348	3	
83,05	1007901	10002,3	3	366	2(?)	join mit 1007902/03
83,06	1002527	10006	5	350	2	

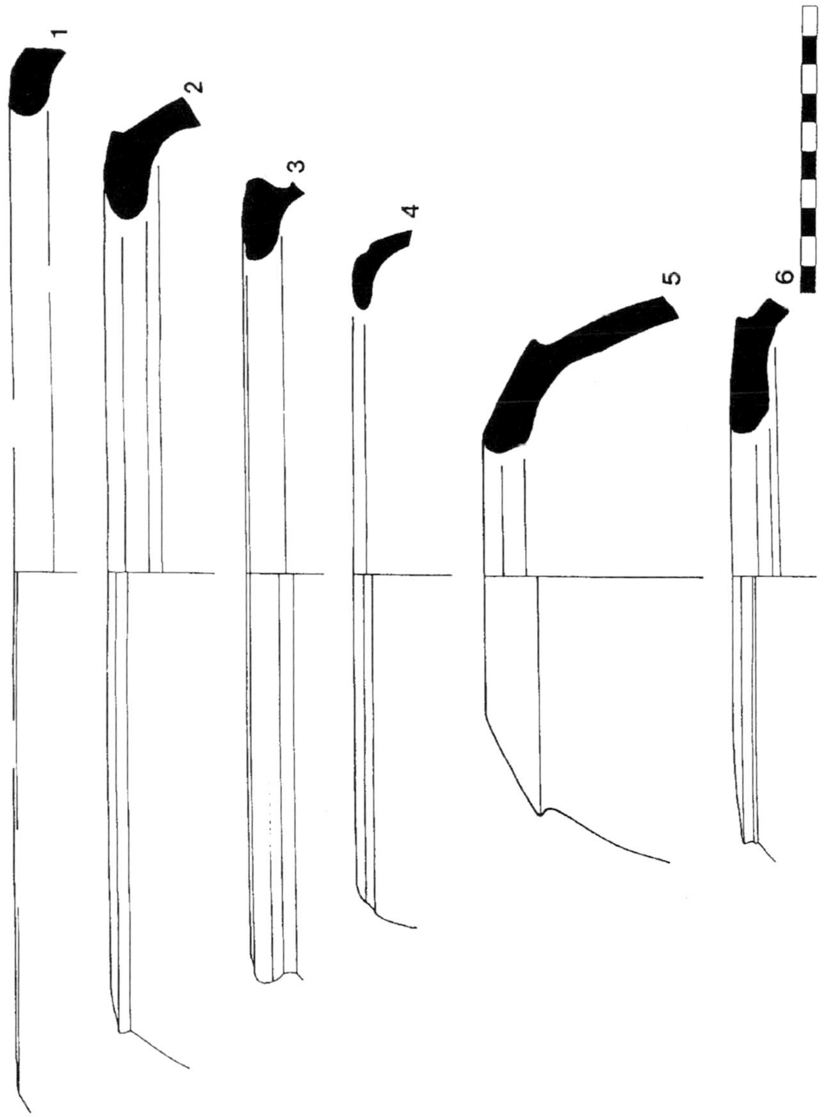

KERAMIK-TAFEL 84

Tafel	Nummer	Locus	Ware	Code	Schicht	Bemerkung
84,01	101205	1005	2	313	H1	
84,02	400101	4001	4	313	0	
84,03	100714	1003	2	313	H1	
84,04	302126	3004	2	313	2	
84,05	604105	6014	4	313	4	
84,06	602707	6012	4	313	2	mit Henkel 601

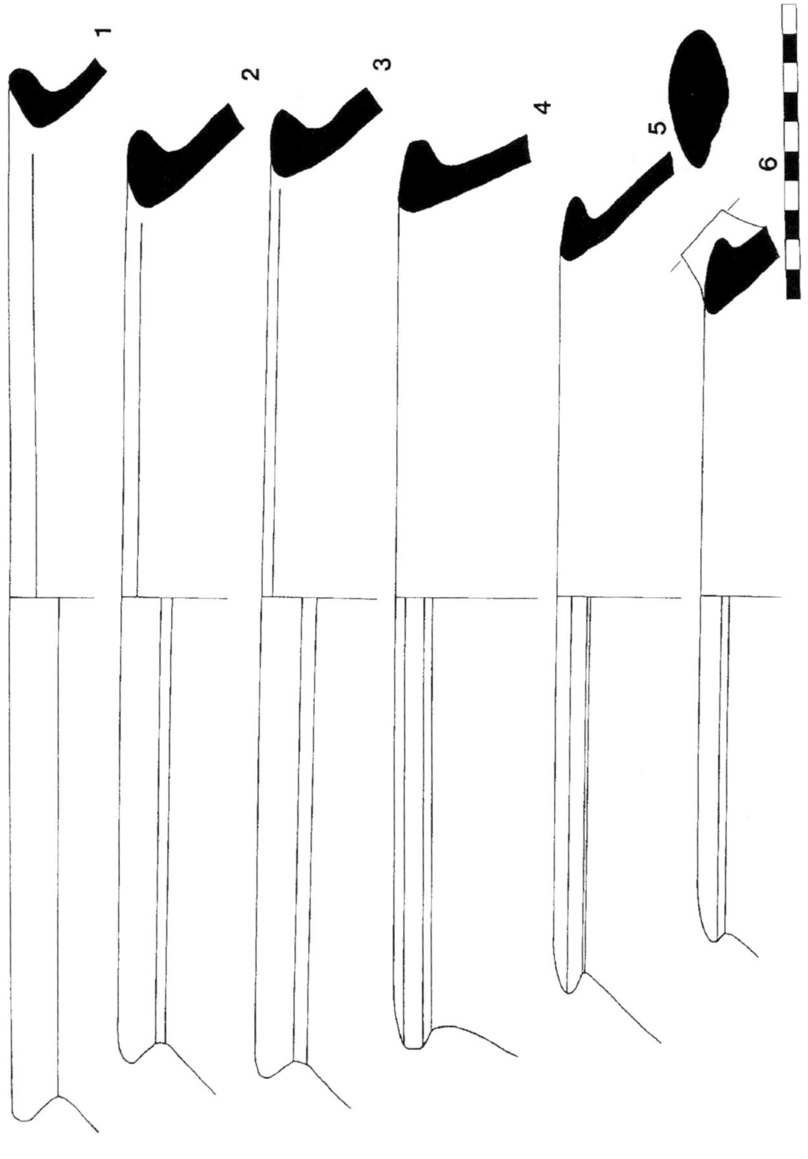

KERAMIK-TAFEL 85

Tafel	Nummer	Locus	Ware	Code	Schicht	Bemerkung
85,01	808807	8019	5	3124	4	
85,02	917002	9033	1	3109	3	
85,03	810605	8026	4	3108	4	
85,04	805015	8014	4	386	3	

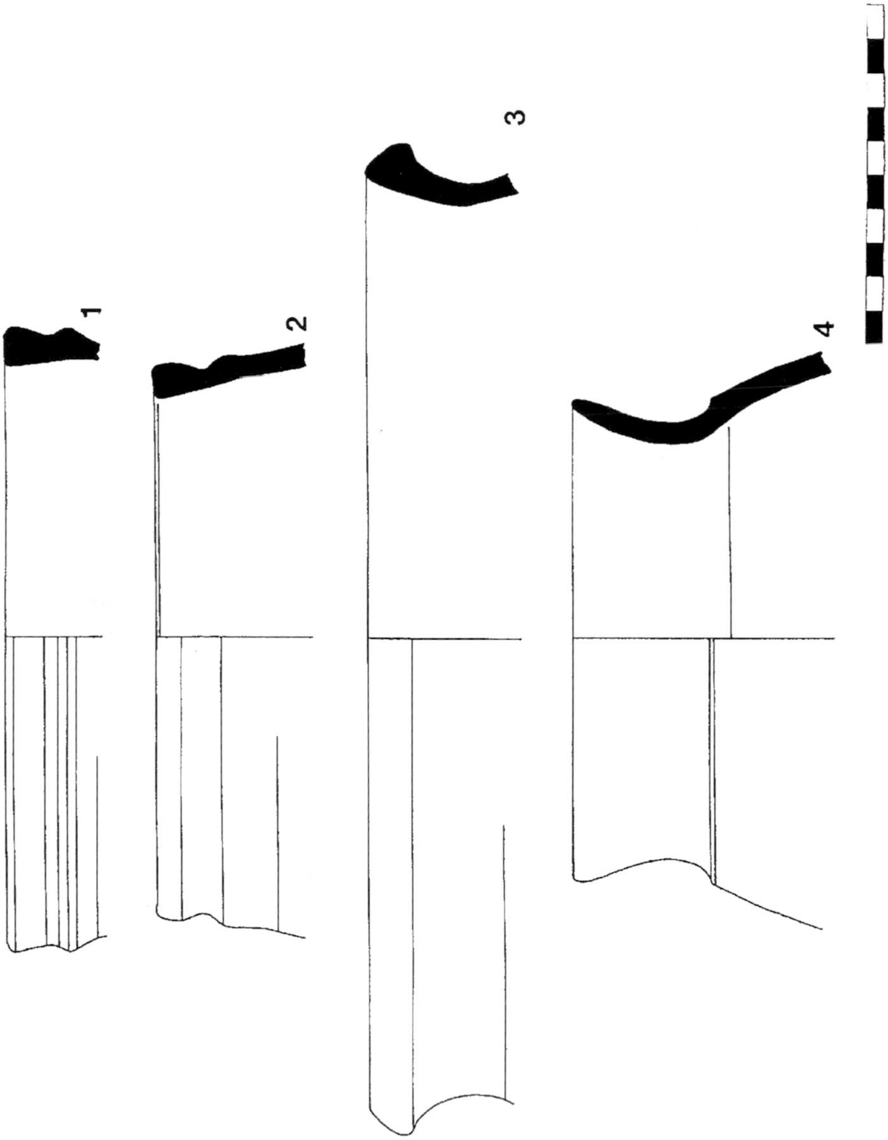

KERAMIK-TAFEL 86

Tafel	Nummer	Locus	Ware	Code	Schicht	Bemerkung
86,01	852611	8510	4/1	3107	H4(?)	
86,02	917001	9033	4	3110	3	
86,03	628718	6070	4	3116	3	1 Loch in der Wandung
86,04	320101	3050	21	3126	6	
86,05	319703	3049	1	396	6	
86,06	317411	3042	1	3119	4	

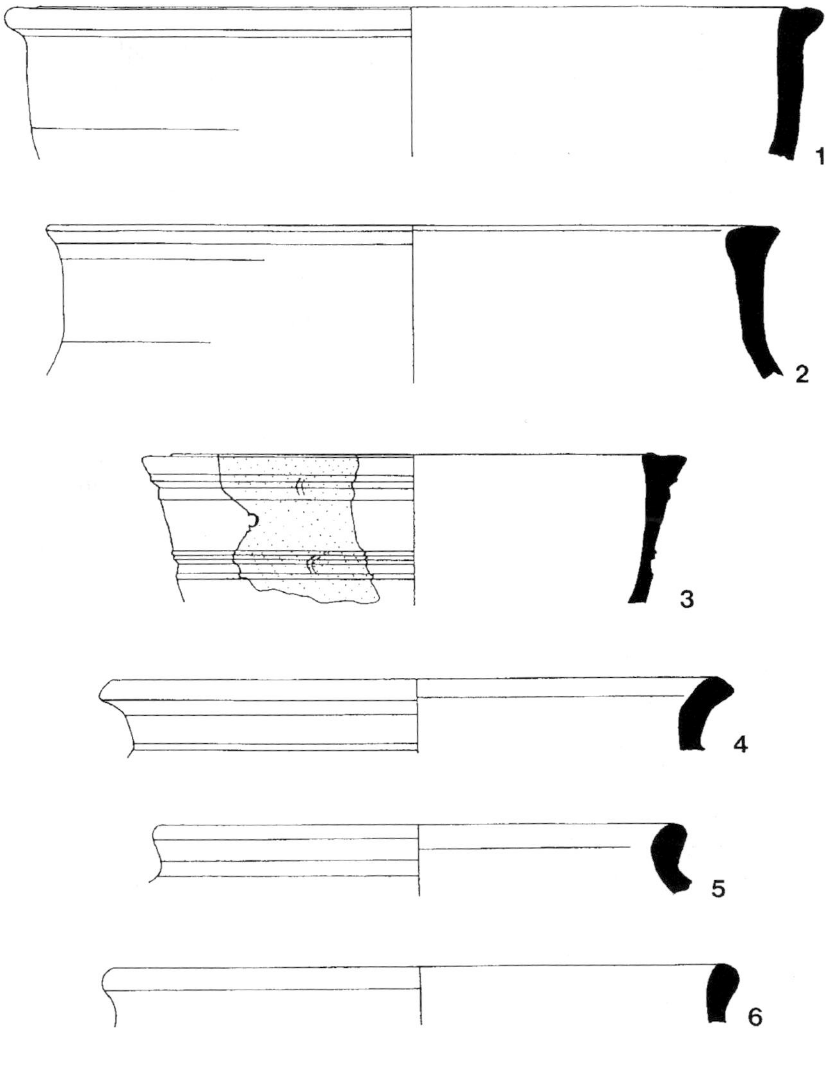

KERAMIK-TAFEL 87

Tafel	Nummer	Locus	Ware	Code	Schicht	Bemerkung
87,01	500508	5002	4	312	1	
87,02	200209	2002	2	312	H1	
87,03	411304	4025	4	312	2(?)	
87,04	402801	4009	1	312	3	
87,05	604103	6014	4	312	4	
87,06	400201	4002	4	312	1	
87,07	500507	5002	4	312	1	

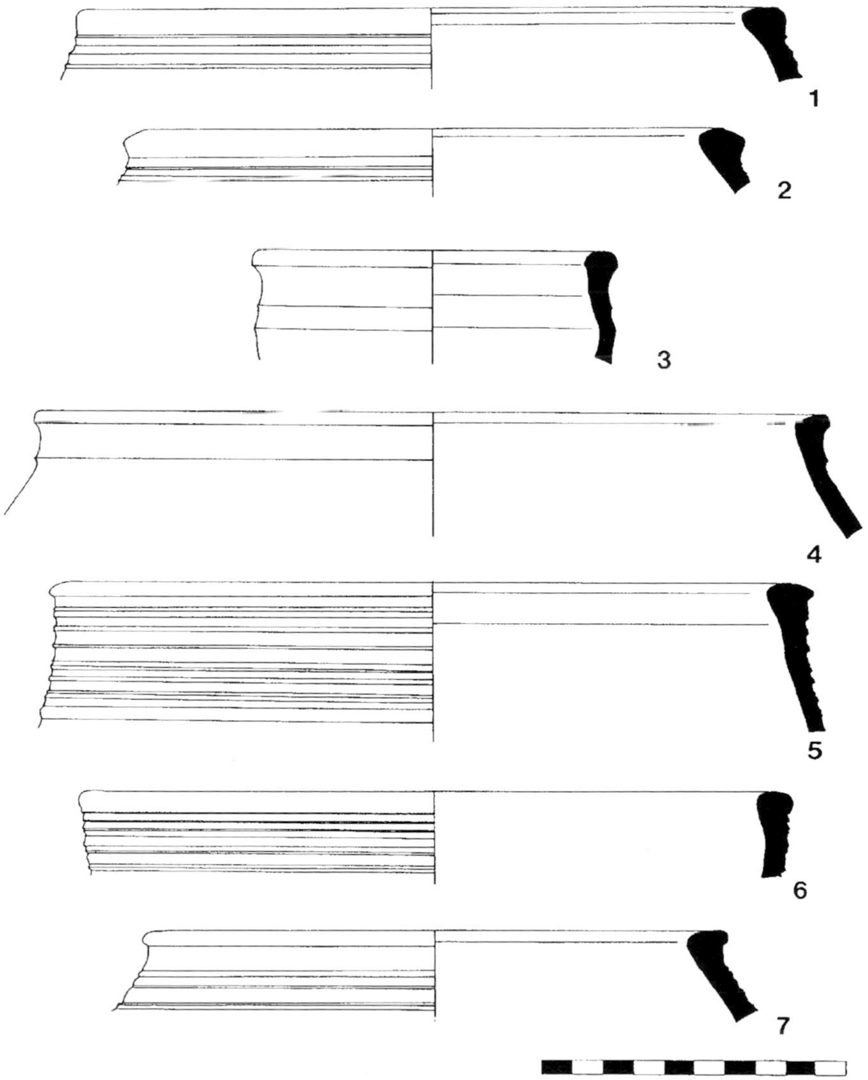

KERAMIK-TAFEL 88

Tafel	Nummer	Locus	Ware	Code	Schicht	Bemerkung
88,01	508702	5028	4/1	375	2	Bemalung 10R4/1
88,02	614002	6037	3	374	3	
88,03	908502	9014	1	344	2	
88,04	515804	5037	4	363	-	3 angebohrte Löcher auf der Wandung
88,05	1201226	12002,1	1	365	1	

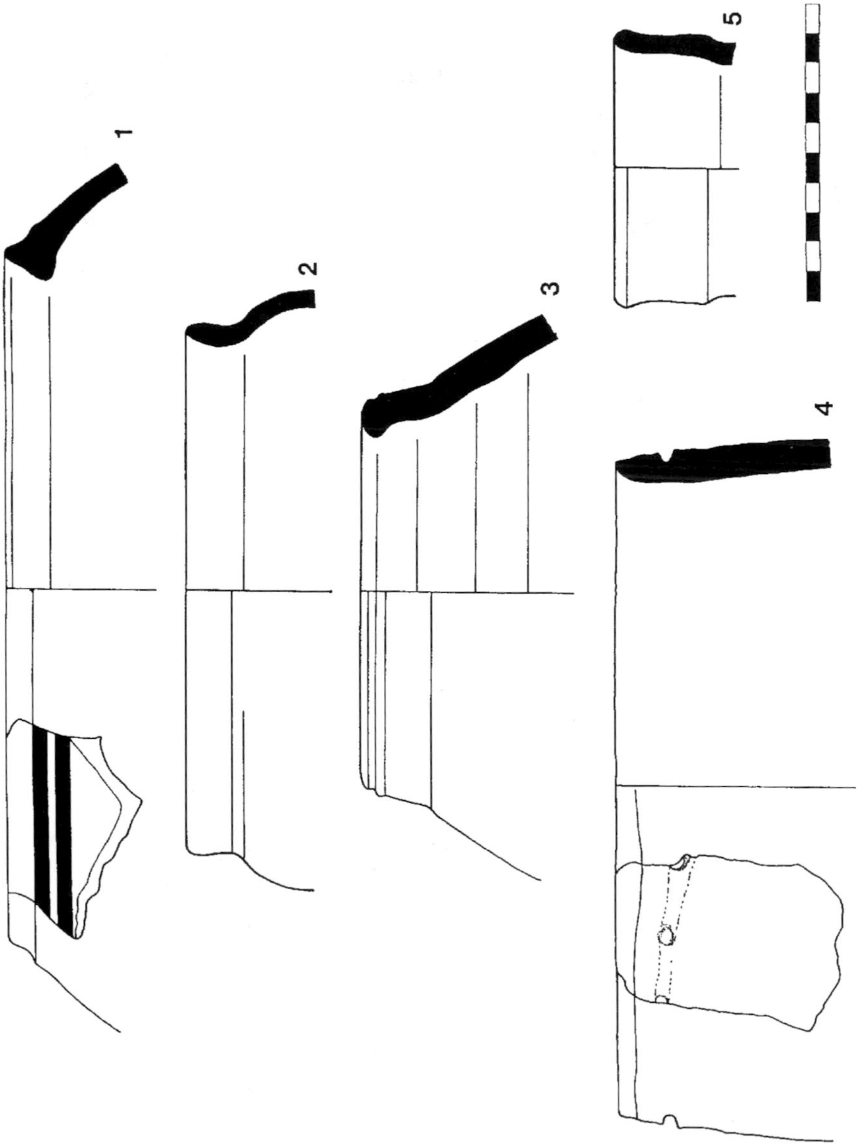

KERAMIK-TAFEL 89

Tafel	Nummer	Locus	Ware	Code	Schicht	Bemerkung
89,01	807603	8015	4	397	3	mit Henkel 601
89,02	209904	2026	4	3102	3(?)	
89,03	1405201	14016	1	3121	2	
89,04	319204	3048	21	3120	6	
89,05	621504	6053	4	395	4	

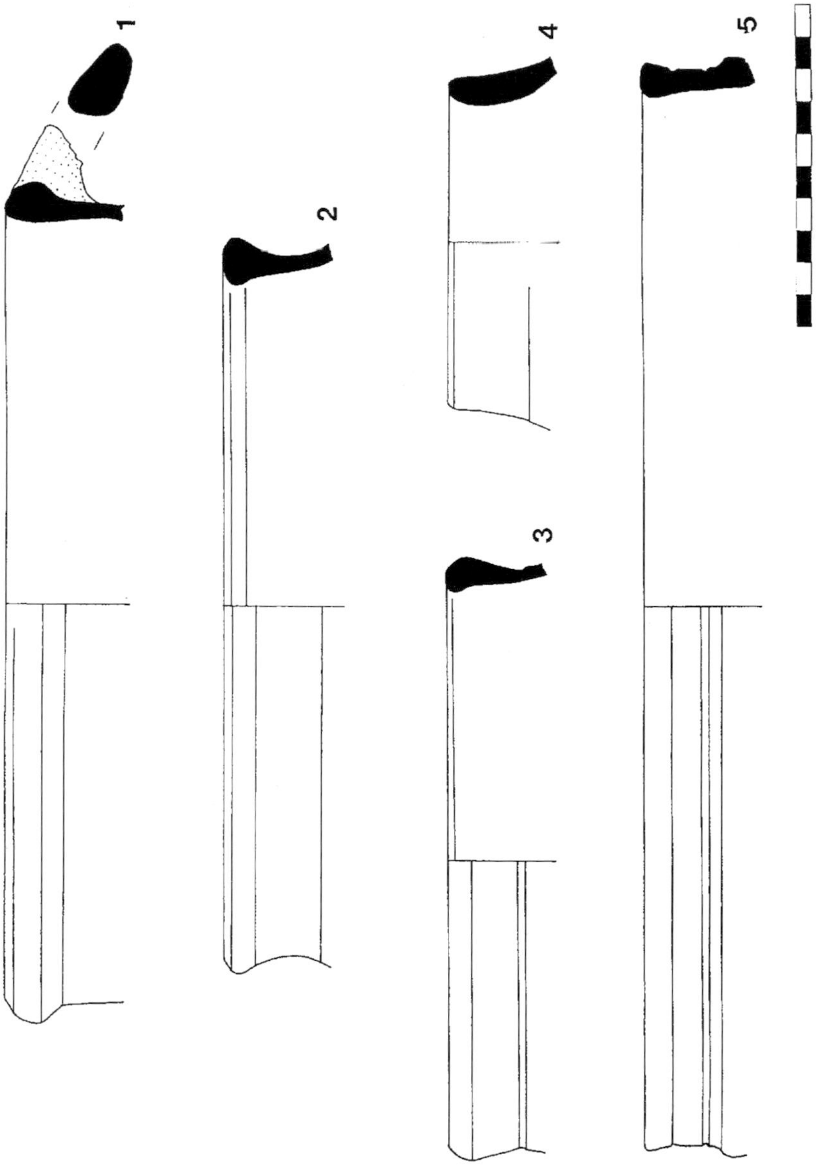

KERAMIK-TAFEL 90

Tafel	Nummer	Locus	Ware	Code	Schicht	Bemerkung
90,01	619911	6045	1	392	3	mit aufgesetzter Leiste
90,02	628613	6070	4	3115	3	
90,03	617202	6041	4	390	1	
90,04	628719	6070	2	3117	3	
90,05	616807	6042	4/1	387	2	
90,06	318801	3046	21	3101	5	
90,07	630507	6063	3	3123	3	

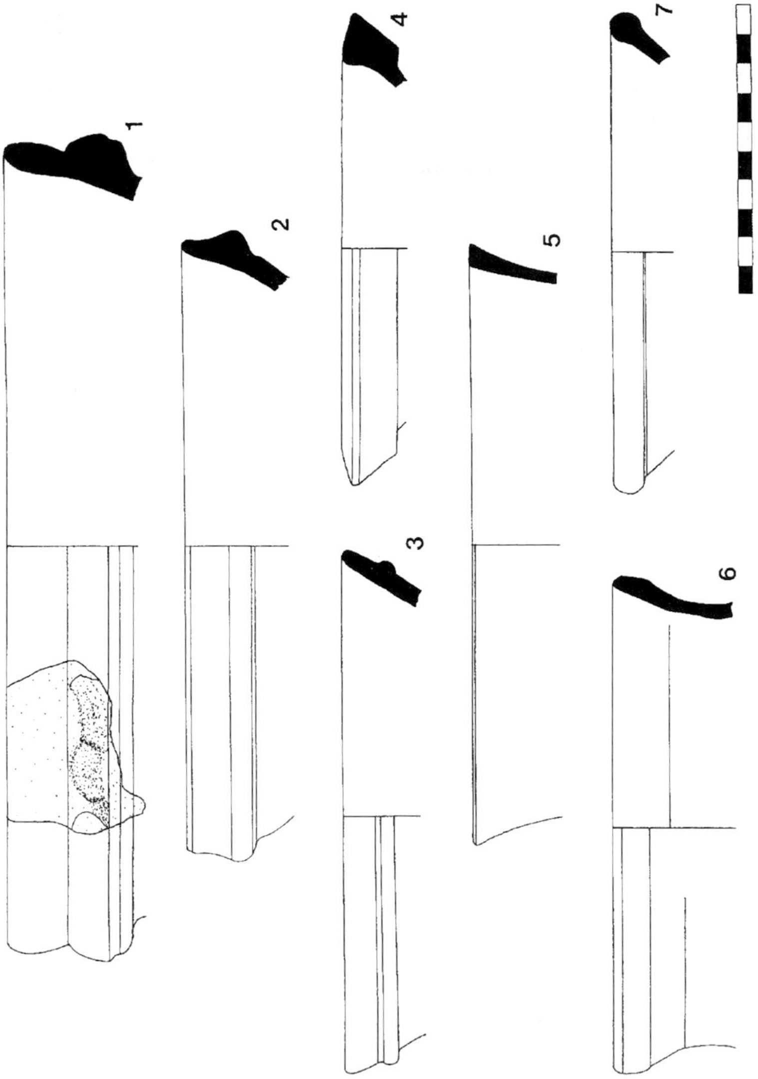

KERAMIK-TAFEL 91

Tafel	Nummer	Locus	Ware	Code	Schicht	Bemerkung
91,01	501004	5004	1	415	0	
91,02	400504	4004	4	415	2	
91,03	300102	3001	2	415	0	
91,04	100706	1003	2	415	H1	
91,05	402103	4008	4	415	2(?)	

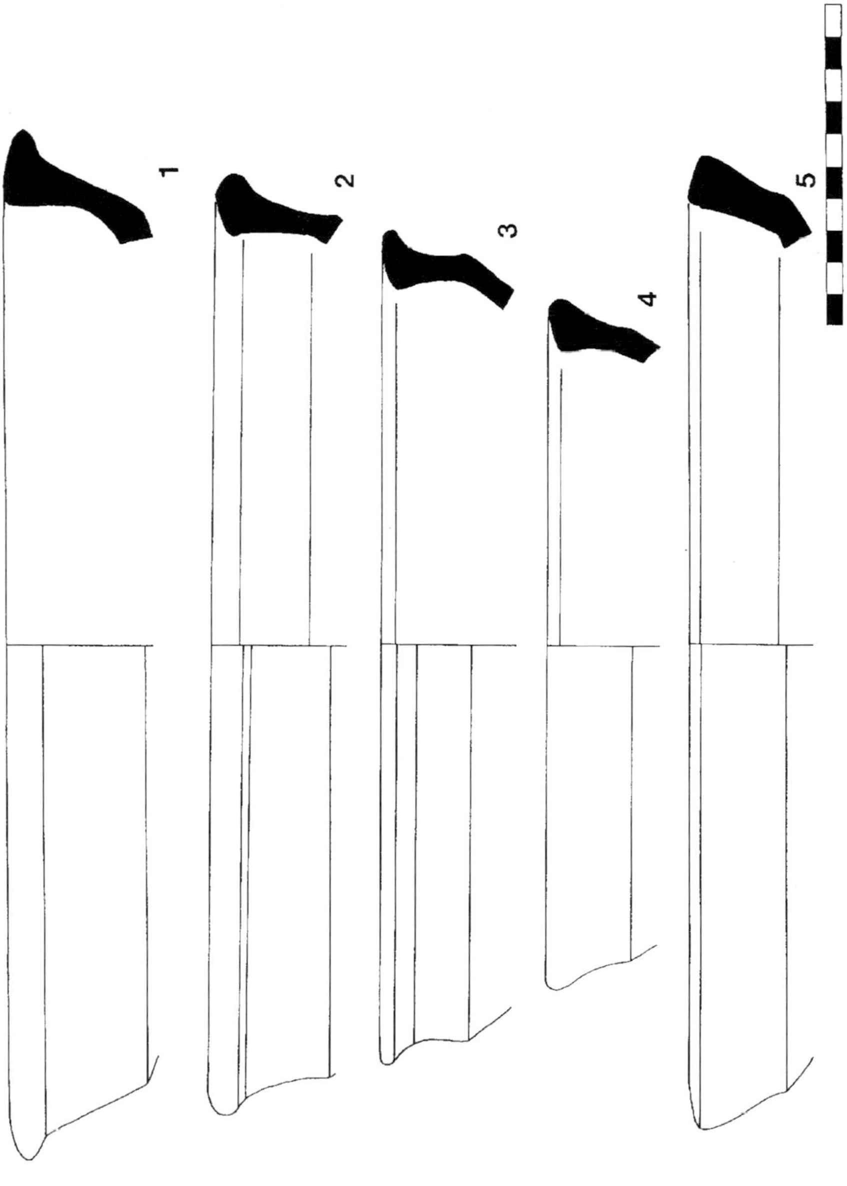

KERAMIK-TAFEL 92

Tafel	Nummer	Locus	Ware	Code	Schicht	Bemerkung
92,01	614006	6037	4	440	3	
92,02	1004001	10006	3	440	2	join mit 1004010
92,03	1201208	12002,1	4	442	1	
92,04	905417	9010	4	441	2	

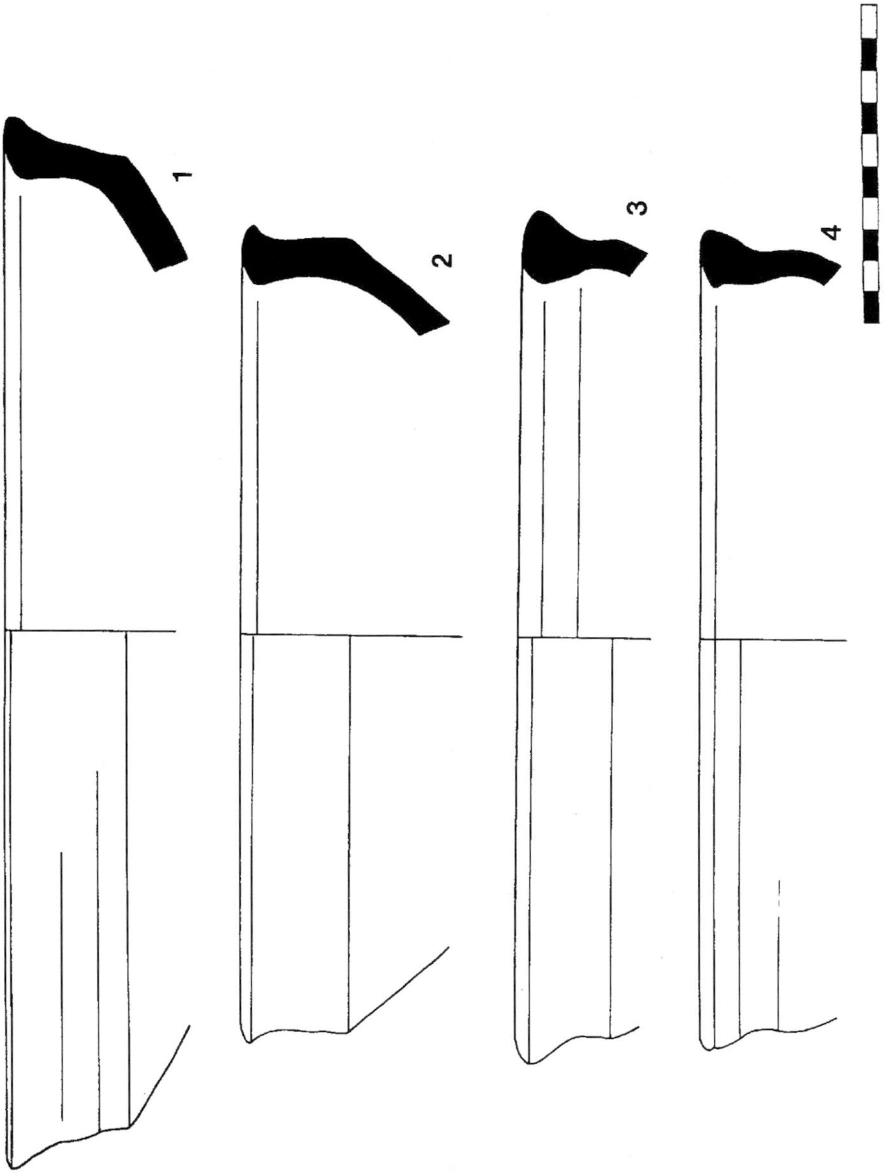

KERAMIK-TAFEL 93

Tafel	Nummer	Locus	Ware	Code	Schicht	Bemerkung
93,01	1008802	10002,4	4/1	446	2(?)	
93,02	912304	9018,1	4/1	427	3	join mit 912312
93,03	516706	5039	4	444	1	
93,04	611312	6032	4/1	434	3(?)	
93,05	514410	5037	4/1	437	-	
93,06	905407	9010	4/1	434	2	
93,07	902813	9004	4	437	2	

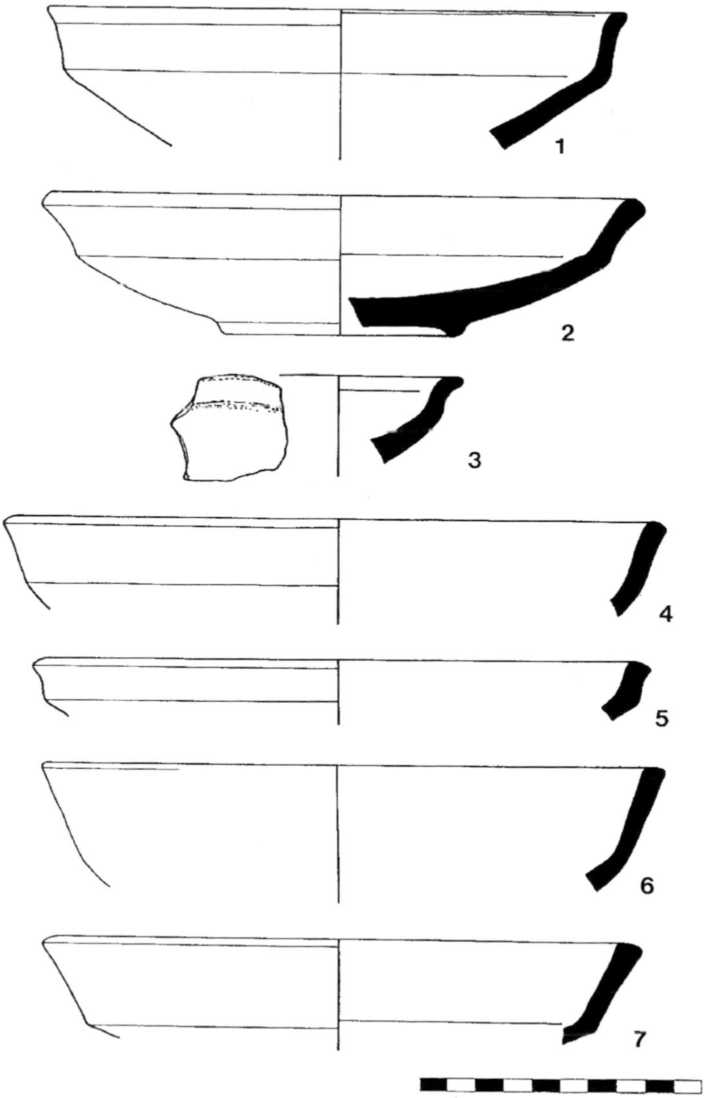

KERAMIK-TAFEL 94

Tafel	Nummer	Locus	Ware	Code	Schicht	Bemerkung
94,01	318802	3046	21	486	5	
94,02	617703	6041	4/1	463	1	
94,03	318201	3044	5	445	4	
94,04	318401	3045	21	473	5	
94,05	814402	8033	5	494	2	
94,06	315302	3036	4	4106	2	
94,07	318405	3045	21	472	5	
94,08	852607	8510	21	498	H4(?)	

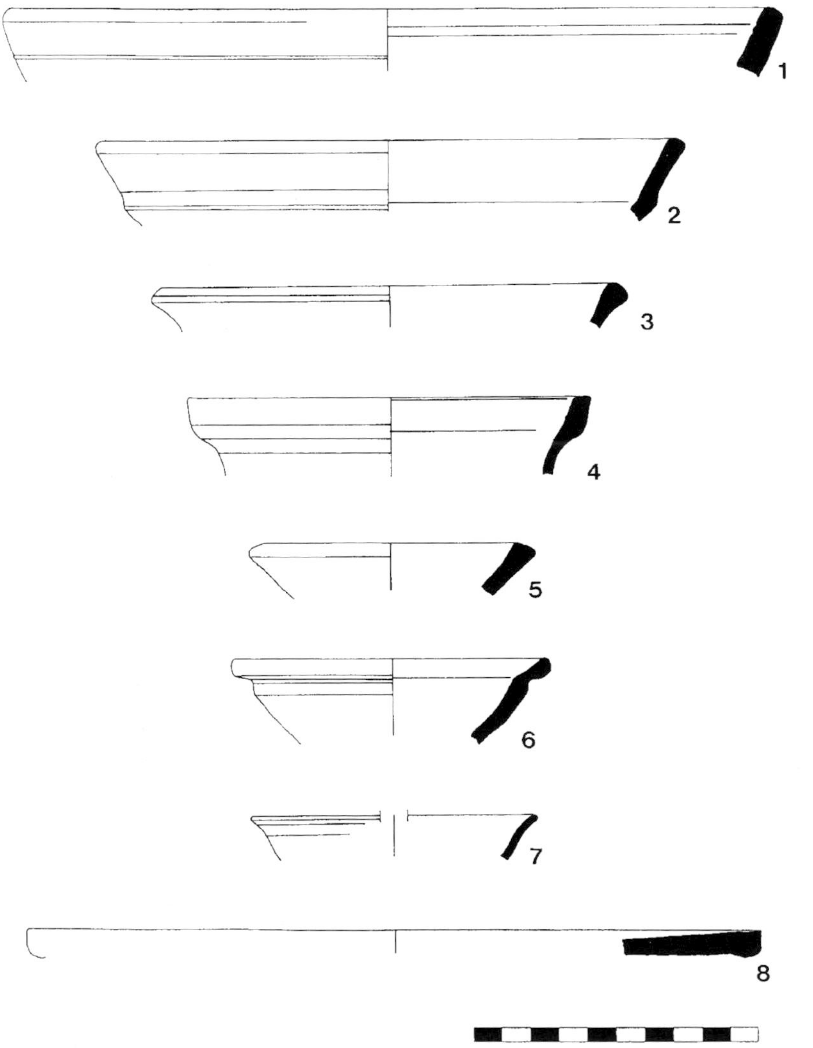

KERAMIK-TAFEL 95

Tafel	Nummer	Locus	Ware	Code	Schicht	Bemerkung
95,01	905406	9010	4	437	2	
95,02	517802	5044	4	447	1(?)	
95,03	902806	9004	4	408	2	
95,04	311305	3024	4	456	4	
95,05	310801	3024	4/1	456	4	
95,06	514408	5037	1	456	-	

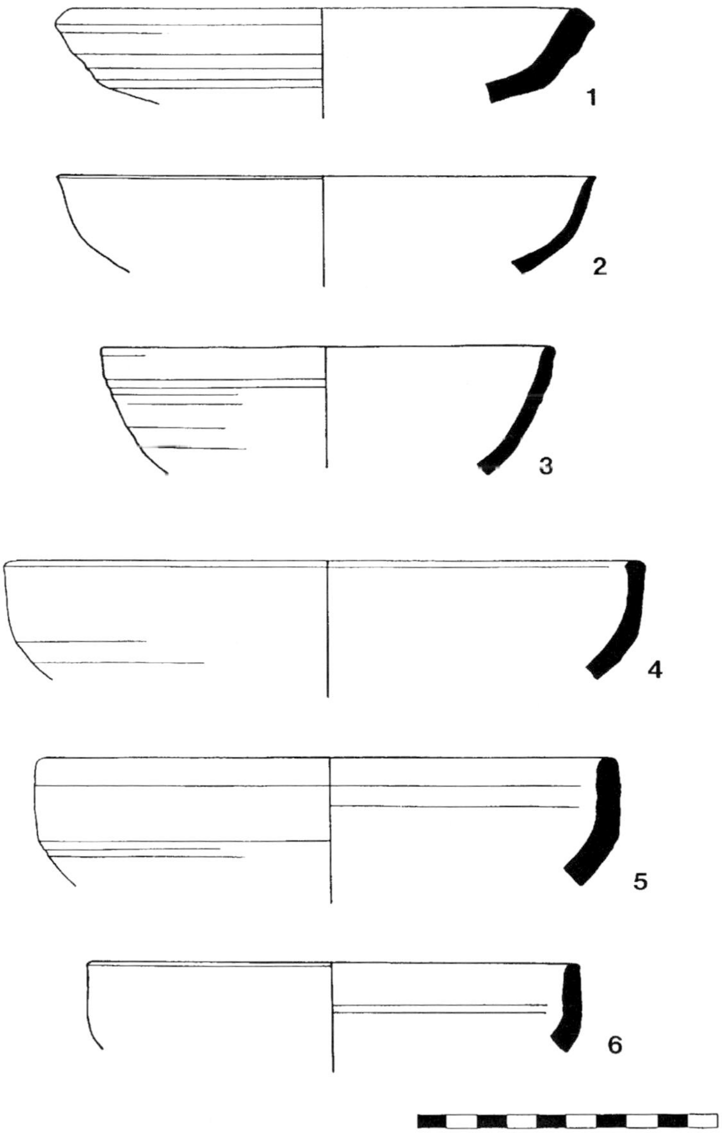

KERAMIK-TAFEL 96

Tafel	Nummer	Locus	Ware	Code	Schicht	Bemerkung
96,01	617705	6041	4	464	1	
96,02	319702	3049	21	4107	6	stark zerstört
96,03	813604	8030	4/1	495	-	Reinigung
96,04	628202	6066	4	4103	3(?)	
96,05	810601	8026	4/1	4100	4	

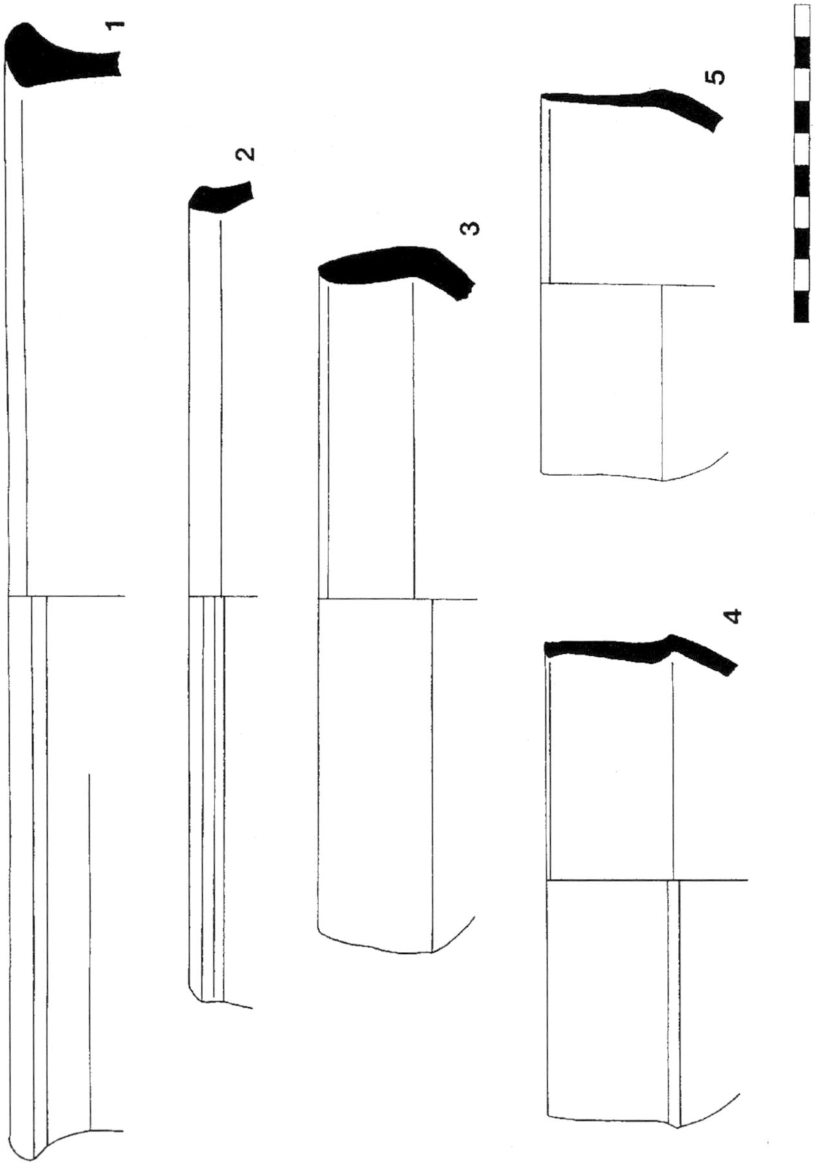

KERAMIK-TAFEL 97

Tafel	Nummer	Locus	Ware	Code	Schicht	Bemerkung
97,01	611920	6034	4	427	3	
97,02	207505	2014,2	5	438	2	
97,03	516713	5039	4	430	1	
97,04	514409	5037	4	412	-	

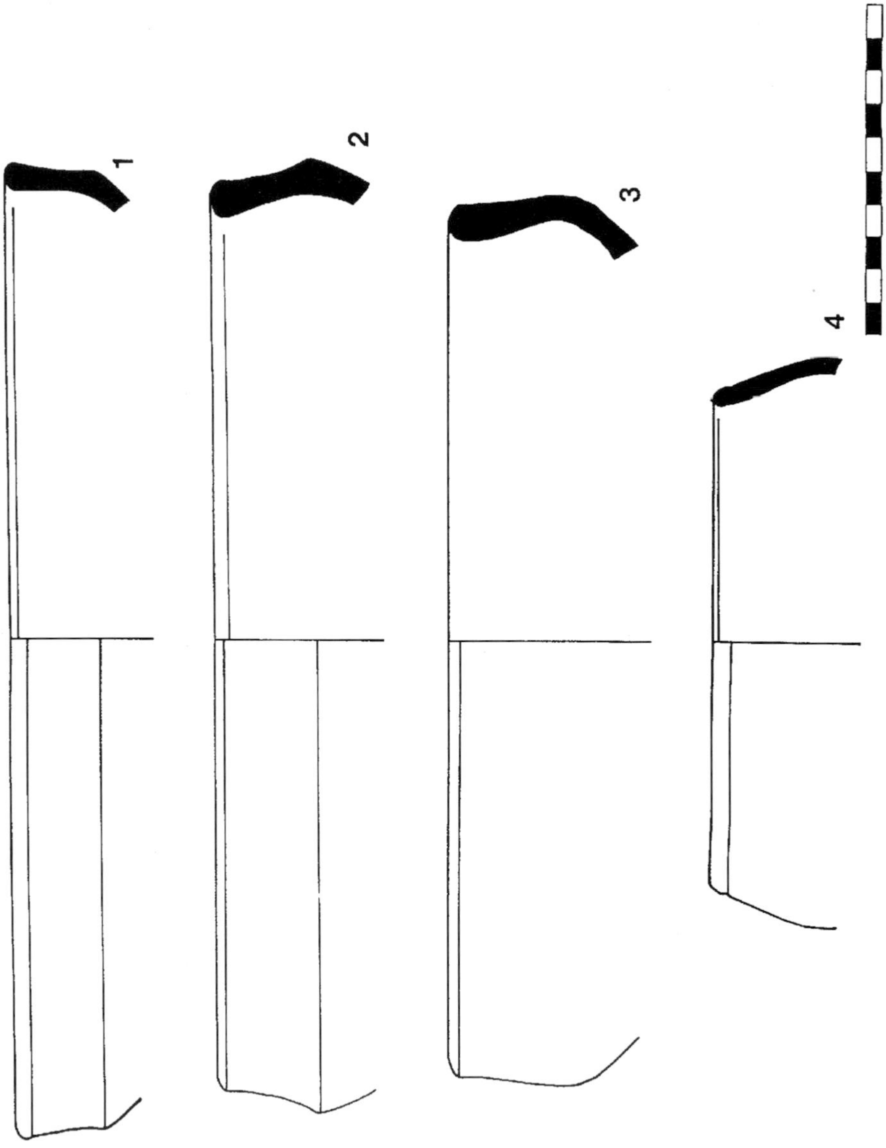

KERAMIK-TAFEL 98

Tafel	Nummer	Locus	Ware	Code	Schicht	Bemerkung
98,01	630502	6063	4	4105	3	
98,02	209905	2026	4	491	3	
98,03	619901	6045	4	477	3	
98,04	803301	8009	5	462	3(?)	
98,05	617801	6043	4/1	468	3	

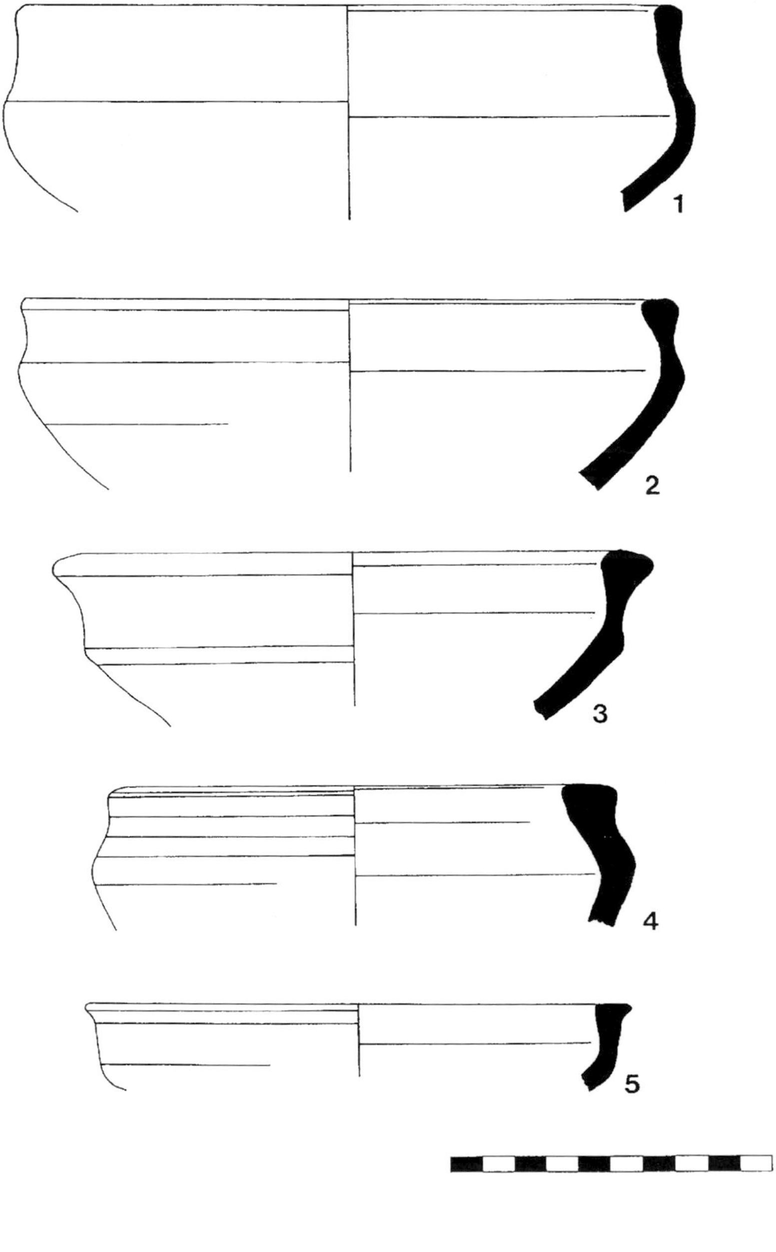

KERAMIK-TAFEL 99

Tafel	Nummer	Locus	Ware	Code	Schicht	Bemerkung
99,01	620705	6050	4	483	4	
99,02	628614	6070	4	4104	3	
99,03	209907	2026	4	492	3(?)	

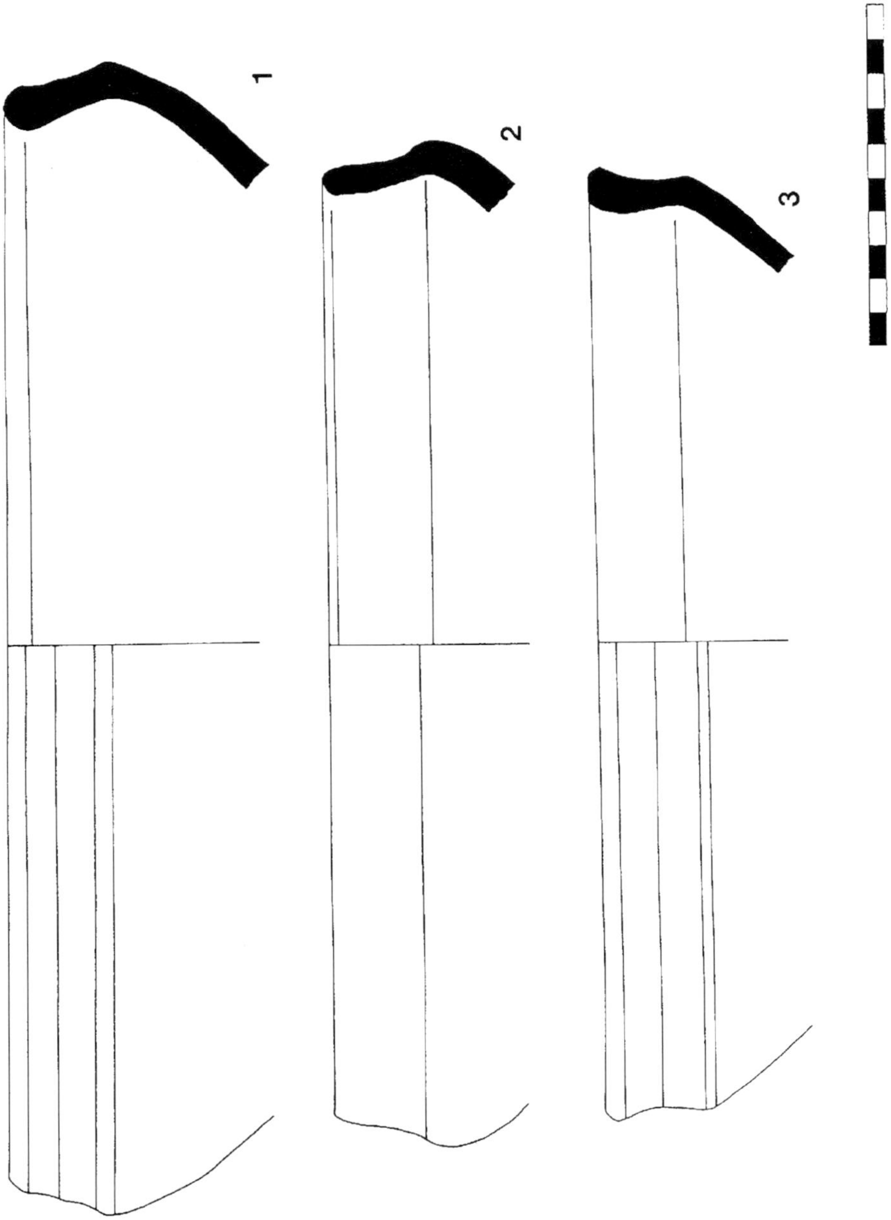

KERAMIK-TAFEL 100

Tafel	Nummer	Locus	Ware	Code	Schicht	Bemerkung
100,01	416111	4037	4/1	436	2	Spuren eines roten Slips
100,02	516308	5039	3	445	1	
100,03	1200521	12002	4	428	1	
100,04	312301	3029	4	436	-	
100,05	310802	3024	4/1	456	4	

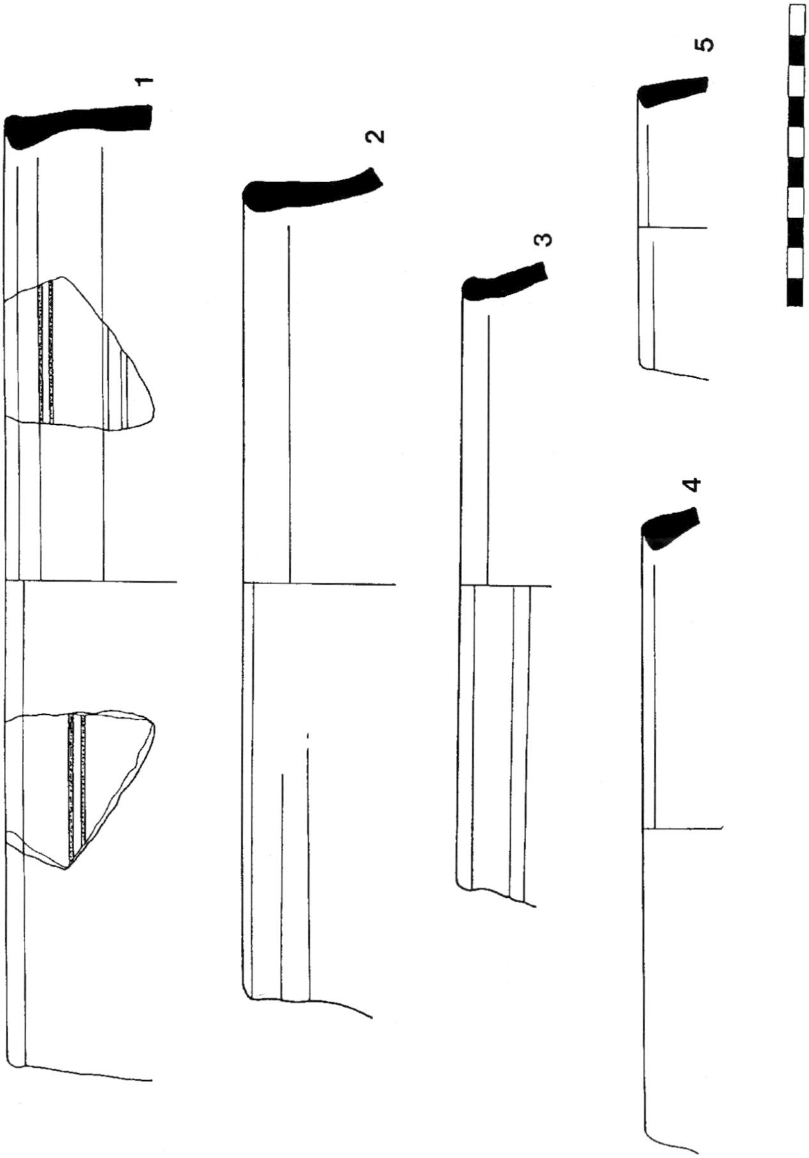

KERAMIK-TAFEL 101

Tafel	Nummer	Locus	Ware	Code	Schicht	Bemerkung
101,01	310407	3023	4	413	4	
101,02	311301	3024	4	412	4	
101,03	310803	3024	4/1	413	4	
101,04	1002539	10006	3	426	2	mit aufgesetzter Leiste (bar-handle)
101,05	1002516	10006	4	424	2	

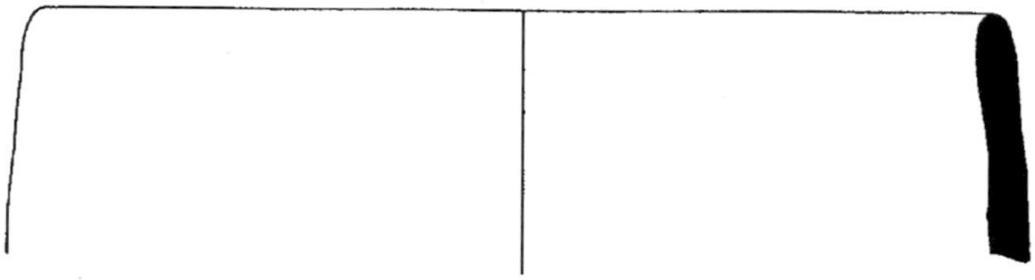

1

2

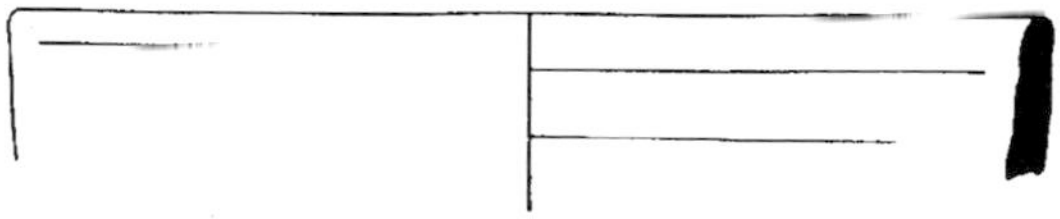

3

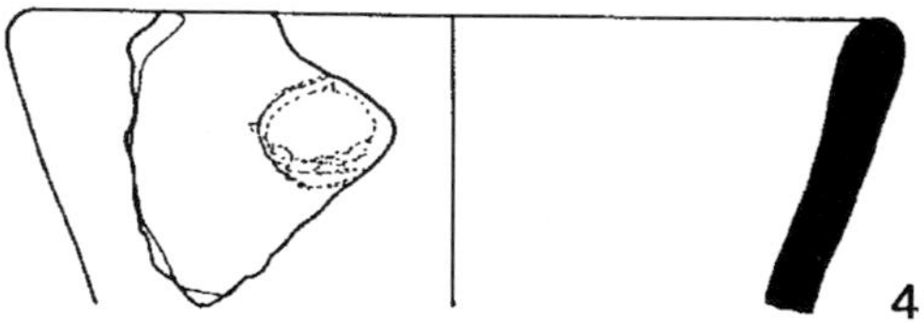

4

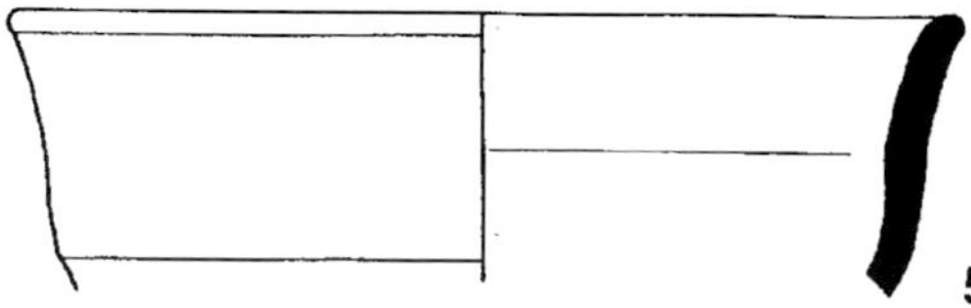

5

KERAMIK-TAFEL 102

Tafel	Nummer	Locus	Ware	Code	Schicht	Bemerkung
102,01	310402	3023	2	439	4	
102,02	415703	4036	2	429	2	
102,03	310403	3023	4	434	4	
102,04	905401	9010	3	413	2	join mit 905402+03

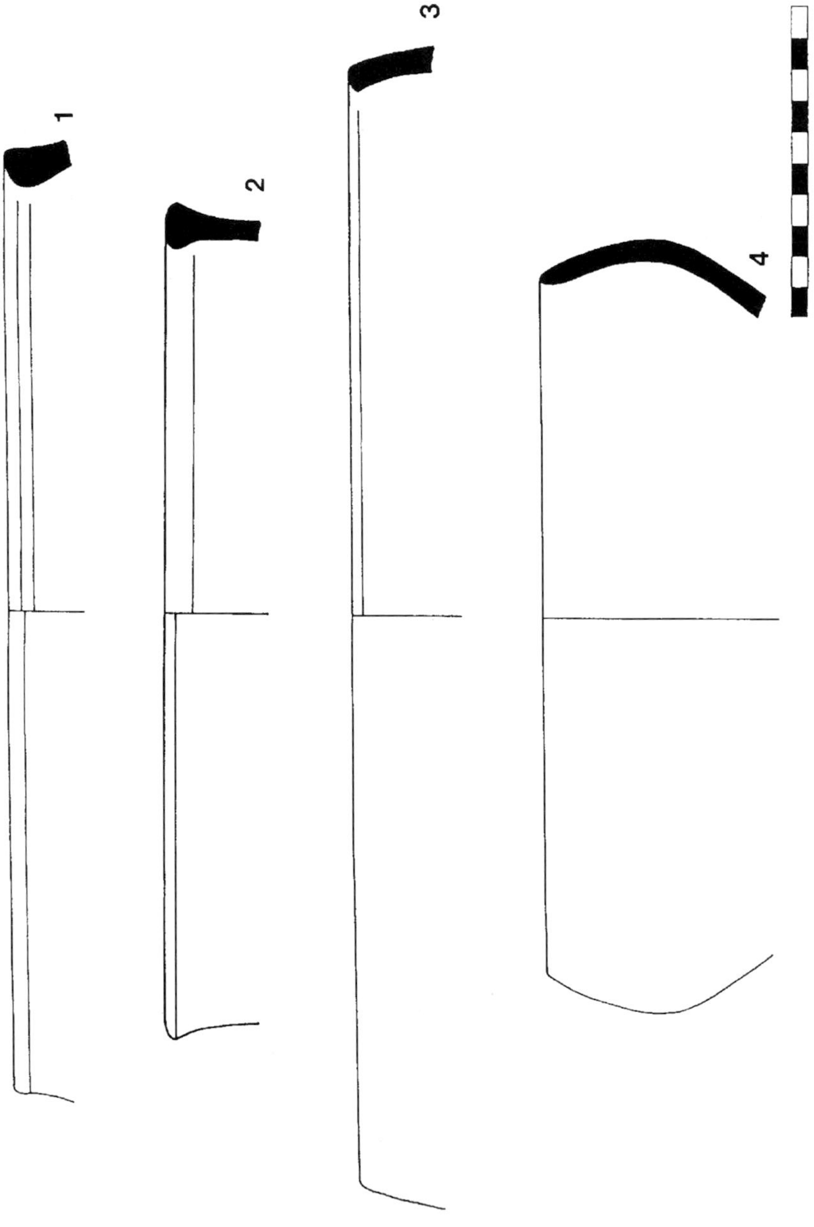

KERAMIK-TAFEL 103

Tafel	Nummer	Locus	Ware	Code	Schicht	Bemerkung
103,01	404901	4013	2	406	3	
103,02	600902	6005	4	407	2	
103,03	800104	8001	2	407	-	Reinigung der Raubgrube
103,04	700214	7002	4	407	-	
103,05	700203	7002	4	407	-	

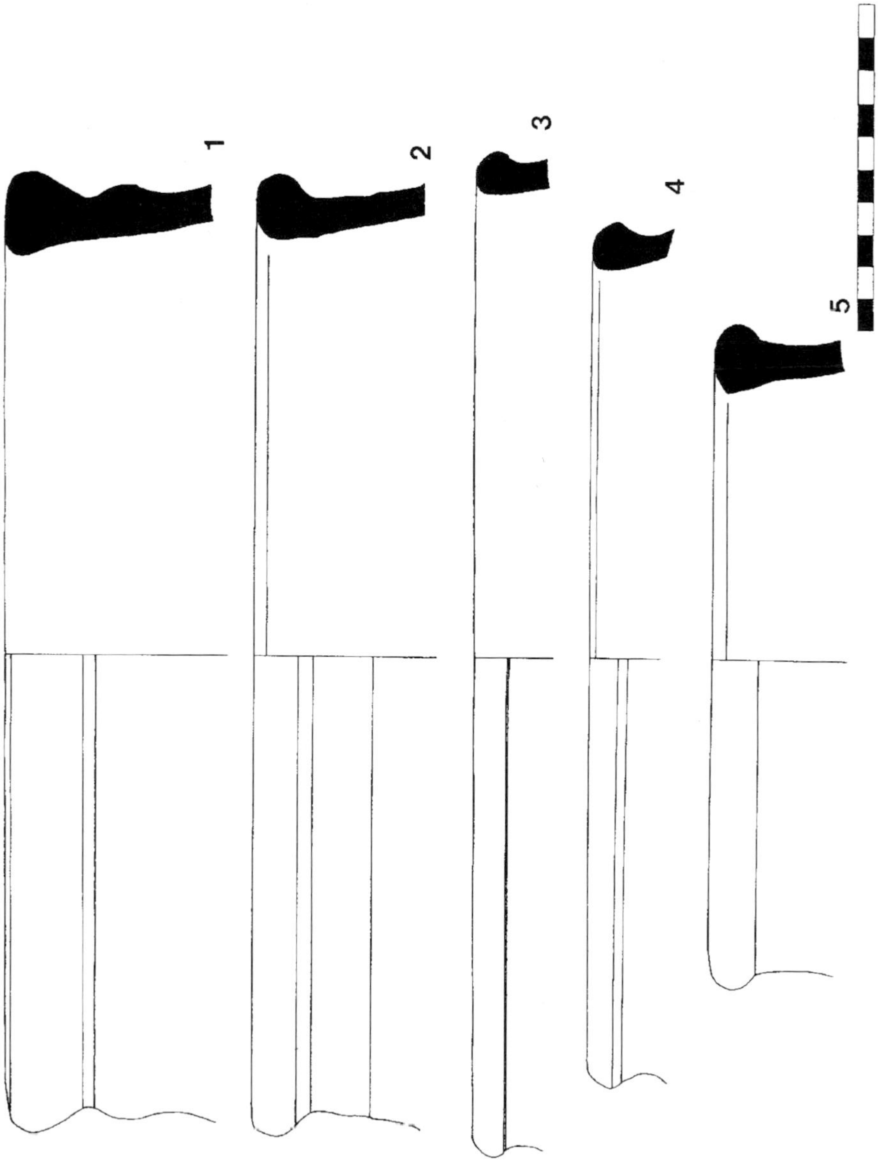

KERAMIK-TAFEL 104

Tafel	Nummer	Locus	Ware	Code	Schicht	Bemerkung
104,01	317422	3042	4	466	4	
104,02	209702	2025	4	490	2	
104,03	208506	2021	5	487	1	
104,04	500108	5001	2	418	0	
104,05	620301	6045	5	479	3	
104,06	618805	6043	5	469	3	

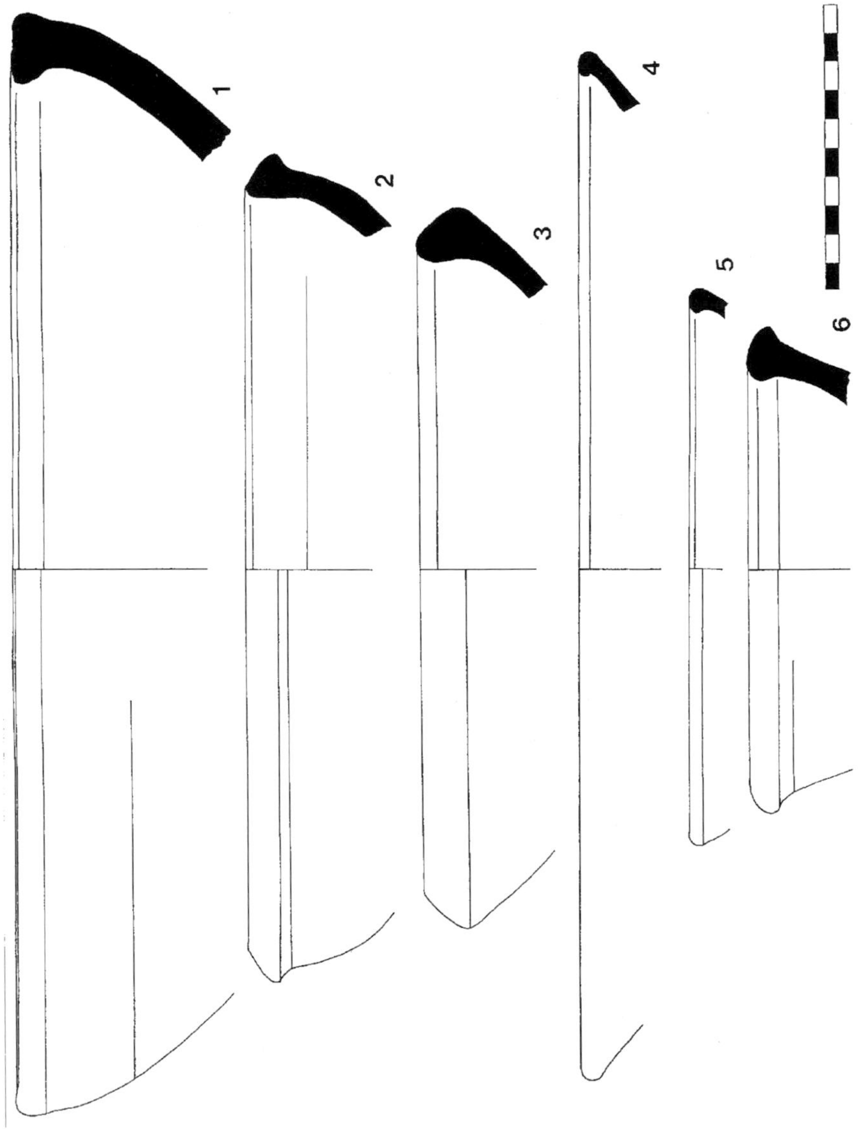

KERAMIK-TAFEL 105

Tafel	Nummer	Locus	Ware	Code	Schicht	Bemerkung
105,01	309804	3022	2	425	4	mit aufgesetzter Leiste (bar-handle)
105,02	308209	3018	3	458	3	
105,03	310401	3023	4	458	4	
105,04	908503	9014	2	433	2	

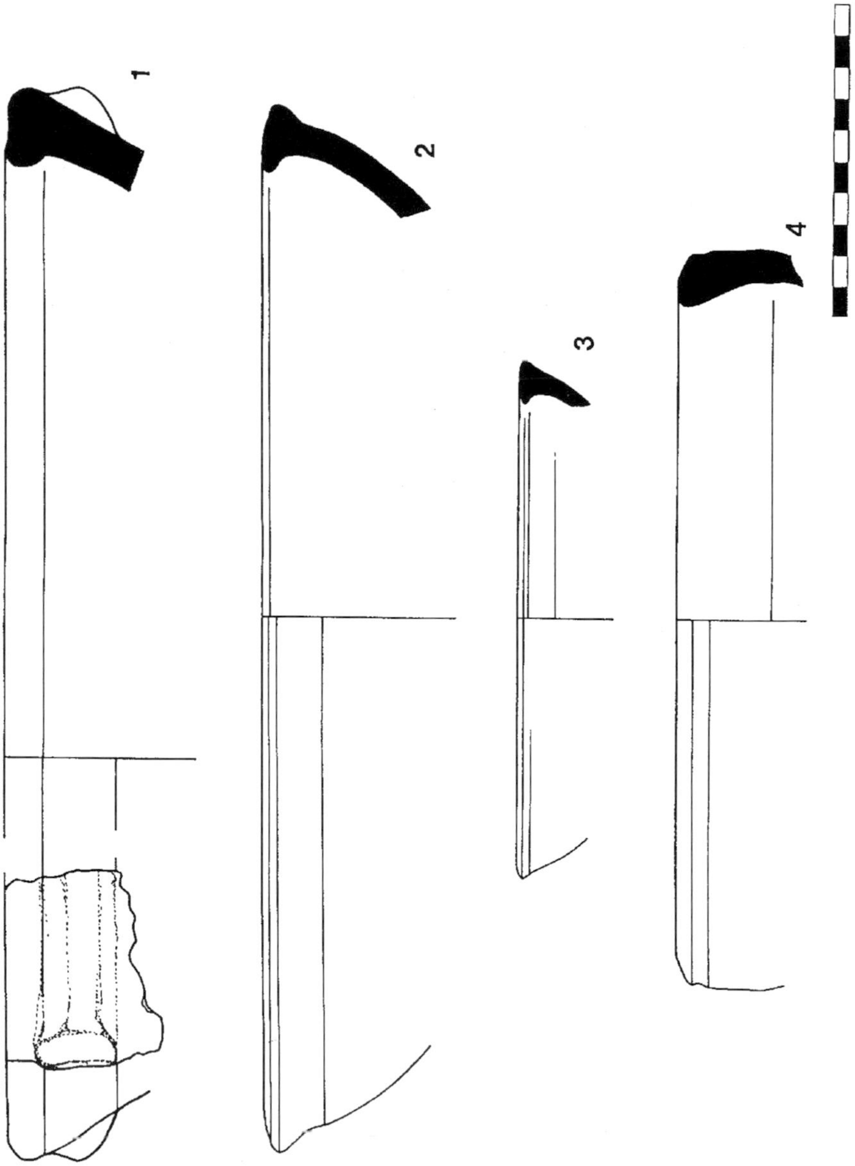

KERAMIK-TAFEL 106

Tafel	Nummer	Locus	Ware	Code	Schicht	Bemerkung
106,01	912303	9018,1	1	440	3	Brandspuren
106,02	906901	9012	4/1	432	2	
106,03	610303	6028	4/1	443	-	
106,04	613601	6036	4	434	3	
106,05	1000002	10000	4/1	435	0	

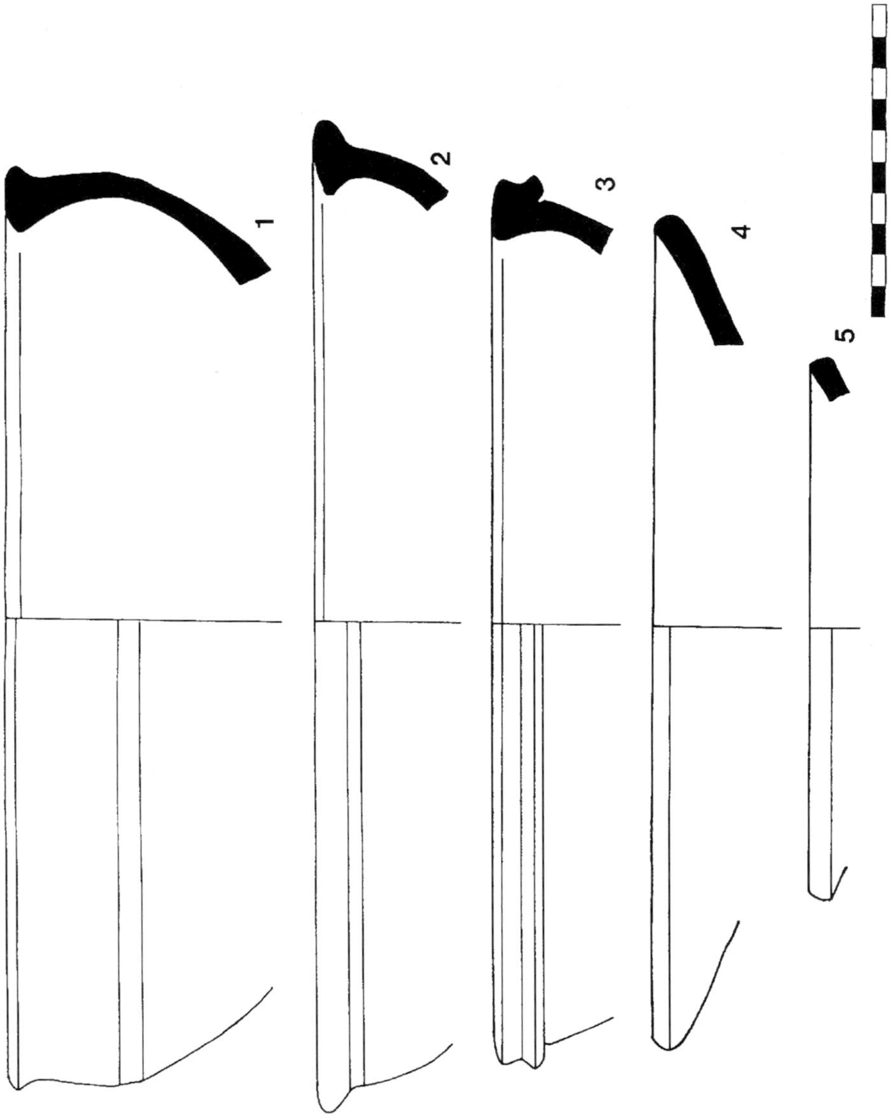

KERAMIK-TAFEL 107

Tafel	Nummer	Locus	Ware	Code	Schicht	Bemerkung
107,01	506106	5023	4	435	1	
107,02	416108	4037	4	439	2	
107,03	1100424	11002	4/1	429	2	
107,04	312401	3029	5	452	-	

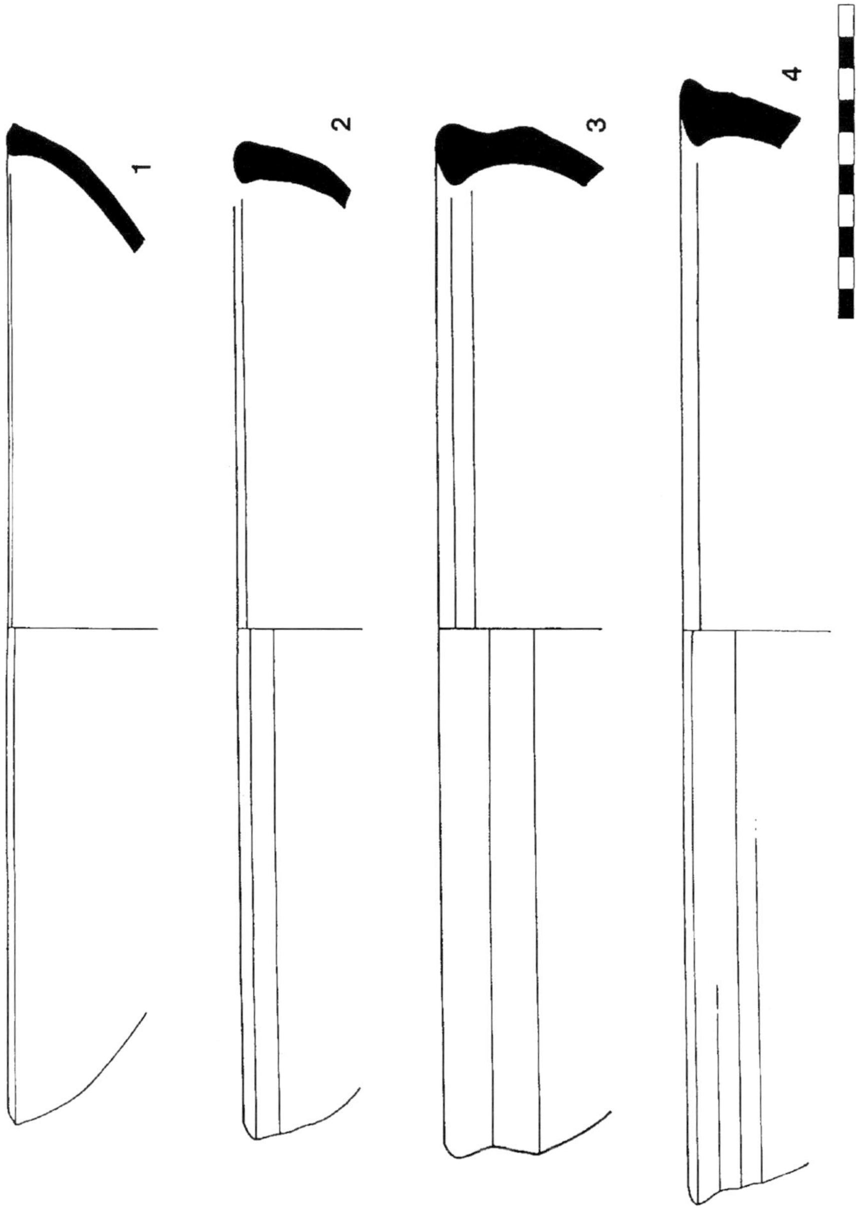

KERAMIK-TAFEL 108

Tafel	Nummer	Locus	Ware	Code	Schicht	Bemerkung
108,01	317403	3042	5	467	4	
108,02	1402313	14005	5	499	2	mit Boden 503
108,03	317802	3043	4	4109	4	
108,04	319202	3048	4/1	413	6	
108,05	319206	3048	4/1	481	6	
108,06	318414	3045	21	475	5	mit Boden 503
108,07	317803	3043	1	4108	4	
108,08	807602	8015	21	476	3	

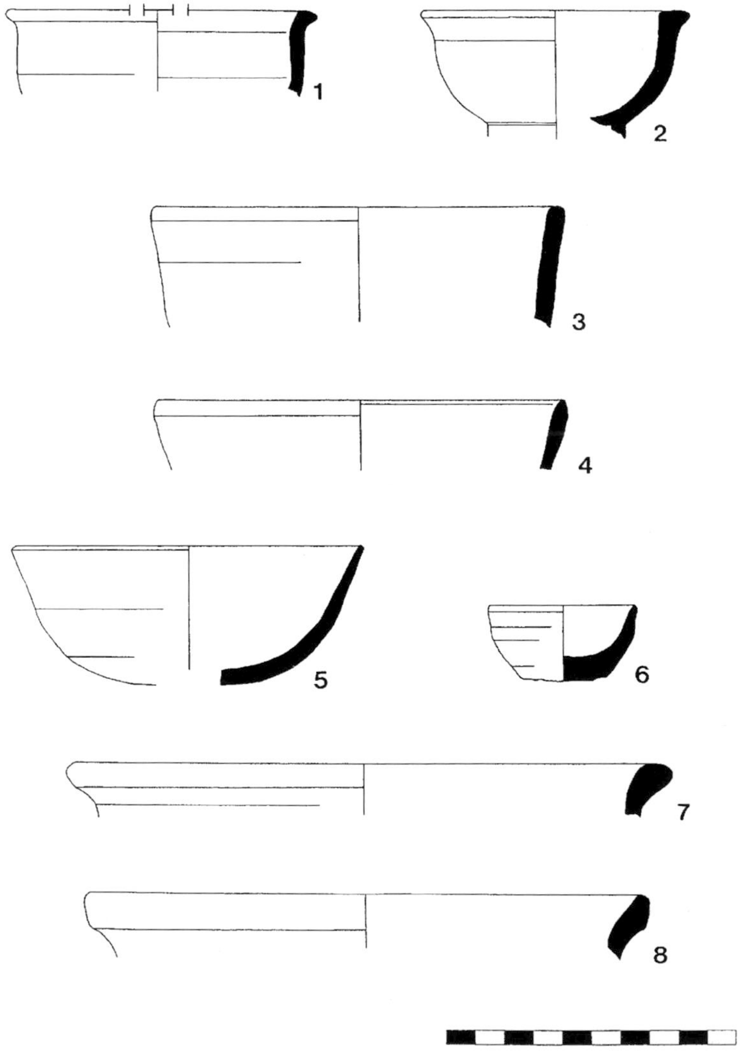

KERAMIK-TAFEL 109

Tafel	Nummer	Locus	Ware	Code	Schicht	Bemerkung
109,01	603422	6013	4	413	3	mit Henkel 601
109,02	607801	6024	2	405	3	
109,03	604101	6014	2	402	4	
109,04	503507	5016	4	412	1	
109,05	300101	3001	4	412	0	
109,06	250302	2502	4	413	1	
109,07	302804	3007	4	413	2	
109,08	408702	4019	4	413	1	
109,09	502501	5008	4	413	1	

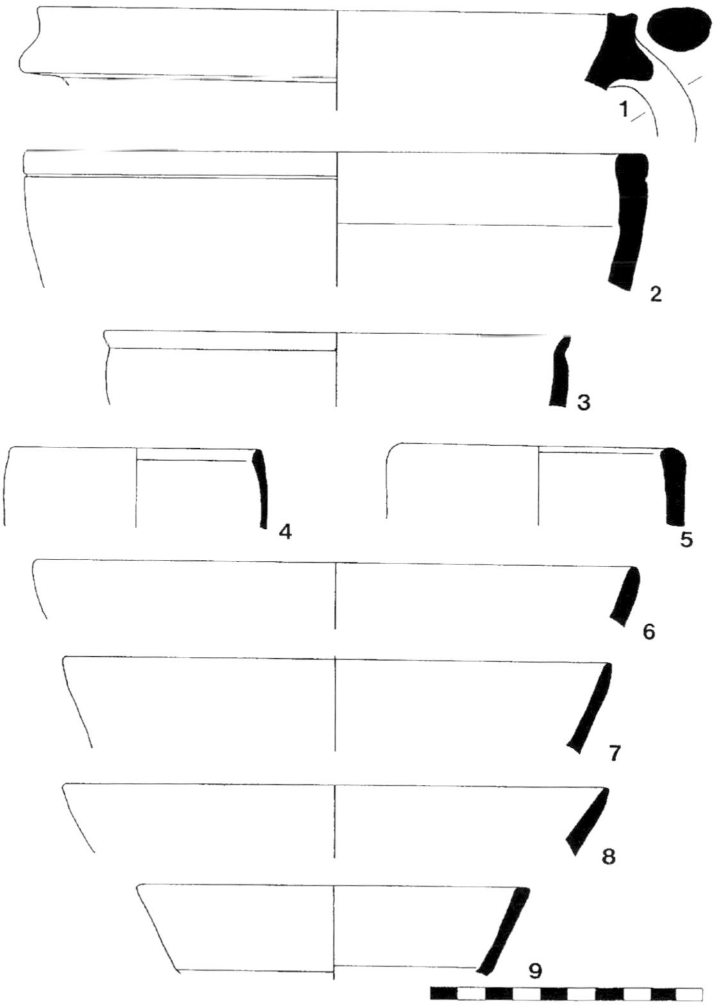

KERAMIK-TAFEL 112

Tafel	Nummer	Locus	Ware	Code	Schicht	Bemerkung
112,01	250314	2502	4	418	1	
112,02	411605	4026	4	418	1	
112,03	300203	3002	4/1	418	1	
112,04	100103	1001	4	418	H0	
112,05	200505	2005	5	417	H1	
112,06	400211	4002	4	418	1	Bemalung 10R3/3
112,07	201204	2006	2	419	H2	
112,08	102926	1010	6	420	H2	

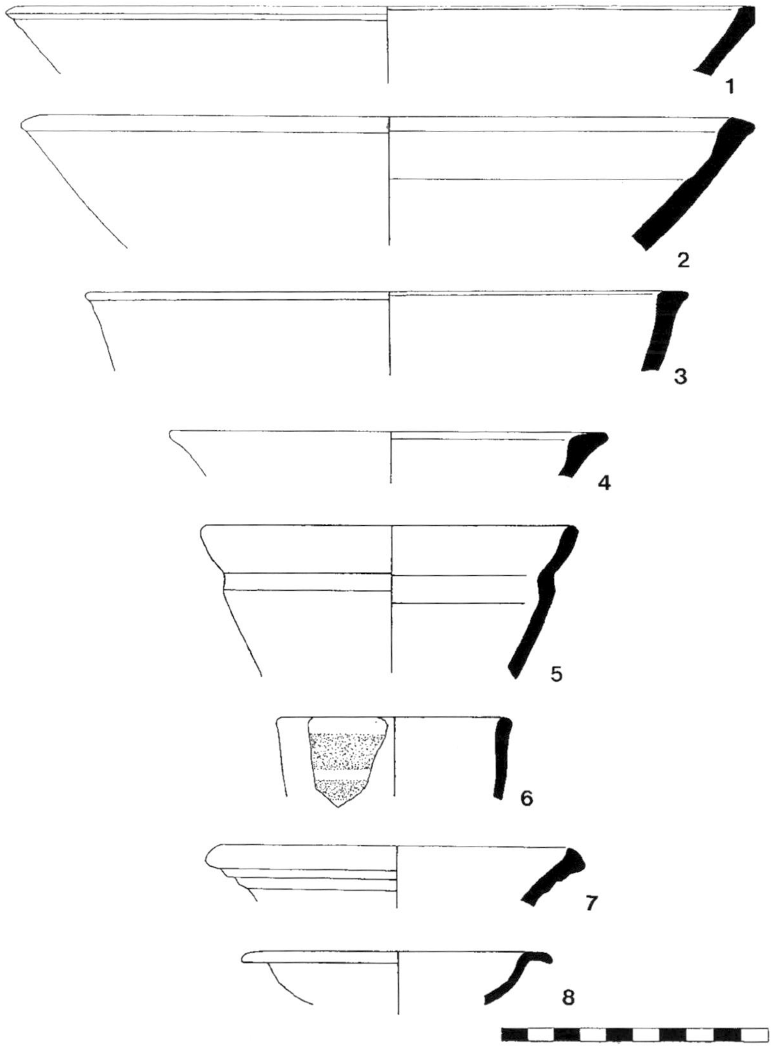

KERAMIK-TAFEL 113

Tafel	Nummer	Locus	Ware	Code	Schicht	Bemerkung
113,01	509102	5024	2	503	2	
113,02	312402	3029	4	503	-	
113,03	414901	4034	4/1	503	2	
113,04	612402	6034	4	503	3	
113,05	312303	3029	4	502	-	
113,06	611915	6034	4	506	3	
113,07	611952	6034	4	507	3	

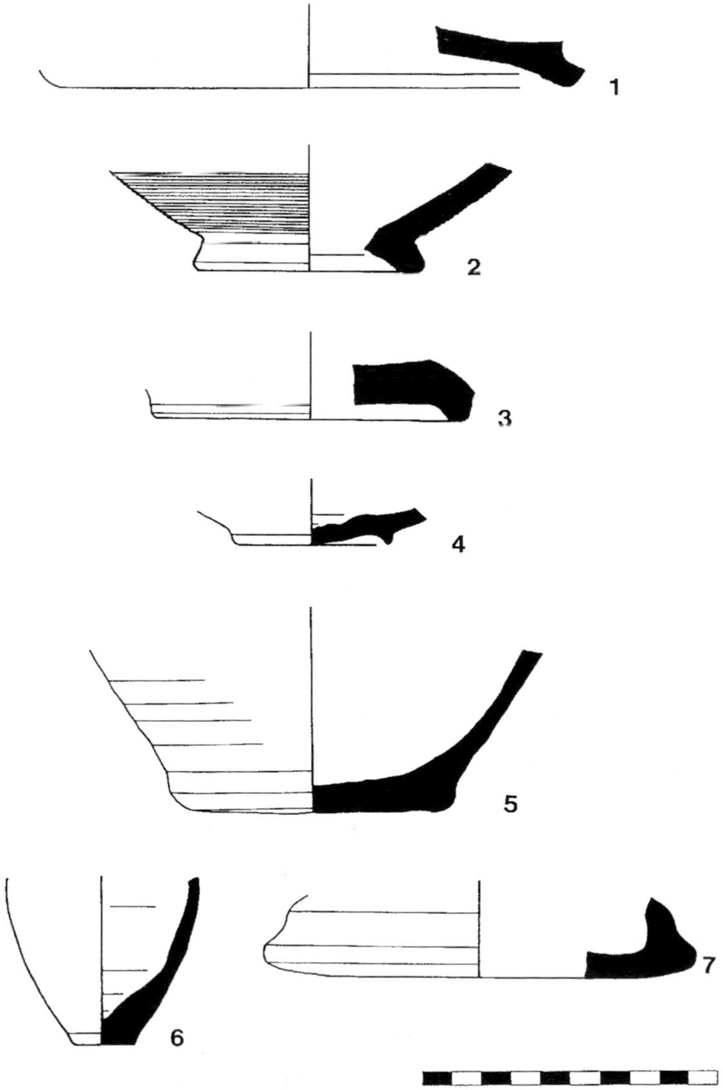

KERAMIK-TAFEL 114

Tafel	Nummer	Locus	Ware	Code	Schicht	Bemerkung
114,01	317108	3041	2	501	3	
114,02	209503	2024	4	502	2	
114,03	319104	3047	2	503	5	Slip außen: 10YR6/3
114,04	317806	3043	4	503	4	
114,05	319207	3048	21	503	6	
114,06	625106	6058	21	503	4	

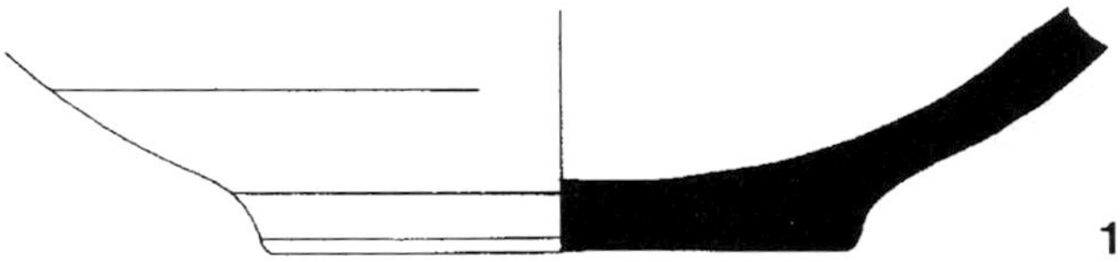
1

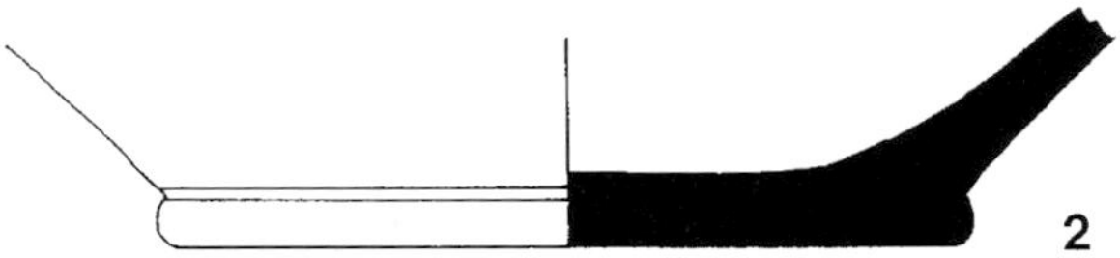
2

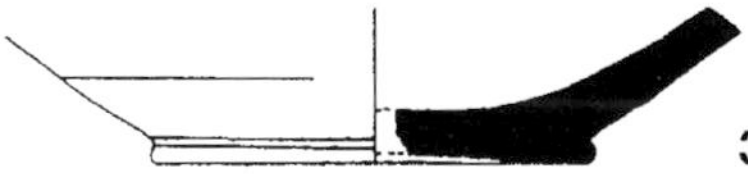
3

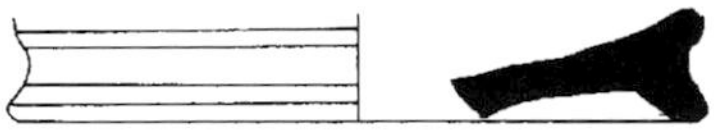
4

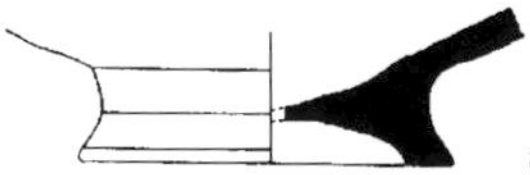
5

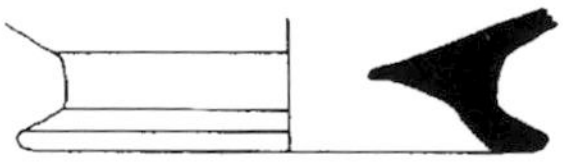
6

KERAMIK-TAFEL 115

Tafel	Nummer	Locus	Ware	Code	Schicht	Bemerkung
115,01	206001	2013	2	505	2	

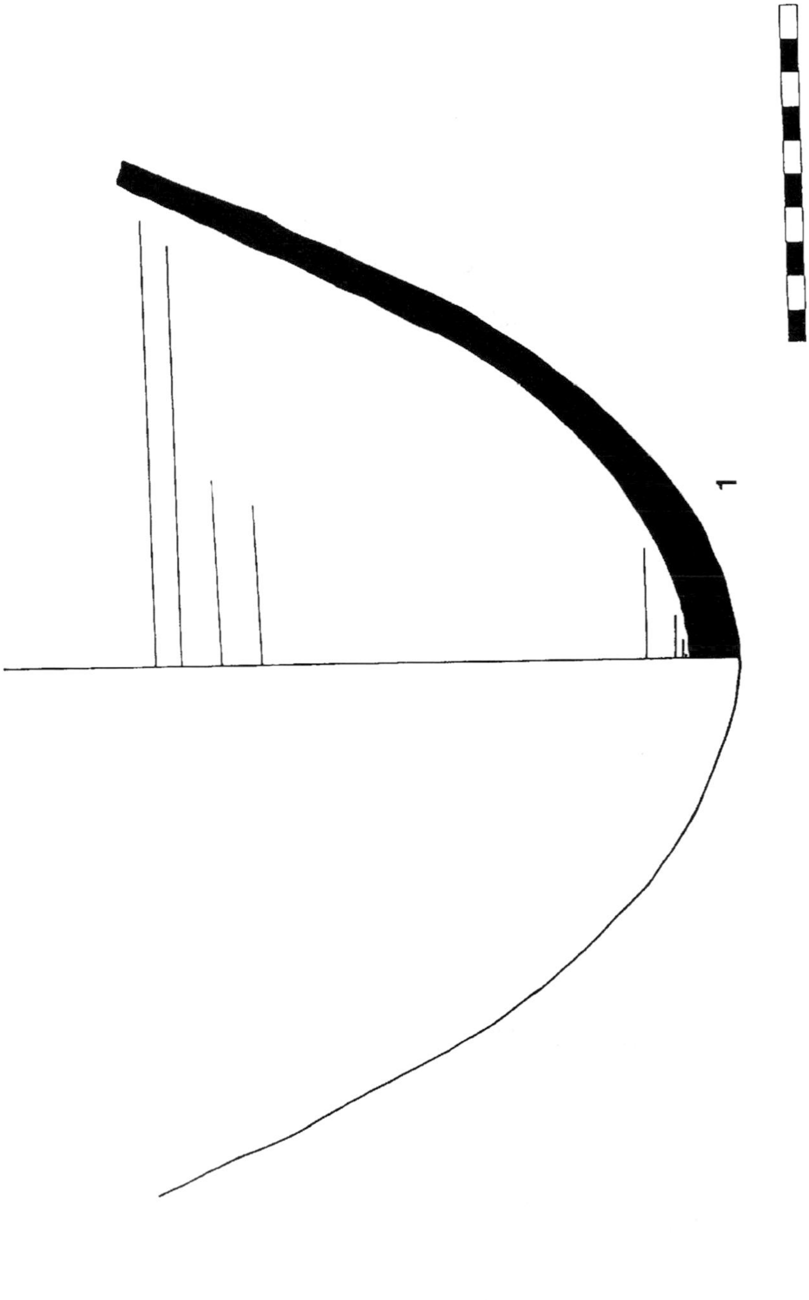

KERAMIK-TAFEL 116

Tafel	Nummer	Locus	Ware	Code	Schicht	Bemerkung
116,01	304901	3012	4	505	3	join mit 304902
116,02	402301	4008	4	505	2(?)	
116,03	402402	4008	4	505	2(?)	join mit 402401
116,04	302003	3005	4	505	2	

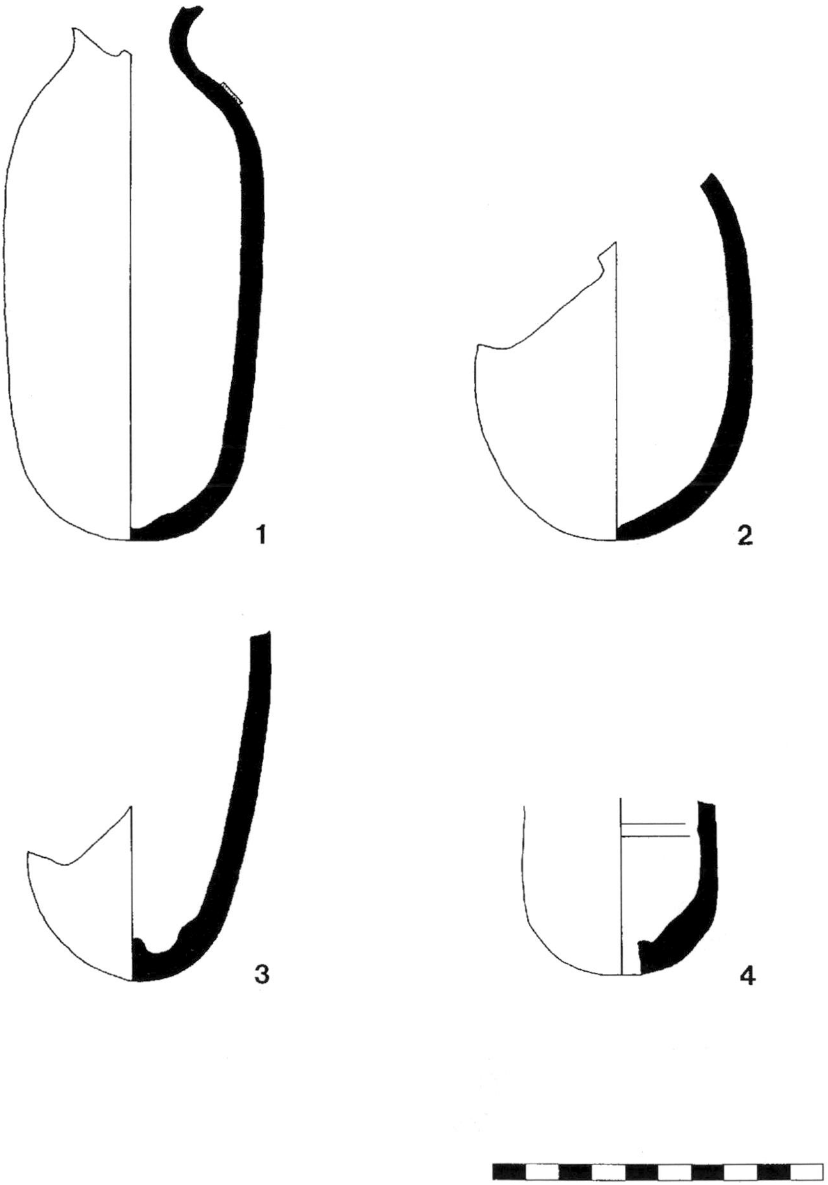

KERAMIK-TAFEL 117

Tafel	Nummer	Locus	Ware	Code	Schicht	Bemerkung
117,01	1301214	13002	4	503	H1	
117,02	319102	3047	5	506	5	
117,03	806001	8013	5	506	3(?)	fast vollständig
117,04	805010	8014	5	506	3	
117,05	917301	9033	4	505	3	fast vollständig
117,06	919901	9039	4	505	-	Reinigung; mit Henkel 603, fast vollständig
117,07	618320	6043	3	510	3	
117,08	350809	3503	4	510	2	
117,09	318407	3045	4	510	5	

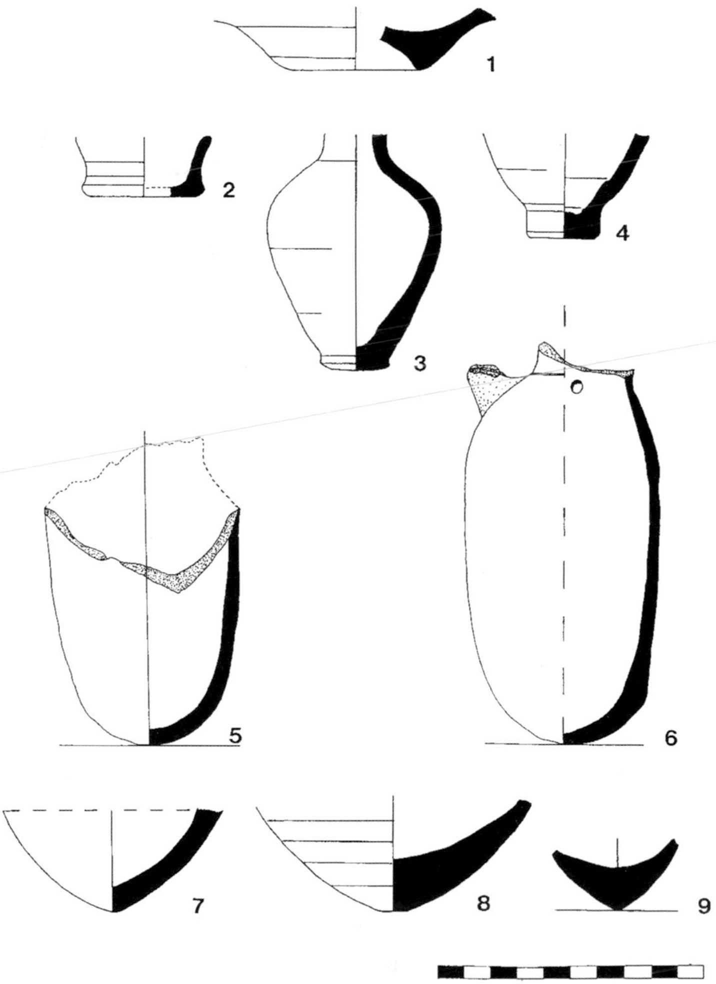

KERAMIK-TAFEL 118

Tafel	Nummer	Locus	Ware	Code	Schicht	Bemerkung
118,01	413201	4030	4	501	2	fast vollständiges Gefäß
118,02	304801	3013	2	503	3	
118,03	800107	8001	2	501	-	Reinigung Raubgrube
118,04	501013	5004	2	503	0	
118,05	250102	2501	4	503	0	
118,06	604111	6014	2	503	4	
118,07	304001	3010	4	503	3	

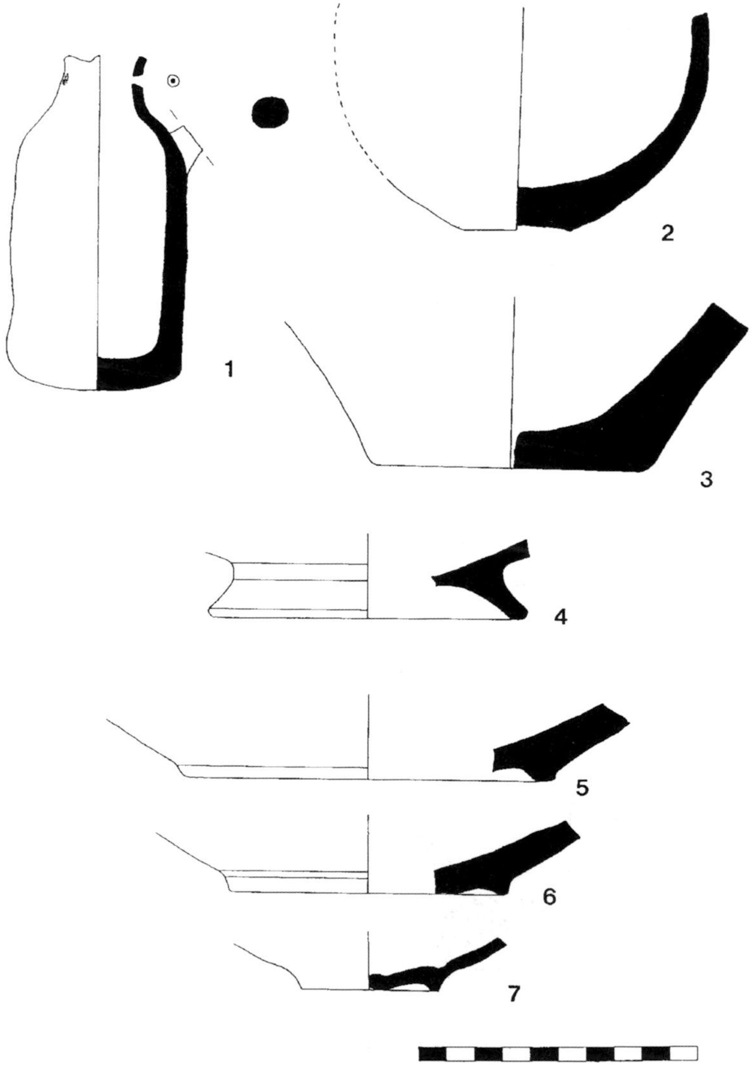

KERAMIK-TAFEL 119

Tafel	Nummer	Locus	Ware	Code	Schicht	Bemerkung
119,01	1000932	10002	4	504	1(?)	
119,02	414913	4034	4	504	2	
119,03	916225	9024	4	504	3	Bemalung innen: 2.5YR3/0
119,04	308101	3003,4	1	504	3	

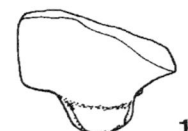

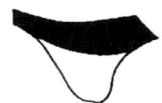

1

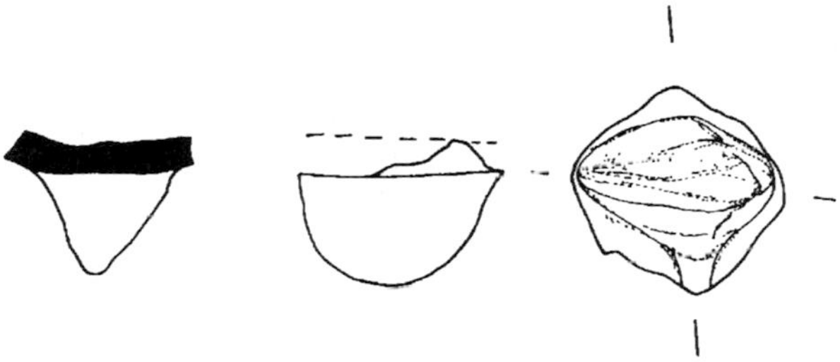
2

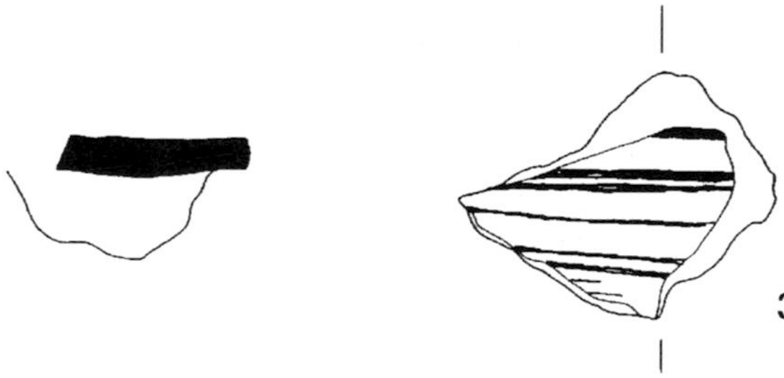
3

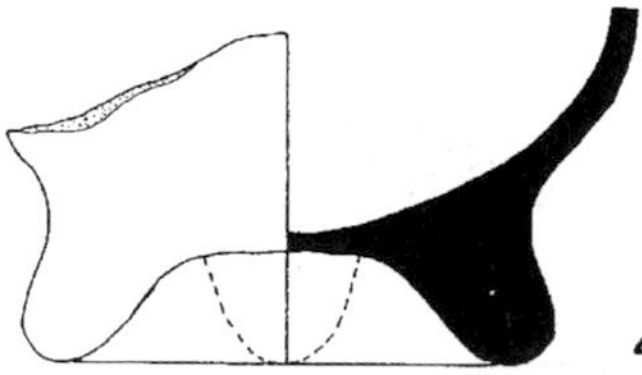
4

KERAMIK-TAFEL 120

Tafel	Nummer	Locus	Ware	Code	Schicht	Bemerkung
120,01	304802	3013	2	601	3	
120,02	405105	4014	4	601	3	
120,03	601107	6006	4	601	2	
120,04	407307	4018	2	601	1	
120,05	602711	6012	2	604	2	
120,06	700105	7001	2	604	-	Reinigung

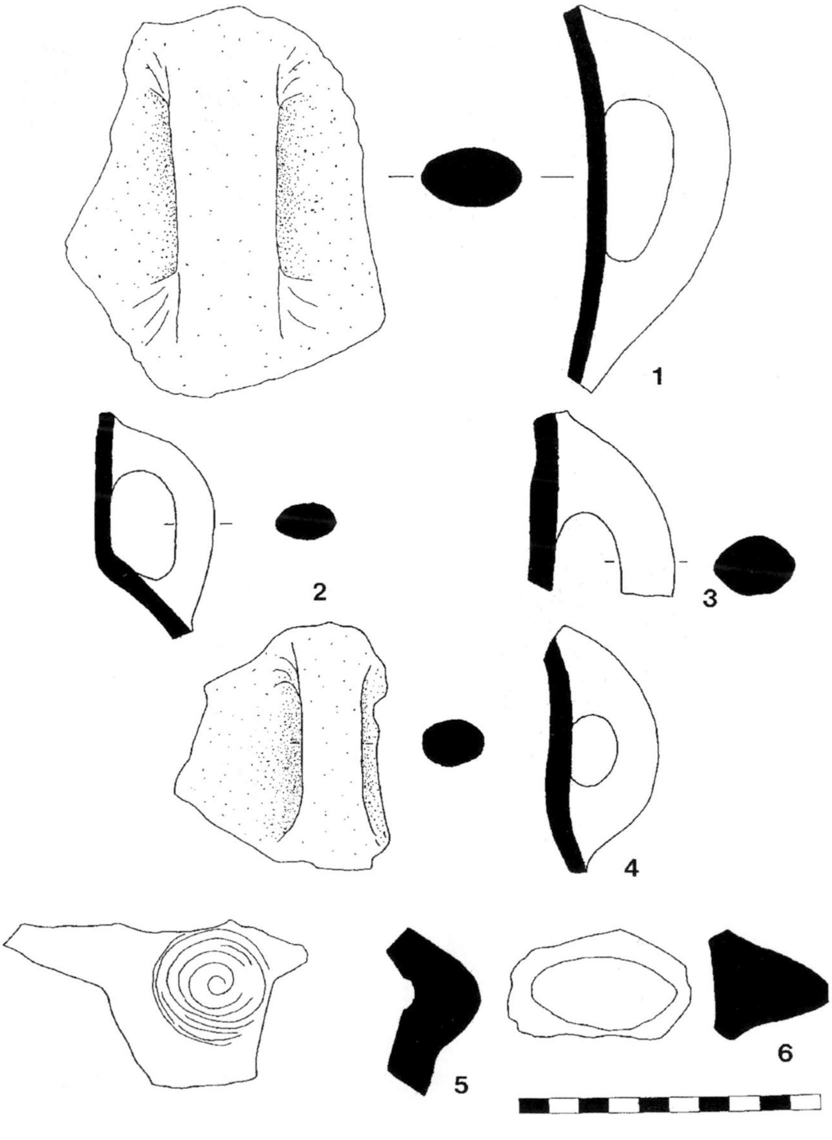

KERAMIK-TAFEL 121

Tafel	Nummer	Locus	Ware	Code	Schicht	Bemerkung
121,01	207528	2014,2	2	602	2	
121,02	414304	4032	4/1	603	1	Bemalung 10R4/1

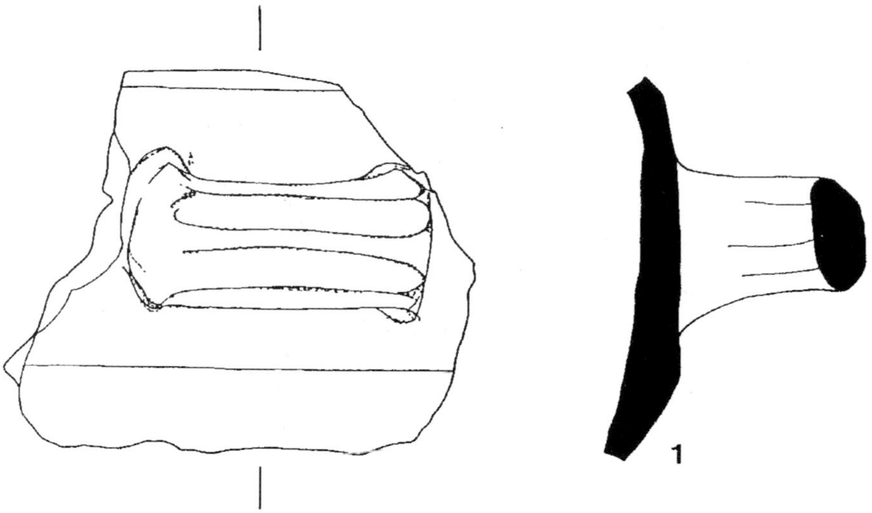

1

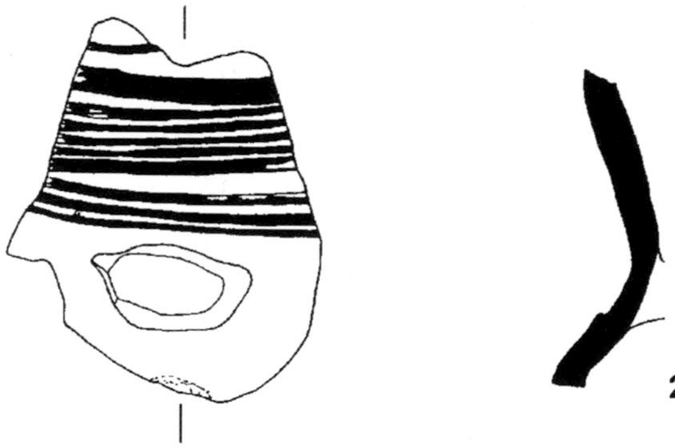

2

KERAMIK-TAFEL 122

Tafel	Nummer	Locus	Ware	Code	Schicht	Bemerkung
122,01	1003404	10009	4	601	2	Bemalung 10R3/1
122,02	911121	9018	4	601	3	
122,03	513605	5029	2	601	2	
122,04	913635	9020	2	601	-	Reinigung; mit Einritzung
122,05	416129	4037	5	601	2	Einritzung

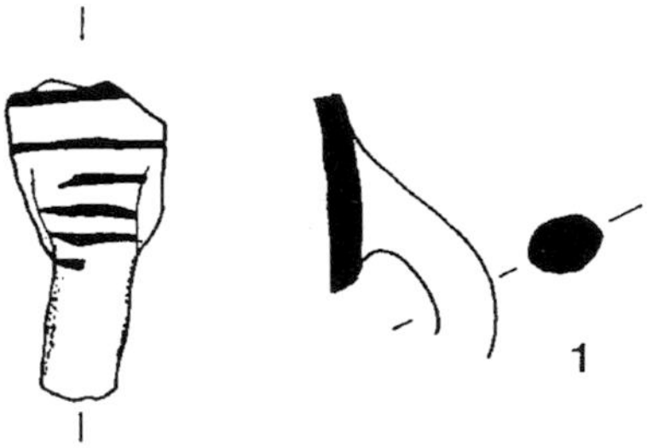

1

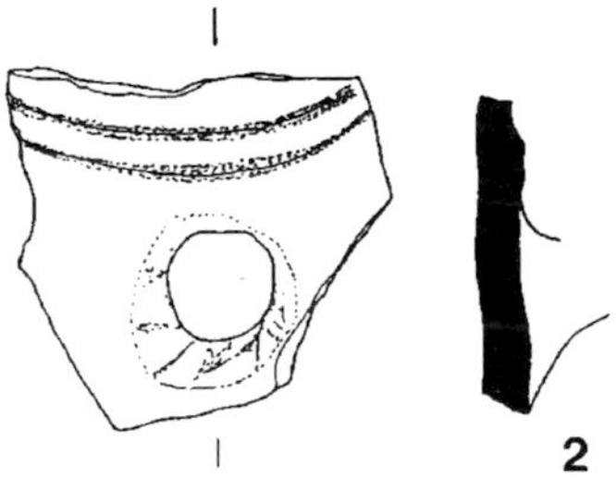

2

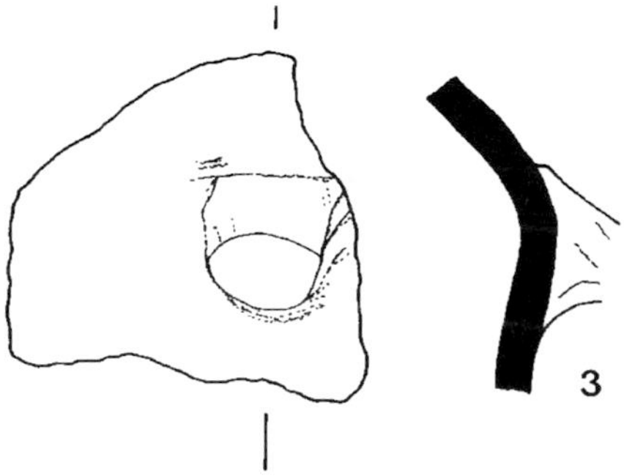

3

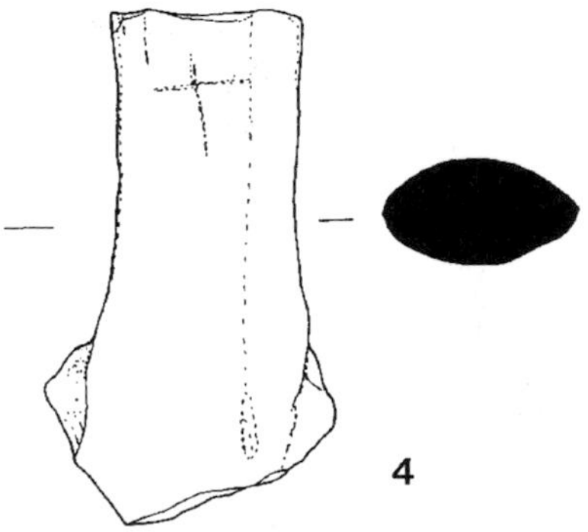

4

5

KERAMIK-TAFEL 123

Tafel	Nummer	Locus	Ware	Code	Schicht	Bemerkung
123,01	317115	3041	2	601	3	angebohrt
123,02	1404613	14011	2	601	2	Bemalung 10YR4/1
123,03	804217	8010	2	601	3	Einritzung
123,04	415255	4035	4	601	2	

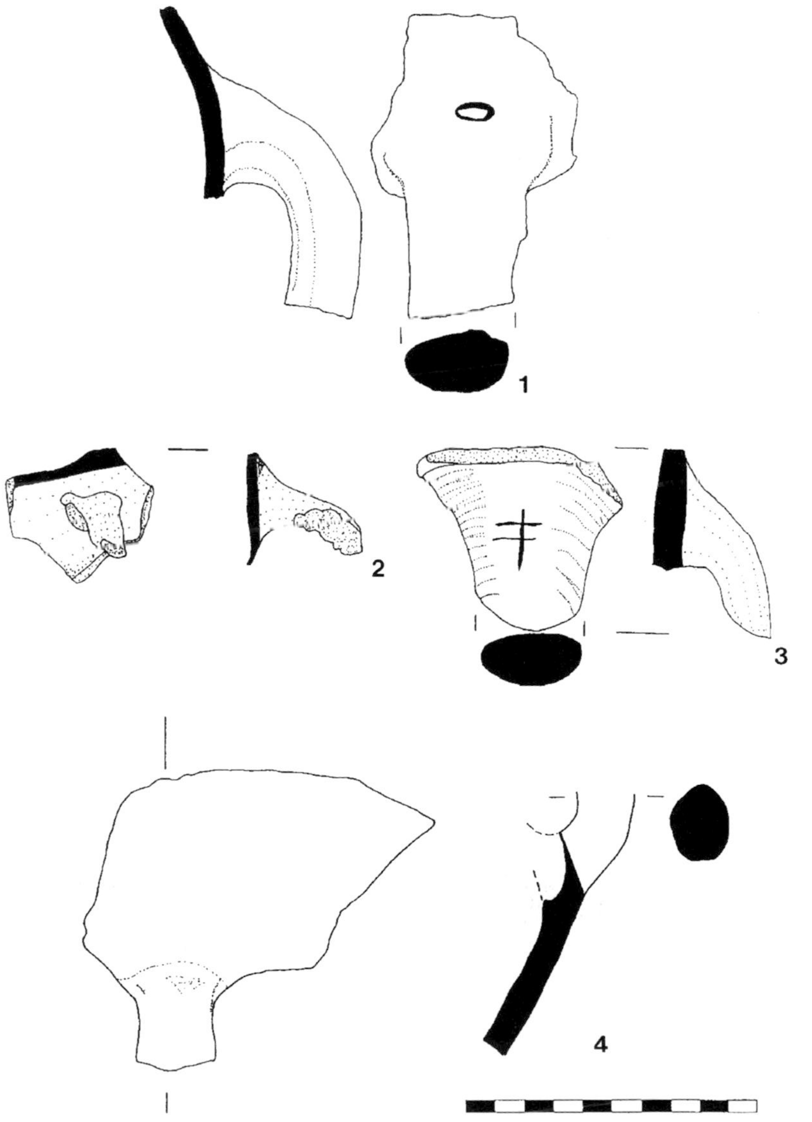

KERAMIK-TAFEL 124

Tafel	Nummer	Locus	Ware	Code	Schicht	Bemerkung
124,01	404909	4013	4	701	3	Bemalung 2.5YR2.5/4
124,02	405104	4014	4	701	3	Bemalung 2.5YR2.5/4
124,03	601401	6007	4	701	4	Bemalung 2.5YR2.5/4
124,04	1400110	14000	4/1	701	1	Bemalung 10R4/2
124,05	318411	3045	21	701	5	Bemalung 7.5YR8/0
124,06	318410	3045	21	702	5	Einritzung
124,07	318416	3045	3	702	5	Einritzungen
124,08	319212	3048	21	702	6	Einritzungen
124,09	101230	1005	2	702	H1	Einritzungen
124,10	402109	4008	4	703	2(?)	Ritzung/Loch

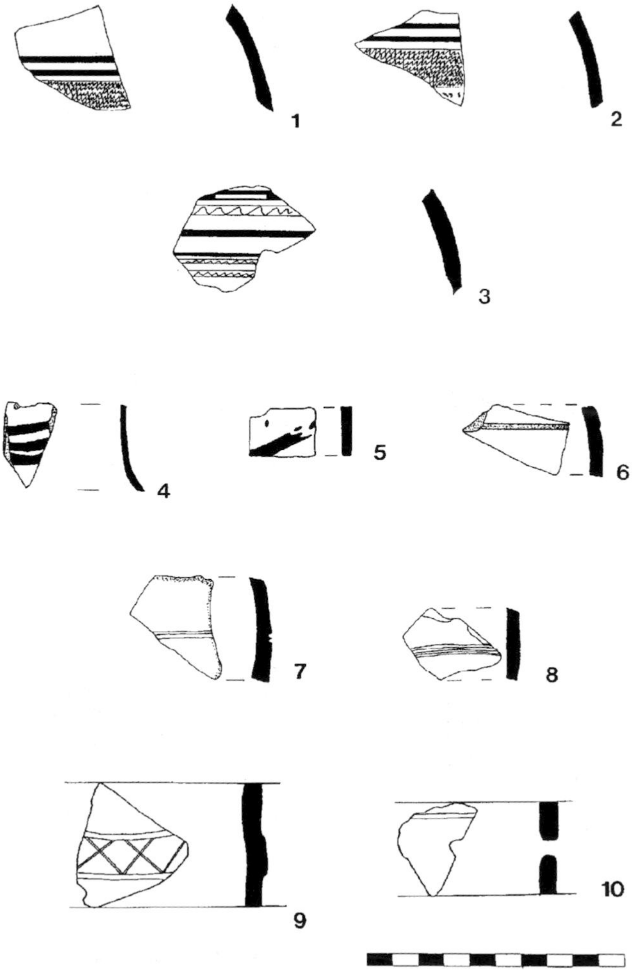

KERAMIK-TAFEL 125

Tafel	Nummer	Locus	Ware	Code	Schicht	Bemerkung
125,01	913223	9018,1	4	702	3	Einritzung
125,02	1000006	10000	3	702	0	Einritzung
125,03	319211	3048	2	702	6	Einritzung, außen: Slip 5YR5/1; innen: Slip 5YR7/4
125,04	320102	3050	5	703	6	
125,05	309818	3022	2	703	4	mit Knubbe
125,06	1011805	10011	4	703	1	mit Knubbe

1

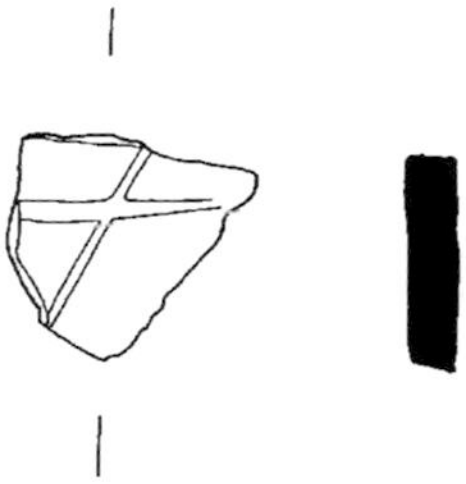
2

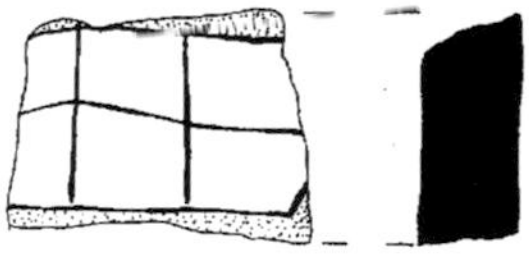
3

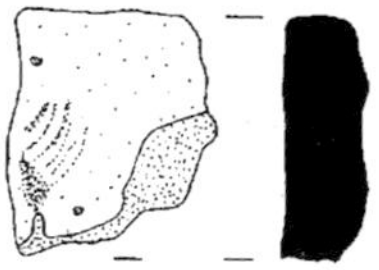
4

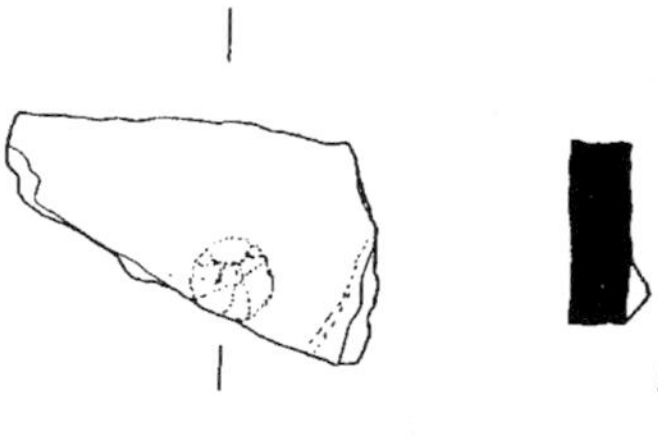
5

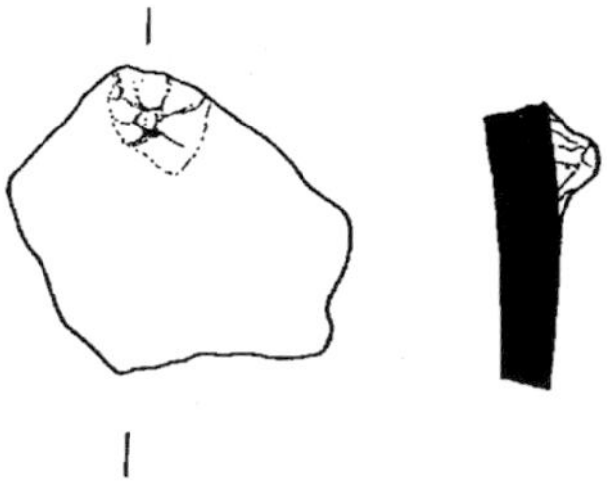
6

KERAMIK-TAFEL 126

Tafel	Nummer	Locus	Ware	Code	Schicht	Bemerkung
126,01	1011502	10002,7	4	703	2	durchbohrt
126,02	909708	9016	4	703	2	von beiden Seiten angebohrt
126,03	415714	4036	4	703	2	mit aufgesetzter Leiste (bar-handle)
126,04	914336	9021	4	703	3	mit aufgesetzter Leiste (bar-handle)
126,05	905436	9010	4	703	2	mit aufgesetzter Leiste (bar-handle)
126,06	309410	3020	4	703	4	mit aufgesetzter Leiste (bar-handle)

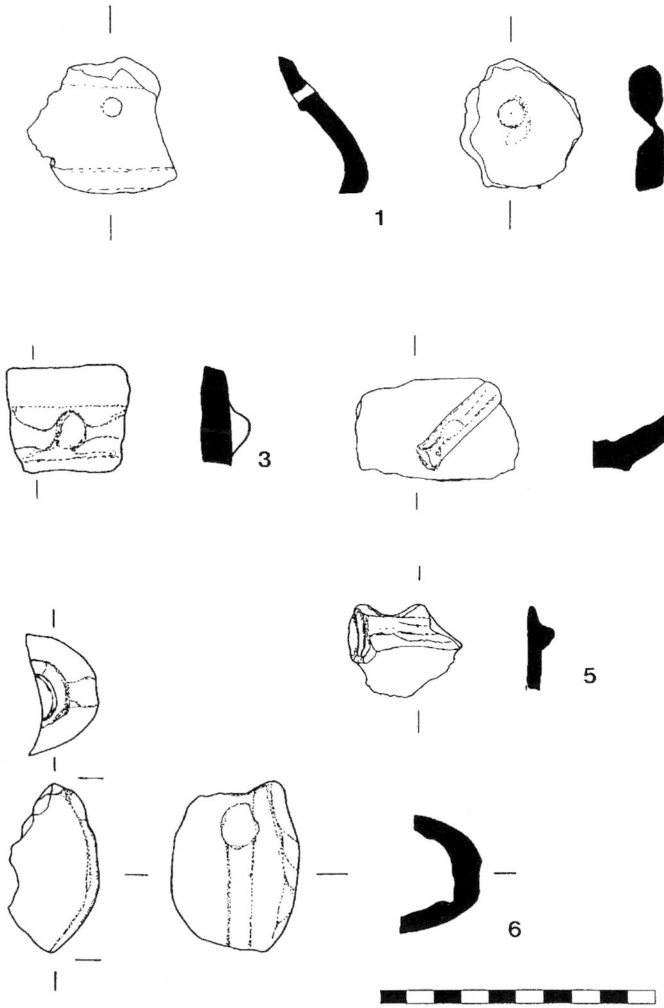

KERAMIK-TAFEL 127

Tafel	Nummer	Locus	Ware	Code	Schicht	Bemerkung
127,01	810612	8026	2	703	4	mit Loch
127,02	400510	4004	4	703	2	mit Loch
127,03	317807	3043	4	703	4	Eindrücke

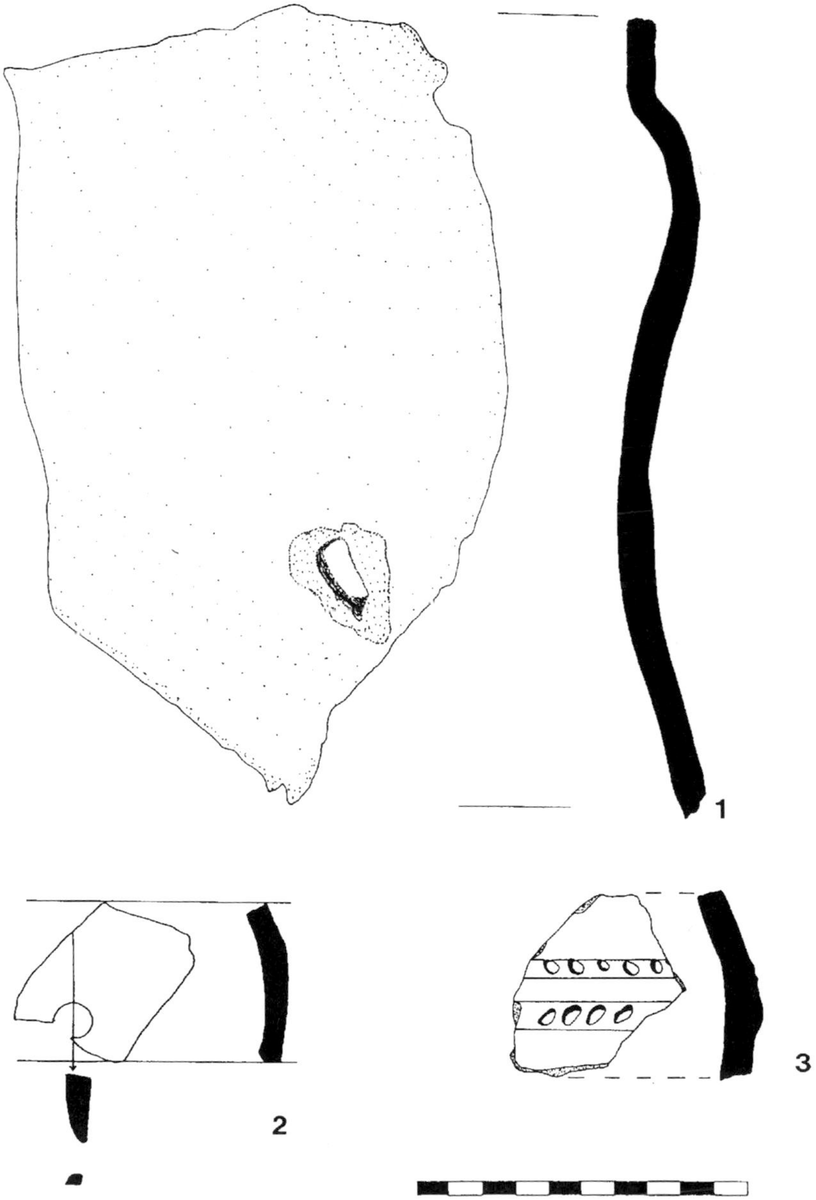

KERAMIK-TAFEL 128

Tafel	Nummer	Locus	Ware	Code	Schicht	Bemerkung
128,01	808812	8019	2	703	4	join mit 808813, 4 Löcher
128,02	916901	9033	2	1401	3	Gefäßverschluß

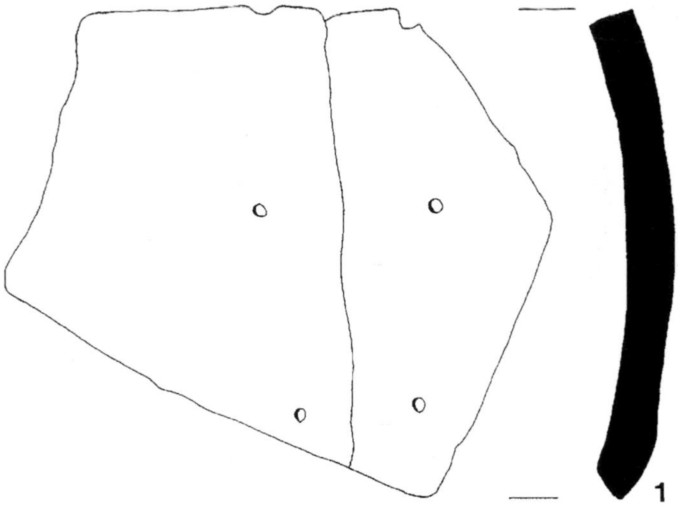

1

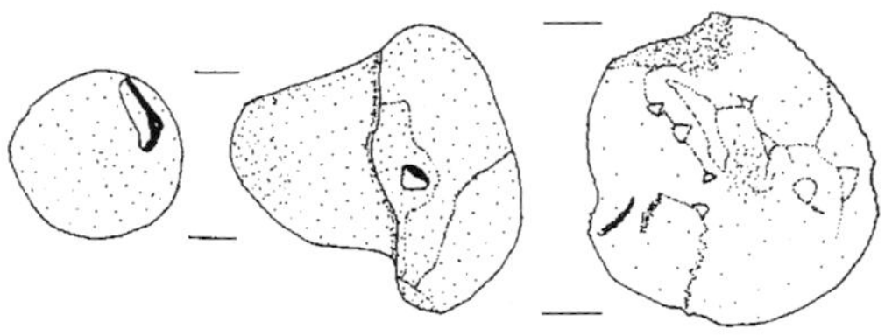

2

KERAMIK-TAFEL 129

Tafel	Nummer	Locus	Ware	Code	Schicht	Bemerkung
129,01	1200601	12002	4	901	1	
129,02	611801	6033	4	901	3	
129,03	1006701	10002,1	5	901	1	
129,04	912306	9018,1	4	902	3	
129,05	913221	9018,1	4	902	3	
129,06	402107	4008	4	901	2(?)	

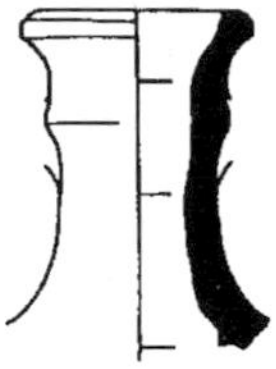
1

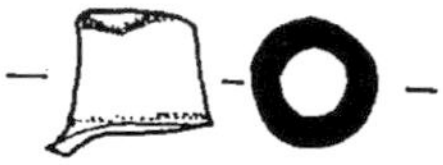
2

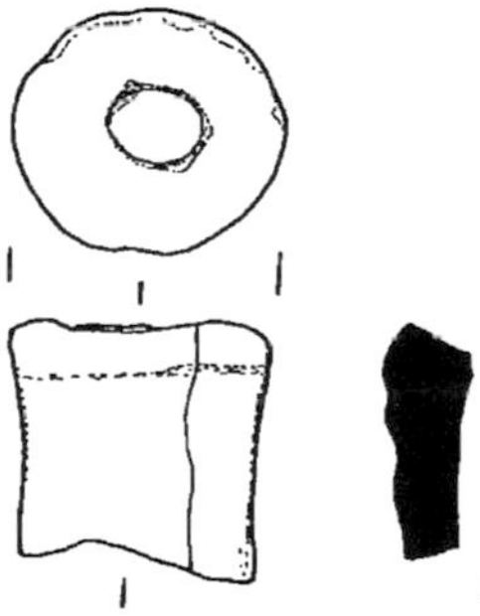
3

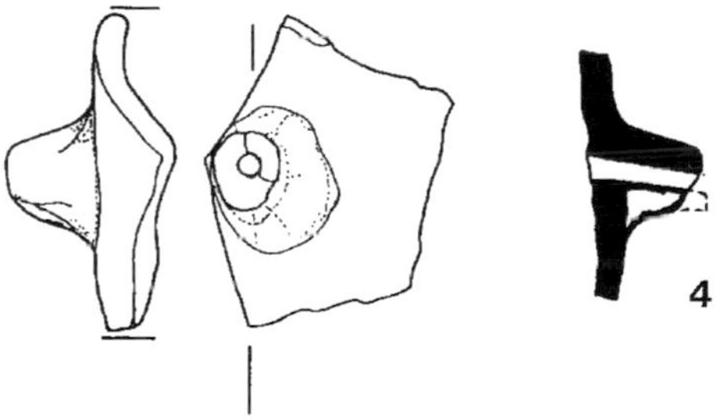
4

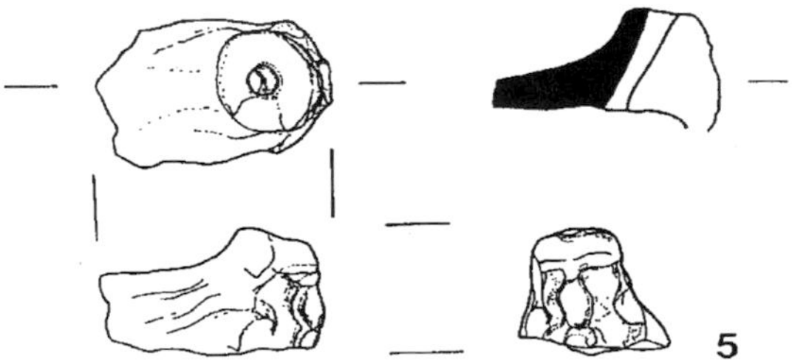
5

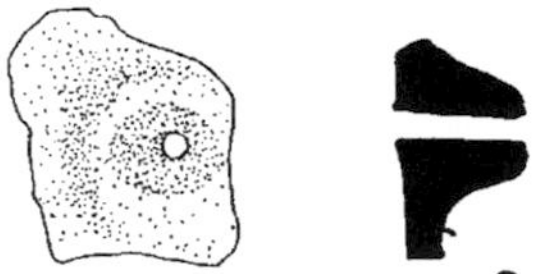
6

KERAMIK-TAFEL 130

Tafel	Nummer	Locus	Ware	Code	Schicht	Bemerkung
130,01	1005101	10006	3	1001	2	Brandspuren
130,02	914335	9021	4	1001	3	Brandspuren

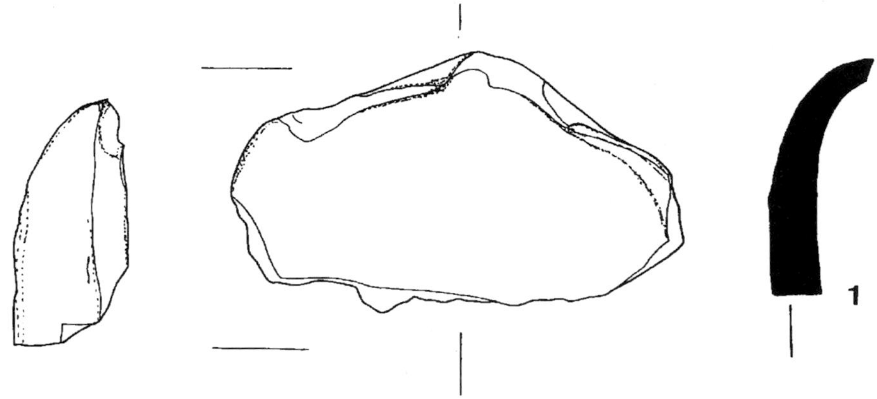

1

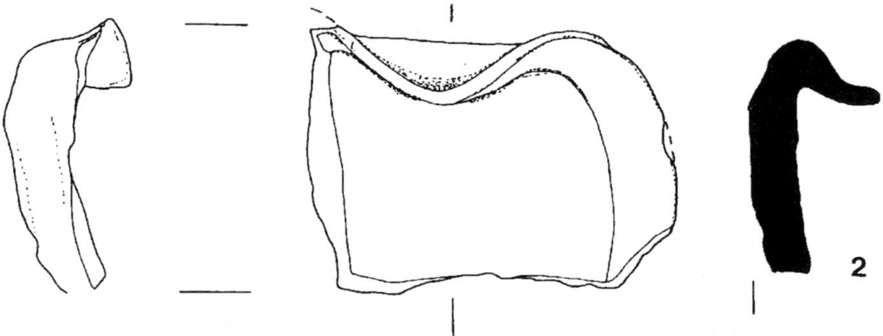

2

KERAMIK-TAFEL 131

Tafel	Nummer	Locus	Ware	Code	Schicht	Bemerkung
131,01	906301	9011	4	1001	2(?)	Brandspuren
131,02	902851	9004	4	1001	2	Brandspuren
131,03	415245	4035	4	1001	2	Brandspuren
131,04	1401601	14003	5	1001	1	Brandspuren
131,05	917013	9033	4	1001	3	join mit 918001

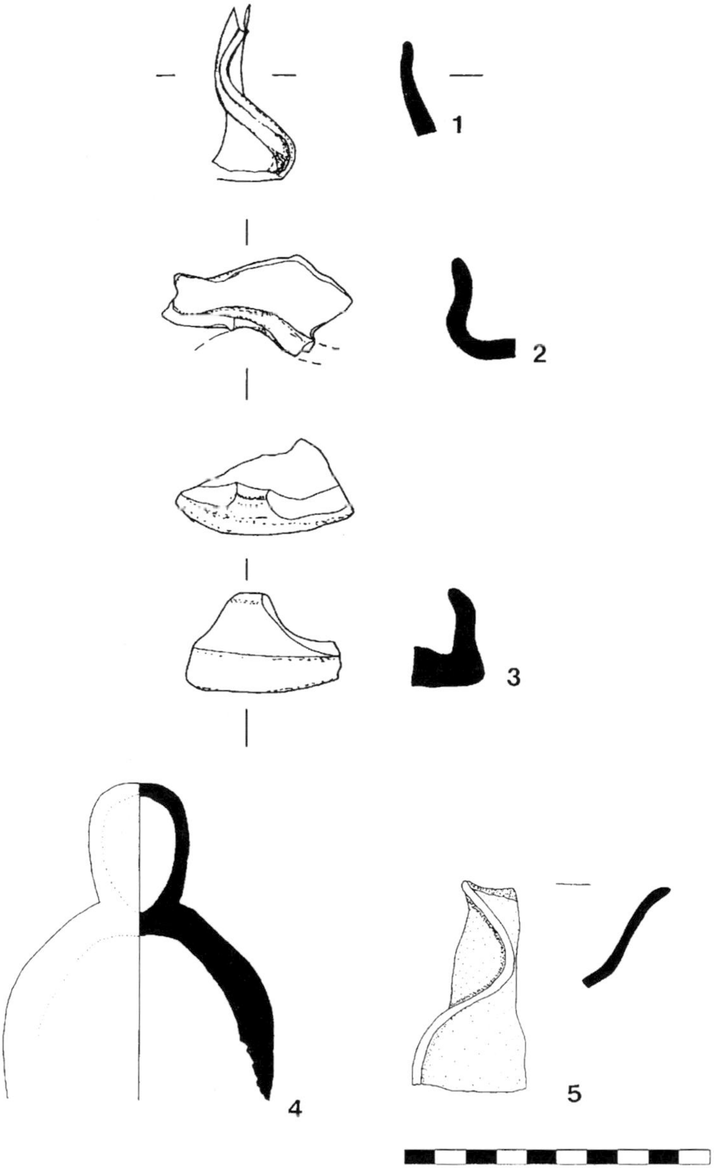

KERAMIK-TAFEL 132

Tafel	Nummer	Locus	Ware	Code	Schicht	Bemerkung
132,01	612301	6034	3	1101	3	
132,02	506702	5023	2	1101	1	
132,03	606206	6019	2	1101	3	join mit 606204
132,04	853304	8510	21	1101	H5	

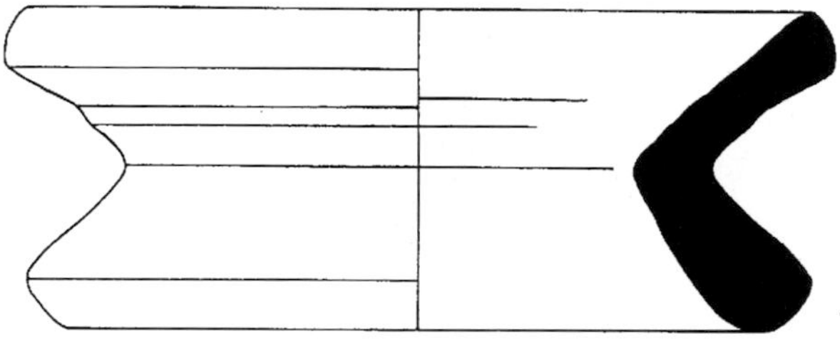

1

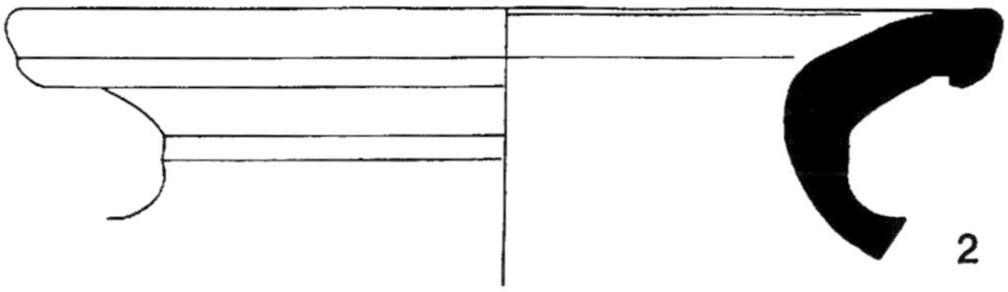

2

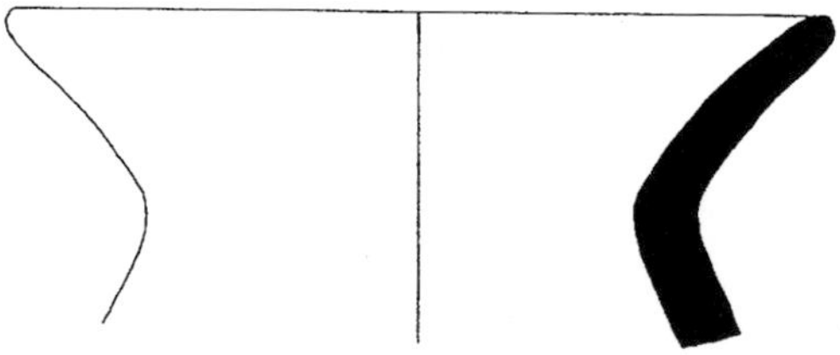

3

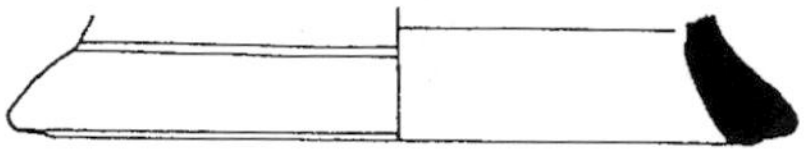

4

KERAMIK-TAFEL 133

Tafel	Nummer	Locus	Ware	Code	Schicht	Bemerkung
133,01	906401	9011	4	1201	2(?)	Tülle mit Sieb
133,02	908101	9013	2	1201	2	Tülle mit Sieb

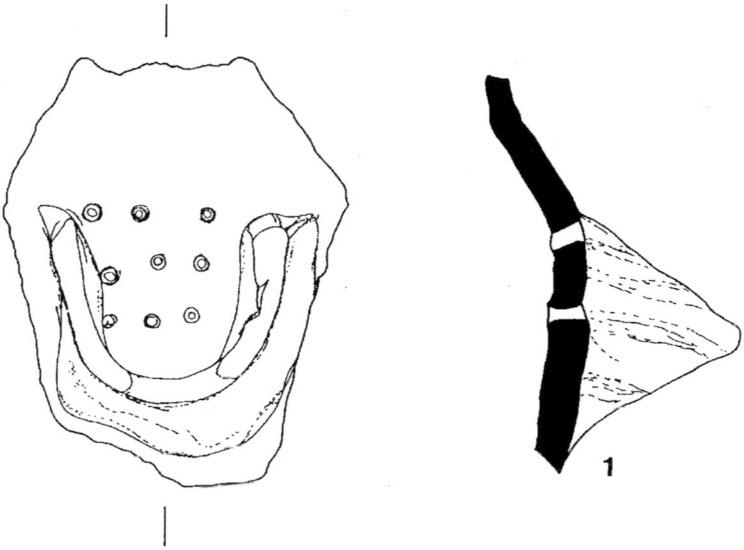

1

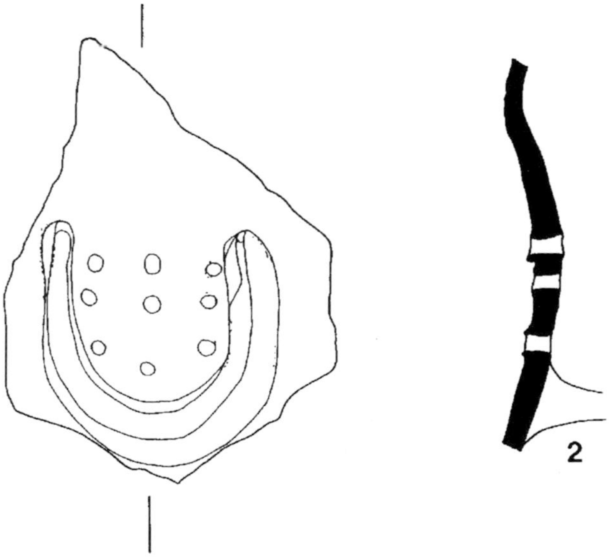

2

KERAMIK-TAFEL 134

Tafel	Nummer	Locus	Ware	Code	Schicht	Bemerkung
134,01	611941	6034	18	127	3	
134,02	204615	2014,1	13	257	2(?)	
134,03	107006	1016	16	221	H1	Farbspuren 10R5/1
134,04	508305	5024	17	245	2	

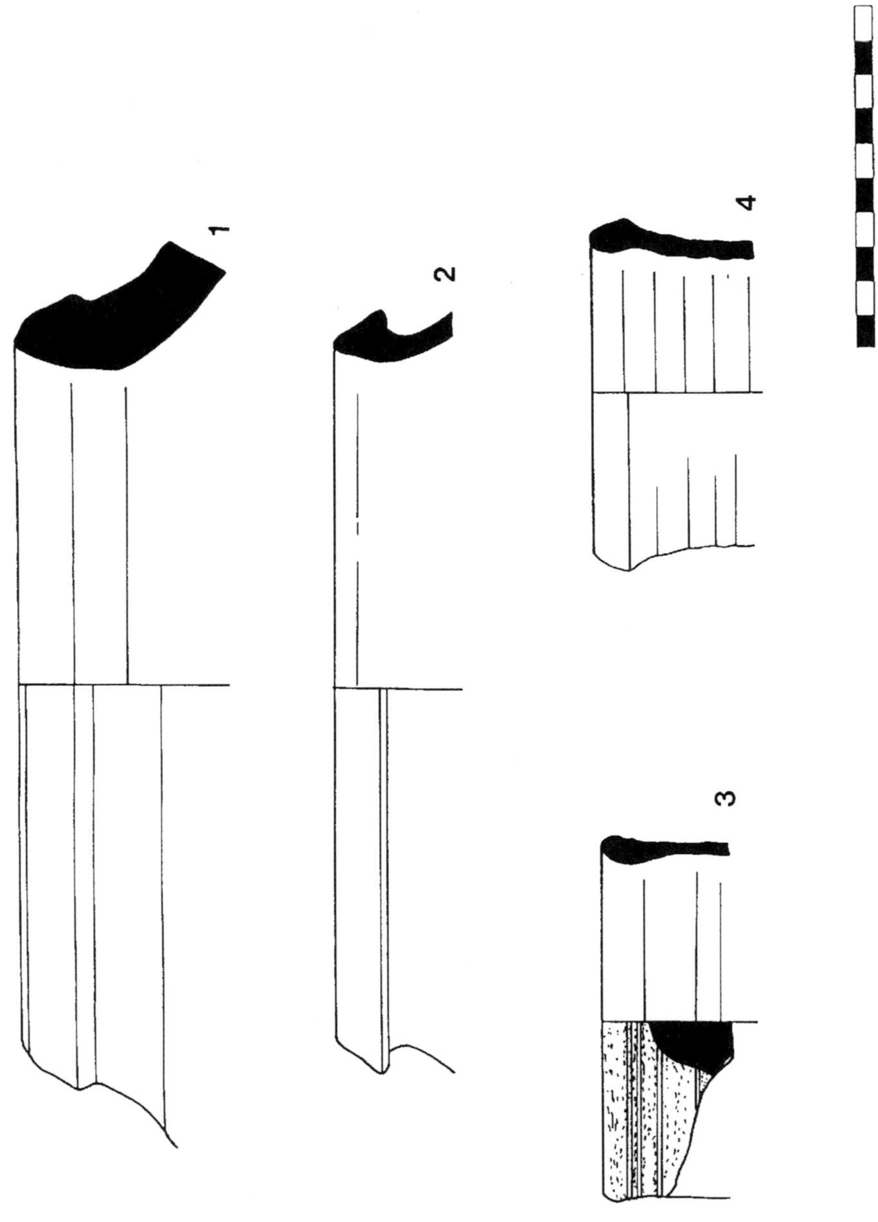

KERAMIK-TAFEL 135

Tafel	Nummer	Locus	Ware	Code	Schicht	Bemerkung
135,01	502922	5011	16	215	-	vollständiges Gefäß
135,02	502919	5011	16	208	-	Farbspuren 10R3/3, mit Henkel 601
135,03	502901	5011	5	205	-	

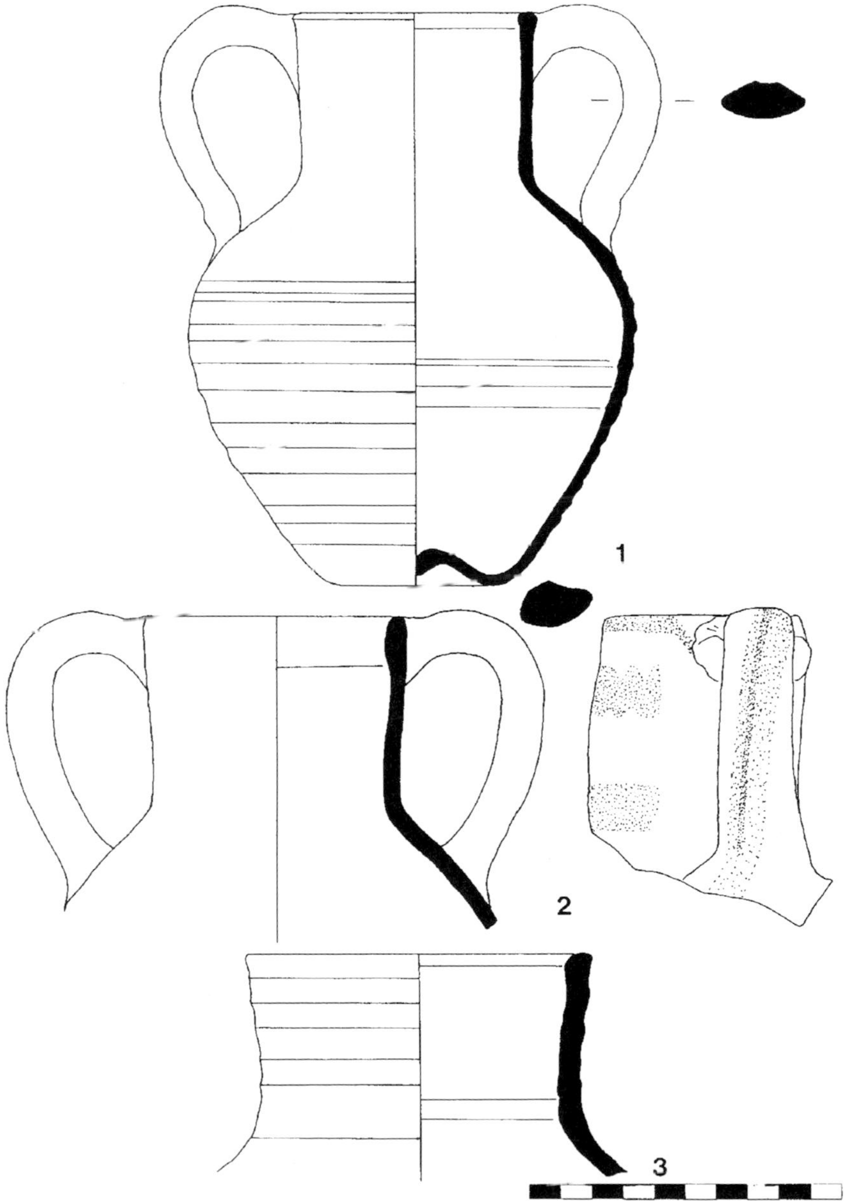

KERAMIK-TAFEL 136

Tafel	Nummer	Locus	Ware	Code	Schicht	Bemerkung
136,01	1202001	12004	16	212	1	join mit 1202002-07, mit Henkel 602
136,02	1202007	12004	16	509	1	Boden von 1202001

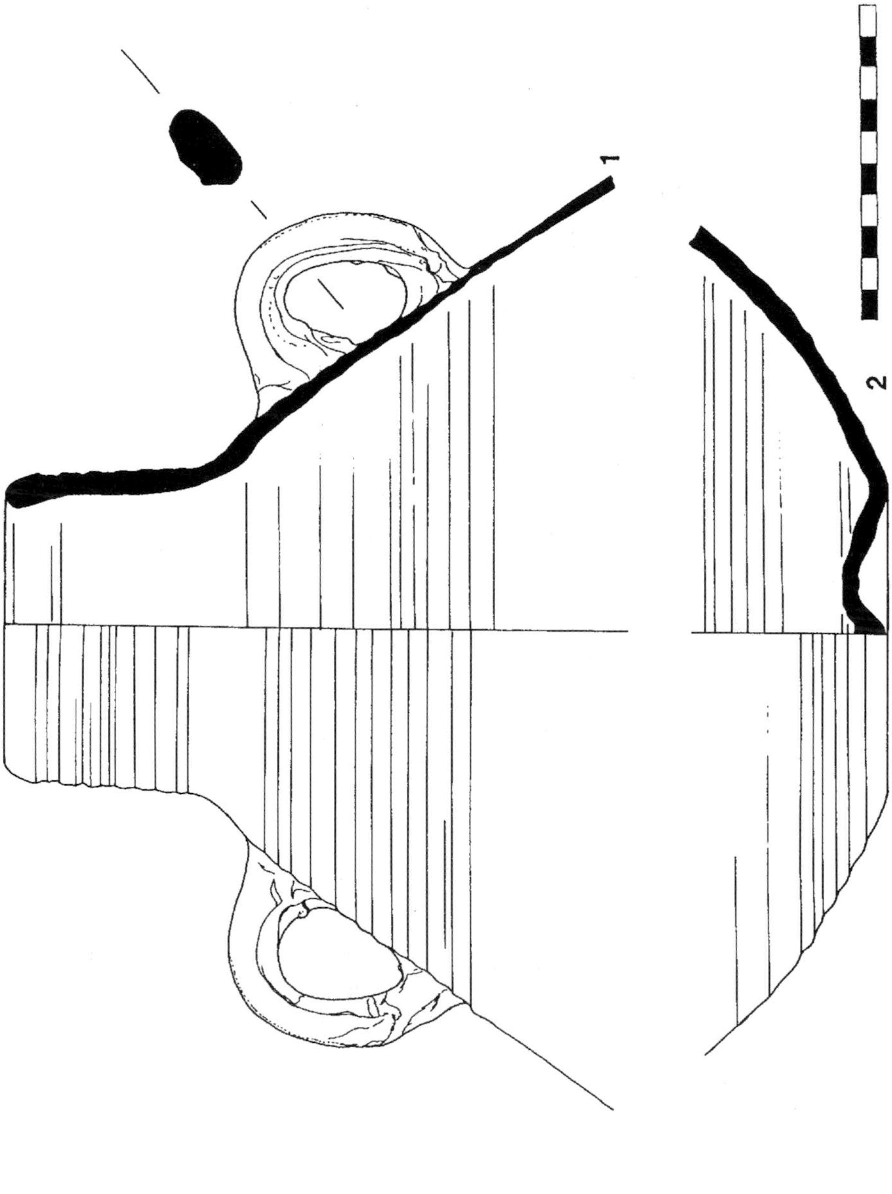

KERAMIK-TAFEL 137

Tafel	Nummer	Locus	Ware	Code	Schicht	Bemerkung
137,01	617702	6041	16	262	1	
137,02	852301	8510	16	267	H4(?)	
137,03	208501	2021	16	260	1	
137,04	1300305	13002	16	266	H1	join mit 1300303
137,05	1405702	14019	14	274	2	
137,06	628707	6070	17	270	3	
137,07	350019	3500	14	269	1	
137,08	617212	6041	14	261	1	

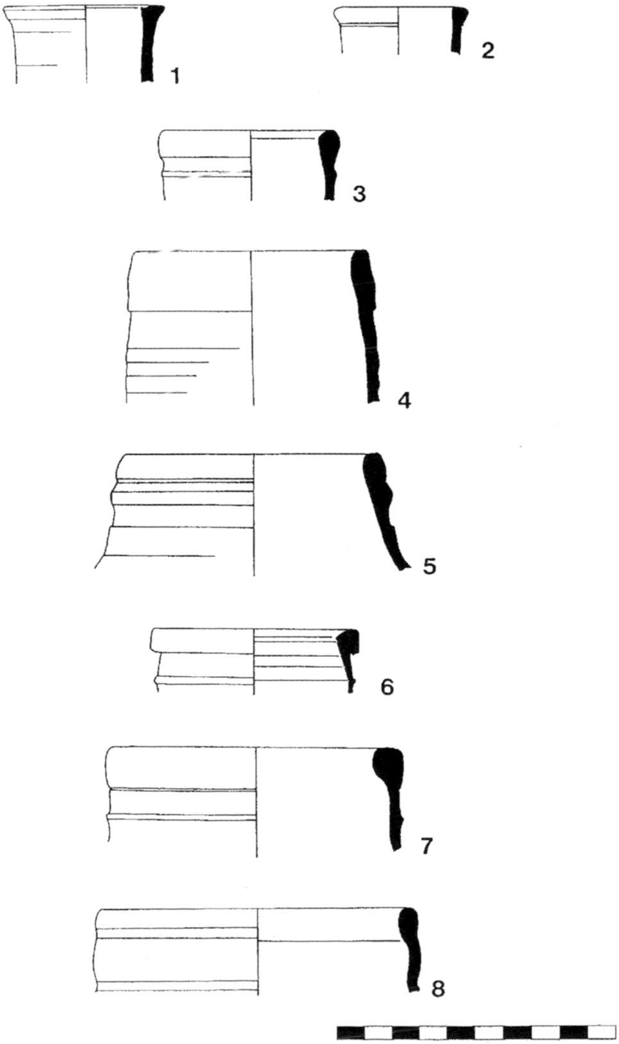

KERAMIK-TAFEL 138

Tafel	Nummer	Locus	Ware	Code	Schicht	Bemerkung
138,01	100318	1002	12	217	H1	mit Henkel 601
138,02	600101	6001	12	213	0	
138,03	104514	1013	17	213	H2	
138,04	101228	1005	14	213	H1	
138,05	101219	1005	16	213	H1	
138,06	101701	1007	14	213	H2	
138,07	400205	4002	14	219	1	
138,08	100702	1003	12	216	H1	
138,09	200203	2002	14	220	H1	
138,10	250301	2502	14	218	1	
138,11	501029	5004	16	218	0	Bemalung 2.5YR4/2

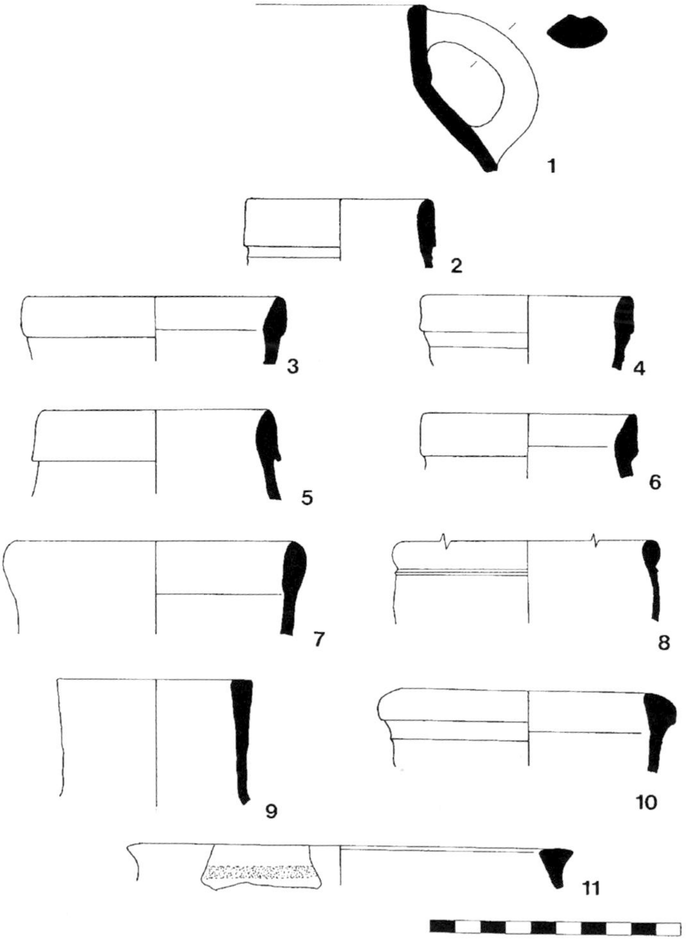

KERAMIK-TAFEL 139

Tafel	Nummer	Locus	Ware	Code	Schicht	Bemerkung
139,01	1000201	10001	14	249	1	
139,02	507606	5024	14	251	2	
139,03	415704	4036	16	252	2	Bemalung 10R5/2
139,04	611003	6031	16	220	2	
139,05	308206	3018	17	255	3	
139,06	1006621	10002,1	16	215	1	Bemalung 10R3/3, mit Henkel 602

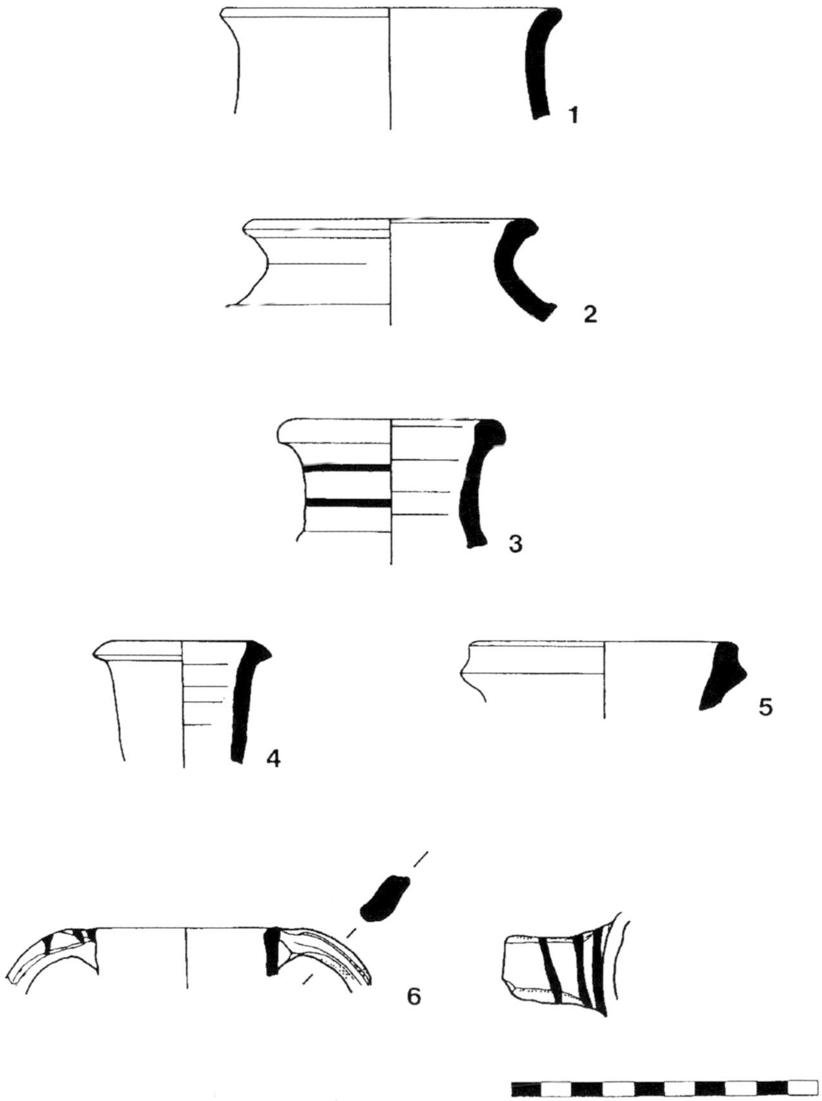

KERAMIK-TAFEL 140

Tafel	Nummer	Locus	Ware	Code	Schicht	Bemerkung
140,01	100703	1005	12	404	H1	
140,02	101707	1007	14	404	H2	
140,03	400212	4002	16	408	1	
140,04	104512	1013	16	405	H2	Bemalung 10R3/3
140,05	500523	5002	16	405	1	Bemalung 10R3/3
140,06	501020	5004	11	406	0	
140,07	100705	1003	14	406	H1	
140,08	100711	1003	11	410	H1	

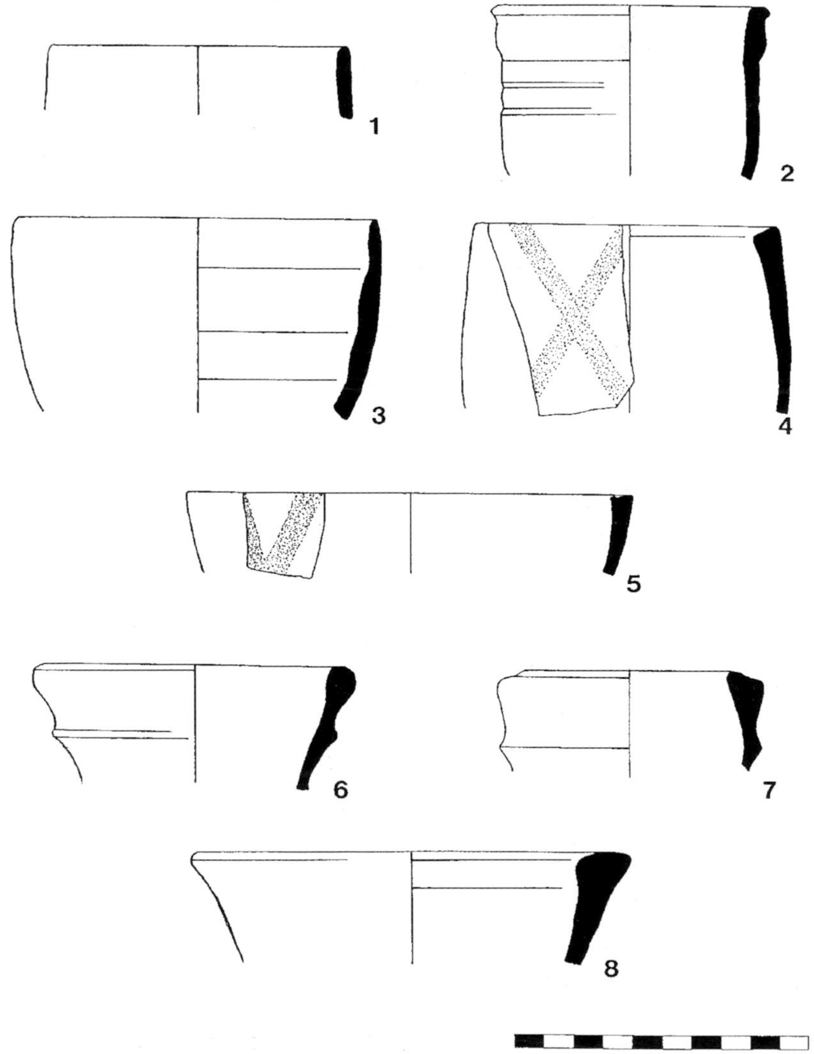

KERAMIK-TAFEL 141

Tafel	Nummer	Locus	Ware	Code	Schicht	Bemerkung
141,01	900204	9001	16	424	1	Bemalung 10R3/3
141,02	900802	9002	14	424	2(?)	Bemalung 10R3/3
141,03	506704	5023	16	421	1	Bemalung 10R3/3
141,04	1000222	10001	16	424	1	Bemalung 10YR4/1
141,05	1201201	12002,1	16	408	1	join mit 1201202-06, Bemalungsspuren 10R3/3
141,06	509101	5024	16	455	2	

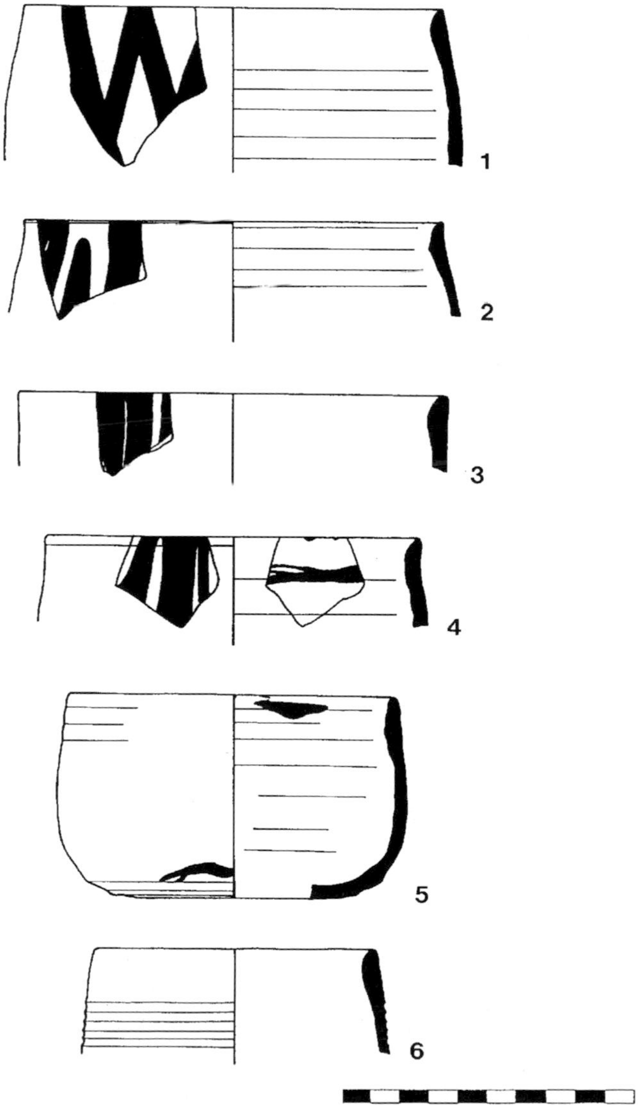

KERAMIK-TAFEL 142

Tafel	Nummer	Locus	Ware	Code	Schicht	Bemerkung
142,01	101711	1007	12	404	H2	
142,02	101713	1007	8	404	H2	

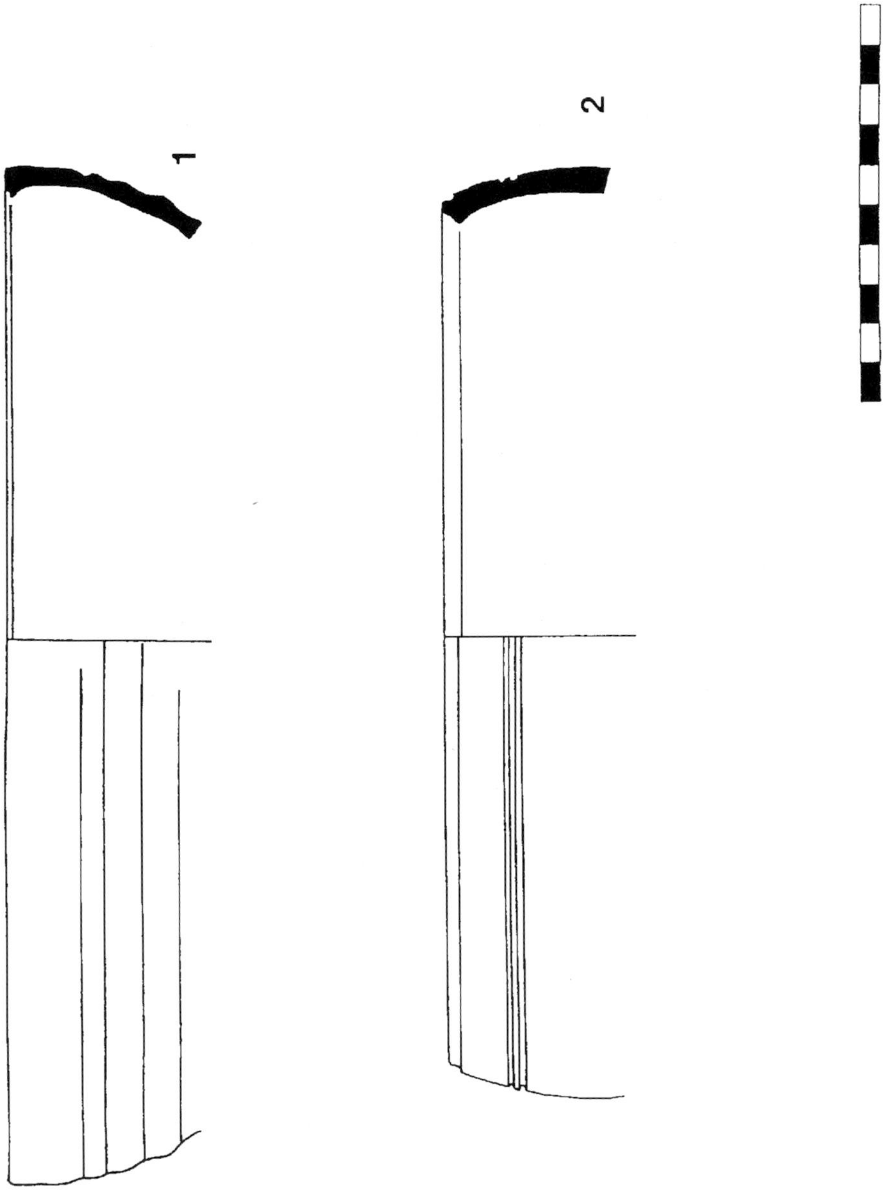

KERAMIK-TAFEL 143

Tafel	Nummer	Locus	Ware	Code	Schicht	Bemerkung
143,01	504200	5019	11	401	-	fast vollständiges Gefäß
143,02	104110	1012	16	402	H2	Einritzungen
143,03	102903	1010	11	402	H2	join mit 101715
143,04	101715	1007	11	402	H2	join mit 102903
143,05	102929	1010	11	402	H2	join mit 102924
143,06	600212	6002	14	403	1	
143,07	102935	1010	16	413	H2	Bemalung 10R3/3
143,08	101222	1005	17	402	H1	
143,09	500504	5002	16	402	1	

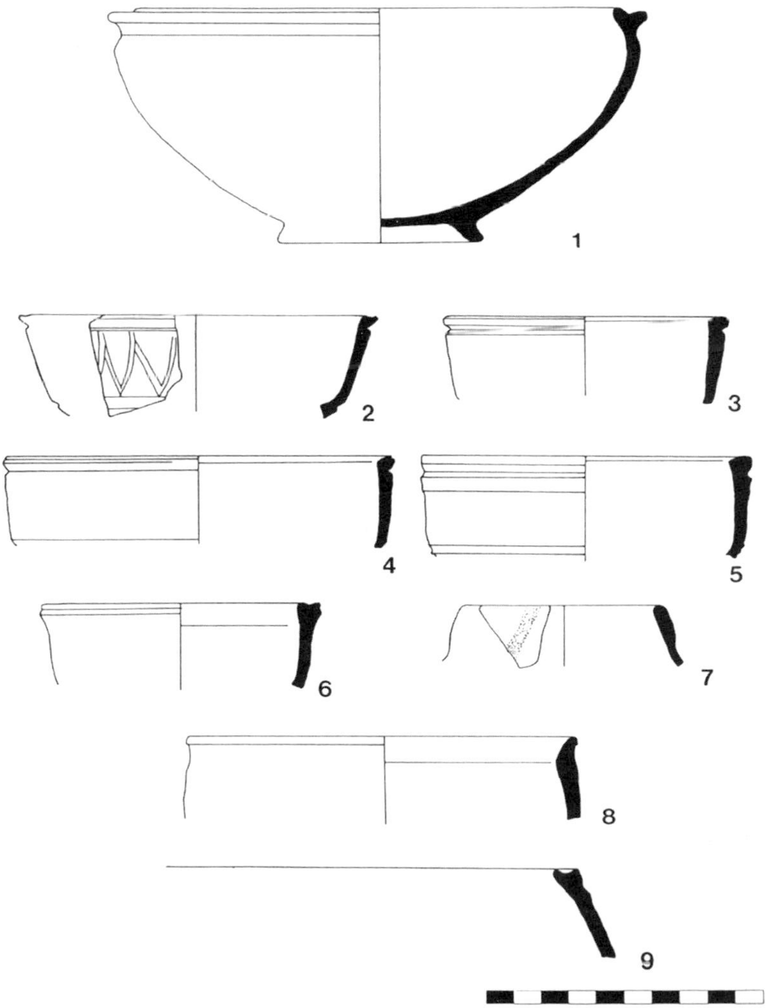

KERAMIK-TAFEL 144

Tafel	Nummer	Locus	Ware	Code	Schicht	Bemerkung
144,01	1000214	10001	17	431	1	
144,02	902104	9002,1	16	448	2(?)	
144,03	902124	9002,1	17	453	2(?)	
144,04	105901	1015	16	450	H1	
144,05	614022	6037	14	449	3	
144,06	1101923	11002,1	12	454	2	
144,07	Oberfläche 1	0	16	423	-	Bemalung 10R6/8
144,08	1200504	12002	16	457	1	

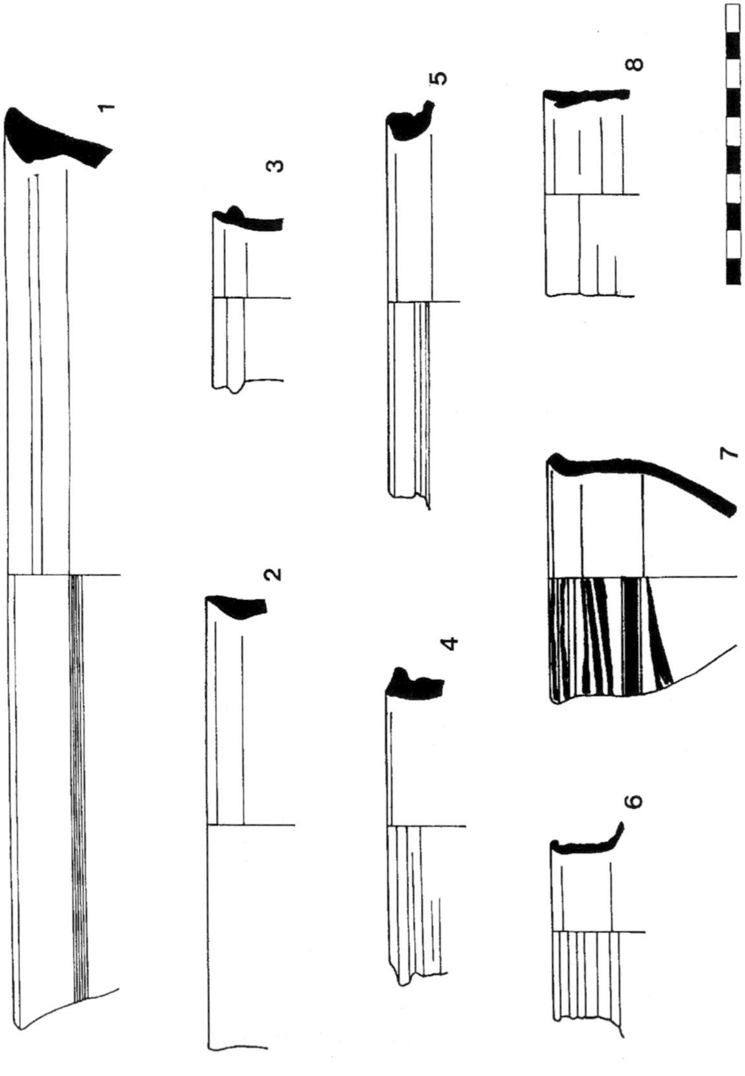

KERAMIK-TAFEL 145

Tafel	Nummer	Locus	Ware	Code	Schicht	Bemerkung
145,01	503516	5016	12	309	1	
145,02	504808	5015	12	311	1	
145,03	600209	6002	16	401	1	
145,04	100102	1001	16	401	H0	Bemalung 10R3/3, join mit 200501/100101
145,05	101709	1007	11	401 ?	H2	
145,06	602703	6012	17	401 ?	2	
145,07	301301	3002,2	17	401 ?	1	
145,08	200204	2002	11	401	H1	
145,09	606005	6018	17	401	3	

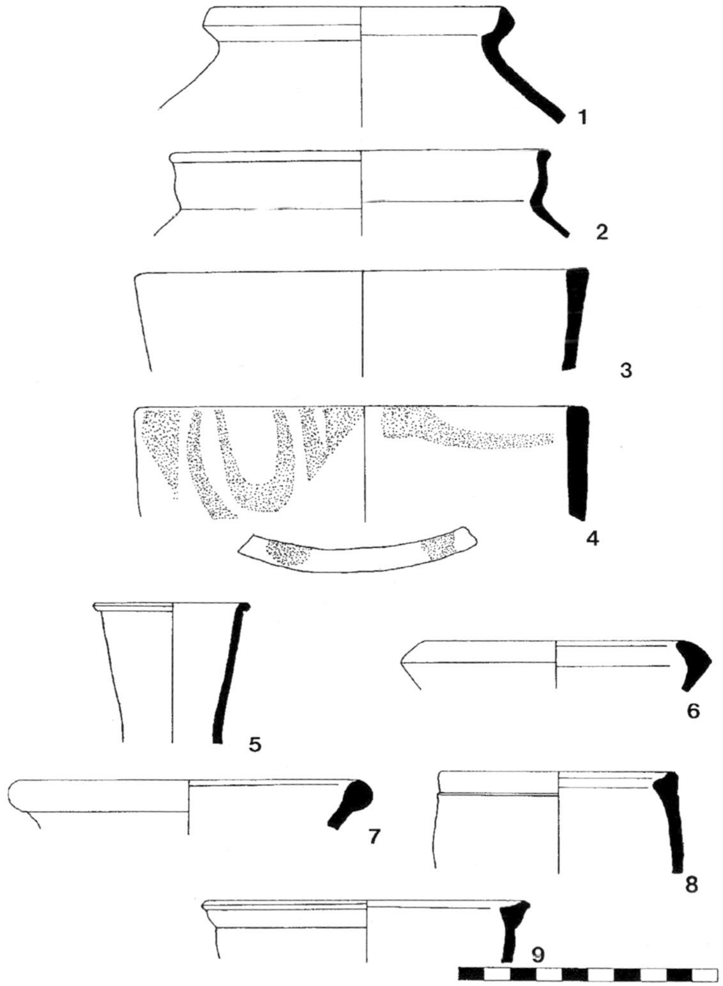

KERAMIK-TAFEL 146

Tafel	Nummer	Locus	Ware	Code	Schicht	Bemerkung
146,01	502905	5011	15	409	-	
146,02	300202	3002	15	410	1	
146,03	102920	1010	16	411	H2	join mit 102965, Bemalung 10R3/3
146,04	102925	1010	16	412	H2	Bemalung 10R3/4
146,05	500512	5002	17	414	1	
146,06	600108	6001	17	414	0	

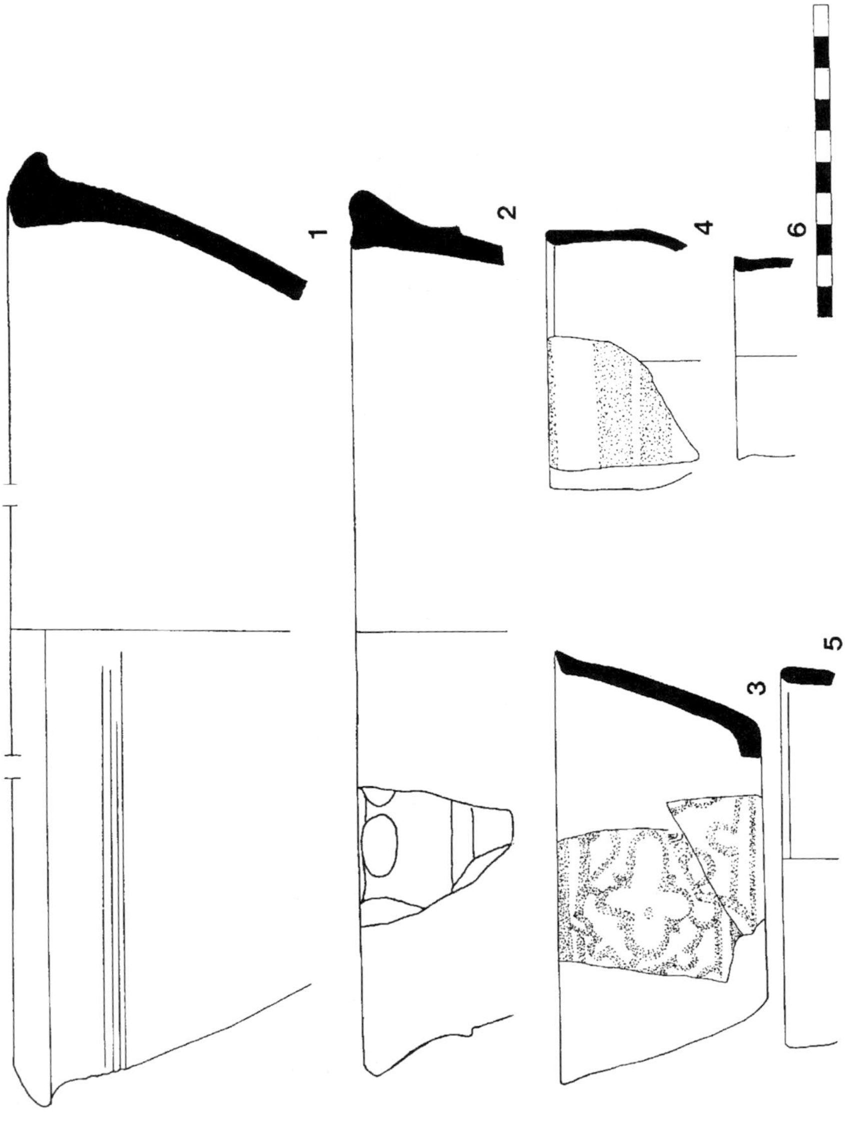

KERAMIK-TAFEL 147

Tafel	Nummer	Locus	Ware	Code	Schicht	Bemerkung
147,01	1404301	14010	7	4101	2	vollständige Schale, mit Boden 503, schwarzer Slip 2.5YR2.5/0; Einritzung; Ton: 2.5YR6/6
147,02	1300301	13002	19	480	H1	Glasur: grün
147,03	1301402	13003	16	484	H3-5(?)	
147,04	617205	6041	16	465	1	
147,05	316408	3039	16	461	3	
147,06	208512	2021	14	485	1	
147,07	316406	3039	16	420	3	
147,08	802315	8007	16	460	2	

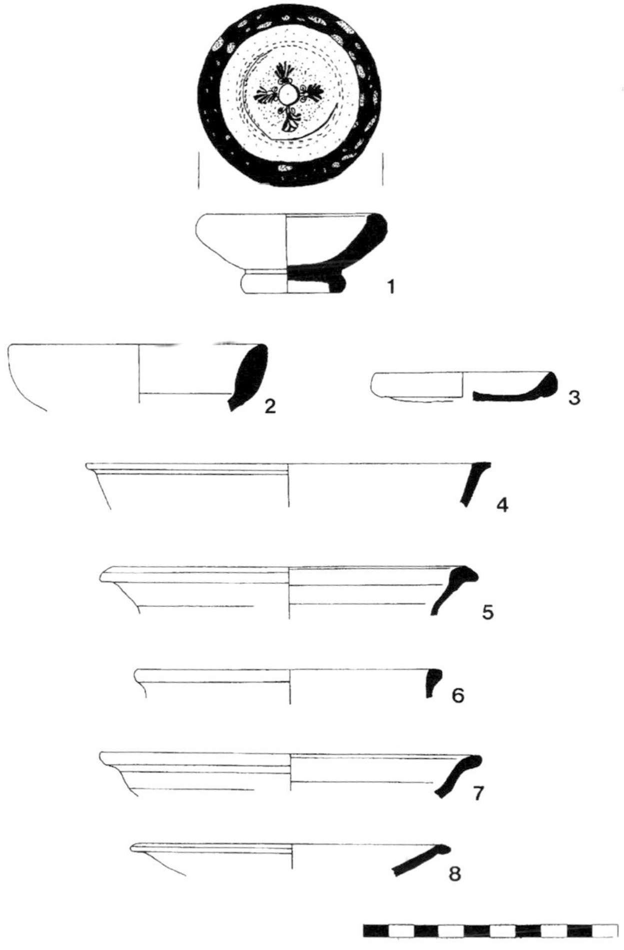

KERAMIK-TAFEL 148

Tafel	Nummer	Locus	Ware	Code	Schicht	Bemerkung
148,01	1403101	14010	9	4102	2	
148,02	802311	8007	9	459	2	
148,03	1400509	14002	9	497	1	
148,04	1400510	14002	19	496	1	Glasur: grün

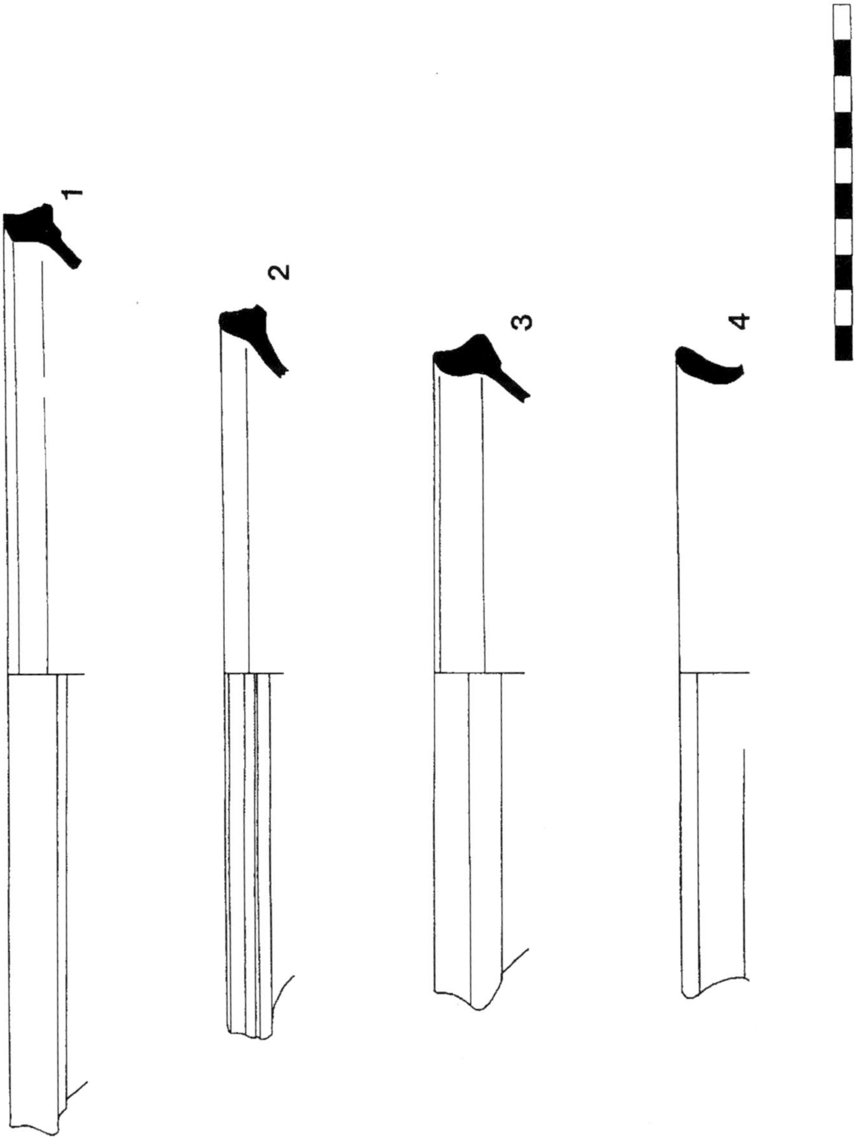

KERAMIK-TAFEL 149

Tafel	Nummer	Locus	Ware	Code	Schicht	Bemerkung
149,01	505702	5020	17	415	0(?)	
149,02	104108	1012	9	415	H2	
149,03	100310	1002	16	418	H1	
149,04	102901	1010	12	416	H2	
149,05	505303	5012	17	415	0	

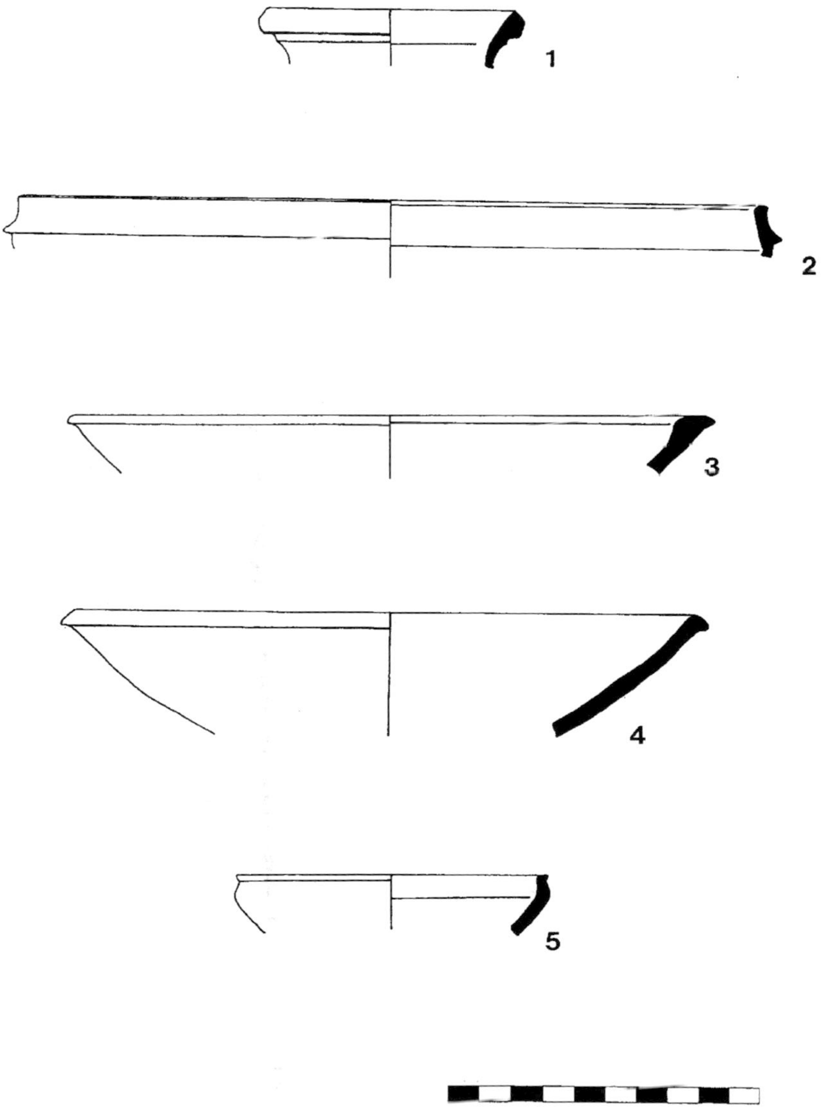

KERAMIK-TAFEL 150

Tafel	Nummer	Locus	Ware	Code	Schicht	Bemerkung
150,01	512101	5035	16	413	1	Bemalung 10R4/3
150,02	900806	9002	16	417	2(?)	
150,03	1200502	12002	17	451	1	Bemalung 10R4/1
150,04	516715	5039	17	447	1	
150,05	1200501	12002	16	447	1	

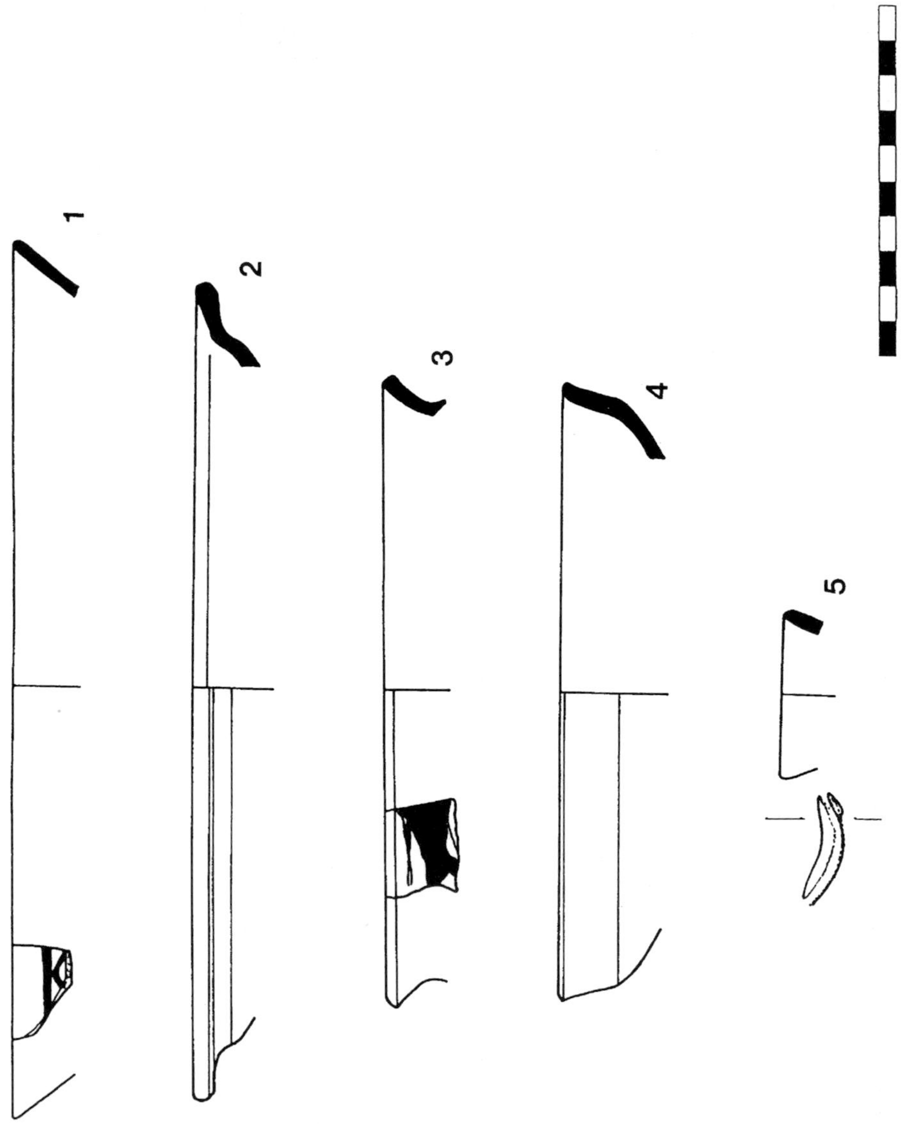

KERAMIK-TAFEL 151

Tafel	Nummer	Locus	Ware	Code	Schicht	Bemerkung
151,01	1101901	11002,1	17	355	2	
151,02	610301	6028	15	409	-	Wellenlinien
151,03	1201225	12002,1	15	409	1	Wellenlinien

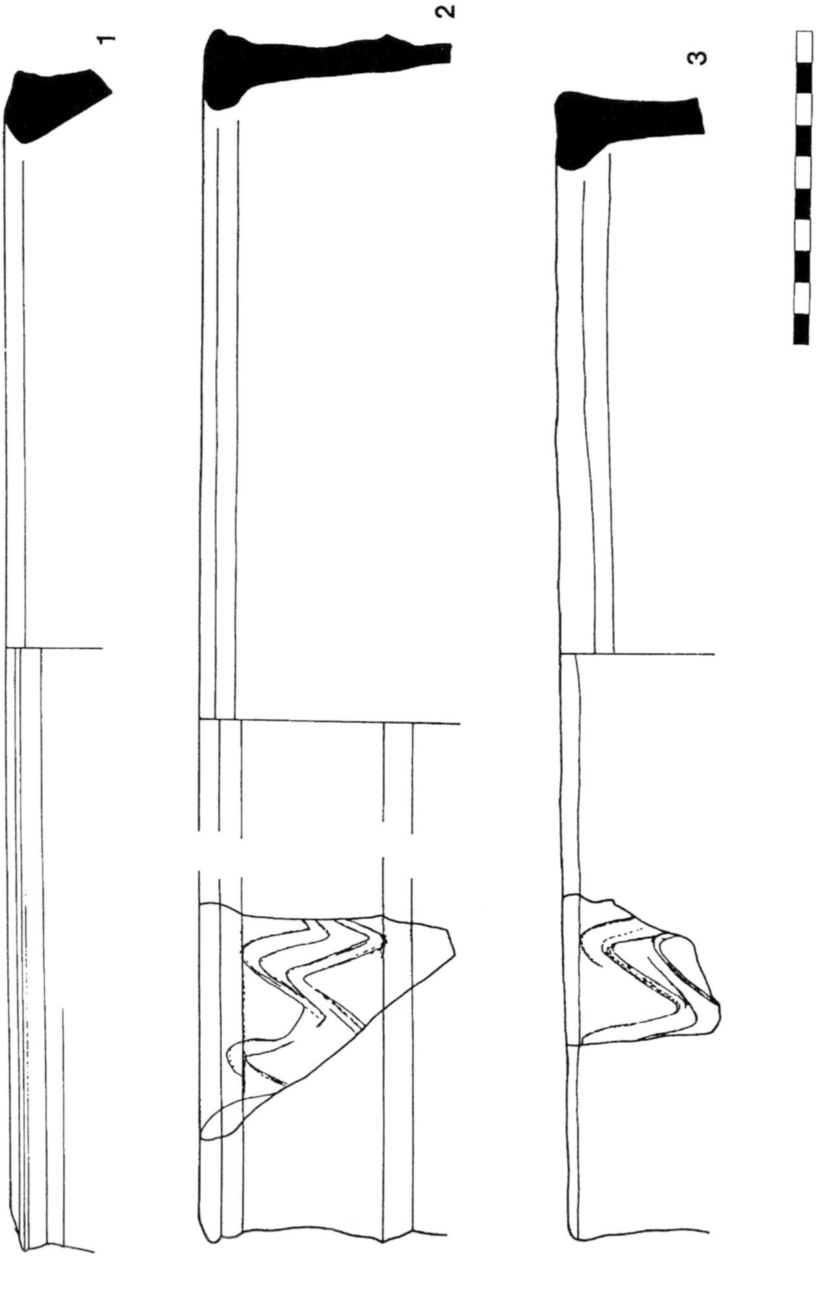

KERAMIK-TAFEL 152

Tafel	Nummer	Locus	Ware	Code	Schicht	Bemerkung
152,01	103510	1011	15	410	H1	Eindruck auf dem Rand
152,02	250303	2502	17	420	1	
152,03	101702	1007	12	422	H2	mit Henkel 601

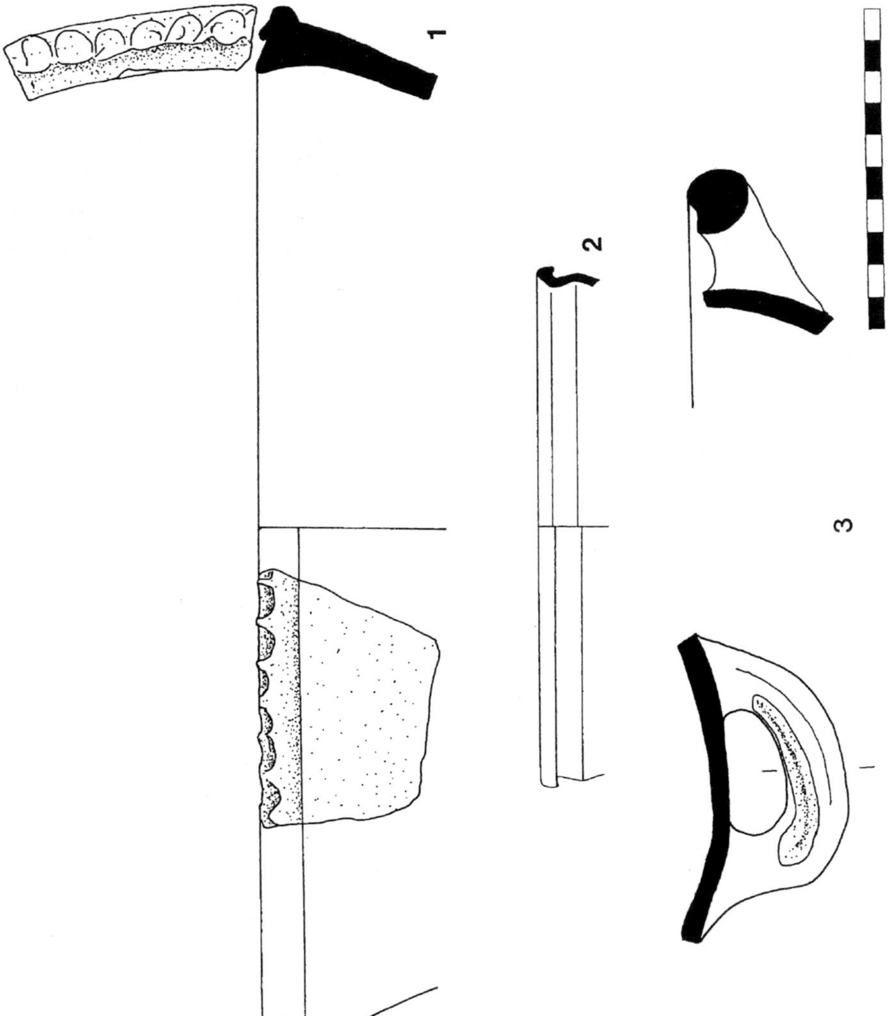

KERAMIK-TAFEL 153

Tafel	Nummer	Locus	Ware	Code	Schicht	Bemerkung
153,01	101221	1005	16	501	H1	
153,02	101704	1007	16	501	H2	
153,03	100309	1002	11	501	H1	join mit 100308
153,04	200101	2001	16	502	H0	
153,05	600218	6002	15	501	1	
153,06	200520	2005	13	501	H1	

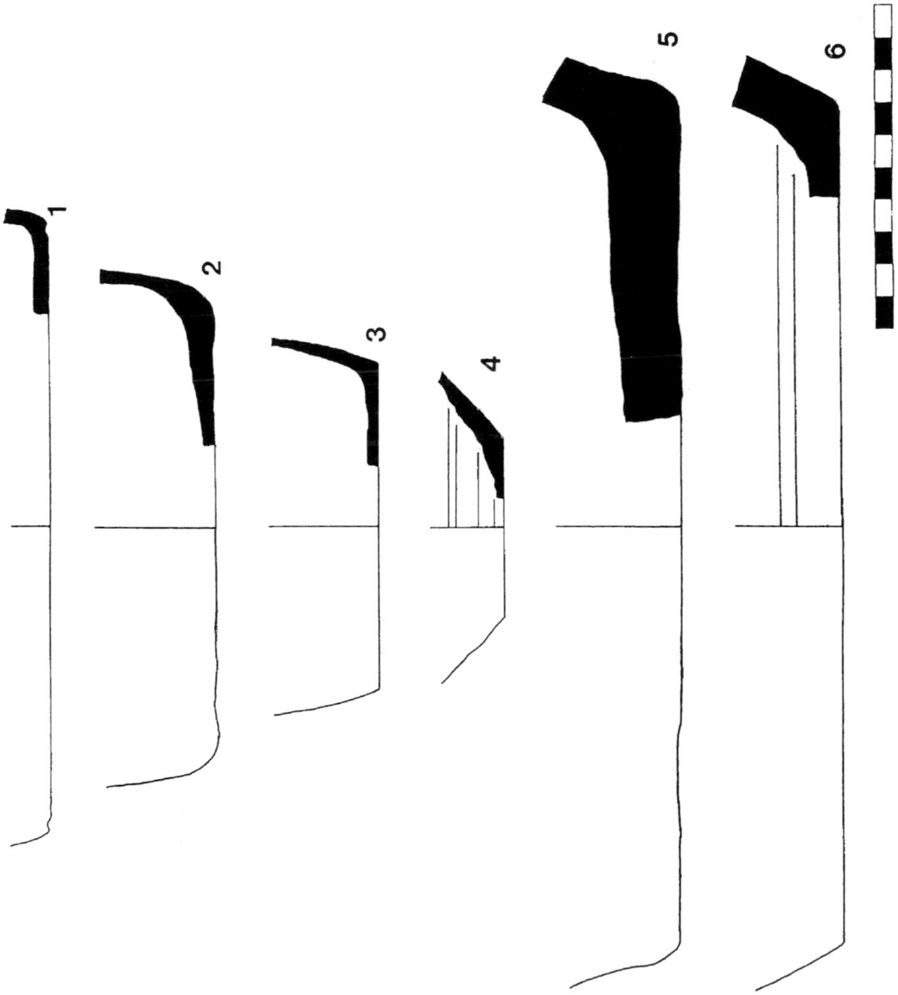

KERAMIK-TAFEL 154

Tafel	Nummer	Locus	Ware	Code	Schicht	Bemerkung
154,01	603416	6013	17	503	3	
154,02	101703	1007	11	503	H2	
154,03	609507	6027	12	503	3	
154,04	802319	8007	9	503	2	
154,05	600213	6002	14	503	1	
154,06	101705	1007	16	503	H2	
154,07	102919	1010	10	503	H2	
154,08	101225	1005	11	503	H1	

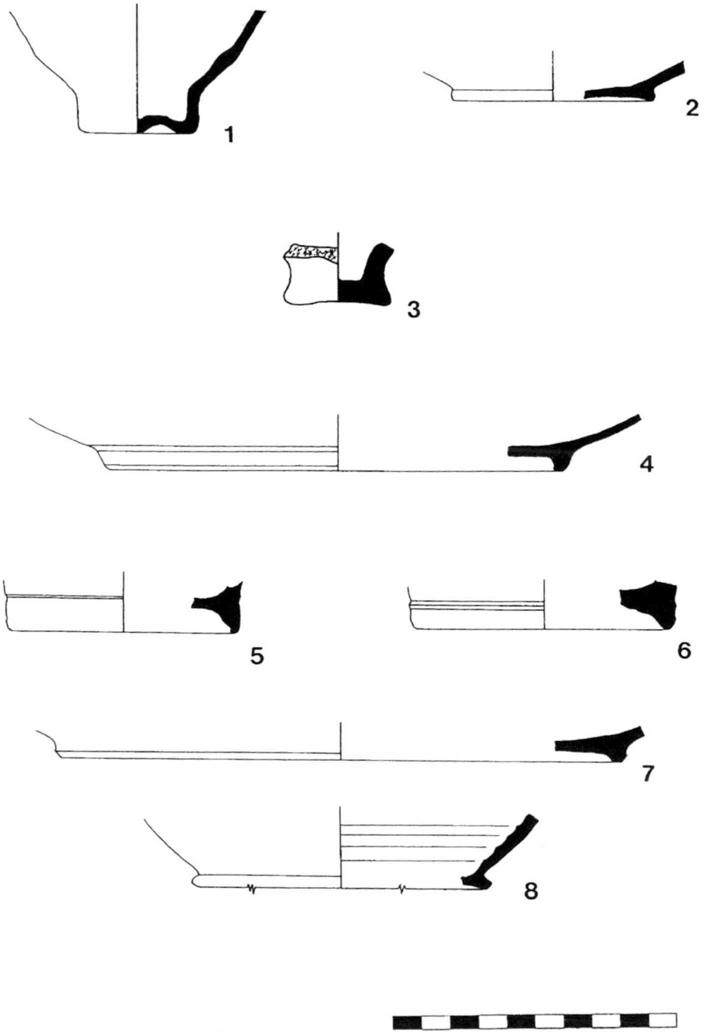

KERAMIK-TAFEL 155

Tafel	Nummer	Locus	Ware	Code	Schicht	Bemerkung
155,01	1101920	11002,1	16	507	2	Bemalung 10R3/3
155,02	400514	4004	16	503	2	
155,03	202216	2009	16	501	H3	Bemalung 10R3/3
155,04	100710	1003	16	506	H1	
155,05	603001	6013,1	16	501	2	fast vollständiges Gefäß

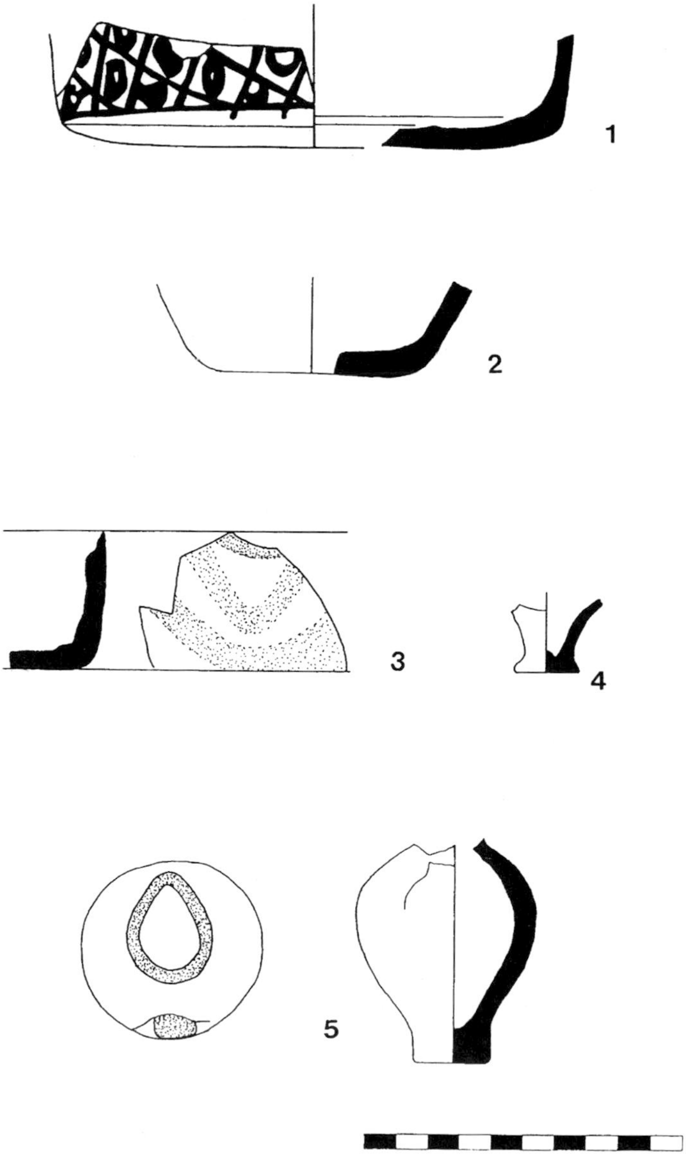

KERAMIK-TAFEL 156

Tafel	Nummer	Locus	Ware	Code	Schicht	Bemerkung
156,01	913215	9018,1	16	601	3	Bemalung 5YR5/3
156,02	506117	5023	16	601	1	Bemalung 10R3/3
156,03	1200532	12002	16	601	1	
156,04	910911	9017	6	601	3(?)	sehr kleiner Henkel
156,05	1200537	12002	14	602	1	
156,06	502003	5010	16	601	0	
156,07	101224	1005	12	601	H1	
156,08	602506	6011	16	601	2	

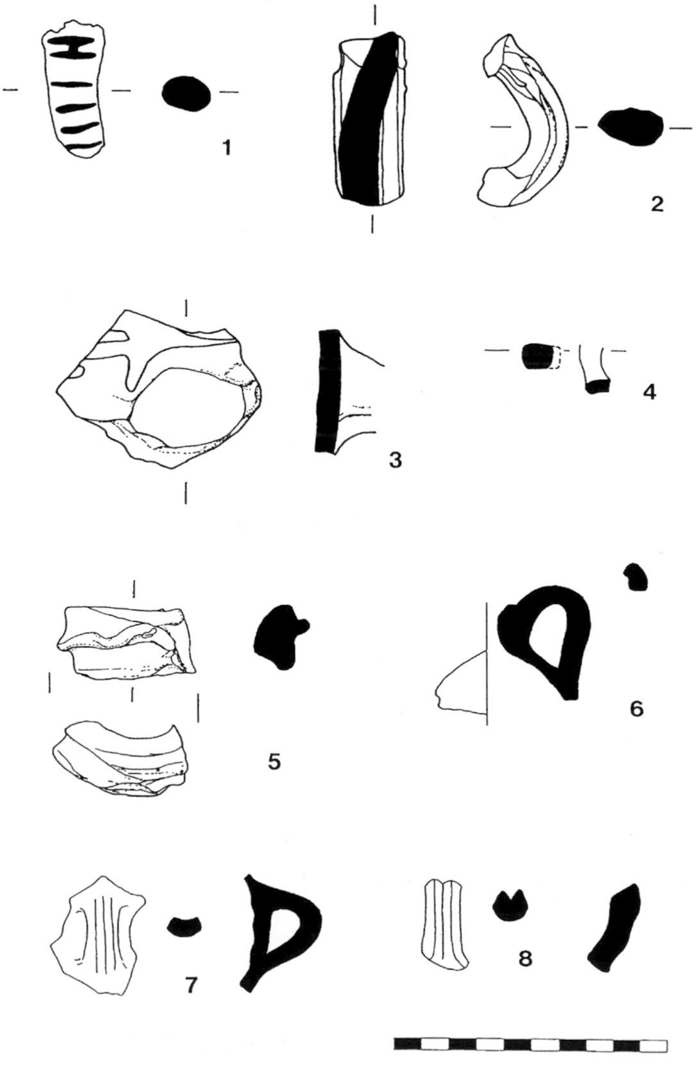

KERAMIK-TAFEL 157

Tafel	Nummer	Locus	Ware	Code	Schicht	Bemerkung
157,01	100719	1003	17	602	H1	
157,02	104114	1012	16	701	H2	Bemalung 10R3/3
157,03	100323	1002	15	702	H1	Einritzungen
157,04	100326	1002	18	702	H1	Einritzungen
157,05	203215	2012	16	702	1	Wellenlinien
157,06	1000233	10001	17	702	1	Wellenlinien
157,07	900227	9001	16	702	1	Wellenlinien

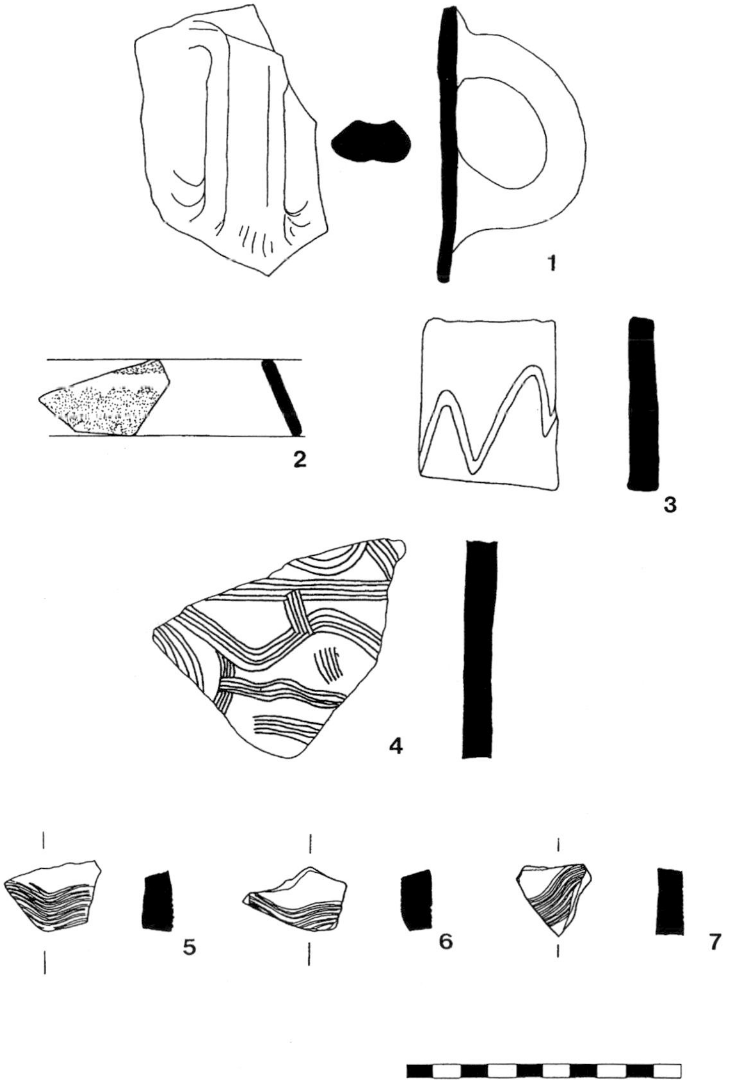

KERAMIK-TAFEL 158

Tafel	Nummer	Locus	Ware	Code	Schicht	Bemerkung
158,01	204601	2014,1	16	801	2(?)	join mit 204602, Bemalung 10YR8/1
158,02	100302	1002	12	802	H1	
158,03	1301104	13000	7	703	H0	schwarzer Slip 2.5YR2.5/0 black; Einritzung
158,04	102958	1010	17	901	H2	
158,05	503502	5016	16	703	1	mit aufgesetzter Leiste
158,06	409401	4022	16	703	2	mit aufgesetzter Leiste

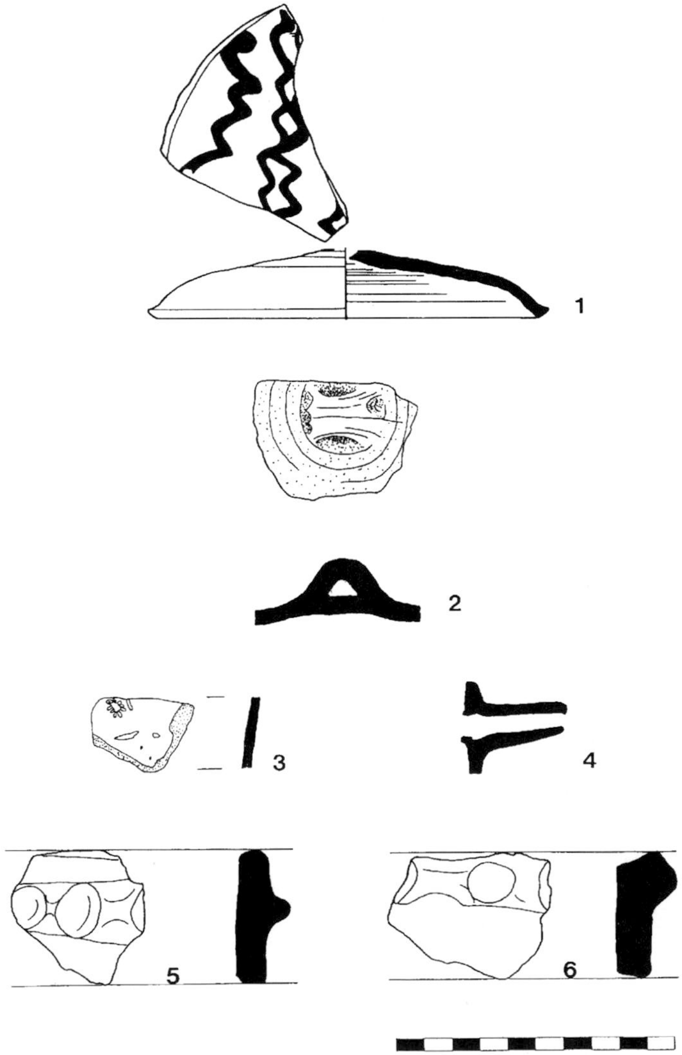

KERAMIK-TAFEL 159

Tafel	Nummer	Locus	Ware	Code	Schicht	Bemerkung
159,01	107012	1016	16	1001	H1	Brandspuren
159,02	300828	3003	16	1001	2	
159,03	102914	1010	16	1001	H2	
159,04	104563	1013	16	1001	H2	
159,05	102910	1010	16	1001	H2	
159,06	1401011	14003	15	1001	1	
159,07	802920	8008	7	1001	3	

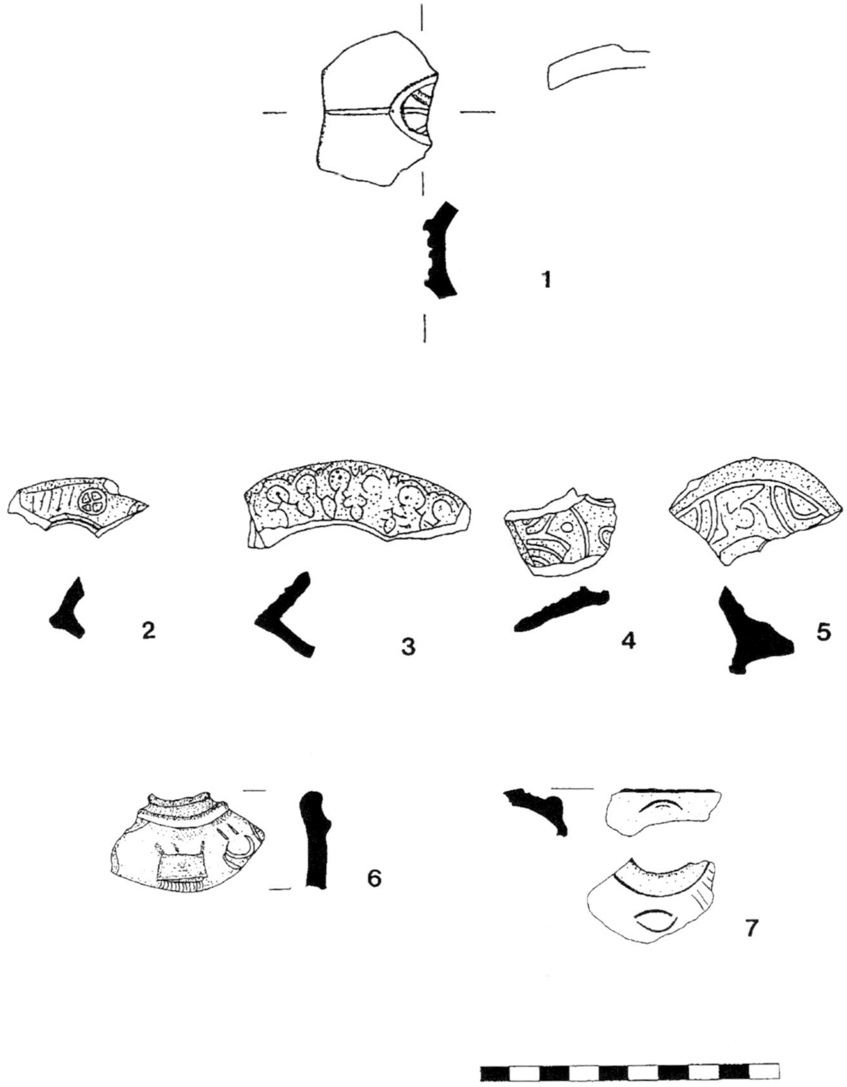

KERAMIK-TAFEL 160

Tafel	Nummer	Locus	Ware	Code	Schicht	Bemerkung
160,01	809802	8023	23	399	5	Slip:5YR8/1; Farbspuren: 10R4/6
160,02	619902	6045	23	478	3	Slip: 5YR8/1; Bemalung: 10R4/6
160,03	318404	3045	22	470	5	Slip: 5YR8/1; Bemalung: 10R4/6-4/8
160,04	350039	3500	24	503	1	
160,05	319213	3048	22	701	6	Slip: 5YR 8/1; Bemalung: 10R4/6-4/8

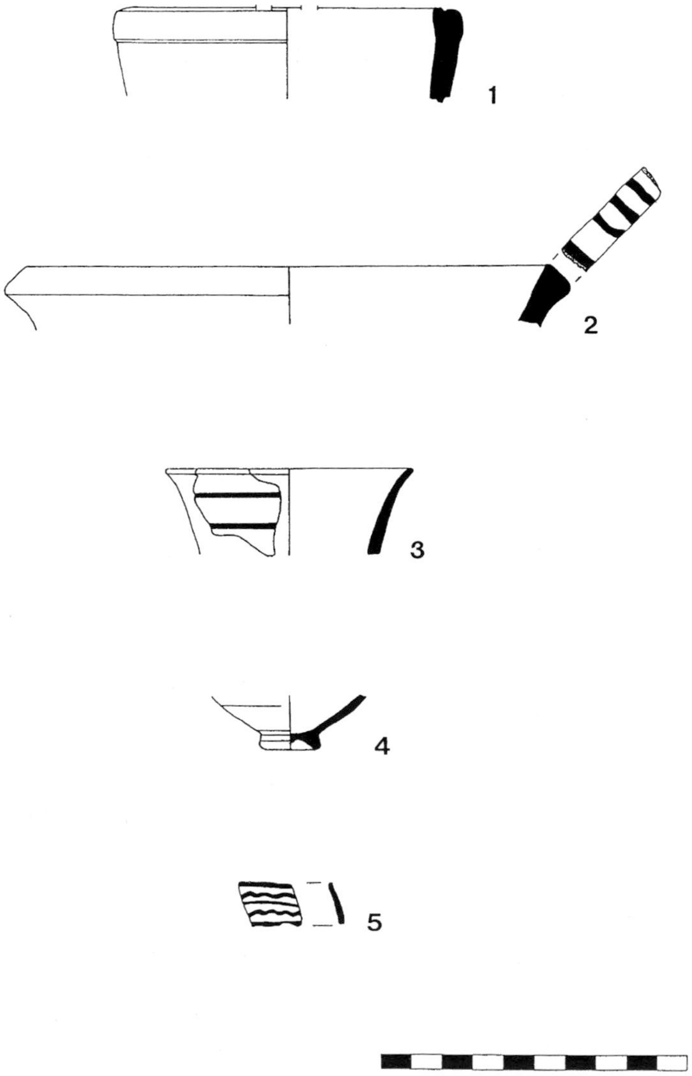

6.2 Katalog der Kleinfunde (Kleinfund-Tafeln 1-41)

Auf 41 Tafeln des vorliegenden Katalogs werden 180 der insgesamt 800 als „Kleinfund“ klassifizierten Stücke aus den Jahren 2002 bis 2004 abgebildet und beschrieben. Sie geben einen repräsentativen Einblick in das in Tell Johfiyeh erfaßte Spektrum der Funde. Die den Tafeln des Katalogs jeweils vorangestellten Informationen sind in acht Spalten zusammengefaßt und mit den Begriffen Tafel, Locus, Nummer, Schicht, Material, Gewicht, Objekt und Bemerkungen überschrieben.[1] Es bedeuten:

1. **Tafel:** Die hier angegebenen Ziffern vor dem Komma geben die jeweilige Tafelnummer an. Die Ziffern nach dem Komma beziehen sich auf die jeweilige Abbildung der Tafel. Die Zahl 10,02 in dieser Spalte bedeutet somit: Tafel 10 – Abbildung 2.
2. **Locus:** Die hier angegebene Ziffer gibt die Fundstelle wieder, aus der das jeweils abgebildete Fundstück stammt. Sie erlaubt es, mithilfe der Fundstellenliste (Appendix 2), die genaue Herkunft des jeweiligen Stücks und seine Vergesellschaftung mit anderen Funden zu rekonstruieren. Die Zahl 8014 bedeutet beispielsweise, daß das Stück aus der Fundstelle 8014 stammt.
3. **Nummer (Nr.):** Die hier angegebene Ziffer gibt die jeweilige Fundnummer wieder, die jedes Fundstück eindeutig identifiziert. Sie erlaubt das problemlose Auffinden des entsprechenden Stücks und der zugehörigen Beschreibung in der Fundliste (Appendix 5). Die Zahl 6292,5 bedeutet beispielsweise: Fundstück Nr. 5 aus der Fundkollektion (= Fundnummer) 6292.
4. **Schicht:** Die hier angegebene Ziffer bezieht sich auf die für Tell Johfiyeh erarbeitete Stratigraphie (Kapitel 2.1). Sie gibt die Schicht wieder, in der das entsprechende Fundstück gefunden wurde. Die Zahl 3 bedeutet beispielsweise, daß das entsprechende Fundstück in Schicht 3 gefunden wurde.
5. **Material:** Die Angabe in dieser Spalte bezieht sich auf das zur Herstellung des jeweiligen Fundstücks verwendete Material. Die Materialbestimmung erfolgte hierbei nach Augenschein. Eine naturwissenschaftliche Analyse der Materialien wurde in der Regel nicht durchgeführt. Die Kennzeichnung des jeweiligen Materials als „Stein“, „Metall“, etc. bedeutet, daß eine nähere Bestimmung des verwendeten Materials nicht möglich war.

---

[1] Weitere detaillierte Informationen zu den abgebildeten Stücken, verschiedenen Stein-, Tabun- und Lehmziegelfragmenten sowie den hier nicht berücksichtigten Tierknochen- und Silexkollektionen finden sich in Appendix 5, der alle in Tell Johfiyeh registrierten Funde (mit Ausnahme der Keramikscherben) auflistet und beschreibt.

6. Gewicht: Die hier angegebene Ziffer benennt das Gewicht des gereinigten Fundstücks in Gramm. Die Zahl 120g in dieser Spalte bedeutet beispielsweise, daß das Fundstück ein Gewicht von 120,00 Gramm hatte.

7. Objekt: Die Angabe in dieser Spalte benennt das jeweilige Fundstück mithilfe eines allgemeinen Begriffs.

8. Bemerkungen: In Kurzform werden in dieser Spalte weitere wichtige Informationen zum jeweiligen Fundstück gegeben.

Die interne Gliederung des Katalogs und die Anordnung der Fundstücke orientierten sich in der Regel an den zur Herstellung der Funde verwendeten Materialien und der Funktion der jeweiligen Stücke. Auf Funde aus Stein folgen solche aus Ton/Gips, Knochen, Metall, Muschelkalk und Glas.[2]

[2] Vgl. in diesem Zusammenhang auch die Ausführungen des Kapitels 2.4.

KLEINFUND-TAFEL 1

Tafel	Locus	Nr.	Schicht	Material	Gewicht	Objekt	Bemerkung
1,01	3018	3085	3	Kalkstein	150g	Schminkpalette	Fragment, Einritzungen, poliert
1,02	9010	9058	2	Kalkstein	280g	Schminkpalette	vollständig, Rand leicht beschädigt, poliert, unverziert

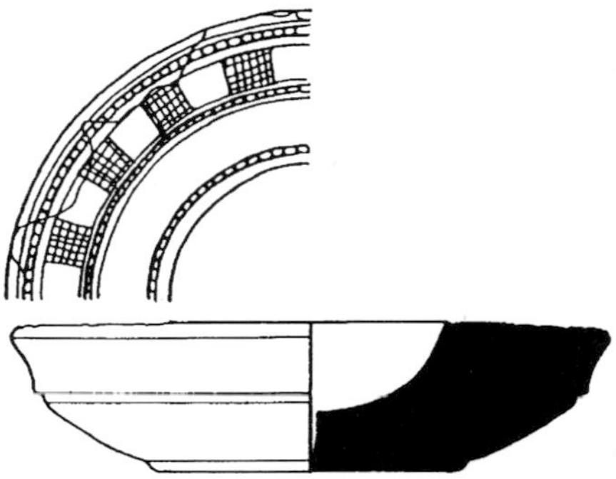

1

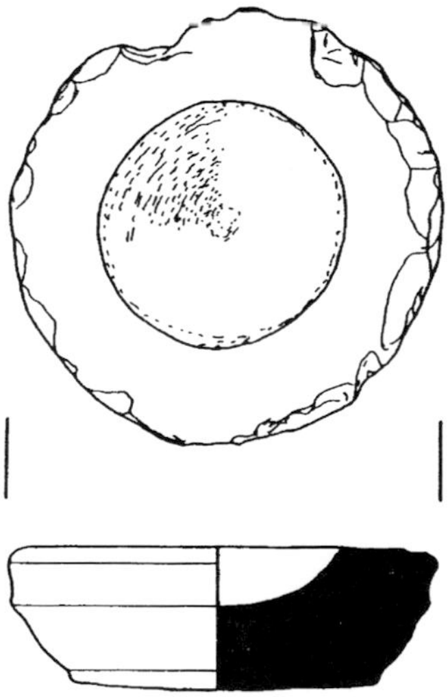

2

KLEINFUND-TAFEL 2

Tafel	Locus	Nr.	Schicht	Material	Gewicht	Objekt	Bemerkung
2,01	10004	10027	2	Basalt	1630g	Mörser-Dreifuß	vollständig

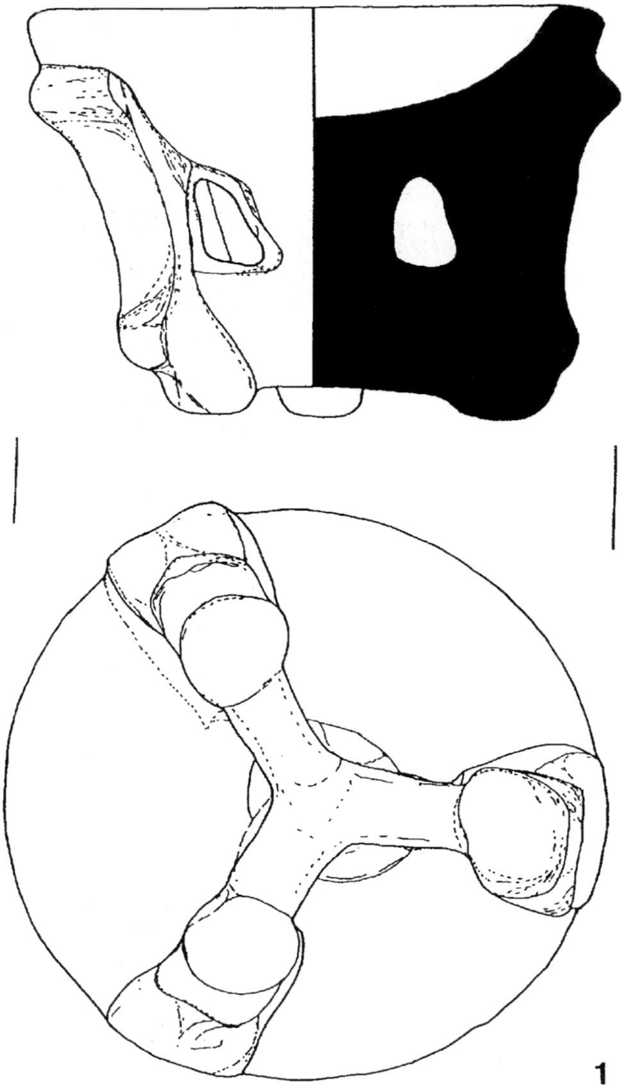

1

KLEINFUND-TAFEL 3

Tafel	Locus	Nr.	Schicht	Material	Gewicht	Objekt	Bemerkung
3,01	9008	9036	2	Basalt	6700g	Mörser- Dreifuß	vollständig
3,02	2016	2063	2	Basalt	1460g	Mörser- Dreifuß	Fragment, Rand und 1 Fuß

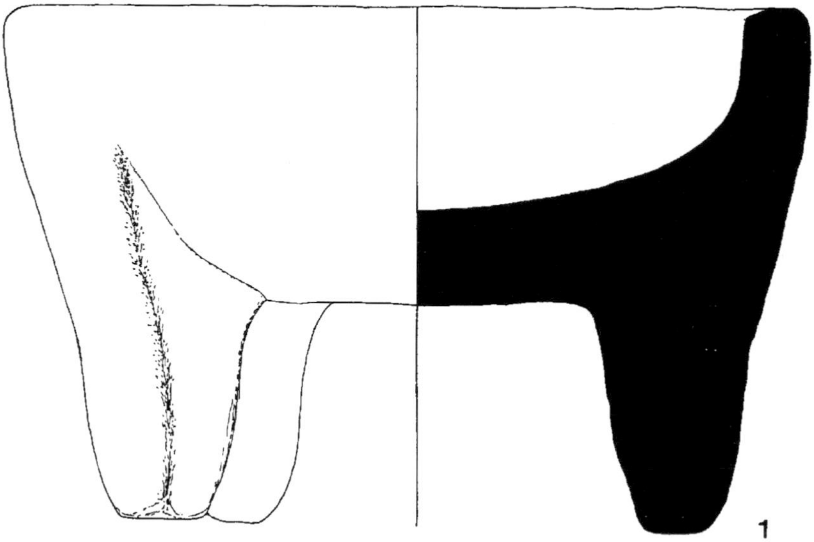

1

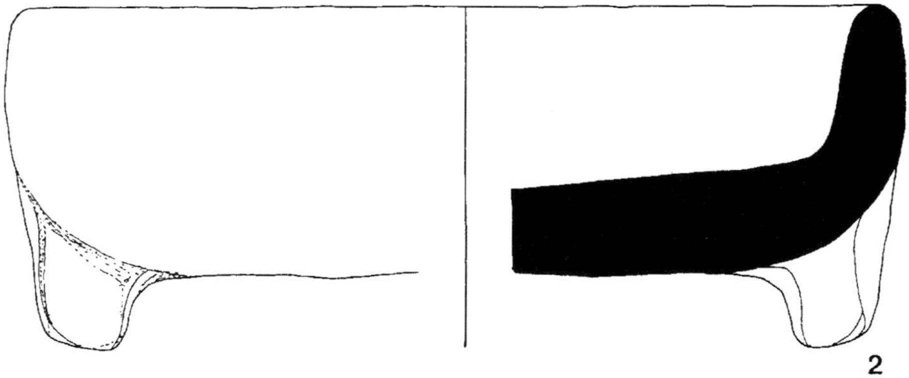

2

KLEINFUND-TAFEL 10

Tafel	Locus	Nr.	Schicht	Material	Gewicht	Objekt	Bemerkung
10,01	11002	11017	2	Basalt	240g	Gefäßfragment	Rand
10,02	5044	5180,2	1(?)	Basalt	2900g	Gefäßfragment	Rand

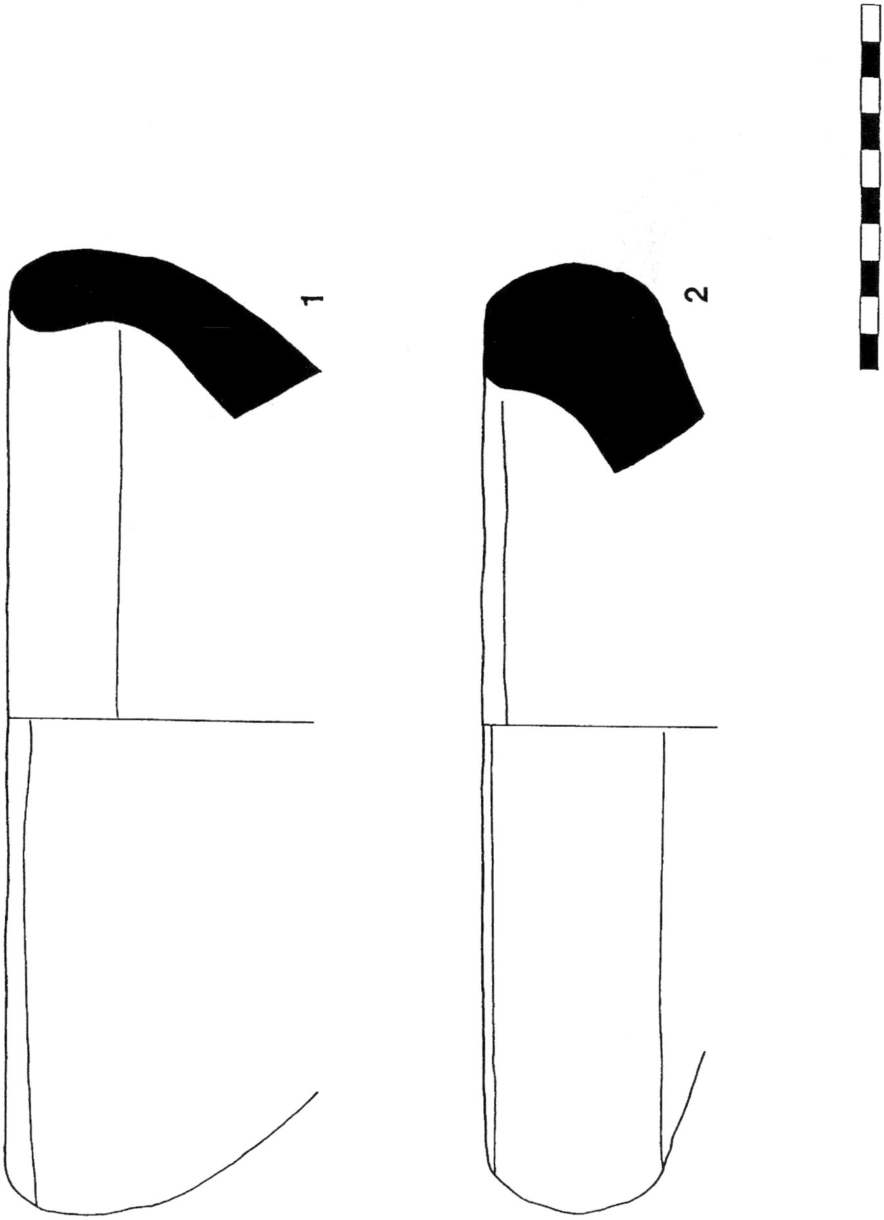

KLEINFUND-TAFEL 11

Tafel	Locus	Nr.	Schicht	Material	Gewicht	Objekt	Bemerkung
11,01	2028	2104	2	Kalkstein	1000g	Gefäßfragment	Rand
11,02	3042	3176	4	Basalt	260g	Gefäßfragment	Rand
11,03	8034	8154	3	Basalt	120g	Gefäßfragment	Rand

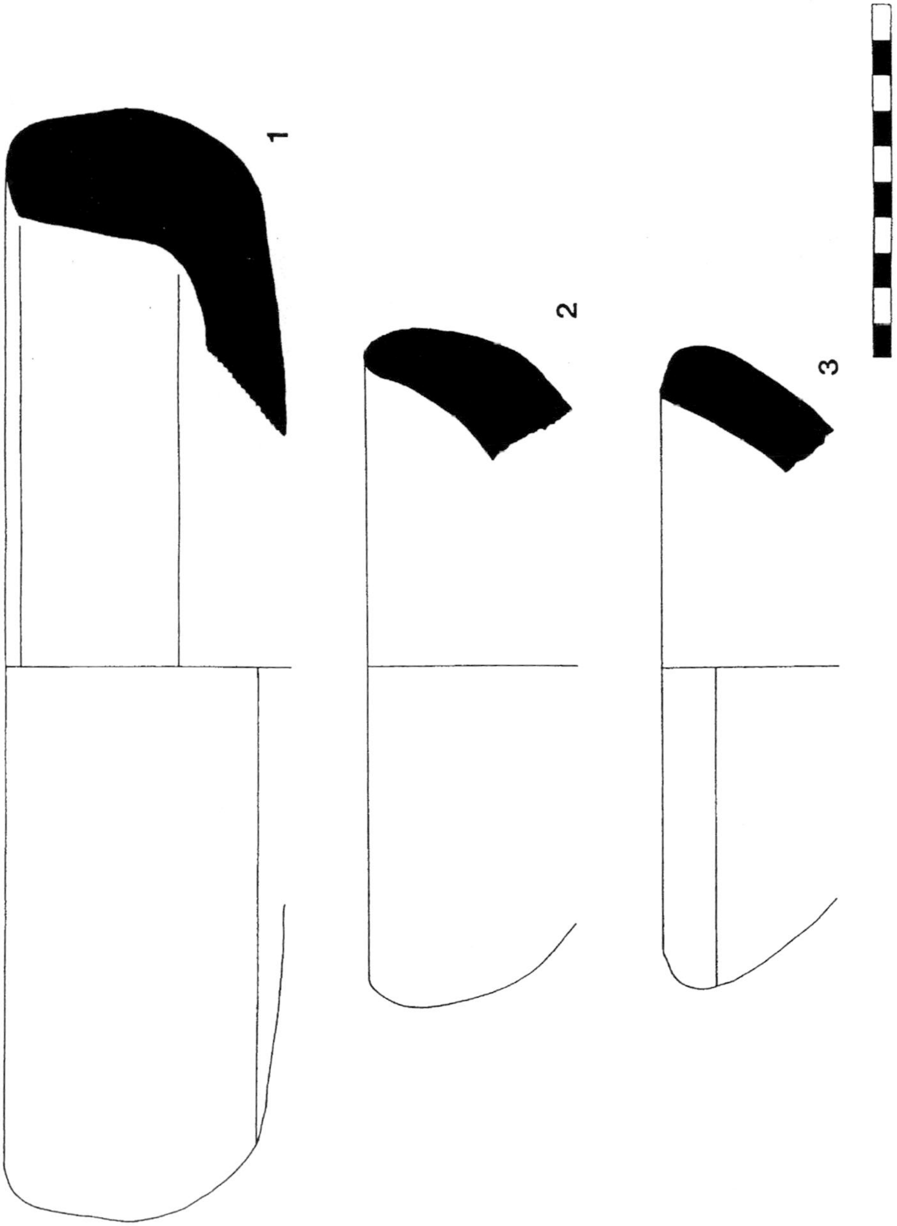

KLEINFUND-TAFEL 12

Tafel	Locus	Nr.	Schicht	Material	Gewicht	Objekt	Bemerkung
12,01	3033	3154	1	Basalt	50g	Gefäßfragment	Rand
12,02	8018	8090	3	Basalt	30g	Gefäßfragment	Rand
12,03	8506	8514	H2(?)	Basalt	220g	Gefäßfragment	Rand
12,04	14002	14021	1	Basalt	60g	Gefäßfragment	Rand

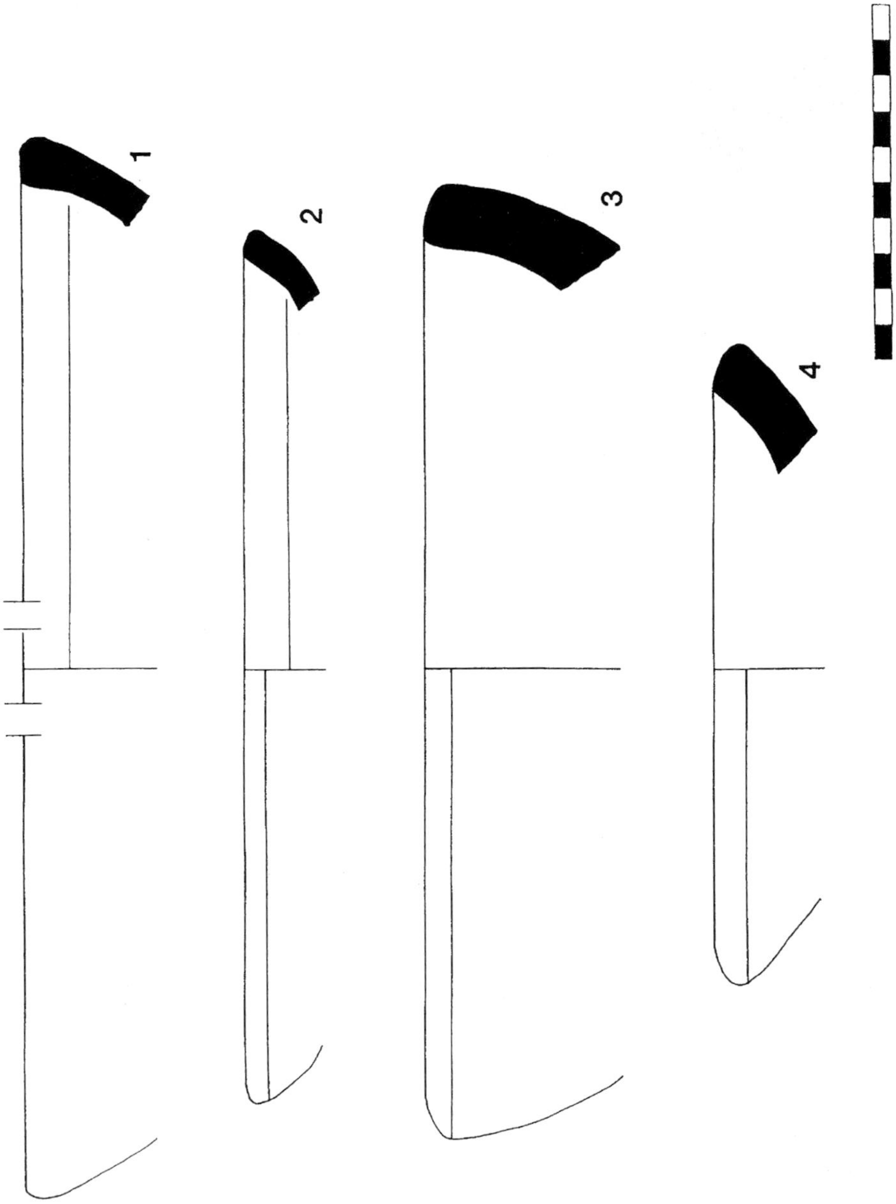

KLEINFUND-TAFEL 13

Tafel	Locus	Nr.	Schicht	Material	Gewicht	Objekt	Bemerkung
13,01	10002,3	10081	2(?)	Basalt	150g	Gefäßfragment	Rand mit Knubbe
13,02	2014,2	2080	2	Basalt	120g	Gefäßfragment	Rand
13,03	5037	5174	-	Basalt	90g	Gefäßfragment	Rand

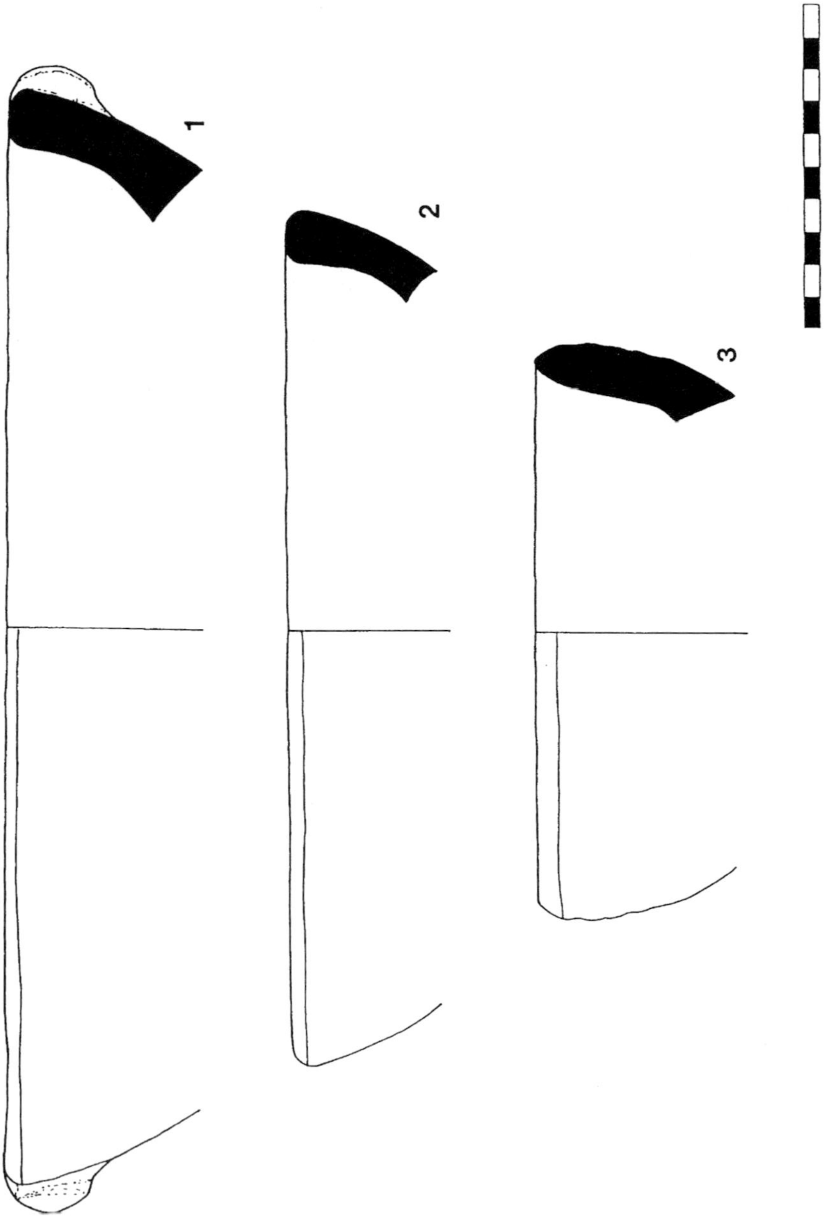

KLEINFUND-TAFEL 14

Tafel	Locus	Nr.	Schicht	Material	Gewicht	Objekt	Bemerkung
14,01	5044	5180,1	1(?)	Basalt	2900g	Plattenfragment	1/4 einer rechteckigen Platte
14,02	10002,2	10075	1	Basalt	1800g	Plattenfragment	1/4 einer rechteckigen Platte

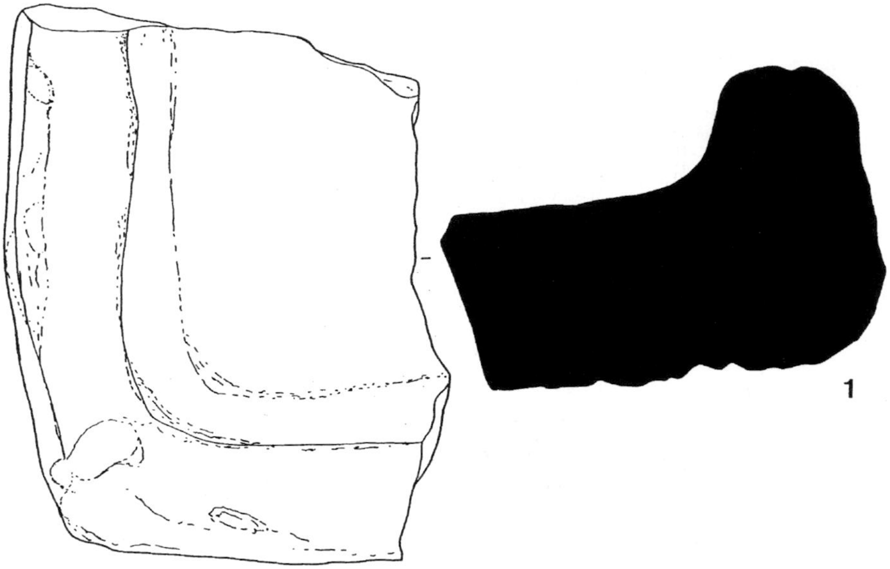

1

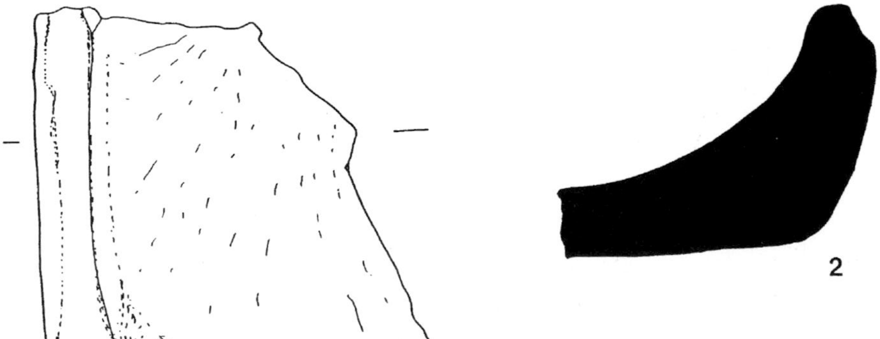

2

KLEINFUND-TAFEL 15

Tafel	Locus	Nr.	Schicht	Material	Gewicht	Objekt	Bemerkung
15,01	5024	5084	2	Basalt	1500g	Gefäßfragment	Rand, evt. oberer Teil von Taf.15,02
15,02	5024	5084	2	Basalt	1500g	Gefäßfragment	Ständer, evt. unterer Teil von Taf. 15,01

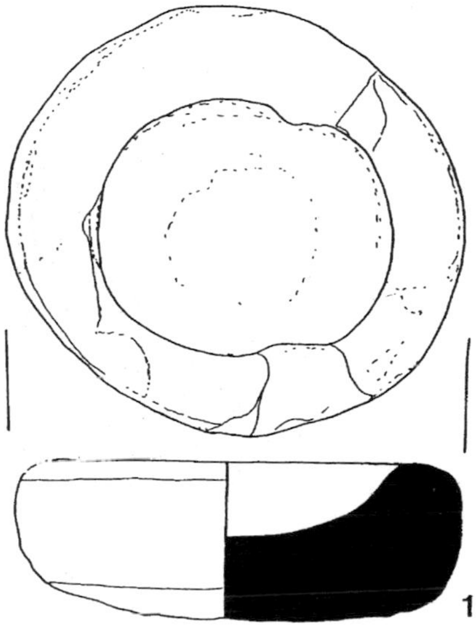
1

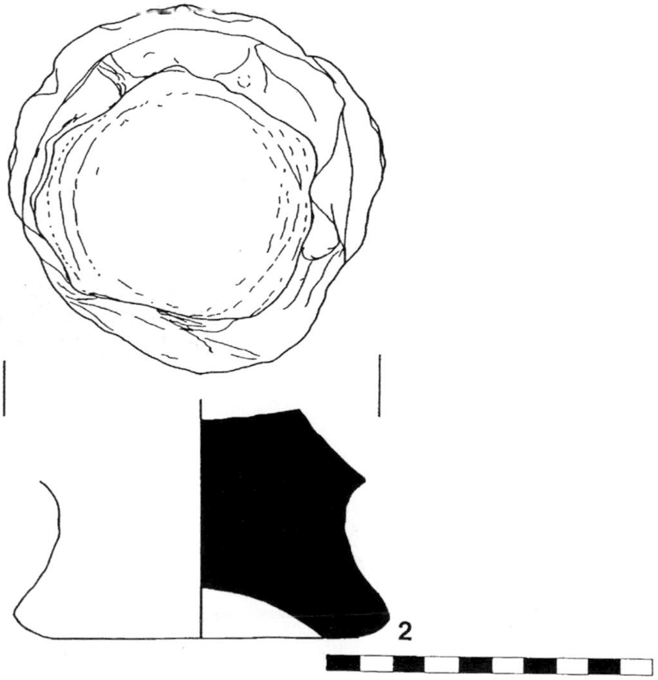
2

KLEINFUND-TAFEL 16

Tafel	Locus	Nr.	Schicht	Material	Gewicht	Objekt	Bemerkung
16,01	4037	4163	2	Basalt	100g	Gefäßfuß	
16,02	0	3	-	Basalt	160g	Gefäßfuß	Oberflächenfund
16,03	11002	11014	2	Basalt	150g	Gefäßfuß	
16,04	0	4	-	Basalt	150g	Gefäßfuß	Oberflächenfund
16,05	5039	5170	1	Basalt	180g	Gefäßfuß	
16,06	9001	9006	1	Basalt	450g	Gefäßfuß	

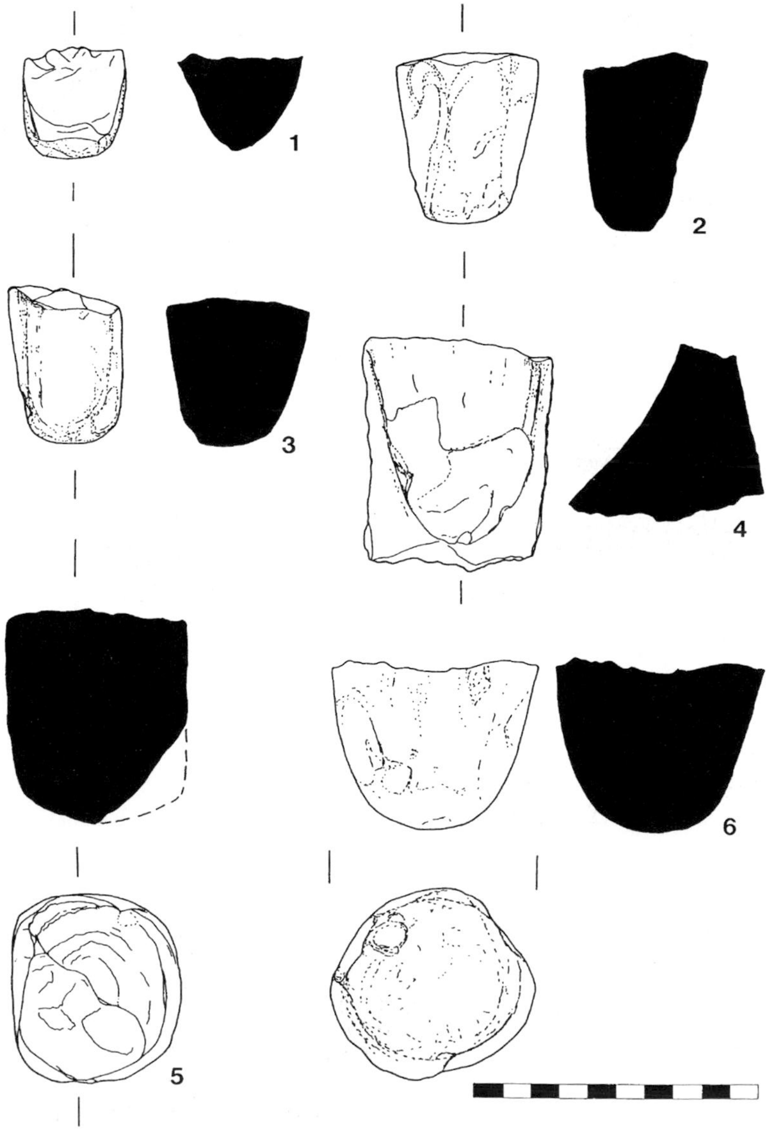

KLEINFUND-TAFEL 17

Tafel	Locus	Nr.	Schicht	Material	Gewicht	Objekt	Bemerkung
17,01	9020	9135	-	Basalt	750g	Gefäßfuß	mit Verstrebung
17,02	9010	9072	2	Basalt	400g	Gefäßfuß	mit Standring
17,03	8018	8086	3	Basalt	700g	Gefäßfuß	
17,04	9017	9104	3 (?)	Basalt	220g	Gefäßfuß	mit Verstrebung

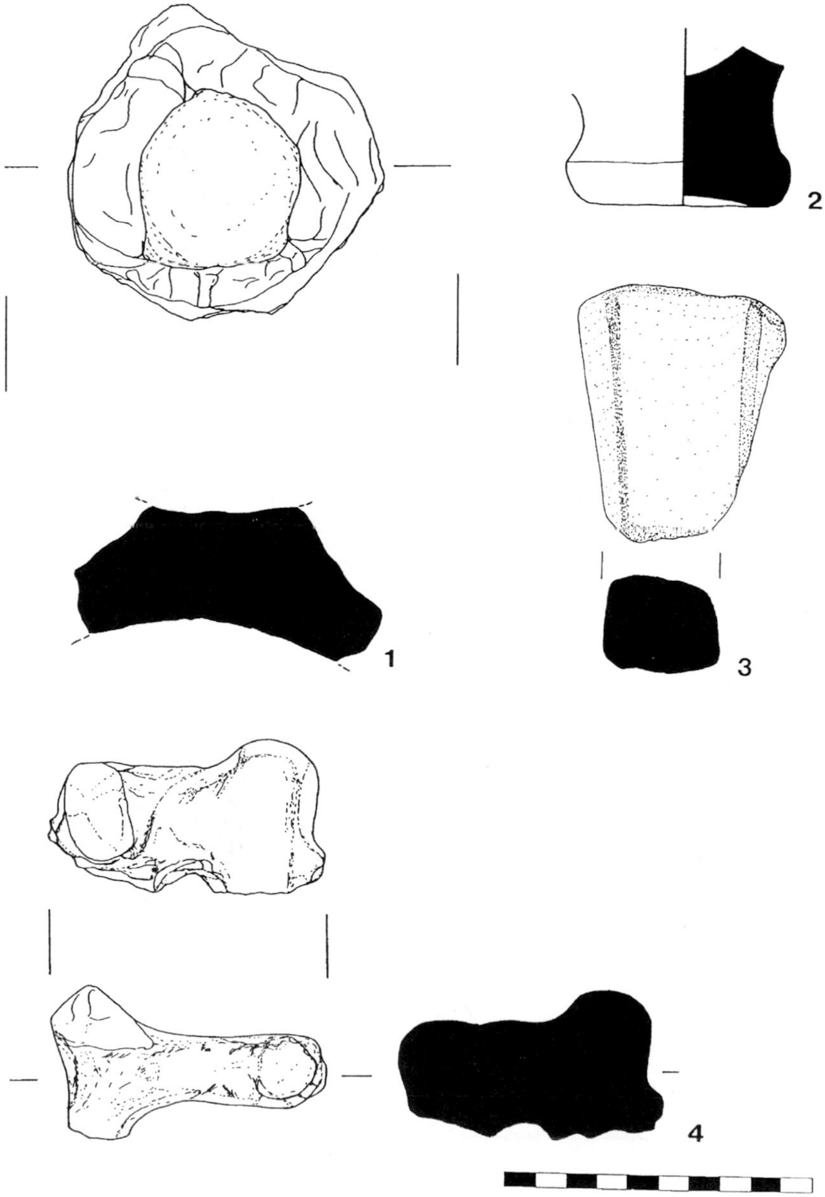

KLEINFUND-TAFEL 18

Tafel	Locus	Nr.	Schicht	Material	Gewicht	Objekt	Bemerkung
18,01	3007	3070,1	2	Basalt	125g	Stößel	
18,02	3007	3070,2	2	Basalt	160g	Stößel	
18,03	4022	4103	2	Basalt	130g	Stößel	
18,04	4008	4025,3	2 (?)	Basalt	100g	Stößel	aus Mörser Nr. 4025,1
18,05	4010	4037	2	Basalt	300g	Stößel	
18,06	6016	6054	2	Basalt	450g	Stößel	aus Keramikansammlung

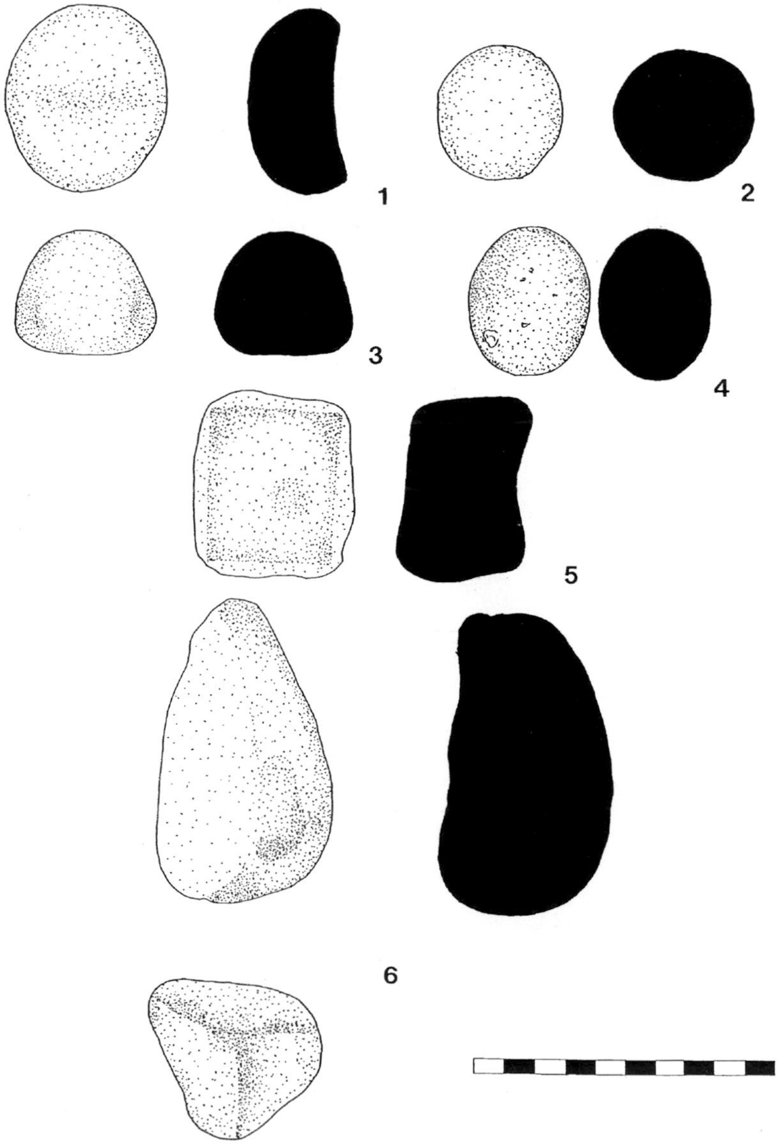

KLEINFUND-TAFEL 19

Tafel	Locus	Nr.	Schicht	Material	Gewicht	Objekt	Bemerkung
19,01	3014	3063	3	Basalt	430g	Stößel	unter der Mauer Locus 3007
19,02	6027	6098	3	Basalt	330g	Stößel	Fragment
19,03	6026	6093	3	Basalt	800g	Stößel	

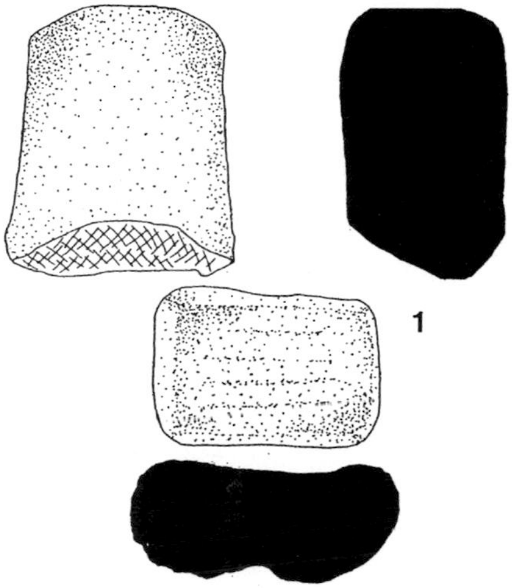
1

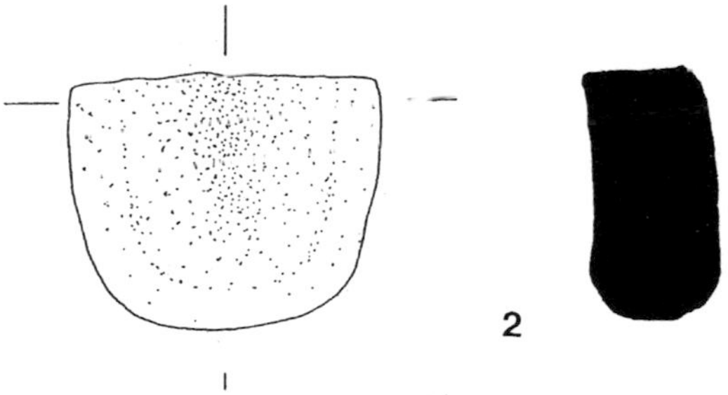
2

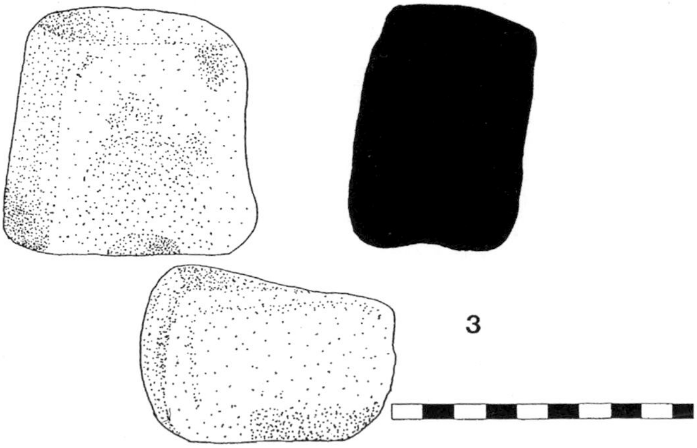
3

KLEINFUND-TAFEL 20

Tafel	Locus	Nr.	Schicht	Material	Gewicht	Objekt	Bemerkung
20,01	4018	4076	1	Basalt	250g	Stößel	
20,02	6014	6044,1	4	Basalt	530g	Stößel	
20,03	6014	6044,2	4	Basalt	400g	Stößel	
20,04	3007	3033,1	2	Basalt	410g	Stößel	
20,05	4008	4025,2	2 (?)	Basalt	450g	Stößel	aus Mörser Nr. 4025,1

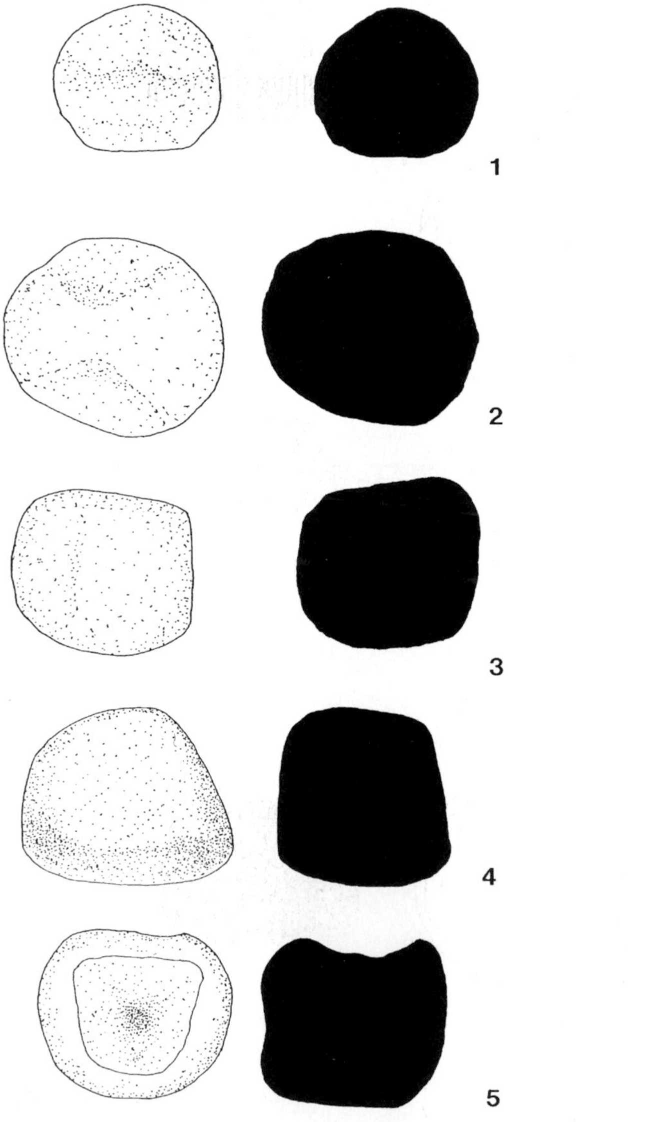

KLEINFUND-TAFEL 21

Tafel	Locus	Nr.	Schicht	Material	Gewicht	Objekt	Bemerkung
21,01	6034	6122	3	Basalt	540g	Stößel	
21,02	11002,1	11023	2	Basalt	200g	Stößel	
21,03	7007	7020	3	Basalt	400g	Stößel	

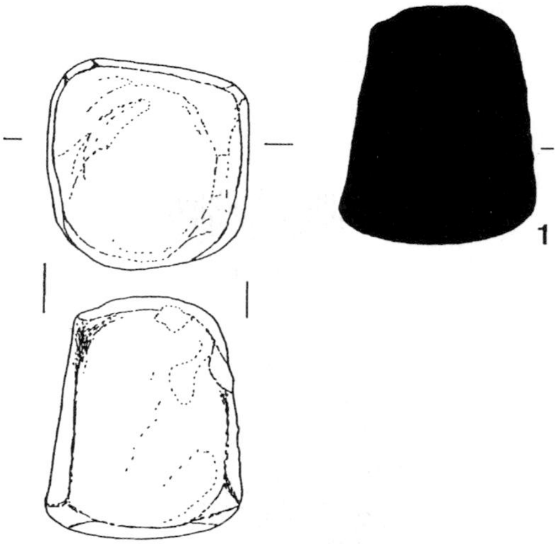
1

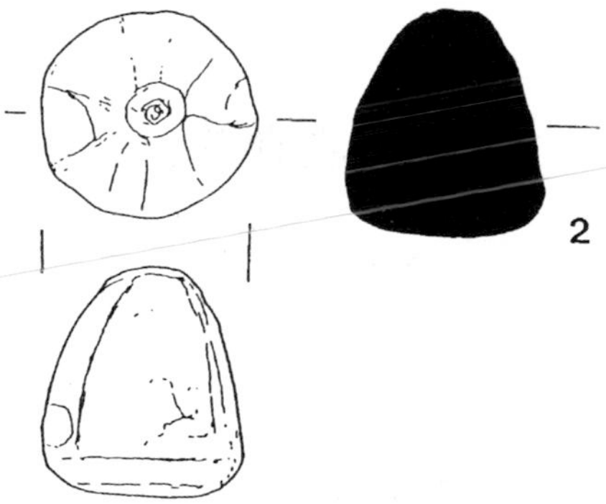
2

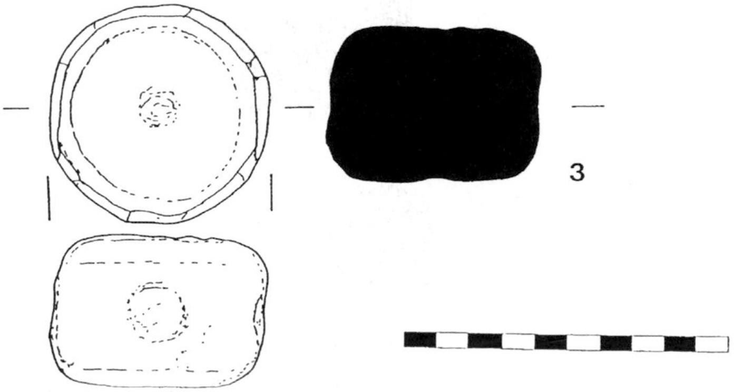
3

KLEINFUND-TAFEL 22

Tafel	Locus	Nr.	Schicht	Material	Gewicht	Objekt	Bemerkung
22,01	9028	9159	3	Basalt	90g	Stößel	
22,02	9026	9153	3	Basalt	400g	Stößel	
22,03	10002,2	10076	1	Basalt	450g	Stößel	
22,04	6035	6133	3	Basalt	100g	Stößel	aus Vorratsgefäß Nr. 6132
22,05	6036	6138	3	Basalt	280g	Stößel	

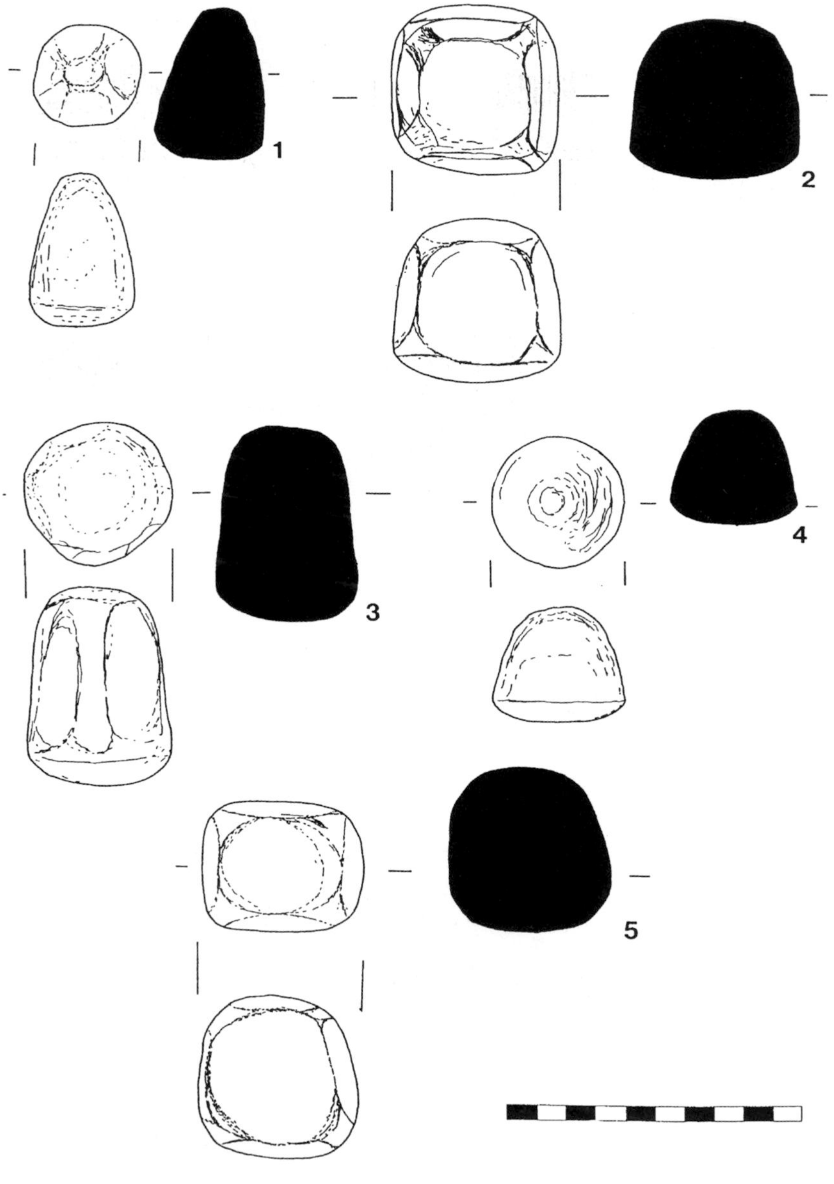

KLEINFUND-TAFEL 23

Tafel	Locus	Nr.	Schicht	Material	Gewicht	Objekt	Bemerkung
23,01	8033	8146	2	Basalt	210g	Stößel	
23,02	9033	9179	3	Basalt	160g	Stößel	
23,03	8035	8163	4(?)	Basalt	230g	Stößel	
23,04	9035	9187	3(?)	Basalt	70g	Stößel	
23,05	8008	8032,1	3	Basalt	230g	Stößel	
23,06	8035	8164	4(?)	Basalt	260g	Stößel	2 kleine, 3mm tiefe Löcher

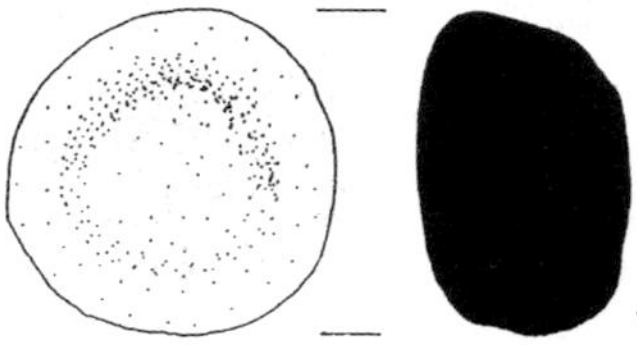
1

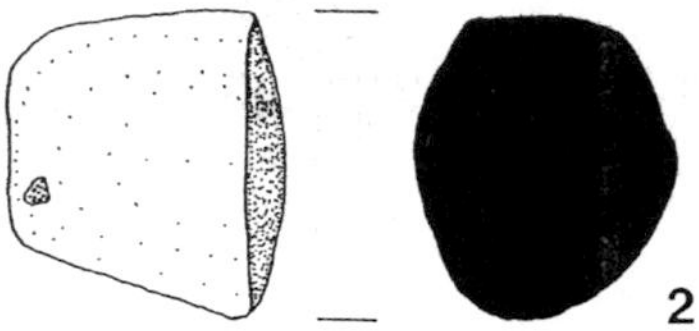
2

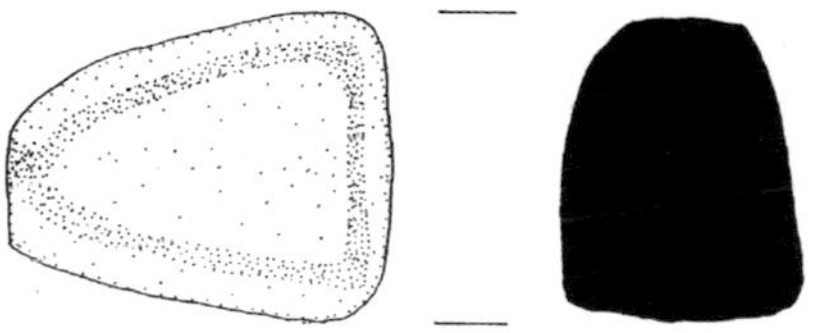
3

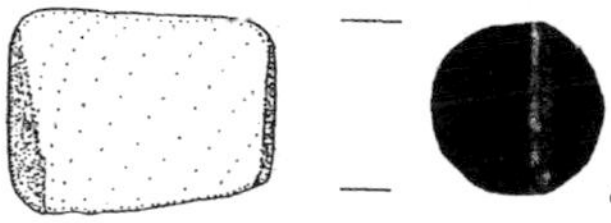
4

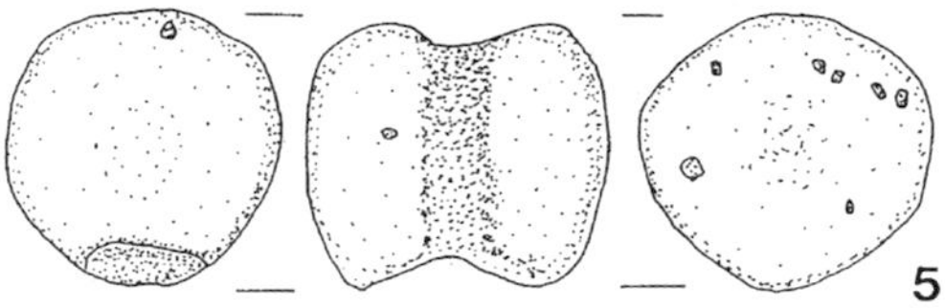
5

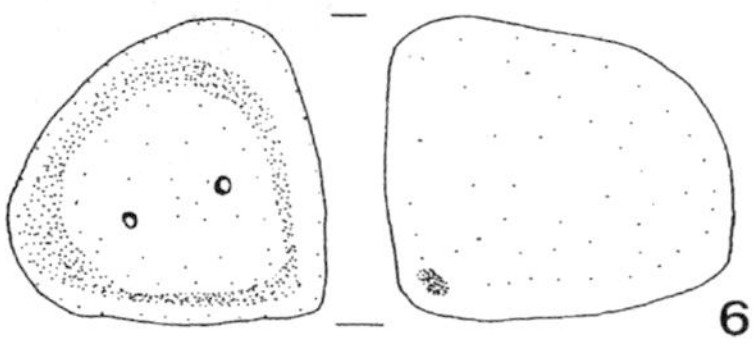
6

KLEINFUND-TAFEL 24

Tafel	Locus	Nr.	Schicht	Material	Gewicht	Objekt	Bemerkung
24,01	9021	9141	3	Basalt	2060g	Mörser	

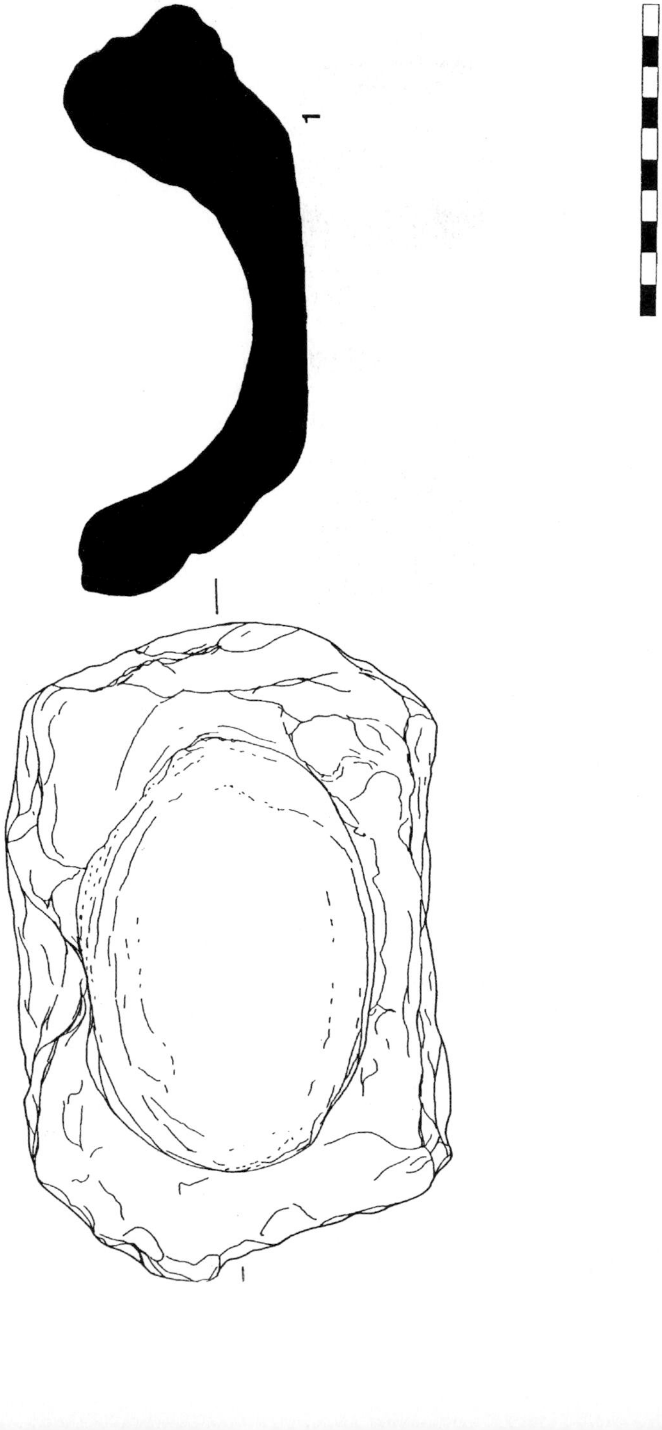

KLEINFUND-TAFEL 25

Tafel	Locus	Nr.	Schicht	Material	Gewicht	Objekt	Bemerkung
25,01	9024	9160,1	3	Kalkstein	4450g	Mörser	

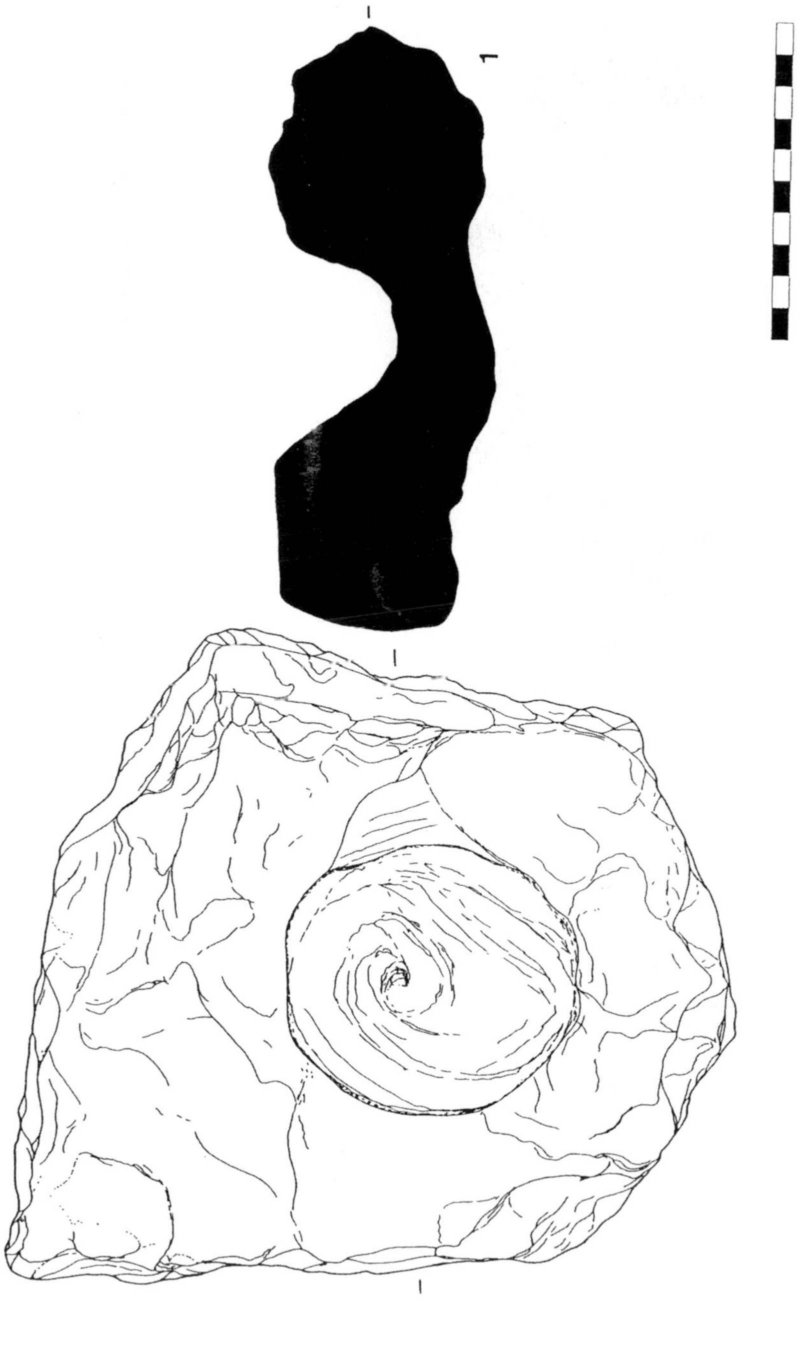

KLEINFUND-TAFEL 26

Tafel	Locus	Nr.	Schicht	Material	Gewicht	Objekt	Bemerkung
26,01	6026	6091	3	Kalkstein	1800g	Mörser	
26,02	6017	6057	3	Basalt	3000g	Mahlstein	

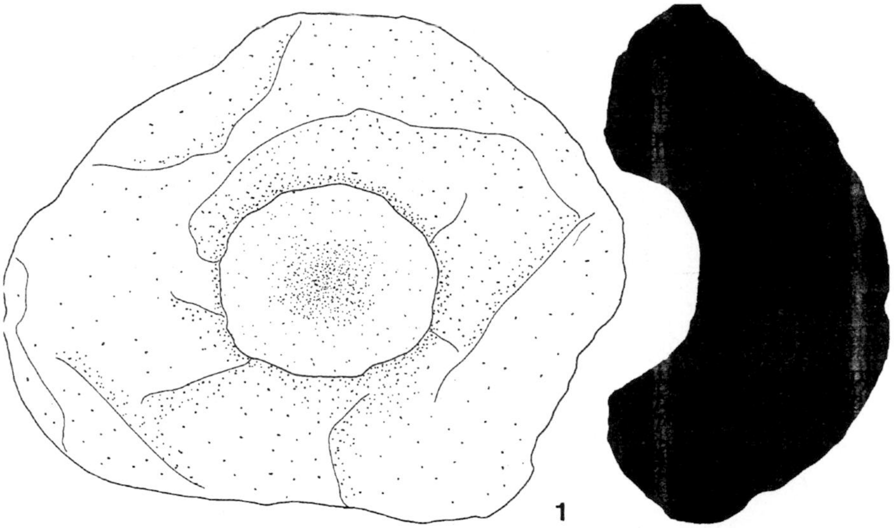

1

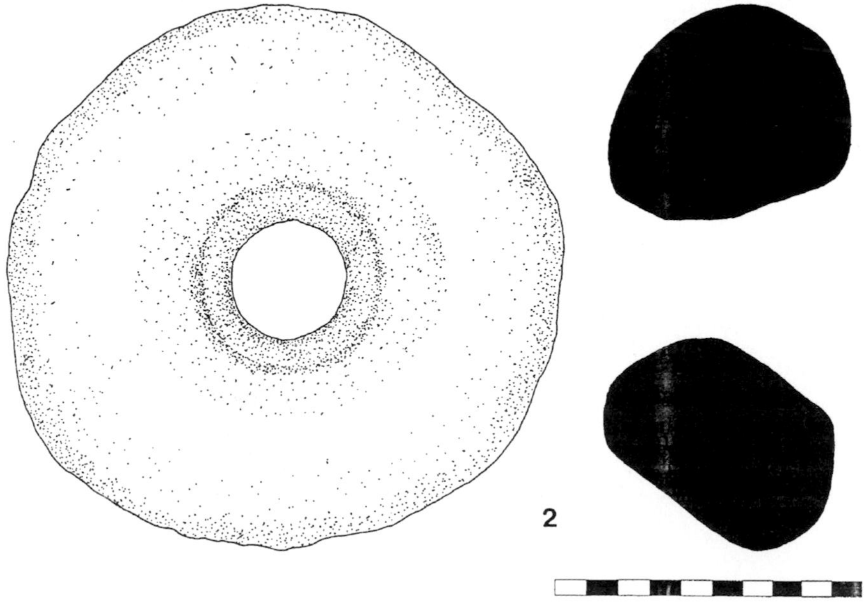

2

KLEINFUND-TAFEL 27

Tafel	Locus	Nr.	Schicht	Material	Gewicht	Objekt	Bemerkung
27,01	6070	6290	3	Kalkstein	1000g	Mörser	
27,02	6053	6220	4	Kalkstein	700g	Angelstein	
27,03	6070	6297	3	Kalkstein	340g	Reibstein	rechteckig

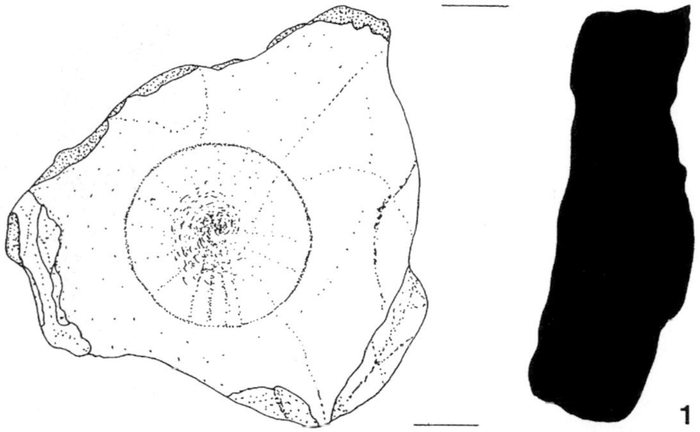

1

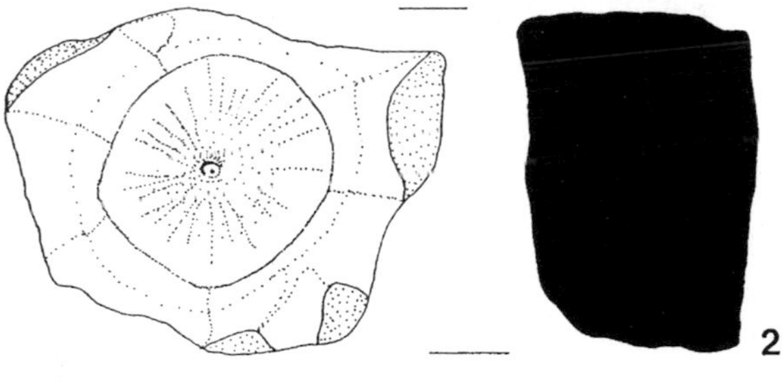

2

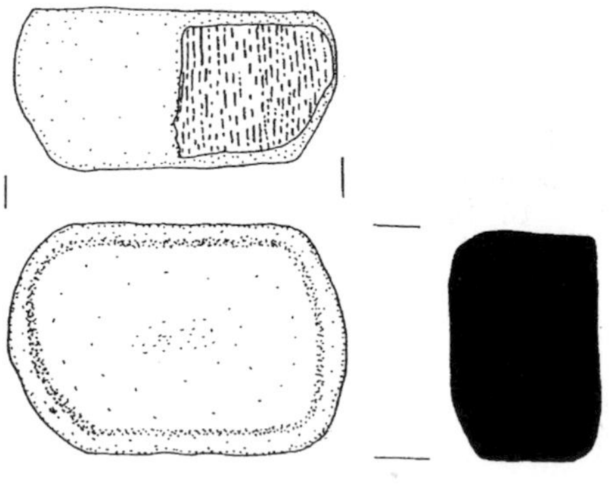

3

KLEINFUND-TAFEL 28

Tafel	Locus	Nr.	Schicht	Material	Gewicht	Objekt	Bemerkung
28,01	4023	4104	2	Basalt	3000g	Reibstein	vollständig

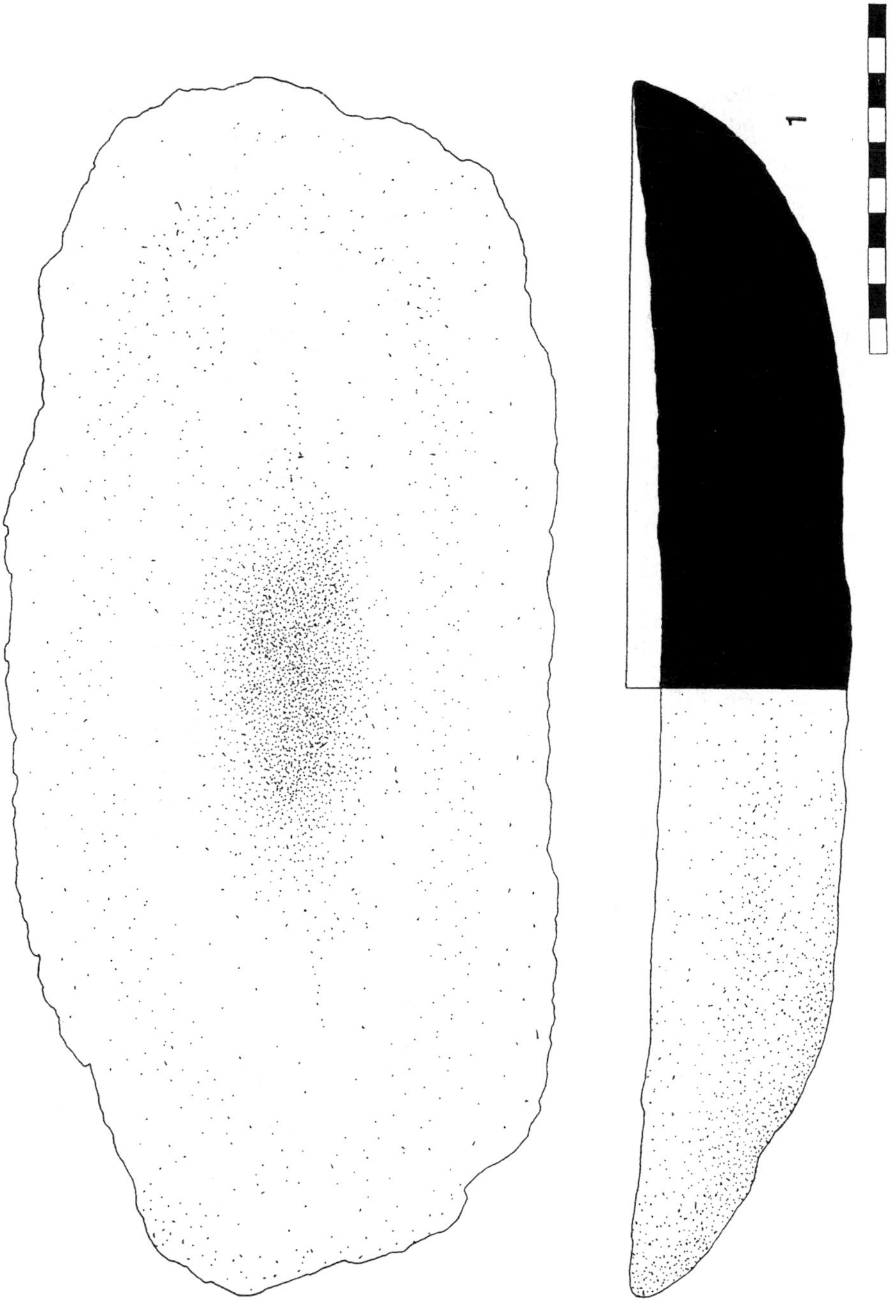

KLEINFUND-TAFEL 29

Tafel	Locus	Nr.	Schicht	Material	Gewicht	Objekt	Bemerkung
29,01	9018,1	9124	3	Basalt	4300g	Reibstein	vollständig
29,02	9018,1	9126	3	Basalt	3000g	Reibstein	vollständig

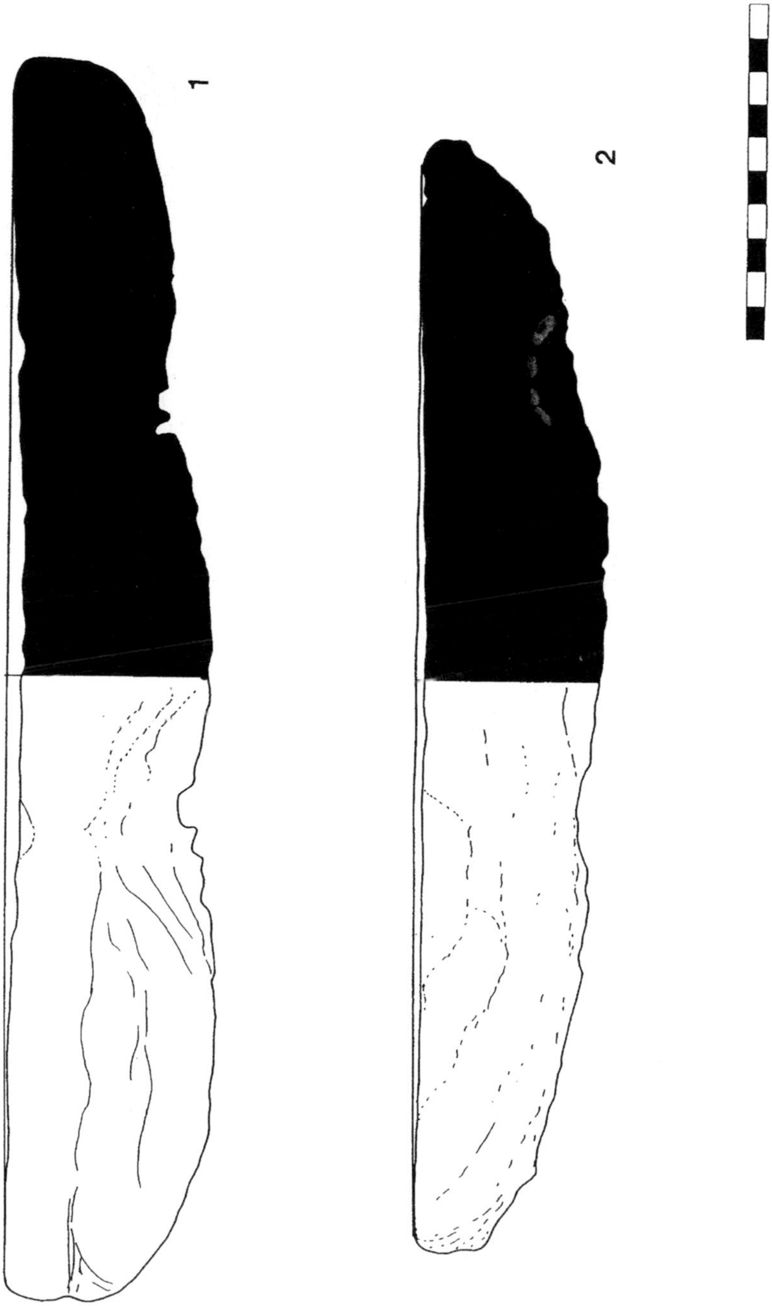

KLEINFUND-TAFEL 30

Tafel	Locus	Nr.	Schicht	Material	Gewicht	Objekt	Bemerkung
30,01	3039	3169	3	Basalt	800g	Reibstein	Fragment
30,02	13003	13008	H3-5(?)	Basalt	900g	Reibstein	Fragment
30,03	4026	4117	1	Basalt	800g	Reibstein	Fragment

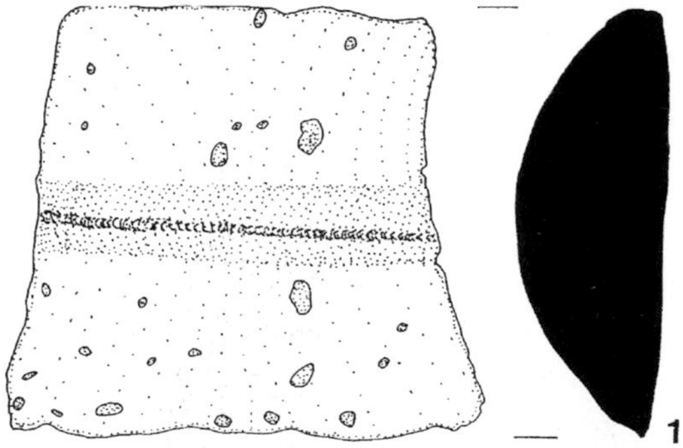
1

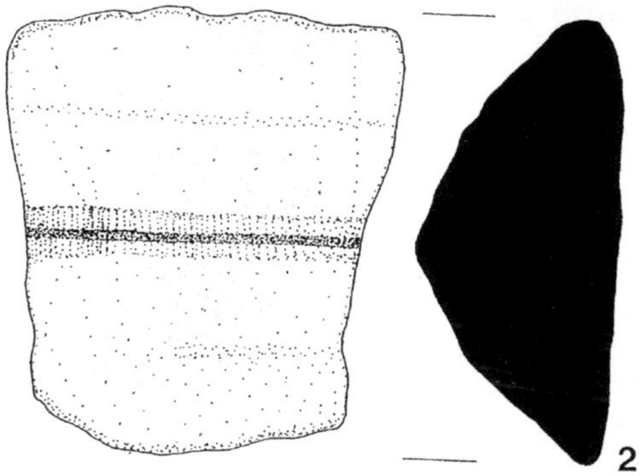
2

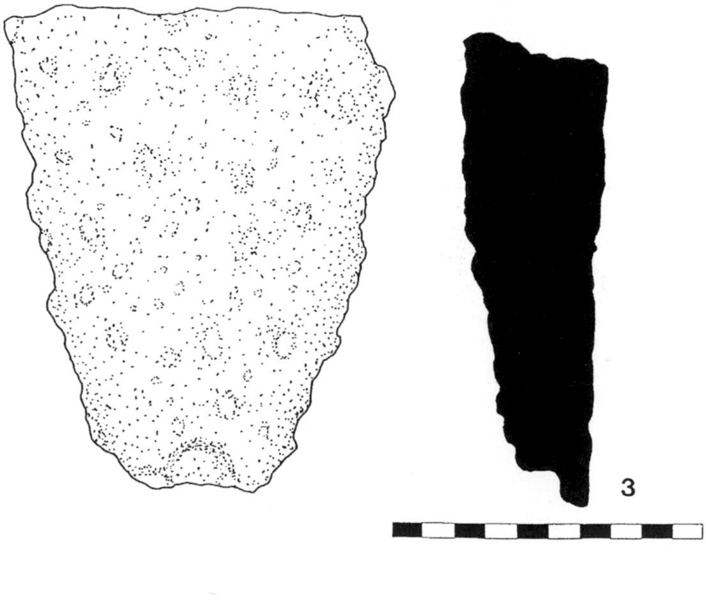
3

KLEINFUND-TAFEL 31

Tafel	Locus	Nr.	Schicht	Material	Gewicht	Objekt	Bemerkung
31,01	6070	6295,1	3	Basalt	900g	Reibstein	rechteckig
31,02	8013	8069	3(?)	Basalt	440g	Reibstein	rechteckig
31,03	14005	14026	2	Basalt	100g	Webgewicht-fragment	porös
31,04	8010	8048	3	Kalkstein	450g	Webgewicht-fragment	

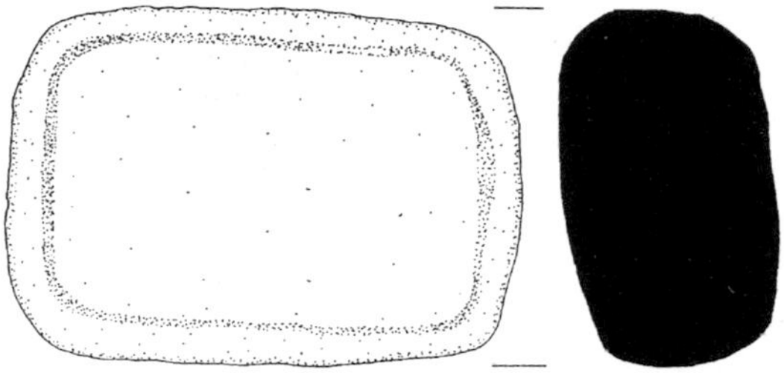
1

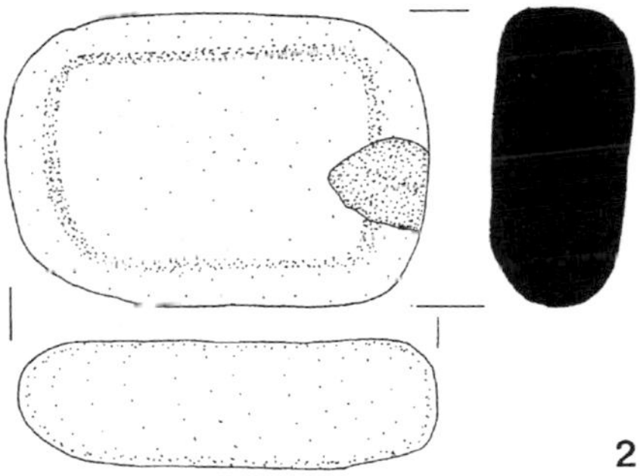
2

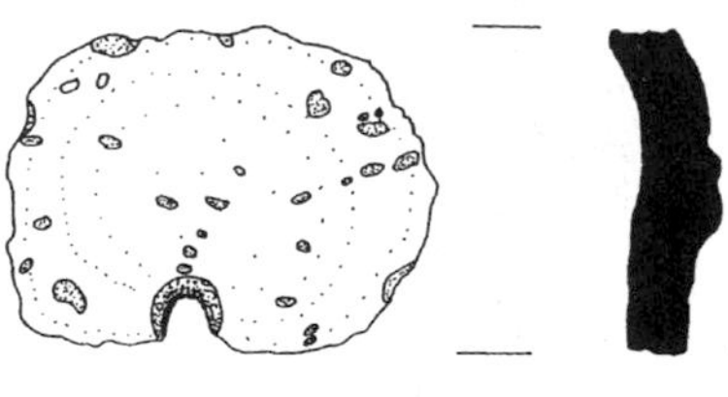
3

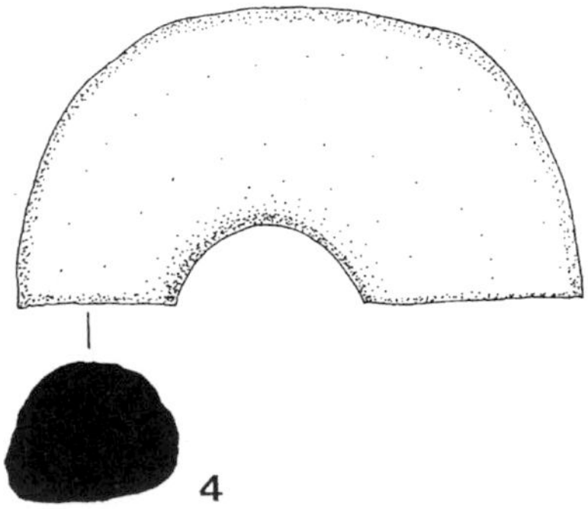
4

KLEINFUND-TAFEL 32

Tafel	Locus	Nr.	Schicht	Material	Gewicht	Objekt	Bemerkung
32,01	3011	3047	3	Keramik	300g	Webgewicht	
32,02	3007	3060	2	Basalt	590g	Webgewicht-fragment	
32,03	3007	3030	2	Keramik	290g	Webgewicht	
32,04	12002,1	12019	1	Kalkstein	290g	Webgewicht	

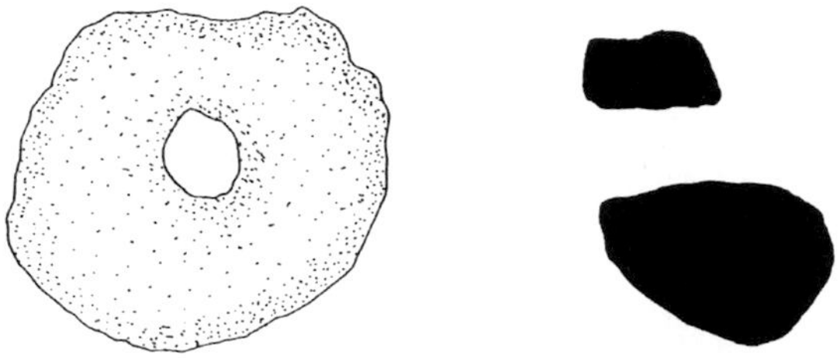
1

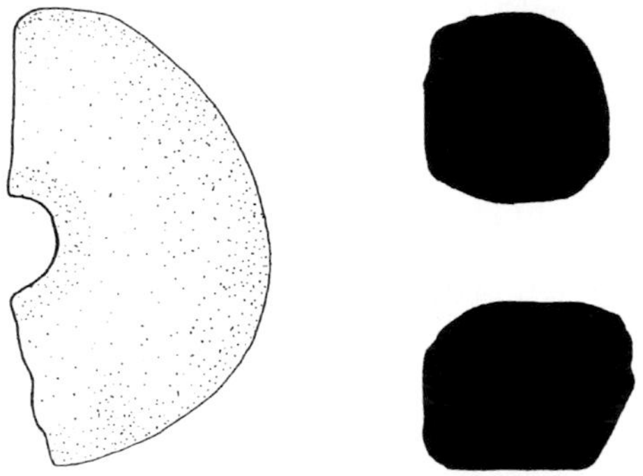
2

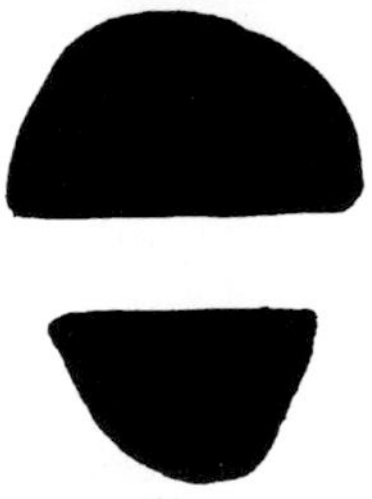
3

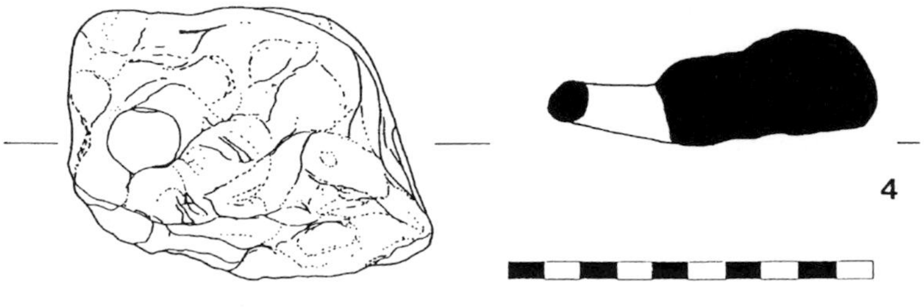
4

KLEINFUND-TAFEL 33

Tafel	Locus	Nr.	Schicht	Material	Gewicht	Objekt	Bemerkungen
33,01	1005	1014	H1	Kalkstein	40g	Webgewicht	
33,02	8029	8126	5	Kalkstein	20g	Webgewicht	
33,03	9018,1	9119	3	Basalt	60g	Gefäßdeckel	
33,04	10002,5	10096	2(?)	Basalt	100g	Gefäßdeckel	
33,05	7007	7021	3	Basalt	100g	Gefäßdeckel	
33,06	6040	6164,1	2	Basalt	30g	Spinnwirtel	mit Verzierung
33,07	6026	6094	3	Kalkstein	60g	Spinnwirtel	
33,08	8010	8045	3	Basalt	40g	Spinnwirtel	
33,09	9030	9160,2	3	Basalt	20g	Spinnwirtel	
33,10	6019	6065,2	3	Keramik	50g	Spinnwirtel	

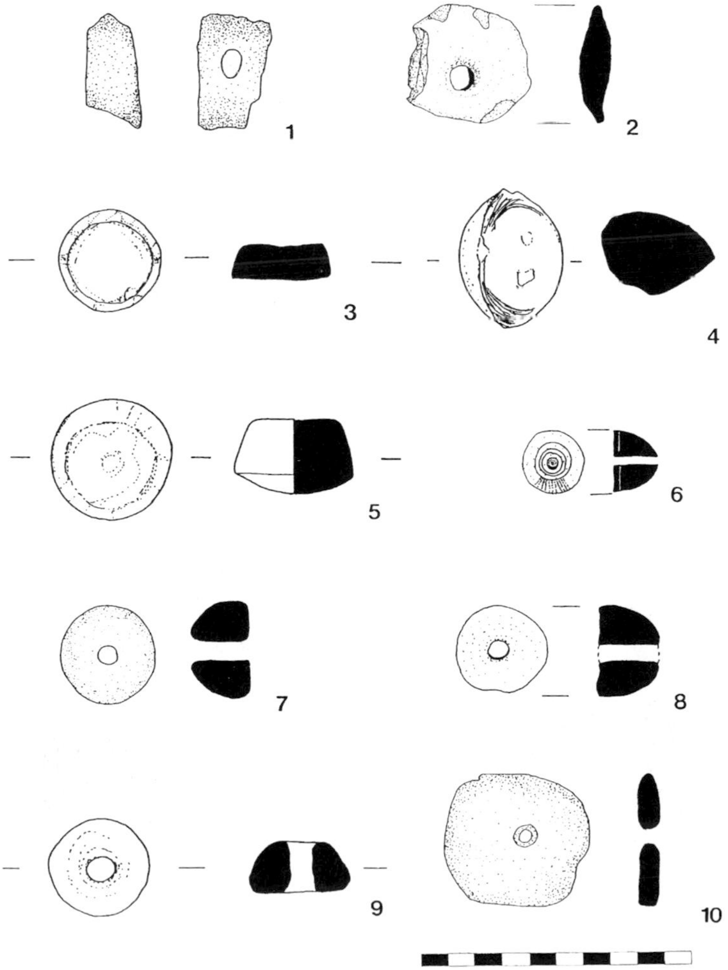

KLEINFUND-TAFEL 34

Tafel	Locus	Nr.	Schicht	Material	Gewicht	Objekt	Bemerkung
34,01	8034	8153	3	Basalt	120g	Bimsstein	sehr porös
34,02	6019	6064	3	Basalt	40g	Bimsstein	
34,03	4021	4092	2	Kalkstein	25g	Wetzstein	
34,04	1011	1054	H1	Kalkstein	20g	Wetzstein	
34,05	4009	4031	3	Kalkstein	20g	Steinobjekt	angebohrt
34,06	2010	2030	H3	Basalt	100g	Gefäßfuß	klein
34,07	5011	5058	-	Marmor	600g	Dekorelement	verziert
34,08	9037	9194	-	Stein?	1g	Dekorelement	Möbelornament?
34,09	8007	8028	2	Stein?	15g	Fossil ?	Säge ?

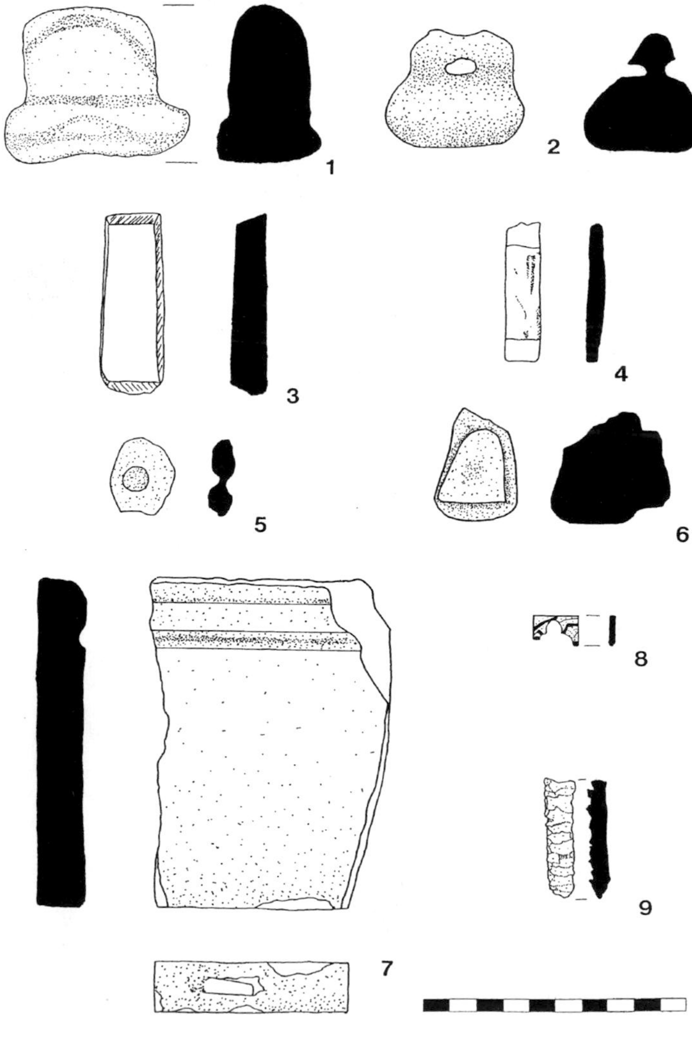

KLEINFUND-TAFEL 35

Tafel	Locus	Nr.	Schicht	Material	Gewicht	Objekt	Bemerkung
35,01	8023	8099	5	Kalkstein	5g	Schmuckstein	beidseitige Einritzung
35,02	8507	8525	H3	Knochen?	5g	Spule? / Spielstein?	
35,03	9028	9150	3	Fritte?	10g	Perle	blau
35,04	6037	6141	3	Karneol	10g	Perle	rot
35,05	8030	8135	-	Hämatit?	3g	Perle	braun-schwarz, poliert
35,06	6071	6301	3(?)	Karneol	1g	Perle	rot
35,07	4022	4095	2	Karneol	5g	Perle	rot
35,08	8029	8127	5	Kalkstein	200g	Rollstein	an beiden Seiten 7mm tief angebohrt
35,09	3039	3177	3	Kalkstein	60g	Steinzylinder	von beiden Seiten 3mm angebohrt
35,10	1016	1076	H1	Gips?	50g	Dekorelement	Architekturteil?
35,11	2014	2043	1	Kalkstein	10g	Anhänger?	mit Loch

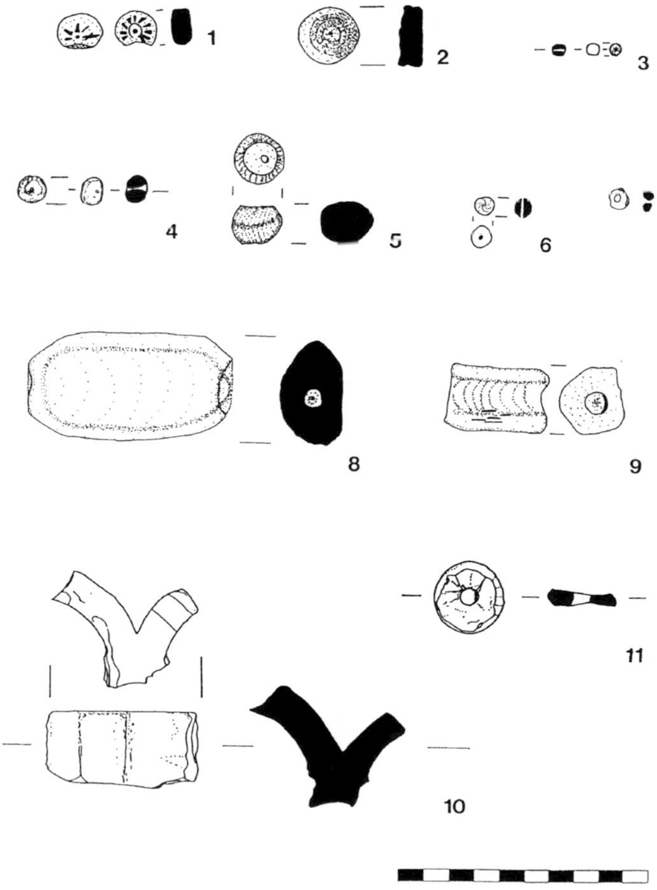

KLEINFUND-TAFEL 36

Tafel	Locus	Nr.	Schicht	Material	Gewicht	Objekt	Bemerkung
36,01	8022	8097	4	Keramik	5g	Deckel/Tonscheibe	
36,02	3043	3180	4	Keramik	30g	Deckel/Tonscheibe	
36,03	6002	6071	1	Keramik	30g	Deckel/Tonscheibe	
36,04	10005	10050	2	Keramik	40g	Deckel/Tonscheibe	
36,05	6040	6161,2	2	Keramik	20g	Spinnwirtel	Streifenbemalung (5YR6/2)
36,06	3043	3181	4	Keramik	15g	Spinnwirtel-fragment	
36,07	13003	13010	H3-5(?)	Keramik	20g	Spinnwirtel	
36,08	13002	13006	H1	Keramik	30g	Spinnwirtel	angebohrt, beidseitig
36,09	10002,2	10073	1	Keramik	60g	Spinnwirtel	
36,10	6043	6190	3	Keramik	20g	Spinnwirtel	
36,11	14002	14009	1	Keramik	10g	Spinnwirtel	
36,12	8024	8103	5	Keramik	130g	Spinnwirtel	
36,13	6070	6293	3	Keramik	40g	Spinnwirtel	

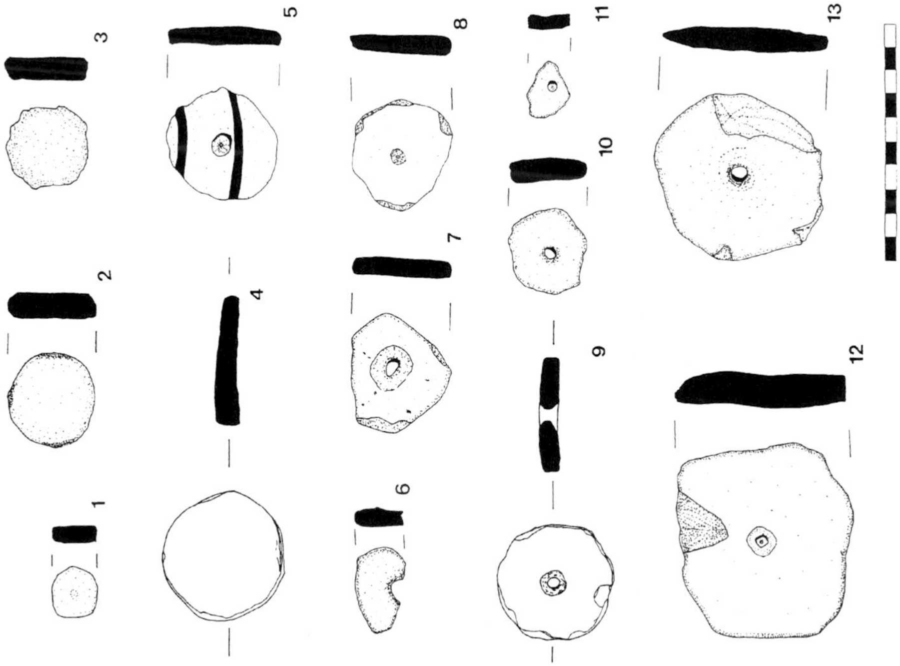

KLEINFUND-TAFEL 37

Tafel	Locus	Nr.	Schicht	Material	Gewicht	Objekt	Bemerkung
37,01	3018	3086	3	Keramik	20g	Knopf	mit 2 Löchern
37,02	5035	5123	1	Keramik	20g	Knopf	mit 2 Löchern
37,03	4023	4136,1	2	Keramik	20g	Knopf	mit 2 Löchern
37,04	3003,3	3079	3(?)	Keramik	20g	Knopf	Fragment
37,05	8029	8134	5	Keramik	20g	Knopf	mit 2 Löchern
37,06	6040	6161,1	2	Keramik	10g	Knopf	mit 2 Löchern
37,07	3500	3503	1	Keramik	10g	Knopf	mit 2 Löchern
37,08	8029	8133	5	Knochen	1g	Ahle	2 Teile
37,09	6044	6195	2	Knochen	5g	Ahle	
37,10	3022	3103	4	Knochen?	10g	Knochenobjekt	Kammzinken?

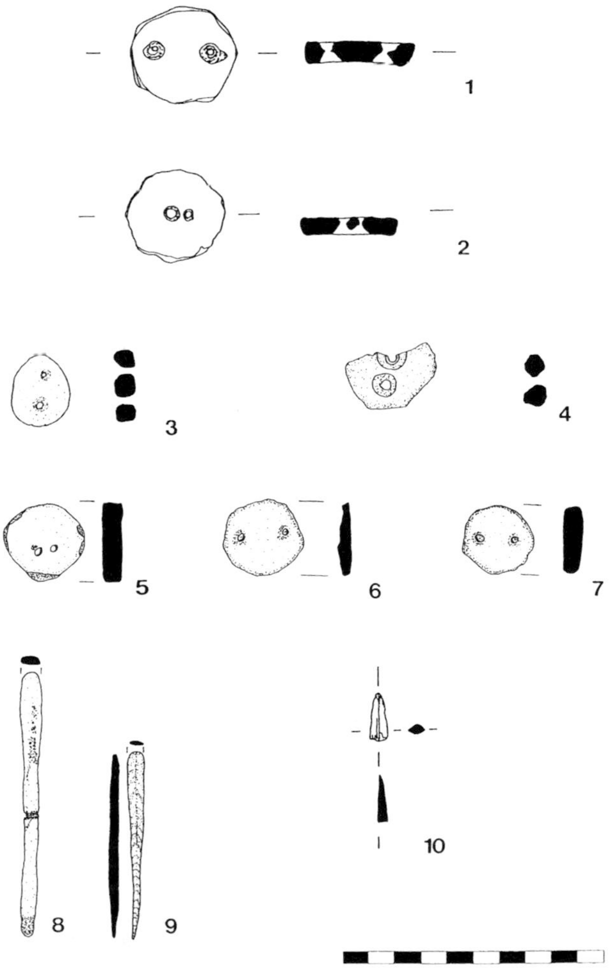

KLEINFUND-TAFEL 38

Tafel	Locus	Nr.	Schicht	Material	Gewicht	Objekt	Bemerkung
38,01	14011	14047	2	Bronze	30g	Fibel	
38,02	8035	8165	4(?)	Bronze	30g	Fibel	
38,03	6049	6240	3	Bronze	30g	Fibel	2 Teile
38,04	3019	3093	4(?)	Bronze	20g	Fibel	Fragment
38,05	6043	6189	3	Bronze	15g	Pinzette	
38,06	6053	6218	4	Bronze	20g	Nagel	
38,07	3039	3168	3	Bronze	5g	Ring	
38,08	8013	8063	3(?)	Silber	10g	Ring	
38,09	2009	2023	H3	Bronze	15g	Nadel	
38,10	5035	5125	1	Bronze	20g	Armreiffragment	

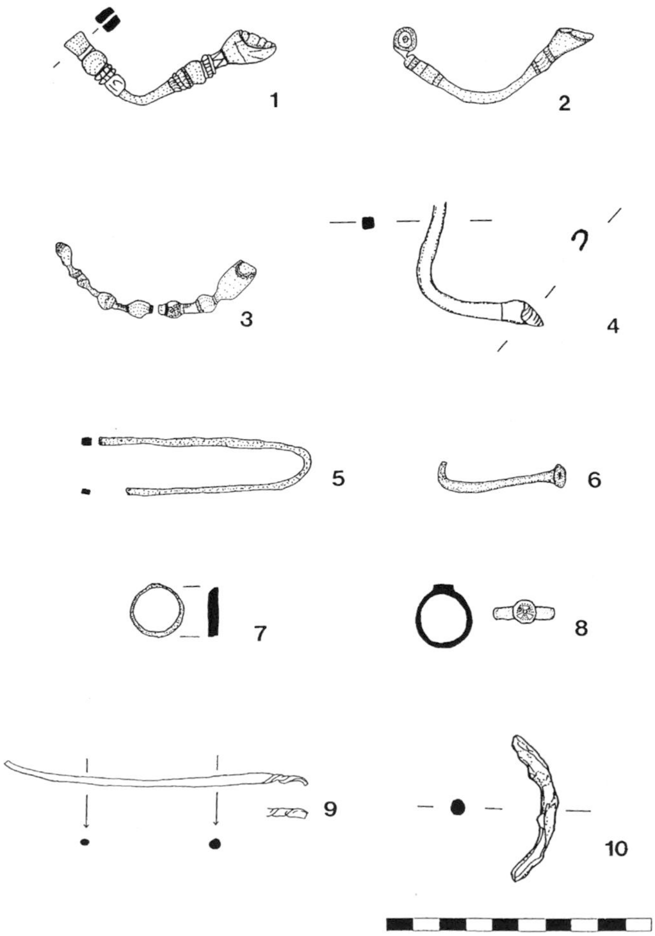

KLEINFUND-TAFEL 39

Tafel	Locus	Nr.	Schicht	Material	Gewicht	Objekt	Bemerkung
39,01	2014,3	2084	3(?)	Eisen	15g	Pfeilspitze	unter Feuerstelle
39,02	3026	3117	-	Eisen	10g	Metallobjekt	Gerät?, Zinken?
39,03	9002,1	9025	2(?)	Eisen	10g	Metallobjekt	Gerät?, Zinken?
39,04	4027	4136,2	1	Eisen	20g	Pfeilspitze	
39,05	3045	3186	5	Eisen	10g	Pfeilspitze	
39,06	14010	14040	2	Eisen	5g	Pfeilspitze	
39,07	14011	14050	2	Eisen	5g	Pfeilspitze	1.Teil
39,08	14011	14050	2	Eisen	5g	Pfeilspitze	2.Teil
39,09	6028	6102	-	Silex	10g	Pfeilspitze	

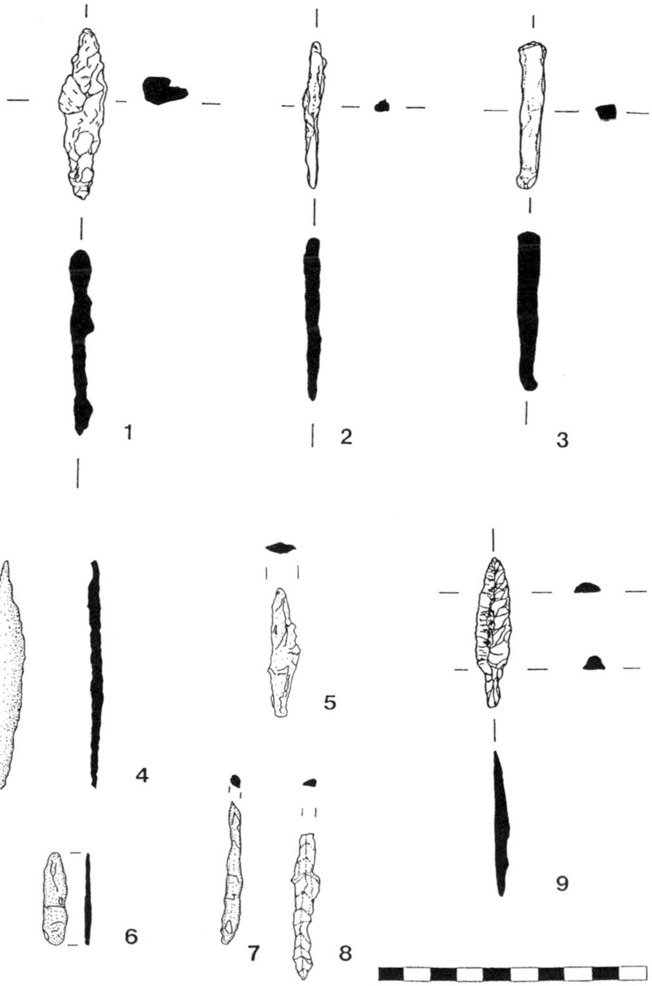

KLEINFUND-TAFEL 40

Tafel	Locus	Nr.	Schicht	Material	Gewicht	Objekt	Bemerkung
40,01	8004	8012	H1	Eisen	110g	Metallobjekt	Zinken?
40,02	5018	5047	-	Bronze	10g	Meißel	
40,03	10002	10012	1(?)	Eisen	140g	Meißel?	stark korrodiert

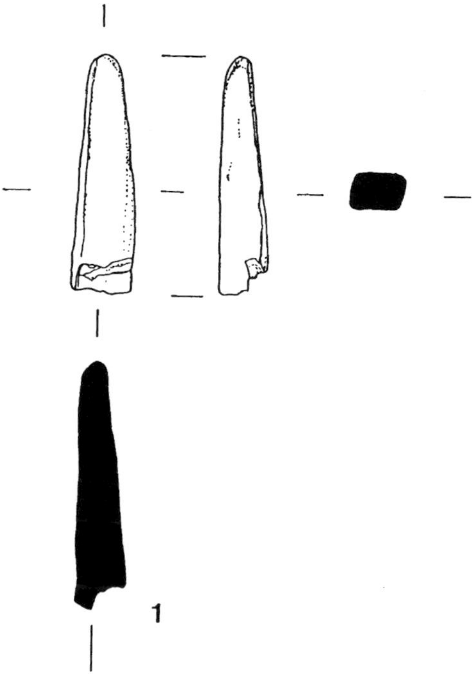

1

2

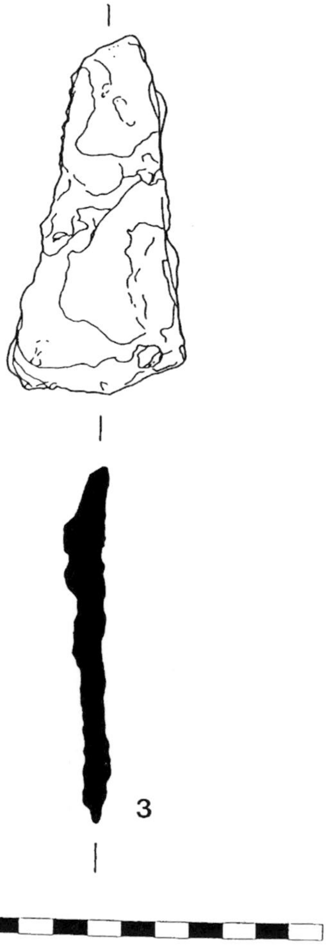

3

KLEINFUND-TAFEL 41

Tafel	Locus	Nr.	Schicht	Material	Gewicht	Objekt	Bemerkung
41,01	3019	3090	4(?)	Muschel	10g	Muschel	mit Loch
41,02	9030	9161,2	3	Muschel	10g	Muschel	mit Loch
41,03	6032	6116	3(?)	Muschel	10g	Muschel	mit Loch
41,04	6016	6049	2	Muschel	10g	Muschel	mit Loch
41,05	6031	6112	2	Glas	10g	Gefäßfragment	Boden
41,06	9002,1	9024	2(?)	Glas	10g	Gefäßfragment	Henkel
41,07	1003	1010	H1	Glas	10g	Glasgefäß	Rand
41,08	9002	9012	2(?)	Glas	10g	Gefäßfragment	Rand

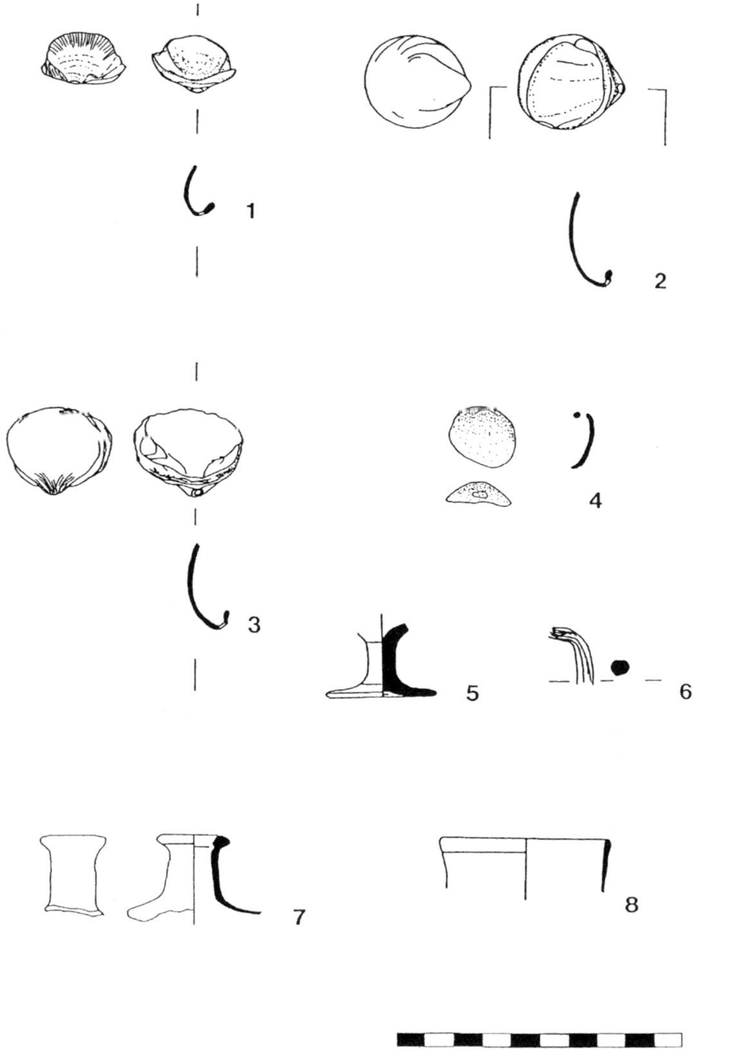

7. Appendices

7.1 Appendices 1–5

7.1.1 Appendix 1: Die Keramik der Kampagnen 2002, 2003 und 2004[1]

Die Keramik des Jahres 2002
Insgesamt konnten während der nur dreiwöchigen Kampagne des Jahres 2002 in Tell Johfiyeh 16776 Keramikscherben quantitativ erfaßt werden. 1484 Stücke wurden als Diagnostika (Ränder, Böden, Henkel, Deckel, Tüllen, verzierte Scherben, etc.) klassifiziert was einem Verhältnis von Diagnostika zu Bauchscherben von ca. 1:10,3 entspricht (Tab. 1).
Die 20 während der Auswertungsarbeiten des Jahres 2002 voneinander getrennten Waren (vgl. Kap. 2.3.1) konnten zwei großen Gruppen zugewiesen werden:
Gruppe 1 umfaßt die Waren 1 bis 5. Ihr Anteil am Gesamtscherbenaufkommen des Jahres 2002 beträgt ca. 81,75% (Tab. 2). Fast die Hälfte (49,86%) aller erfaßten Stücke konnten der Ware 2 zugewiesen werden, ein weiteres Viertel (23,45%) gehört zu Ware 4. Der Rest verteilt sich auf die verbleibenden Waren (Tab. 1).

Gruppe 2 umfaßt die Waren 6 bis 20 und hat einen Anteil von nur 18,25% am Gesamtscherbenaufkommen. Innerhalb dieser Gruppe dominieren die Waren 12 (4,76%), 16 (3,60%) und 14 (2,89%). Stücke der Waren 6 bis 10 und 19 sind nur in geringen Mengen bezeugt (Tab. 1). Die in dieser Gruppe zusammengefaßten Scherben sind sehr heterogen und unterscheiden sich deutlich von denen der Gruppe 1.

Das in Tell Johfiyeh 2002 erfaßte typologische Spektrum umfaßt vorrangig folgende (Gefäß-) Formen mit zahlreichen Untertypen und Varianten: (Vorrats-)Gefäße, Krüge, Flaschen, Schalen/Schüsseln und (Koch-)Töpfe. Insgesamt konnten im Jahr 2002 11 verschiedene (Form)typen (Typen 1–11) voneinander getrennt und benannt werden (vgl. Kap. 2.3.2). Wie die quantitative Auflistung (Tab. 3) zeigt, sind Scherben des Typs 6 (Henkel) in der Gesamtassemblage (Warengruppe 1 und 2) am häufigsten belegt (35,98%). Mit erheblichem Abstand folgen (Koch-)Töpfe (16,17%), Flaschen (14,42%)

[1] Zu einer zusammenfassenden Darstellung und Auswertung vgl. die Ausführungen des Kapitels 2.3. Hier finden sich auch detaillierte Angaben zu den einzelnen Waren, Formtypen und der Datierung.

und Schüsseln/Schalen (11,52%). Ebenfalls häufiger belegt sind Böden (9,23%) und Vorratsgefäße (9,10%). Das quantitative „Schlußlicht" bilden „besondere Bauchscherben" (2,09%), Lampen (1,08%) und die nur in wenigen Einzelstücken belegten Deckel (0,20%), Tüllen (0,14%) und Ständer (0,07%) Es ist wahrscheinlich, daß die zahlreichen Henkel vorrangig mit den verschiedenen (Koch-)Töpfen und Vorratsgefäßen zu verbinden sind.

Ware	Bauchscherben	Diagnostika	Gesamt	%
1	594	151	745	4,44
2	7944	421	8365	49,86
3	151	37	188	1,12
4	3524	410	3934	23,45
4/1	4	5	9	0,05
5	430	44	474	2,83
6	0	2	2	0,01
7	2	2	4	0,02
8	0	1	1	0,01
9	0	4	4	0,02
10	0	1	1	0,01
11	152	47	199	1,19
12	688	111	799	4,76
13	53	11	64	0,38
14	432	52	484	2,89
15	279	29	308	1,84
16	493	111	604	3,60
17	246	38	284	1,69
18	144	6	150	0,90
19	1	1	2	0,01
20	155	0	155	0,92
Gesamt	15292	1484	16776	100

Tabelle 1: Quantitative Verteilung der Waren auf Bauchscherben und Diagnostika.

Gruppe	Anzahl	%
Warengruppe 1 (1–5)	13715	81,75
Warengruppe 2 (6–20)	3061	18,25

Tabelle 2: Quantitative Verteilung der Scherben auf die Warengruppen 1 und 2.

Betrachtet man die Verteilung der verschiedenen Formtypen auf die beiden großen Warengruppen WG 1 und WG 2 (Tab. 4) so ergibt sich ein ähnliches

Bild. In beiden Gruppen dominieren die Henkel mit einem Anteil von über einem Drittel; die Schlußlichter bilden Deckel, Ständer und Tüllen. In Gruppe 1 folgen auf die Henkel die (Koch-) Töpfe (22,0%), Flaschen (14,7%), Vorratsgefäße (11,24%) und Schüsseln (6,46%). In Gruppe 2 sind hingegen die Schüsseln/Schalen mit 24,52% am zweithäufigsten vertreten. Es folgen Böden (17,31%) und Flaschen/Krüge (13,7%). (Koch-) Töpfe haben hier nur einen Anteil von unter 2%. Vorratsgefäße und bemalte / verzierte Bauchscherben hingegen von 3,61%.

Typ / Ware	1	2	3	4	5	6	7	8	9	10	11	Σ
1		9	108	3	3	27	1					151
2	83	55	46	12	20	199	5				1	421
3	1	10	6	4	2	14						37
4	36	77	70	42	32	139	8		1	5		410
4/1			1	3		1						5
5		6	4	5	8	19	2					44
6				1	1							2
7					2							2
8				1								1
9				4								4
10					1							1
11		1	1	12	17	15	1					47
12	3	19	2	31	4	48	1	3				111
13					1	10						11
14		20		6	2	23	1					52
15	11			3	11	3	1					29
16		11		27	28	25	9			11		111
17		5	2	15	5	10			1			38
18	1	1		1		1	2					6
19				1								1
Σ	135	214	240	171	137	534	31	3	2	16	1	1484
%	9,1	14,42	16,17	11,52	9,23	35,98	2,09	0,2	0,14	1,08	0,07	100

Tabelle 3: Quantitative Verteilung der Formtypen auf die definierten Waren 1–19.

Die Keramik des Jahres 2003

Insgesamt konnten während der dreiwöchigen Kampagne des Jahres 2003 in Tell Johfiyeh 23256 Keramikscherben quantitativ erfaßt werden. 2188 Stücke wurden als Diagnostika klassifiziert. Das entspricht einem Verhältnis von Diagnostika zu Bauchscherben von ca. 1:9,6 (Tab. 5). Im Jahr 2002 betrug das Verhältnis 1:10,3. Das 2002 erfaßte Keramikspektrum wurde anhand neuer Waren, Formen und Varianten erheblich erweitert.

	Warengruppe 1	**%**	**Warengruppe 2**	**%**
Typ 1	120	11,24	15	3,61
Typ 2	157	14,7	57	13,7
Typ 3	235	22,0	5	1,2
Typ 4	69	6,46	102	24,52
Typ 5	65	6,09	72	17,31
Typ 6	399	37,36	135	32,45
Typ 7	16	1,5	15	3,61
Typ 8	0	0	3	0,72
Typ 9	1	0,09	1	0,24
Typ 10	5	0,47	11	2,64
Typ 11	1	0,09	0	0
Σ	1068	100%	416	100

Tabelle 4: Quantitative Verteilung der Formtypen auf die Warengruppen 1 und 2.

Die im Jahr 2003 erfaßten Scherben repräsentieren insgesamt 18 verschiedene Waren (Waren 1–7, 9, 11–18, 20 und 21), die sich wiederum auf zwei große Warengruppen verteilen.[2] Im Vergleich mit den Ergebnissen des Jahres 2002 fällt auf, daß bei einem insgesamt sehr homogenen Warenspektrum die Waren 8, 10 und 19 nicht mehr bezeugt sind und die Ware 21 neu hinzugekommen ist. Letztere wurde bislang ausschließlich in Form von Bauchscherben in den letzten ergrabenen Fundstellen des Tiefschnittes erfaßt.

Gruppe 1 umfaßt die Waren 1 bis 5 und 21. Ihr Anteil am Gesamtscherbenaufkommen des Jahres 2003 beträgt 88,54% (Tab. 6). Etwa die Hälfte (54,66%) aller 2003 erfaßten Stücke konnte den Waren 2 und 4 zugewiesen

[2] Die in Warengruppe 1 zusammengefaßten Stücke weisen alle eine relativ homogene Zusammensetzung auf. Sie sind fast alle auf der Scheibe hergestellt. Ihre Farbe variiert von einem leichten Beige bis hin zu einem rötlichen Braun. Ein grauer Kern ist charakteristisch für viele der größeren (Vorrats)gefäße. Die Magerung besteht gewöhnlich aus kleinen weißen, grauen und braunen Mineralpartikeln. Die in der Warengruppe 2 zusammengefaßten Scherben sind hingegen sehr heterogen und unterscheiden sich deutlich von denen der Gruppe 1. Zur Definition und Beschreibung der einzelnen Waren vgl. die Ausführungen des Kapitels 2.3.1.

werden. Ware 3 weist mit 17,62% einen ebenfalls hohen Anteil am Gesamtscherbenaufkommen auf. Der Rest verteilt sich auf die verbleibenden Waren (Tab. 5).

Ware	**Bauchscherben**	**Diagnostika**	**Gesamt**	**%**
1	1401	353	1754	7,54
2	6409	548	6957	29,91
3	3769	328	4097	17,62
4	5180	575	5755	24,75
4/1	2	74	76	0,33
5	1835	110	1945	8,36
6	0	2	2	0,01
7	2	1	3	0,01
8	0	0	0	0
9	0	2	2	0,01
10	0	0	0	0
11	1	11	12	0,05
12	301	12	313	1,35
13	3	5	8	0,03
14	1259	57	1316	5,66
15	14	7	21	0,09
16	553	64	617	2,65
17	243	35	278	1,20
18	88	3	91	0,39
19	0	0	0	0
20	0	1	1	0,01
21	8	0	8	0,03
Gesamt	21068	2188	23256	100

Tabelle 5: Quantitative Verteilung der Waren auf Bauchscherben und Diagnostika.

Gruppe 2 umfaßt die Waren 6 bis 7, 9, 11 bis 18, 20 und hat einen Anteil von nur 11,46% am Gesamtscherbenaufkommen (Tab. 6). Innerhalb dieser Gruppe dominieren die Waren 14 (5,66%) und 16 (2,65%). Stücke der Waren 6, 7, 9 und 20 sind nur in geringen Mengen bezeugt (Tab. 5).

Gruppe	**Anzahl**	**%**
Warengruppe 1 (1–5+21)	20592	88,54
Warengruppe 2 (6–20)	2664	11,46

Tabelle 6: Quantitative Verteilung der Scherben auf die Warengruppen 1 und 2.

Das 2003 erfaßte typologische Spektrum umfaßt 13 verschiedene (Gefäß)-Formen mit zahlreichen Untertypen und Varianten. Die bereits 2002 erfaßten Formtypen 1 bis 11 wurden 2003 um die Typen 12 und 13 erweitert.[3] In beiden Kampagnen war der Formtyp 6 (Henkel) am häufigsten belegt, jeweils gefolgt von den (Koch-)Töpfen und Flaschen. Das Verhältnis von Schüsseln/Schalen zu Vorratsgefäßen hat sich 2003 geringfügig zugunsten der Schalen verschoben. Wie die quantitative Verteilung der Formtypen auf die Waren (Tab. 7) zeigt, sind von den 2003 erfaßten 13 Formtypen die Scherben des Typs 6 (Henkel) in der Gesamtassemblage (d.h. Warengruppe 1 und 2) am häufigsten belegt (36,79%). Mit erheblichen Abstand folgen (Koch-)Töpfe (Typ 3: 21,25%) und Flaschen (Typ 2: 18,56%). Fast gleich häufig belegt sind Böden (Typ 5: 7,63) und Schüsseln/Schalen (Typ 4: 7,50%), gefolgt von den Vorratsgefäßen (Typ 1: 5,76%). Die quantitativen „Schlußlichter" bilden „besondere Bauchscherben" (Typ 7: 0,96%) und Lampen (Typ 10: 0,5%) sowie die nur in wenigen Einzelstücken belegten Teller/Platten (Typ 13: 0,27%), Tüllen (Typ 9: 0,27%), Ständer (Typ 11: 0,23%), Siebe (Typ 12: 0,19%) und Deckel (Typ 8: 0,09%).
Betrachtet man die Verteilung der verschiedenen Formtypen nach Warengruppen getrennt (Tab. 8), so ergibt sich ein ähnliches Bild. In beiden Gruppen dominieren die Henkel mit einem Anteil von mehr als einem Drittel. Die „Schlußlichter" bilden „besondere Bauchscherben", Lampen, Tüllen und Teller/Platten. Die wenigen Deckel treten nur in der Warengruppe 2 auf, die Ständer und Siebe dagegen nur in der Warengruppe 1.
In der Warengruppe 1 folgen auf die Henkel mit 36,27% die (Koch-)Töpfe (23,14%), Flaschen (18,16%), Böden (7,39%) und Schüsseln/Schalen (6,49%) sowie die Vorratsgefäße (6,29%). In der Warengruppe 2 sind hingegen Flaschen (22,5%) am zweithäufigsten vertreten, gefolgt von Schüsseln/Schalen (17,5%) und Böden (10,0%). (Koch-)Töpfe und Vorratsgefäße spielen in Warengruppe 2 hingegen kaum eine Rolle und sind zu vernachlässigen.
Vergleicht man, nach Jahren getrennt, das quantitative Verhältnis der Diagnostika in den Warengruppen zueinander, so fällt auf, daß das Verhältnis von Diagnostika der Warengruppe 2 zu Warengruppe 1 von 1:2,56 im Jahr 2002 auf nur noch 1:9,94 im Jahr 2003 sinkt. Anders ausgedrückt, ist der Anteil von diagnostischen Scherben der Warengruppe 2 am Gesamtscherbenaufkommen von 28,03% im Jahr 2002 auf nur noch 9,14% im Jahr 2003 gesunken.

[3] Zur Benennung der verschiedenen Formtypen vgl. die Ausführungen des Kapitels 2.3.2.

Typ / Ware	1	2	3	4	5	6	7	8	9	10	11	12	13	Σ
1	2	26	286	5	1	33								353
2	112	32	25	11	35	325	2				3	2	1	548
3	1	173	36	18	12	84	1			1	2			328
4	5	100	70	63	74	233	14		4	6		2	4	575
4/1	1	3	31	25	9	5								74
5	4	27	12	7	16	41	1		1	1				110
6						2								2
7						1								1
8														0
9						2								2
10														0
11					4	7								11
12		5	1	3		3								12
13		1				4								5
14		12		6	1	37			1					57
15				6	1									7
16		15	1	15	9	17	2	2		3				64
17		12	3	5	5	9	1							35
18	1					2								3
19														0
20													1	1
21														0
Σ	126	406	465	164	167	805	21	2	6	11	5	4	6	2188
%	5,7	18,6	21,2	7,5	7,6	36,8	1,0	0,1	0,3	0,5	0,2	0,2	0,3	100

Tabelle 7: Quantitative Verteilung der Formtypen auf die definierten Waren 1–21.

Die Keramik des Jahres 2004

Insgesamt konnten während der knapp vierwöchigen Kampagne in Tell Johfiyeh 21958 Keramikscherben quantitativ erfaßt werden. 1845 Stücke wurden als Diagnostika klassifiziert. Das entspricht einem Verhältnis von Diagnostika zu Bauchscherben von ca. 1:10,9 (Tab. 9). Im Jahr 2002 betrug das Verhältnis 1:10,3 und 2003 1:9,6. Das in den Jahren 2002 und 2003 erfaßte Keramikspektrum konnte im Jahr 2004 erneut erweitert werden.

Die im Jahr 2004 erfaßten Scherben repräsentieren insgesamt 22 verschiedene Waren (Waren 1 bis 7, 9, 11 bis 24), die diesmal nicht in zwei, sondern in drei Gruppen aufgeteilt werden konnten. Im Vergleich mit den Ergebnissen der Jahre 2002 und 2003 fiel auf, daß bei einem insgesamt sehr homogenen Warenspektrum die Waren 8 und 10 ebenso wie schon im Jahr 2003 nicht mehr bezeugt sind. Stücke der Waren 22 bis 24 wurden 2004 erstmals erfaßt. Sie bilden die neue Warengruppe 3.

	Warengruppe 1	**%**	**Warengruppe 2**	**%**
Typ 1	125	6,29	1	0,50
Typ 2	361	18,16	45	22,50
Typ 3	460	23,14	5	2,50
Typ 4	129	6,49	35	17,50
Typ 5	147	7,39	20	10,00
Typ 6	721	36,27	84	42,00
Typ 7	18	0,91	3	1,50
Typ 8	0	0	2	1,00
Typ 9	5	0,25	1	0,50
Typ 10	8	0,40	3	1,50
Typ 11	5	0,25	0	0
Typ 12	4	0,20	0	0
Typ 13	5	0,25	1	0,50
$\sum$	1988	100,00	200	100,00

Tabelle 8: Quantitative Verteilung der Formtypen auf die Warengruppen 1 und 2.

Gruppe 1 umfaßt die Waren 1 bis 5 und 21. Ihr Anteil am Gesamtscherbenaufkommen des Jahres 2004 beträgt 93,41% (Tab. 10). Über die Hälfte (59,48%) aller erfaßten Stücke konnte den Waren 2 und 4 zugewiesen werden. Die Waren 5 mit 16,47% und 3 mit 10,49% weisen ebenfalls einen hohen Anteil am Gesamtscherbenaufkommen auf. Der Rest verteilt sich auf die verbleibenden Waren (Tab. 9).

Gruppe 2 umfaßt die Waren 6 bis 7, 9, 11 bis 20 und hat einen Anteil von nur 6,55% am Gesamtscherbenaufkommen (Tab. 10). Innerhalb dieser Gruppe dominieren die Waren 14 (2,42%) und 12 (1,39%). Stücke der Waren 6, 7, 9, 11, 13, 18 und 19 sind nur in geringen Mengen bezeugt (Tab. 9). Die in dieser Gruppe zusammengefaßten Scherben sind wiederum sehr heterogen und unterscheiden sich deutlich von denen der Gruppe 1.

Gruppe 3 umfaßt die Waren 22 bis 24. Stücke dieser Gruppe wurden in der Kampagne 2004 erstmalig erfaßt. Ihr Anteil am Gesamtscherbenaufkommen beträgt lediglich 0,04% (Tab. 10), was darauf zurückzuführen ist, daß Stücke dieser Gruppe bislang fast ausschließlich aus den tieferen Schichten des Tiefschnitts in Areal 3 stammen.

Ware	Bauchscherben	Diagnostika	Gesamt	%
1	948	227	1175	5,35
2	6042	390	6432	29,29
3	2065	239	2304	10,49
4	6065	564	6629	30,19
4/1	94	61	155	0,70
5	3405	212	3617	16,47
6	0	1	1	0,01
7	2	3	5	0,02
8	0	0	0	0
9	0	4	4	0,02
10	0	0	0	0
11	1	2	3	0,01
12	282	22	304	1,39
13	4	5	9	0,04
14	507	25	532	2,42
15	4	6	10	0,05
16	103	43	146	0,67
17	178	7	185	0,84
18	27	3	30	0,14
19	1	2	3	0,01
20	207	0	207	0,94
21	175	24	199	0,91
22	3	2	5	0,02
23	0	2	2	0,01
24	0	1	1	0,01
Gesamt	20113	1845	21958	100,00

Tabelle 9: Quantitative Verteilung der Waren auf Bauchscherben und Diagnostika.

Gruppe	Anzahl	%
Warengruppe 1 (1–5+21)	20511	93,41
Warengruppe 2 (6–20)	1439	6,55
Warengruppe 3 (22–24)	8	0,04

Tabelle 10: Quantitative Verteilung der Scherben auf die Warengruppen 1, 2 und 3.

Wie die Verteilung der Formtypen auf die definierten Waren (Tab. 11) zeigte, wurden von den in den Jahren 2002 bis 2004 insgesamt 14 in Tell Johfiyeh erfaßten Formtypen im Jahr 2004 nur 11 Typen erfaßt.

Typ / Ware	1	2	3	4	5	6	7	9	10	11	14	Σ
1	1	14	167	2	1	35	7					227
2	99	6	12	6	36	225	5				1	390
3	2	128	22	8	7	71	1					239
4	4	92	87	69	64	235	2		11			564
4/1			22	29	7	2	1					61
5	18	32	28	40	16	75	1	1	1			212
6			1									1
7				1			1		1			3
8												0
9				3	1							4
10												0
11						2						2
12		6		4	3	9						22
13					1	4						5
14		7	2	1	1	14						25
15		2		3					1			6
16		13	2	9	7	11		1				43
17		2		3		1		1				7
18			1			2						3
19				2								2
20												0
21			4	11	3		5			1		24
22				1			1					2
23			1	1								2
24					1							1
Σ	124	302	349	193	148	686	24	3	14	1	1	1845
%	6,7	16,4	18,9	10,4	8,0	37,2	1,3	0,2	0,7	0,1	0,1	100

Tabelle 11: Quantitative Verteilung der Formtypen auf die definierten Waren 1–24.

In der Assemblage fehlen die Formtypen 8 (Deckel), 12 (Siebausgüsse) und 13 (Teller/Platten) vollständig. Formtyp 14 (Krugverschlüsse) ist erstmalig bezeugt.[4] Neu sind auch die Untertypen 510 (= Spitzboden) und 605 (= im Querschnitt runde Henkel). Die Scherben des Typs 6 (Henkel), die anhand ihrer Waren wahrscheinlich mit Kochtöpfen und Vorratsgefäßen verbunden

[4] Für eine vollständige Auflistung der in Tell Johfiyeh bezeugten Formtypen vgl. Kapitel 2.3.2.

werden können, sind in der Gesamtassemblage wie in den Jahren zuvor, wieder am häufigsten belegt (37,18%). Mit Abstand folgen (Koch-)Töpfe (18,91%), Flaschen (16,37%), Schüsseln/Schalen (10,46%), Böden (8,02%) und Vorratsgefäße (6,72%). Die quantitativen „Schlußlichter" bilden in diesem Jahr „besondere Bauchscherben" (1,30%) und Lampen (0,76%) sowie die nur in wenigen Einzelstücken belegten Tüllen (0,16%), Ständer (0,06%) und ein konischer Krugverschluß (0,06%).

	Warengruppe 1	**%**	**Warengruppe 2**	**%**	**Warengruppe 3**	**%**
Typ 1	124	7,22	0	0	0	0
Typ 2	272	15,84	30	24,39	0	0
Typ 3	342	19,92	6	4,87	1	20
Typ 4	165	9,61	26	21,14	2	40
Typ 5	134	7,80	13	10,57	1	20
Typ 6	643	37,45	43	34,96	0	0
Typ 7	22	1,28	1	0,81	1	20
Typ 8	0	0	0	0	0	0
Typ 9	1	0,06	2	1,63	0	0
Typ 10	12	0,70	2	1,63	0	0
Typ 11	1	0,06	0	0	0	0
Typ 12	0	0	0	0	0	0
Typ 13	0	0	0	0	0	0
Typ 14	1	0,06	0	0	0	0
∑	1717	100,00	123	100,00	5	100

Tabelle 12: Quantitative Verteilung der Formtypen auf die Warengruppen 1, 2 und 3.

Die Verteilung der verschiedenen Formtypen (Tab. 12) auf die Warengruppen 1 und 2[5], ergab ein ähnliches Bild: In der Warengruppe 1 folgten auf die Henkel (37,45%) die (Koch-)Töpfe (19,92%), Flaschen (15,84%), Schüsseln/Schalen (9,61%), Böden (7,80%) und Vorratsgefäße (7,22%). In der Warengruppe 2 waren hingegen Flaschen (24,39%) am zweithäufigsten vertreten, gefolgt von Schüsseln/Schalen (21,14%) und Böden (10,57%). (Koch-)Töpfe spielten in Warengruppe 2 hingegen kaum eine Rolle, Vorratsgefäße waren hier 2004 gar nicht belegt.

Ein Vergleich der beschriebenen Verteilung der Formtypen auf die beiden Warengruppen 1 und 2 mit den entsprechenden Ergebnissen der Jahre 2002 und 2003 zeigte darüber hinaus, daß das Verhältnis kontinuierlich zugunsten

[5] Die Warengruppe 3 wird aufgrund der geringen Scherbenanzahl hier nicht berücksichtigt.

der Warengruppe 1 angestiegen ist: Von 2,56:1 im Jahr 2002 über 9,94:1 bis hin zu 13,96:1 im Jahr 2004. Der Anteil der Warengruppe 2 ist somit von 28,03% (2002) über 9,14% (2003) auf nur noch 6,66% (2004) gesunken.

	WG 1	%		WG 2	%
Areal 2	73	4,25		7	5,69
Areal 3Tiefschnitt	211	12,29		12	9,76
Areal 3/SW	92	5,36		6	4,88
Areal 6	549	31,98		20	16,26
Areal 8O	295	17,18		15	12,20
Areal 8W	164	9,55		13	10,57
Areal 9	62	3,61		5	4,06
Areal 8/3 (Steg)	63	3,67		3	2,44
Areal 13	44	2,56		21	17,07
Areal 14	164	9,55		21	17,07
Σ	1717	100,00		123	100,00

Tabelle 13: Quantitative Verteilung der Warengruppen (WG) auf die im Jahr 2004 untersuchten Areale.

Die Verteilung der Warengruppen 1 und 2 auf die 2004 neu untersuchten Bereiche (Tab. 13) machte schließlich deutlich, daß Scherben der Warengruppe 2 wiederum vorrangig im Bereich der Oberfläche und den oberen Straten vertreten waren. Stücke der Warengruppe 1 fanden sich hingegen vorrangig in den darunterliegenden Straten und dem Tiefschnitt.[6] Dies unterstrich erneut die bereits 2002 geäußerte Vermutung, daß die Stücke der Warengruppe 1 mit den „älteren" Siedlungsphasen des Tell Johfiyeh zu verbinden sind, während die Scherben der Warengruppe 2 auf die jüngeren Siedlungsphasen des Fundplatzes verweisen.

7.1.2 Appendix 2: Vollständige Liste der Fundstellen[7]

Erläuterungen zu Appendix 2

Die Informationen der Fundstellenliste sind in sieben Spalten zusammengefaßt und mit den Begriffen Fundstelle, Areal, Datum, Nivellement, Schicht, Beschreibung und Funde überschrieben. Es bedeuten:

---

[6] Stücke der Gruppe 3 wurden fast ausschließlich im Tiefschnitt gefunden.

[7] Die nachfolgende Auflistung der Fundstellen dient der Erläuterung und Ergänzung der Angaben, die von der jeweiligen Fundstellenmatrix (vgl. Kap. 2.1.3, Matrix 1 und 2) gemacht werden. Neben der Fundstellennummer enthält der Katalog Angaben zu Areal, Datum, Nivellement und Schicht sowie eine Beschreibung der Fundstelle und eine Auflistung der Funde mit Fundnummern. Zu den im Katalog verwendeten Abkürzungen vgl. die Angaben des Abkürzungsverzeichnisses (4.2.5).

1. **Fundstelle**: Die hier angegebene Zahl gibt die jeweilige Fundstellennummer wieder.

2. **Areal**: Die hier angegebene Zahl bezeichnet das jeweilige Areal. Zusätze wie N (Norden) oder SO (Südosten) benennen die Lage innerhalb des jeweiligen Areals.

3. **Datum**: Das hier eingetragene Datum bezeichnet den Tag, an dem die Arbeiten in der betreffenden Fundstelle aufgenommen wurden.

4. **Nivellement**: Die Angaben in dieser Reihe beziehen sich im Idealfall auf das Nivellement der jeweiligen Ober- (OK) und Unterkante (UK) der Fundstelle. Sind die entsprechenden Werte nicht bekannt, wurde ein Mittelwert angegeben. Die verwendete Maßeinheit ist der Meter (m). Als Bezugspunkt aller in Tell Johfiyeh vorgenommenen Höhenmessungen fungiert ein auf der südlichen Umfassungsmauer gelegener Fixpunkt mit einer (künstlichen) Höhe von 100,00m.

5. **Schicht**: Die hier niedergeschriebenen Informationen beziehen sich auf die stratigraphische Zugehörigkeit der jeweiligen Fundstelle. Die Ziffern 1 bis 7 geben die zugehörige Schicht in der Fläche (innerhalb der Umfassungsmauer) an. Eine Buchstaben - Zahlenkombination vom Typ H1 gibt die jeweilige Schicht im Hangbereich des Tells wieder. Ein - bedeutet, daß eine stratigraphische Zuweisung nicht eindeutig möglich war; ein Fragezeichen beziehungsweise die Angabe mehrerer Zahlen deuten an, daß eine zugehörige Schicht für die entsprechende Fundstelle nicht exakt ermittelt werden konnte.

6. **Beschreibung**: In dieser Reihe finden sich verschiedene Informationen zur Lage, Beschaffenheit und Charakteristik der jeweiligen Fundstelle.

7. **Funde**: In Kurzform werden hier alle in der jeweiligen Fundstelle registrierten Funde aufgelistet. Neben der Bezeichnung des jeweiligen Fundes werden das Funddatum und die Fundnummer (FN) genannt.

Fundstelle **1001**
Areal I (SO)
Datum 08.05.2002
Nivellement 96,66m-98,13m(OK)
Schicht H0
Beschreibung SÖ-Bereich (5mx5m). Absammeln und Säubern der Oberfläche (Hangbereich).
Funde 08.05.02: Keramik (1001); Tesserae (1002).

Fundstelle **1002**
Areal I (SO)
Datum 08.05.2002
Nivellement 99,66m-98,13m(OK); 97,01m-96,55m(UK)
Schicht H1
Beschreibung Östl. Streifen mit OK "Terrasse" 2. Phase (98,10m-98,52m) in NO- Ecke u. SW vorgelagerte Fläche.
Funde 08.05.02: Keramik (1003); Tesserae (1004); Glasfragment (1005); 11.05.02: Reibsteinfragmente (1006).

Fundstelle **1003**
Areal I (SO)
Datum 12.05.2002
Nivellement 96,85m-96,55m(UK)
Schicht H1
Beschreibung Östl. Streifen; südl. der Terrasse; Versturz (Splitt ab H=96,77m).
Funde 12.05.02: Keramik (1007); Tesserae (1008); Reibsteinfragmente (1009); Glasfragment (Rand) (1010); Mahlsteinfragmente (1011).

Fundstelle **1004**
Areal I (SO)
Datum 12.05.2002
Nivellement 97,48m-96,81m(OK); 96,75m(N)-95,97m(S) (UK)
Schicht H1
Beschreibung Östlicher Bereich: 0,80m breite N-S Steinsetzung (Mauer ?) südl. vor der sog. Terrasse (Loc. 1002).
Funde

Fundstelle **1005**
Areal I (SO)
Datum 13.05.2002
Nivellement 96,51m(OK); 95,99m-95,82m(UK)
Schicht H1
Beschreibung Westlicher Bereich. Säuberung der Oberfläche.
Funde 13.05.02: Keramik (1012); Tesserae (1013); Webgewichtfragment (1014); Knochen (1015); Mahlsteinfragment (1016).

Fundstelle **1006**
Areal I (SO)
Datum 13.05.2002
Nivellement 96,85m-96,65m(OK); UK nicht ergraben
Schicht H2
Beschreibung Zentraler Bereich. Von NW nach SO verlaufende Steinsetzung westl. der "Terrasse" (Loc. 1002).
Funde

Fundstelle **1007**
Areal I (SO)
Datum 15.05.2002
Nivellement 95.96m-95,80m(UK)
Schicht H2
Beschreibung Westlicher Bereich. Steinfragmente (eventuell von der "Terrasse" (Loc. 1002) und Loc. 1006).
Funde 15.05.02: Keramik (1017); 16.05.02: Reibsteinfragmente (1018); Webgewichtfragment (1019); Glasfragmente (1020); Tesserae (1021); Knochen (1022).

Fundstelle **1008**
Areal I (SO)
Datum 16.05.2002
Nivellement 96,75m(OK); 95,80m(UK)
Schicht H2
Beschreibung Östlicher Bereich. NO-Ecke. Materialabtrag von Locus 1004. Darin Feuerstelle Locus 1009.
Funde 16.05.02: Keramik (1023); Tesserae (1024).

Fundstelle **1009**
Areal I (SO)
Datum 16.05.2002
Nivellement 95.97m(OK)-95,87m(UK)
Schicht H2
Beschreibung Östlicher bis zentraler Bereich. Feuerstelle in Locus 1008 eventuell mit Bezug zu Locus 1006 (?)
Funde 16.05.02: Keramik (1025); Knochen (1026); Glasfragmente (1027).

Fundstelle **1010**
Areal I (SO)
Datum 18.05.2002
Nivellement 95,80m(OK)-95,68m(UK)
Schicht H2
Beschreibung Westlicher Bereich. Abtrag westlich von Locus 1006.
Funde 18.05.02: Keramik (1029); Glasfragment (1030); Tesserae (1031); Knochen (1032); Muscheln (1033); Reibsteinfragment (1034); 19.05.02: Reibsteinfragment (1040).

Fundstelle	**1011**
Areal	1 (SO)
Datum	18.05.2002
Nivellement	97,36m-96,61m(UK)
Schicht	H1
Beschreibung	Zentraler Bereich. Abtragen des Schuttes über Locus 1006 (M4).
Funde	18.05.02: Keramik (1035); Knochen (1036); Plattenfragmente (1037); Glasfragment (1038); Tesserae (1039); Wetzstein (1054).

Fundstelle	**1012**
Areal	1 (SO)
Datum	19.05.2002
Nivellement	95,68m(OK)-95,47m(UK-N); 95,66m(UK-S)
Schicht	H2
Beschreibung	Bereich westlich Locus 1006 (westlicher und zentraler Bereich). Schuttabtrag.
Funde	19.05.02: Keramik (1041); Knochen (1042); Tesserae (1043); Glasfragmente (1044).

Fundstelle	**1013**
Areal	1 (SO)
Datum	20.05.2002
Nivellement	95,31m(UK -N)-95,45m(UK-S)
Schicht	H2
Beschreibung	Bereich westlich Locus 1006 (westlicher und zentraler Bereich). Schuttabtrag; im Osten Asche.
Funde	20.05.02: Keramik (1045); Reibsteinfragmente (1046); Knochen (1047); Reibsteinfragment (1048); Reibsteinfragmente (1049); Nagel (1050).

Fundstelle	**1014**
Areal	1 (SO)
Datum	21.05.2002
Nivellement	95,27m(UK-N)-95,37m(UK-S)
Schicht	H3
Beschreibung	Bereich westlich Locus 1006 = westlicher und zentraler Bereich. BGF eines Raums.
Funde	21.05.02: Keramik (1051); Knochen (1052); Tesserae (1053); 22.05.02: Keramik (1055); Knochen (1056); Tesserae (1057); Reibsteinfragment (1058).

Fundstelle	**1015**
Areal	1 (NO)
Datum	26.05.2003
Nivellement	98,40m -97,83m(UK)
Schicht	H1
Beschreibung	Nordöstlicher Bereich. Abtrag der Oberfläche westl. der sogenannten Umfassungsmauer (Loc. 2003).
Funde	26.05.03: Keramik (1059); Flint (1060); Tesserae (1061); Glasfragmente (1062); Knochen (1063); rezentes Metall (1064); Reibsteinfragment (1065); Keramik (1066); Flint (1067); Basaltfragment (1068); Kalksteinfragment (1069).

Fundstelle	**1016**
Areal	1 (NO)
Datum	27.05.2003
Nivellement	98,17m-97,69m(UK)
Schicht	H1
Beschreibung	NÖ Bereich. Abtrag W der UF-Mauer (Loc. 2003). Fortsetzg NO-Ecke L.1002 ("Terrasse") nach NO.
Funde	27.05.03: Keramik (1070); Flint (1071); Tesserae (1072); Basaltfragmente (1073); Knochen (1074); Spinnwirtel (1075); Dekorelement aus Gips - Architekturelement ? (1076).

Fundstelle	**2001**
Areal	2 (SW)
Datum	06.05.2002
Nivellement	99,72m-98,11m(OK)
Schicht	H0
Beschreibung	SW Bereich (5mx5m). Oberflächenreinigung.
Funde	06.05.02: Keramik (2001).

Fundstelle	**2002**
Areal	2 (SW)
Datum	06.05.2002
Nivellement	98,04m(UK)
Schicht	H1
Beschreibung	1,40m breiter Streifen SW von Locus 2003 (= UF Mauer M1). Lockeres Oberflächenmaterial.
Funde	06.05.02: Keramik (2002); Reibsteinfragment (2003); Flint (2004).

Fundstelle	**2003**
Areal	2 (SW)
Datum	06.05.2002
Nivellement	99,54m(OK)
Schicht	H1
Beschreibung	NO-Ecke. Reinigung der sog. Umfassungsmauer (M1).
Funde	

Fundstelle	**2004**
Areal	2 (SW)
Datum	07.05.2002
Nivellement	98,04m(OK 2. Phase); 97,00m(OK der 1. Phase)
Schicht	H1
Beschreibung	Zentraler Bereich. SW von Loc. 2003. 1,80m breite, Mauer (Terrasse);1.Phase:Füllg.,2.Phase: ges.Steine.
Funde	

Fundstelle **2005**
Areal 2 (SW)
Datum 07.05.2002
Nivellement 98,05m(OK); 97,50m(UK-W), 97,83m(UK-O)
Schicht H1
Beschreibung 1,40m breiter Streifen SW v. Loc. 2004("Terrasse"). Abtrag Oberflächenmaterial und Steinversturz.
Funde 07.05.02: Keramik (2005); Tesserae (2006); Reibsteinfragmente (2007, 2008, 2009); 2010);Tesserae (2011).

Fundstelle **2006**
Areal 2 (SW)
Datum 19.05.2002
Nivellement 96,44m(UK-W), 96,87m(UK-O)
Schicht H2
Beschreibung 1,40m breiter Streifen SW von Locus 2004 ("Terrasse"). Füllmaterial.
Funde 19.05.02: Keramik (2012); Reibsteinfragment (2013); Reibsteinfragment (2014).

Fundstelle **2007**
Areal 2 (SW)
Datum 20.05.2002
Nivellement 96,39m(UK-W); 96,60m(UK-O)
Schicht H2
Beschreibung 1,40m breiter Streifen SW von Loc. 2004 ("Terrasse"). Füllmaterial, Steine.
Funde 20.05.02: Keramik (2015).

Fundstelle **2008**
Areal 2 (SW)
Datum 20.05.2002
Nivellement 96,15m(UK-W), 96,50m(UK-O)
Schicht H3
Beschreibung 1,40m breiter Streifen SW von Locus 2004 ("Terrasse"). Kalk- und Gipsstücke, Steine.
Funde 20.05.02: Reibsteinfragmente (2016, 2017); Keramik (2018); Knochen (2019); Reibsteinfragment (2020); Reibsteinfragmente (2021).

Fundstelle **2009**
Areal 2 (SW)
Datum 21.05.2002
Nivellement 96,08m(UK-W), 96,18m(UK-O)
Schicht H3
Beschreibung 1,40m breiter Streifen SW v. L. 2004 ("Terrasse"). Viele Steinbrocken, Kalk- bzw. Gipsstücke.
Funde 21.05.02: Keramik (2022); Nadel aus Bronze (2023); Tesserae (2024); Knochen (2025); Reibsteinfragmente (2026); Türangelsteinfragment (2027).

Fundstelle **2010**
Areal 2 (SW)
Datum 21.05.2002
Nivellement 96,05m(UK)
Schicht H3
Beschreibung 1,40m breiter Streifen SW v. L. 2004 ("Terrasse"). Viele Steinbrocken, Kalk- bzw. Gipsstücke.
Funde 21.05.02: Keramik (2028); Knochen (2029); Gefäßfuß (2030).

Fundstelle **2011**
Areal 2
Datum 02.06.2003
Nivellement 99,93m-99,70m(OK)
Schicht 0
Beschreibung Gesamtes Areal mit Ausnahme des südwestlichen Hangbereichs. Absammeln der Oberfläche.
Funde 02.06.03: Keramik (2031).

Fundstelle **2012**
Areal 2 (O)
Datum 02.06.2003
Nivellement 99,80m-99,57m(UK-N); 99,76m-99,60m(UK-S)
Schicht 1
Beschreibung Osthälfte (4,5mx9,0m) bis an UF Mauer (=Locus 2003).Abtrag. 02.06.: N-Bereich ; 03.06.: S-Bereich.
Funde 02.06.02: Keramik (2032); Knochen (2033); Flint (2034); Tesserae (2035);
03.06.03: Keramik (2036); Flint (2037); Tesserae (2038); Basaltfragmente (2044).

Fundstelle **2013**
Areal 2 (O)
Datum 03.06.2003
Nivellement 99,64m-99,55m(OK); 99,16m(UK)
Schicht 2
Beschreibung Nordhälfte. NO-Ecke. Großes Vorratsgefäß in situ, das in eine Kalkschicht eingebettet ist.
Funde 05.06.03: Flint (2059); Keramik (2060); Keramik (2077).

Fundstelle **2014**
Areal 2 (O)
Datum 03.06.2003
Nivellement 99,59m-99,55m(UK)
Schicht 1
Beschreibung Nordhälfte. NO-Bereich um Locus 2013. Viele Steine.
Funde 03.06.03: Keramik (2039); Webgewicht (2040); Flint (2041); Knochen (2042); Anhänger aus Stein (2043); Basaltfragment (2045).

Fundstelle **2014,1**
Areal 2 (O)
Datum 04.06.2003
Nivellement 99,60m-99,55m(UK)
Schicht 2 (?)
Beschreibung Südhälfte. Im Westen viele Knochen.
Funde 04.06.03: Keramik (2046); Probe (2047); Knochen (2048); Knochen (2049); Flint (2050); Stößel (2051); Keramik (2054); 05.06.03: Flint (2055); Tesserae (2056).

Fundstelle **2014,2**
Areal 2 (O)
Datum 08.06.2003
Nivellement 99,35m-99,31m(UK)
Schicht 2
Beschreibung Nordhälfte. Südlicher und westlicher Anschluß an Locus 2013.
Funde 08.06.03: Keramik (2075); Knochen (2076); Stößel (2078); Reibsteinfragment (2079); Gefäßfragment-Rand (2080); Keramik (2081); Flint (2082).

Fundstelle **2014,3**
Areal 2 (O)
Datum 09.06.2003
Nivellement 99,33m-99,31m(UK)
Schicht 3 (?)
Beschreibung Südhälfte. Abtragen der Feuerstelle 2015 und 2017. Reinigung der Grabungsfläche.
Funde 09.06.03: Keramik (2083); Pfeilspitze aus Eisen (2084 = unter Feuerstelle).

Fundstelle **2015**
Areal 2 (O)
Datum 04.06.2003
Nivellement 99,62m(OK)-99,51m(UK); N84,02; O97,20
Schicht 2
Beschreibung Südhälfte. SW Bereich. Feuerstelle nahe der UF Mauer (Loc. 2003). Viele Steine.
Funde 04.06.03: Reibsteinfragment (2052); Reibsteinfragmente (2053); 05.06.03: Keramik (2061); Reibsteinfragment (2064).

Fundstelle **2016**
Areal 2 (O)
Datum 05.06.2003
Nivellement 99,63m(OK); 99,55m(UK)
Schicht 2
Beschreibung Südhälfte. SO Bereich. Abtrag direkt östlich der Feuerstelle Loc. 2015. Fundreich mit vielen Steinen.
Funde 05.06.03: Flint (2057); Keramik (2058); Reibsteinfragment (2062); Mörser-Dreifuß-Fragment - mit einem Fuß (2063).

Fundstelle **2017**
Areal 2 (O)
Datum 07.06.2003
Nivellement 99,38m(UK); unter Locus 2015
Schicht 3 (?)
Beschreibung Südhälfte. SW Bereich. Abtrag Loc. 2015. Sandiges Material. UK Reste eines Ofens (O97,20; N84,02).
Funde 07.06.03: Reibsteinfragmente (2068); Probe (2072), Keramik (2073); Keramik (2074).

Fundstelle **2018**
Areal 2 (O)
Datum 07.06.2003
Nivellement 99,29m(UK); unter Locus 2016
Schicht 3 (?)
Beschreibung Südhälfte. SO Bereich. Entfernen des Steinversturzes unter Loc. 2016. Locker, sandig.
Funde 07.06.03: Keramik (2065); Reibsteinfragment (2066); Stößel (2067); Flint (2069); Gefäßfragment-Rand (2071); Keramik (2070); Knochen (2074,1).

Fundstelle **2019**
Areal 2 (O)
Datum 08.06.2003
Nivellement 99,31m(UK)
Schicht 2
Beschreibung Nordhälfte. NW-Bereich. Keramikgefäß in situ (O96,75; N89,30). Westlich von Gefäß Locus 2013.
Funde Bemerkung: Das Keramikgefäß in situ wurde nicht geborgen.

Fundstelle **2020**
Areal 2 (O)
Datum 08.06.2003
Nivellement 99,44m-99,26m(OK); UK nicht ergraben
Schicht 2
Beschreibung Nordhälfte. NW-SO verlaufender ca. 1,20m breiter Streifen ("Weg"). Abtrag südl. von Loci 2013/2019.
Funde

Fundstelle **2021**
Areal 2 (NW)
Datum 30.05.2004
Nivellement 99,59m-99,45m(OK) - 99,46m-99,30m(UK)
Schicht 1
Beschreibung NW-Bereich des Areals (Gesamt). Abtrag des Oberflächenmaterials.
Funde 30.05.04: Keramik (2085); Tesserae (2086); Knochen (2087).

Fundstelle	**2022**
Areal	2 (NW)
Datum	31.05.2004
Nivellement	99,26m-99,23m(UK)
Schicht	2
Beschreibung	SW Bereich. Begradigen der Fläche.
Funde	31.05.04: Keramik (2088); Knochen (2089); Tesserae (2090).

Fundstelle	**2023**
Areal	2 (NW)
Datum	31.05.2004
Nivellement	99,28m(UK); unter FS 2021
Schicht	2
Beschreibung	NÖ Bereich. Reinigung der Fläche; Abtragen von Steinen auf der Kalkfläche mit Tongefäßresten.
Funde	31.05.04: Keramik (2091); Tesserae (2092); Knochen (2093); Muschel (2094).

Fundstelle	**2024**
Areal	2 (NW)
Datum	01.06.2004
Nivellement	99,26m-99,06m (Steine OK: ca. 99,50m)
Schicht	2
Beschreibung	SW Bereich: nördl. Teil. Materialabtrag zwischen verschiedenen Steinsetzungen unter Locus 2022.
Funde	01.06.04: Keramik (2095); Stößelfragment(2096).

Fundstelle	**2025**
Areal	2 (NW)
Datum	01.06.2004
Nivellement	99,14m-99,10m (Steine OK: 99,42m-99,36m)
Schicht	2
Beschreibung	NW Bereich: südl. Teil. Reinigung der Fläche SÖ von Loc. 2024. Unter Loc. 2022.
Funde	01.06.04: Keramik (2097); Knochen (2098).

Fundstelle	**2026**
Areal	2 (NW)
Datum	01.06.2004
Nivellement	99,20m-98,90m (Steine OK: 99,15m)
Schicht	3 (?)
Beschreibung	SW Bereich: nördl. Teil. Abhub von ca. 0,15m mit dem Ziel, die Kante der Setzung zu fassen.
Funde	01.06.04: Keramik (2099); 02.06.04: Tessera (2100). Achtung: Funde vermischt !

Fundstelle	**2027**
Areal	2 (NW)
Datum	02.06.2004
Nivellement	98,86m(UK); 99,50m-99,36m (Steine im SW)
Schicht	3 (?)
Beschreibung	SW Bereich: südl. Teil. Abtrag von Steinen mit dem Ziel, die Grabungsflächen anzugleichen.
Funde	02.06.04: Keramik (2101); Knochen (2102); Stößel (2103).

Fundstelle	**2028**
Areal	2 (NW)
Datum	02.06.2004
Nivellement	99,24m(UK)
Schicht	2
Beschreibung	NÖ Bereich: südl. Teil. Abtragen loser Steine mit dem Ziel, die Strukturen zu klären.
Funde	02.06.04: Gefäßfragment (2104); Keramik (2105, 2106); 03.06.04: Flint (2108); Schlacke (2109).

Fundstelle	**2029**
Areal	2 (NW)
Datum	03.06.2004
Nivellement	99,15m(UK)
Schicht	2
Beschreibung	NÖ Bereich: nördl. Teil. Abtragen kleiner Steine. Reinigen der Fläche.
Funde	03.06.04: Keramik (2110); Stößel (2111); Knochen (2112).

Fundstelle	**2030**
Areal	2 (NW)
Datum	03.06.2004
Nivellement	99,00m(UK)
Schicht	3 (?)
Beschreibung	SW Bereich (Gesamt). Abtragen der Steine, die zu keiner erkennbaren Struktur gehören.
Funde	03.06.04: Keramik (2113).

Fundstelle	**2501**
Areal	2 (NW)
Datum	08.05.2002
Nivellement	99,70m-99,51m(OK); Oberfläche
Schicht	0
Beschreibung	NW Viertel des Areals. Absammeln der Oberfläche. In der SW-Ecke OK einer Steinsetzung erkennbar.
Funde	08.05.02: Keramik (2501); Tesserae (2502).

Fundstelle	**2502**
Areal	2 (NW)
Datum	08.05.2002
Nivellement	99,70m-99,51m(OK) / 99,57m-99,41m(UK)
Schicht	1
Beschreibung	NW Viertel des Areals. Abtrag des Materials. Feste Konsistenz im Bereich der Steinsetzung (SW).
Funde	08.05.02: Keramik (2503); Tesserae (2504); Glasfragment (2505); Flint (2506); Muschelfragment (2507).

Fundstelle	**3001**
Areal	3 (O)
Datum	06.05.2002
Nivellement	100,19m-99,59m(OK-vor Grabung)
Schicht	0
Beschreibung	Gesamtes Areal 3 (10mx10m). Absammeln der Oberfläche.
Funde	06.05.02: Keramik (3001).

Fundstelle	**3002**
Areal	3 (O)
Datum	06.05.2002
Nivellement	100,04m-99,97m(OK) / 99,78m-99,68m(UK)
Schicht	1
Beschreibung	Ostschnitt 1 (9mx1m). Abtrag Oberflächenmaterial. Im S Aschereste und verbrannter Ton (Tabun ?).
Funde	06.05.02: Keramik (3002); Glasfragmente (3003); Knochen (3004); Tesserae (3005); Flint (3006); Reibsteinfragmente (3007).

Fundstelle	**3002,1**
Areal	3 (N)
Datum	16.05.2002
Nivellement	99,59m-100,04m(OK) / 99,50m-99,86m(UK)
Schicht	1
Beschreibung	Nordschnitt (7mx2,5m). Abtrag OF Material. Auffallend wenig Steine. Keine Keramik.
Funde	16.05.05: Tesserae (3005 - zusammen mit den Tesserae des Locus 3002 archiviert).

Fundstelle	**3002,2**
Areal	3 (O)
Datum	07.05.2002
Nivellement	100,04m-99,97m(OK) / 99,69m-99,67m
Schicht	1
Beschreibung	Ostschnitt 2 (9mx1m). Erweiterung des O-Schnitts 1 nach Westen. Abtrag Oberflächenmaterial.
Funde	07.05.02: Keramik (3013); Knochen (3014); Tesserae (3015); Flint (3016); Muschelfragment (3017).

Fundstelle	**3003**
Areal	3 (O)
Datum	07.05.2002
Nivellement	99,71m-99,68m(UK); Begradigen der Fläche
Schicht	2
Beschreibung	Ostschnitt 1. Abtrag. Im Süden große Steine und Funde. In der Mitte zwei Steinreihen.
Funde	07.05.02: Keramik (3008); Knochen (3009.1); Reibsteinfragment (3010); Muschelfragment (3011); Flint (3012.1); 09.05.02: Tesserae (3018, 1. Tüte).

Fundstelle	**3003,1**
Areal	3 (N)
Datum	18.05.2002
Nivellement	99,38m-99,70m(UK)
Schicht	1
Beschreibung	Nordschnitt. Keine Steine oder -strukturen. Oberflächenmaterial.
Funde	Keramik mit FS 3003 = FN 3008 vermischt; 18.05.02: Tesserae (3018, 2. Tüte); Knochen (3009. 2).

Fundstelle	**3003,2**
Areal	3 (N)
Datum	19.05.2002
Nivellement	99,25m-99,58m(UK)
Schicht	2
Beschreibung	Nordschnitt. Sehr festes Material. Keine Steine. Ebene Fläche.
Funde	Keramik mit FS 3003 = FN 3008 vermischt; 19.05.02: Knochen (3009.3); Reibsteinfragment (3076).

Fundstelle	**3003,3**
Areal	3 (N)
Datum	20.05.2002
Nivellement	99,17m-99,38m(UK)
Schicht	3 (?)
Beschreibung	Nordschnitt. Sehr ebene Fläche. Keine Strukturen aus Stein. Zahlreiche Funde.
Funde	Keramik mit der FS 3003 = FN 3008 vermischt; 20.05.02: Knochen (3009.4); Knopffragment aus Keramik (3079); Muschelfragment (3080); Reibsteinfragmente (3081.2).

Fundstelle	**3003,4**
Areal	3 (N)
Datum	21.05.2002
Nivellement	99,13m-99,31m(UK)
Schicht	3
Beschreibung	N Schnitt. BGF. Wenig große Steine im Westen. Östl. Loc. 3017 zahlr. in situ Funde. Feste Fläche.
Funde	Keramik mit der FS 3003 = FN 3008 vermischt; 21.05.02: Knochen (3009.5); Flint (3012.2); Keramikboden mit drei Füßen (3081.1).

Fundstelle	**3004**
Areal	3 (O)
Datum	11.05.2002
Nivellement	99,53m-99,45m(UK)
Schicht	2
Beschreibung	Ostschnitt 1+2: südlicher Teil.
Funde	11.05.02: Keramik (3021); Holzkohle- und Ascheprobe (3022); Stößel (3023); Tesserae (3024); Probe, gebrannter Ton (Ziegel, Tabun ? 3025); Knochen (3026).

Fundstelle	**3005**
Areal	3 (O)
Datum	11.05.2002
Nivellement	99,63m(OK) / 99,52m(UK = UK 3004 ?)
Schicht	2
Beschreibung	Ostschnitt 1+2: südlicher Teil. Installation (kleine Steine, Scherben, Tierknochen) in Locus 3004.
Funde	11.05.02: Knochen (3019, 2. Tüte am 13.5); Keramik (3020, 2. Tüte am 13.5.02).

Fundstelle	**3006**
Areal	3 (O)
Datum	11.05.2002
Nivellement	ca. 99,50m(UK) siehe Loc. 3004
Schicht	2
Beschreibung	Ostschnitt 1+2: südlicher Teil. Scherben und verfärbte Erde auf bzw. in Locus 3004.
Funde	11.05.02: Erdprobe aus der Umgebung der Gefäßscherben (3027); 12.05.02: Keramik (3032); Knochen (3034).

Fundstelle	**3007**
Areal	3 (O)
Datum	12.05.2002
Nivellement	99,25m-99,17m(UK)
Schicht	2
Beschreibung	Ostschnitt 1+2: mittlerer Teil. Fläche zwischen zwei Steinsetzungen. Asche und gebr. Tonreste.
Funde	12.05.02: Keramik (3028); Probe (3029); Webgewicht (3030); Knochen (3031); Stößel (3033.1-3; 3070.1-2); Probe (3042; 3059); Webgewicht-fragment (3060); Probe (3061); Tesserae (3065).

Fundstelle	**3008**
Areal	3 (O)
Datum	12.05.2002
Nivellement	99,51m-99,45m(UK)
Schicht	3
Beschreibung	Ostschnitte 1+2: nördlicher Teil. Aschereste und große Scherben. BGF.
Funde	12.05.02: Keramik (3039.2. und 3. Tüte am 13. und 14.05.02); Knochen (3035.1); 14.05.02: Keramik (3038); Tongegenstand / Tonbullenfragment ? (3043); Erdprobe (3044).

Fundstelle	**3009**
Areal	3 (O)
Datum	13.05.2002
Nivellement	99,39m-99,25m(UK)
Schicht	2
Beschreibung	Ostschnitte 1+2: südlicher Teil. Unter Loci 3004 + 3005. Feste Fläche mit Kalkeinschlüssen.
Funde	13.05.02: Keramik (3036, 2. Tüte am 14.05.02); Knochen (3037, 2. Tüte am 14.05.02).

Fundstelle	**3010**
Areal	3 (O)
Datum	14.05.2002
Nivellement	99,45m-99,36m(UK); Fortsetzung in Loc. 3014
Schicht	3
Beschreibung	Ostschnitte 1+2: südl. Teil. Feste, ebene Fläche mit Kalkeinschlüssen. Aschereste und "Installationen".
Funde	14.05.02: Keramik (3040); Steinobjekte (3041); Keramik (3051).

Fundstelle	**3011**
Areal	3 (O)
Datum	14.05.2002
Nivellement	99,42m-99,41m (in/auf 3008, teilw. unter Steinen)
Schicht	3
Beschreibung	Ostschnitte 1+2: nördl. Teil. In derv SW-Ecke Loc. 3008. Mit Kalk und Asche vermischtes Material.
Funde	14.05.02: Keramik (3045); Gefäßfragment- Rand (3046); Webgewicht (3047).

Fundstelle	**3012**
Areal	3 (O)
Datum	14.05.2002
Nivellement	99,49m-99,42m (in/auf 3008, teilw. unter Steinen)
Schicht	3
Beschreibung	Ostschnitte 1+2: nördl. Teil. In SO-Ecke von Loc. 3008; hartes Material mit Kalk, HK und Asche.
Funde	14.05.02: Keramikgefäßboden (3049); Holzkohleprobe (3050); Probe aus dem Gefäß Fundnr. 3049 (3058).

Fundstelle	**3013**
Areal	3 (O)
Datum	14.05.2002
Nivellement	99,44m-99,41m (in/auf 3008, teilw. unter Steinen)
Schicht	3
Beschreibung	Ostschnitte 1+2: nördlicher Teil. Mittl. Bereich von Loc. 3008; mit Kalk vermischte harte Fläche.
Funde	14.05.02: Keramik (3048).

Fundstelle	**3014**
Areal	3 (O)
Datum	14.05.2002
Nivellement	99,32m-99,14m(UK)
Schicht	3
Beschreibung	Ostschnitte 1+2: südlicher Teil. Festes kalkhaltiges Material mit zahlreichen in situ Funden.
Funde	14.05.02: Keramik (3052; 3054; 3055 = 3 Gefäße); Keramik (3072 = um FN 3052); Proben (3053.1-2); Mörserfragment (3056); Keramik (3057 = südlicher Bereich); Stößel (3063); Mahlstein (3064).

Fundstelle	**3015**
Areal	3 (O)
Datum	16.05.2002
Nivellement	99,26m-99,18m (auf/in Loc. 3014/3007)
Schicht	3
Beschreibung	Ostschnitte 1+2: südlicher Teil. Ansammlung von Keramik im NW-Bereich von Locus 3014.
Funde	16.05.02: Keramik (3067); Erdprobe (3068); Knochen (3069).

Fundstelle	**3016**
Areal	3 (O)
Datum	16.05.2002
Nivellement	99,26m(OK-Aschelinse); in/auf Loc. 3007
Schicht	2
Beschreibung	Ostschnitte 1+2: mittlerer Teil. Aschelinse mit Holzkohleresten in/auf Locus 3007.
Funde	16.05.02: Erdprobe (3066).

Fundstelle	**3017**
Areal	3 (N)
Datum	19.05.2002
Nivellement	99,54m(OK)-99,25m(UK)
Schicht	3
Beschreibung	Nordschnitt. Mitte. Reste mehrerer Keramikgefäße in situ (N 98,30m, O 95,00m) in Locus 3003,4.
Funde	19.05.02: Keramik (3062); Keramik (3077); Erdprobe (Gefäßinhalt aus Locus 3017?) (3078).

Fundstelle	**3018**
Areal	3 (TS-03)
Datum	31.05.2003
Nivellement	99,21m(OK)-98,86m(UK)
Schicht	3
Beschreibung	Tiefschnitt im Nordschnitt West. Reinigung des Areals und 1. Abhub 03. Material vermischt !
Funde	31.05.03: Keramik (3082); Flint (3083); Knochen (3084); Schminkpalettenfragment, dekoriert (3085), Knopf aus Keramik (3086); Tesserae (3087).

Fundstelle	**3019**
Areal	3 (TS-03)
Datum	31.05.2003
Nivellement	99.00m(OK)-98,68m(UK)
Schicht	4 ?
Beschreibung	Tiefschnitt im Nordschnitt West. 2. Abhub 03. Mittelgroße Steine.
Funde	31.05.03: Basaltfragmente (3088); Keramik (3089); Muscheln (3090); Knochen (3091); Flint (3092); Fibelfragment (3093).

Fundstelle	**3020**
Areal	3 (TS-03)
Datum	31.05.2003
Nivellement	98,85m(OK)-98,64m(UK)
Schicht	4
Beschreibung	Tiefschnitt im Nordschnitt West. 3. Abhub 03. In der NW-Ecke Reste gebrannten Lehms.
Funde	31.05.04: Keramik (3094); Knochen (3095); Flint (3096); Stein (3097).

Fundstelle	**3021**
Areal	3 (TS-03)
Datum	01.06.2003
Nivellement	98,80m(OK)-98,51m(UK)
Schicht	4
Beschreibung	Tiefschnitt im Nordschnitt West. 4. Abhub 03. Große und mittelgroße Steine.
Funde	

Fundstelle	**3022**
Areal	3 (TS-03)
Datum	01.06.2003
Nivellement	98.73m(OK)-98,40m(OK)
Schicht	4
Beschreibung	Tiefschnitt im Nordschnitt West. BGF ?
Funde	01.06.03: Keramik (3098); Flint (3099); Stößel (3100); Webgewichtfragment (3101); Knochen (3102); Knochenobjekt (Zinken eines Kamms ?) (3103).

Fundstelle	**3023**
Areal	3 (TS-03)
Datum	02.06.2003
Nivellement	98,51m(OK)-98,20m(UK)
Schicht	4
Beschreibung	Tiefschnitt im Nordschnitt West. 5. Abhub 03. Steine unterschiedlicher Größe.
Funde	02.06.03: Keramik (3104); Flint (3105); Knochen (3106); Stößel (3107).

Fundstelle **3024**
Areal 3 (TS-03)
Datum 02.06.2003
Nivellement 98,39m(OK)-97,33m(UK)
Schicht 4
Beschreibung Tiefschnitt im Nordschnitt West. 6. Abhub 03.
Funde 02.06.03: Keramik (3108); Flint (3109); Knochen (3110);
03.06.03: Keramik (3113); Flint (3114); Knochen (3115).

Fundstelle **3025**
Areal 3 (TS-03)
Datum 03.06.2003
Nivellement 97,44m(OK)-96,60(=UK Loc. 3027)
Schicht 5
Beschreibung Tiefschnitt im Nordschnitt West. 7. Abhub 03. Fläche aus kalkhaltigem leicht sandigem Material.
Funde

Fundstelle **3026**
Areal 3 (TS-03)
Datum 04.06.2003
Nivellement -
Schicht -
Beschreibung Anlage von Stufen im südöslichen Anschluß an die Grabungsfläche des TS. Vermischtes Material.
Funde 04.06.03: Stößel (3116); Metallobjekt - Zinken? (3117).

Fundstelle **3027**
Areal 3 (TS-03)
Datum 04.06.2003
Nivellement ?(OK)-96,60m(UK)
Schicht 5
Beschreibung Tiefschnitt im Nordschnitt West. 8. Abhub 03. Mittelgroße Steine.
Funde 04.06.03: Keramik (3118); Flint (3119); Knochen (3120);
05.06.03: Keramik (3121); Knochen (3122).

Fundstelle **3028**
Areal 3 (TS-03)
Datum 05.06.2003
Nivellement 96,76m(OK)-96,49m(UK); 9. Abhub
Schicht 5
Beschreibung Tiefschnitt im Nordschnitt West. 9. Abhub 03. Zahlreiche Funde und Holzkohlereste.
Funde 08.06.03: Keramik (3131); Flint (3132); Holzkohleprobe (3133); Knochen (3134).

Fundstelle **3029**
Areal 3 (TS-03)
Datum 05.06.2003
Nivellement -
Schicht -
Beschreibung Tiefschnitt im Nordschnitt West. Erweiterung um 1,50mx1,50m im Nordosten. Vermischtes Material !
Funde 05.06.03: Keramik (3123, 3124); Basaltfragment (3125); Flint (3126); Knochen (3127); großer Steinmörser (3128); Steinobjekt (3129); 08.06.: Holzkohleprobe (3130).

Fundstelle **3030**
Areal 3 (TS-03)
Datum 08.06.2003
Nivellement 96,58m(OK)-96,29m(UK)
Schicht 5
Beschreibung Tiefschnitt im Nordschnitt West. An der UK sehr große Steine.
Funde 09.06.03: Keramik (3135); Flint (3136); Holzkohleprobe (3137); Knochen (3138).

Fundstelle **3031**
Areal 3 (TS-03)
Datum 09.06.2003
Nivellement 96,29m(OK)-96,20m(UK)
Schicht 5
Beschreibung Tiefschnitt im Nordschnitt West. Erneut einige große Steine.
Funde

Fundstelle **3032**
Areal 3 (TS-04)
Datum 17.05.2004
Nivellement 99,77m-99,44m
Schicht 1
Beschreibung Tiefschnitt Mitte (Gesamt). Abtragen der OF: im O Steinplatte (0,54x0,3x0,05m); im W lockere Erde.
Funde 17.05.04: Keramik (3139); Flint (3140); Tesserae (3141); Spinnwirtel (3156).

Fundstelle **3033**
Areal 3 (TS-04)
Datum 18.05.2004
Nivellement 99,50m-99,37m
Schicht 1
Beschreibung Tiefschnitt Mitte (Gesamt). Abtrag OF. Im Zentrum weicheres Material. Unter Loc. 3032.
Funde 18.05.04: Keramik (3142); Muschel (3143); Knochen (3144); Muschel (3145); Gefäßfragment-Rand (3154); Spinnwirtel (3155).

Fundstelle	**3034**
Areal	3 (TS-04)
Datum	18.05.2004
Nivellement	99,21m-99,43m (auf Steinen)
Schicht	2
Beschreibung	Tiefschnitt Mitte: östl. Teil. Steine im O (Mauer ?). Übergang zu Material (Grube ?) im W unklar.
Funde	18.05.04: Keramik (3146); Knochen (3151); Tessera (3152).

Fundstelle	**3035**
Areal	3 (TS-04)
Datum	18.05.2004
Nivellement	99,18m-99,16m(UK)
Schicht	2
Beschreibung	Tiefschnitt Mitte: zentraler Teil. Weiches Material mit Steinen (Füllung/Grube ?).
Funde	18.05.04: Keramik (3147); Tessera (3148); Knochen (3149); Flint (3150).

Fundstelle	**3036**
Areal	3 (TS-04)
Datum	18.05.2004
Nivellement	99,23m-99,15m(UK)
Schicht	2
Beschreibung	Tiefschnitt Mitte: westl. Teil. 2. künstlicher Abhub. Über Locus 3038.
Funde	18.05.04: Keramik (3153); Knochen (3162); Schnecke (3167); Flint (3157).

Fundstelle	**3037**
Areal	3 (TS-04)
Datum	19.05.2004
Nivellement	99,06m (UK); unter Loc. 3034; über Loc. 3040
Schicht	2
Beschreibung	Tiefschnitt Mitte: östl. Teil. Schutt über weißer, kalkhaltiger Schicht (Loc. 3040). Unter Loc. 3034.
Funde	19.05.04: Keramik (3158); Knochen (3159); Tessera (3163).

Fundstelle	**3038**
Areal	3 (TS 04)
Datum	19.05.2004
Nivellement	99,03m-99,01m(UK)
Schicht	2 (?)
Beschreibung	Tiefschnitt Mitte: westl. Teil. Steinblöcke im S. In der Mitte weicheres Material. Über Loc. 3039.
Funde	19.05.04: Keramik (3160); Knochen (3161).

Fundstelle	**3039**
Areal	3 (TS-04)
Datum	19.05.2004
Nivellement	98,90m(UK); unter 3038; über 3041(teilweise)
Schicht	3
Beschreibung	Tiefschnitt Mitte: westl. Teil. Fortsetzung von Locus 3038. Steinplatten und Steinblöcke.
Funde	19.05.04. Keramik (3164); Flint (3165); Knochen (3166); 20.05.04: Ring (3168); Reibsteinfragment (3169); Rollsiegel ? (3177 aus Keramikkollektion 3164).

Fundstelle	**3040**
Areal	3 (TS-04)
Datum	20.05.2004
Nivellement	99,06m(OK)-98,90m(UK); unter 3037; über 3041
Schicht	3
Beschreibung	Tiefschnitt Mitte: östl. Teil. des Schnitts. Gips-/ Kalkschicht auf verstürzten Steinblöcken (< 30cm).
Funde	20.05.04: Keramik (3170).

Fundstelle	**3041**
Areal	3 (TS-04)
Datum	20.05.2004
Nivellement	98,93m(OK)-98,83m(UK);unter 3040, 3039(teilw.)
Schicht	3
Beschreibung	Tiefschnitt Mitte: östl. Teil. Abtrag verstürzter Steine im O; darunter Funde und Kalkeinsprengsel.
Funde	20.05.04: Keramik (3171); Knochen (3172); Stößel (3173).

Fundstelle	**3042**
Areal	3 (TS-04)
Datum	22.05.2004
Nivellement	98,82m(OK)-98,60m(UK); unter 3041, über 3043
Schicht	4
Beschreibung	Tiefschnitt Mitte: zentraler Teil. Abtrag von Steinen im Zentralbereich. Evtl. Funde vermischt !
Funde	22.05.04: Keramik (3174); Knochen (3175); Gefäßfragment-Rand (3176).

Fundstelle	**3043**
Areal	3 (TS-04)
Datum	22.05.2004
Nivellement	98,60m(OK)-98,10m(UK); unter Loc. 3042
Schicht	4
Beschreibung	Tiefschnitt Mitte: zentraler Teil. Kleinere Blöcke; Funde oberhalb 98,50m, darunter fast fundleer.
Funde	22.05.04: Keramik (3178); Knochen (3179); Deckel/ Tonscheibe (3180=Locus 3042?); Spinnwirtelfragment (3081).

Fundstelle **3044**
Areal 3 (TS-04)
Datum 24.05.2004
Nivellement 97,84m(OK)-97,44m(UK)
Schicht 4
Beschreibung Tiefschnitt Mitte: zentraler Teil. Steinfüllung mit viel Kalk. Keine Keramik in den ersten 0,20m.
Funde 24.05.04: Keramik (3182); Knochen (3183).

Fundstelle **3045**
Areal 3 (TS-04)
Datum 26.05.2004
Nivellement 97,44m(OK)-96,67m(UK); unter: 3044; über: 3046
Schicht 5
Beschreibung Tiefschnitt Mitte: zentraler Teil. Mittelgroße Steine; wieder hoher Keramikanteil.
Funde 26.05.04: Keramik (3184); Knochen (3185); Pfeilspitze (3186.1-3 - in drei Teile zerbrochen); Flint (3187).

Fundstelle **3046**
Areal 3 (TS-04)
Datum 27.05.2004
Nivellement 96,74m(OK)-96,20m(UK); unter 3045; über 3047
Schicht 5
Beschreibung Tiefschnitt Mitte: zentraler Teil. Große Steine, wenig Keramik und Kalkreste.
Funde 27.05.04: Keramik (3188); Probe des Wandverputzes (Ostprofil) (3189); Knochen (3190).

Fundstelle **3047**
Areal 3 (TS-04)
Datum 27.05.2004
Nivellement 96,20m(OK)-96,00m(UK); unter 3046; über 3048
Schicht 5
Beschreibung Tiefschnitt Mitte: zentraler Teil. Zahlreiche Steine, unregelmäßige Kalkeinschlüsse.
Funde 27.05.04: Keramik (3191).

Fundstelle **3048**
Areal 3 (TS-04)
Datum 29.05.2004
Nivellement 96,00m(OK)-95,50m(UK); unter 3047; über 3049
Schicht 6
Beschreibung Tiefschnitt Mitte: zentraler Teil. Kleinere Steine und Füllung (Erde, Scherben); Holzkohlereste.
Funde 29.05.04: Keramik (3192); Knochen (3193); 3x Holzkohleproben (3194, 3195, 3196).

Fundstelle **3049**
Areal 3 (TS-04)
Datum 29.05.2004
Nivellement 95,50m(OK)-95,00m(UK); unter 3048
Schicht 6
Beschreibung Tiefschnitt Mitte: zentraler Teil. Oben kleinere und unten größere Steinen. Brandspuren; viel Holzkohle.
Funde 29.05.04: Keramik (3197); Knochen (3198); Holzkohleprobe (3199).

Fundstelle **3050**
Areal 3 (TS-04)
Datum 31.05.2004
Nivellement 94,40m(UK); unter 3049
Schicht 6
Beschreibung Tiefschnitt Mitte: zentraler Teil. Größere Steine, einige Scherben, wenig Holzkohle.
Funde 31.05.04: Knochen (3200); Keramik (3201); Holzkohleprobe (3202).

Fundstelle **3051**
Areal 3 (TS-04)
Datum 31.05.2004
Nivellement 94,40m(OK)-93,80m(UK); unter 3050; über 3052
Schicht 7
Beschreibung Tiefschnitt Mitte: zentraler Teil. Gelbes sandähnliches Material; kleine Scherben.
Funde 31.05.04: Keramik (3203); Flint (3204); Erdprobe (3205).

Fundstelle **3052**
Areal 3 (TS-04)
Datum 31.05.2004
Nivellement 93,80m(OK)-93,50m(UK); unter 3051
Schicht 7
Beschreibung Tiefschnitt Mitte: zentraler Teil. Lockere Erde zwischen Steinen; Kalk, wenige Scherben.
Funde 31.05.04: Keramik (3206); Erdprobe (3207); Knochen (3208).

Fundstelle **3053**
Areal 3 (O+W)
Datum 18.05.2002
Nivellement -
Schicht -
Beschreibung Reinigung und Begradigung des Ost- und Westprofils.
Funde 18.05.02: Gefäßfuß (3075); Keramik aus dem Ostprofil (3071, 3073); Keramik aus dem Westprofil (3074).

Fundstelle	**3500**
Areal	3 (SW)
Datum	26.05.2004
Nivellement	99,75m-99,56m(OK) - 99,40m-99,26m(UK)
Schicht	1
Beschreibung	3,50mx4,50m Schnitt im SW von Areal 3; Oberflächenmaterial, große Steinplatten in der SW-Ecke.
Funde	26.05.04: Keramik (3500, 2.+ 3. Tüte am 27.05.04); Knochen (3501); Tesserae (3502, 2. Tüte am 27.05.04); 27.05.04: Knopf aus Keramik (3503); Muscheln (3504.1-2).

Fundstelle	**3501**
Areal	3 (SW)
Datum	29.05.2004
Nivellement	99,37m; unter Locus 3500
Schicht	2
Beschreibung	SW Schnitt: westl. Teil. Abtrag bis auf OK des sog. Wegs (Locus 2020). Gleichzeitig mit Locus 3502.
Funde	29.05.04: Keramik (3505); Knochen (3509).

Fundstelle	**3502**
Areal	3 (SW)
Datum	29.05.2004
Nivellement	99,32m-99,10m(OK), 99,10m-99,08m(UK)
Schicht	2
Beschreibung	SW Schnitt: östlicher Teil. Viele Steine. Unter Locus 3500.
Funde	29.05.04: Keramik (3506); Knochen (3507); 30.05.04: Keramik (3506= 2.Tüte); Knochen (3507= 2.Tüte).

Fundstelle	**3503**
Areal	3 (SW)
Datum	30.05.2004
Nivellement	99,37m(OK); 99,17m-99,15m(UK), unter L. 3501
Schicht	2
Beschreibung	SW Schnitt: westl. Teil. Der sog. Weg (vgl. Locus 2020). Keramik evt. mit Loc. 3502 vermischt.
Funde	30.05.04: Keramik (3508); Knochen (3510).

Fundstelle	**3504**
Areal	3 (SW)
Datum	30.05.2004
Nivellement	ohne Nivellements, unter Locus 3502
Schicht	-
Beschreibung	SW Schnitt: östl. Teil. Reinigung des gesamten Bereichs.
Funde	30.05.04: Keramik (3511).

Fundstelle	**3505**
Areal	3 (SW)
Datum	31.05.2004
Nivellement	ohne Nivellement, unter Locus 3503
Schicht	-
Beschreibung	SW Schnitt: westlicher Teil. Reinigung des gesamten Bereichs.
Funde	31.05.04: Keramik (3512); Knochen (3513)

Fundstelle	**3506**
Areal	3 (SW)
Datum	31.05.2004
Nivellement	ohne Nivellement, unter Locus 3504
Schicht	-
Beschreibung	SW Schnitt: östlicher Teil. Reinigung des gesamten Bereichs.
Funde	31.05.04: Keramik (3514); Glasfragment (3515).

Fundstelle	**4001**
Areal	4
Datum	06.05.2002
Nivellement	100,22m(OK)
Schicht	0
Beschreibung	Gesamtes Areal (10mx10m). Absammeln der Oberfläche.
Funde	06.05.02: Keramik (4001).

Fundstelle	**4002**
Areal	4 (W)
Datum	06.05.2002
Nivellement	99,86m(S) - 99,95m(N)
Schicht	1
Beschreibung	Gesamter Westschnitt (2mx9m). Viele kleine Steine.
Funde	06.05.02: Keramik (4002); Tesserae (4003); Glasfragment (4004); 07.05.02: Knochen (4008); 08.05.02: Stößel (4009).

Fundstelle	**4003**
Areal	4 (W)
Datum	07.05.2002
Nivellement	101,10m -99,96m(OK); 99,77m-99,72m(UK)
Schicht	2
Beschreibung	Westschnitt: zentraler Teil. NW-SO Steinsetzung (eine Lage hoch, ca. 0,90m breit).
Funde	09.05.02: Reibsteinfragment (4020).

Fundstelle **4004**
Areal 4 (W)
Datum 07.05.2002
Nivellement 99,80m-99,77m(UK)
Schicht 2
Beschreibung Westschnitt: nördlicher Teil. Vermischtes, lockeres Material.
Funde 07.05.02: Keramik (4005); Tesserae (4006); Knochen (4007).

Fundstelle **4005**
Areal 4 (W)
Datum 07.05.2002
Nivellement 99,82m-99,74m(UK)
Schicht 2
Beschreibung Westschnitt: südlicher Teil. Steinanhäufung südlich von Locus 4003.
Funde 08.05.02: Keramik (4010); Knochen (4012); Reibsteinfragment (4013).

Fundstelle **4006**
Areal 4 (W)
Datum 08.05.2002
Nivellement 100,00m(OK); 99,74m(UK)
Schicht 2
Beschreibung Westschnitt: südlicher Teil. Dunkle, feine Asche in Locus 4005.
Funde 08.05.02: Keramik (4014); Knochen (4015); Reibsteinfragmente (4016.1-2); Gefäßboden- mit Standring (4016.3); Flint (4017).

Fundstelle **4007**
Areal 4 (W)
Datum 08.05.2002
Nivellement 100,00m(OK) - 99,74m(UK)
Schicht 2
Beschreibung Westschnitt: südlicher Teil. Dunkle, feine Asche wie Locus 4006; in Locus 4005.
Funde 09.05.02: Keramik (4018); Knochen (4019).

Fundstelle **4008**
Areal 4 (W)
Datum 09.05.2002
Nivellement 99,66m-99,51m(UK)
Schicht 2 (?)
Beschreibung Westschnitt: zentraler Teil. Abtragen der Setzung (Locus 4003) bis oberhalb einer kalkigen BGF.
Funde 09.05.02: Keramik (4021); Knochen (4022); ovoide Keramikböden (4023, 4024); Mörser-Dreifuß mit zwei Stößeln darin (4025.1-3); Keramik (4026, 4027); Proben (4047, 4048).

Fundstelle **4009**
Areal 4 (W)
Datum 09.05.2002
Nivellement 99,43m-99,38m(UK)
Schicht 3
Beschreibung Westschnitt: zentraler Teil. Weiße, kalkige Begehungsfläche (ca. 1,50mx1,50m).
Funde 09.05.02: Keramik (4028); Knochen (4029); Probe (4030); Steinobjekt (4031); Flint (4032); Reibsteinfragmente (4033).

Fundstelle **4010**
Areal 4 (W)
Datum 11.05.2002
Nivellement 99,40m-99,32m(UK)
Schicht 2
Beschreibung Westschnitt: südlicher Teil. Grube in Locus 4005.
Funde 11.05.02: Keramik (4034); Knochen (4035); Flint (4036); Stößel (4037); Tessera (4038); Flint (4042).

Fundstelle **4011**
Areal 4 (W)
Datum 11.05.2002
Nivellement 99,54m(OK)-99,18m(UK)
Schicht 2
Beschreibung Westschnitt: nördl. Teil. Feuerstelle unter Locus 4004. Asche, Holzkohle und Lehmziegelfragmente.
Funde 11.05.02: Holzkohleprobe (4039); Keramik (4040); Knochen (4041); Flint (4043); Lehmziegel (4044); Steinobjekt (4046); Reibsteinfragment (4064); Flint (4065.2).

Fundstelle **4012**
Areal 4 (W)
Datum 11.05.2002
Nivellement 99,51m(UK)
Schicht 2
Beschreibung Westschnitt: nördlicher Teil. NO um die Feuerstelle Locus 4011. Große Kalksteine.
Funde 11.05.02: Keramik (4045).

Fundstelle **4013**
Areal 4 (W)
Datum 12.05.2002
Nivellement 99,41m-99,39m(OK); 99,22m(UK)
Schicht 3
Beschreibung Westschnitt: südlicher Teil. Abtrag der Steine des Locus 4005.
Funde 12.05.02: Keramik (4049); Knochen (4050); Flint (4051.2); Erdprobe (4052); Flint (4053); Reibsteinfragment (4054); Flint (4055); Flint (4059).

Fundstelle **4014**
Areal 4 (W)
Datum 12.05.2002
Nivellement 99,19m-99,17m(UK)
Schicht 3
Beschreibung Westschnitt: südlicher Teil. Abtiefen (unter) der Grube Locus 4010.
Funde 12.und 13.05.02: Keramik (4051, 4056); Flint (4057); Flint (4058); Knochen (4060).

Fundstelle **4015**
Areal 4 (W)
Datum 13.05.2002
Nivellement 99,13m(UK)
Schicht 3
Beschreibung Westschnitt: zentraler Bereich. Unter BGF (Locus 4015). Rauminhalt ?
Funde 13.05.02: Keramik (4061); Flint (4062); Knochen (4063).

Fundstelle **4016**
Areal 4 (N)
Datum 14.05.2002
Nivellement 100,25m-100,18m(OK)
Schicht 1
Beschreibung Gesamter Nordschnitt (2,50mx7m). Material der Oberfläche.
Funde 14.05.02: Keramik (4065).

Fundstelle **4017**
Areal 4 (N)
Datum 14.05.2002
Nivellement 100,08m-100,02m(UK)
Schicht 1
Beschreibung Nordschnitt: Gesamt. Rötliche Verfärbung; viele Steine.
Funde 14.05.02: Keramik (4066); Flint (4067); Tesserae (4068); Gefäßbodenfragment (4069.1); Reibsteinfragmente (4069.2); Basaltfragmente (4069.3-4); Stößel (4070); Knochen (4071); Glasfragmente (4072).

Fundstelle **4018**
Areal 4 (N)
Datum 16.05.2002
Nivellement 100,04m-99,94m(UK)
Schicht 1
Beschreibung Nordschnitt: Gesamt. Feines, weiches Material mit vielen Steinen.
Funde 16.05.02: Keramik (4073); Knochen (4074); Flint (4075); Stößel (4076); Gefäßfragment-Rand (4077)

Fundstelle **4019**
Areal 4 (N)
Datum 16.05.2002
Nivellement 100,10m-99,83m(UK)
Schicht 1
Beschreibung Nordschnitt: Gesamt. Präparieren der in Locus 4018 erfaßten Steine.
Funde 16.05.02: Keramik (4087); Reibsteinfragment (4089); Knochen (4090).

Fundstelle **4020**
Areal 4 (N)
Datum 16.05.2002
Nivellement 99,89m-99,83m(UK)
Schicht 2
Beschreibung Nordschnitt: östlicher Teil. Abtrag feiner, weicher Erde.
Funde 16.05.02: Keramik (4078); Flint (4079); Knochen (4080); Tessera (4081).

Fundstelle **4021**
Areal 4 (N)
Datum 16.05.2002
Nivellement 99,86m-99,84(OK); 99,76m-99,66m(UK)
Schicht 2
Beschreibung Nordschnitt: westlicher Teil. Abtrag feiner Erde, bis auf eine helle ebene Fläche (BGF?).
Funde 16.05.02: Keramik (4082); Flint (4083); Knochen (4084); 18.05.02: Knochen (4085); Flint (4086); Tessera (4088); Reibsteinfragment (4091); Wetzstein (4092); Stößel (4093).

Fundstelle **4022**
Areal 4 (N)
Datum 18.05.2002
Nivellement 99,79m-99,53m(UK)
Schicht 2
Beschreibung Nordschnitt: westlicher Teil. Unter Locus 4021.
Funde 18.05.02: Keramik (4094); rote Perle (4095); Reibsteinfragment (4096); Flint (4097); Knochen (4100); Stößel (4103).

Fundstelle **4023**
Areal 4 (N)
Datum 18.05.2002
Nivellement 99,70m-99,63m(UK)
Schicht 2
Beschreibung Nordschnitt: östlicher Teil. Harte, rötliche BGF mit Kalkeinschlüssen und großer Funddichte. Raum ?
Funde 18.5.02: Keramik (4098); Metallobjekt (4099); Pfeilspitze (4101); Knochen (4102); Reibstein (4104); Pfeilspitze (4105); Flint (4106); Muschel (4107); Knopf aus Keramik (4136.1).

Fundstelle **4024**
Areal 4 (N2)
Datum 19.05.2002
Nivellement 100,23m-100,16m(OK); 100,01m-99,94m(UK)
Schicht 1
Beschreibung Nordschnitt N2 (2,50mx7m) im südlichen Anschluß an den Nordschnitt. Oberflächenmaterial.
Funde 19.05.02: Keramik (4108); Flint (4109); Tesserae (4110); Knochen (4111); Muschel (4112).

Fundstelle **4025**
Areal 4 (N2)
Datum 20.05.2002
Nivellement 99,75m-99,74m(UK)
Schicht 2 (?)
Beschreibung Nordschnitt N2: westlicher Teil (2,50mx2m). Weiches, feines Material. UK eventuell eine BGF.
Funde 20.05.02: Keramik (4113); Flint (4114); Knochen (4115); Mahlsteinfragment (4120); Reibsteinfragment (4121).

Fundstelle **4026**
Areal 4 (N2)
Datum 20.05.2002
Nivellement 100.09m-99,96m
Schicht 1
Beschreibung Nordschnitt N2: mittlerer Teil (2,50mx3m). Zahlreiche Steine.
Funde 20.05.02: Keramik (4116); Reibsteinfragment (4117); Knochen (4118).

Fundstelle **4027**
Areal 4 (N2)
Datum 20.05.2002
Nivellement 99,99m-99,93m(UK)
Schicht 1
Beschreibung Nordschnitt N2: östlicher Teil (2,50mx2m). Weiche Erde mit zahllosen (Kalk)steinen.
Funde 20.05.02: Keramik (4119); Flint (4122); Knochen (4123); Pfeilspitze aus Metall (4136.2).

Fundstelle **4028**
Areal 4 (N)
Datum 21.05.2002
Nivellement ohne Nivellement
Schicht 0
Beschreibung Grube, rezent (bereits vor Grabung an Oberfläche sichtbarer Betonpunkt). Reinigung und Ausheben.
Funde 21.05.02: Keramik (4124); Knochen (4125), Reibsteinfragment (4126).

Fundstelle **4029**
Areal 4 (N)
Datum 21.05.2002
Nivellement 99,61m-99,60m(UK)
Schicht 2
Beschreibung Nordschnitt: östlicher Teil. Fläche (Raum?) südl. von Locus 4023. Harte, rötliche BGF mit Kalk.
Funde 21.05.02: Keramik (4127); Knochen (4128); Reibsteinfragmente (4129.1-4).

Fundstelle **4030**
Areal 4 (N)
Datum 21.05.2002
Nivellement 99,64m-99,63m(UK)
Schicht 2
Beschreibung Nordschnitt: östlicher Teil. Abtrag von Steinen auf BGF (Locus 4023). (Vgl. Locus 4029).
Funde 21.05.02: Keramik (4130); Knochen (4131); Keramikgefäß (4132); Keramikhenkel (4133); Reibsteinfragment (4134); Probe (4135).

Fundstelle **4030,1**
Areal 4 (S)
Datum 27.05.2003
Nivellement 100,22m-100,06m(OK)
Schicht 1
Beschreibung Gesamter Südschnitt (4,50mx7,00m). Abtrag Oberflächenmaterial.
Funde 27.05.03: Keramik (4139); Tessera (4140).

Fundstelle **4031**
Areal 4 (S)
Datum 27.05.2003
Nivellement 100,11m-100,04m(UK)
Schicht 1
Beschreibung Gesamter Südschnitt. Sehr hartes Material mit vielen Steinen.
Funde 27.05.03: Keramik (4141); Tesserae (4142).

Fundstelle **4032**
Areal 4 (S)
Datum 27.05.2003
Nivellement 99,94m-99,84m(UK)
Schicht 1
Beschreibung Gesamter Südschnitt. Abtrag des Materials zwischen den bislang erfaßten Steinen (Loc. 4033).
Funde 27.05.03: Keramik (4143); Knochen (4144); Basaltfragment (4145); Flint (4146).

Fundstelle **4033**
Areal 4 (S)
Datum 29.05.2003
Nivellement 100,22m-100,15m(OK Steine)
Schicht 1
Beschreibung Gesamter Südschnitt. Reinigung und Präparieren der erfaßten Steine (zu Locus 4032).
Funde 29.05.03: Keramik (4147); Knochen (4148).

Fundstelle **4034**
Areal 4 (S)
Datum 29.05.2003
Nivellement 99,73m-99,56m(BGF); ca.100,05m(OK Steine)
Schicht 2
Beschreibung Südschnitt: östlicher Teil. Sehr weiches, feines Material. Weiße BGF. Raum.
Funde 29.05.03: Keramik (4149); Knochen (4150); Tesserae (4151).

Fundstelle **4035**
Areal 4 (S)
Datum 31.05.2003
Nivellement 99,76-99,47m(BGF); 100,21-99,87m (Steine)
Schicht 2
Beschreibung Südschnitt: westl. Teil (Übergang zum Westschn.). Feines grau-weißes Material. Helle BGF. Raum.
Funde 31.05.03: Keramik (4152); 01.06.03: Keramik (4152); Flint (4153); Tabunfragmente (4154); Stößel (4155); Knochen (4156); Basaltfragmente (4160.1-2).

Fundstelle **4036**
Areal 4 (S)
Datum 01.06.2003
Nivellement 99,79m-99,77m(BGF);100,22m-99,96m(Steine)
Schicht 2
Beschreibung Südschnitt: nordöstl. Teil (im N Anschluß an Loc. 4034). Feines, helles Material. Weiße BGF. Raum.
Funde 01.06.03: Keramik (4157-3x); Knochen (4158); Lehmziegelreste (4159).

Fundstelle **4037**
Areal 4 (S+N2)
Datum 02.06.2003
Nivellement 99,95m-99,60m(UK)
Schicht 2
Beschreibung Südschnitt+Nordschnitt N2: nördlich Locus 4035-36; (2mx1,5m). Hartes Material, Steine.
Funde 02.06.03: Keramik (4161); Knochen (4162); Gefäßfuß (4163); Reibsteinfragment (4164); Flint (4165).

Fundstelle **4038**
Areal 4 (W)
Datum 22.05.2002
Nivellement -
Schicht -
Beschreibung Westschnitt: Profil. Reinigung des gesamten Westprofils.
Funde 22.05.02: Keramik (4137); Reibsteinfragment (4138).

Fundstelle **5001**
Areal 5
Datum 08.05.2002
Nivellement 100,23m(NW)-100,43m(M)-100,12m(SO);(OK)
Schicht 0
Beschreibung Gesamtes Areal. Absammeln der Oberfläche. Im östlichen Drittel zwei Raubgruben.
Funde 08.05.02: Keramik (5001); Tesserae (5002); Flint (5003); Basaltfragmente (5004.1-3).

Fundstelle **5002**
Areal 5 (O)
Datum 08.05.2002
Nivellement UK bei ca. 99,93m(OK=UK 5001 unbekannt)
Schicht 1
Beschreibung Ostschnitt (3mx9m): Material mit zahlreichen kleinen und wenigen großen Steinen.
Funde 09.05.04: Keramik (5005, 3 Tüten); Flint (5006); Tesserae (5007); Knochen (5008); Bimssteinfragment ? (5009.2); 12.05.04: Reibsteinfragment (5009.1); Muschelfragmente (5017).

Fundstelle **5003**
Areal 5 (O)
Datum 09.05.2002
Nivellement 100,14m-99,93m(OK Steine)
Schicht 1
Beschreibung O Schnitt: zentraler Teil. zweireihige OW-Mauer (ca. 3,47mx1,15m). Nordseite mit Verputz.
Funde 13.05.04: Stößel (5018).

Fundstelle **5004**
Areal 5 (O)
Datum 11.05.2002
Nivellement 99,92m-99,84m
Schicht 0
Beschreibung O Schnitt: S von Loc. 5003 (ca.2,80m). Abraum und Füllung der S Raubgrube; zahlr. teilw. rezen. Funde.
Funde 11.05.04: Keramik (5010); Stößel (5011.1); Reibsteinfragment (5011.2); Mahlsteinfragment (5011.3); Knochen (5012); Tesserae (5013); Flint (5014).

Fundstelle **5005**
Areal 5 (O)
Datum 13.05.2002
Nivellement 100,04m-99,89m(OK Steine)
Schicht 1
Beschreibung O Schnitt: südl. Teil. N-S Mauer (ca.3,50m.0,90m) an der SO Schnittgrenze. Raum mit Loc. 5003 u.14?
Funde

Fundstelle **5006**
Areal 5 (O)
Datum 19.05.2002
Nivellement 99,92m-99,76m(OK-Steine ?)
Schicht 1
Beschreibung O Schnitt: S von Loc. 5003. halbkreisförmige Setzung (W-Profil bis Mitte 5003). Grube/Störung ?
Funde

Fundstelle **5007**
Areal 5 (O)
Datum 19.05.2002
Nivellement 99,81m-99,62m(OK-Steine)
Schicht 1
Beschreibung O Schnitt: S Loc.5003. halbkeisförmige Setzung zw. O-Profil u. Loc. 5003 (=Umfassung Grube L.5017).
Funde

Fundstelle **5008**
Areal 5 (O)
Datum 14.05.2002
Nivellement 99,95m-99,91m
Schicht 1
Beschreibung O Schnitt:Raum (2,5mx2,5m) im südl. 1/3. Füllung. Begrenzt von den Mauern Loci 5014,05,15,21.
Funde 13.05.02: Keramik (5019); 14.05.02: Keramik (5025); Flint (5026); Knochen (5027); Reibsteinfragment (5028).

Fundstelle **5009**
Areal 5 (O)
Datum 12.05.2002
Nivellement 100,00m-99,90m; in Locus 5010
Schicht 0
Beschreibung O Schnitt: nördl. Teil. NW Loc. 5003. (Rezente) Bestattung eines Beduinenmädchen (3-5Jahre).
Funde 12.05.02: durchbohrte Münze - zwischen dem Skelett (5015); Muschel - zwischen dem Skelett (5016).

Fundstelle **5010**
Areal 5 (O)
Datum 13.05.2002
Nivellement 100,00(Loc.5009)-99,94(NO)-99,88m(NW-Grube)
Schicht 0
Beschreibung O Schnitt: nördlicher Teil - Bereich der Zisterne. Im NW: kleine Grube. Im SO: Raubgrube. Steinkreis.
Funde 13.05.02: Keramik (5020); Flint (5021); Tesserae (5022); Knochen (5023); Reibsteinfragment (5024).

Fundstelle **5011**
Areal 5 (O)
Datum 13.05.2002
Nivellement 99,77m-99,66m(OK-W-Rand); 96,81m(UK-innen)
Schicht -
Beschreibung O Schnitt: nördlicherTeil. (Rezente) Füllung der mit Putz versehenen Zisterne.
Funde 13.05.02: Keramik (5029); Flint (5030); Proben des Zisternenputzes (5031, 5 Tüten); 16.05.02: rezentes Plastikstück (5032); Metallnagel (5039.1); Tesserae (5033); Dekorelement - bearbeitetes Marmorfragment (5058). Bemerkung: Bis H 98,00m vermischtes Material !

Fundstelle **5012**
Areal 5 (O)
Datum 13.05.2002
Nivellement 100,10m-100,03m(OK Steine - Halbkreis)
Schicht 0
Beschreibung O Schnitt: NW-Ecke. halbkreisförmige Setzung (wahrscheinlich Grubenbegrenzung / Silo?).
Funde 20.05.02: Keramik (5053); Mahlplattenfragment (5054); Knochen (5055).

Fundstelle **5013**
Areal 5 (O)
Datum 13.05.2002
Nivellement 99,88m(OK Steine)
Schicht 1
Beschreibung O Schnitt: nördl. Teil. OW-Mauer im NO. N-Begr. der Zisterne (Verputz im S). Von Loc.5020 gestört.
Funde

Fundstelle **5014**
Areal 5 (O)
Datum 09.05.2002
Nivellement 100,08m-99,98m(OK Steine)
Schicht 1
Beschreibung O Schnitt: südl. Teil. O-W Mauer (2,25m lang) am S-Rand.Anschluß an Loc.5005; mit 5015,21=Raum
Funde

Fundstelle **5015**
Areal 5 (O)
Datum 20.05.2002
Nivellement 99,92m-99,72m(OK Steine)
Schicht 1
Beschreibung O Schnitt: südl.Teil. Einreihige OW-Setzung zw. L. 5005, 21; mit 5005,14,21=Raum; parallel zu 5003.
Funde 20.05.02: Keramik (5048); Flint (5049); Knochen (5050); Stößel (5051.1-2); Mahlplattenfragment (5052).

Fundstelle **5016**
Areal 5 (O)
Datum 16.05.2002
Nivellement 99,84m-99,76m
Schicht 1
Beschreibung O Schnitt: südl.Teil. Raum (Loci 5005,14,15,21); Abtrag der Füllung mit großen und mittl. Steinen.
Funde 16.05.02: Keramik (5035); Flint (5034); 18.05.02: Knochen (5036); Reibsteinfragmente (5037, 5038); 19.05.02: Glasfragment (5039.2); Mahlplattenfragmente (5040.1-2); Stößel (5041).

Fundstelle **5017**
Areal 5 (O)
Datum 19.05.2002
Nivellement 99,63m-99,53m
Schicht 1
Beschreibung O Schnitt: mittl. Teil. SÖ Anschluß an Loc. 5003. Grubeninhalt. Nicht ergraben. Von L. 5007 umgeb.
Funde

Fundstelle **5018**
Areal 5 (O)
Datum 19.05.2002
Nivellement 99,50m-99,25m
Schicht -
Beschreibung O Schnitt: südlicher Teil. Raum (Loci 5005, 14, 15, 21) Abtragen der Füllung mit Steinen auf BGF.
Funde 19.05.02: Stößel (5045); Reibsteinfragment (5046); Meißel aus Bronze (5047).

Fundstelle **5019**
Areal 5 (O)
Datum 19.05.2002
Nivellement 98,83m-98,56m(BGF mit Funden)
Schicht -
Beschreibung O Schnitt: südl. Teil. Raum (Loci 5005, 14, 15, 21). BGF:mittelharte Oberfläche; Steine (0,25mx0,20m).
Funde 19.05.02: Keramik (5042; u. a. Omaijadische Schale); Reibsteinfragment (5043).

Fundstelle **5020**
Areal 5 (O)
Datum 22.05.2002
Nivellement In Locus 5013 daher <99,89m
Schicht 0 (?)
Beschreibung O Schnitt: nördl. Teil. Islam. Grab in Mauer Locus 5013. Kammer mit dünnen Steinplatten begrenzt.
Funde 22.05.02: Keramik (5057).
Bemerkung: Skelett wurde wiederbestattet.

Fundstelle **5021**
Areal 5 (O)
Datum 20.05.2002
Nivellement 100,06m-99,96m(OK Steine)
Schicht 1
Beschreibung O Schnitt: südl.Teil. NS verlaufende Mauer, die an 5003,14,05,15 anschließt.W-Grenze Raum (5019).
Funde

Fundstelle **5022**
Areal 5 (O)
Datum 13.05.2002
Nivellement Ca. 99,79m(OK Steine)
Schicht 1
Beschreibung O Schnitt: nördl.Teil. NS Mauer; W-Grenze der Zisterne. O-Seite (Zisterne innen) mit dickem Putz.
Funde

Fundstelle **5023**
Areal 5 (W)
Datum 26.05.2003
Nivellement 100,10m(SO)-100,28m(M)-100,16m(NO)
Schicht 1
Beschreibung W Schnitt. OF Material mit vielen kleinen und gr. Steinen. Im NW rezenter Meßpunkt aus Beton.
Funde 26.05.03: Keramik (5061, 5067, 5068, 5072); Flint (5062, 5069); Basaltfragment (5063); Tesserae (5064, 5071); Muschelfragment (5065); Knochen (5066, 5070).

Fundstelle **5024**
Areal 5 (W)
Datum 28.05.2003
Nivellement Ca. 99,82m (auf Stein um Vorratsgef.100,06m)
Schicht 2
Beschreibung W Schnitt: südl.Teil. Raum (Loci 5025,31,32,33) im SW. Mittelharte, weißbraune BGF. Funde "in situ"
Funde 27.05.-01.06.03: Keramik (5073, 5076, 5083, 5091, 5109); Muschel (5074); Stößel (5077, 5092, 5112); Tabunfragment (5078, 5102); Flint (5075, 5079, 5085, 5094); Knochen (5080, 5095, 5111); Tesserae (5081, 5096); Deckel/Tonscheibe (5082, 5093); Gefäßfragmente (5084.1-4; Nr.2 eventuell Ständer).

Fundstelle **5025**
Areal 5 (W)
Datum 26.05.2003
Nivellement 100,29m-100,17m(OK- Steine)
Schicht 1
Beschreibung W Schnitt: südl. Teil. NW-SO Mauer (ca.3,60mx 0,45m). N-Grenze Loc.5024. (5031,32,33 = Raum).
Funde

Fundstelle **5026**
Areal 5 (W)
Datum 28.05.2003
Nivellement 99,92m
Schicht 1
Beschreibung W Schnitt: südl. Teil. Zugang (0,75m) mit Schwelle vom "Weg" (5034) durch Loc. 5033 in Raum (5024)
Funde 28.05.03: Keramik zusammen mit Locus 5024 gesammelt (5076).

Fundstelle **5027**
Areal 5 (W)
Datum 02.06.2003
Nivellement 100,12m-100,02m(OK Steine)
Schicht 2
Beschreibung W Schnitt: südl. Teil. Steinkreis (Dm. ca. 0,75m) in SO Ecke des Raums (5024). Boden mit Steinen.
Funde 02.06.03: Keramik (5113); Flint (5114); Knochen (5115).

Fundstelle **5028**
Areal 5 (W)
Datum 29.05.2003
Nivellement 99,90m-99,77m
Schicht 2
Beschreibung W Schnitt: nördl. Teil. Ca. 2,50m N von Loc. 5025. Streifen an der O Schnittgrenze. Braunes Material.
Funde 29.05.03: Keramik (5087); Flint (5088); Knochen (5089); Basaltfragment (5090). 31.05: Keramik (5097); Flint (5098); Knochen (5099); Basaltfragment (5100); Deckel/Tonscheibe (5101); 04.06.03:Keramik (5135).

Fundstelle **5029**
Areal 5 (W)
Datum 01.06.2003
Nivellement 100,10m-100,05m
Schicht 2
Beschreibung W Schnitt: nördlicher Bereich. NW Locus 5025. Abraum auf BGF. Viel Kalk.
Funde 01.06.03: Keramik (5103); Knochen (5104); Flint (5105); Tessera (5106); Reibsteinfragmente (5107); Tabunfragment (5108); 04.06.03: Muschel (5134.1); Keramik (5134, 5136); Knochen (5135.1); Bimsstein (5136.1); Flint (5137); Knochen (5138); Tessera (5139); Tabunfragmente (5140).

Fundstelle **5030**
Areal 5 (W)
Datum 01.06.2003
Nivellement 99,82m(Innen); 99,95m(Rand)
Schicht 2
Beschreibung W Schnitt: südl. Teil. N von Loc. 5027. Runder (ca. 0,50m) Ofen und Aschereste auf BGF (Loc. 5024).
Funde 01.06.03: Tabunfragmente (5110).

Fundstelle **5031**
Areal 5 (W)
Datum 02.06.2003
Nivellement 100,18m-99,96m(OK Steine)
Schicht 1
Beschreibung W Schnitt: südl.Teil. NS-Mauer, die Raum 5024 im W begrenzt (ca.1,6mx0,6m). Ecke im NW mit 5025.
Funde

Fundstelle **5032**
Areal 5 (W)
Datum 26.05.2003
Nivellement 100,16m-100,06m(OK Steine)
Schicht 1
Beschreibung W Schnitt: südl. Teil. NW-SO Mauer (1,4mx 0,4m), die im SW rechtwinklig an Mauer 5031 anschließt.
Funde

Fundstelle **5033**
Areal 5 (W)
Datum 26.05.2003
Nivellement 100,26m-100,08m(OK Steine)
Schicht 1
Beschreibung W Schnitt: südl. Teil. N-S Mauer. SO Abschluß von Raum 5024. Zugang 5026. Parallel zu Locus 5031.
Funde

Fundstelle **5034**
Areal 5 (W)
Datum 02.06.2003
Nivellement 99,92m-99,82m(OK "Wegpflaster")
Schicht -
Beschreibung W Schnitt: südöstl. Teil. Ö Anschluß an Loc. 5033. Pflaster, teilweise mit festem Material belegt.
Funde 02.06.03: Keramik (5116); Flint (5117); Knochen (5118); Tesserae (5119); Basaltfragment (5120); 07.06.03: Flint (5150); Knochen (5151); Stößel (5152.1); Reibsteinfragmente (5152.2).

Fundstelle **5035**
Areal: 5 (W)
Datum: 02.06.2003
Nivellement: 99,87m-99,64m
Schicht: 1
Beschreibung: W Schnitt: nördl. Teil. 2,50m breiter W-O Streifen am N-Profil. Rezente Störung ?
Funde: 02.06.03: Keramik (5121); Knochen (5122); Knopf aus Keramik (5123); Tesserae (5124); Fragment eines Bronzearmreifs (5125); Basaltfragmente (5126); 03.06.03: Keramik (5127); Flint (5128); Knochen (5129); Reibsteinfragment (5130); Stößel (5131); Tesserae (5132); Mörser (5133).

Fundstelle **5036**
Areal: 5 (W)
Datum: 04.06.2003
Nivellement: 99,89m-99,86m
Schicht: -
Beschreibung: W Schnitt: SO Teil. 2m x 0,6m Streifen (O115,0m; N91,5m-N93,5m). W Locus 5021. Braune Füllung.
Funde: 04.06.03: Keramik (5141, 5149); Knochen (5142); Basaltfragment (5143).

Fundstelle **5037**
Areal: 5 (W)
Datum: 05.06.2003
Nivellement: 99,64m-99,58m
Schicht: -
Beschreibung: W Schnitt: nördl. Teil. N-Teil des "Korridor" Locus 5034. Braunes Material mit kopfgroßen Steinen.
Funde: 05.06.03: Keramik (5144); Knochen (5145); Flint (5146); Reibsteinfragmente (5147); Tabunfragmente (5148); 08.06.03: Keramik (5158); Flint (5159); Knochen (5160); Tabunfragmente (5161); Basaltfragment (5162); Gefäßfragment-Rand (5174).

Fundstelle **5038**
Areal: 5 (W)
Datum: 07.06.2003
Nivellement: Ca. 99,72m
Schicht: -
Beschreibung: W Schnitt. SO Teil. S-Teil "Korridor". Fläche unter Steinpflaster (5034). SW Anschl. an 5037. Asche.
Funde: 07.06.03: Keramik (5153); Knochen (5154); Flint (5155); Tesserae (5156 - Fundstelle nicht gesichert); Tabunfragmente (5157).

Fundstelle **5039**
Areal: 5 (W)
Datum: 08.06.2003
Nivellement: 99,85m-99,74m
Schicht: 1
Beschreibung: W Schnitt: nördl. Teil. 2,50m Streifen am N-Rand. Steine mit braunem Material zw. Loci 5040, 5043.
Funde: 08.06.03: Keramik (5163); Knochen (5164); Tesserae (5165); Reibsteinfragmente (5166); 09.06.03: Keramik (5167); Knochen (5168); Muschel (5169); Gefäßfuß (5170); Tesserae (5171); Tabunfragmente (5172); 10.06.03: Keramik (5175); Flint (5176); Tabunfragment (5177).

Fundstelle **5040**
Areal: 5 (W)
Datum: 09.06.2003
Nivellement: 99,82m-99,83m (OK Steine)
Schicht: -
Beschreibung: W Schnitt: NO-Ecke. OW Mauer (ca. 1,80m x 0,40m). Reste einer "Nachnutzung "?
Funde:

Fundstelle **5041**
Areal: 5 (W)
Datum: 09.06.2003
Nivellement: Ca. 99,74m(OK Steine)
Schicht: -
Beschreibung: W Schnitt: NO-Ecke. NS-Mauer (ca. 2,5m x 0,4m). Anschluß an Setzung 5040 (rechter Winkel).
Funde:

Fundstelle **5042**
Areal: 5 (W)
Datum: 09.06.2003
Nivellement: 99,70(OK)-99,30(z.Zt. ergrabene UK)
Schicht: -
Beschreibung: W Schnitt: SO Ecke. Zuges. Zugang (ca. 0,75m) zu Raum 5018,19 (Jahr 02) des O-Schnitts (L 5021).
Funde:

Fundstelle **5043**
Areal: 5 (W)
Datum: 09.06.2003
Nivellement: Ca. 99,99m(OK Steine)
Schicht: 1 (?)
Beschreibung: W Schnitt: NW-Bereich. OW Steinsetzung (ca. 3,0mx0,5m) mit Anschluß an Locus 5041.
Funde:

Fundstelle **5044**
Areal: 5 (W/O)
Datum: 09.06.2003
Nivellement: 99,71m-99,31m
Schicht: 1 (?)
Beschreibung: W/O Schnitt: nördl. Teil. Steinfüllung im O Anschl. an 5041; N 5003; Ö 5022. Inkl. Silo 5012 (Jahr 02).
Funde: 09.06.03: Keramik (5173); 10.06.03: Keramik (5178); Knochen (5179); 1/4 einer rechteckigen Basaltplatte (5180.1); Gefäßfragment-Rand (5180.2); Tabunfragmente (5181); Keramik (5187).

Fundstelle **5045**
Areal 5 (W/O)
Datum 10.06.2003
Nivellement 99,13m(UK)
Schicht I (?)
Beschreibung W/O Schnitt: nördl. Teil. Tabun (0,45m) Wandung (0,5cm-1,0cm); H: 0,35m. An NO-Seite von 5041.
Funde 10.06.03: Keramik (5183); Knochen (5184); Tabunfragmente (5185); Flint (5186).

Fundstelle **6001**
Areal 6
Datum 06.05.2002
Nivellement 100,04m(SO)-99,82m(M)-UK=OK
Schicht 0
Beschreibung Gesamtes Areal (10mx10m). Absammeln der Oberfläche.
Funde 06.05.02: Keramik (6001).

Fundstelle **6002**
Areal 6 (N+O)
Datum 06.05.2002
Nivellement 99,85m(SO)-99,76m(NO)-99,60m((NW)
Schicht 1
Beschreibung N/O Schnitte: 1m breite O-W + N-S Testschnitte.
Funde 06.05.02: Keramik (6002); Flint (6003); Basaltfragment (6004); Knochen (6005); 07.05.02: Knochen (6007); 16.05.02: Tesserae (6086); 18.05.02: Deckel/Tonscheibe (6071).

Fundstelle **6002,1**
Areal 6 (N)
Datum 08.05.2002
Nivellement 99,50m(W)-99,65m(M)-99,78(O)-UK
Schicht 1
Beschreibung N Schnitt: O-W Schnitt (6002) um 1m nach S erweitert. Abtrag der Oberfläche.
Funde 08.05.02: Keramik (6002); Flint (6003). (mit Funden von Locus 6002 zusammengefasst).

Fundstelle **6002,2**
Areal 6 (O)
Datum 16.05.2002
Nivellement 99,72m(S)-99,69m(M)-99,65m(N)-UK
Schicht 1
Beschreibung O Schnitt: Erweiterung des O-Schnitts um 1m nach Westen. Abtrag der Oberfläche.
Funde 16.05.02: Keramik (6002); Flint (6003). (mit Funden von Locus 6002 zusammengefasst).

Fundstelle **6003**
Areal 6 (N)
Datum 07.05.2002
Nivellement 99,30m(OK)-99,18m(UK)
Schicht 3
Beschreibung N Schnitt: NW-Ecke. 2,60x1m begrenzt von halbkreisförmiger Setzung. Reste von Keramikgefäßen.
Funde 07.05.03: Keramik (6006).

Fundstelle **6004**
Areal 6 (N)
Datum 07.05.2002
Nivellement 99,60m(OK)-99,27(UK)
Schicht 2
Beschreibung N Schnitt: westl. Teil. Ca. 1m breiter Streifen direkt östl. der halbkreisförmigen Setzung (Grube ?).
Funde 07.05.02: Keramik (6008).

Fundstelle **6005**
Areal 6 (N)
Datum 07.05.2002
Nivellement 99,60m(OK)-99,31m(UK)
Schicht 2
Beschreibung N Schnitt: Ca. 4,50m langer W-O Streifen im Anschluß an Loc. 6004. Fortsetzung Grube?
Funde 07.05.02: Keramik (6009).

Fundstelle **6006**
Areal 6 (N)
Datum 07.05.2002
Nivellement 99,76m(OK)-99,45(UK)
Schicht 2
Beschreibung N Schnitt: NO-Ecke. Feste, nach Osten ansteigende Steinpackung.
Funde 07.05.02: Stößel (6010.1-3); Reibsteinfragment (6010.4); Keramik (6011); Knochen (6012); Flint (6013).

Fundstelle **6007**
Areal 6 (N)
Datum 08.05.2002
Nivellement 99,16m(OK neue Steinreihe)-98,90m(UK Locus)
Schicht 3
Beschreibung N Schnitt: NW-Ecke. Unter Loc. 6003; Lockere Erde, teilweise große Steine. Neue SW-NO Setzung.
Funde 08.05.02: Keramik (6014); Tessera (6015).

Fundstelle **6008**
Areal 6 (N)
Datum 08.05.2002
Nivellement 99,02m(Grube innen); 99,50m(Begrenzungssteine)
Schicht 3
Beschreibung N Schnitt: westlicher Teil. Bereich der Grube (?); Grubenbegrenzung und Füllung.
Funde 08.05.02: Keramik (6016); Flint (6017); Knochen (6018); Stößel (6019).

Fundstelle **6009**
Areal 6 (N)
Datum 08.05.2002
Nivellement 99,56m(OK-Stein)-99,39m(UK-Boden)
Schicht 3
Beschreibung N Schnitt: NO-Ecke. Abtrag. Zahlreiche große Steine.
Funde 08.05.02: Keramik (6020); Knochen (6022); Tessera (6021); Reibsteinfragmente (6024).

Fundstelle **6010**
Areal 6 (N)
Datum 08.05.2002
Nivellement 99,55m(auf Steinen)-99,42m(Boden)
Schicht 2
Beschreibung N Schnitt: NO Ecke. Reinigungsarbeiten und leichter Abtrag. Reste von kalkhaltigem Material.
Funde 08.05.02: Keramik (6023).

Fundstelle **6011**
Areal 6 (N)
Datum 08.05.2002
Nivellement 99,42m(W)-99,52m(M)-99,60m(O)-UK
Schicht 2
Beschreibung N Schnitt: S-Erweiterung. Arbeiten von O (08.05.02) über Mitte (09.05.02) nach W (11.05.02).
Funde 08.05.02: Keramik (6025); Flint (6026)
09.05.02: Keramik (6025); Flint (6026)
11.05.02: Keramik (6025); Flint (6026).

Fundstelle **6012**
Areal 6 (O)
Datum 09.05.2002
Nivellement 99,75m(N)-99,68m(M)-99,63m(S)-UK
Schicht 2
Beschreibung O Schnitt: N100,5m-N107,5m. Keramikkonzentration bei N104,05m; O88,90m; H99,71m-99,63m.
Funde 09.05.02: Keramik (6027); Flint (6028); Glasfragment (6029); Stößel (6031).

Fundstelle **6013**
Areal 6 (N)
Datum 12.05.2002
Nivellement 98,98m(W)-99,13m(M)-99,40(O)-UK
Schicht 3
Beschreibung N Schnitt: Süderweiterung. Abtrag auf das Niveau von Locus 6007-6010 (vermischt).
Funde 12.05.02: Keramik (6034); Flint (6035); Glasfragment (6036); Tesserae (6037); Mahlplattenfragment und Stößel (6038.1-2); Knochen (6039); Türangelstein (6040).

Fundstelle **6013,1**
Areal 6 (O)
Datum 09.05.2002
Nivellement 99,71m(OK)-99,63m(UK)
Schicht 2
Beschreibung O Schnitt: Keramikkonzentration in Loc. 6012. Fund eines kleinen Gefäßes ohne Hals.
Funde 09.05.02: kleiner fast vollständiger Krug mit abgebrochenem Hals (6030); Probe aus Gefäß 6030 (6030.1); Keramik (6032).

Fundstelle **6014**
Areal 6 (N)
Datum 14.05.2002
Nivellement 98,00m-97,97m(UK-nach Abhub und Reinigung)
Schicht 4
Beschreibung N Schnitt: westlicher Bereich. Unter Loci 6007-6010. Abtrag der dokumentierten Steine.
Funde 14.05.02: Keramik (6041); Knochen (6042); Flint (6043); Stößel (6044.1-2);
21.05.02: Reibstein (6099-Profilbereinigung).

Fundstelle **6015**
Areal 6 (N)
Datum 14.05.2002
Nivellement 98,59m(nach Abhub); 98,01m(UK nach Reinigung)
Schicht 4
Beschreibung N Schnitt: westl.Teil. Steinsetzung/Grube in Locus 6014. Abtiefen und Reinigen (Grubenaushub).
Funde 14.05.02: Keramik (6045-Grubenaushub); Flint (6046-Grubenaushub); Knochen (6047- Grubenaushub).

Fundstelle **6016**
Areal 6 (O)
Datum 16.05.2002
Nivellement 99,49m(N)-99,64m(M)-99,56m(S)-UK
Schicht 2
Beschreibung O Schnitt. W-Erweiterung. Von N100,5m-N107,5m weiter abgetieft:N:Kalk; M:Keramikkonz.; S:Lehm.
Funde 16.05.02: Keramik (6048); Muschel (6049); Knochen (6050); Tesserae (6051); Keramikkonzentration 1 (6052); Keramikkonzentration 2 (6053); Stößel (6054).

Fundstelle 6017
Areal 6 (O)
Datum 18.05.2002
Nivellement 99,45m-99,43m(UK)
Schicht 3
Beschreibung O Schnitt: S-Ecke. Abtrag des harten Lehms im südlichen Drittel des Ostschnitts.
Funde 18.05.02: Keramik (6055); Flint (6056); Mahlstein (6057); Reste einer großen Bauchscherbe (6059, neben Mahlstein 6057 gefunden).

Fundstelle 6018
Areal 6 (O)
Datum 18.05.2002
Nivellement 99,43m-99,38m(UK)
Schicht 3
Beschreibung O Schnitt: zentraler Teil. W Fortsetzg. des im Areal erfaßten Raums. Abtrag mit Keramikkonzentration.
Funde 18.05.02: Stößel (6058); Keramik (6060); Keramik (6061); Reibsteinfragmente (6063).

Fundstelle 6019
Areal 6 (O)
Datum 18.05.2002
Nivellement Ca. 99,33m(UK)
Schicht 3
Beschreibung O Schnitt: N-Ecke. Abtrag des nördlichen Bereichs im Ostschnitt. Anschluß an den Nordschnitt.
Funde 18.05.02: Keramik (6062); Bimsstein (6064); Deckel/Tonscheibe (6065.1); Spinnwirtel (6065.2); Flint (6066); Knochen (6067); Deckel/ Tonscheibe (6070).

Fundstelle 6020
Areal 6 (N)
Datum 19.05.2002
Nivellement 99,34m(UK)
Schicht 3
Beschreibung N Schnitt: NO-Ecke. Abtrag bis auf mehrere mittelgroße bis große Steinplatten.
Funde 19.05.02: Keramik (6068); Reibsteinfragmente (6069).

Fundstelle 6021
Areal 6 (N)
Datum 19.05.2002
Nivellement 99,09m(UK)
Schicht 3
Beschreibung N Schnitt: NO-Ecke. NO Anschluß an die Steinplatten (Loc. 6020). Teilweise Steinversturz.
Funde 19.05.02: Keramik (6072); Reibsteinfragment (6073).

Fundstelle 6022
Areal 6 (O)
Datum 19.05.2002
Nivellement 99,19m-99,16m(UK)
Schicht 3
Beschreibung O Schnitt: N Ecke. Abtrag Steinversturz.
Funde 19.05.02: Keramik (6074); Knochen (6075).

Fundstelle 6023
Areal 6 (O)
Datum 19.05.2002
Nivellement 99,28m-99,27m(UK)
Schicht 3
Beschreibung O Schnitt: zentraler Teil. Fortsetzung des in Areal 9 erfaßten Raums. Von Steinen begr. kalkige Fläche.
Funde 19.05.02: Keramik (6076); Flint (6077).

Fundstelle 6024
Areal 6 (O)
Datum 19.05.2002
Nivellement Ca. 99,62m(UK)
Schicht 3
Beschreibung O Schnitt: zentraler Bereich. Kl. Streifen W der Steinsetzung (nicht zu dem Raum aus Areal 9 !).
Funde 19.05.02: Keramik (6078; 6085); Türangelsteinfragment (6080); Reibsteinfragment (6082); Reibsteinfragment (6083); Reibsteinfragment (6084).

Fundstelle 6025
Areal 6 (O)
Datum 19.05.2002
Nivellement 99,28m-99,23m(UK)
Schicht 3
Beschreibung O Schnitt: S-Ecke. Kalkiges Material. Im Profil gr. Vorratsgefäß. Im NO Fund eines vollständig. Krugs.
Funde 19.05.02: Keramik (6079); vollständiger Krug mit "herausnehmbaren" Boden (6081); Probe aus 6081(6088.1); Profilreinigung 21.05.02: Keramik (6096); Türangel (6100); kleiner Stößel (6101).

Fundstelle 6026
Areal 6 (O)
Datum 20.05.2002
Nivellement 98,99m-99,01m(UK)
Schicht 3
Beschreibung O Schnitt: zentraler Teil. Fortsetzung des in Areal 9 erfaßten Raums. Zahlreiche Funde.
Funde 20.05.02: Keramik (6087); Mahlplattenfragment (6088); Reibsteinfragment (6089); Reibsteinfragment (6090); Mörser (6091); Knochenobjekt (Zahn als Anhänger ?) (6092); Stößel (6093); Spinnwirtel (6094).

Fundstelle	6027
Areal	6 (O)
Datum	21.05.2002
Nivellement	99,16m-98,89m(UK)
Schicht	3
Beschreibung	O Schnitt: zentraler Teil. Streifen westlich des Raums aus Areal 9. Steine, viel Keramik.
Funde	21.05.02: Keramik (6095); Knochen (6097); Stößelfragment (6098).

Fundstelle	6028
Areal	6 (N-Profil)
Datum	28.05.2003
Nivellement	-
Schicht	-
Beschreibung	Abtrag des Nordprofils von O90,5m bis O96,5m und N109,5m-N110,5m. Vermischtes Material !
Funde	28.05.03: Silex-Pfeilspitze (6102); Keramik (6103); Knochen (6104); Basaltfragment (6105); Glasfragment (6106); Flint (6107).

Fundstelle	6029
Areal	6 (SW)
Datum	03.06.2003
Nivellement	99,93m(SO)-99,73m(M)-99,70m(NW)
Schicht	0
Beschreibung	SW Bereich des Areals. Absammeln der Oberfläche in den im Jahr 2002 nicht ergrabenen Bereichen.
Funde	03.06.03: Keramik (6108).

Fundstelle	6030
Areal	6 (O)
Datum	03.06.2003
Nivellement	99,84m(SO)-99,65m(NW)
Schicht	1
Beschreibung	O Schnitt 03: 6,50mx2,50m breiter N-S Streifen im Anschluß an den 2002 im O ergrabenen Bereich.
Funde	03.06.03: Keramik (6109); 04.06.03: Keramik (6109).

Fundstelle	6031
Areal	6 (O)
Datum	04.06.2003
Nivellement	99,68m(NW)-99,56m(NO)
Schicht	2
Beschreibung	O Schnitt 03. Weiteres Abtragen des N-S Streifens (vgl. 6030).
Funde	04.06.03: Keramik (6110); Tesserae (6111); Glasbodenfragment (6112).

Fundstelle	6032
Areal	6 (O)
Datum	05.06.2003
Nivellement	99,61m(SW)-99,41m(NW)
Schicht	3 (?)
Beschreibung	O Schnitt 03. Weiteres Abtragen des N-S Streifens. Im Norden Ansammlung von Steinen.
Funde	05.06.03: Keramik (6113); Flint (6114), Knochen (6115); Muschel (6116); Stößel (6117).

Fundstelle	6033
Areal	6 (O)
Datum	05.06.2003
Nivellement	99,44m(UK)
Schicht	3
Beschreibung	O Schnitt 03. Zahlreiche Kalkeinschlüsse. Im Norden Steinsetzung.
Funde	05.06.03: Keramik (6118).

Fundstelle	6034
Areal	6 (O)
Datum	07.06.2003
Nivellement	99,21m(SW) auf BGF; 99,41m(N) auf Steinsetzung
Schicht	3
Beschreibung	O Schnitt 03. Festes graues Material mit viel Kalk (BGF) im SW. In situ Funde. Im N Versturz u. Vg.
Funde	07.06.03: Keramik (6119); Basaltfragment (6120); Reibstein (6121); Stößel (6122); Keramik-Ständer (6123); Krug (6124); Kochtopf (6125); Knochen (6026); Reibsteinfragment (6127); Mörser (6128); Flint (6129).

Fundstelle	6035
Areal	6 (O)
Datum	09.06.2003
Nivellement	98,67m(Vg-UK); 99,21m(BGF); 99,41m(Steine)
Schicht	3
Beschreibung	O Schnitt 03. W der W-Raumbegrenzung (Areal 9). BGF (weiße, feste Fläche) im N; Vorratsgefäß.
Funde	09.06.03: Keramik vermischt mit Locus 6034; Lehmziegel (6130); Tessera (6131); Keramik-Vg (6132); Stößel (6133, aus FN 6132); Knochen (6134); Basaltfragmente (6136.1); großer Mörser (6135). Funde eventuell vermischt !

Fundstelle	6036
Areal	6 (O)
Datum	10.06.2003
Nivellement	98,98m-99,14m(BGF); 99,46m-52m(Mauer)
Schicht	3
Beschreibung	O Schnitt 03. BGF (helles, kalkiges) Material auf Schotterschicht im S, die sich nach N fortsetzt.
Funde	10.06.03: Keramik (6136); Muscheln (6137); Stößel (6138).

Fundstelle	**6037**
Areal	6 (N)
Datum	11.06.2003
Nivellement	99,32m(Einfrie);99,03m(BGF);98,94m(Tabun UK)
Schicht	3
Beschreibung	O Schnitt 03: NO-Ecke. Tabun (N107,7m; O98,6m; H98,94) mit Einfriedung.
Funde	11.06.03: Keramik (Reinigung des Bereichs) (6140); Karneolperle (Begradigung des Westprofils) (6141).

Fundstelle	**6038**
Areal	6 (W)
Datum	17.05.2004
Nivellement	99,50m(SW)-99,72m(SO)-UK
Schicht	1
Beschreibung	W Schnitt: 1,00mx4,50m Testschnitt im Süden. Oberflächenmaterial.
Funde	17.05.04: Keramik (6142); Flint (6143); Tesserae (6144); 18.05.04: Keramik (6145); Flint (6146); Knochen (6147); Tesserae (6148).

Fundstelle	**6039**
Areal	6 (W)
Datum	18.05.2004
Nivellement	99,62m(NO)-99,51m(NW)-UK
Schicht	1
Beschreibung	W Schnitt: 4,50mx6,50m große Fläche nördlich Locus 6038. Oberflächenmaterial.
Funde	18.05.04: Keramik (6149); Flint (6151); Tesserae (6152); Knochen (6153); 19.05.04: Keramik (6154); Knochen (6155); Stößel mit Brandspuren (6156, NO-Bereich).

Fundstelle	**6040**
Areal	6 (W)
Datum	19.05.2004
Nivellement	99,39m(SW)-99,52(NO)
Schicht	2
Beschreibung	W Schnitt. N-Hälfte. Ca. 2,50mx3,00m. Rotbraunes Material. Im NO Scherbenkonzentration
Funde	19.05.04: Knochen (6158; 6165.1); Flint (6159); Muscheln (6160.1-2); Knopf aus Keramik (6161.1); Spinnwirtel (6161.2; 6164.1); Stößel (6162.1-5); Reibsteinfragment (6162.6; 6167); Tesserae (6163; 6166); Keramik (6165).

Fundstelle	**6041**
Areal	6 (W)
Datum	20.05.2004
Nivellement	99,45m(S u. NW)- 99,65m(SO)
Schicht	1
Beschreibung	W Schnitt: südlicher Teil. Abtrag. Viele kleine Steine.
Funde	20.05.04: Keramik (6171); 22.05.04: Keramik (6172, 6177); Flint (6173); Knochen (6174); Tesserae (6175); verkohlter Olivenkern? (6176).

Fundstelle	**6042**
Areal	6 (W)
Datum	20.05.2004
Nivellement	99,39m(OK); Stein 99,59m(OK)
Schicht	2
Beschreibung	W Schnitt: nördl. Bereich. NO-Ecke. Auf Loc.6040. Tierknochen um Stein auf kalkiger Fläche (BGF?).
Funde	20.05.04: Keramik (6168); Knochen (6169); Flint (6170).

Fundstelle	**6043**
Areal	6 (W)
Datum	23.05.2004
Nivellement	99,21m(M)-99,30m(NO)
Schicht	3
Beschreibung	W Schnitt: südl. Teil. 1,50m breiter Testschnitt am Westrand. Abtrag. Grau/weiße Sprengsel.
Funde	23.05.04 (Testschnitt): Keramik (6178, 6183); Flint (6179; 6187); Knochen (6180; 6186); Reibsteinfragmente (6181.1,3-4); Gefäßfragment-Rand (6181.2); Tesserae (6182); Stößel (6184); verkohlter Olivenkern (6185); Pinzette (6189); Spinnwirtel (6190). Achtung: Funde vermischt mit Profilfunden.

Fundstelle	**6044**
Areal	6 (W)
Datum	24.05.2004
Nivellement	ca. 99,34m-99,43m (auf den Steinen)
Schicht	2
Beschreibung	W Schnitt: nördl. Teil. Große (0,85x0,50) u. mittlere Steine mit graubrauner Füllung und Kieseln (BGF?).
Funde	24.05.04: Keramik (6191); Flint (6192); Knochen (6193); Stößel (6194.1); Reibsteinfragment (6194.2); Knochenahle (6195); 26.05.04: Keramik (6196); Knochen (6197); fast vollständige Basaltplatte / -teller (6198); Mörser (6268).

Fundstelle	**6045**
Areal	6 (W)
Datum	26.05.2004
Nivellement	99,27m-99,05m
Schicht	3
Beschreibung	W Schnitt: südl. Teil. BGF. Braunes Erd-Kalkgemisch; zahlr. kl. Steine. Viel Kalk im O. Grau im W.
Funde	26.05.04: Keramik (6199); Knochen (6200); Reibsteinfragmente (6201.1-3); Flint (6202); 27.05.04: Keramik (6203); Flint (6204); Knochen (6205); Muschel (6206).

Fundstelle	**6046**
Areal	6 (W)
Datum	27.05.2004
Nivellement	Ca. 99,11m
Schicht	4
Beschreibung	W Schnitt: südl. Teil. N-S verlaufende (3,10m x 0,30m =1-2 Lagen) Mauer. Zu Locus 6049 ?
Funde	

Fundstelle **6047**
Areal 6 (W)
Datum 27.05.2004
Nivellement ca. 99,11m
Schicht 4
Beschreibung W Schnitt: südl. Teil. O-W Mauer (1,7mx0,35m, 1-2 Lagen).Anschluß an Loc.6046. Zu BGF 6052,53 ?
Funde

Fundstelle **6048**
Areal 6 (W)
Datum 31.05.2004
Nivellement 99,19m (Innen); 99,34m (Umfassung)
Schicht 3
Beschreibung W Schnitt: SO Teil. Halber Steinkreis (0,80m) auf Kalkboden (6045?). Anschluß 2003: Loc. 6034.
Funde 31.05.04: Keramik (6237).

Fundstelle **6049**
Areal 6 (W)
Datum 31.05.2004
Nivellement 99,12m-99,15m
Schicht 3
Beschreibung W Schnitt: SO Teil. 1m-1,50m br. Streifen. Festes helles Material (BGF) um Steinkreis (6048).
Funde 31.05.04: Keramik (6239); Fibel (6240); Steinobjekt (6241); Knochen (6242); Flint (6243).

Fundstelle **6050**
Areal 6 (W)
Datum 27.05.2004
Nivellement 99,30m(SW-Ecke)-99,10m(SO)
Schicht 4
Beschreibung W Schnitt: Bereich zw. Loc.6047 u. 6051. Füllung mit wenigen Steinen u. Kalk. Kurzz. offene Fläche?
Funde 27.05.04: Keramik (6207); Knochen (6208); Reibsteinfragment (6210); Flint (6211).
Anmerkung: Locus evt. gestört.

Fundstelle **6051**
Areal 6 (W)
Datum 27.05.2004
Nivellement ca. 99.10m-OK
Schicht 4
Beschreibung W Schnitt: SW-Ecke; OW Mauer (zwei Lagen > 1,1m br.) auf ca. 3m Länge. Parallel zu Locus 6047.
Funde

Fundstelle **6052**
Areal 6 (W)
Datum 01.06.2004
Nivellement 98,70m (Steinplatten)-98,65m (Boden)
Schicht 4
Beschreibung W Schnitt: SW-Ecke; Fläche zwischen Loci 6047 u. 6051; unter Locus 6050. Steinplatten; Weg (?)
Funde 01.06.04: Keramik (6248); Knochen (6249); poröser Reibstein (6250).

Fundstelle **6053**
Areal 6 (W)
Datum 27.05.2004
Nivellement 98,93m(SO)-99,15m((NW)
Schicht 4
Beschreibung W Schnitt: Raum (begrenzt von Loci 6046, 6047, 6056). BGF. SO-Ecke: großes Vorratsgefäß.
Funde 27.05.04: Keramik (6212); Flint (6213); Knochen (6214); 29.05.04: Keramik (6215); Flint (6216); Knochen (6217); Nagel (6218); Reibsteinfragment (6219); Türangel (6220); Keramik (6221, 6222, 6225); Mörser (6226).

Fundstelle **6053,1**
Areal 6 (W)
Datum 30.05.2004
Nivellement 98,93m(SW)-99,15m(NO)
Schicht 4
Beschreibung W Schnitt: Raum (begrenzt von Loci 6046, 6047, 6056). BGF. SO-Ecke: großes Vorratsgefäß.
Funde 30.05.04: Keramik (6229); Knochen (6230); Mahlstein (6231); Muschel (6232); Flint (6233); Schlacke (6234.1); Mörser (6235.1-8); Stößel (6236); 31.05.04: Keramik (6244); Flint (6245); Knochen (6246); Muschel (6247); 13.06.04: Mahlplatte (6307.1-2); Stößel (6308).

Fundstelle **6054**
Areal 6 (W)
Datum 29.05.2004
Nivellement 98,58m(NO)-98,91m(SW); Tabun bei 98,88m
Schicht 4
Beschreibung W Schnitt: nördl.Teil. 2,5mx3m an der Arealgrenze. Westl. Loc. 6053. Steine (0,2x0,3m). Tabun im NO.
Funde 29.05.04: Keramik (6223); Reibsteinfragmente (6224.2-3); Reibstein (6224.1);
30.05.04: Keramik (6227); Flint (6228); Knochen (6234.2); 31.05.04: Keramik (6238).

Fundstelle **6055**
Areal 6 (W)
Datum 31.05.2004
Nivellement Ca. 98,80m-98,84m(OK auf Stein)
Schicht 4
Beschreibung W Schnitt: südl. Teil. Installation in der NO-Ecke von Raum Locus 6053. An Loci 6046 u. 6057.
Funde

Fundstelle **6056**
Areal 6 (W)
Datum 31.05.2004
Nivellement ca. 99,11m(OK auf Stein)
Schicht 4
Beschreibung W Schnitt. mehrreihige N-S Mauer (ca. 2,3x1,25m). Im N Loc. 6058 (Zugang), im S Loc. 6052 (Weg).
Funde

Fundstelle **6057**
Areal 6 (W)
Datum 01.06.2004
Nivellement 99,38m-99,23m(OK auf Stein)
Schicht 3
Beschreibung W Schnitt: nördlicher Teil. zweireihige W-O Mauer (3,2mx 1m).
Funde

Fundstelle **6058**
Areal 6 (W)
Datum 01.06.2004
Nivellement ca.98,91m(auf Steinplatten des Zugangs)
Schicht 4
Beschreibung W Schnitt. 0,80m breiter Zugang (verfüllt) zu Raum Loc. 6053; flankiert von Loci 6057(N) u. 6056(S).
Funde 01.06.04: Keramik (6251); Knochen (6252); Flint (6253).

Fundstelle **6059**
Areal 6 (W)
Datum 01.06.2004
Nivellement 99,38m(OK Steinsetzung-Rand)
Schicht 2
Beschreibung W Schnitt: NW-Ecke. Halber Steinkreis im W-Profil (Silo?); Fortsetzung in Areal 14, Locus 14015.
Funde

Fundstelle **6060**
Areal 6 (W)
Datum 01.06.2004
Nivellement 99,00m(SW)-98,88m(NW)
Schicht 3
Beschreibung W Schnitt: NW-Ecke (bis ca. Loci 6007/6008 aus dem Jahr 2003). Zahlreiche Steinplatten. BGF ?
Funde 01.06.04: Keramik (6255); Tessera (6256); Flint (6257); 02.06.04: Keramik (6258); Knochen (6259); Flint (6260); Stößel (6261.1-2); 03.06.04: Keramik (6262, 6263, 6264); Knochen (6265); Flint (6267); Stößelfragment (6266.1); Reibsteine (6266.2-5).

Fundstelle **6061**
Areal 6 (W)
Datum 03.06.2004
Nivellement 98,95m-98,85m(OK Steine der Mauer)
Schicht 4
Beschreibung W Schnitt:NW Teil.2-reihige NO-SW Mauer (1,95x 0,95m)N v.Loc.6057 dazw. zuges. Durchgang 6062.
Funde

Fundstelle **6062**
Areal 6 (W)
Datum 03.06.2004
Nivellement 98,72m(OK Steine der späteren Zusetzung)
Schicht 4
Beschreibung W Schnitt: NW Teil. Zugesetzter Durchgang zw. Mauern Loci 6061 und 6057 (ca. 0,80m breit).
Funde

Fundstelle **6063**
Areal 6 (W)
Datum 03.06.2004
Nivellement Ca. 99,10m
Schicht 3
Beschreibung W Schnitt: Sö Verlängerung Loc. 6060 (bis an Loc. 6061); Hellbraune Füllung. UK zahlreiche Platten.
Funde 03.06.04: Keramik (6269); Muschel (6270); Knochen (6271); Steinobjekt (6272); 06.06.04: Keramik (6273); Knochen (6274); Reibsteinfragment (6275.1-3); 07.06.04: Keramik (6276 - zu FN 6273?); Keramik (6277); 10.06.04: Stößel (6303); Türangel/Mörser (6304); Keramik (6305).

Fundstelle **6066**
Areal 6 (O)
Datum 07.06.2004
Nivellement 99,12m-99,00m (= Locus 6021 und 6037)
Schicht 3 (?)
Beschreibung O Schnitt: NO-Ecke (bereits 2002/3 ergraben). Reinigung der Fläche über Steinlage (BGF).
Funde 07.06.04: Keramik (6278); Flint (6279); Knochen (6280); Muschel (6281); 08.06.04: Keramik (6282); Knochen (6283); Flint (6284).

Fundstelle **6067**
Areal 6 (O)
Datum 09.06.2004
Nivellement 98,91m-98,85m(OK auf Steinen)
Schicht 4
Beschreibung O Schnitt: NO-Ecke; 2-reihige NW-SO Mauer (2,4 x1,1m). Rechtwink. an Loc. 6061. Im Süden Grube.
Funde

Fundstelle **6068**
Areal 6 (O)
Datum 09.06.2004
Nivellement Ca. 98,72m-98,65m
Schicht 4
Beschreibung O Schnitt: NO-Ecke. NW-SO Bereich mit Pflaster (parallel zu Loc. 6067) in Richtg. Tabun (L. 6037).
Funde

Fundstelle **6069**
Areal 6 (O)
Datum 09.06.2004
Nivellement 99,02m-98,95m(OK Steine der Mauer)
Schicht 4
Beschreibung O Schnitt: NO-Ecke.2-reihige NO-SW Mauer (2mx 0,9m).N.des Tabun. Im SW von Loc.6068 begrenzt.
Funde

Fundstelle **6070**
Areal 6 (O)
Datum 08.06.2004
Nivellement Ca. 99,15m-98,95m (Reinigung Loci 6034/35/36)
Schicht 3
Beschreibung O Schnitt: SO Teil (teilw. 2002/3 ergr.). Reinigung/ Abtrag W des gr. Raums (Areal 9) u. östl. Loc.6046.
Funde 08.06.04 Keramik (6285); 09.+10.06.04. Keramik (Gefäße?) (6286, 6287); Flint (6288); Knochen (6289, 6298); Mörser (6290); Stößel (6291, 6295. 2-3); Reibsteinfragmente (6292.1-4); Spinnwirtel (6293); Gefäßboden (6292.5); Muschel (6294); Reibstein (6295.1; 6297); Keramik (6296).

Fundstelle **6071**
Areal 6 (O)
Datum 10.06.2004
Nivellement Ca. 98,72m
Schicht 3 (?)
Beschreibung O Schnitt: SO-Teil. Abtrag innerhalb der Setzung (Grube?), westlich des "Raums" (Areal 9).
Funde 10.06.04: Keramik (6299); Knochen (6300); Karneolperle (6301); Mörser (6302); Flint (6306).

Fundstelle **6072**
Areal 6 (W/O)
Datum 11.06.2004
Nivellement ca. 98,91m -(99,14m ?) - OK Steine
Schicht 4
Beschreibung SO Teil. N-S Mauer (ca. 2,2mx0,55m) von W-Rand Steinsetzg.(6071) bis S-Profil. Verbindung zu 6051?
Funde

Fundstelle **6073**
Areal 6 (O)
Datum 11.06.2004
Nivellement 99,33m-99,23m(OK der Steine)
Schicht 3 (?)
Beschreibung O Schnitt: SOTeil.Umfassung(1/2kreisförm. Mauer) der W an den Raum (Areal9) anschließenden Fläche.
Funde

Fundstelle **6074**
Areal 6 (O)
Datum 11.06.2004
Nivellement Ca.99,01m(unausgegrab. Innenfläche einer Grube)
Schicht 4 (?)
Beschreibung O Schnitt. SO-Teil. halbkreisförmige Grube an W-Grenze des Raums (Areal 9). In Locus 6071/73.
Funde

Fundstelle **6075**
Areal 6 (O)
Datum 11.06.2004
Nivellement Ca. 99,03m(OK Steine)
Schicht 4 (?)
Beschreibung O Schnitt: NO-Ecke. NO-SW Mauer (1,6m x 0,6m) S Loc. 6069. Anschl. an Loc. 6067?. Unter L. 6037.
Funde

Fundstelle **7001**
Areal 7 (SW)
Datum 09.05.2002
Nivellement 98,97m-98,73m(Boden); 99,51m-99,25m(Steine)
Schicht -
Beschreibung Ö Teil: Reinigung einer Störung (Raubgrube) im Bereich des "Durchbruchs" durch die UF Mauer.
Funde 09.05.02: Keramik (7001).

Fundstelle **7002**
Areal 7 (SW)
Datum 11.05.2002
Nivellement 98,89m-98,86m(Boden); 99,54m(Steine UF-Mauer)
Schicht -
Beschreibung W Teil:Abtrag des steinigen Materials innerhalb des Dreiecks: Umfassung-südl. Schnittgrenze-Raubloch.
Funde 11.05.02: Keramik (7002); Flint (7003); Knochen (7004); Tesserae (7008); Reibsteinfragment (7011.1).

Fundstelle	**7003**
Areal	7 (SW)
Datum	11.05.2002
Nivellement	98,69m(Boden); 98,72m(OK-Basaltgefäßfragment)
Schicht	-
Beschreibung	O Teil: Abtrag des Versturzes innerhalb des Durchbruchs durch die Umfassung.
Funde	11.05.02: Keramik (7005); Flint (7006); Gefäßfragment-Rand (7007); Tesserae (7011.2).

Fundstelle	**7004**
Areal	7 (SW)
Datum	13.05.2002
Nivellement	ohne Nivellement
Schicht	-
Beschreibung	Angleichung des Dreiecks Loc. 7002 an das Niveau des Locus 6013 im südlich angrenzenden Areal.
Funde	13.05.02: Keramik (7009); Flint (7010).

Fundstelle	**7005**
Areal	7 (SO)
Datum	28.05.2003
Nivellement	99,74m-99,54m(UK, teilw. auf Steinen)
Schicht	1
Beschreibung	SO Schnitt (Gesamt): Abtrag des OF Materials.
Funde	28.05.03: Keramik (7012).

Fundstelle	**7006**
Areal	7 (SO)
Datum	29.05.2003
Nivellement	99,52m(Boden)-99,63m(OK Steinsetzungen)
Schicht	2
Beschreibung	SO Schnitt: Reinigung der UK Locus 7005 und der OW Steinsetzung; Abtrag der SO-Fläche.
Funde	29.05.03: Keramik (7013); Knochen (7014); Tesserae (7015); 2 Reibsteinfragmente (7016).

Fundstelle	**7007**
Areal	7 (SO)
Datum	29.05.2003
Nivellement	99,44m(UK Boden)
Schicht	3
Beschreibung	SO Schnitt. Reinigung der OW Setzungen und weiterer Abtrag der Zwischenräume.
Funde	29.05.03: Keramik (7017, 2 Tüten); Knochen (7018); Stößel (7019); Stößel (7020); Gefäßdeckel aus Basalt (7021).

Fundstelle	**7008**
Areal	7 (SW+SO)
Datum	11.06.2003
Nivellement	-
Schicht	-
Beschreibung	Reinigung des gesamten Schnitts (einschließlich des teilweise in Areal 6 gelegenen Silos (6007/08).
Funde	11.06.03: Webgewicht (7022).

Fundstelle	**8001**
Areal	8 (SO)
Datum	09.05.2002
Nivellement	98,63m-98,58m(Boden Grube); 99,23-06m(Steine)
Schicht	-
Beschreibung	Raubgrube/Durchbruch in der Umfassungsmauer. Reinigung/Abtragen des Füllmaterial (teilw. Areal 1)
Funde	09.05.02: Keramik (8001).

Fundstelle	**8002**
Areal	8 (SO)
Datum	13.05.2002
Nivellement	98,32m-98,23m(Boden)
Schicht	-
Beschreibung	Reinigung/Abtrag der Raubgrube und des Durchbruchs.
Funde	13.05.02: Keramik (8002); Knochen (8003); Tesserae (8004); Basaltfragment (8005).

Fundstelle	**8003**
Areal	8 (SO)
Datum	19.05.2002
Nivellement	97,94m(Boden: 19.05.); 97,69m(Boden: 20.05.02)
Schicht	-
Beschreibung	Abtragen/Reinigen der Raubgrube und des Durchbruchs.
Funde	19.-20.05.02: Keramik (8006).

Fundstelle	**8004**
Areal	8 (SW)
Datum	28.05.2003
Nivellement	97,86m-97,81m(S+M); 98,24m(N)
Schicht	H1
Beschreibung	Freilegen der "Terrasse/Rampe" vor der Umfassungsmauer; Oberflächenmaterial am Hang.
Funde	28.05.03: Keramik (8007); Flint (8008); Tesserae (8009); Kalksteinfragment (8010); Basaltfragment (8011); Metallobjekt - Zinken ? (8012).

Fundstelle	**8005**
Areal	8 (SW)
Datum	29.05.2003
Nivellement	keine Angabe
Schicht	H1
Beschreibung	Abtragen des OF Materials mit zahlreichen Steinen am Hang. Fläche westlich der Umfassungsmauer.
Funde	29.05.03: Keramik (8013); Flint (8014); Reibsteinfragmente (8015); Tesserae (8016); Gerätefragment aus Stein (8017); Kalksteinfragmente (8018); Knochen (8019.1).

Fundstelle	**8006**
Areal	8 (NO)
Datum	17.05.2004
Nivellement	99,54m-99,44m(OK); 99,25m-99,19m(UK)
Schicht	1
Beschreibung	NO Schnitt: 4,50mx4,50m große Fläche. Abtrag des Oberflächenmaterials.
Funde	17.05.04: Keramik (8019); Flint (8020); Tesserae (8021); Reibsteinfragment (8022).

Fundstelle	**8007**
Areal	8 (NO)
Datum	18.05.2004
Nivellement	99,15m-99,08m(UK)
Schicht	2
Beschreibung	NO Schnitt (4,50mx4,50m): Abtrag. Erfassen der OK einer NS Steinsetzung im Westen.
Funde	18.05.04: Keramik (8023, 2 Tüten); Reibsteinfragmente (8024.1-3); Knochen (8025); Tesserae (8026; 8027); Steinfossil ? (8028).

Fundstelle	**8008**
Areal	8 (NO)
Datum	18.05.2004
Nivellement	98,77m-98,66m(UK)
Schicht	3
Beschreibung	Ö Teil: Ca. 1,00mx4,50m breiter Streifen östlich der NS Steinsetzung. Große Steine, Kalk; in situ Funde.
Funde	19.-20.05.04: Keramik (8029); Knochen (8030); Muschel (8031); Stößel (8032.1-3).

Fundstelle	**8009**
Areal	8 (NO)
Datum	19.05.2004
Nivellement	98,90m-98,72m(UK)
Schicht	3 (?)
Beschreibung	W Teil: Bereich zw. der UF-Mauer und der östlich parallel verlaufenden NS Steinsetzung. Steinfüllung.
Funde	19.05.04: Keramik (8033); 20.05.04: Knochen (8034); Reibstein (8035.1); Stößel (8035.2-3); Tesserae (8036 - Reinigung der Umfassungsmauer); Reibsteinfragment (8037).

Fundstelle	**8010**
Areal	8 (NO)
Datum	21.05.2002
Nivellement	98,70m-98,64m(UK)
Schicht	3
Beschreibung	W-Teil: Abtragen gr. Steine. Reinigen der UF Mauer Funde im N des W-Teils. Mauer im S des W-Teils?
Funde	21.-23.05.04: Keramik (8042); Knochen (8043); Tesserae (8044 - Reinigung der Umfassungsmauer); Spinnwirtel (8045); Webgewichtfragment (8048); Gefäßfragment-Rand (8049 - Reinigung der Umfassungsmauer im SW Bereich).

Fundstelle	**8011**
Areal	8 (NO)
Datum	21.05.2004
Nivellement	98,52m-98,35m(UK)
Schicht	3 (?)
Beschreibung	Ö-Teil: Abtrag bis zur OK der halbkreisförmigen Setzung (Mitte) u. weitere Setzung im SO.
Funde	21.05.04: Keramik (8038); Knochen (8039); Stößel (8040); Stößel (8041, aus halbkreisförmiger Setzung).

Fundstelle	**8012**
Areal	8 (NO)
Datum	22.05.2004
Nivellement	98,36m-99,22m(kalkige Fläche in Loc. 8011 im NO)
Schicht	3 (?)
Beschreibung	Ö Teil: NO-Ecke. Sehr hartes, stark mit Kalk vermengtes Material in Locus 8011.
Funde	22.05.04: Keramik (8046); Knochen (8047).

Fundstelle	**8013**
Areal	8 (NO)
Datum	23.05.2004
Nivellement	98,10m-97,95m
Schicht	3 (?)
Beschreibung	Ö-Teil: 4mx1,50m Streifen (NS). Hartes, kalkiges Material über sehr fundreichem Horizont (BGF?).
Funde	23.-24.05.04: Keramikgefäß (8060); Keramik (8062); Silberring (8063); Mörserfragment (8065) Stößel (8061, 8064, 8066, 8067, 8068, 8070); Reibstein (8069); Kochen (8071).

Fundstelle	**8014**
Areal	8 (NO)
Datum	23.05.2004
Nivellement	98,10m(UK)
Schicht	3
Beschreibung	W-Teil: Nördliche Hälfte. Abtrag des sehr homogenen, lockeren Füllmaterials. Einige Steine.
Funde	23.05.04: Keramik (8050), Knochen (8051, 8053, 8057); Stößelfragment (8072); Keramikhenkel (8073); Tessera (8074 - Reinigung der Umfassungsmauer); Ggefäßboden (8075); Keramik (8166 -Reinigung der Oberfläche).

Fundstelle **8015**
Areal 8 (NO)
Datum 24.05.2004
Nivellement 98,19m
Schicht 3
Beschreibung W-Teil: S-Hälfte. Angleichen an Niveau Loc. 8014. SO-Ecke: Steinsetzung Loc. 8018 (Grube ?).
Funde 26.05.04: Keramik (8076); Knochen (8077); Reibsteinfragment (8078).

Fundstelle **8016**
Areal 8 (NO)
Datum 26.05.2004
Nivellement 98.09-98,07m
Schicht 3
Beschreibung W-Teil: gesamter Bereich. Reinigung u. Abtrag. Mittelgroße Steine; homogenes Mat.; Funde im N.
Funde 26.05.04: Keramik (8079); Knochen (8080); Reibsteinfragment (8081).

Fundstelle **8017**
Areal 8 (NO)
Datum 26.05.2004
Nivellement 98,14m(UK); 98,37m-98,34m(OK-Vorratsgefäß)
Schicht 3 (?)
Beschreibung Ö Teil: Äußerste SO-Ecke. Angleichen der Fläche an Locus 8013. Reste eines Vorratsgefäßes.
Funde 26.05.04: Keramik (8082); Knochen (8083).

Fundstelle **8018**
Areal 8 (NO)
Datum 27.05.2004
Nivellement 98,08m ("Grube" innen); 98,70m (Steinkreis)
Schicht 3
Beschreibung W-Teil: SO-Ecke. Grube. Dunkles, sehr lockeres Material mit mittelgroßen Steinen.
Funde 27.05.04: Keramik (8084); Stößel (8085 - aus der Grube); Gefäßfuß (8086); Knochen (8087); Gefäßfragment-Rand (8090).

Fundstelle **8019**
Areal 8 (NO)
Datum 27.05.2004
Nivellement 97,96m
Schicht 4
Beschreibung W-Teil: N-Bereich. Lockeres dunkles Material mit vielen großen Scherben.
Funde 27.05.04: Keramik (8088); Knochen (8089).

Fundstelle **8020**
Areal 8 (NO)
Datum 27.05.2004
Nivellement 98,14m(OK)
Schicht 4
Beschreibung O-Teil: Locus 8020 wurde nach dem Abtragen des O-Profils mit Locus 8026 zusammengelegt.
Funde Siehe Locus 8026.

Fundstelle **8021**
Areal 8 (NO)
Datum 29.05.2004
Nivellement 97,98m-97,92m
Schicht 4
Beschreibung W-Teil: S-Bereich. 3,50mx3,00m große Fläche. Angleichung an Niv. Loc. 8019; große Steine (N-S).
Funde 29.05.04: Keramik (8091); Knochen (8092); Muschel (8093).

Fundstelle **8022**
Areal 8 (NO)
Datum 29.05.2004
Nivellement 97,73m-97,71m(UK)
Schicht 4
Beschreibung W-Teil: Abtrag. Im Norden (ca. 2m) weiches Material und 90% der Scherben.
Funde 29.05.04: Keramik (8094, 3 Tüten); Knochen (8095); Muschel (8096); Deckel/Tonscheibe (8097).

Fundstelle **8023**
Areal 8 (NO)
Datum 30.05.2004
Nivellement 97,60m-97,55m(UK)
Schicht 5
Beschreibung W-Teil.:Abtrag der Steinfüllung bis auf sehr dunkles Material (BGF?). Im Osten zweilagige NS Mauer .
Funde 30.05.04: Keramik (8098); Schmuckstein - kleiner runder Kalkstein mit beidseitigen Einritzungen - Schmuckstück? (8099); Knochen (8100).

Fundstelle **8024**
Areal 8 (NO)
Datum 31.05.2004
Nivellement 97,49m-97,35m(UK)
Schicht 5
Beschreibung W-Teil: Auf nur ca.1,1m (OW) br. Streifen (2.Reihe der NS Mauer im W erfaßt). BGF mit Kalk erfaßt.
Funde 31.05.04: Keramik (8101); Knochen (8102); Spinnwirtel (8103-aus kalkiger Fläche).

Fundstelle	**8025**
Areal	8 (NO)
Datum	01.06.2004
Nivellement	97,27m(S)-97,10m(N) = UK Mauer in Areal 8(W)
Schicht	5
Beschreibung	W-Teil: 1,10m breiter Streifen (BGF Locus 8024). Dunkles kompaktes Material ohne Steine (BGF).
Funde	01.06.04: Keramik (8104); Knochen (8105).

Fundstelle	**8026**
Areal	8 (NO)/3
Datum	06.06.2004
Nivellement	98,03m(N)-97,97m(S) (UK)
Schicht	4
Beschreibung	Ö-Teil: (erweitert um Steg zu Areal 3). Silo (8031) im N. Im Süden Kalk und großes Keramikgefäß.
Funde	06.06.04: Keramik (8106); Knochen (8107); Putzprobe (8109); Stößel (8110).

Fundstelle	**8027**
Areal	8 (NO)/3
Datum	06.06.2004
Nivellement	97,88m(N)-97,82m(S) (UK=harte, kalkige OF)
Schicht	4
Beschreibung	Ö-Teil: (erweitert um Steg zu Areal 3). Abtrag Locus 8026. Freilegen 2 großer Gefäße. BGF?
Funde	06.+08.06.04: Erdprobe (8111); Keramik (8112); Knochen (8113.1-2).

Fundstelle	**8028**
Areal	8 (NO)/3
Datum	08.06.2004
Nivellement	97,68m(UK); Steinsetzung im S: 97,84m(OK)
Schicht	4
Beschreibung	Ö-Teil: (erweitert um Steg zu Areal 3). Süden. Freilegen der teilw. von Steinen umgebenen gr. Gefäße.
Funde	08.06.04: Keramik (8114); Stößel (8115); Knochen (8116); Mahlplatte (8117); Stößel (8118); Stößel (8119); Stößel (8120); Stößel (8121); Stößel (8122.1-3); Erdprobe (8125).

Fundstelle	**8029**
Areal	8 (NO)/3
Datum	09.06.2004
Nivellement	97,47m(UK)
Schicht	5
Beschreibung	Ö-Teil: Süden. BGF ? Abtrag. Bergen des südwestl. Gefäßes (innen Schlacke). Zahlreiche Funde !
Funde	09.06.04: Keramik (8123); Knochen (8124, 8131); Webgewicht (8126); Rollstein (8127); Muschel (8128); Probe (8129, 8132); Schlacke (8130); Knochenahle (8133); Knopf aus Keramik (8134) .

Fundstelle	**8030**
Areal	8 (NO)/3
Datum	12.06.2004
Nivellement	-
Schicht	-
Beschreibung	Reinigung des gesamten Schnitts.
Funde	12.06.04: dunkle glänzende Perle (8135, Reinigung der Mauer); Keramik (8136).

Fundstelle	**8031**
Areal	8 (O)/3
Datum	14.06.2004
Nivellement	97,58m (inneres der Grube); in Loc. 8026 (8012?)
Schicht	4
Beschreibung	Ö-Teil: Nordhälfte. Silo in Locus 8026. Unter Loc. 8013. Viele Knochen. Gr. Stein mit 2 Löchern.
Funde	14.06.04: Keramik (8137); Knochen (8138); Stößel (8139); Erdprobe aus Grube (8140).

Fundstelle	**8032**
Areal	8 (NO)/3
Datum	02.06.2004
Nivellement	-
Schicht	1
Beschreibung	Abtragen des Stegs zwischen den Arealen 8 und 3. 1. Schritt.
Funde	02.06.04: Keramik (8141); Knochen 8142); Tesserae (8143).

Fundstelle	**8033**
Areal	8 (NO)/3
Datum	02.06.2004
Nivellement	-
Schicht	2
Beschreibung	Abtragen des Stegs zwischen den Arealen 8 und 3. 2. Schritt.
Funde	02.06.04: Keramik (8144); Schlacke (8145); Stößel (8146, 8147); Gefäßfragment-Rand (8148); Steinobjekt (8149).

Fundstelle	**8034**
Areal	8 (NO)/3
Datum	02.06.2004
Nivellement	-
Schicht	3
Beschreibung	Abtragen des Stegs zwischen den Arealen 8 und 3. 3. Schritt.
Funde	02.06.04: Keramik (8150); Tessera (8151); Stößel (8152); Bimsstein (8153); Gefäßfragment-Rand (8154); Reibstein (8155, 8157, 8158); Gefäßfragment-Rand und Fuß (8156); Knochen (8159); Stößel (8160, 8061).

Fundstelle **8035**
Areal 8 (NO)/3
Datum 02.06.2004
Nivellement -
Schicht 4 (?)
Beschreibung Abtragen des Stegs zwischen den Arealen 8 und 3. 4. Schritt.
Funde 02.06.04: Keramik (8162); Stößel (8163, 8164); Fibel (8165).

Fundstelle **8500**
Areal 8 (NW)
Datum 17.05.2004
Nivellement 99,04m-98,81m(OK:O); 96,79m-96,39m (OK:W)
Schicht H1
Beschreibung NW-Schnitt (ca.4,50mx4,50m). Hang westlich der UF-Mauer. Oberflächenmaterial mit großen Steinen.
Funde 17.05.04: Keramik (8500); Tesserae (8501); 18.05.04: Keramik (8503); Tesserae (8504).

Fundstelle **8501**
Areal 8 (NW)
Datum 17.05.2004
Nivellement 97,90m-97,70m(UK=OK Mauer Loc. 8503)
Schicht H1
Beschreibung NW-Schnitt: Ca. 1,50m breiter Streifen am Hang westlich der Umfassumgsmauer. Viele Steine.
Funde 17.05.04: Keramik (8502); 30.05.04: Keramik (8516).

Fundstelle **8502**
Areal 8 (NW)
Datum 17.05.2004
Nivellement 98,86m-98,64m(OK UF Mauer); 97,35-18m(UK)
Schicht H1
Beschreibung NW-Schnitt: Ostgrenze. zweireihige NS-Mauer (ca.5,2mx1,0-1,3m) =UF Mauer. Reinigung der OK.
Funde

Fundstelle **8503**
Areal 8 (NW)
Datum 18.05.2004
Nivellement 97,70m-97,82m(erfaßte OK)
Schicht H1
Beschreibung NW-Schnitt: östl. Teil. NS-Steinsetzung (Terrasse) (ca.4,5mx2,0-2,3m) westlich vor UF-Mauer (8502).
Funde

Fundstelle **8504**
Areal 8 (NW)
Datum 18.05.2004
Nivellement 96,78m(SO)-96,40m(NW) (UK); ca. 97,01m(OK)
Schicht H1
Beschreibung NW-Schnitt: Ca. 2m breiter Streifen am Westrand des Schnitts. Gr.+mittl. Versturzsteine(von 8503?).
Funde

Fundstelle **8505**
Areal 8 (NW)
Datum 19.05.2004
Nivellement 96,17m(SO)-96,32m(NW) (UK)
Schicht H1
Beschreibung NW-Schnitt: Ca. 2x4,5m br. Streifen am Westrand. Anschluß an Areal 13 (Loc. 13001). Viel Versturz.
Funde 19.05.04: Keramik (8505); Tesserae (8506); Knochen (8507); Reibstein (8508.1); Reibsteinfragment (8508.2); 20.05.04: Keramik (8509-aus nördlichen Bereich).

Fundstelle **8506**
Areal 8 (NW)
Datum 20.05.2004
Nivellement 97,37m(NO)-96,73m(SW) (UK)
Schicht H2 (?)
Beschreibung NW-Schnitt: Ca.2mx4,5m br. Streifen am südlichen Schnittende. Schnitt durch Locus 8503. Asche.
Funde 20.05.04: Keramik (8510); Knochen (8511); 22.05.04: Keramik (8512); Knochen (8513); Gefäßfragment-Rand (8514); Keramik (8515-aus westlichen Hilfssteg).

Fundstelle **8507**
Areal 8 (NW)
Datum 31.05.2004
Nivellement Ca. 96,30m(UK)
Schicht H3
Beschreibung NW-Schnitt: Streifen an der südlichen Schnittgrenze. Schnitt durch Locus 8503.
Funde 31.05.04: Keramik (8517); Reibsteinfragment (8518.1-4) Knochen (8519); 01.06.04: Keramik (8520); Knochen (8521); Gefäßfuß (8522.1); Stößel (8522.2); Knochenobjekt?-Spule/Spielstein? (8525).

Fundstelle **8508**
Areal 8 (NW)
Datum 02.06.2004
Nivellement 96,22m-96,07m(OK N-S Steinsetzung)
Schicht H4
Beschreibung NW-Schnitt: Streifen an S Schnittgrenze. Unter Loc. 8503. Einreihige (1,70mx0,40m) NS-Setzung.
Funde Bemerkung: Im nördlichen Hilfsprofil zeichnet sich ab, daß diese Mauer (Locus 8508) mit mehreren Lagen nach W verkippt ist.

Fundstelle **8509**
Areal: 8 (NW)
Datum: 02.06.2004
Nivellement: 95,97m(O)-95,72m(W) (OK O-W Steinsetzung)
Schicht: H4
Beschreibung: NW-Schnitt:Streifen an S-Schnittgrenze.Einreihige OW Setzg. (ca.2,6mx0,4m) im Anschluß an L. 8508.
Funde:

Fundstelle **8510**
Areal: 8 (NW)
Datum: 02.06.2004
Nivellement: 95,53m(SW)-96,07m(SO); 95,15m (auf Keramik)
Schicht: H4 (?)
Beschreibung: NW-Schnitt: Fläche (Raum) zwischen den Mauern Loci 8508 und 8509. Keramikgefäß im Westen.
Funde: 02.-03.06.04: Keramik (8523, 8526-vermischt-); Knochen (8524, 8527); Keramikgefäß (8528); 06.06.04: Keramik (8529); Knochen (8530). 07.06.04: Keramik (8531); Knochen (8532); 08.06.04: Keramik (8533); Knochen (8534).

Fundstelle **9000**
Areal: 9 (W)
Datum: 26.05.2003
Nivellement: 100,15m(SO)-99,88m(NW)-OK
Schicht: 0
Beschreibung: W Schnitt (4,5mx9m): Absammeln der Oberfläche.
Funde: 26.05.03: Keramik (9001).

Fundstelle **9000,1**
Areal: 9 (O)
Datum: 28.05.2003
Nivellement: 100,20m(SO)-99,96m(NW)-OK
Schicht: 0
Beschreibung: O Schnitt (4,50mx9,00m): Absammeln der Oberfläche.
Funde: 28.05.03: Keramik (9015).

Fundstelle **9001**
Areal: 9 (W)
Datum: 26.05.2003
Nivellement: 99,94m(SO)-99,70m(NW)-UK
Schicht: 1
Beschreibung: W Schnitt: Abtrag des Oberflächenmaterials. Im südlichen Bereich erste Steine und Funde.
Funde: 26.05.03: Keramik (9002); Flint (9003); Knochen (9004); Tesserae (9005); Gefäßfuß (9006); Webgewicht (9007.1).

Fundstelle **9001,1**
Areal: 9 (O)
Datum: 28.05.2003
Nivellement: 100,00m(SO)-99,88m(NW)-UK
Schicht: 1
Beschreibung: O Schnitt: Abtrag des OF Materials. Im Süden Steinsetzungen, die sich nach Westen fortsetzen (?).
Funde: 28.05.03: Keramik (9016); Tesserae (9017); Glasfragment (9018); Knochen (9019); Flint (9020).

Fundstelle **9002**
Areal: 9 (W)
Datum: 27.05.2003
Nivellement: 99,80m(SO)-99,67(NW)-UK
Schicht: 2 (?)
Beschreibung: W Schnitt: Erste Mauerreste und Fundkonzentrationen.
Funde: 27.05.03: Keramik (9008); Tesserae (9009); Flint (9010); Knochen (9011); Glasrandfragment (9012).

Fundstelle **9002,1**
Areal: 9 (O)
Datum: 29.05.2003
Nivellement: 99,95m(SO)-99,75m(NW)-UK
Schicht: 2 (?)
Beschreibung: O Schnitt: O-W Steinsetzung aus 9001,1 bestätigt. Im N kaum große Steine; im S Fundkonzentration.
Funde: 29.05.03: Keramik (9021); Flint (9022); Knochen (9023); Glashenkelfragment (9024); Metallobjekt? -Zinken? (9025); Reibsteinfragmente (9026-teilweise in Steinsetzung verbaut); Tesserae (9027).

Fundstelle **9003**
Areal: 9 (W)
Datum: 27.05.2003
Nivellement: 99,81m-99,77m(UK)
Schicht: 2 (?)
Beschreibung: W Schnitt: Keramikansammlung in Locus 9002.
Funde: 27.05.03: Keramik (9013); Flint (9014).

Fundstelle **9004**
Areal: 9 (O)
Datum: 31.05.2003
Nivellement: 99,52m(NW)-99,66(Mitte)-99,75m(SO)-UK
Schicht: 2
Beschreibung: O Schnitt: nördl. der OW Steinsetzung. Abtrag.
Funde: 31.05.03: Keramik (9028, bis 01.06.03 6 Tüten); Tesserae (9029); Knochen (9030); Flint (9031); Basaltfragmente (9035, 9047).

Fundstelle	**9005**
Areal	9 (O)
Datum	31.05.2003
Nivellement	99,85m(NO)-99,79m(Mitte)-99,65(SW)-UK
Schicht	2
Beschreibung	O Schnitt: SW der Steinsetzung. Keramikansammlung in der Südwestecke.
Funde	31.05.03: Keramik (9032, 9045); Flint (9033); Knochen (9034); Keramikgefäß (9038); Probe (oben: 9040; unten: 9041); Flint (9039, 9046); Stößel (9043); Keramik (9044).

Fundstelle	**9006**
Areal	9 (O)
Datum	31.05.2003
Nivellement	99,87m (NO)-99,81m(Mitte)-99,65(SW)-UK
Schicht	2
Beschreibung	O Schnitt: SO der Steinsetzung; Keramikkonzentr. am O-Rand (N102,0m; O108,5m; H99,90-86m).
Funde	31.05.03: Keramikansammlung (9042; zerstörtes Gefäß-Fund gestört durch Bewohner des Orts); Keramik (9048, 9053); Tesserae (9050); Stößel (9051); Gefäßfragmente (9052).

Fundstelle	**9007**
Areal	9 (O)
Datum	31.05.2003
Nivellement	100,13m-100,05m(OK)
Schicht	2
Beschreibung	O Schnitt: Von SO nach NW verlaufende Steinsetzung im unteren Drittel des Schnitts. Mauer.
Funde	

Fundstelle	**9008**
Areal	9 (O)
Datum	31.05.2003
Nivellement	99,72m(OK)-99,60m(OK)
Schicht	2
Beschreibung	O Schnitt: Basaltgefäß mit drei Füßen (und direkte Umgebung) in Locus 9004. Abtrag von Locus 9004.
Funde	31.05.03: Mörser-Dreifuß (9036); Erdprobe aus Mörser-Dreifuß (9037); Keramik (9007).

Fundstelle	**9009**
Areal	9 (O)
Datum	01.06.2003
Nivellement	99,70m-99,67m(UK) auf Boden des Tabun
Schicht	2
Beschreibung	O Schnitt: Reste eines Tabun (und seine direkte Umgebung) in Locus 9004. (O108,9m; N104,5m).
Funde	

Fundstelle	**9010**
Areal	9 (W)
Datum	02.06.2003
Nivellement	ca. 99,70m(UK)
Schicht	2
Beschreibung	W Schnitt: nördlich der OW Steinsetzung. Abtrag. Freilegen der Setzungen. Kalkeinschlüsse.
Funde	02.06.03: Keramik (9054); Spinnwirtelfragment (9054.1); Flint (9055); Knochen (9056); Tesserae (9057); Schminkpalette (9058); Basaltfragment (9059; 9061.2); Gefäßfragment-Rand (9060); 03.06. (Umgebung von Locus 9011): Muschel (9061.1); Basaltfragment (9062); Gefäßfuß (9072).

Fundstelle	**9011**
Areal	9 (W)
Datum	03.06.2003
Nivellement	ca. 99,70m Fortsetzung Locus 9003
Schicht	2 (?)
Beschreibung	W Schnitt: Scherbenkonzentration in Locus 9002; wahrscheinlich zu Locus 9003 gehörig.
Funde	03.06.03: Öllampenfragment (9063); Keramik (9064); Stößel (9065, 9066).

Fundstelle	**9012**
Areal	9 (W)
Datum	03.06.2003
Nivellement	99,68m-99,63m(SO)-UK
Schicht	2
Beschreibung	W Schnitt: südlich der OW Steinsetzung. Abtrag. Kalkeinschlüsse.
Funde	03.06.03: Keramik (9069, 9071); Basaltfragmente (9067); Knochen (9068); Stößel (9070).

Fundstelle	**9013**
Areal	9 (W)
Datum	04.06.2003
Nivellement	99,66m-99,54m(UK für den 04.06.03)
Schicht	2
Beschreibung	W Schnitt: südlich der OW Steinsetzung. Lehm mit hohem Kalkanteil (= OK großer Steinmörser).
Funde	04.06.03: Glasfragment (9074); Tesserae (9075); Flint (9076); Mörser (9077); Keramik (9078); Stößel (9079, 9080, 9082); Keramik (9081, 9083); Knochen (9084); Reibsteinfragmente (9088).

Fundstelle	**9013,1**
Areal	9 (W)
Datum	05.06.2003
Nivellement	99,30(NO)-99,51(SO)-UK (der Kalk-Lehmschicht)
Schicht	3
Beschreibung	W Schnitt: südl. der OW Steinsetzung. Abtrag des Materials um Steinmörser Schicht 2 (FN 9077).
Funde	05.06.03: Knochen (9092); Muschel (9093.1); Keramik (9093; join mit FS 9005?); Keramik (9096). Aus dem Südprofil: Tesserae (9091).

Fundstelle	**9014**
Areal	9 (W)
Datum	04.06.2003
Nivellement	99,60m-UK
Schicht	2
Beschreibung	W Schnitt: Streifen entlang der nördl. Arealgrenze. Abtrag.
Funde	04.06.03: Keramik (9085); Knochen (9086).

Fundstelle	**9015**
Areal	9 (W)
Datum	05.06.2003
Nivellement	99,49m-99,41m-UK
Schicht	2
Beschreibung	W Schnitt: nördl. Teil. Ca. 2,4m breiter Streifen in der Mitte (späterer Bereich des großen Raums).
Funde	05.06.03: Knochen (9089); Spinnwirtel (9090); Mahlstein (9094); Knopf aus Keramik (9095).

Fundstelle	**9016**
Areal	9 (W)
Datum	05.06.2003
Nivellement	99,54m-99,44m-UK
Schicht	2
Beschreibung	W Schnitt: Ca. 2,5m breiter Streifen an der nördl. Arealgrenze. Abtrag. Fund eines Türangelsteins.
Funde	05.06.03: Keramik (9097); Reibsteinfragment (9098); Türangelstein (9099); Stößel (9100).

Fundstelle	**9017**
Areal	9 (W)
Datum	07.06.2003
Nivellement	ca. 99,45(NO)-99,41(NW)-UK
Schicht	3 (?)
Beschreibung	W Schnitt: Streifen an der nördl. Arealgrenze. Abtrag von Steinen im N Bereich. Grube im NW?
Funde	07.06.03: Türangelstein (9101); Knochen (9102, 9103, 9106); Gefäßfuß (9104); Glasfragmente (9105); Basaltfragmente (9107); Keramik (9108; 9109).

Fundstelle	**9018**
Areal	9 (W)
Datum	07.06.2003
Nivellement	ca. 99,40m(UK)-unter Loc. 9015
Schicht	3
Beschreibung	W Schnitt: nördl. der OW Steinsetzung. Zentraler Bereich. Abtrag im späteren großen Raum.
Funde	07.06.03: Knochen (9110, 9112); Basaltfragment (9113); Keramikansammlung 1 (9111); Keramikansammlung 2 (9117).

Fundstelle	**9018,1**
Areal	9 (W)
Datum	08.06.2003
Nivellement	ca. 99,35m(UK)-unter Loc. 9015
Schicht	3
Beschreibung	W Schnitt: nördlich der OW Steinsetzung. Zentraler Bereich.Abtrag im späteren gr. Raum. Funde in situ.
Funde	08.06.03: Gefäßdeckel aus Basalt (9119); Knochen (9121); Basaltfragment (9122, 9125, 9130); Keramik (9123; 9128); Reibsteine (9124; 9126; 9127); Stößel (9129); Keramik (9131; 9132; 9133; 9134).

Fundstelle	**9019**
Areal	9 (W)
Datum	08.06.2003
Nivellement	ca. 99,45m
Schicht	3
Beschreibung	W Schnitt: Unmittelbar südlich von Locus 9018. Abtrag.
Funde	08.06.03: Basaltfragment (9114); Knochen (9115); fast vollständiges Keramikgefäß (9118); Stößel (9120).

Fundstelle	**9020**
Areal	9 (Gesamt)
Datum	09.06.2003
Nivellement	99,65(SO)-99,26(SW) (alle Flächen in Areal 9)
Schicht	-
Beschreibung	Reinigungsarbeiten im gesamten Areal 9. Funde nicht differenziert.
Funde	09.06.03: Knochen (9133,1); Basaltfragment (9134.1); Gefäßfuß (9135); Keramik (9136).

Fundstelle	**9021**
Areal	9 (W)
Datum	09.06.2003
Nivellement	99,35m-99,28m(UK)
Schicht	3
Beschreibung	W Schnitt: zentraler Bereich. Raum. Abtrag von Steinen. Abziehen der BGF.
Funde	09.06.03: Flint/Bohrer? (9137); Muschel (9138.1); Stößel (9138.2); Tessera (9139- aus abgetragener Setzung im N); Knochen (9140); Mörser (9141); Mahlplatte (9142); Keramik (9143).

Fundstelle	**9023**
Areal	9 (O)
Datum	09.06.2003
Nivellement	99,71m-99,56m
Schicht	3
Beschreibung	O Schnitt: Mitte u. Südhälfte. Raum. Begradigung und Reinigung der BGF.
Funde	09.06.03: Großer Mörser (9144); Stößelfragment (9145); Knochen (9146).

Fundstelle **9024**
Areal 9 (W)
Datum 10.06.2003
Nivellement 99,38m-99,28m
Schicht 3
Beschreibung W Schnitt: Streifen entlang der nördl. Arealgrenze. Raum. Begradigung und Reinigung der BGF.
Funde 10.06.03: Knochen (9147); Basaltfragmente (9148); Webgewicht (9149); Mörser (9160.1); Muschel (9161.1); Keramik (9162).

Fundstelle **9025**
Areal 9 (O)
Datum 10.06.2003
Nivellement 99,40m-99,32m
Schicht 3
Beschreibung O Schnitt: NO Teil. Raum. Reinigung und Begradigung der BGF.
Funde 10.06.03: Basaltfragmente (9163).

Fundstelle **9026**
Areal 9 (W)
Datum 10.06.2003
Nivellement 99,33m-99,24m(UK)
Schicht 3
Beschreibung W Schnitt: Raum an der südl. Arealgrenze. Reinigen und Präparieren der Mauern und der BGF.
Funde 10.06.03: Stößel (9153); Basaltfragmente (9154.1-3); EZ-Kochtopf (9155); Erdprobe (9155.1-aus dem Kochtopf); Stößel (9157).

Fundstelle **9028**
Areal 9 (O)
Datum 10.06.2003
Nivellement ca. 99,38m
Schicht 3
Beschreibung O Schnitt: Äußerster südl. Streifen (ca. 2,50m N-S). Begradigung und Reinigung der BGF.
Funde 10.06.03: blaue Perle (9150); Basaltfragmente (9151); Keramik (9152); Stößel (9159).

Fundstelle **9029**
Areal 9 (O)
Datum 10.06.2003
Nivellement ca. 99,47m
Schicht 3
Beschreibung O Schnitt: Raum im Zentralbereich. Präparieren und Reinigen der Mauern und der BGF.
Funde 10.06.03: Stößel (9158).

Fundstelle **9030**
Areal 9 (W)
Datum 11.06.2003
Nivellement 99,35m-99,27m
Schicht 3
Beschreibung W Schnitt: Zentraler Raum der Westhälfte. Reinigung der BGF für die Dokumentation.
Funde 11.06.03: Spinnwirtel (9160.2); Muschel (9161.2).

Fundstelle **9031**
Areal 9
Datum 12.06.2003
Nivellement -
Schicht -
Beschreibung Kehren des gesamten Areals für die Abschlußfotos.
Funde

Fundstelle **9032**
Areal W-Steg 9/6
Datum 07.06.2004
Nivellement 100,05m-99,98m(OK); 99,51m-99,67m(UK)
Schicht -
Beschreibung Südl. Teil des Stegs (ca. 2m). Abtragen der Oberfläche und des folgenden kalkhaltigen Materials.
Funde 07.06.04: Keramik (9165); Flint (9166); Glasfragment (9167); Stößel (9168).

Fundstelle **9033**
Areal W-Steg 9/6
Datum 08.06.2004
Nivellement Ca. 99,25m-99,40m (?)
Schicht 3
Beschreibung Südl. Teil des Stegs (ca. 2m). Abtragen des kalkigen Materials. Zahlr. Funde. Zu BGF Locus 9026 (?)
Funde 08.06.04: Krugverschluß-Keramik (6169); Keramik (9170, 9177); Knochen (9171); Putzprobe (9172); ovoides Keramikgefäß (9173); Erdprobe (91 74-aus FN 9173); Holzkohleprobe (9175); Flint (9176); Stößel (9178; 9179).

Fundstelle **9034**
Areal W-Steg 9/6
Datum 08.06.2004
Nivellement 99,48m(UK)
Schicht -
Beschreibung Mittleres Segment des Stegs. Abtrag.
Funde 08.06.04: Keramik (9180); Tessera (9181); Knochen (9182).

Fundstelle **9035**
Areal W-Steg 9/6
Datum 09.06.2004
Nivellement 99,34m-99,22m(UK)
Schicht 3 (?)
Beschreibung Mittleres Segment des Stegs. Abtrag des Materials.
Funde 09.06.04: Keramik (9183); Muschel (9184); Tessera (9185); Stößel (9187); Knochen (9188).

Fundstelle **9036**
Areal W-Steg 9/6
Datum 09.06.2004
Nivellement 99,47m(S)-99,61m(N) (OK Steinsetzungen)
Schicht -
Beschreibung N Segment des Stegs. Abtrag Oberflächenmaterial. OK verschiedener Steinsetzungen.
Funde 09.06.04: Keramik (9186); Reibsteinfragment (9189); Knochen (9190).

Fundstelle **9037**
Areal W-Steg (9/6)
Datum 10.06.2004
Nivellement -
Schicht -
Beschreibung N Segment des Stegs. Reinigung der Steinsetzungen und des Nordprofils.
Funde 10.06.04: Tesserae (9191); Knochen (9192); Keramik (9193); Dekorelement aus Stein - Möbelverzierung ? (9194).

Fundstelle **9038**
Areal W-Steg (9/6)
Datum 10.06.2004
Nivellement -
Schicht -
Beschreibung Abtrag von Versturzsteinen. Freilegen von Flächen + 2 Mauern im NW Anschluß des Stegs (Areal 6).
Funde 10.06.04: Keramik (9195); Knochen (9196); Muschel (9197).

Fundstelle **9039**
Areal 9
Datum 06.05.2004
Nivellement -
Schicht -
Beschreibung Reinigung des gesamten Areals 9 vor Aufnahme der Arbeiten am W-Steg (9/6).
Funde 06.05.04: Stößel (9198);
07.05.04: Erdprobe (9164-aus FN 9199); Keramikgefäß (9199); Perlmuttfragment (9200).

Fundstelle **10000**
Areal 10 (N)
Datum 26.05.2003
Nivellement 100,11m-99,87m(OK)
Schicht 0
Beschreibung N Schnitt (4,50mx9,00m). Absammeln der Oberfläche.
Funde 26.05.03: Keramik (10000); Flint (10001).

Fundstelle **10000,1**
Areal 10 (S)
Datum 03.06.2003
Nivellement 100,15m-99,84m
Schicht 0
Beschreibung S Schnitt (4,50mx9,00m). Absammeln der Oberfläche.
Funde 03.06.03: Keramik (10057); Tesserae (10058).

Fundstelle **10001**
Areal 10 (N)
Datum 26.05.2003
Nivellement 100,00m-99,79m; 100,20m-100,00m(OK-Steine)
Schicht 1
Beschreibung N Schnitt (4,50mx9,00m). Abtrag des Oberflächenmaterials.
Funde 26.05.03: Keramik (10002); Knochen (10003); Tesserae (10004); Flint (10005); Deckel/ Tonscheibe (10006); Stößel (10007).

Fundstelle **10001,1**
Areal 10 (S)
Datum 03.06.2003
Nivellement 99,93m-99,76m(UK)
Schicht 1
Beschreibung S Schnitt (4,50mx9,00m). Abtrag des Oberflächenmaterials.
Funde 03.06.03: Keramik (10059); Tesserae (10060); Glasfragment (10061); Basaltfragment (10062).

Fundstelle **10002**
Areal 10 (N)
Datum 27.05.2003
Nivellement 99,87m-99,62m(UK)
Schicht 1 (?)
Beschreibung N Schnitt (4,5mx9m). Abtrag. In der Mitte große Steine, in der NO-Ecke viele, im NW wenig Funde.
Funde 27.05.03: Stößel (10008); Keramik (10009); Knochen (10010); Tesserae (10011); Meißel aus Metall (10012); Basaltfragment (10013); Steinobjekt (10014); 27.05.03: Muscheln (10015); 28.05.03: Keramik (10018, 10019); Knochen (10020); 31.05.03: Keramik (10024).

Fundstelle	**10002,1**
Areal	10 (S)
Datum	04.06.2003
Nivellement	99,79m-99,59m(UK)
Schicht	1
Beschreibung	S Schnitt: westlicher Teil. 1. Abhub mit vielen Steinen.
Funde	04.06.03: Stößel (10064); Knochen (10065); Keramik (10066); Keramiktülle (10067); Basaltfragment (10068)

Fundstelle	**10002,2**
Areal	10 (S)
Datum	05.06.2003
Nivellement	99,88m-99,66m
Schicht	1
Beschreibung	S Schnitt: östlicher Teil. 1. Abhub. Viele Funde.
Funde	05.06.03: Keramik (10070); Knochen (10071); Tesserae (10072); Spinnwirtel-Keramik (10073); Fossil ? (10074); 1/4 einer rechteckigen Basaltplatte ? (10075); Stößel (10076).

Fundstelle	**10002,3**
Areal	10 (S)
Datum	05.06.2003
Nivellement	99,68m-99,59m
Schicht	2 (?)
Beschreibung	S Schnitt: 2. Abhub (gesamter Schnitt). Sehr viele (unzusammenhängende ?) Steine.
Funde	05.06.03: Stößel (10077); Muschelfragment (10078); Keramik (10079); Stößel (10080); Gefäßfragment-Rand mit Knubbe (10081).

Fundstelle	**10002,4**
Areal	10 (S)
Datum	07.06.2003
Nivellement	99,75m-99,53m
Schicht	2 (?)
Beschreibung	S Schnitt: 3. Abhub (gesamter Schnitt). Abtrag von Steinen und Reinigung des Schnittes.
Funde	07.06.03: Spinnwirtel (10082); Muschelfragmente (10083); Tessera (10084); Knochen (10085); Stößel (10086); Stößelfragment (10087); Keramik (10088); Mahlplatte (10089).

Fundstelle	**10002,5**
Areal	10 (S)
Datum	08.06.2003
Nivellement	99,77m-99,50m
Schicht	2 (?)
Beschreibung	S Schnitt: Identisch mit 3. Abhub (Locus 10002,4). Intensive Säuberung und Abtrag von Steinen.
Funde	08.06.03: Mahlplattenfragmente (10090; 10091); Keramik (10092); Keramik-SO-Ecke (10093); Basaltfragment (10094, 10099); Knochen (10095); Gefäßdeckel aus Basalt (10096); Mahlstein (10097); Steinobjekt (10098).

Fundstelle	**10002,6**
Areal	10 (S)
Datum	09.06.2003
Nivellement	99,61m-99,42m
Schicht	2
Beschreibung	S Schnitt: Abtrag verstürzter Steine.
Funde	09.06.03: Mörser (10103); Angelstein (10104); Basaltfragment (10107); Keramik (10108); Knochen (10109); Basaltfragment (10110).

Fundstelle	**10002,7**
Areal	10 (S)
Datum	10.06.2003
Nivellement	99,59m-99,44m
Schicht	2
Beschreibung	S Schnitt: Reinigung für die Abschlußfotos.
Funde	10.06.03: Stößel (10111); Reibstein (10112); Reibstein (10113); Knochen (10114); Keramik (10115).

Fundstelle	**10003**
Areal	10 (N)
Datum	27.05.2003
Nivellement	99,87m(OK)-99,75m(UK)
Schicht	2
Beschreibung	N Schnitt: zentraler Teil. Über/in Locus 10009. Fund eines zerbr. Basaltgefäßes und Kochtopfes.
Funde	27.05.03: Mörser-Dreifuß-Fragment (10016); Keramik (10017, 10037); Probe (10041-aus FN 10017).

Fundstelle	**10004**
Areal	10 (N)
Datum	29.05.2003
Nivellement	99,74m-99,66m(UK)
Schicht	2
Beschreibung	N Schnitt: NW-Ecke. Türangelstein und Schwelle in situ (=Eing. zu Loc.10005). Anschluß Locus 2013.
Funde	29.05.03: Keramik (10023); 31.05.03: kleiner vollständiger Mörser-Dreifuß (10027); Keramik (10028-nahe FN 10027); 14.06.03: Mörser (10120).

Fundstelle	**10005**
Areal	10 (N)
Datum	29.05.2003
Nivellement	99,74m-99,65m(OK), BGF 99,65m-99,61m
Schicht	2
Beschreibung	N-Schnitt: Östl. Loc.10004. Kleiner Raum. Kalkig /weiße BGF. Eingang im Westen (Locus 10004).
Funde	29.05.03: Keramik (10022); Knochen (10021); 31.05.03: Tesserae (10029-Reinigung); Keramik (10030-Reinig.); 02.06.03: Keramik (10049); Deckel /Tonscheibe (10050); 10.06.Keramik (10119-Reinigung).

Fundstelle **10006**
Areal 10 (N)
Datum 02.06.2003
Nivellement 99,65m-99,51m
Schicht 2
Beschreibung N-Schnitt: südlicher Teil. Reinigung des "Wegs". Im Westen Anschluß an Locus 2020 (Areal 2).
Funde 31.05. Keramik (10025); Knochen (10026); 01.06.: Knochen (10032); Keramik (10033, 10040); 02.06.: Keramik (10051, 10063, 10100); Knochen (10052, 10101, 10105, 10117); Basaltfragmente (10102, 10053); Keramik (10106, 10116).

Fundstelle **10007**
Areal 10 (N)
Datum 31.05.2003
Nivellement 99,67m-99,60m(UK)
Schicht 2
Beschreibung N-Schnitt: Bereich zwischen Loci 10005, 10006, 10009. Abtrag und Reinigung.
Funde 31.05.03: Deckel/Tonscheibe (10031); 02.06.03: Knochen (10047); Deckel/Tonscheibe (10048).

Fundstelle **10008**
Areal 10 (N)
Datum 01.06.2003
Nivellement 99,92m-99,89m
Schicht 1 (?)
Beschreibung N-Schnitt: NO-Ecke. Reinigung bis auf Steinplattenboden.
Funde 01.06.03.: Tesserae (10035-Reinigung).

Fundstelle **10009**
Areal 10 (N)
Datum 01.06.2003
Nivellement 99,83m-99,59m
Schicht 2
Beschreibung N-Schnitt: zentraler Teil. Weiße BGF mit Holzkohleeinschlüssen. Unter Locus 10003.
Funde 01.06.03: Keramik (10034, 10036, 10042); Reibsteinfragment (10038); Knochen (10039); 02.06.03: Keramik (10043, 10054); Knochen (10044); Basaltfragmente (10045); Stößel (10055); Steinobjekt (10056); Probe (10069 - von BGF).

Fundstelle **10010**
Areal 10 (N)
Datum 02.06.2003
Nivellement 99,77m-99,62m(UK)
Schicht 2
Beschreibung N-Schnitt: zwischen Loc. 10009 und Nordsteg. Eventuell Raum, der unter Nordsteg liegt. Abtrag.
Funde 02.06.03: Keramik (10046).

Fundstelle **10011**
Areal 10 (N)
Datum 09.06.2003
Nivellement 99,83m-99,68m(OK); 99,59m(UK); auf Loc.10006
Schicht 1
Beschreibung N-Schnitt: südlicher Teil. Installation (Halbkreis) mit wiederverwendeten Reibstein auf dem "Weg".
Funde 10.06.03: Keramik (10118); 14.06.03: Reibstein (10121).

Fundstelle **11000**
Areal 11 (S)
Datum 26.05.2003
Nivellement 99,94m-99,79m(OK)
Schicht 0
Beschreibung S-Schnitt (4,5mx9m): Absammeln der Oberfläche.
Funde 26.05.03: Keramik (11001, 2 Tüten).

Fundstelle **11001**
Areal 11 (S)
Datum 26.05.2003
Nivellement 99,74m-99,61m(UK)
Schicht 1
Beschreibung S-Schnitt: SW-Teil. Abtrag Oberflächenmaterial. Im Norden viele große Steine (Mauer ?).
Funde 26.05.03: Keramik (11002); Tesserae (11003); Knochen (11009).

Fundstelle **11001,1**
Areal 11 (S)
Datum 27.05.2003
Nivellement 99,77m-99,69m(UK)
Schicht 1
Beschreibung S-Schnitt. SO-Teil. Abtrag Oberflächenmaterial. Im Norden Steinsetzung / Mauer.
Funde 27.05.03: Keramik (11016); Türangelsteinfragment (11018).

Fundstelle **11002**
Areal 11 (S)
Datum 27.05.2003
Nivellement 99,53m-99,44m(UK)
Schicht 2
Beschreibung S-Schnitt: SW-Teil. Zur SO-Hälfte hin (bei H 99,53m) kalkhaltige Schicht. Viele Funde.
Funde 27.05.03: Keramik (11004); Stößel (11005); Knochen (11006); Tesserae (11007); Flint (11008); Türangelsteinfragment (11010); Webgewicht (11012); Basaltfragment (11013); Gefäßfuß (11014); Glasfragment (11015); Gefäßfragment-Rand (11017).

Fundstelle	**11002,1**
Areal	11 (S)
Datum	28.05.2003
Nivellement	99,57m-99,56m(UK)
Schicht	2
Beschreibung	SO-Hälfte des Areals. Sehr kalkhaltiges Material mit feinem Split.
Funde	28.05.03: Keramik (11019); Knochen (11020); Flint (11021);Tesserae (11022); Stößel (11023).

Fundstelle	**11003**
Areal	11 (S)
Datum	28.05.2003
Nivellement	99,54m (N112,5; O105,5)
Schicht	2
Beschreibung	S-Schnitt: SO-Teil. Steinanhäufung mit viel Keramik in Locus 11002,1.
Funde	28.05.03: Keramik (11024); Flint (11025); Knochen (11026).

Fundstelle	**11004**
Areal	11 (S)
Datum	28.05.2003
Nivellement	99,64m (N111,2; O107,4)
Schicht	2
Beschreibung	S-Schnitt: SO-Teil. Festes, gestampftes Material mit Holzkohleresten (Feuerstelle?) in Loc. 11002,1.
Funde	

Fundstelle	**12000**
Areal	12 (S)
Datum	29.05.2003
Nivellement	101,38m-101,23m(OK)
Schicht	0
Beschreibung	Südliche Hälfte des Areals (10mx5m). Absammeln der Oberfläche.
Funde	29.05.03: Keramik (12001).

Fundstelle	**12001**
Areal	12 (S)
Datum	29.05.2003
Nivellement	100,09m-99,94m(UK)
Schicht	1
Beschreibung	S-Schnitt (4,5mx9m). Abtrag des Oberflächenmaterials.
Funde	29.05.03: Keramik (12002); Flint (12003); Tesserae (12004).

Fundstelle	**12002**
Areal	12 (S)
Datum	31.05.2003
Nivellement	99,89m-99,84m(UK)
Schicht	1
Beschreibung	S-Schnitt: SW Teil. Abtrag. Im Norden viele Steine; im Süden viel Keramik.
Funde	31.05.03: Keramik (12005); Keramiktülle (12006); Knochen (12007); Flint (12009); Tesserae (12010).

Fundstelle	**12002,1**
Areal	12 (S)
Datum	01.06.2003
Nivellement	99,88m-99,85m(UK)
Schicht	1
Beschreibung	S-Schnitt: SO Teil. Abtrag. Im SO Steinversturz und harter kalkhaltiger Split.
Funde	01.06.03: Keramik (12012, 2 Tüten, u.a. bemalte kl. Schale); Knochen (12013); Tesserae (12014); Deckel/ Tonscheibe (12015); Gefäßfragment-Rand (12016); Basaltfragmente (12017); Flint (12018); Webgewicht (12019).

Fundstelle	**12003**
Areal	12 (S)
Datum	31.05.2003
Nivellement	99,97m(OK) -99,87m(UK)
Schicht	1
Beschreibung	S-Schnitt: SW-Teil. Keramikkonzentration im SW Bereich (z.B. Vorratsgefäßrand) in Locus 12002.
Funde	31.05.03: Keramik (12008); Flint (12011).

Fundstelle	**12004**
Areal	12 (S)
Datum	02.06.2003
Nivellement	99,92m(OK)-99,84m(UK)
Schicht	1
Beschreibung	S-Schnitt: SO Teil. Keramikkonzentration (u.a. gerippter Krug) in der SO-Ecke in Locus 12002,1.
Funde	02.06.03: Keramik -gerippter Krug (12020); Probe aus 12020 (12021).

Fundstelle	**13000**
Areal	13 (NO)
Datum	22.05.2004
Nivellement	96,48m-96,20m(OK-O); 95,57m-95,24m(OK-W)
Schicht	H0
Beschreibung	NO Schnitt (4,5mx4,5m): Reinigung des Schnitts. Abtrag des Oberflächenmaterials.
Funde	22.05.04: Keramik (13000); 27.05.04 (Westteil des Schnitts): Keramik (13011).

Fundstelle	**13001**
Areal	13 (NO)
Datum	23.05.2004
Nivellement	96,03m-96,01m
Schicht	H1
Beschreibung	NO Schnitt: O-Schnittgr. zu Areal 8(W). 2 "Reihen" von N nach S verlaufende Steine. Abtrag der Steine.
Funde	

Fundstelle	**13002**
Areal	13 (NO)
Datum	23.05.2004
Nivellement	95,88m-95,96m(OK)
Schicht	H1
Beschreibung	NO-Schnitt: Abtrag Steine.
Funde	23.05.04: Keramik (13001); Tesserae (13002); Gefäßfragment-Rand (13005); 24.05.04: Keramik (13003); Tesserae (13004); Spinnwirtel (13006); 27.05.04: Keramik (13012); Reibsteinfragment (13013).

Fundstelle	**13003**
Areal	13 (NO)
Datum	26.05.2004
Nivellement	94,90m-95,19m
Schicht	H3-5 (?)
Beschreibung	NO-Schnitt: Abtrag.
Funde	26.05.04: Keramik (13007); Reibsteinfragment (13008); Knochen (13009); Spinnwirtel (13010). 29.05.04: Keramik (13014); Reibsteinfragmente (13015.1-2).

Fundstelle	**14000**
Areal	14 (O)
Datum	01.06.2004
Nivellement	99,86m-99,07m
Schicht	1
Beschreibung	O Schnitt: 1. Abhub. Abtrag des Oberflächenmaterials.
Funde	01.06.04: Tesserae (14000); Keramik (14001).

Fundstelle	**14001**
Areal	14(O)
Datum	01.06.2004
Nivellement	99,33m-99,14m(UK)
Schicht	1
Beschreibung	O Schnitt: 2. Abhub. Abtrag.
Funde	01.06.04: Keramik (14002); Muschel (14003); Tesserae (14004)

Fundstelle	**14002**
Areal	14(O)
Datum	02.06.2004
Nivellement	99,24m-99,14m
Schicht	1
Beschreibung	O Schnitt: 3. Abhub. Im Süden größere Steine (Mauer aus Areal 8 Ost).
Funde	02.06.04: Keramik (14005); Tesserae (14006), Glasfragmente (14007.1-2); Knochen (14008); Spinnwirtel (14009); Gefäßfragment-Rand (14021).

Fundstelle	**14003**
Areal	14(O)
Datum	02.06.2004
Nivellement	99,23m-99,06m
Schicht	1
Beschreibung	O Schnitt: 4. Abhub. SW-Ecke mit großen und mittleren Steinen. Im Süden Mauer aus Areal 8 Ost.
Funde	02.06.04: Keramik (14010); Tesserae (14011); Knochen (14012); Schneckenhaus (14013); Reibsteinfragment (14014); Keramiköllampe (14016).

Fundstelle	**14004**
Areal	14(O)
Datum	02.06.2004
Nivellement	99,08m-99,04m
Schicht	1
Beschreibung	O Schnitt: 5. Abhub. Abtrag.
Funde	02.06.04: Keramik (14017); Holzkohlenprobe (14018); Knochen (14019); Tesserae (14020); Reibsteinfragment (14022).

Fundstelle	**14005**
Areal	14(O)
Datum	03.06.2004
Nivellement	99,04m(OK)-98,99m(UK)
Schicht	2
Beschreibung	O Schnitt: östlich der Mauer Locus 14016. Raum mit BGF ?
Funde	03.06.04: Keramik (14023); Knochen (14024); Tessera (14025); Webgewichtfragment aus Basalt (14026).

Fundstelle	**14006**
Areal	14(O)
Datum	03.06.2004
Nivellement	99,10m-98,97m
Schicht	2
Beschreibung	O Schnitt: zwischen Loci 14018 (UF Mauer) und 14016 (Mauer aus Areal 8 O). Westl. Locus 14005.
Funde	06.06.04: Keramik (14027); Tesserae (14028).

Fundstelle	**14007**
Areal	14(O)
Datum	06.06.2004
Nivellement	99,04m(OK)-98,84m(UK)
Schicht	2
Beschreibung	O Schnitt: östlich Locus 14016. Abtrag des Rauminhalts ? Material identisch mit Locus 14005.
Funde	06.06.04: Keramik (14029); Knochen (14030).

Fundstelle	**14008**
Areal	14(O)
Datum	07.06.2004
Nivellement	98,89m-98,75m
Schicht	3
Beschreibung	O Schnitt: östl. Locus 14016. Unter Locus 14007. Materialwechsel. Kalk und Steinreihe!
Funde	07.06.04: Keramik (14032); Knochen (14033).

Fundstelle	**14009**
Areal	14(O)
Datum	07.06.2004
Nivellement	98,89m-98,75m
Schicht	3
Beschreibung	O Schnitt: östl. Locus 14016. Klärung der Steinreihe Locus14008 (=O Teil von Loc. 14016).
Funde	07.06.04: Keramik (14034); Knochen (14035); Probe- verbrannter Ton (14036), Stößel (14038).

Fundstelle	**14010**
Areal	14(O)
Datum	08.06.2004
Nivellement	99,05m-98,83m(UK)
Schicht	2
Beschreibung	O Schnitt: zw. Loci 14018 und 14016. Steinabtrag der vielen verstürzten Steine (= Locus 14006).
Funde	08.06.04: Keramik (14031); Stößelfragment(14037); Reibsteinfragmente (14039.1-2); Pfeilspitze aus Metall (14040); Muscheln (14041.1-2); 09.06.04: Keramik (14042); vollständige Keramiksschale (14043); Gefäßfragment-Rand und 1 Fuß ? (14044).

Fundstelle	**14011**
Areal	14(O)
Datum	10.06.2004
Nivellement	98,58m-98,45m(UK)
Schicht	2
Beschreibung	O Schnitt: zw. Loci 14016 u. 14018. Weiterer Steinabtrag (vgl. Locus 14006 und 14010).
Funde	09.06.04: Münze (14045); 10.06.04: Keramik (14046); Fibel (14047); verkohlte Olivenkerne (14048); Muschel (14049); Pfeilspitzen (14050); Knochen (14051).

Fundstelle	**14012**
Areal	14(O)
Datum	10.06.2004
Nivellement	98,68m-98,51m
Schicht	3
Beschreibung	O Schnitt: SO-Ecke. Östlich der Innenmauer = Locus 14016. Reinigung.
Funde	12.06.04: Stößel (14054); Webgewicht (14055).

Fundstelle	**14013**
Areal	14(O)
Datum	10.06.2004
Nivellement	ca. 98,68m
Schicht	3
Beschreibung	O Schnitt: nördlich von Loc. 14012 und östlich Loc. 14016. Reinigung. Zugehörig zu Raum in Areal 6 ?
Funde	

Fundstelle	**14014**
Areal	14(O)
Datum	10.06.2004
Nivellement	98,78m(UK)
Schicht	3
Beschreibung	O Schnitt: nördlich von Locus 14013 und östlich L.14016. Reinigung. Zugehörig zu Raum in Areal 6?
Funde	

Fundstelle	**14015**
Areal	14(O)
Datum	10.06.2004
Nivellement	98,89m(UK)- 99,10m(OK)
Schicht	2
Beschreibung	O Schnitt: Teil eines Silos in Mauer Loc. 14016 u. Locus 14006; Fortsetzung in Areal 6 (Loc.6059).
Funde	

Fundstelle	**14016**
Areal	14(O)
Datum	10.06.2004
Nivellement	99,17m-98,94m(OK)
Schicht	2
Beschreibung	O Schnitt: Mauer (Fortsetzung aus Areal 8 O) parallel zur UF Mauer (Loc.14018). 1,8m-2m breit.
Funde	12.06.04: Keramik (14052); Knochen (14053).

Fundstelle	**14017**
Areal	14(O)
Datum	10.06.2004
Nivellement	98,37m(UK)
Schicht	2
Beschreibung	O Schnitt: Unter Locus 14011. Steinabtrag zwischen Loci 14018 und 14016.
Funde	

Fundstelle	**14018**
Areal	14(O)
Datum	10.06.2004
Nivellement	ca. 99,11m(OK)-98,46m(UK)
Schicht	1
Beschreibung	Umfassungsmauer des Tells (vgl. Loci 2003, 8502).
Funde	

Fundstelle	**14019**
Areal	14(O)
Datum	12.06.2004
Nivellement	-
Schicht	2
Beschreibung	O Schnitt: zwischen Loci 14018 und 14016. Steinabtrag. Reinigung.
Funde	14.06.04: Knochen (14056); Keramik (14057); Tesserae (14058).

7.1.3 Appendix 3: Verteilung der Scherben auf die Waren[8]

Erläuterungen zu Appendix 3

Die Informationen dieser Liste sind in insgesamt 29 Spalten zusammengefaßt und mit Locus, Fundnummer (FNr.), Schicht, den Ziffern 1, 2, 3, 4, 4.1, 5–24 und Summe überschrieben. Es bedeuten:

1. **Locus**: Die hier angegebenc Zahl gibt die Fundstelle wieder, aus der die jeweilige Keramikkollektion stammt. Sie erlaubt es mithilfe der Fundstellenliste (Appendix 2) und der entsprechenden Matrix die genaue Herkunft und stratigraphische Lage der Scherben zu ermitteln.

2. **Fundnummer**: Die hier angegebene Zahl gibt die jeweilige Fundnummer der gemeinsam gesammelten Scherben (Kollektion) einer Fundstelle wieder und erlaubt so eine eindeutige Identifikation der Scherbenkollektion. Mit ihrer Hilfe und den Angaben des Appendix 4 können darüber hinaus weitere Informationen zu den in der jeweiligen Kollektion gegebenenfalls vorhandenen Diagnostika ermittelt werden.

3. **Schicht**: Die hier niedergeschriebenen Informationen beziehen sich auf die stratigraphische Zugehörigkeit der jeweiligen Scherbenkollektion. Die Ziffern 1 bis 7 geben die zugehörige Schicht in der Fläche (innerhalb der Umfassungsmauer) an. Eine Buchstaben - Zahlenkombination vom Typ H1 gibt die jeweilige Schicht im Hangbereich des Tells wieder. Ein - bedeutet, daß eine eindeutige stratigraphische Zuweisung nicht möglich war; ein Fragezeichen beziehungsweise die Angabe mehrerer Zahlen deuten an, daß eine zugehörige Schicht für die entsprechende Fundstelle nicht eindeutig ermittelt werden konnte.

4. **Ware** 1 bis 24: Die Angaben in der Kopfzeile der Spalten beziehen sich auf die in Kapitel 2.3.1 vorgestellten Warendefinitionen für Tell Johfiyeh. Die Ziffern darunter geben jeweils die absolute Zahl der Scherben an, die aus der entsprechenden Kollektion dieser Ware zugewiesen werden konnten.

5. **Summe**: Die hier angegebene Zahl in der letzten Spalte der Tabelle benennt jeweils die Gesamtzahl der in einer Kollektion zusammengefaßten Scherben. Die entsprechende Zahl in der untersten Reihe gibt jeweils die Gesamtzahl der Scherben einer Ware an.

---

[8] Nach Loci geordnet, gibt die nachfolgende Liste für jede in Tell Johfiyeh mit Fundnummer registrierte Keramikkollektion die quantitative Verteilung der Scherben (Bauchscherben und Diagnostika) auf die verschiedenen Waren wieder.

Locus	F.Nr.	Schicht	1	2	3	4	4.1	5	6	7	8	9	10	11	12	13	14	15	16	17	18	19	20	21	22	23	24	Summe
0	1	-	0	0	0	0	0	0	0	0	0	0	0	0	0	0	0	0	1	0	0	0	0	0	0	0	0	1
0	2	-	0	0	0	0	0	0	0	0	0	0	0	0	1	0	0	0	0	0	0	0	0	0	0	0	0	1
1001	1001	H0	3	23	0	12	0	12	0	0	0	0	0	0	4	0	1	1	7	0	4	0	0	0	0	0	0	67
1002	1003	H1	10	99	4	32	0	11	0	0	0	0	0	7	25	5	17	5	26	12	5	0	1	0	0	0	0	259
1003	1007	H1	0	49	1	23	0	33	0	0	0	0	0	1	86	0	1	1	3	1	13	0	0	0	0	0	0	212
1005	1012	H1	1	117	0	79	0	13	0	0	0	0	0	2	30	0	22	1	24	46	13	0	12	0	0	0	0	360
1007	1017	H2	1	23	3	17	0	2	0	0	1	0	0	5	21	0	20	5	26	6	0	0	2	0	0	0	0	132
1008	1023	H2	3	20	5	2	0	4	0	0	0	1	0	0	26	0	10	1	7	21	6	0	0	0	0	0	0	106
1009	1025	H2	1	55	1	27	0	17	0	0	0	0	0	1	30	0	11	2	18	2	2	0	10	0	0	0	0	177
1010	1029	H2	0	120	0	6	0	23	1	0	0	0	1	9	74	0	17	1	31	20	15	0	0	0	0	0	0	318
1011	1035	H1	0	45	3	0	0	7	0	0	0	0	0	3	33	0	17	1	21	16	9	0	10	0	0	0	0	165
1012	1041	H2	2	81	4	27	2	0	0	0	0	2	0	4	21	0	20	6	26	22	2	0	0	0	0	0	0	219
1013	1045	H2	1	11	5	3	0	4	0	0	0	0	0	4	14	8	0	7	3	3	0	0	0	0	0	0	0	63
1014	1051	H3	8	21	0	8	0	1	0	0	0	0	0	0	1	0	0	0	0	0	0	0	1	0	0	0	0	40
1014	1055	H3	0	26	0	3	0	2	0	0	0	0	0	0	14	1	2	0	2	1	1	0	0	0	0	0	0	52
1015	1059	H1	2	23	14	37	0	0	0	0	0	0	0	0	0	0	30	0	2	1	0	0	0	0	0	0	0	109
1015	1066	H1	5	1	0	6	0	6	0	0	0	0	0	0	2	0	3	0	2	0	2	0	0	0	0	0	0	27
1016	1070	H1	0	21	0	0	0	2	0	0	0	0	0	0	0	0	52	3	4	2	4	0	0	0	0	0	0	88
2001	2001	H0	3	2	4	9	0	1	0	0	0	0	0	0	0	0	3	0	1	0	0	0	0	0	0	0	0	23
2002	2002	H1	14	113	1	42	0	2	0	0	0	0	0	6	5	2	34	0	45	0	17	0	1	0	0	0	0	282
2005	2005	H1	11	86	4	117	0	20	0	0	0	0	0	5	24	2	11	1	26	8	2	1	1	0	0	0	0	319
2006	2012	H2	0	41	0	6	0	7	0	0	0	0	0	2	2	0	10	4	17	15	0	0	0	0	0	0	0	104
2007	2015	H2	0	29	4	0	0	0	0	0	0	0	0	0	0	0	0	0	0	0	0	0	0	0	0	0	0	33
2008	2018	H3	0	171	1	38	0	2	0	0	0	0	0	5	15	0	0	0	1	0	1	0	0	0	0	0	0	234
2009	2022	H3	10	29	0	83	0	17	0	0	0	0	0	0	0	0	0	0	6	0	0	0	0	0	0	0	0	145
2010	2028	H3	7	90	0	32	0	0	0	0	0	0	0	0	0	0	0	0	0	0	0	0	0	0	0	0	0	129
2011	2031	0	0	0	10	20	0	0	0	0	0	0	0	0	0	0	0	0	5	7	0	0	0	0	0	0	0	42
2012	2032	1	1	24	20	34	2	9	0	0	0	0	0	0	6	1	1	0	24	20	0	0	0	0	0	0	0	142
2012	2036	1	1	2	8	26	1	3	0	0	0	0	0	0	0	0	3	0	0	4	0	0	0	0	0	0	0	48
2013	2060	2	0	146	1	1	0	0	0	0	0	0	0	1	0	0	2	0	0	0	0	0	0	0	0	0	0	151
2013	2077	2	2	54	0	0	0	0	0	0	0	0	0	0	0	0	0	0	0	0	0	0	0	0	0	0	0	56
2014	2039	1	11	36	31	52	1	42	0	0	0	0	0	0	12	0	14	0	0	12	0	0	0	0	0	0	0	211

2014,1	2046	2 (?)	51	68	57	81	2	39	0	0	0	0	0	1	18	1	34	0	18	0	0	0	0	0	0	0	0	370
2014,1	2054	2 (?)	0	8	6	10	1	5	0	0	0	0	0	0	1	0	0	0	0	0	0	0	0	0	0	0	0	31
2014,2	2075	2	23	42	58	134	1	46	0	0	0	0	0	0	12	0	1	0	0	13	0	0	0	0	0	0	0	330
2014,2	2081	2	0	25	0	16	1	0	0	0	0	0	0	0	0	0	0	0	0	0	0	0	0	0	0	0	0	42
2014,3	2083	3 (?)	4	29	2	26	0	7	0	0	0	0	0	0	0	0	0	0	0	0	0	0	0	0	0	0	0	68
2015	2061	2	2	3	21	22	0	2	0	0	0	0	0	0	0	0	1	0	0	0	2	0	0	0	0	0	0	53
2016	2058	2	2	7	2	11	0	4	0	0	0	0	0	0	1	0	0	0	0	0	0	0	0	0	0	0	0	27
2017	2073	3 (?)	10	20	43	31	0	11	0	0	0	0	0	0	0	0	0	0	0	0	0	0	0	0	0	0	0	115
2017	2074	3 (?)	5	0	0	4	0	0	0	0	0	0	0	0	0	0	0	0	0	0	0	0	0	0	0	0	0	9
2018	2065	3 (?)	6	30	10	20	1	28	0	0	0	0	0	0	0	0	1	0	0	0	0	0	0	0	0	0	0	96
2018	2070	3 (?)	6	37	31	30	0	21	0	0	0	0	0	0	0	0	3	0	0	0	0	0	0	0	0	0	0	128
2021	2085	1	22	47	24	89	37	5	0	0	0	0	0	0	4	0	3	0	2	0	0	0	0	0	0	0	0	233
2022	2088	2	10	41	7	28	0	17	0	0	0	0	0	0	0	0	4	0	1	0	0	0	0	0	0	0	0	108
2023	2091	2	4	19	17	17	0	13	0	0	0	0	0	0	0	0	0	0	0	0	0	0	0	0	0	0	0	70
2024	2095	2	1	56	4	17	0	14	0	0	0	0	0	0	0	0	0	0	0	0	0	0	0	0	0	0	0	92
2025	2097	2	11	39	15	1	0	2	0	0	0	0	0	0	0	0	0	0	0	0	0	0	0	0	0	0	0	68
2026	2099	3 (?)	16	80	11	5	0	4	0	0	0	0	0	0	0	0	0	0	0	0	3	0	0	0	0	0	0	119
2027	2101	3 (?)	2	114	11	54	2	9	0	0	0	0	0	0	1	0	0	0	1	0	0	0	0	0	0	0	0	194
2028	2105	2	2	1	0	4	0	1	0	0	0	0	0	0	0	0	0	0	0	0	0	0	0	0	0	0	0	8
2028	2106	2	1	9	0	0	0	0	0	0	0	0	0	0	0	0	0	0	0	0	0	0	0	0	0	0	0	10
2029	2110	2	2	1	2	5	0	3	0	0	0	0	0	0	0	0	0	0	0	0	0	0	0	0	0	0	0	13
2030	2113	3 (?)	3	79	2	3	0	0	0	0	0	0	0	0	1	0	0	0	0	0	0	0	0	0	0	0	0	88
2501	2501	0	3	26	1	30	0	0	0	0	0	0	0	0	4	1	2	0	0	0	0	0	0	0	0	0	0	67
2502	2503	1	10	175	1	206	0	9	0	0	0	0	0	0	9	4	20	0	8	4	0	0	1	0	0	0	0	447
3001	3001	0	10	42	1	66	0	0	0	1	0	0	0	0	12	0	21	0	22	0	0	0	1	0	0	0	0	176
3002	3002	1	0	91	2	26	6	0	0	0	0	0	0	1	6	0	8	1	5	0	0	0	0	0	0	0	0	146
3002,2	3013	1	13	128	6	48	0	11	0	0	0	0	0	0	15	0	0	0	1	4	1	0	0	0	0	0	0	227
3003	3008	2	36	216	9	295	0	17	0	0	0	1	0	0	18	3	8	0	16	11	2	0	0	0	0	0	0	632
3003,4	3081.1	3	1	0	0	0	0	0	0	0	0	0	0	0	0	0	0	0	0	0	0	0	0	0	0	0	0	1
3004	3021	2	5	207	0	66	0	0	0	0	0	0	0	0	1	0	0	0	17	0	0	0	0	0	0	0	0	296
3005	3020	2	3	69	0	11	0	0	0	0	0	0	0	0	2	0	0	0	0	0	0	0	2	0	0	0	0	87
3006	3032	2	1	11	0	0	0	0	0	0	0	0	0	0	0	0	0	0	0	0	0	0	0	0	0	0	0	12
3007	3028	2	7	85	2	34	0	9	0	0	0	0	0	0	0	0	0	0	1	0	2	0	2	0	0	0	0	142

3008	3038	3	0	5	0	1	0	0	0	0	0	0	0	0	0	0	0	0	0	0	0	0	0	0	0	0	0	6
3008	3039	3	2	27	0	27	0	1	0	0	0	0	0	0	0	0	0	0	0	0	0	0	0	0	0	0	0	57
3009	3036	2	1	41	0	5	0	0	0	0	0	0	0	1	1	0	0	0	0	0	0	0	4	0	0	0	0	53
3010	3040	3	0	41	0	9	0	0	0	0	0	0	0	0	0	0	0	0	0	0	0	0	0	0	0	0	0	50
3010	3051	3	0	23	0	0	0	0	0	0	0	0	0	0	0	0	0	0	0	0	0	0	0	0	0	0	0	23
3011	3045	3	0	2	0	0	0	0	0	0	0	0	0	0	0	0	0	0	0	0	0	0	0	0	0	0	0	2
3012	3049	3	0	0	0	2	0	0	0	0	0	0	0	0	0	0	0	0	0	0	0	0	0	0	0	0	0	2
3013	3048	3	0	4	0	0	0	0	0	0	0	0	0	0	0	0	0	0	0	0	0	0	0	0	0	0	0	4
3014	3052	3	0	47	0	3	0	0	0	0	0	0	0	0	0	0	0	0	0	0	0	0	0	0	0	0	0	50
3014	3054	3	0	5	0	2	0	3	0	0	0	0	0	0	0	0	0	0	0	0	0	0	0	0	0	0	0	10
3014	3055	3	0	24	0	1	0	0	0	0	0	0	0	0	0	0	0	0	0	0	0	0	0	0	0	0	0	25
3014	3057	3	0	3	0	0	0	0	0	0	0	0	0	0	0	0	0	0	0	0	0	0	0	0	0	0	0	3
3014	3072	3	0	47	0	2	0	1	0	0	0	0	0	0	1	0	0	0	0	0	0	0	0	0	0	0	0	51
3015	3067	3	0	40	0	0	0	0	0	0	0	0	0	0	0	0	0	0	0	0	0	0	0	0	0	0	0	40
3017	3062	3	1	22	0	1	0	0	0	0	0	0	0	0	0	0	0	0	0	0	0	0	0	0	0	0	0	24
3017	3077	3	28	325	9	76	0	0	0	0	0	0	0	0	0	0	0	0	3	0	1	0	0	0	0	0	0	442
3018	3082	3	25	24	28	58	0	33	0	0	0	0	0	0	0	0	13	0	35	2	19	0	0	0	0	0	0	237
3019	3089	4	1	19	26	36	0	14	0	0	0	0	0	0	6	0	4	0	2	0	0	0	0	0	0	0	0	108
3020	3094	4	27	14	3	24	0	8	0	0	0	0	0	0	3	0	2	0	0	0	0	0	0	0	0	0	0	81
3022	3098	4	19	31	48	30	2	40	0	0	0	0	0	0	0	0	7	0	0	1	0	0	0	0	0	0	0	178
3023	3104	4	9	16	26	44	0	15	0	0	0	0	0	0	0	0	0	0	1	0	0	0	0	0	0	0	0	111
3024	3108	4	7	11	11	19	3	2	0	0	0	0	0	0	0	0	0	0	0	1	0	0	0	0	0	0	0	54
3024	3113	4	19	31	30	31	1	7	0	0	0	0	0	0	0	0	1	0	0	0	0	0	0	0	0	0	0	120
3027	3118	5	2	0	2	3	0	1	0	0	0	0	0	0	0	0	0	0	0	0	0	0	0	0	0	0	0	8
3027	3121	5	0	1	0	0	0	0	0	0	0	0	0	0	0	0	0	0	0	0	0	0	0	2	0	0	0	3
3028	3131	5	1	1	0	7	0	9	0	0	0	0	0	0	0	0	0	0	0	0	0	0	0	0	0	0	0	18
3029	3123	-	2	11	18	40	0	11	0	0	0	0	0	0	0	0	0	0	0	0	0	0	0	0	0	0	0	82
3029	3124	-	3	16	9	11	0	5	0	0	0	0	0	0	0	0	0	0	0	0	0	0	0	0	0	0	0	44
3030	3135	5	0	0	0	0	0	0	0	0	0	0	0	0	0	0	0	0	0	0	0	0	0	6	0	0	0	6
3032	3139	1	5	4	20	63	3	4	0	0	0	0	0	0	5	0	8	1	14	1	1	0	0	0	0	0	0	129
3033	3142	1	8	17	31	56	0	25	0	0	0	0	0	0	2	0	3	0	0	4	0	0	0	0	0	0	0	146
3034	3146	2	1	30	20	26	0	25	0	0	0	0	0	0	3	0	0	0	0	3	0	0	0	0	0	0	0	108
3035	3147	2	5	7	14	33	3	7	0	0	0	0	0	0	0	0	3	0	1	0	0	0	0	0	0	0	0	73

3036	3153	2	14	24	49	82	2	33	0	0	0	0	0	0	4	1	2	0	0	3	1	0	0	0	0	0	0	215
3037	3158	2	11	72	17	54	2	11	0	0	0	0	0	0	2	0	0	0	0	0	0	0	0	0	0	0	0	169
3038	3160	2 (?)	6	25	46	74	33	2	0	0	0	0	0	0	0	0	4	0	0	2	0	0	0	0	0	0	0	192
3039	3164	3	25	60	45	102	0	31	0	0	0	0	0	0	0	0	4	0	2	0	0	0	0	0	0	0	0	269
3040	3170	3	2	4	3	10	0	7	0	0	0	0	0	0	0	0	0	0	0	0	0	0	0	0	0	0	0	26
3041	3171	3	23	21	10	46	0	24	0	0	0	0	0	0	0	0	1	0	0	0	0	0	0	0	0	0	0	125
3042	3174	4	38	60	63	106	0	33	0	0	0	0	0	0	0	0	1	0	0	0	1	0	6	0	0	0	0	308
3043	3178	4	9	38	20	43	0	44	0	0	0	0	0	0	0	0	0	0	0	0	0	0	0	0	0	0	0	154
3044	3182	4	3	0	0	6	0	11	0	0	0	0	0	0	0	0	0	0	0	0	0	0	0	0	0	0	0	20
3045	3184	5	11	12	10	20	1	5	0	0	0	0	0	0	0	0	0	0	0	0	0	0	0	62	2	0	0	123
3046	3188	5	8	7	15	2	0	1	0	0	0	0	0	0	0	0	0	0	0	0	0	0	0	23	0	0	0	56
3047	3191	5	3	3	4	1	0	2	0	0	0	0	0	0	0	0	0	0	0	0	0	0	0	22	1	0	0	36
3048	3192	6	23	6	1	27	5	7	0	0	0	0	0	0	0	0	0	0	0	0	0	0	0	37	1	0	0	107
3049	3197	6	14	13	4	21	3	3	0	0	0	0	0	0	0	0	0	0	0	0	0	0	0	23	1	0	0	82
3050	3201	6	2	1	0	3	0	1	0	0	0	0	0	0	0	0	0	0	0	0	0	0	5	11	0	0	0	23
3051	3203	7	1	5	4	3	1	3	0	0	0	0	0	0	0	0	0	0	0	0	0	0	0	3	0	0	0	20
3052	3206	7	4	1	9	2	0	2	0	0	0	0	0	0	0	0	0	0	0	0	0	0	0	7	0	0	0	25
3053	3071	-	0	50	0	2	0	0	0	0	0	0	0	0	0	0	0	0	1	0	0	0	0	0	0	0	0	53
3053	3073	-	0	7	0	3	0	0	0	0	0	0	0	0	0	0	0	0	0	0	0	0	0	0	0	0	0	10
3053	3074	-	0	5	0	0	0	0	0	0	0	0	0	0	0	0	0	0	0	0	0	0	0	0	0	0	0	5
3500	3500	1	24	115	72	184	3	124	0	0	0	0	0	0	10	0	24	0	3	5	0	1	0	0	0	0	1	566
3501	3505	2	1	11	6	14	0	18	0	0	0	0	0	0	0	0	0	0	0	0	0	0	0	0	0	0	0	50
3502	3506	2	20	50	20	92	0	43	0	0	0	0	0	0	4	0	4	0	0	0	1	0	0	0	0	0	0	234
3503	3508	2	20	32	49	6	1	32	0	0	0	0	0	0	0	0	1	0	0	0	0	0	0	0	0	0	0	141
3504	3511	-	3	4	2	2	0	3	0	0	0	0	0	0	4	0	0	0	0	0	0	0	0	0	0	0	0	18
3505	3512	-	8	18	2	31	0	18	0	0	0	0	0	0	2	1	3	0	0	0	0	0	0	0	0	0	0	83
3506	3514	-	5	6	0	31	0	24	0	0	0	0	0	0	0	0	5	0	0	0	0	0	0	0	0	0	0	71
4001	4001	0	9	33	13	56	0	0	0	0	0	0	0	12	0	0	5	0	15	0	0	0	0	0	0	0	0	143
4002	4002	1	34	227	9	146	0	36	0	0	0	0	0	10	5	6	31	1	24	1	4	0	3	0	0	0	0	537
4004	4005	2	10	130	0	31	0	8	0	1	0	0	0	1	5	0	3	0	6	2	5	0	3	0	0	0	0	205
4005	4010	2	8	11	3	40	0	3	0	0	0	0	0	1	0	1	0	0	0	0	0	0	3	0	0	0	0	70
4006	4014	2	1	63	0	2	0	2	0	0	0	0	0	2	0	0	0	0	0	0	0	0	30	0	0	0	0	100
4007	4018	2	0	14	0	0	0	0	0	0	0	0	0	0	0	0	0	0	0	0	0	0	0	0	0	0	0	14

4008	4021	2 (?)	1	46	2	7	0	0	0	0	0	0	0	0	1	0	2	0	0	0	0	0	0	0	0	0	0	59
4008	4023	2 (?)	0	0	0	1	0	0	0	0	0	0	0	0	0	0	0	0	0	0	0	0	0	0	0	0	0	1
4008	4024	2 (?)	0	0	0	2	0	0	0	0	0	0	0	0	0	0	0	0	0	0	0	0	0	0	0	0	0	2
4008	4026	2 (?)	0	1	0	1	0	0	0	0	0	0	0	0	0	0	0	0	0	0	0	0	0	0	0	0	0	2
4008	4027	2 (?)	0	1	0	0	0	0	0	0	0	0	0	0	0	0	0	0	0	0	0	0	0	0	0	0	0	1
4009	4028	3	7	64	0	7	0	0	0	0	0	0	0	0	0	0	1	0	0	1	0	0	5	0	0	0	0	85
4010	4034	2	3	78	1	1	0	0	0	0	0	0	0	0	0	0	0	0	0	1	0	0	0	0	0	0	0	84
4011	4040	2	1	16	0	9	0	2	0	0	0	0	0	0	0	0	0	0	0	0	0	0	5	0	0	0	0	33
4012	4045	2	0	4	0	0	0	0	0	0	0	0	0	0	1	0	0	0	0	0	0	0	1	0	0	0	0	6
4013	4049	3	7	212	2	28	0	1	0	0	0	0	0	0	0	0	0	0	0	1	0	0	7	0	0	0	0	258
4014	4051	3	2	19	0	5	0	1	0	0	0	0	0	0	0	0	0	0	0	0	0	0	0	0	0	0	0	27
4014	4056	3	1	11	0	4	0	3	0	0	0	0	0	0	0	0	0	0	0	0	0	0	0	0	0	0	0	19
4015	4061	3	2	34	0	11	0	3	0	0	0	0	0	0	0	0	0	0	0	0	0	0	0	0	0	0	0	50
4016	4065	1	0	2	0	2	0	0	0	0	0	0	0	0	0	0	0	0	0	0	0	0	0	0	0	0	0	4
4017	4066	1	4	61	0	74	0	6	0	0	0	0	0	0	3	0	12	3	9	0	0	0	3	0	0	0	0	175
4018	4073	1	9	61	0	10	0	0	0	0	0	0	0	0	3	0	0	0	0	0	1	0	1	0	0	0	0	85
4019	4087	1	2	18	0	19	0	3	0	0	0	0	0	0	0	0	2	0	0	0	0	0	0	0	0	0	0	44
4020	4078	2	4	20	0	15	0	0	0	0	0	0	0	0	0	0	1	0	0	0	0	0	0	0	0	0	0	40
4021	4082	2	1	256	2	85	0	4	0	0	0	0	0	0	0	0	0	0	0	2	0	0	2	0	0	0	0	352
4022	4094	2	2	23	0	16	0	2	0	0	0	0	0	0	0	0	0	0	3	2	0	0	2	0	0	0	0	50
4023	4098	2	26	93	0	8	0	7	0	0	0	0	0	0	0	0	0	0	0	0	0	0	0	0	0	0	0	134
4024	4108	1	7	45	4	4	0	0	0	0	0	0	0	0	5	0	3	0	2	2	0	0	4	0	0	0	0	76
4025	4113	2 (?)	5	51	0	31	0	0	0	0	0	0	0	0	0	0	0	0	0	0	0	0	0	0	0	0	0	87
4026	4116	1	73	0	0	109	0	2	0	0	0	0	0	0	0	0	0	0	0	0	0	0	0	0	0	0	0	184
4027	4119	1	0	33	0	20	0	0	0	0	0	0	0	0	0	0	0	0	0	0	0	0	0	0	0	0	0	53
4028	4124	0	0	26	0	4	0	3	0	0	0	0	0	0	0	0	0	0	0	0	0	0	0	0	0	0	0	33
4029	4127	2	9	26	0	6	0	0	0	0	0	0	0	0	0	0	0	0	0	0	0	0	0	0	0	0	0	41
4030	4130	2	44	94	0	1	0	0	0	0	0	0	0	0	0	0	0	0	0	0	0	0	0	0	0	0	0	139
4030	4132	2	0	0	0	1	0	0	0	0	0	0	0	0	0	0	0	0	0	0	0	0	0	0	0	0	0	1
4030	4133	2	0	1	0	0	0	0	0	0	0	0	0	0	0	0	0	0	0	0	0	0	0	0	0	0	0	1
4030,1	4139	1	1	8	2	13	0	0	0	0	0	0	0	0	0	0	2	0	0	0	4	0	0	0	0	0	0	30
4031	4141	1	6	15	11	10	0	8	0	0	0	0	0	0	0	0	0	0	0	0	3	0	0	0	0	0	0	53
4032	4143	1	29	71	43	21	3	31	0	0	0	0	0	0	0	0	19	0	0	1	0	0	0	0	0	0	0	218

4033	4147	1	1	7	1	0	0	0	0	0	0	0	0	0	0	0	0	0	0	0	0	0	0	0	0	0	0	9
4034	4149	2	10	64	59	33	1	13	0	0	0	0	0	0	0	0	0	0	0	0	0	0	0	0	0	0	0	180
4035	4152	2	70	94	84	51	2	19	0	0	0	0	0	0	0	0	1	0	0	0	0	0	0	0	0	0	0	321
4036	4157	2	20	14	22	23	0	10	0	0	0	0	0	0	2	0	0	0	1	0	0	0	0	0	0	0	0	92
4037	4161	2	14	47	50	17	1	16	0	0	0	0	0	0	0	0	2	0	0	0	0	0	0	0	0	0	0	147
4038	4137	-	2	0	0	0	0	0	0	0	0	0	0	0	0	0	0	0	0	0	0	0	0	0	0	0	0	2
5001	5001	0	19	118	8	62	0	5	0	0	0	0	0	2	8	0	5	0	14	6	1	0	3	0	0	0	0	251
5002	5005	1	3	80	4	159	0	15	0	0	0	0	0	2	46	0	17	0	14	2	1	0	0	0	0	0	0	343
5004	5010	0	22	295	7	109	0	0	0	0	0	0	0	24	6	0	4	2	1	4	0	0	11	0	0	0	0	485
5008	5019	1	1	6	0	9	0	1	0	0	0	0	0	0	0	0	3	0	0	0	0	0	0	0	0	0	0	20
5008	5025	1	3	38	3	23	0	6	0	0	0	0	0	3	6	0	3	0	0	0	3	0	0	0	0	0	0	88
5010	5020	0	6	25	0	18	0	6	0	0	0	0	0	2	26	0	4	0	4	0	2	0	4	0	0	0	0	97
5011	5029	-	0	37	1	25	0	17	0	0	0	0	0	0	19	24	12	4	19	1	0	0	0	0	0	0	0	159
5012	5053	0	1	39	1	16	0	2	0	0	0	0	0	0	0	0	0	0	8	1	0	0	0	0	0	0	0	68
5015	5048	1	7	0	0	94	0	0	0	0	0	0	0	0	11	0	0	0	0	0	0	0	0	0	0	0	0	112
5016	5035	1	14	491	2	175	0	2	1	2	0	0	0	12	17	0	1	2	8	4	0	0	0	0	0	0	0	731
5019	5042	-	0	0	0	0	0	0	0	0	0	0	0	31	6	0	0	0	0	4	0	0	0	0	0	0	0	41
5020	5057	0 (?)	1	6	0	5	0	0	0	0	0	0	0	0	3	0	0	0	0	1	3	0	0	0	0	0	0	19
5023	5061	1	20	57	19	139	0	0	0	0	0	0	0	0	3	0	14	0	67	0	0	0	0	0	0	0	0	319
5023	5067	1	1	32	9	10	0	3	0	0	0	0	0	0	0	0	10	0	1	0	18	0	0	0	0	0	0	84
5023	5068	1	3	36	24	55	0	10	0	0	0	0	0	0	0	0	4	0	0	0	0	0	0	0	0	0	0	132
5023	5072	1	0	479	10	65	0	25	0	0	0	0	0	0	0	0	15	0	1	0	12	0	0	0	0	0	0	607
5024	5073	2	25	83	0	18	0	1	0	0	0	0	0	0	0	0	8	0	0	20	0	0	0	0	0	0	0	155
5024	5076	2	41	23	24	51	1	6	0	0	0	0	0	0	0	0	20	0	0	4	0	0	0	0	0	0	0	170
5024	5083	2	8	383	136	7	0	0	0	0	0	0	0	1	1	0	2	0	1	2	0	0	0	0	0	0	0	541
5024	5091	2	20	26	14	25	0	0	0	0	0	0	0	0	0	0	16	0	1	8	0	0	0	0	0	0	0	110
5024	5109	2	13	66	0	8	0	20	0	0	0	0	0	0	0	1	0	0	0	0	0	0	0	0	0	0	0	108
5027	5113	2	1	2	5	1	0	2	0	0	0	0	0	0	0	0	0	0	0	0	0	0	0	0	0	0	0	11
5028	5087	2	1	24	18	25	1	13	0	0	0	0	0	0	1	0	2	0	0	0	0	0	0	0	0	0	0	85
5028	5097	2	5	69	23	133	0	37	0	0	0	0	0	0	0	1	42	0	0	1	6	0	0	0	0	0	0	317
5028	5135	2	13	15	10	30	0	14	0	0	0	0	0	0	0	0	43	0	0	0	0	0	0	0	0	0	0	125
5029	5103	2	26	49	16	92	0	22	0	0	0	0	0	0	3	0	0	0	0	0	0	0	0	0	0	0	0	208
5029	5134	2	2	3	0	12	0	1	0	0	0	0	0	0	0	0	1	0	0	0	0	0	0	0	0	0	0	19

5029	5136	2	0	19	13	22	0	14	0	0	0	0	0	0	0	0	5	0	1	0	0	0	0	0	0	0	0	74
5034	5116	-	3	10	12	19	0	8	0	0	0	0	0	0	0	0	2	0	0	0	0	0	0	0	0	0	0	54
5035	5121	1	20	68	39	88	0	39	0	0	0	0	0	0	8	0	25	0	9	0	0	0	0	0	0	0	0	296
5035	5127	1	14	59	64	91	0	30	0	0	0	0	0	0	10	0	18	0	18	0	0	0	0	0	0	0	0	304
5036	5141	-	1	9	13	22	0	2	0	1	0	0	0	0	0	0	7	0	0	0	0	0	0	0	0	0	0	55
5036	5149	-	9	27	30	78	0	34	0	0	0	0	0	0	0	0	1	0	2	0	0	0	0	0	0	0	0	181
5037	5144	-	18	73	82	94	2	51	0	0	0	0	0	1	0	0	0	0	0	0	0	0	0	0	0	0	0	321
5037	5158	-	3	18	34	96	2	23	0	0	0	0	0	0	5	0	6	0	0	0	0	0	0	0	0	0	0	187
5038	5153	-	16	14	12	48	0	1	0	0	0	0	0	0	5	0	4	0	0	0	0	0	0	0	0	0	0	100
5039	5163	1	9	53	43	42	1	12	0	0	0	0	0	0	0	0	0	0	0	0	0	0	0	0	0	0	0	160
5039	5167	1	14	30	48	111	0	16	0	0	0	0	0	0	0	0	2	0	3	1	0	0	0	0	0	0	0	225
5039	5175	1	5	80	8	4	0	6	0	0	0	0	0	0	0	0	0	0	0	0	0	0	0	0	0	0	0	103
5044	5173	1 (?)	3	4	3	17	0	2	0	0	0	0	0	0	0	0	0	0	0	0	0	0	0	0	0	0	0	29
5044	5178	1 (?)	15	23	47	51	0	20	0	0	0	0	0	0	0	0	1	0	0	0	0	0	0	0	0	0	0	157
5044	5187	1 (?)	1	2	2	10	0	4	0	0	0	0	0	0	2	0	0	0	0	0	0	0	0	0	0	0	0	21
5045	5183	1 (?)	4	1	31	1	1	5	0	0	0	0	0	0	0	0	0	0	0	0	0	0	0	0	0	0	0	43
6001	6001	1	7	40	4	28	1	1	0	0	0	0	0	11	3	0	27	4	20	2	1	0	0	0	0	0	0	149
6002	6002	1	21	189	2	83	0	8	0	0	0	0	0	7	19	0	52	1	17	7	5	0	0	0	0	0	0	411
6003	6006	3	3	24	0	22	0	0	0	0	0	0	0	2	2	0	3	239	4	0	1	0	0	0	0	0	0	300
6004	6008	2	2	10	1	22	0	0	0	0	0	0	0	2	2	0	2	5	5	0	2	0	0	0	0	0	0	53
6005	6009	2	12	82	1	35	0	5	0	0	0	0	0	10	4	0	4	0	5	0	0	0	2	0	0	0	0	160
6006	6011	2	1	45	1	9	0	4	0	0	0	0	0	0	3	0	3	0	2	1	1	0	3	0	0	0	0	73
6007	6014	3	7	97	3	60	0	11	0	0	0	0	0	5	1	5	2	0	0	2	0	0	1	0	0	0	0	194
6008	6016	3	2	51	0	22	0	4	0	0	0	0	0	0	2	0	1	0	1	1	0	0	0	0	0	0	0	84
6009	6020	3	1	16	0	9	0	0	0	0	0	0	0	1	1	0	0	0	1	0	1	0	0	0	0	0	0	30
6010	6023	2	0	2	0	0	0	0	0	0	0	0	0	0	0	0	0	0	0	0	0	0	0	0	0	0	0	2
6011	6025	2	2	37	0	23	0	4	0	0	0	0	0	0	5	0	0	4	12	5	0	0	1	0	0	0	0	93
6012	6027	2	2	66	6	64	0	4	0	0	0	0	0	0	17	1	5	0	1	5	0	0	1	0	0	0	0	172
6013	6034	3	3	211	1	103	0	32	0	0	0	0	0	1	32	0	0	0	28	29	20	0	0	0	0	0	0	460
6013,1	6030	2	0	0	0	0	0	0	0	0	0	0	0	0	0	0	0	0	1	0	0	0	0	0	0	0	0	1
6013,1	6032	2	0	18	0	0	0	0	0	0	0	0	0	0	0	0	0	0	0	0	0	0	0	0	0	0	0	18
6014	6041	4	18	77	0	39	0	0	0	0	0	0	0	0	0	0	0	0	0	0	0	0	2	0	0	0	0	136
6015	6045	4	9	41	0	22	0	6	0	0	0	0	0	0	6	0	0	0	0	0	0	0	0	0	0	0	0	84

6016	6048	2	27	183	12	21	0	3	0	0	0	0	0	0	2	0	1	1	0	2	0	1	4	0	0	0	0	257
6016	6052	2	38	155	0	15	0	0	0	0	0	0	0	0	0	0	0	0	0	0	0	0	0	0	0	0	0	208
6016	6053	2	0	6	0	6	0	0	0	0	0	0	0	0	0	0	0	0	0	0	0	0	0	0	0	0	0	12
6017	6055	3	4	75	0	26	0	0	0	0	0	0	0	0	0	0	0	0	0	0	0	0	0	0	0	0	0	105
6017	6059	3	0	1	0	0	0	0	0	0	0	0	0	0	0	0	0	0	0	0	0	0	0	0	0	0	0	1
6018	6060	3	3	47	0	38	0	5	0	0	0	0	0	0	3	0	0	0	2	1	0	0	2	0	0	0	0	101
6018	6061	3	0	7	0	0	0	0	0	0	0	0	0	0	0	0	0	0	0	0	0	0	0	0	0	0	0	7
6019	6062	3	0	49	6	34	0	5	0	0	0	0	0	0	5	0	0	0	0	0	0	0	2	0	0	0	0	101
6020	6068	3	4	3	0	8	0	2	0	0	0	0	0	0	0	0	0	0	0	0	0	0	0	0	0	0	0	17
6021	6072	3	2	10	1	8	0	0	0	0	0	0	0	0	0	0	0	0	0	0	0	0	0	0	0	0	0	21
6022	6074	3	4	11	4	16	0	2	0	0	0	0	0	0	0	0	0	0	0	0	0	0	0	0	0	0	0	37
6023	6076	3	0	1	0	1	0	0	0	0	0	0	0	0	0	0	0	0	0	0	0	0	0	0	0	0	0	2
6024	6078	3	2	13	0	12	0	0	0	0	0	0	0	0	0	0	0	0	0	0	0	0	2	0	0	0	0	29
6024	6085	3	0	15	0	0	0	0	0	0	0	0	0	0	0	0	0	0	0	0	0	0	0	0	0	0	0	15
6025	6079	3	0	55	0	0	0	0	0	0	0	0	0	0	0	0	0	0	0	0	0	0	0	0	0	0	0	55
6025	6081	3	0	0	0	2	0	0	0	0	0	0	0	0	0	0	0	0	0	0	0	0	0	0	0	0	0	2
6025	6096	3	0	19	0	4	0	0	0	0	0	0	0	0	0	0	0	0	0	0	0	0	0	0	0	0	0	23
6026	6087	3	0	264	0	24	0	3	0	0	0	0	0	0	0	0	0	0	0	0	0	0	0	0	0	0	0	291
6027	6095	3	0	256	0	21	0	0	0	0	0	0	0	0	3	0	5	0	0	0	0	0	0	0	0	0	0	285
6028	6103	-	16	15	31	14	1	17	0	0	0	0	0	0	0	0	14	13	0	0	0	0	0	0	0	0	0	121
6029	6108	0	0	6	0	24	0	0	0	0	0	0	0	0	0	0	1	0	0	0	0	0	0	0	0	0	0	31
6030	6109	1	2	1	1	3	0	3	0	0	0	0	0	0	1	0	0	0	0	0	0	0	0	0	0	0	0	11
6031	6110	2	1	8	3	19	1	0	0	0	0	0	0	0	4	0	2	0	1	0	0	0	0	0	0	0	0	39
6032	6113	3 (?)	10	42	34	49	1	20	0	0	0	0	0	0	7	0	14	0	10	0	0	0	0	0	0	0	0	187
6033	6118	3	4	74	36	23	1	18	0	0	0	0	0	0	0	0	5	0	0	0	0	0	0	0	0	0	0	161
6034	6119	3	30	184	75	74	3	26	0	0	0	0	0	0	0	0	3	0	3	0	1	0	0	0	0	0	0	399
6034	6123	3	0	0	1	0	0	0	0	0	0	0	0	0	0	0	0	0	0	0	0	0	0	0	0	0	0	1
6034	6124	3	0	0	1	14	0	0	0	0	0	0	0	0	0	0	0	0	0	0	0	0	0	0	0	0	0	15
6034	6125	3	51	1	1	0	0	0	0	0	0	0	0	0	0	0	0	0	0	0	0	0	0	0	0	0	0	53
6035	6132	3	1	258	7	4	0	0	0	0	0	0	0	0	0	0	0	0	0	0	0	0	0	0	0	0	0	270
6036	6136	3	0	31	1	25	0	9	0	0	0	0	0	0	0	0	0	0	0	0	0	0	0	0	0	0	0	66
6037	6140	3	38	76	39	29	0	43	0	0	0	0	0	0	0	0	1	0	0	0	0	0	0	0	0	0	0	226
6038	6142	1	0	1	25	86	1	10	0	0	0	0	0	0	1	0	11	0	17	19	2	0	0	0	0	0	0	173

6038	6145	1	2	18	10	49	2	12	0	0	0	0	0	1	13	0	6	0	0	6	4	0	0	0	0	0	0	123
6039	6149	1	1	42	33	83	1	42	0	0	0	0	0	0	31	0	38	0	10	35	1	0	0	0	0	0	0	317
6039	6154	1	1	32	24	45	0	32	0	0	0	0	0	0	0	0	12	0	0	19	0	0	0	0	0	0	0	165
6040	6164	2	5	51	21	87	0	27	0	0	0	0	0	0	16	0	0	0	0	0	0	0	0	0	0	0	0	207
6040	6165	2	0	20	10	26	0	0	0	0	0	0	0	0	0	0	0	0	0	0	0	0	0	0	0	0	0	56
6041	6171	1	2	32	31	50	0	43	0	0	0	0	0	0	10	0	12	0	1	0	0	0	0	0	0	0	0	181
6041	6172	1	12	170	63	293	1	90	0	0	0	0	0	0	10	0	34	0	1	8	0	0	0	0	0	0	0	682
6041	6177	1	12	42	28	73	1	60	0	0	0	0	0	0	0	0	9	0	14	0	0	0	0	0	0	0	0	239
6042	6168	2	0	10	3	42	2	4	0	0	0	0	0	0	0	0	0	0	0	0	0	0	0	0	0	0	0	61
6043	6178	3	17	137	48	109	2	88	1	0	0	0	0	0	0	0	21	0	0	0	0	0	0	0	0	0	0	423
6043	6183	3	9	88	61	89	1	23	0	0	0	0	0	0	0	0	8	0	0	0	0	0	0	0	0	0	0	279
6043	6188	3	13	75	30	44	0	45	0	0	0	0	0	0	1	0	15	0	1	0	0	0	0	0	0	0	0	224
6044	6191	2	15	72	24	55	1	27	0	0	0	0	0	0	4	0	1	0	0	0	0	0	0	1	0	0	0	200
6044	6196	2	0	4	7	13	0	9	0	0	0	0	0	0	0	0	0	0	0	0	0	0	0	0	0	0	0	33
6045	6199	3	21	97	28	90	2	69	0	0	0	0	0	0	6	0	3	0	0	6	0	0	0	0	0	1	0	323
6045	6203	3	4	27	1	23	1	21	0	0	0	0	0	0	0	0	0	0	0	0	0	0	0	0	0	0	0	77
6048	6237	3	0	8	0	6	0	2	0	0	0	0	0	0	0	0	0	0	0	0	0	0	0	0	0	0	0	16
6049	6239	3	8	12	1	21	0	38	0	0	0	0	0	0	0	0	0	0	0	0	0	0	0	0	0	0	0	80
6050	6207	4	8	40	10	46	0	18	0	0	0	0	0	0	1	0	1	0	0	2	0	0	0	0	0	0	0	126
6052	6248	4	2	3	2	6	2	7	0	0	0	0	0	0	0	0	0	0	0	0	0	0	0	0	0	0	0	22
6053	6212	4	4	5	1	15	0	11	0	0	0	0	0	0	0	0	3	0	0	0	0	0	0	0	0	0	0	39
6053	6215	4	10	82	34	35	0	41	0	0	0	0	0	0	5	0	3	0	0	0	0	0	0	0	0	0	0	210
6053	6221	4	2	41	15	19	0	11	0	0	0	0	0	0	0	0	0	0	0	0	0	0	0	0	0	0	0	88
6053	6222	4	0	74	0	0	0	0	0	0	0	0	0	0	0	0	0	0	0	0	0	0	0	0	0	0	0	74
6053	6225	4	7	5	1	8	0	7	0	0	0	0	0	0	1	0	0	0	1	0	0	0	0	0	0	0	0	30
6053,1	6229	4	46	33	3	96	1	47	0	0	0	0	0	0	0	0	0	0	0	0	0	0	24	0	0	0	0	250
6053,1	6244	4	11	11	1	18	0	22	0	0	0	0	0	0	0	0	2	0	0	0	0	0	0	0	0	0	0	65
6054	6223	4	5	45	18	50	0	17	0	0	0	0	0	0	0	0	1	0	0	0	0	0	0	0	0	0	0	136
6054	6227	4	3	16	4	30	0	13	0	0	0	0	0	0	0	0	0	0	0	0	0	0	47	1	0	0	0	114
6054	6238	4	5	0	5	11	0	4	0	0	0	0	0	0	0	0	0	0	0	0	0	0	0	0	0	0	0	25
6058	6251	4	10	21	12	25	6	20	0	0	0	0	0	0	0	0	0	0	0	0	0	0	37	4	0	0	0	135
6060	6255	3	6	9	3	6	0	9	0	0	0	0	0	0	0	0	0	0	0	0	0	0	0	0	0	0	0	33
6060	6258	3	18	42	22	55	0	16	0	0	0	0	0	0	2	0	3	0	0	0	0	0	0	0	0	0	0	158

6060	6262	3	16	42	5	52	2	24	0	0	0	0	0	0	2	0	2	0	0	0	0	0	0	0	0	0	0	145
6060	6263	3	8	65	1	6	0	0	0	0	0	0	0	0	0	0	0	0	0	0	0	0	0	0	0	0	0	80
6060	6264	3	13	42	7	31	0	47	0	0	0	0	0	0	0	0	2	0	1	0	0	0	0	0	0	0	0	143
6063	6076	3	0	3	0	13	0	0	0	0	0	0	0	0	0	0	1	0	0	0	0	0	0	0	0	0	0	17
6063	6269	3	0	12	23	17	0	12	0	0	0	0	0	0	0	0	0	0	0	0	0	0	0	0	0	0	0	64
6063	6273	3	39	31	47	73	0	36	0	0	0	0	0	0	0	0	0	0	0	0	0	0	3	0	0	0	0	229
6063	6277	3	4	10	17	40	0	7	0	0	0	0	0	0	0	0	0	0	0	0	0	0	0	0	0	0	0	78
6063	6305	3	4	9	7	26	0	8	0	0	0	0	0	0	0	0	0	0	0	0	0	0	0	0	0	0	0	54
6066	6278	3 (?)	9	37	12	54	0	14	0	0	0	0	0	0	2	0	1	0	0	0	0	0	0	0	0	0	0	129
6066	6282	3 (?)	8	40	2	154	0	11	0	0	0	0	0	2	0	0	1	0	0	0	0	0	0	0	0	0	0	218
6070	6285	3	1	3	2	16	0	3	0	0	0	0	0	0	0	0	0	0	0	0	0	0	0	0	0	0	0	25
6070	6286	3	32	38	27	133	1	40	0	0	0	0	0	0	0	0	0	0	0	0	0	0	0	0	0	0	0	271
6070	6287	3	26	56	36	199	0	20	0	0	0	0	0	0	3	0	1	0	0	1	0	0	0	0	0	0	0	342
6070	6296	3	2	11	5	18	0	9	0	0	0	0	0	0	0	0	0	0	0	0	0	0	0	0	0	0	0	45
6071	6299	3 (?)	11	21	9	42	0	26	0	0	0	0	0	0	0	0	3	0	1	0	0	0	0	0	0	0	0	113
7001	7001	-	0	26	2	9	0	0	0	0	0	0	0	1	5	0	2	0	3	0	0	0	0	0	0	0	0	48
7002	7002	-	7	113	2	55	0	6	0	0	0	0	0	0	6	0	6	3	3	2	2	0	0	0	0	0	0	205
7003	7005	-	6	18	4	24	0	0	0	0	0	0	0	0	3	0	4	0	1	0	0	0	0	0	0	0	0	60
7004	7009	-	3	8	2	6	0	0	0	0	0	0	0	0	0	0	0	0	0	0	0	0	0	0	0	0	0	19
7005	7012	1	0	0	0	26	1	5	0	0	0	0	0	0	1	4	12	0	0	0	0	0	0	0	0	0	0	49
7006	7013	2	10	22	21	13	0	5	0	0	0	0	0	0	0	0	13	0	11	0	0	0	0	0	0	0	0	95
7007	7017	3	20	52	23	43	0	26	0	0	0	0	0	0	0	0	7	0	1	0	0	0	0	0	0	0	0	172
8001	8001	-	2	23	0	57	0	0	0	0	0	0	0	0	4	1	0	2	2	0	0	0	0	0	0	0	0	91
8002	8002	-	2	57	2	35	0	0	0	0	0	0	0	1	3	0	2	0	4	0	1	0	0	0	0	0	0	107
8003	8006	-	4	16	1	38	0	0	0	0	0	0	0	0	3	0	1	0	1	0	0	0	0	0	0	0	0	64
8004	8007	H1	2	28	20	53	0	17	0	0	0	0	0	0	15	0	42	0	0	8	0	0	0	0	0	0	0	185
8005	8013	H1	0	22	4	15	0	20	0	0	0	0	0	0	2	0	11	0	0	0	0	0	0	0	0	0	0	74
8006	8019	1	8	0	21	28	0	12	0	0	0	0	0	0	10	0	25	0	0	32	6	0	0	0	0	0	0	142
8007	8023	2	2	79	115	172	1	129	0	0	0	2	0	0	2	0	35	1	50	8	0	0	11	0	0	0	0	607
8008	8029	3	16	116	45	88	0	53	0	1	0	0	0	0	0	0	9	0	0	0	0	0	0	0	0	0	0	328
8009	8033	3 (?)	9	41	31	40	1	44	0	0	0	0	0	0	3	0	0	0	0	0	0	0	0	0	0	0	0	169
8010	8042	3	7	111	14	37	1	65	0	0	0	0	0	0	6	0	4	0	0	5	0	0	0	0	0	0	0	250
8011	8083	3 (?)	5	51	37	44	0	47	0	0	0	0	0	0	0	0	2	0	0	0	0	0	0	0	0	0	0	186

8012	8046	3 (?)	0	9	4	6	0	7	0	0	0	0	0	0	0	0	0	0	0	0	0	0	0	0	0	0	0	26
8013	8060	3 (?)	0	0	0	0	0	6	0	0	0	0	0	0	0	0	0	0	0	0	0	0	0	0	0	0	0	6
8013	8062	3 (?)	12	35	27	62	0	54	0	0	0	0	0	0	1	0	0	0	2	0	0	0	0	0	0	0	0	193
8014	8050	3	11	117	14	92	0	71	0	0	0	0	0	0	0	0	3	0	0	0	0	0	0	0	0	0	0	308
8014	8073	3	2	12	0	45	0	56	0	0	0	0	0	0	0	0	0	0	0	0	0	0	0	0	0	0	0	115
8014	8166	3	24	15	0	12	0	0	0	0	0	0	0	0	1	0	0	0	0	0	0	0	0	0	0	0	0	52
8015	8076	3	1	18	4	23	0	43	0	0	0	0	0	0	0	0	0	0	0	0	0	0	0	1	0	0	0	90
8016	8079	3	0	3	0	5	0	4	0	0	0	0	0	0	0	0	0	0	0	0	0	0	0	0	0	0	0	12
8017	8082	3 (?)	2	44	11	17	0	4	0	0	0	0	0	0	0	0	0	0	0	0	0	0	0	0	0	0	0	78
8018	8084	3	0	0	2	2	0	7	0	0	0	0	0	0	0	0	0	0	0	0	0	0	0	0	0	0	0	11
8019	8088	4	2	32	2	40	1	6	0	0	0	0	0	0	0	0	0	0	0	0	0	0	0	0	0	0	0	83
8021	8091	4	2	13	5	22	0	21	0	0	0	0	0	0	2	0	0	0	0	0	0	0	0	0	0	0	0	65
8022	8094	4	1	81	0	85	0	6	0	0	0	0	0	0	0	0	0	0	0	0	0	0	0	0	0	0	0	173
8023	8098	5	3	17	2	16	1	2	0	0	0	0	0	0	0	0	0	0	0	0	0	0	0	2	0	1	0	44
8024	8101	5	3	8	0	8	0	10	0	0	0	0	0	0	0	0	0	0	0	0	0	0	0	0	0	0	0	29
8025	8104	5	1	8	5	13	0	1	0	0	0	0	0	0	0	0	0	0	0	0	0	0	0	0	0	0	0	28
8026	8106	4	1	46	26	24	2	46	0	0	0	0	0	0	0	0	0	0	0	0	0	0	0	0	0	0	0	145
8027	8112	4	0	47	24	202	1	13	0	0	0	0	0	0	0	0	0	0	0	0	0	0	0	0	0	0	0	287
8028	8114	4	50	94	20	64	0	28	0	0	0	0	0	0	0	0	2	0	0	0	0	0	0	0	0	0	0	258
8029	8123	5	18	431	35	90	0	21	0	0	0	0	0	0	0	0	0	0	0	0	0	0	0	0	0	0	0	595
8030	8136	-	1	29	7	36	1	13	0	0	0	0	0	0	0	0	0	0	0	0	0	0	0	0	0	0	0	87
8031	8137	4	1	33	12	22	0	6	0	0	0	0	0	0	0	0	0	0	0	0	0	0	0	0	0	0	0	74
8032	8141	1	18	104	16	89	1	128	0	0	0	0	0	0	6	0	12	0	2	0	2	0	0	0	0	0	0	378
8033	8144	2	6	42	12	67	1	52	0	0	0	0	0	0	2	0	1	0	0	0	0	0	3	0	0	0	0	186
8034	8150	3	7	70	16	35	1	88	0	0	0	0	0	0	5	0	2	0	0	0	0	0	0	0	0	0	0	224
8035	8162	4 (?)	3	50	54	36	1	15	0	0	0	0	0	0	1	0	0	1	0	0	0	0	0	0	0	0	0	161
8500	8500	H1	0	0	2	13	0	2	0	0	0	0	0	0	0	0	4	0	0	8	0	0	0	0	0	0	0	29
8500	8503	H1	0	2	3	0	1	3	0	0	0	0	0	0	3	0	3	0	3	0	0	0	0	0	0	0	0	18
8501	8502	H1	0	6	7	0	0	0	0	0	0	0	0	0	1	0	3	0	0	0	0	0	0	0	0	0	0	17
8501	8516	H1	0	45	3	15	0	12	0	0	0	0	0	0	8	0	0	0	0	0	0	0	0	0	0	0	0	83
8505	8505	H1	0	11	0	0	0	6	0	0	0	0	0	0	8	1	2	0	0	0	0	0	0	0	0	0	0	28
8505	8509	H1	1	3	2	3	0	0	0	0	0	0	0	0	3	0	3	0	1	0	0	0	0	0	0	0	0	16
8506	8510	H2 (?)	7	58	35	68	0	43	0	0	0	0	0	0	7	1	4	0	1	0	0	0	0	0	0	0	0	224

8506	8512	H2 (?)	3	23	15	30	0	16	0	0	0	0	0	0	0	0	0	0	0	0	0	0	0	0	0	0	0	87
8506	8515	H2 (?)	1	54	17	2	0	30	0	0	0	0	0	0	0	0	3	0	0	0	0	0	0	0	0	0	0	107
8507	8517	H3	8	75	12	47	0	71	0	0	0	0	0	0	6	0	1	0	1	0	0	0	0	0	0	0	0	221
8507	8520	H3	6	40	0	36	0	17	0	0	0	0	0	0	0	0	1	0	0	0	0	0	0	0	0	0	0	100
8510	8523	H4 (?)	34	49	21	48	1	24	0	0	0	0	0	0	0	0	0	0	1	0	0	0	71	0	0	0	0	249
8510	8526	H4 (?)	9	57	23	43	1	50	0	0	0	0	0	0	2	0	0	0	0	0	0	0	0	1	0	0	0	186
8510	8528	H4 (?)	0	307	1	12	0	8	0	1	0	0	0	0	0	0	0	0	0	0	0	0	0	0	0	0	0	329
8510	8529	H4 (?)	4	90	1	8	2	2	0	0	0	0	0	0	2	0	1	0	0	0	0	0	0	0	0	0	0	110
8510	8531	H4 (?)	3	20	6	18	0	16	0	0	0	0	0	0	0	0	0	0	0	0	0	0	0	0	0	0	0	63
8510	8533	H5	5	30	3	15	1	9	0	0	0	0	0	0	0	0	0	0	0	0	0	0	0	1	0	0	0	64
9000	9001	0	1	4	3	23	0	0	0	0	0	0	0	0	4	0	22	0	0	0	0	0	0	0	0	0	0	57
9000,1	9015	0	0	3	4	10	0	4	0	0	0	0	0	0	0	0	3	0	0	0	0	0	0	0	0	0	0	24
9001	9002	1	6	82	74	122	1	8	0	0	0	1	0	0	2	0	59	1	35	0	5	0	0	0	0	0	0	396
9001,1	9016	1	0	32	24	43	0	0	0	0	0	0	0	0	4	0	52	0	1	12	0	0	0	0	0	0	0	168
9002	9008	2 (?)	9	79	75	26	0	27	0	0	0	0	0	0	0	0	80	0	1	0	3	0	0	0	0	0	0	300
9002,1	9021	2 (?)	15	98	30	95	0	44	1	2	0	0	0	0	1	0	49	0	17	1	0	0	0	0	0	0	0	353
9003	9013	2 (?)	2	49	2	13	0	0	0	0	0	0	0	0	0	0	2	0	0	3	0	0	0	0	0	0	0	71
9004	9028	2	41	191	131	246	3	77	0	0	0	0	0	0	0	0	70	0	23	0	0	0	0	0	0	0	0	782
9005	9032	2	0	11	15	45	0	19	0	0	0	0	0	0	0	0	4	0	0	0	1	0	0	0	0	0	0	95
9005	9038	2	0	0	89	0	0	2	0	0	0	0	0	0	0	0	0	0	0	0	0	0	0	0	0	0	0	91
9005	9044	2	0	4	2	15	0	3	0	0	0	0	0	0	0	0	0	0	0	0	0	0	0	0	0	0	0	24
9005	9045	2	2	14	25	29	1	5	0	0	0	0	0	0	0	0	2	0	0	12	0	0	0	0	0	0	0	90
9006	9042	2	11	27	0	21	0	18	0	0	0	0	0	0	0	0	0	0	0	0	0	0	0	0	0	0	0	77
9006	9048	2	1	30	34	74	0	1	0	0	0	0	0	0	0	0	1	0	0	0	0	0	0	0	0	0	0	141
9006	9053	2	0	6	12	0	0	0	0	0	0	0	0	0	0	0	0	0	0	0	0	0	0	0	0	0	0	18
9008	9007	2	0	3	3	19	0	0	0	0	0	0	0	0	0	0	0	0	0	0	0	0	0	0	0	0	0	25
9010	9054	2	39	98	115	116	3	93	0	0	0	0	0	0	30	0	36	0	10	15	0	0	0	0	0	0	0	555
9011	9063	2 (?)	4	6	1	13	0	8	0	0	0	0	0	0	1	0	0	0	0	0	0	0	0	0	0	0	0	33
9011	9064	2 (?)	0	9	0	1	0	0	0	0	0	0	0	0	0	0	0	0	0	0	0	0	0	0	0	0	0	10
9012	9069	2	35	10	40	3	1	18	0	0	0	0	0	0	0	0	4	0	0	0	0	0	0	0	0	0	0	111
9012	9071	2	0	10	0	0	0	0	0	0	0	0	0	0	0	0	0	0	0	0	0	0	0	0	0	0	0	10
9013	9078	2	0	3	0	5	0	0	0	0	0	0	0	0	0	0	0	0	0	0	0	0	0	0	0	0	0	8
9013	9081	2	0	7	7	4	0	0	0	0	0	0	0	0	0	0	0	0	0	0	0	0	0	0	0	0	0	18

9013	9083	2	1	14	31	39	1	20	0	0	0	0	0	1	5	0	10	0	1	6	0	0	0	0	0	0	0	129
9013,1	9093	2	0	86	3	0	0	0	0	0	0	0	0	0	0	0	1	0	0	0	0	0	0	0	0	0	0	90
9013,1	9096	2	38	16	18	26	0	0	0	0	0	0	0	0	0	0	3	0	0	0	0	0	0	0	0	0	0	101
9014	9085	2	1	8	12	26	1	10	0	0	0	0	0	0	0	0	0	0	0	0	0	0	0	0	0	0	0	58
9016	9097	2	2	20	44	66	1	0	0	0	0	0	0	1	0	0	0	0	0	0	0	0	0	0	0	0	0	134
9017	9108	3 (?)	12	31	28	34	0	8	0	0	0	0	0	0	0	0	0	0	0	0	0	0	0	0	0	0	0	113
9017	9109	3 (?)	16	57	33	21	0	5	1	0	0	0	0	0	0	0	8	0	0	0	0	0	0	0	0	0	0	141
9018	9111	3	5	252	80	6	0	0	0	0	0	0	0	0	0	0	0	0	0	0	0	0	0	0	0	0	0	343
9018	9117	3	0	106	0	1	0	0	0	0	0	0	0	0	0	0	0	0	0	0	0	0	0	0	0	0	0	107
9018,1	9123	3	1	193	60	2	2	0	0	0	0	0	0	0	0	0	0	0	0	0	0	0	0	0	0	0	0	258
9018,1	9128	3	31	45	32	18	0	0	0	0	0	0	0	0	0	0	0	0	0	0	0	0	0	0	0	0	0	126
9018,1	9131	3	3	7	0	34	0	0	0	0	0	0	0	0	0	0	0	0	0	0	0	0	0	0	0	0	0	44
9018,1	9132	3	25	81	123	37	1	9	0	0	0	0	0	0	0	0	0	0	1	0	0	0	0	0	0	0	0	277
9018,1	9133	3	6	31	31	26	0	11	0	0	0	0	0	0	0	0	0	0	0	0	0	0	0	0	0	0	0	105
9018,1	9134	3	0	15	0	0	0	5	0	0	0	0	0	0	0	0	0	0	0	0	0	0	0	0	0	0	0	20
9019	9118	3	0	0	0	40	0	0	0	0	0	0	0	0	0	0	0	0	0	0	0	0	0	0	0	0	0	40
9020	9136	-	5	84	55	78	3	2	0	0	0	0	0	0	0	0	2	0	0	0	0	0	0	0	0	0	0	229
9021	9143	3	113	105	82	145	0	0	0	0	0	0	0	0	0	0	2	0	0	0	0	0	0	0	0	0	0	447
9024	9162	3	30	92	78	47	0	13	0	0	0	0	0	0	0	0	0	0	0	0	0	0	0	0	0	0	0	260
9026	9155	3	20	0	0	0	0	0	0	0	0	0	0	0	0	0	0	0	0	0	0	0	0	0	0	0	0	20
9028	9152	3	19	34	65	26	0	0	0	0	0	0	0	0	0	0	0	0	0	0	0	0	0	0	0	0	0	144
9032	9165	-	3	23	1	13	2	0	0	0	0	0	0	0	6	1	9	0	0	4	0	0	0	0	0	0	0	62
9033	9169	3	0	1	0	0	0	0	0	0	0	0	0	0	0	0	0	0	0	0	0	0	0	0	0	0	0	1
9033	9170	3	4	78	2	135	0	9	0	0	0	0	0	0	0	0	0	0	0	0	0	0	0	0	0	0	0	228
9033	9173	3	0	0	0	1	0	0	0	0	0	0	0	0	0	0	0	0	0	0	0	0	0	0	0	0	0	1
9033	9177	3	0	3	0	19	0	0	0	0	0	0	0	0	0	0	0	0	0	0	0	0	0	0	0	0	0	22
9034	9180	-	0	35	1	14	0	7	0	0	0	0	0	0	4	1	1	0	1	0	0	0	0	0	0	0	0	64
9035	9183	3 (?)	3	11	7	10	0	9	0	0	0	0	0	0	0	0	0	0	0	0	0	0	0	0	0	0	0	40
9036	9186	-	2	54	18	47	0	23	0	0	0	0	0	0	0	0	1	0	0	0	0	0	0	0	0	0	0	145
9037	9193	-	0	3	1	4	1	1	0	0	0	0	0	0	1	0	1	0	0	0	0	0	0	0	0	0	0	12
9038	9195	-	11	30	4	47	0	7	0	0	0	0	0	0	1	0	0	0	0	0	0	0	0	0	0	0	0	100
9039	9199	-	0	0	0	1	0	0	0	0	0	0	0	0	0	0	0	0	0	0	0	0	0	0	0	0	0	1
10000	10000	0	0	26	17	52	1	0	0	0	0	0	0	0	13	0	8	0	7	0	0	0	0	0	0	0	0	124

10000,1	10057	0	1	0	0	32	0	0	0	0	0	0	0	0	10	0	6	0	5	7	0	0	0	0	0	0	0	61
10001	10002	1	23	229	101	159	3	50	0	0	0	0	0	0	42	0	50	0	2	14	4	0	0	0	0	0	0	677
10001,1	10059	1	4	20	19	83	1	0	0	0	0	0	0	0	10	0	23	0	18	21	0	0	0	0	0	0	0	199
10002	10009	1 (?)	37	66	27	37	1	47	0	0	0	0	0	0	0	0	0	0	0	1	0	0	1	0	0	0	0	217
10002	10018	1 (?)	29	19	25	37	0	6	0	0	0	0	0	0	0	0	3	0	1	0	0	0	0	0	0	0	0	120
10002	10019	1 (?)	0	20	0	3	0	0	0	0	0	0	0	0	0	0	2	0	0	0	0	0	0	0	0	0	0	25
10002	10024	1 (?)	0	0	0	1	0	0	0	0	0	0	0	0	0	0	0	0	0	0	0	0	0	0	0	0	0	1
10002,1	10066	1	3	30	46	51	1	26	0	0	0	0	0	0	0	0	39	0	17	0	0	0	0	0	0	0	0	213
10002,1	10067	1	0	0	0	0	0	1	0	0	0	0	0	0	0	0	0	0	0	0	0	0	0	0	0	0	0	1
10002,2	10070	1	9	19	22	12	1	7	0	0	0	0	0	0	0	0	5	0	0	0	0	0	0	0	0	0	0	75
10002,3	10079	2 (?)	2	29	23	18	0	13	0	0	0	0	0	0	0	0	0	0	0	0	0	0	0	0	0	0	0	85
10002,4	10088	2 (?)	10	32	33	5	2	28	0	0	0	0	0	1	0	0	0	0	1	0	0	0	0	0	0	0	0	112
10002,5	10092	2 (?)	6	38	41	30	0	21	0	0	0	0	0	1	0	0	1	0	0	0	0	0	0	0	0	0	0	138
10002,5	10093	2 (?)	0	4	26	1	0	0	0	0	0	0	0	0	0	0	0	0	0	0	0	0	0	0	0	0	0	31
10002,6	10108	2	0	13	12	9	0	0	0	0	0	0	0	0	0	0	0	0	0	0	0	0	0	0	0	0	0	34
10002,7	10115	2	3	6	2	6	0	4	0	0	0	0	0	0	0	0	0	0	0	0	0	0	0	0	0	0	0	21
10003	10017	2	1	0	0	0	0	0	0	0	0	0	0	0	0	0	0	0	0	0	0	0	0	0	0	0	0	1
10003	10037	2	49	4	0	9	0	0	0	0	0	0	0	0	0	0	0	0	0	0	0	0	0	0	0	0	0	62
10004	10023	2	0	0	4	0	0	0	0	0	0	0	0	0	0	0	0	0	0	0	0	0	0	0	0	0	0	4
10004	10028	2	0	0	5	4	0	1	0	0	0	0	0	0	0	0	0	0	0	0	0	0	0	0	0	0	0	10
10005	10022	2	0	3	4	0	0	4	0	0	0	0	0	0	0	0	1	0	0	0	0	0	0	0	0	0	0	12
10005	10030	2	0	1	5	0	0	1	0	0	0	0	0	0	0	0	0	0	0	0	0	0	0	0	0	0	0	7
10005	10049	2	0	0	10	0	0	0	0	0	0	0	0	0	0	0	0	0	0	0	0	0	0	0	0	0	0	10
10006	10025	2	36	92	57	101	0	43	0	0	0	0	0	0	19	0	0	0	0	3	0	0	0	0	0	0	0	351
10006	10033	2	1	8	14	2	0	11	0	0	0	0	0	0	0	0	0	0	9	0	0	0	0	0	0	0	0	45
10006	10040	2	8	6	11	16	0	1	0	0	0	0	0	0	0	0	1	0	0	2	0	0	0	0	0	0	0	45
10006	10051	2	3	2	4	6	0	0	0	0	0	0	0	0	0	0	0	0	0	0	0	0	0	0	0	0	0	15
10006	10063	2	0	23	0	0	0	0	0	0	0	0	0	0	0	0	0	0	0	0	0	0	0	0	0	0	0	23
10006	10100	2	2	6	10	2	0	0	0	0	0	0	0	0	0	0	0	0	0	0	0	0	0	0	0	0	0	20
10006	10106	2	14	28	19	16	0	10	0	0	0	0	0	0	0	0	0	0	0	0	0	0	0	0	0	0	0	87
10006	10116	2	0	0	2	0	0	0	0	0	0	0	0	0	0	0	0	0	0	0	0	0	0	0	0	0	0	2
10009	10034	2	3	6	9	6	0	2	0	0	0	0	0	0	0	0	0	0	0	0	0	0	0	0	0	0	0	26
10009	10036	2	0	41	0	0	0	0	0	0	0	0	0	0	0	0	0	0	0	0	0	0	0	0	0	0	0	41

10009	10042	2	9	0	0	0	0	0	0	0	0	0	0	0	0	0	0	0	0	0	0	0	0	0	0	0	0	9
10009	10043	2	4	11	7	18	1	0	0	0	0	0	0	0	0	0	0	0	0	0	0	0	0	0	0	0	0	41
10009	10054	2	0	20	0	0	0	0	0	0	0	0	0	0	0	0	0	0	0	0	0	0	0	0	0	0	0	20
10010	10046	2	3	35	6	22	0	5	0	0	0	0	0	0	0	0	2	0	0	0	0	0	0	0	0	0	0	73
10011	10118	1	0	9	15	21	0	0	0	0	0	0	0	0	0	0	0	0	0	0	0	0	0	0	0	0	0	45
11000	11001	0	0	1	11	0	0	4	0	0	0	0	0	0	1	0	0	0	5	0	0	0	0	0	0	0	0	22
11001	11002	1	1	5	17	31	1	6	0	0	0	0	0	0	0	0	1	0	3	1	6	0	0	0	0	0	0	72
11001,1	11016	1	1	7	2	0	0	2	0	0	0	0	0	0	0	0	2	0	0	0	1	0	0	0	0	0	0	15
11002	11004	2	24	92	27	113	2	46	0	0	0	0	0	0	3	0	39	0	2	1	0	0	0	0	0	0	0	349
11002,1	11019	2	59	44	23	93	2	0	0	0	0	0	0	0	1	0	22	0	11	19	0	0	0	0	0	0	0	274
11003	11024	2	5	12	39	8	0	6	0	0	0	0	0	0	0	0	0	0	0	0	0	0	0	0	0	0	0	70
12000	12001	0	0	1	2	60	0	7	0	0	0	0	0	1	1	0	11	2	12	0	0	0	0	0	0	0	0	97
12001	12002	1	1	16	4	54	1	34	0	0	0	1	0	0	9	0	18	0	48	0	0	0	0	0	0	0	0	186
12002	12005	1	1	59	46	93	1	27	0	0	0	0	0	2	0	0	67	1	58	52	0	0	0	0	0	0	0	407
12002	12006	1	0	0	0	1	0	0	0	0	0	0	0	0	0	0	0	0	0	0	0	0	0	0	0	0	0	1
12002,1	12012	1	10	22	2	8	1	25	0	0	0	0	0	0	25	0	26	1	7	0	0	0	0	0	0	0	0	127
12003	12008	1	2	71	13	15	0	0	0	0	0	0	0	1	0	0	10	0	14	0	0	0	0	0	0	0	0	126
12004	12020	1	0	0	0	0	0	0	0	0	0	0	0	0	0	0	0	0	83	0	0	0	0	0	0	0	0	83
13000	13000	H0	1	3	0	1	0	1	0	0	0	0	0	0	0	0	2	0	0	0	0	0	0	0	0	0	0	8
13000	13011	H0	0	3	1	0	0	0	0	1	0	0	0	0	1	0	0	1	0	0	1	0	0	0	0	0	0	8
13002	13001	H1	0	25	5	7	0	16	0	0	0	0	0	0	0	0	9	1	1	0	0	0	0	0	0	0	0	64
13002	13003	H1	0	48	6	38	0	19	0	0	0	0	0	0	6	0	6	0	2	3	0	1	0	0	0	0	0	129
13002	13012	H1	0	36	7	18	1	30	0	0	0	0	0	0	0	0	3	0	1	0	0	0	0	0	0	0	0	96
13003	13007	H3-5 (?)	0	63	3	33	0	3	0	0	0	0	0	0	2	0	13	0	3	7	0	0	0	0	0	0	0	127
13003	13014	H3-5 (?)	1	2	6	18	0	15	0	0	0	0	0	0	1	0	9	0	1	0	0	0	0	0	0	0	0	53
14000	14001	1	4	0	19	49	3	32	0	0	0	0	0	0	17	3	12	0	0	0	3	0	0	0	0	0	0	142
14001	14002	1	3	5	1	17	0	22	0	0	0	0	0	0	2	0	7	0	0	0	1	0	0	0	0	0	0	58
14002	14005	1	1	29	2	41	0	59	0	0	0	1	0	0	15	0	16	3	2	0	1	1	0	0	0	0	0	171
14003	14010	1	3	40	3	51	1	30	0	0	0	0	0	0	3	0	3	1	0	2	0	0	0	0	0	0	0	137
14003	14016	1	0	0	0	0	0	1	0	0	0	0	0	0	0	0	0	0	0	0	0	0	0	0	0	0	0	1
14004	14017	1	4	99	34	61	3	22	0	1	0	0	0	0	10	0	19	1	1	2	0	0	0	0	0	0	0	257
14005	14023	2	5	52	5	37	1	68	0	0	0	0	0	0	1	0	8	0	0	0	0	0	0	0	0	0	0	177
14006	14027	2	1	17	8	13	0	20	0	0	0	0	0	0	0	0	0	0	0	0	2	0	0	0	0	0	0	61

14007	14029	2	4	37	9	19	1	12	0	0	0	0	0	0	1	0	2	0	0	0	0	0	0	0	0	0	85
14008	14032	3	5	25	8	11	0	9	0	0	0	0	0	0	0	0	1	0	0	0	0	0	0	0	0	0	59
14009	14034	3	5	22	0	11	0	26	0	0	0	0	0	0	3	0	2	0	0	0	0	0	0	0	0	0	69
14010	14031	2	2	57	15	10	0	1	0	0	0	1	0	0	1	0	7	0	0	0	0	0	0	0	0	0	94
14010	14042	2	2	7	7	30	0	21	0	0	0	0	0	0	0	0	1	0	0	0	0	0	0	0	0	0	68
14010	14043	2	0	0	0	0	0	0	0	1	0	0	0	0	0	0	0	0	0	0	0	0	0	0	0	0	1
14011	14046	2	9	68	6	41	0	26	0	0	0	0	0	0	0	0	15	0	1	0	0	0	0	0	0	0	166
14016	14052	2	1	2	0	6	0	3	0	0	0	0	0	0	0	0	0	0	0	0	0	0	0	0	0	0	12
14019	14057	2	1	11	5	5	0	5	0	0	0	0	0	0	0	0	1	0	1	0	0	0	0	0	0	0	29
Summe			3674	21754	6589	16318	240	6036	5	12	1	10	1	214	1416	81	2332	339	1367	747	271	5	363	207	5	2	1	61990

7.1.4 Appendix 4: Vollständige Liste der diagnostischen Scherben

Erläuterungen zu Appendix 4
Die Informationen zu den Diagnostika sind in der nachfolgenden Tabelle in sieben Spalten zusammengefaßt. Sie sind mit den Begriffen Fundstelle, Fundnummer, Schicht, Ware, Code, Bemerkungen und Tafel überschrieben. Es bedeuten:

1. **Fundstelle**: Die hier angegebene Zahl gibt die Fundstelle wieder, aus der die beschriebene Scherbe stammt. Sie ermöglicht es mithilfe der Fundstellenliste (Appendix 2), die genaue Herkunft des jeweiligen Stücks und seine Vergesellschaftung mit anderen Funden zu rekonstruieren. Die Zahl 1009 bedeutet beispielsweise, daß die Scherbe aus der Fundstelle 1009 stammt.

2. **Fundnummer**: Die hier angegebene Zahl gibt die jeweilige Scherbennummer wieder, die jedes Stück eindeutig identifiziert. Sie setzt sich aus der Fundnummer der jeweiligen Scherbenkollektion und einer angehängten fortlaufenden Ziffernfolge zusammen. Die Zahl 100702 bedeutet beispielsweise: Scherbe Nr. 02 aus der Scherbenkollektion 1007.

3. **Schicht**: Die hier angegebene Ziffer bezieht sich auf die für Tell Johfiyeh erarbeitete Stratigraphie (Kapitel 2.1). Sie gibt die Schicht wieder, in der die entsprechende Scherbe gefunden wurde. Die Ziffern 1 bis 7 geben die zugehörige Schicht in der Fläche (innerhalb der Umfassungsmauer) an. Eine Buchstaben - Zahlenkombination vom Typ H1 gibt die jeweilige Schicht im Hangbereich des Tells wieder. Ein - bedeutet, daß eine eindeutige stratigraphische Zuweisung nicht möglich war; ein Fragezeichen beziehungsweise die Angabe mehrerer Zahlen deuten an, daß eine zugehörige Schicht für die entsprechende Fundstelle nicht exakt ermittelt werden konnte.

4. **Ware**: Die Angabe in dieser Spalte bezieht sich auf die in Kapitel 2.3.1 vorgestellten Warendefinitionen für Tell Johfiyeh. Die Ziffer 3 in dieser Spalte bedeutet beispielsweise, daß die entsprechende Scherbe zur Ware 3 gehört.

5. **Code**: Die hier angegebene Zahl bezieht sich auf die in Kapitel 2.3.2 vorgestellten, für Tell Johfiyeh bezeugten Gefäßformen/Typen. Die Zahl 217 bedeutet beispielsweise, daß es sich bei der abgebildeten Scherbe einst um ein Gefäß des Typs 2.17, d.h. Typ 2 Untertyp 17, gehandelt hat.

6. **Bemerkungen**: In Kurzform werden hier wichtige Informationen (z.B. Farbe, Verzierung, Zusammengehörigkeit und Vergleiche) zur jeweiligen Scherbe gegeben.

7. **Tafel**: Die hier angegebene Ziffer vor dem Komma gibt die jeweilige Tafelnummer des Keramikkatalogs (Kap. 6.1) an. Die Ziffer(n) nach dem Komma beziehen sich auf die jeweilige Abbildung der Tafel. Die Zahl 10,03 in dieser Spalte bedeutet somit: Tafel 10, Abbildung 3 des Keramikkatalogs.

Fundstelle	Fundnr.	Schicht	Ware	Code	Bemerkungen	Tafel
0	1	-	16	423	Oberflächenfund; a: Streifen10R6/8 light red, i: Slip 2.5YR4/6 red	144.07
0	2	-	12	215	Oberflächenfund; mit Henkel	
1001	100101	H0	16	401		
1001	100102	H0	16	401	join mit 200501 und 100101; Bemalung 10R3/3 dusky red	145.04
1001	100103	H0	4	418		112.04
1001	100104	H0	14	601		
1001	100105	H0	12	601		
1002	100301	H1	12	602	vollständiger Henkel mit drei Rillen	
1002	100302	H1	12	802	kleiner Deckel	158.02
1002	100303	H1	4	202		
1002	100304	H1	5	414	rote Bemalungsspuren	
1002	100305	H1	4	117		
1002	100306	H1	4	603		
1002	100307	H1	2	601		
1002	100308	H1	11	501	join mit 100309	
1002	100309	H1	11	501	join mit 100308	153.03
1002	100310	H1	16	418		149.03
1002	100312	H1	12	217		
1002	100313	H1	2	302	rote Bemalungsspuren	
1002	100314	H1	4	304		
1002	100315	H1	12	217		
1002	100316	H1	16	410		
1002	100317	H1	2	104		20,05
1002	100318	H1	12	217	mit Henkel 601	138.01
1002	100319	H1	4	601		
1002	100320	H1	16	601		
1002	100321	H1	5	601		
1002	100322	H1	2	601		
1002	100323	H1	15	702	Wellenlinie eingeritzt	157.03
1002	100324	H1	12	117		
1002	100325	H1	12	117	join mit 100324	
1002	100326	H1	18	702	Einritzungen verschiedenster Linien: z.B. Ibrahim, Sauer, Yassine 1976:60,Fig.22	157,04
1002	100327	H1	14	219		
1003	100701	H1	4	306		65,05
1003	100702	H1	12	216		138,08
1003	100703	H1	12	404		140.01
1003	100704	H1	3	207		
1003	100705	H1	11	406		140,07
1003	100706	H1	2	415		91,04
1003	100707	H1	16	1001		
1003	100708	H1	16	401		
1003	100709	H1	4	211		
1003	100710	H1	16	506		155,04
1003	100711	H1	11	410		140,08
1003	100712	H1	2	107		
1003	100713	H1	15	501		
1003	100714	H1	2	313		84,03
1003	100715	H1	4	601		
1003	100716	H1	12	601		
1003	100717	H1	12	601		
1003	100718	H1	2	601		
1003	100719	H1	17	602	vollständiger Henkel	157,01
1005	101201	H1	4	601		
1005	101202	H1	2	107	join mit 101203	19.02
1005	101203	H1	2	107		
1005	101204	H1	2	601		
1005	101205	H1	2	313		84.01
1005	101206	H1	4	601		
1005	101207	H1	16	601		
1005	101208	H1	12	601		
1005	101209	H1	12	404	mit Henkel 601	
1005	101210	H1	12	603		
1005	101211	H1	12	801		
1005	101212	H1	12	418		
1005	101213	H1	12	201	Krug ?, stark zerstört, mit Henkel 601	
1005	101214	H1	2	503	verbrannt	
1005	101215	H1	16	601		
1005	101216	H1	16	601		

1005	101217	H1	4	313		
1005	101218	H1	14	213		
1005	101219	H1	16	213		138,05
1005	101220	H1	11	503		
1005	101221	H1	16	501	flacher Boden	153,01
1005	101222	H1	17	402		143,08
1005	101223	H1	17	603		
1005	101224	H1	12	601	vollständiger Henkel	156,07
1005	101225	H1	11	503		154,08
1005	101226	H1	14	220		
1005	101227	H1	16	601		
1005	101228	H1	14	213		138,04
1005	101229	H1	5	601		
1005	101230	H1	2	702	Einritzung	124,09
1005	101231	H1	12	117		
1005	101232	H1	4	601		
1005	101233	H1	1	603		
1005	101234	H1	12	404		
1005	101235	H1	4	703	aufgesetzte Daumenleiste	
1005	101236	H1	15	116		
1005	101237	H1	12	418		
1005	101238	H1	4	315		
1005	101239	H1	2	503	verbrannt	
1007	101701	H2	14	213		138,06
1007	101702	H2	12	422	mit Henkel 601	152,03
1007	101703	H2	11	503		154,02
1007	101704	H2	16	501		153,02
1007	101705	H2	16	503		154,06
1007	101706	H2	1	308		
1007	101707	H2	14	404		140,02
1007	101708	H2	12	418		
1007	101709	H2	11	401		145,05
1007	101710	H2	16	403		
1007	101711	H2	12	404		142,01
1007	101712	H2	12	418		
1007	101713	H2	8	404		142,02
1007	101714	H2	12	217		
1007	101715	H2	11	402	join mit 102903	143,04
1007	101716	H2	5	503		
1007	101717	H2	16	1001		
1007	101718	H2	16	701	rote Bemalungsspuren	
1007	101719	H2	16	503		
1007	101720	H2	16	503		
1007	101721	H2	15	501		
1007	101722	H2	11	601	join mit 101723	
1007	101723	H2	11	601	join mit 101722	
1007	101724	H2	4	601		
1007	101725	H2	4	601		
1007	101726	H2	4	604	stark zerstört	
1007	101727	H2	2	603		
1008	102301	H2	2	103		
1008	102302	H2	17	401		
1008	102303	H2	16	418		
1008	102304	H2	3	207		
1008	102305	H2	14	602		
1008	102306	H2	12	404		
1008	102307	H2	14	703		
1008	102308	H2	1	308	mit Henkel 601	
1008	102309	H2	9	401		
1008	102310	H2	15	501		
1008	102311	H2	4	601		
1008	102312	H2	16	602		
1008	102314	H2	12	601		
1008	102315	H2	2	602		
1008	102319	H2	16	502		
1008	102320	H2	4	503		
1009	102501	H2	3	314		80,03
1009	102502	H2	17	220		
1009	102503	H2	2	207		

1009	102504	H2	4	603		
1009	102505	H2	17	401	Schale?, stark zerstört	
1009	102506	H2	16	603		
1009	102507	H2	5	206		
1009	102508	H2	2	308		
1009	102509	H2	1	603		
1009	102510	H2	11	503		
1009	102511	H2	14	601		
1009	102512	H2	12	601		
1009	102513	H2	16	601		
1009	102514	H2	16	601	join mit 102515	
1009	102515	H2	16	601	join mit 102514	
1009	102516	H2	12	418		
1009	102517	H2	2	103		
1009	102518	H2	2	603		
1009	102519	H2	2	101		14,03
1009	102520	H2	2	601		
1010	102901	H2	12	416		149,04
1010	102902	H2	12	418		
1010	102903	H2	11	402	join mit 101715	143,03
1010	102904	H2	12	404		
1010	102905	H2	2	601		
1010	102906	H2	16	1001		
1010	102907	H2	17	601		
1010	102908	H2	16	1001		
1010	102909	H2	12	601		
1010	102910	H2	16	1001		159,05
1010	102911	H2	4	603		
1010	102912	H2	4	601		
1010	102913	H2	18	401	Schale?, verbrannt und stark zerstört	
1010	102914	H2	16	1001	z.B. Almagro, Jimenez, Navarro 2000:449,Fig.6	159,03
1010	102915	H2	11	503		
1010	102916	H2	17	501		
1010	102917	H2	11	503		
1010	102918	H2	16	701	rötliche Bemalungsspuren	
1010	102919	H2	10	503		154,07
1010	102920	H2	16	411	join mit 102965; Bemalung 10 R 3/3 dusky red	146,03
1010	102922	H2	14	401		
1010	102923	H2	12	217		
1010	102924	H2	11	703	Einritzung	
1010	102925	H2	16	412	rote Streifenbemalung (10 R 3/4 dusky red)	146,04
1010	102926	H2	6	420		112,08
1010	102927	H2	4	208	verbrannt	36,09
1010	102928	H2	2	207		
1010	102929	H2	11	402	join mit 102924	143,05
1010	102930	H2	12	217	join mit 102923	
1010	102933	H2	12	217	join mit 102923	
1010	102934	H2	17	312		
1010	102935	H2	16	413	rote Streifenbemalung (10 R 3/3 dusky red)	143,07
1010	102936	H2	2	317		81,04
1010	102937	H2	12	217	mit Henkel 601, join mit 102923/30/33	
1010	102938	H2	15	116		
1010	102939	H2	16	701	rötliche Bemalungsspuren	
1010	102941	H2	2	601		
1010	102942	H2	16	601		
1010	102943	H2	12	601		
1010	102944	H2	17	603		
1010	102945	H2	4	601		
1010	102946	H2	4	601		
1010	102947	H2	14	601		
1010	102948	H2	12	601		
1010	102949	H2	17	601		
1010	102950	H2	12	601		
1010	102951	H2	12	602		
1010	102952	H2	16	219	mit Henkel 601	
1010	102953	H2	16	401		
1010	102954	H2	12	404	mit Henkel 601	
1010	102955	H2	12	602		
1010	102956	H2	12	602		

1010	102957	H2	12	422	mit Henkel 601	
1010	102958	H2	17	901		158,04
1010	102959	H2	16	1001		
1010	102960	H2	16	503		
1010	102961	H2	16	503		
1010	102962	H2	11	503		
1010	102963	H2	11	507		
1010	102964	H2	11	502		
1010	102965	H2	16	411	join mit 102920	
1010	102966	H2	11	502		
1010	102967	H2	16	503	join mit 102960	
1010	102968	H2	16	501	dunkele Bemalungsspuren	
1010	102969	H2	2	503		
1011	103501	H1	12	404		
1011	103502	H1	2	201		
1011	103503	H1	3	208		
1011	103504	H1	2	603		
1011	103505	H1	2	603		
1011	103506	H1	5	603		
1011	103507	H1	2	603		
1011	103509	H1	16	503		
1011	103510	H1	15	410	Eindrücke auf der Lippe	152,01
1011	103511	H1	11	401		
1011	103512	H1	2	110	stark zerstört	
1011	103513	H1	2	107		
1011	103514	H1	11	315		
1011	103515	H1	2	207		
1011	103516	H1	12	401	Schale ?, Henkel 601, stark zerstört	
1011	103517	H1	3	117		
1011	103518	H1	14	602		
1011	103519	H1	11	601		
1011	103520	H1	16	502		
1011	103521	H1	3	502		
1011	103522	H1	16	603		
1011	103523	H1	17	603		
1011	103524	H1	17	501		
1012	104101	H2	15	116		
1012	104102	H2	4	318		
1012	104103	H2	12	217		
1012	104104	H2	12	404		
1012	104105	H2	9	401		
1012	104106	H2	4	207		
1012	104107	H2	4.1	415		
1012	104108	H2	9	415	z.B. Fisher, McCown 1931:53, Pl.12:81	149,02
1012	104109	H2	2	201		
1012	104110	H2	16	402	Einritzung	143,02
1012	104111	H2	2	207		
1012	104112	H2	11	401		
1012	104113	H2	4	415		
1012	104114	H2	16	701	Spuren einer roten, flächigen Bemalung (10 R 3/3 dusky red)	157,02
1012	104115	H2	12	217		
1012	104116	H2	4	309		
1012	104117	H2	4	601		
1012	104118	H2	16	701	a: Spuren roter Streifenbemalung (10 R 3/3 dusky red)	
1012	104119	H2	4	601		
1012	104120	H2	4	601		
1012	104121	H2	2	601		
1012	104122	H2	11	601		
1012	104123	H2	4	601		
1012	104124	H2	16	602		
1012	104125	H2	4	601		
1012	104126	H2	4	602		
1012	104127	H2	14	601		
1012	104128	H2	2	601		
1012	104129	H2	14	602		
1012	104130	H2	12	602		
1013	104501	H2	15	116		
1013	104502	H2	15	116		
1013	104503	H2	15	116		

1013	104504	H2	15	116		
1013	104505	H2	15	116		
1013	104506	H2	2	106	Rand mit eingeritzten Linien	
1013	104507	H2	5	301	Kochtopf?, stark zerstört, mit aufgesetzter Daumenleiste	
1013	104508	H2	2	111		
1013	104509	H2	17	315		
1013	104510	H2	2	106		
1013	104511	H2	15	601		
1013	104512	H2	16	405	rote Bemalung-Kreuz (10 R 3/3 dusky red)	140,04
1013	104513	H2	2	106		
1013	104514	H2	17	213		138,03
1013	104515	H2	12	217		
1013	104516	H2	2	107		
1013	104517	H2	2	603		
1013	104518	H2	2	601		
1013	104519	H2	12	601		
1013	104520	H2	2	603		
1013	104521	H2	13	601		
1013	104522	H2	12	602		
1013	104523	H2	12	601		
1013	104524	H2	3	601		
1013	104525	H2	12	601		
1013	104526	H2	11	601		
1013	104527	H2	11	601		
1013	104528	H2	12	601		
1013	104529	H2	12	601		
1013	104530	H2	5	601		
1013	104531	H2	2	601		
1013	104532	H2	13	601		
1013	104533	H2	13	601		
1013	104534	H2	12	601		
1013	104535	H2	4	601		
1013	104536	H2	4	211	mit Henkel 601	
1013	104537	H2	1	603		
1013	104538	H2	2	601		
1013	104539	H2	13	601		
1013	104540	H2	12	404	mit Henkel 601	
1013	104541	H2	3	601		
1013	104542	H2	13	601		
1013	104543	H2	12	601		
1013	104544	H2	13	602		
1013	104545	H2	13	601		
1013	104546	H2	12	602		
1013	104547	H2	3	301	Kochtopf?, stark zerstört, mit Henkel 601	
1013	104548	H2	2	601		
1013	104549	H2	5	601		
1013	104550	H2	3	601		
1013	104551	H2	13	602		
1013	104552	H2	12	601		
1013	104553	H2	11	601		
1013	104554	H2	2	601		
1013	104555	H2	12	503	verbrannt	
1013	104556	H2	11	502		
1013	104557	H2	16	505		
1013	104558	H2	15	501		
1013	104559	H2	5	502		
1013	104560	H2	12	503		
1013	104561	H2	4	505		
1013	104562	H2	17	503		
1013	104563	H2	16	1001		159,04
1014	105101	H2?	2	315		
1014	105102	H2?	2	601		
1014	105103	H2?	2	201		
1014	105104	H2?	2	314		
1014	105105	H2?	2	601		
1014	105106	H2?	1	601		
1014	105107	H2?	1	308	mit Henkel 601	
1014	105108	H2?	1	601		
1014	105109	H2?	1	603	join mit 105108	

1014	105110	H2?	5	503		
1014	105111	H2?	12	503		
1014	105501	H2?	14	219		
1014	105502	H2?	2	315		
1014	105503	H2?	14	220		
1014	105504	H2?	4	306		
1014	105505	H2?	18	120		
1014	105506	H2?	12	404		
1014	105507	H2?	16	701	rote Bemalung, 1 Streifen (10 R 3/3 dusky red)	
1014	105508	H2?	16	503		
1014	105509	H2?	4	601		
1014	105510	H2?	13	601		
1014	105511	H2?	2	601		
1014	105512	H2?	4	601		
1014	105513	H2?	2	601		
1014	105514	H2?	12	801		
1014	105515	H2?	12	602		
1014	105516	H2?	17	501		
1015	105901	H1	16	450		144,04
1015	105902	H1	16	601		
1015	105903	H1	14	602	mit Bauchscherbe	
1015	105904	H1	2	601	mit Bauchscherbe	
1015	106601	H1	1	301		
1015	106602	H1	2	603		
1016	107001	H1	2	409	join mit 107002	
1016	107002	H1	15	409	join mit 107001	
1016	107003	H1	15	409		
1016	107004	H1	2	107		
1016	107005	H1	15	410		
1016	107006	H1	16	221	Spuren eines Slips,10R 5/1 reddish gray	134,03
1016	107007	H1	16	602		
1016	107008	H1	14	602		
1016	107009	H1	17	601	mit Bauchscherbe	
1016	107010	H1	2	601		
1016	107011	H1	17	503	kleiner vollständiger Boden	
1016	107012	H1	16	1001	verbrannt	159,01
1016	107013	H1	16	1001	verbrannt	
2001	200101	H0	16	502		153,04
2001	200102	H0	14	213		
2001	200103	H0	4	208		
2001	200104	H0	5	603		
2002	200201	H1	16	401	a: rote Bemalungsspuren (10 R 3/4 dusky red)	
2002	200202	H1	14	220		
2002	200203	H1	14	220		138,09
2002	200204	H1	11	401		145,08
2002	200205	H1	4	207		
2002	200206	H1	2	315		79,03
2002	200207	H1	4	207		
2002	200208	H1	3	421		
2002	200209	H1	2	312		87,02
2002	200210	H1	2	110		3,04
2002	200211	H1	12	404		
2002	200212	H1	2	315		79,01
2002	200213	H1	3	305		
2002	200214	H1	4	107		19,01
2002	200215	H1	11	503		
2002	200216	H1	14	603		
2002	200217	H1	4	211	mit Henkel 601	
2002	200218	H1	4	301	Kochtopf ?, stark zerstört	
2002	200219	H1	4	603		
2002	200220	H1	1	603		
2002	200221	H1	2	601		
2002	200222	H1	14	601		
2002	200223	H1	1	601		
2002	200224	H1	11	601		
2002	200225	H1	2	601		
2002	200226	H1	11	601		
2002	200227	H1	16	501	a: rote Bemalungsspuren (10 R 3/4 dusky red)	
2005	200501	H1	16	401	join mit 100102	

2005	200502	H1	16	601		
2005	200503	H1	4	117		
2005	200504	H1	4	117		12,03
2005	200505	H1	5	417		112,05
2005	200506	H1	4	207		
2005	200507	H1	4	306		65,04
2005	200508	H1	5	601		
2005	200509	H1	2	317		
2005	200510	H1	2	603		
2005	200511	H1	12	404		
2005	200512	H1	2	201	Krug ?, stark zerstört	
2005	200513	H1	12	601		
2005	200514	H1	12	401	Schale ?, stark zerstört	
2005	200515	H1	12	601		
2005	200516	H1	12	601		
2005	200517	H1	4	315		
2005	200518	H1	14	220		
2005	200519	H1	2	108		19,04
2005	200520	H1	13	501		153,06
2005	200521	H1	2	601		
2005	200522	H1	2	104		
2005	200523	H1	3	601		
2005	200524	H1	13	601		
2006	201201	H2	4	117		
2006	201202	H2	4	207		
2006	201203	H2	12	404		
2006	201204	H2	2	419		112,07
2006	201205	H2	4	312		
2006	201206	H2	2	201		
2006	201207	H2	2	603		
2006	201208	H2	2	602		
2006	201209	H2	5	602		
2006	201210	H2	11	601		
2006	201211	H2	11	502		
2006	201216	H2	15	602		
2006	201217	H2	12	601		
2007	201501	H2	?	105		
2007	201502	H2	2	110		
2007	201503	H2	2	112		
2007	201504	H2	2	108		
2007	201505	H2	3	601		
2007	201506	H2	2	601		
2008	201801	H3	4	318		
2008	201802	H3	2	104		
2008	201804	H3	18	207		
2008	201805	H3	4	206		
2008	201806	H3	4	315		
2008	201807	H3	4	313		
2008	201808	H3	4	315		
2008	201809	H3	5	213		
2008	201810	H3	4	315		
2008	201811	H3	2	111		
2008	201812	H3	2	117		
2008	201813	H3	2	113		
2008	201814	H3	4	601		
2008	201815	H3	3	207		
2008	201816	H3	2	201		
2008	201817	H3	2	421		
2008	201818	H3	4	207		
2008	201819	H3	2	314		
2008	201820	H3	2	315		
2008	201821	H3	4	601		
2008	201822	H3	2	601		
2008	201823	H3	4	601		
2008	201824	H3	2	601		
2008	201825	H3	16	601		
2008	201826	H3	2	601		
2008	201827	H3	2	601		
2008	201828	H3	2	601		

2014.2	207502	2	1	326		62,02
2014.2	207503	2	4	225		
2014.2	207504	2	4	209		
2014.2	207505	2	5	438		97,02
2014.2	207506	2	3	221		
2014.2	207507	2	4	429		
2014.2	207508	2	14	403		
2014.2	207509	2	4,1	303		
2014.2	207510	2	2	106		
2014.2	207511	2	1	203		
2014.2	207512	2	2	109		
2014.2	207513	2	3	227		
2014.2	207514	2	1	336		
2014.2	207515	2	4	601	mit Bauchscherbe	
2014.2	207516	2	4	601		
2014.2	207517	2	2	601		
2014.2	207518	2	4	603	mit Bauchscherbe	
2014.2	207519	2	2	601		
2014.2	207520	2	4	601	mit Bauchscherbe	
2014.2	207521	2	3	601	mit Bauchscherbe	
2014.2	207522	2	2	601		
2014.2	207523	2	2	601		
2014.2	207524	2	3	601		
2014.2	207525	2	4	211	mit vollständigen Henkel 601	
2014.2	207526	2	3	602		
2014.2	207527	2	2	601		
2014.2	207528	2	2	602	mit Bauchscherbe, vollständiger Henkel	121,01
2014.2	207529	2	4	601	mit Bauchscherbe	
2014.2	207530	2	4	503		
2014.2	207531	2	4	602		
2014.2	208101	2	2	206		
2014.2	208102	2	2	105		
2014.2	208103	2	4,1	314		
2014.2	208104	2	2	601		
2014.2	208105	2	2	601		
2014.2	208106	2	2	601		
2014.3	208301	3 (?)	1	308		
2014.3	208302	3 (?)	1	308		
2014.3	208303	3 (?)	1	308		
2014.3	208304	3 (?)	3	206		
2014.3	208305	3 (?)	3	429		
2014.3	208306	3 (?)	1	211	mit vollständigen Henkel 601	
2014.3	208307	3 (?)	3	601		
2014.3	208308	3 (?)	2	601	mit Bauchscherbe, join mit 208309	
2014.3	208309	3 (?)	2	601	join mit 208308	
2014.3	208310	3 (?)	2	603	mit Bauchscherbe	
2014.3	208311	3 (?)	4	502		
2015	206101	2	3	226		45,04
2015	206102	2	1	308	mit vollständigen Henkel 601	
2015	206103	2	2	602	vollständiger Henkel	
2017	207301	3 (?)	5	207		
2017	207302	3 (?)	3	358		
2017	207303	3 (?)	1	308		
2017	207304	3 (?)	4	603	mit Bauchscherbe	
2017	207305	3 (?)	4	601	mit Bauchscherbe	
2017	207306	3 (?)	4	601		
2017	207307	3 (?)	1	601	mit Bauchscherbe	
2017	207401	3 (?)	1	308		
2017	207402	3 (?)	1	338	mit vollständigen Henkel 601	
2017	207403	3 (?)	1	310		
2018	206501	3 (?)	1	310	mit vollständigen Henkel 601	
2018	206502	3 (?)	1	313		
2018	206503	3 (?)	4.1	314		
2018	207001	3 (?)	1	308		
2018	207002	3 (?)	1	308		
2018	207003	3 (?)	2	429		
2018	207004	3 (?)	2	107		
2018	207005	3 (?)	5	206		
2018	207006	3 (?)	4	206		

2018	207007	3 (?)	3	407		
2018	207008	3 (?)	2	103		
2018	207009	3 (?)	1	341	mit vollständigen Henkel 601	
2018	207010	3 (?)	2	603		
2018	207011	3 (?)	4	603		
2018	207012	3 (?)	4	601	kleiner Henkel	
2018	207013	3 (?)	4	601		
2018	207014	3 (?)	2	601		
2018	207015	3 (?)	2	601		
2018	207016	3 (?)	2	601		
2018	207017	3 (?)	4	601		
2018	207018	3 (?)	4	501		
2018	207019	3 (?)	4	503		
2021	208501	1	16	260		137,03
2021	208502	1	3	250		
2021	208503	1	1	326	mit Henkel 601	
2021	208504	1	5	237		
2021	208505	1	1	345		
2021	208506	1	5	487		104,03
2021	208507	1	4	204		
2021	208508	1	4	367		
2021	208509	1	1	345		
2021	208510	1	1	377		
2021	208511	1	16	260		
2021	208512	1	14	485		147,06
2021	208513	1	3	237		
2021	208514	1	4	487		
2021	208515	1	4	503		
2021	208516	1	4	503		
2021	208517	1	4	503		
2021	208518	1	4	601		
2021	208519	1	12	601		
2021	208520	1	2	601	join mit 208521	
2021	208521	1	2	601	join mit 208520	
2021	208522	1	2	601		
2021	208523	1	2	603		
2022	208801	2	3	273		33,03
2022	208802	2	5	358	mit Henkel 603	
2022	208803	2	5	372		
2022	208804	2	5	356		
2022	208805	2	1	340		
2022	208806	2	1	703	mit aufgesetzter Leiste (bar-handle)	
2022	208807	2	2	502		
2022	208808	2	3	601		
2022	208809	2	5	601		
2022	208810	2	4	601	sehr klein	
2022	208811	2	16	601	sehr klein	
2022	208812	2	2	601		
2023	209101	2	3	601	sehr klein	
2024	209501	2	2	119		
2024	209502	2	2	119		
2024	209503	2	4	502		114,02
2024	209504	2	4	601		
2024	209505	2	2	601		
2024	209506	2	4	601		
2024	209507	2	2	601	vollständiger Henkel	
2024	209508	2	2	601		
2025	209701	2	1	325		
2025	209702	2	4	490		104,02
2026	209901	3 (?)	3	236		
2026	209902	3 (?)	3	237		
2026	209903	3 (?)	3	250		
2026	209904	3 (?)	4	3102		89,02
2026	209905	3 (?)	4	491	z.B. Flanagan, McCreery, Yassine 1994:239,Fig.20:3	98,02
2026	209906	3 (?)	2	134		
2026	209907	3 (?)	4	492		99,03
2026	209908	3 (?)	4	503		
2026	209909	3 (?)	2	601		
2026	209910	3 (?)	2	601		

2026	209911	3 (?)	2	601		
2026	209912	3 (?)	3	601		
2026	209913	3 (?)	4	601	vollständiger Henkel	
2027	210101	3 (?)	2	121		
2027	210102	3 (?)	2	121		
2027	210103	3 (?)	2	121		
2027	210104	3 (?)	2	601		
2027	210105	3 (?)	2	601	vollständiger Henkel	
2027	210106	3 (?)	2	503		
2027	210107	3 (?)	4	452		
2027	210108	3 (?)	3	264		
2027	210109	3 (?)	4,1	3102		
2027	210110	3 (?)	2	121		
2027	210111	3 (?)	16	503		
2027	210112	3 (?)	4	507		
2027	210113	3 (?)	2	146		
2027	210114	3 (?)	4	601		
2027	210115	3 (?)	4	447	mit Henkel 601	
2028	210501	2	5	601		
2029	211001	2	3	276		37,05
2029	211002	2	1	601		
2030	211301	3 (?)	12	404	verbrannt	
2030	211302	3 (?)	4	503		
2030	211303	3 (?)	4	601		
2501	250101	0	2	315	join mit 100102	79,04
2501	250102	0	4	503		118,05
2501	250103	0	4	103	join mit 302001	
2502	250301	1	14	218		138,10
2502	250302	1	4	413		109,06
2502	250303	1	17	420		152,02
2502	250304	1	4	207		
2502	250305	1	4	117		27,04
2502	250306	1	4	308		
2502	250307	1	4	201		
2502	250308	1	2	202		
2502	250309	1	2	314		80,04
2502	250310	1	2	601		
2502	250311	1	4	601		
2502	250312	1	2	601		
2502	250313	1	4	401	Schale ?, stark zerstört	
2502	250314	1	4	418		112,01
2502	250315	1	1	601		
2502	250316	1	4	601		
2502	250317	1	4	308		
2502	250318	1	4	601		
2502	250319	1	4	503		
2502	250320	1	5	601		
2502	250321	1	1	308		
2502	250322	1	4	412		
2502	250323	1	1	302		
2502	250324	1	14	220		
3001	300101	0	4	412		109,05
3001	300102	0	2	415		91,03
3001	300103	0	1	302		54,03
3001	300104	0	4	412		
3001	300105	0	1	308		59,08
3001	300106	0	2	603		
3001	300107	0	4	601		
3001	300108	0	14	602		
3001	300109	0	16	701	rötliche Bemalungsspuren	
3002	300201	1	4	206	join mit 300205 und 405102	
3002	300202	1	15	410		146,02
3002	300203	1	4.1	418		112,03
3002	300204	1	4.1	314		
3002	300205	1	4	202	join mit 405102	
3002	300206	1	4	117		27,01
3002	300207	1	4	101		
3002	300208	1	4.1	418		
3002	300209	1	16	503		

3002	300210	1	2	601		
3002	300211	1	11	603		
3002	300212	1	4	601		
3002	300213	1	2	601		
3002,2	301301	1	17	401		145,07
3002,2	301302	1	16	901		
3002,2	301303	1	2	601		
3002,2	301304	1	4	503		
3003	300801	2	17	403		
3003	300802	2	4	314		78,06
3003	300803	2	1	302		
3003	300804	2	17	403		
3003	300805	2	2	201		31,06
3003	300806	2	9	403		
3003	300807	2	2	201	join mit 300805	
3003	300808	2	1	308		
3003	300809	2	1	308		66,02
3003	300810	2	4	501		
3003	300811	2	4	601		
3003	300812	2	4	601		
3003	300813	2	1	601		
3003	300814	2	2	601		
3003	300815	2	2	601		
3003	300816	2	14	601		
3003	300817	2	4	116		17,05
3003	300818	2	2	601		
3003	300819	2	2	601		
3003	300820	2	2	601		
3003	300821	2	14	602		
3003	300822	2	4	603		
3003	300823	2	2	601		
3003	300824	2	2	314		
3003	300825	2	4	314		78,07
3003	300826	2	5	503		
3003	300827	2	4	418		
3003	300828	2	16	1001		159,02
3003	300829	2	4	313		
3003	300830	2	2	315	Rillen	
3003	300831	2	1	302		
3003	300832	2	2	315		
3003	300833	2	2	501		
3003	300834	2	5	301	Kochtopf ?, stark zerstört	
3003	300835	2	4	407		
3003	300836	2	4	312		
3003	300837	2	17	601		
3003	300838	2	4	603		
3003	300839	2	2	601		
3003	300840	2	3	201		
3003	300841	2	4	208		47,04
3003	300842	2	1	308	mit Henkel 601	
3003	300843	2	4	117		
3003	300844	2	2	201	Krug ?, stark zerstört	
3003	300845	2	12	601		
3003	300846	2	2	107		
3003	300847	2	12	602		
3003	300848	2	2	601		
3003	300849	2	4	502		
3003	300850	2	4	603	Tülle?, unvollständige kleine Durchbohrung	
3003	300851	2	4	603		
3003	300852	2	2	207		
3003,4	308101	3	1	504	vollst. Dreifuß; N97,57; O94,90; H99,26; z.B. van der Kooij, Ibrahim 1989:97. Fig.61	119,04
3004	302101	2	2	601		
3004	302102	2	2	601		
3004	302103	2	2	603		
3004	302104	2	2	104		20,04
3004	302105	2	12	601	a: rötliche Bemalungsspuren	
3004	302106	2	1	601		
3004	302107	2	2	501		
3004	302108	2	4	201		

3004	302109	2	2	601		
3004	302110	2	4	601		
3004	302111	2	2	601		
3004	302112	2	2	601		
3004	302113	2	4	206		46,06
3004	302114	2	2	601		
3004	302115	2	2	601		
3004	302116	2	2	601		
3004	302117	2	2	317		81,03
3004	302118	2	2	601		
3004	302119	2	1	308		71,03
3004	302120	2	2	207		
3004	302121	2	1	308	join mit 302122	71,04
3004	302122	2	1	308	join mit 302121	
3004	302123	2	16	221		
3004	302124	2	16	403		
3004	302125	2	1	601		
3004	302126	2	2	313		84,04
3005	302001	2	4	104	join mit 250103	20,03
3005	302002	2	2	105		22,03
3005	302003	2	4	505		116,04
3005	302004	2	2	502		
3005	302005	2	4	601		
3007	302801	2	2	418		
3007	302802	2	3	503		
3007	302803	2	4	207		36,04
3007	302804	2	4	413		109,07
3007	302805	2	4	603		
3007	302806	2	4	601		
3007	302807	2	3	209		47,05
3007	302808	2	2	601		
3008	303801	3	2	503		
3008	303802	3	2	601		
3008	303901	3	2	202	z.B. Flanagan, McCreery, Yassine 1994:239,Fig.20:9	40,03
3008	303902	3	2	601		
3008	303903	3	2	601		
3008	303904	3	2	603		
3008	303905	3	2	601		
3008	303906	3	4	1001		
3008	303907	3	5	309		66,05
3009	303601	2	2	101		14,01
3009	303602	2	1	308		
3009	303603	2	4	401	Schale ?, stark zerstört	
3009	303604	2	4	603		
3009	303605	2	2	502		
3010	304001	3	4	503		118,07
3010	305101	3	2	318	z.B. Dornemann 1990:159,Fig.5:19	81,05
3011	304501	3	2	603		
3011	304502	3	2	703		
3012	304901	3	4	505	fast vollst., join mit 304902;z.B.van der Kooij, Ibrahim 1989:96, Fig.3	116,01
3012	304902	3	4	505	fast vollst., join mit 304901	
3013	304801	3	2	503	z.B. Amiran 1969:257, Pl.86:15	118,02
3013	304802	3	2	601		120,01
3014	305201	3	2	112		7,02
3014	305202	3	2	601		
3014	305203	3	2	603		
3014	305401	3	4	206		46,02
3014	305402	3	4	206	join mit 305401	46,01
3014	305501	3	2	105		22,02
3014	305502	3	4	201		
3014	305503	3	2	601		
3014	305701	3	2	601		
3014	307201	3	2	601		
3014	307202	3	2	601		
3014	307203	3	2	601	join mit 307201 und 307202	
3014	307204	3	12	602		
3017	306201	3	4	208	mit Henkel 601	47,03
3017	307701	3	2	201	join mit 605206	
3017	307702	3	2	201	join mit 605206	

3017	307703	3	2	201	join mit 605206	
3017	307704	3	1	308		
3017	307705	3	1	308		
3017	307706	3	4	415		
3017	307707	3	2	201	join mit 605206	
3017	307708	3	4	207		
3017	307709	3	1	308		
3017	307710	3	4	601		
3017	307711	3	1	601		
3017	307712	3	3	402	a: eingeritzte Linien	
3017	307713	3	2	107		
3017	307714	3	1	308		
3017	307715	3	1	308		
3017	307716	3	1	303		
3017	307717	3	2	201	Krug ?, stark zerstört, mit Henkel 601	
3017	307718	3	1	303		
3017	307719	3	1	308		
3017	307720	3	1	308		
3017	307721	3	4	401	Schale ?, stark zerstört	
3017	307722	3	1	308		
3017	307723	3	2	601		
3017	307724	3	1	303	mit Henkel 601	
3017	307725	3	18	601		
3017	307726	3	1	602		
3017	307727	3	4	601		
3017	307728	3	1	308	mit Henkel 601	
3017	307729	3	2	601		
3017	307730	3	2	603		
3017	307731	3	4	601		
3017	307732	3	4	601		
3017	307733	3	4	601		
3018	308201	3	1	336		
3018	308202	3	4	364	aufgesetzte Leiste (bar-handle); z.B. Flanagan, McCreery, Yassine 1994:239,Fig.20:1	72,03
3018	308203	3	1	336		
3018	308204	3	3	250		
3018	308205	3	3	207		
3018	308206	3	17	255		139,05
3018	308207	3	2	118		8,01
3018	308208	3	1	332		
3018	308209	3	3	458		105,02
3018	308210	3	4	211	mit vollständigen Henkel 601	
3018	308211	3	17	601	kleiner Henkel	
3018	308212	3	4	601		
3018	308213	3	2	601		
3018	308214	3	4	601		
3018	308215	3	1	601		
3018	308216	3	2	601		
3018	308217	3	5	601		
3018	308218	3	3	601		
3019	308901	4?	1	138		30,04
3019	308902	4?	4	256		35,04
3019	308903	4?	4	601		
3019	308904	4?	3	601	mit Bauchscherbe, vollständiger kleiner Henkel	
3019	308905	4?	3	601		
3019	308906	4?	2	601		
3019	308907	4?	3	503		
3019	308908	4?	16	507		
3019	308909	4?	16	1001		
3020	309401	4	1	320		63,03
3020	309402	4	1	371		73,02
3020	309403	4	1	336		
3020	309404	4	4	303		
3020	309405	4	1	336		
3020	309406	4	3	601	kleiner Henkel	
3020	309407	4	2	603		
3020	309408	4	1	215	mit vollständigen Henkel 601	
3020	309409	4	2	601		
3020	309410	4	4	703	mit aufgesetzter Leiste (bar-handle)	126,06
3022	309801	4	1	330		49,03

3022	309802	4	1	334		72,02
3022	309803	4	3	207		45,07
3022	309804	4	2	425	mit aufgesetzter Leiste (bar-handle)	105,01
3022	309805	4	4	601	mit Bauchscherbe	
3022	309806	4	4	601	mit Bauchscherbe	
3022	309807	4	3	601		
3022	309808	4	3	601	mit Bauchscherbe	
3022	309809	4	2	601		
3022	309810	4	2	601		
3022	309811	4	17	601	sehr klein	
3022	309812	4	2	601		
3022	309813	4	4,1	601	sehr klein	
3022	309814	4	4	601		
3022	309815	4	2	601		
3022	309816	4	2	601		
3022	309817	4	4,1	503		
3022	309818	4	2	703	mit Knubbe	125,05
3023	310401	4	4	458		105,03
3023	310402	4	2	439		102,01
3023	310403	4	4	434		102,03
3023	310404	4	1	310		83,01
3023	310405	4	1	306		
3023	310406	4	3	412		
3023	310407	4	4	413		101,01
3023	310408	4	16	601	kleiner Henkel	
3023	310409	4	4	601	mit Bauchscherbe	
3023	310410	4	2	601		
3023	310411	4	2	601		
3023	310412	4	2	601	mit Bauchscherbe	
3023	310413	4	5	601	mit Bauchscherbe	
3023	310414	4	4	601	mit Bauchscherbe	
3023	310415	4	4	601	mit Bauchscherbe	
3023	310416	4	4	503		
3023	310417	4	4	503		
3024	310801	4	4,1	456		95,05
3024	310802	4	4,1	456		100,05
3024	310803	4	4,1	413		101,03
3024	310804	4	2	138		15,01
3024	310805	4	17	601		
3024	310806	4	3	601	mit Bauchscherbe	
3024	311301	4	4	412		101,02
3024	311302	4	1	336		
3024	311303	4	4	419		
3024	311304	4	4,1	503		
3024	311305	4	4	456		95,04
3024	311306	4	4	207		
3024	311307	4	3	207		
3024	311308	4	3	208		
3024	311309	4	2	421		
3024	311310	4	2	601		
3024	311311	4	2	601		
3024	311312	4	2	601		
3024	311313	4	4	310		
3029	312301	-	4	436		100,04
3029	312302	-	1	326		62,03
3029	312303	-	4	502	vollständiger Boden	113,05
3029	312304	-	2	601	mit Bauchscherbe, vollständiger Henkel	
3029	312305	-	5	601		
3029	312306	-	5	601		
3029	312307	-	2	601		
3029	312308	-	4	601		
3029	312309	-	2	601		
3029	312310	-	4	601		
3029	312311	-	4	601	mit Bauchscherbe	
3029	312312	-	4	601	mit Bauchscherbe	
3029	312313	-	4	703	annähernd runde Bauchscherbe	
3029	312401	-	5	452		107,04
3029	312402	-	4	503	stark abgerieben	113,02
3029	312403	-	4	601	mit Bauchscherbe, vollständiger Henkel	

3029	312404	-	4	601		
3029	312405	-	2	603		
3029	312406	-	4	601	mit Bauchscherbe	
3029	312407	-	4	601	mit Bauchscherbe	
3029	312408	-	2	603		
3029	312409	-	2	601	mit Bauchscherbe, vollständiger Henkel	
3029	312410	-	4	601	mit Bauchscherbe	
3029	312411	-	2	601	mit Bauchscherbe	
3029	312412	-	4	502		
3029	312413	-	3	507		
3029	312414	-	4	502		
3032	313901	1	17	448		
3032	313902	1	16	421	Bemalungsspuren: 10R4/3 weak red	
3032	313903	1	15	234		
3032	313904	1	1	345		
3032	313905	1	16	449	Bemalungsspuren: 10R3/3 dusky red	
3032	313906	1	5	445		
3032	313907	1	4	204	mit kleinem Henkel 601	
3032	313908	1	2	601		
3032	313909	1	2	601		
3032	313910	1	2	601		
3033	314201	1	12	450		
3033	314202	1	4	359		
3033	314203	1	4	503		
3033	314204	1	3	237		
3033	314205	1	4	603		
3034	314601	2	3	225		
3034	314602	2	4	601		
3034	314603	2	4	601		
3034	314604	2	5	603		
3034	314605	2	3	601		
3035	314701	2	2	141		13,04
3035	314702	2	4,1	436		
3035	314703	2	4	1001	verbrannt	
3035	314704	2	1	336		
3035	314705	2	3	244		
3035	314706	2	4	503		
3035	314707	2	4	601		
3035	314708	2	4	603		
3035	314709	2	14	602		
3035	314710	2	4	603		
3036	315301	2	4	212	mit vollständigen Henkel 601	
3036	315302	2	4	4106		94,06
3036	315303	2	3	244		
3036	315304	2	3	239		
3036	315305	2	4	236		
3036	315306	2	4	358		
3036	315307	2	4	440		
3036	315308	2	4	452		
3036	315309	2	4	503		
3036	315310	2	13	602		
3036	315311	2	18	602		
3036	315312	2	5	601		
3036	315313	2	4	601		
3036	315314	2	3	601		
3037	315801	2	4,1	415		
3037	315802	2	3	415		
3037	315803	2	3	601		
3037	315804	2	3	601		
3037	315805	2	3	601		
3037	315806	2	2	603		
3037	315807	2	2	122		
3037	315808	2	4	503		
3038	316001	2 (?)	3	204		
3038	316002	2 (?)	4	378		68,03
3038	316003	2 (?)	3	245		
3038	316004	2 (?)	14	602		
3038	316005	2 (?)	1	235		
3038	316006	2 (?)	1	236		

3038	316007	2 (?)	1	361		
3038	316008	2 (?)	5	359		
3038	316009	2 (?)	5	429		
3038	316010	2 (?)	4	224		
3038	316011	2 (?)	4	236		
3038	316012	2 (?)	4	373		68,04
3038	316013	2 (?)	4	341	mit Henkel 601	
3038	316014	2 (?)	4,1	503		
3038	316015	2 (?)	4	503		
3038	316016	2 (?)	4	503		
3038	316017	2 (?)	4	601		
3038	316018	2 (?)	4	603		
3039	316401	3	1	235		
3039	316402	3	1	328		
3039	316403	3	1	235		
3039	316404	3	4	439		
3039	316405	3	4	328		
3039	316406	3	16	420		147,07
3039	316407	3	1	236		
3039	316408	3	16	461		147,05
3039	316409	3	4	243		
3039	316410	3	4	429		
3039	316411	3	3	225		
3039	316412	3	5	359		
3039	316413	3	2	503		
3039	316414	3	4	503		
3039	316415	3	4	601		
3039	316416	3	2	601		
3039	316417	3	4	603		
3039	316418	3	4	603		
3039	316419	3	1	601		
3039	316420	3	5	601		
3039	316421	3	4	601		
3039	316422	3	1	603		
3039	316423	3	4	601		
3039	316424	3	2	601		
3040	317001	3	1	601		
3040	317002	3	1	601		
3041	317101	3	1	230		
3041	317102	3	2	138		
3041	317103	3	4	416		
3041	317104	3	3	243		
3041	317105	3	4	439		
3041	317106	3	1	332		
3041	317107	3	1	228		
3041	317108	3	2	501	vollständiger Boden	114,01
3041	317109	3	4	501		
3041	317110	3	2	601		
3041	317111	3	3	601		
3041	317112	3	4	601		
3041	317113	3	2	601		
3041	317114	3	4	601		
3041	317115	3	2	601	runder Eindruck am oberen Henkelansatz (angebohrt)	123,01
3041	317116	3	3	601		
3041	317117	3	4	601		
3041	317118	3	5	601		
3041	317119	3	2	601		
3041	317120	3	14	602		
3042	317401	4	5	412		
3042	317402	4	5	408		
3042	317403	4	5	467	z.B. Hennessy et al. 1981:Fig,12:1-6	108,01
3042	317404	4	4	416	join mit 317419	
3042	317405	4	1	345		
3042	317406	4	1	3118		60,04
3042	317407	4	2	336		
3042	317408	4	1	337		
3042	317409	4	1	232		
3042	317410	4	4	310		
3042	317411	4	1	3119	z.B. Hennessy et al. 1981:Fig.16:11	86,06

3042	317412	4	1	335		
3042	317413	4	1	336		
3042	317414	4	1	336		
3042	317415	4	1	328		
3042	317416	4	2	433		
3042	317417	4	4	345		
3042	317418	4	4	233		
3042	317419	4	4	416	join mit 317404	
3042	317420	4	2	433		
3042	317421	4	4	440		
3042	317422	4	4	466	z.B. Hennessy et al. 1981:Fig.14:1	104,01
3042	317423	4	4	466		
3042	317424	4	4	321	mit Henkel 601	
3042	317425	4	4	601		
3042	317426	4	2	601		
3042	317427	4	3	601		
3042	317428	4	2	601		
3042	317429	4	4	601		
3042	317430	4	5	601		
3042	317431	4	4	601		
3042	317432	4	2	601		
3042	317433	4	4	601		
3042	317434	4	2	601		
3042	317435	4	2	601		
3042	317436	4	4	601		
3042	317437	4	4	601		
3042	317438	4	2	601		
3042	317439	4	5	601		
3043	317801	4	5	439		110,01
3043	317802	4	4	4109		108,03
3043	317803	4	1	4108		108,07
3043	317804	4	3	250		33,04
3043	317805	4	1	380	z.B. Flanagan, McCreery, Yassine 1994:239,Fig.20:5	60,05
3043	317806	4	4	503		114,04
3043	317807	4	4	703	Eindrücke	127,03
3043	317808	4	2	601		
3043	317809	4	2	601		
3043	317810	4	1	601		
3043	317811	4	2	601		
3043	317812	4	2	601		
3043	317813	4	4	601		
3043	317814	4	1	601		
3043	317815	4	4	601		
3043	317816	4	2	601		
3043	317817	4	5	602		
3043	317818	4	4	601		
3043	317819	4	4	601		
3043	317820	4	2	601		
3043	317821	4	5	601		
3044	318201	4	5	445		94,03
3045	318401	5	21	473	z.B. Amiran 1969:192,Pl.60:1-7	94,04
3045	318402	5	21	471	z.B. Kamlah 2000:Taf.85:3	110,03
3045	318403	5	21	474	z.B. Potts et al. 1988:135,Fig.10:6	110,04
3045	318404	5	22	470	Farbüberzug: 5YR8/1 white und 2 Streifen darauf: 10R4/6-4/8 red	160,03
3045	318405	5	21	472	z.B. Kamlah 2000:Taf.3:5	94,07
3045	318406	5	4	264	z.B. Potts et al. 1988:135,Fig.10:8	41,05
3045	318407	5	4	510		117,09
3045	318408	5	4	389	z.B. Amiran 1969:216-218,Pl.69:1	82,06
3045	318409	5	5	506		
3045	318410	5	21	702	Einritzung	124,06
3045	318411	5	21	701	Bemalungsspuren: 7.5 YR 8/0 white	124,05
3045	318412	5	3	603		
3045	318413	5	3	601		
3045	318414	5	21	475	mit Boden 503; z.B. McNicoll , Smith, Hennessy 1982:124,Pl.122:2,4	108,06
3045	318415	5	21	703		
3045	318416	5	3	702	Einritzung, 4 Linien	124,07
3046	318801	5	21	3101	z.B. Hennessy et al. 1981:294,Fig.16:4	90,06
3046	318802	5	21	486		94,01
3046	318803	5	4	3129	z.B. Kamlah 2000:Taf.58:10	82,09

3046	318804	5	4	603		
3047	319101	5	4	206		
3047	319102	5	5	506	kleiner Standfuß	117,02
3047	319103	5	21	501		
3047	319104	5	2	503	verbrannt; a: Slip 10YR6/3 pale brown	114,03
3047	319105	5	3	601		
3048	319201	6	3	271	z.B. Potts et al. 1988:135,Fig.10:8	44,03
3048	319202	6	4,1	413	z.B. Potts et al. 1988:135,Fig.10:2	108,04
3048	319203	6	21	482	Brandspuren; z.B. Homes-Fredericq, Franken 1986:142,Fig.384	110,06
3048	319204	6	21	3120	z.B. Amiran 1969:213-214,Pl.68:I,4-5	89,04
3048	319205	6	5	475		
3048	319206	6	4,1	481	z.B. Hendrix, Drey, Storfjell 1997:161,Fig.190	108,05
3048	319207	6	21	503	z.B. Homes-Fredericq, Franken 1986:136-137,Fig.356-359	114,05
3048	319208	6	2	601		
3048	319209	6	2	601		
3048	319210	6	4	601		
3048	319211	6	2	702	a: 5YR5/5 gray; i: 5YR7/4 pink und Einritzung	125,03
3048	319212	6	21	702	Einritzung, 2 Linien	124,08
3048	319213	6	22	701	Farbüberzug: 5YR8/1 white, mit Farbspuren darauf:10R4/6-4/8 red	160,05
3049	319701	6	4	3128	stark zerstört, z.B. Kamlah 2000:Taf.85:10	82,02
3049	319702	6	21	4107	stark zerstört	96,02
3049	319703	6	1	396	z.B. Potts et al. 1988:135.Fig.10:3	86,05
3049	319704	6	21	398	1 Farbstreifen auf Lippe:10R3/2 dusky red;z.B.Kamlah 2000:Taf.46:7	75,05
3050	320101	6	21	3126	z.B. Amiran 1969:132,Pl.41; 219,Pl.70:2-3	86,04
3050	320102	6	5	703	Tontafel?	125,04
3051	320301	7	4,1	416		
3052	320601	7	2	3100	sehr bröselig, z.B. Hennessy et al. 1981:290,Fig.290:5	82,03
3052	320602	7	3	603	join mit 320603	
3052	320603	7	3	603	join mit 320602	
3053	307101	-	2	207		36,03
3053	307102	-	4	601		
3053	307103	-	2	601		
3053	307104	-	2	601		
3053	307105	-	2	501		
3053	307106	-	2	601		
3053	307107	-	4	601		
3053	307108	-	16	1001		
3053	307301	-	4	101		1,03
3053	307302	-	4	601		
3053	307401	-	2	104		
3500	350001	1	1	381		
3500	350002	1	5	445		
3500	350003	1	3	244		
3500	350004	1	3	238		
3500	350005	1	3	385		
3500	350006	1	4	388		
3500	350007	1	4	265		
3500	350008	1	2	138		
3500	350009	1	5	439		
3500	350010	1	3	207		
3500	350011	1	3	246		
3500	350012	1	14	602		
3500	350013	1	16	503		
3500	350014	1	3	503		
3500	350015	1	16	602		
3500	350016	1	4	601		
3500	350017	1	4	601		
3500	350018	1	2	601		
3500	350019	1	14	269		137,07
3500	350020	1	1	330		
3500	350021	1	4,1	393		75,03
3500	350022	1	4	336		
3500	350023	1	4	493		110,02
3500	350024	1	16	310		
3500	350025	1	2	601		
3500	350026	1	2	601		
3500	350027	1	2	601		
3500	350028	1	4	601		
3500	350029	1	4	601		

3500	350030	1	4	601		
3500	350031	1	2	601		
3500	350032	1	4	601		
3500	350033	1	4	601		
3500	350034	1	2	601		
3500	350035	1	2	601		
3500	350036	1	2	601		
3500	350037	1	4	601		
3500	350038	1	4	601		
3500	350039	1	24	503		160,04
3500	350040	1	3	250		
3500	350041	1	4	310		
3500	350042	1	4	394		75,06
3500	350043	1	4,1	459		
3500	350044	1	5	378		
3500	350045	1	5	503		
3500	350046	1	5	503		
3500	350047	1	4	601		
3500	350048	1	4	601		
3500	350049	1	3	601		
3500	350050	1	4	601		
3501	350501	2	2	601		
3501	350502	2	2	503		
3502	350601	2	4	354		
3502	350602	2	3	236		
3502	350603	2	4	206		
3502	350604	2	4	601		
3502	350605	2	1	347	mit Henkel 601	
3502	350606	2	4	604		
3502	350607	2	2	602		
3502	350608	2	2	601		
3502	350609	2	3	601		
3502	350610	2	4	602		
3502	350611	2	4	468		
3502	350612	2	4	209		
3502	350613	2	4	265		
3502	350614	2	1	307		
3502	350615	2	1	345		
3502	350616	2	4	441		
3502	350617	2	4	445		
3502	350618	2	4	434		
3502	350619	2	4	503		
3502	350620	2	2	601		
3502	350621	2	2	601		
3502	350622	2	2	601		
3502	350623	2	4	601		
3503	350801	2	4,1	413		
3503	350802	2	4	245		
3503	350803	2	3	233		
3503	350804	2	4	208		
3503	350805	2	1	342		
3503	350806	2	1	335		
3503	350807	2	1	336		
3503	350808	2	1	303		
3503	350809	2	4	510		117,08
3503	350810	2	5	601		
3503	350811	2	4	601		
3503	350812	2	4	601		
3503	350813	2	2	601		
3503	350814	2	2	601		
3503	350815	2	4	601	vollständiger Henkel	
3504	351101	-	5	433		
3504	351102	-	4	356		
3504	351103	-	4	601		
3505	351201	-	4	601	vollständiger Henkel	
3505	351202	-	4	601		
3505	351203	-	13	602		
3505	351204	-	1	335		
3505	351205	-	4	416		

3506	351401	-	2	601		
4001	400101	0	4	313		84,02
4001	400102	0	4	117		12,02
4001	400103	0	1	303	z.B. Flanagan, McCreery, Yassine 1994:239,Fig.20:5	54,06
4001	400104	0	4	315		79,05
4001	400105	0	1	307		65,07
4001	400106	0	4	117		
4001	400107	0	4	601		
4001	400108	0	4	603		
4001	400109	0	14	601		
4001	400110	0	14	601		
4002	400201	1	4	312		87,06
4002	400202	1	4	217		
4002	400203	1	4	201		
4002	400204	1	4	207		46,09
4002	400205	1	14	219		138,07
4002	400206	1	1	316		76,03
4002	400207	1	4	601		
4002	400208	1	4	601	Bemalungsspuren	
4002	400209	1	4	103		
4002	400210	1	4	501		
4002	400211	1	4	418		112,06
4002	400212	1	16	408		140,03
4002	400213	1	16	401	join mit 400212	
4002	400214	1	2	117		12,04
4002	400215	1	4	207		36,01
4002	400216	1	4	601		
4002	400217	1	2	601		
4002	400218	1	16	601		
4002	400219	1	2	107		21,03
4002	400220	1	4	418		
4002	400221	1	4	601		
4002	400222	1	4	207		
4002	400223	1	4	202		
4002	400224	1	16	1001		
4002	400225	1	14	220		
4002	400226	1	4	601		
4002	400227	1	1	308		59,05
4002	400228	1	4	312	Einritzung	
4002	400229	1	2	110		
4002	400230	1	4	206		
4002	400231	1	2	601		
4002	400232	1	2	603		
4002	400233	1	5	601		
4002	400234	1	15	501		
4002	400235	1	1	304	aufgesetzte Leiste mit ovalen Eindrücken; z.B. Dornemann 1990:158,Fig.4:19	53,05
4002	400236	1	1	308		71,06
4002	400237	1	16	221	rötliche Bemalungsspuren	
4002	400238	1	14	219		
4002	400239	1	12	418		
4002	400240	1	14	503		
4004	400501	2	1	308		
4004	400502	2	4	412		
4004	400503	2	1	308		
4004	400504	2	4	415		91,02
4004	400505	2	4	601		
4004	400506	2	2	601		
4004	400507	2	12	602		
4004	400508	2	4	314		80,01
4004	400509	2	4	603		
4004	400510	2	4	703	1/2 Loch	127,02
4004	400511	2	1	308		
4004	400512	2	2	308		67,04
4004	400513	2	1	302		55,05
4004	400514	2	16	503		155,02
4004	400515	2	2	601		
4004	400516	2	4	305		
4005	401001	2	11	206		46,07
4005	401002	2	4	117		27,02

4005	401003	2	1	308		71,05
4005	401004	2	1	503	stark zerstört	
4005	401005	2	1	601		
4005	401006	2	4	217	join mit 405101	
4005	401007	2	4	601		
4005	401008	2	1	301	abgeplatzte Stelle	55,01
4005	401009	2	2	603		
4005	401010	2	4	603		
4005	401011	2	1	308		
4007	401801	2	2	302		54,01
4008	402101	2 (?)	3	205		42,04
4008	402102	2 (?)	2	207		46,10
4008	402103	2 (?)	4	415		91,05
4008	402104	2 (?)	1	308		
4008	402105	2 (?)	4	603		
4008	402106	2 (?)	3	603		
4008	402107	2 (?)	4	901		129,06
4008	402108	2 (?)	4	208	mit Henkel 601	
4008	402109	2 (?)	4	703	Sieb ?; Ritzung und Loch	124,10
4008	402110	2 (?)	14	401	Schale ?, stark zerstört	
4008	402301	2 (?)	4	505	halbes Gefäß, N95,06; O101,34; H99,57	116,02
4008	402401	2 (?)	4	505	20cm nordwestlich von 402301; join mit 402401	
4008	402402	2 (?)	4	505	join mit 402401	116,03
4008	402601	2 (?)	4	601		
4008	402701	2 (?)	2	601		
4009	402801	3	1	312		87,04
4009	402802	3	2	314		78,04
4009	402803	3	1	303		54,05
4009	402804	3	4	101		14,02
4009	402805	3	4	117	mit Henkel 601	
4009	402806	3	2	601		
4010	403401	2	4	103		23,01
4010	403402	2	1	601		
4010	403403	2	2	601		
4010	403404	2	1	603		
4010	403405	2	2	601		
4011	404001	2	4	203	mit Henkel 601, verbrannt	40,05
4011	404002	2	2	208		47,02
4011	404003	2	4	201		
4011	404004	2	2	601		
4011	404005	2	2	601		
4013	404901	3	2	406		103,01
4013	404902	3	2	107		21,04
4013	404903	3	2	101		1,01
4013	404904	3	2	201	Krug ?, stark zerstört	
4013	404905	3	2	107		
4013	404906	3	2	601		
4013	404907	3	2	103		25,03
4013	404908	3	17	213		
4013	404909	3	4	701	Streifenbemalung (2.5 YR 2.5/4 dark reddish brown)	124,01
4013	404910	3	4	601		
4013	404911	3	2	601		
4013	404912	3	2	103	join mit 404907	
4013	404913	3	2	601		
4014	405101	3	4	217	join mit 401006	
4014	405102	3	2	202	join mit 300205; z.B. Dornemann 1990:157,Fig.3:53	40,04
4014	405103	3	2	104		20,01
4014	405104	3	4	701	Streifenbemalung (2.5 YR 2.5/4 dark reddish brown)	124,02
4014	405105	3	4	601		120,02
4014	405106	3	4	601		
4014	405601	3	1	308		
4014	405602	3	5	201		
4014	405603	3	5	601		
4014	405604	3	2	201	z.B. Flanagan, McCreery, Yassine 1994:239,Fig.20:7	31,03
4015	406101	3	2	601		
4015	406102	3	2	601		
4015	406103	3	2	201		40,02
4015	406104	3	2	118	join mit 406101, 502502; Einritzung	12,06
4015	406105	3	4	501		

4015	406106	3	2	601		
4015	406107	3	2	601		
4015	406108	3	2	208		36,08
4015	406109	3	4	207		36,05
4016	406501	1	4	601		
4016	406502	1	2	201		
4017	406601	1	2	601		
4017	406602	1	2	315		
4017	406603	1	2	601		
4017	406604	1	2	601		
4017	406605	1	1	501		
4017	406606	1	2	107		
4017	406607	1	2	316		76,01
4017	406608	1	2	104		23,03
4017	406609	1	4	117		
4017	406610	1	4	312		
4018	407301	1	2	601		
4018	407302	1	4	308		71,02
4018	407303	1	4	505		
4018	407304	1	1	603		
4018	407305	1	2	601		
4018	407306	1	4	305		65,03
4018	407307	1	2	601		120,04
4018	407308	1	2	208		
4019	408701	1	1	305		65,02
4019	408702	1	4	413		109,08
4019	408703	1	4	207		
4019	408704	1	1	301	Kochtopf ?, sehr kleines, abgeriebenes Stück	
4019	408705	1	5	418		
4019	408706	1	4	301	Kochtopf ?, stark zerstört, mit Henkel 601	
4020	407801	2	1	308		
4020	407802	2	2	201	Krug ?, stark zerstört	
4020	407803	2	14	213		
4020	407804	2	2	603		
4021	408201	2	3	412	Bemalungsspuren auf dem Rand	
4021	408202	2	4	407		
4021	408203	2	4	412		
4021	408204	2	2	601		
4021	408205	2	2	207		
4021	408206	2	4	601		
4021	408207	2	3	601		
4021	408208	2	4	601		
4021	408209	2	4	601		
4021	408210	2	2	601		
4021	408211	2	4	601		
4021	408212	2	4	105		
4021	408213	2	1	308		
4022	409401	2	16	703	mit aufgesetzter Leiste	158,06
4022	409402	2	4	603		
4022	409403	2	2	603		
4022	409404	2	4	505		
4023	409801	2	1	308		
4023	409802	2	2	201	Krug ?, stark zerstört	
4023	409803	2	1	308		
4023	409804	2	1	308		
4023	409805	2	1	308	join mit 409805	
4023	409806	2	2	314	kleines, rundes Loch in der Wandung	80,05
4023	409807	2	2	201	Krug ?, stark zerstört	
4023	409808	2	1	308	join mit 409805	
4023	409809	2	1	308	join mit 409804	
4023	409810	2	2	601		
4024	410801	1	4	503		
4024	410802	1	2	206		
4024	410803	1	16	213		
4024	410804	1	4	201	Krug ?, stark zerstört	
4024	410805	1	4	314		78,03
4024	410806	1	12	418		
4024	410807	1	1	308		
4024	410808	1	16	603		

4024	410809	1	12	404	mit Henkel 601	
4024	410810	1	2	601		
4024	410811	1	12	404	mit Henkel 601	
4024	410812	1	14	601		
4024	410813	1	2	601		
4024	410814	1	4	503		
4024	410815	1	1	603		
4024	410816	1	3	604		
4025	411301	2 (?)	4	204		42,02
4025	411302	2 (?)	1	308		
4025	411303	2 (?)	2	115		17,04
4025	411304	2 (?)	4	312		87,03
4025	411305	2 (?)	4	415		
4025	411306	2 (?)	4	314		
4025	411307	2 (?)	2	415		
4025	411308	2 (?)	4	401	Schale ?, stark zerstört	
4025	411309	2 (?)	4	208		47,01
4025	411310	2 (?)	2	601		
4025	411311	2 (?)	2	601		
4025	411312	2 (?)	2	601		
4025	411313	2 (?)	2	601	runder Eindruck am oberen Henkelansatz (angebohrt)	
4026	411601	1	1	204		
4026	411602	1	1	204	join mit 411601	
4026	411603	1	1	308		
4026	411604	1	1	204	join mit 411601	
4026	411605	1	4	418		112,02
4026	411606	1	1	204	join mit 411601	
4026	411607	1	4	312		
4026	411608	1	1	204	join mit 411601	
4026	411609	1	1	308	join mit 411603	
4026	411610	1	4	202		
4026	411611	1	4	315		
4026	411612	1	4	601		
4026	411613	1	4	601		
4026	411614	1	4	601		
4026	411615	1	4	601		
4026	411616	1	4	601		
4026	411617	1	4	601		
4026	411618	1	4	503		
4026	411619	1	5	703	im Model gemacht ?	
4026	411620	1	5	703	in Model gemacht ?	
4027	411901	1	4	207		
4027	411902	1	4	312		
4027	411903	1	4	207		
4027	411904	1	2	601		
4027	411905	1	2	501		
4028	412401	0	2	116	join mit 412402, stark zerstört	
4028	412402	0	2	116	join mit 412401	
4028	412403	0	2	313	stark zerstört	
4028	412404	0	2	601		
4028	412405	0	4	415		
4029	412701	2	1	601		
4029	412702	2	1	308	mit Henkel 601	
4030	413001	2	1	308		
4030	413002	2	1	308	join mit 413001	
4030	413003	2	1	301	Kochtopf ?, stark zerstört	
4030	413004	2	1	601		
4030	413005	2	2	601		
4030	413006	2	4	502		
4030	413201	2	4	501	N99,01; O109,00; H99,63; fast vollständiger Boden	118,01
4030	413301	2	2	601	N98,10; O107,90; H99,64	
4030,1	413901	1	1	303	sehr kleines Fragment	
4030,1	413902	1	2	601		
4031	414101	1	4	320		
4031	414102	1	1	301		
4031	414103	1	1	301		
4031	414104	1	5	318		
4031	414105	1	2	246		
4031	414106	1	4	211	mit Henkel 601	

4031	414107	1	4	601		
4031	414108	1	2	601		
4032	414301	1	1	303		
4032	414302	1	17	207		
4032	414303	1	1	310		
4032	414304	1	4,1	603	a: Streifenbemalung 10R4/1 dark reddish gray	121,02
4032	414305	1	2	603		
4032	414306	1	2	603	mit Bauchscherbe	
4032	414307	1	3	601		
4032	414308	1	4	503	join mit 414309	
4032	414309	1	4	503	join mit 414308	
4032	414310	1	4	312		
4032	414311	1	2	112		
4032	414312	1	2	103		
4032	414313	1	2	121		
4032	414314	1	2	603		
4032	414315	1	4,1	503		
4032	414316	1	3	207		
4032	414317	1	3	207		
4032	414318	1	3	306		
4032	414319	1	4,1	314		
4032	414320	1	2	601		
4032	414321	1	1	308	mit Henkel 601	
4032	414322	1	1	211	mit Henkel 601	
4032	414323	1	5	503		
4032	414324	1	4	601		
4033	414701	1	1	308	mit Henkel 601	
4033	414702	1	3	503		
4034	414901	2	4,1	503		113,03
4034	414902	2	4	314		
4034	414903	2	1	310		
4034	414904	2	4	134	z.B. Clark 1983:Fig.1:10	16,03
4034	414905	2	4	312		
4034	414906	2	4	222	z.B. Yassine 1984:Fig.4:5-6	43,01
4034	414907	2	3	601		
4034	414908	2	1	601	mit Bauchscherbe	
4034	414909	2	3	601	mit Bauchscherbe	
4034	414910	2	4	503		
4034	414911	2	4	601	mit Bauchscherbe	
4034	414912	2	2	601	mit Bauchscherbe	
4034	414913	2	4	504	z.B. van der Kooij, Ibrahim 1989:97,Fig.61	119,02
4034	414914	2	2	503		
4035	415201	2	1	308		
4035	415202	2	1	308		
4035	415203	2	5	207		
4035	415204	2	1	308		
4035	415205	2	2	103		
4035	415206	2	2	105		
4035	415207	2	2	349	z.B. Clark 1983:Fig.1:19; Routledge 1995:138,Fig.10:18	83,03
4035	415208	2	1	308		
4035	415209	2	3	225		
4035	415210	2	5	206		
4035	415211	2	2	316		
4035	415212	2	2	314		
4035	415213	2	2	358		
4035	415214	2	4	243		
4035	415215	2	4,1	429		
4035	415216	2	4	206	z.B. Dornemann 1990:Fig.3:43; Clark 1983:Fig.6:76-77	45,03
4035	415217	2	1	308		
4035	415218	2	2	314		
4035	415219	2	2	314		
4035	415220	2	4,1	313		
4035	415221	2	4	310	mit vollständigen Henkel 601	
4035	415222	2	4	211	mit Henkel 601	
4035	415223	2	2	117		
4035	415224	2	1	308	mit vollständigen Henkel 601	
4035	415225	2	4	601		
4035	415226	2	2	601		
4035	415227	2	2	601		

4035	415228	2	2	601		
4035	415229	2	2	601		
4035	415230	2	2	601		
4035	415231	2	4	601		
4035	415232	2	1	601		
4035	415233	2	4	601	mit Bauchscherbe	
4035	415234	2	4	601		
4035	415235	2	3	308	mit vollständigen Henkel 601	
4035	415236	2	3	601	mit Bauchscherbe	
4035	415237	2	4	601		
4035	415238	2	2	601	mit Bauchscherbe	
4035	415239	2	2	601	mit Bauchscherbe, a: verstrichen	
4035	415240	2	5	601		
4035	415241	2	2	601	mit Bauchscherbe	
4035	415242	2	2	601		
4035	415243	2	4	503		
4035	415244	2	4	503		
4035	415245	2	4	1001	Fragment	131,03
4035	415246	2	1	303		
4035	415247	2	4	356		
4035	415248	2	1	308		
4035	415249	2	3	258	z.B. Dornemann 1990:Fig.34-35; Clark 1983:Fig.6:76-77	45,05
4035	415250	2	2	601		
4035	415251	2	2	601	mit Bauchscherbe	
4035	415252	2	5	601	mit Bauchscherbe	
4035	415253	2	3	254	Kleeblattmündung; mit Henkel 601; z.B. Yassine 1984:14,Fig.4.1-2	48,04
4035	415254	2	4	601	mit Bauchscherbe	
4035	415255	2	2	601	mit Bauchscherbe	123,04
4035	415256	2	2	601	mit Bauchscherbe	
4035	415257	2	2	501		
4036	415701	2	1	308		
4036	415702	2	1	308		
4036	415703	2	2	429		102,02
4036	415704	2	16	252	a: 2 Streifenbemalung 10R5/2 weak red	139,03
4036	415705	2	4	209		
4036	415706	2	3	205		
4036	415707	2	1	308		
4036	415708	2	1	308		
4036	415709	2	1	308		
4036	415710	2	1	308		
4036	415711	2	4	601	mit Bauchscherbe, vollständiger Henkel	
4036	415712	2	4	601	mit Bauchscherbe	
4036	415713	2	4	310	mit Henkel 601	
4036	415714	2	4	703	mit aufgesetzter Leiste (bar-handle)	126,03
4037	416101	2	4	253	mit Henkel 601	43,04
4037	416102	2	4	201		
4037	416103	2	2	310		
4037	416104	2	3	306		
4037	416105	2	2	369		62,04
4037	416106	2	2	368		64,01
4037	416107	2	2	219		
4037	416108	2	4	439		107,02
4037	416109	2	2	103		
4037	416110	2	2	138		15,03
4037	416111	2	4,1	436		100,01
4037	416112	2	4	439		
4037	416113	2	2	107		
4037	416114	2	3	207		
4037	416115	2	4	421		
4037	416116	2	1	320	mit Henkel 601	
4037	416117	2	4	215	mit Henkel 601, a+i: rote Bemalungsspuren	
4037	416118	2	2	601		
4037	416119	2	2	601		
4037	416120	2	4	603		
4037	416121	2	2	601		
4037	416122	2	2	601		
4037	416123	2	4	601		
4037	416124	2	2	601		
4037	416125	2	4	601		

4037	416126	2	2	601		
4037	416127	2	4	601		
4037	416128	2	4	601		
4037	416129	2	5	601	a: Einritzung; z.B. van der Kooij, Ibrahim 1989:93,Fig.19	122,05
4037	416130	2	4	601		
4037	416131	2	4	501		
4037	416132	2	2	501		
4037	416133	2	2	501		
4037	416134	2	2	501		
4037	416135	2	4	505		
4037	416136	2	2	503		
4037	416137	2	4	429		
4037	416138	2	4	222		
4037	416139	2	2	135		16,04
4037	416140	2	1	308		
4037	416141	2	5	356	i: Streifenbemalung 10 R 4/1 (dark reddish gray), a+i: grauer Slip	
4037	416142	2	3	211	mit Henkel 601	
4037	416143	2	4	215	mit Henkel 601; a+i: rote Bemalungsspuren 2.5YR4/4 reddish brown	
4037	416144	2	2	601		
4037	416145	2	5	601		
4038	413701	-	1	211	mit Henkel 601; z.B. Routledge 1995:138,Fig.10:8	47,06
4038	413702	-	1	703	join mit 413701	
5001	500101	0	1	211	mit Henkel 601	
5001	500102	0	11	603		
5001	500103	0	4	201		31,04
5001	500104	0	14	601		
5001	500105	0	4	601		
5001	500106	0	3	601		
5001	500107	0	4	415		
5001	500108	0	2	418		104,04
5001	500109	0	11	601		
5001	500110	0	4	207		36,06
5001	500111	0	14	220		
5001	500112	0	4	207		
5001	500113	0	12	217		
5001	500114	0	4	207		
5001	500115	0	4	604		
5001	500116	0	4	207		
5001	500117	0	2	207		
5002	500501	1	4	105		22,04
5002	500502	1	1	303		53,04
5002	500503	1	4	207		46,08
5002	500504	1	16	402		143,09
5002	500505	1	1	302		55,04
5002	500506	1	1	302		54,02
5002	500507	1	4	312		87,07
5002	500508	1	4	312		87,01
5002	500509	1	4	201		
5002	500510	1	4	206		
5002	500511	1	2	208		
5002	500512	1	17	414		146,05
5002	500513	1	5	208		
5002	500514	1	4	412		
5002	500515	1	2	106		22,05
5002	500516	1	17	601		
5002	500517	1	2	601		
5002	500518	1	4	601		
5002	500519	1	14	602		
5002	500520	1	16	601		
5002	500521	1	12	418		
5002	500522	1	4	206		46,05
5002	500523	1	16	405	Bemalung (10 R 3/3 dusky red)	140,05
5002	500524	1	2	603		
5004	501001	0	4	102	join mit 501004	
5004	501002	0	2	106		21,01
5004	501003	0	4	102	join mit 501001 und 501004	25,02
5004	501004	0	1	415		91,01
5004	501005	0	2	601		
5004	501006	0	4	601		

5004	501007	0	3	601		
5004	501008	0	4	601		
5004	501009	0	2	601		
5004	501010	0	2	603		
5004	501011	0	4	503		
5004	501012	0	4	601		
5004	501013	0	2	503		118,04
5004	501014	0	1	303		
5004	501015	0	2	601		
5004	501016	0	17	218		
5004	501017	0	4	117		17,03
5004	501018	0	3	318	z.B. Dornemann 1990:159,Fig.5:20	81,06
5004	501019	0	17	601		
5004	501020	0	11	406		140,06
5004	501021	0	11	601		
5004	501022	0	4	601		
5004	501023	0	1	308		71,01
5004	501024	0	1	204		42,03
5004	501025	0	3	601		
5004	501026	0	4	201		
5004	501027	0	3	310		66,03
5004	501028	0	4	202		
5004	501029	0	16	218	Streifenbemalungsspuren (2.5 YR 4/2 weak red)	138,11
5004	501030	0	17	213		
5004	501031	0	4	315		79,06
5008	501901	1	4	418		
5008	501902	1	1	303		
5008	502501	1	4	413		109,09
5008	502502	1	2	118	join mit 406101 und 406103; Einritzung	12,05
5008	502503	1	2	601		
5008	502504	1	4	601		
5010	502001	0	1	303		53,01
5010	502002	0	16	401		
5010	502003	0	16	601		156,06
5010	502004	0	12	603		
5010	502005	0	2	601		
5010	502006	0	12	601	verbrannt	
5010	502007	0	1	308		59,03
5011	502901	-	5	205	z.B. McNicoll, Smith, Hennessy 1982:Pl.143:1	135,03
5011	502902		12	418		
5011	502903	-	12	601		
5011	502904	-	16	406		
5011	502905	-	15	409		146,01
5011	502906	-	15	116	join mit 502907	
5011	502907	-	15	116		
5011	502908	-	12	217		
5011	502909	-	16	221	Bemalungsspuren (10 R 3/3 dusky red)	
5011	502910	-	14	603		
5011	502911	-	14	602		
5011	502912	-	12	703	1 Loch	
5011	502913	-	2	603		
5011	502914	-	16	502	a: Bemalungsspuren (10 R 3/3 dusky red)	
5011	502915	-	2	601		
5011	502916	-	16	406		
5011	502917	-	2	601		
5011	502918	-	2	601		
5011	502919	-	16	208	mit Henkel 601 und Farbspuren	135,02
5011	502920	-	2	315	i: brauner Slip. a: rötlicher Überzug	
5011	502921	-	16	503		
5011	502922	-	16	215	fast vollst. Gefäß, z.B. McNicoll, Smith, Hennessy 1982:Pl.143:1	135,01
5012	505301	0	4	117		
5012	505302	0	3	407		
5012	505303	0	17	415		149,05
5012	505304	0	2	601		
5012	505305	0	4	317		81,02
5012	505306	0	1	308	mit Henkel 601	
5015	504801	1	4	207		
5015	504802	1	4	415		
5015	504803	1	1	303		

5015	504804	1	4	207		
5015	504805	1	4	601		
5015	504806	1	4	603		
5015	504807	1	4	603		
5015	504808	1	12	311		145,02
5016	503501	1	1	412		
5016	503502	1	16	703	mit aufgesetzter Leiste	158,05
5016	503503	1	4	412		
5016	503504	1	1	303		
5016	503505	1	4	313		
5016	503506	1	14	410		
5016	503507	1	4	315		109,04
5016	503508	1	2	312		
5016	503509	1	4	104		
5016	503510	1	2	109		
5016	503511	1	2	103		
5016	503512	1	11	418		
5016	503513	1	4	207		
5016	503514	1	11	418		
5016	503515	1	1	303		
5016	503516	1	12	309		145,01
5016	503517	1	2	103		
5016	503518	1	4	310		
5016	503519	1	4	315		
5016	503520	1	2	315		
5016	503521	1	7	506		
5016	503522	1	4	315		
5016	503523	1	2	315		
5016	503524	1	2	703		
5016	503525	1	1	601		
5016	503526	1	4	601		
5016	503527	1	2	601		
5016	503528	1	2	601		
5016	503529	1	2	601		
5016	503530	1	1	602		
5016	503531	1	2	601		
5016	503532	1	11	602		
5016	503533	1	2	601		
5016	503534	1	17	602		
5016	503535	1	6	502		
5016	503536	1	16	503		
5016	503537	1	16	503		
5016	503538	1	16	503		
5016	503539	1	16	503		
5016	503540	1	16	503		
5016	503541	1	4	703	verbrannt; mit Mattenabdruck	
5016	503542	1	7	502		
5016	503543	1	3	312		
5016	503544	1	2	310		
5016	503545	1	2	104		
5019	504201	-	11	401	fast vollständiges Gefäß; z.B. Sauer 1973:41, Fig.3:118	143,01
5020	505701	0 (?)	4	601		
5020	505702	0 (?)	17	415		149,01
5020	505703	0 (?)	4	601	join mit 505701	
5023	506101	1	3	205		
5023	506102	1	4	601		
5023	506103	1	1	303		
5023	506104	1	4	318		
5023	506105	1	4	421		
5023	506106	1	4	435		107,01
5023	506107	1	4	206		
5023	506108	1	16	310		
5023	506109	1	16	213		
5023	506110	1	4	601		
5023	506111	1	14	602		
5023	506112	1	4	601	mit Bauchscherbe	
5023	506113	1	14	602		
5023	506114	1	4	601	mit Bauchscherbe	
5023	506115	1	4	601		

5023	506116	1	4	601		
5023	506117	1	16	601	a: bemalt,1 Streifen 10R 3/3 dusky red	156,02
5023	506118	1	4	601		
5023	506119	1	16	602	kleiner Henkel	
5023	506701	1	2	137	mit aufgesetzter Daumenleiste	4,01
5023	506702	1	2	1101		132,02
5023	506703	1	3	429		
5023	506704	1	16	421	a: Streifenbemalung 10R3/3 dusky red	141,03
5023	506705	1	1	303		
5023	506706	1	5	201		
5023	506707	1	2	601		
5023	506708	1	2	601	mit Bauchscherbe	
5023	506709	1	2	601	mit Bauchscherbe	
5023	506710	1	3	601	mit Bauchscherbe	
5023	506711	1	5	603	mit Bauchscherbe	
5023	506712	1	2	503		
5023	506713	1	5	503		
5023	506801	1	2	202		
5023	506802	1	5	503		
5023	506803	1	4	601	mit Bauchscherbe	
5023	506804	1	2	603	mit Bauchscherbe	
5023	506805	1	4	215	mit Henkel 601	
5023	506806	1	2	601		
5023	507201	1	4	1301	stark abgerieben	
5023	507202	1	14	421	join mit 507201	
5023	507203	1	5	312		
5023	507204	1	5	207		
5023	507205	1	2	603	mit Bauchscherbe	
5023	507206	1	16	602	mit Bauchscherbe	
5023	507207	1	5	601		
5023	507208	1	2	122	join mit 507209-12	
5023	507209	1	2	122	join mit 507208 bis 12	
5023	507210	1	2	122	join mit 507208-09; 507211-12	
5023	507211	1	2	122	join mit 507208-10; 507212	
5023	507212	1	2	122	join mit 507208-11	
5023	507213	1	2	201		
5023	507214	1	2	109	join mit 507215	
5023	507215	1	2	109	join mit 507214	
5023	507216	1	2	112		
5023	507217	1	2	601		
5023	507218	1	2	601		
5023	507219	1	2	601	join mit 507218	
5023	507220	1	2	601	vollständiger Henkel	
5023	507221	1	2	601	vollständiger Henkel	
5023	507222	1	2	507		
5024	507301	2	2	112		
5024	507302	2	4	407		
5024	507303	2	1	336		
5024	507304	2	4	601		
5024	507305	2	5	503		
5024	507601	2	1	302		
5024	507602	2	2	228	join mit 507608	
5024	507603	2	4	207		
5024	507604	2	4,1	413		
5024	507605	2	2	358		
5024	507606	2	14	251		139,02
5024	507607	2	5	239		
5024	507608	2	2	228	join mit 507602	
5024	507609	2	5	1001		
5024	507610	2	1	601	mit Bauchscherbe	
5024	507611	2	1	318	mit Henkel 601	
5024	507612	2	4	601		
5024	508301	2	17	213		
5024	508302	2	3	239		
5024	508303	2	16	213		
5024	508304	2	4	303		
5024	508305	2	17	245		134,04
5024	508306	2	14	602		
5024	508307	2	4	206		

5024	508308	2	3	303		
5024	508309	2	12	215		
5024	508310	2	1	331		
5024	508311	2	1	308		
5024	508312	2	1	328		
5024	508313	2	4	301		
5024	508314	2	4	310		
5024	508315	2	3	201		
5024	508316	2	3	203		
5024	508317	2	3	224		
5024	508318	2	3	238	join mit 508319-20	
5024	508319	2	3	238	join mit 508318; 508320	35,01
5024	508320	2	3	238	join mit 508318-19	
5024	508321	2	3	104		
5024	508322	2	1	338	join mit 508325	
5024	508323	2	1	338	join mit 508324	
5024	508324	2	1	339	join mit 508323	
5024	508325	2	1	339	mit Henkel 601; join mit 508322	
5024	508326	2	1	210	mit Henkel 601	
5024	508327	2	2	601	mit Bauchscherbe	
5024	508328	2	2	601		
5024	508329	2	4	601	mit Bauchscherbe	
5024	508330	2	2	601	mit Bauchscherbe	
5024	508331	2	14	602		
5024	508332	2	4	601	kleiner Henkel	
5024	508333	2	2	601		
5024	508334	2	4	601	mit Bauchscherbe	
5024	508335	2	2	601		
5024	508336	2	3	601		
5024	508337	2	11	503		
5024	508338	2	2	603	mit Bauchscherbe	
5024	509101	2	16	455		141,06
5024	509102	2	2	503		113,01
5024	509103	2	1	336		
5024	509104	2	1	336		
5024	509105	2	4	246		
5024	509106	2	4	248	mit vollständigen Henkel 601	
5024	509107	2	2	601		
5024	509108	2	4	210	mit Henkel 601	
5024	509109	2	4	503		
5024	510901	2	1	338	mit vollständigen Henkel 601; join mit 510902	
5024	510902	2	1	338	join mit 510901	
5024	510903	2	1	308	mit vollständigen Henkel 601	
5024	510904	2	1	308		
5024	510905	2	1	308		
5024	510906	2	2	601	vollständiger Henkel	
5024	510907	2	2	601	mit Bauchscherbe	
5024	510908	2	2	601		
5024	510909	2	2	601		
5024	510910	2	13	601	sehr kleiner Henkel	
5028	508701	2	3	312		
5028	508702	2	4.1	375	a: 2 Streifenbemalung 10R4/1 dark reddish gray	88,01
5028	508703	2	1	308		
5028	508704	2	2	601		
5028	508705	2	3	601	mit Bauchscherbe	
5028	508706	2	3	601		
5028	508707	2	3	601		
5028	508708	2	4	503		
5028	508709	2	4	503		
5028	509701	2	3	210	mit vollständigen Henkel 601	
5028	509702	2	1	334	join mit 509710	
5028	509703	2	1	308		
5028	509704	2	2	315		
5028	509705	2	2	107	stark zerstört	
5028	509706	2	1	338		
5028	509707	2	1	303		
5028	509708	2	2	358		
5028	509709	2	17	224		
5028	509710	2	1	334	join mit 509702	

5028	509711	2	2	104		
5028	509712	2	4	243		
5028	509713	2	13	602		
5028	509714	2	5	601	mit Bauchscherbe	
5028	509715	2	2	601		
5028	509716	2	2	601	mit Bauchscherbe	
5028	509717	2	2	601		
5028	509718	2	4	601		
5028	509719	2	4	601		
5028	509720	2	4	601		
5028	509721	2	3	601	mit Bauchscherbe	
5028	509722	2	4	601		
5028	509723	2	4	601		
5028	509724	2	2	601		
5028	509725	2	2	603	mit Bauchscherbe	
5028	509726	2	2	503		
5028	509727	2	4	503		
5028	513501	2	14	213		
5028	513502	2	1	303		
5028	513503	2	1	308		
5028	513504	2	1	210	mit vollständigen Henkel 601	
5028	513505	2	2	601	mit Bauchscherbe	
5028	513506	2	4	601	mit Bauchscherbe	
5029	510301	2	1	308		
5029	510302	2	1	336		
5029	510303	2	1	308		
5029	510304	2	3	242		35,03
5029	510305	2	2	1101		
5029	510306	2	2	112		
5029	510307	2	2	601		
5029	510308	2	3	227		
5029	510309	2	12	602	mit Bauchscherbe	
5029	510310	2	1	601	mit Bauchscherbe	
5029	510311	2	5	601		
5029	510312	2	2	601		
5029	510313	2	2	601	mit Bauchscherbe	
5029	510314	2	2	601	mit Bauchscherbe	
5029	510315	2	5	601	mit Bauchscherbe	
5029	513401	2	2	503		
5029	513402	2	4	501		
5029	513403	2	1	308		
5029	513601	2	16	218		
5029	513602	2	3	245		34,03
5029	513603	2	4	444		
5029	513604	2	4	308		
5029	513605	2	2	601	mit Bauchscherbe	122,03
5029	513606	2	2	601	mit Bauchscherbe	
5034	511601	-	1	330		
5034	511602	-	4	412		
5034	511603	-	4	601	mit Bauchscherbe	
5035	512101	1	16	413	a: Bemalung 10R 4/3 weak red	150,01
5035	512102	1	3	206		
5035	512103	1	4	225		
5035	512104	1	4	339		
5035	512105	1	4	412		
5035	512106	1	2	224		
5035	512107	1	1	336		
5035	512108	1	4	412		
5035	512109	1	4	444		
5035	512110	1	5	308		
5035	512111	1	1	336		
5035	512112	1	4	207		
5035	512113	1	1	310		
5035	512114	1	1	335		
5035	512115	1	4	407		
5035	512116	1	2	206		
5035	512117	1	4	415		
5035	512118	1	2	112		
5035	512119	1	2	601	mit Bauchscherbe	

5035	512120	1	2	601		
5035	512121	1	4	601		
5035	512122	1	3	601	mit Bauchscherbe	
5035	512123	1	2	601	mit Bauchscherbe	
5035	512124	1	2	601		
5035	512125	1	3	601		
5035	512126	1	14	602		
5035	512127	1	2	602		
5035	512128	1	4	601	mit Bauchscherbe	
5035	512129	1	5	503		
5035	512701	1	2	107	join mit 512702	
5035	512702	1	2	107	join mit 512701	
5035	512703	1	2	507		
5035	512704	1	4	503		
5036	514101	-	3	210	mit Henkel 601	
5036	514102	-	1	210	mit Henkel 601	
5036	514103	-	3	601		
5036	514104	-	2	601		
5036	514105	-	2	106		
5036	514106	-	14	602		
5036	514107	-	7	601		
5036	514901	-	3	239		
5036	514902	-	14	218		
5036	514903	-	2	601		
5036	514904	-	3	303		
5036	514905	-	5	218		
5036	514906	-	5	218	join mit 514905	
5036	514907	-	4	218		
5036	514908	-	1	336		
5036	514909	-	3	228	join mit 514912	
5036	514910	-	2	103		
5036	514911	-	1	336		
5036	514912	-	3	228	join mit 514909	
5036	514913	-	3	601	mit Bauchscherbe	
5036	514914	-	5	601	mit Bauchscherbe	
5036	514915	-	4	601	mit Bauchscherbe	
5036	514916	-	4	601		
5036	514917	-	2	601		
5036	514918	-	2	601	mit Bauchscherbe	
5036	514919	-	2	601		
5036	514920	-	4	503		
5037	514401	-	4	306		
5037	514402	-	4	413		
5037	514403	-	3	336		
5037	514404	-	4	247		
5037	514405	-	2	201		
5037	514406	-	4	413		
5037	514407	-	3	209		
5037	514408	-	1	456		95,06
5037	514409	-	4	412		97,04
5037	514410	-	4.1	437		93,05
5037	514411	-	1	333		
5037	514412	-	3	239		
5037	514413	-	1	303		
5037	514414	-	1	336		
5037	514415	-	5	208		
5037	514416	-	1	336		
5037	514417	-	3	206		
5037	514418	-	4	603	mit Bauchscherbe	
5037	514419	-	11	601	mit Bauchscherbe	
5037	514420	-	4	601		
5037	514421	-	4	601		
5037	514422	-	4	601	mit Bauchscherbe	
5037	514423	-	2	601		
5037	514424	-	2	601		
5037	514425	-	3	601	mit Bauchscherbe	
5037	514426	-	4	601	mit Bauchscherbe	
5037	514427	-	4.1	601		
5037	514428	-	2	601	mit Bauchscherbe	

5037	514429	-	2	601		
5037	514430	-	2	601		
5037	514431	-	2	601		
5037	514432	-	2	601		
5037	514433	-	2	601		
5037	514434	-	3	245		
5037	514435	-	4	601	mit Bauchscherbe	
5037	514436	-	4	601	vollständiger Henkel	
5037	514437	-	4	503		
5037	514438	-	4	502		
5037	515801	-	1	323	mit vollständigen Henkel 601	62,01
5037	515802	-	1	336		
5037	515803	-	4	421		
5037	515804	-	4	363	a: drei angebohrte Löcher auf der Oberfläche	88,04
5037	515805	-	4,1	434		
5037	515806	-	1	330	aufgesetzte Leiste (bar-handle), z.B.Flanagan, McCreery, Yassine 1994:239.Fig.20:2,5	52,02
5037	515807	-	3	314		
5037	515808	-	3	218		
5037	515809	-	4	318		
5037	515810	-	5	218		
5037	515811	-	3	220		
5037	515812	-	2	601		
5037	515813	-	2	601		
5037	515814	-	4	601	mit Bauchscherbe	
5037	515815	-	4	601		
5037	515816	-	2	603	mit Bauchscherbe	
5037	515817	-	4	601	mit Bauchscherbe	
5037	515818	-	4	413		
5037	515819	-	4,1	502		
5037	515820	-	3	503	verbrannt	
5037	515821	-	4	502	vollständiger Boden	
5038	515301	-	1	336		
5038	515302	-	1	330		
5038	515303	-	4	312		
5038	515304	-	4	312		
5038	515305	-	5	218		
5038	515306	-	1	334		
5038	515307	-	4	312		
5038	515308	-	1	227		
5038	515309	-	4	601		
5038	515310	-	4	603	mit Bauchscherbe	
5038	515311	-	1	601	mit Bauchscherbe	
5038	515312	-	4	211	mit Henkel 601	
5038	515313	-	4	249	mit Henkel 601	
5038	515314	-	1	211	mit Henkel 601	
5038	515315	-	4	502		
5039	516301	1	1	336		
5039	516302	1	4.1	117		
5039	516303	1	1	336		
5039	516304	1	1	303		
5039	516305	1	3	209		
5039	516306	1	4	318		
5039	516307	1	1	336		
5039	516308	1	3	445		100,02
5039	516309	1	1	330		
5039	516310	1	3	201		
5039	516311	1	5	360	mit Henkel 601	
5039	516312	1	2	601		
5039	516313	1	4	601	mit Bauchscherbe, kleiner Henkel	
5039	516314	1	2	502		
5039	516315	1	5	503		
5039	516316	1	2	502		
5039	516701	1	1	336		
5039	516702	1	1	333		
5039	516703	1	3	318		
5039	516704	1	1	303		
5039	516705	1	3	250		
5039	516706	1	4	444		93,03
5039	516707	1	1	308		

5039	516708	1	1	336		
5039	516709	1	3	312		
5039	516710	1	4	207		
5039	516711	1	1	333		
5039	516712	1	3	202		
5039	516713	1	4	430		97,03
5039	516714	1	3	327		63,04
5039	516715	1	17	447		150,04
5039	516716	1	4	211	mit Henkel 601	
5039	516717	1	1	310	mit vollständigen Henkel 601	
5039	516718	1	2	601		
5039	516719	1	4	603	mit Bauchscherbe	
5039	516720	1	4	601	mit Bauchscherbe	
5039	516721	1	2	601		
5039	516722	1	2	601		
5039	516723	1	2	601		
5039	516724	1	5	601		
5039	516725	1	4	603	mit Bauchscherbe	
5039	516726	1	4	603	mit Bauchscherbe	
5039	516727	1	4	601		
5039	516728	1	2	601		
5039	516729	1	4	502		
5039	517501	1	1	336		
5039	517502	1	1	336		52,01
5039	517503	1	1	333		49,04
5044	517301	1 (?)	3	249		
5044	517302	1 (?)	3	241		
5044	517303	1 (?)	1	336		
5044	517304	1 (?)	1	330		49,02
5044	517305	1 (?)	5	601	mit Bauchscherbe	
5044	517801	1 (?)	1	319		51,01
5044	517802	1 (?)	4	447		95,02
5044	517803	1 (?)	4	204	z.B. Flanagan, McCreery, Yassine 1994:239,Fig.20:4	45,06
5044	517804	1 (?)	2	353		77,04
5044	517805	1 (?)	1	336		
5044	517806	1 (?)	1	336		
5044	517807	1 (?)	4	1001		
5044	517808	1 (?)	4	360	mit Henkel 601	
5044	517809	1 (?)	2	603	mit Bauchscherbe	
5044	517810	1 (?)	2	601		
5044	517811	1 (?)	3	601		
5044	517812	1 (?)	4	503		
5044	518701	1 (?)	1	336		
5044	518702	1 (?)	3	601		
5045	518301	1 (?)	3	444		
5045	518302	1 (?)	4,1	310		
5045	518303	1 (?)	3	243		39,05
5045	518304	1 (?)	3	601	mit Bauchscherbe	
5045	518305	1 (?)	3	601	mit Bauchscherbe	
6001	600101	0	12	213		138,02
6001	600102	0	2	315		79,02
6001	600104	0	2	312		
6001	600105	0	2	201		
6001	600106	0	4	601	stark zerstört	
6001	600107	0	4	418		
6001	600108	0	17	414		146,06
6001	600109	0	16	601		
6001	600110	0	4	1001		
6001	600111	0	4,1	603		
6001	600112	0	2	601	stark zerstört	
6001	600113	0	5	601		
6002	600201	1	4	314		78,02
6002	600202	1	4	104		20,02
6002	600203	1	14	220		
6002	600204	1	3	206		
6002	600205	1	5	503		
6002	600206	1	5	503		
6002	600207	1	3	206		
6002	600208	1	16	602		

6002	600209	1	16	401		145,03
6002	600210	1	5	601		
6002	600211	1	4	601		
6002	600212	1	14	403		143,06
6002	600213	1	14	503		154,05
6002	600214	1	4	315		79,07
6002	600215	1	2	314		
6002	600216	1	2	601		
6002	600217	1	5	601		
6002	600218	1	15	501		153,05
6002	600219	1	12	208	join mit 602701	
6002	600220	1	12	217		
6002	600221	1	2	314		
6002	600222	1	4	206		46,03
6002	600223	1	4	601		
6002	600224	1	1	308		
6002	600225	1	1	308		59,02
6003	600601	3	11	503		
6003	600602	3	2	314		80,02
6003	600603	3	4	314		78,05
6003	600604	3	4	603		
6003	600605	3	12	602		
6003	600606	3	14	601		
6003	600607	3	1	308		59,01
6004	600801	2	15	501		
6004	600802	2	15	501	join mit 600801	
6004	600803	2	15	602		
6004	600804	2	15	501		
6004	600805	2	15	501		
6005	600901	2	4	117		27,05
6005	600902	2	4	407		103,02
6005	600903	2	4	313		
6005	600904	2	1	308		
6005	600905	2	2	601		
6005	600906	2	2	601		
6005	600907	2	4	601		
6005	600908	2	4	104		23,04
6005	600909	2	2	601		
6005	600910	2	4	601		
6005	600911	2	12	601		
6005	600912	2	4	601		
6005	600913	2	1	603		
6005	600914	2	2	601		
6006	601101	2	4	418		
6006	601102	2	4	207		36,02
6006	601103	2	17	418		
6006	601104	2	2	315		
6006	601105	2	16	221	Bemalungspuren (10 R 3/3 dusky red)	
6006	601106	2	4	601		
6006	601107	2	4	601		120,03
6006	601108	2	2	601		
6007	601401	3	4	701	Streifenbemalung (2.5 YR 2.5/4 dark reddish brown)	124,03
6007	601402	3	4	412		
6008	601601	3	2	109		3,01
6008	601602	3	2	603		
6008	601603	3	4	603		
6008	601604	3	5	601		
6008	601605	3	4	603		
6009	602001	3	1	308		67,03
6009	602002	3	2	601		
6009	602003	3	18	702		
6011	602501	2	1	303		53,03
6011	602502	2	2	601		
6011	602503	2	4	201		
6011	602504	2	4	601		
6011	602505	2	2	601		
6011	602506	2	16	601		156,08
6011	602507	2	17	401	Schale ?, stark zerstört	
6011	602508	2	4	418		

6011	602509	2	2	305		67,02
6011	602510	2	4	601		
6012	602701	2	2	208	Keramikkollektion: N104,05; O88,90; H99,71m-99,63m	
6012	602702	2	2	119		31,01
6012	602703	2	17	401		145,06
6012	602704	2	4	207		
6012	602705	2	4	201		
6012	602706	2	12	602		
6012	602707	2	4	313	mit Henkel 601	84,06
6012	602708	2	16	602		
6012	602709	2	2	601		
6012	602710	2	2	601		
6012	602711	2	2	604		120,05
6013	603401	3	4	117		12,01
6013	603402	3	1	303		54,04
6013	603403	3	4	313	abgeplatzte Stelle; z.B. Routledge 1995:138;Fig.10:19	78,01
6013	603404	3	2	201		
6013	603405	3	4	207		36,07
6013	603406	3	4	201		
6013	603407	3	4	301		55,03
6013	603408	3	1	308		59,06
6013	603409	3	1	308		
6013	603410	3	4	201		31,05
6013	603411	3	2	117		
6013	603412	3	5	401	Schale ?, stark zerstört und verbrannt	
6013	603413	3	2	202		
6013	603414	3	4	418		
6013	603415	3	11	503		
6013	603416	3	17	503		154,01
6013	603418	3	4	601		
6013	603419	3	4	601		
6013	603420	3	4	601		
6013	603421	3	2	601		
6013	603422	3	4	413	mit Henkel 601; z.B. Routledge 1995:138,Fig.10:10	109,01
6013	603423	3	2	603		
6013	603424	3	3	601		
6013	603425	3	5	603		
6013	603426	3	4	601		
6013	603427	3	4	601		
6013	603428	3	2	601		
6013	603429	3	2	601	verbrannt	
6013,1	603001	2	16	501	fast vollständiges Gefäß; z.B. Dornemann 1990:157,Fig.3:10	155,05
6014	604101	4	2	402		109,03
6014	604102	4	2	201		40,01
6014	604103	4	4	312		87,05
6014	604104	4	4	109		3,02
6014	604105	4	4	313		84,05
6014	604106	4	1	308		59,04
6014	604107	4	1	301	abgeplatzte Stelle	55,02
6014	604108	4	2	201		
6014	604109	4	2	111		18,02
6014	604110	4	2	101		1,02
6014	604111	4	2	503		118,06
6014	604112	4	4	601		
6014	604113	4	2	603		
6014	604114	4	4	601		
6014	604115	4	4	601		
6014	604116	4	1	301		
6015	604501	4	4	309		66,04
6015	604502	4	4	117		
6015	604503	4	4	306		65,06
6015	604504	4	1	303		
6015	604505	4	4	1001		
6016	604801	2	2	105		
6016	604802	2	1	301		
6016	604803	2	19	401	Schale ? stark zerstört; Glasur: 10YR 4/4 dark yellowish brown	
6016	604804	2	5	418		
6016	604805	2	2	314		78,08
6016	604807	2	4	117		

6016	604808	2	1	308		
6016	604809	2	5	207		
6016	604810	2	2	207		
6016	604811	2	2	703		
6016	604812	2	2	601		
6016	604813	2	2	603		
6016	604814	2	1	601		
6016	604815	2	12	601		
6016	604816	2	5	601		
6016	604817	2	4	601		
6016	604818	2	14	602		
6016	604819	2	4	601		
6016	604820	2	12	601		
6016	604821	2	2	201	Krug ?, stark zerstört	
6016	604822	2	2	601		
6016	604823	2	2	501		
6016	604824	2	4	503		
6016	604825	2	4	503	join mit 604825	
6016	604826	2	15	501		
6016	605201	2	2	113	Keramikkollektion: N103,30; O98,50; H99,56	18,01
6016	605202	2	2	602		
6016	605203	2	1	308	mit Henkel 601, join mit 605204	67,05
6016	605204	2	1	308	join mit 605203	
6016	605205	2	1	308		
6016	605206	2	2	201		31,02
6016	605207	2	1	204		42,01
6016	605208	2	2	112		7,01
6016	605209	2	2	112		3,05
6016	605210	2	1	308	join mit 605205	
6016	605211	2	1	308	mit Henkel 601, join mit 605205 + 605210	
6016	605212	2	1	308		
6016	605213	2	2	601	join mit 605202	
6016	605214	2	1	603		
6016	605215	2	1	308	mit Henkel 601	
6016	605216	2	4	601		
6016	605217	2	4	205	mit Henkel 601	
6016	605218	2	2	601		
6016	605219	2	1	303		
6016	605220	2	4	312		
6016	605221	2	2	601		
6016	605222	2	4	601		
6016	605223	2	2	106		
6016	605224	2	2	101		
6016	605225	2	2	603		
6016	605226	2	4	601		
6016	605227	2	1	307		67,01
6017	605501	3	4	312		
6017	605502	3	4	201		
6017	605503	3	4	703		
6017	605504	3	4	502		
6017	605505	3	4	603		
6017	605506	3	2	603		
6017	605507	3	2	601		
6018	606001	3	2	110		3,03
6018	606002	3	4	309		
6018	606003	3	2	117		27,03
6018	606004	3	2	201	stark zerstört	
6018	606005	3	17	401		145,09
6018	606006	3	1	303		
6018	606007	3	4	601		
6018	606008	3	2	601		
6018	606009	3	12	601		
6018	606010	3	5	503		
6018	606011	3	2	501		
6019	606201	3	2	201		
6019	606202	3	4	314		
6019	606203	3	4	312		66,01
6019	606204	3	2	217		
6019	606205	3	2	207	Krug ?, stark zerstört	

6019	606206	3	2	1101	join mit 606204	132,03
6019	606208	3	2	603		
6019	606209	3	2	603		
6019	606210	3	5	601		
6019	606211	3	12	601		
6020	606801	3	4	415		
6020	606802	3	4	604		
6021	607201	3	2	111	z.B. Dornemann 1990:159,Abb.5:17	17,01
6022	607401	3	4	1001		
6022	607402	3	4	603		
6022	607403	3	2	505		
6023	607601	3	2	104		
6023	607602	3	4	502		
6024	607801	3	2	405		109,02
6024	608500	3	2	601		
6025	607901	3	2	603		
6025	608101	3	4	210	N101,30; O99,20; H99,35(OK)-99,21(UK), mit Henkel 601	47,07
6025	608102	3	4	508	herausnehmbarer Boden zu vollständigen Krug Nr. 608101	47,07
6025	609601	3	2	313	verbrannt; z.B. McNicoll, Smith, Hennessy 1982:Pl.124:4	
6026	608701	3	2	107	z.B. Flanagan, McCreery, Yassine 1994:Fig.20:15-16	21,02
6026	608702	3	2	601		
6026	608703	3	2	601		
6026	608704	3	2	401	join mit 608713	
6026	608705	3	2	105	join mit 608706, 608709	
6026	608706	3	2	105	join mit 608705, 608709	
6026	608707	3	2	101		25,01
6026	608708	3	4	601		
6026	608709	3	2	105	join 608705, 6087106, z.B. McNicoll, Smith, Hennessy 1982:Pl.125:4	22,01
6026	608710	3	2	206	mit Henkel 601	
6026	608711	3	2	601		
6026	608712	3	2	601		
6026	608713	3	2	401	join mit 608704	
6026	608714	3	2	601		
6026	608715	3	2	601		
6026	608716	3	4	601		
6026	608717	3	4	601		
6026	608718	3	4	601		
6026	608719	3	2	505		
6026	608720	3	4	312	z.B. Kamlah 2000:127,Taf.3:6-10	
6026	608721	3	2	603		
6026	608722	3	5	505		
6027	609501	3	2	317		
6027	609502	3	4	207		
6027	609503	3	2	603		
6027	609504	3	2	601		
6027	609505	3	4	502		
6027	609506	3	2	104		
6027	609507	3	12	503		154,03
6028	610301	-	15	409	Wellenlinie eingeritzt	151,02
6028	610302	-	1	228		
6028	610303	-	4.1	443		106,03
6028	610304	-	3	206		
6028	610305	-	4	239		
6028	610306	-	4	601	mit Bauchscherbe	
6028	610307	-	1	601	mit Bauchscherbe	
6028	610308	-	2	102		
6028	610309	-	2	601		
6030	610901	1	3	250		
6031	611001	2	3	207		
6031	611002	2	3	207		
6031	611003	2	16	220		139,04
6031	611004	2	4.1	429		
6031	611005	2	3	601		
6031	611006	2	1	601		
6032	611301	3 (?)	14	218		
6032	611302	3 (?)	3	208		
6032	611303	3 (?)	4	417		111,08
6032	611304	3 (?)	3	207		
6032	611305	3 (?)	4	603	mit Bauchscherbe	

6032	611306	3 (?)	4	601		
6032	611307	3 (?)	2	106		
6032	611308	3 (?)	2	101		
6032	611309	3 (?)	3	225		
6032	611310	3 (?)	3	201		
6032	611311	3 (?)	5	206		
6032	611312	3 (?)	4,1	434		93,04
6032	611313	3 (?)	4	603	mit Bauchscherbe	
6032	611314	3 (?)	14	602		
6032	611315	3 (?)	2	603	mit Bauchscherbe	
6033	611801	3	4	901		129,02
6033	611802	3	1	340		
6033	611803	3	5	206		
6033	611804	3	4	359		
6033	611805	3	2	110		
6033	611806	3	4	249		43,06
6033	611807	3	1	303		
6033	611808	3	3	206		
6033	611809	3	4	358		69,01
6033	611810	3	1	339	mit Henkel 601	
6033	611811	3	4	601	mit Bauchscherbe	
6033	611812	3	5	603	mit Bauchscherbe	
6033	611813	3	2	201		
6033	611814	3	4	603	mit Bauchscherbe	
6033	611815	3	2	601		
6033	611816	3	4	603	mit Bauchscherbe	
6033	611817	3	14	602	kleiner Henkel	
6033	611818	3	2	603	mit Bauchscherbe	
6033	611819	3	3	601		
6033	611820	3	4	703	1 Loch	
6034	611901	3	3	201		
6034	611902	3	2	126		11,03
6034	611903	3	2	601		
6034	611904	3	2	110		
6034	611905	3	4	1301		
6034	611906	3	1	347	mit Henkel 601	61,04
6034	611907	3	1	343	mit Henkel 603	
6034	611908	3	4	601	mit Bauchscherbe	
6034	611909	3	2	601	mit Bauchscherbe	
6034	611910	3	2	601	mit Bauchscherbe	
6034	611911	3	4	601	mit Bauchscherbe	
6034	611912	3	2	601		
6034	611913	3	2	601		
6034	611914	3	4	601		
6034	611915	3	4	506		113,06
6034	611916	3	4	206		
6034	611917	3	3	232		35,06
6034	611918	3	4	220		
6034	611919	3	1	338		
6034	611920	3	4	427		97,01
6034	611921	3	2	128		8,02
6034	611922	3	4.1	367		77,01
6034	611923	3	2	131		8,03
6034	611924	3	5	129		30,01
6034	611925	3	2	106		
6034	611926	3	4	307		
6034	611927	3	4	241	mit Henkel 601	
6034	611928	3	2	601		
6034	611929	3	2	601	mit Bauchscherbe	
6034	611930	3	4.1	601	kleiner Henkel	
6034	611931	3	3	601	mit Bauchscherbe	
6034	611932	3	3	601	mit Bauchscherbe	
6034	611933	3	4	601		
6034	611934	3	1	601	mit Bauchscherbe	
6034	611935	3	5	601	mit Bauchscherbe	
6034	611936	3	2	507		
6034	611937	3	4	502		
6034	611938	3	4	1301		
6034	611939	3	2	601	runder Eindruck am oberen Henkelansatz (angebohrt)	

6034	611940	3	4	601	mit Bauchscherbe	
6034	611941	3	18	127		134,01
6034	611942	3	4	317		
6034	611943	3	3	207		
6034	611944	3	1	341		
6034	611945	3	4.1	221		
6034	611946	3	2	359		
6034	611947	3	4	601	mit Bauchscherbe	
6034	611948	3	4	601		
6034	611949	3	1	601	mit Bauchscherbe	
6034	611950	3	4	601	mit Bauchscherbe	
6034	611951	3	2	601		
6034	611952	3	4	507	z.B. Dornemann 1990:157,Fig.3:38	113,07
6034	612301	3	3	1101	vollständiger Ständer, z.B. McNicoll, Smith, Hennessy 1982:Pl:125:6	132,01
6034	612401	3	4	222	mit Henkel 601, Rand stark zerstört, z.B. Yassine 1984:Fig.4:5-6	43,02
6034	612402	3	4	503		113,04
6034	612403	3	3	249		
6034	612501	3	1	341	join mit 612502-08; z.B. McNicoll, Smith, Hennessey 1982:Pl.124:7	58,01
6034	612502	3	1	341	join mit 612501-08; mit vollständigen Henkel 601	
6034	612503	3	1	341	join mit 612501-08	
6034	612504	3	1	341	join mit 612501-08	
6034	612505	3	1	341	join mit 612501-08	
6034	612506	3	1	341	join mit 612501-08	
6034	612507	3	1	341	join mit 612501-08	
6034	612508	3	1	341	join mit 612501-08	
6035	613201	3	2	103		
6035	613202	3	2	118	join mit 613203	11,02
6035	613203	3	2	118	mit Henkel 601, join mit 613202, Einritzung	
6035	613204	3	2	118		
6035	613205	3	2	118	join mit 613207/08/10/11	
6035	613206	3	2	118	join mit 613204	
6035	613207	3	2	118	join mit 613205/08/10/11	
6035	613208	3	2	118	join mit 613205/07/10/11	
6035	613209	3	2	118	kleine Einritzung?	11,01
6035	613210	3	2	118	join mit 613205/07/08/11	
6035	613211	3	2	118	join mit 613205/07/08/10	
6035	613212	3	1	328		52,05
6035	613213	3	2	201	stark zerstört	
6035	613214	3	2	601	mit Bauchscherbe	
6035	613215	3	2	603	mit Bauchscherbe	
6035	613216	3	2	603	mit Bauchscherbe	
6035	613217	3	4	502		
6035	613218	3	2	502		
6036	613601	3	4	434	z.B. Hendrix, Drey, Storfjell 1997:174-175:214,215	106,04
6036	613602	3	3	358		
6036	613603	3	4	601	mit Bauchscherbe	
6036	613604	3	4	601	mit Bauchscherbe	
6036	613605	3	4	601		
6036	613606	3	2	601	mit Bauchscherbe	
6036	613607	3	2	603	mit Bauchscherbe	
6036	613608	3	2	603	mit Bauchscherbe	
6036	613609	3	2	601	mit Bauchscherbe	
6036	613610	3	5	502		
6037	614001	3	5	439		
6037	614002	3	3	374		88,02
6037	614003	3	5	348	z.B. Dornemann 1990:159,Abb.5:16	83,04
6037	614004	3	3	601		
6037	614005	3	1	308		
6037	614006	3	4	440	z.B. van der Kooij, Ibrahim 1989:95,Fig.26	92,01
6037	614007	3	2	132	z.B. Dornemann 1990:159,Abb.5:1	30,03
6037	614008	3	2	601		
6037	614009	3	2	601	mit Bauchscherbe	
6037	614010	3	2	601		
6037	614011	3	2	601	mit Bauchscherbe	
6037	614012	3	4	603	mit Bauchscherbe	
6037	614013	3	4	603	mit Bauchscherbe	
6037	614014	3	4	601	mit Bauchscherbe	
6037	614015	3	4	601		
6037	614016	3	4	601	mit Bauchscherbe, vollständiger Henkel	

6037	614017	3	2	502		
6037	614018	3	4	502		
6037	614019	3	4	502		
6037	614020	3	1	339		
6037	614021	3	2	106		
6037	614022	3	14	449		144,05
6037	614023	3	2	601		
6037	614024	3	5	502		
6038	614201	1	5	358		
6038	614202	1	16	215	mit Henkel 603	
6038	614203	1	4,1	503		
6038	614204	1	17	602		
6038	614205	1	3	601		
6038	614206	1	12	602		
6038	614501	1	1	303		
6038	614502	1	4	364	ohne aufgesetzte Leiste	
6038	614503	1	4,1	313		
6038	614504	1	1	328		
6038	614505	1	4	345		
6038	614506	1	3	306		
6038	614507	1	4	233		
6038	614508	1	11	602	sehr klein	
6039	614901	1	4,1	352		
6039	614902	1	2	358		
6039	614903	1	4	305		
6039	614904	1	1	238		
6039	614905	1	3	445		
6039	614906	1	3	324		
6039	614907	1	3	601		
6039	614908	1	2	601		
6039	614909	1	18	602		
6039	614910	1	4	601		
6039	614911	1	5	601	sehr klein	
6039	615401	1	4	127		
6039	615402	1	4	249		
6039	615403	1	4	358		
6039	615404	1	4	224		
6039	615405	1	4	240		
6039	615406	1	1	341	mit Henkel 603	
6040	616401	2	4	441		
6040	616402	2	2	119		
6040	616403	2	4	601		
6040	616404	2	2	407		
6040	616405	2	1	601		
6040	616406	2	4	601		
6040	616407	2	4	503	join mit 616408	
6040	616408	2	4	503	join mit 616407	
6040	616501	2	2	142	join mit 616502 +616503, Rand vollständig	
6040	616502	2	2	142	join mit 616501 +616503, Rand vollständig	9,02
6040	616503	2	2	142	join mit 616501 +616502, Rand vollständig	
6040	616504	2	2	601		
6040	616505	2	4	359	mit vollständigen Henkel 601	
6040	616506	2	4	503		
6041	617101	1	16	412		
6041	617102	1	4	257		
6041	617103	1	5	372		
6041	617104	1	5	419		
6041	617105	1	3	372		
6041	617106	1	3	201		
6041	617107	1	5	403		
6041	617108	1	3	225		
6041	617109	1	4	246		
6041	617110	1	5	601		
6041	617201	1	3	250		
6041	617202	1	4	390		90,03
6041	617203	1	4	445		
6041	617204	1	5	452		
6041	617205	1	16	465		147,04
6041	617206	1	3	246		

6041	617207	1	5	207		
6041	617208	1	3	415		
6041	617209	1	4,1	441		
6041	617210	1	4	232		
6041	617211	1	5	439		
6041	617212	1	14	261		137,08
6041	617213	1	5	223		
6041	617214	1	1	305		
6041	617215	1	5	225		
6041	617216	1	3	250		
6041	617217	1	3	226		
6041	617218	1	4	227		
6041	617219	1	1	308		
6041	617220	1	4	204		
6041	617221	1	4	503		
6041	617222	1	4	347	mit Henkel 601	
6041	617223	1	5	601		
6041	617224	1	14	601		
6041	617225	1	4	601		
6041	617226	1	1	601		
6041	617227	1	2	601		
6041	617228	1	2	601		
6041	617229	1	2	601		
6041	617230	1	2	601		
6041	617231	1	2	601		
6041	617701	1	3	250		
6041	617702	1	16	262		137,01
6041	617703	1	4,1	463		94,02
6041	617704	1	5	452		
6041	617705	1	4	464		96,01
6041	617706	1	5	412		
6041	617707	1	1	334		
6041	617708	1	3	236		
6041	617709	1	4	601	sehr klein	
6041	617710	1	4	601		
6041	617711	1	2	601		
6041	617712	1	3	601		
6041	617713	1	5	601		
6042	616801	2	4	377		74,02
6042	616802	2	4,1	503		
6042	616803	2	4	601		
6042	616804	2	2	601		
6042	616805	2	3	601		
6042	616806	2	2	601		
6042	616807	2	4,1	387		90,05
6043	617801	3	4,1	468		98,05
6043	617802	3	3	249		
6043	617803	3	4	382		74,03
6043	617804	3	5	356		
6043	617805	3	6	303		
6043	617806	3	3	358		
6043	617807	3	5	351		
6043	617808	3	3	244		
6043	617809	3	4	244		
6043	617810	3	5	246		
6043	617811	3	3	250		
6043	617812	3	4,1	310		
6043	617813	3	3	228		
6043	617814	3	3	246		
6043	617815	3	1	339		
6043	617816	3	5	250		
6043	617817	3	1	344		
6043	617818	3	4	345		
6043	617819	3	2	143		29,02
6043	617820	3	4	303		
6043	617821	3	5	245		
6043	617822	3	5	503		
6043	617823	3	5	601		
6043	617824	3	5	601		

6043	617825	3	3	601		
6043	617826	3	4	602		
6043	617827	3	5	601		
6043	617828	3	1	601		
6043	617829	3	1	601		
6043	617830	3	2	603		
6043	617831	3	2	601		
6043	617832	3	1	346	mit Henkel 601	
6043	618301	3	4,1	429		
6043	618302	3	3	256		
6043	618303	3	1	345		
6043	618304	3	3	228		
6043	618305	3	3	207		
6043	618306	3	4	333		
6043	618307	3	5	407		
6043	618308	3	4	238		
6043	618309	3	4	462		
6043	618310	3	3	343		
6043	618311	3	4	250		
6043	618312	3	4	246		
6043	618313	3	1	326		
6043	618314	3	4	204		
6043	618315	3	4	429		
6043	618316	3	1	601	vollständiger Henkel	
6043	618317	3	2	601		
6043	618318	3	4	211	mit Henkel 601	
6043	618319	3	4	211	mit Henkel 601	
6043	618320	3	3	510		117,07
6043	618321	3	5	501		
6043	618322	3	4	601		
6043	618323	3	4	601		
6043	618324	3	4	601		
6043	618325	3	4	601		
6043	618326	3	3	601		
6043	618327	3	4	601		
6043	618328	3	5	601		
6043	618329	3	4	601		
6043	618330	3	2	601		
6043	618331	3	4	601		
6043	618332	3	4	601		
6043	618801	3	1	303		
6043	618802	3	3	237		
6043	618803	3	3	238		
6043	618804	3	1	339		
6043	618805	3	5	469		104,06
6043	618806	3	1	368		
6043	618807	3	16	506		
6043	618808	3	12	601	sehr klein	
6043	618809	3	5	601		
6043	618810	3	3	601		
6043	618811	3	1	601		
6043	618812	3	5	601		
6043	618813	3	3	601		
6044	619101	2	2	147		2,01
6044	619102	2	4	249		
6044	619103	2	21	703	Teil eines Knickwandgefäßes	
6044	619104	2	4	250		
6044	619105	2	4,1	437		
6044	619106	2	5	469		
6044	619107	2	4	441		
6044	619108	2	4	502		
6044	619109	2	14	602		
6044	619110	2	2	601		
6044	619111	2	2	601		
6044	619112	2	2	601		
6044	619113	2	4	601		
6044	619114	2	4	601		
6044	619115	2	5	601		
6044	619601	2	4	385		74,04

6044	619602	2	4	310		
6044	619603	2	3	384	z.B. Routledge 1995:138,Fig.18	82,05
6044	619604	2	2	601		
6044	619605	2	5	601		
6044	619606	2	4	603		
6045	619901	3	4	477		98,03
6045	619902	3	23	478	Farbüberzug: 5YR8/1 white und 4 Streifen auf der Lippe:10R4/6 red	160,02
6045	619903	3	1	340		
6045	619904	3	3	227		
6045	619905	3	4,1	388		
6045	619906	3	4	312		
6045	619907	3	4	330		
6045	619908	3	4	601		
6045	619909	3	5	250		
6045	619910	3	1	381		
6045	619911	3	1	392	mit aufgesetzter Leiste	90,01
6045	619912	3	4	503		
6045	619913	3	16	503		
6045	619914	3	5	601		
6045	619915	3	1	601		
6045	619916	3	5	601		
6045	619917	3	2	601		
6045	619918	3	5	601		
6045	619919	3	1	601		
6045	619920	3	4	601		
6045	619921	3	4	334	mit Henkel 601	
6045	620301	3	5	479		104,05
6045	620302	3	5	231		
6045	620303	3	3	250		
6045	620304	3	4,1	503		
6045	620305	3	2	601		
6048	623701	3	4	395		
6048	623702	3	1	381		
6048	623703	3	2	601		
6049	623901	3	1	339		
6049	623902	3	4	601	sehr klein	
6049	623903	3	3	601		
6049	623904	3	4	601		
6049	623905	3	4	601		
6049	623906	3	2	601		
6049	623907	3	2	601		
6050	620701	4	4	250		
6050	620702	4	3	239		
6050	620703	4	3	237		
6050	620704	4	3	356	stark zerstört	
6050	620705	4	4	483	z.B. Kamlah 2000:Taf.3:4	99,01
6050	620706	4	4	243		
6050	620707	4	2	601		
6050	620708	4	2	601		
6050	620709	4	4	601		
6052	624801	4	4,1	412		
6052	624802	4	4,1	413		
6052	624803	4	4	330	stark zerstört	
6053	621201	4	1	336		
6053	621501	4	1	380		
6053	621502	4	1	328	join mit 621503	
6053	621503	4	1	328	join mit 621502	
6053	621504	4	4	395		89,05
6053	621505	4	3	381	mit Henkel 603	
6053	621506	4	3	206		
6053	621507	4	2	601		
6053	621508	4	2	602		
6053	621509	4	4	601		
6053	621510	4	4	601		
6053	621511	4	2	601	weißlicher, dünner Farbüberzug: 5YR 8/1 white	
6053	621512	4	2	601		
6053	622101	4	2	115	join mit 622106 + 10; z.B. Worschech, Ninow 1994:195-203	
6053	622102	4	2	115	join mit 622108 + 09	
6053	622103	4	2	115		

6053	622104	4	2	149	join mit 622201	
6053	622105	4	2	115		
6053	622106	4	2	115	join mit 622101 + 10	
6053	622107	4	3	264		
6053	622108	4	2	115	join mit 622102 + 09	
6053	622109	4	2	115	join mit 622102 + 08	
6053	622110	4	2	115	join mit 622106 + 01	
6053	622111	4	2	501		
6053	622201	4	2	149	join mit 622104	29,01
6053	622202	4	2	601		
6053	622203	4	2	601	runder Eindruck am oberen Henkelansatz (angebohrt)	
6053	622501	4	1	336		
6053	622502	4	16	311		
6053	622503	4	2	601		
6053,1	622901	4	3	242		
6053,1	622902	4	3	469		
6053,1	622903	4	4	474		
6053,1	622904	4	1	336		
6053,1	622905	4	1	380		
6053,1	622906	4	4,1	413	z.B. Hennessy et al. 1981:Fig.12:6	
6053,1	622907	4	1	336		
6053,1	622908	4	1	303		
6053,1	622909	4	1	303	join mit 622910	
6053,1	622910	4	1	303	join mit 622909	
6053,1	622911	4	2	503	join mit 622912	
6053,1	622912	4	2	503	join mit 622911	
6053,1	622913	4	2	503		
6053,1	622914	4	2	503		
6053,1	622915	4	2	503		
6053,1	622916	4	2	503	join mit 622917	
6053,1	622917	4	2	503	join mit 622916	
6053,1	622918	4	2	503		
6053,1	622919	4	2	601		
6053,1	622920	4	3	601		
6053,1	622921	4	4	601		
6053,1	622922	4	4	601		
6053,1	622923	4	2	601		
6053,1	622924	4	4	601		
6053,1	624401	4	1	335		
6053,1	624402	4	4	601		
6053,1	624403	4	4	601		
6053,1	624404	4	3	601		
6054	622301	4	4	385		
6054	622302	4	3	231		
6054	622303	4	5	236		
6054	622304	4	4	272		37,04
6054	622305	4	2	138		
6054	622306	4	2	601		
6054	622307	4	4	601		
6054	622308	4	4	601		
6054	622309	4	1	601		
6054	622310	4	4	3126	mit vollständigen Henkel 601	
6054	622701	4	21	489	z.B. McNicoll, Smith, Hennessy 1982:Pl.119:1,9	110,05
6054	622702	4	3	255		
6054	622703	4	2	378		
6054	622704	4	1	601		
6054	623801	4	1	335		
6054	623802	4	3	205		
6054	623803	4	1	601		
6058	625101	4	5	488		110,07
6058	625102	4	4,1	413		
6058	625103	4	1	303		
6058	625104	4	2	466	stark zerstört	
6058	625105	4	4	381		
6058	625106	4	21	503		114,06
6058	625107	4	4	601		
6058	625108	4	4	601		
6058	625109	4	4	601		
6058	625110	4	4	601		

6060	625801	3	1	345		
6060	625802	3	4	433		
6060	625803	3	1	3103		82,08
6060	625804	3	2	138		
6060	625805	3	3	244		
6060	625806	3	1	3104	mit Henkel 601	
6060	625807	3	1	3104	mit Henkel 601; z.B. Routledge 1995:138,Fig.10:8	82,07
6060	625808	3	1	601		
6060	625809	3	2	107		
6060	625810	3	3	601		
6060	625811	3	1	601		
6060	625812	3	5	601		
6060	625813	3	3	601		
6060	625814	3	2	601		
6060	625815	3	4	1001	Fragment	
6060	626201	3	5	236		
6060	626202	3	4,1	318		
6060	626203	3	4	246		
6060	626204	3	5	271		
6060	626205	3	1	343		
6060	626206	3	4,1	443		
6060	626207	3	1	308		
6060	626208	3	1	256		
6060	626209	3	2	153		28,03
6060	626210	3	4	377		
6060	626211	3	2	601		
6060	626212	3	1	703	aufgesetzte, einfache Leiste	
6060	626301	3	2	132	join mit 626302	
6060	626302	3	2	132	join mit 626301	
6060	626303	3	3	280	join mit 626401+02+03	
6060	626304	3	2	503		
6060	626401	3	3	280	join mit 626402+03+626303	
6060	626402	3	3	280	join mit 626401+03+626303	
6060	626403	3	3	280	join mit 626401+02+626303	41,04
6060	626404	3	4	212	ohne Löcher und Henkel	
6060	626405	3	3	207		
6060	626406	3	3	207		
6060	626407	3	3	244		
6060	626408	3	2	103		
6060	626409	3	3	244		
6060	626410	3	4	602		
6060	626411	3	4	601		
6060	626412	3	1	334		
6060	626413	3	16	602	a: 9 Streifen: 7.5YR5/2 brown	
6060	626414	3	2	601		
6063	626901	3	5	275	stark zerstört	
6063	626902	3	5	601		
6063	626903	3	3	601		
6063	626904	3	3	601		
6063	626905	3	2	601		
6063	626906	3	5	601		
6063	627301	3	1	336		
6063	627302	3	1	336		
6063	627303	3	1	337		
6063	627304	3	1	337		
6063	627305	3	1	380		
6063	627306	3	1	337		
6063	627307	3	1	337		
6063	627308	3	1	380		
6063	627309	3	1	337		
6063	627310	3	1	337		
6063	627311	3	3	250		
6063	627312	3	4	242		
6063	627313	3	2	601		
6063	627314	3	5	601		
6063	627315	3	4	603		
6063	627316	3	1	601		
6063	627317	3	4	601		
6063	627318	3	2	601	stark zerstört	

6063	627319	3	5	503		
6063	627320	3	2	601		
6063	627321	3	3	242		
6063	627322	3	3	242		
6063	627323	3	3	380		
6063	627324	3	1	445		
6063	627325	3	3	281		
6063	627326	3	3	242		
6063	627327	3	3	207		
6063	627328	3	2	355		
6063	627329	3	4	502		
6063	627601	3	4	601		
6063	627602	3	4	601		
6063	627603	3	4	601		
6063	627701	3	4	276		
6063	627702	3	2	601		
6063	627703	3	4	601		
6063	627704	3	2	601		
6063	630501	3	4	444		
6063	630502	3	4	4105		98,01
6063	630503	3	4	505		
6063	630504	3	4	503		
6063	630505	3	1	380		
6063	630506	3	2	601		
6063	630507	3	3	3123		90,07
6063	630508	3	2	139		
6063	630509	3	3	601		
6066	627801	3 (?)	4	280	mit Henkel 603, von einem Gefäß wie 627802, kein join	
6066	627802	3 (?)	4	280	mit Henkel 601, von einem Gefäß wie 627801, kein join	
6066	627803	3 (?)	5	602		
6066	627804	3 (?)	4	601		
6066	628201	3 (?)	1	336		
6066	628202	3 (?)	4	4103		96,04
6066	628203	3 (?)	1	336		
6066	628204	3 (?)	1	334	stark zerstört	
6066	628205	3 (?)	4	435		
6066	628206	3 (?)	4	307		
6066	628207	3 (?)	5	447		
6066	628208	3 (?)	3	232		
6066	628209	3 (?)	4	434		
6066	628210	3 (?)	5	264		
6066	628211	3 (?)	1	3109	stark zerstört	
6066	628212	3 (?)	2	139	stark zerstört	
6066	628213	3 (?)	3	208		
6066	628214	3 (?)	2	501		
6066	628215	3 (?)	4	601	vollständiger Henkel	
6066	628216	3 (?)	4	601	vollständiger Henkel	
6066	628217	3 (?)	4	601	vollständiger Henkel	
6066	628218	3 (?)	2	601		
6066	628219	3 (?)	11	602		
6070	628501	3	4	601		
6070	628502	3	1	703	mit aufgesetzter Daumenleiste	
6070	628601	3	3	268		
6070	628602	3	4	412		
6070	628603	3	4	263		
6070	628604	3	4	241		
6070	628605	3	5	250		
6070	628606	3	1	336		
6070	628607	3	1	336		
6070	628608	3	1	336		
6070	628609	3	1	336		
6070	628610	3	5	439		
6070	628611	3	1	335		
6070	628612	3	1	336		
6070	628613	3	4	3115		90,02
6070	628614	3	4	4104		99,02
6070	628615	3	4	502		
6070	628616	3	2	502		
6070	628617	3	2	501		

6070	628618	3	2	601		
6070	628619	3	2	601		
6070	628620	3	2	601		
6070	628621	3	4	601		
6070	628622	3	2	601		
6070	628623	3	2	603		
6070	628624	3	4	601		
6070	628625	3	2	601		
6070	628626	3	2	603		
6070	628627	3	2	601		
6070	628628	3	2	601		
6070	628629	3	4	601	stark zerstört	
6070	628630	3	4	601	runder Eindruck am oberen Henkelansatz (angebohrt)	
6070	628631	3	3	601		
6070	628632	3	4	603		
6070	628633	3	2	601		
6070	628634	3	4	601		
6070	628635	3	3	601		
6070	628636	3	2	601		
6070	628637	3	4,1	601		
6070	628638	3	4	601		
6070	628639	3	2	601		
6070	628640	3	1	703	mit aufgesetzter Daumenleiste, join mit 628641	
6070	628641	3	1	703	mit aufgesetzter Daumenleiste, join mit 628640	
6070	628642	3	4	1001	7 Fragmente von einer Lampe	
6070	628643	3	4	1001	7 Fragmente von einer Lampe	
6070	628644	3	4	1001	7 Fragmente von einer Lampe	
6070	628645	3	4	1001	7 Fragmente von einer Lampe	
6070	628646	3	4	1001	7 Fragmente von einer Lampe	
6070	628647	3	4	1001	7 Fragmente von einer Lampe	
6070	628648	3	4	1001	7 Fragmente von einer Lampe	
6070	628701	3	4	396		
6070	628702	3	1	336		
6070	628703	3	3	236		
6070	628704	3	3	281		
6070	628705	3	4	243		
6070	628706	3	1	330		
6070	628707	3	17	270		137,06
6070	628708	3	4	310		
6070	628709	3	1	345		
6070	628710	3	4	281		
6070	628711	3	4	490		
6070	628712	3	1	336		
6070	628713	3	1	336	join mit 628715	
6070	628714	3	4	250		
6070	628715	3	1	336	join mit 628713	
6070	628716	3	1	328	stark zerstört	
6070	628717	3	1	330		
6070	628718	3	4	3116	1 Loch in der Wandung	86,03
6070	628719	3	2	3117		90,04
6070	628720	3	1	330		
6070	628721	3	3	236		
6070	628722	3	1	341	mit Henkel 601	
6070	628723	3	4	502		
6070	628724	3	2	502		
6070	628725	3	4	502		
6070	628726	3	2	503		
6070	628727	3	4	503		
6070	628728	3	4	503		
6070	628729	3	4	502		
6070	628730	3	2	501		
6070	628731	3	4	601		
6070	628732	3	4	601		
6070	628733	3	3	603		
6070	628734	3	4	601		
6070	628735	3	4	601		
6070	628736	3	4	601	runder Eindruck am oberen Henkelansatz (angebohrt)	
6070	628737	3	4	601		
6070	628738	3	4	603		

6070	628739	3	1	3104	mit vollständigen Henkel 601	
6070	628740	3	4	601		
6070	628741	3	4	601		
6070	628742	3	2	601		
6070	628743	3	2	603		
6070	628744	3	2	601		
6070	628745	3	4	601		
6070	628746	3	4	601		
6070	628747	3	4	601		
6070	628748	3	3	601	vollständiger Henkel	
6070	629601	3	3	250		
6070	629602	3	4	502		
6070	629603	3	4	502		
6070	629604	3	4	601		
6070	629605	3	2	250	sehr stark zerstört	
6070	629606	3	4	603		
6071	629901	3 (?)	16	266		
6071	629902	3 (?)	4	206		
6071	629903	3 (?)	4	464		
6071	629904	3 (?)	3	345		
6071	629905	3 (?)	3	224		
6071	629906	3 (?)	5	503		
6071	629907	3 (?)	2	603		
6071	629908	3 (?)	2	601		
6071	629909	3 (?)	4	603		
6071	629910	3 (?)	2	601		
7001	700101	-	4	316		81,01
7001	700102	-	4	207		
7001	700103	-	2	117		
7001	700104	-	16	602		
7001	700105	-	2	604		120,06
7001	700106	-	3	601		
7002	700201	-	2	316		76,02
7002	700202	-	2	316	join mit 700201	
7002	700203	-	4	407		103,05
7002	700204	-	2	601		
7002	700205	-	4	601		
7002	700206	-	4	117		
7002	700207	-	4	601		
7002	700208	-	14	603		
7002	700209	-	1	308		71,07
7002	700210	-	4	503		
7002	700211	-	2	201		
7002	700212	-	4	601		
7002	700213	-	1	303		
7002	700214	-	4	407		103,04
7003	700501	-	1	303		53,02
7003	700502	-	4	313		
7003	700503	-	14	602		
7004	700901	-	1	305		65,01
7005	701201	1	4,1	370		73,04
7005	701202	1	4	225		
7005	701203	1	13	601	kleiner Henkel	
7006	701301	2	3	201		
7006	701302	2	3	215		
7006	701303	2	14	206		
7006	701304	2	4	601	mit Bauchscherbe	
7006	701305	2	1	210	mit Henkel 601	
7006	701306	2	14	602	kleiner Henkel	
7007	701701	3	2	122		6,02
7007	701702	3	4	308		
7007	701703	3	4	310		
7007	701704	3	4	603	mit Bauchscherbe	
7007	701705	3	2	133		16,02
7007	701706	3	3	202		
7007	701707	3	5	207		
7007	701708	3	1	335	join mit 701710	
7007	701709	3	16	218		
7007	701710	3	1	335	join mit 701708	

7007	701711	3	4	601	mit Bauchscherbe	
7007	701712	3	4	601	mit Bauchscherbe	
7007	701713	3	2	601	mit Bauchscherbe	
7007	701714	3	2	601	mit Bauchscherbe	
7007	701715	3	2	601	mit Bauchscherbe	
7007	701716	3	3	601		
7007	701717	3	5	503		
7007	701718	3	4	503		
8001	800101	-	15	116		
8001	800102	-	2	106		
8001	800103	-	4	206		46,04
8001	800104	-	2	407		103,03
8001	800105	-	1	308		
8001	800106	-	1	403	mit Henkel 601	
8001	800107	-	2	501		118,03
8001	800108	-	12	602		
8001	800109	-	2	601		
8001	800110	-	4	601		
8002	800201	-	2	603		
8002	800202	-	2	104		23,02
8002	800203	-	2	601		
8002	800204	-	1	308		
8002	800205	-	2	601		
8002	800206	-	3	601		
8002	800207	-	2	601		
8002	800208	-	12	217		
8002	800209	-	2	108		19,03
8003	800601	-	3	203	Keramikkollektion: H97,94m-97,69m	
8003	800602	-	14	206		
8003	800603	-	16	602		
8004	800701	Hl	1	303		
8004	800702	Hl	12	220		
8004	800703	Hl	1	306		
8004	800704	Hl	2	115		
8004	800705	Hl	4	601	kleiner Henkel	
8004	800706	Hl	2	601		
8004	800707	Hl	2	507		
8004	800708	Hl	2	503		
8005	801301	Hl	3	225		
8005	801302	Hl	4	207		
8005	801303	Hl	4	221	stark abgerieben	
8005	801304	Hl	4	601	mit Bauchscherbe	
8005	801305	Hl	2	603	mit Bauchscherbe	
8005	801306	Hl	3	210	mit Henkel 601	
8005	801307	Hl	4	601	kleiner Henkel	
8005	801308	Hl	2	601		
8006	801901	1	17	252	a: Farbspuren 10R3/3 dusky red	
8006	801902	1	17	424		
8006	801903	1	3	220		
8006	801904	1	3	238		
8006	801905	1	3	246		
8006	801906	1	3	601	sehr klein	
8006	801907	1	4	601		
8007	802301	2	5	118		
8007	802302	2	5	110		
8007	802303	2	5	106		
8007	802304	2	12	233		
8007	802305	2	4	452		
8007	802306	2	4	240		
8007	802307	2	4	247	z.B. Dornemann 1990:157,Fig.3:35; Clark 1983:Fig.6:77	33,02
8007	802308	2	3	312		
8007	802309	2	5	206		
8007	802310	2	5	133		
8007	802311	2	9	459	z.B. Flanagan, McCreery, Yassine 1994:236,Fig.19:2	148,02
8007	802312	2	4	436		
8007	802313	2	12	215		
8007	802314	2	15	410		
8007	802315	2	16	460		147,08
8007	802316	2	1	218		

8007	802317	2	17	901		
8007	802318	2	3	245		
8007	802319	2	9	503		154,04
8007	802320	2	5	601		
8007	802321	2	1	601		
8007	802322	2	2	601		
8007	802323	2	4	601		
8007	802324	2	4	603		
8007	802325	2	3	601	vollständiger Henkel	
8007	802326	2	14	601		
8007	802327	2	2	601		
8007	802328	2	2	601		
8007	802329	2	3	603		
8007	802330	2	4	358		
8007	802331	2	2	110		
8007	802332	2	5	246		
8007	802333	2	4	601		
8007	802334	2	4	371		
8007	802335	2	4,1	443		
8007	802336	2	3	201		
8007	802337	2	3	236		
8007	802338	2	4,1	369		
8007	802339	2	3	503		
8007	802340	2	4	601		
8007	802341	2	3	601		
8007	802342	2	3	601		
8007	802343	2	4	601		
8007	802344	2	5	601		
8007	802345	2	4	601		
8008	802901	3	4	352		
8008	802902	3	5	407		
8008	802903	3	2	358		
8008	802904	3	3	224		
8008	802905	3	5	312		
8008	802906	3	4	250		
8008	802907	3	4	236		
8008	802908	3	5	256		
8008	802909	3	5	103		
8008	802910	3	1	336		
8008	802911	3	4	601		
8008	802912	3	4	601		
8008	802913	3	1	601		
8008	802914	3	4	601		
8008	802915	3	4	601		
8008	802916	3	1	345	mit Henkel 601	
8008	802917	3	5	601	vollständiger Henkel	
8008	802918	3	4	601		
8008	802919	3	3	250		
8008	802920	3	7	1001		159,07
8009	803301	3 (?)	5	462		98,04
8009	803302	3 (?)	3	244		
8009	803303	3 (?)	4	407		
8009	803304	3 (?)	1	318		
8009	803305	3 (?)	4	407		
8009	803306	3 (?)	4,1	416		
8009	803307	3 (?)	12	215	mit Henkel 602	
8009	803308	3 (?)	4	601		
8009	803309	3 (?)	2	601	runder Eindruck am oberen Henkelansatz (angebohrt)	
8009	803310	3 (?)	4	601		
8009	803311	3 (?)	3	601		
8009	803312	3 (?)	2	601		
8009	803313	3 (?)	3	605		
8009	803314	3 (?)	5	603		
8010	804201	3	4,1	441		
8010	804202	3	1	337		
8010	804203	3	1	601		
8010	804204	3	4	601		
8010	804205	3	5	601		
8010	804206	3	2	504		

8010	804207	3	5	452		
8010	804208	3	5	140		
8010	804209	3	5	106		
8010	804210	3	5	146		28,02
8010	804211	3	5	383		82,01
8010	804212	3	4	375		
8010	804213	3	4	601		
8010	804214	3	5	601		
8010	804215	3	3	601		
8010	804216	3	1	347	mit Henkel 601	
8010	804217	3	2	601	Einritzung; z.B. Bienkowski 1995:325,Fig.9:36	123,03
8010	804218	3	3	603		
8010	804219	3	4	601		
8010	804220	3	4	601		
8011	803801	3 (?)	3	206	join mit 803802	
8011	803802	3 (?)	3	206	join mit 803801	
8011	803803	3 (?)	4	439		
8011	803804	3 (?)	1	328		
8011	803805	3 (?)	1	249		
8011	803806	3 (?)	1	340		
8011	803807	3 (?)	4	601		
8011	803808	3 (?)	5	601		
8011	803809	3 (?)	4	601		
8011	803810	3 (?)	2	601		
8011	803811	3 (?)	5	601		
8013	806001	3 (?)	5	506	N97,60; O99,10; H98,26m; fast vollständiges Gefäß, ohne Rand	117,03
8013	806201	3 (?)	5	105		
8013	806202	3 (?)	2	103		
8013	806203	3 (?)	5	117		
8013	806204	3 (?)	5	117		
8013	806205	3 (?)	5	601		
8013	806206	3 (?)	2	601		
8013	806207	3 (?)	2	601		
8013	806208	3 (?)	5	601		
8013	806209	3 (?)	12	601	sehr klein	
8013	806210	3 (?)	4	238		
8013	806211	3 (?)	3	207		
8013	806212	3 (?)	16	502	vollständiger Boden	
8013	806213	3 (?)	16	602		
8014	805001	3	5	145	stark versintert	10,02
8014	805002	3	5	441		
8014	805003	3	3	207		
8014	805004	3	4	601		
8014	805005	3	4	263		44,02
8014	805006	3	2	144		26,01
8014	805007	3	3	244		
8014	805008	3	3	119		
8014	805009	3	5	902		
8014	805010	3	5	506		117,04
8014	805011	3	5	601		
8014	805012	3	3	601		
8014	805013	3	2	601		
8014	805014	3	2	601		
8014	805015	3	4	386		85,04
8014	805016	3	1	308		
8014	807301	3	2	256	Keramikkollektion: N97,80; O87,25; H98,33m	
8014	807302	3	4	119		
8014	807303	3	4	238		
8014	807304	3	4	207		
8014	807305	3	4	265		37,01
8014	807306	3	2	119		
8014	807307	3	2	507		
8014	807308	3	4	601		
8014	807309	3	4	601		
8014	807310	3	2	601		
8014	816601	3	2	112		
8014	816602	3	2	601		
8015	807601	3	5	391		75,04
8015	807602	3	21	476		108,08

8015	807603	3	4	397	mit Henkel 601	89,01
8015	807604	3	4	601		
8015	807605	3	5	601		
8015	807606	3	5	601		
8015	807607	3	4	601		
8016	807901	3	4	601		
8016	807902	3	4	412		
8016	807903	3	4	412		
8016	807904	3	5	601		
8016	807905	3	5	601		
8016	807906	3	2	603		
8017	808201	3 (?)	4	445	Keramikkollektion: N95,10; O89,00; H98,36m	
8017	808202	3 (?)	1	341	mit Henkel 601	
8017	808203	3 (?)	2	148		
8017	808204	3 (?)	2	148		10,01
8017	808205	3 (?)	2	601	vollständiger Henkel	
8017	808206	3 (?)	2	601	vollständiger Henkel	
8018	808401	3	3	268		37,02
8019	808801	4	4	208		
8019	808802	4	1	343		
8019	808803	4	4,1	503		
8019	808804	4	2	601		
8019	808805	4	4	601		
8019	808806	4	4	131		
8019	808807	4	5	3124		85,01
8019	808808	4	4	601		
8019	808809	4	2	602		
8019	808810	4	2	104		
8019	808811	4	4	601		
8019	808812	4	2	703	2 Löcher, join mit 808813	128,01
8019	808813	4	2	703	2 Löcher, join mit 808812	
8021	809101	4	5	3125	z.B. Flanagan, McCreery, Yassine 1994:Fig.21:7	82,04
8021	809102	4	4	503		
8021	809103	4	4	601		
8021	809104	4	2	601		
8022	809401	4	2	601		
8022	809402	4	2	140		
8022	809403	4	2	601		
8022	809404	4	5	250		
8022	809405	4	4	242		
8022	809406	4	4	347	mit Henkel 601	
8022	809407	4	4	703	1/2 Loch	
8022	809408	4	1	340		
8022	809409	4	2	441		
8023	809801	5	4	447	Keramikkoll.: N99,16; O86,20; H97,70m; z.B. Kamlah 2000:Taf.3:5	
8023	809802	5	23	399	a: Bemalungsspuren 10R4/6 red	160,01
8023	809803	5	4,1	503		
8023	809804	5	2	507		
8024	810101	5	5	279	z.B. Hennessy et al. 1983:344, Fig.12:10; 14:10	37,03
8024	810102	5	1	601		
8024	810103	5	1	601		
8025	810401	5	5	433	z.B. Potts et al. 1988:135,Fig.10:6	
8026	810601	4	4,1	4100		96,05
8026	810602	4	4	281	join mit 810616	
8026	810603	4	3	250		
8026	810604	4	2	155	z.B. Amiran 1969:232	9,01
8026	810605	4	4	3108	z.B. Flanagan, McCreery, Yassine 1994:Fig.21:3	85,03
8026	810606	4	4	503		
8026	810607	4	4	601		
8026	810608	4	4	601		
8026	810609	4	2	601		
8026	810610	4	2	601		
8026	810611	4	4	601		
8026	810612	4	2	703	1 Loch, sekundäre Bohrung; z.B. Hennessy et al. 1983:Fig.13:2	127,01
8026	810613	4	3	282	join mit 811415, z.B. Hennessy et al. 1981:Fig.16:3	41,01
8026	810614	4	4,1	503		
8026	810615	4	2	601		
8026	810616	4	4	281	join mit 810602; z.B. Hennessy et al. 1981:Fig.15:8	44,01
8027	811201	4	4,1	412		

8027	811202	4	4	308		
8027	811203	4	3	281		
8027	811204	4	3	201	stark zerstört	
8027	811205	4	3	407		
8027	811206	4	3	281		
8027	811207	4	4	504		
8027	811208	4	4	502		
8027	811209	4	4	507		
8027	811210	4	4	601	vollständiger Henkel	
8027	811211	4	2	601		
8027	811212	4	2	601		
8027	811213	4	2	601	vollständiger Henkel	
8027	811214	4	3	601		
8027	811215	4	2	601		
8027	811216	4	3	603		
8027	811217	4	5	503	kleines Fragment	
8027	811218	4	2	507		
8028	811401	4	4	339		
8028	811402	4	5	264		
8028	811403	4	4	201		
8028	811404	4	3	601		
8028	811405	4	2	601		
8028	811406	4	2	601		
8028	811407	4	3	505		
8028	811408	4	5	397	mit Henkel 601	
8028	811409	4	2	601		
8028	811410	4	3	601		
8028	811411	4	4	601		
8028	811412	4	2	601	Bemalungsspuren roter Streifen	
8028	811413	4	3	364		
8028	811414	4	3	364		
8028	811415	4	3	282	join mit 810613	
8028	811416	4	5	505		
8028	811417	4	3	364	join mit 811418	
8028	811418	4	3	364	join mit 811417	
8028	811419	4	2	507		
8028	811420	4	3	250		
8029	812301	5	1	327		
8029	812302	5	1	303		
8029	812303	5	1	308		
8029	812304	5	4	499	z.B. Hennessy et al. 1981:290.291,Fig.14:4	
8029	812305	5	1	336		
8029	812306	5	2	224		
8029	812307	5	1	334	mit Henkel 601	
8029	812308	5	4	507		
8029	812309	5	4	507		
8029	812310	5	4	507		
8029	812311	5	4	208	join mit 812312 + 13; z.B. Kamlah 2000:127-128,Taf.12:5; 87:1,2	
8029	812312	5	4	208	join mit 812311 + 13	
8029	812313	5	4	208	mit Henkel 601; join mit 812311 + 12	
8029	812314	5	4	601		
8029	812315	5	2	245	z.B. Kamlah 2000:127-128,Taf.12:5;87:1,2	
8029	812316	5	2	158	join mit 812317 - 22	
8029	812317	5	2	158	join mit 812316 - 22	
8029	812318	5	2	158	join mit 812316 - 22	
8029	812319	5	2	158	join mit 812316 - 22	
8029	812320	5	2	158	join mit 812316 - 22	
8029	812321	5	2	158	join mit 812316 - 22	
8029	812322	5	2	158	join s.o., z.B. Flanagan, McCreery, Yassine 1994:239,Fig.20:16	26,02
8029	812323	5	4	345	z.B. Hennessy et al. 1983:347,Fig.14:3,10	
8029	812324	5	2	601		
8029	812325	5	2	601		
8029	812326	5	2	601	vollständiger Henkel	
8029	812327	5	2	601	vollst.; 2 Reihen ovaler Einkerbungen 10-12 cm unter dem Henkel	
8029	812328	5	2	601		
8029	812329	5	2	601	mit 2 Reihen ovaler Einkerbungen 10-12 cm unter dem Henkel	
8030	813601	-	3	285	zusammen mit 813603, von einem Gefäß aber kein join	37,06
8030	813602	-	1	380		
8030	813603	-	3	285	zusammen mit 813601, von einem Gefäß aber kein join	

8030	813604	-	4,1	495		96,03
8030	813605	-	3	505		
8030	813606	-	4	601		
8030	813607	-	2	601		
8030	813608	-	2	601		
8030	813609	-	2	601		
8030	813610	-	4	601		
8030	813611	-	5	601		
8030	813612	-	3	601		
8031	813701	4	2	139		
8031	813702	4	1	286		33,05
8031	813703	4	2	601		
8032	804101	1	3	278		33,01
8032	804102	1	4	3104		
8032	804103	1	1	337		
8032	804104	1	1	330		
8032	804105	1	4,1	393		
8032	804106	1	16	420		
8032	804107	1	16	220		
8032	804108	1	4	366		
8032	804109	1	5	250		
8032	804110	1	1	336		
8032	804111	1	5	207		
8032	804112	1	2	378		
8032	804113	1	1	339		
8032	804114	1	1	503		
8032	804115	1	3	503		
8032	804116	1	4	503		
8032	804117	1	4	506		
8032	804118	1	1	601		
8032	804119	1	2	601		
8032	804120	1	4	601		
8032	804121	1	4	601		
8032	804122	1	4	601		
8032	804123	1	2	601		
8032	804124	1	3	601		
8032	804125	1	4	601		
8033	814401	2	1	403		
8033	814402	2	5	494		94,05
8033	814403	2	3	310		
8033	814404	2	4	3102		
8033	814405	2	4,1	372		
8033	814406	2	2	378		
8033	814407	2	2	131	sehr stark zerstört	
8033	814408	2	2	377	sehr stark zerstört	
8033	814409	2	3	207		
8033	814410	2	1	3105		60,01
8033	814411	2	3	207		
8033	814412	2	2	107		
8033	814413	2	2	601		
8033	814414	2	1	601		
8033	814415	2	4	601		
8033	814416	2	2	703	2 Löcher	
8034	815001	3	4,1	314		
8034	815002	3	3	237	join mit 815013	
8034	815003	3	5	312		
8034	815004	3	4	310		
8034	815005	3	1	336		
8034	815006	3	1	341		
8034	815007	3	1	330		
8034	815008	3	1	345		
8034	815009	3	4	444		
8034	815010	3	2	151	Stempel mit Kreuzabbildung	13,03
8034	815011	3	2	151	join mit 815014	
8034	815012	3	2	152		2,03
8034	815013	3	3	237	join mit 815002	
8034	815014	3	2	151	join mit 815011	
8034	815015	3	5	601		
8034	815016	3	5	601		

8034	815017	3	5	601		
8034	815018	3	5	601		
8035	816201	4 (?)	3	225	teilweise stark zerstört	
8035	816202	4 (?)	4,1	436		
8035	816203	4 (?)	3	469		
8035	816204	4 (?)	5	601		
8035	816205	4 (?)	5	601		
8035	816206	4 (?)	4	601		
8035	816207	4 (?)	15	410	teilweise stark zerstört	
8500	850001	H1	1	140		28,01
8500	850002	H1	4	603	verbrannt	
8500	850003	H1	4	601		
8500	850301	H1	2	601		
8500	850302	H1	4,1	601		
8500	850303	H1	2	601		
8501	850201	H1	2	359		
8501	850202	H1	2	601		
8501	850203	H1	12	601	sehr klein	
8501	851601	H1	2	104		
8501	851602	H1	2	122		
8501	851603	H1	4	601		
8501	851604	H1	4	601		
8501	851605	H1	4	601		
8501	851606	H1	4	601	sehr klein	
8505	850501	H1	2	104		
8505	850502	H1	2	109		
8505	850503	H1	2	601		
8505	850504	H1	14	602		
8505	850505	H1	13	602		
8505	850901	H1	2	126		
8505	850902	H1	14	220		
8505	850903	H1	4	503		
8505	850904	H1	16	601		
8505	850905	H1	1	601		
8505	850906	H1	14	601		
8505	850907	H1	4	601		
8505	850908	H1	4	601		
8506	851001	H2 (?)	5	250		
8506	851002	H2 (?)	4	413		
8506	851003	H2 (?)	1	302		
8506	851004	H2 (?)	5	407		
8506	851005	H2 (?)	4	356		
8506	851006	H2 (?)	1	321		
8506	851007	H2 (?)	2	104		
8506	851008	H2 (?)	4	134		
8506	851009	H2 (?)	16	213		
8506	851010	H2 (?)	1	379		75,01
8506	851011	H2 (?)	5	206		
8506	851012	H2 (?)	1	345	mit Henkel 601	
8506	851013	H2 (?)	13	503		
8506	851014	H2 (?)	4	503		
8506	851015	H2 (?)	4	503		
8506	851016	H2 (?)	2	601		
8506	851017	H2 (?)	2	601		
8506	851018	H2 (?)	2	601		
8506	851019	H2 (?)	1	345	mit Henkel 601	
8506	851020	H2 (?)	14	602		
8506	851021	H2 (?)	2	601		
8506	851022	H2 (?)	2	603		
8506	851201	H2 (?)	1	381		68,02
8506	851202	H2 (?)	3	240		
8506	851203	H2 (?)	5	378		
8506	851204	H2 (?)	4	439		
8506	851205	H2 (?)	5	112		
8506	851206	H2 (?)	4	372		
8506	851207	H2 (?)	4	601		
8506	851208	H2 (?)	2	601		
8506	851209	H2 (?)	1	601		
8506	851210	H2 (?)	5	502	vollständiger Boden	

8506	851501	H2 (?)	3	228		
8506	851502	H2 (?)	5	103		
8506	851503	H2 (?)	2	123		
8506	851504	H2 (?)	5	118		
8506	851505	H2 (?)	4	244		
8506	851506	H2 (?)	5	250		
8506	851507	H2 (?)	1	347	mit Henkel 601	
8506	851508	H2 (?)	2	602		
8506	851509	H2 (?)	2	601		
8506	851510	H2 (?)	2	601		
8506	851511	H2 (?)	2	601		
8506	851512	H2 (?)	3	601		
8507	851701	H3	2	122		
8507	851702	H3	4	245		
8507	851703	H3	5	452		
8507	851704	H3	2	117		13,01
8507	851705	H3	2	131		
8507	851706	H3	2	124		
8507	851707	H3	1	310		
8507	851708	H3	2	601	teilweise stark zerstört	
8507	851709	H3	12	220		
8507	851710	H3	2	107		
8507	851711	H3	2	250		
8507	851712	H3	5	358		
8507	851713	H3	2	601	teilweise stark zerstört	
8507	851714	H3	2	150		
8507	851715	H3	4	3101		
8507	851716	H3	16	213		
8507	851717	H3	2	601		
8507	851718	H3	2	601		
8507	851719	H3	3	603		
8507	851720	H3	12	422	mit Henkel 602	
8507	852001	H3	4	339		
8507	852002	H3	2	132		
8507	852003	H3	2	103		
8507	852004	H3	2	104		
8507	852005	H3	2	601		
8507	852006	H3	2	601		
8507	852007	H3	4	601		
8510	852301	H4 (?)	16	267		137,02
8510	852302	H4 (?)	4	490		
8510	852303	H4 (?)	1	345		
8510	852304	H4 (?)	4	445		
8510	852305	H4 (?)	4,1	393		
8510	852306	H4 (?)	1	339		
8510	852307	H4 (?)	1	340		
8510	852308	H4 (?)	1	346	mit vollständigem Henkel 601	
8510	852309	H4 (?)	1	334	mit Henkel 601	
8510	852310	H4 (?)	3	503	join mit 852311	
8510	852311	H4 (?)	3	503	join mit 852310	
8510	852312	H4 (?)	4	503		
8510	852313	H4 (?)	4	601		
8510	852314	H4 (?)	4	601		
8510	852315	H4 (?)	1	601		
8510	852316	H4 (?)	4	601		
8510	852317	H4 (?)	1	601		
8510	852318	H4 (?)	1	703	aufgesetzte, einfache Leiste	
8510	852601	H4 (?)	5	439		
8510	852602	H4 (?)	4	388		
8510	852603	H4 (?)	4	334		
8510	852604	H4 (?)	4	385		
8510	852605	H4 (?)	1	346		
8510	852606	H4 (?)	1	344		
8510	852607	H4 (?)	21	498		94,08
8510	852608	H4 (?)	1	339		
8510	852609	H4 (?)	4	318		
8510	852610	H4 (?)	1	324		
8510	852611	H4 (?)	4,1	3107		86,01
8510	852612	H4 (?)	5	225		

8510	852613	H4 (?)	4	360	mit Henkel 601	
8510	852614	H4 (?)	4	502		
8510	852615	H4 (?)	5	503		
8510	852616	H4 (?)	4	503		
8510	852617	H4 (?)	4	503		
8510	852618	H4 (?)	3	601		
8510	852619	H4 (?)	2	601		
8510	852620	H4 (?)	1	601		
8510	852621	H4 (?)	2	601		
8510	852622	H4 (?)	3	601		
8510	852623	H4 (?)	4	601		
8510	852801	H4 (?)	2	507		
8510	852802	H4 (?)	2	601	vollständiger Henkel	
8510	852803	H4 (?)	2	601		
8510	852804	H4 (?)	2	601		
8510	852805	H4 (?)	2	507		
8510	852806	H4 (?)	2	154	join mit 852807	28,04
8510	852807	H4 (?)	2	154	join mit 852806	
8510	852808	H4 (?)	2	601		
8510	852809	H4 (?)	5	503		
8510	852810	H4 (?)	5	420		
8510	852811	H4 (?)	2	601		
8510	852901	H4 (?)	2	105	z.B. Flanagan, McCreery, Yassine 1994:239,Pl.20:9-16	
8510	852902	H4 (?)	1	343	z.B. Pritchard 1985:Fig.3:26; Kamlah 2000:Taf.48:9	
8510	852903	H4 (?)	4,1	345	z.B. Flanagan, McCreery, Yassine 1994,Pl.21:3,6	
8510	852904	H4 (?)	2	132	join mit 852905	
8510	852905	H4 (?)	2	132	join mit 852904	
8510	852906	H4 (?)	4,1	601		
8510	852907	H4 (?)	3	601		
8510	853101	H4 (?)	4	261		
8510	853102	H4 (?)	5	284		41,02
8510	853103	H4 (?)	4	246		
8510	853104	H4 (?)	4	279	z.B. Hennessy et al 1983:344,Fig.12:10; 14:10	
8510	853105	H4 (?)	2	133		
8510	853106	H4 (?)	2	156	zusammen mit 853107, von einem Gefäß aber kein join	2,02
8510	853107	H4 (?)	2	156	zusammen mit 853106, von einem Gefäß aber kein join	
8510	853108	H4 (?)	3	603		
8510	853109	H4 (?)	4	601		
8510	853110	H4 (?)	2	601		
8510	853111	H4 (?)	5	601		
8510	853112	H4 (?)	4	507		
8510	853301	H5	3	239		
8510	853302	H5	4,1	3111	z.B. Hennessy et al 1983:344,Fig.12:10	74,05
8510	853303	H5	4	412		
8510	853304	H5	21	1101	z.B. McNicoll, Smith, Hennessy 1982:Pl.119:8	132,04
8510	853305	H5	1	336		
8510	853306	H5	4	503		
8510	853307	H5	2	503		
9000	900101	0	1	308		
9001	900201	1	14	219		
9001	900202	1	18	601	stark zerstört	
9001	900203	1	5	308	stark zerstört	
9001	900204	1	16	424	a: Bemalung 10R 3/3 dusky red	141,01
9001	900205	1	4	207		
9001	900206	1	4	209		
9001	900207	1	5	209		
9001	900208	1	2	201		
9001	900209	1	2	201		
9001	900210	1	3	207		
9001	900211	1	1	318		
9001	900212	1	4	314		
9001	900213	1	14	215		
9001	900214	1	4,1	314		
9001	900215	1	15	410	stark zerstört	
9001	900216	1	3	206		
9001	900217	1	12	302	mit Henkel 601	
9001	900218	1	9	601		
9001	900219	1	2	601		
9001	900220	1	14	602		

9001	900221	1	12	602		
9001	900222	1	14	602		
9001	900223	1	5	601		
9001	900224	1	14	602		
9001	900225	1	14	602		
9001	900226	1	14	602		
9001	900227	1	16	702		157,07
9001,1	901601	1	14	220		
9001,1	901602	1	4	303		
9001,1	901603	1	2	231		39,06
9001,1	901604	1	4	312		
9001,1	901605	1	2	312		
9001,1	901606	1	2	601		
9001,1	901607	1	12	601	kleiner Henkel	
9001,1	901608	1	4	601	mit Bauchscherbe	
9001,1	901609	1	2	601		
9001,1	901610	1	16	503	sehr kleiner Boden	
9002	900801	2 (?)	1	332		49,05
9002	900802	2 (?)	14	424	Bemalung 10R 3/3 dusky red	141,02
9002	900803	2 (?)	2	359		
9002	900804	2 (?)	1	303		
9002	900805	2 (?)	14	403		
9002	900806	2 (?)	16	417		150,02
9002	900807	2 (?)	2	358		
9002	900808	2 (?)	2	103		
9002	900809	2 (?)	4	503		
9002	900810	2 (?)	3	308		
9002	900811	2 (?)	2	601		
9002	900812	2 (?)	14	602		
9002	900813	2 (?)	3	201		
9002	900814	2 (?)	14	901		
9002	900815	2 (?)	3	207		
9002	900816	2 (?)	2	601	mit Bauchscherbe	
9002	900817	2 (?)	2	601	mit Bauchscherbe	
9002	900818	2 (?)	5	601	mit Bauchscherbe	
9002	900819	2 (?)	17	502		
9002	900820	2 (?)	3	407		
9002	900821	2 (?)	2	102	stark zerstört	
9002	900822	2 (?)	4	119		
9002	900823	2 (?)	4	601	stark zerstört	
9002	900824	2 (?)	17	601		
9002	900825	2 (?)	4	601	mit Bauchscherbe	
9002	900826	2 (?)	4	601		
9002	900827	2 (?)	4	601	mit Bauchscherbe	
9002	900828	2 (?)	17	506		
9002	900829	2 (?)	4	601	mit Bauchscherbe	
9002	900830	2 (?)	4	601		
9002,1	902101	2 (?)	4	358		72,01
9002,1	902102	2 (?)	1	403		
9002,1	902103	2 (?)	3	214		
9002,1	902104	2 (?)	16	448		144,02
9002,1	902105	2 (?)	4	403		
9002,1	902106	2 (?)	4	352		
9002,1	902107	2 (?)	4	360		
9002,1	902108	2 (?)	1	403		
9002,1	902109	2 (?)	3	206		
9002,1	902110	2 (?)	3	601	mit Bauchscherbe	
9002,1	902111	2 (?)	14	602	mit Bauchscherbe	
9002,1	902112	2 (?)	2	601		
9002,1	902113	2 (?)	14	422	mit Henkel 602	
9002,1	902114	2 (?)	4	601		
9002,1	902115	2 (?)	4	601		
9002,1	902116	2 (?)	6	601		
9002,1	902117	2 (?)	4	601	mit Bauchscherbe	
9002,1	902118	2 (?)	2	503		
9002,1	902119	2 (?)	16	503		
9002,1	902120	2 (?)	3	231		
9002,1	902121	2 (?)	4	206		
9002,1	902122	2 (?)	4	314		

9002,1	902123	2 (?)	4	214		
9002,1	902124	2 (?)	17	453		144,03
9002,1	902125	2 (?)	2	601	mit Bauchscherbe	
9002,1	902126	2 (?)	16	602	mit Bauchscherbe	
9002,1	902127	2 (?)	4	503		
9003	901301	2 (?)	4	505		
9003	901302	2 (?)	4	314		
9003	901303	2 (?)	4	245		
9003	901304	2 (?)	1	308		
9003	901305	2 (?)	2	123	join mit 901306	6,01
9003	901306	2 (?)	2	101	join mit 901305	
9003	901307	2 (?)	2	601	mit Bauchscherbe	
9003	901308	2 (?)	2	601	mit Bauchscherbe	
9004	902801	2	1	334		
9004	902802	2	4	318		
9004	902803	2	3	362		83,02
9004	902804	2	2	103		
9004	902805	2	4	318		
9004	902806	2	4	408		95,03
9004	902807	2	4	408		
9004	902808	2	4,1	434	z.B. Routledge 1995:138,Fig.10:13	111,02
9004	902809	2	1	303		
9004	902810	2	1	310		
9004	902811	2	2	1301		
9004	902812	2	1	341		
9004	902813	2	4	437		93,07
9004	902814	2	3	250		
9004	902815	2	3	206		
9004	902816	2	4	207		
9004	902817	2	4	206		
9004	902818	2	4	201	stark zerstört	
9004	902819	2	4,1	358		73,05
9004	902820	2	4	412		
9004	902821	2	4	117		
9004	902822	2	4	413		
9004	902823	2	4,1	318		
9004	902824	2	4	206		
9004	902825	2	4	318		
9004	902826	2	3	318		
9004	902827	2	4	603	mit Bauchscherbe	
9004	902828	2	4	601	mit Bauchscherbe	
9004	902829	2	4	603	mit Bauchscherbe	
9004	902830	2	2	601	mit Bauchscherbe	
9004	902831	2	3	601		
9004	902832	2	2	601		
9004	902833	2	16	602	mit Bauchscherbe	
9004	902834	2	4	601		
9004	902835	2	4	601		
9004	902836	2	4	601	mit Bauchscherbe	
9004	902837	2	4	602	3 Rillen	
9004	902838	2	3	601	mit Bauchscherbe	
9004	902839	2	4	601		
9004	902840	2	4	601	mit Bauchscherbe	
9004	902841	2	2	601	mit Bauchscherbe	
9004	902842	2	3	602		
9004	902843	2	2	601	mit Bauchscherbe	
9004	902844	2	14	602	mit Bauchscherbe	
9004	902845	2	1	308	mit Henkel 601	
9004	902846	2	4	601	mit Bauchscherbe	
9004	902847	2	5	601	mit Bauchscherbe	
9004	902848	2	2	601	mit Bauchscherbe	
9004	902849	2	4	503		
9004	902850	2	4	503		
9004	902851	2	4	1001	verbrannt	131,02
9005	903201	2	2	103	z.B. Abu Dayyah 1991:Fig.5:10-11	
9005	903202	2	3	206		
9005	903203	2	3	201	join mit 903205	
9005	903204	2	4	403		
9005	903205	2	3	201	join mit 903203	

9005	903206	2	3	207		
9005	903207	2	3	206		
9005	903208	2	4	412		
9005	903209	2	2	601		
9005	903210	2	4	210	mit Henkel 601	
9005	903211	2	3	601		
9005	903212	2	2	601	mit Bauchscherbe	
9005	903801	2	3	224	N101,00; O105,00; H99,83-99,75; vollständiger Rand, join s.u.	35,02
9005	903802	2	3	224	join mit 903801/03; 909301/02	
9005	903803	2	3	224	join mit 903801/02; 909301/02	
9005	903804	2	3	236	join mit 903805	
9005	903805	2	3	236	join mit 903804; z.B. Dornemann 1990:Fig.3:36; Clark 1983:Fig.6:73	32,04
9005	903806	2	3	601	vollständiger Henkel	
9005	903807	2	3	601		
9005	903808	2	3	603		
9005	903809	2	5	601	vollständiger Henkel	
9005	903810	2	3	507		
9005	904401	2	4	444	Keramikkoll.: N101,00; O106,70; H99,76m-99,80m; z.B. Clark 1983:Fig.3:2-4	
9005	904402	2	2	503	join mit 904403	
9005	904403	2	2	503	join mit 904402	
9005	904501	2	3	341		
9005	904502	2	4,1	305		
9005	904503	2	3	250		
9005	904504	2	3	250		
9005	904505	2	2	112	z.B. Abu Dayyah 1991:Fig.5:10-11	
9005	904506	2	2	601		
9006	904201	2	4	601		
9006	904202	2	4	603		
9006	904203	2	4	503		
9006	904801	2	3	428		111,04
9006	904802	2	1	334		
9006	904803	2	14	220		
9006	904804	2	3	250		34,01
9006	904805	2	4	601		
9006	904806	2	2	601		
9006	904807	2	2	601		
9006	904808	2	4	601		
9006	904809	2	5	601		
9006	905301	2	3	236	join mit 905302/03/04/06/08/0; z.B. Dornemann 1990:Fig.3:36 +	
9006	905302	2	3	236	join mit 905301/03/04/06/08/09; Clark 1983:Fig.6:73	
9006	905303	2	3	236	join mit 905301//02/04/06/08/09	
9006	905304	2	3	236	join mit 905301/02/03/06/08/09	
9006	905305	2	3	601		
9006	905306	2	3	601	join mit 905301/02/03/04/08/09	
9006	905307	2	2	601		
9006	905308	2	3	601	join mit 905301/02/03/04/06/09	
9006	905309	2	3	507	join mit 905301/02/03/04/06/08	
9008	900701	2	3	225		
9008	900702	2	3	205		
9010	905401	2	3	413	join mit 905402/03	102,04
9010	905402	2	3	413	join mit 905401/03	
9010	905403	2	3	413	join mit 905401/02	
9010	905404	2	4	314		
9010	905405	2	4,1	314		
9010	905406	2	4	437		95,01
9010	905407	2	4,1	434		93,06
9010	905408	2	3	229	join mit 905412	34,02
9010	905409	2	5	430		
9010	905410	2	1	338		
9010	905411	2	3	202		
9010	905412	2	3	229	join mit 905408	
9010	905413	2	5	209		
9010	905414	2	2	407		
9010	905415	2	3	254	Kleeblattmündung	48,02
9010	905416	2	3	244	join mit 905421	45,01
9010	905417	2	4	441		92,04
9010	905418	2	1	341		
9010	905419	2	4	228		
9010	905420	2	5	245		

9010	905421	2	3	244	join mit 905416	
9010	905422	2	3	246		
9010	905423	2	3	250		
9010	905424	2	4	349	mit Henkel 601	
9010	905425	2	4	601	verbrannt	
9010	905426	2	14	602	a: Bemalungsspuren (10 R 3/4 dusky red)	
9010	905427	2	2	601	mit Bauchscherbe	
9010	905428	2	2	601		
9010	905429	2	2	601		
9010	905430	2	14	602		
9010	905431	2	2	602		
9010	905432	2	3	503		
9010	905433	2	4	503		
9010	905434	2	4,1	503	i: Slip	
9010	905435	2	4	507		
9010	905436	2	4	703	mit aufgesetzter Leiste (bar-handle)	126,05
9010	905437	2	1	325		
9010	905438	2	1	338		
9010	905439	2	1	322	a + i: schwarze Streifen 2.5 YR 4/0 dark gray, join mit 905443	64,03
9010	905440	2	2	359		61,02
9010	905441	2	1	308		
9010	905442	2	1	321		
9010	905443	2	1	322	a + i: schwarze Streifen 2.5 YR4/0 dark gray; join mit 905439	
9010	905444	2	3	250		
9010	905445	2	4	334		
9010	905446	2	2	601	mit Bauchscherbe	
9010	905447	2	5	347	mit Henkel 601	
9010	905448	2	5	601	mit Bauchscherbe	
9010	905449	2	1	601	mit Bauchscherbe	
9010	905450	2	2	601		
9010	905451	2	4	239	mit Henkel 601	
9010	905452	2	4	254	Kleeblattmündg; z.B.Yassine 1984:14,Fig.4.1-2; Clark 1983:Fig.1:19	48,01
9010	905453	2	4	503		
9010	905454	2	4	1201		
9011	906301	2 (?)	4	1001	N103,45; O105,00; H99,76; verbrannt	131,01
9011	906401	2 (?)	4	1201		133,01
9011	906402	2 (?)	2	601	vollständiger Henkel	
9012	906901	2	4,1	432	z.B. Dornemann 1990:Fig.3:30; Clark 1983:Fig.3.22	106,02
9012	906902	2	1	308	mit Henkel 603	
9012	906903	2	1	308		
9012	906904	2	4	603		
9012	906905	2	1	601	mit Bauchscherbe	
9012	906906	2	4	601	mit Bauchscherbe	
9012	906907	2	4	601	mit Bauchscherbe	
9012	906908	2	1	601		
9012	906909	2	1	601		
9013	907801	2	4	703	Siebfragment mit einem Loch	
9013	908101	2	2	1201	Tülle mit Sieb, 9 Löchern	133,02
9013	908102	2	2	601	mit Bauchscherbe, join mit 908103	
9013	908103	2	2	601	join mit 908102	
9013	908104	2	2	603		
9013	908301	2	4	1001	verbrannt	
9013	908302	2	4	254	Kleeblattmündg; z.B. Yassine 1984:14,Fig.4:1-2; Clark 1983:Fig.1:19	48,03
9013	908303	2	2	107		
9013	908304	2	2	107		
9013	908305	2	11	602	sehr klein	
9013	908306	2	1	601	mit Bauchscherbe, verbrannt	
9013	908307	2	4	601		
9013	908308	2	4	603		
9013	908309	2	3	601	mit Bauchscherbe	
9013	908310	2	4	601	mit Bauchscherbe	
9013	908311	2	4	601	mit Bauchscherbe	
9013	908312	2	4	601	vollständiger Henkel	
9013	908313	2	4,1	503		
9013,1	909301	3	3	224	join mit 909302; 9038-1/23	
9013,1	909302	3	3	224	join mit 909301; 9038-1/23	
9013,1	909303	3	3	601	mit Bauchscherbe	
9013,1	909304	3	2	601	mit Bauchscherbe, vollständiger Henkel	
9013,1	909305	3	2	601	mit Bauchscherbe, vollständiger Henkel	

9013,1	909601	3	2	225	N100,50; O104,10; H99,42; join s.u.; z.B. Dornemann 1990:159,Fig.5.11	32,01
9013,1	909602	3	2	225	join mit 909601, 909603-6	
9013,1	909603	3	2	225	join mit 909601-2; 909604-6	
9013,1	909604	3	2	225	join mit 909601-3; 909605-6	
9013,1	909605	3	2	225	join mit 909601-4; 909606	
9013,1	909606	3	2	225	join mit 909601-5	
9013,1	909607	3	4	407	stark zerstört	
9013,1	909608	3	4	601		
9013,1	909609	3	2	503		
9014	908501	2	4,1	313		
9014	908502	2	1	344		88,03
9014	908503	2	2	433		105,04
9014	908504	2	3	230		39,04
9014	908505	2	4	225		
9014	908506	2	4	503		
9016	909701	2	4	358		
9016	909702	2	1	338		
9016	909703	2	1	340		70,01
9016	909704	2	3	227		
9016	909705	2	4,1	439		
9016	909706	2	11	602	mit Bauchscherbe	
9016	909707	2	4	601	mit Bauchscherbe	
9016	909708	2	4	703	von beiden Seiten angebohrt	126,02
9016	909709	2	3	601		
9017	910801	3 (?)	1	343		69,04
9017	910802	3 (?)	3	250		
9017	910803	3 (?)	2	124	join mit 914302	30,02
9017	910804	3 (?)	4	601	mit Bauchscherbe	
9017	910805	3 (?)	4	601		
9017	910901	3 (?)	4	421		
9017	910902	3 (?)	3	246		
9017	910903	3 (?)	1	334		
9017	910904	3 (?)	3	206		
9017	910905	3 (?)	3	444		
9017	910906	3 (?)	4	211	mit Henkel 601; verbrannt	
9017	910907	3 (?)	4	601	mit Bauchscherbe	
9017	910908	3 (?)	2	601	mit Bauchscherbe	
9017	910909	3 (?)	2	601		
9017	910910	3 (?)	2	601		
9017	910911	3 (?)	6	601	sehr klein	156,04
9018	911101	3	1	321	N105,50; O102,50; H99,42; join mit 911104-05	
9018	911102	3	1	321		
9018	911103	3	1	321		
9018	911104	3	1	321	mit Henkel 601, join mit 911101; 911105, z.B.van der Kooij, Ibrahim 1989:95,Fig.56	50,01
9018	911105	3	1	321	join mit 911101; 911104	
9018	911106	3	4	209		
9018	911107	3	3	237	join mit 911108-9	38,03
9018	911108	3	3	237	join mit 911107, 911109	
9018	911109	3	3	237	join mit 911107-8	
9018	911110	3	3	239	join mit 911111-2	
9018	911111	3	3	239	join mit 911110, 911112	45,02
9018	911112	3	3	239	join mit 911110-1	
9018	911113	3	4	223	join mit 911114-5	35,05
9018	911114	3	4	223	join mit 911113; 911115	
9018	911115	3	4	223	join mit 911113-4	
9018	911116	3	2	601		
9018	911117	3	2	601	vollständiger Henkel	
9018	911118	3	2	601	vollständiger Henkel	
9018	911119	3	2	601	vollständiger Henkel	
9018	911120	3	2	601		
9018	911121	3	4	601		122,02
9018	911122	3	2	601		
9018	911123	3	2	601		
9018	911124	3	2	601	vollständiger Henkel	
9018	911125	3	2	601	vollständiger Henkel	
9018	911126	3	2	601	vollständiger Henkel	
9018	911127	3	2	503		
9018	911128	3	4	503		
9018	911701	3	2	601	N105,30; O102,50; H99,45; vollständiger Henkel mit Bauchscherbe	

9018	911702	3	2	601	mit Bauchscherbe	
9018	911703	3	4	601	kleiner Henkel	
9018,1	912301	3	2	121	N103,70; O102,40	
9018,1	912302	3	2	121	join mit 912301	
9018,1	912303	3	1	440	verbrannt, z.B. Amiran 1969:Pl.64:17,21	106,01
9018,1	912304	3	4,1	427	join mit 912312, z.B. Amiran 1969:195,Pl.62:7; Potts et al.1988:Fig.13:3	93,02
9018,1	912305	3	3	239		
9018,1	912306	3	4	902	z.B. van der Kooij, Ibrahim 1989:48,Fig.47, 52 + 96	129,04
9018,1	912307	3	2	601		
9018,1	912308	3	2	601		
9018,1	912309	3	2	601		
9018,1	912310	3	2	602	mit Bauchscherbe, vollständiger Henkel	
9018,1	912311	3	2	601	mit Bauchscherbe, vollständiger Henkel mit 2 Rillen auf der BS	
9018,1	912312	3	4,1	427	mit Boden 503	
9018,1	912313	3	4	503	join mit 912304	
9018,1	912801	3	1	321	join mit 912802	
9018,1	912802	3	1	321	join mit 912801	
9018,1	912803	3	4	356		
9018,1	912804	3	4	603	mit Bauchscherbe	
9018,1	912805	3	4	601		
9018,1	912806	3	2	601		
9018,1	912807	3	2	601	mit Bauchscherbe, vollständiger Henkel mit 3 Rillen auf der BS	
9018,1	913101	3	4	214	N103,75; O103,60; H99,28(UK), join mit 913102, z.B. Amiran 1969:Pl.82:14	38,01
9018,1	913102	3	4	601	join mit 913101	
9018,1	913103	3	4	603		
9018,1	913104	3	4	507		
9018,1	913201	3	4	240	mit vollständigen Henkel 601; z.B. Hendrix, Drey, Storfjell 1997:186-187,Fig.253	38,02
9018,1	913202	3	3	250		
9018,1	913203	3	1	303		
9018,1	913204	3	1	321		
9018,1	913205	3	1	235	z.B. Kamlah 2000:123-127	39,02
9018,1	913206	3	2	601	sehr klein	
9018,1	913207	3	2	601	mit Bauchscherbe	
9018,1	913208	3	1	228	join mit 915208	39,01
9018,1	913209	3	4,1	360		
9018,1	913210	3	1	336		
9018,1	913211	3	4	239		
9018,1	913212	3	2	601	mit Bauchscherbe	
9018,1	913213	3	2	601		
9018,1	913214	3	2	601		
9018,1	913215	3	16	601	a: 6 Streifen über dem Henkel: 5YR 5/3 reddish brown	156,01
9018,1	913216	3	2	603	mit Bauchscherbe	
9018,1	913217	3	2	601		
9018,1	913218	3	5	103	stark zerstört	
9018,1	913219	3	4	601		
9018,1	913220	3	2	601		
9018,1	913221	3	4	902	z.B. van der Kooij, Ibrahim 1989:48,Fig.47, 52 + 96	129,05
9018,1	913222	3	4	503		
9018,1	913223	3	4	702	a: Einritzungen	125,01
9018,1	913301	3	3	227	join mit 9162-18/19/20	
9018,1	913302	3	1	303		
9018,1	913303	3	1	308		
9018,1	913304	3	1	341		
9018,1	913305	3	1	212		
9018,1	913306	3	1	308		
9018,1	913307	3	2	601	mit Bauchscherbe	
9018,1	913308	3	5	503		
9018,1	913309	3	1	212	mit Henkel 601	
9019	911801	3	4	503	N103,70; O103,50; H99,45; join mit 911802	
9019	911802	3	4	503	zusammen mit 911801 vollständiger Boden	
9020	913601	-	4	334		
9020	913602	-	2	407		
9020	913603	-	2	124		
9020	913604	-	1	308		
9020	913605	-	2	119		
9020	913606	-	4,1	360		
9020	913607	-	3	248		43,05
9020	913608	-	1	339	join mit 913617	70,02
9020	913609	-	4,1	352	a: 1 schwarzer Streifen 10R 3/1 dark reddish gray	61,01

9020	913610	-	2	104		
9020	913611	-	2	128		
9020	913612	-	4	246		
9020	913613	-	3	246		34,05
9020	913614	-	4,1	360		
9020	913615	-	3	312		
9020	913616	-	2	407		
9020	913617	-	1	339	join mit 913608	
9020	913618	-	5	359		
9020	913619	-	2	104		
9020	913620	-	2	601		
9020	913621	-	2	601	mit Bauchscherbe	
9020	913622	-	4	601		
9020	913623	-	2	601		
9020	913624	-	2	601		
9020	913625	-	4	601		
9020	913626	-	2	601		
9020	913627	-	2	601		
9020	913628	-	4	601		
9020	913629	-	2	601		
9020	913630	-	3	601		
9020	913631	-	4	601	mit Bauchscherbe, verbrannt	
9020	913632	-	2	601	mit Bauchscherbe	
9020	913633	-	4	601	mit Bauchscherbe, vollständiger Henkel	
9020	913634	-	4	601		
9020	913635	-	2	601	a: Einritzung in Kreuzform	122,04
9020	913636	-	4	503		
9020	913637	-	1	503	verbrannt	
9020	913638	-	3	503		
9020	913639	-	2	503		
9020	913640	-	2	507		
9020	913641	-	5	703	1 Loch	
9020	913642	-	4	703	1 Loch	
9021	914301	3	2	227		
9021	914302	3	2	124	join mit 910803	
9021	914303	3	3	227		
9021	914304	3	4	444		
9021	914305	3	3	201		
9021	914306	3	1	345	join mit 914307	69,03
9021	914307	3	1	345	join mit 914306	
9021	914308	3	3	249		
9021	914309	3	1	308		
9021	914310	3	1	308		
9021	914311	3	3	227		
9021	914312	3	4	357	z.B. Flanagan, McCreery, Yassine 1994:Fig.20:1	63,02
9021	914313	3	1	308		
9021	914314	3	1	308		
9021	914315	3	1	310		
9021	914316	3	1	339	mit vollständigen Henkel 601	
9021	914317	3	1	310	mit vollständigen Henkel 601	
9021	914318	3	3	341	mit vollständigen Henkel 601	
9021	914319	3	2	601	mit Bauchscherbe	
9021	914320	3	4	601	mit Bauchscherbe	
9021	914321	3	2	601		
9021	914322	3	3	249	mit Henkel 601	
9021	914323	3	1	601	mit Bauchscherbe	
9021	914324	3	2	601	mit Bauchscherbe	
9021	914325	3	2	603	mit Bauchscherbe	
9021	914326	3	2	601	mit Bauchscherbe	
9021	914327	3	4	601	mit Bauchscherbe	
9021	914328	3	2	601	mit Bauchscherbe, vollständiger Henkel	
9021	914329	3	3	601	mit Bauchscherbe	
9021	914330	3	2	601	mit Bauchscherbe	
9021	914331	3	1	603	mit Bauchscherbe	
9021	914332	3	4	601	mit Bauchscherbe	
9021	914333	3	4	502		
9021	914334	3	2	501		
9021	914335	3	4	1001	verbrannt	130,02
9021	914336	3	4	703	mit aufgesetzter Leiste (bar-handle); z.B.Amiran 1969:199,Pl.62:25-2	126,04

9024	916201	3	2	123		
9024	916202	3	1	341	mit vollst. Henkel 601; z.B. McNicoll, Smith, Hennessy 1982:Pl.124:	69,02
9024	916203	3	1	341		
9024	916204	3	1	341		
9024	916205	3	1	341	join mit 916208	
9024	916206	3	1	338		
9024	916207	3	4	207		
9024	916208	3	1	341	join mit 916205	
9024	916209	3	2	601		
9024	916210	3	3	241		39,03
9024	916211	3	4	601	mit Bauchscherbe	
9024	916212	3	4	601	mit Bauchscherbe	
9024	916213	3	5	503	vollständiger Boden	
9024	916214	3	5	503		
9024	916215	3	3	246		
9024	916216	3	1	308		
9024	916217	3	1	306		
9024	916218	3	3	227	join mit 916219-20 + 913331; z.B. Routledge 1995:138,Fig.10:7	32,05
9024	916219	3	3	227	join mit 916218; 916220 + 91331	
9024	916220	3	3	227	join mit 916218-19 + 91331	
9024	916221	3	3	244		
9024	916222	3	2	124		
9024	916223	3	2	601	mit Bauchscherbe	
9024	916224	3	4	601	mit Bauchscherbe	
9024	916225	3	4	504	i: Bemalung 2.5 YR 3/0 very dark gray, z.B.van der Kooij, Ibrahim1989:97,Fig.61	119,03
9024	916226	3	2	601	mit Bauchscherbe	
9024	916227	3	3	601		
9024	916228	3	2	503		
9024	916229	3	3	503		
9026	915501	3	1	343	join s.u.; N100,80; O102,90; H99,27; mit Henkel 601; vollst. Rand	51,02
9026	915502	3	1	343	join mit 915501; 915503-7	
9026	915503	3	1	343	join mit 915501-2; 915504-7	
9026	915504	3	1	343	join mit 915501-3; 915505-7; mit Henkel 601	
9026	915505	3	1	343	join mit 915501-4; 915506-7	
9026	915506	3	1	343	join mit 915501-5; 915507	
9026	915507	3	1	343	join mit 915051-6	
9028	915201	3	1	346	join mit 915202, z.B.McNicoll, Smith, Hennessy 1982:Fig.124:8	70,03
9028	915202	3	1	346	join mit 915201	
9028	915203	3	3	206	join mit 915204	
9028	915204	3	3	206	join mit 915203	
9028	915205	3	1	338		
9028	915206	3	1	345		
9028	915207	3	2	112		
9028	915208	3	1	228	join mit 913208	
9028	915209	3	1	334	mit vollst. Henkel 601; join mit 915211, z:B. van der Kooij, Ibrahim 1989:95,Fig.56	50,02
9028	915210	3	4	247		
9028	915211	3	1	334	join mit 915209	
9028	915212	3	1	308		
9028	915213	3	3	310		
9028	915214	3	3	207		
9028	915215	3	4	239	mit vollständigen Henkel 601	
9028	915216	3	1	601		
9028	915217	3	2	1201	Fragment, z.B. McNicoll, Smith, Hennessy 1982:Pl.126:1	
9028	915218	3	4	601	mit Bauchscherbe, vollständiger Henkel	
9028	915219	3	2	601	mit Bauchscherbe	
9028	915220	3	2	601		
9032	916501	-	1	336		
9032	916502	-	4	232		
9032	916503	-	4	357		
9032	916504	-	3	249		
9032	916505	-	12	269		
9032	916506	-	12	261	mit Henkel 602	
9032	916507	-	4	601		
9032	916508	-	12	601		
9032	916509	-	4	601		
9032	916510	-	13	601	sehr klein	
9032	916511	-	4	603		
9033	916901	3	2	1401	N101,50;O100,00;H99,46m;4,5x6cm;100g;z.B.van der Kooij,Ibrahim1989:94,Fig.65	128,02
9033	917001	3	4	3110		86,02

9033	917002	3	1	3109	i: Drehspuren	85,02
9033	917003	3	4	224	join mit 917004+05+07	
9033	917004	3	4	224	join mit 917003+05+07	
9033	917005	3	4	224	join mit 917903+04+07	
9033	917006	3	2	601	vollständiger Henkel	
9033	917007	3	4	224	join mit 917003+04+06	
9033	917008	3	2	601		
9033	917009	3	2	601		
9033	917010	3	4	605		
9033	917011	3	4	601	runder Eindruck am oberen Henkelansatz (angebohrt)	
9033	917012	3	2	601		
9033	917013	3	4	1001	join mit 918001	131,05
9033	917301	3	4	505	halbes Gefäß: N102,61; O100,00; H99,46m; z.B.van der Kooij,Ibrahim1989:96,Fig.33	117,05
9033	917701	3	4	601	Keramikkollektion: N102,20; O99,68; H99,51m; vollständiger Henkel	
9033	917702	3	4	601	vollständiger Henkel	
9033	917703	3	4	507		
9033	917704	3	4	507		
9033	917705	3	4	507		
9034	918001	-	4	1001	verbrannt, join mit 917013	
9034	918002	-	5	250		
9034	918003	-	2	601	teilweise stark zerstört	
9034	918004	-	16	602		
9034	918005	-	2	601		
9034	918006	-	4	603		
9034	918007	-	3	603		
9035	918301	3 (?)	1	310	teilweise stark zerstört	
9035	918302	3 (?)	4	601		
9035	918303	3 (?)	5	601		
9035	918304	3 (?)	2	601		
9036	918601	-	3	601		
9036	918602	-	4	236		
9036	918603	-	1	336	teilweise stark zerstört	
9036	918604	-	4	243		
9036	918605	-	2	110		
9036	918606	-	2	601		
9036	918607	-	4	504		
9036	918608	-	3	3104	mit Henkel 601	
9036	918609	-	4	601		
9036	918610	-	2	601		
9037	919301	-	3	278		
9037	919302	-	4,1	394		
9038	919501	-	4	224	vollständiger Rand	
9038	919502	-	5	403		
9038	919503	-	1	220		
9038	919504	-	4	601		
9038	919505	-	4	452		
9038	919506	-	4	249		
9038	919507	-	4	466		
9038	919508	-	4	413		
9038	919509	-	2	502		
9038	919510	-	1	703	aufgesetzte, einfache Leiste	
9038	919511	-	5	601		
9038	919512	-	4	601		
9039	919901	-	4	505	mit Henkel 603; N102,84; O108,30; H99,55m	117,06
10000	1000001	0	3	358		
10000	1000002	0	4,1	435		106,05
10000	1000003	0	4	601	kleiner Henkel	
10000	1000004	0	4	601		
10000	1000005	0	3	601	mit Bauchscherbe	
10000	1000006	0	3	702	Einritzung	125,02
10000,1	1005701	0	14	219		
10000,1	1005702	0	1	308		
10000,1	1005703	0	4	204	mit Henkel 601	
10001	1000201	1	14	249		139,01
10001	1000202	1	4	313		
10001	1000203	1	4,1	220		
10001	1000204	1	4	211		
10001	1000205	1	17	220		
10001	1000206	1	16	220		

10001	1000207	1	17	216		
10001	1000208	1	4	207		
10001	1000209	1	3	205		
10001	1000210	1	3	316		
10001	1000211	1	3	316		
10001	1000212	1	3	205		
10001	1000213	1	1	302		
10001	1000214	1	17	431		144,01
10001	1000215	1	4,1	316		
10001	1000216	1	3	318		
10001	1000217	1	3	205		
10001	1000218	1	3	205		
10001	1000219	1	4	356		
10001	1000220	1	3	205		
10001	1000221	1	1	302		
10001	1000222	1	16	424	a + i: Bemalung 10YR 4/1 dark reddish gray	141,04
10001	1000223	1	4	435		111,07
10001	1000224	1	4	316		
10001	1000225	1	3	207		
10001	1000226	1	4,1	316		
10001	1000227	1	4	211		
10001	1000228	1	3	210	mit Henkel 601	
10001	1000229	1	3	601		
10001	1000230	1	4	601		
10001	1000231	1	4	601		
10001	1000232	1	2	601	mit sehr großer Bauchscherbe	
10001	1000233	1	17	702	Wellenlinie eingeritzt	157,06
10001,1	1005901	1	3	201		
10001,1	1005902	1	4,1	313		
10001,1	1005903	1	17	220		
10001,1	1005904	1	14	220		
10001,1	1005905	1	1	303		
10001,1	1005906	1	4	358		
10001,1	1005907	1	3	201		
10001,1	1005908	1	3	207		
10001,1	1005909	1	1	206		
10001,1	1005910	1	1	303		
10001,1	1005911	1	4	601		
10001,1	1005912	1	4	601		
10002	1000901	1 (?)	5	407		
10002	1000902	1 (?)	2	407		
10002	1000903	1 (?)	4,1	329		64,02
10002	1000904	1 (?)	5	407		
10002	1000905	1 (?)	2	204		
10002	1000906	1 (?)	2	206		
10002	1000907	1 (?)	2	356		63,01
10002	1000908	1 (?)	1	335		
10002	1000909	1 (?)	5	206		
10002	1000910	1 (?)	2	220		
10002	1000911	1 (?)	1	334		
10002	1000912	1 (?)	2	205		
10002	1000913	1 (?)	5	205		
10002	1000914	1 (?)	2	601	mit Bauchscherbe, vollständiger Henkel	
10002	1000915	1 (?)	4	601		
10002	1000916	1 (?)	1	601		
10002	1000917	1 (?)	1	601	mit Bauchscherbe	
10002	1000918	1 (?)	2	601	mit Bauchscherbe	
10002	1000919	1 (?)	4	601		
10002	1000920	1 (?)	2	601	mit Bauchscherbe	
10002	1000921	1 (?)	4	601		
10002	1000922	1 (?)	2	601	mit Bauchscherbe	
10002	1000923	1 (?)	4	503		
10002	1000924	1 (?)	4	136		16,01
10002	1000925	1 (?)	20	1301		
10002	1000926	1 (?)	3	318		
10002	1000927	1 (?)	1	204		34,04
10002	1000928	1 (?)	17	601		
10002	1000929	1 (?)	1	601	mit Bauchscherbe	
10002	1000930	1 (?)	5	601		

10002	1000931	1 (?)	1	339	mit Henkel 601	
10002	1000932	1 (?)	4	504	1 erhaltener Fuß	119,01
10002	1000933	1 (?)	4	502		
10002	1000934	1 (?)	2	503		
10002	1000935	1 (?)	4	222		
10002	1001801	1 (?)	3	209		
10002	1001802	1 (?)	3	239		
10002	1001803	1 (?)	4	209		
10002	1001804	1 (?)	1	336		
10002	1001805	1 (?)	16	221	schwache Bemalungsspuren auf der Lippe	
10002	1001806	1 (?)	1	134		15,02
10002	1001807	1 (?)	1	601		
10002	1001808	1 (?)	3	601	mit Bauchscherbe	
10002	1001809	1 (?)	2	601		
10002	1001810	1 (?)	2	601		
10002	1001811	1 (?)	4	1301	Platte?	
10002	1001901	1 (?)	2	601	mit Bauchscherbe	
10002,1	1006601	1	1	331		52,03
10002,1	1006602	1	4	212	mit vollständigen Henkel 601; mit Locheindrücken auf Gefäß	43,03
10002,1	1006603	1	5	211	mit Henkel 603	
10002,1	1006604	1	3	201		
10002,1	1006605	1	4,1	314		
10002,1	1006606	1	3	306		
10002,1	1006607	1	2	104		
10002,1	1006608	1	3	1101		
10002,1	1006609	1	1	345		50,03
10002,1	1006610	1	2	601		
10002,1	1006611	1	3	312		
10002,1	1006612	1	2	101	stark zerstört	
10002,1	1006613	1	2	318	stark abgerieben	
10002,1	1006614	1	2	601	mit Bauchscherbe	
10002,1	1006615	1	2	601		
10002,1	1006616	1	2	601		
10002,1	1006617	1	2	601		
10002,1	1006618	1	3	601		
10002,1	1006619	1	14	603	mit Bauchscherbe	
10002,1	1006620	1	1	210	mit vollständigen Henkel 601	
10002,1	1006621	1	16	215	mit Henkel 602; bemalt mit 3 Streifen: 10R3/3 dusky red	139,06
10002,1	1006622	1	3	503		
10002,1	1006701	1	5	901		129,03
10002,2	1007001	1	1	341	join mit 1007002	
10002,2	1007002	1	1	341	mit vollständigen Henkel 601	
10002,2	1007003	1	1	220		
10002,2	1007004	1	5	209		
10002,2	1007005	1	3	209		
10002,2	1007006	1	5	429		
10002,2	1007007	1	2	601		
10002,2	1007008	1	4	603	mit Bauchscherbe	
10002,2	1007009	1	3	601		
10002,2	1007010	1	4	601		
10002,2	1007011	1	4	603	mit Bauchscherbe	
10002,3	1007901	1	3	366	join mit 1007902+03	83,05
10002,3	1007902	2 (?)	3	366	join mit 1007901+03	
10002,3	1007903	2 (?)	3	366	join mit 1007901+02	
10002,3	1007904	2 (?)	1	342		73,03
10002,3	1007905	2 (?)	2	601		
10002,3	1007906	2 (?)	2	601		
10002,3	1007907	2 (?)	4	601		
10002,3	1007908	2 (?)	1	601	mit Bauchscherbe	
10002,3	1007909	2 (?)	5	502		
10002,3	1007910	2 (?)	4	502		
10002,3	1007911	2 (?)	2	703	1 Loch	
10002,4	1008801	2 (?)	3	205		
10002,4	1008802	2 (?)	4,1	446		93,01
10002,4	1008803	2 (?)	3	246		
10002,4	1008804	2 (?)	2	130		5,03
10002,4	1008805	2 (?)	2	107	stark zerstört	
10002,4	1008806	2 (?)	3	206		
10002,4	1008807	2 (?)	2	306		

10002,4	1008808	2 (?)	1	339	verbrannt	
10002,4	1008809	2 (?)	1	339	mit Henkel 601	
10002,4	1008810	2 (?)	4	603	mit Bauchscherbe	
10002,4	1008811	2 (?)	5	601		
10002,4	1008812	2 (?)	5	603	mit Bauchscherbe	
10002,4	1008813	2 (?)	4	254	Kleeblattmündung; mit Henkel 601	48,05
10002,4	1008814	2 (?)	4	601	mit Bauchscherbe	
10002,4	1008815	2 (?)	4	601	mit Bauchscherbe	
10002,4	1008816	2 (?)	4	603	mit Bauchscherbe	
10002,4	1008817	2 (?)	5	601		
10002,4	1008818	2 (?)	11	502		
10002,4	1008819	2 (?)	16	505		
10002,4	1008820	2 (?)	4,1	503		
10002,4	1008821	2 (?)	2	502		
10002,4	1008822	2 (?)	5	502		
10002,5	1009201	2 (?)	3	213	stark abgerieben	
10002,5	1009202	2 (?)	2	1101	a: Bemalungsspuren	
10002,5	1009203	2 (?)	4	357	a: rote Bemalungsspuren	
10002,5	1009204	2 (?)	1	302		
10002,5	1009205	2 (?)	1	341	mit vollständigen Henkel 601	
10002,5	1009206	2 (?)	4	601	mit Bauchscherbe, vollständiger Henkel	
10002,5	1009207	2 (?)	4	601	mit Bauchscherbe	
10002,5	1009208	2 (?)	2	601	mit Bauchscherbe	
10002,5	1009209	2 (?)	1	601	mit Bauchscherbe	
10002,5	1009210	2 (?)	4	601		
10002,5	1009211	2 (?)	5	601		
10002,5	1009212	2 (?)	11	602	mit Bauchscherbe	
10002,5	1009213	2 (?)	2	601	mit Bauchscherbe	
10002,5	1009214	2 (?)	4	505		
10002,5	1009301	2 (?)	3	206		
10002,5	1009302	2 (?)	3	206		
10002,5	1009303	2 (?)	3	206		
10002,5	1009304	2 (?)	3	206	join mit 1009301	
10002,5	1009305	2 (?)	2	601	mit Bauchscherbe	
10002,6	1010801	2	2	601		
10002,6	1010802	2	2	601	mit Bauchscherbe	
10002,7	1011501	2	2	502		
10002,7	1011502	2	4	703	durchbohrt	126,01
10003	1001701	2	1	339	N87,55; O106,00; H99,87; join s.u.	
10003	1003701	2	1	339	join mit 1003702-4 + 1001701, mit Henkel 601, vollständiger Rand	57,01
10003	1003702	2	1	339	join mit 1003701, 3-4 + 1001701, z.B. Amiran 1969:Pl.76:13	
10003	1003703	2	1	339	join mit 1003701-2, 4 + 1001701	
10003	1003704	2	1	339	join mit 1003701-3 + 1001701	
10003	1003705	2	4	336		
10004	1002801	2	3	601	mit Bauchscherbe	
10004	1002802	2	5	603	mit Bauchscherbe	
10005	1002201	2	5	601		
10005	1002202	2	5	210	mit Henkel 601	
10005	1003001	2	2	601	mit Bauchscherbe	
10005	1004901	2	3	601	N88,70; O104,10; H99,60; mit Bauchscherbe, vollständiger Henkel	
10006	1002501	2	17	376		
10006	1002502	2	4	414		
10006	1002503	2	5	215		
10006	1002504	2	17	408		
10006	1002505	2	1	337		52,04
10006	1002506	2	2	116		
10006	1002507	2	2	117		
10006	1002508	2	1	211	mit Henkel 601	
10006	1002509	2	3	601	mit Bauchscherbe	
10006	1002510	2	3	601	mit Bauchscherbe	
10006	1002511	2	2	601	mit Bauchscherbe	
10006	1002512	2	2	601		
10006	1002513	2	4	601		
10006	1002514	2	2	601		
10006	1002515	2	1	333		
10006	1002516	2	4	424		101,05
10006	1002517	2	3	234		32,02
10006	1002518	2	4	312		
10006	1002519	2	4	437		

10006	1002520	2	3	213		
10006	1002521	2	4	361		
10006	1002522	2	1	325		
10006	1002523	2	1	324		56,02
10006	1002524	2	1	335	z.B. Flanagan, McCreery, Yassine 1990:239,Fig.20:5	49,01
10006	1002525	2	1	335		
10006	1002526	2	1	325		56,01
10006	1002527	2	5	350		83,06
10006	1002528	2	17	207		
10006	1002529	2	4	201		
10006	1002530	2	5	107		
10006	1002531	2	4	601		
10006	1002532	2	4	601	mit Bauchscherbe	
10006	1002533	2	4	601	mit Bauchscherbe	
10006	1002534	2	4	601	mit Bauchscherbe	
10006	1002535	2	2	601	mit Bauchscherbe	
10006	1002536	2	2	601		
10006	1002537	2	3	601		
10006	1002538	2	4	601	mit Bauchscherbe	
10006	1002539	2	3	426	mit aufgesetzter Leiste (bar-handle)	101,04
10006	1002540	2	2	601	mit Bauchscherbe	
10006	1002541	2	2	503		
10006	1002542	2	4	503		
10006	1003301	2	3	201		
10006	1003302	2	1	318		
10006	1003303	2	4	308	mit Henkel 601	
10006	1003304	2	2	601	mit Bauchscherbe	
10006	1003305	2	2	601		
10006	1003306	2	4	601	mit Bauchscherbe	
10006	1004001	2	3	440	join mit 1004010	92,02
10006	1004002	2	2	138		
10006	1004003	2	4	444	join mit 1004011 + 1004006	
10006	1004004	2	3	207		
10006	1004005	2	17	209	stark zerstört	
10006	1004006	2	4	444	join mit 1004003+11	
10006	1004007	2	2	112		
10006	1004008	2	1	308		
10006	1004009	2	3	221		
10006	1004010	2	3	440	join mit 1004001	
10006	1004011	2	4	429	join mit 1004003+6	
10006	1004012	2	3	444		
10006	1004013	2	3	206		
10006	1004014	2	1	308		
10006	1004015	2	1	339		
10006	1004016	2	3	206	join mit 1004013	
10006	1004017	2	1	308	mit vollständigen Henkel 601	
10006	1004018	2	17	219		
10006	1004019	2	1	340		
10006	1004020	2	1	308		
10006	1004021	2	3	601		
10006	1004022	2	3	601	mit Bauchscherbe	
10006	1004023	2	2	601		
10006	1004024	2	3	413		
10006	1004025	2	1	601	mit Bauchscherbe, vollständiger Henkel	
10006	1004026	2	2	601		
10006	1004027	2	5	603		
10006	1004028	2	2	601	mit Bauchscherbe	
10006	1004029	2	2	601		
10006	1004030	2	3	601	mit Bauchscherbe	
10006	1004031	2	1	601	mit Bauchscherbe	
10006	1005101	2	3	1001		130,01
10006	1005102	2	1	337		
10006	1005103	2	1	601	mit Bauchscherbe	
10006	1005104	2	2	601	mit Bauchscherbe	
10006	1005105	2	3	601	mit Bauchscherbe	
10006	1006301	2	2	101	join mit 1006302	24,02
10006	1006302	2	2	101	join mit 1006301	
10006	1010001	2	2	601	mit Bauchscherbe	
10006	1010002	2	4	603	mit Bauchscherbe	

10006	1010003	2	3	601	mit Bauchscherbe	
10006	1010004	2	3	601		
10006	1010005	2	4	601	mit Bauchscherbe	
10006	1010601	2	1	320		
10006	1010602	2	1	211	mit Henkel 601	
10006	1010603	2	2	601	mit Bauchscherbe	
10006	1010604	2	2	603	mit Bauchscherbe	
10006	1010605	2	3	601	mit Bauchscherbe	
10006	1010606	2	2	601		
10006	1011601	2	3	308		
10009	1003401	2	1	308	Keramikkollektion: N86,76-88,63; O105,72-106,42; H99,75	
10009	1003402	2	1	601	mit Bauchscherbe	
10009	1003403	2	1	601	verbrannt	
10009	1003404	2	4	601	6 Farbstreifen,10R3/1 dark reddish gray; z.B.van der Kooij, Ibrahim 1989:92-93,Fig.16	122,01
10009	1003405	2	4	601		
10009	1003601	2	2	215	Keramikkollektion: N86,76-88,63; O105,72-106,42; H99,75	
10009	1003602	2	2	603	mit Bauchscherbe	
10009	1003603	2	2	603	mit Bauchscherbe	
10009	1003604	2	2	603	mit Bauchscherbe	
10009	1003605	2	2	601	mit Bauchscherbe	
10009	1004201	2	1	308	Keramikkollektion: N86,76-88,63; O105,72-106,42; H99,75	
10009	1004202	2	1	308	join mit 1004201	
10009	1004203	2	1	308		
10009	1004204	2	1	308	join mit 1004203	
10009	1004205	2	1	308	join mit 1004203	
10009	1004301	2	4,1	435		111,01
10009	1004302	2	1	308		
10009	1004303	2	3	601	mit Bauchscherbe	
10009	1004304	2	2	601		
10009	1005401	2	2	101		
10009	1005402	2	2	101	join mit 1005401	
10009	1005403	2	2	105		
10009	1005404	2	2	601	vollständiger Henkel	
10009	1005405	2	2	601		
10009	1005406	2	2	601		
10009	1005407	2	2	601	join mit 1005405	
10010	1004601	2	1	303		
10010	1004602	2	4	206	z.B. Hendrix, Drey, Storfjell 1997:202	
10010	1004603	2	4	209		
10010	1004604	2	3	206	z.B. Hendrix, Drey, Storfjell 1997:202	
10010	1004605	2	2	115	stark zerstört	
10010	1004606	2	3	205		
10010	1004607	2	2	601	mit Bauchscherbe	
10010	1004608	2	3	601	mit Bauchscherbe, vollständiger Henkel	
10010	1004609	2	3	206	z.B. Hendrix, Drey, Storfjell 1997:202	
10011	1011801	1	3	206	z.B. Hendrix, Drey, Storfjell 1997:202	
10011	1011802	1	2	106		
10011	1011803	1	4	601		
10011	1011804	1	4	601	mit Bauchscherbe, vollständiger Henkel	
10011	1011805	1	4	703	mit Knubbe	125,06
11000	1100101	0	5	602		
11001	1100201	1	4,1	219		
11001	1100202	1	17	509		
11001	1100203	1	3	601		
11001,1	1101601	1	1	302		
11001,1	1101602	1	2	207		
11001,1	1101603	1	18	602		
11002	1100401	2	5	358		
11002	1100402	2	1	303		
11002	1100403	2	3	207		
11002	1100404	2	3	207		
11002	1100405	2	5	139		
11002	1100406	2	3	318		
11002	1100407	2	4	306		
11002	1100408	2	1	306		
11002	1100409	2	2	601		
11002	1100410	2	3	601	mit Bauchscherbe	
11002	1100411	2	3	601		
11002	1100412	2	2	601		

11002	1100413	2	5	603		
11002	1100414	2	5	503		
11002	1100415	2	17	603	mit Bauchscherbe	
11002	1100416	2	3	503		
11002	1100417	2	2	601		
11002	1100418	2	2	601		
11002	1100419	2	12	422	mit Henkel 603	
11002	1100420	2	4	601		
11002	1100421	2	2	121		5,01
11002	1100422	2	12	217	mit Henkel 603	
11002	1100423	2	4	314		
11002	1100424	2	4,1	429		107,03
11002	1100425	2	4	308		
11002	1100426	2	4	118		8,04
11002	1100427	2	4,1	429		
11002	1100428	2	4	503		
11002	1100429	2	4	601		
11002	1100430	2	2	601		
11002	1100431	2	2	602	3 Rillen	
11002	1100432	2	12	422	mit vollständigen Henkel 602	
11002,1	1101901	2	17	355		151,01
11002,1	1101902	2	17	358		
11002,1	1101903	2	1	221		
11002,1	1101904	2	4	231		
11002,1	1101905	2	4	407		
11002,1	1101906	2	1	341		
11002,1	1101907	2	4	207		
11002,1	1101908	2	2	358		
11002,1	1101909	2	1	208		
11002,1	1101910	2	17	213		
11002,1	1101911	2	1	338		
11002,1	1101912	2	4,1	308		
11002,1	1101913	2	2	601		
11002,1	1101914	2	2	601		
11002,1	1101915	2	2	601		
11002,1	1101916	2	4	601		
11002,1	1101917	2	4	601		
11002,1	1101918	2	2	601		
11002,1	1101919	2	4	601	mit Bauchscherbe	
11002,1	1101920	2	16	507	Bemalung:10R 3/3 dusky red	155,01
11002,1	1101921	2	16	509		
11002,1	1101922	2	4,1	503		
11002,1	1101923	2	12	454		144,06
11003	1102401	2	1	338	join mit 1102402-5	
11003	1102402	2	1	338	join mit 1102401; 1102403-5	
11003	1102403	2	1	338	join mit 1102401-2+1102404-5, mit Henkel 601	56,03
11003	1102404	2	1	338	join mit 1102401-31 1102405	
11003	1102405	2	1	338	join mit 1102401-4, mit vollständigen Henkel 601	
11003	1102406	2	3	360	mit vollständigen Henkel 601	73,01
11003	1102407	2	4	310	mit vollständigen Henkel 601	
11003	1102408	2	3	308		
11003	1102409	2	4	503		
12000	1200101	0	3	209	stark abgerieben	
12000	1200102	0	4	403		
12000	1200103	0	4	220		
12000	1200104	0	12	215	mit Henkel 602	
12000	1200105	0	4	601		
12000	1200106	0	4	601		
12000	1200107	0	11	601	kleiner Henkel	
12001	1200201	1	4,1	354		77,03
12001	1200202	1	3	206		
12001	1200203	1	5	233		32,03
12001	1200204	1	4	209		
12001	1200205	1	5	207		
12001	1200206	1	1	407	stark abgerieben	
12001	1200207	1	14	602		
12001	1200208	1	3	601		
12001	1200209	1	3	601		
12001	1200210	1	4	601		

12001	1200211	1	3	601		
12001	1200212	1	9	603		
12002	1200501	1	16	447		150,05
12002	1200502	1	17	451	a: Bemalung10R 4/1 dark reddish gray	150,03
12002	1200503	1	4	436		111,06
12002	1200504	1	16	457		144,08
12002	1200505	1	4	212		
12002	1200506	1	4	208		
12002	1200507	1	4	318		
12002	1200508	1	4	218		
12002	1200509	1	4	208		
12002	1200510	1	14	601		
12002	1200511	1	4	439		
12002	1200512	1	2	104		
12002	1200513	1	2	316		
12002	1200514	1	2	108	stark abgerieben	
12002	1200515	1	1	303		
12002	1200516	1	2	358		
12002	1200517	1	4,1	318		
12002	1200518	1	16	220		
12002	1200519	1	2	358		
12002	1200520	1	2	102	stark abgerieben	
12002	1200521	1	4	428		100,03
12002	1200522	1	4	317		
12002	1200523	1	16	601		
12002	1200524	1	14	602	mit Bauchscherbe	
12002	1200525	1	14	602		
12002	1200526	1	14	602		
12002	1200527	1	16	601		
12002	1200528	1	16	601		
12002	1200529	1	3	601	mit Bauchscherbe	
12002	1200530	1	5	601	mit Bauchscherbe	
12002	1200531	1	14	602		
12002	1200532	1	16	601		156,03
12002	1200533	1	2	601		
12002	1200534	1	16	601		
12002	1200535	1	2	601		
12002	1200536	1	17	601		
12002	1200537	1	14	602		156,05
12002	1200538	1	14	602	mit Bauchscherbe	
12002	1200539	1	4	503		
12002	1200540	1	4	503		
12002	1200541	1	11	503		
12002	1200542	1	4	503		
12002	1200543	1	4	703	Siebfragment mit anderthalb Löchern	
12002	1200544	1	2	601		
12002	1200545	1	11	503		
12002	1200546	1	15	501		
12002	1200601	1	4	901	mit Henkelansatz 603	129,01
12002,1	1201201	1	16	408	a + i:Farbspuren 10R 3/3 dusky red; z.B. Almagro, Jimenez, Navarro 2000:Fig.15:7	141,05
12002,1	1201202	1	16	408	join mit 1201201	
12002,1	1201203	1	16	408	join mit 1201201	
12002,1	1201204	1	16	502	join mit 1201201	
12002,1	1201205	1	16	408	join mit 1201201	
12002,1	1201206	1	16	502	join mit 1201201	
12002,1	1201207	1	4	372		61,03
12002,1	1201208	1	4	442		92,03
12002,1	1201209	1	4	329		
12002,1	1201210	1	14	602		
12002,1	1201211	1	4	310	mit Henkel 601	
12002,1	1201212	1	4	601	mit Bauchscherbe	
12002,1	1201213	1	4,1	407		
12002,1	1201214	1	5	601		
12002,1	1201215	1	3	601	mit Bauchscherbe	
12002,1	1201216	1	5	602	mit Bauchscherbe	
12002,1	1201217	1	14	602		
12002,1	1201218	1	2	603	mit Bauchscherbe	
12002,1	1201219	1	14	602	mit Bauchscherbe	
12002,1	1201220	1	3	603	mit Bauchscherbe	

12002,1	1201221	1	14	602		
12002,1	1201222	1	5	503		
12002,1	1201223	1	14	503		
12002,1	1201224	1	16	219		
12002,1	1201225	1	15	409	Wellenlinie eingeritzt	151,03
12002,1	1201226	1	1	365		88,05
12002,1	1201227	1	4	407		
12002,1	1201228	1	4	403		
12002,1	1201229	1	4	250		
12003	1200801	1	2	125	join mit 1200802+03	24,01
12003	1200802	1	2	125	join mit 1200801+03	
12003	1200803	1	2	125	join mit 1200801+02	
12003	1200804	1	4	601		
12003	1200805	1	11	601	kleiner Henkel	
12003	1200806	1	2	601	vollständiger Henkel	
12003	1200807	1	4	503		
12003	1200808	1	4	703		
12004	1202001	1	16	212	N102,90;O119,15; z.B. Almagro, Jimenez, Navarro 2000:Fig.15:2	136,01
12004	1202002	1	16	212	join mit 1202001+03-06	
12004	1202003	1	16	212	join mit 1202001+02, 1202004-06	
12004	1202004	1	16	602	join mit 1202001-03, 1202005+06	
12004	1202005	1	16	602	join mit 1202001-04, 1202006	
12004	1202006	1	16	602	join mit 1202001-05	
12004	1202007	1	16	509		136,02
13000	1300001	H0	5	138		
13000	1300002	H0	1	601		
13000	1300003	H0	4	602		
13000	1301101	H0	2	359		
13000	1301102	H0	18	385		
13000	1301103	H0	15	215	mit Henkel 602	
13000	1301104	H0	7	703	a + i: ÜZ 2.5YR 2.5/0 black; Ton:2.5YR6/6 light red, Ritzung (Blatt)	158,03
13002	1300101	H1	14	378		
13002	1300102	H1	15	409		
13002	1300103	H1	14	509		
13002	1300104	H1	16	507		
13002	1300105	H1	2	507		
13002	1300106	H1	2	601		
13002	1300107	H1	2	601		
13002	1300108	H1	5	601		
13002	1300109	H1	4	601		
13002	1300110	H1	2	603		
13002	1300301	H1	19	480	glasiert, a: braun; i: grün; 1 brauner Streifen über die Lippe	147,02
13002	1300302	H1	4	388		75,02
13002	1300303	H1	3	206		
13002	1300304	H1	16	266	join mit 1300304	
13002	1300305	H1	16	266	join mit 1300303	137,04
13002	1300306	H1	17	421		
13002	1300307	H1	12	449		
13002	1300308	H1	4	318		
13002	1300309	H1	12	502		
13002	1300310	H1	5	601		
13002	1300311	H1	3	601		
13002	1300312	H1	2	602	3 Rillen	
13002	1301201	H1	4	433		
13002	1301202	H1	5	433		
13002	1301203	H1	5	602		
13002	1301204	H1	4,1	3127		74,07
13002	1301205	H1	3	206		
13002	1301206	H1	3	227		
13002	1301207	H1	2	501		
13002	1301208	H1	16	601	sehr klein	
13002	1301209	H1	2	602		
13002	1301210	H1	3	601		
13002	1301211	H1	2	601		
13002	1301212	H1	4	601		
13002	1301213	H1	4	601		
13002	1301214	H1	4	503		117,01
13003	1300701	H3-5 (?)	3	440		
13003	1300702	H3-5 (?)	2	125		

13003	1300703	H3-5 (?)	5	377		
13003	1300704	H3-5 (?)	16	266		
13003	1300705	H3-5 (?)	2	120		
13003	1300706	H3-5 (?)	2	503		
13003	1300707	H3-5 (?)	12	503		
13003	1300708	H3-5 (?)	4	601		
13003	1300709	H3-5 (?)	16	601		
13003	1300710	H3-5 (?)	16	602		
13003	1300711	H3-5 (?)	14	602		
13003	1300712	H3-5 (?)	5	601		
13003	1300713	H3-5 (?)	2	601		
13003	1300714	H3-5 (?)	3	601		
13003	1300715	H3-5 (?)	3	601		
13003	1300716	H3-5 (?)	2	601		
13003	1300717	H3-5 (?)	5	601		
13003	1301401	H3-5 (?)	2	247		
13003	1301402	H3-5 (?)	16	484		147,03
13003	1301403	H3-5 (?)	1	334	mit Henkel 601	
13003	1301404	H3-5 (?)	12	602		
13003	1301405	H3-5 (?)	2	602		
14000	1400101	1	5	358		
14000	1400102	1	3	207		
14000	1400103	1	5	385		
14000	1400104	1	4,1	377		
14000	1400105	1	3	232		
14000	1400106	1	4,1	418		
14000	1400107	1	4	601		
14000	1400108	1	2	601		
14000	1400109	1	1	601		
14000	1400110	1	4,1	701	3 bemalte Streifen 10R4/2 weak red	124,04
14001	1400201	1	3	275		41,07
14001	1400202	1	5	259		41,03
14001	1400203	1	4	372		
14001	1400204	1	5	601		
14001	1400205	1	2	601		
14001	1400206	1	2	601		
14002	1400501	1	14	269		
14002	1400502	1	16	420		
14002	1400503	1	5	250		
14002	1400504	1	3	458		
14002	1400505	1	3	601		
14002	1400506	1	14	269		
14002	1400507	1	4	256		
14002	1400508	1	2	138		
14002	1400509	1	9	497	z.B. Hanbury-Tenison 1984:415,Fig.20	148,03
14002	1400510	1	19	496	grün glasiert	148,04
14002	1400511	1	1	3106		60,02
14002	1400512	1	4	364		
14002	1400513	1	4	462		
14002	1400514	1	4	601		
14002	1400515	1	4	601		
14002	1400516	1	4	601		
14002	1400517	1	16	602		
14002	1400518	1	5	601		
14003	1401001	1	4	403		
14003	1401002	1	4,1	378		
14003	1401003	1	4	378	stark zerstört	
14003	1401004	1	4	250		
14003	1401005	1	4	601		
14003	1401006	1	2	601		
14003	1401007	1	5	601		
14003	1401008	1	12	601	sehr klein	
14003	1401009	1	4	601		
14003	1401010	1	14	602		
14003	1401011	1	15	1001		159,06
14003	1401601	1	5	1001	Brandspuren, N101,00; O87,02; H99,09m;100g	131,04
14004	1401701	1	3	244		
14004	1401702	1	3	238		
14004	1401703	1	3	277		41,06

14004	1401704	1	4	313		
14004	1401705	1	2	104		
14004	1401706	1	3	110		
14004	1401707	1	4,1	314		
14004	1401708	1	4,1	441		
14004	1401709	1	3	357	stark zerstört	
14004	1401710	1	4	250		
14004	1401711	1	3	330		
14004	1401712	1	5	207		
14004	1401713	1	3	242		
14004	1401714	1	3	201		
14004	1401715	1	4,1	452		
14004	1401716	1	12	503		
14004	1401717	1	5	601		
14004	1401718	1	3	601	sehr klein	
14004	1401719	1	2	601		
14004	1401720	1	16	602	sehr klein	
14004	1401721	1	4	3104	mit Henkel 601	
14004	1401722	1	2	601		
14004	1401723	1	12	602		
14004	1401724	1	4	601		
14004	1401725	1	2	601		
14004	1401726	1	4	601		
14004	1401727	1	5	498		
14004	1401728	1	2	103		
14004	1401729	1	5	452		
14004	1401730	1	4	243		
14004	1401731	1	4	310		
14004	1401732	1	3	245		
14004	1401733	1	5	3104	mit Henkel 601	
14004	1401734	1	14	3104	mit Henkel 601	
14004	1401735	1	4	601		
14004	1401736	1	5	601		
14004	1401737	1	4	601		
14004	1401738	1	4	504		
14005	1402301	2	4	428		
14005	1402302	2	4,1	395		
14005	1402303	2	4	601		
14005	1402304	2	5	601		
14005	1402305	2	5	601		
14005	1402306	2	5	601		
14005	1402307	2	5	601		
14005	1402308	2	5	601		
14005	1402309	2	5	601		
14005	1402310	2	2	119		
14005	1402311	2	4	227		
14005	1402312	2	5	378		
14005	1402313	2	5	499	mit Boden 503	108,02
14005	1402314	2	1	310		
14005	1402315	2	4	242		
14005	1402316	2	14	241		
14005	1402317	2	4	347	mit Henkel 601	
14005	1402318	2	1	3104	mit Henkel 601	
14005	1402319	2	14	603		
14005	1402320	2	4	601		
14006	1402701	2	4	357		
14006	1402702	2	1	326		
14006	1402703	2	4	324		
14006	1402704	2	3	388		
14006	1402705	2	2	112		
14006	1402706	2	5	359		
14006	1402707	2	5	388		
14006	1402708	2	5	603		
14006	1402709	2	2	601		
14007	1402901	2	4,1	447		
14007	1402902	2	4	283		41,08
14007	1402903	2	3	281		
14007	1402904	2	2	103		
14007	1402905	2	4	206		

14007	1402906	2	3	260		
14007	1402907	2	1	308		
14007	1402908	2	2	132		
14007	1402909	2	4	601		
14007	1402910	2	4	601		
14007	1402911	2	3	601		
14008	1403201	3	4	601		
14008	1403202	3	1	339		
14008	1403203	3	4	347	mit Henkel 601	
14008	1403204	3	4	601		
14008	1403205	3	5	358		
14008	1403206	3	4	601		
14008	1403207	3	5	601	sehr klein	
14009	1403401	3	4	245		
14009	1403402	3	2	201		
14009	1403403	3	2	601		
14009	1403404	3	2	115	stark zerstört	
14009	1403405	3	4	263		
14009	1403406	3	4	603		
14010	1403101	2	9	4102	z.B. Flanagan, McCreery, Yassine 1994:236,Fig.19:2	148,01
14010	1403102	2	1	3112	z.B. Clark 1983:Fig.4:44-45.51	74,06
14010	1403103	2	2	104	join mit 1403104	
14010	1403104	2	2	104	join mit 1403103	
14010	1403105	2	3	237		
14010	1403106	2	2	106		
14010	1403107	2	1	340		
14010	1403108	2	4	601		
14010	1403109	2	4	601		
14010	1403110	2	2	601	runder Eindruck am oberen Henkelansatz (angebohrt)	
14010	1403111	2	4	601		
14010	1403112	2	4	601		
14010	1403113	2	4	601		
14010	1403114	2	2	501		
14010	1403115	2	2	601		
14010	1403116	2	5	601		
14010	1404201	2	2	501	Keramikkollektion: N105,50; O87,84; H98,72m	
14010	1404202	2	1	3102		
14010	1404203	2	4	429		
14010	1404204	2	4	503		
14010	1404205	2	3	601		
14010	1404206	2	4	601		
14010	1404301	2	7	4101	vollst.; ansonsten wie Nr.1301104; N101,35; O8639; H98,84m(OK)	147,01
14011	1404601	2	1	3114	z.B. Lugenbeal, Sauer 1972:Pl.V:306	68,01
14011	1404602	2	1	3113	z.B. Lugenbeal, Sauer 1972:Pl.V:303	60,03
14011	1404603	2	1	343		
14011	1404604	2	5	157	join mit 1404605	
14011	1404605	2	5	157	join mit 1404604; z:B. Lugenbeal, Sauer 1972:Pl.VIII:440; Pl.IX:489	26,03
14011	1404606	2	4	310		
14011	1404607	2	4	263		
14011	1404608	2	4	242		
14011	1404609	2	5	3122	z.B. Lugenbeal, Sauer 1972:Pl.VIII:430	74,01
14011	1404610	2	16	215	mit Henkel 602	
14011	1404611	2	5	503		
14011	1404612	2	2	503		
14011	1404613	2	2	601	Streifenbemalung: 10YR4/1 dark gray	123,02
14011	1404614	2	2	601		
14011	1404615	2	4	601		
14011	1404616	2	3	601		
14011	1404617	2	4	601		
14011	1404618	2	4	601		
14011	1404619	2	14	602		
14016	1405201	2	1	3121		89,03
14019	1405701	2	2	159		13,02
14019	1405702	2	14	274		137,05
14019	1405703	2	1	324		
14019	1405704	2	16	503		
14019	1405705	2	2	601		

7.1.5 Appendix 5: Vollständige Liste der Funde

Erläuterungen zu Appendix 5
Die Informationen dieser vollständigen Liste aller in Tell Johfiyeh registrierten Funde werden in insgesamt zehn Spalten zusammenfassend dargestellt. Sie sind mit den Begriffen Fundstelle, Fundnummer, Schicht, Objekt, Material, Maße, Gewicht, Bemerkungen, Datum und Tafel überschrieben. Es bedeuten:

1. **Fundstelle**: Die hier angegebene Zahl gibt die Fundstelle wieder, aus der das jeweilige Fundstück stammt. Sie erlaubt es mithilfe der Fundstellenliste (Appendix 2) und der entsprechenden Matrix (Kap. 2.1.3) die genaue Herkunft und stratigraphische Lage sowie die Vergesellschaftung mit anderen Funden zu ermitteln.

2. **Fundnummer**: Die hier angegebene Zahl gibt die jeweilige Nummer wieder, die jedes in Tell Johfiyeh registrierte Stück eindeutig identifiziert.

3. **Schicht**: Die hier angegebene Ziffer bezieht sich auf die für Tell Johfiyeh erarbeitete Stratigraphie (Kapitel 2.1). Sie gibt die Schicht wieder, in der der entsprechende Fund ergraben wurde. Die Ziffern 1 bis 7 geben die zugehörige Schicht in der Fläche (innerhalb der Umfassungsmauer) an. Eine Buchstaben - Zahlenkombination vom Typ H1 gibt die jeweilige Schicht im Hangbereich des Tells wieder. Ein - bedeutet, daß eine stratigraphische Zuweisung nicht eindeutig möglich war; ein Fragezeichen beziehungsweise die Angabe mehrerer Zahlen deuten an, daß eine zugehörige Schicht für die entsprechende Fundstelle nicht exakt ermittelt werden konnte.

4. **Objekt**: Der betreffende Fund wird hier mithilfe einer allgemein gebräuchlichen Bezeichnung benannt.

5. **Material**: Die hier aufgeführte Bezeichnung benennt das Material aus dem der beschriebene Fund besteht. Die jeweilige Benennung beruht ausschließlich auf dem Augenschein. Eine naturwissenschaftliche Analyse und Bestimmung erfolgte in der Regel nicht.

6. **Maße**: Die hier aufgeführten Zahlen geben die Ausmaße des betreffenden Fundes wieder. Die verwendete Maßeinheit ist der Zentimeter (cm). Sofern der Fund dreidimensional eingemessen wurde, so werden auch diese Maße hier wiedergegeben. Die Maßeinheit ist der Meter (m).

7. **Gewicht**: Die in dieser Spalte genannte Zahl gibt das mithilfe einer handelsüblichen Haushaltswaage ermittelte Gewicht des jeweiligen Fundes in Gramm (g) an.

8. **Bemerkungen**: In Kurzform werden in dieser Spalte weitere wichtige Informationen zum jeweiligen Fundstück gegeben. Hierzu gehören unter anderem Angaben zur Farbe, den Fundumständen und verschiedene Auffälligkeiten und Besonderheiten.

9. **Datum**: Die hier festgehaltene Datumsangabe bezieht sich auf den jeweiligen Fundtag des beschriebenen Stücks.

10. **Tafel**: Die hier angegebene Ziffer vor dem Komma gibt die jeweilige Tafelnummer des Kleinfundkatalogs an. Die Ziffer(n) nach dem Komma beziehen sich auf die jeweilige Abbildung der Tafel. Die Zahl 10,03 in dieser Spalte bedeutet somit: Tafel 10, Abbildung 3 des Kleinfundkatalogs.

Fundstelle	Fundnr.	Schicht	Objekt	Material	Maße	Gewicht	Bemerkungen	Datum	Tafel
0	1	-	Stößel	Basalt	5,6x4,9x5,2cm	350g	Oberflächenfund, grau	24.05.03	
0	2	-	Stößel	Basalt	4,9x4,7x4,7cm	220g	Oberflächenfund, grau	24.05.03	
0	3	-	Gefäßfuß	Basalt	6,2x4,1x4,6cm	160g	Oberflächenfund, Fuß, dunkelgrau	24.05.03	16,02
0	4	-	Gefäßfuß	Basalt	2,4x7,8x6,1cm	150g	Oberflächenfund, Fuß, dunkelgrau	24.05.03	16,04
0	5	-	Stößel	Kalkstein	6,6x5,6x4,9cm	400g	Oberflächenfund, grau	24.05.03	
0	6	-	Stößel	Kalkstein	3,3x5,7x8,5cm	400g	Oberflächenfund, weißlich-grau	24.05.03	
0	7	-	Angelsteinfragment	Kalkstein	9,0x13,5x 1,0cm; Vertiefung:3,5cm tief	2500g	Oberflächenfund; grau-weiß	24.05.03	
0	8	-	Webgewichtfragment	Basalt	5,6x3,7cm; Vgl. Kap. 2.4.1.2	200g	Oberflächenfund	24.05.03	
0	9	-	Stößel	Basalt	5,0x5,0x4,7cm	50g	Oberflächenfund	06.06.04	
1001	1002	H0	Tesserae	Kalkstein	4,3x2,4x2,0cm	30g	3 Stücke	08.05.02	
1002	1004	H1	Tesserae	Kalkstein	2,6x2,3x2,2cm	140g	13 Stücke; NO des Schnittes	08.05.02	
1002	1005	H1	Glasfragment	Glas	2,0x7,0x0,35cm	5g	blass-grün; NO des Schnittes	08.05.02	
1002	1006	H1	Reibsteinfragmente	Basalt	10,5x7,6x3,8cm-0,5x4,3x3,9cm; H96,55m	950g	3 Stücke; NO des Schnittes	11.05.02	
1003	1008	H1	Tesserae	Kalkstein	2,6x2,5x2,0cm	150g	15 Stücke	12.05.02	
1003	1009	H1	Reibsteinfragmente	Basalt	8,9x4,3x0,4cm-7x4,5x4,3cm;N80,53;O89,80;H96,77m	470g	3 Stücke	12.05.02	
1003	1010	H1	Glasfragment	Glas	H.:2,9cm;Dm.Hal=1,7cm:Dm.Rand:2,5cm;N83,99;O88,45;H96,11m	10g	Rand, grünlich-braun	12.05.02	41,07
1003	1011	H1	Mahlsteinfragmente	Stein	Dm.:10cm; Di.:5,8cm;Loch:6-7,8cm;N84,40;O85,60;H96,18m(UK)	800g	rund, 2 Stücke	12.05.02	
1005	1013	H1	Tesserae	Kalkstein	1,2x1,1x1,0cm-3,9x2,2x2,1cm	250g	23 Stücke; westlich Mauer M3	14.05.02	
1005	1014	H1	Webgewichtfragment	Kalkstein	4,3x2,5x1,8cm;N83,25;O87,00;H95,99m; Vgl. Kap. 2.4.1.2	40g	ca. Rechteckig	14.05.02	33,01
1005	1015	H1	Knochen	Knochen		100g	15 Stücke; westlich Mauer M3	14.05.02	
1005	1016	H1	Mahlsteinfragment	Stein	Dm.:ca.15cm; Di.:2,2cm;Dm.Loch:7cm	170g	rund	14.05.02	
1007	1018	H2	Reibsteinfragmente	Basalt	10x5,3x6,7cm;9,3x4,8x5,9cm;H95,94m	1200g	2 Stücke	16.05.02	
1007	1019	H2	Webgewichtfragment	Basalt	8,2x5,8x6,2cm;N84,20;O88,10;H95,94m; Vgl. Kap. 2.4.1.2	1000g		16.05.02	
1007	1020	H2	Glasfragmente	Glas	N83,30;O88,00;H95,88m	15g	3 Stk.; bläulich;1 Boden + 2 Frag.	16.05.02	
1007	1021	H2	Tesserae	Kalkstein	2,3x2,2x1,3cm;3,5x3,0x2,1cm	30g	3 Stücke	16.05.02	
1007	1022	H2	Knochen	Knochen		40g	3 Stücke	16.05.02	
1008	1024	H2	Tesserae	Kalkstein	1,6x1,5x1,1cm-2,9x2,9x2,4cm	140g	14 Stücke	16.05.02	
1009	1026	H2	Knochen	Knochen		160g	mehrere Stücke; aus Feuerstelle	16.05.02	
1009	1027	H2	Glasfragmente	Glas	3,6x1,3cm-2,9x1,8cm;Di.:0,1cm	20g	5 dünne Scherben; 1xHalsfragmen	16.05.02	
1010	1030	H2	Glasfragment	Glas	2,9x0,9cm;Dm.ca:4,2cm;Di.:3,5cm(Rand)und 0,75cm unter Rand	10g	Rand, bläulich-silbern	18.05.02	
1010	1031	H2	Tesserae	Kalkstein	1,8x1,4x1,3cm-3,2x2,6x2,1cm	140g	13 Stk.;(2 Stk. schwarzer Marmor)	18.05.02	
1010	1032	H2	Knochen	Knochen		380g	mehrere Stücke	18.05.02	
1010	1033	H2	Muscheln	Muschel	1.3,5x3,0cm; 2.5,0x2,2cm; Vgl. Kap. 2.4.5	15g	2 Stücke	18.05.02	
1010	1034	H2	Reibsteinfragment	Basalt	6,1x6,4x3cm	190g		18.05.02	
1010	1040	H2	Reibsteinfragment	Basalt	11,3x5,9x5,1cm;N81,50;O87,40;H95,60m	480g		19.05.02	
1011	1036	H1	Knochen	Knochen		140g	14 Stücke; über Mauer M1	18.05.02	
1011	1037	H1	Plattenfragmente	Basalt	14,9x9,5x4,6cm;11,1x6,4x6,1cm;Dm.ca.29cm; Vgl. Kap. 2.4.1.1	1200g	über Mauer M1; 2Stücke; rechteck	18.05.02	
1011	1038	H1	Glasfragment	Glas	3,2x1,6cm	20g	weißlich-grün, tw. bläulich-silbern	18.05.02	
1011	1039	H1	Tesserae	Kalkstein	2,3x2,1x2,0cm-2,8x2,5x2,4cm	40g	4 Stücke, über Mauer M4	18.05.02	
1011	1054	H1	Wetzstein	Kalkstein	5,6x1,4x0,7cm; Vgl. Kap. 2.4.1.2	20g	rechteckig, aus Knochenkollektion	18.05.02	34,04

1012	1042	H2	Knochen	Knochen		280g	mehrere Stücke	19.05.02	
1012	1043	H2	Tesserae	Kalkstein	2,1x2,1x9cm-3,2x2,7x2,4cm	30g	3 Stücke	19.05.02	
1012	1044	H2	Glasfragmente	Glas	3,0x1,3cm;Di.:0,1cm	20g	2 Stücke, hellblau, 1xBodenfrag.	19.05.02	
1013	1046	H2	Reibsteinfragmente	Basalt	14,5x11,5x3,8cm-4,9x5,3x6,2cm;N84,10;O88,20;H95,50m	1200g	3 Stücke	20.05.02	
1013	1047	H2	Knochen	Knochen		640g	mehrere Stücke	20.05.02	
1013	1048	H2	Reibsteinfragment	Basalt	9,6x6,3x5,2cm;N82,70;O87,20;H95,20m	360g		20.05.02	
1013	1049	H2	Reibsteinfragmente	Basalt	13,1x13,7x8,5cm;11,3x11,9x5cm;N81,80;O87,30;H94,45m	1200g	2 Stücke	20.05.02	
1013	1050	H2	Nagel	Eisen	L:11,3cm;Di.:0,8cm; Dm.Kopf:2,5-2,8cm;N88,10;O88,50;H95,31m	35g		20.05.02	
1014	1052	H3	Knochen	Knochen		380g	8 Stücke	21.05.02	
1014	1053	H3	Tesserae	Kalkstein	2,0x1,9x1,7cm-2,0x1,9x1,8cm	35g	3 Stücke	21.05.02	
1014	1056	H3	Knochen	Knochen		100g	12 Stücke	22.05.02	
1014	1057	H3	Tesserae	Kalkstein	1,7x1,4x1,4cm-3,2x2,7x1,9cm	80g	8 Stücke	22.05.02	
1014	1058	H3	Reibsteinfragment	Basalt	13,2x13,2x5,9cm;N87,90;O91,95;H97,50m	1000g		22.05.02	
1015	1060	H1	Silex	Silex		100g		26.05.03	
1015	1061	H1	Tesserae	Kalkstein	ab 2,3x1,9x2,1cm	90g	3 Stücke	26.05.03	
1015	1062	H1	Glasfragmente	Glas		10g	3 Stücke, rezentes Glas?	26.05.03	
1015	1063	H1	Knochen	Knochen		100g		26.05.03	
1015	1064	H1	Metallobjekt	Metall		50g	modern, Schlüssel?	26.05.03	
1015	1065	H1	Reibsteinfragment	Basalt	4,8x9,1cm	610g		26.05.03	
1015	1067	H1	Silex	Silex		150g		27.05.03	
1015	1068	H1	Basaltfragment	Basalt	8,3x8,0x4,5cm	480g		27.05.03	
1015	1069	H1	Kalksteinfragment	Kalkstein	8,0x7,6x7,5 cm	700g		27.05.03	
1016	1071	H1	Silex	Silex		80g		27.05.03	
1016	1072	H1	Tesserae	Kalkstein	ab 2,4x2,0x1,8cm	80g	4 Stücke	27.05.03	
1016	1073	H1	Basaltfragmente	Basalt		1700g		27.05.03	
1016	1074	H1	Knochen	Knochen		100g		27.05.03	
1016	1075	H1	Spinnwirtel	Basalt	Dm.: 6,5cm; Vgl. Kap. 2.4.1.2	210g		27.05.03	
1016	1076	H1	Dekorelement	Gips ?	L.:5,5-4,9cm; Br.:2,5-1,4cm	50g	kl. Stk. eines Architekturelements?	27.05.03	35,10
2002	2003	H1	Reibsteinfragment	Basalt	18x9,9x5cm;H98,13m	800g		06.05.02	
2002	2004	H1	Silex	Silex		60g	2 Stücke	06.05.02	
2005	2006	H1	Tesserae	Kalkstein	1,2x1,1x1,0cm-3,0x2,4x2,2cm	100g	10 Stücke	07.05.02	
2005	2007	H1	Reibsteinfragment	Basalt	8,6x5,2x5,1cm;N82,00;O91,95;H97,50m	320g		07.05.02	
2005	2008	H1	Reibsteinfragment	Basalt	7,8x6,6x5,9cm;N81,00;O93,00;H96,14m	370g		09.05.02	
2005	2009	H1	Reibsteinfragment	Basalt	ca.22x15x8cm;N81,90;O91,90;H96,14m	2000g		09.05.02	
2005	2010	H1	Reibsteinfragmente	Basalt	7,3x6,1x3,7cm-3,2x3,1x3cm;N81,75;O92,00;H96,83m	300g	3 Stücke	09.05.02	
2005	2011	H1	Tesserae	Kalkstein	3,1x2,1x1,3cm1,4x2,1x1,3cm;H96,78m	30g	3 Stücke	11.05.02	
2006	2013	H2	Reibsteinfragment	Basalt	11,9x11,4x5,0cm;N81,80;O92,10;H96,75m	700g		19.05.02	
2006	2014	H2	Reibsteinfragment	Basalt	8,5x6,4x4,2cm;N82,00;O91,60;H96,77m	430g		19.05.02	
2008	2016	H3	Reibsteinfragment	Basalt	5,8x13,2x4,6cm;N81,60;O90,80;H96,31m	480g		20.05.02	
2008	2017	H3	Reibsteinfragment	Basalt	6,6x6,4x4,3cm;N81,20;O93,00;H96,59m	160g		20.05.02	
2008	2019	H3	Knochen	Knochen		120g	14 Stücke	20.05.02	

2008	2020	H3	Reibsteinfragment	Basalt	16,5x11,5x3,8cm;N87,40;O90,47;H96,59m	800g		20.05.02	
2008	2021	H3	Reibsteinfragmente	Basalt	17,3x12,5x5,1cm-4,3x4,3x3,3cm;N81,45;O92,50;H96,59m	1300g	4 Stücke	20.05.02	
2009	2023	H3	Nadel	Bronze	L:11,6cm;Dm.:0,2-0,5cm;N80,80;O90,25;H96,11m; Vgl. Kap. 2.4.2.1	15g		21.05.02	38,09
2009	2024	H3	Tesserae	Kalkstein	1,4x1,3x1,1cm-2,9x2,3x1,9cm	70g	7 Stücke	21.05.02	
2009	2025	H3	Knochen	Knochen		320g	20 Stücke	21.05.02	
2009	2026	H3	Reibsteinfragmente	Basalt	14,5x9,7x8,8cm;9,5x7,4x4cm;N80,40;O90,25;H96,11m	1100g	2 Stücke	21.05.02	
2009	2027	H3	Angelsteinfragment	Stein	13x 9,5x8,1cm;Dm.Vertiefung:10cm;N80,75;O91,35;H95,11m	1000g		21.05.02	
2010	2029	H3	Knochen	Knochen		270g	9 Stücke	21.05.02	
2010	2030	H3	Gefäßfuß	Basalt	4,6x4,3x3,3cm	100g	Fuß aus Keramikkollektion	21.05.02	34,06
2012	2033	1	Knochen	Knochen		60g	3 Stücke	02.06.03	
2012	2034	1	Silex	Silex		540g		02.06.03	
2012	2035	1	Tesserae	Kalkstein	ab 3,2x1,9x2,1cm	80g	5 Stücke	02.06.03	
2012	2037	1	Silex	Silex		60g		03.06.03	
2012	2038	1	Tesserae	Kalkstein	ab 2,1x2,4x2,2cm	50g	4 Stücke	03.06.03	
2012	2044	1	Basaltfragmente	Basalt		650g	2 Stücke	03.06.03	
2013	2059	2	Silex	Silex		220g		05.06.03	
2014	2040	1	Webgewicht	Kalkstein	10,2x7,0x5,5cm; Vgl. Kap. 2.4.1.2	550g		03.06.03	
2014	2041	1	Silex	Silex		260g		03.06.03	
2014	2042	1	Knochen	Knochen		320g		03.06.03	
2014	2043	1	Anhänger	Kalkstein	Dm.:2,5cm; Dm.Loch:0,7cm; Di.:0,65cm	10g	kl. flacher runder Stein mit Loch	03.06.03	35,11
2014	2045	1	Basaltfragment	Basalt		500g	3 Stücke	03.06.03	
2014,1	2047	2 (?)	Probe	Holzkohle		30g		04.06.03	
2014,1	2048	2 (?)	Knochen	Knochen		100g	Finger?	04.06.03	
2014,1	2049	2 (?)	Knochen	Knochen		550g		04.06.03	
2014,1	2050	2 (?)	Silex	Silex		960g		04.06.03	
2014,1	2051	2 (?)	Stößel	Basalt		340g		04.06.03	
2014,1	2055	2 (?)	Silex	Silex		120g		05.06.03	
2014,1	2056	2 (?)	Tessera	Kalkstein	1,8x2,2x1,7cm	10g	1 Stück	05.06.03	
2014,2	2076	2	Knochen	Knochen		1710g		08.06.03	
2014,2	2078	2	Stößel	Basalt	4,7x4,6cm;N81,59;O97,02;H99,54m	160g		08.06.03	
2014,2	2079	2	Reibsteinfragment	Basalt	15,5x8,0x5,3cm	1320g		08.06.03	
2014,2	2080	2	Gefäßfragment	Basalt	Dm.:26,0cm; H.:4,6cm; Vgl. Kap. 2.4.1.1	120g	Rand	08.06.03	13,02
2014,2	2082	2	Silex	Silex		240g		08.06.03	
2014,3	2084	3 (?)	Pfeilspitze	Eisen	6,9x1,5cm; Vgl. Kap. 2.4.2.1	15g	unter Feuerstelle gefunden	09.06.03	39,01
2015	2052	2	Reibsteinfragment	Basalt	N83,60;O95,80;H99,51m	2850g		04.06.03	
2015	2053	2	Reibsteinfragmente	Basalt	N83,60;O95,80;H99,58m	2070g	2 Stücke	04.06.03	
2015	2064	2	Reibsteinfragment	Basalt		1700g		05.06.03	
2016	2057	2	Silex	Silex		60g		05.06.03	
2016	2062	2	Reibsteinfragment	Basalt	N82,81;O98,35;H99,63-99,50m	1210g		05.06.03	
2016	2063	2	Mörser-Dreifuß	Basalt	H.:10,7cm; Dm.:28,2cm;N83,40;O99,23;H99,60.99,57m	1460g	Fragment; Rand und 1 Fuß	05.06.03	3,02
2017	2068	3 (?)	Reibsteinfragmente	Basalt		2700g	3 Stücke	07.06.03	

2017	2072	3 (?)	Probe	Erde		1320g		07.06.03	
2018	2066	3 (?)	Reibsteinfragment	Basalt	12,5x9,0x3,7cm	690g		07.06.03	
2018	2067	3 (?)	Stößel	Basalt	6,7x6,1cm	390g		07.06.03	
2018	2069	3 (?)	Silex	Silex		50g		07.06.03	
2018	2071	3 (?)	Gefäßfragment	Basalt	Dm.:19,0cm; H.:4,6cm; Vgl. Kap. 2.4.1.1	220g	Rand	07.06.03	9,02
2018	2074,1	3 (?)	Knochen	Knochen		100g		07.06.03	
2021	2086	1	Tesserae	Kalkstein	1,5x2,4x1,9cm	80g	5 Stücke	30.05.04	
2021	2087	1	Knochen	Knochen	2,7x1,7x0,5cm	2,5g		30.05.04	
2022	2089	2	Knochen	Knochen		50g		31.05.04	
2022	2090	2	Tesserae	Kalkstein	1x2,4x2,2cm	50g	2 Stücke	31.05.04	
2023	2092	2	Tesserae	Kalkstein	2x1,7x2,3cm	60g	2 Stücke	31.05.04	
2023	2093	2	Knochen	Knochen		50g		31.05.04	
2023	2094	2	Muschel	Muschel	Dm.:3cm; Vgl. Kap. 2.4.5	5g	ca. rund	31.05.04	
2024	2096	2	Stößelfragment	Basalt	7,8x6,9x4,5cm	310g		01.06.04	
2025	2098	2	Knochen	Knochen		30g		01.06.04	
2026	2100	3 (?)	Tessera	Kalkstein	2,2x2,4x1,6cm	30g	1 Stück	02.06.04	
2027	2102	3 (?)	Knochen	Knochen		80g		02.06.04	
2027	2103	3 (?)	Stößel	Stein	Dm.:6cm;N85,55;O93,95;H98,92m	350g	rund	02.06.04	
2028	2104	2	Gefäßfragment	Kalkstein	Dm.:29,6cm;H.:8,2cm;N86,50;O95,00;H99,50m; Vgl. Kap. 2.4.1.1	1000g	Rand	02.06.04	11,01
2028	2108	2	Silex	Silex		50g		03.06.04	
2028	2109	2	Schlacke	Schlacke		20g	Kupfer, kleines Stück	02.06.04	
2029	2111	2	Stößel	Stein	5,5x4,3x4cm	160g		03.06.04	
2029	2112	2	Knochen	Knochen		30g		03.06.04	
2501	2502	0	Tesserae	Kalkstein	ca.2,7x1,5x1,3cm-1,9x1,5x1,3cm	40g	4 Stücke	08.05.02	
2502	2504	1	Tesserae	Kalkstein	2,0x1,8x1,6cm-3,2x1,8x2,1cm	250g	25 Stücke	08.05.02	
2502	2505	1	Glasfragment	Glas	ca.1,1x1,1cm;Di.:0,1cm	10g	blass, grün-bräunlich	08.05.02	
2502	2506	1	Silex	Silex		30g	2 Stücke	08.05.02	
2502	2507	1	Muschelfragment	Muschel	Vgl. Kap. 2.4.5	5g		08.05.02	
3002	3003	1	Glasfragmente	Glas	Dm.:1,8cm;Dm.:4,4cm	20g	1.grünl.Boden; 2.braun-grünl.Hals	06.05.02	
3002	3004	1	Knochen	Knochen		40g	4 Stücke	06.05.02	
3002	3005	1	Tesserae	Kalkstein	1,7x1,0x9,0cm-3,6x2,2x,2,0cm	90g	9 Stücke	06.05.02	
3002	3006	1	Silex	Silex		110g	7 Stücke	06.05.02	
3002	3007	1	Reibsteinfragmente	Basalt	11,8x6,8x4,0cm;8,4x5,6x4,8cm	800g	2 Stücke	06.05.02	
3002,2	3014	1	Knochen	Knochen		270g	ca. 40 Stücke	07.05.02	
3002,2	3015	1	Tesserae	Kalkstein	3,4x2,6x1,2cm-1,3x1,3x1,2cm	70g	7 Stücke	07.05.02	
3002,2	3016	1	Silex	Silex		50g	5 Stücke	07.05.02	
3002,2	3017	1	Muschelfragment	Muschel	Vgl. Kap. 2.4.5	5g		07.05.02	
3003	3009,1	2	Knochen	Knochen		100g	5 verschiedene Tage!; 22 Stücke	07.05.02	
3003	3010	2	Reibsteinfragment	Basalt	9,9x6,9x5,8cm	460g		07.05.02	
3003	3011	2	Muschelfragment	Muschel	Vgl. Kap. 2.4.5	5g		07.05.02	
3003	3012,1	2	Silex	Silex		50g	verschiedene Tage!; 7 Stücke	07.05.02	

3003	3018	2	Tessera	Kalkstein	2,4x2,0x1,8cm	10g	1 Stück	09.05.02	
3003,1	3009,2	1	Knochen	Knochen		80g	5 Tage!; 10 Stk.; Nordschnitt	18.05.02	
3003,1	3018	1	Tesserae	Kalkstein	2,0x1,9x1,7cm-2,3x2,2x2,2cm	50g	5 Stücke	18.05.02	
3003,2	3009,3	2	Knochen	Knochen		100g	5 verschiedene Tage!; 8 Stücke	19.05.02	
3003,2	3076	2	Reibsteinfragment	Basalt	6,1x6,6x4,7cm	250g		19.05.02	
3003,3	3009,4	3 (?)	Knochen	Knochen		50g	5 Tage!; 4 Stücke; Nordschnitt	20.05.02	
3003,3	3079	3 (?)	Knopffragment	Keramik	Dm.:3,5cm; Di.:0,8cm; Vgl. Kap. 2.4.3.1	20g	halbrund, 2 Löcher	20.05.02	37,04
3003,3	3080	3 (?)	Muschelfragment	Muschel	3,1x1,6cm; Vgl. Kap. 2.4.5	5g		20.05.02	
3003,3	3081,2	3 (?)	Reibsteinfragmente	Basalt	11,8x11,6x6,2cm;9,7x6,2x4,6cm	700g	2 Stücke, Nordschnitt	20.05.02	
3003,4	3009,5	3	Knochen	Knochen		50g	5 Tage!; 5 Stücke; Nordschnitt	21.05.02	
3003,4	3012,2	3	Silex	Silex		90g	2. Tüte; Nordschnitt	21.05.02	
3004	3022	2	Probe	Holzkohle		10g	mit Asche	11.05.02	
3004	3023	2	Stößel	Basalt	6,2x4,3-4,8x5,1-5,3cm	240g		11.05.02	
3004	3024	2	Tessera	Kalkstein	ca.2,5x1,8x2,1cm	10g	1 Stk.; 30-40cm unter Oberfläche	11.05.02	
3004	3025	2	Probe	Lehmziegel		150g	gebrannter Ton?, Tabun?	11.05.02	
3004	3026	2	Knochen	Knochen		280g	mehrere Stücke	11.05.02	
3005	3019	2	Knochen	Knochen		270g	mehrere Stücke; 2. Tüte = 3 Stück	11.05.02	
3006	3027	2	Probe	Erde		220g	nahe Keramik 3020/3021/3032	11.05.02	
3006	3034	2	Knochen	Knochen		40g	1 Stück	12.05.02	
3007	3029	2	Probe	Holzkohle		100g	2 Tüten, Holzkohle and Asche	12.05.02	
3007	3030	2	Webgewicht	Keramik	Dm.:8,0cm;Di.:ca.4,0cm; Vgl. Kap. 2.4.3.1	290g	rund	12.05.02	32,03
3007	3031	2	Knochen	Knochen		80g	9 Stücke; 2. Tüte = 3 Stücke	12.05.02	
3007	3033,1	2	Stößel	Basalt	5,8x6,6x5,3cm; Vgl. Kap. 2.4.1.2	410g		12.05.02	20,04
3007	3033,2	2	Stößel	Basalt	6,7x6,1x5,7cm	310g		13.05.02	
3007	3033,3	2	Stößel	Basalt	6,5x5,5x5,2cm	330g		13.05.02	
3007	3042	2	Probe	Erde		230g	nahe Ascheschicht, S-Teil L. 3007	14.05.02	
3007	3059	2	Probe	Asche	N95,50;O99,40	10g		14.05.02	
3007	3060	2	Webgewichtfragment	Basalt	11,0x6,2x4,0cm; Vgl. Kap. 2.4.1.2	590g	halbrund	16.05.02	32,02
3007	3061	2	Probe	Holzkohle		750g		16.05.02	
3007	3065	2	Tesserae	Kalkstein	2,7x1,7x1,5cm	20g	2 Stücke; an südl. Mauer gefunden	16.05.02	
3007	3070,1	2	Stößel	Basalt	H.:6,1cm; Di.:2,7cm; Vgl. Kap. 2.4.1.2	125g	oval	16.05.02	18,01
3007	3070,2	2	Stößel	Basalt	Dm.:4,4cm; Vgl. Kap. 2.4.1.2	160g	rund	16.05.02	18,02
3008	3035,1	3	Knochen	Knochen		20g	2 Stücke	12.05.02	
3008	3043	3	Tonobjekt/Tonbulle?	Ton	3,0x2,5x2,0cm	20g	Spuren von Seil-/Strohabdrücken	14.05.02	
3008	3044	3	Probe	Erde		400g	zw. Loci 3011, 3012 und 3013	14.05.02	
3009	3037	2	Knochen	Knochen		150g	7 Stücke; 2. Tüte = 2 Stücke	12.05.02	
3010	3041	3	Steinobjekte	Kalkstein	5,1x4,6x3,4cm;4,2x3,6x3,6cm;3,2x3,2x2,0cm	260g	3 Stücke; ca. viereckig	14.05.02	
3011	3046	3	Gefäßfragment	Basalt	Dm.:25,2cm;H.:8,0cm; Vgl. Kap. 2.4.1.1	1200g	Rand	14.05.02	6,02
3011	3047	3	Webgewicht	Keramik	Dm.:ca.8,0cm;Di.:ca.4,5-6,0cm; Vgl. Kap. 2.4.3.1	300g	ca. Rund	14.05.02	32,01
3012	3050	3	Probe	Holzkohle		15g	zusammen mit Gefäß Nr. 3049	14.05.02	
3012	3058	3	Probe	Erde		300g	aus Gefäß Nr. 3049	14.05.02	

3014	3053,1	3	Probe	Erde		390g	zusammen mit Gefäß Nr.3052	14.05.02	
3014	3053,2	3	Probe	Erde		70g		16.05.02	
3014	3056	3	Mörserfragment	Basalt	35x25,5x18,5cm; Dm.:4,5cm; Dm.Vertiefung:14cm	15000g		14.05.02	
3014	3063	3	Stößel	Basalt	7,7x5,5x4,4cm; Vgl. Kap. 2.4.1.2	430g	rechteckig, unter Mauer L.3007	16.05.02	19,01
3014	3064	3	Mahlstein	Basalt	Dm.:12,0cm;Di.:6,9cm; Dm.Loch: ca 8,0cm	1000g	rund	16.05.02	
3015	3068	3	Probe	Erde		320g	aus großer Bauchscherbe Nr.3067	16.05.02	
3015	3069	3	Knochen	Knochen		20g	aus Keramik Nr.3067 mit Nr.3068	16.05.02	
3016	3066	2	Probe	Erde		30g	aus "Holzkohlenschicht"	16.05.02	
3017	3078	3	Probe	Erde		650g	aus Gefäß Locus 3017	19.05.02	
3018	3083	3	Silex	Silex		120g		31.05.03	
3018	3084	3	Knochen	Knochen		360g		31.05.03	
3018	3085	3	Schminkpalettenfragment	Kalkstein	Dm.Boden:5,4cm;Dm.Rand:10,7cm; Vertiefung:1,5cm; Vgl. Kap. 2.4.1.1	150g	verziert mit Einritzungen, poliert	31.05.03	1,01
3018	3086	3	Knopf	Keramik	Dm.:3,0cm;Di.:0,8cm;N98,02;O91,40;H98,97m; Vgl. Kap. 2.4.3.1	20g	rund, 2 Löcher	31.05.03	37,01
3018	3087	3	Tesserae	Kalkstein	ab 2,5x2,2x1,9cm	50g	2 Stücke	31.05.03	
3019	3088	4	Basaltfragmente	Basalt		310g	3 Stücke	31.05.03	
3019	3090	4	Muscheln	Muschel	1. 3,0x2,0x1,1cm; Vgl. Kap. 2.4.5	20g	2 Stücke (je 10g), 1x mit Loch	31.05.03	41,01
3019	3091	4	Knochen	Knochen		200g		31.05.03	
3019	3092	4	Silex	Silex		20g		31.05.03	
3019	3093	4	Fibelfragment	Bronze?	L.:6,1cm;Br.:0,7cm;N98,50;O90,80;H98,60m(UK); Vgl. Kap. 2.4.2.2	20g		31.05.03	38,04
3020	3095	4	Knochen	Knochen		50g		31.05.03	
3020	3096	4	Silex	Silex		60g		31.05.03	
3020	3097	4	Stein	Kalkstein		180g		31.05.03	
3022	3099	4	Silex	Silex		120g		01.06.03	
3022	3100	4	Stößel	Kalkstein		600g	2 Stücke	01.06.03	
3022	3101	4	Webgewichtfragment	Basalt	Vgl. Kap. 2.4.1.2	400g		01.06.03	
3022	3102	4	Knochen	Knochen		110g		01.06.03	
3022	3103	4	Knochenobjekt ?	Knochen?	L.:1,9cm;Br.:0,7-0,1cm;Di.:0,4cm	10g	Zinken von einem Kamm?	01.06.03	37,10
3023	3105	4	Silex	Silex		190g		02.06.03	
3023	3106	4	Knochen	Knochen		120g		02.06.03	
3023	3107	4	Stößel	Kalkstein		220g		02.06.03	
3024	3109	4	Silex	Silex		250g		02.06.03	
3024	3110	4	Knochen	Knochen		50g		02.06.03	
3024	3114	4	Silex	Silex		260g		03.06.03	
3024	3115	4	Knochen	Knochen		190g		03.06.03	
3026	3116	-	Stößel	Kalkstein	7,8x3,7cm	100g		04.06.03	
3026	3117	-	Metallobjekt	Eisen	L.:6,0cm;Br.:0,5cm (Fundstelle nicht gesichert)	10g	Zinken eines Rechens?	04.06.03	39,02
3027	3119	5	Silex	Silex		540g		04.06.03	
3027	3120	5	Knochen	Knochen		20g		04.06.03	
3027	3122	5	Knochen	Knochen		100g		05.06.03	
3028	3132	5	Silex	Silex		150g		08.06.03	
3028	3133	5	Probe	Holzkohle		10g		08.06.03	

3028	3134	5	Knochen	Knochen		100g		08.06.03	
3029	3125	-	Basaltfragment	Basalt		1020g		05.06.03	
3029	3126	-	Silex	Silex		90g		05.06.03	
3029	3127	-	Knochen	Knochen		150g		05.06.03	
3029	3128	-	Mörser	Kalkstein	ca.27x46x42cm;Dm.Loch:33cm	50000g	Loch	05.06.03	
3029	3129	-	Steinobjekt	Kalkstein	3,1x1,9x1,4cm	30g		05.06.03	
3029	3130	-	Probe	Holzkohle		20g		08.06.03	
3030	3136	5	Silex	Silex		90g		09.06.03	
3030	3137	5	Probe	Holzkohle		10g		09.06.03	
3030	3138	5	Knochen	Knochen		100g		09.06.03	
3032	3140	1	Silex	Silex		10g		17.05.04	
3032	3141	1	Tesserae	Kalkstein	2,2x1,2x1,2cm	30g	2 Stücke	17.05.04	
3032	3156	1	Spinnwirtel	Keramik	Dm.:3cm	10g	ca. rund	17.05.04	
3033	3143	1	Muschel	Muschel	1-2cm; Vgl. Kap. 2.4.5	5g	halbrund	18.05.04	
3033	3144	1	Knochen	Knochen		10g		18.05.04	
3033	3145	1	Muschel	Muschel	N96,50;O96,00;H99,34m; Vgl. Kap. 2.4.5	10g	mit Loch	18.05.04	
3033	3154	1	Gefäßfragment	Basalt	Dm.:?; H.:3,5cm	50g	Rand	18.05.04	12,01
3033	3155	1	Spinnwirtel	Keramik	Dm.:5cm	20g	ca. rund	18.05.04	
3034	3151	2	Knochen	Knochen		30g		18.05.04	
3034	3152	2	Tessera	Kalkstein	2,6x2,5x1,7cm	10g	1 Stück	18.05.04	
3035	3148	2	Tessera	Kalkstein	2,4x2,1x1,6cm	20g	1 Stück	18.05.04	
3035	3149	2	Knochen	Knochen		50g		18.05.04	
3035	3150	2	Silex	Silex		50g		18.05.04	
3036	3157	2	Silex	Silex		130g		18.05.04	
3036	3162	2	Knochen	Knochen		200g		18.05.04	
3036	3167	2	Schnecke	Kalk	3x2,6cm	10g		19.05.04	
3037	3159	2	Knochen	Knochen		90g		19.05.04	
3037	3163	2	Tessera	Kalkstein	2,6x2,2x2,1cm	30g	1 Stück	19.05.04	
3038	3161	2 (?)	Knochen	Knochen		230g		19.05.04	
3039	3165	3	Silex	Silex		40g		19.05.04	
3039	3166	3	Knochen	Knochen		190g		19.05.04	
3039	3168	3	Ring	Bronze	Dm.:2cm;Di.:0,4cm. N95,95;O91,85;H98,92m; Vgl. Kap. 2.4.2.2	5g	kleiner Fingerring	20.05.04	38,07
3039	3169	3	Reibsteinfragment	Basalt	11,3x10,1x3,6cm;N96,00;O93,25;H98,85m	800g	halbrund	20.05.04	30,01
3039	3177	3	Steinzylinder?	Kalkstein	Dm.:2,6cm;L.:4,2cm (aus Keramikkollektion); Vgl. Kap. 2.4.1.2	60g	von beiden Seiten 3mm angebohrt	19.05.04	35,09
3041	3172	3	Knochen	Knochen		70g		20.05.04	
3041	3173	3	Stößel	Basalt	Dm.:8,6cm	700g	rund	20.05.04	
3042	3175	4	Knochen	Knochen		550g		22.05.04	
3042	3176	4	Gefäßfragment	Basalt	Dm.:18,2cm H.:6,0cm; N96,50;O94,50;H98,78m	260g	Rand	22.05.04	11,02
3043	3179	4	Knochen	Knochen		130g		22.05.04	
3043	3180	4	Deckel/Tonscheibe	Keramik	Dm.:3,7cm;Di.:3,7cm;N95,85;O93,80;H98,68m; Vgl. Kap. 2.4.3.1	30g	rund	22.05.04	36,02
3043	3181	4	Spinnwirtelfragment	Keramik	Dm.:3,6cm;Di.:0,7cm	15g	halber Spinnwirtel	22.05.04	36,06

3044	3183	4	Knochen	Knochen		45g		24.05.04	
3045	3185	5	Knochen	Knochen		50g		26.05.04	
3045	3186	5	Pfeilspitze	Eisen	4,9x1,1cm;N96,30;O92,75;H97,11m; Vgl. Kap. 2.4.2.1	10g	zerbrochen in drei Teile	26.05.04	39,05
3045	3187	5	Silex	Silex		40g		26.05.04	
3046	3189	5	Probe	Putz		370g	Wandprobe	27.05.04	
3046	3190	5	Knochen	Knochen		60g		27.05.04	
3048	3193	6	Knochen	Knochen		80g	3 Tüten	29.05.04	
3048	3194	6	Probe	Holzkohle		70g		29.05.04	
3048	3195	6	Probe	Holzkohle	N96,60-97,50;O93,20-93,80;H96,55m	200g		29.05.04	
3048	3196	6	Probe	Holzkohle	N96,60;O92,90;H95,60m	50g		29.05.04	
3049	3198	6	Knochen	Knochen		30g		29.05.04	
3049	3199	6	Probe	Holzkohle	N96,80;O93,60;H95,35m	140g		29.05.04	
3050	3200	6	Knochen	Knochen		15g		31.05.04	
3050	3202	6	Probe	Holzkohle		30g		31.05.04	
3051	3204	7	Silex	Silex		30g		31.05.04	
3051	3205	7	Probe	Erde		350g		31.05.04	
3052	3207	7	Probe	Erde		180g		31.05.04	
3052	3208	7	Knochen	Knochen		20g		31.05.04	
3053	3075	-	Gefäßfuß	Basalt	9,9x5,0x7,5cm	700g	Fuß	18.05.02	5,02
3500	3501	1	Knochen	Knochen		160g		26.05.04	
3500	3502	1	Tesserae	Kalkstein	2,1x1,6x1,8cm	180g	10 Stücke (1 Stück ist grau)	27.05.04	
3500	3503	1	Knopf	Keramik	Dm.:2,8cm;Di.:0,7cm; Vgl. Kap. 2.4.3.1	10g	rund, 2 Löcher	27.05.04	37,07
3500	3504,1	1	Muschel	Muschel	Dm.:2,2cm; Vgl. Kap. 2.4.5	5g	ca. rund	27.05.04	
3500	3504,2	1	Muschel	Muschel	3,8x3,7x1,2cm; Vgl. Kap. 2.4.5	10g	mit Loch	27.05.04	
3501	3509	2	Knochen	Knochen		180g		29.05.04	
3502	3507	2	Knochen	Knochen		230g	2 Tüten	29.05.04	
3503	3510	2	Knochen	Knochen		250g		30.05.04	
3505	3513	-	Knochen	Knochen		210g		31.05.04	
3506	3515	-	Glasfragment	Glas	1,5x2,2x0,1cm	1g		31.05.04	
4002	4003	1	Tesserae	Kalkstein	2,0x1,9x1,4cm-2,7x2,2x2,1cm	110g	8 Stücke	06.05.02	
4002	4004	1	Glasfragment	Glas	Dm.:4,8cm	20g	Boden?; silbrig	06.05.02	
4002	4008	1	Knochen	Knochen		150g	18 Stücke	07.05.02	
4002	4009	1	Stößel	Stein	H.:8,4cm;Dm.:6,5-4,9cm	440g	oval	08.05.02	
4003	4020	2	Reibsteinfragment	Basalt	13,7x13,2x10,8cm	1800g		09.05.02	
4004	4006	2	Tesserae	Kalkstein	2,5x2,2x1,9cm-3,2x2,5x2,3cm	30g	3 Stücke	07.05.02	
4004	4007	2	Knochen	Knochen		200g	13 Stücke	07.05.02	
4005	4012	2	Knochen	Knochen		60g	4 Stücke	08.05.02	
4005	4013	2	Reibsteinfragment	Basalt	10,5x4,8x3,9cm	320g		08.05.02	
4006	4015	2	Knochen	Knochen		10g		08.05.02	
4006	4016,1	2	Reibsteinfragment	Basalt	10,1x5,2x5,0cm	200g		09.05.02	
4006	4016,2	2	Reibsteinfragment	Basalt	12,8x8,3x5,0cm	270g		09.05-02	

4006	4016,3	2	Gefäßboden	Basalt	13,0x7,9x5,0cm; Vgl. Kap. 2.4.1.1	800g	Boden mit Standring	09.05.02	5,03
4006	4017	2	Silex	Silex		20g		09.05.02	
4007	4019	2	Knochen	Knochen		40g		09.05.02	
4008	4022	2 (?)	Knochen	Knochen		40g	3 Stücke	09.05.02	
4008	4025,1	2 (?)	Mörser-Dreifuß	Basalt	H.:10,7cm; Dm.:22,8cm; N95,15;O101,72;H99,56m	4350g	2 Stößel in vollst. Mörser-Dreifuß	09.05.02	5,01
4008	4025,2	2 (?)	Stößel	Basalt	5,5x6,4x5,8cm;N95,15;O101,72;H99,56m ; Vgl. Kap. 2.4.1.2	450g	viereckig, aus Mörser Nr.4025,1	09.05.02	20,05
4008	4025,3	2 (?)	Stößel	Basalt	H.:4,4cm;Dm.:3,8cm;N95,15;O101,72;H99,56m; Vgl. Kap. 2.4.1.2	100g	oval, aus Mörser Nr.4025,1	09.05.02	18,04
4008	4047	2 (?)	Probe	Erde	N95,15;O101,72;H99,56cm	650g	aus Mörser-Dreifuß Nr.4025,1	09.05.02	
4008	4048	2 (?)	Probe	Erde	N95,06; O101,34; H99,57	100g	aus Gefäß Nr. 4023	09.05.02	
4009	4029	3	Knochen	Knochen		400g	mehrere Stücke	11.05.02	
4009	4030	3	Probe	Erde		200g		11.05.02	
4009	4031	3	Steinobjekt	Kalkstein	3,0x2,4x1,1cm; Vgl. Kap. 2.4.1.2	20g	angebohrt	11.05.02	34,05
4009	4032	3	Silex	Silex		20g	3 Stücke	11.05.02	
4009	4033	3	Reibsteinfragmente	Basalt	10,0x7,3x3,6cm;7,7x5,6x4,9cm	450g	2 Stücke	11.05.02	
4010	4035	2	Knochen	Knochen		30g	11 Stücke	11.05.02	
4010	4036	2	Silex	Silex		10g		11.05.02	
4010	4037	2	Stößel	Basalt	6,4x5,5x4,4cm; Vgl. Kap. 2.4.1.2	300g	rechteckig	11.05.02	18,05
4010	4038	2	Tessera	Kalkstein	2,7x2,5x2,4cm	10g	1 Stück	11.05.02	
4010	4042	2	Silex	Silex		40g	2 Tüten	11.05.02	
4011	4039	2	Probe	Holzkohle	N97,75;O100,77;H99,54m	10g		11.05.02	
4011	4041	2	Knochen	Knochen		80g	7 Stücke;teilw. verbrannt;2 Tüten	11.05.02	
4011	4043	2	Silex	Silex		30g		11.05.02	
4011	4044	2	Lehmziegel	Lehm		270g	verbrannt	11.05.02	
4011	4046	2	Steinobjekt	Stein	8,5x3,0x2,1cm	90g	rechteckig	11.05.02	
4011	4064	2	Reibsteinfragment	Basalt	26,5x10,4x5,3cm	1000g		13.05.02	
4011	4065,2	2	Silex	Silex		50g	4 Stücke	13.05.02	
4013	4050	3	Knochen	Knochen		50g	mehrere Stücke; 2 Tüten	12.05.02	
4013	4051,2	3	Silex	Silex		10g		12.05.02	
4013	4052	3	Probe	Erde		90g	über den Gefäß Nr. 4049	12.05.02	
4013	4053	3	Silex	Silex		30g		12.05.02	
4013	4054	3	Reibsteinfragment	Basalt	4,0x3,7x3,7cm	100g		12.05.02	
4013	4055	3	Silex	Silex		480g		12.05.02	
4013	4059	3	Silex	Silex		40g		13.05.02	
4014	4057	3	Silex	Silex		750g		12.05.02	
4014	4058	3	Silex	Silex		60g		12.05.02	
4014	4060	3	Knochen	Knochen		30g	2 Stücke	13.05.02	
4015	4062	3	Silex	Silex		330g	13 Stücke	13.05.02	
4015	4063	3	Knochen	Knochen		80g	11 Stücke	13.05.02	
4017	4067	1	Silex	Silex		640g		14.05.02	
4017	4068	1	Tesserae	Kalkstein	2,3x2,2x2,1cm-2,7x 2,4x2,3cm	100g	10 Stücke	14.05.02	
4017	4069,1	1	Gefäßboden	Basalt	Dm.:16cm;Di.:3,5-3,7cm	740g	Boden ?	14.05.02	

4017	4069,2	1	Reibsteinfragmente	Basalt	10,6cmx6,1cmx2,8cm-6,2x4,8x3,3cm	150g	3 Stücke	14.05.02	
4017	4069,3	1	Basaltfragment	Basalt	7,4cmx4,2cmx2,7cm	100g		14.05.02	
4017	4069,4	1	Basaltfragment	Basalt	6,2cmx4,8cmx3,3cm	80g		14.05.02	
4017	4070	1	Stößel	Stein	Dm.:6,0cm;Di.:2,8cm	105g		14.05.02	
4017	4071	1	Knochen	Knochen		100g	15 Stücke	14.05.02	
4017	4072	1	Glasfragmente	Glas	1.Dm.:1,6cm;Di.:0,3cm; 2.2,0x1,7cm,Di.:0,3cm	30g	1.grüner Boden; 2.bläulich-silbrig	14.05.02	
4018	4074	1	Knochen	Knochen		120g	17 Stücke	16.05.02	
4018	4075	1	Silex	Silex		120g	5 Stücke	16.05.02	
4018	4076	1	Stößel	Basalt	Dm.:5,3cm	250g	rund	16.05.02	20,01
4018	4077	1	Gefäßfragment	Basalt	Dm.:13,0cm;H.:7,2cm	450g	Rand	16.05.02	6,01
4019	4089	1	Reibsteinfragment	Basalt	9,5x6,5x6,8cm	800g		18.05.02	
4019	4090	1	Knochen	Knochen		30g	2 Stücke	18.05.02	
4020	4079	2	Silex	Silex		50g	3 Stücke	16.05.02	
4020	4080	2	Knochen	Knochen		70g	8 Stücke	16.05.02	
4020	4081	2	Tessera	Kalkstein	2,4x1,9x1,9cm	10g	1 Stück	16.05.02	
4021	4083	2	Silex	Silex		60g	3 Stücke	16.05.02	
4021	4084	2	Knochen	Knochen		10g		16.05.02	
4021	4085	2	Knochen	Knochen		180g	15 Stücke	18.05.02	
4021	4086	2	Silex	Silex		260g	20 Stücke	18.05.02	
4021	4088	2	Tessera	Kalkstein	2,8x2,5x2,2cm	10g	1 Stück	18.05.02	
4021	4091	2	Reibsteinfragment	Basalt	6,7x6,3x3,0cm	180g		18.05.02	
4021	4092	2	Wetzstein	Kalkstein	7,0x2,4x1,3cm; Vgl. Kap. 2.4.1.2	25g	rechteckig	18.05.02	34,03
4021	4093	2	Stößel	Basalt	4,5x4,4x3,7cm	110g		18.05.02	
4022	4095	2	Perle	Karneol	Dm.:0,8cm;Dm.Loch:0,15-0,2cm; Vgl. Kap. 2.4.1.3	5g	rot; durchbohrt	18.05.02	35,07
4022	4096	2	Reibsteinfragment	Basalt	15,8x12,0x6,4cm	850g		18.05.02	
4022	4097	2	Silex	Silex		480g	20 Stücke	18.05.02	
4022	4100	2	Knochen	Knochen		150g	12 Stücke	18.05.02	
4022	4103	2	Stößel	Basalt	4,2x4,4x4,7cm; Vgl. Kap. 2.4.1.2	130g		18.05.02	18,03
4023	4099	2	Metallobjekt	Eisen	N98,76;O107,80;H99,76m	20g	korrodiert	18.05.02	
4023	4101	2	Pfeilspitze	Eisen	im Bereich von FN 4099 gefunden; Vgl. Kap. 2.4.2.1	10g		18.05.02	
4023	4102	2	Knochen	Knochen		80g	16 Stücke; 2 Tüten	18.05.02	
4023	4104	2	Reibstein	Basalt	35,0x15,5x5,0cm;N98,94;O107,75;H99,73m; Vgl. Kap. 2.4.1.2	3000g	halbrund	18.05.02	28,01
4023	4105	2	Pfeilspitze	Eisen	N98,94;O107,68; H99,66; Vgl. Kap. 2.4.2.1	20g	unter Reibstein in lockerer Erde	19.05.02	
4023	4106	2	Silex	Silex		50g	2 Stücke	19.05.02	
4023	4107	2	Muschel	Muschel	2,6x2,5x0,9cm; Vgl. Kap. 2.4.5	20g		19.05.02	
4023	4136,1	2	Knopf	Keramik	Dm.:2,2-2,8cm;Di.:0,8cm; Vgl. Kap. 2.4.3.1	20g	ca. Rund,2 Löcher; aus KK 4098	21.05.02	37,03
4024	4109	1	Silex	Silex	1. Tüte: 110g; 2. Tüte 180g	290g	18 Stücke; 2 Tüten	19.05.02	
4024	4110	1	Tesserae	Kalkstein	2,0x2,0x1,7cm-3,6x3,1x2,5cm	60g	6 Stücke	19.05.02	
4024	4111	1	Knochen	Knochen		250g	15 Stücke	19.05.02	
4024	4112	1	Muschel	Muschel	3,2x3,0cm; Vgl. Kap. 2.4.5	20g		20.05.02	
4025	4114	2 (?)	Silex	Silex		370g	13 Stücke	20.05.02	

4025	4115	2 (?)	Knochen	Knochen		200g	16 Stücke	20.05.02	
4025	4120	2 (?)	Mahlsteinfragment	Stein	Dm.ca.:8cm;Di.:5,4cm	850g	rund	20.05.02	
4025	4121	2 (?)	Reibsteinfragment	Basalt	21,0x11,9x4,0cm	1000g		20.05.02	
4026	4117	1	Reibsteinfragment	Basalt	15,5x11,0x4,5cm	800g	halbrund	20.05.02	30,03
4026	4118	1	Knochen	Knochen		80g	21 Stücke	20.05.02	
4027	4122	1	Silex	Silex		70g	3 Stücke	20.05.02	
4027	4123	1	Knochen	Knochen		30g	3 Stücke	20.05.02	
4027	4136,2	1	Pfeilspitze	Eisen	8,8x1,7cm;Schaft:0,5cm;Di.:0,4cm;N95,42;O108,82;H99,97m; Vgl. Kap. 2.4.2.1	20g		22.05.02	39,04
4028	4125	0	Knochen	Knochen		70g	3 Stücke; aus Grube	21.05.02	
4028	4126	0	Reibsteinfragment	Basalt	10,9x10,9x7,0cm	650g	aus Grube	21.05.02	
4029	4128	2	Knochen	Knochen		60g	6 Stücke	21.05.02	
4029	4129,1	2	Reibsteinfragment	Basalt	14,1x12,9x7,0cm	1200g		21.05.02	
4029	4129,2	2	Reibsteinfragment	Basalt	4,3x4,0x3,3cm	120g		21.05.02	
4029	4129,3	2	Reibsteinfragment	Basalt	6,1x4,3x4,0cm	80g		21.05.02	
4029	4129,4	2	Reibsteinfragment	Basalt	5,0x4,1x3,6cm	70g		21.05.02	
4030	4131	2	Knochen	Knochen		60g	10 Stücke	21.05.02	
4030	4134	2	Reibsteinfragment	Basalt	19,5x11,5x5,0cm	1000g	gefunden mit Keramik	21.05.02	
4030	4135	2	Probe	Erde	N99,01;O109,00;H99,63m	100g	aus Gefäß Nr. 4132	21.05.02	
4030,1	4140	1	Tessera	Kalkstein	2,7x2,5x2,3cm	50g	1 Stück	27.05.03	
4031	4142	1	Tesserae	Kalkstein	ab 2,9x2,8x2,2cm	50g	3 Stücke	27.05.03	
4032	4144	1	Knochen	Knochen		380g		27.05.03	
4032	4145	1	Basaltfragment	Basalt		800g		28.05.03	
4032	4146	1	Silex	Silex		40g	2 Stücke	28.05.03	
4033	4148	1	Knochen	Knochen		20g		29.05.03	
4034	4150	2	Knochen	Knochen		370g		31.05.03	
4034	4151	2	Tesserae	Kalkstein	2,9x2,5x2,0cm	50g	3 Stücke	31.05.03	
4035	4153	2	Silex	Silex		80g		01.06.03	
4035	4154	2	Tabunfragment	Lehm		520g	verbrannt	01.06.03	
4035	4155	2	Stößel	Basalt	6,5x5,0cm	980g		01.06.03	
4035	4156	2	Knochen	Knochen		240g	2 Tüten	01.06.03	
4035	4160,1	2	Basaltfragment	Basalt		980g		02.06.03	
4035	4160,2	2	Basaltfragment	Basalt		3660g		02.06.03	
4036	4158	2	Knochen	Knochen		190g		01.06.03	
4036	4159	2	Lehmziegel	Lehm		160g		01.06.03	
4037	4162	2	Knochen	Knochen		1030g		02.06.03	
4037	4163	2	Gefäßfuß	Basalt	4,0x3,5x3,5cm	100g	Fuß	02.06.03	16,01
4037	4164	2	Reibsteinfragment	Basalt		1460g		03.06.03	
4037	4165	2	Silex	Silex		90g		03.06.03	
4038	4138	-	Reibsteinfragment	Basalt	12,5x7,5x4,9cm	700g	bei Reinigung des W-Profils	22.05.02	
5001	5002	0	Tesserae	Kalkstein	1,4x1,3x0,9cm	40g	4 Stücke (1 Stück ist rot)	08.05.02	
5001	5003	0	Silex	Silex		160g	21 Stücke	08.05.02	

5001	5004,1	0	Basaltfragment	Basalt	5,5x3,9x2,3cm	60g		08.05.02	
5001	5004,2	0	Basaltfragment	Basalt	5,2x5,1x2,8cm	60g		08.05.02	
5001	5004,3	0	Basaltfragment	Basalt	4,3x3,9x3,5cm	50g		08.05.02	
5002	5006	1	Silex	Silex		320g	66 Stücke, 3 Tüten	09.05.02	
5002	5007	1	Tesserae	Kalkstein	1,5x1,3x1,3cm-4,2x2,4-2,7cm	220g	22 Stücke	11.05.02	
5002	5008	1	Knochen	Knochen		100g	3 Stücke	12.05.02	
5002	5009,1	1	Reibsteinfragment	Basalt	8,0x6,0x4,7cm	200g		12.05.02	
5002	5009,2	1	Bimssteinfragment ?	Basalt	5,4x2,9x2,7cm; Vgl. Kap. 2.4.1.2	180g	kleines Stück	09.05.02	
5002	5017	1	Muschelfragmente	Muschel	1. 3,4x5,8x1,0cm; 2. 2,2x4,6x0,5cm; Vgl. Kap. 2.4.5	30g	2 glänzende Frag. von gr. Muschel	12.05.02	
5003	5018	1	Stößel	Basalt	Dm.:4,3-5,6cm	150g		13.05.02	
5004	5011,1	0	Stößel	Basalt	Dm.:4,0-4,6cm	95g	rund	11.05.02	
5004	5011,2	0	Reibsteinfragment	Basalt	13,5x10,8x10, cm	2500g		11.05.02	
5004	5011,3	0	Mahlsteinfragment ?	Stein	Dm.ca20,0cm;Dm. Loch:3,7-4,1cm;Di.ca:6,0cm	3200g		11.05.02	
5004	5012	0	Knochen	Knochen		150g	mehrere Stücke	11.05.02	
5004	5013	0	Tesserae	Kalkstein	2,2x1,7x1,5cm-2,7x2,1x2,0cm	50g	5 Stücke	11.05.02	
5004	5014	0	Silex	Silex		2300g	mehrere Stücke, einige sehr groß	11.05.02	
5008	5026	1	Silex	Silex		630g		14.05.02	
5008	5027	1	Knochen	Knochen		30g	5 Stücke	14.05.02	
5008	5028	1	Reibsteinfragment	Basalt	13,4x10,1x9,3cm	1800g		14.05.02	
5009	5015	0	Münze	Metall	Dm.:1,9cm;Di.:0,17cm	10g	mit Loch; zwischen Skelett	12.05.02	
5009	5016	0	Muschel	Muschel	3,0x3,3x0,8cm; Vgl. Kap. 2.4.5	20g	zwischen Skelett	12.05.02	
5010	5021	0	Silex	Silex		260g	18 Stücke	13.05.02	
5010	5022	0	Tesserae	Kalkstein	2,1x2,0x2,0cm-2,9x2,7x2,0cm	30g	3 Stücke	13.05.02	
5010	5023	0	Knochen	Knochen		50g	2 Stücke	13.05.02	
5010	5024	0	Reibsteinfragment	Basalt	9,6x7,9x5,5cm	700g		13.05.02	
5011	5030	-	Silex	Silex		150g	12 Stücke	14.05.02	
5011	5031	-	Probe	Putz		2500g	5 Tüten; Mauerverputz v. Zisterne	14.05.02	
5011	5032	-	Spielzeugteil	Plastik		15g	modern	14.05.02	
5011	5033	-	Tesserae	Kalkstein	2,5x2,5x2,4cm-2,1x2,0x0,9cm	20g	2 Stücke	16.05.02	
5011	5039,1	-	Nagelfragment	Metall	gebogen:6,2cm;Gesamtlänge: 9,8cm	40g	5 Stücke, korrodiert	16.05.02	
5011	5058	-	Dekorelement	Marmor	12,7x8,8x1,8cm	600g	bearbeitetes,weißes Marmorfrag.	23.05.02	34,07
5012	5054	0	Mahlplattenfragment	Basalt	ca.26,5x23,5x14,0cm	5800g		20.05.02	
5012	5055	0	Knochen	Knochen		50g	3 Stücke	20.05.02	
5015	5049	1	Silex	Silex		140g	8 Stücke	20.05.02	
5015	5050	1	Knochen	Knochen		280g	mehrere Stücke	20.05.02	
5015	5051,1	1	Stößel	Basalt	Dm.:9,6-9,9cm	970g	rund	20.05.02	
5015	5051,2	1	Stößel	Basalt	Dm.: 2,1-2,5cm	150g	rund	20.05.02	
5015	5052	1	Mahlplattenfragment	Basalt	19,5x10,2x10,0cm	1800g		20.05.02	
5016	5034	1	Silex	Silex		950g	48 Stücke, 4 Tüten	16.05.02	
5016	5036	1	Knochen	Knochen		250g	15 Stücke; 1. Tüte	18.05.02	
5016	5037	1	Reibsteinfragment	Basalt	10,1x7,4x3,6cm	430g		18.05.02	

5016	5038	1	Reibsteinfragment	Basalt	8,3x5,7x5,0cm	320g		18.05.02	
5016	5039,2	1	Glasfragment	Glas	Di.:0,2-0,4cm;Dm.Boden:ca.3 cm	25g	Boden; blau-silbrig	18.05.02	
5016	5040,1	1	Mahlplattenfragment	Basalt	23,5x16,5x8,0cm	1500g		19.05.02	
5016	5040,2	1	Mahlplattenfragment	Basalt		1000g		19.05.02	
5016	5041	1	Stößel	Basalt	8,3x6,6x7,1cm	560g		19.05.02	
5018	5045	-	Stößel	Basalt	Dm.:9,0cm	840g	rund	19.05.02	
5018	5046	-	Reibsteinfragment	Basalt	11,0x10,3x3,7cm	800g		19.05.02	
5018	5047	-	Meißel	Bronze	L.:6,9cm;Br.:1,6-0,3cm;Di.:0,2-0,4cm; Vgl. Kap. 2.4.2.1	10g		19.05.02	40,02
5019	5043	-	Reibsteinfragment	Basalt	ca.18,5x14,8x7,0cm	2800g		19.05.02	
5023	5062	1	Silex	Silex		250g		26.05.03	
5023	5063	1	Basaltfragment	Basalt		70g		26.05.03	
5023	5064	1	Tesserae	Kalkstein	ab 2,9x2,6x1,9cm	160g	11 Stücke	26.05.03	
5023	5065	1	Muschelfragment	Muschel	Vgl. Kap. 2.4.5	20g		26.05.03	
5023	5066	1	Knochen	Knochen		220g		26.05.03	
5023	5069	1	Silex	Silex		400g		27.05.03	
5023	5070	1	Knochen	Knochen		110g		27.05.03	
5023	5071	1	Tesserae	Kalkstein	ab 2,6x2,7x2,3cm	200g	9 Stücke	27.05.03	
5024	5074	2	Muschel	Muschel	Vgl. Kap. 2.4.5	20g		27.05.03	
5024	5075	2	Silex	Silex		100g		27.05.03	
5024	5077	2	Stößel	Basalt		400g		28.05.03	
5024	5078	2	Tabunfragment	Lehm		110g		31.05.03	
5024	5079	2	Silex	Silex		590g		28.05.03	
5024	5080	2	Knochen	Knochen		170g		28.05.03	
5024	5081	2	Tessera	Kalkstein	2,3x2,7x2,5cm	20g	1 Stück	28.05.03	
5024	5082	2	Deckel/Tonscheibe	Keramik	Vgl. Kap. 2.4.3.1	30g	rund	28.05.03	
5024	5084	2	Gefäßfragmente	Basalt	Vgl. Kap. 2.4.1.1	3500g	4 Stücke:1 Ständer,1 Rand, 2 Frag.	29.05.03	15,01+02
5024	5085	2	Silex	Silex		610g		29.05.03	
5024	5092	2	Stößel	Stein	ab 8,5x6,0cm	1300g	3 Stücke	31.05.03	
5024	5093	2	Deckel/Tonscheibe	Keramik	Vgl. Kap. 2.4.3.1	10g	rund	31.05.03	
5024	5094	2	Silex	Silex		150g		31.05.03	
5024	5095	2	Knochen	Knochen		100g		31.05.03	
5024	5096	2	Tessera	Kalkstein	2,5x2,4x1,7cm	10g	1 Stück	31.05.03	
5024	5102	2	Tabunfragment	Lehm		1150g		28.05.03	
5024	5111	2	Knochen	Knochen		190g		01.06.03	
5024	5112	2	Stößel	Basalt		490g	2 Stücke	01.06.03	
5027	5114	2	Silex	Silex		20g		02.06.03	
5027	5115	2	Knochen	Knochen		10g		02.06.03	
5028	5088	2	Silex	Silex		100g		29.05.03	
5028	5089	2	Knochen	Knochen		200g		29.05.03	
5028	5090	2	Basaltfragment	Basalt		110g		29.05.03	
5028	5098	2	Silex	Silex		340g		31.05.03	

5028	5099	2	Knochen	Knochen		240g		31.05.03	
5028	5100	2	Basaltfragment	Basalt		310g		31.05.03	
5028	5101	2	Deckel/Tonscheibe	Keramik	Vgl. Kap. 2.4.3.1	60g	rund	31.05.03	
5029	5104	2	Knochen	Knochen		300g		01.06.03	
5029	5105	2	Silex	Silex		100g		01.06.03	
5029	5106	2	Tessera	Kalkstein	2,4x2,2x2,2cm	10g	1 Stück	01.06.03	
5029	5107	2	Reibsteinfragmente	Basalt		1180g	3 Stücke	01.06.03	
5029	5108	2	Tabunfragment	Lehm		3600g		01.06.03	
5029	5134,1	2	Muschelfragment	Muschel	Vgl. Kap. 2.4.5	20g		01.06.03	
5029	5135,1	2	Knochen	Knochen		100g		03.06.03	
5029	5136,1	2	Bimsstein	Basalt	Vgl. Kap. 2.4.1.2	140g		03.06.03	
5029	5137	2	Silex	Silex		60g	3 Stücke	04.06.03	
5029	5138	2	Knochen	Knochen		200g		04.06.03	
5029	5139	2	Tessera	Kalkstein	2,5x2,0x1,1cm	15g	1 Stück	04.06.03	
5029	5140	2	Tabunfragmente	Lehm		200g		04.06.03	
5030	5110	2	Tabunfragmente	Lehm		1210g		01.06.03	
5034	5117	-	Silex	Silex		70g		02.06.03	
5034	5118	-	Knochen	Knochen		120g		02.06.03	
5034	5119	-	Tesserae	Kalkstein	ab 2,4x2,1x1,8cm	30g	2 Stücke	02.06.03	
5034	5120	-	Basaltfragment	Basalt		350g		02.06.03	
5034	5150	-	Silex	Silex		240g		07.06.03	
5034	5151	-	Knochen	Knochen		600g		07.06.03	
5034	5152,1	-	Stößel	Basalt	5,1x4,1cm	550g		07.06.03	
5034	5152,2	-	Reibsteinfragmente	Basalt		5500g	3 Stücke	07.06.03	
5035	5122	1	Knochen	Knochen		250g		02.06.03	
5035	5123	1	Knopf	Keramik	Dm.:3,8cm;Di.:0,7cm; Vgl. Kap. 2.4.3.1	20g	rund, 2 Löcher	02.06.03	37,02
5035	5124	1	Tesserae	Kalkstein	ab 2,2x2,0x2,1cm	40g	2 Stücke	02.06.03	
5035	5125	1	Armreiffragment	Bronze	L.:5,7cm;Di.:0,7cm; Vgl. Kap. 2.4.2.2	20g	gebogen	02.06.03	38,10
5035	5126	1	Basaltfragmente	Basalt		840g		02.06.03	
5035	5128	1	Silex	Silex		220g		03.06.03	
5035	5129	1	Knochen	Knochen		210g		03.06.03	
5035	5130	1	Reibsteinfragment	Basalt		2160g		03.06.03	
5035	5131	1	Stößel	Basalt	7,0x4,5cm	340g		03.06.03	
5035	5132	1	Tesserae	Kalkstein	ab 2,2x2,4x2,6cm	100g	4 Stücke	03.06.03	
5035	5133	1	Mörser	Kalkstein	12,5x4,0cm	870g		03.06.03	
5036	5142	-	Knochen	Knochen		20g		04.06.03	
5036	5143	-	Basaltfragment	Basalt	7,0x6,7x5,8cm	250g		04.06.03	
5037	5145	-	Knochen	Knochen		360g		05.06.03	
5037	5146	-	Silex	Silex		450g		05.06.03	
5037	5147	-	Reibsteinfragmente	Basalt		1570g	3 Stücke	05.06.03	
5037	5148	-	Tabunfragmente	Lehm		220g		05.06.03	

5037	5159	-	Silex	Silex		300g		08.06.03	
5037	5160	-	Knochen	Knochen		100g		08.06.03	
5037	5161	-	Tabunfragmente	Lehm		690g		08.06.03	
5037	5162	-	Basaltfragment	Basalt		100g		08.06.03	
5037	5174	-	Gefäßfragment	Basalt	Dm.:17,0cm;H.:6,0cm	90g	Rand	09.06.03	13,03
5038	5154	-	Knochen	Knochen		440g		07.06.03	
5038	5155	-	Silex	Silex		20g		07.06.03	
5038	5156	-	Tesserae	Kalkstein	ab 2,5x2,4x2,4cm	60g	3 Stücke	07.06.03	
5038	5157	-	Tabunfragmente	Lehm		640g		07.06.03	
5039	5164	1	Knochen	Knochen		250g		08.06.03	
5039	5165	1	Tesserae	Kalkstein	ab 2,9x1,8x2,3cm	10g	3 Stücke	08.06.03	
5039	5166	1	Reibsteinfragmente	Basalt		720g	4 Stücke	08.06.03	
5039	5168	1	Knochen	Knochen		210g		09.06.03	
5039	5169	1	Muschel	Muschel	2,3x2,1cm; Vgl. Kap. 2.4.5	15g		09.06.03	
5039	5170	1	Gefäßfuß	Basalt	7,5x6,3x5,7cm	3100g	2 Stücke:1 Fuß (180g), 1 gr. Frag.	09.06.03	16,05
5039	5171	1	Tesserae	Kalkstein	ab 2,1x1,8x1,9cm	90g	2 Stücke	09.06.03	
5039	5172	1	Tabunfragmente	Lehm		400g		09.06.03	
5039	5176	1	Silex	Silex		220g		10.06.03	
5039	5177	1	Tabunfragment	Lehm		90g		10.06.03	
5044	5179	1 (?)	Knochen	Knochen		140g		10.06.03	
5044	5180,1	1 (?)	Plattenfragment	Basalt	16,6x13,5x9,2cm; Vgl. Kap. 2.4.1.1	2900g	1/4 einer rechteckigen Platte	10.06.03	14,01
5044	5180,2	1 (?)	Gefäßfragment	Basalt	Dm.:24,0cm;H.:6,0cm	2900g	Rand	10.06.03	10,02
5044	5181	1 (?)	Tabunfragmente	Lehm		590g		10.06.03	
5045	5184	1 (?)	Knochen	Knochen		30g		10.06.03	
5045	5185	1 (?)	Tabunfragmente	Lehm		1060g		10.06.03	
5045	5186	1 (?)	Silex	Silex		120g		10.06.03	
6002	6003	1	Silex	Silex		2750g	4 Tüten	07.05.02	
6002	6004	1	Basaltfragment	Basalt		70g		06.05.02	
6002	6005	1	Knochen	Knochen		100g		06.05.02	
6002	6007	1	Knochen	Knochen		80g	10 Stücke	07.05.02	
6002	6071	1	Deckel/Tonscheibe	Keramik	Dm.:3,5cm;Di.:1,0cm; Vgl. Kap. 2.4.3.1	30g	ca. rund	18.05.02	36,03
6002	6086	1	Tesserae	Kalkstein	1,8x1,5x1,3cm-2,9x2,5x2,3cm	70g	7 Stücke	16.05.02	
6006	6010,1	2	Stößel	Kalkstein	10,8x8,6x7,6cm	850g	rund	07.05.02	
6006	6010,2	2	Stößel	Basalt	6,5x5,8x4,4cm	270g		07.05.02	
6006	6010,3	2	Stößel	Basalt	5,6x5,5x5,3cm	280g		07.05.02	
6006	6010,4	2	Reibsteinfragment	Basalt	15,5x12x7,4cm	1500g		07.05.02	
6006	6012	2	Knochen	Knochen		140g	15 Stücke	07.05.02	
6006	6013	2	Silex	Silex		440g		07.05.02	
6007	6015	3	Tessera	Kalkstein	2,7x2,1x2,1cm	10g	1 Stück	08.05.02	
6008	6017	3	Silex	Silex		120g	6 Stücke	08.05.02	
6008	6018	3	Knochen	Knochen		70g	16 Stücke	08.05.02	

6008	6019	3	Stößel	Basalt	Dm.:5,6cm;N108,60;O86,50;H99,24m	240g	rund	08.05.02	
6009	6021	3	Tessera	Kalkstein	2,4x1,1x1,1cm	10g	1 Stück	08.05.02	
6009	6022	3	Knochen	Knochen		20g		08.05.02	
6009	6024	3	Reibsteinfragmente	Basalt	11,6x8,8x3,8cm;N109,05;O 97,65;H 99,39m	450g	2 Stücke	08.05.02	
6011	6026	2	Silex	Silex		450g	3 Tüten	08.05.02	
6012	6028	2	Silex	Silex		590g		09.05.02	
6012	6029	2	Glasfragment	Glas	Di.:0,4cm;Dm.Boden:4,4cm; ca.1,20m N von S-Steg	15g	hell-grünlich; Teil von Ringboden	08.05.02	
6012	6031	2	Stößel	Basalt	10,5x7,5x6,8cm;N102,45;O89,00	690g		08.05.02	
6013	6035	3	Silex	Silex		990g		12.05.02	
6013	6036	3	Glasfragment	Glas	3,3x0,5cm;Di.:0,1cm	20g	Henkel; silbrig	12.05.02	
6013	6037	3	Tesserae	Kalkstein	2,1x1,9x1,6cm-2,6x2,5x1,9cm	40g	4 Stücke	12.05.02	
6013	6038,1	3	Mahlplattenfragment	Basalt	24,5x20x7,4cm;N108,25;O94,70;H99,39m	2200g		12.05.02	
6013	6038,2	3	Stößel	Basalt	Dm.:6,2-6,9cm;N108,25;O94,70;H99,39m	400g	unregelmäßige Form	12.05.02	
6013	6039	3	Knochen	Knochen		170g	24 Stücke	12.05.02	
6013	6040	3	Angelsteinfragment	Stein	9,0x6,9cm;Di.:2,5cm;Dm.Vertiefung:ca.4,6cm; tief 1,4cm	180g		12.05.02	
6013,1	6030,1	2	Probe	Erde		80g	aus kleinem Gefäß Nr. 6030	09.05.02	
6014	6042	4	Knochen	Knochen		100g	11 Stücke	14.05.02	
6014	6043	4	Silex	Silex		30g	1 Stück	14.05.02	
6014	6044,1	4	Stößel	Basalt	Dm.:7,0cm; Vgl. Kap. 2.4.1.2	530g	rund	14.05.02	20,02
6014	6044,2	4	Stößel	Basalt	5,5x5,9x5,8cm; Vgl. Kap. 2.4.1.2	400g		14.05.02	20,03
6014	6099	4	Reibstein	Basalt	7,0x5,6x4,3cm	250g	rechteckig, Reinigung des Profils	21.05.02	
6015	6046	4	Silex	Silex		100g	5 Stücke	14.05.02	
6015	6047	4	Knochen	Knochen		80g	5 Stücke	14.05.02	
6016	6049	2	Muschel	Muschel	2,4x0,7cm; Vgl. Kap. 2.4.5	10g	mit Loch	16.05.02	41,04
6016	6050	2	Knochen	Knochen		160g	11 Stücke	16.05.02	
6016	6051	2	Tesserae	Kalkstein	2,2x2,0x1,9cm;2,1x1,8x1,5cm	20g	2 Stücke	16.05.02	
6016	6054	2	Stößel	Basalt	10,5x5,8x5,0cm;N103,30;O98,50;H99,56m; Vgl. Kap. 2.4.1.2	450g	aus der Keramikansammlung	16.05.02	18,06
6017	6056	3	Silex	Silex		100g	3 Stücke	18.05.02	
6017	6057	3	Mahlstein	Basalt	Dm.:17,5cm;Dm.Loch:3,8cm;Di.:6,5cm;N102,50;O103,30;H99,46m	3000g	rund	18.05.02	26,02
6018	6058	3	Stößel	Basalt	2,8x2,9x2,2cm;N103,30;O98,40;H99,46m	30g	klein, an einer Seite flach	18.05.02	
6018	6063	3	Reibsteinfragmente	Basalt	10,9x7,8x2,5cm;3,9x4,2x2,4cm	270g	2 Stücke	18.05.02	
6019	6064	3	Bimsstein	Basalt	Br.unten:5,2cm;Br.oben:3,8cm;H.:4,6cm;Di.:ca.4,4cm; Vgl. Kap. 2.4.1.2	40g	2 angebohrte Löcher	18.05.02	34,02
6019	6065,1	3	Deckel/Tonscheibe	Keramik	Dm.:3,8-4,1cm;Di.:1,0cm; Vgl. Kap. 2.4.3.1	40g	rund	18.05.02	
6019	6065,2	3	Spinnwirtel	Keramik	Dm.:3,5cm;Di.:0,7cm	50g	rund	18.05.02	33,1
6019	6066	3	Silex	Silex		120g	5 Stücke	18.05.02	
6019	6067	3	Knochen	Knochen		80g	3 Stücke	18.05.02	
6019	6070	3	Deckel/Tonscheibe	Keramik	Dm.:3,6-4,1cm;Di.:1,0cm; Vgl. Kap. 2.4.3.1	20g	rund	18.05.02	
6020	6069	3	Reibsteinfragmente	Basalt	10x4,3x3,7cm;8,6x7,3x4,1cm	480g	2 Stücke	18.05.02	
6021	6073	3	Reibsteinfragment	Basalt	13,3x17,8x4,9cm	1000g		19.05.02	
6022	6075	3	Knochen	Knochen		100g		19.05.02	
6023	6077	2	Silex	Silex		110g	3 Stücke	19.05.02	

6024	6080	3	Angelsteinfragment	Stein	23,0x14,5x10,5cm;Dm.Vertiefung:ca.7,8cm	2000g		19.05.02	
6024	6082	3	Reibsteinfragment	Basalt	7,3x5,6x5,0cm;N104,78;O97,90;H99,62m	410g		19.05.02	
6024	6083	3	Reibsteinfragment	Basalt	8,4x7,4x6,6cm;N102,52;O98,40;H99,59m	760g		19.05.02	
6024	6084	3	Reibsteinfragment	Basalt	9,4x7,6x3,0cm	270g	zwischen Keramik	19.05.02	
6025	6088,1	3	Probe	Erde	N101,30;=99,20;H99,35m(OK)-99,21m(UK)	800g	aus Gefäß Nr. 6081	20.05.02	
6025	6100	3	Angelstein	Stein	Dm.außen:18,0-19,0cm;Di.:5,1-6,7cm;Dm.Vertiefung:3,7-3,9cm	2000g		21.05.02	
6025	6101	3	Stößel	Basalt	Dm.:2,0-2,6cm	20g	rund	21.05.02	
6025	6088	3	Mahlplattenfragment	Basalt	41x38x10,2cm;N105,12;O98,00;H99,31m	11500g		20.05.02	
6025	6089	3	Reibsteinfragment	Basalt	7,8x6,1x5,6cm;N104,74;O98,84;H99,12m	410g		20.05.02	
6025	6090	3	Reibsteinfragment	Basalt	7,5x5,4x4,0cm;N105,10;O99,00;H99,11m	290g		20.05.02	
6025	6091	3	Mörser	Kalkstein	19,5x15,0x5,5cm;Dm.Vertiefung:6,5cm	1800g		20.05.02	26,01
6025	6092	3	Knochenobjekt?	Knochen?	L.:ca.2cm	5g	Zahn?, Anhänger?	20.05.02	
6026	6093	3	Stößel	Basalt	7,9x7,5x5,5cm; Vgl. Kap. 2.4.1.2	800g	rechteckig	20.05.02	19,03
6026	6094	3	Spinnwirtel	Kalkstein	Dm.:3,5cm; Vgl. Kap. 2.4.1.2	60g		20.05.02	33,07
6027	6097	3	Knochen	Knochen		200g	8 Stücke	21.05.02	
6027	6098	3	Stößelfragment	Basalt	6,1x7,2x2,8cm; Vgl. Kap. 2.4.1.2	330g		21.05.02	19,02
6028	6102	-	Pfeilspitze	Silex	5,8x1,3x0,5cm	10g		28.05.03	39,09
6028	6104	-	Knochen	Knochen		250g		28.05.03	
6028	6105	-	Basaltfragment	Basalt	11,0x10,0x7,0cm	1150g		28.05.03	
6028	6106	-	Glasfragment	Glas		20g		28.05.03	
6028	6107	-	Silex	Silex		210g		28.05.03	
6031	6111	2	Tesserae	Kalkstein	ab 2,9x2,5x2,5cm	30g	3 Stücke	04.06.03	
6031	6112	2	Glasfragment	Glas		10g	Boden	04.06.03	41,05
6032	6114	3 (?)	Silex	Silex		60g		05.06.03	
6032	6115	3 (?)	Knochen	Knochen		100g		05.06.03	
6032	6116	3 (?)	Muschel	Muschel	3,7x3,2x1,2cm; Vgl. Kap. 2.4.5	10g	mit Loch	05.06.03	41,03
6032	6117	3 (?)	Stößel	Basalt		940g	2 Stücke	05.06.03	
6034	6120	3	Basaltfragment	Basalt		640g		07.06.03	
6034	6121	3	Reibstein	Basalt	30,0x10,0x5,3cm; Vgl. Kap. 2.4.1.2	230g	halbrund	07.06.03	
6034	6122	3	Stößel	Basalt	7,2x5,5x5,0cm; Vgl. Kap. 2.4.1.2	540g		07.06.03	21,01
6034	6126	3	Knochen	Knochen		300g		07.06.03	
6034	6127	3	Reibsteinfragment	Basalt	23,0x13,5x6,5cm	3180g		07.06.03	
6034	6128	3	Mörser	Kalkstein	20x36x24cm;Dm.Loch: 17-24cm	25500g		07.06.03	
6034	6129	3	Silex	Silex		350g		08.06.03	
6035	6130	3	Lehmziegel	Lehm		260g		08.06.03	
6035	6131	3	Tessera	Kalkstein	2,1x2,1x1,9cm	20g	1 Stück	08.06.03	
6035	6133	3	Stößel	Basalt	3,9x3,9x3,6cm; Vgl. Kap. 2.4.1.2	100g	aus Vorratsgefäß Nr. 6132	08.06.03	22,04
6035	6134	3	Knochen	Knochen		410g		08.06.03	
6035	6135	3	Mörser	Kalkstein	26x34x33cm;Dm.Loch:25cm	30000g		09.06.03	
6035	6136,1	3	Basaltfragmente	Basalt		1900g	2 Stücke	09.06.03	
6036	6137	3	Muscheln	Muschel	1. 2,7x2,4cm; 2. 2,6x2,7cm; Vgl. Kap. 2.4.5	20g	2 Stücke	10.06.03	

6036	6138	3	Stößel	Basalt	5,3x5,6x5,5cm; Vgl. Kap. 2.4.1.2	280g		10.06.03	22,05
6037	6141	3	Perle	Karneol	Dm.:ca.1,0cm; Vgl. Kap. 2.4.1.3	10g	rot; durchbohrt	11.06.03	35,04
6038	6143	1	Silex	Silex		120g		17.05.04	
6038	6144	1	Tesserae	Kalkstein	2,3x2,1x1,6cm	200g	12 Stücke	17.05.04	
6038	6146	1	Silex	Silex		30g		18.05.04	
6038	6147	1	Knochen	Knochen		10g		18.05.04	
6038	6148	1	Tesserae	Kalkstein	3x1,6x1,2cm	80g	5 Stücke	18.05.04	
6039	6151	1	Silex	Silex		250g		18.05.04	
6039	6152	1	Tesserae	Kalkstein	2,2x2,2x1,6cm	90g	5 Stücke	18.05.04	
6039	6153	1	Knochen	Knochen		50g		18.05.04	
6039	6155	1	Knochen	Knochen		110g		19.05.04	
6039	6156	1	Stößel	Basalt	7,4x8x5,2cm	380g	verbrannt	19.05.04	
6040	6158	2	Knochen	Knochen		800g		19.05.04	
6040	6159	2	Silex	Silex		300g		19.05.04	
6040	6160,1	2	Muschel	Muschel	3,5x3,5cm; Vgl. Kap. 2.4.5	5g	mit Loch	19.05.04	
6040	6160,2	2	Muschel	Muschel	2,4x2,7cm; Vgl. Kap. 2.4.5	5g		19.05.04	
6040	6161,1	2	Knopf	Keramik	Dm.:3,0cm;Di.:0,5cm; Vgl. Kap. 2.4.3.1	10g	rund, 2 Löcher	19.05.04	37,06
6040	6161,2	2	Spinnwirtel	Keramik	Dm.:4,8cm;Di.:0,7cm	20g	Bemalung 5YR6/2 reddish gray	19.05.04	36,05
6040	6162,1	2	Stößel	Basalt	5,5x4x4cm	180g		19.05.04	
6040	6162,2	2	Stößel	Basalt	6x6,5x5cm	330g		19.05.04	
6040	6162,3	2	Stößel	Stein	Dm.:7cm	380g	rund	19.05-04	
6040	6162,4	2	Stößel	Basalt	9x10,5cm	800g		19.05.04	
6040	6162,5	2	Stößel	Stein	Dm.:3cm	40g	rund	19.05.04	
6040	6162,6	2	Reibsteinfragment	Basalt	9x7x4,5cm	350g		19.05.04	
6040	6163	2	Tesserae	Kalkstein	1,9x1,9x1,5cm	30g	2 Stücke	19.05.04	
6040	6164,1	2	Spinnwirtel	Basalt	Dm.:2,4cm; Vgl. Kap. 2.4.1.2	30g	verziert	19.05.04	33,06
6040	6165,1	2	Knochen	Knochen		220g		20.05.04	
6040	6166	2	Tesserae	Kalkstein	2x1,8x1,8cm	50g	3 Stücke	20.05.04	
6040	6167	2	Reibsteinfragment	Basalt	5,5x5,5x2cm	80g		20.05.04	
6041	6173	1	Silex	Silex		1500g		22.05.04	
6041	6174	1	Knochen	Knochen		480g		22.05.04	
6041	6175	1	Tesserae	Kalkstein	2,1x2,1x1,8cm	80g	5 Stücke	22.05.04	
6041	6176	1	Olivenkern	Organisch		5g	verkohlt	22.05.04	
6042	6169	2	Knochen	Knochen		1750g		20.05.04	
6042	6170	2	Silex	Silex		100g		20.05.04	
6043	6179	3	Silex	Silex		900g		23.05.04	
6043	6180	3	Knochen	Knochen		900g		23.05.04	
6043	6181,1	3	Reibsteinfragment	Basalt	12,8x6,3x3,2cm	400g		23.05.04	
6043	6181,2	3	Gefäßfragment	Basalt	5,1x4,1x3cm; Vgl. Kap. 2.4.1.1	50g	Rand	23.05.04	
6043	6181,3	3	Reibsteinfragment	Basalt	6,8x4,5x3cm	150g		23.05.04	
6043	6181,4	3	Reibsteinfragment	Basalt	8,8x7,4x3,6cm	200g		23.05.04	

6043	6182	3	Tesserae	Kalkstein	2,6x1,7x1,5cm	60g	4 Stücke	23.05.04	
6043	6184	3	Stößel	Stein	Dm.:7cm	700g	ca. rund	23.05.04	
6043	6185	3	Olivenkern	Organisch		5g	verkohlt	23.05.04	
6043	6186	3	Knochen	Knochen		230g		24.05.04	
6043	6187	3	Silex	Silex		360g		24.05.04	
6043	6189	3	Pinzette	Bronze	1. Schenkel:8,2cm; 2. Schenkel:7,1cm; Di.:0,3cm;Br.:ca.2,2cm. Vgl. Kap. 2.4.2.1	15g	Pinzette?	24.05.04	38,05
6043	6190	3	Spinnwirtel	Keramik	Dm.:3,2cm	20g	rund	24.05.04	36,10
6044	6192	2	Silex	Silex		120g		24.05.04	
6044	6193	2	Knochen	Knochen		330g		24.05.04	
6044	6194,1	2	Stößel	Basalt	6,2x8,5cm	600g	ca. rund	24.05.04	
6044	6194,2	2	Reibsteinfragment	Basalt	8,1x5,7cm	170g		24.05.04	
6044	6195	2	Ahle	Knochen	L.:7,4cm;Br.:05,-01cm;Di.:0,1cm; Vgl. Kap. 2.4.4.1	5g	Haarnadel?	24.05.04	37,09
6044	6197	2	Knochen	Knochen		70g		26.05.04	
6044	6198	2	Plattenfragment	Basalt	Dm.:23,0cm; H:3cm;N106,50;O93,38;H ca.99,34m	1300g	fast vollständige,runde Platte/Telle	26.05.04	7,02
6044	6268	2	Mörser	Kalkstein	42x36x18cm	3400g		03.06.04	
6045	6200	3	Knochen	Knochen		280g		26.05.04	
6045	6201,1	3	Reibsteinfragment	Basalt	10x8,5x4cm	600g		26.05.04	
6045	6201,2	3	Reibsteinfragment	Basalt	4,5x5x3,3cm	90g		26.05.04	
6045	6201,3	3	Reibsteinfragment	Basalt	3,4x3x2,6cm	50g		26.05.04	
6045	6202	3	Silex	Silex		800g		26.05.04	
6045	6204	3	Silex	Silex		90g		27.05.04	
6045	6205	3	Knochen	Knochen		40g		27.05.04	
6045	6206	3	Muschel	Muschel	Dm.:3,2cm; Vgl. Kap. 2.4.5	10g	mit Loch, ca. Rund	27.05.04	
6049	6240	3	Fibel	Bronze	L.:4,5cm und 4.2cm;Br.:0,5-1,0cm; Vgl. Kap. 2.4.2.2	30g	2 Stücke, zerbrochen	31.05.04	38,03
6049	6241	3	Steinobjekt	Stein	11x6,5x4,5cm	400g	Fragment	31.05.04	
6049	6242	3	Knochen	Knochen		70g		31.05.04	
6049	6243	3	Silex	Silex		170g		31.05.04	
6050	6208	4	Knochen	Knochen		110g		27.05.04	
6050	6210	4	Reibsteinfragment	Basalt	8,5x14x5cm	750g	halbrund	27.05.04	
6050	6211	4	Silex	Silex		100g		27.05.04	
6052	6249	4	Knochen	Knochen		160g		01.06.04	
6052	6250	4	Reibstein	Basalt	5,7x4,2x3,2cm	50g	rechteckig, sehr porös	01.06.04	
6053	6213	4	Silex	Silex		90g		27.05.04	
6053	6214	4	Knochen	Knochen		50g		27.05.04	
6053	6216	4	Silex	Silex		460g		29.05.04	
6053	6217	4	Knochen	Knochen		140g		29.05.04	
6053	6218	4	Nagel	Bronze	L.:5,0cm;Di.:0,4cm;Dm.Kopf:0,7cm	20g	gebogenes Ende	29.05.04	38,06
6053	6219	4	Reibsteinfragment	Basalt	11,8x9,4x5cm	600g	halbrund	29.05.04	
6053	6220	4	Angelstein	Kalkstein	9,7x7,5x5,0cm	700g		29.05.04	27,02
6053	6226	4	Mörser	Stein	Vertiefung; Dm: 11,5cm; ca. 30x20x15cm	12500g		29.05.04	
6053,1	6230	4	Knochen	Knochen		160g		30.05.04	

6053,1	6231	4	Mahlstein	Basalt	Dm.:12,0cm;Di.:6,0cm	1500g		30.05.04	
6053,1	6232	4	Muschel	Muschel	Dm.:2,3cm; Vgl. Kap. 2.4.5	5g	mit Loch, ca. rund	30.05.04	
6053,1	6233	4	Silex	Silex		270g		30.05.04	
6053,1	6234,1	4	Schlacke	Schlacke	2,8x2,2x1,1cm	3g	Kupfer?	30.05.04	
6053,1	6235,1	4	Mörser	Kalkstein	18x4x11,5cm	1300g	vollständiger Mörser, acht Teile	30.05.04	
6053,1	6235,2	4	Mörser	Kalkstein	20x13x5,5cm	1800g	join mit Nr. 6235.1-8	30.05.04	
6053,1	6235,3	4	Mörser	Kalkstein	18x11x6cm	1000g		30.05.04	
6053,1	6235,4	4	Mörser	Kalkstein	19x12x8,5cm	1500g		30.05.04	
6053,1	6235,5	4	Mörser	Kalkstein	14x10x4,5cm	1300g		30.05.04	
6053,1	6235,6	4	Mörser	Kalkstein	13x9x5cm	800g		30.05.04	
6053,1	6235,7	4	Mörser	Kalkstein	8,5x6x5cm	260g		30.05.04	
6053,1	6235,8	4	Mörser	Kalkstein	21x15x6cm	2000g		30.05.04	
6053,1	6236	4	Stößel	Basalt	8x7,5cm	550g		30.05.04	
6053,1	6245	4	Silex	Silex		200g		31.05.04	
6053,1	6246	4	Knochen	Knochen		180g		31.05.04	
6053,1	6247	4	Muschel	Muschel	Dm.:2,5cm; Vgl. Kap. 2.4.5	5g	ca. rund	31.05.04	
6053,1	6307,1	4	Mahlplatte	Basalt	40x25x12cm	10000g	in situ, Raum 1	13.06.04	
6053,1	6307,2	4	Mahlplatte	Basalt	30x20x2cm	2000g	in situ, Raum 1	13.06.04	
6053,1	6308	4	Stößel	Basalt	8,8x5,5x3,9cm	430g		13.06.04	
6054	6224,1	4	Reibstein	Basalt	7,0x4,6x1,7cm	400g	ca. rechteckig	29.05.04	
6054	6224,2	4	Reibsteinfragment	Basalt	4,8x4,4x3,8cm	110g		29.05.04	
6054	6224,3	4	Reibsteinfragment	Basalt	8,7x6,7x5,3cm	530g		29.05.04	
6054	6228	4	Silex	Silex		170g		30.05.04	
6054	6234,2	4	Knochen	Knochen		70g		30.05.04	
6058	6252	4	Knochen	Knochen		40g		01.06.04	
6058	6253	4	Silex	Silex		250g		01.06.04	
6060	6256	3	Tessera	Kalkstein	2,2x2,1x1,6cm	10g	1 Stück	01.06.04	
6060	6257	3	Silex	Silex		190g		01.06.04	
6060	6259	3	Knochen	Knochen		110g		02.06.04	
6060	6260	3	Silex	Silex		190g		02.06.04	
6060	6261,1	3	Stößel	Basalt	7,3x5,9x4,6cm	330g		02.06.04	
6060	6261,2	3	Stößel	Stein	8,4x6,3x5,5cm	490g		02.06.04	
6060	6265	3	Knochen	Knochen		550g		03.06.04	
6060	6266,1	3	Stößelfragment	Basalt	4,1x5,0x4,1cm	210g		03.06.04	
6060	6266,2	3	Reibsteinfragment	Basalt	15,0x13,0x2,5cm	800g	flach	03.06.04	
6060	6266,3	3	Reibstein	Basalt	16,0x,5,0x4,0cm; Vgl. Kap. 2.4.1.2	800g	halbrund	03.06.04	
6060	6266,4	3	Reibstein	Basalt	10x10x6cm; Vgl. Kap. 2.4.1.2	700g	halbrund	03.06.04	
6060	6266,5	3	Reibstein	Basalt	23x15x4cm; Vgl. Kap. 2.4.1.2	2000g	halbrund	03.06.04	
6060	6267	3	Silex	Silex		480g		03.06.04	
6063	6270	3	Muschel	Muschel	1,9x1,4cm; Vgl. Kap. 2.4.5	5g		03.06.04	
6063	6271	3	Knochen	Knochen		30g		03.06.04	

6063	6272	3	Steinobjekt	Stein	5x8x7,5cm	420g	halbrund	03.06.04	
6063	6274	3	Knochen	Knochen		150g		06.06.04	
6063	6275,1	3	Reibsteinfragment	Basalt	10x7,1x5cm	800g		06.06.04	
6063	6275,2	3	Reibsteinfragment	Basalt	9,6x8,7x4,3cm	420g		06.06.04	
6063	6275,3	3	Reibsteinfragment	Basalt	7,3x5,4x2,9cm	100g		06.06.04	
6063	6303	3	Stößel	Basalt	19x7x7,7cm	1000g		10.06.04	
6063	6304	3	Angelstein	Stein	21x16,5x5,5cm	2000g	Mörser?	10.06.04	
6066	6279	3 (?)	Silex	Silex		2000g		07.06.04	
6066	6280	3 (?)	Knochen	Knochen		380g		07.06.04	
6066	6281	3 (?)	Muschel	Muschel	2,3x2,6cm; Vgl. Kap. 2.4.5	5g		07.06.04	
6066	6283	3 (?)	Knochen	Knochen		100g		08.06.04	
6066	6284	3 (?)	Silex	Silex		1000g		08.06.04	
6070	6288	3	Silex	Silex		150g		09.06.04	
6070	6289	3	Knochen	Knochen		1000g		09.06.04	
6070	6290	3	Mörser	Kalkstein	12,5x11,0x3,5cm	1000g		09.06.04	27,01
6070	6291	3	Stößel	Basalt	7,8x6,3x5cm	900g		09.06.04	
6070	6292,1	3	Reibsteinfragment	Basalt	5,9x3,6x1,6cm	50g		09.06.04	
6070	6292,2	3	Reibsteinfragment	Basalt	8x6x3,7cm	230g		09.06.04	
6070	6292,3	3	Reibsteinfragment	Basalt	13,3x8,2x5,1cm	600g		09.06.04	
6070	6292,4	3	Reibsteinfragment	Basalt	9,1x5,2x3,3cm	130g		09.06.04	
6070	6292,5	3	Gefäßboden	Basalt	Dm.:16,0cm;H.:3,5cm; Vgl. Kap. 2.4.1.1	100g	Boden	09.06.04	7,03
6070	6293	3	Spinnwirtel	Keramik	Dm.:6,5cm	40g	rund	09.06.04	36,13
6070	6294	3	Muschel	Muschel	1 5x1,1x0,4cm; Vgl. Kap. 2.4.5	5g		09.06.04	
6070	6295,1	3	Reibstein	Basalt	11,5x7,9x4,8cm	900g	rechteckig	09.06.04	31,01
6070	6295,2	3	Stößel	Basalt	2x1,8x1,7cm	20g		09.06.04	
6070	6295,3	3	Stößel	Basalt	5,5x5,5x4,9cm	250g		09.06.04	
6070	6297	3	Reibstein	Kalkstein	7,6x5,3x3,3cm	340g	rechteckig	10.06.04	27,03
6070	6298	3	Knochen	Knochen		40g		10.06.04	
6071	6300	3 (?)	Knochen	Knochen		450g		10.06.04	
6071	6301	3 (?)	Perle	Karneol	Dm.:0,8cm; Vgl. Kap. 2.4.1.3	1g	rot, durchbohrt	10.06.04	35,06
6071	6302	3 (?)	Mörser	Stein	17,5x14,5x5,8cm	1500g		10.06.04	
6071	6306	3 (?)	Silex	Silex		160g		10.06.04	
7002	7003	-	Silex	Silex		1500g		11.05.02	
7002	7004	-	Knochen	Knochen		40g	4 Stücke	11.05.02	
7002	7008	-	Tesserae	Kalkstein	3,3x2,4x2,1cm-2,6x2,01,2cm	50g	5 Stücke	11.05.02	
7002	7011,1	-	Reibsteinfragment	Basalt	12,7x12,5x10,4cm	2220g		14.05.02	
7003	7006	-	Silex	Silex		360g	13 Stücke	11.05.02	
7003	7007	-	Gefäßfragment	Basalt	Dm.:?;H.:5,3cm;N:12,70;O94,77;H98,67m(UK),98,72m(OK)	800g	Rand	11.05.02	6,03
7003	7011,2	-	Tesserae	Kalkstein	3,7x1,8x2,0cm - 2,2x2,0x1,6cm	40g	4 Stücke	11.05.02	
7004	7010	-	Silex	Silex		40g		11.05.02	
7006	7014	2	Knochen	Knochen		40g		29.05.03	

7006	7015	2	Tesserae	Kalkstein	ab 2,5x2,3x2,0cm	110g	5 Stücke	29.05.03	
7006	7016	2	Reibsteinfragmente	Basalt		260g	2 Stücke	29.05.03	
7007	7018	3	Knochen	Knochen		30g		29.05.03	
7007	7019	3	Stößel	Basalt	N112,10;O98,85;H99,58m	270g		29.05.03	
7007	7020	3	Stößel	Basalt	6,5x5,2x5,4cm;N110,70;O99,30;H99,54m; Vgl. Kap. 2.4.1.2	400g		29.05.03	21,03
7007	7021	3	Gefäßdeckel	Basalt	Dm.:4,4cm;Di.:2,7cm;N111,15:O98,90;H99,49m; Vgl. Kap. 2.4.1.1	100g	rund	29.05.03	33,05
7008	7022	-	Webgewicht	Basalt	6,0x6,3cm; Vgl. Kap. 2.4.1.2	440g		10.06.03	
8002	8003	-	Knochen	Knochen		40g	2 Stücke	13.05.02	
8002	8004	-	Tesserae	Kalkstein	2,7x2,5x2,4cm-2,0x1,9x1,8cm	40g	4 Stücke	13.05.02	
8002	8005	-	Basaltfragment	Basalt	6,4x3,8x3,7cm	160g		13.05.02	
8004	8008	H1	Silex	Silex		300g		28.05.03	
8004	8009	H1	Tesserae	Kalkstein	ab 2,7x2,3x1,8cm	100g	4 Stücke	28.05.03	
8004	8010	H1	Kalksteinfragment	Kalkstein		1120g		28.05.03	
8004	8011	H1	Basaltfragment	Basalt		960g		28.05.03	
8004	8012	H1	Metallobjekt	Eisen	L.:7,2cm;Br.:0,8-1,7cm	110g	Zinken ?	28.05.03	40,01
8005	8014	H1	Silex	Silex		80g		29.05.03	
8005	8015	H1	Reibsteinfragmente	Basalt		2260g	5 Stücke	29.05.03	
8005	8016	H1	Tesserae	Kalkstein	ab 2,3x2,3x2,5cm	90g	6 Stücke	29.05.03	
8005	8017	H1	Gerätefragment	Kalkstein	L.:5,8cm	40g		29.05.03	
8005	8018	H1	Kalksteinfragmente	Kalkstein		810g		29.05.03	
8005	8019,1	H1	Knochen	Knochen		100g		29.05.03	
8006	8020	1	Silex	Silex		120g		17.05.04	
8006	8021	1	Tesserae	Kalkstein	2,6x2x2cm	160g	10 Stücke	17.05.04	
8006	8022	1	Reibsteinfragment	Basalt	10x7x4cm	400g		17.05.04	
8007	8024,1	2	Reibsteinfragment	Basalt	9,5x10x12cm	1000g		18.05.04	
8007	8024,2	2	Reibsteinfragment	Basalt	5x3,3x4cm	400g		18.05.04	
8007	8024,3	2	Reibsteinfragment	Basalt	6,4x4,2x1,7cm	400g		18.05.04	
8007	8025	2	Knochen	Knochen		320g		18.05.04	
8007	8026	2	Tesserae	Kalkstein	1,7x1,9x1,7cm	320g	16 Stücke	18.05.04	
8007	8027	2	Tesserae	Kalkstein	1,2x1,2x1,2cm	10g	2 Stücke	18.05.04	
8007	8028	2	Fossil ?	Stein ?	4,5x1,0x0,8cm	15g	Säge ?	18.05.04	34,09
8008	8030	3	Knochen	Knochen		200g		19.05.04	
8008	8031	3	Muschel	Muschel	Dm.:3,4cm; Vgl. Kap. 2.4.5	10g	ca. rund	19.05.04	
8008	8032,1	3	Stößel	Basalt	5,1x3,6x4,7cm; Vgl. Kap. 2.4.1.2	230g		19.05.04	23,05
8008	8032,2	3	Stößel	Basalt	6,5x5,5cm	300g		19.05.04	
8008	8032,3	3	Stößel	Basalt	5,5x4,5cm	100g		19.05.04	
8009	8034	3 (?)	Knochen	Knochen		180g		20.05.04	
8009	8035,1	3 (?)	Reibstein	Basalt	22x10x5,5cm; Vgl. Kap. 2.4.1.2	800g	halbrund	20.05.04	
8009	8035,2	3 (?)	Stößel	Stein	Dm.:7,5cm	650g	ca. rund	20.05.04	
8009	8035,3	3 (?)	Stößel	Stein	Dm.:8,5cm	800g	ca. rund	20.05.04	
8009	8036	3 (?)	Tesserae	Kalkstein	2x1,9x1,6cm	60g	2 Stücke	20.05.04	

8009	8037	3 (?)	Reibsteinfragment	Basalt	18,5x13x4cm;N98,80;O87,10;H98,95m	1000g		20.05.04	
8010	8043	3	Knochen	Knochen		60g		21.05.04	
8010	8044	3	Tesserae	Kalkstein	2,5x2x2cm	90g	3 Stücke (1 Stück ist grau)	21.05.04	
8010	8045	3	Spinnwirtel	Basalt	Dm.:3,3cm; N97,54;O86,90;H98,74m; Vgl. Kap. 2.4.1.2	40g		22.05.04	33,08
8010	8048	3	Webgewichtfragment	Kalkstein	12,5x6,6x4,6cm; N99,20;O85,50;H98,92m; Vgl. Kap. 2.4.1.2	450g	halbrund	23.05.04	31,04
8010	8049	3	Gefäßfragment	Basalt	7,2x5x3,5cm; Vgl. Kap. 2.4.1.1	150g	Rand	23.05.04	
8011	8039	3 (?)	Knochen	Knochen		100g		21.05.04	
8011	8040	3 (?)	Stößel	Stein	Dm.:4,8cm; N98,77;O88,54;H98,65m	150g	rund	21.05.04	
8011	8041	3 (?)	Stößel	Stein	Dm.:8,5cm;N97,54;O88,96;H98,49m	700g	rund	21.05.04	
8012	8047	3 (?)	Knochen	Knochen		60g		22.05.04	
8013	8061	3 (?)	Stößel	Stein	Dm.:2,9cm; N97,30;O88,80;H98,36m	30g	rund	23.05.04	
8013	8063	3 (?)	Ring	Silber	Dm.:2,1cm;Di.:0,4cm;N97,70;O89,25;H98,28m; Vgl. Kap. 2.4.2.2	10g	mit einer Platte für Steine	23.05.04	38,08
8013	8064	3 (?)	Stößelfragment	Kalkstein	14x7x10,5cm;N97,70;O98,80;H98,01m	1100g		23.05.04	
8013	8065	3 (?)	Mörserfragment	Basalt	13,5x11x7,2cm;N97,70;O88,65;H98,07m	800g		23.05.04	
8013	8066	3 (?)	Stößel	Basalt	Dm.:8,6cm;N97,30;O88,90;H98,18m	1000g	ca. rund	23.05.04	
8013	8067	3 (?)	Stößel	Basalt	Dm.:4,8cm;N97,30;O88,70;H98,09m	270g	rund	23.05.04	
8013	8068	3 (?)	Stößel	Stein	Dm.:8,2cm;N97,35;O89,00;H98,17m	900g	ca. rund	23.05.04	
8013	8069	3 (?)	Reibstein	Basalt	9,3x6,6x3,1cm;N97,20;O88,90;H98,12m	440g	rechteckig	23.05.04	31,02
8013	8070	3 (?)	Stößel	Basalt	6,4x4,6x4,2cm;N97,30;O98,00;H98,00m	250g	ca. rechteckig	24.05.04	
8013	8071	3 (?)	Knochen	Knochen		45g		24.05.04	
8014	8051	3	Knochen	Knochen		160g		24.05.04	
8014	8053	3	Knochen	Knochen		30g		23.05.04	
8014	8057	3	Knochen	Knochen		140g		23.05.04	
8014	8072	3	Stößelfragment	Basalt	6,5x5,4x3,8cm;N97,40;O87,43;H98,29m	240g		24.05.04	
8014	8074	3	Tessera	Kalkstein	2,5x1,9x1,7cm	30g	1 Stück	24.05.04	
8014	8075	3	Gefäßboden	Basalt	Dm.:16,6cm;H.:7,5cm;N97,18;O87,40;H98,16m; Vgl. Kap. 2.4.1.1	600g	Boden	24.05.04	7,01
8015	8077	3	Knochen	Knochen		100g		26.05.04	
8015	8078	3	Reibsteinfragment	Basalt	25x15,5x7,5cm;N95,00;O87,83;H98,73m	2000g		26.05.04	
8016	8080	3	Knochen	Knochen		40g		26.04.04	
8016	8081	3	Reibsteinfragment	Basalt	12,7x7,7x3,6cm	350g		26.05.04	
8017	8083	3 (?)	Knochen	Knochen		40g		27.05.04	
8018	8085	3	Stößel	Stein	5,4x4,5cm;N95,65;O87,50;H98,48m	170g	weiß, oval	27.05.04	
8018	8086	3	Gefäßfuß	Basalt	8,3x5,5x3,8cm;N95,00;O87,95;H98,53m	700g	Fuß	27.05.04	17,03
8018	8087	3	Knochen	Knochen		40g		27.05.04	
8018	8090	3	Gefäßfragment	Basalt	Dm.:24,4cm;H.:2,0cm; Vgl. Kap. 2.4.1.1	30g	Rand	27.05.04	12,02
8019	8089	4	Knochen	Knochen		30g		27.05.04	
8021	8092	4	Knochen	Knochen		80g		29.05.04	
8021	8093	4	Muschel	Muschel	Dm.:3,9cm;N95,40;O86,30;H97,96m; Vgl. Kap. 2.4.5	15g	mit Loch, ca. Rund	29.05.04	
8022	8095	4	Knochen	Knochen		150g		29.05.04	
8022	8096	4	Muschel	Muschel	N98,40;O86,87;H97,37m; Vgl. Kap. 2.4.5	5g		29.05.04	
8022	8097	4	Deckel/Tonscheibe	Keramik	Dm.:2cm;Di.:0,7cm;N97,86;O87,44;H97,86m; Vgl. Kap. 2.4.3.1	5g	ca. rund	29.05.04	36,01

8023	8099	5	Schmuckstein	Kalkstein	Dm.:1,0cm;Di.:0,8cm;N96,87;O86,70;H97,57m	5g	rund; beidseitig Einritzungen	31.05.04	35,01
8023	8100	5	Knochen	Knochen		90g		31.05.04	
8024	8102	5	Knochen	Knochen		120g		31.05.04	
8024	8103	5	Spinnwirtel	Keramik	Dm.:7,2cm;N97,70;O86,20;H97,40m	130g	ca. rund	31.05.04	36,12
8025	8105	5	Knochen	Knochen		30g		01.06.04	
8026	8107	4	Knochen	Knochen		50g		06.06.04	
8026	8109	4	Probe	Putz		150g	Kalksteinputz?	06.06.04	
8026	8110	4	Stößel	Basalt	10x4,5x4,2cm;N97,32;O89,00;H98,20m	400g		06.06.04	
8027	8111	4	Probe	Erde	N95,58;O89,00;H97,83m	1000g		06.06.04	
8027	8113,1	4	Knochen	Knochen		10g		06.06.04	
8027	8113,2	4	Knochen	Knochen		100g		08.06.04	
8028	8115	4	Stößel	Basalt	9,7x7,6x3cm;N97,40;O88,30;H97,92m	450g		08.06.04	
8028	8116	4	Knochen	Knochen		90g		08.06.04	
8028	8117	4	Mahlplatte	Basalt	31x34x3,7cm;N97,80;O88,30;H97,91m	7000g		08.06.04	
8028	8118	4	Stößel	Stein	2,7x1,6x0,8cm	10g	rund, sehr klein	08.06.04	
8028	8119	4	Stößel	Basalt	6,2x4,6x5,1cm;N97,98;O88,25;H97,91m	200g		08.06.04	
8028	8120	4	Stößel	Stein	8,1x8x6,1cm;N98,05;O88,36;H97,79m	600g		08.06.04	
8028	8121	4	Stößel	Stein	7,8x7,4x6,6cm;N98,10;O88,42;H97,79m	550g		08.06.04	
8028	8122,1	4	Stößel	Basalt	8,1x6x5,2cm	450g		09.06.04	
8028	8122,2	4	Stößel	Basalt	7,7x8,7x2,2cm	210g		09.06.04	
8028	8122,3	4	Stößel	Basalt	10,4x4,3x3cm	200g		09.06.04	
8028	8125	4	Probe	Erde	N95,73;O88,70;H97,85m	1000g	aus großen Gefäß der SW-Ecke	09.06.04	
8029	8124	5	Knochen	Knochen		200g		09.06.04	
8029	8126	5	Webgewicht	Kalkstein	4,4x4,6x1,1cm;N97,50;O88,65;H97,58m; Vgl. Kap. 2.4.1.2	20g		09.06.04	33,02
8029	8127	5	Rollstein	Kalkstein	8,3x4,4x2,7cm;N97,28;O88,57;H97,64m; Vgl. Kap. 2.4.1.2	200g	von beiden Seiten 7mm angebohrt	09.06.04	35,08
8029	8128	5	Muschel	Muschel	3,1x3x1cm;N96,44;O89,20;H97,54m; Vgl. Kap. 2.4.5	5g		09.06.04	
8029	8129	5	Probe	Erde	N96,10;O89,85;H97,81m	200g	aus SO-Ecke	10.06.04	
8029	8130	5	Schlacke	Schlacke	9,3x6,8x0,0cm;N96,00;O98,85;H97,00m	250g	aus Gefäß Nr. 8123	10.06.04	
8029	8131	5	Knochen	Knochen		1g		10.06.04	
8029	8132	5	Probe	Erde	N96,00;O89,85;H97,62m	600g	vom Boden	10.06.04	
8029	8133	5	Ahle	Knochen	L.:10,4cm;Br.:0,8cm;Di.:0,4cm;N96,32;O89,97;H97,71m; Vgl. Kap. 2.4.4.1	1g	zerbrochen in zwei Stücke	10.06.04	37,08
8029	8134	5	Knopf	Keramik	Dm.:3cm;Di.:0,8cm;N96,20;O89,75;H97,52m; Vgl. Kap. 2.4.3.1	20g	ca. rund, 2 Löcher	10.06.04	37,05
8030	8135	-	Perle	Hämatit ?	Dm.:2,0cm;N99,20;87,90;H98,96m; Vgl. Kap. 2.4.1.3	3g	braun-schwarz; poliert; durchbohrt	12.06.04	35,05
8031	8138	4	Knochen	Knochen		500g		14.06.04	
8031	8139	4	Stößel	Basalt	7,5x5,1x3cm	150g		14.06.04	
8031	8140	4	Probe	Erde	N99,89-97,25;O88,76-91,10;H97,85m	650g		14.06.04	
8032	8142	1	Knochen	Knochen		250g		02.06.04	
8032	8143	1	Tesserae	Kalkstein	2,4x2,5x1,7cm	80g	3 Stücke	02.06.04	
8033	8145	2	Schlacke	Schlacke	4,6x4,3x3,2cm	70g	Kupfer?	02.06.04	
8033	8146	2	Stößel	Basalt	Dm.:6,0cm; Di.:3,5cm; Vgl. Kap. 2.4.1.2	210g	rund	02.06.04	23,01
8033	8147	2	Stößel	Basalt	6x7,8x4,6cm	320g		02.06.04	

8033	8148	2	Gefäßfragment	Stein	13x9,2x3,6cm; Vgl. Kap. 2.4.1.1	600g	Rand	02.06.04	
8033	8149	2	Steinobjekt	Stein	4,2x2,6cm	60g		02.06.04	
8034	8151	3	Tessera	Kalkstein	1,8x2x1,6cm	20g	1 Stück	03.06.04	
8034	8152	3	Stößel	Stein	Dm.:8cm	800g	ca. rund	03.06.04	
8034	8153	3	Bimsstein	Basalt	Br.oben:4,9cm;Br.unten:5,9cm;H.:5,5cm;Di.:3,1cm; Vgl. Kap. 2.4.1.2	120g	sehr porös + leicht, aus dem Steg	03.06.04	34,01
8034	8154	3	Gefäßfragment	Basalt	Dm.:16,3cm;H.:5,0cm; Vgl. Kap. 2.4.1.1	120g	Rand	03.06.04	11,03
8034	8155	3	Reibsteinfragment	Basalt	7,7x5,3x2cm	220g		03.06.04	
8034	8156	3	Gefäßfragment	Basalt	Dm.:25,0cm;H.:9,3cm; Vgl. Kap. 2.4.1.1	550g	Rand und abgebrochener Fuß	03.06.04	8,02
8034	8157	3	Reibsteinfragment	Basalt	8x7,5x3,5cm	410g		03.06.04	
8034	8158	3	Reibsteinfragment	Basalt	10x12x7,5cm	800g	halbrund	03.06.04	
8034	8159	3	Knochen	Knochen		130g		03.06.04	
8034	8160	3	Stößel	Basalt	7,5x6,4x6,2cm	520g		03.06.04	
8034	8161	3	Stößelfragment	Basalt	7,8x7,8x5,3cm	500g		03.06.04	
8035	8163	4 (?)	Stößel	Basalt	6,4x4,7x3,9cm;N97,00;O90,00;H98,46m; Vgl. Kap. 2.4.1.2	230g	oval	03.06.04	23,03
8035	8164	4 (?)	Stößel	Basalt	5,7x4,9x5,1cm;N97,02;O90,00;H98,46m; Vgl. Kap. 2.4.1.2	260g	zwei 3mm tief angebohrte Löcher	03.06.04	23,06
8035	8165	4 (?)	Fibel	Bronze	L.:7,5cm;Br.:0,8-0,4cm;N97,02;O89,87;H98,40m; Vgl. Kap. 2.4.2.2	30g		03.06.04	38,02
8500	8501	H1	Tesserae	Kalkstein	2,5x2,5x2cm	60g	2 Stücke	17.05.04	
8500	8504	H1	Tesserae	Kalkstein	1,8x2x2cm	210g	14 Stücke	18.05.04	
8505	8506	H1	Tesserae	Kalkstein	2,1x2,2x1,5cm	70g	4 Stücke	19.05.04	
8505	8507	H1	Knochen	Knochen		20g		19.05.04	
8505	8508,1	H1	Reibstein	Basalt	12,5x8x5cm; Vgl. Kap. 2.4.1.2	700g	halbrund	19.05.04	
8505	8508,2	H1	Reibsteinfragment	Basalt	9x11x5,5cm	800g		19.05.04	
8506	8511	H2 (?)	Knochen	Knochen		100g		20.05.04	
8506	8513	H2 (?)	Knochen	Knochen		40g		22.05.04	
8506	8514	H2 (?)	Gefäßfragment	Basalt	Dm.:25,0cm;H.:95,6cm	220g	Rand	22.05.04	12,03
8507	8518,1	H3	Reibsteinfragment	Basalt	10,4x9x4cm	450g		31.05.04	
8507	8518,2	H3	Reibsteinfragment	Basalt	18x12,8x3,8cm	1000g		31.05.04	
8507	8518,3	H3	Reibsteinfragment	Basalt	18x11x4,5cm	1000g		31.05.04	
8507	8518,4	H3	Reibsteinfragment	Basalt	13x7,5x3,5cm	500g		31.05.04	
8507	8519	H3	Knochen	Knochen		30g		31.05.04	
8507	8521	H3	Knochen	Knochen		110g		01.06.04	
8507	8522,1	H3	Gefäßfuß	Basalt	3,1x4,6x4,5cm	500g	Fuß; stark abgerieben	01.06.04	7,04
8507	8522,2	H3	Stößel	Basalt	Dm.:3,5cm;H:5cm	120g	rund	01.06.04	
8507	8525	H3	Spule?/Spielstein?	Knochen?	Dm.:2,3cm;Di:1,0cm	5g	rund	01.06.04	35,02
8510	8524	H4 (?)	Knochen	Knochen		320g		02.06.04	
8510	8527	H4 (?)	Knochen	Knochen		240g		03.06.04	
8510	8530	H4 (?)	Knochen	Knochen		230g		06.06.04	
8510	8532	H4 (?)	Knochen	Knochen		120g		07.06.04	
8510	8534	H4 (?)	Knochen	Knochen		2g		08.06.04	
9001	9003	1	Silex	Silex		50g		26.05.03	
9001	9004	1	Knochen	Knochen		60g		26.05.03	

9001	9005	1	Tesserae	Kalkstein	ab 1,9x2,4x2,1cm	400g	19 Stücke	26.05.03	
9001	9006	1	Gefäßfuß	Basalt	5,7x6,8x6,5cm	450g	Fuß	26.05.03	16,06
9001	9007,1	1	Webgewicht	Keramik	Dm.:ca.6,0cm;Di.:ca.4,0cm; Vgl. Kap. 2.4.3.1	60g	rund	26.05.03	
9001,1	9017	1	Tesserae	Kalkstein	ab 3,7x2,5x2,3cm	260g	10 Stücke	28.05.03	
9001,1	9018	1	Glasfragment	Glas		20g		28.05.03	
9001,1	9019	1	Knochen	Knochen		130g		28.05.03	
9001,1	9020	1	Silex	Silex		240g		28.05.03	
9002	9009	2 (?)	Tesserae	Kalkstein	2,8x2,2x1,5cm-3,3x2,6x2,2cm	200g	10 Stücke	28.05.03	
9002	9010	2 (?)	Silex	Silex		750g		27.05.03	
9002	9011	2 (?)	Knochen	Knochen		350g		28.05.03	
9002	9012	2 (?)	Glasfragment	Glas	Dm.:5,8cm;Di.:0,1cm	10g	Rand	27.05.03	41,08
9002,1	9022	2 (?)	Silex	Silex		100g		29.05.03	
9002,1	9023	2 (?)	Knochen	Knochen		190g		29.05.03	
9002,1	9024	2 (?)	Glasfragment	Glas		10g	Henkel	29.05.03	41,06
9002,1	9025	2 (?)	Metallobjekt	Eisen	L.:5,8cm;Br.:ca.0,8cm	10g	Gerät?, Zinken?	29.05.03	39,03
9002,1	9026	2 (?)	Reibsteinfragmente	Basalt		670g	4 Stücke	29.05.03	
9002,1	9027	2 (?)	Tesserae	Kalkstein	ab 2,4x2,5x2,0cm	190g	11 Stücke	29.05.03	
9003	9014	2 (?)	Silex	Silex		60g		27.05.03	
9004	9029	2	Tesserae	Kalkstein	ab 2,4x2,5x1,7cm	150g	9 Stücke	31.05.03	
9004	9030	2	Knochen	Knochen		1210g		31.05.03	
9004	9031	2	Silex	Silex		150g	3 Stücke	31.05.03	
9004	9035	2	Basaltfragment	Basalt		300g		31.05.03	
9004	9047	2	Basaltfragmente	Basalt		170g	2 Stücke	01.06.03	
9005	9033	2	Silex	Silex		250g		31.05.03	
9005	9034	2	Knochen	Knochen		440g	2 Tüten	31.05.03	
9005	9039	2	Silex	Silex		250g		31.05.03	
9005	9040	2	Probe	Erde	N101,00;O105,00;H99,83m(OK)	360g	aus Gefäß Nr. 9038	31.05.03	
9005	9041	2	Probe	Erde	N101,00;O105,00;H99,83m(UK)	2100g	aus Gefäß Nr. 9038	31.05.03	
9005	9043	2	Stößel	Basalt	N101,00;O106,70;H99,76m-99,80m	300g		01.06.03	
9005	9046	2	Silex	Silex		90g		01.06.03	
9006	9050	2	Tesserae	Kalkstein	ab 2,2x2,1x1,8cm	50g	2 Stücke	01.06.03	
9006	9051	2	Stößel	Basalt		270g		01.06.03	
9006	9052	2	Gefäßfragmente	Basalt	Dm.:32,0cm;H.:8,0cm; Vgl. Kap. 2.4.1.1	1390g	4 Stücke: 1 Rand (450g), 3 Frag.	01.06.03	9,01
9008	9036	2	Mörser-Dreifuß	Basalt	Dm.:25,7cm;H.:16,8cm;N104,65;O105,80;H99,72m-99,60m(UK)	6700g	vollständiger Mörser	31.05.03	3,01
9008	9037	2	Probe	Erde	N104,65;O105,80;H99,72m-99,60m(UK)	1700g	aus Nr. 9036, Mörser-Dreifuß	31.05.03	
9010	9054,1	2	Spinnwirtelfragment	Basalt	Dm.:5,0cm; Vgl. Kap. 2.4.1.2	80g		02.06.03	
9010	9055	2	Silex	Silex		320g		02.06.03	
9010	9056	2	Knochen	Knochen		520g		02.06.03	
9010	9057	2	Tesserae	Kalkstein	ab 2,7x2,3x1,0cm	70g	4 Stücke	02.06.03	
9010	9058	2	Schminkpalette	Kalkstein	Dm.Rand:8,2cm;Dm.Boden:5,7cm;N108,90;O101,40;H99,56m; Vgl. Kap. 2.4.1.1	280g	vollst., Rand leicht abgebrochen	02.06.03	1,02
9010	9059	2	Basaltfragment	Basalt	N105,80;O104,46;H99,67m	210g		01.06.03	

9010	9060	2	Gefäßfragment	Basalt	N107,04;O104,34;H99,76m;11,00x10,00x4,50cm; Vgl. Kap. 2.4.1.1	1210g	Rand	01.06.03	
9010	9061,1	2	Muschel	Muschel		20g		03.06.03	
9010	9061,2	2	Basaltfragment	Basalt		5150g		01.06.03	
9010	9062	2	Basaltfragment	Basalt		830g		03.06.03	
9010	9072	2	Gefäßfuß	Basalt	Dm.:5,8cm;H.:5,1cm	400g	Fuß mit Standring	03.06.03	17,02
9011	9065	2 (?)	Stößel	Basalt	N103,45;O104,45;H99,82m	450g		03.06.03	
9011	9066	2 (?)	Stößel	Basalt	N103,45;O104,45;H99,82m	410g		03.06.03	
9012	9067	2	Basaltfragmente	Basalt		360g	3 Stücke	03.06.03	
9012	9068	2	Knochen	Knochen		350g		03.06.03	
9012	9070	2	Stößel	Basalt	7,6x8,3x10,6cm;N102,20;O102,70;H99,74m	1450g		03.06.03	
9013	9074	2	Glasfragment	Glas		20g		04.06.03	
9013	9075	2	Tesserae	Kalkstein	ab 2,9x2,7x1,3cm	50g	3 Stücke	04.06.03	
9013	9076	2	Silex	Silex		100g		04.06.03	
9013	9077	2	Mörser	Kalkstein	9x25x16cm;Dm.Loch:12cm;N101,6;O103;H99,64m	7500g		04.06.03	
9013	9079	2	Stößel	Basalt	6,5x8,6x8,3cm;N101,87;O103,57;H99,70m	750g		04.06.03	
9013	9080	2	Stößel	Basalt	9,2x9,4x5,6cm;N102,16;O103,57;H99,70m	710g		04.06.03	
9013	9082	2	Stößel	Basalt	9,9x7,1x8,3cm	1140g		04.06.03	
9013	9084	2	Knochen	Knochen		100g		04.06.03	
9013	9088	2	Reibsteinfragmente	Basalt		5100g	3 Stücke	05.06.03	
9013,1	9091	3	Tesserae	Kalkstein	ab 2,9x2,3x2,4cm	50g	2 Stücke	05.06.03	
9013,1	9092	3	Knochen	Knochen		300g		05.06.03	
9013,1	9093,1	3	Muschel	Muschel	2,2x2,1cm; Vgl. Kap. 2.4.5	15g	mit Loch	05.06.03	
9014	9086	2	Knochen	Knochen		360g		04.06.03	
9015	9089	2	Knochen	Knochen		10g		05.06.03	
9015	9090	2	Spinnwirtel	Basalt	Dm.:5,2cm; Vgl. Kap. 2.4.1.2	40g		05.06.03	
9015	9094	2	Mahlstein	Basalt	N103,80;O104,80;H?	550g		05.06.03	
9015	9095	2	Knopf	Keramik	Dm.:2,5cm;Di.:0,6cm; Vgl. Kap. 2.4.3.1	50g	rund, 2 Löcher	05.06.03	
9016	9098	2	Reibsteinfragment	Basalt		3300g		05.06.03	
9016	9099	2	Angelstein	Kalkstein	16x38x29cm;Dm.Vertiefung:18cm;N108,45;O100,7;H99,50m	5000g		05.06.03	
9016	9100	2	Stößel	Basalt	10,8x9,5cm;N109,40;O101,15;H99,49m-99,43m	1220g		05.06.03	
9017	9101	3 (?)	Angelstein	Stein	Dm.Vertiefung:4,00cm	1960g		07.06.03	
9017	9102	3 (?)	Knochen	Knochen		100g		07.06.03	
9017	9103	3 (?)	Knochen	Knochen		100g		07.06.03	
9017	9104	3 (?)	Gefäßfuß	Basalt	8,0x4,9x2,5cm	220g	Fuß mit Verstrebungen	07.06.03	17,04
9017	9105	3 (?)	Glasfragmente	Glas		40g	4 Stücke	07.06.03	
9017	9106	3 (?)	Knochen	Knochen		140g		07.06.03	
9017	9107	3 (?)	Basaltfragmente	Basalt		2100g	3 Stücke	07.06.03	
9018	9110	3	Knochen	Knochen		50g		07.06.03	
9018	9112	3	Knochen	Knochen		250g		07.06.03	
9018	9113	3	Basaltfragment	Basalt	5,7x4,0x4,1cm	100g		07.06.03	
9018,1	9119	3	Gefäßdeckel	Basalt	Dm.:3,7cm;Di.:1,25cm; Vgl. Kap. 2.4.1.1	60g	rund	08.06.03	33,03

9018,1	9121	3	Knochen	Knochen		90g		08.06.03	
9018,1	9122	3	Basaltfragment	Basalt	13,0x22,5x7,2cm;N105,10;O104,35;H99,48m	1200g		08.06.03	
9018,1	9124	3	Reibstein	Basalt	37,0x13,0x5,5cm; Vgl. Kap. 2.4.1.2	4300g	halbrund	08.06.03	29,01
9018,1	9125	3	Basaltfragment	Basalt		1170kg	3 Stücke	08.06.03	
9018,1	9126	3	Reibstein	Basalt	33,0x12,5x5,5cm; Vgl. Kap. 2.4.1.2	3000g	halbrund	08.06.03	29,02
9018,1	9127	3	Reibstein	Basalt	30,0x11,0x5,5cm; Vgl. Kap. 2.4.1.2	2500g	halbrund	08.06.03	
9018,1	9129	3	Stößel	Basalt	6,4x4,6cm;4,9x4,9cm	450g	2 Stücke	08.06.03	
9018,1	9130	3	Basaltfragment	Basalt	15,0x13,5x4,1cm	1860g		08.06.03	
9019	9114	3	Basaltfragment	Basalt	9,0x8,5x6,1cm	760g		08.06.03	
9019	9115	3	Knochen	Knochen		600g		08.06.03	
9019	9120	3	Stößel	Basalt	4,4x3,8 cm	140g		08.06.03	
9020	9133,1	-	Knochen	Knochen		100g		09.06.03	
9020	9134,1	-	Basaltfragment	Basalt		350g		09.06.03	
9020	9135	-	Gefäßfuß	Basalt	10,2x10,1x3,5cm	750g	Fuß mit Verstrebungen	09.06.03	17,01
9021	9137	3	Bohrer	Silex		50g	2 Stücke	09.06.03	
9021	9138,1	3	Muschel	Muschel	3,9x2,7cm; Vgl. Kap. 2.4.5	20g	mit Loch	09.06.03	
9021	9138,2	3	Stößel	Basalt		2050g	2 Stücke	09.06.03	
9021	9139	3	Tessera	Kalkstein	2,5x1,8x2,0cm	20g	1 Stück	09.06.03	
9021	9140	3	Knochen	Knochen		1160g		09.06.03	
9021	9141	3	Mörser	Basalt	21,0x13,2x3,6cm;N103,70;O104,10;H99,33m	2060g		10.06.03	24,01
9021	9142	3	Mahlplatte	Basalt	N104,25;O104,25;H99,33m (1. 30x40x4cm; 2. 40x40x5cm)	11000g	2 Teile; Teil 2: 3000g, in situ	09.06.03	
9023	9144	3	Mörser	Kalkstein	15x32x29cm;Dm.Loch19cm;N104,5;O105,8;H99,13m	17000g		10.06.03	
9023	9145	3	Stößelfragment	Basalt	4,3x4,8cm	250g	halber Stößel	09.06.03	
9023	9146	3	Knochen	Knochen		800g		09.06.03	
9024	9147	3	Knochen	Knochen		100g	2 Stücke	10.06.03	
9024	9148	3	Basaltfragmente	Basalt		1150g	2 Stücke	10.06.03	
9024	9149	3	Webgewicht	Kalkstein	8,8x9,2x6,6cm; Vgl. Kap. 2.4.1.2	610g		10.06.03	
9024	9160,1	3	Mörser	Kalkstein	21,5x19,5x6,0cm;N109,20;O101,20;H99,42m	4450g		10.06.03	25,01
9024	9161,1	3	Muschel	Muschel	2,5x2,3cm; Vgl. Kap. 2.4.5	20g		10.06.03	
9025	9163	3	Basaltfragmente	Basalt		2900g	2 Stücke	10.06.03	
9026	9153	3	Stößel	Basalt	5,8x5,3x5,5cm; Vgl. Kap. 2.4.1.2	400g		10.06.03	22,02
9026	9154,1	3	Basaltfragmente	Basalt		4200g		10.06.03	
9026	9154,2	3	Basaltfragmente	Basalt		3500g		10.06.03	
9026	9154,3	3	Basaltfragmente	Basalt		3850g		10.06.03	
9026	9155,1	3	Probe	Erde	N100,80;O102,90;H99,27m	2150g	aus Gefäß Nr. 9155	10.06.03	
9026	9157	3	Stößel	Basalt	8,8x8,0cm;N101,85;O101,80;H99,40m	1050g		10.06.03	
9028	9150	3	Perle	Fritte ?	Dm.:0,55cm	10g	blau, durchbohrt	10.06.03	35,03
9028	9151	3	Basaltfragmente	Basalt		2100g		10.06.03	
9028	9159	3	Stößel	Basalt	5,4x3,8x3,2cm; Vgl. Kap. 2.4.1.2	90g		10.06.03	22,01
9029	9158	3	Stößel	Basalt	6,2x5,9cm;N103,58;O109,30;H99,49m	260g		10.06.03	
9030	9160,2	3	Spinnwirtel	Basalt	Dm.:3,8cm; Vgl. Kap. 2.4.1.2	20g		11.06.03	33,09

9030	9161,2	3	Muschel	Muschel	3,7x3,3x1,2cm; Vgl. Kap. 2.4.5	10g	mit Loch	11.06.03	41,02
9032	9166	-	Silex	Silex		150g		07.06.04	
9032	9167	-	Glasfragment	Glas	1,0x1,0x0,1cm	1g		07.06.04	
9032	9168	-	Stößel	Basalt	5,5x5,1x4,5cm;N101,64;O100,35;H99,79m	220g		07.06.04	
9033	9171	3	Knochen	Knochen		40g		08.06.04	
9033	9172	3	Probe	Putz		110g	Kalksteinputz	08.06.04	
9033	9174	3	Probe	Erde	N102,51;O100,00;H99,46m	60g	aus Gefäß Nr. 9173	08.06.04	
9033	9175	3	Probe	Holzkohle		20g		08.06.04	
9033	9176	3	Silex	Silex		50g		08.06.04	
9033	9178	3	Stößel	Basalt	11,7x8,2x10,2cm;N102,50;O99,58;H99,40m	1500g		08.06.04	
9033	9179	3	Stößel	Basalt	4,3x4,7x5,0cm;N102,00;O100,50;H99,65m; Vgl. Kap. 2.4.1.2	160g		08.06.04	23,02
9034	9181	-	Tessera	Kalkstein	2,3x1,7x1,8cm	20g	1 Stück	08.06.04	
9034	9182	-	Knochen	Knochen		1g		09.06.04	
9035	9184	3 (?)	Muschel	Muschel	3x3x0,8cm; Vgl. Kap. 2.4.5	5g		09.06.04	
9035	9185	3 (?)	Tessera	Kalkstein	2,6x2,5x1,4cm	20g	1 Stück	09.06.04	
9035	9187	3 (?)	Stößel	Basalt	3,2x1,7x4,4cm;N104,28;O100,00;H99,20m; Vgl. Kap. 2.4.1.2	70g		09.06.04	23,04
9035	9188	3 (?)	Knochen	Knochen		1g		09.06.04	
9036	9189	-	Reibsteinfragment	Basalt	6,9x4,9x4,7cm	200g		09.06.04	
9036	9190	-	Knochen	Knochen		310g		09.06.04	
9037	9191	-	Tesserae	Kalkstein	2,8x2,4x2cm	30g	2 Stücke	10.06.04	
9037	9192	-	Knochen	Knochen		1g		10.06.04	
9037	9194	-	Dekorelement	Stein ?	1,7x1,2x0,3cm	1g	rechteckig, Möbelornament ?	10.06.04	34,08
9038	9196	-	Knochen	Knochen		50g		10.06.04	
9038	9197	-	Muschel	Muschel	3,3x3,1x1,1cm; Vgl. Kap. 2.4.5	5g		10.06.04	
9039	9164	-	Probe	Erde	N102,84;O108,3;H99,55m	80g	aus Gefäß Nr. 9199	07.06.04	
9039	9198	-	Stößel	Basalt	4x3,3cm	50g		07.06.04	
9039	9200	-	Perlmutt	Perlmutt	zusammen mit Gefäß 9199 gefunden	10g	bei der Reinigung gefunden	07.06.04	
10000	10001	0	Silex	Silex		290g		26.05.03	
10000,1	10058	0	Tesserae	Kalkstein	ab 2,3x2,4x2,1cm	40g	2 Stücke	03.06.03	
10001	10003	1	Knochen	Knochen		30g		26.05.03	
10001	10004	1	Tesserae	Kalkstein	ab 3,6x2,1x1,8cm	250g	12 Stücke	26.05.03	
10001	10005	1	Silex	Silex		120g		26.05.03	
10001	10006	1	Deckel/Tonscheibe	Keramik	Vgl. Kap. 2.4.3.1	40g	ca. rund	26.05.03	
10001	10007	1	Stößel	Basalt	N87,90;O109,36;H99,87m	800g		27.05.03	
10001,1	10060	1	Tesserae	Kalkstein	ab 2,7x2,2x2,3cm	120g	7 Stücke	03.06.03	
10001,1	10061	1	Glasfragment	Glas		20g		03.06.03	
10001,1	10062	1	Basaltfragment	Basalt		50g		03.06.03	
10002	10008	1 (?)	Stößel	Basalt		160g		27.05.03	
10002	10010	1 (?)	Knochen	Knochen		440g		27.05.03	
10002	10011	1 (?)	Tessera	Kalkstein	2,1x2,2x1,6cm	20g	1 Stück	27.05.03	
10002	10012	1 (?)	Meißel	Eisen	L:10,8cm;Br:2,2-5,5cm;Di:ca.1,0cm;N88,30;O109,75;H99,85m;Vgl.Kap 2.4.2.1	140g	stark korrodiert, in lockererErde	27.05.03	40,03

10002	10013	1 (?)	Basaltfragment	Basalt		310g		27.05.03	
10002	10014	1 (?)	Steinobjekt	Stein	13,0x6,2x4,5cm	1160g		27.05.03	
10002	10015	1 (?)	Muscheln	Muschel	1. 3,1x2,8cm; 2. 2,8x2,5cm; Vgl. Kap. 2.4.5	20g	2 Stücke; 1x mit Loch	27.05.03	
10002	10020	1 (?)	Knochen	Knochen		100g		28.05.03	
10002,1	10064	1	Stößel	Stein	Dm.:4,1cm;N83,70;O102,40;H99,64m	210g	rund	04.06.03	
10002,1	10065	1	Knochen	Knochen		40g		04.06.03	
10002,1	10068	1	Basaltfragment	Basalt	3,5x3,3x2,4cm	50g		04.06.03	
10002,2	10071	1	Knochen	Knochen		50g		05.06.03	
10002,2	10072	1	Tesserae	Kalkstein	ab 2,4x2,2x1,9cm	40g	3 Stücke	05.06.03	
10002,2	10073	1	Spinnwirtel	Keramik	Dm.:4,9cm;Di.:0,7cm;N84,96;O108,47;H99,82m	60g	rund	05.06.03	36,09
10002,2	10074	1	Fossil	Stein?	6,6x10,8x6,0cm;N84,27;O106,24;H99,77m	380g	versteinerte Muschel	05.06.03	
10002,2	10075	1	Plattenfragment	Basalt	13,8x13,8x7,0cm;N84,50;O106,10;H99,85m(OK); Vgl. Kap. 2.4.1.1	1800g	1/4 einer rechteckigen Platte	05.06.03	14,02
10002,2	10076	1	Stößel	Basalt	6,7x4,6x4,3cm;N84,67;O106,62;H99,80m	450g		05.06.03	22,03
10002,3	10077	2 (?)	Stößel	Basalt	N84,49;O102,15;H99,60m	280g		05.06.03	
10002,3	10078	2 (?)	Muschelfragment	Muschel	3,5x1,5cm; Vgl. Kap. 2.4.5	20g		05.06.03	
10002,3	10080	2 (?)	Stößel	Basalt	6,1x8,0cm;N83,05;O101,34;H99,60m	510g		05.06.03	
10002,3	10081	2 (?)	Gefäßfragment	Basalt	Dm.:33,8cm;H.:5,8cm; Vgl. Kap. 2.4.1.1	150g	Rand mit Knubbe	05.06.03	13,01
10002,4	10082	2 (?)	Spinnwirtel	Keramik	Dm.:ca.4,0cm;Di.:0,8cm;N84,65;O106,84;H99,60m	10g	ca. rund	07.06.03	
10002,4	10083	2 (?)	Muschelfragmente	Muschel	Vgl. Kap. 2.4.5	20g	3 Stücke	07.06.03	
10002,4	10084	2 (?)	Tessera	Kalkstein	2,5x2,1x2,0cm	20g	1 Stück	07.06.03	
10002,4	10085	2 (?)	Knochen	Knochen		60g		07.06.03	
10002,4	10086	2 (?)	Stößel	Basalt	8,7x5,4cm;N83,50;O101,40;H99,53m	570g		07.06.03	
10002,4	10087	2 (?)	Stößelfragment	Basalt	6,8x2,9cm;N83,10;O101,40;H99,58m	220g		07.06.03	
10002,4	10089	2 (?)	Mahlplatte	Basalt	29,0x20,0x6,5cm;N83,74;O106,22;H99,56m	4120g		07.06.03	
10002,5	10090	2 (?)	Mahlplattenfragment	Basalt	20,5x13,5x5,0cm;N84,04;O107,50;H99,63m	2040g		08.06.03	
10002,5	10091	2 (?)	Mahlplattenfragment	Basalt	15,0x9,8x4,6cm;N84,81;O106,22;H99,56m	1000g		08.06.03	
10002,5	10094	2 (?)	Basaltfragment	Basalt		210g		08.06.03	
10002,5	10095	2 (?)	Knochen	Knochen		100g		08.06.03	
10002,5	10096	2 (?)	Gefäßdeckel	Basalt	5,3x3,8x3,0cm;N83,24;O105,32;H99,64m; Vgl. Kap. 2.4.1.1	100g	oval	08.06.03	33,04
10002,5	10097	2 (?)	Mahlstein	Stein	Dm.:17,0cm;Di.:7,8cm;N82,30;O105,58;H99,62m	840g	halbrund	08.06.03	
10002,5	10098	2 (?)	Steinobjekt	Stein	N83,80;O106,23;H99,59m	1100g		08.06.03	
10002,5	10099	2 (?)	Basaltfragment	Basalt	11,0x10,5x6,1cm;N83,80;O106,90;H99,64m	810g		08.06.03	
10002,6	10103	2	Mörser	Basalt	18x15cm;N83,90;O107,80;H99,51m	1890g		09.06.03	
10002,6	10104	2	Angelstein	Kalkstein	28,0x16,0x8,0cm;N83,80;O101,80;H99,54m	5200g		09.06.03	
10002,6	10107	2	Basaltfragment	Basalt		1690g	3 Stücke	09.06.03	
10002,6	10109	2	Knochen	Knochen		60g		09.06.03	
10002,6	10110	2	Basaltfragment	Basalt	7,3x5,4x3,6cm	50g		09.06.03	
10002,7	10111	2	Stößel	Basalt	3,4x6,3cm;N82,43;O107,21;H99,44m	200g		10.06.03	
10002,7	10112	2	Reibstein	Basalt	23,0x13,0x4,1cm;N84,05;O106,22;H99,50m; Vgl. Kap. 2.4.1.2	1910g	halbrund	10.06.03	
10002,7	10113	2	Reibstein	Basalt	26,5x10,0x4,2cm;N83,75;O105,57;H99,64m; Vgl. Kap. 2.4.1.2	2190g	halbrund	10.06.03	
10002,7	10114	2	Knochen	Knochen		90g		10.06.03	

10003	10016	2	Mörser-Dreifuß	Basalt	Dm.:34,6cm;H.:17,6cm;N87,50;O107,10;H99,87m(OK)-99,75m(UK)	4160g	Fragment, Rand und 1 Fuß	27.05.03	4,01
10003	10041	2	Probe	Erde	N87,55;O106,00;H99,87m	670g	aus Gefäß Nr.10017/10037	01.06.03	
10004	10027	2	Mörser-Dreifuß	Basalt	Dm.:15,2cm;H.:10,7cm;N88,30;O100,73;H99,60m-99,55m; Vgl. Kap. 2.4.1.1	1630g	vollständiger Mörser	31.05.03	2,01
10004	10120	2	Mörser	Kalkstein	9,0x20,0cm	3800g		14.06.03	
10005	10021	2	Knochen	Knochen		40g		29.05.03	
10005	10029	2	Tesserae	Kalkstein	ca.2,3x2,1x1,9cm	20g	2 Stücke	31.05.03	
10005	10050	2	Deckel/Tonscheibe	Keramik	Dm.:5,5cm;Di.:1,0cm;N87,55;O106,13;H99,60m; Vgl. Kap. 2.4.3.1	40g	rund	02.06.03	36,04
10006	10026	2	Knochen	Knochen		530g		31.05.03	
10006	10032	2	Knochen	Knochen		200g		01.06.03	
10006	10052	2	Knochen	Knochen		50g		02.06.03	
10006	10053	2	Basaltfragment	Basalt		540g		02.06.03	
10006	10101	2	Knochen	Knochen		250g		08.06.03	
10006	10102	2	Basaltfragment	Basalt	7,8x8,5x6,0cm	620g		08.06.03	
10006	10105	2	Knochen	Knochen		250g		09.06.03	
10006	10117	2	Knochen	Knochen		50g		10.06.03	
10007	10031	2	Deckel/Tonscheibe	Keramik	N87,25;O104,48;H99,68m; Vgl. Kap. 2.4.3.1	40g	rund	31.05.03	
10007	10047	2	Knochen	Knochen		100g		02.06.03	
10007	10048	2	Deckel/Tonscheibe	Keramik	N87,76;O104,73;H99,60m; Vgl. Kap. 2.4.3.1	40g	rund	02.06.03	
10008	10035	1 (?)	Tessera	Kalkstein	2,6x1,9x2,0cm	10g	1 Stück	01.06.03	
10009	10038	2	Reibsteinfragment	Basalt	N86,76-88,63;O105,72-106,42;H99,75m	1160g		01.06.03	
10009	10039	2	Knochen	Knochen		70g		01.06.03	
10009	10044	2	Knochen	Knochen		20g		02.06.03	
10009	10045	2	Basaltfragmente	Basalt		460g	2 Stücke	02.06.03	
10009	10055	2	Stößel	Stein	N87,90;O107,00;H99,77m	870g	3 Stücke, rund	02.06.03	
10009	10056	2	Steinobjekt	Stein	N87,88;O106,64;H99,59m	160g		02.06.03	
10009	10069	2	Probe	Putz	N83,07;O107,13;H99,85m(OK)	1150g		02.06.03	
10011	10121	1	Reibstein	Basalt	43x[illegible]0,0x5,5cm; Vgl. Kap. 2.4.1.2	2700g	halbrund	14.06.03	
11001	11003	1	Tesserae	Kalkstein	ab 2,2x2,3x2,3cm	120g	6 Stücke	26.05.03	
11001	11009	1	Knochen	Knochen		50g		26.05.03	
11001,1	11018	1	Angelsteinfragment	Kalkstein	14,00x8,00x4,5cm	650g		27.05.03	
11002	11005	2	Stößel	Basalt	6,4x5,1x5,4cm	280g		26.05.03	
11002	11006	2	Knochen	Knochen		150g		27.05.03	
11002	11007	2	Tesserae	Kalkstein	ab 2,4x2,3x2,2cm	60g	5 Stücke	26.05.03	
11002	11008	2	Silex	Silex		220g		27.05.03	
11002	11010	2	Angelsteinfragment	Kalkstein	10,00x6,50x4,00cm	310g	kleines Fragment	27.05.03	
11002	11012	2	Webgewicht	Basalt	Vgl. Kap. 2.4.1.2	160g		27.05.03	
11002	11013	2	Basaltfragment	Basalt		100g		27.05.03	
11002	11014	2	Gefäßfuß	Basalt	5,5x3,8x4,2cm	150g	Fuß	27.05.03	16,03
11002	11015	2	Glasfragment	Glas		20g		27.05.03	
11002	11017	2	Gefäßfragment	Basalt	Dm.:25,0cm;H.:8,4cm; Vgl. Kap. 2.4.1.1	240g	Rand	27.05.03	10,01
11002,1	11020	2	Knochen	Knochen		220g		28.05.03	

11002,1	11021	2	Silex	Silex		1910g		28.05.03	
11002,1	11022	2	Tesserae	Kalkstein	ab 3,4x2,5x1,6cm	170g	7 Stücke	28.05.03	
11002,1	11023	2	Stößel	Basalt	5,3x4,2x3,9cm; Vgl. Kap. 2.4.1.2	200g		28.05.03	21,02
11003	11025	2	Silex	Silex		510g		28.05.03	
11003	11026	2	Knochen	Knochen		60g		28.05.03	
12001	12003	1	Silex	Silex		140g		29.05.03	
12001	12004	1	Tesserae	Kalkstein	ab 4,1x2,7x2,3cm	270g	13 Stücke	29.05.03	
12002	12007	1	Knochen	Knochen		420g		31.05.03	
12002	12009	1	Silex	Silex		160g	2 Stücke	31.05.03	
12002	12010	1	Tesserae	Kalkstein	ab 6,1x3,1x2,5cm	290g	8 Stücke	31.05.03	
12002,1	12013	1	Knochen	Knochen		150g		01.06.03	
12002,1	12014	1	Tesserae	Kalkstein	ab 2,6x2,3x2,3cm	220g	13 Stücke	01.06.03	
12002,1	12015	1	Deckel/Tonscheibe	Keramik	Vgl. Kap. 2.4.3.1	40g	rund	01.06.03	
12002,1	12016	1	Gefäßfragment	Basalt		190g	Rand	01.06.03	
12002,1	12017	1	Basaltfragmente	Basalt		710g	3 Stücke	01.06.03	
12002,1	12018	1	Silex	Silex		260g		01.06.03	
12002,1	12019	1	Webgewicht	Kalkstein	9,6x7,3xca.2,7cm; Vgl. Kap. 2.4.1.2	290g	sehr unregelmäßige Form	01.06.03	32,04
12003	12011	1	Silex	Silex		540g		31.05.03	
12004	12021	1	Probe	Erde	N102,90;O119,15	360g		02.06.03	
13002	13002	H1	Tesserae	Kalkstein	1,8x1,9x2,1cm	140g	6 Stücke	23.05.04	
13002	13004	H1	Tesserae	Kalkstein	2,4x2,2x1,8cm	300g	13 Stücke	23.05.04	
13002	13005	H1	Gefäßfragment	Basalt	Dm.:32,9cm;H.:5,9cm	140g	Rand	24.05.04	8,01
13002	13006	H1	Spinnwirtel	Keramik	Dm.:4,4cm;Di.:0,8cm	30g	ca. rund, beidseitig angebohrt	24.05.04	36,08
13002	13013	H1	Reibsteinfragment	Basalt	5,8x7,3x1,9cm	120g	dreieckig	27.05.04	
13003	13008	H3-5 (?)	Reibsteinfragment	Basalt	11x9,6x5cm; Vgl. Kap. 2.4.1.2	900g	halbrund	26.05.04	30,02
13003	13009	H3-5 (?)	Knochen	Knochen		40g		26.05.04	
13003	13010	H3-5 (?)	Spinnwirtel	Keramik	Dm.:5,2x4,2cm;Di.:0,8cm	20g	ca. rund	26.05.04	36,07
13003	13015,1	H3-5 (?)	Reibsteinfragment	Basalt	8x8,4x4cm	200g	sehr porös	29.05.04	
13003	13015,2	H3-5 (?)	Reibsteinfragment	Basalt	5,6x7,1x4,4cm	190g		29.05.04	
14000	14000	1	Tesserae	Kalkstein	2,7x2,1x1,9cm	160g	6 Stücke	01.06.04	
14001	14003	1	Muschel	Muschel	Dm.:2cm; Vgl. Kap. 2.4.5	5g	ca. rund	01.06.04	
14001	14004	1	Tesserae	Kalkstein	2,2x1,9x1,3cm	60g	2 Stücke	01.06.04	
14002	14006	1	Tesserae	Kalkstein	2,5x2,3x1,8cm	110g	5 Stücke (1 Stück ist schwarz)	02.06.04	
14002	14007,1	1	Glasfragment	Glas	4,2x1,5x0,1cm	1g		02.06.04	
14002	14007,2	1	Glasfragment	Glas	2,1x1,3x0,1cm	1g		02.06.04	
14002	14008	1	Knochen	Knochen		25g		02.06.04	
14002	14009	1	Spinnwirtel	Keramik	Dm.:ca.2,0cm;Di.:0,5cm	10g	ca. rund	02.06.04	36,11
14002	14021	1	Gefäßfragment	Basalt	Dm.:16,0cm;H.:2,8cm	60g	Rand	02.06.04	12,04
14003	14011	1	Tesserae	Kalkstein	2,4x2,2x2cm	100g	4 Stücke	02.06.04	
14003	14012	1	Knochen	Knochen		70g		02.06.04	
14003	14013	1	Schnecke	Kalk		2g		02.06.04	

14003	14014	1	Reibsteinfragment	Basalt	6,6x6,8x6cm	270g		02.06.04	
14004	14018	1	Probe	Holzkohle		1g		02.06.04	
14004	14019	1	Knochen	Knochen		153g		03.06.04	
14004	14020	1	Tesserae	Kalkstein	2,9x2,2x1,8cm	200g	10 Stücke (1 Stück ist grau)	03.06.04	
14004	14022	1	Reibsteinfragment	Basalt	9x7x5cm	600g		03.06.04	
14005	14024	2	Knochen	Knochen		20g		03.06.04	
14005	14025	2	Tessera	Kalkstein	2,2x1,4x1,9cm	20g	1 Stück	03.06.04	
14005	14026	2	Webgewichtfragment	Basalt	7,0x5,5x1,4cm; Vgl. Kap. 2.4.1.2	100g	halbrund, porös	06.06.04	31,03
14006	14028	2	Tessera	Kalkstein	1,8x2,2x2cm	20g	1 Stück	06.06.04	
14007	14030	2	Knochen	Knochen		50g		06.06.04	
14008	14033	3	Knochen	Knochen		50g		06.06.04	
14009	14035	3	Knochen	Knochen		52g		07.06.04	
14009	14036	3	Probe	Lehmziegel		140g	verbrannt Ton	07.06.04	
14009	14038	3	Stößel	Basalt	7,4x4,7x5,1cm;N104,36;O89,10;H98,89m	250g		08.06.04	
14010	14037	2	Stößelfragment	Basalt	6,6x3,5x4,3cm;N105,42;O87,35;H98,97m	230g	halber Stößel	08.06.04	
14010	14039,1	2	Reibsteinfragment	Basalt	8,1x7,5x4,7cm	500g		08.06.04	
14010	14039,2	2	Reibsteinfragment	Basalt	10,6x6,6x5,9cm	700g		08.06.04	
14010	14040	2	Pfeilspitze	Eisen	L.:3,6cm;Br.:0,8cm;D .:0,3cm;N106,39;O87,29;H98,96m; Vgl. Kap. 2.4.2.1	5g		08.06.04	39,06
14010	14041,1	2	Muschel	Muschel	2,7x2,4cm; Vgl. Kap. 2.4.5	5g	mit Loch	08.06.04	
14010	14041,2	2	Muschel	Muschel	2,8x2,5cm; Vgl. Kap. 2.4.5	5g	mit Loch	08.06.04	
14010	14044	2	Gefäßfragment	Basalt	Dm.:15,8cm;H.:4,6cm; Vgl. Kap. 2.4.1.1	120g	Rand und abgebrochener Fuß ?	09.06.04	7,05
14011	14045	2	Münze	Bronze	Dm.:1cm;N106,65;O86,65;H98,75m	1g		09.06.04	
14011	14047	2	Fibel	Bronze	L.:8,0cm;Br.:0,7-0,5cm;Di.:1,0cm;N103,50;O86,26;H98,55m; Vgl. Kap. 2.4.2.2	30g		10.06.04	38,01
14011	14048	2	Olivenkerne	Organisch		5g	ca. 14 Stücke	10.06.04	
14011	14049	2	Muschel	Muschel	1,7x1,4x1cm; Vgl. Kap. 2.4.5	5g		10.06.04	
14011	14050	2	Pfeilspitzen	Eisen	1. 5,6x0,5cm;2. 7,0x1,1cm;N105,86;O89,95;H98,45m; Vgl. Kap. 2.4.2.1	10g	2 Pfeilspitzen	10.06.04	39,07+08
14011	14051	2	Knochen	Knochen		2g		10.06.04	
14012	14054	3	Stößel	Stein	5,3x5,9x5,5cm;N103,75;O89,85;H98,68/58m	210g		12.06.04	
14012	14055	3	Webgewicht	Basalt	7,4x5,4x4,3cm; Vgl. Kap. 2.4.1.2	320g		12.06.04	
14016	14053	2	Knochen	Knochen		3g		12.06,04	
14019	14056	2	Knochen	Knochen		1g		14.06.04	
14019	14058	2	Tesserae	Kalkstein	2,2x2x1,5cm	20g	2 Stücke	14.06.04	

7.1.5.1 Ergänzung zu Appendix 5: Die Knochen aus Tell Johfiyeh - Eine quantitative Zusammenstellung (von Abd al-Halim al-Shiyyab)[9]

		Sheep/Goat		Cattle		Boar	
		N	Weight	N	Weight	N	Weight
skull bone	Cranial	-	-	-	-	1	135
	Horn	3	80.5	1	60	-	-
	Maxilla	3	63	2	66.5	6	175.5
	Mandible	20	463	1	24.5	3	65.5
	Occipital	-	-	-	-	1	7
	Dental	19	-	10		14	-
humorous	Distal	19		1		1	40.5
	Fragment	2		1			
	Proximal	2	380.5		88.5		
	Complete	1					
radius	Distal	4					
	Proximal	9		3	201		
	Fragment	1	285				
ulna	Proximal	5	52.5	3	123	2	56.5
scapula	Complete	1				1	
	Glenoid cavity	12		2	138		
	Fragment	1	174.5			1	24.5
rib	Fragment	39	121				
vertebrae	C	4	19.5				
	T	7	43			1	17.5
	L	11	133				
pelvis	Fragment	2					
	Acetabulum	10	145.0				
femur	Distal	4		1			
	Proximal	4					
	Head	4	222.5	1	134		
	Complete	1					
tibia	Distal	12		2	272		
	Proximal	3	329.5				
metacarpal	Complete	3		2		3	60.5
	Distal	3		5			
	Proximal	10		1			
	Fragment	6	278.5	2	699.5		
metatarsal	Proximal	4	47				
calcaneus	Complete	7					
	Fragment	2	79.5				
astragals	Complete	11				1	12
	Fragment	1	84.5	2	119.5		
phalanx I	Complete	9	110.5	5	105		
phalanx II	Complete	3	10	7	90		
phalanx III	Complete	2	28	2	46		
total		264	3150.5	54	2167.5	35	594.5

Table 1 (**part 1**): Known bones from Tell Johfiyeh (N=Quantity; Weight in gramme)

[9] Vgl. die Angaben des Kapitels 2.4.4.

		Equide		Dog		Cat	
		N	Weight	N	Weight	N	Weight
skull bone	Cranial						
	Horn						
	Maxilla			1	8		
	Mandible			5	35		
	Occipital						
	Dental	2		3			
humorous	Distal			1			
	Fragment			1	21		
	Proximal						
	Complete						
radius	Distal					1	1.5
	Proximal			1	4		
	fragment						
ulna	Proximal					1	2.5
scapula	Complete						
	Glenoid Cavity						
	Fragment					1	1
rib	Fragment						
vertebrae	C						
	T						
	L						
pelvis	Fragment						
	Acetabulum						
femur	Distal						
	Proximal			2	37		
	Head						
	Complete						
tibia	Distal						
	Proximal					1	6.5
metacarpal	Complete	1	9.5				
	Distal						
	Proximal						
	Fragment						
metatarsal	Proximal						
calcaneus	Complete						
	Fragment						
astragals	Complete						
	Fragment						
phalanx I	Complete						
phalanx II	Complete						
phalanx III	Complete						
total		3	9.5	14	105	4	11.5

Table 1 (**part 2**): Known bones from Tell Johfiyeh (N=Quantity; Weight in gramme)

	Number	Weight
unknown	716	6686.0
known	374	6038,5

Table 2: Total number and weight of bones (in gramme)

8. Register

Orte und Regionen

Abila 2, 278, 287
Abu al-Kharaz, Tell 2, 278
Abu Zeit 256
Ägypten 277, 286, 289
Ajlun(berge) 260, 264, 268-269, 273, 277
Amman 135, 180, 191, 201, 205, 226-227, 231, 249-250
Ammon 1, 3, 277, 281-282, 286, 289
Aram 280-281
Aram Zobah 277
Assur 282
Assyrien 282-284, 303
Athen 184-185
Atlit 228
Babylonien 188, 199, 284, 286, 288, 299-300, 304
Balu 285
Beit Rehob 277
Beit Shean 229
Beit Yafa, Tell 2, 4, 5, 250-255, 257, 259, 300
Butm, Kh. el- 256
Byblos 228-229
Buseirah 169, 287, 289
Cisjordanien 141, 159, 164, 171, 175, 187-188, 197-198, 234-235, 238, 275
Daraiya 263
Deir Alla, Tell 135, 146, 169-170, 175, 202, 204-205, 207, 215-217, 223, 225-227, 235, 238, 245, 247, 295
Deir Burak 2, 5, 260, 264, 266-268, 271-272
Deir Yusuf, (Tell) 250-251, 254
Dhiban 193
Edom 1, 277, 282, 286-287, 289
Euphrat 286, 288
Fara, Kh. 2, 5, 260, 264, 266-268, 271-272
Fadayn 2, 280
Freiburg i. Br. 277
Fukhar, Tell el- 2, 141, 278, 285, 287
Gezer 229
Gilead 277, 281-282, 288
Golan(gebiet) 38, 106-107, 279
Griechenland 286
Hajjar, Kh. al- 226
Ham 252, 254
Hama 229
Hatt, Tell 254
Hauran(gebiet) 281
Hazor 229-230, 280
Heshbon 183, 185-186, 190
Hesi, Tell el- 225
Hinzira 260
Husn, Tell el- 2, 6, 250, 259-261, 263-264, 267-268, 272-273, 280-281, 284, 295, 301
Idalion 229
Irbid, (Tell) 2-7, 13, 14, 93, 113, 160, 188, 198, 222, 237, 242, 248-250, 257, 259-260, 263, 268-269, 272-273, 276-278, 280-284, 290, 295-296, 298-301, 303
Israel 280-281
Jemmeh, Tell 39
Jerash 192-193, 290
Jordanien 1, 2, 219, 222, 237, 242, 289, 296
Jordantal 146, 256
Judah 288

Khaldeh, Muntar 263
Kamid el-Loz 228
Karkemisch 286
Katarat as-Samra 145
Khalayfi, Tell el- 289
Kitim 261-264
Kom Natfeh/Natifa 254
Kufr Yuba,Tell 2, 5, 250, 252-255, 257, 259
Lachish 229
Levante 169, 289
Ma´tarid esh Sharqi 166
Madaba 172
Mafraq 2, 280
Mahrama, Kh. 260
Mazar, Tell el- 169, 178, 223-227, 230-231
Megiddo 229
Meqabelein 226-227
Mesopotamien 286
Mitteljordanien 1, 6
Mittelmeer 240, 277, 279
Moab 1, 277, 282, 286, 289
Mu´allaqa, Tell el- 2, 157, 277, 287
Mugaiyir, Tell el- 2, 287
Naher Osten 226, 234, 286
Nasbeh,Tell en- 229-230
Ne´eimeh 263
Nimrin, Tell 151-152, 157, 163-164, 171, 174, 178, 180-183
Niniveh 286
Nordjordanien 1-3, 141, 144, 152, 158-159, 163-165, 170, 175, 186-188, 199, 248, 266, 276-278, 283-287, 289-290, 297, 301, 303-304
Nordjordanisches Plateau 1, 2, 4, 146, 152, 164, 166, 171, 195, 197, 265, 275-278, 280-285, 287-288, 290-291, 298, 301, 303
Ostjordanland 171-172, 286
Palästina 6, 141, 146, 152, 163, 169-170, 172, 174, 203, 230, 241, 277, 281-282, 286, 288-289
Pella (Tabaqat Fahl) 143-146, 148-150, 152-153, 156-157, 159, 163-165, 167, 170-171, 173-175, 182, 191, 226
Persien 286, 300, 304
Phönizien 289
Qasr el-Ghul 2, 5, 250, 256, 257-260
Rahub, Kh. er- 277
Ras Birqish 260
Rujm el-Henu 177-178, 180-183
Rujm el-Hiri 26, 38-39, 106-107, 279, 302
Rumayl 164
Rumeith, Tell ar- 2, 280-281, 283
Sa´idiyeh, Tell es- 157, 204-205, 207, 230, 234-235, 285
Safut, Tell 169
Sahab 226-227
Sahem 278
Sal 148
Samad 263
Samaria 202, 288
See Genezareth 171
Sela 287
Sendschirli 229
Shatana 267
Sheqaq, Tell esh- 2, 4, 5, 250, 252-255, 257, 259, 300
Subba, Tell es- 173
Südjordanien 1, 6, 206
Südsyrien 277
Syrien 286
Thamayil, Kh. ath- 172
Taiyibeh 250, 278
Tawilan 202, 206, 209, 216-219, 223-226, 229-231, 234-236, 238
Teima 287

Transjordanien 111, 141, 159, 161, 171, 175-176, 186-188, 190, 194, 197-198, 203-204, 226, 230, 234-235, 238, 241, 247, 264, 275, 277, 281-290, 295, 299, 300, 304
Umayri, Tell el- 170-171, 186, 226, 285, 289
Umm Qays 290
Umm Udhaina 226, 231
'Usaym 268
Vorderer Orient 1
Wadi 'Iraq al-Banat 265-266
Wadi el-Arab (Survey) 183, 193
Wadi el-Ghafr 256, 258
Wadi el-Mujib 164
Wadi et-Taiyibeh 254
(Wadi) Yarmuk 277-278
Yamoun, Tell 2, 141, 277
Yarin, Muntar 2, 5, 260-261, 263, 270-272
Yarin, Tell 263-264, 270
Za'tara, Tell az- 264
Zaharet Soq'ah 2, 5, 250, 252-255, 257, 258-260, 300
Zambut Meleik 2, 5, 260, 264-268, 270, 271-272
Zeitun, Tell ez- 254
Zeraqon (Survey) 152, 285, 287
Zibdeh, Kh. 262
Zibdeh, Muntar 2, 5, 260-263, 270-272
Zubiya 260
Zypern 289

Personen und Institutionen

Adoni Nur 226
Alaijan, J. 13
Albert Ludwigs Universität 277
Alexander (d. Gr.) 289
Alexander von Humboldt Stiftung 2, 3, 248-249, 259
Bastert, K. 8, 10, 12
Batainah, M. 3, 8, 10, 13
Ben Hadad 281
Bienert, H.-D. 249
Darius II 285, 289-290, 299-300, 304
Debajah, H. 8, 10, 13
Department of Antiquities (of Jordan) 3, 7, 11, 13
Deutsches Evangelisches Institut für Altertumswissenschaft des Heiligen Landes 3, 7, 250
Faculty of Archaeology and Anthropology 3, 7
Feodor Lynen 2, 3
Gerda Henkel Stiftung 3, 7
Graupner, R. 13
Hazael 281
Institute of Archaeology and Anthropology 2, 3, 5, 113, 222, 237, 242, 248, 250, 296
Jehu 281
Kabajeh, S. 8, 201
Kafafi, Z. 5, 248-249, 259
Kaniuth, K. 12
Kharasneh, W. 13
Khraysheh, F. 7, 11, 13
Khreis, E. 10
Koprivc, U. 3, 8, 10, 13
Kulla, A. 8
Kunz(-Lübke), A. 10, 12
Kyros 288
Lübke, K. 13
Martin, L. 8, 10
Momani, A. 10, 201
Nabonid 287
Nebukadnezar II 286
Poenitz, K. 10
Posselt, E. 8
Qadi, N. 8, 10, 13
Reimann, G. 8, 10
Sa'ad, Z. 5, 7, 113, 223, 248
Salmanassar III 286

Schmalfuss, I. 10
Schmidt-Kulla, E. 8
Scotten, A. 13
Seidel, J. 13
Shiyab, A. 14, 93, 237
Tarboush, M. 13
Tawalbeh, D. 8, 10
Tiglatpileser III 281-283, 289, 298, 303
Yarmouk Universität 2, 3, 5, 7, 14, 93, 113, 221, 223, 237, 242, 248, 296
Zoubi, I. 10

Sachbegriffe

Abbasidische Periode 267
Agora 184-185
Altes Testament 1
Amphore 186
Archäologisches Museum 205
Assurtempel 282
Assyrer 6, 226, 277, 286, 289
Assyrische Expansion 59, 109
Attischer Salznapf (Schälchen) 94, 183-186, 188, 199, 227, 233, 290, 298
Babylonisches Reich 286
Beduinen 101, 267
Betonplatte 103
Bröckelgefüge 17
Bronzezeit 6, 148, 150, 238, 262, 266, 270, 277-278
Bulle 143
Byzantinische Zeit 6, 191-195, 200, 244, 251, 254-255, 257, 262, 263, 266, 269-270, 302
Byzantinisch-omaijadische Zeit (Periode) 10, 25, 31, 96, 105-106, 112, 135, 179, 185, 193-194, 196, 222, 300, 304
Chocolate on white 28, 143, 145, 147-149, 154, 159-160, 197-198
Collared-rim-jar 164, 166, 171
Drill socket 218-219, 246
Eisenzeit 1, 3, 4, 6, 7, 39, 135, 141, 148, 153, 156-161, 163-165, 169, 175, 179, 186, 188, 198, 204-205, 223-224, 230, 235, 240, 245-246, 251-254, 258-260, 262, 265-267, 271-273, 276-278, 287, 290-291, 297, 301
Eisenzeit I 2, 5, 28-29, 44, 108, 147-154, 157, 160-161, 163-167, 171, 187-188, 198-199, 203, 219, 221, 225, 238, 263, 266, 270, 278-280, 302-303
Eisenzeit II 2, 5, 6, 135, 151-152, 157, 163-164, 166, 169, 171-175, 186-188, 199, 203, 207, 225, 254, 257, 263, 266, 270, 278, 280, 283, 285, 290-291, 298, 303
Eisenzeit III 29, 31, 96, 108, 111, 122, 161, 175-176, 179, 180, 182-184, 186-187, 189, 195-196, 198-199, 227
Eisenzeit II-III 29-30, 106, 108, 110, 161, 169-170, 172-175, 177-178, 180-183, 187-189, 198-199, 202, 208, 215-216, 227, 231-232, 247, 276, 283, 290, 297, 301
Elite(n) 110, 295
Erosionsprozess 252
Frühe Bronzezeit 38, 255-257, 262, 267
Frühislamische Zeit 6, 21, 106, 123, 195, 200, 270, 276, 302, 304
Grabanlage 38, 106-107, (267), (269), 279, 302
Grubberrillen(-spuren) 17, 106, 113
Hellenistische Periode 1, 31, 96, 105, 112, 182, 184, 187-188, 192, 194-195, 199-200, 238, 254-256, 285, 287, 290, 300, 304

Hydraulischer Mörtel 100
In-situ-Funde 18-19, 52, 54, 64, 70-73, 76, 110, 294, 297
Islamisches Grab 100
Islamisches Mittelalter 5
Kasemattenmauer 280
Kleeblattausguß 178
Keramikchronologie 141, 158-159, 197, 280, 303
Keramiksequenz 2
Lager- und Verarbeitungseinheiten 61, 66, 82, 96, 107, 109, 112, 248, 278, 293, 296, 297, 300, 303, 304
Mameluckenzeit 267
Meßpunkt 16, 83, 106, 113
Mittelbronzezeit 203, 255-257, 262-263, 266
(Neu)assyrisches Reich 188, 199, 282, 284, 286, 289, 299
Neubabylonische Zeit 286-288
Oberflächenstruktur 4
Omaijadische Zeit (Periode) 9, 31, 102, 104, 113, 135, 190-191, 193-195, 200, 224, 244, 269, 302
Osmanische Zeit (Periode) 6, 195, 200, 251, 304
Palmettenstempel 185
Pax assyriaca 284
Persische Zeit (Periode) 2, 29, 96, 108, 111-112, 122, 164, 171, 176, 179-180, 182-183, 185-187, 189, 192, 199, 205, 209, 223, 225, 227, 230-231, 233, 235, 244-246, 285-288, 290, 302, 304
Pilgerflaschen 179
Rollsiegel 218
Römische Zeit (Periode) 5, 6, 31, 96, 105, 112, 192-195, 200, 251-257, 263, 266, 269, 270, 304
Rope design 202
Sausage jar 186
Siegelproduktion 202
Spätbronzezeit 1, 2, 25-28, 30, 38-39, 44, 106-108, 122-123, 128, 142-147, 148-150, 153-154, 156-161, 165, 167, 171, 188, 195-199, 219, 221, 225, 238, 255, 276, 278-279, 291, 302
Späteisenzeitlich-persische Periode 4, 29, 205, 209, 211-212, 214, 218-219, 227-228, 231-232, 237, 239, 241-242, 276, 285, 287, 290, 298, 300
Speicher 39
Steinkreise 38
Terrasse 10, 21-25, 28, 30-31, 41, 44, 46-47, 59-60, 77, 97-100, 106-109, 112, 192, 194, 225, 265, 279, 291, 302
Tiefschnitt 16, 18-20, 25-31, 34, 37-39, 41-44, 48, 50, 62-63, 87, 107, 140-142, 147-148, 150, 154, 162-163, 165, 218, 233
Tontäfelchen 143
Tumulus 38
Umfassungsmauer 6, 8, 9, 12, 16-19, 21-23, 28, 30, 32, 44-48, 59-61, 66-67, 69, 77, 80, 95, 97, 99, 102, 105-106, 108-109, 112-113, 161, 279, 281, 291-292, 302-303
Verteidigungsanlage 48, 108
Verwaltungseinheit 289
Wasserreservoir 9, 100-101, 105, 112, 261
Wavy-line (Ritzverzierung) 191, 193
Webstühle 215
Zentrum 76, 110, 295
Zisterne 9, 31, 97, 100-101, 106-107, 112, 190-191, 194, 200, 221, 225, 243, 251, 261, 263-265, 267, 269-271

Ugarit-Verlag Münster

Ricarda-Huch-Straße 6, D-48161 Münster (www.ugarit-verlag.de)

Lieferbare Bände der Serien AOAT, AVO, ALASP(M), FARG, Eikon und ELO:

Alter Orient und Altes Testament (AOAT)

Herausgeber: *Manfried* DIETRICH - *Oswald* LORETZ

43 Nils P. HEEßEL, *Babylonisch-assyrische Diagnostik.* 2000 (ISBN 3-927120-86-3), XII + 471 S. + 2 Abb., € 98,17.

44 Anja ULBRICH, *KYPRIS. Heiligtümer und Kulte weiblicher Gottheiten auf Zypern in der kypro-archaischen und -klassischen Epoche (Königszeit).* 2005 (ISBN 3-934628-56-7) (i.V.)

245 Francesco POMPONIO - Paolo XELLA, *Les dieux d'Ebla. Étude analytique des divinités éblaïtes à l'époque des archives royales du IIIe millénaire.* 1997 (ISBN 3-927120-46-4), VII + 551 S., € 59,31.

246 Annette ZGOLL, *Der Rechtsfall der En-ḫedu-Ana im Lied nin-me-šara,* 1997 (ISBN 3-927120-50-2) – vergr.

248 *Religion und Gesellschaft. Veröffentlichungen des Arbeitskreises zur Erforschung der Religions- und Kulturgeschichte des Antiken Vorderen Orients (AZERKAVO), Band 1.* 1997 (ISBN 3-927120-54-5), VIII + 220 S., € 43,97.

249 Karin REITER, *Die Metalle im Alten Orient unter besonderer Berücksichtigung altbabylonischer Quellen.* 1997 (ISBN 3-927120-49-9), XLVII + 471 + 160 S. + 1 Taf., € 72,60.

250 Manfried DIETRICH - Ingo KOTTSIEPER, Hrsg., *"Und Mose schrieb dieses Lied auf". Studien zum Alten Testament und zum Alten Orient. Festschrift Oswald Loretz.* 1998 (ISBN 3-927120-60-X), xviii + 955 S., € 112,48.

251 Thomas R. KÄMMERER, *Šimâ milka. Induktion und Reception der mittelbabylonischen Dichtung von Ugarit, Emār und Tell el-'Amārna.* 1998 (ISBN 3-927120-47-2), XXI + 360 S., € 60,33.

252 Joachim MARZAHN - Hans NEUMANN, Hrsg., *Assyriologica et Semitica. Festschrift für Joachim* OELSNER *anläßlich seines 65. Geburtstages am 18. Februar 1997.* 2000 (ISBN 3-927120-62-6), xii + 635 S. + Abb., € 107,88.

253 Manfried DIETRICH - Oswald LORETZ, Hrsg., *dubsar anta-men. Studien zur Altorientalistik. Festschrift für W.H.Ph. Römer.* 1998 (ISBN 3-927120-63-4) – vergr.

254 Michael JURSA, *Der Tempelzehnt in Babylonien vom siebenten bis zum dritten Jahrhundert v.Chr.* 1998 (ISBN 3-927120-59-6), VIII + 146 S., € 41,93.

255 Thomas R. KÄMMERER - Dirk SCHWIDERSKI, *Deutsch-Akkadisches Wörterbuch.* 1998 (ISBN 3-927120-66-9), XVIII + 589 S., € 79,76.

256 Hanspeter SCHAUDIG, *Die Inschriften Nabonids von Babylon und Kyros' des Großen.* 2001 (ISBN 3-927120-75-8), XLII + 766 S., € 103,--.

257 Thomas RICHTER, *Untersuchungen zu den lokalen Panthea Süd- und Mittelbabyloniens in altbabylonischer Zeit* (2., verb. und erw. Aufl.). 2004 (ISBN 3-934628-50-8; Erstausgabe: 3-927120-64-2), XXI + 608 S., € 88,--.

258 Sally A.L. BUTLER, *Mesopotamian Conceptions of Dreams and Dream Rituals.* 1998 (ISBN 3-927120-65-0), XXXIX + 474 S. + 20 Pl., € 75,67.

259 Ralf ROTHENBUSCH, *Die kasuistische Rechtssammlung im Bundesbuch und ihr literarischer Kontext im Licht altorientalischer Parallelen.* 2000 (ISBN 3-927120-67-7), IV + 681 S., € 65,10.

260 Tamar ZEWI, *A Syntactical Study of Verbal Forms Affixed by -n(n) Endings . . .* 1999 (ISBN 3-927120-71-5), VI + 211 S., € 48,06.

261 Hans-Günter BUCHHOLZ, *Ugarit, Zypern und Ägäis - Kulturbeziehungen im zweiten Jahrtausend v.Chr.* 1999 (ISBN 3-927120-38-3), XIII + 812 S., 116 Tafeln, € 109,42.

262 Willem H.Ph. RÖMER, *Die Sumerologie. Einführung in die Forschung und Bibliographie in Auswahl* (zweite, erweiterte Auflage). 1999 (ISBN 3-927120-72-3), XII + 250 S., € 61,36.

263 Robert ROLLINGER, *Frühformen historischen Denkens. Geschichtsdenken, Ideologie und Propaganda im alten Mesopotamien am Übergang von der Ur-III zur Isin-Larsa Zeit* (ISBN 3-927120-76-6)(i.V.)

264 Michael P. STRECK, *Die Bildersprache der akkadischen Epik.* 1999 (ISBN 3-927120-77-4), 258 S., € 61,36.

265 Betina I. FAIST, *Der Fernhandel des assyrischen Reichs zwischen dem 14. und 11. Jahrhundert v. Chr.*, 2001 (ISBN 3-927120-79-0), XXII + 322 S. + 5 Tf., € 72,09.

266 Oskar KAELIN, *Ein assyrisches Bildexperiment nach ägyptischem Vorbild. Zu Planung und Ausführung der „Schlacht am Ulai".* 1999 (ISBN 3-927120-80-4), 150 S., Abb., 5 Beilagen, € 49,08.

267 Barbara BÖCK, Eva CANCIK-KIRSCHBAUM, Thomas RICHTER, Hrsg., *Munuscula Mesopotamica. Festschrift für Johannes RENGER.* 1999 (ISBN 3-927120-81-2), XXIX + 704 S., Abb., € 124,76.

268 Yushu GONG, *Die Namen der Keilschriftzeichen.* 2000 (ISBN 3-927120-83-9), VIII + 228 S., € 44,99.

269/1 Manfried DIETRICH - Oswald LORETZ, *Studien zu den ugaritischen Texten I: Mythos und Ritual in KTU 1.12, 1.24, 1.96, 1.100 und 1.114.* 2000 (ISBN 3-927120-84-7), XIV + 554 S., € 89,99.

270 Andreas SCHÜLE, *Die Syntax der althebräischen Inschriften. Ein Beitrag zur historischen Grammatik des Hebräischen.* 2000 (ISBN 3-927120-85-5), IV + 294 S., € 63,40.

271/1 Michael P. STRECK, *Das amurritische Onomastikon der altbabylonischen Zeit I: Die Amurriter, die onomastische Forschung, Orthographie und Phonologie, Nominalmorphologie.* 2000 (ISBN 3-927120-87-1), 414 S., € 75,67.

272 Reinhard DITTMANN - Barthel HROUDA - Ulrike LÖW - Paolo MATTHIAE - Ruth MAYER-OPIFICIUS - Sabine THÜRWÄCHTER, Hrsg., *Variatio Delectat - Iran und der Westen. Gedenkschrift für Peter CALMEYER.* 2001 (ISBN 3-927120-89-8), XVIII + 768 S. + 2 Faltb., € 114,53.

273 Josef TROPPER, *Ugaritische Grammatik.* 2000 (ISBN 978-3-927120-90-7), XXII + 1056 S., € 100,21.

274 Gebhard J. SELZ, Hrsg., *Festschrift für Burkhart Kienast. Zu seinem 70. Geburtstage, dargebracht von Freunden, Schülern und Kollegen.* 2003 (ISBN 3-927120-91-X), xxviii + 732 S., € 122,--.

275 Petra GESCHE, *Schulunterricht in Babylonien im ersten Jahrtausend v.Chr.* 2001 (ISBN 3-927120-93-6), xxxiv + 820 S. + xiv Tf., € 112,48.

276 Willem H.Ph. RÖMER, *Hymnen und Klagelieder in sumerischer Sprache.* 2001 (ISBN 3-927120-94-4), xi + 275 S., € 66,47.

277 Corinna FRIEDL, *Polygynie in Mesopotamien und Israel.* 2000 (ISBN 978-3-927120-95-2), 325 S., € 66,47.

278/1 Alexander MILITAREV - Leonid KOGAN, *Semitic Etymological Dictionary. Vol. I: Anatomy of Man and Animals.* 2000 (ISBN 978-3-927120-96-9), cliv + 425 S., € 84,87.

278/2 Alexander MILITAREV - Leonid KOGAN, *Semitic Etymological Dictionary. Vol. II: Animal Names.* 2005 (ISBN 978-3-934628-57-1), xci + 415 S., € 104,--.

279 Kai A. METZLER, *Tempora in altbabylonischen literarischen Texten.* 2002 (ISBN 978-3-934628-03-8), xvii + 964 S., € 122,--.

280 Beat HUWYLER - Hans-Peter MATHYS - Beat WEBER, Hrsg., *Prophetie und Psalmen. Festschrift für Klaus SEYBOLD zum 65. Geburtstag.* 2001 (ISBN 3-934628-01-X), xi + 315 S., 10 Abb., € 70,56.

281 Oswald LORETZ - Kai METZLER - Hanspeter SCHAUDIG, Hrsg., *Ex Mesopotamia et Syria Lux. Festschrift für Manfried DIETRICH zu seinem 65. Geburtstag.* 2002 (ISBN 3-927120-99-5), XXXV + 950 S. + Abb., € 138,--.

282 Frank T. ZEEB, *Die Palastwirtschaft in Altsyrien nach den spätaltbabylonischen Getreidelieferlisten aus Alalaḫ (Schicht VII).* 2001 (ISBN 3-934628-06-0), XIII + 757 S., € 105,33.

283 Rüdiger SCHMITT, *Bildhafte Herrschaftsrepräsentation im eisenzeitlichen Israel.* 2001 (ISBN 3-934628-05-2), VIII + 231 S., € 63,40.

284/1 David M. CLEMENS, *Sources for Ugaritic Ritual and Sacrifice. Vol. I: Ugaritic and Ugarit Akkadian Texts.* 2001 (ISBN 3-934628-07-9), XXXIX + 1407 S., € 128,85.

285 Rainer ALBERTZ, Hrsg., *Kult, Konflikt und Versöhnung. Veröffentlichungen des AZERKAVO / SFB 493, Band 2.* 2001 (ISBN 3-934628-08-7), VIII + 332 S., € 70,56.

286 Johannes F. DIEHL, *Die Fortführung des Imperativs im Biblischen Hebräisch.* 2004 (ISBN 3-934628-19-2), XIV + 409 S., € 78,00.

287 Otto RÖSSLER, *Gesammelte Schriften zur Semitohamitistik*, Hrsg. Th. Schneider. 2001 (ISBN 3-934628-13-3), 848 S., € 103,--.

288 A. KASSIAN, A. KOROLËV†, A. SIDEL'TSEV, *Hittite Funerary Ritual šalliš waštaiš*. 2002 (ISBN 3-934628-16-8), ix + 973 S., € 118,--.

289 Zipora COCHAVI-RAINEY, *The Alashia Texts from the 14th and 13th Centuries BCE. A Textual and Linguistic Study*. 2003 (ISBN 3-934628-17-6), xiv + 129 S., € 56,--.

290 Oswald LORETZ, *Götter – Ahnen – Könige als gerechte Richter. Der "Rechtsfall" des Menschen vor Gott nach altorientalischen und biblischen Texten*. 2003 (ISBN 3-934628-18-4), xxii + 932 S., € 128,--.

291 Rocío Da RIVA, *Der Ebabbar-Tempel von Sippar in frühneubabylonischer Zeit (640-580 v. Chr.)*, 2002 (ISBN 3-934628-20-6), xxxi + 486 S. + xxv* Tf., € 86,--.

292 Achim BEHRENS, *Prophetische Visionsschilderungen im Alten Testament. Sprachliche Eigenarten, Funktion und Geschichte einer Gattung*. 2002 (ISBN 3-934628-21-4), xi + 413 S., € 82,--.

293 Arnulf HAUSLEITER - Susanne KERNER - Bernd MÜLLER-NEUHOF, Hrsg., *Material Culture and Mental Sphere. Rezeption archäologischer Denkrichtungen in der Vorderasiatischen Altertumskunde. Internationales Symposium für Hans J. Nissen, Berlin 23.-24. Juni 2000*. 2002 (ISBN 3-934628-22-2), xii + 391 S., € 88,--.

294 Klaus KIESOW - Thomas MEURER, Hrsg., *„Textarbeit". Studien zu Texten und ihrer Rezeption aus dem Alten Testament und der Umwelt Israels. Festschrift für Peter WEIMAR zur Vollendung seines 60. Lebensjahres*. 2002 (ISBN 3-934628-23-0), x + 630 S., € 128,--.

295 Galo W. VERA CHAMAZA, *Die Omnipotenz Aššurs. Entwicklungen in der Aššur-Theologie unter den Sargoniden Sargon II., Sanherib und Asarhaddon*. 2002 (ISBN 3-934628-24-9), 586 S., € 97,--.

296 Michael P. STRECK - Stefan WENINGER, Hrsg., *Altorientalische und semitische Onomastik*. 2002 (ISBN 3-934628-25-7), vii + 241 S., € 68,--.

297 John M. STEELE - Annette IMHAUSEN, Hrsg., *Under One Sky. Astronomy and Mathematics in the Ancient Near East*. 2002 (ISBN 3-934628-26-5), vii + 496 S., Abb., € 112,--.

298 Manfred KREBERNIK - Jürgen VAN OORSCHOT, Hrsg., *Polytheismus und Monotheismus in den Religionen des Vorderen Orients*. 2002 (ISBN 3-934628-27-3), v + 269 S., € 76,--.

299 Wilfred G.E. WATSON, Ed., *„He unfurrowed his bow and laughed". Essays in Honour of Professor Nicolas Wyatt*. 2007 (ISBN 978-3-934628-32-8), xi + 410 S., € 108,--.

300 Karl LÖNING, Hrsg., *Rettendes Wissen. Studien zum Fortgang weisheitlichen Denkens im Frühjudentum und im frühen Christentum. Veröffentlichungen des AZERKAVO / SFB 493, Band 3*. 2002 (ISBN 3-934628-28-1), x + 370 S., € 84,--.

301 Johannes HAHN, Hrsg., *Religiöse Landschaften. Veröffentlichungen des AZERKAVO / SFB 493, Band 4*. 2002 (ISBN 3-934628-31-1), ix + 227 S., Abb., € 66,--.

302 Cornelis G. DEN HERTOG - Ulrich HÜBNER - Stefan MÜNGER, Hrsg., *SAXA LOQUENTUR. Studien zur Archäologie Palästinas/Israels. Festschrift für VOLKMAR FRITZ zum 65. Geburtstag*. 2003 (ISBN 3-934628-34-6), x + 328 S., Abb., € 98,--.

303 Michael P. STRECK, *Die akkadischen Verbalstämme mit* ta-*Infix*. 2003 (ISBN 3-934628-35-4), xii + 163 S., € 57,--.

304 Ludwig D. MORENZ - Erich BOSSHARD-NEPUSTIL, *Herrscherpräsentation und Kulturkontakte: Ägypten - Levante - Mesopotamien. Acht Fallstudien*. 2003 (ISBN 3-934628-37-0), xi + 281 S., 65 Abb., € 68,--.

305 Rykle BORGER, *Mesopotamisches Zeichenlexikon*. 2004 (ISBN 3-927120-82-0), viii + 712 S., € 74,--.

306 Reinhard DITTMANN - Christian EDER - Bruno JACOBS, Hrsg., *Altertumswissenschaften im Dialog. Festschrift für WOLFRAM NAGEL zur Vollendung seines 80. Lebensjahres*. 2003 (ISBN 3-934628-41-9), xv + 717 S., Abb., € 118,--.

307 Michael M. FRITZ, *". . . und weinten um Tammuz". Die Götter Dumuzi-Ama'ušumgal'anna und Damu*. 2003 (ISBN 3-934628-42-7), 430 S., € 83,--.

308 Annette ZGOLL, *Die Kunst des Betens. Form und Funktion, Theologie und Psychagogik in babylonisch-assyrischen Handerhebungsgebeten an Ištar*. 2003 (ISBN 3-934628-45-1), iv + 319 S., € 72,--.

309 Willem H.Ph. RÖMER, *Die Klage über die Zerstörung von Ur*. 2004 (ISBN 3-934628-46-X), ix + 191 S., € 52,--.

310 Thomas SCHNEIDER, Hrsg., *Das Ägyptische und die Sprachen Vorderasiens, Nordafrikas und der Ägäis. Akten des Basler Kolloquiums zum ägyptisch-nichtsemitischen Sprachkontakt Basel 9.-11. Juli 2003.* 2004 (ISBN 3-934628-47-8), 527 S., € 108,--.

311 Dagmar KÜHN, *Totengedenken bei den Nabatäern und im Alten Testamtent. Eine religionsgeschichtliche und exegetsiche Studie.* 2005 (ISBN 3-934628-48-6), x + 514 S. + 42 S. Abb., € 95,80.

312 Ralph HEMPELMANN, *„Gottschiff" und „Zikkurratbau" auf vorderasiatischen Rollsiegeln des 3. Jahrtausends v. Chr.* 2004 (ISBN 3-934628-49-4), viii + 154 S., + Tf. I-XXXI, Abb., € 55,--.

313 Rüdiger SCHMITT, *Magie im Alten Testament.* 2004 (ISBN 3-934628-52-4), xiii + 471 S., € 94,--.

314 Stefan TIMM, *„Gott kommt von Teman . . ." Kleine Schriften zur Geschichte Israels und Syrien-Palästinas. Hrsg. von Claudia Bender und Michael Pietsch.* 2004 (ISBN 3-934628-53-2), viii + 274 S., € 63,--.

315 Bojana JANKOVIĆ, *Vogelzucht und Vogelfang in Sippar im 1. Jahrtausend v. Chr. - Veröffentlichungen zur Wirtschaftsgeschichte Babyloniens im 1. Jahrtausend v. Chr., Bd. 1.* 2004 (ISBN 3-934628-54-0), xx + 219 S., € 56,20.

316 Christian SIGRIST, Hrsg., *Macht und Herrschaft. Veröffentlichungen des AZERKAVO / SFB 493, Band 5.* 2004 (ISBN 3-934628-55-9), xii + 239 S., € 63,--.

317 Bogdan BURTEA / Josef TROPPER / Helen YOUNANSARDAROUD, Hrsg., *Studia Semitica et Semitohamitica. Festschrift für RAINER VOIGT anläßlich seines 60. Geburtstages am 17. Januar 2004.* 2005 (ISBN 3-934628-73-7), v + 539 S., € 98,50.

318 Manfred HUTTER / Sylvia HUTTER-BRAUNSAR, *Offizielle Religion, lokale Kulte und individuelle Religiosität. Akten des religionsgeschichtlichen Symposiums „Kleinasien und angrenzende Gebiete vom Beginn des 2. bis zur Mitte des 1. Jahrtausends v. Chr." (Bonn, 20.-22. Februar 2003).* 2004 (ISBN 3-934628-58-3), 504 S., Abb., € 121,--.

319 Catherine MITTERMAYER, *Die Entwicklung der seitlich abgebildeten Tierkopfzeichen. Eine Studie zur syro-mesopotamischen Keilschriftpaläographie des 3. und frühen 2. Jahrtausends v. Chr.* 2005 (ISBN 3-934628-59-1), 169 S., € 48,80.

321 Galo W. VERA CHAMAZA, *Die Rolle Moabs in der neuassyrischen Expansionspolitik.* 2005 (ISBN 3-934628-61-3), VIII + 203 S., € 58,00.

322 Siam BHAYRO, *The Shemihazah and Asael Narrative of 1 Enoch 6-11: Introduction, Text, Translation and Commentary with reference to Ancient Near Eastern and Biblical Antecedents.* 2005 (ISBN 3-934628-62-1), X + 295 S., € 66,50.

323 Mirko NOVÁK / Friedhelm PRAYON / Anne-Maria WITTKE, Hrsg., *Die Außenwirkung des späthethitischen Kulturraumes. Güteraustausch - Kulturkontakt - Kulturtransfer. Akten der zweiten Forschungstagung des Graduiertenkollegs „Anatolien und seine Nachbarn" der Eberhard-Karls-Universität Tübingen (20. bis 22. November 2003).* 2004 (ISBN 3-934628-63-X), VIII + 496 S., Abb. € 106,00.

324 Wilfred H. van SOLDT, *The Topography of the City-State of Ugarit.* 2005 (ISBN 3-934628-64-8), vi + 253 S., € 64,--.

325 Robert ROLLINGER, Hrsg., *Von Sumer bis Homer. Festschrift für Manfred Schretter zum 60. Geburtstag am 25. Februar 2004.* 2005 (ISBN 3-934628-66-4), ix + 697 S., € 128,50.

326 Ulla Susanne KOCH, *Secrets of Extispicy. The Chapter Multābiltu of the Babylonian Extispicy Series and niṣirti bārûti Texts mainly from Aššurbanipal's Library.* 2005 (ISBN 3-934628-67-2), x + 630 S. + liv pl., € 119,--.

327 Helga WEIPPERT, *Unter Olivenbäumen. Studien zur Archäologie Syrien-Palästinas, Kulturgeschichte und Exegese des Alten Testaments. Gesammelte Aufsätze. Festgabe zum 4. Mai 2003 herausgegeben von Angelika Berlejung und Hermann Michael Niemann.* 2006 (ISBN 3-934628-68-0), x + 522 S., € 94,00.

328 Eva A. BRAUN-HOLZINGER / Ellen REHM, *Orientalischer Import in Griechenland im frühen 1. Jahrtausend v. Chr.* 2005 (ISBN 3-934628-72-9), vi + 208 S. + 39 Tf., € 63,60.

329 Michael HERLES, *Götterdarstellungen Mesopotamiens in der 2. Hälfte des 2. Jahrtausends v. Chr. Das anthropomorphe Bild im Verhältnis zum Symbol.* 2006 (ISBN 3-934628-76-1), xiii + 394 S. + 145 Tf., € 112,00.

330 Heather D. BAKER / Michael JURSA, *Approaching the Babylonian Economy. Proceedings of the START Project Symposium Held in Vienna, 1-3 July 2004.* 2005 (ISBN 3-934628-79-6), viii + 448 S., € 86,50.

331 Thomas E. BALKE, *Das sumerische Dimensionalkasussystem*. 2006 (ISBN 3-934628-80-X), x + 287 S., € 68,00.

332 Margaret JAQUES, *Le vocabulaire des sentiments dans les textes sumériens. Recherche sur le lexique sumérien et akkadien*. 2006 (ISBN 3-934628-81-8), xxii + 663 S., € 122,00.

333 Annette ZGOLL, *Traum und Welterleben im antiken Mesopotamien. Traumtheorie und Traumpraxis im 3.-1. Jt. v. Chr. als Horizont einer Kulturgeschichte des Träumens*. 2006 (ISBN 3-934628-36-2), vi + 568 S., € 96,00.

335 Ignacio MÁRQUEZ ROWE, *The Royal Deeds of Ugarit. A Study of Ancient Near Eastern Diplomatics*. 2006 (ISBN 3-934628-86-9), 336 S., € 69,00.

334 Tali BAR / Eran COHEN, Eds., *Studies in Semitic and General Linguistics in Honor of Gideon Goldenberg*. 2007 (ISBN 978-3-934628-84-7), 380 S., € 94,00.

336 Jürg LUCHSINGER, Hans-Peter MATHYS, Markus SAUR, Hrsg., *„... der Lust hat am Wort des Herrn!“ Festschrift für Ernst Jenni zum 80. Geburtstag*. 2007 (ISBN-13: 978-3-934628-87-8; ISBN-10: 3-934628-87-7), xii + 466 S., € 118,00.

337 Manfred HUTTER / Sylvia HUTTER-BRAUNSAR, Hrsg., *Pluralismus und Wandel in den Religionen im vorhellenistischen Anatolien. Akten des religionsgeschichtlichen Symposiums in Bonn am 19.-20. Mai 2005*. 2006 (ISBN 3-934628-88-5), 263 S., € 68,00.

338 James KINNIER WILSON, *Studia Etanaica. New Texts and Discussions*. 2007 (ISBN 978-3-934628-90-8), 100 S. + 15 Tf., € 58,00.

339 Nicole BRISCH, *Tradition and the Poetics of Innovation. Sumerian Court Literature of the Larsa Dynasty (c. 2003-1763 BCE)*. 2007 (ISBN 978-3-934628-91-5), xii + 303 S. + 17 Tf., € 78,00.

341 Johannes HACKL, *Der subordinierte Satz in den spätbabylonischen Briefen*. 2007 (ISBN 978-3-934628-96-0), xiv + 171 S., € 62,00.

342 Eva A. BRAUN-HOLZINGER, *Darstellungen des mesopotamischen und elamischen Herrschers. Spätes 4. bis frühes 2. Jt. v. Chr.* 2008 (i.D.)

343 Manfried DIETRICH, *Orbis Ugariticus. Ausgewählte Beiträge von Manfried Dietrich und Oswald Loretz zu Fest- und Gedenkschriften. Anläßlich des 80. Geburtstages von Oswald Loretz*. 2008 (ISBN 978-3-934628-99-1), xii + 384 S. (i.D.)

344 Roland LAMPRICHS, *Tell Johfiyeh. Ein archäologischer Fundplatz und seine Umgebung in Nordjordanien. Materialien zu einer Regionalstudie*. 2007, xi + 787 S.(i.D.)

345 Su Kyung HUH, *Studien zur Region Lagaš. Von der Ubaid- bis zur altbabylonischen Zeit*. 2007, xi + 915 S. + 3 Beilagen (i.D.)

346 Juliane KUTTER, *Nūr-ilī. Die Sonnengottheiten in den nordwestsemitischen Religionen von der Spätbronzezeit bis zur vorrömischen Zeit*. 2008 (i.D.)

Guides to the Mesopotamian Textual Record (GMTR)

Editors: *Eckart FRAHM - Michael JURSA*

1 Michael JURSA, *Neo-Babylonian Legal and Administrative Documents. Typology, Contents and Archives*. 2005 (ISBN 3-934628-69-9), xii + 189 S., € 28,--.

2 Benjamin R. FOSTER, *Akkadian Literature of the Late Period*. 2007 (ISBN 978-3-934628-70-0), xii + 147 S., € 28,--.

3 Karen RADNER, *Assyrian Archival Documents. Letters, Legal Records and Administrative Texts*. 2006 (ISBN 978-3-934628-71-7)(i.V.)

4 Rocio DA RIVA, *The Neo-Babylonian Royal Inscriptions. An Introduction*. 2006 (ISBN 3-934628-83-4)(i.V.)

Elementa Linguarum Orientis (ELO)

Herausgeber: *Josef TROPPER - Reinhard G. LEHMANN*

1 Josef TROPPER, *Ugaritisch. Kurzgefasste Grammatik mit Übungstexten und Glossar*. 2002 (ISBN 3-934628-12-5), xii + 168 S., € 28,--.

2 Josef TROPPER, *Altäthiopisch. Grammatik des Ge'ez mit Übungstexten und Glossar.* 2002 (ISBN 3-934628-29-X), xii + 309 S. ∈ 42,--. — Weiterführung durch Otto Harrassowitz, Wiesbaden.

Altertumskunde des Vorderen Orients (AVO)

Herausgeber: *Manfried DIETRICH - Reinhard DITTMANN - Oswald LORETZ*

1 Nadja CHOLIDIS, *Möbel in Ton.* 1992 (ISBN 3-927120-10-3), XII + 323 S. + 46 Taf., ∈ 60,84.

2 Ellen REHM, *Der Schmuck der Achämeniden.* 1992 (ISBN 3-927120-11-1), X + 358 S. + 107 Taf., ∈ 63,91.

3 Maria KRAFELD-DAUGHERTY, *Wohnen im Alten Orient.* 1994 (ISBN 3-927120-16-2), x + 404 S. + 41 Taf., ∈ 74,65.

4 Manfried DIETRICH - Oswald LORETZ, Hrsg., *Festschrift für* Ruth Mayer-Opificius. 1994 (ISBN 3-927120-18-9), xviii + 356 S. + 256 Abb., ∈ 59,31.

5 Gunnar LEHMANN, *Untersuchungen zur späten Eisenzeit in Syrien und Libanon. Stratigraphie und Keramikformen zwischen ca. 720 bis 300 v.Chr.* 1996 (ISBN 3-927120-33-2), x + 548 S. + 3 Karten + 113 Tf., ∈ 108,39.

6 Ulrike LÖW, *Figürlich verzierte Metallgefäße aus Nord- und Nordwestiran - eine stilkritische Untersuchung.* 1998 (ISBN 3-927120-34-0), xxxvii + 663 S. + 107 Taf., ∈ 130,89.

7 Ursula MAGEN - Mahmoud RASHAD, Hrsg., *Vom Halys zum Euphrat.* Thomas Beran *zu Ehren.* 1996 (ISBN 3-927120-41-3), XI + 311 S., 123 Abb., ∈ 71,07.

8 Eşref ABAY, *Die Keramik der Frühbronzezeit in Anatolien mit »syrischen Affinitäten«.* 1997 (ISBN 3-927120-58-8), XIV + 461 S., 271 Abb.-Taf., ∈ 116,57.

9 Jürgen SCHREIBER, *Die Siedlungsarchitektur auf der Halbinsel Oman vom 3. bis zur Mitte des 1. Jahrtausends v.Chr.* 1998 (ISBN 3-927120-61-8), XII + 253 S., ∈ 53,17.

10 *Iron Age Pottery in Northern Mesopotamia, Northern Syria and South-Eastern Anatolia.* Ed. Arnulf HAUSLEITER and Andrzej REICHE. 1999 (ISBN 3-927120-78-2) – vergr.

11 Christian GREWE, *Die Entstehung regionaler staatlicher Siedlungsstrukturen im Bereich des prähistorischen Zagros-Gebirges. Eine Analyse von Siedlungsverteilungen in der Susiana und im Kur-Flußbecken.* 2002 (ISBN 3-934628-04-4), x + 580 S. + 1 Faltblatt, ∈ 142,--.

Abhandlungen zur Literatur Alt-Syrien-Palästinas und Mesopotamiens (ALASPM)

Herausgeber: *Manfried DIETRICH - Oswald LORETZ*

1 Manfried DIETRICH - Oswald LORETZ, *Die Keilalphabete.* 1988 (ISBN 3-927120-00-6), 376 S., ∈ 47,55.

2 Josef TROPPER, *Der ugaritische Kausativstamm und die Kausativbildungen des Semitischen.* 1990 (ISBN 3-927120-06-5), 252 S., ∈ 36,30.

3 Manfried DIETRICH - Oswald LORETZ, *Mantik in Ugarit.* Mit Beiträgen von Hilmar W. Duerbeck - Jan-Waalke Meyer - Waltraut C. Seitter. 1990 (ISBN 3-927120-05-7), 320 S., ∈ 50,11.

5 Fred RENFROE, *Arabic-Ugaritic Lexical Studies.* 1992 (ISBN 3-927120-09-X). 212 S., ∈ 39,37.

6 Josef TROPPER, *Die Inschriften von Zincirli.* 1993 (ISBN 3-927120-14-6). XII + 364 S., ∈ 55,22.

7 *UGARIT - ein ostmediterranes Kulturzentrum im Alten Orient. Ergebnisse und Perspektiven der Forschung.* Vorträge gehalten während des Europäischen Kolloquiums am 11.-12. Februar 1993, hrsg. von Manfried DIETRICH und Oswald LORETZ. **Bd. I**: *Ugarit und seine altorientalische Umwelt.* 1995 (ISBN 3-927120-17-0). XII + 298 S., ∈ 61,36; **Bd. II**: H.-G. BUCHHOLZ, *Ugarit und seine Beziehungen zur Ägäis.* 1999 (ISBN 3-927120-38-3): **AOAT 261**.

8 Manfried DIETRICH - Oswald LORETZ - Joaquín SANMARTÍN, *The Cuneiform Alphabetic Texts from Ugarit, Ras Ibn Hani and Other Places.* (*KTU: second, enlarged edition*). 1995 (ISBN 3-927120-24-3). XVI + 666 S., ∈ 61,36.

9 Walter MAYER, *Politik und Kriegskunst der Assyrer.* 1995 (ISBN 3-927120-26-X). XVI + 545 S. ∈ 86,92.

10 Giuseppe VISICATO, *The Bureaucracy of Šuruppak. Administrative Centres, Central Offices, Intermediate Structures and Hierarchies in the Economic Documentation of Fara.* 1995 (ISBN 3-927120-35-9). XX + 165 S. ∈ 40,90.

11 Doris PRECHEL, *Die Göttin Išḫara.* 1996 (ISBN 3-927120-36-7) — Neuauflage geplant in AOAT.

12 Manfried DIETRICH - Oswald LORETZ, *A Word-List of the Cuneiform Alphabetic Texts from Ugarit, Ras Ibn Hani and Other Places (KTU: second, enlarged edition).* 1996 (ISBN 3-927120-40-5), x + 250 S., ∈ 40,90.

Eikon

Beiträge zur antiken Bildersprache

Herausgeber: *Klaus STÄHLER*

1 Klaus STÄHLER, *Griechische Geschichtsbilder klassischer Zeit.* 1992 (ISBN 3-927120-12-X), X + 120 S. + 8 Taf., ∈ 20,86.

2 Klaus STÄHLER, *Form und Funktion. Kunstwerke als politisches Ausdrucksmittel.* 1993 (ISBN 3-927120-13-8), VIII + 131 S. mit 54 Abb., ∈ 21,99.

3 Klaus STÄHLER, *Zur Bedeutung des Formats.* 1996 (ISBN 3-927120-25-1), ix + 118 S. mit 60 Abb., ∈ 24,54.

4 *Zur graeco-skythischen Kunst. Archäologisches Kolloquium Münster 24.-26. November 1995.* Hrsg.: Klaus STÄHLER, 1997 (ISBN 3-927120-57-X), IX + 216 S. mit Abb., ∈ 35,79.

5 Jochen FORNASIER, *Jagddarstellungen des 6.-4. Jhs. v. Chr. Eine ikonographische und ikonologische Analsyse.* 2001 (ISBN 3-934628-02-8), XI + 372 S. + 106 Abb., ∈ 54,19.

6 Klaus STÄHLER, *Der Herrscher als Pflüger und Säer: Herrschaftsbilder aus der Pflanzenwelt.* 2001 (ISBN 3-934628-09-5), xii + 332 S. mit 168 Abb., ∈ 54,19.

7 Jörg GEBAUER, *Pompe und Thysia. Attische Tieropferdarstellungen auf schwarz- und rotfigurigen Vasen.* 2002 (ISBN 3-934628-30-3), xii + 807 S. mit 375 Abb., ∈ 80,--.

8 *Ikonographie und Ikonologie. Interdisziplinäres Kolloquium 2001.* Hrsg.: Wolfgang HÜBNER - Klaus STÄHLER, 2004 (ISBN 3-934628-44-3), xi + 187 S. mit Abb., ∈ 40,--.

Auslieferung - Distribution:
BDK Bücherdienst GmbH
Kölner Straße 248
D-51149 Köln

Distributor to North America:
Eisenbrauns, Inc.
Publishers and Booksellers, POB 275
Winona Lake, Ind. 46590, U.S.A.